# NEW YORK

DIE ILLUSTRIERTE GESCHICHTE
VON 1609 BIS HEUTE

# NEW YORK

## DIE ILLUSTRIERTE GESCHICHTE VON 1609 BIS HEUTE

TEXT

RIC BURNS

UND

JAMES SANDERS

BILDREDAKTION

LISA ADES

GEO

FREDERKING & THALER

BASIEREND AUF
»NEW YORK:
A DOCUMENTARY FILM«
REGIE: RIC BURNS
PRODUKTION: LISA ADES
UND RIC BURNS
DREHBUCH: RIC BURNS
UND JAMES SANDERS

MIT
BEITRÄGEN VON
CAROL BERKIN
MARSHALL BERMAN
ROBERT A. CARO
DANIEL CZITROM
KENNETH T. JACKSON
DAVID LEVERING
LEWIS
PHILLIP LOPATE
ROBERT A. M. STERN
MIKE WALLACE

Quaker Oats

BEER
BROS.

84

Die Deutsche Bibliothek – CIP-Einheitsaufnahme. Ein Titeldatensatz für diese Publikation ist bei Der Deutschen Bibliothek erhältlich.

Ein Buch der Partner GEO und Frederking & Thaler


Titel der amerikanischen Originalausgabe:
New York – An Illustrated History
1999 erschienen bei Alfred A. Knopf, ein Unternehmen von Random House, Inc., New York



Umschlagfotos: vorne © Berenice Abbott/Commerce Graphics Ltd, Inc.
hinten © Bettmann/Corbis
Fotografien und Illustration:
Copyright © siehe Bildnachweis
Quellenachweis der Zitate:
Copyright © siehe Anhang

Aus dem Amerikanischen übersetzt von Dr. Marion Pausch (Kap. 1), Dr. Dagmar Ahrens-Thiele (Kap. 2), Beatrice le Coutre-Bick (Kap. 3/4), Heike Brühl (Kap. 5/6) und Dr. Eva Dempewolf (Kap. 7, Einltg., Epilog)

Umschlaggestaltung:
Anzinger | Wüschner | Rasp
Agentur für Medienkommunikation, München

Redaktion, Satz, Layout Epilog:
Ewald Tange für bookwise Medienproduktion GmbH, München

Produktion:
Büro Sieveking, München

Druck und Bindung:
Printer Trento S.r.l., Trento

Printed in Italy

ISBN 3-89405-612-6



Umwelthinweis: Das Papier wurde aus chlorfrei gebleichtem Zellstoff hergestellt und enthält keine Aufheller. Die Einschweißfolie – zum Schutz vor Verschmutzungen – ist aus umweltfreundlicher und recyclingfähiger PE-Folie.

*Vorsatzblätter:* Blick von Welfare Island (später Roosevelt Island) auf die Skyline von Midtown Manhattan, 1950.

*Seite I:* Fotograf auf einem Wolkenkratzerneubau im unteren Teil der Fifth Avenue, um 1919.

*Seite II/III:* Arbeiter in den Spannseilen der Brooklyn Bridge, 1914.

*Seite IV/V:* Bauarbeiter bei der Errichtung des Woolworth Building, 1912. Links das gleichfalls noch in Bau befindliche Municipal Building.

*Seite VI/VII:* Die Lower East Side, 1900. Blick von der Baxter Street über die Mulberry Street in Richtung Norden.

*Diese Seite:* World War I Victory Arch und Flatiron Building, 1919.

*Gegenüber:* Pine Street und Henry Street Richtung Manhattan Bridge, 6. März 1939 (Berenice Abbott).

*Seite X/XI:* Blick von einem Doppeldeckerbus (auf Höhe 57th Street) die Fifth Avenue hinunter in Richtung Süden, um 1930.

*Seite XIV:* Tanzpaar auf dem Dach des Chanin Building; im Hintergrund das Chrysler Building, 1930.

## INHALT


**EINFÜHRUNG: STADT DER SEHNSÜCHTE** XII

**1. STADT, LAND, FLUSS, 1609–1825** 3

*Alexander Hamilton, ein New Yorker mit nationaler Vision* von Carol Berkin 62

**2. ORDNUNG UND CHAOS, 1825–1865** 69

*»Die Lokomotive dieser unserer Vereinigten Staaten«* von Mike Wallace 131

**3. LICHT UND SCHATTEN, 1865–1898** 139

*Die Geheimnisse der »Großen Stadt«* von Daniel Czitrom 210

**4. DIE MACHT UND DAS VOLK, 1898–1919** 217

*New York – wo die moderne Welt Gestalt annahm, 1898–1929* von Kenneth T. Jackson 300

**5. KOSMOPOLIS, 1919–1931** 309

*Die »Harlem Renaissance«* Interview mit David Levering Lewis 388

*Kosmopolitische Hauptstadt: New York in den 20ern* Interview mit Robert A. M. Stern 391

**6. DIE STADT VON MORGEN, 1931–1939** 395

*Robert Moses: Makler der Macht* Interview mit Robert A. Caro 458

**7. DIE STADT UND DER ERDKREIS, 1939–1969** 467

*»The Lonely Crowd«: New York nach dem Krieg* von Marshall Berman 536

*Trauma, Apokalypse, Boom und die Folgen: New York City in den Jahren 1975 bis 2000* von Phillip Lopate 542

**EPILOG: AUFSTIEG UND FALL DER TWIN TOWERS** 548

*Danksagung* 581
*Ausgewählte Bibliografie* 582
*Index* 587
*Text- und Bildnachweis* 598

& TILFORD
GOLD
SILK

**Die Dämmerung kommt rasch, und die große Stadt mit ihrem unfassbaren Vorwärts- und Aufwärtsdrang funkelt vor deinen Augen, ein Vorhang sternenbestückter Türme, jetzt übersät mit dem Diamantstaub einer Million Lichter. Dahinter ist die Sonne untergegangen, das rötliche Licht des schwindenden Tages tanzt auf dem Fluss – und du siehst die Boote, die Frachtkähne und Schlepper vorbeiziehen unter den eleganten, vogelschwingengleichen Bögen der Brücken –, und schon ist die Nacht da, und da sind Schiffe, Schiffe sind da, und dich erfasst eine glühende, unstillbare Sehnsucht, für die du keine Worte findest.**

**Thomas Wolfe, 1933**

# EINFÜHRUNG: STADT DER SEHNSÜCHTE

Ganz im Süden von Ward's Island gibt es einen Platz, der zwar bekannt, aber kaum besucht ist, eine Insel im Strom zwischen Manhattan, Queens und der Bronx, wo die Wasser des Harlem River mit denen des Long Island Sound und den Gezeiten des East River zusammentreffen und eine tückische Strömung erzeugen, die die Bootsführer Hell Gate nennen: das Tor zur Hölle.

Die unterste Spitze der Insel diente in den zurückliegenden 60 Jahren vor allem als Fundament für die mächtige Triborough Bridge – ein von Menschenhand geschaffenes Werk pyramidalen Ausmaßes, das den nordamerikanischen Kontinent mit den Inseln Manhattan und Long Island verknüpft. Genau dort liegt ein abgeschiedener Park, von dem aus man einen höchst atemberaubenden Ausblick genießt, in dieser Stadt der unzähligen atemberaubenden Ansichten.

An einem Novemberabend 1996 – wir waren den ganzen Tag durch die Stadt gefahren und hatten über New York gesprochen – saßen wir im Auto am Fuße des gewaltigen Pfeilers der Hängebrücke. Erschöpft vom langen Tag und der Kälte, aber zugleich auch in Hochstimmung, starrten wir auf die silberhellen Wasserwirbel des Hell Gate und die dahinter liegende Skyline Manhattans, die mit zunehmender Dämmerung zu leuchten begann. Wir waren sprachlos ob der magischen Kraft und Schönheit der riesigen, unergründlichen Stadt, die in unserer rätselhaften, modernen Welt nach wie vor ihresgleichen sucht.

Dieses Buch hat, ebenso wie die zugehörige zwölfstündige Fernsehdokumentation, seinen Ursprung in diesem Schauspiel – jenem schier unbeschreiblichen Gefühlscocktail aus Sehnsucht, Hochstimmung und Staunen, den diese Stadt hervorruft. Es ist ein Versuch, die Menschen zu begreifen und zu porträtieren, die sie ihm Laufe ihres fast 400-jährigen Bestehens zu dem gemacht haben, was sie heute ist.

New York zu bestaunen gehört zu den Ritualen unserer Kultur und ist – wie der Besuch des Mount Rushmore, der Niagarafälle oder des Grand Canyon – praktisch ein unerlässlicher Bestandteil der amerikanischen Identität. Und das sollte nicht weiter verwundern, denn es gibt auf der ganzen Welt keinen vergleichbaren Ort. Seit Generationen berühren die eigenwillige Schönheit und die unnachahmliche Energie New Yorks die Menschen, sind Sinnbild und Personifikation vieler Wünsche und Ziele, vieler Märchen und Träume und vieler Sehnsüchte. Seit Beginn der Moderne fasziniert, ja fesselt New York seine Betrachter, erdrückt bisweilen die Imaginationskraft und Energie, nur um sie kurz darauf aufs Neue zu entfachen.

»New York in seiner Gesamtheit«, bemerkte der Schriftsteller Luc Sante einmal, »ist ungleich größer als die Summe seiner Bestandteile. Es ist eine Stadt, aber zugleich ist es auch ein Organismus, eine Gefühlslage, eine Krankheit, eine Bedrohung, ein ungeheurer Magnet, eine billige Kulisse, eine beliebige Szenerie. Es ist ein zwiespältiger Charakter, durchsetzt von Widersprüchen, anziehend und abstoßend zugleich, und so gewaltig und extrem, dass niemand ihn allein ersonnen haben könnte.«

»Die Stadt gleicht der Poesie«, erklärte E.B. White vor nunmehr einem halben Jahrhundert. »Die Insel Manhattan ist ohne jeden Zweifel die dichteste Zusammenballung von Menschen auf Erden. Sie ist ein Gedicht, dessen Zauber die Millionen, die hier ihr Zuhause haben, zwar in Ansätzen erahnen, dessen volle Bedeutung sich ihrem Verständnis aber immer wieder entzieht.«

Wie eine Vielzahl anderer Menschen vor uns stehen wir also vor New York, staunend und hingerissen, und sehen uns angesichts seiner gewaltigen Präsenz mit den elementaren Fragen des Daseins konfrontiert: Woher kommt so etwas? Wie erhielt es sein Gesicht? Welche Kräfte mussten mobilisiert werden, etwas Derartiges zu erschaffen? Was sagt es über uns selbst aus? Ist es überhaupt möglich, etwas so Komprimiertes, Komplexes, Riesiges, Vielgesichtiges und Überwältigendes in Worte zu fassen?

Dieses Buch entstand im Rahmen einer Filmdokumentation über die Geschichte der Stadt New York, die in den USA in mehreren Teilen (mit einer Gesamtdauer von zwölf Stunden) gesendet wurde. Dieser Umstand hat Form und Inhalt des Buches geprägt. Ein Film ist in erster Linie ein narratives Medium, ja vielleicht die narrativste Kunstform überhaupt, und aller Modernität zum Trotz immer dem zeitlichen Kontinuum verpflichtet. Das liegt in der Natur des Mediums: ein Fluss aus Licht und Schatten, der mit 24 Bildern pro Sekunde Kamera und Projektor durchläuft, unerbittlich, unaufhaltsam bis zum Ende. Daher muss jeder Film, sei er zwölf Minuten oder zwölf Stunden lang, einen roten Faden, einen durchgehenden Erzählstrang verfolgen.

Der erste Schritt – für Film wie Buch – bestand also darin, einen Erzählmodus zu finden, der die fast 400 Jahre und 400 Quadratmeilen sowie Millionen über Millionen von Menschen einschließt, die zusammengenommen jene ausufernde, komplexe Historie bilden, die New York nun einmal verkörpert. Tatsächlich erwies es sich in den sieben Jahren, die James Sanders, Lisa Ades und ich mit dem Projekt befasst waren, als größte Herausforderung, all die diversen Erzählkomponenten in den Griff zu bekommen und sie auf Papier bzw. Zelluloid zu bannen.

Jede Metropole birgt natürlich auch eine wunderbare Story. Und bei New York, das hinsichtlich Größe, Grandeur und Komplexität seinesgleichen sucht, hat sich im Laufe seiner ebenso wechselvollen wie spannenden Geschichte genügend Stoff für ein grandioses Epos angesammelt – mit zahlreichen gegensätzlichen Charakteren, einem dramatischen Handlungsverlauf und zutiefst anrührend und bewegend, wie es sich für gute Literatur nun einmal gehört.

Diese Erzählung ist reich an Superlativen. So hielt New York etwa den Rekord für die größte Einwohnerzahl, die höchsten Gebäude, die längsten Brücken, die meistbenützte U-Bahn und den meistfrequentierten Hafen der Erde. Sein Völker- und Kulturenmix ist der mannigfaltigste auf unserem Globus. Es gibt mehr Zeitungen, Zeitschriften, Verlage, Theater, Galerien und Restaurants als irgendwo sonst. Unter der Maiden Lane in Lower Manhattan liegen mehr Goldbarren als in Fort Knox. Über ein Drittel aller Finanztransaktionen der Welt laufen an 365 Tagen im Jahr über New Yorker Computer.

Diese Erzählung ist aber auch reich an Widersprüchen. Als wohlhabendste Stadt Amerikas beherbergt New York seit Mitte des 19. Jahrhunderts zugleich ein immenses Potenzial an Armut. Als unerbittlich kommerzielle Stadt, die genau das in sich birgt, was Joseph Schumpeter einmal das »kreative Zerstörungswerk des Kapitalismus« genannt hat, sucht New York hartnäckiger als andere US-Großstädte nach Wegen, die Exzesse des kapitalistischen Systems einzudämmen. Als riesige öffentliche Bühne ist New York zugleich ein Patchwork kleiner Communities, kosmopolitisch und provinziell in einem. Für viele Ausländer repräsentiert es Amerika; für viele Amerikaner repräsentiert es alles Ausländische. Eine Stadt, die sich kontinuierlich selbst niederreißt und wieder aufbaut, die die Innovation verkörpert und doch das reichste historische Erbe des Landes beherbergt. Eine fantastische Zukunftsvision und zugleich ein Fenster in die Vergangenheit. Die ultimative Stadt der Finanzen und die ultimative Stadt der Fantasie, ein Ort, an dem Macht, Geld und Kreativität von den ersten Anfängen an untrennbar miteinander verwoben waren.

Wie alle großen Epen beginnt auch dieses mit einem Ursprung, mit der Gründung der Stadt durch die Holländer im frühen 17. Jahrhundert. Im Gegensatz zum puritanischen Boston und dem von den Quäkern geprägten Philadelphia wurde New York nicht als religiöse Gemeinde, sondern als Handelskolonie gegründet. Als die ersten Siedler nach Neu-Amsterdam kamen – allesamt Angestellte der Niederländisch Westindischen Kompanie –, waren sie nicht auf der Suche nach Gott, sondern nach Biberpelzen. Und so ergeben huldigten sie dem Mammon, dass es volle acht Jahre dauerte, bis sie dazu kamen, eine Kirche zu bauen. Eine Folge dieser totalen Ausrichtung auf den Kommerz war, dass es für die Aufnahme in die Kolonie keinerlei Vorgaben gab, weder religiöser noch ideologischer noch sonstiger Natur.

Und so strömten sie herbei. Schon 20 Jahre nach ihrer Gründung wies die aufstrebende Kolonie eine der facettenreichsten Kulturen überhaupt auf. 1844 waren auf den Straßen Neu-Amsterdams 18 verschiedene Sprachen zu hören. Der glühende Kalvinist Peter Stuyvesant hätte Luthe-

raner und Katholiken liebend gerne weitergeschickt und versuchte 1654, auch 22 Juden den Zuzug zu verwehren. Er wurde allerdings vom Direktorium der Niederländisch Westindischen Kompanie überstimmt und nachdrücklich ermahnt, zu bedenken, dass er schließlich eine Handelskolonie leite, in der ein Mangel an Arbeitskräften herrsche. Würde bekannt werden, dass man Menschen abgewiesen hat, würde sich dieser Zustand gewiss noch verschlimmern.

So bestand in New York vom ersten Tag an eine enge Beziehung zwischen Wirtschaftskraft und Multikulturalität – zwischen den beiden Polen, die man im 19. Jahrhundert Kapitalismus und Demokratie nennen sollte –, und bis heute sind diese Strömungen in der Geschichte und Kultur New Yorks so lebendig wie nirgendwo sonst.

Als Schmelztiegel für alle Schichten, Hautfarben, Nationalitäten, Ideologien und Lebensstile war New York an der Wende zum 20. Jahrhundert das komplexeste und interaktivste Lebensumfeld aller Zeiten – eine einzigartige Bühne für das denkbar breiteste Spektrum menschlichen Unternehmungsgeistes. Und nach mehr als dreieinhalb Jahrhunderten turbulenten Wachstums ist New York noch heute die vitalste, erstaunlichste und mächtigste Stadt der Erde, unangefochtenes Zentrum des amerikanischen Jahrhunderts und – wenn man so will – die Hauptstadt der Welt.

Keine Stadt hat die Probleme und Möglichkeiten einer durch und durch kommerziellen, zunehmend pluralistischen Gesellschaft besser personifiziert. Keine Stadt hat die amerikanische Demokratie auf ähnliche Weise herausgefordert, hat an ein und demselben Fleck Menschen aller nur erdenklichen Schichten, politischen Richtungen, Hautfarben, Religionen und Ethnien zusammengebracht – allesamt angezogen von dem Sog des Wirtschaftsmotors New York, und nunmehr herausgefordert, ein funktionierendes Gemeinwesen zu errichten. Heute wie damals ist die Stadt ein grandioses Versuchslabor, in dem das schwierigste, aber auch wichtigste Experiment unserer Zeit durchgeführt wird: den spannenden, oftmals auch qualvollen Beweis zu erbringen, dass Menschen aus allen Teilen des Erdballs in der Lage sind, an einem einzigen Ort zusammenzuleben.

Welche Kräfte – menschlicher, geografischer, spiritueller, kultureller und wirtschaftlicher Natur – haben New York geformt? Ist es möglich, die Geschichte dieser Metropole, oder überhaupt irgendeiner Stadt, in ihrer Vielfalt zu erfassen? Angesichts der überwältigenden Fülle von Ereignissen, kann man da überhaupt eine Stadt als Ganzes begreifen? In der Tat muss man, um New York begreifen zu können, viele Geschichten erzählen und viele einzelne Erzählkomponenten zusammentragen.

Da wären einerseits die geografischen Faktoren: New Yorks Aufstieg ist sicher auch seiner Lage an einem der drei weltgrößten Tiefwasserhäfen zuzuschreiben.

Da wären die wirtschaftlichen Faktoren, die den Bogen von dem abgelegenen holländischen Handelsposten zu dem florierenden englischen und schließlich dem boomenden amerikanischen Hafen schlagen, zum aufstrebenden Produktionsstandort, zur Finanzhauptstadt, zum Börsen- und Verwaltungssitz multinationaler Konzerne, die überall und nirgendwo zu Hause sind. Die Verlagerung von einem europäisch dominierten Weltwirtschaftssystem hin zu einem neu- und andersartigen, in dem Amerika die zentrale Rolle spielt. Oder jene Grafik des ewigen Auf und Ab der kapitalistischen Konjunkturzyklen, die von Zeiten ungezügelten Wachstums und Spekulationsfieber erzählt, gefolgt von katastrophalen Flauten, Entbehrungen und gravierenden Wirtschaftskrisen – bis erneut der nächste Aufschwung naht.

Da wären die sozioökonomischen Faktoren, die die Konflikte und Spannungen zwischen zwei rivalisierenden Gesellschaftstheorien in New York widerspiegeln – die eine getragen von der Rigorosität des Kapitalismus, die andere von jener Vielzahl demokratischer Bewegungen, die seit jeher bemüht waren, eben dazu eine humanere Alternative zu finden. »New York«, hat der Historiker Mike Wallace einmal gesagt, »ist einerseits der Ort, an dem der Freihandelskapitalismus seine größte Blüte erreicht. Gleichzeitig ist es aber auch der Ort, an dem die Auswirkungen dieses Systems aufs Schärfste in Frage gestellt und die ernsthaftesten Anstrengungen unternommen werden, ihn zu zügeln.«

Und da wären die modernistischen Faktoren, wie die Interpretation des genialen niederländischen Architekten Rem Koolhaas, der den Aufstieg Manhattans als »das Produkt des nie postulierten Manhattanismus« beschrieben hat, »dessen Programm [darin besteht], in einer völlig von Menschenhand geschaffenen Welt zu leben«. Oder die des gleichermaßen brillanten amerikanischen Urbanisten Marshall Berman, für den New York im Lauf des 19. und 20. Jahrhunderts zur Verkörperung eines Ortes wurde, dessen einzige Konstanten der ständige Wandel und die fortwährende Transformation der destruktiven Kräfte der Modernität sind.

Auf all diese Faktoren haben wir im Film wie im Buch einzugehen versucht, sind ihrer Bahn von Zeit zu Zeit ein Stück weit gefolgt oder wollten zumindest einen kleinen Ausschnitt ihres Weges aufzeigen. Letztlich hat uns der Film jedoch zu einer weit simpleren und gewiss romantischeren Darstellungsweise zurückgeführt – zu einer Geschichte des Staunens und Schwärmens, einer poetischen Darstellung New Yorks, die von der Macht und dem tragikomischen Ruhm, von der enormen Kreativität und den kollektiven Errungenschaften erzählt, die der Stadt in den letzten Jahrhunderten Gestalt gegeben haben.

So lässt sich die Geschichte aller Komplexität zum Trotz überraschend einfach zusammenfassen:

Gegründet bei Anbruch der Moderne, als die ersten Europäer über die Weltmeere segelten, entwickelte sich New York zur ultimativen Stadt der Träume und Sehnsüchte; zu einem Ort des Übergangs und des Wandels, der unbegrenzten Möglichkeiten und des Austauschs, der Verschmelzung von Kulturen und Identitäten – einem Ort, wo Menschen aus aller Herren Länder ihre Traditionen abstreifen, Ehrgeiz entwickeln, ihre Identität wechseln und sich neu definieren.

Kein Ort stürzte sich konsequenter in die Zukunft. Kein Ort verkörperte auf ähnlich ausdrucksstarke Weise die schöpferischen wie die zerstörerischen Mächte des modernen Lebens. Kein Ort repräsentierte besser das amerikanische Experiment von Kapitalismus und Demokratie.

Doch trotz alledem, trotz aller kompromissloser Modernität sollte New York die am schlimmsten heimgesuchte Stadt der Welt werden, heimgesucht nicht nur von der Vergangenheit, sondern auch von der Zukunft: von den Schatten all dessen, was war, all dessen, was nie zum Ausdruck gelangte, und all dessen, was noch im Entstehen begriffen ist.

In diesem Sinne stellt die Geschichte New Yorks ein kollektives, ja mythisches menschliches Epos dar – die Metropole als Wiedergeburt des Prometheus, der den Göttern das Feuer entwendet, um die Welt neu zu gestalten. Dieses poetische Verständnis der Stadt hat seine Wurzeln in dem ursprünglichen Sinn des Wortes *poesis* – »Machen« oder »Verfertigen«. Insofern kann man New York als Ausdruck des modernen Menschen sehen, der auszieht, seiner Welt nach seinem Willen Gestalt zu verleihen.

Ezra Pound erblickte diesen Charakterzug im nächtlichen Firmament über der Stadt:

»Ist New York«, so fragte er sich im Herbst 1913, »die schönste Stadt der Welt? Sie könnte es sehr wohl sein. Nirgendwo sonst sind die Nächte wie hier. Von hohen Fenstern aus habe ich über die Stadt geblickt. Dabei verlieren die großen Gebäude an Realität und gewinnen geradezu magische Kräfte. Rechtecke über Rechtecke des Feuers, in den Äther gebrannt. Hier haben wir unsere Poesie, denn wir haben die Sterne vom Himmel geholt.«

Wir hoffen, es ist uns mit diesem Buch gelungen, eine Ahnung der Poesie zu vermitteln, die Pound gesehen hat, ein wenig von dem Staunen einzufangen, das ihn angesichts der modernen Welt erfüllte.

Etwas mehr als zwei Jahre nach Fertigstellung der ersten (englischsprachigen) Auflage dieses Buches veränderte sich New York und mit ihm der Rest der Welt auf erschütternde Weise. Es geschah am Vormittag des 11. September 2001, innerhalb von nicht einmal zwei Stunden, und ungezählte Menschen sahen fassungslos und ungläubig zu.

In einem Epilog zu diesem Band, neu geschrieben für die erste deutschsprachige Ausgabe, haben wir versucht, über die entsetzlichen Ereignisse dieses schicksalhaften Tages zu berichten und den Aufstieg und Fall des World Trade Center im Kontext der langen und vielschichtigen Beziehungen zwischen New York und der übrigen Welt darzustellen.

Ric Burns, New York City, Mai 2002

*Henry Hudson erreicht Amerika* von Robert W. Weir, 1838. Das Bild entstand über zwei Jahrhunderte nachdem Hudson den Hafen von New York entdeckt hatte. Es erinnert an jenen Tag im September 1609, als die Bewohner des unteren Hudson-Tals herbeiströmten, um die Fremdlinge aus Europa zu begrüßen. Sie nannten sie *swanekken* – Salzwasserleute.

# STADT, LAND, FLUSS

1609–1825

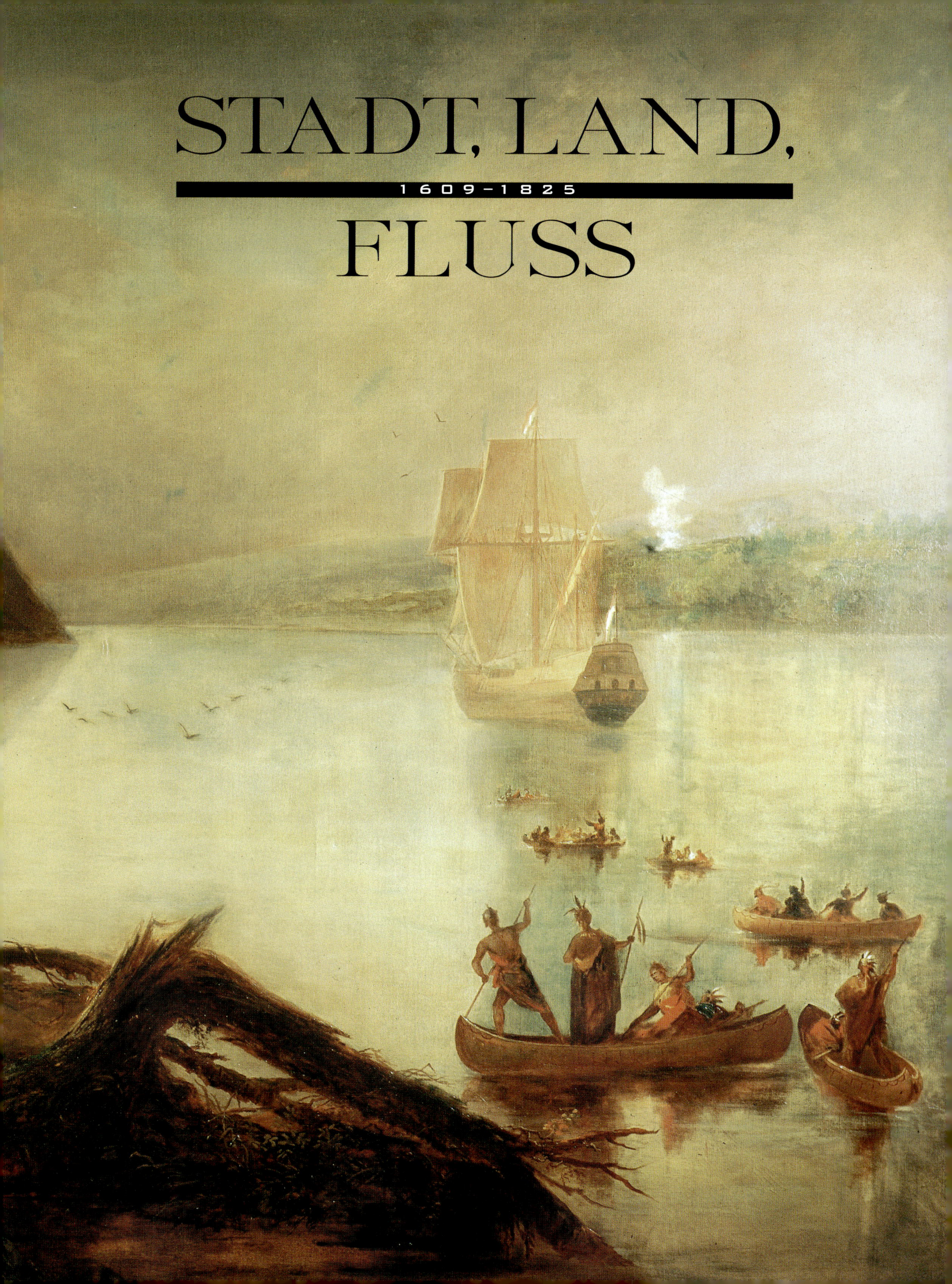

MANHATTAN
HUDSON RIVER
EAST RIVER
UPPER BAY
LONG ISLAND
STATEN ISLAND
THE NARROWS
Coney Island
LOWER BAY
ATLANTIC OCEAN
Sandy Hook

Die pompösen Villen längs der Küste waren jetzt fast alle geschlossen. Man sah kaum noch Lichter, höchstens die schwach beleuchtete Fähre, die sich schattenhaft über den Sund bewegte. Und indes der Mond höher und höher stieg, sanken die Häuser ins Wesenlose zurück, und vor mir zeichnete sich allmählich die alte Insel ab, die einst vor den Augen holländischer Seefahrer als ein blühendes Wunder aufgetaucht war – vorgewölbt wie eine schwellende grüne Brust der Neuen Welt. Ihre längst versunkenen Bäume ... hatten einst mit lockendem Geflüster dem letzten und größten aller Träume der Menschheit Vorschub geleistet. Es muss wie ein flüchtiger Augenblick der Bezauberung gewesen sein und verschlug gewiss denen, die sich hier dem neuen Kontinent nahten, den Atem ... Ihnen war vergönnt, von Angesicht zu Angesicht etwas zu schauen, das mit ihrem Wunderglauben in Einklang stand.

F. Scott Fitzgerald, *Der Große Gatsby*

Vor 50.000 Jahren schufen Gletschermassen die Flussbetten und Felsformationen um den Hafen von New York, der mit Hongkong und San Francisco zu den größten natürlichen Häfen der Welt gehört. Bereits die Lower Bay bietet einen ausgezeichneten Schutz vor dem offenen Meer. Jenseits der Meerengen dehnt sich der zweite Hafen, die Upper Bay, aus. Raue Atlantikwellen und -winde erreichen das riesige Becken nicht mehr. Die 800 Meilen lange Binnenküste umfasst zahlreiche Flussmündungen, kleine Buchten und Meeresarme.

### EIN SICHERER HAFEN

Am 17. April 1524 lenkte Giovanni da Verrazano, ein italienischer Seefahrer, der im Auftrag der Franzosen einen schnelleren Seeweg zur Ostküste Asiens finden sollte, sein 100-Tonnen-Schiff, die *Dauphine*, in die äußere Bucht des Naturhafens vor New York und ging bei Staten Island vor Anker. Der Florentiner, der als erster Europäer seinen Blick über das weiträumige Becken schweifen ließ, zeigte sich nur mäßig beeindruckt. »Eine recht liebliche Stelle«, schrieb er in sein Tagebuch. Als ein Sturm aufzog, lichtete Verrazano auch gleich wieder die Anker und fuhr von dannen, ohne das Festland auch nur betreten zu haben.

85 Jahre später, am 12. September 1609, steuerte der Brite Henry Hudson, der in niederländischem Auftrag eine Nordwestpassage durch das Polarmeer nach China suchte, seinen Dreimaster, eine 80 Tonnen schwere, flache Galione namens *Halve Maen* (*Halbmond*) durch die von Verrazano unbeachtete Enge und erreichte die innere Bucht. Vor ihm lag ein riesiger natürlicher Hafen, geschützt vor den rauen Winden und starken Strömungen des Nordatlantiks.

Die Ureinwohner, Algonkin und Irokesen, die sich selbst Lenape nannten, eilten zur Begrüßung herbei und fuhren mit Booten neben dem merkwürdigen Gefährt her, das sich langsam seinen Weg durch die Bucht bahnte. »Es waren 28 Kanus, voll mit Männern, Frauen und Kindern, die sich über unsere Ankunft sehr zu freuen schienen«, berichtete später Robert Juet, einer von Hudsons Offizieren. »Dann gingen wir vor Anker und stellten fest, dass der Hafen guten Schutz vor Wind und Wellen bot. Die Bewohner des Landes kamen an Bord, bekundeten ihre Zuneigung und reichten Tabak und Mais. Als die Nacht hereinbrach, verließen sie das Schiff, doch wir blieben auf der Hut.«

Fasziniert von der Schönheit des Ortes, segelte Hudson in die breite Mündung des Flusses hinein, der sich von Norden her in den Hafen ergoss. 90 Meilen ließ er sein Schiff stromaufwärts treiben, immer in der Hoffnung, hinter der nächsten Biegung in China zu landen. Seine Suche blieb erfolglos, doch Hudson hatte letztlich etwas Wichtigeres als die Nordwestpassage entdeckt: einen der weiträumigsten und am besten geschützten natürlichen Häfen der Welt und das Einfallstor nach Nordamerika.

Für die Rückfahrt nach Europa benötigte Hudson drei Monate und eine eiserne Hand, um die Kontrolle über die aufmüpfige Mannschaft zu behalten. Bei Wintereinbruch hatte sich in Amsterdam jedoch bereits die Kunde von der Neuen Welt verbreitet, in der es Felle, Holz und Getreide in Hülle und Fülle geben sollte. »Noch nie habe ich meinen Fuß auf ein Stück Land gesetzt, das sich besser zum Ackerbau eignete«, schrieb Hudson in seinem offiziellen Bericht an die *Vereenigde Oost-Indische Compagnie* (VOC). »Würden unsere kundigen Bauern sich dort niederlassen, sie würden die Wildnis binnen kürzester Zeit in ein Paradies verwandeln, in dem keiner je Hunger leiden müsste ... Nie zuvor sah ich ein so reiches und schönes Land.«

Von allen frühen Entdeckern begriff Hudson als Erster, welche gewaltigen Möglichkeiten das einsame und abgelegene Land barg, auf dem sich später die größte Stadt der Welt erheben sollte. Er selbst sah die Bucht nie wieder. Bereits 1611 machte er sich erneut auf die Suche nach der Nordwestpassage, die er ganz richtig oberhalb der Hudsonbai im Norden Kanadas vermutete. Dieses Mal setzte die meuternde Besatzung den Kapitän im Beiboot aus, mit dem er aufs offene Meer hinaustrieb.

Die geografische Lage erwies sich im Zuge der weiteren Entwicklung als schicksalhaft. Nach Hudson kamen andere Entdecker und erkundeten den einzigartigen Hafen. Die 800 Meilen lange Küste umfasst sieben Buchten, vier Flussmündungen und vier Meeresarme; Wasser und Land stehen hier in einer komplexen Beziehung zueinander. Zusammen bilden sie, wie der Chronist Adriaen van der Donck 1650 zutreffend bemerkte, einen »sicheren und günstig gelegenen Hafen, der Tausenden von Schiffen Schutz bieten kann«. Drei mächtige Strömungen – Hudson River, Long Island Sound und das offene Meer – umspülen den wohl größten natürlichen Hafen der Welt, der nie ausgebaggert werden musste. Nur selten hinderten Nebel oder Eis Schiffe am Ausfahren.

In den folgenden 200 Jahren nahmen die Europäer diese spektakuläre Hinterlassenschaft der letzten Eiszeit in Besitz. Die Hafenstadt wuchs und wurde zum Zankapfel rivalisierender Kolonialmächte, um sich schließlich unangefochten als Wirtschaftsmetropole des nördlichen Teils der Neuen Welt zu behaupten.

**Der entschlossene und gewitzte britische Seefahrer Henry Hudson, einer der großen Entdecker, versuchte ein Leben lang, die legendäre Nordwestpassage nach Ostasien zu finden. Er hatte bereits zwei erfolglose Reisen im Auftrag der englischen Muscovy Company hinter sich, als er im Frühjahr 1609 in die Dienste der niederländischen Ostindischen Kompanie trat. Für seine dritte Fahrt rüstete Hudson sein neues Schiff, die *Halve Maen*, persönlich aus. Das nur 19 m lange und 5 m breite Segelschiff war seinerzeit eine hochmoderne Konstruktion.**

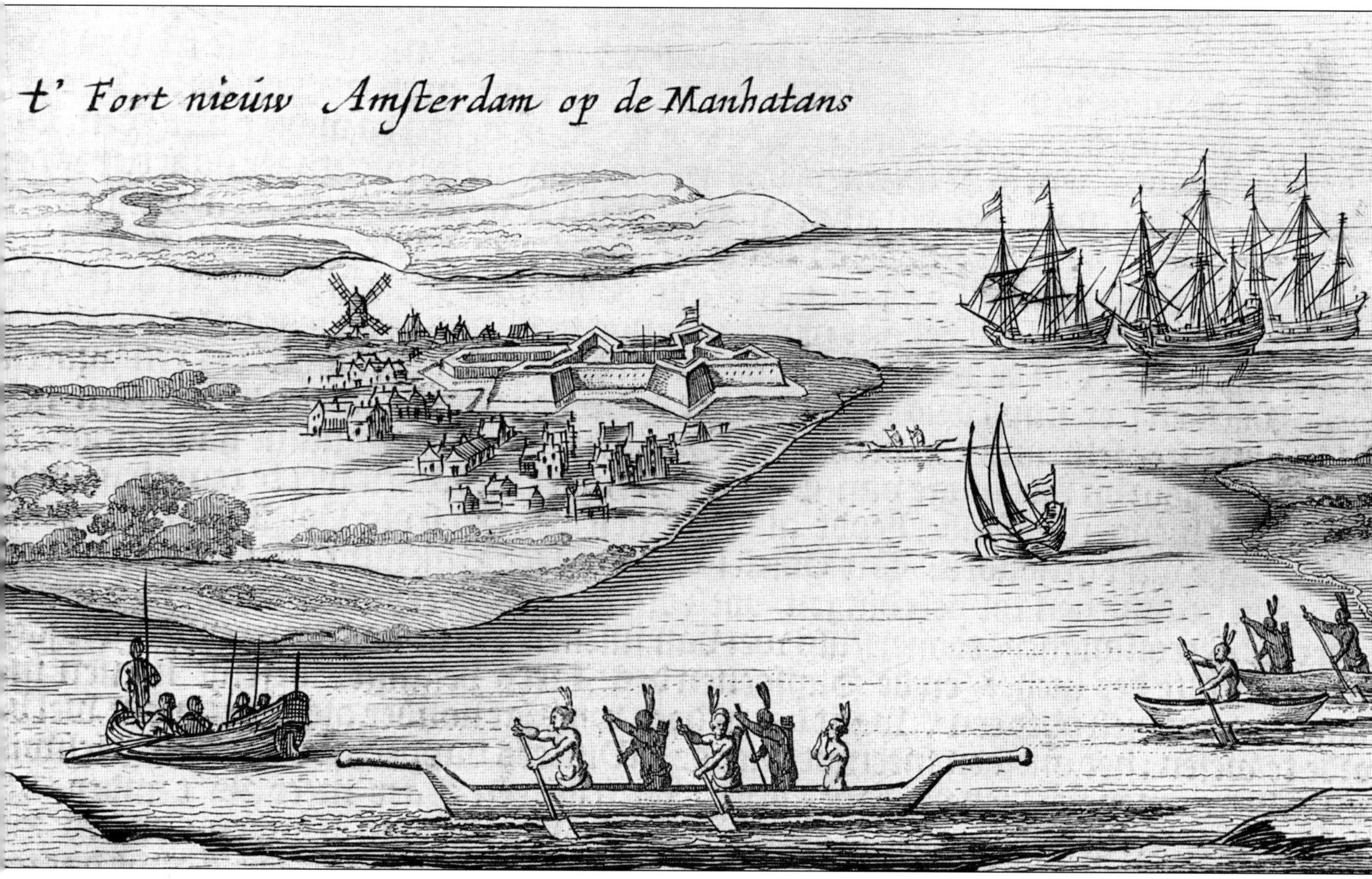


**Die älteste Ansicht der Stadt stammt vermutlich aus dem Jahr 1626. Kryn Frederycks, ein Ingenieur, der an der Spitze von Manhattan eine typische Holländerstadt entwerfen sollte, schuf das Bild, das 1651 versehentlich spiegelverkehrt gestochen wurde. Frederycks stellte die rund 30 Häuser und die Windmühle detailgetreu dar; die mächtige Festung, für die er 1625 selbst die Pläne zeichnete, wurde jedoch nie vollendet. Man begnügte sich schließlich mit einem weniger ehrgeizigen Werk gegenüber dem Park Bowling Green, dort wo heute der Broadway seinen Anfang nimmt.**

### NEU-AMSTERDAM

Die Niederländer traten als Erste auf den Plan. Die expandierende Kolonialmacht dachte an Henry Hudsons begeisterten Bericht vom Fellhandelsparadies und wollte um jeden Preis den Erzrivalen Großbritannien vom nordamerikanischen Kontinent fern halten.

1621 nahm ein Verbund von Kaufleuten aus fünf niederländischen Städten einen riesigen Landstrich an der mittleren Atlantikküste in Besitz. Das Gebiet, das sich vom Delaware River im Süden bis zum Connecticut River im Norden zog und das gesamte Tal des Hudson River einschloss, erhielt den Namen Nieuw Nederlandt – Neu-Niederlande. Die Kolonie gehörte einer mächtigen Handelsorganisation, der Niederländisch-Westindischen Kompanie, die ihrerseits Teil eines weltumspannenden Handelsimperiums war.

Um 1630 segelten die Holländer mit den schnellsten Schiffen über die Weltmeere und eröffneten neue Märkte von Singapur bis Südamerika. Die Franzosen, Spanier und Portugiesen waren bereits aus dem Feld geschlagen, nun galt es, auch England zu überholen und sich zur bedeutendsten Seehandelsnation der Erde aufzuschwingen. Der englische Schriftsteller Daniel Defoe meinte ihr Geheimnis zu kennen. »Die Holländer«, schrieb er, »muss man als das verstehen, was sie sind – die Mittelsmänner, Kommissionäre und Makler Europas. Sie kaufen, um zu verkaufen, bringen Ware ein, um sie wieder loszuwerden, und der größte Teil ihrer riesigen Handelsmacht besteht darin, dass sie mit Waren aus aller Welt beliefert werden, die sie ihrerseits wieder in alle Welt liefern.« Wie weit hergeholt es auch scheinen mag – tatsächlich sollte genau dieser Geschäftssinn die Geschicke der im Entstehen begriffenen neuen niederländischen Kolonie bestimmen.

Im Frühjahr 1624 erreichte das erste Schiff mit holländischen Siedlern Amerika. Sogleich begannen sie, sich rund um den Hafen häuslich einzurichten. Allerdings handelte es sich

Nur wenige Stadtgründungslegenden sind so bekannt und beliebt wie jene des berühmten 24-Dollar-Deals, der am Beginn der Geschichte New Yorks stand. Fantasie und Fakten, Wunschdenken und Märchen mischen sich in dieser Erzählung, doch passt sie hervorragend zu einer Stadt, die sich wie kaum eine andere Finanz- und Handelsgeschäften verschrieben hat. Mit hoher Wahrscheinlichkeit fand tatsächlich eine Transaktion statt, obgleich es hierfür keine handfesten Beweise gibt. Am 5. November 1625 notierte Pieter Jansen Schagen, ein Kaufmann der Niederländisch-Westindischen Kompanie, dass die Siedler »die Insel Manhattes für 60 Gulden den Wilden abgekauft« hätten. In den darauf folgenden Jahrhunderten erwuchsen aus diesem schlichten Satz die unglaublichsten Sagen und Legenden. 1846 rechnete ein Historiker auf der Grundlage nie genannter und überprüfter Werte die Gulden in Dollar um. Eine niederländische Bank, die das Geschäft kürzlich auf der Basis des heutigen Kurses nachvollzog, kam nicht auf 24, sondern immerhin auf 669,42 Dollar. 1877 behauptete ein anderer Historiker, die Holländer hätten die Indianer überhaupt nicht mit Geld, sondern »mit Schmuck, Knöpfen und anderem Tand« bezahlt. Obgleich auch für diese Hypothese keinerlei Beweise existieren, wurde sie seit jener Zeit gern für Berechnungen herangezogen und floss in die Gründungslegende ein. In späteren Jahren diente sie als Beleg für alles und jeden: Sie zeige, wie die Europäer die Ureinwohner Amerikas über den Tisch gezogen hätten, und illustriere den Geschäftssinn der Holländer, die den Indianern Land abgeluchst hatten, dessen Geldwert diese gar nicht einzuschätzen vermochten. Die Legende wurde von Generation zu Generation weitergegeben und ist heute Teil des amerikanischen Volksglaubens sowie das Einzige, was fast jeder US-Bürger über die frühe Stadtgeschichte weiß. Zwar lässt sie sich nicht mit antiken Mythen – etwa von Romulus und Remus, die von einer Wölfin gesäugt wurden und später Rom gründeten – vergleichen, doch sie entspricht genau dem Geist der großen Handelsstadt: Nicht Invasoren oder Gottes Werk standen am Anfang, sondern ein handfestes Geschäft, bei dem Grund und Boden für Geld den Besitzer wechselte. Vermutlich wird die Geschichte jedoch vor allem deshalb gerne erzählt, weil es nach wie vor Faszination erzeugt, wie sich ein wenige Quadratkilometer großes Waldstück in eine der wertvollsten und am dichtesten besiedelten Grundflächen der Welt verwandelte.

bei der überwiegenden Mehrheit der 110 Männer, Frauen und Kinder aus 30 Familien gar nicht um Holländer im engeren Sinn, sondern um Wallonen, also französischsprachige Protestanten. Sie machten die schmale, zerklüftete Insel am Ausgang der Bucht zu ihrem Hauptsitz, »der Schlüsselbastion des Landes«, wie es damals hieß, und nannten sie Manna-hata. Dieses Indianerwort bedeutete nach Meinung der einen »Insel der Berge«, nach Auffassung der anderen jedoch »Ort der großen Trunkenheit«.

Die Siedlung an der Südspitze der Insel wurde nach der holländischen Metropole, wo die Niederländisch-Westindische Kompanie ihren Stammsitz hatte, Neu-Amsterdam getauft. Im Frühjahr 1625 hatten die Neuankömmlinge bereits einige Holzhütten an der windgeschützten Ostseite der Insel errichtet, dazu ein steinernes Handelskontor, eine Brauerei, eine Mühle, die Festung Fort Amsterdam und einen kleinen Posten für den Pelzhandel.

Hunderte von Indianern lebten zu jener Zeit auf der Insel. Um die Handelsbeziehungen mit ihnen zu erleichtern, bauten die Siedler wenig später einen alten Pfad aus, der vom Fort in nördliche Richtung führte. Aus dieser zunächst Heere Straat, dann Breede Wegh genannten Straße entstand später der Broadway.

Von Anfang an war Neu-Amsterdam eine Handelsniederlassung mit allem, was dazugehört: Alle Bürger standen im Dienst der Kompanie, der Generalgouverneur wurde von Vertretern der Kompanie höchstpersönlich ernannt und hatte »alles Erforderliche zu tun ... um den Handel zu stärken«. Die Siedler waren so sehr damit beschäftigt, Geld zu verdienen, dass es fast ein Jahrzehnt dauerte, bis sie eine Kirche bauten. Acht Jahre lang fand der Sonntagsgottesdienst der Niederländisch Reformierten Kirche auf dem Speicher über der Mühle statt.

Das Jahr 1626 brachte zwei historische Ereignisse von erheblicher Tragweite. Am 26. Mai versammelte Generalgouverneur Peter Minuit die Führer aller auf der Insel ansässigen Indianerstämme und verteilte Waren – wohl in erster Linie Äxte, landwirtschaftliches Gerät, Schmuck und Kleidung. Wir »haben die Insel Manhatten für 60 Gulden von den Wilden gekauft«, berichtete der holländische Kaufmann Pieter Jansen Schagen später in einem Brief nach Amsterdam. Entspricht diese Angabe der Wahrheit, dann hatten die Niederländer mit etwa 500 Dollar rund 50 qkm Land erworben – eine geradezu lächerliche Summe. Die Lenape, deren Ahnen seit dem Ende der letzten Eiszeit auf der Insel gelebt hatten, dachten zunächst, es handele sich um eine Art Pacht für ein zeitlich begrenztes Arrangement.

Einen Monat später, im Juni 1626, brachte ein Schiff die ersten afrikanischen Sklaven aus Angola nach Neu-Amsterdam, elf an der Zahl. Sie halfen beim Bau der Festung und rodeten Land für holländische Bauern.

»Die Kolonie hat sich nun fest auf Manhattes etabliert«, schrieb der Physiker und Journalist Nicolaes van Wassenaer nach einem Besuch im Jahr 1626. »Meister Kryn Frederycks, seines Zeichens Ingenieur, hat mit der Planung eines Forts von beträchtlichen Ausmaßen begonnen ... Jeder ist hier stark mit seinen eigenen Angelegenheiten beschäftigt. Die Leute arbeiten genau wie in Holland: Der Erste treibt Handel in alle Himmelsrichtungen, der Zweite baut Häuser, der Dritte bestellt seinen Acker.«

Laut van Wassenaers Statistik erwarb die Kompanie in diesem Jahr 7246 Biber-, 675 Otter-, 48 Nerz- und 36 Wildkatzenfelle von den Einheimischen und verschiffte sie von Neu-Amsterdam aus nach Holland.

»Mit den Fellen von Bibern, Ottern, Füchsen und Nerzen, Wildkatzen und ähnlichen Tieren wird Handel im großen Maßstab getrieben«, so Johannes de Laet, ein offizieller Vertreter der Kompanie, in einem Bericht an seine Kollegen in Amsterdam. »Das Land ist ausgezeichnet und bietet alles Wünschenswerte, riesige Bäume und Weinstöcke. Um es in eine der schönsten und fruchtbarsten Gegenden in diesem Teil der Erde zu verwandeln, ist nichts weiter vonnöten als menschliche Tatkraft und Geschicklichkeit.«

Als der Pelzhandel weiter zunahm, entstanden rund um den Hafen neue Siedlungen. 1635 errichteten niederländische Kolonisten das Dorf Breuckelen, das den Namen einer holländischen Stadt trug. Mit dem Ruderboot gelangte man von hier aus nach Manhattan hinüber. Vier Jahre später ließ sich ein dänischer Kapitän namens Jonas Bronck mit seiner Familie auf einem großen Anwesen nördlich von Manhattan nieder, das nach dem Besitzer bald schlicht »die Broncks« hieß.

Das alte Siegel der Kolonie Neu-Niederlande weist darauf hin, worum es in der Frühzeit der Siedlung vor allem ging: Ein knuddeliger Biber liefert den Pelz, und eine Glasperlenkette dient als Tauschmittel.

*Neuengland hat die Geschichte Amerikas erobert. So wurde 1620 das große Jahr, die* Mayflower *das entscheidende Schiff. Doch … die Holländer hatten sich längst in Manhattan niedergelassen, als die ersten Schiffe vor Plymouth Rock auftauchten. Und während die Puritaner, die für die freie Ausübung ihres Glaubens viel gewagt hatten, jede Art von Abweichung verfolgten … hieß die niederländische Kolonie jeden Exilsuchenden willkommen … In der Folge kamen Siedler jeglichen Glaubens, Hugenotten, schwedische und deutsche Lutheraner, schottische Presbyterianer, britische Independenten, Herrnhuter Brüder, Wiedertäufer und Juden … Tatsächlich kann sich die »polyglotte Pension«, heute vielfach als Plage verspottet, auf eine alte Tradition berufen, denn die meisten amerikanischen Grundsätze, welche die religiöse Toleranz und die Freiheit des Individuums betreffen, gehen auf unsere Vorfahren aus den Niederlanden, aus Neu-Amsterdam zurück.*

Ernest Gruening, *The Nation*,
29. November 1922

1639 zeichnete der Kartograf Johannes Vingboom die »Manatus-Karte«, auf der sich bereits die Lage der fünf späteren Stadtbezirke von New York City andeutet. Vermutlich entstand die Karte, um holländische Siedler in die entlegene Kolonie zu locken, indem man auf attraktive Ländereien für Farmbetriebe hinwies. Die Karte ist nicht nach Norden, sondern nach Osten ausgerichtet, sodass die

Küste von New Jersey oben liegt. Der Kartograf hat zahlreiche, zum Teil fantasievolle Namen eingefügt, etwa »Eyland Manatus«. »Staten Eylant« erhielt seine Bezeichnung niederländischen Generalstaats, der an der Einfahrt zum inneren Hafen lag. »Conyn Eylent«, das als kleiner Zipfel am heutigen Brooklyn hängt, verweist auf die dort zahlreich vor- chen. An der Westseite von Manhattan fließt der »Noort Rivier« (North River), wie der untere Lauf des Hudson River noch bis ins 20. Jahrhundert hinein bei vielen Seeleuten hieß. weist unter Nummer 43 den Besitz eines gewissen Jonas Bronck aus. Das Anwesen dieses wohlhabenden dänischen Bauern gab dem gesamten Stadtgebiet, der Bronx,

Doch während die Kompanie mit raschen und hohen Gewinnen rechnete, kam der Aufbau der Kolonie nur langsam voran. Neu-Amsterdam lag Tausende von Meilen entfernt am äußersten Rand der bekannten Welt, und obwohl sich die Niederländisch-Westindische Kompanie nach Kräften bemühte, Siedler in die Neue Welt zu locken (Freiwilligen gewährte man kostenlose Überfahrt und schenkte ihnen ein Stück Land), verspürten nur wenige Niederländer die Lust, ins Ungewisse zu reisen. In ihrer Not schickte die Kompanie Waisen aus holländischen Armenhäusern und weitere Sklaven, doch es mangelte weiterhin an Arbeitskräften. Mehr als ein Jahrzehnt nach der Stadtgründung lebten erst etwa 400 Menschen in Neu-Amsterdam, und darunter fanden sich zahlreiche Schmuggler, Prostituierte und Trunkenbolde.

Die Generalgouverneure kamen und gingen. Als Willem Kieft 1638 seinen Dienst antrat, war er über die stillstehenden Windmühlen und verwahrlosten Güter der Kompanie entsetzt. Auf dem Gelände der Festung suhlten sich Schweine, und in einem Viertel aller Häuser befanden sich Gassenschänken.

Es sollte aber noch schlimmer kommen. Der Handel mit Fellen verlor an Attraktivität, weshalb die Kolonisten weiteres Land rodeten, um Felder anzulegen. Damit war der Konflikt mit den Ureinwohnern vorprogrammiert. 1643 versuchte Generalgouverneur Kieft, der wegen seines eisernen Regiments den Spitznamen »Willem der Unwirsche« erhielt, die Indianer mit einer Steuer zu belegen. Als sie die Zahlung verweigerten, begann er einen jahrelangen grausamen Krieg, um das »indianische Lumpengesindel« ein für alle Mal auszurotten.

Am 26. Februar 1643 fiel ein Trupp niederländischer Soldaten im Auftrag von Kieft über zwei Dörfer der Lenape her und tötete Männer, Frauen und Kinder im Schlaf. Dann trennten die Männer einigen Opfern die Köpfe ab und kehrten mit ihren Trophäen nach Fort Amsterdam zurück. Hunderte Indianer und Dutzende Siedler starben noch vor Ablauf des Jahres, das als »Blutjahr« in die Geschichte einging.

»Unsere Felder liegen brach«, schrieb ein Siedler 1644 zornig, »unsere Häuser sind abgebrannt, die Ernte, die uns der Herr im vergangenen Sommer geschenkt hat, verfault auf den Feldern ... Wir wissen nicht, wovon wir unsere Frauen und Kinder ernähren sollen, und sitzen hier zwischen Tausenden von barbarischen Indianern, die keinen Frieden wollen und kein Erbarmen kennen.«

Die Verantwortlichen der Niederländisch-Westindischen Kompanie hatten die Nase voll: 1645 bestellten sie Willem Kieft nach Amsterdam, wo er sich verantworten sollte. Sein Schiff geriet jedoch vor Wales in einen Sturm und ver-

**1653 konnten Reisende, die sich von Süden Neu-Amsterdam näherten, bereits erste Früchte von Stuyvesants Herrschaft sehen. Die kompanieeigene Windmühle und die Reformierte Kirche mit den Zwillingsgiebeln, die der Generalgouverneur auf dem Gelände der erneuerten Festung hatte errichten lassen, beherrschen das Bild der bis dahin noch spärlich besiedelten Stadt. Im Vordergrund steht am neu angelegten Kai ein Waagebalken, der nicht nur zum Wiegen von Lasten, sondern auch als Galgen diente.**

Peter Stuyvesant im Alter von 50 Jahren auf einem 1660 entstandenen Porträt von Henrick Couturier. Der einbeinige Puritaner gehörte zu den bestgehassten Generalgouverneuren der Stadt und war berühmt für seine Wutausbrüche und seine eiserne Hand. »Wenn unsere Meinung ihm nicht passt, gerät er heftig in Zorn«, klagte ein holländischer Kaufmann. Doch Stuyvesant sorgte in der Kolonie für Ordnung und arbeitete während seiner 17-jährigen Amtszeit unermüdlich darauf hin, die auf ihre Unabhängigkeit bedachte Gemeinde zu einer prosperierenden Stadt zu machen.

sank mit Mann und Maus, sodass er nie zur Rechenschaft gezogen wurde. Auf der anderen Seite des Atlantiks machte die Kolonie ihre bis dato schlimmste Krise durch – die Bevölkerung stagnierte, Trunksucht und Kriminalität stiegen, und die Moral war auf dem Tiefstand. Fast schien es, als sei das Experiment gescheitert.

**PETER STUYVESANT**

*Auf der Insel Manhatten und in der direkten Umgebung leben rund vier- oder fünfhundert Menschen unterschiedlicher Herkunft und Religion: Der Generalgouverneur berichtete mir, dass die Leute 18 verschiedene Sprachen sprechen; sie leben verstreut am oberen und unteren Lauf des Flusses – eben dort, wo die Gegend ihnen am einladendsten scheint. Einige kundige Handwerker üben ihr Geschäft im Schutz der Festung aus, alle anderen jedoch müssen ständig mit Überfällen der Eingeborenen rechnen, die im Jahr 1643, als ich mich dort aufhielt, gut 40 Holländer töteten sowie Häuser und Scheunen voller Weizen niederbrannten.*

Pater Isaac Jogues, 1646

Im Frühjahr 1647 traf wieder einmal ein neuer Generalgouverneur ein. Der große 37-jährige Soldat und Pastorensohn hatte in einer Seeschlacht vor der Küste Westindiens sein rechtes Bein durch eine Kanonenkugel verloren und war von den besorgten Kompaniedirektoren hastig von Curaçao nach Neu-Amsterdam entsandt worden.

Peter Stuyvesant, ein Mann mit eisernem Willen und wenig Humor, dazu ein Puritaner durch und durch, hatte strenge Anweisung, gründlich in der heruntergekommenen Kolonie aufzuräumen. »Ich werde euch führen wie ein Vater seine Kinder führt«, erklärte er den störrischen, widerspenstigen Siedlern bei seiner Ankunft, und es zeigte sich rasch, dass er seinen Auftrag ziemlich ernst nahm.

Zunächst einmal schloss er Frieden mit den Lenape, dann gründete er die erste öffentliche Polizeitruppe der Stadt. Neun Männer patrouillierten nach Einbruch der Dunkelheit in den unbeleuchteten Straßen der Stadt und sollten »Diebe und andere, die die Ordnung verletzen oder Schaden anrichten, ... verfolgen, angreifen und gefangen nehmen«. Um die allgemeine Moral zu stärken, stellte er das Trinken an Sonntagen sowie öffentliche Messerkämpfe unter Strafe und belegte alle mit einer Geldbuße, die nicht regelmäßig zum Gottesdienst erschienen, auf dem Broadway zu schnell fuhren oder Unzucht mit Rothäuten trieben.

All diese Maßnahmen standen am Beginn einer langen und stürmischen Beziehung zwischen dem Generalgouverneur und den Kolonisten. Auch wenn die Siedler sich am Anfang erbittert gegen Stuyvesants harte Hand wehrten, bekam die Kolonie unter seiner Führung doch langsam Boden unter den Füßen.

Er erkannte schnell, dass Neu-Amsterdam durch Fellhandel und Landwirtschaft allein nie zu Wohlstand gelangen würde, und beschloss, in ein einträglicheres Geschäft – den Sklavenhandel – einzusteigen. In den folgenden Jahren entwickelte sich die Kolonie zu einem bedeutenden Umschlagplatz für die menschliche Ware. Die Kaufleute profitierten vom Dreieckshandel und verschifften Sklaven von Afrika in die Karibik, nach Süd- und Nordamerika, Rum und Melasse dagegen aus Übersee nach Europa.

In weniger als einem Jahrzehnt verwandelte sich die verwahrloste Siedlung in eine ehrenwerte Gemeinde mit Kanälen und Windmühlen, 340 Häusern und 1500 Einwohnern. Bald gab es eine Schule, ein Postamt, ein Hospital, ein Gefängnis, ein Armen- und Waisenhaus sowie eine Polizeiwache. Die Kompanie stellte der Stadt afrikanische Sklaven zur Verfügung, die das felsige Ufer begradigten, sodass Schiffe nun näher am Festland ankern konnten. Kurze Zeit später entstand der erste Kai.

1653 gestattete der Generalgouverneur den auf ihre Unabhängigkeit bedachten Bürgern Neu-Amsterdams sogar, einen eigenen Rat zu berufen. Im Februar trat auf Manhattan der erste Stadtrat Nordamerikas zusammen. Die fünf Schöffen oder Ältesten trafen sich in einer Kneipe, die man eilig zum Rathaus ernannt hatte.

Als Erstes genehmigten sie den Bau einer Mauer, die sich quer über die Insel vom East River bis zum Hudson ziehen und feindlich gesinnte Indianer sowie Engländer fern halten sollte. Man wollte das Stadtgebiet gezielt gegen das Umland abschotten und griff damit die Grundidee auf, die schon am Beginn der Besiedlung Manhattans gestanden hatte: Ressourcen auf eng begrenztem Raum zu konzentrieren, um das menschliche und ökonomische Potenzial möglichst effizient zu nutzen.

*Die Luft ist ein lieblicher Herrscher, welcher Weisheit und Macht beeinflusst, Menschen, Tiere und Pflanzen hervorbringt. Viele nennen sie auch Temperament oder Klima. Die Luft in Neu-Niederlande ist so trocken, lieblich und gesund, dass wir uns nicht wünschen sollten, es wäre anders. Sie ist so rein, angenehm und fein, dass wir in keinem anderen Land eine bessere finden könnten.*

Adriaen van der Donck, 1653

*Alle trinken hier, vom ersten Augenblick an, da sie einen Löffel ablecken können ... Frauen stehen mit einer Pfeife im Mund um ein Kohlenbecken; Junge und Alte, alle rauchen.*

Nicasius de Sille, 1653

Trotz Stuyvesants Bemühungen wuchs Neu-Amsterdam nie so schnell wie die Kette der britischen Kolonien, die sich beiderseits von Neu-Niederlande entfalteten. Um den chronischen Mangel an Arbeitskräften zu beheben, ließ der Generalgouverneur schließlich fast jeden einwandern, der sich arbeitswillig zeigte, obwohl dies seinem Sinn für Ordnung widersprach.

1654 berichteten offizielle Vertreter der Kompanie, auf den Straßen von Neu-Amsterdam seien 18 Sprachen zu hören, darunter Englisch, Französisch, Irisch, Deutsch, Spanisch, Polnisch und Portugiesisch. Die Kolonie entwickelte sich zu einem Anziehungspunkt für die unterschiedlichsten Kulturen, weshalb Stuyvesant fürchtete, über kurz oder lang die Kontrolle zu verlieren. »In den englischen und französischen Kolonien leben Engländer und Franzosen«, klagte er 1661, »sie stehen fest und einig zusammen, während in Neu-Niederlande der Abschaum aller Nationen landet, der nicht das geringste Interesse am Gemeinwohl zeigt.«

Stuyvesants wichtigster Ratgeber, der Calvinist Johannes Megapolensis, vertrat ebenfalls die Auffassung, dass man den Besorgnis erregenden Zustrom von Ausländern stoppen müsse. In der Kolonie herrsche schon fast ein

**Kaum zwei Jahrzehnte nach seiner Gründung galt Neu-Amsterdam bereits als Sündenpfuhl. 1638 stellte ein Neuankömmling erstaunt fest, dass in einem Viertel aller Häuser der kleinen Kolonie »Rum verkauft oder Tabak und Bier angeboten« wurde. Peter Stuyvesant versuchte vergebens, der Trunksucht und Zügellosigkeit auf Manhattan Einhalt zu gebieten. Das Gemälde *Peter Stuyvesants Armee* aus dem 19. Jahrhundert belegt, dass die Stadt ihren schlechten Ruf trotz aller Bemühungen nicht loswurde.**

Peter Stuyvesant tat, was er konnte, um den Zustrom von Lutheranern, Papisten und Mennoniten einzudämmen. 1656 tadelte er einen Schuster namens William Wickendam öffentlich, weil dieser Konvertiten im East River getauft hatte, und verbannte ihn aus der Kolonie. John Whetten Ehningers Gemälde ***Peter Stuyvesant und der Schuster*** fasst diesen Vorfall ins Bild.

Zustand »babylonischer Verwirrung«, schrieb er. »Denn unter den Niederländern gibt es Papisten, Mennoniten und Lutheraner, außerdem viele Puritaner und Freidenker sowie zahlreiche Atheisten ... und sie alle bezeichnen sich offiziell als Christen. Noch größere Verwirrung würde wohl entstehen, wenn sich auch noch die starrköpfigen Juden hier niederließen.«

Genau dies aber geschah. Im September 1654 flohen 23 sephardische Juden vor der Inquisition aus Brasilien nach Neu-Amsterdam. Jetzt war die Geduld Stuyvesants am Ende, und er verfasste eine Bittschrift an die Direktoren der Niederländisch-Westindischen Kompanie und forderte, sie zurückschicken zu dürfen. Denn »es sollte keinem Juden erlaubt sein, die Kolonie Neu-Niederlande zu beschmutzen«.

Die Flüchtlinge reichten ihrerseits eine Petition ein, in der sie baten »dass Euer Ehren die Juden nicht ausschließen, sondern ihnen freie Durchreise und das Aufenthaltsrecht in diesem Land gewähren möge, da ihr Ruf sonst Schaden nehmen würde.« Man möge »den Juden gestatten ... dort zu reisen, zu leben und Handel zu treiben und ... alle Freiheiten zu genießen, sofern diese wie alle anderen Steuern zahlen«.

Zu Stuyvesants großer Enttäuschung sprach sich die Kompanie für ein Bleiberecht aus und erinnerte ihn daran, dass die Kolonie als Handelsniederlassung und nicht als religiöse Gemeinschaft gegründet worden war. Da zu den Investoren der Niederländisch-Westindischen Kompanie auch einige wohlhabende Juden gehörten, rügten die Direktoren den Generalgouverneur ob seiner Intoleranz und bestanden auf einer Aufnahme der Flüchtlinge.

»Das Gewissen«, hieß es in einer späteren Stellungnahme, »sollte rein und ungetrübt sein, solange die Menschen bescheiden und friedlich leben und der Regierung keine Feindschaft bekunden. Bisher wurde die Stadt gemäß diesen Grundsätzen der ... Toleranz regiert, und so kam es, dass die Unterdrückten und Verfolgten aus aller Herren Länder bei uns Asyl gefunden haben. Fahren Sie in gleicher Weise fort, und Gott wird Sie segnen.«

Murrend fügte sich Stuyvesant. Die Juden durften bleiben, ihren Glauben allerdings nicht öffentlich praktizieren. Am 12. September 1654 fand in einem Privathaus an der Ecke des späteren Broadway und der Mill Lane das erste jüdische Neujahrsfest Nordamerikas statt.

REDRAFT
of
THE CASTELLO PLAN
NEW AMSTERDAM
in
1660
JOHN WOLCOTT ADAMS
I.N. PHELPS STOKES
1916

Im Sommer 1660 schuf Jacques Cortelyou, der Generalgouverneur von Neu-Amsterdam, die so genannte Castello-Karte, die den Namen der florentinischen Villa trägt, in der sie im Jahr 1900 entdeckt wurde. Die Karte zeigt die Kolonie während der letzten Tage der niederländischen Herrschaft. Aus der Vogelperspektive lässt sich gut erkennen, dass das heutige Finanzzentrum bereits damals in Grundzügen angelegt war. Der Breede Wegh – später Broadway – verlief südlich des Bowling Green. Der gebogene Kanal, der einst ins Herz der dicht bebauten Stadt hineinführte, zog sich an der heutigen Broad Street entlang bis zur Mauer, die an der Stelle der heutigen Wall Street verlief. Die Mauer und die beiden großen Flüsse begrenzten das damalige Stadtgebiet, das wie eine Miniaturausgabe von Amsterdam wirkte, gute Verteidigungsmöglichkeiten bot und dank seiner kompakten Anlage für Geschäfte aller Art geeignet schien. Die detailreiche Ansicht zeigt 342 Häuser und Gebäude, Fort Amsterdam, die kompanieeigenen Kaianlagen und die Windmühle, aber auch Gemüsegärten und Hinterhöfe. »An diesem Ort, in Manhatten, leben viele Menschen, zurzeit stehen dort über 350 Häuser, sodass man allmählich von einer echten Stadt sprechen kann«, schrieb der holländische Kapitän Jacob Jansen Hays am 30. September 1660, einen Monat nach Fertigstellung der Castello-Karte.

**Im Osten endete die Mauer von Neu-Amsterdam am East River beim Water Gate, einem von zwei bewachten Zugängen zur Stadt. Das erste der Häuser, die im Hintergrund oberhalb des Pferdewagens zu sehen sind, bewohnte vier Jahre lang der berüchtigte Reeder und Pirat Kapitän William Kidd.**

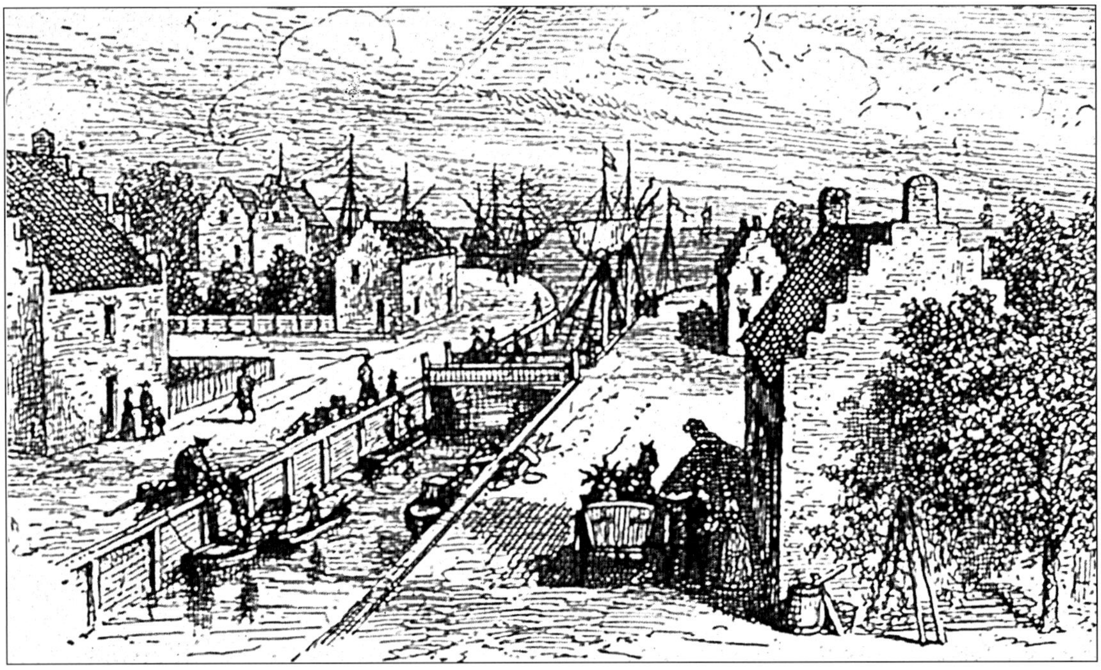

**Blick nach Südosten zum Ufer des East River und auf die Heere Gracht, einen kleinen Fluss, den Peter Stuyvesant zu einem Kanal hatte verbreitern lassen, damit Güter und Waren direkt in die Stadt gelangen konnten. Der Kanal verwies neben der Windmühle am deutlichsten auf die holländischen Ursprünge der Stadt und erinnerte die Bewohner an ihre Heimat. Gerade deshalb – und weil er bei Ebbe fürchterlich stank – ließen ihn die Engländer zuschütten und 1676 sogar zupflastern.**

Völlig unbeabsichtigt begünstigte der kleine niederländische Außenposten am Ende der Welt die Entstehung einer neuen Gesellschaftsform, die sich deutlich von jener der übrigen Kolonien auf dem Kontinent unterschied. Die englischen Puritaner etwa, die fünf Jahre nach Neu-Amsterdam die Stadt Boston gegründet hatten, verlangten von allen Bürgern, dass sie sich ihrem Glauben anschlossen oder die Gemeinde verließen. Die pragmatischen Niederländer ließen dagegen alle – sogar erklärte Atheisten – in Ruhe, sofern sie nur bereit waren, zum Gemeinwohl beizutragen. Genau diese Vielfalt bildete in späteren Jahrhunderten die Basis für die größten Herausforderungen, aber auch die wichtigsten Erfolge der Kolonie.

### ENGLISCHE HUNDE

Letztlich regierten die Niederländer die Kolonie nur kurze Zeit – von 1624 bis 1664. Den-

Als Neu-Amsterdam zu Ehren von James Stuart, dem Herzog von York (rechts), in New York umbenannt wurde, spielte dieser bereits eine wichtige Rolle in der Kolonialpolitik. Anfang 1664 überredete er seinen Bruder, König Karl II., ihn mit der Kolonie Neu-Niederlande zu belehnen. Dann rüstete er rasch eine britische Flotte aus und erhob Anspruch auf seinen neuen Besitz.

noch schufen sie in dieser Zeit viele grundlegende Rahmenbedingungen, die die weitere Entwicklung prägen sollten, etwa die Konzentration auf den Handel, die multikulturelle Gesellschaft und eine gewisse Aufgeschlossenheit für den Wandel. Da die Kolonie nie den Profit erwirtschaftete, mit dem die Kompanie gerechnet hatte, vermochte man auch den Briten, nach wie vor Erzfeinde der Holländer, immer weniger entgegenzusetzen.

Jahrelang schwelte der Konflikt zwischen den beiden Großmächten. 1658 beklagten sich 100 britische Kapitäne in einer Petition an Oliver Cromwell bitterlich über die Übergriffe der beutegierigen und unzivilisierten Konkurrenten auf hoher See. »Die Holländer gönnen uns unseren Profit weder zu Wasser noch zu Lande«, schrieben die erzürnten Seeleute. »Sie weigern sich, uns Wasser zu verkaufen, wenn wir es auf See benötigen, und nennen uns ›englische Hunde‹, was unser britisches Ehrgefühl sehr kränkt. Sie segeln nicht mit uns, sondern schießen auf uns und bringen ihre Waren auf Umwegen heimlich in unsere Häfen.«

1664 eskalierte der Streit – ausgerechnet in Nordamerika. Englische Siedler drangen von Virginia aus nach Norden und von Massachusetts durch Connecticut nach Süden vor. Großbritannien wollte sein inzwischen 1000 Meilen langes Küstengebiet am Atlantik festigen und sämtliche Rivalen vom Kontinent vertreiben.

Am Morgen des 27. August liefen vier schwer bewaffnete englische Kriegsschiffe in den Hafen ein, fest entschlossen, die niederländische Kolonie notfalls mit Gewalt zu erobern.

Peter Stuyvesant erklomm mühsam den Wachturm von Fort Amsterdam und bereitete sich auf die Schlacht vor. »Lieber würde ich mich gleich ins Grab legen, als einfach aufzugeben«, sagte er. Doch bevor ein einziger Schuss gefallen war, erhielt der Generalgouverneur eine von 93 Kaufleuten der Stadt (darunter sein eigener Sohn) unterzeichnete Bittschrift. Die Kaufleute ersuchten ihn dringend, den »absoluten Ruin und die Zerstörung« zu bedenken, welche die britischen Kanonen in der dicht bebauten Stadt anrichten konnten, und flehten ihn an, die Stadt kampflos zu übergeben.

Letztlich blieb Stuyvesant keine Wahl. Angesichts der hoffnungslosen Lage und der wenig kampfbereiten Einwohnerschaft gab er auf.

Eine Woche später wehte die blau-weiß-orange Fahne der Niederlande zum letzten Mal über Fort Amsterdam, dann verließen Stuyvesant und seine Truppen die Festung für immer.

Die nächsten Jahre verbrachte der Mann, der Ordnung in die Siedlung gebracht und ihre Zukunft gesichert hatte, auf einem Anwesen nördlich der Stadtmauer, wo er auf dem Gebiet von Greenwich Village eine Obstplantage besaß.

Sein Nachfolger, der englische Gouverneur Richard Nicolls, war klug genug, den Übergang von der holländischen zur britischen Herrschaft so fließend wie möglich zu gestalten. Er versicherte seinen neuen Untertanen, dass geltendes Recht beibehalten werde, niederländische Beamte behielten ihre Posten, und bei geschäftlichen Transaktionen galt Niederländisch weiterhin als offizielle Sprache. Der Gouverneur bot sogar jedem, der die Herrschaft der Briten nicht akzeptieren mochte, eine kostenlose Schiffspassage zurück nach Holland an, doch niemand machte von dem Angebot Gebrauch.

Quasi über Nacht wechselte Neu-Niederlande also den Besitzer, danach waren die Menschen allerdings ein volles Jahrzehnt damit beschäftigt, ihre Identität zu finden, sie fühlten sich nun weder als Holländer noch als Briten.

Am 29. August 1664, zwei Tage nachdem die Briten die Macht übernommen hatten, wurde Neu-Amsterdam zu Ehren des Herzogs von York, des Bruders von König Karl II., offiziell in New York umbenannt. Man hatte ihm die Kolonie zum Geburtstagsgeschenk gemacht. Am Tag danach ging jeder wieder seinen Geschäften nach, als wäre nichts geschehen.

### DIE HAND GOTTES

*Was die Indianer anbetrifft, so leben nur noch wenige auf der Insel, und diese sind keineswegs gefährlich, sondern den Engländern sehr zu Diensten. Es ist erstaunlich zu sehen, wie sich ihre Zahl durch den Willen Gottes verringerte, seit die Engländer sich in dieser Gegend niederließen, denn als ich hierher kam, gab es noch sechs Städte, jetzt aber sind es nur noch zwei kleine Dörfer, und so bemerkt jeder, dass die Göttliche Hand überall Platz schafft, wo die Engländer hinkommen, indem sie die Indianer Krieg gegeneinander führen lässt oder ihnen tödliche Krankheiten schickt.*

Daniel Denton, 1670

Obgleich die Briten Freundschaftsverträge mit den Lenape schlossen, nachdem sie 1664 die Kontrolle über die Kolonie übernommen hatten, zwangen sie die Ureinwohner, sich andernorts anzusiedeln. Innerhalb weniger Jahre mussten sie alle Gebiete aufgeben, die innerhalb der Grenzen der heutigen Stadt New York lagen. Ende des 18. Jahrhunderts waren die meisten Eingeborenen entweder den neuen Krankheiten erlegen oder auf der Suche nach unbesiedeltem Land den Hudson hinaufgezogen.

*Welches Volk bewohnte die Insel Manhatta zuerst? Es existierte einmal, doch ist es nicht mehr. Die wilden Kinder der Natur – unbeeinflusst vom weißen Mann streiften sie durch die Wälder und fuhren in ihren leichten Kanus über das ruhige Wasser. Aber schon war die Zeit gekommen, da Fremde in ihre Jagdgründe eindrangen, um einen mächtigen Staat zu gründen. Wo immer diese auftauchten, errichteten sie ihre erbarmungslosen Grundsätze, die weiterbestehen, bis der letzte Ureinwohner ausgerottet ist.*

E. Porter Belden, 1849

**Als einer der ersten Briten fasste John White das Leben der Ureinwohner ins Bild. *Die Art wie sie fischen* (oben) zeigt amerikanische Ureinwohner an der Atlantikküste. Die Indianer siedelten in weiten Teilen der späteren Stadtbezirke von New York City, zum Beispiel in Queens am Rockaway (»sandiger Ort«), Maspeth (»schlechte Wasserstelle«) und Jamaica (»Biberort«), in Brooklyn und Canarsie (»Grasstelle«).**

Von dem Porträt rechts, das heute in der New-York Historical Society hängt, glaubte man lange, es zeige Lord Cornbury, doch viele Historiker bezweifeln inzwischen, dass der glücklose Vicomte tatsächlich Frauenkleider trug, wie seine Feinde behaupteten. Edward Hyde, Lord Cornbury, ältester Cousin der britischen Königin Anne und königlicher Gouverneur von New York (1702–1708), stand jedenfalls im Zentrum eines der größten politischen Skandale in der Geschichte der Stadt.

Ganz links: Ausschnitt aus *The Restitutio View* (um 1673). Die Ureinwohner wurden innerhalb weniger Jahrzehnte nach der Ankunft der Europäer ausgerottet. Dennoch waren die Holländer von ihren frühen Handelspartnern beeindruckt. »Männer und Frauen haben breite Schultern und schmale Taillen«, schrieb der holländische Siedler Adriaen van der Donck 1655. »Ihr Haar ist schwarz, glatt und geschmeidig ... ihre Haut ist nicht so weiß wie unsere, doch gibt es einige von ihnen mit zarter Haut, und die meisten kommen mit schönem Teint zur Welt ... Die Frauen sind gefällig und faszinierend. Einige unserer Landsleute haben sich mit ihnen zusammengetan, bevor unsere Frauen kamen, und halten ihnen die Treue.«

Die wenigen, die blieben, heirateten Weiße und vergaßen ihre Sprache und die alten Sitten. Bald beherrschte fast niemand mehr das Idiom der Algonkin, und mit ihm starb auch die Kultur der Ureinwohner, die einst die Region so zahlreich bevölkert hatten.

Im Rückblick wunderte sich mancher Historiker, der sich mit der frühen Geschichte New Yorks befasste, wie rasch die Ureinwohner von der Bildfläche verschwunden waren – in einer für sie unabwendbaren und letztgültigen Auseinandersetzung, welche die Gemüter bis auf den heutigen Tag bewegt. In der Stadt, die wie kaum eine andere von Menschenhand geformt wurde, erinnern heute nur noch die Namen von Straßen und Plätzen an die Ureinwohner.

## NEW YORK

119 Jahre lang herrschten die Engländer über New York, und in dieser Zeit veränderte sich auch der Blickwinkel: Befand sich die Kolonie zu Beginn an der Peripherie eines europäischen Reiches, so stand sie später im Mittelpunkt eines anderen. Die Holländer hatten sie einst als schlichten Handelsposten am Ende der Welt gegründet, doch für die Briten war die Kolonie das letzte Verbindungsglied in einer Kette von Besitzungen an der Atlantikseite Amerikas.

Langsam, aber sicher gliederten sie die Kolonie in ihr Reich ein. Sie verteilten das Land rund um den Hafen neu und benannten es nach Mitgliedern des britischen Königshauses.

Die Ebenen rund um Brooklyn hießen zu Ehren von König Karl nun Kings County, das Gebiet im Norden wurde Queens getauft, und mit Bezug auf den Herzog von Richmond, einen Sohn des Königs, bezeichnete man Staten Island jetzt als Richmond.

*In New York gibt es zum Ersten einen Kaplan ... der Anglikanischen Kirche, des Weiteren einen holländischen Calvinisten, dann einen französischen Calvinisten und einen holländischen Lutheraner. Hier leben ... wenige Katholiken, aber umso mehr Quäkerprediger ... Singende Quäker, redende Quäker, Sabbatianer und Anti-Sabbatianer, ein paar Anabaptisten, einige Freidenker, einige Juden, kurz, von allem etwas und, noch öfter, nichts von alledem.*

Gouverneur Thomas Dongan, 1687

*Etwa 3000 Familien leben in der Provinz, rund die Hälfte sind holländischer Abstammung, ein großer Teil kommt aus England, der Rest aus Frankreich. In Fragen der Religion herrscht wenig Einigkeit. Manche sind intelligent & aufrichtig, die meisten jedoch unwissend & töricht, wankelmütig & gleichgültig. Was nun den Reichtum und die damit verbundene Gesinnung angeht, so sind die Holländer reich & sparsam, die Engländer sind nicht so reich und können schlechter haushalten, die Franzosen sind arm und müssen daher geizig sein. Was ihre Geschäftstüchtigkeit anbetrifft, so sind sie alle schlau und listig, und viele halten ihr Wort nicht so, wie sie sollten.*

John Miller, 1695

Die Engländer versuchten zwar, den Übergang zu erleichtern, hatten aber genau wie die Holländer so ihre Mühe, in diesem Schmelztiegel der Nationen und Kulturen einigermaßen die Ordnung aufrechtzuerhalten.

Im Jahr 1685 starb Karl II. und sein Bruder, der Herzog von York, bestieg den Thron. Gleich zu Anfang versuchte er, die Verwaltung von New York mit jener der benachbarten Kolonien New Jersey, Pennsylvania und Neuengland zusammenzuschließen. Damit löste er einen Proteststurm bei den in New York ansässigen Holländern aus, denn diese fürchteten, dass sie bald überhaupt nichts mehr zu sagen hätten.

*der einen wunderbaren Hafen für Schiffe bildet. Die Gebäude bestehen zumeist aus Backsteinen, sie sind sehr hoch und prachtvoll ... Ihr Inneres verdient Bewunderung. Die Engländer sind sehr modisch gekleidet. Die Holländer, insbesondere die durchschnittlichen Frauen, unterscheiden sich dagegen deutlich von uns ... Sie tragen dicke Ringe mit großen Steinen in vielen Farben und ebensolche Ohrgehänge.*

Sarah Kemble Knight, 1704

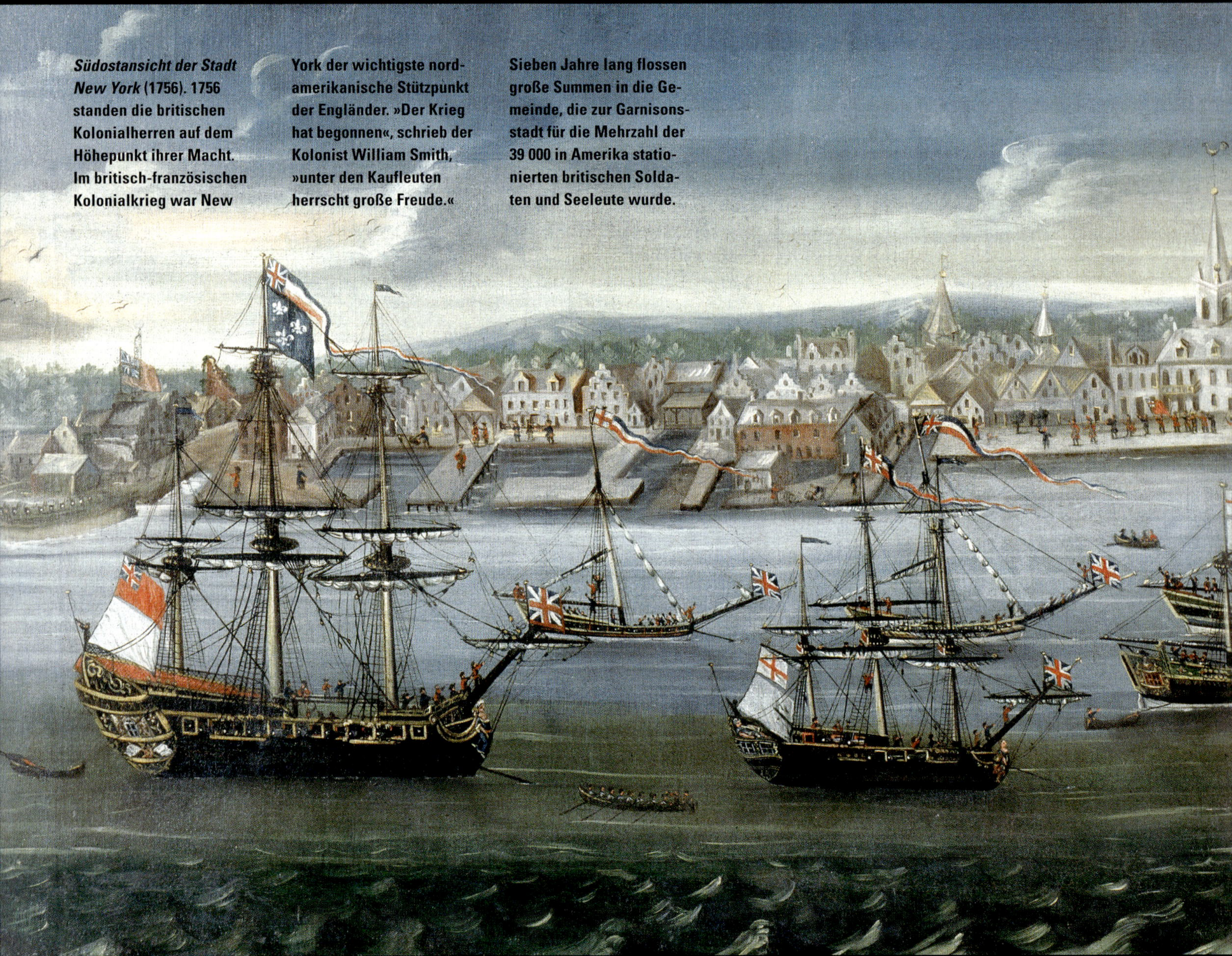

***Südostansicht der Stadt New York*** **(1756). 1756 standen die britischen Kolonialherren auf dem Höhepunkt ihrer Macht. Im britisch-französischen Kolonialkrieg war New York der wichtigste nordamerikanische Stützpunkt der Engländer. »Der Krieg hat begonnen«, schrieb der Kolonist William Smith, »unter den Kaufleuten herrscht große Freude.« Sieben Jahre lang flossen große Summen in die Gemeinde, die zur Garnisonsstadt für die Mehrzahl der 39 000 in Amerika stationierten britischen Soldaten und Seeleute wurde.**

**Ansicht der Stadt New York** (1768), nach einem Stich von Thomas Howdell. Im Vergleich zu den Kaianlagen am East River wirken die Westbezirke (rechts) noch ländlich. »Das Auge eines Europäers«, schrieb der Franzose St.-Jean de Crèvecœur 1772 bei einem Besuch in der Stadt, »ist angenehm überrascht, wie der felsige Küstenstreifen sich verwandelt hat: Heute stehen hier herrliche Gärten mit eleganten Häusern und hübsche Villen mit Obstbäumen neben Weiden und Feldern.« Das große Gebäude in der Mitte der Ansicht ist das King's College, die spätere Columbia University.

1717 bestand das Dorf Brooklyn nur aus einigen wenigen Häusern unweit des Fähranlegers nach Manhattan (hier ein Detail aus einem Panoramastich aus dem gleichen Jahr von William Burgis, der den Hafen ins Bild fasst. Rechts erkennt man James Hardwicks *publick house of entertainment*, eine von über 100 Schenken und Kneipen am Hafen.

1689 führte der Kaufmann Jacob Leisler einen Volksaufstand an und übernahm mit Unterstützung der holländischen Einwohner vorübergehend die Herrschaft über die Stadt. Die Engländer schlugen die Revolte brutal nieder, verzichteten jedoch auf die Zusammenlegung der Kolonien. Im Mai 1691 wurden Leisler und einige seiner Anhänger vor Gericht gestellt und zum Tod durch den Strang verurteilt. Auf Anordnung des königlichen Gouverneurs Henry Sloughter sollten sie in der Park Row »aufgehängt werden, falls sie aber am Leben blieben, sollte man ihre Eingeweide herausreißen und, falls sie immer noch lebten, diese vor ihren Augen verbrennen, sie köpfen und vierteilen.«

Einige Jahre später kam es erneut zu Unruhen, als Königin Anne ihren Vetter, den herrischen Vicomte Edward Hyde, Lord Cornbury, mit der Verwaltung der Kolonie betraute. Cornburys Gegner sandten eine Petition an die Herrscherin und bemühten sich nach Kräften, den Ruf des Lords zu schädigen. Angeblich veruntreute er öffentliche Gelder, verfolgte die Presbyterianer und zeigte eine seltsame Vorliebe für Frauenkleider. »Es war nicht ungewöhnlich«, behauptete einer seiner Kritiker, »dass er in Frauengewändern durch die Festung schritt, in welcher er residierte. Durch derartige Launen zog er sich den Zorn des gesamten Volkes zu.« »Ich vertrete eine Frau«, soll Cornbury in aller Schärfe erwidert haben, »und versuche in jeder Hinsicht, ihr so ähnlich wie möglich zu sein.« Niemand fand je heraus, ob der Lord einer politischen Schmierenkampagne ersten Ranges zum Opfer gefallen war oder tatsächlich eine verhängnisvolle Neigung zur Travestie besaß. Jedenfalls wurde er nach vier Jahren zurück nach London beordert.

Ungeachtet aller Schwierigkeiten, die nicht zuletzt durch eine Reihe inkompetenter Gouverneure hervorgerufen wurden, profitierte die Hafenstadt gewaltig von ihrer Mitgliedschaft im britischen Empire. England war mittlerweile zur bedeutendsten Seemacht der Erde aufgestiegen und New York gehörte zu den wichtigsten Bastionen des rasch expandierenden Welthandelsnetzes.

1699 vermerkte der königliche Gouverneur befriedigt, New York sei »die am schnellsten wachsende Stadt Amerikas«. In diesem Jahr wurde die von den Holländern errichtete Mauer abgerissen, um Platz für neue Häuser zu schaffen, und an ihrer Stelle legte man eine neue Straße, die Wall Street, an. Im Umland entstanden weitere Siedlungen, ältere Orte wurden größer, zum Beispiel das zwei Meilen nördlich gelegene Dorf Greenwich Village, das den Namen einer Stadt bei London trug, und, fünf Meilen weiter, Harlem, ein Bauerndorf, das man einst nach einem Vorort von Amsterdam benannt hatte.

Unter der englischen Herrschaft wuchs auch der Hafen, der inzwischen an alle wichtigen Handelsrouten der Briten angeschlossen war.

Jahr für Jahr liefen mehr Schiffe aus: Waren es gegen Ende der holländischen Herrschaft noch 35 pro Jahr, so belief sich ihre Zahl ein Jahrhundert später bereits auf stolze 700. Auch die Kaufleute konnten sich nicht beklagen – sie verschifften Holz und Korn nach Großbritannien, transportierten Manufakturwaren vom Mutterland weiter nach Afrika und importierten Elfenbein, Gold, Sklaven, Melasse und Rum aus Afrika und Westindien. 1740 war New York hinter London und Philadelphia bereits der drittgrößte Hafen des Empire.

Das Herz der Hafenstadt schlug am Ufer des East River, wo sich rund um das Dock und die Kaianlagen alles um Schiffe und Handel drehte. Schiffskonstrukteure und Böttcher, Segelmacher und Seiler, Weber, Gerber und Drucker, irische Uhrmacher, britische Kutschenbauer, deutsche Metallarbeiter, dazu Perückenmacher und italienische Friseure teilten sich das Areal. Häufig arbeiteten Frauen mit Männern zusammen oder führten selbst ein Geschäft als Putzmacherin, Färberin, Näherin oder Spülerin. Blanche White, die eine Polsterei mit angeschlossenem Bestattungsinstitut leitete, warb stolz für »Begräbnisse mit allem, was dazugehört und sämtlichen in England üblichen Dienstleistungen«.

Mittlerweile lebten 11.000 Menschen in New York, eine bunte Mischung aus alteingesessenen holländischen Familien, englischen Kaufleuten, Kolonialbeamten und Seeleuten, Schmugglern und Reedern, Protestanten und Katholiken, Sklaven und freigelassenen Schwarzen. Sie alle bevölkerten die geschäftige und gleichwohl erstaunlich malerische Stadt an der Südspitze der Insel und bildeten eine kompakte, wenn auch keineswegs harmonische Gesellschaft, die sich durch eine starke Durchmischung der Klassen auszeichnete.

Überall gab es Kneipen und Tavernen, nicht zuletzt, weil es in Manhattan stets an trinkbarem Grundwasser fehlte. 1740 zählte man 150 genehmigte Schenken. Wohlhabendere Kaufleute trafen sich im King's Arms, im Merchants' Coffee House oder im White Lion unweit des Broadway. Seeleute, Sklaven und freie Schwarze zogen die derberen Spelunken rund um die Docks vor. Ein Bürger beschwerte sich über ein besonders anrüchiges Etablissement mit dem bedeutungsschweren Namen »Sign of the Dog's Head in the Porridge Pot«, wo sich »der Abschaum der Gesellschaft« allabendlich in einer »verlotterten« Gaststube traf.

In den Kneipen spielte sich das eigentliche Leben ab, hier nahmen Kaufleute ihre Post entgegen, wurden Arbeitsstellen vermittelt, Güter versteigert und Geschäfte getätigt. Und natürlich diskutierte man hier auch über die Artikel aus britischen Zeitungen, zu denen sich ab 1725 mit der *New York Gazette* und dem *Weekly Journal* erstmals auch zwei in Manhattan erscheinende Blätter gesellten. Man tauschte Neuigkeiten aus und beschwerte sich über dies und das, vom ungenießbaren Trinkwasser über die Unfähigkeit des amtierenden Gouverneurs bis hin zu den jüngsten, vom Parlament beschlossenen Handelsbeschränkungen.

Im Winter 1741 beherrschte ein einziges Thema die Gemüter: Überall in der Stadt waren mysteriöse Brände ausgebrochen. In den darauf folgenden Wochen suchten die königlichen Beamten verzweifelt nach den Schuldigen. Ausgerechnet ein für den Wohlstand der Kolonie grundlegender Faktor führte dazu, dass diese beinahe in Flammen aufging.

## DER AUFSTAND

*Hiermit wird im Namen des Gouverneurs angeordnet, dass jeder Weiße eine Belohnung erhält, der zur Ergreifung einer oder mehrerer Personen beiträgt, die Wohn- oder Lagerhäuser in der Stadt in Brand stecken.*

Daniel Horsmanden, 1741

Fast von Anbeginn an hatten Sklaven in der Kolonie gelebt. Seit der Herrschaft der Niederländer war New York mehr als irgendeine andere Siedlung nördlich von Maryland von der Zwangsarbeit und den Gewinnen aus dem Sklavenhandel abhängig.

Peter Stuyvesant hatte sich diesen Umstand rasch zu Nutze gemacht und bat deshalb mehrfach die Direktoren der Niederländisch-Westindischen Kompanie, weiterhin Sklaven in die Kolonie zu entsenden. »Sie sollen fleißig und stark sein«, schrieb er 1660, »sofort beim Bau der Festung und für andere Arbeiten einsetzbar sein und gegebenenfalls auch im Krieg gegen die wilden Barbaren Dienst leisten können, etwa um diese zu verfolgen oder um für die Soldaten Lasten zu tragen.«

Die meisten holländischen Sklaven, die als Landarbeiter und Hausdiener arbeiteten oder für öffentliche Arbeiten herangezogen wurden, waren Eigentum der Kompanie. Diese gewährte ihnen sogar gewisse Freiheiten. So durften sie unter anderem vor Gericht klagen, eigene Familien gründen, Land an den Stadträndern besitzen, und sie galten unter Umständen in einigen Bereichen als freie Bürger, wenn sie ein gewisses Alter erreichten.

Die Engländer behandelten die Sklaven weniger pfleglich und nahmen ihnen auch noch diese wenigen Rechte. Fortan galten alle Sklaven bis an ihr Lebensende als bewegliche Güter, und jene, die dennoch die Freiheit erlangten, durften kein Land und kein Haus besitzen.

Indessen stieg ihre Bedeutung für die englische Wirtschaft, denn man benötigte sie als unbezahlte Arbeitskräfte und als Wertgegenstände, die nach Belieben gekauft, verschachert oder vermietet wurden. Im Jahr 1711 hatte der Sklavenhandel in New York so große Ausmaße angenommen, dass man am East River einen eigenen Sklavenmarkt gründete.

Einige New Yorker hielten die Sklaverei für barbarisch. »Sklavenhaltung verdirbt den Charakter«, sagte ein Quäkerprediger, »genauso sicher, wie Kälte Wasser gefrieren lässt.« Dennoch spielten die Sklaven Jahr für Jahr eine wichtigere Rolle im städtischen Alltag, und die Nachfrage stieg. Um 1730 bildeten Sklaven ein Fünftel der New Yorker Einwohnerschaft – insgesamt 2000 Männer, Frauen und Kinder.

Jeden Morgen sah man sie zum Markt am Ende der Wall Street laufen, wo sie als Tagelöhner oder Hausdiener vermietet wurden. Während sie warteten, tauschten sie Neuigkeiten mit freien Schwarzen aus und hofften auf eine Gelegenheit, ihren Fesseln zu entkommen.

Die Spannungen wurden allmählich spürbar. »Wenn wir sonntags die Messe besuchen, sind die Straßen voller tanzender Sklaven«, schrieb der anglikanische Pastor Elias Neau erzürnt. Alljährlich im Mai strömten Freigelassene und Sklaven auf die Straßen von New York, um Pinkster, einen mit afrikanischen Riten durchmischten holländischen Feiertag, zu begehen. Am »Election Day« wählten sie für einen Tag einen schwarzen König und veranstalteten einen Festzug durch das Hafenviertel am Nordrand der Stadt. Je mehr Sklaven es gab, desto stärker fürchteten die Weißen, freie

**Links unten: Ab 1626 brachte die Westindische Kompanie Sklaven nach New York, wo sie beim Straßenbau helfen und Land für Bauern roden sollten. Nach den Holländern waren die Afrikaner die zweitältesten Stadtbewohner. Als 1643 diese Ansicht von Neu-Amsterdam entstand, lebten dort weniger als 100 Sklaven. Nach der Ankunft von Peter Stuyvesant nahm ihre Zahl allerdings rasch zu. Er besaß selbst 40 Sklaven und wollte den Sklavenhandel zu einem ökonomischen Standbein der Stadt machen.**

**Rechts oben: An Deck der *Brookes*, eines englischen Sklavenschiffs, wurden Ende des 18. Jahrhunderts während einer Fahrt oft bis zu 300 Afrikaner in die Neue Welt verschleppt.**

**Rechts unten: Ab 1711 nutzte man einen offenen Schuppen am Ende der Wall Street als städtischen Sklavenmarkt. Allmorgendlich mieteten weiße Hausverwalter hier Arbeiter und Hausdiener an, natürlich konnte man hier auch Sklaven kaufen und verkaufen.**

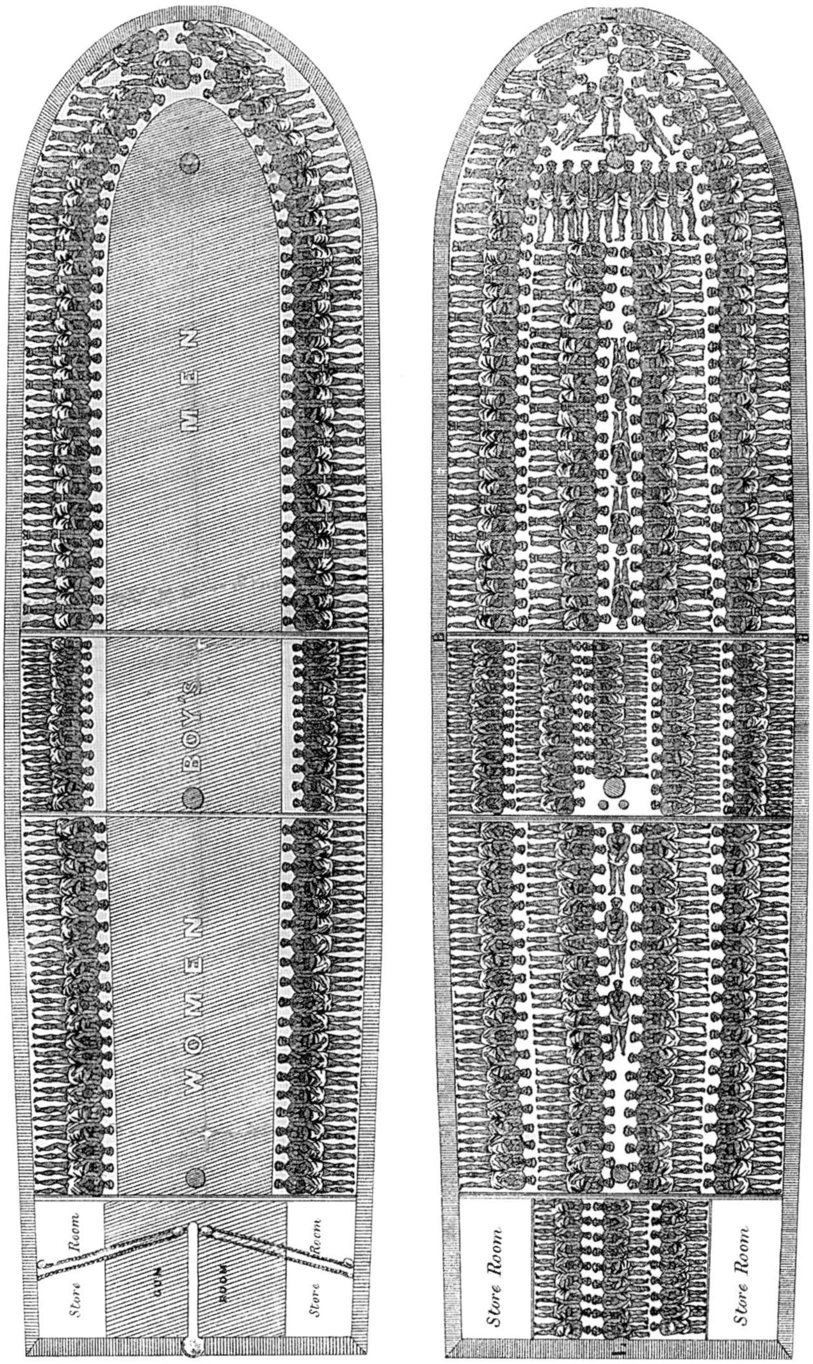

Schwarze könnten ihre afrikanischen Brüder zum Aufstand anstacheln. Häufige Treffen von »Negersklaven in den Häusern freier Neger sorgen für starke Unruhe«, beklagte ein Kolonialbeamter.

Immer öfter kam es zu gewaltsamen Übergriffen. 1712 zündeten 25 Schwarze ein Gebäude an der Ostseite der Insel an und überfielen Weiße, die das Feuer löschen wollten. Die Rebellion konnte rasch niedergeschlagen werden, die Aufrührer wurden verurteilt und hingerichtet. »Einige wurden verbrannt, andere aufgehängt, einer gerädert und einer in Ketten zur Schau gestellt, um zu demonstrieren, welche Strafen die Übeltäter zu erwarten haben«, schrieb der königliche Gouverneur. Neue Gesetze schränkten die Bewegungsfreiheit der Sklaven in der Stadt ein, schürten letztlich aber nur deren Unmut.

Im Winter 1741 eskalierte der Konflikt. Berichte von Sklavenaufständen in anderen Kolonien hatten die Ängste der Weißen bereits geschürt, als im Februar ein Tabakladen geplündert wurde und mysteriöse Brände die King's Chapel, die Unterkünfte der Armee und die Häuser und Geschäfte bekannter New Yorker beschädigten.

Sogleich fiel der Verdacht auf die Schwarzen. »Wenn wir die Brände betrachten, welche jüngst in der Stadt ausgebrochen sind«, schrieb der Oberste Richter Daniel Horsmanden, »gelangen wir zu der Auffassung, dass sie von verbrecherischen Banden feindlich gesonnener Objekte gelegt wurden.« Im März – der Stadtrat suchte immer noch verzweifelt nach den Schuldigen – meldete sich das 17-jährige irische Dienstmädchen Mary Burton und sagte gegen ihren Herrn, den katholischen Kneipenbesitzer John Hughson, aus, in dessen Schänke sich Sklaven und freie Schwarze häufig trafen. In der Hoffnung, sich die zur Ergreifung des Täters ausgesetzte Belohnung zu verdienen, behauptete sie die wildesten Dinge. Unter anderem sagte sie aus, Hughson und seine Frau hätten mit den Negern ein Komplott geschmiedet, und bezichtigte sie, schwarze Messen abgehalten zu haben.

Sogleich erfasste wilde Hysterie die Stadt. Einige Schwarze gehörten mit ziemlicher Sicherheit tatsächlich zu den Unruhestiftern, doch da man keinen von ihnen dingfest machen

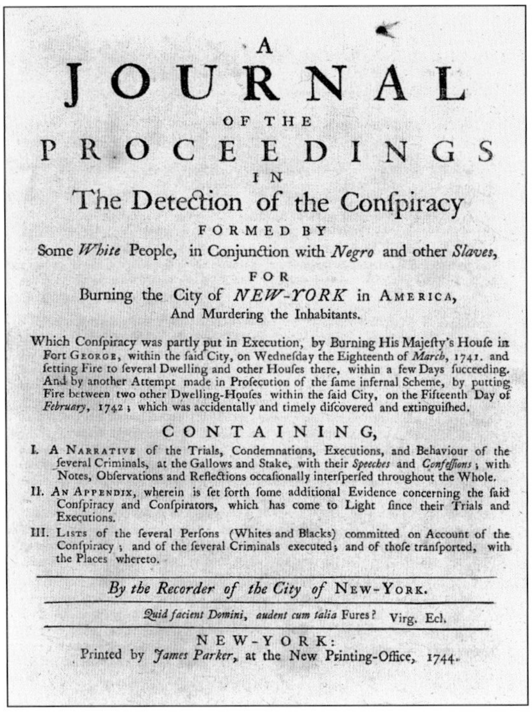

A
JOURNAL
OF THE
PROCEEDINGS
IN
The Detection of the Conſpiracy
FORMED BY
Some *White* People, in Conjunction with *Negro* and other *Slaves*,
FOR
Burning the City of *NEW-YORK* in AMERICA,
And Murdering the Inhabitants.

Which Conſpiracy was partly put in Execution, by Burning His Majeſty's Houſe in Fort GEORGE, within the ſaid City, on Wedneſday the Eighteenth of *March*, 1741. and ſetting Fire to ſeveral Dwelling and other Houſes there, within a few Days ſucceeding. And by another Attempt made in Proſecution of the ſame infernal Scheme, by putting Fire between two other Dwelling-Houſes within the ſaid City, on the Fifteenth Day of *February*, 1742; which was accidentally and timely diſcovered and extinguiſhed.

CONTAINING,

I. A NARRATIVE of the Trials, Condemnations, Executions, and Behaviour of the ſeveral Criminals, at the Gallows and Stake, with their *Speeches* and *Confeſſions*; with Notes, Obſervations and Reflections occaſionally interſperſed throughout the Whole.

II. AN APPENDIX, wherein is ſet forth ſome additional Evidence concerning the ſaid Conſpiracy and Conſpirators, which has come to Light ſince their Trials and Executions.

III. LISTS of the ſeveral Perſons (Whites and Blacks) committed on Account of the Conſpiracy; and of the ſeveral Criminals executed; and of thoſe tranſported, with the Places whereto.

*By the Recorder of the City of* NEW-YORK.

*Quid facient Domini, audent cum talia* Fures? Virg. Ecl.

NEW-YORK:
Printed by *James Parker*, at the New Printing-Office, 1744.

**1744 erschien Daniel Horsmandens *Journal of the Proceedings of the Detection of the Conspiracy*. Im Februar 1741 eskalierte der seit Jahrzehnten schwelende Konflikt zwischen Schwarzen und Weißen, als mysteriöse Brände ausbrachen und die weiße Bevölkerung eine Erhebung der Sklaven aus Afrika befürchtete. Horsmanden, einer der Richter am Obersten Gerichtshof, war für die brutalen Unterdrückungs- und Strafmaßnahmen der nachfolgenden Wochen und Monate mitverantwortlich. Als drei Jahre später feststand, dass die Verschwörung nie die behaupteten Ausmaße gehabt hatte, verfasste er eine Verteidigungsschrift, um seine Urteile und sein Handeln zu rechtfertigen.**

konnte, ließen die Richter sie einfach verhaften und stellten sie wegen Hochverrats vor Gericht. In den darauf folgenden Wochen musste jeder Schwarze um sein Leben fürchten, und geriet ein Weißer in Verdacht, mit ihnen zu paktieren, erging es ihm kaum besser.

»70 Neger sitzen zurzeit im Gefängnis«, schrieb Daniel Horsmanden, »und es steht zu befürchten, dass die meisten Neger (von denen es hier sehr viele gibt) von der Verschwörung gegen die Christen wussten. Sechs haben sich selbst gerichtet, drei wurden verurteilt und hingerichtet – einer verbrannt, einer gerädert und ein Dritter gehängt ... Wir werden uns erst wieder sicher fühlen, wenn wir die Rechte dieser verfluchten Rasse einschränken oder ihre Zahl stark verringern.«

Insgesamt verhaftete man 160 Schwarze und 21 Weiße. Mehr als zwei Dutzend Sklaven wurden gefoltert, gehängt oder verbrannt. Mittelalterliche Strafen, die seit Jahrzehnten aus den Gesetzbüchern verschwunden waren, kamen urplötzlich wieder zur Anwendung, um verdächtigen Schwarzen Geständnisse abzupressen und Unschuldige zu zwingen, die Namen vermeintlicher Verschwörer preiszugeben.

Im Juni schienen die Maßnahmen Früchte zu tragen. Keiner erfuhr je, wie viele Menschen tatsächlich an der Verschwörung beteiligt waren und ob es eine solche überhaupt gegeben hatte. Angesichts der drohenden Strafen konspirierten die Schwarzen nur noch im Untergrund, und es dauerte über ein Jahrhundert, bis der letzte Sklave New Yorks die Freiheit erhielt.

Nur wenig später erschütterte ein neuer Konflikt die Kolonie. Diesmal verbündeten sich Kaufleute, Handwerker und Seeleute gegen die königliche Regierung. Der Weg der Kolonie in die Unabhängigkeit stand bevor.

## DIE LETZTEN TAGE DER KOLONIE

*An den Herausgeber: Seriösen Berechnungen zufolge, Sir, gibt es in dieser Stadt mindestens 1000 Hunde. Ich meine nicht jene der Rasse Mensch, die zu eliminieren eine wahre Herkulesarbeit wäre. Die Hunde, die ich meine, sind echt und stören mit ihrem Geheul den Schlaf der Gesunden und den unruhigen Schlummer der Kranken, sie verursachen Albträume und machen das Überqueren der Straße nach Sonnenuntergang zu einer echten Gefahr.*

Beschwerdebrief,
*New York Independent Reflector*, 1753

*Das stattliche Bild der Stadt erstaunte mich ... Nie hätte ich gedacht, dass ich in Amerika einen Ort mit über 2000 eleganten Backsteinhäusern, gepflasterten, weiträumigen Straßen, schönen Kaianlagen und Lagerhäusern vorfinden würde, oder gar einen Hafen mit Hunderten von Handelsschiffen und Fischerbooten – doch genauso sieht die Stadt aus, mit der nur wenige in England es aufnehmen können.*

Britischer Schiffsoffizier, 1756

1763 blickte New York auf zwei Jahrzehnte blühender Geschäfte zurück. Sieben Jahre lang hatten die Briten in Kanada Krieg gegen die Franzosen und die Indianer geführt, und während dieser Zeit war die Stadt der wichtigste Anlaufhafen für den Hudson hinaufziehende und heimkehrende britische Truppen gewesen.

Vor allem die in der Kolonie ansässigen Kaufleute profitierten von dem Konflikt. »Ich sehe«, schrieb Benjamin Franklin 1756 nach einem Spaziergang durch Manhattan, »wie New York immer reicher wird, denn die Unterbringung und Versorgung der Truppen spült enorm viel Geld in die Stadt.« Zu dieser Zeit war New York zwar noch kleiner als Philadelphia, hatte

Boston jedoch bereits überholt und galt mit Fug und Recht als echte Metropole.

Die Türme der anglikanischen Trinity Church und des neu gegründeten King's College beherrschten die kompakte Skyline und diesseits wie jenseits des Atlantiks hielt man New York für die englischste aller britischen Siedlungen in Amerika. »Zurzeit umfasst sie über 3000 [Häuser]«, schrieb ein britischer Offizier 1764, »rund 300 Läden, zwölf Kirchen und Gebetsstätten und rund 20.000 Einwohner – hier leben mehr Neger als in irgendeiner anderen Provinz im Norden, und weil hier Regierung und Militärverwaltung ihren Sitz haben und alles für Amerika bestimmte Geld durch diese Stadt fließt, ist New York so reich.«

Nie wieder profitierte eine Stadt so stark von der Mitgliedschaft im britischen Empire. Als der Kolonialkrieg schließlich endete, zogen die Truppen ab und mit ihnen endeten die lukrativen Verträge. »Die Soldaten trinken nun in wärmeren Gefilden«, klagte der Kaufmann John Watts. Zwei Jahre später versuchten die Briten, die der Krieg an den Rand des Ruins getrieben hatte, den Kolonien einen Teil der Schuld aufzubürden. Vorschläge, die in diese Richtung zielten, lösten einen Proteststurm aus, der letztlich zur Abspaltung New Yorks und seiner Schwesterkolonien vom Mutterland führte.

**Alexander Hamilton, unehelicher Sohn eines bankrotten schottischen Adligen, wurde auf Nevis geboren, entwickelte sich aber zu einem typischen New Yorker: Die rastlose Hafenstadt eignete sich perfekt, um die Vergangenheit hinter sich zu lassen und das Glück in der Zukunft zu suchen.**

### DIE STEMPELAKTE

*Die Kaufleute dieser Stadt haben folgenden Beschluss gefasst, den 400 von uns unterschrieben haben: Nach dem 1. Januar 1766 werden wir bis zur Zurückziehung der Stempelakte keine aus Europa eintreffenden Waren mehr zum Verkauf anbieten.*

Evert Bancker, 1765

Der Ärger begann im Frühjahr 1765, als das Parlament mit der Stempelakte eine spezielle Abgabe auf nahezu alle Druckerzeugnisse aus den amerikanischen Kolonien beschloss. Die Steuer betraf insgesamt 43 verschiedene Arten von Papieren und Dokumenten aus den unterschiedlichsten Bereichen, etwa Verträge, Handzettel, Frachtbriefe, Schulzeugnisse, Zeitungen, Brauereilizenzen, Eheverträge und Spielkarten. Genau wie in den übrigen britischen Kolonien erregte die Steuer auch in New York die Gemüter und erzürnte Kaufleute und Bürger.

»Wenn die Interessen des Mutterlandes und seiner Kolonien nicht vereinbar sind«, erklärte eine New Yorker Zeitung, »dann ist es an der Zeit, beide voneinander zu trennen.« Am 30. Oktober 1765, einen Tag bevor das Gesetz in Kraft trat, trafen sich 200 Kaufleute in der City Arms Tavern am Broadway und beschlossen, die Steuer zu boykottieren. Am nächsten Tag blieben die Läden geschlossen, die Flaggen wehten auf Halbmast und Trauerflor schmückte die Spieltische in den Kaffeehäusern. Am Abend versammelten sich 2000 wütende Matrosen, Handwerker, Lehrlinge und freie Schwarze auf der Gemeindewiese, marschierten zum Haus des Gouverneurs am Bowling Green, verbrannten symbolisch eine Puppe des königlichen Vertreters und zündeten seine Kutsche an.

Das Parlament gab klein bei und schaffte die Steuer 1766 wieder ab. 1770 errichteten dankbare New Yorker Kaufleute auf dem Bowling Green eine mächtige Bronzeskulptur von König Georg III., um ihre Verbundenheit mit der britischen Krone zu bekunden.

Doch in den folgenden Jahren erhoben die Briten immer neue und immer höhere Steuern auf Zucker, Melasse oder Tee und entfachten erneut den Zorn der New Yorker. Bis zur endgültigen Trennung der Kolonie vom Mutterland sollte nicht mehr viel Zeit vergehen.

### REVOLUTION

*Zwar mangelt es der Stadt nicht an Glanz und Reichtum, wohl aber an gut erzogenen Bürgern … Zwar wurden wir mit Respekt behandelt, doch sah ich keinen einzigen echten Gentleman oder auch nur einen wohlerzogenen Menschen, seit ich hierher kam. Sie vermögen sich nicht gepflegt zu unterhalten, Bescheidenheit oder Aufmerksamkeit anderen gegenüber ist ihnen fremd. Sie reden sehr laut, schnell und alle gleichzeitig. Wenn sie eine Frage stellen, bringt man kaum drei Worte hervor, und schon wird man unterbrochen, weil sie beim nächsten Thema sind.*

John Adams, 1774

Im Juni 1773 ging ein 16-jähriger unehelicher Knabe von der westindischen Insel Nevis in New York an Land, fest entschlossen, dort sein Glück zu machen. »Wie ein Saatkorn, das günstige Winde auf fruchtbaren Boden wehten«, schrieb ein Biograf später, so kam Alexander Hamilton am Vorabend bedeutender historischer Umwälzungen in die Stadt. Er war nichts weiter als ein Einwanderer, der die Vergangenheit abstreifen wollte, doch nur wenig später tat er alles, was in seiner Macht stand, um New York in die Unabhängigkeit zu führen.

Er war, wie John Adams später bissig und wenig zutreffend bemerkte, »der Bastard eines schottischen Hausierers«. Als Hamilton sieben Jahre alt war, ließ der Vater, ein bankrotter schottischer Adliger, die Familie im Stich, die Mutter starb fünf Jahre später. Als Zwölfjähriger arbeitete er in St. Croix im Büro einer New Yorker Reederei, die dem wohlhabenden Kaufmann Nicholas Cruger gehörte. Der zarte, hochintelligente Knabe führte das Geschäft bald nahezu allein, wählte Schiffsrouten, sandte Frachter in alle Welt und verwaltete Güter und Geld in beträchtlicher Größenordnung. Als Dank für seine Dienste holte Cruger ihn nach New York, um ihn unter seine Fittiche zu nehmen.

1773 schrieb sich Hamilton im King's College ein. Zu jener Zeit brodelte es in New York mehr als in jeder anderen Stadt Amerikas: Die einstige Bastion der britischen Krone gab sich jetzt patriotisch, wenngleich selbst die erbittertsten Gegner Englands noch vor der völligen Trennung vom Mutterland zurückschreckten. »Mit Furcht und Zittern sehe ich kommen, dass wir, wenn der Streit mit Großbritannien andauert, bald vom schlimmsten aller Herren regiert werden, nämlich dem entfesselten Pöbel«, so der New Yorker Anwalt Morris.

Für Hamilton gab es indes keinen Zweifel. Er war überzeugt, dass die Zukunft nicht dem Empire, sondern dem Handel und den freien Bürgern gehörte, und warf sich mit jugendlichem Elan mitten hinein in die politische Auseinandersetzung. Er schloss sich den Sons of Liberty, einer patriotischen Geheimgesellschaft, an und veröffentlichte mit ihnen ein Pamphlet, das die New Yorker aufforderte, dem englischen Parlament abzuschwören und sich auf ihre natürlichen Rechte als freie Männer zu besinnen.

»Unser Kampf mit England«, erklärte er im Dezember 1774, »gründet sich auf die alles bestimmende Frage, ob die Bewohner Großbritanniens das Recht haben, über Leben und Eigentum der Bewohner Amerikas zu bestimmen oder nicht.« Der 17-jährige Knabe begeisterte schon bald mit seinen scharfsinnigen politischen Reden die Massen. Englandtreue New Yorker fürchteten seine ausgefeilte Rhetorik, doch für Gruppen wie die Sons of Liberty galt er bald als zukunftsweisendes »Orakel«.

*März 1775. Die Leute hier sind entzweit und schließen sich verschiedenen Lagern an. Politik, wohin man schaut! Männer, Frauen, Kinder, alle Schichten und Berufsgruppen denken nur noch an Politik.*

Dr. Robert Honyman

Dennoch waren Loyalisten und Patrioten gleichermaßen überrascht, als Hamiltons Ruf nach Unabhängigkeit im Frühjahr 1775 plötzlich ein Echo fand, früher noch, als er selbst es geglaubt hätte. Am Sonntag den 23. April galoppierte ein berittener Bote über die Poststraße von Boston nach New York. In Lexington und Concord war Blut geflossen, der Unabhängigkeitskrieg hatte begonnen. Aufgeregte New Yorker Patrioten stürmten sogleich das Rathaus, das Zollgebäude und die Waffenkammer und feierten das Ereignis mit einem Feuerwerk und einer Parade auf dem Broadway.

Die anfängliche Begeisterung wich einem leisen Unbehagen, als der Krieg näher rückte. Selbst der überzeugteste Patriot musste einsehen, dass die Insel Manhattan dem Gewehrfeuer der britischen Flotte hilflos ausgeliefert sein würde. »In der vergangenen Woche herrschten große Aufregung und Verwirrung«, schrieb der Pastor und Loyalist Ewald G. Schaukirk Ende April. »Angst und Schrecken erfüllt viele Menschen, und sie bereiten ihre Flucht auf das flache Land vor.« In den darauf folgenden Wochen und Monaten verließen Tausende New Yorker die Stadt. Viele Loyalisten gingen nach England, die Freiheitskämpfer schickten ihre Frauen und Kinder ins sichere Umland.

Im August lagen ganze Stadtviertel verlassen da. Die Kaffeehäuser an der Wall Street, in denen es einst von Menschen nur so gewimmelt hatte, machten dicht. »Einige Straßen wirken, als hätte die Pest in ihnen gewütet, so viele Haustüren sind verschlossen«, berichtete Pastor Schaukirk Ende des Monats. Vor Jahresende war die Bevölkerung um 80 Prozent von 25.000 auf knapp 5000 Menschen gesunken.

Alexander Hamilton entschied sich auszuharren. Nachdem er von den Gefechten in

**Um 1767 war New York zwar immer noch eine kompakte Siedlung an der Südspitze Manhattans, hatte die Grenzen von Neu-Amsterdam jedoch längst gesprengt. Aus diesem Jahr stammt die detailgetreue Karte des britischen Offiziers Bernard Ratzer. Am äußersten Nordrand der Stadt lag an der Stelle des heutigen City Hall Park die Gemeindewiese, hier begann die Poststraße nach Boston. Auf diesem Weg brachte im April 1775 ein Reiter die Kunde von den Gefechten in Lexington und Concord, die den Unabhängigkeitskrieg einläuteten.**

To His Excellency
Sir Henry Moore, Bar.t
Captain General and Governor in Chief
NEW YORK
This Plan
B. Ratzer
NORTH OR HUDSON'S RIVER
EAST RIVER
THE SOUND
Salt Meadows
Paulus Hook
Bucking Island
Kennedy's Island
The Governor's Island
The Wallabout Bay
PART OF THE BAY
Southward Boundaries
PLAN
of the
CITY of NEW YORK
in
NORTH AMERICA:
Surveyed in the Years 1766 & 1767.
References
Scale of 3000 Feet
Scale of One Mile
A South West View of the City of New York
Taken from the Governours Island

Lexington und Concord erfahren hatte, gab er sein Studium auf und beteiligte sich gemeinsam mit seinen Kommilitonen an Militärübungen in einem Kirchhof in Manhattan. Immer entschlossener engagierte er sich für die Revolution – er stahl Kanonen aus dem britischen Munitionslager in Fort George und gründete die »Erste New Yorker Artillerie«. Im Frühjahr 1776 wurde George Washington auf Hamilton aufmerksam, er ernannte ihn zum Oberst und machte ihn zu einem seiner engsten Berater.

1776 kam Washington persönlich mit seiner schlecht ausgerüsteten Kontinentalarmee von Boston nach Manhattan. Er war fest davon überzeugt, dass die Briten, wenn überhaupt, in New York mit der Niederschlagung des Aufstands beginnen würden. Die Inselstadt war, wie John Adams aus Massachusetts richtig bemerkte, wegen ihres riesigen Hafens und des breiten Flusses, der tief ins Landesinnere hineinführte, die strategische Schlüsselstellung in Nordamerika.

»Wenn sie die Kontrolle über die Stadt und den Hudson River erlangen«, so Washington, »können sie die Verbindung zwischen den Kolonien im Norden und jenen im Süden trennen, von der das Schicksal Amerikas abhängt.«

Das ganze Frühjahr über bemühten sich amerikanische Soldaten unter Washingtons General Charles Lee, die Insel gegen einen Angriff zu sichern. Die wenigen verbliebenen Zivilisten schauten zu, wie Kanonen durch die Straßen gerollt, Gräben ausgehoben und Wälle aufgeschüttet wurden. »General Lee unternimmt alles Menschenmögliche, um die Stadt zu befestigen«, schrieb der Kaufmann Frederick Rhinelander. »Sieht man die große Zahl verschlossener Häuser, möchte man meinen, die Stadt sei vollständig geräumt. Man sieht kaum noch Frauen und Kinder. Täglich kommen mehr Soldaten, sie brechen Häuser auf und quartieren sich überall ein. Not kennt kein Gebot.«

Tage und Wochen vergingen, während die New Yorker angstvoll darauf warteten, dass die britischen Schiffe am Horizont auftauchten. »Ich fühle mit euch, ... meine New Yorker Freunde«, schrieb ein New Yorker Zeitungsverleger, »denn ich gehe davon aus, dass man die Stadt in Schutt und Asche legen wird.«

Am Morgen des 29. Juni 1776 bot sich den Bewohnern New Yorks und Brooklyns ein seltsames Schauspiel. »Ich trat vor die Tür«, schrieb Daniel McCurtin, »und sah in der Bucht etwas, das von Ferne einem in Form geschnittenen Kiefernwald glich. Ich traute meinen Augen kaum. Ganz London schien vor der Tür zu stehen.«

Über Nacht waren 100 britische Kriegsschiffe in den Hafen gesegelt. In den nächsten Wochen ankerten fast 500 Schiffe, darunter 330 Transport- und Versorgungsschiffe, mit 10.000 Mann Besatzung und 32.000 Soldaten in der Bucht. New York erlebte die bis dato größte Wasser-Land-Invasion Großbritanniens, die später nur noch von der Landung in der Normandie während des Zweiten Weltkriegs übertroffen wurde. Es dauerte volle sechs Wochen, bis alle Schiffe entladen waren und die Truppen auf Staten Island Stellung bezogen hatten.

Auf der anderen Seite der Bucht bereitete sich New York auf den Krieg vor. Am 9. Juli 1776 versammelten sich Zivilisten und Soldaten auf der Gemeindewiese und lauschten der Unabhängigkeitserklärung, die in Manhattan erstmals laut verlesen wurde. Danach marschierten die Menschen den Broadway hinunter zum Bowling Green, schlugen die königlichen Kronen von den eisernen Pfosten und rissen die vergoldete Statue König Georgs III. nieder, die sie erst sechs Jahre zuvor errichtet hatten. Die zwei Tonnen schwere britische Statue wurde zu 42.088 Gewehrkugeln umgeschmolzen.

George Washington wollte die Inselstadt mit allen Mitteln gegen die mächtigste Seemacht der Welt verteidigen und griff in seiner Not zu einer schier unmöglichen Strategie. Er wusste,

***Ansicht des Angriffs auf Fort Washington und Rebel Redoubts bei New York am 16. November 1776* (links). An jenem Tag überquerte ein britisches Bataillon den Harlem River von der Bronx aus und attackierte Fort Washington, die letzte Bastion der Unabhängigkeitskämpfer an der Nordspitze von Manhattan (auf dem Hügel im Zentrum des Bildes von Captain Thomas Davies vom Königlichen Artillerieregiment). Von der anderen Seite des Hudson beobachtete Washington, wie 2000 seiner Soldaten tapfer, jedoch vergeblich versuchten, den überlegenen Briten standzuhalten.**

**Am 9. Juli 1776 marschierten patriotisch gesinnte Bürger und Soldaten zum Bowling Green und stürzten die mächtige Statue König Georgs III. (rechts). Der französische Graveur, der den Stich wenige Monate später veröffentlichte, schuf das Bild, ohne New York zu kennen. Bei der Statue handelte es sich in Wirklichkeit um ein Reiterstandbild, die »indianischen Aufrührer« mit Turbanen glichen keiner in New York lebenden Ethnie, und die Gebäude passen eher nach Paris als ins koloniale New York.**

dass er um jeden Preis auch die Hügel von Brooklyn auf der anderen Seite des East River halten musste, denn von dort aus konnten die Briten die Stadt mit ihren Kanonen zerstören. Hierzu musste er jedoch seine Truppen teilen und das größte Kontingent von Manhattan weg nach Long Island bringen, wobei er Gefahr lief, dass General William Howes weit überlegene Armee ihm den Weg abschneiden würde.

Das Risiko war groß, doch Washington blieb keine Wahl. Am 22. August begann der britische Kommandeur mit der Verlegung von 20.000 Soldaten, darunter 5000 hessische Söldner, von Staten Island zur Gravesend Bay fünf Meilen südlich von Brooklyn. Am 25. August, noch während die Engländer nach Norden zogen, brachte Washington 7000 Männer nach Brooklyn und befahl ihnen, sich in den Hügeln südlich des kleinen Dorfes zu verschanzen.

Am 26. August 1776 begann die Schlacht um New York. Für die amerikanische Seite endete sie mit einem Desaster. Washingtons schlecht ausgebildete Rekruten waren den kriegserfahrenen Briten in jeder Hinsicht unterlegen. Diese stießen von Flatbush nach Norden vor, während eine zweite Einheit nach Osten über den Jamaica Pass angriff und die amerikanische Stellung unweit des heutigen Prospect Park von der Flanke angriff. Die US-Truppen kämpften tapfer, dann wichen sie unter dem feindlichen Kugelhagel zurück bis zum East River. Innerhalb von zwei Tagen verlor Washington fast 2000 Mann – über ein Viertel seiner Armee.

In der regnerischen Nacht des 29. August 1779 setzte der amerikanische Oberbefehlshaber angesichts des desolaten Zustandes seiner Truppen alles auf eine Karte. Er war sich bewusst, dass das Schicksal Amerikas vom Erfolg seiner Operation abhing. Tatsächlich gelang es ihm, im Schutz der Dunkelheit sämtliche Männer mit jedem verfügbaren Ruder- und Fischerboot in weniger als sieben Stunden lautlos vom East River nach Manhattan zu bringen.

Die nur wenige Meter entfernten Briten bekamen von dem Manöver nichts mit. Die US-Armee zog sich im dichten Nebel nach Manhattan zurück, um ihre Kräfte zu sammeln.

Washington ahnte, dass er die Stadt nicht würde halten können, und änderte seine Taktik. Sechs Wochen lang hielt er die Briten in der Gegend des oberen Broadway und auf den Harlem Heights, dem heutigen Sitz der Columbia University, mit blutigen Rückzugsgefechten hin. Von seinem Feldlager am Morris Mansion im Norden von Manhattan sah er die britische Flagge über der Stadt wehen, die er nicht hatte retten können. Im November gelang es den Briten schließlich, Washington und seine Männer ganz von Manhattan zu vertreiben.

Sieben Jahre dauerte der Unabhängigkeitskrieg. New York war keine Stadt mehr, sondern ein britisches Militärlager – das größte der Welt, das eine Hand voll unglücklicher amerikanischer Patrioten und über 10.000 britische Soldaten beherbergte.

In einem Punkt allerdings hatte sich Washington geirrt: Die Eroberung von New York besiegelte nicht das Schicksal des Kontinents. Die Briten hielten den Hafen, erlangten aber nie wirklich die Kontrolle über den Hudson. Letztlich lag Manhattan strategisch doch nicht so günstig, wie sie angenommen hatten.

In den Straßen New Yorks wurde nicht mehr gekämpft. Gleichwohl fiel die Stadt, wie befürchtet, der Zerstörung anheim. Am 21. September 1886, nur vier Tage nach Beginn der Besatzung, brach bei Whitehall Slip ein Feuer aus. Die Schuldigen wurden nie ermittelt, doch der Brand konnte sich wegen der schwierigen Lage, in der die Stadt sich befand, relativ ungehindert ausbreiten. Die Kirchenglocken, die sonst Feueralarm gaben, waren eingeschmolzen, die New Yorker Feuerwehr kämpfte im Hinterland an der Seite Washingtons. Das Feuer fraß sich nach Norden und hinterließ eine kilometerlange Schneise der Verwüstung, der unter anderem das höchste Gebäude der Stadt, die hölzerne Trinity Church, zum Opfer fiel.

»Mehrere Frauen und Kinder kamen in den Flammen um«, berichtete der *New-York Mercury*. Ihre Schreie mischten sich in das Brodeln des Feuers, das Krachen einstürzender Häuser, und das Werk der Vernichtung, das sich überall zeigte, bot ein Bild des Grauens, das alle Vorstellungskraft überstieg.«

Am Morgen lag die gesamte Stadt westlich des Broadway in Trümmern. »Das Ausmaß der Zerstörung ist gewaltig«, klagte ein Loyalist, »ein Drittel bis ein Viertel der Stadt ist verbrannt. Alle Gebäude an der Broad Street bis zum North River auf der Höhe des Rathauses und von dort am Broadway bis zum King's

Als George Washingtons Truppen sich aus New York zurückzogen, legten möglicherweise einige seiner Soldaten Feuer in der Stadt. Der Brand – hier ein zeitgenössischer Druck – brach am 21. September 1776 aus, und obwohl keine Anordnung existierte, glaubten doch beide Seiten an Brandstiftung. »Es war die Vorsehung«, sagte Washington später, »oder irgendjemand, der mehr für uns tun wollte, als wir selbst bereit waren zu tun.«

*Die Ruinen der Trinity Church* auf einem Stich von Thomas Barrow aus dem Jahr 1780. Die 1698 erbaute Kirche war 40 Jahre später erweitert worden. 1776 fiel sie dem großen Brand zum Opfer und blieb während der gesamten britischen Besatzungszeit ein Trümmerhaufen. Kurz nachdem die Kontinentalarmee im November 1783 die Stadt zurückerobert hatte, lagen bereits Pläne für den Wiederaufbau vor.

College sind nur noch Aschehaufen. Unser Leid war schon vorher groß, doch dieses Unglück hat es verzehnfacht. Tausende sind über Nacht zu Bettlern geworden.«

493 Gebäude waren ein Raub der Flammen geworden, einem weiteren Brand zwei Jahre später fielen noch einmal 100 Häuser zum Opfer. »Welch ein Trauerspiel, wenn eine so schöne Stadt zur Hälfte in Schutt und Asche liegt«, schrieb ein irischer Besucher 1782, »und von den imposanten Kirchen und öffentlichen Gebäuden nur noch nackte Mauern zu sehen sind.«

Je länger der Krieg dauerte, desto stärker litt die einstmals stolze Stadt unter Misswirtschaft und Vernachlässigung. Selbst Viertel, die von den Bränden verschont geblieben waren, erkannte man bald kaum noch wieder. Am East River verfielen die einstmals blühenden Werften, die nun keiner mehr nutzte, und rutschten in den Fluss hinein. Öffentliche Gebäude und prachtvolle Villen dienten den Soldaten als Unterkünfte oder wurden zu Krankenhäusern bzw. Hauptquartieren des britischen Oberkommandos umfunktioniert.

Die besetzte Stadt dämmerte in einem geradezu unwirklichen Zustand dahin. Wenn die Kämpfe während der Wintermonate eingestellt wurden, suchten die britischen Offiziere und ihre Frauen Zerstreuung bei Teenachmittagen und Maskenbällen, während Tausende obdachloser New Yorker nur wenige Meter entfernt in den elenden Zelten und Hütten eines Flüchtlingslagers namens Canvas Town hausten.

»Oft bekam man auch für gutes Geld kein Holz«, schrieb Fredericka Riedesel, die Frau des hessischen Oberbefehlshabers, »und wenn man mit Glück doch noch etwas fand, kostete es zehn Pfund das Bündel ... Die Armen mussten Fett verbrennen, um sich zu wärmen und ihr Essen zu erhitzen.«

Nach und nach wendete sich jedoch das Kriegsglück, und die Briten wurden es mehr und mehr leid, Washingtons kleiner Kontinentalarmee hinterherzujagen. 1778 traten die Franzosen auf Seiten der Amerikaner in den Krieg ein. Niederländische Bankiers unterstützten den Unabhängigkeitskampf der Patrioten mit Millionenkrediten. Ab 1780 strömten Tausende von Loyalisten auf der Flucht vor den näher rückenden amerikanischen Truppen nach New

1879 veröffentlichten F. P. und L. Restein die Farblithographie ***Abzug der Briten & Washingtons triumphaler Einzug in New York City am 25. November 1783*.** **Tausende von New Yorkern strömten an diesem Tag herbei, um George Washington und seine siegreiche Armee auf dem Weg über den Broadway bis zum Fort George zu begleiten und dem Abzug der Briten beizuwohnen. »Die abziehenden Truppen trugen prächtige rote Uniformen und blanke Waffen«, schrieb ein Beobachter, »jene, die kamen, waren dagegen zerlumpt und wirkten wie ein versprengter Haufen. Doch diese waren unsere Männer, und als ich sie erblickte und daran dachte, was sie für uns getan hatten, gingen mir Herz und Augen über und ich bewunderte sie ob ihres Zustandes nur umso mehr.«**

York. Gleichzeitig kamen Tausende von Sklaven in die Stadt, denn die Briten hatten jedem Sklaven, der sich zur Krone bekannte, die Freiheit versprochen. So konnten die Schwarzen ihre eigene Emanzipation im Kampf um die Unabhängigkeit Amerikas nur erlangen, indem sie in das britische Lager wechselten.

1782 befanden sich nahezu alle in den Kolonien stationierten Soldaten in New York City, der letzten britischen Bastion des Kontinents.

Im Herbst des Jahres 1783 kapitulierte die britische Armee endgültig. »Die Soldaten in den Baracken gegenüber unserem Haus zogen ab«, schrieb Pastor Schaukirk. »Vergangene Nacht marschierte eine starke Wache auf, um Unfälle oder Übergriffe zu verhindern. Heute verließen alle Briten New York, General Washington marschierte mit seinen Truppen ein und nahm die Stadt in Besitz.«

Am 25. November 1783, exakt sieben Jahre nachdem er New York hatte aufgeben müssen, kehrte Washington im Triumphzug zurück. Der britische Kommandeur ergab sich im alten Fort an der Spitze Manhattans, genau dort, wo Peter Stuyvesant 119 Jahre zuvor die niederländische Kolonie den Briten hatte überlassen müssen. An Stelle des Union Jack wurde die neue amerikanische Flagge gehisst, die Menge feierte und Salutschüsse donnerten.

Endlich war also auch New York eine amerikanische Stadt geworden, wenn auch noch niemand wusste, was dies eigentlich bedeutete.

## RUINEN

*Arm kamen sie in die Stadt zurück, die sie reich verlassen hatten, nun aber war ihnen kaum etwas geblieben als ihr Patriotismus. Solange sie sich im Exil aufhielten, trösteten sie sich mit der Hoffnung, eines Tages in ihre friedlichen Häuser zurückkehren zu können … Der Tag kam, und sie kehrten zurück – doch zu was? Zu Schuttbergen und halbverfallenen Häusern, zu Armut und den Schrecken eines lang anhaltenden Elends.*

Anonymer Bürger, 1786

Als New Yorks kriegsmüde Bürger nach sieben Jahren zurückkehrten, standen sie voller Entsetzen vor den Trümmern ihrer Stadt. Während der britischen Besatzung war New York nahezu vollständig verfallen. Tausende englandtreuer Familien hatten die Stadt für immer verlassen, überall standen die Ruinen ehemals prachtvoller Villen. Die gepflegten Bäume und Gärten, welche einst die Straßen der Stadt gesäumt hatten, waren verschwunden, die Straßen selbst in desolatem Zustand. Am Ende der Wall Street ragte das ausgebrannte Skelett der Trinity Church, des einstmals höchsten Gebäudes von New York, düster in den Himmel.

Keine andere amerikanische Stadt hatte Schäden dieses Ausmaßes zu verzeichnen. So gingen Philadelphia und Boston nahezu intakt aus den Wirren des Unabhängigkeitskriegs hervor. New York dagegen war ein Trümmerfeld, die Wirtschaft lag brach, die Einwohner waren in alle Himmelsrichtungen zerstreut. Und dennoch sollte die verwüstete Kolonialstadt in weniger als einem halben Jahrhundert wie ein Phönix aus der Asche auferstehen, zur bedeutendsten Metropole der westlichen Hemisphäre aufsteigen und sich schließlich zur reichsten und mächtigsten Stadt der Welt entwickeln.

## DAS KAPITAL

Kaum waren Tausende von Menschen in die Stadt zurückgekehrt, erholte sich New York mit atemberaubender Geschwindigkeit. Nur zwei Jahre nach dem Ende der Revolution war die Einwohnerzahl bereits von 12.000 auf 24.000 gestiegen, wenig später erreichte sie schon wieder das höchste Vorkriegsniveau. Alte und neue Bürger krempelten die Ärmel hoch und begannen mit dem Wiederaufbau. An der Südspitze der Insel Manhattan riss man Fort George endgültig ab und nutzte die Steine als Füllmaterial für eine elegante neue Promenade, die den Namen Battery erhielt.

Nach und nach wurden alle Symbole der britischen Herrschaft beseitigt. Die Crown Street hieß nun Liberty Street, die King Street Pine Street und die Queen Street nannte man Pearl Street. Kaum ein Jahr nach der britischen Kapitulation öffnete Alexander Hamiltons Alma Mater, das altehrwürdige King's College, in dem er vor Kriegsausbruch kein Examen mehr hatte ablegen können, unter dem stolzen amerikanischen Namen Columbia erneut die Pforten.

Jacques-Pierre Brissot de Warville, ein französischer Geschäftsmann, der New York in den Jahren nach dem Krieg besuchte, war fasziniert, welch gewaltige Energien die Revolution frei-

*Erster im Krieg, Erster im Frieden und Erster im Herzen seiner Landsleute:* George Washingtons Ernennung zum Präsidenten in einem Stich von Montbaron und Gautschi. Am Nachmittag des 30. April 1789 leistete George Washington als erster Präsident der Vereinigten Staaten auf dem Balkon im zweiten Stock der Federal Hall an der Wall Street seinen Amtseid. Fast wäre die Zeremonie daran gescheitert, dass man vergessen hatte, eine Bibel für den Schwur zu besorgen. Aufgeregte Würdenträger durchkämmten die nahe gelegenen Läden und Häuser auf der Suche nach einer Ausgabe der Heiligen Schrift. Zwischen der Wall und der Broad Street drängten sich die Menschen, um dem historischen Moment beizuwohnen. Als Kanzler Robert R. Livingston nach der Zeremonie »Lang lebe George Washington, der Präsident der Vereinigten Staaten!«, ausrief, brach die Menge in Jubel aus.

gesetzt hatte. »All jene«, schrieb er, »die nicht glauben wollen, dass Freiheit sich positiv auf den Menschen auswirkt, sollten nach Amerika reisen. Sie werden ihr blaues Wunder erleben! Während überall in Europa die Dörfer und Städte verfallen, ... entstehen hier allenthalben neue Gebäude ... Ich ging am [Hudson] Fluss entlang – welch ein rasanter Wandel innerhalb von sechs Wochen! ... Überall neue Häuser und Straßen, überall fleißige Arbeiter, die aufbauen und reparieren.«

Zu einem großen Teil verdankte New York – und letztlich ganz Amerika – seinen raschen Aufstieg einer einzigen Persönlichkeit: Alexander Hamilton, dem kämpferischen, hochintelligenten Einwanderer aus dem westindischen Nevis. Seine rasante Karriere an der Seite von George Washington versetzte jedermann in Erstaunen, nur nicht ihn selbst.

Kaum eine Woche nach der britischen Kapitulation kehrte Hamilton zusammen mit zahlreichen anderen New Yorkern zurück in die Stadt. Mit seiner Frau Elizabeth und dem gemeinsamen Sohn ließ er sich in einem Haus in der Wall Street 57 nieder. Innerhalb von drei Monaten schloss Hamilton sein Jurastudium ab und eröffnete wenig später eine Anwaltskanzlei. Dann beteiligte er sich an der Gründung der Bank of New York, der ersten Bank der Stadt, die nur wenige Häuser von seiner Wohnung entfernt ihre Geschäfte aufnahm.

Im Januar 1785 schlug der neue Kontinentalkongress, der noch nach einem dauerhaften Domizil suchte, vorübergehend sein Hauptquartier in der Wall Street 40 direkt neben den Hamiltons auf, die eine derart prominente Nachbarschaft natürlich begrüßten.

49 verschiedene Standorte zog man für den Kongress in Erwägung, doch letztlich hielten die meisten Amerikaner New York für die natürliche Hauptstadt der Vereinigten Staaten. Alle wichtigen Institutionen waren bereits vor Ort; auch die Infrastruktur genügte den Erfordernissen. Darüber hinaus reiste man zur damaligen Zeit mit dem Schiff wesentlich schneller und bequemer als zu Pferd über schlechte Straßen, und die Inselstadt, die auf halbem Weg zwischen Neuengland und dem Süden lag und Schiffsverbindungen zu fast jeder Gemeinde an der Ostküste bot, war der zentralste und am leichtesten erreichbare Ort ganz Amerikas.

**John Trumbulls Porträt von Alexander Hamilton entstand 1806, zwei Jahre nach Hamiltons Tod. Es diente dem Abbild des Staatsmannes auf der Zehn-Dollar-Note als Vorlage. Hamilton ist neben Benjamin Franklin die einzige Persönlichkeit auf einem amerikanischen Geldschein, die nicht das Amt des Präsidenten bekleidete.**

Hamilton favorisierte New York jedoch vor allem, weil diese Stadt ihm einst seinen Aufstieg ermöglicht hatte. Er war davon überzeugt, dass Metropolen wie New York die Entwicklung der Menschen begünstigten und nicht nur den Handel mit Gütern förderten, sondern auch dem Austausch von Ideen offen gegenüberstanden. In solchen Städten konnte jeder seine Talente und Fähigkeiten frei entfalten, und hiervon würde die junge Republik nach Hamiltons Auffassung wesentlich stärker profitieren als von familiären Bindungen und den überkommenen Traditionen.

Im Frühjahr 1789 schien die Verwirklichung von Hamiltons Traum in greifbare Nähe zu rücken, als die neu gebildete Regierung in Manhattan zusammentrat.

Am Nachmittag des 30. April wurde dann George Washington auf dem Balkon des üppig restaurierten und in Federal Hall umbenannten alten Rathauses als erster Präsident der Vereinigten Staaten von Amerika vereidigt.

Wenig später machte Washington Thomas Jefferson zum Staatssekretär, doch dieser verabscheute New York, das er später einmal als Kloake bezeichnete, in der sich »der Abschaum der gesamten Menschheit« sammle. Mit kaum 32 Jahren wurde Hamilton zum ersten Schatzkanzler Amerikas ernannt. Obgleich seine Berufung an einem Wochenende erfolgte, begab

Thomas Jefferson (hier ein Porträt von Charles Willson Peale) kehrte im Frühjahr 1790 nach New York zurück und wurde zum ersten Staatssekretär des Landes ernannt. Große Städte, insbesondere New York, mochte er nicht. Erbittert bekämpfte er Alexander Hamiltons Vision einer urbanen Nation, deren Wohlstand auf Städten und Handel beruhte.

er sich sogleich in sein neues Büro im Finanzministerium am Broadway, nur wenige Schritte von der mittlerweile fast vollständig wieder aufgebauten Trinity Church entfernt.

»Mehr als jeder andere vertrat Hamilton den damals herrschenden Zeitgeist«, räumte ein Kritiker später ein. Schon in den ersten Monaten seiner Amtszeit verfolgte er ungeduldig und mit zuweilen »höchst unangenehmem« Starrsinn den Aufbau einer völlig neuen Staatsform. Zu einem Zeitpunkt, da Amerikas Ökonomie noch zu 90 Prozent auf der Landwirtschaft beruhte, entwarf Hamilton das Bild eines Staates, der nicht durch Plantagen und Sklavenarbeit, sondern durch Städte, Banken, Handel, Manufakturwaren und die Arbeitskraft von Einwanderern zu Wohlstand gelangen sollte.

Das brillante, jedoch radikale Programm, das er dem Kongress noch im gleichen Winter unterbreitete, löste einen Sturm der Entrüstung aus – Südstaatler wie Jefferson und James Madison waren ebenso erzürnt wie Hamiltons Nachbar und Erzfeind Aaron Burr. Schon zu diesem Zeitpunkt kündigte sich eine verhängnisvolle Spaltung der amerikanischen Gesellschaft an, die dazu führte, dass Stadt und Land, Farmen und Fabriken und schließlich Süden und Norden einander feindlich gegenüberstanden.

Jefferson, der die Unordnung und den Facettenreichtum der großen Städte hasste und die von Hamilton angestrebte Konzentration von Macht und Geld fürchtete, sah vor seinem geistigen Auge einen gewaltigen urbanen Koloss im Norden, der den Süden erdrücken und die Moral der Nation in den Sumpf ziehen würde. »Unsere Werkstätten sollten in Europa bleiben«, erklärte er. »Es ist besser, Güter und Rohstoffe an die dortigen Arbeiter zu liefern, als sie – und mit ihnen ihren Lebensstil und ihre Prinzipien – hierher zu unseren Gütern und Rohstoffen zu bringen. Der Pöbel in den großen Städten ist der Regierung gerade so dienlich wie ein Geschwür dem menschlichen Körper.«

Jefferson war fest davon überzeugt, dass die Zukunft der Nation nicht in den Städten, sondern auf dem Land lag, wo ein Volk von gleich gesinnten Bauern den Kontinent friedlich zum Blühen bringen konnte. Er schlug deshalb vor, an Stelle von New York einen neu gegründeten Marktflecken am Potomac unweit seiner Heimat Virginia zur Hauptstadt zu machen.

Der Kongress, der noch immer nach einer dauerhaften Bleibe suchte, zeigte sich unfähig eine Entscheidung zu finden, und manch einer stellte sich die Frage, »ob diese Regierung von Dauer sein wird, oder von den ersten widerstreitenden Winden zerstreut wird«.

Im Frühjahr 1790 eskalierte der Streit und brachte Hamiltons gesamtes Regierungsprogramm in Gefahr. Hamilton vertrat die Auffassung, dass das Vertrauen der Öffentlichkeit in die Regierung erst steigen werde, wenn diese den gigantischen Schuldenberg tilge, der sich während des Unabhängigkeitskrieges aufgetürmt hatte. Die meisten Südstaaten, darunter Virginia, hatten ihren Anteil bereits beglichen, doch im Norden verweigerten einige Staaten, darunter New York, die Zahlungen, was die Regierung vor allem im Ausland in Misskredit brachte. Laut Hamilton sollte die Bundesregierung die verbliebenen Schulden übernehmen, in der Folge würde mehr Kapital ins Land fließen, das Vertrauen in die Regierung würde steigen und seine ehrgeizigen Wirtschaftsprogramme könnten endlich anlaufen.

Das ganze Frühjahr über bemühten sich Hamilton und seine Anhänger nach Kräften, Stimmung für ihre Ziele zu machen. Die Südstaatler, die der Zentralgewalt nicht trauten und nicht ein zweites Mal bereits beglichene Schulden bezahlen wollten, hielten erbittert dagegen.

Am 20. Juni 1790 – die USA standen am Rande des Staatsbankrotts – kam es zu einem historischen Treffen zwischen Hamilton und Jefferson. In dessen Haus in der Maiden Lane handelten die beiden Männer nach dem Abendessen einen folgenschweren Vertrag aus. Jefferson erklärte sich bereit, auf die übrigen Abgeordneten aus dem Süden einzuwirken, damit diese die Schuldentilgung durch den Staat nicht weiter blockierten. Im Gegenzug zeigte sich Hamilton damit einverstanden, die Hauptstadt nach einer zehnjährigen Übergangsphase in Philadelphia an den Potomac zu verlegen.

»Das Projekt Philadelphia & Potomac ist schlecht«, erklärte Hamilton später einem enttäuschten Mitstreiter, dem Kongressabgeordneten Rufus King aus New York. »Doch es wird die Staatskasse retten. Bestehen wir aber darauf, in New York zu bleiben, sind wir bankrott.« Obgleich er die Verlegung der Hauptstadt von ihrem – wie er meinte – natürlichen Standort zutiefst bedauerte, wusste er, dass es wichtiger war, was die Regierung tat, als wo dies geschah. »Macht ohne Geld ist eine Narretei«, sagte er.

Für New York hatte der »Deal« natürlich weit reichende Folgen. Niemals wieder vertrat die Stadt das gesamte Spektrum der politischen Interessen der Nation. Niemals wieder wurden ihr die Pflichten und Ehren einer Hauptstadt zuteil. Fortan ging New York seinen Weg allein und widmete sich mit ganzer Kraft jener Aktivität, die schon seit der Besiedlung durch die Holländer im Vordergrund gestanden hatte: dem Handel mit Waren und Geld.

Einige New Yorker litten schwer unter dem Verlust. Hamilton jedoch konzentrierte sich auf sein Vorhaben. Um den riesigen Schuldenberg zu begleichen, dessen Tilgung die Regierung übernommen hatte, gab das Finanzministerium sogleich 80 Millionen US-Dollar in Staatsanleihen aus und kurbelte damit den Geldverkehr an. Nur wenig später flossen hohe Beträge nach New York City.

Nie zuvor hatte man etwas Derartiges erlebt. »Riesige Geldmengen waren in Bewegung«, bemerkte Daniel Webster später. Hamilton hatte »das zu einem Leichnam erstarrte öffentliche Vertrauen berührt, und sogleich wurde es wieder lebendig«. Um die umfangreichen Geldgeschäfte abzuwickeln, traf sich eine Gruppe von Händlern regelmäßig unter einem Baum in der Wall Street, wo man auf dem Bürgersteig die neuesten Kurse notierte.

Am 17. Mai 1792 versammelten sich etwa 200 Händler und Spekulanten unter ebenjenem Baum und gründeten einen Berufsverband. Gleichzeitig legten sie einen Standardsatz für den Kauf und Verkauf von Papieren fest. Die nach dem Treffpunkt »Buttonwood Agreement« genannte Vereinbarung entsprach in gewissem Sinne einer auf die spezifischen New Yorker Verhältnisse abgestimmten Verfassung:

***Ansicht der Broad Street*** **von George Holland, 1797. Nachdem die Hauptstadt 1790 von New York wegverlegt worden war, diente die Federal Hall (das große Gebäude am Ende der Straße) wieder als einfaches Rathaus. Noch säumten überwiegend einfache Wohnhäuser, darunter eines der letzten niederländischen Treppengiebelhäuser aus dem Jahr 1698, die Straßen des Viertels. Wenig später siedelten sich hier die Institutionen des rasch wachsenden Geldmarktes an.**

**Der Anwalt, Politiker und Geschäftsmann Aaron Burr gehörte zu den prominentesten Persönlichkeiten im postrevolutionären New York. Dieses Gemälde von Jeannie Broomscombe zeigt ihn mit seiner Tochter beim Überqueren der Wall Street.**

*Wir, die Unterzeichner, Makler für den Ankauf und Verkauf von Wertpapieren, versprechen und versichern uns gegenseitig, dass wir vom heutigen Tage an für jedwede Person und jedwedes Wertpapier eine Kommission von nicht weniger als einem Viertel Prozent des [Nominal-] Wertes erheben werden und dass wir einander bei unseren Verhandlungen ein Vorkaufsrecht einräumen werden. Bezeugt durch Unterschrift am 17. Mai 1792 in New York.*

Damit hatten die Händler faktisch die New Yorker Börse gegründet. Ohne es zu ahnen, hatte Hamilton den mächtigsten Geldmarkt der Welt ins Leben gerufen.

1795, nur drei Jahre später, legte Hamilton sein öffentliches Amt nieder und arbeitete fortan wieder als Anwalt. 1801 gründete er überdies die *New-York Evening Post*. Als sein alter Gegner Thomas Jefferson im Jahr 1800 zum Präsidenten gewählt wurde, zog sich Hamilton ganz aus der Politik zurück und beobachtete die Entwicklung der Stadt fortan von einem kleinen Anwesen in Upper Manhattan aus.

Innerhalb eines Jahrzehnts verdoppelte sich die Stadtbevölkerung; 1804 lag sie bereits bei 80.000. Erstmals lebten in New York jetzt mehr Menschen als in Philadelphia und damit mehr als in irgendeiner anderen Stadt der Vereinigten Staaten von Amerika.

Leider konnte Hamilton sich am Aufblühen seiner Wahlheimat nicht lange freuen. Im Frühjahr wurde er von seinem Erzfeind Aaron Burr zu einem Duell herausgefordert, diesem ehrgeizigen New Yorker Politiker, der Hamilton stets das Leben schwer gemacht hatte. Ironischerweise hatte Hamilton selbst ein Gesetz vorangebracht, das das Duellieren in New York unter Strafe stellte, nachdem sein Sohn auf diese Weise ums Leben gekommen war. So traf man sich im Morgengrauen des 11. Juli 1804 in Weehauken, jenseits des Hudson River im Bundesstaat New Jersey. Im entscheidenden Moment ging Hamiltons Schuss daneben, Burr dagegen traf ihn in die rechte Seite und fügte ihm eine tödliche Wunde zu. 30 Stunden später starb Alexander Hamilton 47-jährig im Haus eines Freundes in der Jane Street in Greenwich Village.

Am Tag der Beisetzung, dem 13. Juli 1804, war ganz New York auf den Beinen und erlebte seinen längsten Trauerzug, als man Hamilton mit militärischen Ehren auf dem Friedhof der Trinity Church am Broadway im Herzen der Stadt bestattete.

In New York ging das Leben natürlich in den gewohnten Bahnen weiter. Im 19. Jahrhundert entwickelte sich die Stadt rund um Hamiltons letzte Ruhestätte zu einem gewaltigen Monument, das selbst die kühnsten Hoffnungen des Verstorbenen bei weitem überstieg.

Das berühmte Tontine Coffee House an der Kreuzung von Wall und Water Street (auf diesem 1799 entstandenen Bild von Francis Guy ganz links) war ab 1796 Zentrum der Finanzgeschäfte der Stadt: Ein Verbund von Maklern begann, von einem Raum im Obergeschoss aus Handel zu treiben und gründete damit die erste Börse – die »New York Stock Exchange«. Andere Makler handelten derweil auf dem Bürgersteig vor der so genannten »Curb Exchange«, aus der sich später die »American Stock Exchange« entwickeln sollte.

*Ballen von Baumwolle, Wolle und anderen Waren; Fässer mit Reis, Mehl und Salz; riesige Tonnen voll Zucker, Kisten mit Tee, Fässer mit Rum, Schläuche voll Wein; Kästen, Kisten, Pakete und Ballen in allen Größen ... Die Fuhrleute steuerten in alle möglichen Richtungen; und die Seeleute und Arbeiter auf den Kais schleppten ihre schweren Lasten von einem Ort zum anderen. Die Kaufleute und ihre Gehilfen arbeiteten fleißig in ihren Kontoren ... Das Tontine Coffee House war voller Agenten, Makler, Händler und Politiker, die kauften, verkauften, handelten oder versicherten. Einige lasen, andere tauschten Neuigkeiten aus ... Alles war in Bewegung, überall Leben, Treiben, Geschäftigkeit.*

John Lambert, 1807

**AMERIKAS STADT**

*Alles in der Stadt ist in Bewegung, überall hört man die Handwerker in ihren Ateliers ... Man sieht Schiffe aus allen Teilen der Welt anlegen und in See stechen. Die noch immer junge Stadt ... ist die Königin des Handels und die Herrscherin der Meere.*

François Marie Perrin du Lac, 1801

*Der Alltag der Kaufleute versetzte jeden Außenstehenden in Erstaunen. Um acht oder halb neun frühstückten sie; um neun saßen sie in ihren Kontoren und sahen nach, was anstand; um zehn standen sie mit einer Schürze um den Bauch am Kai und verluden Fässer mit Rum und Melasse; um zwölf gingen sie über den Markt, wobei sie so laut und schmutzig fluchten wie Lastenträger; um zwei begannen sie wieder Fässer zu schleppen ... und zu schreiben. Um vier zogen sie sich zum Abendessen um, um sieben für das gemeinsame Spiel; um elf trafen sie sich mit einem Trupp trinkfester Kollegen, rauchten Zigarren, tranken Brandy, sangen und grölten im dichten Qualm ... bis drei Uhr früh. Um acht waren sie wieder auf den Beinen, schrieben, rannten herum und rollten Fässer. Man stelle sich einen Landsmann aus Carolina bei diesem Arbeitspensum vor!*

John Bernard, 1797

Kaum 200 Jahre waren vergangen, seit europäische Seeleute den riesigen ruhigen Hafen erblickt hatten und davon zu träumen begannen, dass hier einst Tausende von Schiffen ankern würden. Nun endlich war die Vision der niederländischen Entdecker Wirklichkeit geworden. In den kommenden 20 Jahren sollte New York zu einer der bedeutendsten Handels- und Schifffahrtsmetropolen der Welt aufsteigen. Auf dem Weg dorthin bewiesen die New Yorker, dass es möglich war, sich über natürliche Gegebenheiten hinwegzusetzen und die Geografie nach eigenem Gutdünken zu gestalten.

1807 ließ Robert Fulton, ein Zuwanderer aus Pennsylvania, an der Westseite von Manhattan das erste Dampfschiff der Welt vom Stapel laufen. Es sah aus wie eine »schwimmende Sägemühle, die man auf einen Prahm gehievt und angezündet hatte.« Doch dieses seltsame Gefährt machte die Schifffahrt für immer von den Widrigkeiten der Winde unabhängig.

1810 erwarb ein 16-jähriger Junge namens Cornelius Vanderbilt für 100 Dollar ein gebrauchtes Segelboot und eröffnete damit seinen eigenen Fährdienst von Manhattan zum Festland. Konkurrenten nannten ihn anfangs zwar verächtlich »Flottenadmiral«, doch sollte sich sein Unternehmen später zur größten Schifffahrtsgesellschaft der Welt entwickeln.

1817 verwirklichten die Gesellschafter einer gewissen Black Ball Line eine einfache Idee, die den Welthandel revolutionierte. Am 27. Oktober verkündeten die Eigner die Aufnahme einer neuen Verbindung zwischen Liverpool und New York: Die Schiffe würden »das ganze Jahr über an einem bestimmten Tag jedes Monats von beiden Städten aus ablegen«, und zwar »grundsätzlich, ganz gleich, ob sie ausgebucht sind oder nicht«. Neu an diesem Angebot war nicht die Strecke, sondern die Regelmäßigkeit.

Bis dato hatten Schiffe vor Anker gelegen, bis der Wind günstig stand, der Kapitän und die Mannschaft bereit waren oder sich genügend Passagiere und Waren eingefunden hatten. Doch am eiskalten Morgen des 5. Januar 1818 gab Kapitän James Wilkinson von der Black Ball Line pünktlich um zehn Uhr das Signal zum Lichten des Ankers, und die *James Monroe* segelte, mit einigen Fässern voller Äpfel, acht Passagieren und einem Postsack beladen, von Pier 23 an der South Street aus dem Hafen – direkt in einen Schneesturm hinein. Die planmäßige Abfahrt markierte die Geburt der ersten Liniengesellschaft der Welt, die nun regelmäßig Monat für Monat zwei Städte miteinander verband. Erstmals konnten Geschäftsleute feste Absprachen treffen und sich darauf verlassen, dass ihre Waren zeitgerecht am Zielort eintrafen. Die New Yorker Kaufleute hatten den Fahrplan erfunden.

Der Liniendienst der Black Ball Line entpuppte sich rasch als Bombengeschäft. Als dank seiner Einrichtung auch der Warenstrom in die Stadt anschwoll, entstanden weitere Linien, und bald verkehrten wöchentlich Schiffe zwischen Liverpool und New York. Innerhalb von sechs Jahren beherrschte die Stadt den gesamten Handel der Nation und verschiffte mehr Güter nach Übersee als Boston, Philadelphia, Baltimore, Norfolk und Savannah zusammen. Die Kaufleute begnügten sich damit nicht, sondern verbanden die Transatlantikstrecken auch noch mit ihrem Netz schneller Küstendampfer, das sämtliche Städte auf der Atlantikseite einschloss.

**Am 17. August 1807 um ein Uhr mittags nahm Robert Fultons erstes Dampfschiff an einem Dock am Hudson River in Greenwich Village seine Fahrt auf. Eine neugierige Menschenmenge sah vom Ufer aus zu, wie das seltsame Schiff trotz starken Gegenwindes Fahrt machte und, wie ein Augenzeuge festhielt, »zahlreiche Frachter und Schoner überholte, die gegen den Wind kämpften, ohne sich einen Meter vorwärts zu bewegen«. Schon zwei Wochen später war das 1810 *Clermont* getaufte Boot kommerziell im Einsatz. Es transportierte regelmäßig zahlende Passagiere nach Albany und zurück.**

***Ankunft des Great Western Steam Ship in New York am Montag, den 23. April 1838.*** **An einem Tag im April 1838 trafen gleich zwei britische Dampfer ein, die *Sirius* am Nachmittag und die *Great Western* vier Stunden später. Damit begann der Linienverkehr zwischen New York und England. Jubelnde Menschen säumten die Battery und begrüßten die neuen Schiffe, durch die sich der Weg über den Atlantik von drei Wochen auf zehn Tage verkürzte. Ein 19-jähriger Jurastudent und angehender Chronist namens George Templeton Strong streifte an der Battery entlang und versuchte einen Blick auf die Schiffe zu erhaschen, die als Sensation galten. »Die ganze Bucht ist aus dem Häuschen. Ein Hoch auf den Fortschritt«, schrieb er später.**

An einem kalten Februarmorgen des Jahres 1784, nur zehn Wochen nachdem die Briten New York endgültig verlassen hatten, legte an Pier 14 die 360 Tonnen schwere *Empress of China* zu einer 14.000 Meilen langen Reise nach Fernost ab. Bei ihrer Rückkehr 15 Monate später brachte sie nicht nur Tee, Porzellan und Seide mit, sondern demonstrierte zugleich, dass die Amerikaner die jahrhundertealte Vormachtstellung der Briten im Chinahandel gebrochen hatten. Endlich war man nicht mehr den Zwängen unterworfen, die die Mitgliedschaft im britischen Empire mit sich gebracht hatte, sondern konnte auf eigene Faust Märkte erschließen. Die New Yorker Kaufleute zögerten nicht; erstaunlich schnell erreichten sie die äußersten Enden der Welt und gründeten ein neues Handelsimperium.

Ein zwei Meilen langer Streifen am Ufer des East River, die so genannte Street of Ships, bildete das Herz dieses Machtzentrums. Um 1820 beherrschten Kontore, Lagerhallen, Versicherungsagenten, Importeure, Kommissionäre, Makler, Seilmacher, Kerzenzieher und natürlich Schenken jeden verfügbaren Quadratmeter an der Westseite der South Street. Vor den großen Ladenschildern der Geschäfte lag eine ganze Armee von Schiffen, deren Bugspitzen wie Lanzen und Piken über die Kaimauer ragten.

An den langen hölzernen Pieren hielten die Kaufleute neben gewaltigen Warenbergen Auktionen ab, während Textilhändler aus Neuengland und Großbritannien sich um riesige Baumwollballen aus den Südstaaten scharten und um den Preis feilschten. Am Nordende der South Street wichen die Piere und Kontore langen Schuppen, Rampen und einer »Schiffseisenbahn«, einer neuen Erfindung, die als erstes Trockendock des Landes Geschichte schrieb. Mit 14 großen Werften war New York City nun auch das größte Schiffbauzentrum Amerikas, schon bald bauten hier kreative Schiffskonstrukteure wie William H. Webb und Brown & Bell robuste Dampfer und Schoner sowie die schlanken Klipper.

Ortsfremde staunten aber vor allem über die kosmopolitische Prägung der South Street. Zu einem Zeitpunkt, da die meisten Amerikaner kaum wussten, was wenige Kilometer von ihnen entfernt geschah, verband die South Street New York mit den entlegensten Punkten der Erde. Woche für Woche trafen hier exotische Waren aus China wie Duftstoffe, Seide, Tee und Porzellan ein, dazu Leinen aus Irland, Besteck aus England, Hauben und Roben aus Frankreich, Fässer mit Portwein und Sherry aus Portugal und Spanien, Elfenbein von der Küste Guineas und Kaffee aus Brasilien. Vor jedem Schiff nannten Tafeln unbekannte Zielhäfen, die Flaggen und Wimpel von zwei Dutzend Ländern wehten an den Masten und Menschen aller Hautfarben und Kulturen gaben die eigentümlichsten Laute von sich.

Unter den Matrosen an der South Street waren schwarze Seeleute aus Westindien, Afrika und New York selbst sowie zahlreiche junge Chinesen, die ab 1830, nur wenige Meter von den Kaianlagen entfernt, ihr eigenes Viertel, die älteste chinesische Gemeinde in Amerika, gründeten.

Brooklyn blieb auch zu Beginn des 19. Jahrhunderts noch ländlich, obgleich der Handel in der rastlosen Hafenstadt am anderen Ufer boomte wie nie zuvor. 1802 malte William Burch seine Ansicht des East River im Stil einer Schäferidylle. Zu jener Zeit ragte im Hafen ein Wald von Masten empor, und der Wert der Waren, die von New York ablegende Schiffe transportierten, hatte sich im Vergleich zu den vorangegangenen Jahrzehnten verzehnfacht.

Keine andere Hafenstadt wäre dazu in der Lage gewesen. Bald schon war es für Kaufleute aus dem Süden billiger, Baumwolle zuerst über New York als auf direktem Wege nach England zu verschiffen. Der große Hafen im Norden entwickelte sich so zur Clearingstelle für Baumwolle aus den Südstaaten. Nur wenig später nahm ein Drittel der weltweiten Handelstonnage den Weg von New York in alle Teile der Welt. »Alle Straßen«, hieß es in New York, »münden in die South Street.«

*Der Geschäftsbetrieb auf unseren Straßen und Kais ist zurzeit ungewöhnlich rege, in den Lagerhäusern und Speichern stapeln sich die Güter aus Europa und Indien. In dieser Saison erreichen uns wesentlich mehr Waren als in all den vorangegangenen Jahren, und überdies kommen sie pünktlich an. Nicht weniger als fünf Schiffe trafen gestern allein aus der Hafenstadt Liverpool ein.*

*The Repertory*,
25. September 1810

**Diese friedliche Ansicht der Cortlandt Street zeigt eines von zahlreichen Kaufmannshäusern, welche 1819 die South Street am East River säumten. »Jeder Gedanke und Blick, jedes Wort und jede Tat scheint sich hier nur ums Geschäft zu drehen«, hatte der britische Reisende John Lambert einige Jahre zuvor festgestellt.**

John Jacob Astor, ein geschäftstüchtiger deutschstämmiger Pelzhändler, ging als erster Multimillionär in die Geschichte der Vereinigten Staaten ein. Er verdiente sein Vermögen durch Grundstücksspekulation in Manhattan. Auf dem Höhepunkt seiner Geschäftstätigkeit besaß er mehr als 300 Parzellen Land, darunter die lukrativen Grundstücke südlich des Times Square und Teile der Lower East Side.

Washington Irving war erst 26 Jahre alt, als er den ersten Bestseller über New York auf den Markt brachte. In seiner *History of New York, from the Beginning of the World to the End of the Dutch Dynasty* mischten sich Wahrheit und Fiktion. Er gab der Stadt auch ihren langlebigsten Spitznamen, »Gotham«, nach einer mythischen Stadt in Nordengland, deren Bewohner als besonders verrückt und hinterlistig galten.

*Jedermann, der New York besucht, fühlt sich in eine Uhrmacherwerkstatt versetzt, denn man fragt hier unablässig nach der Zeit. Verlässt man die Stadt, so fühlt man sich wie aufgezogen oder neu eingestellt … Von allen Seiten her hört man es ticken, und alles ist immerzu in Bewegung, nicht ein einziges Eckchen, in dem keine Geschäfte getätigt werden … Scheinbar ist hier niemand je untätig, keiner ruht gleichzeitig mit Körper und Geist. Wer zur Trägheit neigt, wird von dem rastlosen Treiben bald angesteckt, zumindest aber gezwungen, aus dem Weg zu gehen, um nicht überrannt zu werden.*

Theodore Dwight, 1833

Angetrieben von der gewaltigen Kraft des Hafens, streckte Manhattan seine Fühler nach Norden aus. »Die Entwicklung der Stadt lässt sich, wie üblich, nicht vorhersehen«, schrieb Senator Jonathan Mason aus Massachusetts, als er 1804 auf der Durchreise nach New York kam. »700 Gebäude sind allein in den letzten zwölf Monaten entstanden, und der Broadway ist ohne Zweifel die aufregendste Straße … Amerikas.«

Nach und nach wurden die niederländischen Güter und britischen Anwesen im Norden der Insel parzelliert und an Immobilienmakler und Bauherren verhökert. Manhattan selbst gehörte inzwischen zu den teuersten Baugründen der Welt, weshalb es bald weniger darauf ankam, tatsächlich ein Haus auf einem Grundstück zu errichten, als vielmehr mit dem Land, das enorme Gewinne abwarf, zu spekulieren. Ein britischer Reisender, der sich im ersten Jahrzehnt des 19. Jahrhunderts in der Stadt aufhielt, war fasziniert von dem Geld, das sich auf dem Immobilienmarkt erwirtschaften ließ. »Die Preise sind in New York in den letzten 20 Jahren stark gestiegen und Land, das damals für 50 Dollar verkauft wurde, kostet heute 1500 Dollar.«

Im Jahr 1800 begann John Jacob Astor, ein 37-jähriger deutschstämmiger Pelzhändler, jedes Stück unbebauten Landes aufzukaufen, dessen er habhaft werden konnte. Als Erster erkannte er das enorme Potenzial Manhattans und schloss, dass die Stadt sich letztlich nur nach Norden ausdehnen konnte. In einem einzigen Jahr gab er fast 200.000 Dollar für Brachland nördlich der Stadtgrenzen aus. Er war kein Bauherr, sondern in erster Linie Spekulant, und gab sich auch keinerlei Mühe, den erworbenen Besitz durch Gebäude aufzuwerten. Stattdessen schaute er geduldig zu, wie sich die Stadt nach Norden schob, verkaufte mit erheblichem Gewinn und investierte diesen in neue Grundstücke, die noch weiter nördlich lagen.

Die elegante New Yorker Society staunte über den ungehobelten Astor, der starrköpfig und offenbar erfolgreich seine Ziele verfolgte, in ihrer Gesellschaft aber Erbsen mit Eiscreme mischte, beides mit dem Messer aß und anschließend seine Hände am Tischtuch abwischte.

Niemand wagte indes, sich offen über sein Benehmen lustig zu machen, denn bald besaß Astor, der schon zuvor reich gewesen war, ein kaum noch überschaubares Imperium. Auf dem Höhepunkt seiner Kauflust nannte der ebenso methodische wie unersättliche Millionär über 300 Parzellen Land in Manhattan sein Eigen, darunter den Großteil der Lower East Side und den gesamten Grund unterhalb des heutigen Times Square. Mehr als jeder andere Zeitgenosse arbeitete er unermüdlich an seinem Wohlstand und war bald der Krösus Amerikas. Bei seinem Tod 1848 verfügte John Jacob Astor über 25 Millionen Dollar, der zweitreichste Amerikaner folgte in großem Abstand mit zehn Millionen Dollar. »Allein sein Name«, schrieb Herman Melville, »klingt nach Goldbarren.«

Noch auf dem Totenbett war Astors Hunger nach Land nicht gestillt. »Käme ich noch einmal zur Welt, ich wüsste, was ich täte«, sagte er angesichts der Größe der Stadt, »ich würde jeden Fußbreit Land auf Manhattan aufkaufen.«

*Tugend galt lange Zeit als wichtigstes Prinzip einer Republik. Die amerikanische Republik zeichnet sich dagegen vor allem durch ihre Liebe zum Geld aus. Sie ist ein Resultat der hier herrschenden politischen Gleichheit, die dazu führt, dass die Menschen sich nur noch durch ihren Reichtum voneinander unterscheiden, weshalb sie mit allen Mitteln versuchen, solchen zu erlangen.«*

Louis-Felix de Beaujour, 1806

## KNICKERBOCKERS

Ganz New York veränderte sich in atemberaubendem Tempo. Die verheerenden Brände während des Unabhängigkeitskriegs hatten den größten Teil der alten niederländischen Stadt längst hinweggefegt, doch nun verging keine

Woche, ohne dass ein weiteres historisches Gebäude von der Bildfläche verschwand.

Gleichzeitig entdeckten die New Yorker jedoch plötzlich ihre Liebe zur Geschichte. 1804 wurde die New-York Historical Society gegründet. Fünf Jahre später füllte ein dickleibiges Opus mit dem Titel *A History of New York, from the Beginning of the World to the End of the Dutch Dynasty* die Regale der Buchläden. Das Buch wurde als Werk eines alten holländischem Adligen namens Diedrich Knickerbocker vorgestellt, tatsächlich entstammte es jedoch der Feder des 26-jährigen New Yorkers Washington Irving, der im Jahr der britischen Kapitulation zur Welt gekommen war.

»Ich war überrascht«, sagte Irving, »wie wenige meiner Mitbürger wussten, dass New York früher einmal Neu-Amsterdam geheißen hatte. Kaum einer kannte die Namen niederländischer Gouverneure oder interessierte sich für seine holländischen Vorfahren.« Also beschloss er, die Geschichte der Stadt, die unablässig in die Zukunft zu blicken schien, besser bekannt zu machen. Er ließ historische Persönlichkeiten wie Peter Stuyvesant zusammen mit fiktiven Gestalten wie Rip Van Winkle auftreten. In der von Irving gezeichneten Vergangenheit ähnelte die niederländische Kolonie einem Märchenland mit Kanälen und Windmühlen, das selbst die Holländer nur mit Mühe erkannt hätten.

Gleichwohl wurde Irvings *History* rasch zum ersten Bestseller der Stadt, und der Autor verdiente als erster Amerikaner seinen Lebensunterhalt ausschließlich mit Schreiben. »Father Knickerbocker« galt bald schon als heimliches Wahrzeichen der Stadt, und selbst alteingesessene Familien nannten sich Knickerbockers und führten ihre Herkunft auf einen Mann zurück, den es in Wirklichkeit nie gegeben hatte.

### MAGNUS APOLLO

Hätten die New Yorker sich mit ihrem Erfolg zufrieden gegeben, wäre die Stadt schlicht der größte Hafen an der Atlantikküste geblieben. Die Einwohner aber fühlten sich zu Höherem berufen und mussten dazu erst einmal zwei grundlegende Hindernisse beseitigen.

Zum einen stellte die Geografie Manhattans ein Problem dar: Die zerklüftete Insel mit ihren sumpfigen Niederungen und felsigen Landzungen machte eine geordnete Bebauung fast unmöglich. Andererseits war der amerikanische Kontinent mit seinen weiten fruchtbaren Ebenen so riesig, dass selbst die geschäftstüchtigen New Yorker Kaufleute ihn nicht so ohne weiteres erschließen konnten.

Am Ende nahm sich De Witt Clinton, ein hoch gewachsener Politiker, den Freunde wie Gegner bewundernd Magnus Apollo nannten, beider Probleme an und ging dafür als eine der

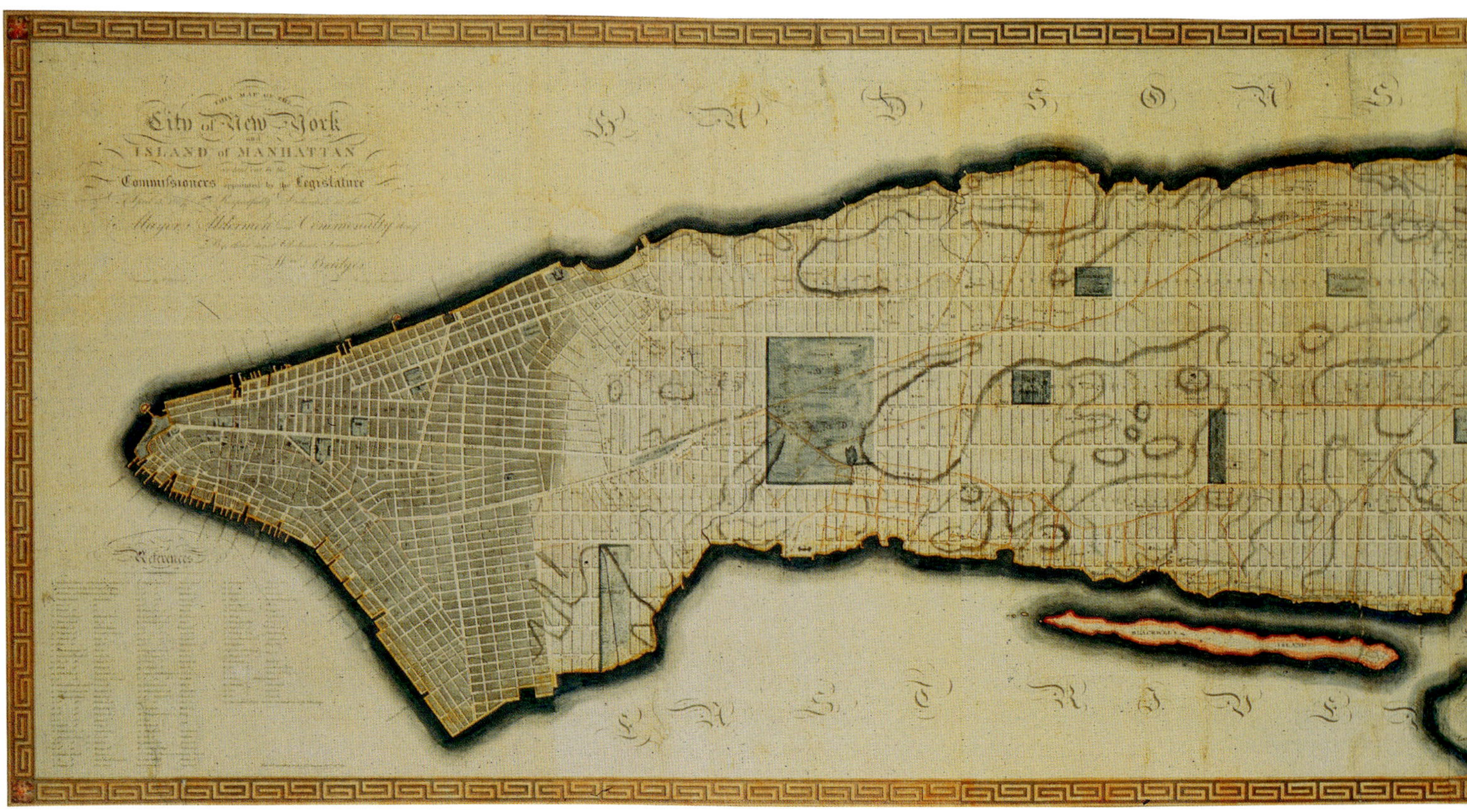


**1811, als New York sich noch unterhalb der Canal Street an der Spitze von Manhattan zusammendrängte, entwarf eine dreiköpfige Kommission im Auftrag Clintons eines der kühnsten städtebaulichen Projekte aller Zeiten. Die zweieinhalb Meter breite Karte der Kommission zeigte, wie sich New York zukünftig entwickeln sollte. Ein weitflächiges Straßennetz mit 155 Quer- und zwölf Längsstraßen sollte sich über die Insel ziehen und diese in 2000 Häuserblöcke gliedern. In den nächsten Jahrzehnten wurde der Plan minutiös umgesetzt, nur eine einzige Straße, der Broadway, durfte von dem strikt im rechten Winkel angelegten Netz abweichen. Eine weitere Abweichung von dem Projekt erlaubte man sich ein halbes Jahrhundert später, als man den Central Park anlegte.**

bedeutendsten Persönlichkeiten aller Zeiten in die Stadtgeschichte ein. In seiner zehnjährigen Amtszeit als Bürgermeister von New York City und der drei Jahre als Gouverneur des Staates New York tat er mehr für die Zukunft der Stadt als jeder andere Bürger. Zunächst einmal machte sich Clinton daran, Ordnung in das bauliche Chaos zu bringen, dann galt es den Blick nach Westen zu richten und die Geografie den Erfordernissen der Zeit anzupassen.

»Er wirkte stets wie hundert Menschen in einem«, sagte ein Mitstreiter einmal. Der Sohn einer Dynastie von Anwälten und Politikern legte als einer der Ersten sein Examen an der neu gegründeten Columbia University ab, dann trat er in die Dienste seines Onkels George Clinton, des ersten Gouverneurs des Staates New York, wo er alle Raffinessen von Politik und Verwaltung kennen lernte. Zeitweise war er auch für Alexander Hamilton tätig und machte sich dessen Vision einer riesigen Metropole zu Eigen. Zwei Jahre vor Hamilton duellierte sich Clinton übrigens mit einem Schützling von Aaron Burr, überlebte aber – anders als später sein Gönner.

Clinton war ein Pragmatiker, der wusste, wie man große Projekte angeht. Innerhalb von nur 25 Jahren verwirklichte er Hamiltons Vision von New York als Zentrum eines Amerika auf dem Weg zur Weltmacht, als Stadt, die es mit jeder Metropole Europas aufnehmen konnte.

**Keiner wusste das wirtschaftliche und kulturelle Potenzial von New York besser einzuschätzen als De Witt Clinton (rechts), der brillante Spross einer Dynastie von Anwälten und Politikern – hier im Alter von 51 Jahren auf einem Gemälde von John Wesley Jarvis von 1820.**

1803 wurde De Witt Clinton im Alter von 45 Jahren Bürgermeister. Er stimmte unter anderem dem Bau eines neuen Rathauses zu und gehörte zu den Gründervätern der New-York Historical Society, der New York Academy of Sciences, der Free School Society, des Waisenhauses und einiger weiterer Einrichtungen.

*Ansicht des Broadway, New York City,* **von Axel Leonhard Klincköwstom, 1819. Der elegante Broadway, der am wenige Jahre zuvor vollendeten Rathaus, der City Hall, vorbei nach Norden führte, bildete das Zentrum des öffentlichen und kulturellen Lebens von New York. Philip Hone, ein wohlhabender Auktionator, der als eine der bedeutenden Persönlichkeiten der Stadt galt, lebte in einem einfachen Backsteinhaus direkt gegenüber dem Rathaus. Im zweiten Gebäude nördlich von St. Paul's Chapel (im Vordergrund links) wohnte John Jacob Astor. 1834 ließ Astor sein Haus sowie den Rest des Blocks abreißen, um Platz für das riesige neue Astor House Hotel zu schaffen.**

Im Hinterkopf hatte Clinton aber eine ganz neue Vision von der Inselstadt, die sich fortwährend nach Norden ausdehnte und ihre Fühler unaufhaltsam ausstreckte. 1807 richtete er eine Kommission ein, die den Auswüchsen der chaotischen Bautätigkeit ein Ende machen und einen »endgültigen und abschließenden« Erschließungsplan für die Insel vorlegen sollte.

Vier Jahre später stellte die Kommission ihre Ergebnisse vor. Auf einer über 2,50 Meter breiten Karte hatte man die Zukunft Manhattans für die nächsten Jahrhunderte besiegelt. Der Plan, den der Architekt Rem Koolhaas später als »Entwurf für das offenkundige Schicksal der Insel« bezeichnete, erwies sich als »mutigste Prophezeiung der gesamten westlichen Kultur: Das parzellierte Land war unbewohnt, die zu Grunde gelegte Bevölkerungszahl ein reiner Schätzwert, die eingezeichneten Gebäude waren Phantome, die dargestellten Aktivitäten pure Fiktion«.

Zu einer Zeit, als New York sich noch an der Südspitze Manhattans zusammendrängte, schlug die Kommission vor, die gesamte Insel zu nivellieren und darüber ein 44 Quadratkilometer großes Straßennetz mit 155 Quer- und zwölf Längsstraßen anzulegen, das Platz für über 2000 Häuserblöcke bieten würde.

Ähnliche Raster hatte es bereits zuvor gegeben, niemals jedoch in einem solchen Maßstab. Die Einwohnerzahl betrug noch unter 100.000, doch der Clinton-Plan ging davon aus, dass New York sich irgendwann in eine riesige Metropole mit über einer Million Menschen wandeln und dann die bevölkerungsreichste Stadt der Erde sein würde. »Natürlich wird man uns belächeln«, räumte die Kommission ein, »weil wir Platz für mehr Menschen geplant haben, als in irgendeiner anderen Stadt der Erde leben.«

Mit Tausenden von Häuserblocks, die sich alle mehr oder weniger gleichen sollten, entstand erstmals die Vorstellung einer zutiefst demokratischen Stadt. Da alle Straßen überdies am Wasser endeten, öffnete man sich zugleich wie kein zweiter Ort dem Handel.

»Gleich zu Beginn stellte man uns die Frage«, schrieben die Kommissionsmitglieder, »ob man sich auf rechtwinklig zueinander verlaufende Straßen beschränken … oder den Plan modifizieren sollte… etwa durch Kreisel, ovale Plätze und Sterne, die ein Stadtbild gewiss verschönern, wenngleich ihr Nutzen fraglich bleibt … Man konnte sich einfach nicht an den Gedanken gewöhnen, dass eine Stadt in erster Linie aus menschlichen Behausungen besteht und dass rechtwinklige Häuser mit einer Fassade zur Straße hin am billigsten und komfortabelsten sind. Letztlich gaben diese einfachen, rationalen Überlegungen aber den Ausschlag.«

Am Ende wich nur eine einzige Straße, der Broadway, der sich immerhin über die gesamte Länge der Insel zog, vom strikt rechtwinklig angelegten Straßennetz ab. Die rechteckigen Parzellen, so die Kommission, eigneten sich hervorragend zur Bebauung und Bewirtschaftung.

»Man mag sich darüber verwundern«, hieß es weiter, »dass wir so wenig Raum für freie Flächen eingeplant haben, auf denen man die frische Luft genießen und Erholung suchen kann … Doch auf Grund der breiten Meeresarme, die die Insel Manhattan umfassen, ist die Stadt, was Klima, Erholung und nicht zuletzt die wirtschaftlichen Möglichkeiten angeht, ohnehin begünstigt.« Die Kommission ging davon aus, dass das kilometerlange Ufer und Tausende privater Hinterhöfe das Erholungsbedürfnis der New Yorker befriedigen würden.

In den folgenden Jahrzehnten blieb allerdings nicht verborgen, dass der Stadt kaum etwas so sehr fehlte wie öffentliche Grünflächen. Der Entwurf der Kommission zeugte mehr als jedes andere urbane Gestaltungsprojekt von einem unerschütterlichen Optimismus und einem schier unbegrenzten Vertrauen in die Zukunft. De Witt Clinton trug jedoch in seiner Tasche bereits ein anderes Projekt, das die Arbeit der Kommission bei weitem in den Schatten stellte: Er plante einen 363 Meilen langen Kanal, der nach seiner Fertigstellung New York für alle Zeiten viel enger mit dem amerikanischen Kontinent verbinden würde.

## DER KANAL

*Bis jetzt kratzen wir stets nur an der äußeren Schale unseres Landes. Im Inneren sind Klima, Boden und alle anderen Gegebenheiten jedoch weitaus besser als in jenem Teil, den wir derzeit besiedeln. Das stolzeste Reich Europas ist nichts, verglichen mit jenem Amerika, das im Laufe von zwei Jahrhunderten – vielleicht sogar nur einem – entstehen wird.*

Gouverneur Morris, 1800

Jahrelang hatten die New Yorker Kaufleute von den gewaltigen Reichtümern im Inneren des Kontinents geträumt. Sie hatten ein weltumspannendes Imperium aufgebaut, doch noch immer erhoben sich im Westen die Appalachen und das Allegheny-Gebirge wie eine unüberwindliche Mauer und trennten die Atlantikküste vom Kernland des Kontinents.

Solange es keine Wasserstraße ins Landesinnere gab, musste man den beschwerlichen Landweg nehmen. Pferdekutschen mühten sich über steile, zerklüftete Pfade, und bisweilen dauerte die Reise Wochen. 1811 kostete der Transport einer Tonne Waren 30 Meilen landeinwärts mehr als die Verschiffung nach England.

In jenem Jahr unterbreitete De Witt Clinton einen geradezu unglaublichen Vorschlag. Wenn die Natur keinen Fluss nach Westen vorgesehen hatte, würden die New Yorker eben selbst einen solchen schaffen. Es kam Clinton entgegen, dass sich der einzige natürliche Einschnitt

**Der Bau des von De Witt Clinton geplanten Erie-Kanals krönte die Laufbahn dieses Politikers. Die Planer nutzten dafür einen von der Eiszeit geschaffenen Einschnitt im Gebirge. Der seichte Wasserweg war nur an wenigen Stellen breiter als 12 m und nur 3,50 m tief. Er führte über 363 Meilen durch unberührtes Land im Norden des Staates New York und verband den Hudson River bei Albany mit Buffalo am Ufer der Großen Seen. Dadurch entstand eine direkte Verbindung zwischen dem Hafen von New York und dem nordamerikanischen Kernland.**

in den Appalachen nördlich der Stadt im Bundesstaat New York befand. Clinton plante nichts Geringeres als einen Kanal, der den Hudson River mit dem Eriesee verbinden sollte. Über den Hafen von New York würde man also in Zukunft auf direktem Weg zu den Ufern der Großen Seen gelangen und vom Reichtum des gesamten Kontinents profitieren können.

Der Umfang des Projekts war atemberaubend – seit der Zeit der Ägypter hatte niemand mehr an den Bau eines derart großen künstlichen Wasserwegs gedacht. Zu jener Zeit waren die meisten amerikanischen Kanäle kürzer als zwei Meilen, der längste zog sich über 27 Meilen. Clinton dagegen plante einen 350 Meilen langen Kanal, der durch das weitgehend unberührte Land im Norden des Staates New York führen sollte. Auch die veranschlagten Kosten – rund sechs Millionen Dollar – brachen sämtliche Rekorde, entsprachen sie doch 75 Prozent des Jahresbudgets der Bundesregierung.

Thomas Jefferson persönlich stellte sich dem Projekt mit der Begründung entgegen, dass der Kongress General Washingtons Plan eines 30 Meilen langen Kanals an den Ufern des Potomac abgelehnt hatte, »weil der dafür nötige, vergleichsweise geringe Betrag von 200.000 US-Dollar weder von der Bundesregierung noch der Regierung eines Bundesstaates noch von Einzelpersonen aufgebracht werden konnte. Und Sie schlagen vor, einen 350 Meilen langen Kanal mitten durch die Wildnis zu bauen! Der Plan ist ausgezeichnet und lässt sich vielleicht in 100 Jahren durchführen. Wer jedoch heute darüber nachdenkt, muss verrückt sein.«

Zu Clintons Bestürzung schloss sich der Staat New York dieser Argumentation an. Desgleichen Präsident James Madison, der warnte, ein solches Bauvorhaben würde die Bundesregierung ruinieren. Clinton dagegen war sicher, dass der Erie-Kanal New York zu einer der mächtigsten Handelsstädte der Erde erheben würde.

Der Erie-Kanal, auch »Großer Kanal«, »Großer Westkanal« und »Clintons großer Bach« genannt, hier auf einem 1832 entstandenen Aquarell von John William Hill (links), war Amerikas erstes ingenieurtechnisches Meisterwerk. Die Verantwortlichen und die Arbeiter erfuhren während der Bauarbeiten, wie man einen »künstlichen Fluss« anlegt. 1822 näherte sich das Großprojekt seinem Abschluss. Zu diesem Zeitpunkt schrieb Thomas Jefferson, der als US-Präsident Bundesmittel zur Finanzierung des Projekts abgelehnt hatte, an De Witt Clinton: »Ich muss anmerken, dass viele genau wie ich nach wie vor denken, dass New York der natürlichen Entwicklung der Dinge ein volles Jahrhundert vorgegriffen hat.«

Vier Ansichten des Erie-Kanals. Als 1820 der erste Abschnitt des Kanals für den Verkehr geöffnet wurde, schrieb ein Reisender: »Es war ungemein aufregend zu sehen, wie große Schiffe von Pferden eine künstliche Wasserstraße hinaufgezogen wurden, die durch bestellte Felder, Wälder und Sümpfe, durch Schluchten, über Bäche und Morast führte, und zu erfahren, wie man Gefälle mit Hilfe großer, prächtiger Schleusen überwand.«

Unablässig warb er um Unterstützung für den Kanal, den Gegner abfällig »Clintons großen Bach« nannten. Er organisierte Massenveranstaltungen und sammelte über 100.000 Unterschriften von New Yorkern. Der Kanal, erklärte er 1815 vor einer Gruppe potenzieller Investoren, »führt durch das fruchtbarste Land des Universums [und] wird größere Reichtümer transportieren als irgendein anderer Kanal der Erde … Ein freier Staat sollte diese Chance nutzen und … das erstaunlichste, schönste und nutzbringendste Werk verwirklichen, das die Menschheit bis heute hervorgebracht hat.«

Um den Kanal zu finanzieren, schlug er vor, die bei New Yorker Börsenmaklern und Bankern beliebten Staatsanleihen auszugeben und sie durch eine bescheidene Salzsteuer zu decken. Clinton bewies damit ein für alle Mal, dass es möglich war, große öffentliche Bauvorhaben im Auftrag des Staates durchzuführen.

Im Frühjahr 1817 hatte er endlich die finanzielle Grundlage für sein gigantisches Unternehmen geschaffen. Am 4. Juli begannen die Arbeiten: 9000 Männer – die meisten bekamen weniger als einen Dollar Lohn pro Tag – hoben mit Hacke und Spaten den zwölf Meter breiten, 3,50 Meter tiefen und mehrere hundert Meilen langen Kanal aus. Drei Richter und ein Schullehrer überwachten in Clintons Auftrag die Arbeit, keiner von ihnen hatte je zuvor einen Kanal gesehen. Unerschrocken gingen sie ans Werk und ließen, wie jemand anmerkte, »Gott und den Zufall« für sich arbeiten. Nach und nach machten sie sich mit den nötigen Ingenieurstechniken vertraut, entwickelten Methoden, um Bäume zu fällen, Baumstümpfe auszureißen und dicke Wurzeln zu durchtrennen.

Im Frühjahr 1825 war der Kanal fast fertig. Bei einer Feier anlässlich der Vollendung der Schleusen in Lockport, New York, äußerte sich der anwesende Geistliche, F. H. Cuming, voller Begeisterung über Clintons herrlichen Kanal. »Berge wurden abgetragen«, erklärte er, »Täler aufgefüllt, Flüsse und Ströme hindurchgeführt, und auf diese Weise entstand ein Kanal, in dem das Wasser des weit entfernten Hudson und die Fluten des noch weiter entfernten Atlantischen Ozeans sich mit den Wassern aus dem Westen zu einem neuen Fluss vereinigen werden.«

Am 26. Oktober 1825 – drei Jahre vor dem geplanten Termin und ohne die veranschlagten

*Zusammenfluss von Erie-Kanal und Nordkanal*, von John William Hill, um 1830. »Überall auf dem Kanal herrschen Leben und Bewegung«, notierte ein Reisender aus Boston 1845, zwei Jahrzehnte nach der Vollendung des Wasserwegs. »Alle Augenblicke ziehen Schiffe mit Gütern aus dem Westen vorbei.« »Seit nunmehr 20 Jahren fließt der Reichtum aus dem Westen auf diesem Weg an den Ozean, und bereits jetzt nimmt New York eine Vorrangstellung als wichtigstes Handelsimperium Amerikas ein. Solange New York den Endpunkt der westlichen Handelsroute markiert, werden Wohlstand, Einfluss und Bevölkerung der Stadt stetig steigen, bis sie nicht mehr nur die bedeutendste Stadt Amerikas, sondern die bedeutendste der ganzen Welt ist«, schrieb der Herausgeber des *Albany Argus* im gleichen Jahr.

Kosten zu überschreiten – kam das Projekt zum Abschluss. »Der längste Kanal der Welt«, so ein Journalist, »wurde in der kürzesten Zeit mit der geringsten Erfahrung für das wenigste Geld und mit dem größten öffentlichen Nutzen erbaut.«

»Mit seinen 83 Schleusen, 18 Aquädukten und einer 243 Meter langen Wasserbrücke über den Genesee River gehörte er zu den Meisterwerken der Ingenieurszunft. In ökonomischer Hinsicht übertraf der Kanal die kühnsten Erwartungen. Dauerte es früher drei Wochen, um eine Tonne Weizen von Buffalo nach New York zu bringen, so brauchte man jetzt kaum acht Tage, statt 100 Dollar bezahlte man nur noch sechs.

Bei den Eröffnungsfeierlichkeiten leerte De Witt Clinton, der mittlerweile zum Gouverneur ernannt worden war, ein Fass Wasser aus dem Eriesee in den Hafen von New York. Jeder verstand die symbolische Geste: Fortan war New York mit ganz Amerika verbunden.

»Es steht außer Frage«, betonte Clinton an jenem Tag in seiner Festansprache, »dass dieser Kanal, sowohl was die Länge der Strecke als auch was die Zahl der durch ihn verbundenen Länder und die wirtschaftlichen Konsequenzen anbetrifft, in der Geschichte der Menschheit keinen Vergleich kennt.« Dann folgte eine schicksalhafte Prophezeiung:

*Als einigendes Band zwischen dem Atlantik und den Staaten im Westen wird er der Zersplitterung der USA vorbeugen. Als Kommunikationsweg zwischen dem Hudson, dem Mississippi und dem Sankt-Lorenz-Strom, den Großen Seen im Norden und Westen und ihren Zuflüssen wird er die größte Binnenhandelsroute sein, die es je gegeben hat. Die fruchtbaren, weiten Regionen Amerikas werden ihre Chance nutzen und sich dem Markt öffnen. Alle Überschüsse, die sie auf ihren Äckern, in Wäldern, Bergwerken und Flüssen erwirtschaften, werden nach New York fließen, um dort konsumiert oder ins Ausland exportiert zu werden … New York wird sich im Laufe der Zeit zur Kornkammer der Welt, einem gewaltigen Handelsimperium, dem Sitz von Manufakturen und Zentrum bedeutender Geldgeschäfte entwickeln und gewaltige Mengen Kapital binden … Innerhalb eines Jahrhunderts werden Häuser die gesamte Insel Manhattan bedecken, die dann zu einer einzigen, dicht besiedelten Stadt zusammengewachsen sein wird.*

Vom wachsenden Wohlstand der Stadt im frühen 19. Jahrhundert profitierte vor allem eine Eliteschicht von Kaufleuten, die sich bald einen ziemlich luxuriösen Lebensstil zulegte. In Manhattan gründeten reiche Bürger Clubs, akademische Gesellschaften, Privatbibliotheken und elegante Vergnügungsorte wie das Park Theater, hier auf einem 1822 entstandenen Gemälde von John Searle (links). Der wohlhabende New Yorker Kaufmann William Bayard gab das Bild in Auftrag, das in den Logen vor allem Freunde von Bayard und Mitglieder der New Yorker High Society zeigt. Bayard selbst steht in der unteren Reihe in der zweiten Loge von rechts neben der Dame, deren Schal über die Brüstung hängt. Drei Plätze weiter sitzt mit weißer Haube und nach vorn gewandtem Blick Mrs. De Witt Clinton.

Außerhalb der Stadt errichteten die Kaufleute in den Hügeln von Brooklyn und Staten Island prächtige Anwesen mit Blick auf die Upper Bay und die Narrows. Das Bild des deutschen Malers August Köllner (unten) zeigt ein Landhaus am Ostrand von Staten Island.

Jedes der Worte Clintons wurde Wirklichkeit. Fast über Nacht verwandelte der Erie-Kanal New York und ganz Amerika. Vor Clintons Projekt war der größte Teil der Güter aus dem amerikanischen Kernland über den Mississippi nach Süden gelangt, weshalb manch einer glaubte, New Orleans würde über kurz oder lang zur wichtigsten Stadt Amerikas aufsteigen.

Der Kanal änderte die Sachlage, denn nun kamen die Erträge aus den großen Ebenen und dem Mittleren Westen auf direktem Weg über den neuen Handelsweg nach New York City. Um die riesigen Warenmengen aufzufangen und weiterzuleiten, gründete man an den Ufern der Großen Seen bald neue Städte wie Chicago, Detroit, Cleveland und Buffalo, die natürlich bei aller Prachtentfaltung nie die Größe und Bedeutung von New York erlangten.

In den darauf folgenden Jahren schweißte der Erie-Kanal die Nation zusammen, denn er galt bald schon als Rückgrat der Industrialisierung Nordamerikas, in deren Mittelpunkt natürlich New York stand. Die große Stadt begnügte sich nicht länger mit ihrer Funktion als Hafenstadt, sondern bildete fortan gleichsam das Einfallstor in die Vereinigten Staaten sowie einen Dreh- und Angelpunkt, an dem Alte und Neue Welt, Europa auf der einen und Amerika auf der anderen Seite, einander begegneten.

Ein für alle Mal war New York City nun mit dem Hinterland, dem Süden, Neuengland und Übersee verbunden. Mit erstaunlichem Weitblick hatte De Witt Clinton zunächst erkannt, welche gigantischen Möglichkeiten die junge Metropole barg, und anschließend die Geografie eines ganzen Kontinents umgestaltet, um seinen Traum wahr werden zu lassen.

*Wir glauben nicht, dass man uns der Übertreibung bezichtigen wird, wenn wir – bei allem Respekt – feststellen, dass keine Stadt in der Welt sich rascher entwickelt hat als New York City in den letzten zehn Jahren. Wohin auch immer wir uns wenden, überall erregen neue Gebäude unsere Aufmerksamkeit. Besonders in den oberen Bezirken sind ganze Straßenzüge mit eleganten Backsteinbauten dort entstanden, wo sich vor einigen Jahren noch Sümpfe erstreckten oder einige alte, wertlose Hütten standen … [Letztes Jahr] legten 1217 Schiffe im Hafen an, davon 1097 amerikanische und 91 britische, die übrigen aus Holland, Frankreich, Spanien, Portugal und anderen Ländern. Mit ihnen kamen 4999 Passagiere und Waren aus unseren Schwesterstaaten, aus Europa, Westindien und den neuen Republiken in Südamerika. Am 1. Januar 1824 lagen in unserem Hafen 326 Schiffe.*

*New-York Evening Post*, 8. Januar 1824

*Nie zuvor sah ich mehr Industrie, mehr Geschäfte aller Art als in dieser Stadt. Wo immer man hingeht, überall Mechaniker, Tischler, Maurer, Schiffszimmerleute, Fuhrleute. Alles ist ständig in Bewegung, vom frühen Morgen bis zehn Uhr abends. Kein Wunder, dass New York alle Konkurrenten aussticht!*

Mrs. Anne Royall, Alabama, 1824

Mit der Vollendung des Erie-Kanals machte New York den entscheidenden Schritt in die Zukunft. Dieses Mal profitierten die Bürger der Stadt davon, dass sie über die Natur gesiegt hatten. Als jedoch in den folgenden Jahrzehnten Zehntausende, später gar Hunderttausende von Einwanderern in die Hafenstadt strömten, mussten neue – diesmal von Menschenhand geschaffene – Probleme gelöst werden, und diese sollten noch schwieriger zu bewältigen sein.

Zwischen 1825 und 1860 wuchs New York City schneller als jede andere Stadt zuvor. Selbst die an Veränderungen gewöhnten Bürger fühlten sich nun zuweilen wie Washington Irvings Held Rip Van Winkle, der eines Morgens beim Aufwachen feststellen musste, dass 20 Jahre vergangen waren und alles ringsumher sich gewandelt hatte. Irving selbst bemerkte eines Tages, dass die Stadt, die er einst gekannt hatte, längst nicht mehr existierte:

*29. August 1847. Meine liebe Schwester: Das New York, welches du kanntest, ist nur ein winziger Teil der heute so riesigen Stadt und selbst dieses Eckchen hat sich völlig verändert. Es wurde in Stücke zerlegt, niedergebrannt und wieder aufgebaut – alles bis auf unser kleines Geburtshaus in der William Street, die noch ein wenig an früher erinnert, doch auch sie verändert sich täglich. Ich kann kaum fassen, dass diese riesige, überfüllte, laute und prachtvolle Metropole, in der das Leben pulsiert, einst ein ruhiges Städtchen mit fünfzig- oder sechzigtausend Einwohnern war. Heute gehört New York zu den aufstrebendsten Städten der Welt.*

# ALEXANDER HAMILTON, EIN NEW YORKER MIT NATIONALER VISION

CAROL BERKIN

Während die Söhne der Plantagenbesitzer aus Virginia und der Pastoren aus Massachusetts über ihren Lateinbüchern brüteten oder Etikettevorschriften abschrieben, war der 15-jährige Alexander Hamilton gerade eifrig bemüht, den Gewinn eines westindischen Handelshauses zu vergrößern. Eine klassische Schulbildung hatte der Junge nicht genossen, doch trug sein erstaunliches Wissen über Frachtkosten und -briefe, internationale Märkte und Kreditvoraussetzungen durchaus Früchte. Er entstammte keiner reichen oder angesehenen Familie, war beschränkt auf die kleinen Inseln Nevis und St. Croix und wusste vielleicht gerade deshalb seine Talente – Intelligenz, rasche Auffassungsgabe, eiserne Selbstdisziplin, Ehrgeiz und Energie, Überzeugungskraft und Idealismus – so zielstrebig zu seinem Vorteil zu nutzen, kaum dass er 1773 nach New York City gekommen war.

Sein Reisegepäck bestand aus wenig mehr als Empfehlungsschreiben für die New Yorker Geschäftspartner seines Arbeitgebers, und er machte sich sogleich daran, eine gute Ausbildung zu bekommen. Seine Mentoren legten ihm einen langen, mühseligen Vorbereitungskurs für das College nahe, Hamilton wollte jedoch keine Zeit verlieren, kämpfte sich durch Geschichtsbücher, Abhandlungen über klassische Philosophie, Einführungen in die Geografie und Mathematiktraktate. Tag und Nacht lief er mit einem Buch auf und ab, lernte ganze Passagen auswendig und diskutierte mit sich selbst über den Inhalt. Seine autodidaktische Herangehensweise erwies sich als überaus effektiv. Binnen eines Jahres wurde er zum Manhattaner King's College zugelassen, das den ehrwürdigen Universitäten von Princeton, Yale und Harvard ernsthaft Konkurrenz zu machen begann. Wie die meisten New Yorker Institutionen reflektierte das King's College die politischen Verhältnisse in der Stadt. Zum Präsidenten war ein konservativer Anglikaner berufen worden, liberale Protestanten fungierten als Kuratoren. Manchem galt das College als extrem progressiv, doch genau dieses Umfeld passte wie angegossen auf Hamilton.

Im College lernte er die Schriften von Grotius, Locke, Hobbes und David Hume kennen. Weitaus seltener als seine Kommilitonen besuchte er die Schänken und Bordelle in der nahe gelegenen Greenwich Street und der Church Street. Hamilton war ein mustergültiger Student, der allerdings nicht zum Gelehrten taugte, weil er jede Theorie auf ihre praktische Anwendung hin abklopfte. Aktives Handeln ging ihm vor akademische Diskussion, und folgerichtig engagierte er sich schon bald für den Unabhängigkeitskampf.

Hamilton war 1000 Meilen entfernt, als das Parlament seine Angriffe auf die Rechte der New Yorker »als Engländer« lancierte, doch die Entscheidung zwischen beiden Lagern fiel ihm nicht schwer. Rasch erkannte er die Bedeutung der Unabhängigkeitsbewegung für seine eigene Zukunft: Hier konnte er seine herausragenden Eigenschaften, wie seine Entschlusskraft und die Fähigkeit, Theorien in die Praxis umzusetzen, in den Dienst einer Gruppierung stellen, die mit der überkommenen politischen Ordnung brechen wollte, um eine neue Gesellschaftsform zu schaffen.

Bald schon wusste jedermann um Hamiltons rhetorische und literarische Fähigkeiten. Der junge Mann vertrat die zentrale Auffassung der Bewegung, dass jegliche Regierung auf einem Vertrag zwischen Herrschern und Beherrschten beruht, welcher die unverbrüchlichen Rechte der Bürger garantiert, nicht zuletzt auch ihr Recht, Widerstand gegen Tyrannei zu leisten. Begeistert jubelten die New Yorker dem 26-jährigen Heißsporn zu, der Dinge schrieb wie: »Die heiligen Rechte der Menschheit sind nicht gedacht, um sie zusammen mit altem Plunder oder muffigen Erinnerungen zu verramschen … Sie wurden wie mit Sonnenstrahlen von göttlicher Hand persönlich ins große Buch der menschlichen Natur geschrieben und können niemals von Sterblichen beiseite gewischt oder verdunkelt werden.« Die Unabhängigkeitserklärung war noch nicht proklamiert, als die New Yorker Alexander Hamilton bereits als Helden feierten.

Hamiltons politische Forderungen waren radikal, in sozialen Fragen bewahrte er sich jedoch eine konservative Haltung. Er war davon überzeugt, dass die wohlhabende, gebildete Oberschicht die Geschicke der Gesellschaft lenken sollte, sofern sie bereit war, in ihren Reihen auch diejenigen zu akzeptieren, die sich Stand und Vermögen mühsam erarbeitet hatten. Hamilton – selbst klüger, begabter und ehrgeiziger als die meisten seiner Zeitgenossen – glaubte an eine natürliche soziale Hierarchie. Der typische Emporkömmling vertrat das Credo jener neuen Schicht von Engländern und Amerikanern, die zwar bestimmte Rechte für alle Klassen forderten, sich aber dennoch gegen ein allgemeines Gleichheitsprinzip verwahrten. Hamilton etwa verabscheute die Sklaverei, mindestens genauso zuwider war ihm jedoch das Chaos, das in seinen Augen der Demokratie anhaftete.

Im Frühjahr 1776 legte der junge Mann den Gänsekiel nieder und griff zur Waffe. Er besaß keinerlei militärische Ausbildung, dafür aber eine gute Portion Selbstvertrauen. Er las einige Bücher über Artillerie, machte bei Freunden etwas Geld locker und schloss sich der schlecht ausgebildeten Bürgerwehr als Hauptmann einer Artillerieeinheit an. Einige Jahre zuvor hatte er einem Freund gestanden, dass er davon träume, als militärischer Held in die Geschichte einzugehen. Früh erkannte er, dass der Krieg zweifellos ein Weg zum Ruhm sein konnte. Der amerikanische Unabhängigkeitskrieg sollte ihm Recht geben.

Wenig später trat sogar George Washington an den jungen New Yorker heran und verdingte ihn als Adjutanten. Da Hamilton ein reiner Schreibtischjob gewiss nicht befriedigt hätte, versprach Washington, ihn bei nächster Gelegenheit zum Oberstleutnant zu ernennen. Hamilton nahm nach reiflicher Überlegung an, denn er wusste um das soziale Prestige dieser Position. Als Mitglied von Washingtons engstem Beraterstab war er plötzlich auch von jenen umringt, die über Einzelheiten des Krieges im Bilde sein wollten. Als hochrangiger Offizier gehörte er zudem automatisch zur Oberschicht, obwohl er weder über Geld noch einen bekannten Namen verfügte. Und natürlich wusste Hamilton auch aus dieser Situation Vorteil zu ziehen. 1780 ehelichte er Elizabeth »Betsey« Schuyler, die älteste Tochter von General Philip Schuyler, einem der vermögendsten Grundbesitzer und einflussreichsten Politiker der Stadt. Die New Yorker High Society begrüßte die Verbindung erfreut, konnte sie doch mit Hamilton jetzt eine der aufregendsten Persönlichkeiten der Stadt zu ihrem erlauchten Kreis zählen.

Die Jahre an der Seite von General Washington festigten jedoch nicht nur Hamiltons Position, sie halfen ihm, seinen persönlichen und politischen Standpunkt zu präzisieren. Tag für Tag stellte er Truppen auf und organisierte eine schlagkräftige Armee. Er lernte, die Dinge im nationalen bzw. »kontinentalen« Maßstab zu betrachten. Im Kontakt mit eingefleischten Nationalisten wie dem Finanzier Robert Morris wurde Hamilton mit Visionen konfrontiert, die weit über den New Yorker Blickwinkel hinausgingen. So tat sich ihm auch die Bedeutung von Finanzfragen für das Schicksal der Vereinigten Staaten auf: Ohne ein stabiles Währungssystem, ein vernünftiges Steuerwesen, eine einheitliche Handelspolitik und Maßnahmen zur Steigerung der öffentlichen Einkünfte würde die junge Nation ihre Versprechungen nicht einlösen können, keinen Platz im Kreis der angesehenen Staaten finden. Stattdessen würde sie über kurz oder lang mit sozialen Unruhen im eigenen Land zu kämpfen haben. Nach Hamiltons Auffassung waren die Articles of Confederation, die die Grundlage der ersten Regierung bildeten, der Bedeutung Amerikas in keiner Weise angemessen.

1781 trat Alexander Hamilton von seinem Militärposten zurück und begab sich 1782 nach Albany, um dort Jura zu studieren. Natürlich hatte er wenig Lust, eine lange Ausbildung über sich ergehen zu lassen, und erneut fand er einen Weg, die Dinge zu beschleunigen. Er schloss sich in James Duanes riesiger Privatbibliothek ein, las einige bedeutende Werke zur Rechtslehre und entwickelte eine Strategie, um sich die Grundlagen des an England orientierten neuen Rechtssystems in möglichst kurzer Zeit anzueignen.

Wenige Monate später hatte er sein eigenes Handbuch erstellt, das gerichtliche Verfahren zusammenfasste und logische Kategorien für alle zentralen Aspekte der juristischen Theorie und Praxis enthielt. Das 177 Seiten umfassende Werk eignete sich bestens als Repetitorium für angehende Juristen. Innerhalb von zwei Monaten lernte Hamilton sein eigenes Buch auswendig, im Juli legte er das Examen ab und eröffnete noch vor Jahresende eine Anwaltskanzlei in New York City.

Obgleich er sich nicht über mangelnden Zulauf beklagen konnte, interessierte er sich weiterhin für die Politik. Bereits 1781 hatte er mit der Niederschrift seiner – wie stets praxisnahen – Vision der Zukunft Amerikas begonnen. Eigene Erfahrungen und Beobachtungen flossen ebenso ein wie die Schriften anderer Theoretiker. Seine Grundüberzeugung – dass nämlich private Interessen das Handeln der Menschen bestimmen und eine Regierung nur Erfolg haben kann, wenn sie diese Interessen gebührend berücksichtigt – dürfte in der Auseinandersetzung mit dem Werk David Humes entstanden sein. Doch während Hume das Wohl der Gesellschaft vom rein theoretischen Standpunkt aus untersuchte, ging Hamilton die Dinge praktisch an. In den Jahren nach der Unabhängigkeit hatte er mit angesehen, wie Gouverneur George Clinton, ein politischer Gegner der Stadt New York, viele reiche Städter für sich gewonnen hatte, indem er ihnen ermöglichte, ihre rasch an Wert verlierenden Kriegsanleihen gegen Staatsanleihen einzutauschen. New York City wurde so zum Gläubiger der Bundesregierung, und die Stadt konnte die wiederholten Geldforderungen der Bundesregierung getrost ignorieren. Hamilton vertrat zwar die Auffassung, ein gewitzter New Yorker Kaufmann könne die Interessen der Stadt besser vertreten als ein Fürsprecher des Grundeigentums aus der Provinz, billigte aber letztlich Clintons Vorgehen. Desto mehr Clinton die Zügel der Staatsmacht anzog, desto mehr war Hamilton davon überzeugt, dass das Eigeninteresse der Bürger die politischen Ziele definieren müsste.

Noch eine weitere Lehre für die Praxis zog Hamilton aus der Politik im Bundesstaat New York: Die Interessen von Grundbesitzern und Kaufleuten stimmten nur selten überein. Typisch für ein Mitglied der Stadtelite, machte er den Landadel, der Grundbesitz für die einzig rechtmäßige Einkommensquelle hielt und verächtlich auf Kaufleute, Unternehmer und Finanziers herabsah, für viele Probleme verantwortlich. Die Dominanz von Großgrundbesitzern in der Regierung führte in Hamiltons Augen immer wieder zu kurzsichtigen Gesetzen und Regelungen. Hierzu gehörten Schikanen gegen ehemalige Loyalisten – teils Klienten von Hamilton –, die den Staat schließlich mitsamt ihrem Kapital verließen. Hamilton zufolge sollte die Regierung vielmehr kommerzielle Interessen aktiv fördern und notfalls auch gegen den Willen der Grundbesitzer durchsetzen.

*Die Federal Hall* von Archibald Robertson, 1798. Bereits 1789, noch vor dem Einzug der Regierung, hatte Major Pierre-Charles L'Enfant dem imposanten Gebäude ein neues Gesicht verliehen.

Hamilton bewunderte die Bank of England, die, so war er überzeugt, Großbritanniens raschen Aufstieg zur Handels- und Industriemacht entscheidend vorangetrieben hatte. Nach diesem Vorbild sollte auch eine Bank of America arbeiten. Kaum waren die Briten abgezogen, als er auch schon eine kleine, entschlossene Gruppe von Kaufleuten und Anwälten um sich scharte, um mit ihnen für die Gründung der Bank of New York zu kämpfen. In den ersten Jahren der Konföderation beschäftigte sich Hamilton intensiv damit, welche Institutionen und Maßnahmen Amerika in die Lage versetzen würden, aus seinen wichtigsten Ressourcen – Land, Unternehmergeist und soziale Mobilität – den größtmöglichen Vorteil zu ziehen. Obgleich klar pragmatisch orientiert, reichte sein Blick doch wesentlich weiter in die Zukunft als der vieler anderer Gründerväter: Noch waren die USA überwiegend landwirtschaftlich geprägt, doch Hamilton erkannte, dass in nicht allzu ferner Zukunft Handel und Industrie die Wirtschaft bestimmen würden. Noch begegneten viele den großen Städten mit Misstrauen, ja sahen sie als Brutstätte für den Sittenverfall, doch Hamilton hielt sich an die mittelalterliche Devise »Stadtluft macht frei«, die er so deutete, dass sich in einer Metropole wie New York neue Ideen rascher durchsetzen würden und Engagement schneller Anerkennung fände. Inmitten von Politikern, die eine starke Machtkonzentration fürchteten, wusste er um die Vorzüge eines wirkungsvollen Zusammenspiels von Regierung, Finanzen und Wirtschaft. Während die meisten politischen Gespräche darum kreisten, dass Tyrannei sich in keinem politischen System ausschließen lässt, vertraute er auf die Verantwortung der politischen Führung gegenüber den Bürgern des Landes.

Zwischen der Ratifizierung der Articles of Confederation und der Einberufung des Verfassungskonvents im Jahr 1787 arbeitete Hamilton unermüdlich an Reformplänen. Er organisierte Treffen, auf denen gleich gesinnte Politiker verschiedener Staaten alle Aspekte der nationalen »Krise« diskutierten. 1786 rebellierten Bauern aus Massachusetts gegen die Steuerpolitik des Staates und gegen Gesetze zur Zwangsvollstreckung durch die Regierung. Nach dieser so genannten Shay-Rebellion schlug die Stimmung zu Hamiltons Gunsten um. Die Pflanzerelite fürchtete Sklavenaufstände, und auch die politischen Führer im Norden trieb die Sorge um, die soziale Ordnung könne zusammenbrechen. Im Sommer 1787 trat der Verfassungskonvent schließlich in Philadelphia zusammen.

Hamilton gehörte zu den New Yorker Abgeordneten. Allerdings erschien er nur sporadisch. Er interessierte sich kaum für die langen, hitzigen Debatten über die innere Struktur der Bundesregierung oder gar der einzelnen Ministerien. Er wollte die Diskussionen rasch hinter sich bringen, damit die verschiedenen Institutionen und Ämter endlich ihre Arbeit aufnehmen konnten. Hamilton trat

***Nordostecke von Wall und William Street, New York City* von Archibald Robertson, 1798. Als Alexander Hamiltons ökonomische Maßnahmen zu greifen begannen, machte dieses Areal als Bank Row von sich reden. Die von Hamilton mitbegründete Bank of the United States hatte ihren Sitz in dem bescheidenen Backsteingebäude auf Nr. 52, zwei Häuser neben der Bank of New York auf Nr. 56, die Hamilton bereits 15 Jahre zuvor ins Leben gerufen hatte.**

erst in Aktion, als die neue Verfassung beschlossen werden sollte. Er wusste, dass es diesbezüglich in seinem eigenen Staat zu erbitterten Auseinandersetzungen kommen würde. Warum hätten auch ausgerechnet die New Yorker der Bundesregierung freiwillig politische Entscheidungsbefugnisse über Handelsschranken und Steuererhöhungen abtreten sollen?

Die Bürger der Stadt hatten mit der Delegiertenwahl für den Ratifizierungskonvent des Bundesstaats schon im Vorfeld ihre Position deutlich gemacht: 46 Antiföderalisten standen nur 19 Föderalisten, die für eine starke Bundesgewalt plädierten, gegenüber – vor allem aus New York City. Obgleich sich Hamilton zusammen mit James Madison und John Jay in einem später als *Federalist Papers* bekannt gewordenen Schreiben für die Verfassung stark machte, ging er davon aus, dass vernünftige Argumente die Delegierten kaum würden umstimmen können. Die Schlacht musste mit taktischen und nicht mit rhetorischen Mitteln geschlagen werden, zumal die New Yorker Verfassungsgegner gut organisiert waren. Gouverneur Clinton persönlich führte die antiföderalistische Opposition an. Hamilton beteiligte sich daher an einer Resolution, die eine Diskussion jedes einzelnen Verfassungsartikels forderte. Man beabsichtigte eine Verzögerung der Abstimmung, bis sich der Widerstand abschwächte. Der Plan ging auf, die nötigen Stimmen von neun Staaten, darunter Virginia, kamen in Philadelphia zustande. Dann versetzte Hamilton seinen Gegnern den Todesstoß, indem er und Jay eine Taktik einsetzten, die nach 1787 immer wieder zur Anwendung kam. Sie drohten, dass New York City sich vom Staat New York abspalten werde, wenn seine Forderungen nicht erfüllt würden. Am 26. Juli 1788 nahm New York die Verfassung mit 30 zu 27 Stimmen an.

Die Stadt feierte das Resultat ausgiebig. Herzstück des riesigen Festumzugs war denn auch ein rollendes Staatsschiff mit dem Namen *Hamilton*. Präsident Washington ernannte Hamilton wenig später zu seinem Schatzkanzler und erteilte ihm den Auftrag, die Richtlinien der nationalen Wirtschaftspolitik festzulegen. Sein Leben lang schien Hamilton auf nichts anderes gewartet zu haben, und er fühlte sich der neuen Aufgabe mehr als gewachsen. Der Parvenü aus der Karibik, der ohne Geld und Stammbaum nach New York gekommen war, nahm die Geschicke der emporstrebenden jungen Nation nur zu gern in die Hand.

Fortan war Hamilton nicht mehr als Anwalt tätig und verzichtete auf privates Einkommen. Keinesfalls wollte er in den Verdacht geraten, selbst von seinem Einsatz für die Interessen anderer zu profitieren. Von 1789 bis 1795 erarbeitete er das so genannte Hamilton-System. Auf sein Betreiben hin beschloss die Bundesregierung, alle Schulden des Unabhängigkeitskrieges zu übernehmen und diese mit Hilfe öffentlicher Anleihen zu tilgen. Dank Hamiltons ökonomisch wie politisch genialem Schachzug konnte die Bundesregierung ungehindert die Steuern erhöhen, gleichzeitig die Macht der Bundesstaaten einschränken und reiche Gläubiger an die Geschicke des jungen Staates binden. Um jeden Fortschritt in diesem Bereich musste Hamilton allerdings zäh ringen. Über Jahre hatte er seinen Instinkt in der stark zersplitterten politischen Landschaft von New York geschult, jetzt wusste er, welchen Tauschhandel er einfädeln musste, um sein vordringlichstes Ziel zu erreichen: Die von ihm angestrebte Wirtschaftspolitik war nur um den Preis der Verlegung der Hauptstadt nach Washington zu haben.

Es gelang Hamilton, seine Ideen umzusetzen, doch machte er sich dabei nicht nur Freunde. James Madison, der mit ihm für die neue Verfassung gekämpft hatte, bezeichnete Hamiltons *Report on Public Credit* und seine Finanzpolitik als unmoralisch, Thomas Jefferson hielt die Gründung der Nationalbank für verfassungswidrig. Gegen den Handel gerichtete Interessen im Kongress blockierten Hamiltons umstrittenstes Programm, dessen Grundzüge er in seinem *Report on Manufactures* darlegte. Hamilton forderte darin nichts Geringeres als aktive staatliche Aufbauhilfen für die Industrie. 1795 erkannte Hamilton, dass er nichts Wesentliches mehr erreichen konnte, trat von seinem Amt zurück und ging wieder nach New York City. Der Wegbereiter des US-Kapitalismus war seinerzeit erst 37 Jahre alt.

Während Leute wie George Washington davon träumten, sich in die Einsamkeit des Landlebens zurückzuziehen, dachte Hamilton als typischer New Yorker keineswegs ans Ausruhen. Mit seinen Ansichten, insbesondere mit seiner Sympathie für die Briten, die er den revolutionär gesinnten Franzosen vorzog, machte er sich eher unbeliebt, doch er wirkte weiter hinter den Kulissen für die Föderalistische Partei. Er arbeitete erneut als Anwalt und übernahm jedes Jahr mehr Fälle. Freunde stellten gleichwohl fest, dass Enttäuschungen und Misserfolge Hamiltons Charakter stark verändert hatten. Er arbeitete zu viel und wurde damit zwar reich, aber auch immer mürrischer und depressiver.

Zwischen 1797 und 1804 erlitt er eine Reihe persönlicher Schicksalsschläge, die vielleicht mehr als politische Niederlagen zu seinem Persönlichkeitswandel beitrugen. 1797 enthüllte der Herausgeber einer republikanischen Zeitung seine Liebesaffäre mit Maria Reynolds. Hamilton räumte ein, dass sein Privatleben mit einem Makel behaftet sei, bestand aber darauf, dass dies seine berufliche Integrität nicht belaste. Dennoch litten Hamiltons Ehe und sein Ansehen in der New Yorker Gesellschaft unter dem Skandal. Wenig später zog er sich in ein neues Haus, The Grange, acht Meilen nördlich der City und fernab von Ränken und Intrigen zurück. Täglich pendelte er nun in seine New Yorker Kanzlei, und obgleich er weiter in der Politik mitmischte und mit der *New-York Evening Post* sogar eine Zeitung für föderalistisch gesinnte Leser gründete, stand er nunmehr doch eher am Rand des Geschehens.

Am 20. November 1801 starb Hamiltons 19-jähriger Sohn in einem Duell mit einem republikanischen Rechtsanwalt. Der Verlust »der größten und strahlendsten Hoffnung meiner Familie« stürzte Hamilton in tiefe Verzweiflung. Den Tod des Jungen empfand er als »tragischstes Ereignis meines Lebens, jenseits des Verstehbaren«. Noch schlimmer gestaltete sich die Lage, weil Hamiltons Tochter Angelica den Tod des Bruders nicht verwinden konnte. Hamilton schrieb seiner Frau, dass sie beide »in einer Welt des Bösen« leben würden, seinem besten Freund, Gouverneur Morris, gegenüber beklagte er sich auch über seine politischen Misserfolge. »Mein Schicksal ist seltsam«, ließ er Morris wissen, »kaum ein anderer Einwohner der Vereinigten Staaten hat mehr für die jetzige Verfassung getan und geopfert als ich – und doch ... bin ich immer noch damit beschäftigt, die zarte Pflanze zu stützen. Mein einziger Dank sind murrende Freunde und fluchende Gegner. Was kann ich also Besseres tun, als mich jetzt von der politischen Bühne zurückzuziehen? Jeden Tag erkenne ich deutlicher, dass diese amerikanische Welt nicht für mich geschaffen ist.«

Drei Jahre später starb Hamilton nach einem Duell mit seinem politischen Erzfeind Aaron Burr. Am 14. Juli war die ganze Stadt auf den Beinen, um von Hamilton Abschied zu nehmen. An der Spitze des Leichenzugs, der von der Pearl und Beekman Street über den Broadway zur Trinity Church führte, bliesen uniformierte Soldaten den Trauermarsch, dann kamen Artilleristen, Infanteristen und Angehörige der Bürgerwehr. Dahinter liefen die Mitglieder der Society of Cincinnati, der ehemalige Offiziere des Unabhängigkeitskrieges angehörten, und Vertreter der zahlreichen protestantischen Gemeinschaften von New York. Hamiltons Angehörige schritten hinter dem Sarg, gefolgt von Würdenträgern aus dem Ausland, bedeutenden Vertretern der Stadt, dem Vorstand des Columbia College, Professoren und Studenten. Den Schluss bildeten die Verantwortlichen der großen Banken, der Finanzverwaltung und der Handelskammer. Britische und französische Fregatten im Hafen schossen Salut – den französischen Matrosen dürfte dabei vermutlich kaum klar gewesen sein, dass sie ausgerechnet am Jahrestag der Erstürmung der Bastille einem Kritiker der Revolution huldigten. Mochte Hamilton in dunklen Stunden geglaubt haben, dass »Amerika nicht für ihn geschaffen sei« – die Geschichte wusste es besser.

*New York from Brooklyn Heights*, wie es John William Hill 1837 sah. Auf dem Hochufer Brooklyns mit Blick über den betriebsamen East River suchten reiche New Yorker Kaufleute Zuflucht vor dem chaotischen und geschäftigen Treiben der schnell wachsenden Immigrantenstadt. In einer zeitgenössischen Immobilienanzeige wurde dieses neue Wohngebiet mit den Worten angepriesen, es vereine »sämtliche Vorzüge des Landlebens mit beinahe allen Annehmlichkeiten der Stadt«. Von den großzügigen Villen des ersten Vororts der Welt im Einzugsgebiet einer Stadt gelangte man in 15 Minuten mit der Fähre in das Geschäftsviertel Manhattans.

# ORDNUNG
1825–1865
# UND CHAOS

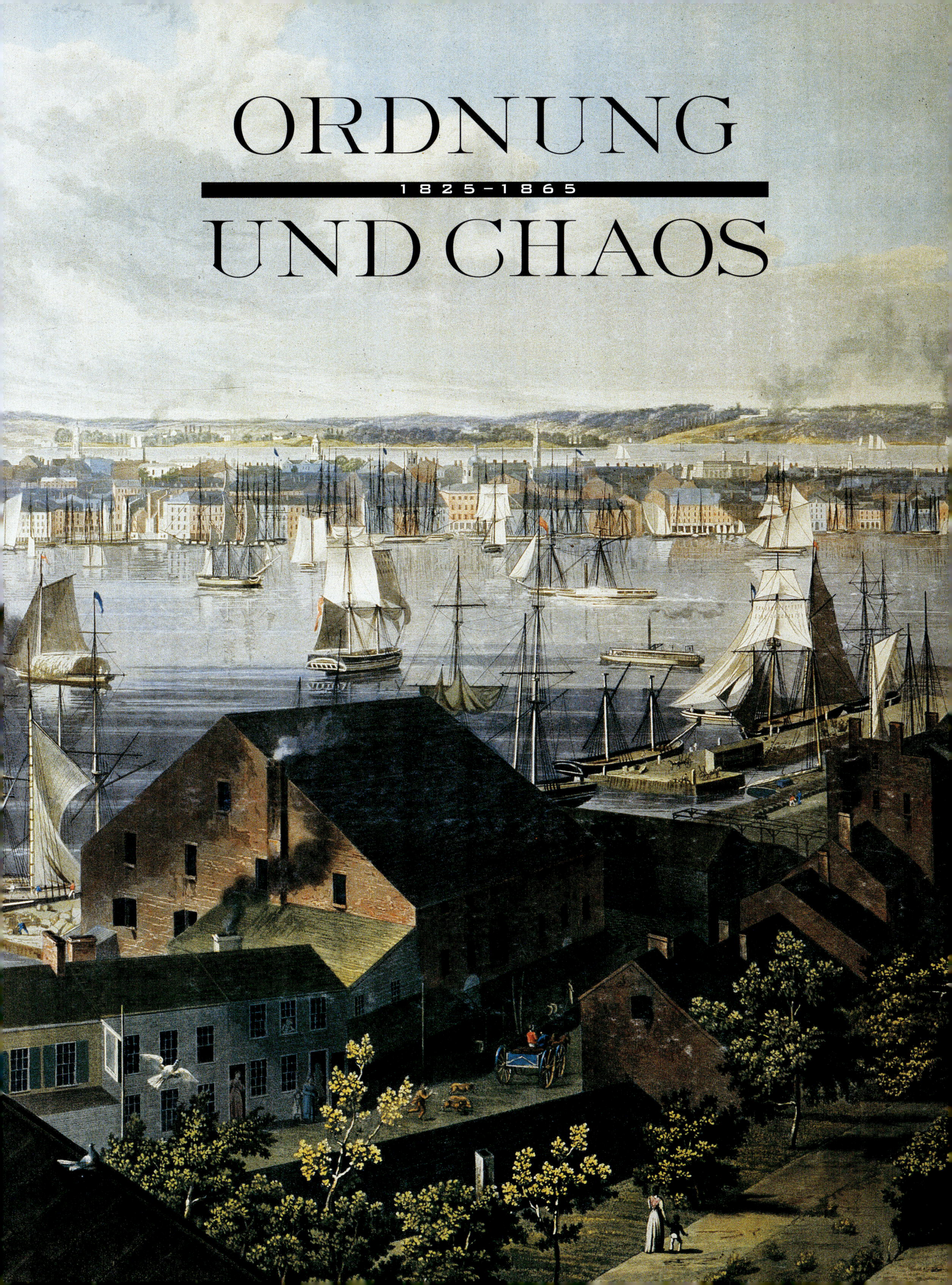

PHOTOGR
HATTER
HATS

New York ist bekanntermaßen die größte und ungeliebteste unter all unseren Großstädten. Warum sollte man es als Stadt auch mögen? Verändert es doch immerfort innerhalb nur weniger Jahre vollkommen sein Aussehen. Ein vor 40 Jahren hier Geborener findet nichts, absolut nichts von seinem alten New York wieder. Stößt er zufällig auf ein paar noch nicht abgerissene Häuser, kann er von Glück sagen. Doch die Orientierungspunkte und all die Dinge, die für ihn typische Kennzeichen seiner Stadt waren, sie sind verschwunden.

*Harper's Monthly,* 1856

**Blick über den Broadway nach Norden in Höhe der Spring Street im Jahr 1859. Damals wie heute bildete der geschäftige Boulevard das Rückgrat des Geschäftsviertels der Stadt – »die prächtigste, am dichtesten bevölkerte und reichste Hauptverkehrsader in ganz Amerika«, so voller Stolz der Herausgeber von *Putnam's Monthly*. »In London gibt es keine einzige Straße«, räumte ein englischer Besucher ein, »die auch nur ... annähernd vergleichbar wäre.« Tagtäglich schoben sich mehr als 15.000 Fahrzeuge an St. Paul's Chapel, Ecke Broadway/Fulton Street vorüber, der Straßenkreuzung mit den schon damals legendären Verkehrsstaus.**

**VOR DEM GROSSEN ZUWANDERUNGSSTROM**

Weniger als 170.000 Menschen lebten 1825 auf der Insel Manhattan. Die größte Stadt Amerikas war damals, vergleicht man sie mit modernen Großstädten, ein relativ verschlafener Flecken – kompakt, friedlich und sogar ländlich.

Nördlich der Houston Street – knapp zwei Meilen vom ersten Siedlungsgebiet der Holländer entfernt – ging das engmaschige Stadtgebiet unvermittelt über in ein idyllisches Labyrinth aus Farmen, Apfelbaumpflanzungen, Feldwegen und weiten Feldern. George Templeton Strong, 1820 in New York geboren, vermochte problemlos zu Fuß vom väterlichen Haus unweit der Battery zu jenem alten Birnbaum hinaufzuwandern, den Peter Stuyvesant einst am nördlichen Stadtrand gepflanzt hatte.

Auf der anderen Seite des Flusses vergnügte sich der auf Long Island geborene Walt Whitman in der 11.000 Einwohner zählenden Landgemeinde Brooklyn mit dem neuen, Baseball genannten Spiel auf den weiten Feldern rings um die Ortschaft. »Brooklyn«, schrieb Whitman in der Rückschau, »war so ländlich, dass man es, verglichen mit seinem heutigen Erscheinungsbild, beinahe als eine Riesenfarm inmitten eines Gartens bezeichnen konnte.«

Trotz des bunten und geschäftigen Treibens im Hafen war das New York von 1825 immer noch eine relativ homogene Stadt. Vier von fünf Einwohnern waren damals gebürtige New Yorker – überwiegend Protestanten angelsächsischer Herkunft und Weiße. Es gab 15.000 Iren in der Stadt, eine kaum nennenswerte Zahl von Deutschen und weniger als 500 Juden.

Der Bürgermeister – ein geschäftstüchtiger ehemaliger Auktionator namens Philip Hone, der lange Zeit als einflussreichster Bürger galt – wurde noch von einem Gemeindeverwaltungsrat ernannt, der sich nahezu ausschließlich aus reichen Kaufleuten zusammensetzte.

In den Elendsvierteln, wie etwa The Five Points nördlich des Rathauses, fristeten die 12.000 New Yorker Afroamerikaner ihr Leben. Zwar war die Sklaverei offiziell abgeschafft, doch es gab eine unüberwindliche Rassenschranke. »Die neue Freiheit ist unvollkommen«, unterstrich der schwarze Geistliche Peter Williams, als die letzten New Yorker Sklaven am 4. Juli 1827 ihre Freiheit erhielten. »Die Hautfarbe entscheidet über die Menschenrechte.«

Das Leben war damals noch ziemlich einfach, ja beinahe primitiv. Es existierte keine reguläre Polizei, keine Berufsfeuerwehr, kein Abwasser- oder öffentliches Verkehrssystem. Wasser gewann man über Pumpen in Hinterhöfen oder Brunnen an Straßenecken, Schweine besorgten die Müllabfuhr. Nachts fiel spärliches Licht aus flackernden, erst kurz zuvor installierten Gaslampen auf die dürftig befestigten Straßen, die nach Sonnenuntergang fast ausgestorben waren; hin und wieder sah man einen Nachtwächter oder eine Kutsche vorüberfahren.

Niemals wieder sollte das Leben in der Stadt so beschaulich verlaufen. Bald strömten Kräfte, die sich in 200 Jahren geformt hatten, von überall her auf Manhattan ein – und veränderten das Leben in der Stadt von Grund auf. Sie verhießen vielfältige Chancen, hatten aber auch all die typischen Probleme unserer modernen Welt im Schlepptau. New York wurde in der Folgezeit wie keine zweite Stadt zum brodelnden Experimentierfeld von Kapitalismus und Demokratie. Sie wuchs dabei zu gewaltigen Ausmaßen heran: Die Einwohnerzahl stieg in nur 30 Jahren von 200.000 auf nahezu eine Million Menschen. Keine andere Gemeinde Amerikas musste so viele Bewohner ernähren, kleiden, unterbringen, überwachen, ausbilden oder beerdigen. Keine Stadt der Welt hatte je zuvor so viele Menschen unterschiedlicher Herkunft angelockt.

In den Jahren zwischen 1825 und 1865, als eine Wirtschaftslokomotive mit niemals zuvor erlebter Zugkraft Hunderttausende in ihren Bann gezogen hatte, standen die New Yorker vor der Schicksalsfrage: Würden sie in der Lage sein, für neuartige Lebensbedingungen auf der Insel Manhattan zu sorgen? Oder würde die Stadt früher oder später in Chaos und Gewalt versinken und der vollständigen Anarchie anheim fallen?

**IM STRUDEL**

*Wir entwickeln uns unaufhaltsam zum London Amerikas. Ich selbst bin verblüfft, und jeden Fremden versetzt diese Stadt in Erstaunen.*
John Pintard, 1826

Niemand – nicht einmal Alexander Hamilton oder De Witt Clinton – hätte das explosionsartige Wachstum voraussagen können, das New

**Die 1834 von D. H. Burr publizierte Karte, *Map of New York and its Vicinity*, schloss vorausschauend die fünf seinerzeit noch ziemlich ländlich strukturierten Gemeinden mit ein, die später zu Greater New York zusammengefügt wurden. Auf Manhattan verlief New Yorks nördliche Stadtgrenze an der 14th Street, während die Landgemeinde Brooklyn auf der anderen Seite des East River – sie wurde im gleichen Jahr formell zur Stadt erhoben – nur einen Zipfel von King's County einnahm, dessen Farmen und weite Felder sich meilenweit hinzogen.**

*Die Standortvorteile sind möglicherweise einzigartig. Auf einer Insel gelegen, die sie eines Tages wohl ganz einnehmen wird, erhebt sie sich wie Venedig aus dem Meer, und wie dieser in ihrer Glanzzeit schönsten aller Städte fallen ihr alle Reichtümer der Erde als Tribut in den Schoß.*

Frances Trollope, 1827

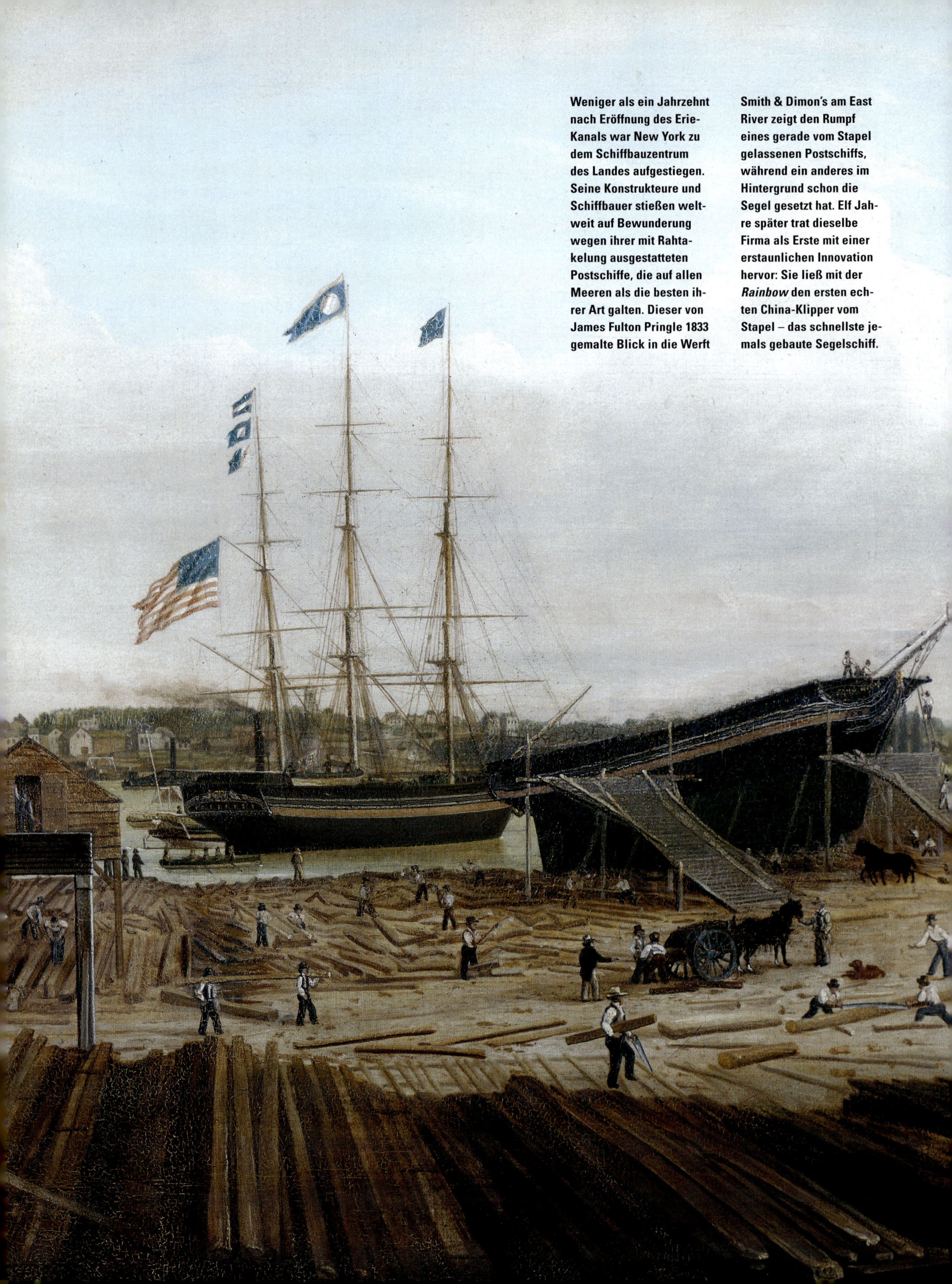

Weniger als ein Jahrzehnt nach Eröffnung des Erie-Kanals war New York zu dem Schiffbauzentrum des Landes aufgestiegen. Seine Konstrukteure und Schiffbauer stießen weltweit auf Bewunderung wegen ihrer mit Rahtakelung ausgestatteten Postschiffe, die auf allen Meeren als die besten ihrer Art galten. Dieser von James Fulton Pringle 1833 gemalte Blick in die Werft Smith & Dimon's am East River zeigt den Rumpf eines gerade vom Stapel gelassenen Postschiffs, während ein anderes im Hintergrund schon die Segel gesetzt hat. Elf Jahre später trat dieselbe Firma als Erste mit einer erstaunlichen Innovation hervor: Sie ließ mit der *Rainbow* den ersten echten China-Klipper vom Stapel – das schnellste jemals gebaute Segelschiff.

*Freitag, 10. März 1843: Gestern war ich Zeuge, wie die* Liverpool, *ein stattliches 1150-Tonnen-Schiff, vom Stapel gelassen wurde. Von Bell & Brown gebaut, glitt sie vom ausgedehnten Werftgelände am Ende der Houston Street in den East River. Es war ein herrliches Schauspiel. Die* Liverpool *ist das größte jemals gebaute Postschiff … Was mögen die Engländer jetzt wohl empfinden, wenn ein Schiff nach dem anderen als hervorstechendes Zeugnis für Können und Unternehmergeist der Yankees in ihren Häfen festmacht, jedes einzelne bewundernswürdiger als alle zuvor vor Anker gegangenen?*

Philip Hone

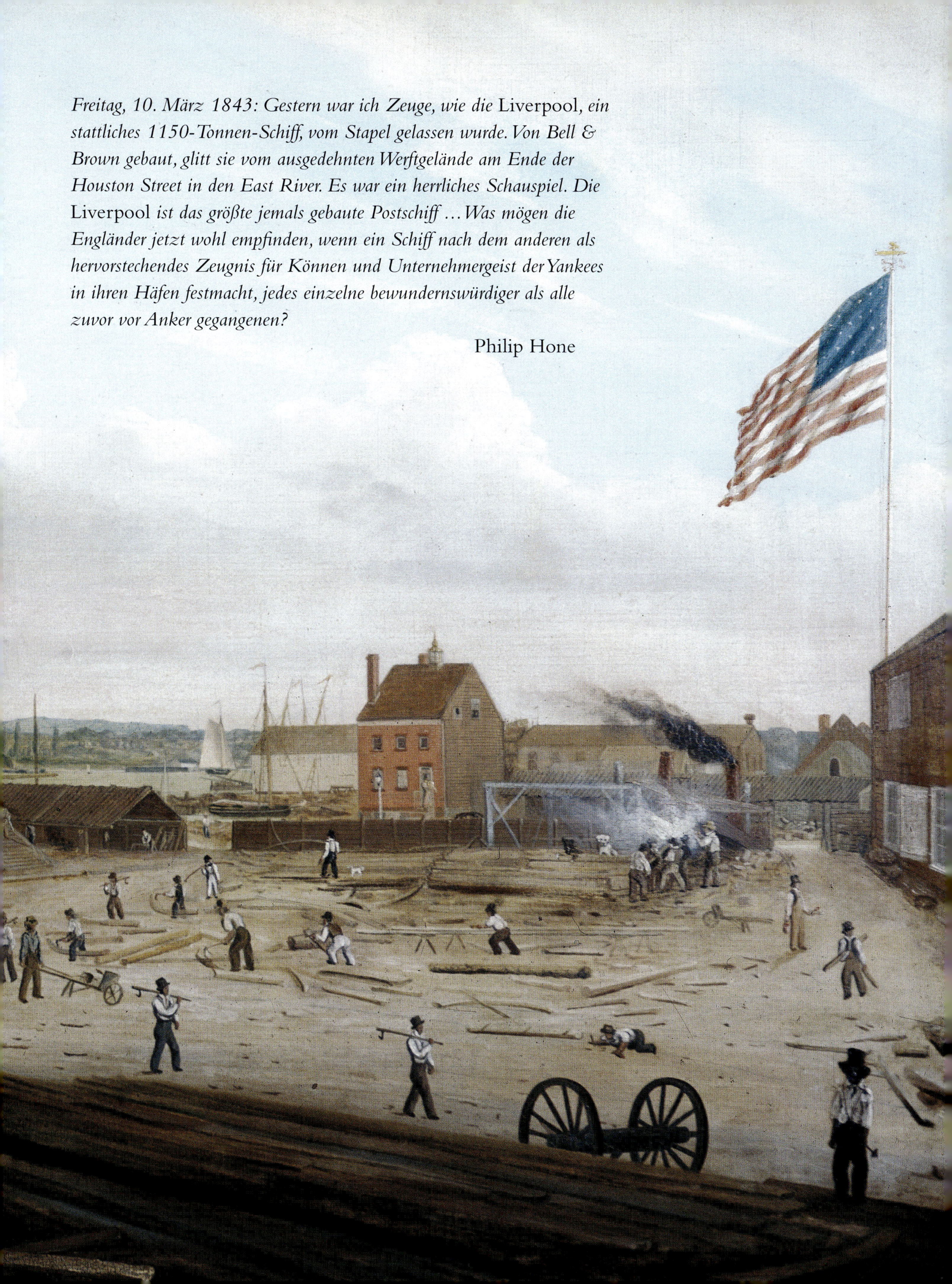

York in den Jahren nach Eröffnung des Erie-Kanals zu verzeichnen hatte. Binnen Jahresfrist entstanden zehn neue Schifffahrtsgesellschaften, 39 Banken und 500 Handelshäuser öffneten ihre Tore. Insgesamt mehr als 3000 neue Gebäude waren aus dem Boden geschossen – und das war erst der Anfang. »New York hat niemals zuvor in seiner Stadtgeschichte derartige Zeiten erlebt«, bemerkte der Herausgeber der *Evening Post* im Herbst 1825.

Es dauerte keine zehn Jahre, bis ein Drittel aller Exporte und zwei Drittel aller Importe der Vereinigten Staaten im New York Harbor umgeschlagen wurden: Nutzholz aus dem Nordwesten, Kohle aus Pennsylvania, Getreide, Mehl und Whiskey aus dem Ohio-Tal, Baumwolle aus Mississippi, Fertigwaren aus England.

»New York ist so reich geworden«, schrieb ein Zeitzeuge, als die Stadt gnadenlos die wirtschaftliche Führung im gesamten Mittleren Westen an sich gerissen hatte, »dass es Ohio als seinen Gemüsegarten, Michigan als seine Weideflächen und Indiana, Illinois und Iowa als seine Getreidefelder bezeichnen könnte.«

Philip Hone, der zwei Jahre zuvor als Bürgermeister zurückgetreten war, begann 1828 mit der Aufzeichnung seiner Chronik über die betriebsame Stadt, die er gern »mein Dorf« nannte. Er wurde unmittelbarer Zeuge, wie die alten Strukturen rasant verschwanden.

*Montag, 9. Mai 1831: Die Stadt durchläuft nun ihre gewöhnliche alljährliche Metamorphose; viele Geschäfte und Häuser werden abgerissen, andere umgebaut, um jeden Millimeter Boden bis zum Äußersten produktiv zu nutzen ... Mittwoch, 1. Mai 1839: Eine ganze Reihe niedriger Häuser wurde abgerissen, um Platz zu schaffen für eines dieser riesigen, Hotels genannten Gebäude. Alles ist erfüllt vom Geist des Abreißens und neu Errichtens. Ganz New York wird etwa einmal im Laufe von zehn Jahren neu gebaut.*

Philip Hone

Die gemütlichen, von Bäumen umstandenen Wohnblocks im Umkreis von Wall Street und unterem Broadway, wo Wohnhäuser und Werkstätten nebeneinander gestanden hatten, wurden einer nach dem anderen abgerissen. An ihre Stelle traten die imponierenden Steinfassaden der Banken, Versicherungsgesellschaften und Maklerfirmen. 1836 wurde der neue Sitz der New Yorker Börse bezugsfertig, die erst vier Jahrzehnte zuvor unter einer Platane an der Wall Street gegründet worden war. Sie war nun in einem mächtigen, Merchants' Exchange genannten Gebäude untergebracht, das 3000 Kaufleuten und Brokern gleichzeitig Platz bot.

Das Areal um Wall Street und Trinity Church verwandelte sich in den weltweit ersten reinen Business-Distrikt. Philip Hone verkaufte 1836 sein Ziegelhaus am Broadway für beinahe das Dreifache dessen, was er 15 Jahre zuvor bezahlt hatte. Er schloss sich dem Exodus der reichen New Yorker in die Wohnviertel der Außenbezirke an, um der steigenden Flut des Kommerzes und des Ausländerzustroms zu entkommen.

*Mai 1845: Die Stadt New York wuchert derartig, dass wir an der Peripherie nicht mehr von dem erfahren, was in den zentralen Distrikten passiert oder was es dort zu sehen gibt, als etwa die Bürger von Mexiko oder Kairo.*

Philip Hone

Mit erstaunlicher Geschwindigkeit entstanden auf der Insel Manhattan die Konturen einer modernen Metropole – einschließlich der ersten Slums und Vorstädte, der ersten regulären Polizeitruppe, des ersten öffentlichen Personennahverkehrs, des ersten Kaufhauses sowie des neuen gewaltigen Wasserversorgungsprojekts Croton Aqueduct am Stadtrand.

In den 1840er Jahren, nur 15 Jahre nach Eröffnung des Kanals, fraß sich New York weit ins Umland hinein – es war längst weit mehr als nur eine Hafenstadt, es war ein gigantischer Strudel, dessen Sog ganz Amerika und nach und nach auch die übrige Welt erfasste: Güter, Geld, Menschen und Ideen – und es stellten sich immer neue Probleme ein. »New York«, schrieb ein Beobachter, »entwickelt sich unaufhaltsam zum Symbol Amerikas, und vielleicht ist es das bereits« – im guten wie im schlechten Sinne.

### DEMOKRATISCHE TURBULENZEN

*7. April, 1845: Umsturz und nochmals Umsturz heißt die Maxime New Yorks! Kaum ein Vierteljahrhundert lässt man die Gebeine unserer Vorväter in Frieden ruhen, in einer einzigen Generation scheint man alle Spuren der Ahnen tilgen zu wollen.*

Philip Hone

**Philip Hone, ein reicher ehemaliger Auktionator und Altbürgermeister New Yorks, begann 1828 mit seinen aufschlussreichen Tagebuchaufzeichnungen. Ihm wurde nachgesagt, er stehe wirklich mit jedem renommierten Bürger von New York in Kontakt. Als Hone 1851 starb, hatte er 28 Notizbücher mit mehr als zwei Millionen Worten gefüllt. Mal nostalgisch, dann wieder visionär und enthusiastisch oder gar skeptisch verfolgte Hone mit großem Stolz den erstaunlichen kommerziellen Aufschwung seiner Stadt. Häufig ließ er jedoch durchblicken, dass ihm der Preis für diesen Fortschritt sehr hoch erschien – vor allem wenn es um weit reichende Zerstörung der alten Stadtsymbole ging, um die Leidenschaft der New Yorker für Spekulation und Immobilienerwerb oder um den steigenden Zustrom armer Immigranten, die sein einst gemütliches »Dorf« in einen wuchernden, fremden Moloch zu verwandeln drohten.**

*Freitag, 15. Juni 1832: Der Dampfer* Albany, *der an diesem Nachmittag im Hafen festmachte, überbrachte die alarmierende Nachricht, dass die Cholera, von der der alte Kontinent in der Vergangenheit geplagt wurde, den Atlantik überquert hat. Sie suchte zuerst Quebec heim und breitet sich nun mit erschreckender Geschwindigkeit nach Montreal aus. Sie kam mit dem Schiff* Carricks, *das irische Emigranten an Bord hatte.*
Philip Hone

Im Sommer 1832 zeigten sich unerbittlich die ersten schlimmen Folgen von New Yorks stürmischem Wachstum. Am 2. Juli – wochenlang waren Nachrichten über eine tödliche Cholera-Epidemie aus Kanada eingesickert – bestätigte Philip Hone bitter, dass die furchtbare Seuche Manhattan erreicht hatte. »Es besteht kein Zweifel, die Cholera hat jetzt in unserer Stadt Fuß gefasst«, schrieb er. »Es sind neun Fälle registriert worden, von denen acht tödlich verliefen. Eine Mrs. Fitzgerald und ihre beiden Kinder starben in der Cherry Street 75.«

Jeder, der über entsprechende Mittel verfügte, verließ schleunigst die Stadt und schlüpfte in umliegenden Farmhäusern unter. Doch »nicht wenige«, so Walt Whitman, »blieben zurück. Viele vertrieb die Angst, doch die Armut, eine ebenbürtige Macht, zwang viele auszuharren.«

Wegen des verseuchten Grundwassers in Manhattan verbreitete sich die Epidemie in den folgenden Wochen mit einem Tempo, das zum Alptraum für die nahezu leere Stadt wurde, aus der sich bereits 100.000 Bewohner abgesetzt hatten. Als die Zahl der Erkrankten und dem Tode Geweihten stieg, bat die Gesundheitsbehörde der Stadt die Verwaltung des New York Hospital um Hilfe; doch die private Klinik weigerte sich, Infizierte aufzunehmen.

Das städtische Krankenhaus Bellevue war vollkommen überlastet, die Korridore quollen über von Leichen und Sterbenden, die um Wasser oder Hilfe bettelten.

Ende Juli war die Todesrate auf 100 Opfer pro Tag gestiegen. Am härtesten traf es die neuen Elendsviertel, etwa The Five Points, wo städtische Beamte – machtlos, die Ausbreitung der Epidemie einzudämmen – damit begannen, Särge an die Armen zu verteilen.

»Ich wurde von Trübsinn erfasst« notierte der Kaufmann John Pintard nach einem Gang über den Friedhof St. Patrick's, »als ich die Zahl der frisch ausgehobenen, wegen ihrer Größe Choleragräber genannten Gruben sah, bestimmt für drei bis vier Särge gleichzeitig.«

*Mittwoch, 8. August, Cholerabericht: 82 Neuerkrankte, 21 Tote. Die Todesfälle treten vor allem unter der armen Bevölkerung von The Five Points und ähnlichen Distrikten auf.*
Philip Hone

Die Epidemie wütete sechs Wochen. Als sie Ende August abflaute, hatte sie 3513 New Yorker das Leben gekostet – die meisten arme Immigranten, die man auch noch für das Desaster verantwortlich machte. »Dieses Jahr brachten sie uns die Cholera, und sie werden weiter für Armut und Entbehrung sorgen«, notierte Philip Hone. »Unser Land mag sich seiner philanthropischen Haltung rühmen, weil es Unterdrückten aus aller Welt Asyl gewährt. Doch ich fürchte, wir werden wenig Freude daran haben, wenn wir zum Armenhaus des Globus werden.«

Einige Religionsführer vermeinten in der Katastrophe eine Lektion in Sachen Moral zu erkennen. Reverend Gardiner Spring verkündete, »die Hand Gottes« hätte sich der Epidemie bedient, »um gegen den Schmutz und Abschaum vorzugehen, der die menschliche Gesellschaft verseucht und besudelt.«

Andere sahen die Verantwortung anderswo: »Es mag sich häretisch anhören«, schrieb George H. Evans, Herausgeber des *Workingman's Advocate*, »aber wir sind fest davon überzeugt, dass sich die Menschheit das Leid der Cholera – keineswegs eine Heimsuchung des Allmächtigen – selbst zugefügt hat. Die Gründe liegen in einer Gesellschaftsordnung, die viele in Armut stößt, obwohl alle in Wohlstand leben könnten.«

Schließlich steuerte New Yorks Gesundheitsinspektor höchstpersönlich die wohl vernünftigste Erklärung bei – obwohl es noch ein halbes Jahrhundert dauern sollte, bis die Stadtherren entscheidende Schritte zur Verbesserung der Situation unternahmen. »Es gibt einige Gründe für die übergroße Zahl der Todesfälle«, schrieb er, ... [doch keiner] scheint so im Vordergrund zu stehen wie ... die beengten und schmutzigen Lebensumstände eines großen Teils unserer Bevölkerung, und ... mit Bedauern müssen wir feststellen, dass es in unserer Stadt viele gewinnsüchtige Grundeigentümer [gibt], die Mittel und Wege finden, eine möglichst große Zahl von Menschen auf möglichst geringem Raum einzupferchen.«

In den späten 20er Jahren des 19. Jahrhunderts war das The Five Points genannte Gebiet nordöstlich des Rathauses zum bekanntesten Distrikt der Stadt aufgestiegen – berüchtigt wegen seiner verwahrlosten, überbelegten Unterkünfte, seines zügellosen Straßenlebens und seiner Bevölkerung aus aller Herren Länder. »Ein Menschenschlag«, so räsonierte die *Evening Post*, »jeglicher Hautfarbe und Nationalität, allen Alters und Geschlechts.« Das ursprünglich für den Mittelstand geplante Gebiet mit kleinen Häusern und Geschäften entstand übereilt auf einer mit unzureichend Erdreich zugeschütteten Müllkippe unweit von Fresh Water Pond. Als die Häuser abzusacken begannen, flohen die meisten Bewohner und überließen das Areal jenen, die sich nichts Besseres leisten konnten.

*17. Dezember 1835: Wie soll ich nur die Ereignisse der letzten Nacht in Worte fassen, wie versuchen, die schlimmste aller Katastrophen, die je die Vereinigten Staaten heimsuchte, zu beschreiben! Die größte durch Feuer angerichtete Verwüstung, die uns jemals zu Ohren kam ... mein Körper ist erschöpft, meine Sinne sind verwirrt und ... erfüllt von den Horrorbildern, sodass meine Schreibhand mir den Dienst versagt.*

Philip Hone

Drei Jahre nach der Cholera suchte ein weiteres Unglück die eng bebaute Stadt heim. In der eiskalten Nacht des 16. Dezember 1835 brach in einem Lagerhaus an der Pearl Street Feuer aus. Die unterbesetzte freiwillige Feuerwehr raste zum Unglücksort, doch das wenige Wasser aus den umliegenden Hydranten gefror in der kalten Nachtluft und die Feuerwehrleute, noch erschöpft von einem Einsatz der vorherigen Nacht, standen der Katastrophe bald völlig hilflos gegenüber.

Die umstehenden Zuschauermassen mussten entsetzt mit ansehen, wie die durch den eiskalten Wind genährten Flammen vollkommen außer Kontrolle gerieten, von einem Gebäude auf das andere übergriffen und sich durch den mit Bürohäusern, Banken und leicht entflammbaren Speichern dicht bebauten Bezirk fraßen.

Die Seeleute erhielten Order, ihre Schiffe von den South-Street-Docks zu entfernen, um sie vor den Flammen zu retten. Um Mitternacht brannte der gesamte Kernbereich des New Yorker Geschäftsviertels. Noch im knapp 180 Kilometer entfernten Philadelphia sah man den Feuerschein am Himmel.

Unter den Augenzeugen war auch der 15-jährige George Templeton Strong – fasziniert von der Feuersbrunst, doch gleichzeitig voller Angst, die Kanzlei seines Vaters könnte ein Raub der Flammen werden. »Mittwoch, 17. Dezember: Sehr schlechte Nachrichten«, notierte er in sein einige Monate zuvor begonnenes Tagebuch. »Papa kam heute Morgen um fünf heim, und da wachte ich auf. Die Börse, die Kanzlei und alles im Umkreis steht in Flammen, und nach seinen Worten sind auch wir gefährdet, denn das Feuer ist außer Kontrolle geraten ... Über dem gesamten Viertel hängt der Rauch ... Ein solches Chaos habe ich noch nie erlebt.«

Die Feuerwehr kämpfte die Nacht und den ganzen nächsten Tag gegen den Brand. »Schließlich setzte man Schießpulver ein«, berichtete der Romancier und Journalist Asa Green. »Einige Lager wurden gesprengt, um eine künstliche Schneise zwischen die vom Feuer erfassten Häuserreihen zu legen. Im Osten wurden die Flammen erst durch den Fluss aufgehalten.«

Das Feuer hatte ein Viertel des Geschäftsdistrikts zerstört, darunter auch sämtliche alten Häuser der Holländer, die selbst die Wirren des Unabhängigkeitskrieges überlebt hatten. Die Kanzlei von George Templeton Strongs Vater war verschont geblieben, doch die Druckerei, in der der 16-jährige Walt Whitman als Setzer gearbeitet hatte, war niedergebrannt. Er musste sich einen Job außerhalb der Stadt suchen und kehrte erst nach fünf Jahren zurück.

»Beinahe die Hälfte des ersten Distrikts liegt in Schutt und Asche«, schrieb Philip Hone bedrückt am nächsten Tag in sein Tagebuch. »500 bis 700 Lager mit Waren im Wert von 20 bis 40 Mio. Dollar sind nur noch ein undefinierbarer Trümmerhaufen ... Die Versicherungen sind allesamt bankrott, jeder muss sein Risiko jetzt selbst tragen.«

Hone hätte sich keine Sorgen machen müssen. Zum Erstaunen aller New Yorker beschleunigte die große Feuersbrunst von 1835 nur noch den zügellosen Kommerz. »20 Grundstücke im ›abgebrannten

Eine der größten Katastrophen in der Stadtgeschichte, die Feuersbrunst von 1835, nahm ihren Ausgang in einem fünfstöckigen Lagerhaus an der Pearl Street. Das Feuer wütete über zwei Tage lang, bevor man es löschen konnte. Schließlich waren 674 Gebäude, darunter auch die prächtige Merchant's Exchange im Zentrum, völlig ausgebrannt. In der Folge meldeten 23 der 26 New Yorker Feuerversicherungen Konkurs an, 4000 Angestellte standen auf der Straße. Erstaunlicherweise kamen nur zwei Menschen in dem Inferno ums Leben – ein Hinweis, dass der Distrikt bereits zur damaligen Zeit nahezu ausschließlich kommerziell ausgerichtet war.

Arbeiter bei Bauarbeiten an der gigantischen Hauptwasserleitung High Bridge über den Harlem River. Nach 200 Jahren mit unzureichendem und verschmutztem Grundwasser belieferten die 1842 fertig gestellten Croton Water Works die darbende Stadt mit Millionen Litern Frischwasser aus dem Staat New York. Dieses Versorgungssystem, alle paar Jahrzehnte modernisiert und erweitert, ist noch heute eine Lebensader der Stadt. Das Foto entstand 1861.

Distrikt‹ ... kamen heute unter den Hammer«, schrieb Hone verwundert zwei Monate später, »und dies zu geradezu unglaublichen Preisen, die höher waren als die vor dem Brand zu erzielenden Erlöse für denselben Grund mit wertvollen Gebäuden.« Trotz des enormen Ausmaßes der Zerstörung war das niedergebrannte Gebiet ein Jahr später vollständig wieder aufgebaut – »großartiger als zuvor«, so Hone.

Inzwischen war die Brandschutzbehörde der Stadt personell besser ausgestattet und reorganisiert worden, gab es verschärfte Bauauflagen und hatten die New Yorker sich dafür ausgesprochen, die mittelalterliche Wasserversorgung durch ein hochmodernes System zu ersetzen – das weltweit größte und modernste. Nach Fertigstellung sollten die Croton Water Works täglich an die 230 Mio. Liter Wasser und mehr aus dem sauberen Croton River weit im Norden pumpen, es mittels massiver Rohre und Aquädukte über rund 41 Meilen an die Stadtgrenze leiten und in einem riesigen Reservoir von gigantischen Ausmaßen an der Kreuzung 42nd Street/Fifth Avenue sammeln.

»Das einzige Gesprächsthema ... in New York ist Croton Water«, schrieb Philip Hone enthusiastisch, als die Bauarbeiten kurz vor dem Abschluss standen. »Fontänen, Aquädukte, Hydranten und Wasserschläuche ziehen unsere Aufmerksamkeit auf sich und hindern unser Vorankommen auf den Straßen ... Wasser! Wasser! So lautet die allgemeine Parole in der Stadt, sie erfüllt die Massen mit Freude und Begeisterung.«

Schließlich war die Anlage fertig. Am 14. Oktober 1842 ging Croton Fountain erstmals in Betrieb. Unter Beifallsstürmen der New Yorker Menschenmenge, darunter auch Walt Whitman und George Templeton Strong, schoss ein Wasserstrahl über dem City Hall Park etwa 15 Meter in die Höhe.

»Dies Ereignis ist für die Zukunft noch wichtiger als für die Gegenwart«, bemerkte jemand, »ist es doch der Beweis ... dass die Taten der Eroberer und Könige, mögen sie auch noch so großartig gewesen sein, nicht an die von den freien Bürgern der Stadt New York aus eigenen Mitteln finanzierte Konstruktion des gewaltigen Aquädukts heranreichen können.«

Trotz allen Jubels verdüsterte eine bittere Ironie des Schicksals den Triumph der Stadt. Das neue System konnte nicht verhindern, dass schmutziges Wasser, katastrophale sanitäre Verhältnisse und tödliche Krankheiten auch in der Folgezeit zum Alltag der Ärmsten in New York gehörten: Viele Hauseigentümer in Slums wie The Five Points weigerten sich, die Behausungen an die neue Hauptwasserleitung anschließen zu lassen.

Doch Philip Hone, George Templeton Strong und Tausenden New Yorkern der Mittelschicht brachte das neue Wasserwerk einen zuvor nie gekannten Luxus: Rohrleitungen im Haus. »In der letzten Woche führte ich fast ein Amphibienleben«, schrieb Strong begeistert nieder, »planschte jeden Abend in der Badewanne und entdeckte dabei permanent Neues, was die Kunst und das Mysterium der Waschung angeht. Ein Duschbad im Handstand – das ist der letzte Schrei.«

In Immobilienanzeigen für die um 1846 entstandenen Reihenhäuser Manhattans pflegte man auf fließendes Kalt- und Warmwasser in Küche und Vorratskammer im unteren Stock sowie in den Bädern auf jeder Etage hinzuweisen. 1852, zehn Jahre nach Fertigstellung des Leitungssystems, verbrauchten die New Yorker täglich mehr als 113 Millionen Liter Croton-Wasser und konnten sich wohl kaum noch daran erinnern, wie sie ohne es hatten leben können.

*Die Flucht war kühn und gefährlich, nun bin ich hier, im sagenhaften New York, gesund an Leib und Seele. Kaum eine Woche nach meinem Aufbruch aus Baltimore fand ich mich inmitten des Menschentrubels und konnte die fantastischen Broadway-Wunderwerke bestaunen. Die Träume meiner Kindheit und alle meine Ziele haben sich erfüllt. Ein freier Staat um mich herum, eine freie Mutter Erde unter meinen Füßen! Was für ein Erlebnis!*

Frederick Douglass, 1838

*April, 1842. Wer könnte daran zweifeln, dass unsere Stadt der bedeutendste Ort des westlichen Kontinents ist – das Herz, der Kopf, die Mitte, der Ursprung der Neuen Welt – der Gipfel, das Äußerste, die Grenze des Vorstellbaren.*

Walt Whitman

Im Frühjahr 1841 kam der 22-jährige Druckergeselle und Ex-Lehrer Walt Whitman nach Manhattan, um sich als Autor und Reporter sein Geld zu verdienen. Der Sohn eines geschäftlich erfolglosen Brooklyner Schreiners gehörte zu jenen Tausenden junger Männer vom Land, die alljährlich auf der Suche nach einem Job in die Stadt strömten. Die Dynamik der neuen Metropole erfasste ihn wie ein Wirbelwind.

»Dies ist d i e Stadt«, schrieb er voller Enthusiasmus, »und ich bin einer ihrer Bürger.«

*Stille? Was kann New York – das laute, polternde, stürmische, turbulente New York – mit Stille zu tun haben? Inmitten des allgegenwärtigen Lärms, der nie endenden Geschäftigkeit, des alles verschlingenden Geldstrudels – wer sollte da auch nur die geringste Vorstellung von wirklicher Ruhe haben … von Stille?*

Walt Whitman

Die Stadt nahm ihn augenblicklich gefangen. Walt Whitman mietete sich in einer Pension an der Centre Street ein und fand bald einen Job bei *Aurora*, einer der vielen neu gegründeten Tageszeitungen der Insel. Sie waren ein absolutes Novum: Die auf der Straße von Scharen ärmlicher Jungen verkauften *penny papers* enthielten keine trockenen Schifffahrtsberichte wie die eingeführten Wirtschaftszeitungen, sondern ins Auge springende Storys über Kriminalität, Sittlichkeitsverbrechen und Obszönitäten, die sich oftmals auch noch in den Straßen von New York zugetragen hatten.

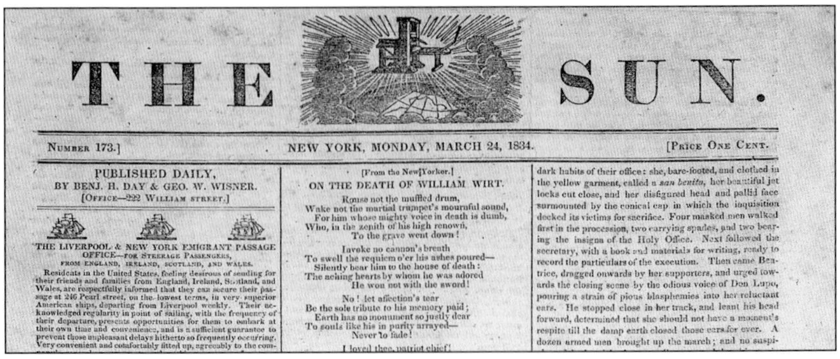

THE SUN.

NUMBER 173.] NEW YORK, MONDAY, MARCH 24, 1834. [PRICE ONE CENT.

PUBLISHED DAILY,
BY BENJ. H. DAY & GEO. W. WISNER.
[OFFICE—222 WILLIAM STREET.]

THE LIVERPOOL & NEW YORK EMIGRANT PASSAGE OFFICE—FOR STEERAGE PASSENGERS, FROM ENGLAND, IRELAND, SCOTLAND, AND WALES.

Residents in the United States, feeling desirous of sending for their friends and families from England, Ireland, Scotland, and Wales, are respectfully informed that they can secure their passage at 246 Pearl street, on the lowest terms, in very superior American ships, departing from Liverpool weekly. Their acknowledged regularity in point of sailing, with the frequency of their departure, presents opportunities for them to embark at their own time and convenience, and is a sufficient guarantee to prevent those unpleasant delays hitherto so frequently occurring. Very convenient and comfortably fitted up, agreeably to the com-

[From the New Yorker.]
ON THE DEATH OF WILLIAM WIRT.

Rouse not the muffled drum,
Wake not the martial trumpet's mournful sound,
For him whose mighty voice in death is dumb,
Who, in the zenith of his high renown,
To the grave went down!

Invoke no cannon's breath
To swell the requiem o'er his ashes poured—
Silently bear him to the house of death:
The aching hearts by whom he was adored
He won not with the sword!

No! let affection's tear
Be the sole tribute to his memory paid;
Earth has no monument so justly dear
To souls like his in purity arrayed—
Never to fade!

I loved thee, patriot chief!

dark habits of their office: she, bare-footed, and clothed in the yellow garment, called a *san benito*, her beautiful jet locks cut close, and her disfigured head and pallid face surmounted by the conical cap in which the inquisition decked its victims for sacrifice. Four masked men walked first in the procession, two carrying spades, and two bearing the insigna of the Holy Office. Next followed the secretary, with a book and materials for writing, ready to record the particulars of the execution. Then came Beatrice, dragged onwards by her supporters, and urged towards the closing scene by the odious voice of Don Lupo, pouring a strain of pious blasphemies into her reluctant ears. He stopped close in her track, and leant his head forward, determined that she should not have a moment's respite till the damp earth closed those ears for ever. A dozen armed men brought up the march; and no suspi-

**Als die *Sun*, das geistige Produkt des Unternehmers und Druckers Benjamin Day, im September 1833 erstmals in New York erschien, war sie ein Novum im amerikanischen Journalismus: Das kleine und leicht lesbare Blatt wurde nicht im Abonnement an Kaufleute und Banker vertrieben, sondern für einen Penny an das allgemeine Straßenpublikum verkauft. Die New Yorker nahmen die *Sun* sofort an, und nach wenigen Monaten hatte sie eine Auflage von 4000 Stück täglich. Nach Einführung der Dampfpresse stieg sie auf 22.000 Exemplare – eine in Amerika nie zuvor auch nur annähernd erreichte Verbreitung.**

Die Allgemeinheit in New York nahm diese neuen Boulevardzeitungen sofort an, nicht so die entsetzte Oberschicht. »In dieser Stadt erscheint ein Blatt«, so Philip Hone am 1. Februar 1841, »zwar pflege ich sonst nicht aus ihm zu zitieren, denn für mich ist es ein Schandfleck … und ich tue es jetzt auch nur aus Protest gegen den liederlichen und verderbten Geschmack der Leser … Tatsache ist, dass das schmutzige Machwerk hier und anderswo eine weitere Verbreitung hat als jedes andere Blatt.«

Das populärste und gewagteste dieser neuen Erzeugnisse – Philip Hone hatte gar dessen Namensnennung gescheut – war der 1835 gegründete *New York Herald* des unansehnlichen und zugleich anmaßenden Verlegers James Gordon Bennett. Als Kolumnist liebte es der gebürtige Schotte, sich mit historischen Größen wie Alexander dem Großen, Julius Cäsar, Homer oder Napoleon zu vergleichen. Sein Blatt war in vieler Hinsicht die erste moderne Zeitung: Sie brachte Berichte über die gesamte Stadt, druckte New Yorker Ereignisse als Aufmacher und wandte sich, so die Aussage Bennetts, »an die große Masse der Bevölkerung«. Er führte viele der wesentlichen Elemente einer modernen Tageszeitung ein – Wetterbericht, Sport und Finanzkolumnen. Als erster Verleger ließ er seine Reporter vor Ort recherchieren, in den Docks, Slums, Hinterhoftreffs, an der Wall Street, am Broadway, in Hotels und Theatern – bis heute beliebte Themen der Boulevardpresse.

Der *Herald* traf den Nerv der vielen Tausend alljährlich neu ankommenden Arbeiter, brachte als erstes Blatt, was diese lesen wollten, und nicht das, was sie hätten lesen sollen. Allein in den ersten beiden Wochen nach Erscheinen konnte man Grauenvolles über drei Selbstmorde, drei Mordfälle, einen Brand mit fünf Toten, einen Unfall, bei dem ein Mann sich den Kopf ab-

**James Gordon Bennett, der brillante und innovative Herausgeber des *Herald* – er bezeichnete sich selbst als eine Person von bombastischem »Stolz und Egoismus« – führte die journalistische, von der *Sun* eingeleitete Revolution fort.**

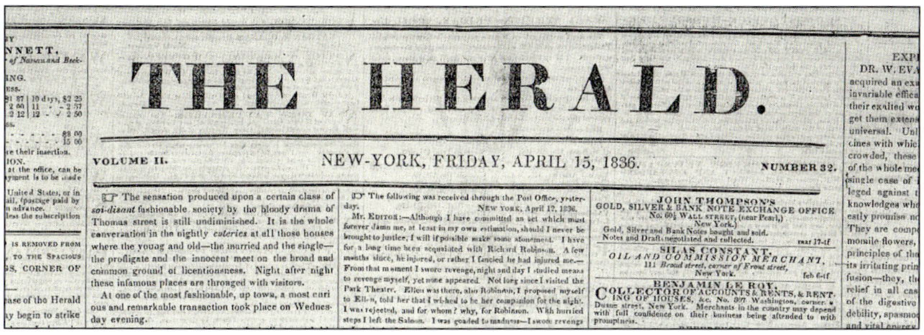

THE HERALD.

VOLUME II. NEW-YORK, FRIDAY, APRIL 15, 1836. NUMBER 32.

The sensation produced upon a certain class of *soi-disant* fashionable society by the bloody drama of Thomas street is still undiminished. It is the whole conversation in the nightly *coteries* at all those houses where the young and old—the married and the single—the profligate and the innocent meet on the broad and common ground of licentiousness. Night after night these infamous places are thronged with visitors.

At one of the most fashionable, up town, a most curious and remarkable transaction took place on Wednesday evening.

The following was received through the Post Office, yesterday. NEW YORK, April 17, 1836.

Mr. EDITOR:—Although I have committed an act which must forever damn me, at least in my own estimation, should I never be brought to justice, I will if possible make some atonement. I have for a long time been acquainted with Richard Robinson. A few months since, he injured, or rather I fancied he had injured me.—From that moment I swore revenge, night and day I studied means to revenge myself, yet none appeared. Not long since I visited the Park Theatre. Ellen was there, also Robinson, I proposed myself to Ellen, told her that I wished to be her companion for the night. I was rejected, and for whom? why, for Robinson. With hurried steps I left the Saloon. I was goaded to madness—I swore revenge

JOHN THOMPSON'S GOLD, SILVER & BANK NOTE EXCHANGE OFFICE No. 60½ WALL STREET, (near Pearl,) New York.) Gold, Silver and Bank Notes bought and sold. Notes and Drafts negotiated and collected. mar 17-tf

SILAS CONSTANT, OIL AND COMMISSION MERCHANT, 111 Broad street, corner of Front street, New York. feb 6-tf

BENJAMIN LE ROY, COLLECTOR OF ACCOUNTS & RENTS, & RENTING OF HOUSES, &c. No. 307 Washington, corner of Duane street, New York. Merchants in the country may depend with full confidence on their business being attended to with promptness.

**Nichts förderte die Popularität – oder den berüchtigten Ruf – des *Herald* mehr als dessen Berichte über den Mord an der Prostituierten Helen Jewett in der Nacht vom 10. April 1836. Tagtäglich beherrschte James Gordon Bennetts Groschenblatt ein Thema: die aufwühlende Story des schönen Mädchens und des unbescholtenen, mordverdächtigen jungen Mannes. Nach Abschluss des Prozesses war der *Herald* die meistgelesene Tageszeitung Amerikas.**

**1841 brachte Horace Greeley erstmals die *Tribune* auf den Markt. Die Startausgabe verunglimpfte J.G. Bennett und dessen *Herald* als »prinzipien- und verantwortungslos.« Dieser nannte Greeley daraufhin einen »ausgemachten Dummkopf« und behauptete, ein »galvanisierter Kürbis ... gäbe einen ebenso guten Herausgeber ab«.**

trennte, sowie einen französischen Augenzeugenbericht über einen Guillotinierten lesen.

Um das brennende Interesse der Leser am Privatleben der Hautevolee zu befriedigen, ließ Bennett in Häusern der Oberschicht recherchieren. Einmal schleuste er einen Reporter im Ritterkostüm in einen Maskenball ein, auf dem auch Philip Hone Gast war. »Diese Art der Überwachung wird allmählich unerträglich«, so Hone, »dieser Impertinenz kann nur mit öffentlichem Druck begegnet werden ... Sie meinen, je mehr Persönlichkeiten in ihrer Zeitung auftauchen, desto mehr Exemplare verkaufen sie.«

Selbst Hone kam nicht an einer von Bennett im Frühjahr 1836 ins Blatt gebrachten Story vorbei: Die schöne Prostituierte Helen Jewett war tot in ihrer Wohnung aufgefunden worden, mit einer Axt hatte man ihr den Schädel gespalten und dann ihr Bett angezündet. Als Bennett Passagen aus Jewetts glühenden Liebesbriefen an den gebildeten, des Mordes verdächtigten Leiter eines Juwelierladens in Connecticut veröffentlichte, stieg die Auflage des *Herald* über Nacht um das Dreifache auf über 20.000.

»Was hindert eine Tageszeitung denn«, posaunte Bennett etwas später im gleichen Jahr, »das wichtigste Organ im sozialen Leben zu werden? Die Zeit der Bücher und Theater ist vorbei, die Kirche hatte auch ihre Chance. Eine Zeitung kann durchaus deren ehemalige Führungsrolle bei allen bedeutenden Bewegungen des menschlichen Geistes und der menschlichen Zivilisation übernehmen. Sie kann mehr Seelen das Himmelreich eröffnen und vor der Hölle bewahren als alle Kirchen und Kapellen in New York zusammen – abgesehen davon, dass sie auch noch Geld bringt.«

Recht hatte er. Die Auflage des *Herald* stieg kontinuierlich, er wurde rasch die meistgelesene Zeitung der Welt und Vorbild für viele Konkurrenzblätter. 1841 drängten sich mehr als 20 Tageszeitungs- und etliche Wochenzeitungshäuser in der Printing House Row gegenüber der City Hall, so auch die von William Cullen Bryant verlegte *Evening Post* und die *Tribune* von Horace Greeley, die mit ihrer New Yorker Auflage zwar niemals den *Herald* überflügelte, doch bald zur einflussreichsten Gazette im Lande avancierte. Mit ihrer überregionalen Verbreitung von schließlich gut 200.000 Exemplaren und ihren Auslandskorrespondenten, darunter der junge Karl Marx, ließ die *Tribune* New York zum Zentrum einer engagierten landesweiten Diskussion werden. Sie berührte alle möglichen Themen, von Frauenrechten bis zur Erschließung des amerikanischen Westens oder der sich zuspitzenden Sklavenfrage.

Als wenig später noch das völlig neuartige Telegrafenamt eines gewissen Samuel Morse einige Schritte auf dem Broadway Richtung Downtown eröffnet wurde – nebenan lagen die neue Daguerrian Miniature Gallery von Mathew Brady und Plumbe's National Daguerrian Gallery –, war der geschäftige Distrikt rund um den City Hall Park zum unumstrittenen Medienzentrum der Nation geworden.

*Die Straßen hallten wider vom Lachen der fröhlichen Menge, die sich vorwärts drängte, jeder mit anderen Absichten für einen unterhaltsamen Abend. Noch lange schwindelte mir von dem lebhaften Durcheinander.*

Walt Whitman

*Da wir es nicht über uns brachten, uns irgendeiner ernsthaften Arbeit zu widmen, nahmen wir Hut und Stock und schlenderten den Broadway hinunter bis zur Battery. Seltsam, aber niemand schenkte uns einen bewundernden Blick, keiner rief: »Da geht Whitman von der Aurora!« Nicht einer rannte hinter uns her, um uns besser sehen zu können, und kein Einziger machte uns ehrfürchtig Platz. Doch wir setzten unbeirrt unseren Weg fort, den Stock in der rechten Hand schwingend, die Linke lässig in die Hosentasche geschoben.*

Walt Whitman

Wenige Menschen haben sich wohl jemals so vollen Herzens in das New Yorker Leben gestürzt wie Walt Whitman, der Ex-Lehrer und einstige Druckergeselle. Er kehrte im Frühjahr 1841 nach einer Abwesenheit von fünf Jahren in die Stadt zurück, um sich einen Job in der Zeitungsbranche zu suchen.

Whitman kam auf dem Höhepunkt des größten Umbruchs in der Stadtgeschichte und »lotete alle Chancen für sein Leben aus« erinnerte sich sein enger Freund John Burroughs, »kostete Leidenschaft, Freude und Verzweiflung bis zur Neige aus. Er war jung, in bester körperlicher Verfassung und hatte die Stadt New York mit ihren tausend Möglichkeiten um sich.«

Ehrgeizig, dabei jedoch faul und unzuverlässig, wechselte er in den folgenden acht Jahren dauernd die Jobs, arbeitete mal für die Zeitungen *Aurora*, *Sun*, *Democrat*, *Tattler*, mal für den *Statesman*, *Plebian* oder *Mirror*. Während der langen Nachmittage seiner offiziellen Arbeitszeit durchstreifte er die Straßen Brooklyns und New Yorks und hielt Szenen des städtischen Treibens in seinem kleinen grünen Notizbuch fest, das er stets bei sich trug.

Er liebte es, die überfüllten Boulevards in Downtown abzuwandern, in das, wie er es nannte, »faszinierende Chaos« am Broadway einzutauchen – ich »betrachte die Auslagen in den Geschäften«, »drücke mir die Nase platt an dicken Scheiben« und ergötze mich an »schönen Frauen, Geschäftigkeit, Tingeltangel, Glitzer, ja sogar Protzerei«.

Ihn begeisterten die sprühende politische Kultur der Stadt, die »gewaltigen Aufmärsche«, er ließ sich faszinieren von »Fackeln, Feuerwerk, dem lauten Getöse der Wahlkampfkapellen, der ungehemmten Flut der Menschenmassen«. Er beteiligte sich an Arbeiterkundgebungen im City Hall Park und hatte ein Gastspiel als politischer Redner in Tammany Hall, einem aufstrebenden politischen Klub in der Nassau Street, der seit 1834, im Zuge der Kampagne für die erste Direktwahl des Bürgermeisters von New York, an Einfluss gewonnen hatte.

Ein Landhaus außerhalb Brooklyns, vermutlich erbaut in den 1840er Jahren.

*Ich kenne wohl ... das wirkliche Herz dieser gewaltigen Stadt – die Zehntausende junger Männer, die Mechaniker, die [Buchhalter] ... In ihnen allen brennt grimmig das göttliche Feuer, das zu allen Zeiten mehr oder minder sehnsüchtig auf seine Chance gewartet hat, endlich aufzulodern und die Herrschaft der Tyrannen zu vereiteln ... In jenem Moment ist New York die radikalste Stadt ganz Amerikas.*

In Plumbe's Daguerrian Gallery am Broadway ließ er sich hinreißen von der unheimlichen Bilderflut, Phantomen aus Licht und Schatten, die in einzigartiger Weise die fremde, unter die Haut gehende Schönheit der Wirklichkeit einfingen.

*Dort erstrecken sie sich, vom Fußboden bis zur Decke, Hunderte von ihnen. Es gibt in der Tat nichts anderes um dich herum als eine schier unendliche Menge menschlicher Gesichter. Augen, die dich still, aber unbeirrt fixieren und den Eindruck eines immensen Phantomwettbewerbs erwecken – sprach- und bewegungslos, doch wahrhaftig. Du befindest dich in einer vollkommen neuartigen Welt – still wie ein Grab, doch mit Menschen dicht bevölkert.*

Er stürzte sich beinahe jede Nacht in das aufregende Nightlife Manhattans – nutzte dabei nach Möglichkeit seinen Reporterausweis, um freien Eintritt zu erhalten, und nahm »alles, ob von hoher, niedriger oder mittlerer Qualität« mit, »saugte die Theaterwelt mit jeder Pore ein«. Er ging in die neue Oper am Astor Place gleich hinter dem Broadway, wo er Verdi- und Rossini-Opern hörte, und in das Bowery Theater, wo Edwin Forrest und Junius Brutus Booth in Shakespeare-Dramen auf der Bühne standen. Drei Straßenzüge vom vornehmen Broadway entfernt tauchte er in die gänzlich andere Welt der Bowery ein, in die vulgären Salons der Arbeiter, die Tanzlokale und Varietés, wo irische Immigranten und Schwarze Parodien

Der auf Long Island geborene inoffizielle Poeta laureatus Brooklyns und New Yorks, Walt Whitman, gefiel sich in der Rolle des Fotomodells. Dieses Porträt, vermutlich in den frühen 40er Jahren von John Plumbe aufgenommen, zeigt den angehenden Journalisten kurz nach seiner Rückkehr nach New York.

darboten und bei jeder Nummer die Requisiten des anderen weiterbenutzten. Aus dieser Mischung, so prophezeite Whitman, werde eines Tages »die einheimische große Oper Amerikas« entstehen.

Überall in der Welt des Um- und Aufbruchs tummelte er sich, war Zeuge, wie »der Geist des Niederreißens und Neuaufbaus« die Stadt beherrschte, erlebte »den tollwütigen Hunger nach Veränderung«. Auf dem Friedhof an der Delancey Street sah er eine mit einem Revolver drohende Frau, die verzweifelt versuchte, die Zerstörung der Gräber ihres Mannes und ihrer Kinder durch einen Bauarbeitertrupp zu verhindern. »Ihre Heiligkeit, die Geschäftswelt« obsiegte, notierte Whitman, der Friedhof wurde niedergewalzt, um Platz zu schaffen für eine neue Häuserzeile.

*Knochen ohne Haut, schaurige Skelette, Schädel, an denen noch Haare hingen, die zerbrechlichen Überreste kleiner Kinderleichname ... alles wurde vom kalten Stahl hin und her geschoben – wie Wurfmünzen von Faulenzern auf den Docks.*

**Mitte der 40er Jahre des 19. Jahrhunderts hatte sich der Printing House Square an der Park Row, unmittelbar gegenüber der City Hall, zum Nervenzentrum der gesamten Nation entwickelt und war Standort der großen Tageszeitungen *Sun, Tribune, Herald, Times* und *Evening Post*, aber auch der populären Wochenblätter *Day Book* und *Scientific American*. Außerdem lagen hier die Büros der Grafiker James Merritt Ives und Nathaniel Currier sowie der Telegrafen-Nachrichtenagentur *Associated Press*, einer Gemeinschaftsgründung von sechs New Yorker Zeitungen zur schnelleren Nachrichtenübermittlung von der Front des amerikanisch-mexikanischen Krieges.**

Den in der *Aurora*-Redaktion an der Nassau Street 162 arbeitenden Whitman umgab also ein Milieu von einzigartiger Dynamik und Komplexität. Zehn Häuserblocks im Umkreis seines Büros hatte sich eine Welt der erstaunlichen Gegensätze entwickelt – mit dem Rathaus als Sitz der Stadtregierung, der Wall Street als Finanzzentrum Amerikas und The Five Points als dem ärmsten Slumviertel der westlichen Hemisphäre. Auf den Straßen, so Whitmans Worte, vor allem auf dem Broadway, wimmele geradezu das »faszinierende Chaos«, überall seien »demokratische Turbulenzen« zu spüren.

*In dieser Riesenmetropole kann der Fremde … beobachten, wie die chaotische Menschenmenge anwächst, durcheinander rennt, auseinander strebt, hier und dorthin ihren Geschäften zueilt. Vielleicht lässt er sich verwirren vom andauernden Tohuwabohu und der Aufgeregtheit, der Kakophonie Hunderter von Klängen und Geräuschen, die die vielfältigen Aktivitäten Tausender von Menschen ständig erzeugen … Hier erlebt er, dass nichts starr und unabänderlich ist; alles ist fortwährend im Fluss, organisiert und desorganisiert sich, wird aufgebaut und niedergerissen; der Geist stetigen Wandels scheint alle und alles erfasst zu haben.*

J. C. Myers, 1849

*Hier sieht man Juden und Christen, Priester und Leviten, aber auch Menschen jeglicher anderen Art – Alt und Jung aus aller Herren Länder, sämtliche Klassen und Rassen des Homo sapiens … Chatham Street ist eine Art Museum oder Kuriositätenkabinett, und ich denke, Mr. Barnum wäre gut beraten, alle aufzukaufen – Männer, Frauen und Waren –, um sie seiner Sammlung an der Ann Street, Ecke Broadway einzuverleiben.*

*Glimpses of New-York City*, 1852

Im Winter 1841 öffnete das American Museum, ein Haus der besonderen Art mitten im Herzen der Metropole, Ecke Broadway/Printing House Row, seine Tore. Besitzer war Phineas Taylor Barnum, ein 31-jähriger Wanderschausteller und Ex-Zeitungsmann aus Connecticut mit einer genialen Begabung für Werbung in

eigener Sache und einem untrüglichen Instinkt für die neue, soeben in New York aufkommende Massenkultur.

Das American Museum war mit seiner speziellen Mischung aus Spektakel, Theater und Mumpitz etwas gänzlich Neuartiges. Barnum schlug schamlos Kapital aus den sich wandelnden Interessen – und Ängsten – der immer vielschichtiger werdenden Bevölkerung New Yorks. Im American Museum gab es für jeden etwas – unter anderem ein maßstabgetreues Modell von Dublin für die steigende Zahl der irischen Immigranten und einen 3000 Sitze fassenden Moral Lecture Room für das rechtschaffene Mittelklasse-Establishment New Yorks.

*Das Museum enthält viele wirklich interessante Objekte, insbesondere für den Naturforscher und Geologen, neben viel nachgemachtem und verabscheuungswürdigem Schund … Daran angeschlossen ist eine Horror- und Monstrositäten-Sammlung, die offenbar den Plebs magisch anzieht, darunter ein zweibeiniger Hund, eine Kuh mit vier Hörnern und ein Kalb mit sechs Beinen.*

Isabella Bird

Zu den beliebtesten Attraktionen Barnums zählten eine »Meerjungfrau« von den Fidschis, eine von einem Hund betriebene Strickmaschine, das bärtige Mädchen Annie Jones, der nur 63,5 Zentimeter große Zwerg General Tom Thumb, die Brüder Chang und Eng aus China, Namensgeber der »siamesischen Zwillinge«, und – wohl kalkuliert, wegen der zunehmenden hitzigen Diskussion im Land über Rasse und Abstammung – ein abnorm kleinköpfiger 18-jähriger Schwarzer aus Georgia, den Barnum nur als »Was ist das?« präsentierte.

Barnum, der erste bedeutende Impresario des demokratischen Zeitalters und geistige Vorfahre der charakteristischen Werbe- und PR-Kultur der Stadt, hatte begriffen, dass die Menschen sich gern zum Narren halten lassen, solange sie etwas für ihr Geld bekommen, und seine größte Zugnummer waren die Besucher selbst. »Immer wieder brüllte jemand ›Humbug‹ und ›Scharlatan‹«, berichtete Barnum, »zum Glück für mich, denn das machte mich bekannt, und ich wollte von meinen Ruf leben. So holte ich besondere Kuriositäten oder sogar Monstrositäten ins Haus, nur um das Museum noch berüchtigter zu machen.«

**Vom unteren Ende des City Hall Park nach Süden über den Broadway blickend malte August Köllner diese Kreuzung der boomenden Geschäftsstadt. Um das Jahr 1848 war Barnums American Museum, auffällig behängt mit farbenfrohen »Transparenten«, zur größten Touristenattraktion des ganzen Landes geworden. St. Paul's Chapel, eines der letzten Relikte des Kolonialzeitalters, sieht man auf der gegenüberliegenden Straßenseite. Daneben steht das sich über einen Häuserblock erstreckende Luxushotel Astor House (mit Gaslampen in jedem Raum und Indoor-Bädern auf jeder Etage). Das von John Jacob Astor gebaute Haus sollte den jährlich über 70.000 Geschäftsleuten und Touristen dienen und konnte 800 Personen gleichzeitig beherbergen.**

**Eine Gruppenaufnahme der »lebenden Kuriositäten« P.T. Barnums (oben). Zu sehen sind zwei Riesen und eine Riesin, eine Liliputanerin und ein Liliputaner, zwei Albinos, zwei »tscherkessische Schönheiten« und ein mit einer fettleibigen Frau verheirateter dünner Mann. Der berühmte Schausteller und geniale PR-Mann ließ sich selbst auch ablichten: (rechts) mit dem 22-jährigen Tanzwunder Madame Ernestine de Faiber und (unten) mit seinem Star »General« Tom Thumb, der mit Barnums Hilfe weltberühmt wurde.**

*Die wechselnden Attraktionen des Museums wurden permanent durch vielfältigste neue ersetzt. Die dressierten Hunde, emsigen Flöhe, Roboter, Jongleure, Bauchredner, lebenden Statuen, fettleibigen Buben, Zigeuner, Gemälde, Riesen, Zwerge, Seiltänzer, Dioramen, Panoramen, die Modelle der Niagarafälle und von Dublin, Paris und Jerusalem, das erste englische Kasperletheater im Land, die Aufzieh-Blechfiguren, Kunstglasbläserei, Bilder in Überblendtechnik sowie die amerikanischen Indianer, die ihre kriegerischen und religiösen Zeremonien auf der Bühne vollführten – alles dies war neben anderen Attraktionen außergewöhnlich erfolgreich.*

Phineas T. Barnum

Um so viele Besucher wie möglich zu erreichen, war das Museum ganzjährig von Sonnenaufgang bis weit nach Einbruch der Dunkelheit geöffnet. Entschlossen, »jeden nur erdenklichen Umstand für mich zu nutzen« – »das Museum zum Stadtwunder und -gespräch zu machen« –, schmückte Barnum die Fassade mit Fahnen und Riesenwandbildern, die schon aus einer Meile Entfernung über den Broadway leuchteten. Auf dem Dach inszenierte er Feuerwerke und ließ Luftballons steigen, außerdem installierte er dort den größten Scheinwerfer der Welt mit einem pendelnden Lichtstrahl, der hell genug war, um nachts auf dem Broadway eine Zeitung zu lesen.

Das American Museum schlug fulminant ein. In den ersten Jahren verkaufte Barnum über 42 Millionen Eintrittskarten, sieben Millionen mehr als die Einwohnerzahl der USA. Früher oder später kam jeder zu Barnum's – ehrbare Damen der Gesellschaft ebenso wie Kinder, Anwälte, schwarze Gepäckträger, irische Tagelöhner, allein stehende Frauen oder Touristen.

Im Museum nivellierten sich angesichts der unglaublichen Abnormitäten der Exponate vorübergehend die enormen Klassenunterschiede der New Yorker Bevölkerung. Auf den Straßen jedoch wurde die Ungleichheit mit jedem ins Land gehenden Jahr zu einem immer massiver werdenden Problem.

**DER GROSSE ZUWANDERUNGSSTROM**

Schon jahrelang hatte man wegen des steigenden Arbeitskräftebedarfs eine stetig wachsende Zahl von Zuwanderern registriert. Um 1840 war die Zahl der Bewohner der Immigrantenviertel fast ebenso groß wie 20 Jahre zuvor die ganz New Yorks – und sie stieg unaufhaltsam.

Allein 40.000 Deutsche waren zugewandert und wohnten in einem »Kleindeutschland« genannten Viertel. Noch größer war der Einwandererstrom aus Irland, zumeist verarmte Bauern und ungelernte Tagelöhner, die allgemein schnell Arbeit fanden, da die Männer die am schlechtesten bezahlten und härtesten Jobs in der Stadt annahmen, also Kanäle aushoben, Straßen pflasterten, Häuser mauerten, während die Frauen sich als Hausmädchen, Spülerinnen oder Näherinnen verdingten.

»Amerika benötigt für seine Entwicklung«, so ein Zeitungsverleger, »ein unerschöpfliches Reservoir an physischer Energie, und Irland stellt den größten Teil hiervon. Es gibt verschiedene Energien beim Aufbau dieser Republik: Wasserkraft, Dampfkraft und ›Irenkraft‹. Letztere schuftet am härtesten.«

Für die meisten war das neue Leben besser als das alte. »Ich kann nur sagen, dass es sich hier gut leben lässt«, schrieb eine junge Irin an ihren Vater nach Hause. »Jeder, ob Mann oder Frau, ohne Familie ist verrückt, wenn er nicht wagt, in dieses reiche Land zu kommen.«

Jahr um Jahr stieg die Zahl der Neuankömmlinge. 1841 waren beinahe 100.000 irische Katholiken in die Stadt gekommen. Sie lösten eine Welle antikatholischer Ressentiments

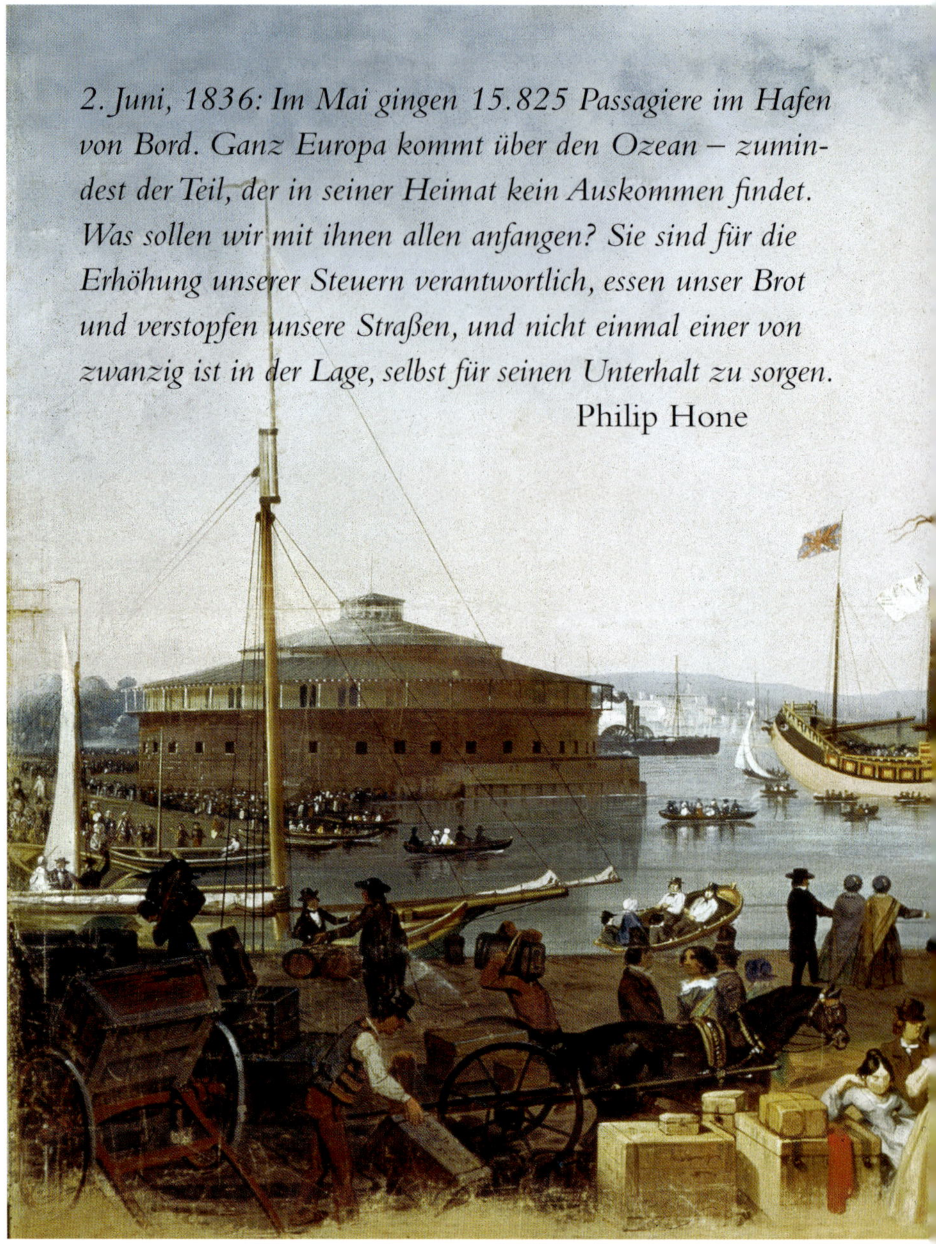


**Tausende irischer und deutscher Immigranten landeten um 1855 alljährlich an der Battery, der Spitze Manhattans, als Samuel B. Waugh das Bild *The Bay and Harbor of New York* malte. Castle Garden, der Rundbau links – ein ehemaliges, 1811 errichtetes Fort, das später als Konzerthalle diente –, wurde zur Immi-**

**granten-Durchgangsstation umgebaut. Es war die erste Institution dieser Art und Vorläufer von Ellis Island. Viele Bilddetails, unter anderem die primitive, auf den Schrankkoffer eines Neuankömmlings gekritzelte Aufschrift »Pat Murfy for Ameriky«, verrät die weit verbreitete antiirische Stimmung der Zeit.**

unter der New Yorker Oberschicht aus und sorgten für heftigen Unmut bei den einheimischen Arbeitern, die um ihre Jobs bangten.

Im gleichen Jahr verlangte Samuel Morse, der Erfinder des Schreibtelegrafen, die Immigration von Katholiken gänzlich zu stoppen; sie sei eine finstere Machenschaft des Papstes, um die amerikanische Demokratie dem Willen Roms zu unterwerfen. »Steht auf! Ich flehe Euch an«, warnte er. »Erwacht! Auf Posten! Schließt die Tore! Eure als Freunde verkleideten Feinde schicken sich zu Tausenden an, die Portale der Einbürgerung zu stürmen und Euch in den Ruin zu stürzen.«

»Hätte ich die Macht dazu«, so ein anderer, »würde ich an jedem Landeplatz New Yorks einen Galgen aufstellen und jeden verfluchten Iren aufknüpfen, sobald er ankommt.«

*Die Trunkenheit unter den elenden Arbeiterklassen nimmt erschreckende Ausmaße an, und die Massen der primitiven irischen Katholiken … denen im Heimatland wegen der Armut die Hände gebunden waren, toben sich nun hier aus … Solange wir von irischen Emigranten überflutet werden, wird dieses Übel nicht auszurotten sein.*

John Pintard

*In unserem guten alten New York haben sich bereits gesellschaftliche Zustände entwickelt wie in den Großstädten Europas, das heißt, es ist übervölkert und ... man begegnet einem sehr aufwändigen und luxuriösen Lebensstil, der in einem immerdar mit Händen zu greifenden Kontrast steht zum erbärmlichen Elend und zu hoffnungsloser Armut.*

Philip Hone, 1847

Auf ihrer Suche nach bezahlbaren Unterkünften strebten die Not leidenden Iren natürlich in die ärmsten der armen Stadtteile – insbesondere in die heruntergekommenen Bezirke entlang des East River.

Um 1855 drängten sich beinahe 10.000 irische Immigranten in dem sanierungsbedürftigen Viertel nördlich des Rathauses: in The Five Points – der Name leitete sich her von einer Kreuzung der Lower East Side, an der drei schlecht gepflasterte Straßen aufeinander trafen.

Als immer mehr Neuankömmlinge in diesen Distrikt strömten, gingen profitgierige Hausbesitzer, häufig selbst ehemalige Immigranten, dazu über, die alten, absackenden Häuser immer weiter aufzuteilen; oft pferchten sie mehr als sechs Menschen in einen einzigen Raum. Sobald diese voll waren, bauten die Besitzer primitive Holzbaracken in die Hinterhöfe, anschließend kam die schludrig gebaute neue Unterkunftsform der »Mietshäuser« oder Mietskasernen. Das waren große, schnell hochgezogene Häuser, die nur dazu dienten, so viele Menschen wie möglich unter einem Dach zu vereinen. Eine berüchtigte Mietskaserne an der Goerck Street, The Barracks genannt, beherbergte am Ende 1100 Menschen.

»Ich habe Blocks mit neuen Häusern gesehen, die so leicht gebaut waren«, schrieb Philip Hone 1850, »dass das einzelne Haus, wie ein Betrunkener, nicht allein stehen kann, sie müssen sich gegenseitig stützen, um nicht umzufallen.«

*Baufällige alte Häuser – überfüllte Rückgebäude als Mietskasernen in schmutzigen Höfen, dunkle, feuchte Keller, zugige Mansarden, Läden, Außenaborte, in Unterkünfte verwandelte Ställe, obwohl kaum für das Vieh tauglich –, das sind die Behausungen Tausender Mitbürger in dieser reichen Stadt.*

R. M. Hartley, Tenement House Report, 1853

1850 war The Five Points zum übervölkertsten Distrikt Amerikas geworden, und die Mietskasernenviertel begannen sich weiter nach Norden auszubreiten. Es mussten Unterkünfte für neue Wellen von Zuwanderern geschaffen werden: Tausende Deutsche, die wegen Verfolgung, politischen Aufruhrs und Hungersnöten ihre Heimat verließen, strömten nun beinahe ebenso unaufhaltsam in die Stadt wie unterernährte Iren. Um 1854 überquerten so viele Deutsche den Atlantik, dass die Hafenstadt Bremen den Spitznamen »Vorort von New York« erhielt und New York sich neben Berlin und Wien zur Stadt mit der drittgrößten deutschsprachigen Bevölkerung entwickelte.

Das sich von The Five Points Richtung Norden ausdehnende Kleindeutschland oder Little Germany beherbergte bald mehr als 75.000 Menschen. Es war etwas völlig Neues – nicht nur ein armer Distrikt oder Slum, sondern eine Stadt in der Stadt, in der amerikanische Traditionen und selbst die englische Sprache kaum bekannt waren. Wenn ältere New Yorker hierher kamen, fühlten sie sich wie Ausländer in ihrer eigenen Stadt, verwirrt von den allgegenwärtigen deutschsprachigen Schildern und von dem Netz enger Gassen, über die man in Tausende kleiner Werkstätten gelangte, in Hinterhof-Mietskasernen oder Bierkneipen.

*Das Leben in Kleindeutschland verläuft beinahe genauso wie in der alten Heimat ... Kein Geschäft, das die Deutschen nicht betreiben: Nicht nur die Schuster, Schneider, Friseure, Ärzte, Lebensmittelhändler und Gastwirte sind Deutsche, auch die Pastoren und Priester ... Der Bewohner Kleindeutschlands braucht nicht einmal Englisch zu können, um seinen Lebensunterhalt zu verdienen, und diese Umstände sind für den Immigranten besonders attraktiv. Nur an den heruntergekommenen Behausungen erkennt man, dass man in Amerika ist.*

Karl Theodor Griesinger

In weniger als 30 Jahren hatte sich die einst um The Five Points konzentrierte Nische der Armut mehr als eine Meile nach Norden verschoben – über Houston Street und Tompkins Square bis fast zur 14th Street – ein riesiges Areal, das am Vorabend des Bürgerkriegs Heimat für über 300.000 Menschen geworden war. »Der gesamten Ostseite der Insel scheint das Schicksal des Armenhauses beschieden zu sein«, klagte der *New York Herald*. In nur einer Generation war die Lower East Side entstanden.

Um 1859 war The Five Points – der Name bezieht sich auf eine Drei-Straßen-Kreuzung nordöstlich des Rathauses – überall als das ärmste Elendsviertel Amerikas bekannt. Aus den baufälligen Holzbaracken ragt eine vierstöckige Mietskaserne heraus – eine der ersten ihrer Art im Land und Vorbild für viele folgende. »Wo Hunde sich nur winselnd niederlegen«, schrieb Charles Dickens nach einem Rundgang, »da sinken Frauen, Männer und Jungen in Schlaf und zwingen die aufgescheuchten Ratten, Platz zu machen, um sich einen besseren Unterschlupf zu suchen.«

Diese untypische, in den 60er oder 70er Jahren des 19. Jahrhunderts entstandene Ansicht von The Five Points verrät kaum etwas von den gewalttätigen Schlägereien und harten Auseinandersetzungen, die mit erschreckender Regelmäßigkeit zwischen rivalisierenden Gangs ausbrachen. Sie nannten sich Fly Boys, Bowery Boys, Plug Uglies, Roach Guards oder Dead Rabbits.

Stetig steigerte sich die Gewaltbereitschaft unter den Fremden, ein Zeichen, welch tiefe Gräben zwischen den religiösen, nationalen, ethnischen und sozialen Gruppierungen lagen. Im Frühjahr 1842 marschierte ein aufgebrachter Protestanten-Mob über die Mulberry Street und drohte, St. Patrick's Cathedral zu zerstören. Anlass war der Versuch des irischen Bischofs John Hughes, öffentliche Gelder für katholische Schulen zu akquirieren.

> *13. April 1842: Hughes' Bischofssitz wurde angegriffen, andere Häuser wurden von Wurfgeschossen beschädigt. Gegen neun Uhr abends rückte das Militär aus und nur seine Präsenz rettete die Kathedrale und andere Kirchen vor der Zerstörung durch den Mob.*
>
> *New York Herald*

Mitte der 1840er Jahre hatten die Unruhen in den übervölkerten Straßen bereits alarmierende Ausmaße angenommen, da setzte eine furchtbare Tragödie im irischen Mutterland unter der Landbevölkerung eine noch größere Emigrantenwelle in Bewegung. Es begann im Sommer 1845: Die Kartoffelfelder Irlands wurden von einem mysteriösen Schädling befallen, der die einzige Nahrungsquelle für Millionen armer Iren vernichtete. Im folgenden Jahr, als Krankheit und Hunger auf dem Lande umgingen, flohen die verzweifelten Bauern auf jedem nur erdenklichen Weg aus ihrer Heimat. Die meisten landeten auf Frachtschiffen mit dem Zielhafen New York.

Eine solche Völkerwanderung hatte es bisher in der Weltgeschichte noch nicht gegeben. In den nächsten zehn Jahren verließen 2,5 Millionen Irland, 1,5 Millionen kamen nach Amerika und über 1 Million nach New York. Der gewaltige Zustrom veränderte das soziale und politische Gleichgewicht der Stadt nachhaltig.

*Die Menschen, ob jung oder alt, sterben so schnell, dass man sie kaum unter die Erde bringt. Das Fieber wütet derartig, dass bei den noch morgens Gesunden schon am gleichen Abend die Infektion wütet. Weder Handel noch andere Geschäfte werden getätigt. Wer die Mittel zur Auswanderung nach Amerika hat, ist bereits fort oder schickt sich gerade an zu gehen.*

John Nowlan, 1847

Um 1847 machten täglich 40 Schiffe im New Yorker Hafen fest, teils mit bis zu 700 Immigranten besetzt, eingepfercht in feuchte und stickige Laderäume. Auf der mörderischen 30-tägigen Überfahrt starben so viele Auswanderer, dass diese Frachter bald den Namen »Sargschiffe« erhielten.

»Die Flut ergießt sich ohne Unterlass«, so ein erstaunter französischer Besucher über die täglich von den Piers strömenden Massen. »Irland liegt nicht mehr dort, wo der Shannon fließt, sondern ... an den Ufern des Hudson.«

Keine Stadt der Welt hatte es jemals mit einem so gewaltigen Ansturm von Menschen zu tun gehabt. Allein 1854 fluteten 319.000 Immigranten von den South-Street-Piers und tauchten im Gewirr der Gassen Manhattans unter. Um dieser Massen verarmter Ankömmlinge Herr zu werden, eröffnete man 1855 eiligst in Castle Garden, einem ehemaligen Fort und Konzerthaus an der Südspitze Manhattans, eine zentrale Immigranten-Durchgangsstation. Sie war die erste staatliche Institution dieser Art in der Stadt bzw. in Amerika.

Das war gerade noch rechtzeitig, denn es gab inzwischen mehr Iren in New York als in irgendeiner anderen Stadt der Welt, Dublin ausgenommen. Jetzt kamen noch mehr, sodass sich in den neuen Slums etwa 185 Menschen auf einem Hektar drängten, so viele wie nirgendwo sonst in Amerika. Das überstieg um das Fünffache die Bevölkerungsdichte, die die Stadtväter 50 Jahre zuvor ihrer Straßenplanung zu Grunde gelegt hatten.

*Hunderte Landsleute, soeben von Emigrantenschiffen abgesetzt, durchstreifen täglich als johlende Bettlerhorden die Straßen. Sie nächtigen zu Scharen ... auf Polizeiwachen, die Kommissare versorgen sie mit Brot. Am nächsten Morgen wandern sie weiter bettelnd durch die Stadt.*

Ein Amerikaner aus Irland, 1850

**Der entsetzliche Unrat und die Übervölkerung der Slums waren während der 50er Jahre des 19. Jahrhunderts der Auslöser für eine Epidemie nach der anderen – Cholera, Typhus, Tuberkulose, Diphtherie. Sie sorgten für die höchsten Todesraten pro Jahr, die je in der Geschichte der Stadt registriert worden waren. Statistisch gesehen starb um 1856 jährlich ein Erwachsener von 25, bei Kindern überlebte nur jedes fünfte; es starben in jedem Jahr mehr New Yorker, als geboren wurden. Ohne den Immigrantenstrom, bemerkte ein Stadtinspektor, »wäre die Stadt in wenigen Jahren entvölkert«.**

Als Tausende armer irischer Immigranten nach The Five Points drängten, in den einzigen Distrikt, in dem sich schwarze Amerikaner Unterkünfte leisten konnten, begannen die Rassenunruhen. Die beiden Gruppen rivalisierten nun erbittert um die ärmlichsten Behausungen und die am schlechtesten bezahlten Jobs.

»Stündlich sehen wir uns aus irgendeinem Job gedrängt«, schrieb Frederick Douglass, »um Platz zu machen für einen Neuankömmling, von dem man meint, er hätte wegen seines Hungers und seiner Hautfarbe Anspruch auf bevorzugte Behandlung«.

Um 1855, die meisten Schwarzen waren aus The Five Points verdrängt und in neue Slums eine Meile weiter nördlich getrieben worden, wurde die Diskriminierung der Afroamerikaner noch gravierender. »Selbst der ehrenwerteste Schwarze«, schrieb der Gegner der Todesstrafe Gerrit Smith, »hat keinen Zugang zu dem, was dem schändlichsten Weißen offen steht. Omnibus, Straßenbahn, Wahlurne, Geschworenenbank, Legislative, Armee, öffentliches Land, Schule, Hörsaal, die Gesellschaft – alles bleibt einem ganz oder so gut wie versperrt.«

In den 50er Jahren des 19. Jahrhunderts streiften Tausende obdachloser und verwaister Kinder durch die Straßen von New York City. Die Stadt ordnete daraufhin auf der Grundlage eines neuen Gesetzes an, elternlose Kinder zwischen fünf und 15 polizeilich festzunehmen und in Heime einzuweisen. Das rechts abgebildete Home for the Friendless – ein von der American Female Guardian Society geführtes Waisenhaus Ecke 29th Street/Madison Avenue – war eine von Dutzenden privater Sozialstationen, die versuchten, sich der Flut armer Immigranten anzunehmen. Andere Institutionen waren: The Society for the Employment and Relief of the Poor, the New York Society for the Reformation of Juvenile Delinquents, the Society for the Relief of Poor Widows with Small Children, The Five Points House of Industry und The Christian Home for Female Servants. Wegen der zunehmenden Katholikenbevölkerung in New York betrieben protestantische Organisationen wie die Guardian Society unverhohlen sowohl Missions- als auch Wohltätigkeitsarbeit und beschränkten die Hilfe auf die von ihnen so genannten »würdigen« Armen.

Profitgierige Geschäftsleute verschlimmerten alles nur noch: Sie zogen die irischen den schwarzen Arbeitern vor, denn Erstere arbeiteten für noch weniger Geld. Die Schwarzen benutzten sie dann als Streikbrecher, wenn die Iren für höhere Löhne mit Ausstand drohten. Um 1855 standen sich die beiden sozial so ähnlichen Gruppen auf der niedrigsten gesellschaftlichen Stufe in einem erbitterten Kampf auf Leben und Tod gegenüber. Den Iren schlugen Intoleranz und Hass entgegen, nicht weniger vernichtend als die Diskriminierung, die den Schwarzen das Leben schwer machte.

*Gesellschaftlich geächtet, bekommen [die Immigranten] alsbald das deprimierende Leben eines Ausländers zu spüren. Sie wissen nicht, wo sie Unterstützung finden, Tausende sind in ihrer armseligen Existenz auf Wohltätigkeiten angewiesen. Sie leben mit ihresgleichen in überfüllten Behausungen, in Kellern, baufälligen Mietskasernen sowie engen Hinterhöfen und Straßen ... sind besonders anfällig für Krankheiten ... Es ist erstaunlich, auf wie engem Raum einige Familien leben können und wie stark sie sich zusammenpferchen lassen.*

Dr. John H. Griscom

Keine andere Einwanderergruppe wäre je in der Lage gewesen, so große Not und derartiges Elend wie die Iren zu ertragen, die in die schmutzigen, mit Ungeziefer verseuchten Unterkünfte drängten und von ihren Mitbürgern zutiefst verachtet wurden. In ihren Bezirken brachen ständig verheerende Choleraepidemien und andere Krankheiten aus, die Todesrate war hier oftmals dreimal so hoch wie im Rest der Stadt.

»Die Säuglings- und Kindersterblichkeit ist erschreckend hoch«, so ein Beobachter. Selbst als die Reformer der Mittelklasse immer besorgter wurden, machten noch viele die Neuankömmlinge selbst für ihre Lage verantwortlich.

*Ich betrachte ... die Größe ... und Zusammensetzung der Bevölkerung [New Yorks] als wirkliche Gefahr für die Sicherheit der demokratischen Republik ... und ich scheue nicht die Prophezeiung, dass sie daran zu Grunde geht ... es sei denn, die Regierung stellt eine von der Stadtbevölkerung unabhängige Streitmacht auf, die gegen Exzesse vorgeht.*

Alexis de Tocqueville, 1835

Gegen Ende der 40er Jahre durchzogen tiefe soziale Gräben die Stadt, die Bürger der einzelnen Religionen, Rassen, Nationalitäten und Klassen standen sich immer feindseliger gegenüber. »Der Union Square und die Boulevards«, so Charles Loring Brace, ein Geistlicher der Episkopalkirche, »sind von Water oder Cherry Street so weit entfernt, als lägen sie in einer anderen Stadt. Arme und Reiche bilden beinahe eigene Kasten.«

Im Frühjahr 1849 kam es, nach Jahren schwelender, durch Klassengegensätze aufgeheizter antienglischer Emotionen, zu einem der blutigsten Aufstände in der Stadtgeschichte. Am Abend des 10. Mai sammelte sich eine aufgebrachte Menge von 8000 irischen und amerikanischen Arbeitern vor der Oper am Astor Place, in der gerade *Macbeth* gespielt wurde. Die Stimmung war sehr gespannt. Als Anhänger des populären amerikanischen Schauspielers Edwin Forrest waren sie zur gewaltsamen Störung der Aufführung entschlossen, nachdem die Hauptrolle an Forrests großen Rivalen, den adligen englischen Schauspieler William C. Macready, vergeben worden war. Einheiten der Stadtpolizei und der New York State Militia rückten unverzüglich zur Wiederherstellung der Ordnung aus. Als die randalierenden Demonstranten sich nicht zerstreuten, feuerte die Miliz in die Menge, erschoss 22 Menschen und verwundete über 150.

*11. Mai 1849: Krawalle letzte Nacht vor der Oper, und ich war Zeuge. Auf die Bande wurde geschossen, etwa 12 oder 15 Tote und viermal so viele Verwundete, eine richtige Schlacht, da der Mob entschlossen kämpfte und gegen die Phalanx der Miliz anstürmte, nachdem er beschossen worden war. Wiederholung des Dramas in noch größerem Ausmaß ist vorhersehbar, denn die Lumpen haben Rache geschworen ... Ich gehe jetzt nach oben, um meine Pistolen zu ölen.*

George Templeton Strong

Drei Tage lang herrschte das Kriegsrecht. Astor Place, schlug ein Zeitungsverleger vor, solle man besser in DisAster Place umbenennen.

Nach dem Aufstand trösteten sich einige besorgte New Yorker, so etwa Philip Hone, mit dem Gedanken, wie effizient man den Mob niedergeknüppelt hatte. »Obwohl diese Lehre teuer erkauft werden musste«, schrieb er, »ist doch das Exempel statuiert worden, dass Law and Order unter der Regierung von Republikanern aufrechterhalten werden können.«

Der Herausgeber des in Philadelphia erscheinenden *Public Ledger* sah das freilich anders. »Zurück bleibt ein Geschmack, der bis dato unserer sozialen Gemeinschaft fremd war«, schrieb er eine Woche nach dem tragischen Ereignis. »Es gibt jetzt in unserem Land wie in New York – und das hat jeder gute Patriot bis heute aus Pflichtgefühl in Abrede gestellt – eine Oberschicht und eine Unterschicht.«

Der blutige Höhepunkt der Revolte auf dem Astor Place, dokumentiert in einer Currier&Ives-Lithographie, die im ganzen Land nachgedruckt wurde.

Der bedeutendste Chronist der Stadt, George Templeton Strong, war der Sohn eines berühmten New Yorker Anwalts, der zum Kreis der renommiertesten Familien der Stadt zählte. Der konservative und liebenswürdige Familienvater, der viele Lebensjahre dem alles andere als geliebten Anwaltsberuf in seiner Wall-Street-Kanzlei nachging, begann seine Tagebuchaufzeichnungen im Herbst 1835, als er Schüler am Columbia College war. Während der folgenden 40 Jahre notierte er beinahe täglich seine Gedanken über die sich rapide wandelnde Stadt um ihn herum.

*Die Immigranten sind mittellos, krank, dumm und erbärmlich ... verlangen sofort Essen, Kleidung, ein Dach überm Kopf und permanente Unterstützung für das Lebensnotwendigste. Sie strömen in dreckige, krankheitsverseuchte Viertel und ertragen jedes Leid ... Sie sind oftmals Gewohnheitstrinker und leichtfertig, betrachten sich als Ausgestoßene und tragen nichts zur Veränderung ihrer Lage bei.*

Bericht über den Zustand der Mietshäuser in New York und Brooklyn, 1837

*Sie machen sich keine Vorstellung, ... was für ein Pfuhl des Elends, Verbrechens und Schmutzes diese große Stadt ist ... Denken Sie doch nur an die vielen Tausend Kinder, die mit Sicherheit später Prostituierte und Gauner werden.*

Charles Loring Brace

Um die Zukunft der Stadt besorgte Reformer und protestantische Missionare strömten in die Slums in der Hoffnung, die Iren noch rechtzeitig zu ehrenwerten Amerikanern zu machen. 1853 rief Charles Loring Brace, ein Priester der Episkopalkirche, die Children's Aid Society ins Leben, die Waisenkindern für 17 Cent pro Nacht ein warmes Bett und Bad, eine aus Bohnen und Schweinefleisch bestehende Mahlzeit sowie religiöse Unterweisung bot.

Aber das war nur ein Tropfen auf den heißen Stein. Die Häuser von Brace waren bald überfüllt, da alljährlich beinahe 9000 elternlose Kinder kamen. Er warnte seine Mitbürger in der Schrift *The Dangerous Classes of New York*, ihre Stadt werde dauerhaft von einer unterprivilegierten, sich aus Analphabeten und Verarmten rekrutierenden Klasse irischer Katholiken überflutet.

»Es gibt Tausende armer Ausländerkinder«, so Brace, »die von ihren Eltern in keine Schule, Ausbildung oder religiöse Unterweisung geschickt worden sind. Vernachlässigung, mangelhafte Ausbildung und schlechtes Vorbild färbt normalerweise ab. Die Heranwachsenden reihen sich unter die Raufbolde und Kriminellen ein. Über kurz oder lang kommt es zu einer Masse von ungebildeten, unerzogenen, aufgehetzten und atheistischen Buben und jungen Männern. Sie bilden die ›gefährliche Klasse‹ unserer Gesellschaft.«

Um 1854 sorgten sich viele, dass New Yorks Ordnungsmacht der ansteigenden Flut von Chaos und Gewalt nicht länger Herr würde.

*Nachts begegnet man Schlägern jeglicher Couleur. Sie lungern an Straßenecken herum ... ziehen in Banden umher, Männer und Jungs gemeinsam, pöbeln und greifen zuweilen Passanten an ... unter den gegenwärtigen Verhältnissen sind Leib und Leben in Gefahr.*

*New York Times*

Ausbrüche der Gewalt waren in den unteren Stadtbezirken an der Tagesordnung – Arbeiterunruhen gegen die Oberklasse, Aufstände der Amerikaner gegen die Fremden, antiirische, antienglische und gegen die Schwarzen gerichtete Krawalle. Im Fünften und in dem »Blutiger Sechster« genannten Bezirk lieferten sich rivalisierende Protestanten- und Katholiken-Banden Straßenschlachten – die verängstigte Mittelklasse wanderte nach Norden ab.

*13. November 1854: Sah eine erstaunlich dümmliche Marschkolonne in Richtung nördliche Stadtbezirke ziehen, als ich mit dem Bus über den Broadway nach Downtown zur Kirchenvorstandssitzung fuhr – eine sich ziemlich entschlossen und streitsüchtig gebärdende Demonstration. Eine Phalanx von acht bis zehn Mann nebeneinander, insgesamt 2000 bis 3000, meist junge Kerle vom Typ Schlachter- oder Bäckerlehrling. Sie sahen aus, als hätten sie es auf St. Patrick's Cathedral abgesehen ... Es kann hier jeden Moment zu gewaltigen Krawallen und einem Blutbad kommen.*

George Templeton Strong

Für die Immigranten – die protestantische Elite versperrte jegliche klassische Einflussnahme auf die Politik – waren die Banden häufig die einzige respektierte Ordnungsmacht. In den Folgejahren entstanden in Salons, Gesellschaftsklubs und Feuerwehrvereinen informelle Interessenverbände als Kern der für New York typischen politischen Ordnung. Durch sie wurden die turbulente Sozialkultur der Straße und die neuen politischen Erscheinungen vom Typ Tammany Hall miteinander gekoppelt. Dieser angesehene Gesellschaftsklub der Demokraten begann sich damals der Immigrantenwähler anzunehmen, indem er ihnen die Einwanderungshürden überwinden half, ihnen Jobs besorgte und beibrachte, »richtig« zu wählen.

1854 schien sich das Chaos der Straße bis unmittelbar an die Rathausschwelle vorzuschieben. Zum Entsetzen der Oberschicht wurde der gerissene und korrupte ehemalige Spirituosenhändler Fernando Wood auf einer Woge irischer und deutscher Wählerstimmen, die auf Betreiben von Tammany Hall abgegeben worden waren, in das Amt des Bürgermeisters gespült. Wood, der von seinem republikanischen Rivalen als »brillanter Desperado« betitelt wurde, war offenbar entschlossen, mit allen Mitteln im Amt zu bleiben – er heuerte Straßengangs an, um Wahlurnen verschwinden zu lassen, und setzte die städtische Polizei als Privatarmee zu seinem persönlichen Schutz ein.

1857 stand New York, so George Templeton Strong, am Vorabend eines »städtischen Bürgerkriegs«. Woods Gegner hatten, entschlossen den Demokraten aus dem Amt zu jagen, eine Novellierung der Stadt-Charta durch die bundesstaatliche Legislative erwirkt, wodurch der Bürgermeister die meisten Befugnisse einbüßte. Am 17. Juni gerieten die städtische, Wood unterstellte Truppe und die Bundespolizei vor den Rathausstufen im Herzen der von der *New-York Times* so genannten »schlechtest regierten Stadt der Welt« aneinander. »Wir haben einen Belagerungszustand«, schrieb Strong bitter, »und, wenn nur die Hälfte der kolportierten Geschichten stimmt, einen anarchieähnlichen Zustand.«

In seinem Fazit der Zustände rang der Herausgeber von *Harper's Monthly* verzweifelt nach Worten: »Nichts läuft so, wie es laufen sollte, nichts steht da, wo es nach gesundem Menschenverstand stehen sollte.«

**Das Rathaus um 1860, in der Zeit von Fernando Woods zweiter Amtszeit als Bürgermeister.**

**Bürgermeister Fernando Wood, ein extravaganter und sprunghafter ehemaliger Geschäftsmann und Immobilienspekulant, war einer der ersten Bürgermeister New Yorks, der die Immigrantenwähler umwarb, indem er ihnen Jobs und Hilfe versprach. Damit bereitete er den Boden für die späteren Chefs von Tammany Hall wie Boss Tweed. Innovativ, scharfsinnig und auf fast zwanghafte Weise bestechlich, absolvierte Wood zwei, von einem Skandal nach dem anderen geschüttelte Amtsperioden. »Wood ist ein Mann von großer Energie, großem Ehrgeiz und großem Durchhaltevermögen«, räumte Strong 1857 ein. »Ein Jammer, dass er ein Halunke ist.«**

**Links: Blick nach Norden über die Chatham Street, die links im Bild in die Ausläufer des Chatham Square am Ende der Bowery einmündet, 1853 aufgenommen. In dem Gewirr der Ladenstraßen und Verkaufsstände boten aus Deutschland, Irland, Italien und Mitteleuropa eingewanderte Händler ihre Waren feil – Haushaltsgeräte, Secondhandkleidung, Lebensmittel, Tabakwaren, Blumen, Jalousien und Süßigkeiten.**

**Jahrelang galt diese Ansicht der Battery von Norden (oben) als ältestes noch existierendes Foto New Yorks. Dieser Abzug von einem Wachspapier-Negativ, das Victor Provost 1853 anfertigte, zeigt einige der Reedereien am Battery Place. Der dritte Eingang von links, die Nummer 10, führte zum Hauptsitz der Dampfschifffahrts-Gesellschaft Cornelius Vanderbilts. Die untere Ansicht jedoch, auf der Straßenbauarbeiten am Broadway, zwischen Franklin und Leonard Street, zu sehen sind, konnte kürzlich mit Hilfe zeitgenössischer Zeitungsberichte auf Mai 1850 datiert werden – womit sie das älteste bisher bekannte Foto der Stadt ist.**

*7. Juli 1857: Gestern wurde ich Zeuge eines seltsamen, gespenstischen und schmerzlichen Vorfalls. An der Kreuzung unserer Straße mit der Fourth Avenue entstehen neue Häuser, und man hat dort tiefe Gräben ausgehoben. Als ich eine Menschenmenge an der Ecke stehen sah, blieb ich stehen und schob mich nach vorn. Minuten zuvor war der Aushub in eine Grube eingebrochen, und zwei bedauernswerte Arbeiter keltischer Abkunft waren erstickt. Um die Leichen standen einige Männer, die sie offenbar herausgeholt hatten, und 15 bis 20 irische Frauen: Ehefrauen, Angehörige, Freundinnen, die auf unerklärliche Weise zur Baustelle gelangt waren. Die Männer waren ziemlich teilnahmslos und träge – nicht so die Frauen. Sie stimmten wohl eine »Totenklage« an und erhoben gemeinsam ein wildes, außerirdisches Geschrei, halb Gesang halb Gekreische, … sie klatschten in die Hände und gestikulierten inbrünstig. Hin und wieder warf sich jemand über eine der Leichen oder wischte, langsam und sorgfältig, mit der Schürze den Schmutz aus dem Gesicht des Toten, um dann wieder zu klagen … Unsere Mitbürger keltischer Herkunft sind uns, was ihr Temperament und ihre Art betrifft, so fremd wie Chinesen.*

George Templeton Strong

## DER KRISTALLPALAST

*Sonntag, 27. Oktober 1850: Wie weit sich diese Stadt gen Norden ausdehnt! Der Aufschwung der Jahre 1835 und 1836 war nichts, verglichen mit dem enormen Wachstum dieses Jahres. Neue Straßenzüge entstehen, Sandsteinquader, aus ihren alten Lagerstätten hierher transportiert, überragen nun für viele Jahre die belebten Straßenkreuzungen. Wie eine Flut überschwemmt uns der Reichtum.*

George Templeton Strong

Trotz des Aufruhrs wuchs New York weiter, raste mit halsbrecherischem Tempo in die Zukunft, mit stärkeren Gegensätzen, wuchernder und chaotischer als jede andere US-Gemeinde. Stadt und Land waren jetzt durch Schienenstränge und Telegrafendrähte engmaschig miteinander verflochten. 1851 ging die New York and Erie Railroad in Betrieb; parallel zum Erie-Kanal verlaufend, war sie dessen »eiserne Ligatur.« Die Telegrafendrähte aus allen Landes-

*In den Straßen boomt das Geschäft, der Einzel- und Großhandel, doch das ist nur Teil der allgemeinen Betriebsamkeit. Flaggen wehen allerorten, lange Schiffsmasten recken sich über den Häusern gen Himmel … Massen von Omnibussen, Droschken, Rollwagen und Bahnwaggons rasen unter Gebimmel heran und ängstigen die nicht daran gewöhnten Fußgänger. Es gibt Geschäfte so groß wie Basare, Hunderte von »daguerrean galleries« … riesige Hotels, Kaffeehäuser und Amüsierbetriebe, und auf den Straßen begegnet man Männern aller Nationalitäten und Hautfarben, ob rot, gelb schwarz oder weiß, Trachten und Bärten jeder Art sowie schönen und hässlichen prächtig gekleideten Damen. Und dann Lehmhütten oder palastartige Residenzen … Güterwagen, die ihre Fracht am Bürgersteig entladen … das Pfeifen der Lokomotiven und Läuten der Dampfschiffsglocken, sodann die Telegrafendrähte, acht bis zehn pro Mast, die alle auf den Broadway zulaufen … sprachlose Immigranten, ausgezehrt von Ruhr und Seekrankheit, die man durch Schaufensterscheiben starren sieht; Vertreter aller Herren Länder, die eine babylonische Sprachverwirrung erzeugen.*

Isabella Bird, 1854

Vom Dach der St. Paul's Chapel an der Ecke Fulton Street und Broadway herabschauend fängt John William Hill das gesamte Panorama des unteren Broadway ein, von Barnums American Museum und Bradys Daguerrian Gallery bis zur fernen Spitze der Trinity Church. Mit dem 1855 entstandenen Aquarell griff der Künstler ein sieben Jahre zuvor gemaltes Motiv erneut auf. Der ruhig und nachdenklich schweifende Blick des Künstlers dokumentiert, dass die New Yorker ihre Stadt mit veränderten Augen sahen – sie erstmals nicht so darstellten, wie Fremde sie nach Ankunft im Hafen erlebten, sondern aus Sicht des mitten in der Stadt lebenden New Yorkers selbst – als eine vertraute, geheimnisvolle Stadt, die zu einer eigenen Welt geworden war.

Einige reiche New Yorker Kaufleute – ihr Patriotismus war von der immer stärker werdenden sezessionistischen Stimmung des Südens angeheizt worden – beauftragten 1852 den Bildhauer Henry Kirke Brown, dieses bronzene Reiterstandbild von George Washington zu gießen. Das nach dem Vorbild eines Werks des bekannten französischen Künstlers Jean-Jacques Houdon geschaffene Bildnis steht noch heute unmittelbar nördlich der 14th Street an der Südseite des Union Square.

## Der unflätige Kutscher

*4. August 1853: Gestern mieteten die Frau und die Schwester des Richters Woodward aus Yonkers um 16.30 Uhr in einem Stall Ecke Lexington/23rd Street eine Droschke und vereinbarten einen Satz von einem Dollar die Stunde ... um zum Hudson River Railroad Depot gefahren zu werden ... Der Fahrer erklärte sich einverstanden, fuhr jedoch einen Umweg, sodass er erst am Bahnhof ankam, als der Zug bereits abgefahren war. Hier wollte er seine Passagiere erst nach Bezahlung von vier Dollar aussteigen lassen. Sie weigerten sich jedoch, da sie die Droschke nur anderthalb Stunden in Anspruch genommen hatten. Daraufhin beschimpfte der Kutscher sie mit den beleidigendsten und unflätigsten Worten und wollte gerade wieder anfahren, um sie in einen völlig anderen Stadtteil zu kutschieren, als einige Zuschauer eingriffen. Sie gerieten so in Rage, dass sie den Kutscher am liebsten gevierteilt hätten, weil er die Damen aufs Schlimmste beleidigt hatte. Da nahm der Polizeibeamte Sanford Porter ihn fest und brachte ihn in das Büro des Polizeichefs.*

*New York Daily Tribune*

1848 war der Exodus der reicheren Bürger der Stadt gen Norden beinahe abgeschlossen. Sie hatten dem Lärm, dem Chaos und den Immigrantenmassen in Lower Manhattan den Rücken gekehrt und waren in elegante neue Wohnviertel abgewandert (die Ansicht von C. Bachmann reicht vom Union Square nach Süden). »Neue geräumige und stattliche Häuserblocks schießen mit erstaunlichem Tempo aus dem Boden«, hatte der *Mirror* neun Jahre zuvor registriert. »Die 14th Street wird in einigen Jahren mit Sicherheit als Zentrum der Stadt und nicht mehr als deren Randgebiet angesehen werden.« 1848 erfüllte sich diese Voraussage allmählich, da sich einige der wichtigsten neuen Institutionen der Stadt in dieser Region ansiedelten: so etwa die Grace Church am Broadway Ecke 10th Street oder die New York University, deren Hauptgebäude mit seiner Marmorfassade am Washington Square errichtet wurde.

teilen liefen an Manhattans Spitze zusammen und versorgten die Finanzmärkte und die Büros des ersten Telegrafen-Nachrichtendienstes der Welt, der *Associated Press*, ununterbrochen mit Informationen. Der Dienst an der Printing House Row verbreitete die redigierten Nachrichten dann erneut in alle Landesteile.

»Die unterschiedlichen Ethnien«, notierte George Templeton Strong, »scheinen sich offenbar zu einem lebenden Organismus zu entwickeln, mit Bahnlinien und Postschiffen als Kreislaufsystem, Telegrafendrähten als Nervensträngen und dem *New York Herald* als Gehirn.«

*New Yorks Orientierung ist durch und durch national, was Interessen, Rolle und Streben angeht. Niemand betrachtet es als Teil eines Bundesstaates, sondern als Teil der USA.*

James Fenimore Cooper, 1851

Mit jedem Jahr baute die Stadt ihre Bedeutung für die US-Wirtschaft weiter aus. »Das große New York«, klagte 1851 Senator Willis A. Gorman aus Indiana, »hat mehr Einfluss auf das Schicksal unserer großen Nation als die fünf Mal so große Bevölkerung irgendeines anderen Landesteils ... [Warnen Sie] die Menschen im Westen, Süden, Südosten und Nordwesten, was sie angesichts der alles absorbierenden Sogwirkung und der zunehmenden Macht der Stadt erwartet. New York kontrolliert gegenwärtig mit seiner ungeheuren Finanzkraft das kommerzielle Schicksal der gesamten Union.«

Um 1853 machten sich die auf der Nation lastenden Spannungen auf den Straßen bemerkbar. New York war nicht nur der kommerzielle Nabel Amerikas, sondern auch das Epizentrum seiner Konflikte: ein Schmelztiegel, in dem die Energie der Immigranten und der gegen sie gerichtete Hass brodelte, ein Zentrum der Sklavenbefreiungsbewegung und zugleich Sitz der Baumwollplantagenlobby im Norden.

Von der Kanzel der Plymouth Congregational Church in Brooklyn spottete Reverend Henry Ward Beecher, bekannt als militanter Gegner der Sklaverei, über die doppelbödige Moral der Stadt. »Welch unglaublicher Zustand herrscht doch hier in New York«, höhnte er, »wir leben von der Baumwolle, unsere Existenz hängt von der Gunst und Gnade des Südens ab, und doch verletzen wir seine Gefühle, indem wir andauernd über Freiheit reden.«

**Oben: Blick vom Turm der Trinity Church über die westlich der Wall Street gelegenen Distrikte. Rechts der Kuppelbau der Merchant's Exchange – das imposante 1,1 Mio. Dollar teure Granitgebäude entstand an der Stelle der durch das Großfeuer von 1835 abgebrannten Börse. Die alten Ziegelwohnhäuser waren, so der *Herald*, einer kommerziellen »Straße der Paläste ... – groß, protzig, prächtig, korinthisch, gekünstelt, gigantisch und von allerlei Schurkenstücken zeugend« gewichen.**

**Unten: Der Broadway Richtung Norden vom City Hall Park aus. An Wochentagen verstopfte eine endlose Schlange von Privatdroschken, Postkutschen und von Pferden gezogenen Straßenbahnen den Broadway – während der Rushhour am Morgen Richtung Downtown, am Spätnachmittag in die Gegenrichtung. »Auf beinahe zwei Meilen Länge ist die Haupttangente durch einen permanenten Fahrzeugstau blockiert«, berichtete die *London Times*.**

Der Crystal Palace, New Yorks Mammut-Bauwerk, das nach dem Vorbild des Londoner Glaspalasts an der Ecke 6th Avenue/40th Street errichtet wurde, öffnete am 14. Juli 1853 mit einer »Exhibition of the Industry of all Nations« seine Tore. In den folgenden zwei Jahren strömten Tausende Besucher in die Ausstellung – unter ihnen der 19-jährige Samuel Clemens aus Hannibal in Missouri. Er war erstaunt über den »Zauberpalast«, wie er ihn nannte, dessen tägliche Besucherzahl das Doppelte der Einwohnerschaft seiner Heimatstadt im Mittelwesten betrug.

Der Reichtum strömte weiterhin ungehindert in die Stadt – Baumwolle aus Mississippi, Gold aus Kalifornien, Getreide aus Illinois sowie Stoffe aus England – und heizte den seit 13 Jahren ungebrochenen Wirtschaftsboom an.

Um 1854 war der untere Broadway zum geschäftigsten Boulevard der Welt geworden und wegen seiner hohen, kunstvollen Fassaden aus Gusseisen und Stein auch einer der eindrucksvollsten, mit 19 Grandhotels und einer Vielzahl nobler Bekleidungsgeschäfte, u. a. Brooks Brothers, Lord & Taylor, und dem Marble Palace von A. T. Stewart. »Extravaganter Lebensstandard, extravagante Lebensart oder extravagante Villen, New York ist Extravaganz schlechthin«, so Gordon Bennett im *New York Herald*.

Trotz allen Reichtums in Downtown, nichts war so bemerkenswert wie die Entwicklung weiter nördlich. »Das Wachstum der Außendistrikte ist erstaunlich«, schrieb Bennett, als der Boom begann. »Ganze Straßenzüge herrlicher Wohnhäuser entstanden in den letzten fünf Jahren im Umkreis des Union Square. Die Fifth Avenue wird bald zugebaut und in ein paar Jahren eine der exklusivsten Straßen der Welt sein.«

*Putnam's Monthly* bemerkte 1853, eine »neue Stadt« sei in den Außenbezirken »wie durch Zauberhand entstanden, die von modernen Menschen, modernem Geschmack und moderner Lebensart zeugt.« Im Sommer 1853 wuchs am Rand der Stadt, an der Sixth Avenue zwischen 40th und 42nd Street, ein riesiges Ausstellungsgelände aus Glas und Stahl in die Höhe.

Für den hoch aufstrebenden Komplex in der Nachbarschaft des gewaltigen Croton Reservoir, einer für Amerika vollkommen neuarti-

gen Anlage, waren 1800 Tonnen Eisen und 15.000 Glasscheiben um eine Ausstellungsfläche von über 16.000 Quadratmetern verbaut worden. Der Crystal Palace zeugte vom erstaunlichen materiellen Fortschritt der Stadt und eröffnete zugleich einen interessanten und verblüffenden Ausblick in die Zukunft.

Unter der riesigen, knapp 38 Meter hohen Kuppel fanden sich die stolzen Produkte des Industriezeitalters: dampfbetriebene Rotationsdruckmaschinen, Daguerrotypie-Kameras, Nähmaschinen, experimentelle elektrische Lampen, Hochleistungsgeschütze und neuartige Entkörnungsmaschinen für Baumwolle. Viel bestauntes Exponat war ein 3,5 Meter langes Teilstück des 2000 Meilen langen Telegrafenkabels, das zwischen New York und London unter dem Atlantik verlegt werden sollte. In einem Turm im Freigelände demonstrierte der New Yorker Ingenieur Elisha Graves Otis zweimal täglich seine kühne neuartige Erfindung: den Aufzug.

Der Crystal Palace war ein unglaublicher Publikumsmagnet, in den ersten beiden Jahren verzeichnete man an Wochenenden oftmals 6000 Besucher pro Tag. Bei der Eröffnung befand sich auch Walt Whitman unter der riesigen Menschenmenge – er kam in der Folgezeit so oft wie möglich und schlenderte durch die Ausstellungen, in der Hoffnung, den Entstehungsprozess einer neuartigen Kultur mitzuerleben.

**Am 5. Oktober 1858 brach ein Feuer im Crystal Palace aus und verbreitete sich wegen des leicht entzündlichen Holzfußbodens mit großer Geschwindigkeit. Die Hitze ließ die Eisenkonstruktionen schmelzen, Tausende Glasscheiben barsten. Nach einer halben Stunde war nur noch eine schwelende Masse aus verbogenem Metall und geschmolzenem Glas übrig, die eine gewisse Mrs. Richardson unverzüglich, in Kleinteile zerlegt, als Kuriosität verkaufte.**

Walt Whitman 1854, als er gerade den Gedichtband *Grashalme* verfasste (oben), und das anonyme Cover sowie das illustrierte Frontispiz der Erstausgabe seines Meisterwerks (unten). »Das Schlimmste daran ist«, so der Dichter, »dass ich darauf so verdammt energisch aussehe, geradeso, als würde ich Giftpfeile voller Verwünschungen auf jemanden abschießen und ihm trotzig entgegenschleudern: Zur Hölle mit dir!« Am Ende gefiel ihm das Porträt doch, »weil es natürlich, ehrlich, ungekünstelt ist, so spontan, wie du und ich in diesem Moment miteinander reden«.

**DEMOKRATISCHE VISIONEN**

*Mannahatta! Welch trefflicher Name für Amerikas große demokratische Inselstadt! Allein das Wort, wie wunderschön! Wie urwüchsig! Wie es aufwärts zu streben scheint mit den hohen Türmen, glitzernd im Sonnenlicht, mit Stimmungen, Perspektiven und Taten, wie sie nur in der Neuen Welt denkbar sind! Schwerlich wirst du wissen, wer ich bin oder was ich meine. Dennoch bringe ich Gutes ... Diese hitzigen, zerrissenen, unruhigen Zeiten wollen vereint und ein Ganzes werden.*

Walt Whitman

Am 5. Juli 1855 kam ein in grünes Leinen mit Goldprägung gebundenes Gedichtbändchen des mittlerweile 36-jährigen Walt Whitman auf den Markt, allerdings ohne Namensnennung auf dem Buchrücken. Der Dichter wohnte damals mit seiner Mutter in der Brooklyner Ryerson Street und jobbte gelegentlich als Drucker und Bauarbeiter. »Das Buch«, so Whitman, »ist die Frucht meines Lebens in Brooklyn und in New York, 15 Jahre lang habe ich mich mit Liebe, Eifer und Hingabe vielleicht so tief in eine Million Menschen hineingefühlt wie kein anderer.«

*Grashalme* (*Leaves of Grass*) war eine Hymne an die Stadt und an die grenzenlosen Möglichkeiten der modernen Welt, ein erstaunlich vorausschauendes Werk und das erste dieser Art in englischer Sprache. »Wo auch immer in New York man sich bewegt«, notierte der Kritiker Lewis Mumford rund ein Jahrzehnt später, »man wandelt, bewusst oder unbewusst, auf den Spuren Walt Whitmans.«

Die zwölf Gedichte dieses Bandes und viele später verfasste waren in den turbulenten Jahren entstanden, als die expandierende Stadt schier auseinander gerissen zu werden drohte. Und doch entwarfen sie die erstaunliche Vision einer modernen demokratischen Metropole der Zukunft. Whitman erfasste alle Lebensbereiche und führte seinen Mitbürgern vor Augen, was sie alles verbindet – nicht, was sie trennt.

Die Aufgabe des Dichters ist es, »alle anderen Zungen durch seine eigene zu Wort kommen zu lassen ... Der Dichter ist der Eintracht Stiftende ... er sieht, wie sie sich zusammenfinden.«

*Eingebettet in wasserumspülte Buchten, herrlich,*
*Reich, rings umsäumt von Segelschiffen und Dampfschiffen, ein Eiland, sechzehn Meilen lang, auf festem Fundament,*
*Zahllose überfüllte Straßen, hohe eiserne Türme, schlank, kraftvoll, leichtfüßig, grandios aufragend in den wolkenlosen Himmel ...*
*Ungezählte Masten, weiße Küstendampfer, Leuchttürme, Fähren, schwarze Ozeandampfer, wohl geformt,*
*Die Geschäftsstraßen ... Gewerbebetriebe, Reeder und Geldmakler, die Uferstraßen ...*
*Ankommende Einwanderer, fünfzehn- oder zwanzigtausend die Woche,*
*Marktkarren, männliches Wetteifern der Kutscher, Matrosen mit braun gebrannten Gesichtern ...*
*Gehsteige, wimmelnd vor Menschen und Fahrzeugen, der Broadway, Frauen, Läden, Shows,*
*Eine Million Menschen – die Sitten freimütig und direkt – die Rede offen und geradeheraus – Gastfreundlichkeit – junge Männer, überaus couragiert und jovial.*
*Stadt der eiligen und funkelnden Wasser! Stadt der Türme und Masten!*
*Stadt, eingebettet in Buchten! Meine Stadt!*

Walt Whitman, *Mannahatta*

Während Whitman durch die Straßen streifte, beseelte ihn eine demokratische Vision, ganz allein erahnte er die Geburt einer neuartigen Stadt. Wo andere nur Ausländermassen ausmachten, sah er einen Strom von Menschen, allesamt mit einem individuellen Schicksal. Wo andere von einem Konflikt der Rassen, Klassen, Religionen und Nationalitäten sprachen, nahm er eine alltägliche Gemeinschaft wahr, ergötzte sich am dissonanten Ensemble, nannte es »ein wunderbares Durcheinander.« Was

für andere Tumult und Aufruhr war, pries er als aufregend reizvolles Stadtleben und neue Kultur voller Neugier, Fantasie und Wünsche.

*Stadt der Orgien, der Flanierlust, der Wonnen,*
*Stadt, in der ich gelebt und gesungen, eines Tages wird deine Mitte dir Ruhm eintragen.*
*Nicht dein Pomp, nicht deine bunten Bilderreigen, nicht deine Schauspiele beglücken mich,*
*Nicht deine endlosen Häuserzeilen, nicht die Schiffe an den Piers,*
*Nicht die feierlichen Umzüge auf den Straßen, nicht die hell erleuchteten Schaufenster,*
*Nicht das Gespräch mit Gelehrten, nicht Abendgesellschaften und Gelage;*
*Nichts von alledem. Doch wenn ich vorbeigehe, oh Manhattan, bezeigt mir dein Augenzwinkern Liebe,*
*Beschenkt mich in Erwiderung meiner eigenen,*
*Liebende, immer währende Liebende, nur sie beglücken mich.*

Walt Whitman, *City of Orgies*

»Der Dichter erhält seine Beglaubigung«, so Whitman, »wenn sein Land ihm ebenso liebevoll zugeneigt ist, wie er selbst dessen Menschen.«

Anonym schickte er Kritiken seines Werks an Literaturzeitschriften, nannte es einmal »den gloriosesten Triumph unserer Literaturgeschichte«, ein anderes Mal betonte er, dass der Dichter darauf verzichtet habe, »zwischen dem Gebildeten und Ungebildeten, Nord- und Südstaatler, Weißen und Schwarzen, Einheimischen und Neuankömmling zu unterscheiden.« Seine Hoffnung, man werde das Werk stürmisch feiern, war trügerisch. Der unkonventionelle Stil und die ungeschminkten sexuellen Anspielungen schockierten, *Grashalme* verkaufte sich schlecht.

Selbst in den schwierigen Zeiten danach verlor Whitman niemals die Hoffnung, seine Landsleute würden die grenzenlose demokratische Offenbarung, die ihm das Leben auf den Straßen verheißen hatte, in die Realität umsetzen. Mit seinen wunderbaren Versen, so etwa in *Crossing Brooklyn Ferry*, richtete er beschwörende Worte nicht nur an seine Zeitgenossen, sondern auch an zukünftige Generationen.

*Flut unter mir! Ich sehe dich von Angesicht zu Angesicht! …*
*Auf den Fährbooten die Hunderte und Hunderte, die überfahren nach Hause, sind mir merkwürdiger, als ihr glaubt,*
*Und du, der du in vielen Jahren von Ufer zu Ufer überfahren wirst, bedeutest mir mehr und bist mehr in meinen Gedanken, als du glaubst …*
*Ich bin mit euch, ihr Männer und Frauen einer Generation oder Generationen nach mir,*
*So wie ihr fühlt, wenn ihr auf Strom oder Himmel blickt, so fühlte auch ich,*
*Wie jedes von euch Teil einer lebendigen Masse ist, so war ich Teil einer Masse,*
*Wie ihr euch erfrischt an des Flusses Fröhlichkeit und heller Flut, so erfrischte ich mich daran,*
*Wie ihr steht und am Geländer lehnt und doch hineilt mit der geschwinden Strömung, so stand auch ich und eilte dahin,*
*Wie ihr auf die zahllosen Schiffsmasten und die dickstämmigen Schlote der Dampfboote schaut, so schaute auch ich …*
*Dies und alles andere war für mich dasselbe wie für euch.*

Walt Whitman
*Auf der Brooklyn-Fähre*

**Walt Whitmans gepriesene Stadt konnte, ungeachtet des rasanten Wachstums der Außenbezirke, niemals ihre Anfänge verleugnen, die sie allein den Flüssen und der Meeresbucht verdankte. An jedem Werktag pendelten Tausende mit einer der Dutzend Fähren zwischen Manhattan und Brooklyn, Staten Island oder dem Festland von New Jersey hin und her. Vom Fähranleger Atlantic Avenue in Brooklyn (oben links) sieht man in der Ferne Lower Manhattan. Von der Battery in Manhattan (oben Mitte) verfolgte die Menge alljährlich die am 4. Juli stattfindende Regatta. Mit einem Motorboot (oben rechts) werden Immigranten von ihrem vor Anker gegangenen Schiff zur Immigranten-Durchgangsstation nach Castle Garden an der Spitze der Insel gebracht.**

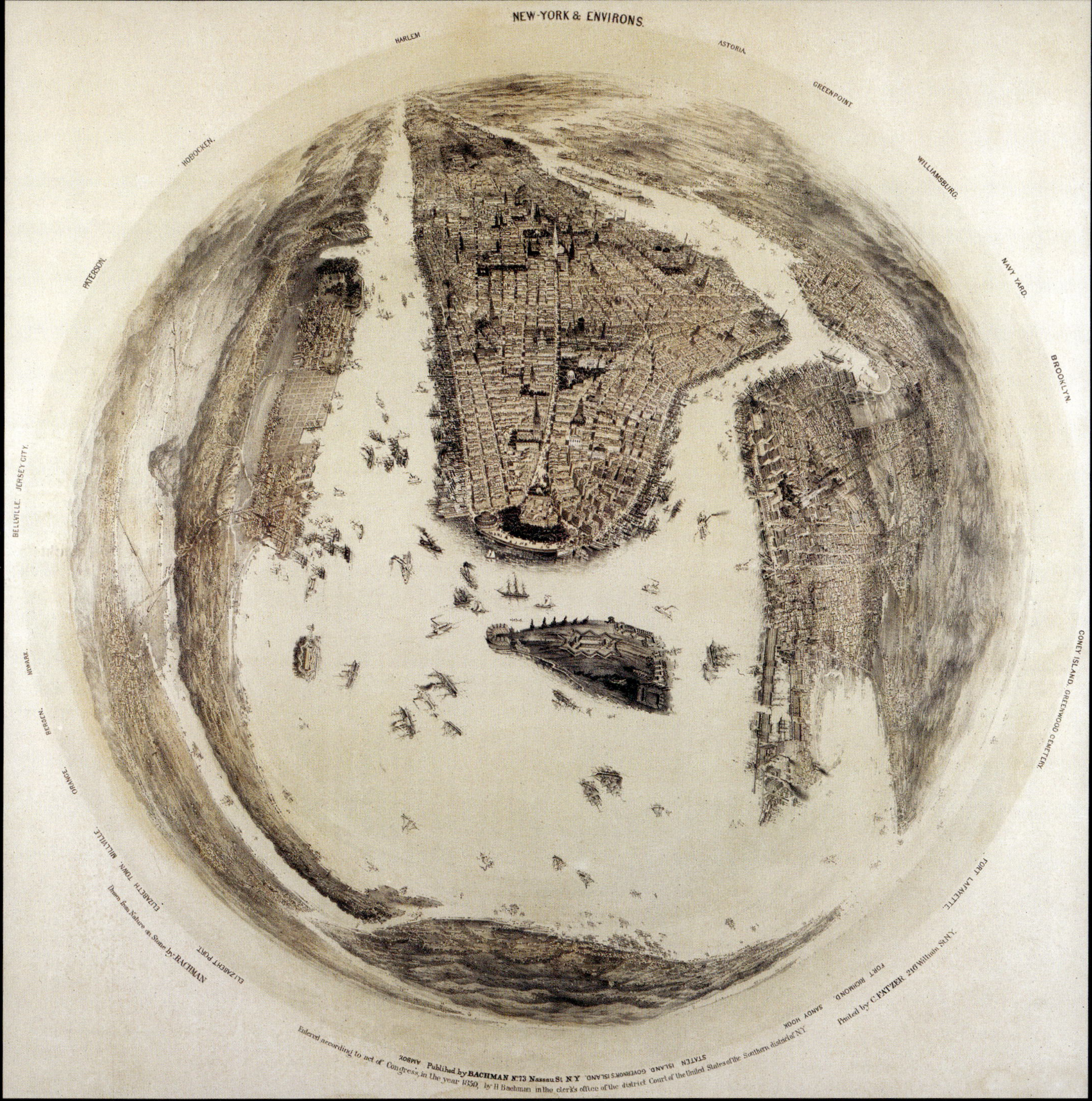


**Ermutigt durch die Tatsache, dass New York im amerikanischen Leben eine immer zentralere Stellung einnahm, präsentierte der Künstler John Bachmann 1859 seine Ansicht der Stadt als Zentrum der Weltkugel. Aus Schwindel erregender Höhe über der Südspitze Manhattans blickt man direkt hinunter auf Governor's Island und die Battery. Weiter im Norden erhebt sich der Turm der Trinity Church westlich des Broadway, und darüber erkennt man als grünes Dreieck den City Hall Park. Im Osten, Süden, Westen bzw. Norden spannen sich Brooklyn, Staten Island, New Jersey und die Bronx als gekrümmte Flächen über den weiten Horizont.**

*Stadt der Welt (Alle Hautfarben sind hier,*
*alle Länder der Erde wirken hier mit.) …*
*Stolze leidenschaftliche Stadt – hitzige tolle ausschweifende Stadt!*
*Fahr auf, o Stadt – nicht für Frieden allein,*
*sondern sei in Wahrheit du selbst, kriegerisch!*
*Fürchte nichts – unterwirf dich keiner Form,*
*außer der eigenen, o Stadt!*

Walt Whitman

Das älteste erhaltene, in den 1850er Jahren entstandene Foto der Wall Street: Der Blick reicht vom East River nach Westen zur Trinity Church. Zur Zeit des Bürgerkriegs hatten sich auf einer Länge von einer halben Meile, dort wo einst die alte holländische Stadtmauer verlaufen war, 60 Handelsbanken, 120 Versicherer, Hunderte Makler und Dutzende Spekulantenbörsen angesiedelt – das unumstrittene Finanzzentrum der Nation. Die neuesten Gründungen sorgten für eine weitere Beschleunigung des Geldumlaufs: So das New York Clearing House sowie die American Express Company, die während des Goldrausches den Großteil der Goldbarren und des Goldstaubs im Wert von 175 Millionen Dollar beförderte, die in die Stadt flossen.

**DER BÖRSENCRASH**

*1. September 1857: Herrliches Wetter, doch finstere Wolken hängen über »The Street« … Enorme Kursstürze – und sie ziehen weitere Kreise … Es gab einige ziemlich böse Konkurse in den Reihen der Börsenspekulanten. Dies könnte sehr wohl der Beginn eines schrecklichen Einbruchs für unser Bankwesen bedeuten …*

George Templeton Strong

Im Sommer 1857 erhielt Whitmans Hoffnung, die demokratische Stadt auf seiner Insel aufblühen zu sehen, einen empfindlichen Dämpfer. Während der letzten Augustwochen ging die hektische 20-jährige Spekulationsperiode an der Wall Street abrupt zu Ende: Ein Börsencrash erschütterte den Finanzdistrikt. Der durch die Pleite der New Yorker Filiale der Ohio Life Insurance and Trust Company ausgelöste Kurseinbruch zog die schwerste Wirtschaftskrise seit Bestehen der Nation nach sich.

Als sich in der Folge die Pleiten an der Wall Street häuften und Broker, Banken und Eisenbahngesellschaften landesweit in Konkurs gingen, machte sich der jahrelang gärende Unmut Luft. New York sei, so der Herausgeber des *New Orleans Crescent*, »das Zentrum rücksichtsloser Spekulation, skrupellosen Betrugs und regelrechter Geldschneiderei, [dessen] faulige Pleiten fast jede noch solvente Gemeinde der Union in Mitleidenschaft ziehen und schädigen«.

Für die wachsende Stadtbevölkerung der USA, die für ihren Lebensunterhalt mehr denn je auf Fabrikjobs angewiesen war, wirkte sich dieser Börsencrash geradezu katastrophal aus. Allein in New York standen laut Walt Whitman alsbald 25.000 Menschen auf der Straße, weitere 100.000 gerieten in Not oder litten Hunger. Am schlimmsten traf es die armen Immigranten und geplagten Schwarzen der Stadt, die kaum Reserven besaßen. Gegen Jahresende durchzog ein Heer Hungernder und Obdachloser im Verein mit Banden junger Männer die verstopften Straßen, in denen es immer chaotischer zuging.

George Templeton Strong beobachtete die Lage voller Entsetzen von seiner Kanzlei aus:

*21. September 1857: An der Wall Street wirkt sich der Crash katastrophal aus, die Pleiten*

Die Ereignisse in der Wall Street während des Börsencrashs von 1857 hielten James H. Cafferty und Charles G. Rosenberg in ihrem Gemälde ***Half Past Two O'clock, October 13, 1857*** fest: Soeben war angekündigt worden, alle Banken der Stadt, bis auf eine, würden ihr Geschäft mit Barauslagen auf unbestimmte Zeit aussetzen. Ganz rechts zu sehen ist der Dampfschiffmagnat Cornelius Vanderbilt. Im hellgrauen Überzieher steht in der Mitte, völlig niedergeschmettert, der berüchtigte Börsenmanipulator Jacob Little, »the Great Bear«. Die regulären Bankgeschäfte wurden erst am 12. Dezember 1857 wieder aufgenommen.

*mehren sich, niemand weiß, auf wen und was Verlass ist ... 8. Oktober: Es wird mit jedem Tag bedrohlicher. Der Erholung am Montag folgte ein neuer Kollaps. Viele böse Konkurse. 10. Oktober: Wir scheinen unterzugehen. Heute ist die Lage schlimmer denn je, offenbar droht ein totaler Bankrott ... Die Gesichter der Menschen sehen furchtbar ausgemergelt und verzweifelt aus ... 22. Oktober: ... Vielfältig sind die sichtbaren äußeren Krankheitssymptome. Geht man den Broadway hinunter, kommt man an 200.000-Dollar-Bauten vorbei, die letztes Jahr im Frühling oder Sommer begonnen und nur zwei Etagen hochgezogen wurden; jetzt werden sie möglicherweise jahrelang als desolate Bauruinen dastehen ... 10. November: Diese Finanzkrise hat Tausende Arbeiter den Job gekostet, sodass es wohl ziemlich schwierig wird, während des Winters Law and Order in der Stadt aufrechtzuerhalten.*

George Templeton Strong

Mitten in der Krise des Herbstes 1857 startete die damals für die Ordnung der Stadt zuständige Regierung des Staates New York eines der größten öffentlichen Bauprojekte, das je in einer amerikanischen Stadt in Angriff genommen wurde. Es war der bisher ehrgeizigste Versuch, Whitmans »demokratische Stadt auf der Insel« doch noch Realität werden zu lassen.

## DER CENTRAL PARK

*Man begebe sich an einem verträumten Sonntagnachmittag auf einen Rundgang um die Stadt. Was ist da zu sehen? ... Wie stumme Schildwachen rund um die Stadt gestellt, stehen Abertausende von Menschen ... Die einen stehen an Dalben gelehnt; andere sitzen zuvorderst auf den Landungsbrücken; wieder andere schauen über die Reling von Seglern ... Dabei sind es alles Landratten, die Woche hindurch eingepfercht in ihre vier Wände, an Ladentische gefesselt, an Schreibpulte geschraubt. Wie geht das zu? Warum pilgern sie nicht ins Grüne?*

Herman Melville, *Moby Dick*

Das Versäumnis, ausreichend Grünflächen für die erschöpften Bewohner des übervölkerten New York vorzusehen – das größte Manko des schachbrettartigen Straßennetzes der Stadt –, machte sich niemals eklatanter bemerkbar als 1857. Nach den Vorstellungen der von De Witt Clinton 1811 beauftragten Stadtplaner hätte die Metropole ein wohl geordnetes Idyll aus Einfamilien-Reihenhäusern mit eigenen Hinterhofgärten werden sollen. Die lange Küstenlinie, so ihre Meinung seinerzeit, böte mehr als genug Platz für Zerstreuung und Erholung.

Jedoch nach knapp fünf Jahrzehnten explosiven industriellen Wachstums hatte sich um 1850 beinahe ganz Lower Manhattan in ein ödes Ballungsgebiet mit Fabriken, Warenhäusern, Pensionen und Mietskasernen verwandelt. Über eine halbe Million Menschen lebten wie Ölsardinen in den selten mehr als fünfstöckigen Häusern unterhalb der 23rd Street.

Für arme New Yorker gab es aus dieser drangvollen Enge kein Entrinnen. Die letzten verbliebenen Hinterhöfe in den Slums waren durch stinkende Latrinen und schäbige »Rückgebäude« zweckentfremdet worden, und die Küstenlinie lag nahezu unzugänglich hinter einer Kette von Schiffswerften und verdreckten Docks.

»Der Kommerz«, bemerkte William Cullen Bryant in der *Evening Post*, »verschlingt jeden Millimeter Küste der Insel. Wollen wir einen Teil für Gesundheits- und Erholungszwecke retten, müssen wir jetzt handeln.«

*Nirgendwo in der Stadt kann man vergnüglich spazieren gehen, reiten, fahren, bummeln, Schlittschuh laufen oder gefahrlos Boot fahren; es gibt keinen Baseball- oder Kricket-Platz, keinen schönen Garten, in dem man mit einem Freund oder einer Freundin sitzen und sich unterhalten oder einer guten Musik lauschen kann.*

Clarence C. Cook

1844 hatte Bryant gefordert, ein weitläufiges, noch unerschlossenes Gelände nördlich der Stadtgrenze, das letzte Stückchen Natur auf dem weltweit am dichtesten bebauten Grund, für die Öffentlichkeit zu retten. »Was in New York als Park bezeichnet wird, kann noch nicht einmal als Alibi durchgehen«, so die Kritik des Landschaftsgärtners A. J. Downing, »es ist allenfalls ein Viereck oder Paddock.« »New York besitzt extrem wenig Parks«, klagte ein anderer. »Ohne grüne Lungen, in denen die vielen Menschen der dicht bevölkerten Stadt Energie tanken können ... ist es geradezu ein Wunder, dass wir noch nicht alle kollabiert sind.«

Alljährlich stieg die Zahl der Parkbefürworter, trotz des wütenden Protests der Geschäfts- und Grundbesitzerlobby, die keine Grenzen für Manhattans Erschließung akzeptieren wollten. »Es besteht keine Notwendigkeit, die Hälfte der Insel auf ewig in einen Erholungswald für Faulenzer zu verwandeln«, so der Herausgeber des *Journal of Commerce*. »Dieses große Parkprojekt ist Humbug, je schneller es aufgegeben wird, desto besser.« Als Gegenbeweis führte Befürworter Bryant den Green-Wood Cemetery in Brooklyn an, wo jeden Sonntag Tausende frei-lufthungrige Familien dazu gezwungen waren, neben frischen Gräbern zu picknicken.

1857, nach Jahren scharfer Auseinandersetzungen begann New York mit der größten Umgestaltung Manhattans seit Anlage des Schachbrettmusters. Im Herbst des Jahres erwarb die Stadt ein weitläufiges, dünn besiedeltes Areal nördlich der Stadtgrenze für fünf Millionen Dollar; den 1600 schwarzen, irischen und deutschen Siedlern wurden anschließend die Zwangsräumungsbescheide zugestellt.

Zwei Wochen später schrieb Bürgermeister Fernando Wood einen Wettbewerb für das »the central park« genannte Gelände aus. Weitere sechs Monate danach standen die Gewinner fest: Der »Grünbezirk« genannte Beitrag Nr. 33, eingereicht von Calvert Vaux und Frederick Law Olmsted, hatte den Zuschlag erhalten.

In gewisser Weise überraschte die Entscheidung. Denn Vaux, ein angesehener englischer Architekt, hatte nie zuvor eine Grünanlage entworfen, und Olmsted, ein kränkelnder, melancholischer 35-jähriger Autor, war überhaupt noch nie planerisch tätig gewesen. Doch beide besaßen einen scharfen Blick für die Leiden der Bevölkerung in der drangvollen Enge, die sozialen Aufruhr und seelische Nöte gebar.

Sie legten ein vollkommen neues öffentliches Raumkonzept vor: Die gestaltete Natur sollte die harten sozialen Gegensätze der Metropole ausgleichen und den Bürgern die Möglichkeit

**»Da öffentliche Grünanlagen fehlen«, so der Landschaftsgärtner Andrew Jackson Downing 1849, »treten Friedhöfe gewissermaßen an ihre Stelle. Aber zeigt nicht das allgemeine Interesse an ihnen, dass geeignete und in ausreichender Zahl vorhandene Grünflächen in Großstadtnähe ebenso angenommen würden?« Nachdem der Green-Wood Cemetery, eine grüne Oase an Brooklyns südlicher Peripherie, 1838 eröffnet worden war, strömten jährlich mehr als 60.000 Menschen auf das knapp 20.000 ha große anmutige Areal. Wer die Pfade entlangspazierte oder sich an einem der malerischen Teiche wie Silver Lake (oben) niederließ, bemühte sich, die traurig stimmenden Grabsteine und Marmormonumente zu übersehen, die niemals ganz außer Sichtweite waren (unten).**

**Oben rechts: Das Foto von 1862 zeigt die wichtigsten an der Anlage des Central Park beteiligten Personen auf dem Willowdell Arch. Von links nach rechts: Der über erstklassige Kontakte verfügende Anwalt Andrew Haswell Green war Präsident der Parkkommission und 30 Jahre später Initiator des Zusammenschlusses von New York und Brooklyn zu einer Riesenmetropole. Der brillante Sanitärtechniker George Waring, der das innovative Kanalisationssystem des Parks konzipierte, sorgte später als Kanalisationsbeauftragter für die durchgreifenden Maßnahmen zur Straßenreinhaltung.**

Calvert Vaux, ein englischer Architekt und einer der beiden Parkdesigner, war verantwortlich für die vielen Tausend Elemente wie Brücken, Terrassen, Brunnen, Bögen, Treppen, Tore, Bänke, Zäune, Mauern, Laternenpfähle. Der Wiener Landschaftsgärtner und Gartenbaumeister Ignaz Anton Pilat überwachte die Anpflanzung mehr als 240.000 Bäumen und Sträuchern. Der stilbewusste britische Architekt Jacob Wrey Mould, gerühmt als »bedeutendster Dekorateur der Moderne«, schuf den größten Teil der exquisiten Details auf Terrassen, Brücken und anderen Parkelementen. Der zweite Designer des Central Park, Frederick Law Olmsted, der kreative Kopf und visionäre Planer, führte fast die gesamte Zeit die Oberaufsicht über die Baumaßnahmen.

eröffnen, Abstand zu gewinnen vom hektischen Alltag. Während des Parkbesuchs sollten New Yorker aller Klassen ihre andernorts zur Schau getragenen Standesunterschiede abschütteln und – so die Hoffnung – ihre gemeinsamen menschlichen Wurzeln wieder finden.

*[Den New Yorkern ist] eine bemerkenswert schnelle Auffassungsgabe zu Eigen [wie auch] ein seltsam rücksichtsloser Egoismus. Täglich begegnen sie Tausenden von Mitbürgern von Angesicht zu Angesicht, streifen sie unmittelbar, und doch fehlt ihnen jede Form des Gemeinschaftsgefühls ... Wir brauchen Plätze und Gelegenheiten zur Wiedervereinigung, wo die Blicke der Reichen und Armen, Gebildeten und Ungebildeten sich begegnen und wo jene vielleicht wieder zueinander finden.*

Frederick Law Olmsted

Olmsted und Vaux machten sich mit ihrem handverlesenen Team aus Architekten, Künstlern und Ingenieuren an die Arbeit, »um demokratische Ideen«, wie es Vaux selbst formulierte, »in Bäume und Erdreich zu übertragen«. Im Frühjahr 1858 sah man über 3000 Mann baggern, roden, planieren und pflanzen. Sorgfältig wurde jeder Bereich des unebenen Geländes gestaltet. Deutsche Gärtner waren ebenso beteiligt wie italienische Steinmetze und Scharen von Maurern, Schreinern und Schmieden.

Die meisten Arbeiter waren ungelernte irische und deutsche Tagelöhner, die oft nur einen Dollar pro Tag erhielten, angeheuert aus der »ärmsten, oder nach allgemeiner Auffassung gefährlichsten Schicht der großen Stadtbevölkerung«. Afroamerikaner schieden grundsätzlich aus, um Konflikte mit den Iren zu vermeiden.

*Mein Büro war ständig umlagert von einem organisierten, Spruchbänder mit der Aufschrift »Blut oder Brot« tragenden Mob. Man übergab mir eine Namensliste von 10.000 Männern mit angeblich hungernden Familien und forderte, sie unverzüglich als Arbeiter zu beschäftigen.*

Frederick Law Olmsted

Jeden Nachmittag wurden die nördlichen Außenbezirke von gewaltigen Explosionen erschüttert: die Folge der Sprengung und des Aushubs von rund zwei Millionen Kubikmeter Gestein und Erdreich. Es war eine mörderische, bisweilen gefährliche Arbeit. Bei einer Explosion verunglückte ein gewisser Luke Flynn tödlich. Ein weiterer Arbeiter stand 500 Meter entfernt und war ebenfalls »sofort tot, nachdem er von einem durch die Druckwelle herangetragenen Stein am Kopf getroffen worden war«.

Nach den Sprengungen verlegten Arbeiter 95 Meilen Kanalrohre als künstliche unterirdische Drainage – eine Meisterleistung der Sanitärtechnik. Dann begann die eigentliche Landschaftsgestaltung des Areals: 6 Millionen Ziegel sowie 50.000 Kubikmeter Kieselsteine wurden herangeschafft, 25.000 Bäume und zehnmal so viele Büsche wurden gepflanzt. »Alles im Park«, stellte Olmsted stolz fest, »ob Baum, Strauch, Straße oder Pfad, ist dort platziert worden, wo es seinen Zweck erfüllt.«

*11. Juni 1859: Habe den Tag genutzt und bin früh von der Wall Street aufgebrochen, um mich im Central Park umzusehen, der in fünf Jahren ein bedeutender Faktor unserer Stadt und um das Jahr 1900, wenn die Bäume groß und würdig geworden sind, eine herrliche Anlage sein wird. Vielleicht wird die Stadt vor diesem Zeitpunkt bereits zu Grunde gegangen sein – zu groß geworden, um die korrupte Administration fauliger Institutionen zu verkraften. Ich kam kurz vor vier an, als gerade die rote Fahne gehisst wurde – das Signal für die Sprengungen des Tages. Zwanzig Minuten lang war ich mittendrin, mal krachte es weit*

Frederick Law Olmsted, ein nervöser, oftmals tief melancholischer Mann, hatte vor Beginn der Planungsarbeiten für den Central Park mal mit Gartenbau, mal mit Hoch- und Tiefbau oder Agrarwissenschaft zu tun gehabt. Bevor der Park ihn berühmt machte, war er vor allem durch eine 1852 in der *New-York Times* erschienene Artikelserie über den Misserfolg der Südstaaten-Sklaverei aus menschlicher und ökonomischer Sicht hervorgetreten. Er prägte den Begriff »Landschaftsarchitektur« und wurde später mit der Planung vieler Parks in größeren und kleineren Städten des Landes beauftragt.

Der bescheidene, unauffällige Calvert Vaux wurde von seinem weniger zurückhaltenden Partner Olmsted in den Hintergrund gedrängt. Vaux war ein Schüler Andrew Jackson Downings gewesen, des bedeutendsten Landschaftsgärtners Amerikas, der bis zu seinem Tod 1852 bei einem ungeklärten Dampfschiffsunfall einer der größten Befürworter des Parkprojekts blieb.

Parallel zu den Bauarbeiten für den Central Park lief ein anderes Mammutprojekt auf dem Gelände: die Erweiterung der Croton Water Works. Nach Fertigstellung war das im Zentrum des Parks gelegene Reservoir dreimal so groß wie das ursprüngliche.

Diese 1862 entstandene Ansicht mit Arbeitern am südlichen Schleusenhaus zeigt einen Schnitt durch die gigantische hydraulische Anlage, zu der gusseiserne Wasserrohre mit einem Durchmesser von der Größe eines Mannes gehörten.

*im Norden, mal ganz nah und dann wieder weiter weg, wie beim unorganisierten Kampf zweier großer Armeen. Alles sieht viel versprechend aus, auch der ganze südliche Parkteil, obwohl total umgepflügt: unfertige Schotterstraßen, »Seen« ohne Wasser, Komposthügel, Berge von gesprengtem Felsgestein, riesige Flächen, die einmal Rasen sein werden, jetzt aber aus nichts anderem als brauner Erde bestehen. … Irische Arbeiter, Karawanen von Schuttkarren, Kräne und Dampfmaschinen besorgen die schnelle Fertigstellung unseres zukünftigen Vergnügungsparks. Die Arbeit scheint energisch und systematisch vorangetrieben zu werden.*

George Templeton Strong

Im Frühjahr 1859 überflog Thaddeus Lowe in einem Wasserstoffballon, einem von ihm gerade erst erfundenen Fluggerät, das Baugelände und war sprachlos beim Anblick des ersten fertig gestellten Teilabschnitts des Parks:

Ein fast 35 Hektar großes Labyrinth geschickt geplanter landschaftlicher Attraktionen lag unter ihm. Das Gelände war 80-mal so groß wie der nächstgrößte Stadtpark New Yorks und der größte je in Amerika geschaffene öffentliche Raum dieser Art. Für jeden würde nach Fertigstellung etwas dabei sein: Sei es eine Schafweide oder Wanderpfade, abgeschiedene Wäldchen und glitzernde Seen, Brücken und Schlösser, gewundene Wasserläufe und versteckte Teiche – ein riesiges, kunstvoll angelegtes Kaleidoskop der Natur, in dem der Besucher sich verlieren soll.

Die Anlage war das visionärste Projekt, seit die Stadtväter einst beschlossen hatten, der natürlichen Topografie der Insel ein künstliches

**Das Außergewöhnlichste an der Central-Park-Anlage – hier eine 1863 entstandene Ansicht von John Bachmann aus der Vogelperspektive – war das komplexe System der Verbindungswege: kilometerlange Spazierwege, landschaftlich reizvolle Serpentinenstraßen für Droschken, ein Reitweg und vier meisterhaft unter der Parklandschaft hindurchgeführte Quertrassen, sodass der gewerbliche Verkehr, unterirdisch den Park kreuzend, zwischen der Upper East Side und der West Side Manhattans hin und her fluten konnte.**

# LICHT UND
1865–1898
# SCHATTEN

Gestalten steigen!
Fabriken, Zeughäuser, Gießereien, Märkte,
Die doppelgleisigen Eisenbahnstrecken,
Brückenschwellen, hohe Gerüste,
 Brückenträger und Bögen …
Die höchsten Gestalten steigen empor!
Gestalten allumfassender Demokratie,
 Frucht von Jahrhunderten,
Gestalten, die immer neue Gestalten
 erzeugen.
Gestalten stürmischer, männlicher Städte …
Gestalten, erfrischend die ganze Erde und
 von der ganzen Erde erfrischt.

Walt Whitman
»Gesang vom Beil«, 1867

**Die Brooklyn Bridge im Jahr 1881. Noch ehe sie ganz fertig gestellt war, setzte die mächtige Brücke neue Maßstäbe im Stadtbild. Diese Ansicht, aufgenommen zwei Jahre vor der Freigabe für den Verkehr, zeigt die Bodenträger der Fahrbahn, die an frei hängenden Stahlkabeln befestigt wurden. Die beiden Männer im Vordergrund des Bildes (wohl Ingenieure bei der Besichtigung der Baustelle) stehen auf einer nur provisorisch für die Dauer der Bauarbeiten installierten Fußgängerbrücke.**

**DER ENGEL DER WASSER**

Im Sommer 1865, nach vier langen Jahren Bürgerkrieg, kehrte Frederick Law Olmsted nach New York City zurück, um gemeinsam mit seinem Kollegen Calvert Vaux die Gestaltung des Central Park fortzusetzen.

Während seiner Arbeit für die Gesundheitsbehörden hatte Olmsted von den Schrecken des Krieges mehr miterlebt, als ihm lieb war. Nun wollte er die Wunden, die sich die Stadt und das Land selbst zugefügt hatten, heilen helfen.

Im selben Jahr, in dem der Park seiner Fertigstellung entgegensah, entwarf die Bildhauerin Emma Stebbins, die Schwester von Henry G. Stebbins, dem Vorsitzenden der Parkverwaltung, ein Mahnmal. Es sollte an zentraler Stelle im Park zur Erinnerung an die gefallenen Marinesoldaten der Unionsstreitkräfte errichtet werden. Acht Jahre später war das erste größere öffentliche Bauprojekt New Yorks, das von einer Frau geleitet wurde, vollendet. Mitten im Herzen des Parks und der stetig wachsenden Stadt krönte Stebbins' schlichte lebensgroße Bronzefigur den beeindruckenden Bethesda-Brunnen. Sie trug den Namen *Der Engel der Wasser* – angelehnt an das Johannesevangelium – als Symbol für die heilenden Kräfte der Natur.

Der Central Park war nun komplett. Die Bürger New Yorks freundeten sich sofort mit Stebbins' Kunstwerk an, auch wenn sich einige Kritiker an den immensen Baukosten des Mahnmals stießen. Einer davon mochte in der Statue sogar lediglich eine »Dienstmagd beim Polka-Tanzen« erkennen. Doch trotz, oder gerade wegen ihrer unprätentiösen Schlichtheit schlossen die Parkbesucher die Statue in ihr Herz. Inmitten des sie umgebenden, sanft plätschernden Wassers stellte die Engelsfigur, einen Arm anmutig wie zum Segen erhoben, einen Ruhepunkt in der ringsum herrschenden Großstadthektik dar.

In den Folgejahren übertrug Olmsted seine Visionen auch auf andere Städte. Davon zeugen der Prospect Park jenseits des East River in Brooklyn – den er und Vaux als ihren persönlichen Favoriten bezeichneten – und Grünanlagen in Boston, Chicago, St. Louis und Detroit.

Mit den neuen öffentlichen Verkehrsmitteln wie der Metropolitan Elevated Railway konnte der Central Park bald zum allseits beliebten Anlaufpunkt werden, der Vaux und Olmstedt

Blick aus südlicher Richtung auf den Central Park Lake, 1896. Frederick Law Olmsted und Calvert Vaux kehrten nach Ende des Bürgerkriegs nach New York zurück, um ihr weitläufiges Parkprojekt zu Ende zu führen. Hierzu gehörte als zentrales Element die Bethesda-Terrasse mit einem großen Springbrunnen, gekrönt von der bezaubernden Bronzefigur *Engel der Wasser* der Bildhauerin Emma Stebbins. Vaux nannte die Terrasse den »Zeichensaal des Parks«, während Olmsted sie als pittoresken Aussichtspunkt bezeichnete, der die Besucher »zu besinnlichen Mußestunden einlädt«. In den 1870er Jahren war die Bethesda Terrace – vor allem sonntags – einer der beliebtesten Treffpunkte der Stadt.

B. QUACKINBUSH & SON
WHOLESALE AND RETAIL DRUGGISTS
B. QUACKINBUSH & SON
703
703

Rechts: 200 Jahre lang stand dieser ehrwürdige Birnbaum an der Ecke Third Avenue und 13th Street, wo Peter Stuyvesant höchstselbst ihn im Jahr 1667 gepflanzt hatte. Stuyvesants Grundbesitz existierte – ebenso wie die anderen holländischen Ländereien – nicht mehr. Sie waren längst eingeebnet, gepflastert und mit Straßen sowie mit Geschäfts- und Wohnhäusern bebaut worden. Im Februar 1867 ging der vernarbte und verwitterte Baum schließlich nach einem harten Wintersturm endgültig ein. Er wurde bald darauf gefällt und mit ihm verschwand die letzte lebendige Erinnerung an die einstige holländische Siedlung.

Links: B. Quackinbush & Son, Drogisten, auf Nr. 703 Greenwich Street nahe Amos Street (heute West Tenth Street) im Jahr 1880. Der Geschäftsführer dieser Apotheke in Greenwich Village posiert mit seinen Angestellten stolz vor seinem Laden. Sein Gewerbe steht nicht nur in großen Lettern auf die Hauswand geschrieben, sondern wird auch durch die beiden in Holz geschnitzten Mörser und Stößel versinnbildlicht, die die Baldachinsäulen rechts und links des Eingangs krönen.

vorgeschwebt war. Arm und Reich strömten an Wochenenden in den Park, an dessen Rändern sich neue Wohngebiete ansiedelten. Ab 1869 zählte der Central Park, den die *New York Times* als »einen majestätischen Raum zum Atmen inmitten der Stadt« bezeichnete, über 8,5 Millionen Besucher jährlich.

»Wer des Lebens überdrüssig ist, sollte einfach nur am Samstagabend den Central Park besuchen, dort einige Stunden verweilen und die Leute beobachten – und zwar nicht die, die in herrschaftlichen Kutschen vorfahren, sondern die, die zu Fuß oder in jedermann zugänglichen Verkehrsmitteln wie der Straßenbahn kommen«, so der Herausgeber des *New York Herald*.

> *[Hier mischen sich] harmonisch alle Schichten der Bevölkerung. Ohne Neid oder Missgunst trägt jeder Einzelne durch seine Anwesenheit zum Wohlbefinden aller bei. Hier kann man Arm und Reich, Jung und Alt, Juden und Nichtjuden in Eintracht vereint sehen. Gibt es da noch Zweifel, dass es den Menschen gut tut, unter dem weiten Himmel in der reinen Luft zusammenzukommen?*
>
> Frederick Law Olmsted

Der Central Park führte modellhaft vor Augen, wie eine moderne, demokratisch geprägte Großstadt aussehen konnte. Doch außerhalb seiner Grenzen blieben die Spannungen bestehen, jeder wollte die Zukunft der Stadt in seinen Händen wissen. Sogar der Park selbst wurde zum Gegenstand des Machtgerangels zwischen Reformern aus der Mittelschicht, Gangsterbossen und Finanzjongleuren, ausgekochten Politikern sowie dem einfachen Volk. Im Jahr 1870 wurde Olmsted schließlich von seinem Posten vertrieben, und zwar durch den Tammany-Hall-Funktionär William M. Tweed, der im Central Park weniger ein Erholungsangebot für breite Schichten der Bevölkerung sah als vielmehr die Möglichkeit, politischen Einfluss auszuüben und kommerzielle Vorteile zu erzielen.

In der Folgezeit nach Ende des Bürgerkriegs, die von einem ungeheuren allgemeinen Aufschwung geprägt war, bestimmten insbesondere zwei gegensätzliche Impulse das Leben in der Metropole: zum einen der Hunger nach Macht und Reichtum, zum anderen die Sehnsucht nach etwas Höherem, nach einer Gemeinschaft ohne Missgunst und Gier. Zwischen 1865 und 1898 – einer Zeitspanne, in der sich die Stadt in Schwindel erregendem Tempo ausbreitete und mächtige Geschäftsgebäude nur so in die Höhe schossen – schwankte New York unsicher zwischen diesen beiden Kräften hin und her.

Die größte Konzentration von Reichtum in der Geschichte traf auf bitterste Armut – die Folge war eine Teilung der Stadt: in einen strahlenden und einen düsteren, einen von Tugend regierten und einen vom Verbrechen geknechteten Teil, in eine Stadt des Sonnenscheins, wie es in den Reiseführern hieß, und eine Stadt des Schattens. Als im Zuge der weiteren Expansion der Metropole die sich auftuenden Gräben immer tiefer wurden, stellte sich daher eine Frage höchster Dringlichkeit: War es möglich, die Gräben zu überbrücken und diese beiden so verschiedenen Seiten der Stadt zu vereinen?

> *Wer ehrlich über New York City schreibt, wird ebenso über den Schatten wie über das Licht berichten müssen. Das Leben hier ist insgesamt intensiver, die Verbrechen sind fürchterlicher, die Menschen lebenshungriger, aber auch offener. Bedeutende Städte bestehen immer aus Licht und Schatten zugleich. In ihnen sind die nobelsten und die verruchtesten Menschen zu einer Gemeinschaft vereint, die das Beste, aber auch das Übelste dieser Welt hervorbringt.*
>
> Reverend Matthew Hale Smith 1868, *Sunshine and Shadow in New York*

**DAS GOLDENE ZEITALTER**

Im Februar 1867 kehrte der 32-jährige Journalist und Reiseschriftsteller Samuel Clemens, der später unter dem Namen Mark Twain berühmt werden sollte, aus Missouri nach New York zurück. Nach fast 13 Jahren Abwesenheit überwältigten ihn die beispiellosen Veränderungen, die er vorfand: Die Bevölkerung war um eine Viertelmillion angestiegen, das ehemalige Ödland war Hektar um Hektar prächtigen Gebäuden gewichen, und die ausgeprägten Extreme der Stadt hatten »5000 Menschen reich gemacht«, während Millionen anderer »sich ihren Lebensunterhalt mit Mühe zusammenkratzen mussten«.

In den darauf folgenden Monaten vollzog Samuel Clemens seine Verwandlung in Mark Twain und startete mit Hilfe der regen New Yorker Verlagswelt eine brillante literarische Karriere. Doch obgleich ihn das glamouröse Spektakel der Metropole faszinierte, fühlte er sich doch nie ganz zu Hause in der hektischen und ruhelosen Hauptstadt des »goldenen Zeitalters« – so Twains halb ironische Bezeichnung.

> *Juni 1867. Ich bin nach mehreren Monaten Erfahrung zu dem Schluss gelangt, dass [New York] eine prächtige und strahlende Wüste ist, eine Einöde voller Kuppeln und Giebel, in der ein Fremder inmitten von Millionen anderer seiner eigenen Rasse einsam sein kann ... Es scheint, als habe jeder hier das Gefühl, zwei Lebensaufgaben in der Zeitspanne eines einzigen Lebens erfüllen zu müssen, weshalb alle ständig hin und her eilen, hetzen und jagen und keine Muße mehr für Geselligkeit finden. Und auch keinerlei Zeit für irgendetwas anderes als berufliche Pflichten, Geld und Geschäfte ... Die natürliche Folge hiervon ist ... die für jedermann selbstverständliche Gleichgültigkeit, mit der die New Yorker allem und jedem außerhalb ihres Privatlebens begegnen.*
>
> Mark Twain

Twain erkannte, dass New York City – mehr als jede andere Stadt Amerikas – die eigentliche Siegerin des Bürgerkriegs war. Die vier Jahre dauernde Auseinandersetzung hatte gezeigt, dass die Zukunft – wie von Alexander Hamilton vorausgesagt – in der Stadt lag und nicht – wie Thomas Jefferson es vorgezogen hätte – auf dem Lande. Durch den Krieg war zudem das

**Blick von der Trinity Church nach Norden über den Broadway, 1865. Die Industriestadt wirkte auf Besucher, verglichen mit der Pracht europäischer Metropolen, eher abstoßend. »Mein erster Eindruck von New York«, so der Franzose Ernest Duvergier de Hauranne 1864, »ist der einer widerlichen und vulgären Stadt. Die zerbrochenen Pflaster, schmutzigen Straßen, mit Gras und Unkraut überwucherten Plätze, ... die uneinheitlichen Häuser, die zudem über und über mit hässlichen Flugblättern beklebt sind, vermitteln das Bild eines riesigen Basars. Die alten Städte Europas haben ihren eigenen Charakter, hier ist alles völlig uninteressant.«**

**Einer der attraktivsten Wohnbezirke der Stadt, der Lafayette Place (heute Lafayette Street), gesehen von der Great Jonas Street Richtung Süden im Jahr 1866. Ursprünglich war der Platz von dem Millionär und Immobilienmagnaten John Jacob Astor angelegt worden, der mehrere seiner Grundstücke zusammenlegte, um dort die erste öffentliche Bibliothek der Stadt zu gründen. Die Astor Library beherbergte später in ihren Räumen das Public Theater.**

**1866 ließ der Hutmacher Genin, dessen Laden an der Westseite des Broadway lag, diese 14.000 Dollar teure Fußgängerbrücke aus Stahl auf Höhe der Fulton Street errichten, um den Kunden die Überquerung der belebten Straße zu erleichtern. Umgehend beklagten jedoch die Ladenbesitzer auf der östlichen Straßenseite, allen voraus Genins Konkurrent Knox Hats, die Brücke werfe Schatten auf ihre Schaufenster. Innerhalb eines Jahres wurde die Brücke wieder abgebaut.**

industrielle Wachstum der Stadt enorm vorangetrieben worden. Innerhalb von lediglich vier Jahren hatte der riesige Bedarf an Kriegsgerät die Kapazitäten der Fabriken und Werften in Brooklyn und New York, die für den Nachschub an Waffen, gepanzerten Schiffen, Schiffszwieback, Medikamenten, Uniformen und Schuhen sorgten, fast verdoppelt.

Um all dies finanzieren zu können, hatten die Bankiers in der Wall Street 2,5 Milliarden Dollar bereitgestellt. Der Kongress hatte im Gegenzug das gesamte Bankensystem des Landes um New York herum angesiedelt, sodass sich hier nun das unbestrittene Finanzzentrum des Landes befand.

Mit dem Strom an Gold- und Silberbarren, der nach Manhattan floss, erholten oder erweiterten sich nicht nur bereits bestehende Börsenmärkte, es entstanden auch neue – u.a. für Kohle und Erz, Petroleum, Baumwolle, Getreide und andere landwirtschaftliche Produkte, Textilien und Gold. »Der Aufstieg des Dollar«, so beobachtete der englische Autor Anthony Trollope während des Bürgerkriegs, »lässt sich auf jedem einzelnen Pflasterstein der Fifth Avenue, des Broadway und der Wall Street ablesen.«

1865 umfasste das Handelsvolumen an der weniger als ein Jahrhundert zuvor gegründeten New Yorker Börse nahezu drei Milliarden Dollar in Aktien. Beinahe über Nacht war New York nach London zum zweitgrößten Finanzzentrum der Welt aufgestiegen. »Weder Byzanz noch London, Paris oder Moskau können nun die glorreiche Zukunft der 13 Meilen langen Insel Manhattan noch übertreffen«, rief ein New Yorker voller Stolz aus. Doch das sollte erst der

**Das Gemälde *The Bulls and Bears in the Market* von William Holbrook Beard aus dem Jahr 1879 fängt den heftigen Konkurrenzkampf in der Wall Street nach Ende des Bürgerkriegs ein. Die beiden Börsensymbole – die Bullen, die einen Preisanstieg anzeigen, und die Bären, die hingegen die Kurse sinken sehen – werden hier als lebendige Tiere bei einem Kampf auf Leben und Tod dargestellt. Die fantasievolle Interpretation des Börsenalltags umrahmt Beard mit einer Darstellung der Straße selbst, wobei die Fassaden der neuen Börse und des Custom House (das tempelähnliche Gebäude auf der rechten Bildseite, das 1842 auf dem Gelände der ehemaligen Federal Hall errichtet wurde) detailgetreu wiedergegeben sind. Man erkennt sogar die Buchstaben »W.U.« für Western Union auf dem Telegrafenmast auf der linken Bildseite.**

Anfang sein. Die vier Jahre blutiger und ermüdender Kriegshandlungen hatten in den Vereinigten Staaten den Wunsch nach Harmonie und Zusammenführung erweckt. Dieses Verlangen sollte umgehend landesweit befriedigt werden: mit dem Bau neuer Eisenbahnlinien.

In den Folgejahren veränderte nichts New York und die ganze Nation so grundlegend wie dieses gigantische Projekt. Die Errichtung der Eisenbahnlinien erforderte, wie Henry Adams später schrieb, »die Energie und Leistungsbereitschaft einer ganzen Generation – Kapital, Banken, Minen, Heizkessel, Geschäfte, technisches Know-how, eine riesige Zahl von Technikern, eine umfassende soziale und politische Neuordnung und eine neue Lebensphilosophie. Die in den Jahren 1865 bis 1895 lebende Generation war ganz und gar der Eisenbahn verschrieben. Und sie war sich dessen bewusst.«

*[Ich lebe] auf dem Höhepunkt der modernen Zivilisation und werde Zeuge ihrer leeren Macht, ihres öden Glanzes und ihres schäbigen Ehrgeizes … Mag sie sich noch so sehr in ihren wissenschaftlichen Wunderwerken und in der als Fortschritt bezeichneten Inflation alles Materiellen ergehen … es ist eine Zivilisation, die die schlichte Einfachheit des Lebens zerstört und seine tiefe Bedeutung, seine Poesie … durch die Gier nach Geld ersetzt hat.*

Mark Twain

An der Wall Street war mehr Geld denn je zu verdienen, und der bereits während der Kriegsjahre in Gang gekommene und nun durch den Eisenbahnbau zusätzlich angeheizte Boom schien fast außer Kontrolle zu geraten. Das Zeitalter des Schiffsverkehrs wich endgültig der Ära der Schiene. Der 75-jährige »Kommodore« Cornelius Vanderbilt stieß einen Großteil seines Reedereibesitzes ab, um alles in sein persönliches Eisenbahnprojekt zu investieren. Er ruhte nicht, ehe er 17 kleinere Strecken zu einem gigantischen Schienennetz zusammengeführt hatte, das er dann New York Central nannte – das erste nationale Eisenbahnnetz Amerikas.

Nach dessen Einrichtung konnte ein Reisender in Chicago einen von Vanderbilts Zügen betreten und, ohne umzusteigen, die 1000 Meilen bis Manhattan zurücklegen. Nach der Ankunft gelangten die Passagiere durch einen Bahnhof in die Stadt, der nirgendwo auf der Welt seinesgleichen hatte: Das Grand Central Depot – ca. 60 Meter breit, 30 Meter hoch und mehr als 40 Häuserblocks lang – bot unter seiner mächtigen Dachkonstruktion aus Eisen und Glas etwa 100 Zügen und 15.000 Reisenden Platz. Der Bahnhof war damit der größte überdachte Raum auf dem nordamerikanischen Kontinent.

Was der Erie-Kanal auf dem Wasser und der Telegraf per Draht erreicht hatten, gelang nun der New York Central auf der Schiene: die Geografie des Kontinents neu zu definieren.

**Rechts: Niemand verkörperte die wirtschaftlichen Veränderungen, die nach dem Bürgerkrieg die Stadt prägten, besser als Commodore Cornelius Vanderbilt. Der Fährschiffreeder aus Staten Island stieg 1850 zum Eigentümer der größten Dampfschifflinie der Welt auf. Während der Kriegsjahre tauschte er einen Großteil seiner Flotte gegen eine Reihe kleinerer Bahntrassen ein, die er zum ersten nationalen Eisenbahnnetz, der New York Central, zusammenführte. 1877, im Jahr seines Todes, betrug das Vermögen Vanderbilts – des reichsten Mannes Amerikas, der mit seinen Eisenbahnstrecken den gesamten Kontinent zusammenwachsen ließ – über 100 Millionen Dollar.**

Im Jahr dieser Aufnahme (1865) zählte die New Yorker Börse an ihrem neuen Standort in der Broad Street über 1000 Mitglieder – zehnmal so viele wie noch ein Jahrzehnt zuvor. Selbst dieses wesentlich größere Gebäude platzte infolge der Expansion der Finanzmärkte bald aus allen Nähten und musste bereits 1871 – nur sechs Jahre nach seiner Fertigstellung – erweitert werden. 1879 wurde die Fläche des Hauptsaals nochmals verdoppelt.

Durch sein Eisenbahnimperium wurde Commodore Vanderbilt zum reichsten Mann des Landes. Der alte Herr, ein exzentrischer Autokrat, der sich niemals darum scherte, was andere von ihm dachten, reiste in seinem rotgelben Privatwaggon umher und machte seinen Konkurrenten das Leben schwer. Obwohl sein Vermögen mehr als 100 Millionen Dollar umfasste, spendete er aus Prinzip nicht einen Cent für karitative Zwecke. »Andere müssen nur das tun, was ich auch getan habe«, sagte er, »dann bräuchten sie nicht zu betteln.«

Der Boom hielt an. 1866 wurde per Atlantikkabel eine direkte telegrafische Verbindung zwischen New York und London hergestellt. Dadurch und durch die Eisenbahn eröffneten sich ganz neue und direktere Möglichkeiten für europäische Investitionen auch im Westen Amerikas. Bis 1869 hielten ausländische Investoren 1,5 Milliarden Dollar in US-Aktien, davon allein eine Viertelmilliarde in Eisenbahnaktien. Die Stadt New York wurde dabei zur Schleuse für die Geldströme aus den Finanzzentren Europas in den sich stetig stärker industrialisierenden Westen Amerikas.

»Eine merkwürdige Haltung verbreitet sich in unserem Land«, beobachtete der Herausgeber von *The Round Table* voller Besorgnis. »Eine mysteriöse und unheilvolle Macht führt unser Volk in die Verblendung. Unüberlegt wird allerorten wie wild spekuliert … und die Hälfte der Bevölkerung lebt weit über ihre Verhältnisse.«

»Der schnöde Mammon grinst uns an der Wall Street und am Broadway aus den Gesichtern fast aller Menschen entgegen«, erkannte ein anderer. Das keinerlei gesetzlichen Regeln

Nachdem Commodore Vanderbilt in den 1860er Jahren die Harlem, Hudson and New Haven Railroad erworben hatte, erweiterte er die Strecken und verbesserte das Fahrplanangebot. Dies zog den Bau neuer Wohnsiedlungen in Upper Manhattan, der Bronx und Westchester nach sich. Der hier im Jahr 1874 gezeigte vorläufige Bahnviadukt an der 100th Street und Fourth Avenue (heute Park Avenue) hielt den Verkehr der Harlem-Strecke aufrecht, während an der endgültigen Trasse noch gebaut wurde. Als diese Aufnahme entstand, wurde das umliegende Gebiet größtenteils noch landwirtschaftlich genutzt, am Horizont sind jedoch bereits neu entstandene Wohnblocks zu erkennen, die sich parallel zur neuen Bahnstrecke stetig ausbreiteten.

Links: Das 1871 an der 42nd Street und Fourth Avenue von Commodore Vanderbilt fertig gestellte Grand Central Depot war New Yorks größter Bahnhof und gleichzeitig eine der meistbesuchten Touristenattraktionen der Stadt. In der riesigen 30 m hohen, 60 m breiten und vier Häuserblocks langen Stahlkonstruktion konnte der Dampf der Loks problemlos abziehen. Die Halle, die Platz für 15.000 Menschen und ca. 100 Züge bot, war gleichzeitig der größte überdachte Raum des nordamerikanischen Kontinents.

Die dampfbetriebenen Lokomotiven und hölzernen Waggons der Metropolitan Elevated Railway (im Volksmund schlicht als »El« bekannt) donnerten mit einer Geschwindigkeit von knapp 25 km/h über die Trassen, die 10 m über der Straße verliefen. Sie fuhren »so nah an den Häusern vorbei«, notierte der Autor W.D. Howells, »dass man den Hausbewohnern die Hand hätte reichen können.« Auf der ersten Strecke, 1872 an der Greenwich Street eröffnet (oben links), verkehrten die Züge im Zwei-Minuten-Takt.

Bald folgten weitere Bahntrassen durch ganz Manhattan (auf dem Foto unten ein Stahlgerüst an der Ninth Avenue und 65th Street). Im Jahr 1880 beförderten die vier Eisenbahnlinien 200.000 Passagiere täglich (oben eine kurvige Bahnstrecke bei Coenties Slip in Lower Manhattan, bekannt als »Schlangenkurve«). »Rasend schnell, unaufhaltsam, wie im Fluge«, schrieb ein englischer Tourist nach seiner ersten Fahrt. »Es war, als schwebten wir mit Höchstgeschwindigkeit ohne Bodenkontakt durch die Lüfte.«

Oben: Bahnsteig und Tunneleingang von Alfred Ely Beachs pneumatischer Bahn kurz nach der Eröffnung im Jahr 1870. Links eine der reichen Verzierungen des Bahnsteigs, eine vergoldete Figur als Träger für eine Gaslaterne.

1865 war die Luftverschmutzung in Manhattan zu einem Besorgnis erregenden Problem geworden. Die dichte Besiedlung mit Fabriken und Wohnblocks begünstigte zwar den wirtschaftlichen Aufschwung, schuf mit ihm jedoch zugleich ein Monster, das an seinem eigenen Wachstum zu ersticken drohte.

Nördlich des Finanzviertels an der Wall Street spuckten zahllose Färbereien, Chemie- und Farbenfabriken, Eisengießereien und Textilbetriebe ihre giftigen Dämpfe in die Luft und entließen einen nicht enden wollenden Warenstrom in die ohnehin schon voll gestopften Straßen. Und auf dem Broadway wetteiferten die von Pferden gezogenen Straßenbahnen, die 35 Mio. Passagiere pro Jahr beförderten, mit einer schier endlosen Zahl von Lieferwagen und Droschken.

»Auf dem Weg zum Essen muss ich den Broadway überqueren – ein schwieriges Unterfangen«, beklagte sich Mark Twain bei einem Vorkriegsaufenthalt. »Ich muss mich wohl oder übel mitten in die Menschenmenge begeben und werde von ihr mitgezogen und weitergeschubst, sodass ich kaum meine eigenen Beine gebrauche. Und wenn ich wieder auftauche, dann fühle ich mich, als hätte man mich in einzelne Teile zerlegt und falsch wieder zusammengesetzt.«

Niemand zweifelte daran, dass dringend etwas passieren musste. 1867, als die Pläne für die Metropolitan Elevated Railway geschmiedet wurden, hatte Alfred Ely Beach – Herausgeber der Fachzeitschrift *Scientific American* – eine innovative Idee. Beach – überzeugt, dass die Zukunft des öffentlichen Personenverkehrs nicht auf den verstopften Straßen, sondern unter der Erde liegen würde – schlug vor, eine von Druckluft angetriebene »pneumatische Untergrundbahn« zu bauen.

Bei seinen Bemühungen, von der Stadt Unterstützung für seine Pläne zu bekommen, stieß er ausgerechnet auf Boss Tweed, dem am allerwenigsten daran gelegen war, dass jemand den neuen Hochbahnen – an denen er beteiligt war – Konkurrenz machte. Doch Beach ließ sich nicht einschüchtern und entwickelte seine Idee im Verborgenen weiter. Nachdem er die Erlaubnis erhalten hatte, einen Tunnel für den Posttransport zu bauen, gab er diesem einen Durchmesser von rund 3 Meter – groß genug, um darin auch Passagiere zu befördern.

Zwei Monate arbeiteten Beachs Männer bei Kerzenlicht unter dem Lower Broadway. Sie befanden sich so dicht unter der Erdoberfläche, dass sie den Verkehrslärm über sich hören konnten. Einmal mussten sie sogar eine alte Wehrmauer aus der Zeit der holländischen Siedler mühsam Stein für Stein abtragen.

Am 26. Februar 1870 schließlich enthüllte Beach sein experimentelles System. »Eleganter Empfang im Bauch der Erde!«, schrieb der *New York Herald*, als Scharen neugieriger New Yorker in die Tiefe stiegen, um die erste Untergrundbahn der Stadt zu besichtigen. Beach hatte den einzigen Bahnsteig mit Wandbildern, Leuchtern, einem Konzertflügel und sogar mit einem Springbrunnen ausstatten lassen. Der Zug selbst – ein einzelner zylindrischer Wagen mit gepolsterten Sitzen für 22 Passagiere – wurde durch ein riesiges Gebläse angetrieben.
Als der Wagen das Ende der rund 100 m langen Probestrecke erreicht hatte, wurde er im Umkehrverfahren wieder zurückgesaugt.

Obwohl bereits im ersten Jahr 400.000 Personen Beachs Bahn benutzten, zerstörte die Wirtschaftskrise 1873 alle Hoffnungen auf eine weiterführende Finanzierung des Projekts, und bereits ein Jahr später musste Beach seine Strecke wieder schließen. Er vermietete den Tunnel kurzzeitig als Weinkeller bzw. als Schießstand, bevor er endgültig geschlossen wurde und bald in Vergessenheit geriet.

Erst im Februar 1912 – fast ein Jahrzehnt nachdem die City ein weitläufiges U-Bahn-System aufgebaut hatte, das täglich Millionen Passagiere transportierte – stießen Arbeiter beim Neubau einer Strecke in der Nähe des City Hall Park auf eine Steinmauer jenes Systems, das Alfred Ely Beach 40 Jahre zuvor konstruiert hatte. Abgesehen von den verfallenen Holzteilen sah die Station noch fast genauso aus, wie an jenem Tag des Jahres 1874, als Beach sie hatte schließen müssen. Die geschliffenen Kristalllüster, der reich verzierte Springbrunnen: Alles war fast unverändert erhalten geblieben. Sogar der kleine Wagen stand so auf den Schienen, als warte er lediglich auf die nächste Ladung Passagiere, die nie mehr kommen sollte.

Unten: Die Überreste von Beachs pneumatischer U-Bahn bei ihrer Wiederentdeckung durch Bauarbeiter im Jahr 1912.

unterworfene Spekulationsfieber brachte eine ganz neue und rücksichtslos agierende Art von Finanzjongleuren hervor. So schreckte etwa der skrupellose Daniel Drew – der es, obwohl fast Analphabet, zum Finanzdirektor der Erie Railroad gebracht hatte – nicht davor zurück, den Börsenwert seiner eigenen Firma zu ruinieren, nur um schnellen Profit zu machen. Da gab es James Fisk: einen pompös auftretenden Financier und Frauenhelden, der regelmäßig Richter bestach, um Geschäftsrivalen hinter Gitter zu bringen, und einmal 40 Gangster anheuerte, die sich als Aktionäre der Albany and Susquehanna Railroad ausgaben. Oder Jay Gould, ein geschniegelter farbiger »Finanzexperte«, der den Spitznamen »Mephisto« trug und hinter dessen affektiertem Auftreten sich unersättliche Geldgier und Skrupellosigkeit verbargen.

Am Freitag, den 24. September 1869, hatten sich Gould und Fisk zum Ziel gesetzt, den gesamten Goldmarkt Amerikas mit Hilfe von Geldern, die Gould den Aktionären der Erie Railroad unterschlagen hatte, an sich zu reißen. Zu guter Letzt scheiterte ihr Plan, allerdings erst, nachdem die beiden einen Börsenmakler in den Selbstmord, mehrere andere in den Bankrott und die gesamte amerikanische Börse für kurze Zeit an den Rand des Ruins getrieben hatten. Dieser Tag ging später als »Schwarzer Freitag« in die Geschichte der USA ein.

»Die wahre Aristokratie der Stadt«, bemerkte Mark Twain, »ist angesichts der neuen Entwicklungen sprachlos und ohnmächtig. Sie findet sich verdrängt von einem jungen, neureichen Protzadel, zieht sich in entlegene Viertel in Uptown Manhattan zurück und sorgt sich über den allzeit drohenden Zusammenbruch dieser windigen Finanzkonstrukte, die sich auf eine so dürftige Basis türmen.«

*Geld ist schnell gemacht in New York. Man kann an einem Tag ein ganzes Vermögen verdienen, und Familien ziehen von heute auf morgen von einer Bruchbude im Hinterhof in ein Haus mit Prachtfassade. Aber sie nehmen ihre vulgären Gewohnheiten dorthin mit und beleidigen die alteingesessene Nachbarschaft.*

Reverend Matthew Hale Smith

Das Spekulationsfieber dauerte an und setzte ein Wachstum in Gang, wie es die Stadt noch nicht erlebt hatte. 1869 verband die Eisenbahn, die bereits den Kontinent in nie gekannter Weise erschlossen hatte, auf rasante Weise auch die einzelnen Viertel Manhattans. In wenig mehr als zehn Jahren entstanden dort vier Hochbahnstrecken. In Folge dessen wurde in der Upper East und der Upper West Side ein regelrechter Bauboom in Gang gesetzt – mehr als 2000 neue Gebäude, vor allem Reihenhäuser für die Mittelschicht und Mietskasernen für die Arbeiterschaft, wurden aus dem Boden gestampft.

Nachdem die Bahnstrecken in ihrem Verlauf zunächst den Siedlungen gefolgt waren, folgten nun die Neubaugebiete den Bahntrassen. »Wo immer man die Strecke entlangführt«, erklärte Commodore Vanderbilt, »siedeln sich die Leute an.« 1870 dehnte sich sein Streckennetz über den Harlem River hinaus bis in die Bronx aus, wo unerschlossenes Land vorausschauend für eine Bebauung vorbereitet wurde.

Von Jahr zu Jahr vereinnahmte die Metropole mehr und mehr Fläche: das Farmland der weitläufigen Bronx ebenso wie Ländereien in Queens und die einst holländischen Gebiete auf Staten Island. Innerhalb der nachfolgenden 30 Jahre würde die Stadt auf das 15fache des Vorbürgerkriegsniveaus anwachsen.

Selbst New Yorker wie George Templeton Strong, der schon den Boom nach dem Bau des Erie-Kanals erlebt hatte, waren verblüfft über das Tempo, mit dem sich die Stadt nun ausbreitete.

*18. März 1865: Setzte mit der Wall-Street-Fähre über und schaute mir verschiedene neue Viertel in Brooklyn an … Ich wage die Prognose, dass bis zum Jahr 1900 Brooklyn das eigentliche Stadtzentrum sein wird und New York lediglich ein Vorort. Diese Entwicklung ist vorhersehbar, falls das Wachstum so voranschreiten sollte wie in den letzten 40 Jahren, denn Brooklyn hat – anders als New York – noch genügend Raum, um sich weiter auszudehnen.*

George Templeton Strong

Jenseits des East River wuchs die einst idyllische Siedlung, die Walt Whitman die »Stadt der Wohnhäuser und Kirchen« genannt hatte, noch schneller als die Schwesterstadt Manhattan. 1867 zählte man allein in Brooklyn – inzwischen ein bedeutendes Industriezentrum und mit 400.000 Einwohnern Amerikas drittgrößte Stadt – 352 Kirchen.

Um den gerade fertig gestellten Prospect Park herum breiteten sich weitläufige Wohngebiete mit eleganten Reihenhäusern aus. Die baumge-

*[Die Stadt Brooklyn], die noch im Jahr 1834 aus nicht mehr als vier Quadratkilometern bebautem Gebiet bestand, umfasst nun fast 90 Quadratkilometer, auf denen sich Fabriken, zahlreiche Kirchen, Schulen, Theater und große Lagerhäuser drängen. [Brooklyn] drängt mit größerer Energie denn je in die Zukunft, um neues, noch unbebautes Land für sich zu erobern.*

Henry Stiles

säumten Straßen, ebenfalls von Olmsted und Vaux entworfen, zogen sich östlich hinaus bis in die freien Flächen von Long Island und führten nach Süden bis ans Meer – ein perfekter Wohnort für Geschäftsleute mit ihren Familien, die den hohen Immobilienpreisen und der Hektik Manhattans zu entkommen suchten.

Brooklyns Elite entzog sich mehr und mehr dem Schatten der rauen, wild wuchernden Nachbarstadt jenseits des East River. Auf diese Weise wurde Brooklyn zu einer Art »Schlafsaal New Yorks«, wie der englische Autor Charles Dickens es ausdrückte, und zur ersten Pendlerstadt des Landes. Bereits 1867 machte sich täglich über ein Drittel der arbeitenden Bevölkerung Brooklyns auf den Weg nach Manhattan. Fünf Fährlinien transportierten jährlich 50 Millionen Passagiere zwischen den beiden Städten hin und her.

»Brooklyn arbeitet für New York«, schrieb der Journalist Julian Ralph, »und wird samstagabends wie eine Verkäuferin ausgezahlt.«

*Es ist eine riesige, mit einer eigenen Verwaltung ausgestattete Anhäufung von Straßen und Häusern. Und doch fehlen einige Dinge, die selbst in kleineren Städten eine Selbstverständlichkeit sind. Es gibt keine angemessenen Hotels, keine Morgenzeitung, kein Vergnügungsviertel und kein Bordell, keine Spielhölle und keine Börse. All dies stellt New York zur Verfügung.*

*Harper's Weekly*

1867 schien nur noch ein einziges Hindernis dem Zusammenwachsen der beiden Städte im Weg zu stehen: die den tückischen Gezeitenströmungen unterworfene, eine halbe Meile breite Meerenge, die Brooklyn von New York trennte. Als im selben Winter das Wasser zu Eis gefror und durch das Festfrieren der Fährschiffe die Geschäfte zwischen beiden Städten für Wochen lahm gelegt wurden, kam eine kühne Idee auf.

*Das Werk, das unser langlebigstes Monument werden und uns die Bewunderung unserer Nachwelt sichern wird, ist ein rein nutzbringendes Werk. Es ist kein Heiligtum, keine Festung und kein Palast – es ist eine Brücke.*

Montgomery Schuyler

**Im Jahr 1870, in dem dieser Blick auf Brooklyn Heights entstand, war die Siedlung jenseits des East River mit rund 400.000 Einwohnern zur drittgrößten Stadt Amerikas angewachsen. Mit nahezu 90 qkm Grundfläche hatte sie Manhattan bereits überflügelt, verfügte jedoch immer noch über genügend Platz, um sich weiter ausdehnen zu können, was die Immobilienpreise relativ niedrig hielt. »Ein einfacher Büroangestellter kann sich in Brooklyn sogar ein eigenes Haus leisten«, schrieb *Harper's Weekly* einige Jahre später. »In New York jedoch würde er eher fliegen lernen, als zum Hausbesitzer werden.«**

**Nr. 16 und 18 High Street, Brooklyn, Sitz der National Shades Company, im Jahr 1872. Obwohl die Bewohner Brooklyns voller Stolz den wohnlichen Charakter ihrer Stadt betonten, war sie in den 1870er Jahren längst zu einem der größten und aufstrebendsten Industriezentren des Landes geworden – mit mehr als tausend Fabriken, die Glaswaren, Stahl, Chemikalien, Bücher, Whiskey, Bier, Öl, Leim, Raffinadezucker und vieles mehr herstellten. Innerhalb eines Jahrzehnts war die Zahl der Fabriken auf über 5000 angewachsen.**

**DIE BRÜCKE**

Nichts vermochte den Zeitgeist jener Epoche, ihre grenzenlosen Ambitionen, ihren Fortschrittshunger und ihre Sehnsucht, neue Verbindungen zu schaffen, besser zu veranschaulichen als das außergewöhnliche Projekt, das im Frühling des Jahres 1867 Gestalt anzunehmen begann.

Seit einiger Zeit hatte man davon geträumt, die turbulente Wasserstraße durch eine Konstruktion zu überbrücken, die beide Städte unabhängig vom Wetter miteinander verbinden würde.

Noch bevor das Eis in jenem Frühling ganz abgeschmolzen war, hatte eine Gruppe von Geschäftsleuten, Politikern und Immobilienmaklern die New York Bridge Company mit dem Ziel gegründet, die Voraussetzungen für den Bau einer Brücke auszuloten. Allerdings erschwerte gerade der Sachverhalt, der diese

Brücke so dringend erscheinen ließ, gleichzeitig ihren Bau: Der East River war der verkehrsreichste Wasserweg der Welt, dicht befahren mit Fähren, Dampfern, Segelschiffen und Barkassen; eine Sperrung kam also nicht in Frage.

»Wenn dort eine Brücke entstehen soll«, bemerkte ein Skeptiker, »dann muss sie in einem riesigen Schritt über die Schiffsmasten hinweg vom einen zum anderen Ufer springen. Für Piers oder eine Zugbrücke ist keinerlei Platz. Die Brücke darf also nur aus einem einzigen hohen, großen Bogen bestehen.«

Es gab in der ganzen Welt wohl nur einen Mann, der dieser Aufgabe gewachsen war: John A. Roebling, ein 61-jähriger, in Deutschland geborener Ingenieur, der als Pionier der Stahlseilherstellung bereits ein Vermögen gemacht hatte und als einer der weltweit besten Brückenbauer galt. Der ebenso undurchschaubare wie willensstarke Rationalist, der sich nichtsdestotrotz mit Hydrotherapie und Spiritismus befasste, hatte bei dem berühmten Philosophen Hegel in Berlin studiert, der ihn einst als seinen »Lieblingsschüler« bezeichnet hatte.

Jetzt zeichnete er zusammen mit seinem 30-jährigen Sohn Washington, einem ehemaligen Colonel des Pioniercorps der Armee, Pläne für ein Projekt von einzigartigem Ausmaß. »Wenn die Brücke fertig ist«, schrieb Roebling, »wird sie die größte technische Konstruktion des Kontinents und unseres Zeitalters sein ... Sie wird als ein großartiges Kunstwerk und als ein Monument des Fortschritts im Brückenbau für immer ein Zeugnis der Willensstärke, der Entschlossenheit und des Reichtums jener Gesellschaft sein, die ihren Bau ermöglichte.«

Ihre Spannweite würde mit fast 500 Metern doppelt so lang sein wie jede andere existierende Brücke und ihre Stützpfeiler mit 85 Metern siebenmal höher als die größtenteils aus viergeschossigen Häusern bestehende Skyline von Manhattan. Im Sommer 1869 begannen die Arbeiten an diesem Mammutprojekt.

Roebling überprüfte am 28. Juni persönlich das Fundament für den Stützpfeiler auf der Brooklyn-Seite, als eine Fähre den Pier rammte, auf dem er stand, und dabei seinen rechten Fuß verletzte. Dann kam eine Kiefersperre hinzu und er verstarb nach drei Wochen heftiger Qualen, in denen er jedes Medikament gegen die unerträglichen Schmerzen abgelehnt hatte. Damit lag nun die Verantwortung für das gigantische Bauprojekt ganz allein auf den Schultern von Roeblings Sohn Washington.

Die Realisierung der Brücke gestaltete sich weit schwieriger und zeitraubender als vorausgesehen. Bis zu ihrer Fertigstellung sollten die beiden Städte, die sie verband, in einen Strudel des politischen und finanziellen Chaos gerissen werden – und gestärkt daraus hervorgehen.

### DER GROSSE BOSS

*Es ist eine Schande, Bürger von New York zu sein, denn die Stadt wird von einem Abschaum regiert, der unfähiger und niederträchtiger ist als in irgendeiner anderen Stadt unserer westlichen christlichen Welt.*

George Templeton Strong

Im Sommer 1871, zeitgleich mit dem Beginn der Bauarbeiten an der Brooklyn Bridge, wurde die Stadt New York vom größten politischen Skandal ihrer Geschichte erschüttert. Im Zentrum des Sturms stand ein anderes Projekt, das nur 100 Meter vom Aufgang zur Brücke auf der New Yorker Seite entfernt lag: ein unvollendetes Gerichtsgebäude, das sich 1871 bereits seit zwölf Jahren im Bau befand, ohne dass ein Ende abzusehen war. Die eingeleiteten Ermittlungen enthüllten die Machenschaften eines Mannes, der als korruptester Stadtpolitiker aller Zeiten in die US-Geschichte eingehen

Links oben: John Augustus Roebling, der als der größte Brückenbauer Amerikas – wenn nicht sogar der Welt – gilt. Seit er an einem Wintertag des Jahres 1852 stundenlang auf einer eingefrorenen Fähre festgesessen hatte, ging Roebling die Vision von einem riesigen Brückenbogen über den East River nicht mehr aus dem Kopf. Im Jahr 1869 zeichnete er – Seite an Seite mit seinem Sohn Washington (links unten), der selber ein hervorragender Ingenieur war – detaillierte Pläne für eine Hängebrücke von riesigen Ausmaßen (außen links). Mit einer Spannweite von rund 500 m übertraf das Projekt alles bisher da Gewesene, selbst berühmte Bauten Roeblings wie die ebenfalls mächtige Eisenkabelbrücke über den Ohio River in Cincinnati. Um die große Distanz des East River zu überspannen, wurde Stahl statt Eisen verwendet – laut Roebling ein neues Metall für ein neues Zeitalter.

sollte – »Boss« William M. Tweed. Sie brachten darüber hinaus die dunklen Machenschaften von Tammany Hall ans Tageslicht – einer der außergewöhnlichsten politischen Organisationen, die es je in Amerika gegeben hat.

Die Society of Saint Tammany, benannt nach einem 1789 gegründeten Klub an der Nassau Street, hatte sich ebenso rasant entwickelt wie die Stadt selbst. Seit Eröffnung des Erie-Kanals und vor allem seit Beginn der Selbstverwaltung New Yorks verdankte diese Vereinigung einen großen Teil ihrer Macht ihren Anhängern aus der Lower East Side – mittellosen Immigranten, die Jahr für Jahr in die Stadt strömten. Die Tammany-Führer wurden weder von politischen Überzeugungen noch von idealistischen Zielen geleitet. Sie verfügten jedoch über ein ausgeprägtes Gespür für die politischen Möglichkeiten in dieser sich durch den Immigrantenstrom explosionsartig vergrößernden Stadt.

Allein Tammany Hall bot den verachteten irischen und deutschen Siedlern Unterstützung bei ihrem Streben nach gesellschaftlicher Anerkennung – wohl kalkulierend, dass die Dankbarkeit der Einwanderer am Wahltag kostbare Stimmen sichern würde. Dieser politische Pragmatismus war etwas völlig Neuartiges: Er war weder nobel, philanthropisch noch idealistisch, sondern folgte den Gesetzen des Tauschhandels: Dienstleistungen am Wähler gegen einen Machtzuwachs der politischen Gruppierung.

In einer Stadt ohne jegliches soziales Netz, das Arme bar jeder Kranken- oder Arbeitslosenversicherung aufgefangen hätte, bot Tammany Hall oft den einzigen rettenden Strohhalm. Man besorgte Arbeit Suchenden Jobs, schuf Notunterkünfte für arme Familien und verteilte an Weihnachten Kohle und Essen an Bedürftige.

> *Am Wahlmorgen ging es im Armenhaus geschäftig zu. Das Personal rief die Bewohner zusammen, um sie neu einzukleiden, mit Wahlzetteln und Gutscheinen für Grog zu versorgen sowie ihnen ein paar Silbermünzen in die Hand zu drücken, damit sie sich nach dem anstrengenden Geschäft des Wählens stärken konnten.*
>
> Bericht des Armenhaus-Verwaltungsausschusses an den Stadtrat, 1845

Tammanys Macht nahm von Jahr zu Jahr zu. Die vornehmlich angelsächsisch und protestantisch geprägte Oberschicht New Yorks bemühte sich mit allen Mitteln, diesen Erfolg aufzuhalten. Mit Entsetzen beobachtete sie die wachsende Zahl irisch-katholischer Einwanderer und das unverhohlen korrupte Vorgehen der Tammany-Führer, die ihren Anhängern nicht nur Posten verschafften und Konzessionen für Fähr- und Straßenbahnlinien zuschoben, sondern auch regelmäßig Bezirkswahlen zu manipulieren versuchten. Die alte Garde mühte sich vergeblich. 1851 war bereits jeder zweite wahlberechtigte Bürger ein Immigrant, und Tammany kaufte und ergaunerte sich Tausende neuer Wählerstimmen. Es war das erste Jahr, in dem Tammany Hall den Stadtrat kontrollierte, was zu einer solchen Welle der Korruption führte, dass bald nur noch von den »40 Räubern« die Rede war.

Doch erst die massiven Proteste gegen die Bürgerkriegsrekrutierungen brachten Tammany 1863 an die vorderste Front der Stadtpolitik. Nach der entsetzlichen Brandkatastrophe im Waisenheim kamen selbst konservative New Yorker zu dem Schluss, dass nur Tammany in der Lage war, die gärende Unzufriedenheit der Immigranten in friedliche Kanäle zu lenken.

Im Jahr der Unruhen wurde ein Ex-Feuerwehrmann namens William M. Tweed aus der Cherry Street Parteiboss von Tammany Hall. Unter seiner Führung sollte Tammany zu einer der mächtigsten politischen Gruppierungen in der Geschichte der Stadt aufsteigen.

Der Sohn eines Möbeltischlers aus der Lower East Side hatte mit 26 Jahren seine eigene freiwillige Feuerwehr, die Americus Engine Company, gegründet. Noch im gleichen Jahr von Tammany angeworben, begann er eine steile Karriere, die ihn schließlich an die Spitze der Partei katapultierte. Um seine Machtposition zu untermauern, führte er geschickt die diversen rivalisierenden Fraktionen zusammen und machte Tammany so zu einer starken politischen Einheit, die er mit dem Emblem seiner ehemaligen Feuerwehrbrigade versah – einem zähnefletschenden roten Tiger.

In der Politszene von New York City stellte Tweed mit seiner unbekümmerten Vitalität, seiner lässig-humorvollen Art und seiner jovialen Ausstrahlung ein absolutes Novum dar. Von seinen republikanischen Gegnern als vulgärer, dem Alkohol zugetaner Ire karikiert, war er in Wirklichkeit ein schottischer Protestant. Stets zuvorkommend und nahezu abstinent, waren seine Bewegungen trotz seiner beeindruckenden Körpergröße und einem Gewicht von beinahe 300 Pfund überraschend leichtfüßig.

Als cleverer Politiker erwarb er sich bei seiner größtenteils irisch-katholischen Wählerschaft hohes Ansehen, indem er Arbeitsplätze schaffte, Armenhäuser, Hospitäler und Waisenhäuser errichtete sowie Schulen und karitative Einrichtungen mit öffentlichen Geldern bezuschusste. Tweed steigerte seine Beliebtheit bei den Immigranten noch, als er 1866 eine Lockerung der rigiden Stadtgesetze erwirkte und den sonntäglichen Erwerb von Alkohol legalisierte.

Trotz des legendären Korruptionsskandals, der in Tweeds Amtszeit fiel, ist unbestreitbar, dass er es als einer der ersten Politiker meisterhaft verstand, die Massen für seine Zwecke zu nutzen. Niemandem vor ihm war es gelungen, in so kurzer Zeit so viele Wähler verschiedenster Herkunft zu mobilisieren. Keiner vor ihm hatte seine Macht dazu nutzen können, so viel Geld zu stehlen und so viele Wahlen zu kaufen.

»Die Wahrheit ist«, erklärte Tweed später mit erstaunlicher Offenheit, »dass der New Yorker Stadtrat seit jeher bestechlich gewesen ist, und ein Politiker muss mit den Gegebenheiten leben, wie sie nun mal sind. Unsere Bevölkerung umfasst viel zu viele verschiedene Gruppen, um es allen recht machen zu können und um Korruption oder Stimmenkauf gänzlich auszuschließen ... Ich glaube nicht, dass es in New York jemals eine wirklich faire Wahl geben wird.«

Doch es war nicht allein die Korruption, die Tweed von seinen Vorgängern unterschied, sondern vielmehr deren unglaubliches Ausmaß, das all die anderen Extreme in der Stadt widerspiegelte. Hatten seine Vorgänger noch mehrere Hundert Immigranten pro Monat als Wähler angeworben, waren es auf dem Höhepunkt von Tweeds Karriere 2000 neue amerikanische Bürger pro Tag, mehr als drei Wähler pro Minute. Schneller, so rechnete die *New York Tribune* vor, als ein Schlachthof in Cincinnati ein Schwein zu Koteletts verarbeiten könnte.

Unter Tweeds entschlossener Führung erlangte Tammany Hall bald die Kontrolle über die gesamte Stadtpolitik und setzte zahlreiche Projekte in die Tat um. Parks, Straßen, Brücken, Krankenhäuser und Schulen wurden errichtet – wohl wissend, dass dabei beachtliche Summen im Spiel waren. Dankbare Bauunternehmer zeigten sich denn auch für lukrative Aufträge gegenüber ihren Gönnern erkenntlich, und zuverlässigen Wählern winkten attraktive Posten. Die Oberschicht New Yorks rümpfte zwar nach außen hin die Nase über diese Praktiken, schaute jedoch geflissentlich weg, als die Immobilienpreise in Manhattan explodierten, was auch ihnen die Taschen weiter füllte. Die politische Maschinerie funktionierte wie geschmiert. Und niemand wusste dies besser als Tweed, der im Jahr 1870 mehr Posten innehatte als je ein Politiker vor ihm in der Geschichte der Stadt. Er saß in allen wichtigen Gremien – und war der oberste Boss von Tammany Hall.

Tweeds Macht erreichte ihren Höhepunkt, als er im Frühjahr 1870 durch Bestechung eine Änderung der Stadtverordnung erwirkte. Die seit 13 Jahren bestehenden Verwaltungsorgane des Bundesstaats wurden zerschlagen und alle politische Macht auf Manhattan übertragen, was Tweed zugleich die vollständige Kontrolle über die Regierung New Yorks verschaffte.

12.000 Arbeitsplätze sowie jeder einzelne Cent an öffentlichen Mitteln lagen nun in sei-

**Da Tammany Halls Kassen überquollen und zudem der politische Einfluss der Vereinigung stetig zunahm, konnte man im Jahr 1868 den alten Sitz an der Nassau Street verlassen und ein neues, großzügigeres Hauptquartier (im Tammany-Jargon als »Wigwam« bezeichnet) an der Nordseite der 14th Street zwischen Irving Place und Third Avenue beziehen. Stets geschäftstüchtig, richtete man im Erdgeschoss des Clubhauses ein Varietétheater ein, das später von dem Entertainer Tony Pastor unterhalten wurde. Die überlebensgroße Statue in der Nische auf dem Dachsims zeigt Indianerhäuptling Tammany, nach dem sich die Organisation 1789 ihren Namen gegeben hatte.**

**»Boss« William M. Tweed um 1870. Als korruptester Politiker in der Geschichte Amerikas besaß er eine höchst widersprüchliche Persönlichkeit. Auf der einen Seite wurde der begnadete Taktiker von Geldgier und Machthunger getrieben, auf der anderen Seite überzeugte sein Einsatz für die Zukunft der Stadt und das Wohlergehen seiner Wähler – vor allem Immigranten und Arbeiter. Ebenso gerissen wie charmant, tat der trotz seiner 300 Pfund Gewicht erstaunlich leichtfüßige Tweed mehr für die Demokratisierung New Yorks als jeder andere zuvor – auch wenn er und seine Komplizen den Stadtsäckel systematisch um Millionen von Dollars erleichterten.**

nen Händen, und Tweed war nicht mehr zu halten. Seine Bauprojekte brachen jetzt alle bisherigen Rekorde, und jede neue Meile an Bahntrassen, die in Upper Manhattan entstanden, trug ihm sowohl die Zustimmung der stetig steigenden Zahl pendelnder Geschäftsleute ein wie auch das Lob zehntausender Ingenieure und Arbeiter, deren Jobs gesichert waren.

Mit der Zeit sorgten Gerüchte über Tweeds Machenschaften zwar zunehmend für Kritik, Tammany-Vertreter taten diese jedoch als rückwärts gerichtetes Denken »alter Männer« ab, »die einfach nicht sehen wollen, dass New York längst keine Ansammlung verstreuter Dörfer mehr« sei.

Tweed und seine Verbündeten scheffelten derweil Unsummen von Geld und verhalfen zwielichtigen Investoren wie Jay Gould und Jim Fisk zu lukrativen Immobiliengeschäften, da diese Herren brillant den Vorteil zu nutzen wussten, frühzeitig über geplante Straßen- und Schienenstrecken informiert zu sein.

Der einstige Feuerwehrmann aus der Lower East Side war gegen Ende des Jahres 1870 zum größten Grundbesitzer der Stadt aufgestiegen und protzte mit dem vergoldeten Geschirr seiner Pferdegespanne ebenso wie mit seiner privaten dampfbetriebenen Yacht und einer herrschaftlichen Villa an der Fifth Avenue. Bei ihrer Hochzeit im Winter 1871 in der Trinity Church trat seine Tochter Mary Amelia mit Diamanten übersät auf, und an Tweeds Hemdkragen prangte, wie eine Zeitung berichtete, »ein Diamant in der Größe eines Planeten«.

Der spektakuläre Reichtum Tweeds wurde allmählich zum Gegenstand öffentlichen Interesses. Gleichzeitig geriet das unfertige Gerichtsgebäude an der Chambers Street in die Schlagzeilen – eines von Tweeds Lieblingsprojekten. Bereits 1858 begonnen, waren für den Bau inklusive der Einrichtung ursprünglich 350.000 Dollar angesetzt worden. Doch nach zwölf Jahren Bauzeit beliefen sich die Kosten auf sagenhafte 13 Millionen Dollar, ohne dass ein Ende abzusehen war. Kritiker wiesen darauf hin, dass das Projekt bereits mehr Zeitaufwand erforderte als der Bau des Erie-Kanals, teurer war als der Londoner Parlamentskomplex, ja sogar doppelt so teuer wie der Erwerb ganz Alaskas.

Die Ausmaße der Korruption waren selbst für eine Stadt von der Größe New Yorks schier unfassbar. In den drei Jahren unter Tweeds Führung war die Verschuldung der Stadt um über 30 Millionen Dollar angewachsen und die Steuern waren mehr als verdoppelt worden. »Die Leute wollen diese Dinge nicht länger tatenlos hinnehmen«, schrieb George Templeton Strong. »Sie suchen hilflos nach einem Ausweg.«

Als der zu Tage tretende Missbrauch öffentlicher Mittel immer bedrohlichere Ausmaße annahm, verdunkelten sich selbst Walt Whitmans strahlende Visionen. »Es ist erschreckend mit anzusehen, wie die öffentliche Verwaltung in Korruption, Bestechung, Lügen und Misswirtschaft versinkt«, schrieb er 1871.

Als im Sommer des Jahres neue Unruhen unter den Immigranten aufkamen, begann Tweeds Ansehen in der Öffentlichkeit zu schwinden. Tagtäglich wetterte die ehrwürdige *New York Times* gegen die Exzesse. »Kein Kalif, kein Khan und kein Cäsar ist so schnell zu so viel Macht und Reichtum gelangt wie Tweed [der Erste]. Noch vor zehn Jahren ging dieser Monarch dem schlichten Beruf des Möbeltischlers nach ... Nun regiert er den Staat, wie Napoleon Frankreich regiert hat ... Es gibt nichts, absolut nichts in dieser Stadt, was der Unersättlichkeit der von ihm geführten Gang entkommen könnte.«

Am Ende war es der Künstler Thomas Nast, ein gebürtiger Deutscher, der den Republikanern eng verbunden war, der Tweed durch eine Serie außergewöhnlicher Karikaturen zu Fall brachte. Woche um Woche wurden die sarkastischen Cartoons über Tweed und seinen Kreis, den Nast selbst als Tammany-»Ring« bezeichnete, in *Harper's Weekly* veröffentlicht.

Zu den karikierten Figuren gehörten Peter »Brains« Sweeny, ein grüblerischer und undurchsichtiger Jurist, der das Amt des Stadtkämmerers versah; oder der aufgeblasen wirkende städtische Rechnungsprüfer Richard »Slippery Dick« Connolly sowie Bürgermeister Abraham Oakey Hall: Tweeds aalglatte Marionette im Rathaus, den Nast gern als »den eleganten Oakey« und »Beute-Bürgermeister« bezeichnete. Tweed selber wurde vom Zeichner als ein lasterhaftes, übergewichtiges Monster mit Halbglatze dargestellt, das die Stadt buchstäblich verschlang.

»Eure Zeitungsartikel kümmern mich nicht die Bohne«, erklärte Tweed, dem der auch aus seiner Wählerschaft aufkommende Gegenwind nicht entging. »Meine Anhänger können sowieso nicht richtig lesen. Aber diese verdammten Bilder werden sie nicht übersehen.«

Am 8. Juli 1871 versetzte die *New York Times* ihm den Todesstoß, als sie Auszüge aus Geheimpapieren über den Bau des Gerichtsgebäudes publizierte, die ihr ein verärgerter Mitarbeiter der Stadtverwaltung zugespielt hatte, den Tweed um Tausende Dollar an Provision gebracht hatte. Die aus den Unterlagen hervorgehenden Zahlen waren ungeheuerlich: Für elf Thermometer waren offenkundig 7.500 Dollar bezahlt worden, für Besen 41.000 Dollar, und für die Fenster hatte man pro Stück 8.000 Dollar angesetzt. Einem Vertragspartner waren 5,5 Millionen Dollar für Sonnenschutzeinrichtungen vor den Fenstern, Teppichböden und Mobiliar gezahlt worden. Die Rechnungssumme für drei Stühle und 40 Tische betrug 179.792 Dollar. Die *Times* führte alles in allem als Gesamtsumme fast 200 Millionen Dollar an.

Es war später nicht mehr zu rekonstruieren, inwieweit die Presse das Ausmaß von Tweeds Korruption überzogen dargestellt hatte, aber das war auch gar nicht mehr wichtig. Die Öffentlichkeit hatte mit Tweed einen Schurken, dessen Betrügereien genauso gigantisch und eindrucksvoll waren wie der Central Park oder die Brooklyn Bridge.

Am 15. Dezember 1871 wurde William Tweed wegen Betrugs und Diebstahls in drei Fällen angeklagt; zwei Monate später legte man ihm weitere 220 mindere Delikte zur Last. Alles in allem bekam er zwölf Jahre Gefängnis aufgebrummt. Obwohl das Urteil wieder aufgehoben wurde, zog man auf Grund eines Zivilprozesses Tweeds Vermögen ein und warf ihn in das Schuldgefängnis. Seinen engsten Komplizen gelang es entweder rechtzeitig unterzutauchen oder sie wurden ebenfalls zur Verantwortung gezogen. Lediglich Jay Gould und dessen Wall-Street-Partner kamen unbeschadet und reicher denn je aus der Affäre heraus.

**Der Architekt John Kellum entwarf 1858 Pläne für ein neues Gerichtsgebäude an der Chambers Street, für das Baukosten in Höhe von 350.000 Dollar veranschlagt wurden. Im Jahr 1863 war der Bau immer noch nicht weiter gediehen als bis zum ersten Stock (siehe obere Abbildung), und im darauf folgenden Jahr wurden weitere 800.000 Dollar für das Projekt bewilligt, in das schließlich insgesamt 13 Mio. Dollar flossen.**

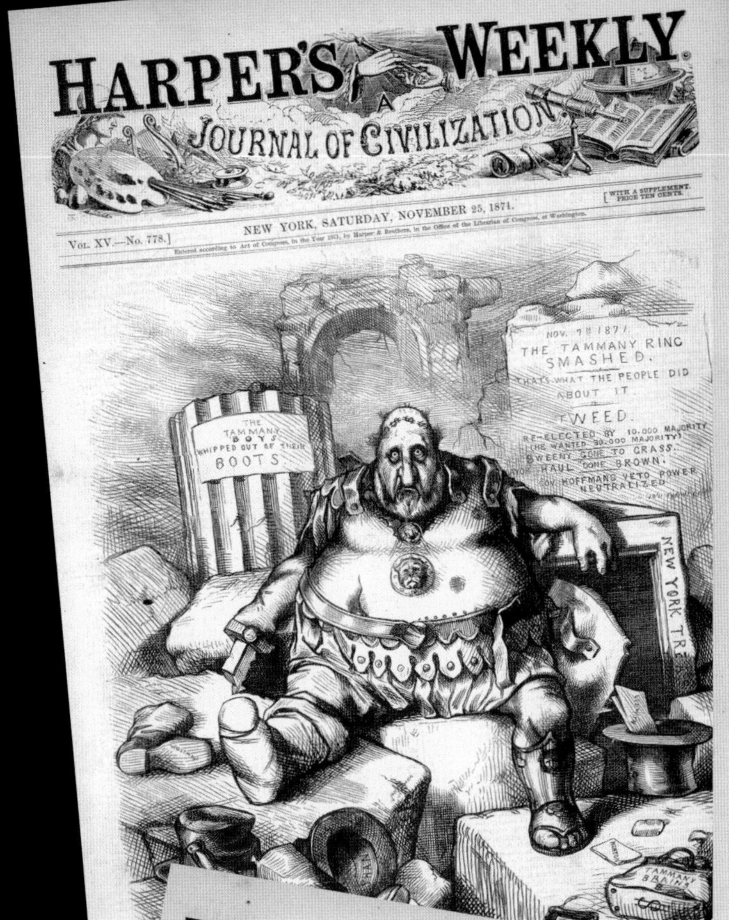

**Die wöchentlich in *Harper's Weekly* erscheinenden Karikaturen von »Boss« Tweed und seinem »Ring« – gezeichnet von dem gebürtigen Deutschen Thomas Nast – verärgerten den Tammany-Führer dermaßen, dass er dem Künstler 1871 eine halbe Million Dollar dafür bot, die Kampagne zu beenden und das Land zu verlassen. Nast lehnte ab und setzte die Serie fort, die nicht nur Tweeds Untergang beschleunigte, sondern ihm für immer den Stempel eines unersättlichen Schurken aufdrückte.**

*Als er den weitläufigen Speiseraum zum Dinner betrat und seinen Blick auf die zahlreichen Tische warf, an denen die Lobbyisten und die Vertreter der Justiz Platz genommen hatten, erinnerte sein väterlich-wohlwollender Gesichtsausdruck an einen Patriarchen, der mit Genugtuung die Zufriedenheit seiner Gefolgsleute registriert. Er hegte keinerlei Zweifel daran, dass er jeden einzelnen Mann im Raum jederzeit würde kaufen können, wenn er nur genug hinblätterte.* George William Curtis

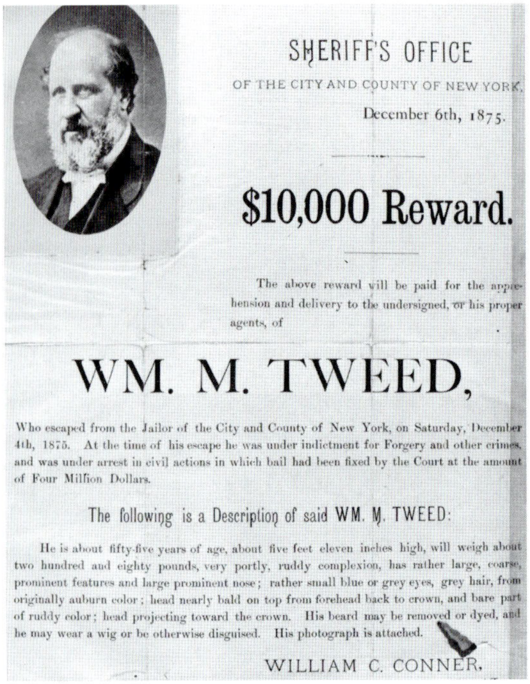

SHERIFF'S OFFICE
OF THE CITY AND COUNTY OF NEW YORK,
December 6th, 1875.

$10,000 Reward.

The above reward will be paid for the apprehension and delivery to the undersigned, or his proper agents, of

WM. M. TWEED,

Who escaped from the Jailor of the City and County of New York, on Saturday, December 4th, 1875. At the time of his escape he was under indictment for Forgery and other crimes, and was under arrest in civil actions in which bail had been fixed by the Court at the amount of Four Million Dollars.

The following is a Description of said WM. M. TWEED:

He is about fifty-five years of age, about five feet eleven inches high, will weigh about two hundred and eighty pounds, very portly, ruddy complexion, has rather large, coarse, prominent features and large prominent nose; rather small blue or grey eyes, grey hair, from originally auburn color; head nearly bald on top from forehead back to crown, and bare part of ruddy color; head projecting toward the crown. His beard may be removed or dyed, and he may wear a wig or be otherwise disguised. His photograph is attached.

WILLIAM C. CONNER.

**Nach seiner Entmachtung wurde Boss Tweed vor ein Zivilgericht gestellt, enteignet und inhaftiert. Bei einem seiner Freigänge im Jahr 1875 gelang es ihm, seinem Bewacher zu entwischen, mit einem Schiff über den Hudson River überzusetzen und außer Landes zu fliehen. Nachdem hohe Belohnungen auf ihn ausgesetzt wurden, konnte Tweed binnen eines Jahres in Spanien aufgespürt und in das Gefängnis in der Ludlow Street zurückgebracht werden.**

Im Winter des Jahres 1875 entkam Tweed durch die Unaufmerksamkeit eines Wärters seiner Haft und floh nach Spanien, wo er jedoch auf Grund einer von Nasts Karikaturen erkannt und von der Polizei ausgeliefert wurde. Seine letzten Jahre verbrachte Tweed kränkelnd und einsam im Gefängnis. Am 12. April 1878 starb er verarmt und als gebrochener Mann an Lungenentzündung in seiner Zelle im Ludlow-Street-Gefängnis, das er selbst hatte errichten lassen.

»Ein Schurke mit mehr Verstand hätte nach außen hin ein bescheideneres Leben geführt und seine Reichtümer im Stillen genossen«, schrieb der Herausgeber von *The Nation*. »Seine Nachfolger ... werden diesen Fehler gewiss nicht wiederholen, aber dass es Nachahmer geben wird, daran besteht kein Zweifel.«

**DIE ARMEN**

*Lasst uns nicht vergessen, dass [Tweed] von den meisten seiner Anhänger auch nach seinem Fall nicht verstoßen wurde. Seine Wähler aus den ärmeren Schichten halten seinen Namen auch heute noch in Ehren. Sie sehen ihn zwar als ein Opfer der Laster, die mit dem Reichtum Hand in Hand gehen, aber auch und vor allem als Freund der Bedürftigen, der öffentliche Mittel nach bestem Wissen und Gewissen dort einsetzte, wo sie am nötigsten gebraucht wurden – nämlich zur Schaffung von Arbeitsplätzen.*

E. L. Godkin, *The Nation*

Im Trubel um den Tweed-Skandal gerieten die Nöte der Armen New Yorks zunächst in Vergessenheit. Zwar war nach den Unruhen, die seinerzeit wegen der Massenrekrutierungen ausgebrochen waren, einiges getan worden, um die Probleme in den Slums zu mildern, dennoch strapazierte die immer noch steigende Einwandererwelle weiterhin das soziale Netz der Stadt bis an seine Grenzen. Im Jahr 1873 hatte die Armut in New York schließlich die Dimensionen einer Epidemie erreicht.

»Wenn ein mächtiger Zauberer im Stande wäre, den Schleier zu lüften, der das Elend in den düsteren Straßen, den engen Mansarden und den tausend anderen armseligen Plätzen vor unseren Augen verhüllt, wie sehr würde uns der schonungslose Anblick dieses Elends wohl erschrecken?«, schrieb Walt Whitman.

Nichts schützte die schuftende Bevölkerung vor der brutalen Realität des Arbeitsmarkts. Selbst in den besseren Jahren existierte für Fabrikarbeiter kein Mindestlohn und keine Arbeitszeitregelung, keine Gesundheitsfürsorge, keine Versicherung bei Arbeitsunfällen und Invalidität, keine Hilfe für Kranke und Alte.

Für die Abertausende, die alljährlich als Ausgestoßene der Gesellschaft auf der Strecke blieben, lautete die Endstation Blackwell's Island:

Die Five Points Mission (hier um das Jahr 1875) war eines der ersten von privater Hand finanzierten Projekte zur Verbesserung der Zustände in den New Yorker Elendsvierteln. Die Mission wurde 1852 am ehemaligen Standort der Old Brewery errichtet, eines mächtigen Fabrikbaus, der später als Mietskaserne mit der höchsten Rate an Gewalttaten traurige Berühmtheit erlangte. Die bischöfliche Methodist Church ersetzte diesen »Sündenpfuhl« schließlich durch eine »Schule der Tugend« mit einer Kapelle, Klassenräumen, Badesälen und 20 Armenwohnungen.

Links: Die Baxter Street im Elendsviertel Five Points um 1873. Obwohl nicht mehr ganz so gefährlich wie vor dem Bürgerkrieg, galt Five Points noch immer als übelster Slum der ganzen Stadt. Die heruntergekommenen, halb verrotteten Holzbaracken – inzwischen ein halbes Jahrhundert alt – sowie die hohen Mietskasernen waren überfüllt mit mittellosen Familien. Das in der Vorkriegszeit von irischen Einwanderern dominierte Viertel wurde in den 1870er Jahren von einer Welle neuer Immigranten überschwemmt, darunter auch viele Italiener und Chinesen (eine frühere Ansicht derselben Straße befindet sich auf Seite 88).

eine Furcht einflößende Ansammlung gemauerter Festungen inmitten des East River.

Die nüchtern-strengen Einrichtungen auf der Insel – die Strafvollzugsanstalt, das Arbeitshaus, die Irrenanstalt und das Hospital für unheilbar Kranke – platzten aus allen Nähten. Und die beiden trostlosen Armenhäuser waren, wie ein Beobachter festhielt, »über und über gefüllt mit altersschwachen und gebrochenen Frauen und Männern, die zum Sterben hierher geschickt werden«.

Doch auch in Manhattan waren die Zeichen der Armut unübersehbar geworden. Nach offiziellen Schätzungen der Stadt quälten sich mehr als 100.000 Arbeiterkinder im Alter von fünf bis vierzehn Jahren bis zu zwölf Stunden täglich in den Fabriken – und das sechs Tage die Woche. Ihre Tätigkeit reichte vom Falten von Briefumschlägen, Papierblumen und Pappkartons über das Drehen von Zigarren bis zum Aufwickeln von Bindfäden. Noch schlimmer traf es allerdings die zahllosen Waisenkinder, die völlig auf sich selbst gestellt waren.

»Auf den Straßen von New York leben 10.000 Kinder, die ihren Lebensunterhalt mit Schuhputzen, dem Verkauf von Zeitungen, Armbanduhren und anderen Utensilien oder mit Diebstahl bestreiten«, berichtete ein Geistlicher. »Manche wurden von ihren Eltern verstoßen, andere sind Waisen, wieder andere sind von zu Hause ausgerissen oder kamen vom Land in die Stadt – aber alle führen ein trauriges Vagabundenleben.«

Auf den großen Einkaufsboulevards waren die Passanten schockiert über die vielen hungrigen, zerlumpten Zeitungsjungen, die ihre Ware fieberhaft feilboten. »Beim Einsteigen in die Straßenbahn halten sie einem die Zeitung mit einem so flehentlichen Blick unter die Nase, dass man sie ihnen allein aus Mitleid abkauft«, erinnerte sich ein Augenzeuge.

Im Juni 1870 traf ein 21-jähriger dänischer Immigrant namens Jacob Augustus Riis mit ganzen 40 Dollar in der Tasche in New York ein. Ohne jegliche Ausbildung, besaß er nichts als seine großen Hoffnungen. Allerdings lernte er schnell, was das Leben für einen mittellosen Neuankömmling in dieser Stadt bereithielt.

> *Ich schloss mich bald der großen Schar der Landstreicher an, die tagsüber durch die Straßen streiften, um irgendetwas zu ergattern, was den nagenden Hunger lindern konnte. Nachts rang ich mit Vagabunden, die genauso arm dran waren wie ich, um ein geschütztes Plätzchen hinter einer Mülltonne oder in einer Toreinfahrt. Ich war unendlich einsam in dieser großen Stadt, der Winter stand vor der Tür, und mit jeder Nacht, die ich zitternd vor Kälte draußen verbrachte, erkannte ich deutlicher, dass ich auf diese Weise nicht lange überleben würde.*

Als er in einer kalten, regnerischen Nacht, durchnässt bis auf die Knochen, auf einem Pier über dem Hudson stand, wäre er beinahe ins Wasser gesprungen. Stattdessen setzte er zum Elendsviertel Five Points über, um auf dem dreckigen Fußboden einer Polizeistation wenigstens einige Stunden Schlaf zu bekommen. Am nächsten Tag durchstreifte er erneut die Straßen, um irgendeine Arbeit zu finden, und wurde von dem allgegenwärtigen Elend nur noch tiefer hinuntergezogen.

Irgendwann fand Riis tatsächlich einen Job, und es gelang ihm, wieder auf die Beine zu kommen. Doch einige Dinge sollte er niemals vergessen: weder das Elend, das er in den Straßen New Yorks gesehen hatte, noch die Gleichgültigkeit, mit der man der Not begegnet war.

»Armut ist in jeder Stadt ein immenses Unglück«, klagte ein Reformer im selben Jahr, in dem Riis ausgewandert war, »aber in New York wird sie sogar als Verbrechen betrachtet.«

In der ausgesprochen materiell geprägten Atmosphäre des goldenen Zeitalters machten die meisten gut situierten New Yorker die weniger Glücklichen selbst für ihre Armut verantwortlich, wobei sie sich auf den bekannten und viel gerühmten Prediger Russell H. Conwell berufen konnten:

> *Die Chance, Reichtum zu erlangen, steht so gut wie jedem Mann und jeder Frau offen ... Vergessen wir nicht, dass es nicht einen einzigen Menschen in den Vereinigten Staaten gibt, der nicht durch sein eigenes Verschulden verarmt ist ... Armut ist auf jeden Fall zu verdammen.*
>
> Reverend Russell H. Conwell

**AL SMITH**

Der Anstoß, die horrendesten Auswüchse der Industrialisierung zu lindern, kam aus den Elendsquartieren der Lower East Side, die gegen Ende des 19. Jahrhunderts zur Brutstätte für politische und soziale Reformideen wurden.

1873, im gleichen Jahr, in dem Boss Tweed seine Gefängnisstrafe antrat, wurde im Hinterzimmer einer Wohnung am Ufer des East River eine der einflussreichsten Persönlichkeiten in der Geschichte von New York City geboren. Alfred Emanuel Smith, unter dessen Vorfahren deutsche, italienische und irische Einwanderer waren, wuchs an der South Street auf – direkt

gegenüber den Docks, an denen die Familie seiner Mutter drei Jahrzehnte zuvor aus Irland eingetroffen war. Und sein Vater – ein herzlicher, selbstständiger Fuhrmann – war Zeit seines Lebens stolz darauf, die Familie immer knapp über der Armutsgrenze gehalten zu haben.

Als Kind liebte Al Smith es, an der belebten Uferfront inmitten all der Schiffsmasten, dem Tauwerk und der Bugspriete zu spielen. Im Sommer planschte er mit seinen Freunden im schlammigen, gurgelnden Wasser des East River. Gern ließ er aus dem Fenster seiner elterlichen Wohnung im dritten Stock den Blick über den mächtigen Fluss schweifen und beobachtete das geschäftige Treiben, die Pferdegespanne auf der South Street und die gigantische Brücke, die langsam über dem Hafen in den Himmel wuchs.

»Ich wurde zusammen mit der Brücke groß«, erinnerte sich Al Smith rückblickend. »Und ich habe bis heute nicht vergessen, mit wie viel Neid und Bewunderung ich den Männern zuschaute, die unermüdlich damit beschäftigt waren, die Hängeseile zu spannen und die Bodenteile einzuhängen.«

An einem Sonntag im Winter stahl er sich mit seinem Vater heimlich auf die Baustelle, um die rohen Holzplanken der noch unfertigen Brücke zu betreten. Jahre später, verriet Smith, gab sein Vater gerne damit an, dass er und sein Sohn die ersten New Yorker Bürger waren, die seinerzeit die Brooklyn Bridge betreten hatten.

**Oben: Als dieses Porträt im Jahr 1890 aufgenommen wurde, war Al Smith – der zukünftige Gouverneur, Präsidentschaftskandidat und Lokalpolitiker, der das New York des kommenden Jahrhunderts nachhaltig verändern sollte – noch ein einfacher Arbeiter. Von seinen 12 Dollar Wochenlohn, die er sich auf dem Fulton-Fischmarkt verdiente und für die er 13 Stunden täglich Fässer rollte und Fisch verpackte, unterstützte er seine Mutter und seine Schwester. Jahre später erzählte Al Smith, der die Schule bereits mit 13 Jahren verlassen hatte (drei Jahre bevor dieses Foto entstand), oftmals stolz von seinem »F.F.M.« (Fulton-Fish-Market)-Examen.**

**Oben links: Dieses vier Jahre später aufgenommene Familienporträt zeigt Al Smith im Hintergrund. Seine Mutter ist sitzend in der ersten Reihe links zu sehen, seine Braut, Catherine Dunn, stehend außen rechts.**

Nachfolgende Doppelseite: Seine Kindheit verbrachte Al Smith in der Lower East Side auf den geschäftigen Piers an der South Street, wo er an heißen Sommertagen im trüben Wasser des East River herumtollte. Diese Aufnahme aus dem Jahr 1892 (Smith war gerade 19 Jahre alt) zeigt eine Gruppe von Jungen, die von den schwimmenden Holzpontons hinter dem Fulton-Fischmarkt ins Wasser springen, während im Vordergrund ein Arbeiter ein Fass mit Fischen zum Markt schleppt – der gleiche Job, dem Smith zu der Zeit nachging.

## PANIK

Die größte ökonomische Katastrophe des gesamten 19. Jahrhunderts ereignete sich im Herbst des Jahres 1873. Spekulative Investitionen in nordamerikanische Eisenbahnlinien hatten den europäischen Aktienmarkt bereits bis zu seinem Limit ausgereizt, als Anfang September der Konkurs der Northern Pacific Line eine globale Finanzkrise nach sich zog. Die ausländischen Banken zogen alsbald ihre Kredite zurück, und das Kapital aus Übersee floss immer spärlicher. New Yorks ohnehin schon überstrapazierter Aktienmarkt brach mit erschreckendem Tempo zusammen. Am Mittag des 18. September schlossen Jay Cooke & Company – die Maklerfirma, die für die Verbindlichkeiten der bankrotten Eisenbahngesellschaft haftete – für immer ihre Türen – die Folge war ein dramatischer Kurseinbruch an der New Yorker Börse.

»Die ganze Welt ist zu einem Dorf geworden«, bemerkte Baron Rothschild düster, während eine Metropole nach der anderen in den Strudel der sich ausbreitenden Panik gerissen wurde.

George Templeton Strong hielt Tag für Tag in seinem Tagebuch die Ereignisse fest, während sich die Finanzkrise verschärfte.

> *19. September 1873: Die Panik an der Wall Street wächst, und es sieht so aus, als ob diese Krise schwerwiegendere Folgen nach sich ziehen wird als jede andere seit 1857 ... Viele namhafte Börsianer haben bereits alle geschäftlichen Tätigkeiten eingestellt, unter ihnen Fisk & Hatch, die als geradezu unerschütterlich galten ... All dies ist vielleicht nur ein Sturm im Wasserglas, kann sich aber auch als eine sehr ernste Situation entpuppen.*

Am 20. September – der komplette Aktienmarkt drohte zusammenzubrechen – setzte die New Yorker Börse zum allerersten Mal in ihrer 81-jährigen Geschichte den Handel aus, um so das Schlimmste zu vermeiden. Doch es half alles nichts mehr. Innerhalb weniger Wochen schwappte eine Konkurswelle über das ganze Land: 5000 Unternehmen, 57 Finanzmakler und 89 Eisenbahnlinien meldeten Bankrott an.

In Folge der Schließung Aberhunderter von Fabriken und Handwerksbetrieben verloren Hunderttausende ihre Arbeit. Die Vereinigten Staaten stürzten in die schwerste ökonomische Krise ihrer bisherigen Geschichte.

> *27. Oktober: In der Wall Street verbreitet sich ein nervöses und fiebriges Unbehagen ob der stündlichen Gerüchte von Unterschlagungsfällen bei den Eisenbahnlinien und anderen großen Unternehmen. Das Vertrauen in die Banker und Börsianer ist verloren ... Jeder Schatzmeister oder Kassierer ist »verdächtig«, was nach der jüngsten Betrugsserie auch keineswegs verwundert ... Fabriken und Betriebe im ganzen Land entlassen Mitarbeiter oder setzen auf Kurzarbeit und Lohnkürzungen ...*
> *29. Oktober: ... Die Aussichten für den kommenden Winter sehen immer düsterer aus.*
>
> George Templeton Strong

Nirgends waren die Probleme härter zu spüren als in New York City. Im Winter des Jahres 1874 mussten 90.000 Arbeitslose ohne festen Wohnsitz – die meisten halb verhungert – in den Polizeistationen auf den vor Ungeziefer wimmelnden Fußböden schlafen.

Am Morgen des 13. Januar 1874 sammelten sich trotz bitterer Kälte 7000 Arbeiter und ihre Familien auf dem Tompkins Square, um in ihrer Not gegen die unmenschliche Situation und für Unterstützungsleistungen zu demonstrieren. Die offizielle Antwort kam ebenso prompt wie brutal: Berittene Polizeieinheiten schlugen die Versammlung mit Schlagstöcken nieder, zahlreiche Festnahmen erfolgten. »Ein fantastischer Anblick«, schwärmte der New Yorker Polizeichef, »wie entschlossen unsere Männer mit erhobenem Knüppel die Versammlung auflösten.«

Im März wurden auch die letzten Hilfsprogramme für Nichtsesshafte gestrichen. Bis zum Dezember 1874, so berichtete *Harper's Weekly*, waren bereits 900 New Yorker verhungert. Ganze 3000 Kinder waren ausgesetzt worden, und die Leichen weiterer 100 in Aschentonnen und auf Müllkippen gefunden worden.

Vergleichbares hatte sich nie zuvor zugetragen. Von der Krise des Jahres 1857 hatte man sich in weniger als einem Jahr erholt. Nun, da immer noch kein Zeichen der Besserung in Sicht kam, wurde klar, dass die aktuelle Misere weitaus ernsthafter war. Die anfängliche Panik des Herbstes 1873 hatte die erste dauerhafte Krise in der Geschichte der modernen Weltwirtschaft ausgelöst.

»Adieu 1874«, schrieb George Templeton Strong am letzten Tag des Jahres bedrückt. »Möge es im Jahr 1875 wieder bergauf gehen.«

## DAS ENDE EINER ÄRA

Doch für Strong sollte dieser Wunsch nicht in Erfüllung gehen. 1875 verließ er die Anwaltskanzlei, die sein Vater ein halbes Jahrhundert zuvor eröffnet hatte. Mehr als 34 Jahre lang war er Tag für Tag in sein Büro in der Wall Street geeilt, um sich – nach seinen eigenen Worten – verbissen der »beschwerlichen Arbeit zu widmen, die Maschine am Laufen zu halten«. Nun war es vorbei. »Es erscheint mir wie ein Traum«, schrieb er, »dass ich mich nun aus den Geschäften heraushalten kann, ohne ein schlechtes Gewissen haben zu müssen.« Jede Woche besuchten ihn alte Freunde, einstige Geschäftspartner oder Kriegskameraden. Seine Besorgnis wuchs, und er durchlebte Phasen tiefer Melancholie sowie schwerer Migräneattacken.

*Samstag, 12. Juni 1875: Ich wollte mit Ellie eine Ausfahrt in den Park machen, aber das miserable Pflaster in der Fifth Avenue verursachte mir solche Pein, dass ich umkehren musste und völlig erschöpft zu Hause ankam.*

*Freitag, 25. Juni: Es geht mir alles andere als gut, und ich fühle mich wie ein Fisch auf dem Trockenen. Letzte Woche litt ich unter einer entsetzlichen Migräneattacke und Übelkeit. Ich bin so schwach wie eine Seeanemone bei Ebbe. Und es ist keinerlei Besserung in Sicht.*

Dies war der letzte Eintrag in sein Tagebuch, das er mehr als 40 Jahre lang geführt hatte. Am 21. Juli 1875 verstarb George Templeton Strong 55-jährig in seinem Haus am Gramercy Park. Zwei Tage später wurde er auf dem Friedhof der Trinity Church beigesetzt.

## PHÖNIX

Jahr um Jahr versank die Stadt tiefer in die Misere. Die Anzeichen der Wirtschaftskrise waren allerorten sichtbar. Auf der gesamten Länge des Broadway veräußerten bankrotte Firmen ihre Büroausstattungen, vor leeren Schaufenstern fanden sich kaum noch Kunden ein. »Geschäfte, Warenlager und Handwerksbetriebe sind überall wie leer gefegt«, stellte der Bürgermeister fest.

An einem trostlosen Februarmorgen im vierten Jahr der Depression wurde eine gigantische Frauenhand auf dem Madison Square aufgebaut. Sie war Teil einer riesigen Statue, die die Franzosen dem amerikanischen Volk zum Geschenk machen wollten und die mitten im New Yorker Hafen aufgestellt werden sollte. Die Stadt sollte lediglich die Kosten für den Sockel übernehmen. Das Vorhaben stieß jedoch auf den Widerstand der Bevölkerung. »Kein wahrhafter Patriot kann in der jetzigen Wirtschaftsmisere die Finanzierung einer Bronzestatue unterstützen«, erklärte die *New-York Times*.

So stand die Hand mit der emporgehaltenen Fackel Jahr um Jahr unverändert an der Fifth

**Um Geld für den Sockel der Freiheitsstatue zu sammeln, wurde 1876 deren rechte Hand mit der Fackel an der Westseite des Madison Square aufgestellt, wo sie vier Jahre lang von vorbeikommenden Passanten verwundert betrachtet werden konnte.**

Fast drei Jahre nach Baubeginn wurden 1872 die aufwändigen, von der Bevölkerung jedoch kaum beachteten Arbeiten am Fundament der Brooklyn Bridge beendet. Erst jetzt wuchsen die mächtigen Brückenpfeiler nach und nach in die Höhe (oben die Manhattaner Uferseite). Es dauerte weitere fünf Jahre, bis die Pfeiler fertig waren und durch eine erste Behelfsbrücke miteinander verbunden wurden (unten eine Gruppe Finanziers 1877 auf der Brooklyn-Seite). Die massiv gemauerten Stützpfeiler wogen je 54.000 Tonnen und stellten die bei weitem mächtigste technische Konstruktion des ganzen Landes dar.

Regelmäßig mit der Fähre zwischen Brooklyn und Manhattan pendelnd, zeigte sich der Fotograf Joshua H. Beal fasziniert vom Anblick der mächtigen Brücke. 1876 bestieg er den Pfeiler am Brooklyn-Ufer, um von dessen Spitze aus sein berühmtes Panoramafoto zu machen. Anschließend entwickelte er aus fünf Negativen ein mehr als zwei Meter langes Bild.

**Das Panorama zeigt eine noch relativ flache Skyline, aus der der Turm der Trinity Church (links im Bild) als höchster Punkt herausragt. Doch der Brückenpfeiler und erste Bürogebäude um den City Hall Park links davon, darunter der soeben fertig gestellte neunstöckige Sitz der *New York Tribune*, sind bereits Vorboten des Trends, in die Höhe zu bauen.**

Avenue. »Beschämend«, so formulierte eine Zeitung, sei es zum Beispiel für vorbeikommende Kindermädchen, die sich damit zu plagen hätten, ihren Schutzbefohlenen den Sinn dieser surrealen Skulptur mit dem 2,40 Meter hohen Zeigefinger zu erklären. Als das Objekt irgendwann an Interesse verlor, machte eine Zeitung den Vorschlag, die gigantische Figur nach deren Fertigstellung wieder in Einzelteile zu zerlegen und auf die Parks der Stadt zu verteilen.

Am Ufer des East River gingen die Arbeiten an der Brooklyn Bridge – erschwert durch finanzielle Probleme, Streiks, Korruption und eine Reihe entsetzlicher Arbeitsunfälle – bereits in ihr siebtes Jahr, ohne dass ein Ende in Sicht gewesen wäre. Während der Überwachung der Arbeiten am Brückenfundament hatte sich Roebling in der dicht komprimierten Luft der Caissons – also in den bis tief unter das Flussbett hinabreichenden Senkkästen – eine mysteriöse neue Krankheit, die so genannte Caisson-Krankheit, zugezogen. Seit Jahren hatte er die Baustelle nicht mehr persönlich besucht. Dennoch gingen die Arbeiten weiter, und der Chefingenieur überwachte sie fortan per Fernglas von seinem Schlafzimmerfenster aus. Seine Frau Emily übernahm praktisch die Bauaufsicht über dieses Mammutprojekt und überbrachte den vor Ort Tätigen tagtäglich neue Instruktionen.

Langsam erhoben sich die riesigen Pfeiler über dem Hafen und bereicherten das Stadtbild um eine neue Dimension. Wie außerirdische Besucher wuchsen die 120 Millionen Pfund schweren Konstruktionen weit über die Dächer der Häuser hinaus und wurden zu den mächtigsten Bauwerken des gesamten nordamerikanischen Kontinents.

An einem eisigen Januarmorgen des Jahres 1876, in der tiefsten Talsohle der Rezession, schleppte der Fotograf Joshua H. Beal seine schwere Ausrüstung 30 Treppenabsätze hinauf, um von der offenen Plattform des gerade fertig gestellten Brooklyn-Pfeilers aus fünf Glasplattenfotos zu machen, die er sorgfältig zu einer 2,20 Meter langen Aufnahme zusammenfügte.

Das eindrucksvolle Panoramafoto zeigte den New Yorkern ihre Heimat, wie sie sie noch nie zuvor gesehen hatten: eine Stadt, die trotz aller Probleme schneller gewachsen war als je eine andere zuvor und die keine herkömmliche Großstadt mehr war, sondern vielmehr eine vor Leben brodelnde, kaum fassbare Metropole.

»Sie erstreckt sich, so weit das Auge reicht«, beschrieb der Franzose Paul Bourget wenige Jahre später den gleichen atemberaubenden Ausblick. »Für uns, die wir in Städten groß wurden, die wie Bäume langsam und unregelmäßig gewachsen sind und die den vielseitigen und pittoresken Charakter der Natur widerspiegeln, wirkt diese durchgeplante, nach rein praktischen Überlegungen konzipierte Stadt beinahe unwirklich. Ihre schiere Größe und das kolossale

Im Jahr 1877 beobachteten die New Yorker staunend, wie die beiden mächtigen Pfeiler der Brooklyn Bridge über vier frei schwebende Stahltrossen als Hängevorrichtung für die späteren Stahlstreben der Brücke miteinander verbunden wurden. Nach der Fertigstellung mehr als anderthalb Jahre später bestand jede der Trossen aus über 3.500 Meilen Stahldraht.

Bald nachdem er im Jahr 1879 in seinem Labor in Menlo Park, New Jersey, die elektrische Glühbirne erfunden hatte, erklärte der junge Thomas Alva Edison (links außen) seine Absicht, die Metropole jenseits des Hudson in die erste mit elektrischem Licht ausgestattete Stadt der Welt zu verwandeln. Der erste Bezirk, den er sich vornahm – von Edison als District One bezeichnet –, lag in Lower Manhattan, nördlich der Wall Street, und war 2,5 qkm groß. Hier befanden sich unter anderem die Büroräume des Bankers J. P. Morgan und der Sitz der *New York Times.* Während Arbeiter die Gräben für 14 Meilen unterirdisch verlegter Kabel aushoben, ließ es sich der 31-jährige Erfinder nicht nehmen, des Öfteren die Ärmel hochzukrempeln und persönlich mit anzupacken.

Im Jahr 1883 begann der Investmentbanker John Pierpont Morgan – der mächtigste Wirtschaftsmogul der Vereinigten Staaten – seine Kampagne, mit der er Ordnung in das Chaos an der Wall Street brachte. Mehrere Jahrzehnte lang reorganisierte und rationalisierte er die in einen ruinösen Konkurrenzkampf verstrickten Eisenbahngesellschaften, indem er zielgerichtet kleinere Unternehmen zu größeren zusammenschloss. Eher konservativ geprägt, erkannte Morgan dennoch schnell die kommerziellen Chancen, die hinter der neuen Technologie steckten, und gab Edison eine Anschubfinanzierung, um ihm den Ausbau der elektrischen Stadtbeleuchtung zu ermöglichen.

Ausmaß ihrer technischen Errungenschaften sprengen schier die Grenzen des Vorstellbaren.«

So überwand New York immer wieder extreme Höhen und Tiefen. Aus den Ängsten und der Verzweiflung der wirtschaftlichen Depression erwachte die Stadt langsam wieder zu neuem Leben und tat die ersten tastenden Schritte in eine vollkommen neue Ära.

Im Herbst 1878 trat in Lower Manhattan eine der ersten Telefonverbindungen in Aktion. Sechs Monate später erschien das erste »Telefonbuch«, eine kleine, zweiseitig bedruckte Karte mit nur 252 Namenseintragungen. Ein wirres Netz an Telefondrähten durchzog nun neben den Telegrafenleitungen den Himmel über den Straßen der City – »ein regelrechtes Labyrinth an Kabeln«, befand der Engländer Walter G. Marshall 1879, »das die Dächer untereinander verbindet und dessen enges Gewirr beinahe den Himmel verdunkelt.«

Wenige Jahre später wurden die New Yorker von einer neuen Erfindung überrascht, die das Stadtleben für immer nachhaltig verändern sollte. Monatelang hatte ein Team von Technikern unter der Leitung des Erfinders Thomas Alva Edison rund um die Uhr gearbeitet, um in der Pearl Street das erste kommerzielle Elektrizitätswerk der Welt zu errichten. Am Nachmittag des 4. September 1882, um Punkt 15.00 Uhr, betätigte der Elektriker John Lieb schließlich den Hauptschalter. In Windeseile verbreitete sich der Strom durch die Kabel und brachte die 3000 Laternen zum Leuchten, die in einem gut einen Quadratkilometer großen Gebiet in Lower Manhattan neu installiert worden waren. Das Zeitalter der Gaslampen war beendet.

»Die Wirkung des elektrischen Lichts ist kaum zu beschreiben, so unglaublich und schön ist es«, befand der britische Journalist W. E. Adams.

> *5. September 1882. Von den Geschäften und Büros in Lower Manhattan ging gestern ein seltsamer Lichtschein aus. Das gedämpfte, flackernde Licht der Gaslampen … war durch ein gleichmäßiges, strahlendes und warmes Leuchten ersetzt worden, das die Innenräume erhellte und durch die Fenster nach außen drang.*
>
> *New York Herald*

Doch während das elektrische Licht zum ersten Mal erstrahlte, war bereits eine andere ungeheure Veränderung im Gange, die für die Stadt und das ganze Land weit reichende Konsequenzen haben sollte.

Als der Schalter betätigt wurde, befand sich Edison selbst nicht in der Pearl Street, sondern im Büro seines Hauptgeldgebers – des 45-jährigen Wall-Street-Patriarchen John P. Morgan, der just in diesem Moment fast im Alleingang die Wiederauferstehung der US-Wirtschaft einleitete. Seit Hamilton hatte niemand mehr einen solch unerschütterlichen Glauben in die Möglichkeiten des Kapitalismus gehabt. Und

»Jeder Amerikaner hat den Wunsch, einmal New York zu sehen«, heißt es in einem Stadtführer von 1872, »die größte und wunderbarste Stadt im ganzen Land.« Für die meisten Besucher war der erste Anlaufpunkt der Broadway – das quirlige kommerzielle Rückgrat der Stadt. Die zahlreichen öffentlichen Verkehrsmittel brachten die Besucher vom Hotelviertel am Madison Square nach Süden zu einer ganzen Flotte mächtiger Geschäftshäuser, die sich von der 23rd Street bis zur 14th Street erstreckte. Dieser Straßenabschnitt, der in den 1870er Jahren zum Mittelpunkt einer ganz neuen amerikanischen Konsumkultur und zum größten Einkaufsviertel der Welt wurde, erhielt bald den Beinamen »Ladies' Mile«.

»Besuchen Sie den Broadway«, forderte der *New York Independent* seine Leser in einer Ausgabe des Jahres 1878 auf, »und Sie werden die wahre Bedeutung des Wortes Extravaganz verstehen lernen.«

Im Zentrum des Distrikts traf man auf eine neue und außergewöhnliche Form des Einzelhandels, die wenige Jahrzehnte zuvor in New York entstanden war: das Kaufhaus. Bis 1846 hatten die New Yorker eingekauft wie jeder andere: in einzelnen Läden, die jeweils auf eine Warengruppe spezialisiert waren. Doch im gleichen Jahr eröffnete der schottisch-irische Kaufmann Alexander Turney Stewart an der Ecke Broadway und Chambers Street einen riesigen, fünf Etagen umfassenden Komplex, in dem unter einem Dach Dutzende kleiner »Departments« vereint waren. Dieses erste Kaufhaus Amerikas trug den illustren Namen Marble Palace – Marmorpalast.

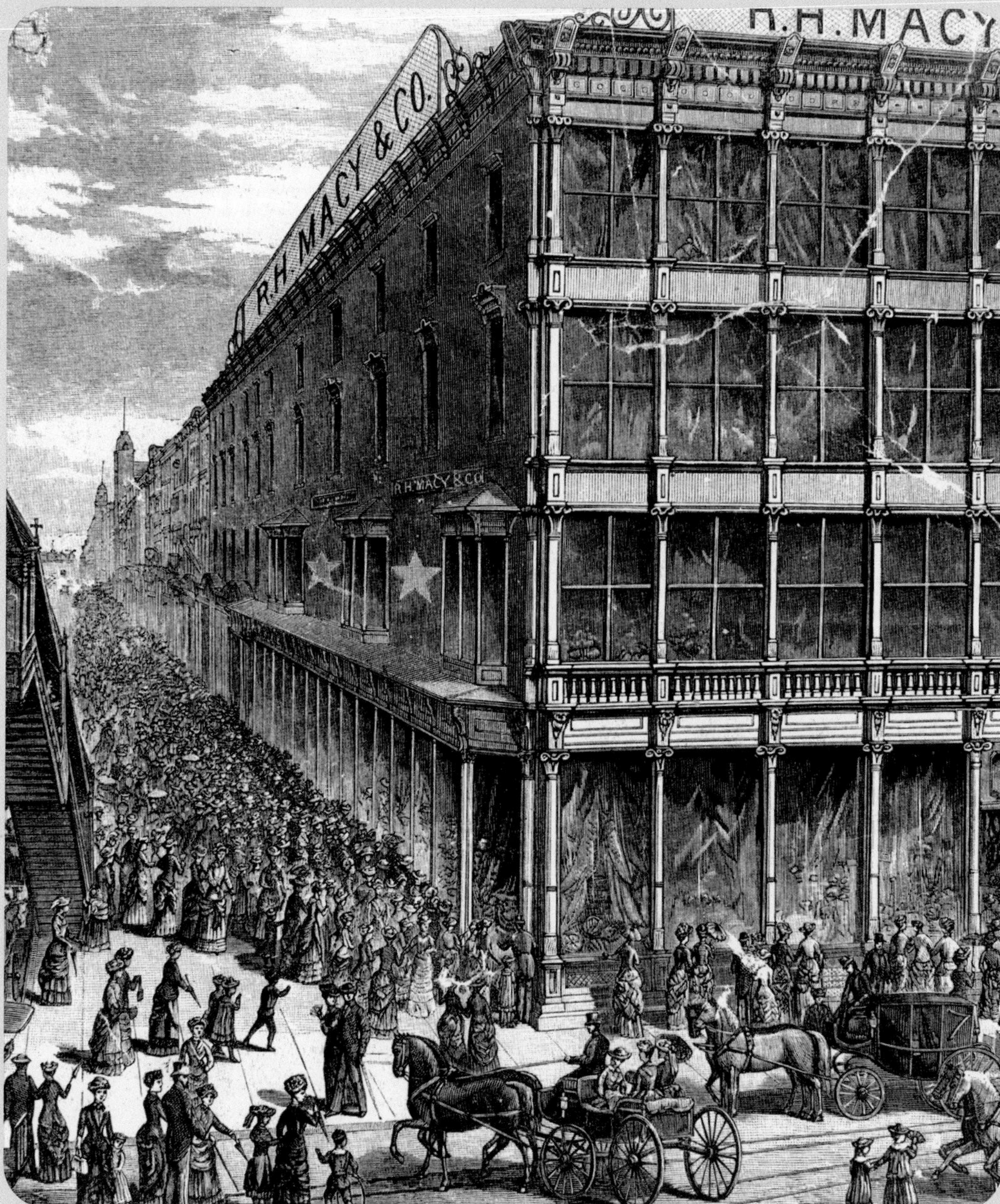


Dieses größtenteils aus Gusseisen gefertigte Gebäude Ecke 14th Street/Sixth Avenue diente dem Kaufhausmillionär R.H. Macy als Standort, bevor er 1902 mit seinem Warenhaus an den Broadway in Höhe der 34th Street umzog.

*Mit seinen unzähligen hell erleuchteten Fenstern und den weißen Fensterbrüstungen, die sich gegen den Abendhimmel abheben, sieht das Gebäude aus wie ein Feenpalast … Der Broadway scheint wie in ein wunderschönes, traumhaftes Märchen verwandelt.*

*Cincinnati Commercial*

»[Es ist] weitläufig und großartig«, berichtete Philip Hone, »nicht vergleichbar mit irgendetwas anderem in der Alten wie der Neuen Welt.« Im Jahr 1862 eröffnete Stewart an der Ecke Broadway und 10th Street ein noch größeres Kaufhaus, das die Kunden durch seine schieren Dimensionen sprachlos machte. Allein im Erdgeschoss verfügte es über Verkaufstresen von insgesamt 1,5 Kilometer Länge, beherbergte eine 24 Meter hohe Rotunde und bot Platz für täglich 50.000 Kunden. Zu ihnen zählte auch Mary Todd Lincoln, die ihren Mann dadurch erzürnte, dass sie 1864 bei ihren Einkaufsorgien mehr als 5.000 Dollar ausgab.

Wenige Häuserblocks weiter war zur gleichen Zeit Stewarts Erzrivale, der ehemalige Schiffskapitän Roland H. Macy, bereits dabei, das neue Kaufhauskonzept weiter auszubauen. Das Marketinggenie erweiterte in seinem Gebäude an der 14th Street das bisher übliche Warenangebot, steigerte die Kundenzahlen durch gezielte Sonderangebote und »erfand« 1874 die Weihnachtszeit als spezielle Einkaufssaison, indem er die Öffnungszeiten verlängerte, die Schaufenster liebevoll dekorierte und einen Mitarbeiter in eine Weihnachtsmannverkleidung steckte.

Verkaufsstand mit Sonderangeboten im Siegel-Cooper-Kaufhaus 1897. Mitten im Zentrum der Ladies' Mile an der 18th Street und Sixth Avenue gelegen, war Siegel-Cooper mit fast 73.000 qm Verkaufsfläche das größte Warenhaus der Stadt. Allein am Eröffnungstag im Jahr 1896 warteten über 150.000 Menschen vor den Türen.

Bis zum Jahr 1879 hatten sich schließlich mehr als 20 große Kaufhäuser und unzählige Spezialitätengeschäfte – darunter B. Altman, Lord & Taylor, Brooks Brothers und Tiffany – am Broadway und bis hinüber zur Sixth Avenue Ecke 23rd Street versammelt.

Die staunende Menge, die sich jetzt an den Schaufensterscheiben – ebenfalls ein Novum – vorbeidrängelte, war von der unglaublichen Fülle des Warenangebotes schlicht überwältigt: Schaufenster an Schaufenster, Laden an Laden, Häuserblock an Häuserblock – fast eine ganze Meile lang. »Auch wenn aus irgendeinem Grunde das ganze restliche New York der Zerstörung anheim fiele«, bemerkte der Herausgeber von *Harper's Monthly*, »dann könnte der Broadway die Überlebenden problemlos mit allen erdenklichen Luxusgütern versorgen – von opulenten Mahlzeiten bei Delmonico's bis hin zu Krallenäffchen, vom Kaschmirschal bis zur kompletten Inneneinrichtung, von mächtigen Bronzefiguren bis zu Seidenstrümpfen, von Zigaretten bis zu fein gewürztem Schweineschmalz.«

Auf den geschäftigen Straßen drängten sich von Pferden gezogene Straßenbahnen und private Kutschen neben endlosen Massen an gut gekleideten und von Geschäft zu Geschäft eilenden Kunden. Besonders erstaunte die Tatsache, dass dieses neue Einkaufsparadies hauptsächlich auf die weibliche Kundschaft ausgerichtet war. So wurden die Warenhäuser und die Einkaufsstraßen vor allem von Frauen bevölkert, die auf Tausende von Verkäuferinnen stießen, die verwirrenderweise oft die gleichen modischen Kleider trugen wie ihre reichen Kundinnen, allerdings in einer einfacheren Version.

»Ob sie ein- oder verkaufen, bedienen oder bedient werden – fast immer stößt man auf Frauen«, erinnerte sich ein Beobachter. »In jeder Etage, in jeder Abteilung, an jedem Verkaufstresen – Frauen ... an jeder Kasse, am Packtisch, umhereilend mit Taschen und Wechselgeld – Frauen. Die sich in den Gängen und Fluren drängelnde Menschenmenge – Frauen. Eine durch und durch weibliche Kundschaft, stets in Bewegung, in der die vereinzelt auftretenden Männer – zumeist Buchhalter oder Abteilungsleiter – eher verloren und beinahe fehl am Platze wirken.«

»New York«, stimmte ein anderer Augenzeuge ein, »ist einfach ein Paradies für Frauen.«

*Zu Beginn ... erfüllten die riesigen, mit großem Aufwand betriebenen Kaufhäuser lediglich denselben Zweck wie der Dorfladen in einem abgelegenen Ort: nämlich die Kunden mit dem Nötigen zu versorgen. Das Kaufhaus in der Großstadt geht jedoch inzwischen weit darüber hinaus. Es erweckt gezielt Appetit und schafft Wünsche, an deren Erfüllung der Kaufhausbetreiber verdient.*

Anne O'Hagan

Um die Zahl der Kundschaft noch zu erhöhen, erweiterten die Kaufhäuser ihre Angebotspalette bald um Teestuben, Schreibbüros, Kochkurse, Gratis-Konzerte – alles mit dem Ziel, die Verweildauer und Kauflust der Kunden zu steigern. Ein ganz neues Wort – *window shopping* bzw. Schaufensterbummel – beschrieb die allseits beliebten Spaziergänge auf dem Broadway, bei denen die Angebote der Geschäfte bewundert wurden.

»Der perfekte Basar«, so der englische Tourist Iza Duffus Hardy. »Nicht nur, dass in den Schaufenstern eine breit gefächerte Auswahl an Waren überaus attraktiv präsentiert wird – von der exotischen Blume über bunt glasierte Kacheln und eigens aus Paris importierte Damenhüte bis hin zu pinkfarbenen Satinstiefelchen –, auch auf den Bürgersteigen werden dem Passanten ebenso verlockende wie preiswerte Angebote unterbreitet.«

Für einige war die Versuchung allzu groß. In den 1870er Jahren verbreitete sich die Kleptomanie unter der Mittelschicht wie eine Epidemie und überschwemmte die Ladies' Mile. »Selbst höchst respektable Damen sind dabei erwischt worden, wie sie sich durch ihre Besessenheit nach Modeartikeln dazu hinreißen ließen, kleinere, aber kostbare Accessoires wie Spitzen, Taschentücher etc. mitgehen zu lassen«, berichtete der Autor James D. McCabe jr. »Solcherlei Diebstähle werden jedoch in der Regel auf Grund der guten Verbindungen der Täterinnen erfolgreich vertuscht.«

*Welch mächtige menschliche Gezeitenströme Tag und Nacht,*
*Welch Leidenschaft, Siege und Niederlagen, welch Inbrunst tragen sie mit sich!*
*Welch teuflische Strudel, welch Segen und Kummer bergen sie!*
*Welch fragend staunende Blicke – ein Glitzern der Liebe!*
*Argwohn, Missgunst, Zorn, Verachtung, Hoffnung, Sehnen!*
*Du Portal – du Bühne – mit deinen unzähligen langen Konturen.*
*(Könnten doch deine Steinfliesen, Türschwellen, Fassaden ihre einzigartigen Geschichten erzählen;*
*Deine zahlreichen Fenster und prachtvollen Hotels – deine breiten Bürgersteige);*
*Du und die zahllosen eilenden, schreitenden, scharrenden Füße!*
*Du Abbild der bunt gewürfelten Welt – gleich dem endlosen, taumelnden, täuschenden Leben!*
*Du viel beachtetes, endloses und unbeschreibliches Spektakel und Lehrstück zugleich!*

Walt Whitman, *Broadway*, 1888

niemand in der Geschichte der USA sollte jemals mehr Einfluss in einer Person vereinigen.

Gut 1,85 Meter groß und von kräftiger Statur war Morgan, so ein Bewunderer, »ein stimmgewaltiger Hüne«, der ein außergewöhnliches Maß an Autorität ausstrahlte. »Seinem Blick standzuhalten«, bestätigte der Fotograf Edward Steichen, »war, als ob man direkt in die Scheinwerfer eines heranbrausenden Zuges schaute.«

Als Sohn eines reichen, aus Neuengland stammenden Bankers und mit engen Beziehungen zum Londoner Kapitalmarkt ausgestattet, hatte Morgan während der rosigen Zeiten des Nachkriegsbooms ein Vermögen an der Wall Street gemacht. Doch wie schon Peter Stuyvesant war Morgan ein Ordnungs- und Disziplinfanatiker, der – wie viele seiner Zeitgenossen – den für das goldene Zeitalter typischen Mangel an Marktreglementierungen sowie den ruinösen Konkurrenzkampf und den verschwenderischen Bauboom ablehnte. Morgan war davon überzeugt, dass ein Markt nur dauerhaft funktionieren konnte, wenn man gewisse Regeln aufstellt, die von allen Beteiligten strikt befolgt werden. »Wir wollen kein unkontrollierbares Auf und Ab, das sich von Tag zu Tag ändert«, erklärte er. Die aktuelle Lage gab ihm Recht, und da ihr die meisten Konkurrenten zum Opfer gefallen waren, hatte er freie Bahn. Von seinem Büro aus – den ersten Räumen in der Wall Street, die mit Edisons neuem Beleuchtungssystem ausgestattet worden waren – setzte er konsequent seinen ganzen Einfluss dafür ein, das übliche Geschäftsgebaren auf eine neue Grundlage zu stellen.

Zunächst zwang er die Eisenbahngesellschaften dazu, sich nicht länger gegenseitig zu unterbieten. Dadurch, dass er in den Aufsichtsrat jedes von ihm treuhänderisch verwalteten Unternehmens eigene Vertrauensleute setzte, garantierte er die von ihm geforderte Disziplin. Dann kaufte er selbst Eisenbahnlinien auf und reorganisierte sie, indem er kleinere Gesellschaften zu größeren zusammenschloss und deren Firmensitze nach New York verlegte.

Seine wohl durchdachten Konsolidierungsmaßnahmen wurden bald mit einem eigenen Begriff bezeichnet – »morganizing«. Nach kurzer Zeit nannte J. P. Morgan ein Sechstel des gesamten Schienennetzes der USA sein Eigen, insgesamt 33.000 Meilen. Die Zeit des Cowboy-Kapitalismus und der uneingeschränkten Spekulation war wohl ein für alle Mal vorbei.

Es war zu einem großen Teil Morgan zu verdanken, dass im Jahr 1883 die wirtschaftliche Depression endgültig überwunden war. In New York herrschten von Neuem Geld und Macht.

»Nacht für Nacht«, erinnerte sich ein Beobachter, »waren Morgans Büros in der Wall Street hell erleuchtet, auch wenn die Lichter überall sonst in New York schon längst verloschen waren.« Der Finanzmagnat und seine Mitarbeiter waren dabei, einen zukunftsweisenden Weg für den uneingeschränkten Siegeszug des Kapitalismus zu konzipieren.

*Er lebt in seiner eigenen Welt, aber er kümmert sich auch um unsere ... Das unterscheidet ihn von seinen Kollegen. Er versteht genau, dass man die Gans, die goldene Eier legt, nicht schlachten darf. Das ist keine besondere Erkenntnis? Nein, aber eine, die nur wenige von uns haben – sehr wenige. Und wenn es wieder mal nötig ist, ... ruft Morgan uns zur Vernunft. Und wir hören auf ihn.*

Ein Wall-Street-Broker,
zitiert von Lincoln Steffens

### THE PEOPLE'S DAY

Im Frühjahr 1883, sieben Jahre nach Fertigstellung der Pfeiler und 14 Jahre nach Baubeginn, war die Brooklyn Bridge so gut wie vollendet.

Es hatte dreimal so lange gedauert und fast doppelt so viel gekostet wie von John Roebling geplant. Über 5000 Arbeiter – vor allem irische, deutsche und italienische Einwanderer – hatten den Bau für zwei Dollar Tageslohn mühsam Zentimeter um Zentimeter hochgezogen.

Allein schon die mächtigen Brückenpfeiler waren eine beeindruckende Leistung gewesen, doch was dann kam, stellte alles in den Schatten. 14.000 Meilen Drahtseil wurden kreuz und quer über dem Fluss verspannt und, gebündelt in vier gigantischen Kabeln, über die Pfeiler gezogen.

Dazwischen hängte man eine Straße auf, die breiter als der Broadway und fast 400 Meter lang war. Ohne Stützpfeiler trug das Spinngewebe aus Stahl die Fahrbahn von einem Ufer zum anderen, und von unten betrachtet hatte man den Eindruck, als schwebe sie in der Luft.

Fünf Tage vor der auf den 24. Mai festgesetzten Eröffnungsfeier wurden die letzten der 70 elektrisch betriebenen Lichtbögen aufgehängt, die kurz vor Mitternacht erstmals probehalber eingeschaltet wurden. Die Pendler auf

*Siehst du nicht, Seele, Gottes Absicht von Anbeginn:*
*Dass die Erde umspannt und umflochten werde mit einem Netz,*
*Dass die Rassen, die Nachbarn Ehen untereinander schließen,*
*Dass die Ozeane durchquert, Entferntes nahe gebracht,*
*Die Länder zusammengeschweißt werden sollen?*

Walt Whitman,
*Durchfahrt nach Indien*, 1871, 1881

Am Abend des 23. Mai 1883 erreichten die den ganzen Tag über andauernden Feierlichkeiten zur Eröffnung der Brooklyn Bridge ihren Höhepunkt mit dem größten Feuerwerk der Stadtgeschichte. Über eine Stunde lang explodierten ohne Unterbrechung 10.000 Feuerwerkskörper – insgesamt 14 Tonnen – über dem Fluss, während weitere Raketen über New York und Brooklyn in den Himmel schossen. Nach dem gigantischen Finale – 500 Raketen, die alle auf einmal gezündet wurden – erlebten die Besucher ein weiteres unerwartetes Spektakel. »Gerade war der letzte Feuerwerksfunke erloschen«, schrieb die *Tribune*, »da ging der Mond langsam über dem Brückenpfeiler auf und warf seinen breiten Lichtstrahl wie einen Segen über den Fluss.«

**Der ebenso geniale wie kreative Brückenarchitekt John Roebling errichtete oberhalb der Fahrbahn und der Straßenbahnschienen einen Fußgängerweg, den er als »erhöhte Promenade« bezeichnete. Dort können »Spaziergänger, Junge, Alte und Invaliden bei schönem Wetter über die Brücke flanieren und den schönen Ausblick und die frische Luft genießen. ... In einer beengten Industriestadt wird [dies] von unschätzbarem Wert sein.« Am Eröffnungstag der Brücke nutzten 150.000 Menschen die Promenade, um sich den atemberaubenden Blick über die Stadt und den Hafen nicht entgehen zu lassen. In den kommenden Jahrzehnten sollten es ihnen Millionen nachtun.**

den letzten Fähren nach Brooklyn blickten fasziniert zu der majestätischen Brücke hinüber, die – in blauweißes Licht getaucht – vor dem dunklen Himmel erstrahlte. Auch wenn es nicht allen bewusst war, so bot dieser Anblick gewissermaßen einen Ausblick in eine von Elektrizität und Stahl bestimmte Zukunft.

Der 24. Mai 1883, später in Erinnerung an die Brückeneröffnung zum »People's Day« ernannt, begann als milder und wolkenfreier Tag. Bis zum Mittag hatte fast jedes Geschäft seine Türen geschlossen. Vor den Augen Zehntausender jubelnder New Yorker führten Präsident Chester A. Arthur und Gouverneur Grover Cleveland die Festprozession den Broadway hinunter und dann über die mächtige Brücke.

Am gegenüberliegenden Ufer wurden sie von Brooklyns Bürgermeister Seth Low und Emily Roebling in Vertretung ihres immer noch geschwächten Gatten begrüßt.

Anschließend statteten der Präsident und der Gouverneur dem Ingenieur einen Besuch in seinem Wohnhaus in Brooklyn Heights ab. Roebling zeigte sich geehrt, stellte jedoch das ganze Aufhebens um die Einweihung in Frage. »Weshalb stellt man nicht einfach ein Schild auf, dass die Brücke nun geöffnet ist?«, schlug er vor.

Eine hohe Persönlichkeit nach der anderen hielt eine Lobesrede auf das Wunderwerk der Ingenieurskunst. »Die majestätische Konstruktion übertrifft unsere kühnsten Hoffnungen«, schwärmte der Bürgermeister. »Mit jedem Besuch der Brücke wächst unsere Bewunderung für sie, und niemand wird ihren Anblick jemals wieder vergessen können.«

Henry C. Murphy – Lows Vorgänger und einer der ersten und überzeugtesten Förderer des Brückenbauprojekts – erinnerte an die unausweichlichen politischen Konsequenzen der neuen Verbindung. »Man muss kein Prophet sein«, sagte er, »um das Zusammenwachsen von New York und Brooklyn vorauszusehen. Der Fluss wird die beiden Städte nicht länger trennen, und die Brücke zwischen ihnen wird als ein Koloss des Kommerzes dem ökonomischen Aufschwung dienen.«

Während die Ansprachen kein Ende nahmen, strömten den ganzen Nachmittag über Tausende Bürger New Yorks und Brooklyns auf die Brücke und waren überwältigt von der Schönheit der Konstruktion, der grandiosen Aussicht und der unfassbaren Höhe über dem Fluss.

Bei Sonnenuntergang wurde die Brücke dann geräumt, um das größte Feuerwerk in der Geschichte New Yorks zu entzünden. Über eine Stunde lang wurden 14 Tonnen Feuerwerkskörper von der Brücke, von Booten, von den beiden Ufern und sogar von Gasballons aus in den Himmel geschossen. Die atemberaubende Schlusssalve bestand aus 500 gleichzeitig abgefeuerten Raketen, die den Himmel über der eindrucksvollen Brückenkonstruktion in ein einziges Lichtermeer verwandelten.

*Bald werden die Tausende, die jeden Morgen die Brücke nutzen, sie als etwas ebenso Alltägliches ansehen wie den Sonnenaufgang. Sie werden die Verkehrsprobleme vergessen, die vor der Fertigstellung dieses Baus bestanden haben. Und sie werden den unbeugsamen Mut, den unerschütterlichen Glauben und die Genialität des Erbauers nicht hoch genug schätzen können.*

Thomas Kinsella, *Brooklyn Daily Eagle*

### »F.F.M.«

Die New Yorker und Brooklyner nahmen die Brücke so selbstverständlich an, als habe es sie schon immer gegeben. Allein am Eröffnungstag wurde sie von fast 2000 Fahrzeugen und über 150.000 Fußgängern überquert.

Doch eine Woche später, am 31. Mai, kam es zur Katastrophe. 20.000 Menschen befanden sich auf der Brücke, um das wunderbare Frühlingswetter zu genießen, als eine Frau auf einer engen und übervölkerten Treppe stolperte. Irgendwer rief daraufhin aus, die Brücke stürze ein. In der sich innerhalb von Sekunden ausbreitenden Verwirrung und Panik wurden auf dem engen Treppenaufgang zwölf Menschen zu Tode gedrückt. Die anschließende Massenflucht forderte nochmals Hunderte Opfer.

Unter den entsetzten Augenzeugen befand sich auch Al Smith, dessen kränkelnder Vater während der Bauphase als Wachmann auf der Brücke gearbeitet hatte. Er spielte gerade mit seinen Freunden unter dem Stützpfeiler am Manhattan-Ufer, als eine dunkle Wolke an Mänteln, Hüten, Regenschirmen und Brieftaschen auf sie herunterregnete. »Zum ersten Mal in meinem Leben sah ich ein solches Unglück«, erinnerte er sich später. »Ich konnte danach tagelang nicht schlafen.«

Doch dies sollte nur eine von vielen schlimmen Kindheitserinnerungen sein. Drei Jahre später starb Al Smiths Vater im Alter von 45 Jahren als Folge der ständigen Überarbeitung und einer schleichenden Krankheit, die nicht nur sein Leben, sondern auch das Geld der Familie aufzehrte. Er ließ seine Frau mit den beiden Kindern Al und Mary mittellos zurück.

Es war der Wendepunkt in Smiths Leben. Er erinnerte sich später daran, wie bedrückt die Familie auf dem Heimweg von der Beerdigung war – auch angesichts der drohenden Armut. Den neuen Gesetzen entsprechend war sogar zu befürchten, dass die Kinder unter staatliche Obhut kommen würden, falls die Witwe nicht in der Lage sein sollte, sie zu versorgen.

»Was soll ich nur tun?«, hatte Smiths Mutter immer wieder gejammert. »Was soll ich nur tun?« – »Ich bin doch da, und ich werde für dich sorgen«, hatte der 13-jährige Al tapfer geantwortet, und es zeigte sich bald, dass er seine Worte ziemlich ernst gemeint hatte.

Innerhalb weniger Wochen verließ er die Schule und suchte sich Arbeit. Zunächst half er bei einer Transportfirma aus, dann arbeitete er als Tagelöhner auf dem Fulton-Fisch-Markt am oberen Ende seiner Wohnstraße, wo er schwere Fässer voller Fische die Rampen hinauf und hinunter rollen musste. 13 Stunden am Tag, sechs Tage in der Woche, von vier Uhr morgens bis fünf Uhr abends – außer freitags, wenn die Arbeit bereits um drei Uhr begann.

Jahre später gestand der zum Politiker gewordene Autodidakt gerne ein, dass er nur ein Examen vorweisen könne: »F.F.M.« für Fulton-Fisch-Markt, auf das er allerdings mächtig stolz sei. Auch wenn die Tage lange und anstrengend waren, so konnte er doch mit den zwölf Dollar Wochenlohn die Familie zusammenhalten. Und bald begann Smith, innerhalb der engen Gemeinschaft des vierten Wahlbezirks mehr und mehr an Ansehen zu gewinnen. Er freundete sich mit Mitgliedern der Downtown-Sektion von Tammany Hall an und erledigte Botengänge für den beliebten Bezirksvorstand Tom Foley.

Abends sang er traditionelle irische Volkslieder in einem örtlichen Saloon, der Foley gehörte. Einige ältere Tammany-Mitglieder wurden auf den energiegeladenen und umgänglichen jungen Mann bald aufmerksam. Seine ausdrucksstarke Stimme, so sagte man ihm voraus, würde ihn eines Tages zu einem Erfolg versprechenden Kandidaten für ein politisches Amt machen.

**Am Memorial Day, dem 31. Mai des Jahres 1883, genau eine Woche nach Eröffnung der Brooklyn Bridge, befanden sich 20.000 Passanten auf dem Fußgängerweg, als eine Frau auf dem Treppenaufgang der Brooklyn zugewandten Seite der Brücke stolperte, laut zu schreien begann und damit in der Menge eine Panik auslöste. Zwölf Menschen wurden zu Tode getrampelt, viele andere schwer verletzt. Eine Woche später veröffentlichte *Harper's Weekly* diese Lithografie nach Augenzeugenberichten des Unglücks.**

**FORTSCHRITT UND ARMUT**

*Es sind gerade mal drei Meilen vom Madison Square bis zur Hester Street. Doch wüsste man es nicht besser, man würde niemals annehmen, derart unterschiedliche Örtlichkeiten und Menschen in ein und derselben Stadt so nahe beieinander vorzufinden.*

E.S. Martin, *Harper's Monthly*, 1898

Obwohl die mächtige, verbindende Brücke nun fertig gestellt war, blieben zahlreiche andere Gräben bestehen, die in den Folgejahren immer breiter, tiefer und unüberwindbarer wurden. Die industrielle Maschinerie lief auf vollen Touren, und mehr Einwanderer als je zuvor strömten aus der ganzen Welt nach New York, um die boomende Wirtschaft weiter anzukurbeln.

Gleichzeitig fand eine Migration ganz anderer Art statt – nämlich die der Millionäre. Ein Industriemagnat nach dem anderen ließ sich in

**Für Geschäftsleute wie etwa den Ölbaron John D. Rockefeller aus Cleveland (ganz oben) oder den Stahlmagnaten Andrew Carnegie aus Pittsburgh (oben) bedeutete die Übersiedelung nach New York einen besseren Zugang zu Investitionskapital sowie das Vorhandensein eines exzellenten Netzwerks von Anwaltskanzleien, Wirtschaftsexperten, Ingenieuren und Werbeagenturen. Für die standesbewussten Ehefrauen bedeutete es den Aufstieg in die Reihen der feineren New Yorker Damengesellschaft, über deren üppig ausgestattete Festivitäten im ganzen Land berichtet wurde. So erschien Alice Vanderbilt zum berühmten Vanderbilt-Ball im März 1883 als »Elektrisches Licht« – inspiriert durch Edisons triumphales »Erleuchten« von Lower Manhattan sechs Monate zuvor.**

Manhattan nieder, das in den 1880er Jahren zum Mekka für all diejenigen geworden war, die Macht und Prestige suchten. Aus Pittsburgh kamen die Stahlmagnaten Andrew Carnegie und Henry Frick, aus Chicago der Fleischmillionär Philip Armour und aus Cleveland John D. Rockefeller, der weltweit reichste Ölbaron.

Bis zum Jahr 1892 lebte fast die Hälfte aller Millionäre des Landes – insgesamt 800 an der Zahl – in New York. »Die Sogwirkung dieser Stadt ist augenfällig«, bemerkte der Soziologe Herbert Croly einige Jahre später, als die Zuwanderung noch immer kein Ende zu nehmen schien. »New Yorks Anziehungskraft nimmt nicht ab. Die Stadt bleibt nun einmal der beste Wirtschaftsstandort des Landes, nicht nur wegen der guten Infrastruktur, sondern auch wegen der schier unendlichen Möglichkeiten, die sie den gut situierten Bewohnern bietet, ihr Geld zu verdienen und auch wieder auszugeben. Deshalb sind die Wall Street und die Fifth Avenue von Unternehmen bevölkert, die in ganz anderen Teilen des Landes ihre Geschäfte machten.«

*Der Westen strotzte geradezu vor Reichtum … Stahlmagnaten, Kohlegiganten, Weizen- und Rinderbarone, Bergbau- und Eisenbahnmillionäre waren aus dem Nichts erstanden und suchten neue Herausforderungen. Auf sie übten Zeitungsberichte, die die New Yorker Gesellschaft in den schillerndsten Farben schilderten, einen unwiderstehlichen Reiz aus. In einer langen, prachtvoll funkelnden Karawane zogen die Multimillionäre der Midlands in die Stadt ein und brachen jeden Widerstand allein durch ihre Zahl und ihren sagenhaften Reichtum.*

Marina Van Rennselaer

Die millionenschweren Firmenbosse leisteten sich eine ganze Reihe von Extravaganzen, die selbst für New York ungewöhnlich waren.

An der Fifth Avenue, die zuvor von schlichten Apartmenthäusern gesäumt worden war, entstand nun eine zweieinhalb Meilen lange Parade opulent verzierter Wohnpaläste, die in nie zuvor gesehener Weise ihren Reichtum offen zur Schau stellten.

»Die endlose Reihe protziger Luxusvillen stellt [einen] geradezu maßlosen Überfluss dar«, mokierte sich ein Zeitzeuge. »Ihre Gestaltung wird ganz und gar von den Dollarmillionen ihrer Bewohner diktiert …«

Dieser neuartige Bauboom hatte damit begonnen, dass sich Alva Vanderbilt und ihr Gatte William – Erbe des Gesamtvermögens von Commodore Vanderbilt – vom Modearchitekten Richard Morris Hunt ein weitläufiges, im französischen Stil gehaltenes 37-Zimmer-Schlösschen hatten bauen lassen. Noch bevor die Arbeiten beendet waren, hatte das außergewöhnliche Domizil aus Marmor bereits die unerhörte Summe von drei Millionen Dollar verschlungen. »Die Vanderbilts zaudern nicht, der Welt zu zeigen, wie ein Millionär zu leben hat«, bemerkte ein Kommentator.

Zur Einweihung ihres Palais gaben die Vanderbilts eine weitere Viertelmillion Dollar für den aufwändigsten Kostümball aus, den New York je erlebt hatte. Nach mehr als sechswöchiger Vorbereitung machte sich am 26. März 1883 halb New York zu diesem gesellschaftlichen Highlight auf. Alvas Schwester erschien als »Elektrisches Licht«, das weiße Gewand aus Seidensatin über und über besetzt mit funkelnden Diamanten. Alva selbst trat als veneziani-

Dieses nördlich von St. Patrick's aufgenommene Foto von 1883 zeigt das untere Ende der Straße, die sich zur opulentesten der Welt entwickeln sollte: die Fifth Avenue. Auf einem Abschnitt von über zwei Meilen Länge entstand hier eine Nobelvilla nach der anderen. Im Vordergrund die Residenz von William K. Vanderbilt im Jahr ihrer Fertigstellung durch den Architekten Richard Morris Hunt. Aus eigens importiertem hellem Marmor im Stil eines französischen Schlösschens aus dem 15. Jahrhundert erbaut, hob sich das Gebäude strahlend von den strengen, düsteren Sandsteinfassaden der übrigen Wohnhäuser ab.

sche Prinzessin auf, umschwirrt von einem Schwarm lebender Tauben. Auch Mrs. Caroline Schermerhorn Astor, die unbestrittene Gebieterin über die New Yorker High Society, gab sich die Ehre und nahm damit gerade jene Familie in ihren streng limitierten Zirkel auf, die sie zuvor noch abschätzig als »neureiche Eisenbahnbarone« abgekanzelt hatte.

»Bis zu diesem Zeitpunkt galt man mit einer Million als gemachter Mann«, erklärte Ward McAllister, der gestrenge Protokollchef der Astors. »Doch inzwischen hat sich der Maßstab in New York kräftig nach oben verschoben – bis hinein in den Zehn-, Fünfzig-, Hundert-Millionen-Bereich –, und der Begriff Luxus unterliegt heutzutage einer neuen Definition.«

> *Noch nie ... hat die Zivilisation eine größere Verschwendungssucht erlebt als unter den Plutokraten unserer Metropole. Ihr Lebensstil ist üppiger als in London und eleganter als in Paris, selbst Königsfamilien können oft kaum mithalten. So mancher europäische Palast könnte sich im Schatten der luxuriösen Villen an der Fifth Avenue verstecken.*
>
> Edgar Saltus

Und die Flut an Millionären wuchs weiter – zusammen mit der der Immigranten.

Doch auch wenn die Kluft zwischen reichen und armen Zuzüglern immer tiefer wurde, so erblickten doch beide bei ihrer Einfahrt in den Hafen dieselbe majestätische Statue, die wie eine Erscheinung aus der Upper Bay emporstieg.

Am 28. Oktober 1886 war das Geschenk, das die Franzosen der Stadt New York ganze 17 Jahre lang angedient hatten, endlich feierlich enthüllt worden. Der massive, von Richard Morris Hunt entworfene Sockel war am Ende mit den Münzspenden von Hunderttausenden einfacher Bürgern finanziert worden.

An der Einweihungsfeier nahmen zahlreiche New Yorker teil, auch wenn zur offiziellen Enthüllung, bei der Präsident Grover Cleveland den Franzosen Dank für ihre noble Geste aussprach, lediglich die Elite der Stadt geladen war.

Am 2. November 1886, fünf Tage nach Enthüllung der Freiheitsstatue, fanden in New York die Wahlen statt. Einer der Kandidaten auf den Stimmzetteln war der brillante Sozialwissenschaftler Henry George. Sein Buch *Fortschritt und Armut* hatte ihn zu einem der gefeiertsten politischen Denker Amerikas gemacht.

**Ganz im Gegensatz zum strahlenden Wetter, das zur Eröffnung der Brooklyn Bridge drei Jahre zuvor geherrscht hatte, war der Himmel zur Einweihungsfeier der Freiheitsstatue am 28. Oktober 1886 dicht bewölkt. Zehntausende von Zuschauern, die sich an den Ufern versammelt hatten oder der Zeremonie von Booten aus beiwohnten, erlebten eine noch größere Enttäuschung, als die auf Bedloe's Island abgefeuerten Salutschüsse, mit denen die Marineartillerie Präsident Grover Cleveland willkommen hieß, eine dichte Rauchwolke produzierten, von der die Statue beinahe gänzlich verhüllt wurde.**

Die berühmteste Statue der Welt wurde nicht nur zum Wahrzeichen New Yorks, sondern zum Symbol für die gesamten Vereinigten Staaten von Amerika. Dabei wäre sie beinahe gar nicht errichtet worden.

Die Idee kam aus Frankreich und war in den unruhigen Jahren nach Ende des amerikanischen Bürgerkriegs geboren worden – einer Phase, die für die französischen Liberalen von tiefster Verzweiflung geprägt war. Während die republikanischen Wertvorstellungen und die Freiheitsliebe, die beide Nationen miteinander verbanden, durch den Bürgerkrieg ihre Feuerprobe bestanden hatten, waren sie in Europa durch Napoleon III. rücksichtslos unterdrückt worden.

So hatte 1865 eine Gruppe französischer Diplomaten und Kaufleute – in der Hoffnung, die in Amerika so vorbildlich umgesetzte innere Stabilität und Freiheit auch im eigenen Land neu zu beleben – eine ungewöhnliche Idee entwickelt: Anlässlich des 100. Jahrestags der Unabhängigkeitserklärung der USA wollte Frankreich dem amerikanischen Volk eine riesige Statue zum Geschenk machen. Sie sollte der Freiheit und der langjährigen Verbundenheit zwischen den beiden Nationen gewidmet sein.

Sechs Jahre später machte sich Frédéric-Auguste Bartholdi, ein namhafter 32-jähriger Maler und Bildhauer, auf die Reise nach New York, um einen passenden Standort für die Statue auszumachen und die Amerikaner für das Projekt zu begeistern. Als er am 21. Juni 1871 mit dem Schiff in die Upper Bay einfuhr, war er überwältigt von der Schönheit und der Geschäftigkeit des Hafens. Er wusste sofort, dass er den perfekten Standort für die Statue bereits gefunden hatte: eine vom Wasser umschlossene Felseninsel am Westzipfel des Hafens mit Namen Bedloe's Island, auf der sich einst ein Armenfriedhof befunden hatte und wo nun nur noch ein verlassenes Fort stand.

»Ich habe eine kleine Skizze davon angefertigt, wie die Statue dort aussehen würde«, schrieb Bartholdi. »Die Insel gehört der Regierung und befindet sich direkt gegenüber den Narrows, die gewissermaßen das Eingangstor nach Amerika darstellen.« Die gigantische Statue, die ihm vorschwebte, war größer als der legendäre, mehr als 2000 Jahre zuvor erbaute Koloss von Rhodos und sollte den Namen »Liberty Enlightening the World« (Freiheit, die die Welt erleuchtet) erhalten. »Es gibt einfach keinen besseren Platz für die Statue«, berichtete er, »als hier, wo die Ankommenden den ersten Blick auf die Neue Welt werfen.«

Der richtige Standort war das eine, die nötigen Geldgeber aufzutreiben etwas anderes. Es sollte schließlich über 15 Jahre dauern, bis das Mammutprojekt endgültig fertig gestellt war.

Die Zehen und der untere Teil der Fackel, Bedloe's Island, 1885.

Im Grunde war der Plan denkbar einfach: Die Statue sollte nicht aus öffentlichen Mitteln, sondern durch private Sponsoren finanziert werden. Den Amerikanern fiel lediglich zu, für die Errichtung des Sockels aufzukommen, während die Franzosen die gewaltigen Kosten für den Bau der Statue übernehmen wollten. Und sie legten unverzüglich mit der Arbeit los. Bereits Ende des Jahres 1875 begann die enorme Statue in den geräumigen Ateliers von Gaget und Gauthier in der Pariser Rue de Chazelle Form anzunehmen.

Allein die für den Bau der 46 Meter hohen Figur unverzichtbare Logistik war enorm. Am Anfang stand ein nur 1,2 Meter hohes Gipsmodell, das anschließend Schritt für Schritt 16fach vergrößert wurde, indem jeweils Zwischenmodelle erstellt wurden. Libertys Augen würden einen Durchmesser von 80 Zentimeter haben, und das Buch mit dem Datum der Unabhängigkeitserklärung, das sie in der Hand halten sollte, würde größer sein als ein zweistöckiges Haus. Um nicht unter ihrem eigenen Gewicht zusammenzubrechen, musste die Statue innen hohl konstruiert werden. Die Außenhaut sollte aus Kupferplatten bestehen, die weniger als 3 Millimeter dick waren.

Später erzählte man sich, dass der Körper der Statue der Geliebten Bartholdis nachempfunden worden war, während die Gesichtszüge Ähnlichkeiten mit seiner willensstarken Mutter aufwiesen.

Jedes Einzelteil aus Kupfer wurde nach seiner Fertigstellung auf einen flexiblen Metallpanzer montiert, der wiederum an einem 30 Meter hohen Eisengerüst befestigt war. Das robuste, aber erstaunlich leichte Skelett war das Werk des genialen Ingenieurs Gustave Eiffel, dessen berühmtestes Werk noch der Zukunft vorbehalten war.

Ständig den starken Winden und der Korrosion durch die Seeluft der Upper Bay ausgesetzt, hatte die Statue nicht nur künstlerische Erwartungen zu erfüllen. Vor allem die ständigen Temperaturschwankungen stellten erhebliche Ansprüche an die technische Konstruktion.

Der Bildhauer Frédéric-Auguste Bartholdi entwarf die Statue.

1876 war ein Teil des rechten Arms fertig und wurde in die USA verschifft, um damit das Anwerben von Geldern für den Sockel zu unterstützen. 1878 waren auch der Kopf und die Schultern komplett.

Am 4. Juli 1884 wurde die fertige Statue dem US-Botschafter Levi P. Morton offiziell übergeben und für die lange Reise nach New York demontiert, wo zum Entsetzen Bartholdis die Spendenakquisition zum Erliegen gekommen war.

Drei Jahre lang hatte das US-Komitee für die Errichtung der Freiheitsstatue alles getan, was in seiner Macht stand, um den von dem Architekten Richard Morris entworfenen 35 Meter hohen Granitsockel finanzieren zu können. Im Jahr 1883 waren zwar einige spärliche Spenden eingegangen, aber Bartholdis Projekt war in Amerika von Anfang an mit Skepsis aufgenommen worden. Eine Zeitung nannte das Ganze sogar eine »kauzige und allzu fantastische, nicht realisierbare Idee«. Viele waren nicht bereit, für etwas zu bezahlen, was als Geschenk angekündigt worden war, und nur wenige Politiker waren gewillt, Steuergelder für ein derart kapriziöses Projekt auszugeben. Im März 1885 war den Zeitungen zu entnehmen, dass die Mittel für das Projekt verbraucht waren – und dass noch 100.000 Dollar zu dessen Vollendung fehlten.

*15. März 1885. Es muss einfach genug Geld gesammelt werden, um den Sockel für die Bartholdi-Statue abzuschließen. Es wäre eine unwürdige Peinlichkeit für New York City und ganz Amerika, falls wir es nicht schaffen sollten, für das großartige Geschenk aus Frankreich wenigstens das Podest bereitzuhalten.*
Joseph Pulitzer

Joseph Pulitzer war ein energiegeladener 38-jähriger Immigrant, der 20 Jahre zuvor ohne einen Cent in der Tasche aus Ungarn gekommen war. Er hatte sich sogleich in das Verlagsgeschäft gestürzt und eine reich illustrierte Tageszeitung ins Leben gerufen, die großen Erfolg bei den Millionen eingewanderten Arbeitern, die nur über spärliche Englischkenntnisse verfügten, hatte. 1883 zog Pulitzer nach New York und übernahm die ums Überleben kämpfende *New York World*. Er sah sich nach einer Möglichkeit um, die Auflage zu erhöhen – und fand sie.

*Es muss gelingen, das Geld zusammenzubringen!* The World *ist die Zeitung des Volkes und appelliert deshalb an das Volk, dass es die Pflicht hat, das noch fehlende Geld zu sammeln ... Die Statue ... ist vom französischen Volk finanziert worden – von Arbeitern, Händlern, Verkäuferinnen, Handwerkern –, von allen Bürgern, ungeachtet ihrer Klassenzugehörigkeit oder ihres Vermögens. Lasst uns diese Geste in gleicher Weise erwidern! Lasst uns nicht auf die Millionäre warten, bis sie sich gnädigerweise zu Almosen bequemen! Es ist eben nicht ein Geschenk von den Millionären Frankreichs an die Millionäre Amerikas, sondern vom französischen Volk an das amerikanische. Jeder Einzelne möge sich daher aufgerufen fühlen, sein Scherflein beizutragen ... Wir zählen auf unser Volk!*
Joseph Pulitzer

Die Montage im Atelier der Bildhauer Gaget und Gauthier, um 1883.

Die Kampagne wurde ein spektakulärer Erfolg. Tag für Tag wurden die Reichen New Yorks an den Pranger gestellt, während Appelle an das Volk ergingen, zum Gelingen der Sache beizutragen. Jeder einzelne Spender wurde namentlich in der Zeitung aufgeführt. Und die Gelder flossen in Strömen. Innerhalb von fünf Monaten brachten über 120.000 Personen – größtenteils Arbeiter und Schulkinder – gut 100.000 Dollar zusammen.

»Das Volk hat seine Aufgabe mehr als bravourös gelöst«, erklärte Pulitzer. »Seine Großzügigkeit hat unser Land vor einer riesigen Blamage bewahrt.« Zudem war der Name Pulitzer nun in aller Munde.

Im Frühjahr 1886 war das von Hunt entworfene Podest komplett, und die mächtige Statue, die auf Bedloe's Island fast ein Jahr lang in 200 Holzkisten verpackt gewartet hatte, konnte nun hoch über dem Hafen errichtet werden. Auf ihrem massiven, im ägyptischen Stil entworfenen Podest erreichte sie die Schwindel erregende Höhe von 124 Metern – und war damit sogar höher als die erst kurz zuvor vollendete Brooklyn Bridge.

Am regnerischen und stürmischen Nachmittag des 28. Oktober 1886 fand sich eine riesige Menschenmenge an den Ufern in Lower Manhattan ein, um einen Blick auf die Einweihungszeremonie zu erhaschen. »Nicht ein einziger Quadratzentimeter auf den Straßen war unbesetzt«, notierte ein ausländischer Journalist, »die Brooklyn Bridge stöhnte unter der Last der vielen Menschen. Die Bürgersteige, Balkone und Penthouses wurden von einer freudigerregten Menge belagert.«

Eine große Zahl von Schiffen hatte sich in der Bucht versammelt und umkreiste Bedloe's Island. Kurz nach ein Uhr Mittag betrat Präsident Grover Cleveland die Insel, um die Statue feierlich zu enthüllen. Der ganze Hafen schien in einem ohrenbetäubenden Lärm zu explodieren, als die dröhnenden Nebelhörner der Dampfschiffe ertönten, Kanonenschläge detonierten und die Sirenen der Boote und der Häuser am Ufer losheulten.

Bartholdi, der unbestrittene Held des Tages, kletterte in den Kopf der Statue, um Libertys Gesicht offiziell zu enthüllen. Präsident Cleveland, der sich bereits zwei Jahre zuvor als Gouverneur von New York für eine Unterstützung des Projekts ausgesprochen hatte, hielt die Einweihungsrede.

*Anstatt in ihrer Hand Blitz und Donner als Zeichen von Terror und Tod zu tragen, hält sie das Licht, das der Menschheit den Weg zur Erleuchtung weisen soll. Von hier aus wird es seinen Schein auf unsere demokratische Brudernation im Osten werfen. Von dort reflektiert und verstärkt, wird der gleißend helle Lichtstrahl das Dunkel der Unwissenheit durchdringen ... bis die Freiheit am Ende die ganze Welt erleuchten wird.*

Als der Abend einbrach, begaben sich die Menschen auf den Heimweg, und draußen im Hafen machten die Schiffe fest oder los: Frachtschiffe auf dem Weg in die Häfen der Welt, Verladeschiffe mit Öl und Kohle oder mächtige Ozeandampfer, an deren Reling sich Touristen und Geschäftsleute sowie Tausende Immigranten drängten.

Die Einwanderer, die die Statue an diesem Abend erstmals passierten, wussten weder von den französischen Sponsoren noch von den hohen Idealen, die sie symbolisierte. Und doch verstanden sie die Botschaft sogleich. Am Eingang zur Neuen Welt hatten die Amerikaner eine gigantische Frauenstatue mit einer Fackel postiert, die jeden Neuankömmling willkommen hieß – als wolle sie ihm versichern, dass seine Entscheidung, hierher zu kommen, die einzig richtige war.

**Das so genannte Rag and Bottle House in der Monroe Street im Jahr 1882. Auch wenn die Eigentümer der Mietshäuser häufig kleine Geschäftsleute und ehemalige Einwanderer waren, gehörte der Grund und Boden, auf denen die Slums errichtet wurden, den reichsten Familien der Stadt. Hierzu zählten auch die Nachkommen John Jacob Astors, der um 1810 große Gebiete der späteren Lower East Side erworben hatte.**

Mehr als jede andere Kampagne in der Geschichte der Stadt machte die Wahl deutlich, wie sehr Armut und Reichtum in New York auseinander klafften. »Wo ... der materielle Fortschritt am ausgeprägtesten erkennbar [ist]«, so George, »finden wir zugleich die größte Armut.«

> *Das gelobte Land ist für uns ebenso unerreichbar wie eine Fata Morgana ... Der materielle Fortschritt scheitert nicht nur daran, die Armut zu lindern – er fördert sie sogar ... Diese Verknüpfung von Fortschritt und Armut ist eines der großen Rätsel unserer Zeit – ein zentrales Phänomen, das weltweite industrielle, soziale und politische Probleme nach sich zieht und mit dem Staatsmänner ebenso erfolglos beschäftigt sind wie Philanthropen und Pädagogen. Wir stehen vor einem Geheimnis, das die Sphinx des Schicksals unserer Zivilisation auferlegt hat, und das, sollten wir es nicht zu enträtseln vermögen, unseren sicheren Untergang bedeutet.*
>
> Henry George, *Fortschritt und Armut*

»Weshalb eigentlich ist die Armut in dieser Stadt so groß?« wetterte der Soziologe George. »Womöglich nur deshalb, weil wir für Mrs. Astor ... [oder] die Erben irgendeines vor Urzeiten verstorbenen Holländers schuften.«

Als unabhängiger Kandidat machte sich Henry George für eine vereinheitlichte Grundsteuer stark. Mit diesen Geldmitteln sollten der öffentliche Personennahverkehr subventioniert und die Wohn- und Arbeitsbedingungen in der gesamten Stadt verbessert werden.

Gleichermaßen hart attackiert von Republikanern wie von Tammany Hall, erfreute sich Henry George der Unterstützung einer bunt gemischten Wählergruppe – darunter deutsche Sozialisten, irische Gewerkschaftsführer, Textilarbeiter, Lehrer, Kaufleute, Ärzte, Geistliche, Juristen und Reformer.

In mancher Hinsicht war diese Bewegung die radikalste Alternative zum Kapitalismus, die New York jemals erlebt hatte – doch am Ende hatte George keine wirkliche Chance gegen Tammany Hall. Aufgeschreckt durch dessen unerwarteten Erfolg, verstärkten die Tammany-Bosse die Wahlkampfhilfe für ihren Kandidaten Abraham S. Hewitt: einen Geschäftsmann und moderaten Demokraten, der zugleich einer der Hauptförderer der Brooklyn Bridge gewesen war. Dank der ausgeklügelten Machenschaften von Tammany Hall verlor Henry George die Wahl mit haushohem Stimmenabstand, einem der größten in der Geschichte New Yorks.

*Mrs. Almond lebte viel weiter oben in einer noch jungfräulichen Straße mit einer hohen Hausnummer – einer Gegend, in der man vom Wachstum der Stadt praktisch gar nichts mitbekam. Dort mischten sich die Schatten der Pappeln, die das Straßenpflaster – sofern vorhanden – säumten, mit jenen der steilen Giebel der verstreut liegenden holländischen Häuser, und Schweine und Hühner tummelten sich am Rinnstein.*

Henry James,
*Washington Square*

Der Kontrast zwischen dem Südzipfel Manhattans – eines der dichtest bebauten Gebiete der Welt – und den nur spärlich besiedelten Ländereien am oberen Ende der Insel hatte Bewohner und Besucher der Stadt oft in Erstaunen versetzt. In den Jahrzehnten nach dem Bürgerkrieg, als sich die Stadt nördlich der 59th Street rund um den Central Park weiter ausbreitete, wurde der Gegensatz zwischen der urbanen City und dem ländlich-verschlafenen Teil der Insel noch deutlicher.

*Wir haben nun das Stadtgebiet verlassen; die Hausnummern gehen bis in die Hunderte, und die Straßen selbst sind nicht viel mehr als bloße Zahlen – schier endlose Reihen noch unbebauter Grundstücke. Gleichzeitig sind hie und da Gebäude errichtet worden, von der einfachsten Lehmhütte bis hin zu blitzsauberen, hübschen Holzhäuschen. Wäschestücke flattern zum Trocknen auf Leinen. Gänse und anderes Federvieh, magere Schweine und barfüßige Kinder – alles tummelt sich hier Seite an Seite. Es sind illegale Siedler, denen das Land, auf dem sie sich niedergelassen haben, nicht gehört, und die wissen, dass sie es eines Tages werden räumen müssen. Aber dieser Tag ist noch weit.*

Mary Duffus Hardy, 1881

Die Volkszählung von 1870 hatte fast 10.000 irische, deutsche und afroamerikanische Siedler in den oberen Bezirken Manhattans erfasst (Die Zahl stieg nach der Panik von 1873 drastisch an, als sich Hunderte arbeitslos gewordener New Yorker, die selbst die niedrigsten Mieten in der City nicht mehr zahlen konnten, in den schäbigen Baracken am Nordrand der Stadt einquartierten oder auf fremdem Land siedelten). Zehn Jahre nach Ende des Bürgerkriegs bestand die nördliche Hälfte Manhattans immer noch größtenteils aus unbebauten Flächen und Farmland mit einzelnen verstreuten Siedlungen, die teils noch aus der Kolonialzeit stammten. Hierzu gehörten Harsenville, ein Dorf in der Upper West Side, Manhattan Ville, ein blühendes Industriegebiet nahe

Kühe grasen auf einer Wiese an der Ecke 45th Street und Lexington Avenue, um 1872. Im Hintergrund die Nordfassade der riesigen Glas-und-Eisenkonstruktion des Grand-Central-Eisenbahndepots (siehe Seite 150).

Die West 54th Street im Jahr 1866, unmittelbar hinter der Abzweigung von der Fifth Avenue. 15 Jahre später erwarb John D. Rockefeller das abgebildete Wohnhaus wegen dessen vergleichsweise ruhiger Lage, die er dem hektischen Betrieb auf der Fifth Avenue vorzog. Später schenkten die Rockefellers das Grundstück dem Museum of Modern Art, das hier schließlich einen Skulpturengarten einrichtete.

Blick vom Dakota-Apartmenthaus Ecke 72nd Street und Central Park West in südlicher Richtung, um 1890. Der fertig gestellte Park und das rechtwinklige Gitternetz der Straßen bilden einen deutlichen Kontrast zu den schäbigen Hütten und den kleinen Farmbetrieben aus einer bereits vergangenen Ära.

Eine kleine Farm an der Columbus Avenue zwischen 78th und 79th Street, abgelichtet 1892 vom Brooklyner Fotografen Julius Wilcox (siehe Seite 197).

der 125th Street und dem Broadway, sowie Harlem, eine lebhafte Farmersiedlung nördlich des Central Park, die 1640 von den Holländern gegründet worden war. Obwohl Harlems weitläufige koloniale Ländereien längst in kleinere Parzellen aufgeteilt worden waren, fanden sich hier noch etliche Häuser aus dem 18. Jahrhundert. An Sonntagen waren die alten baumbestandenen Straßen, die noch von den holländischen und englischen Kolonialherren angelegt worden waren, ein beliebtes Ausflugsziel.

Im Jahr 1880 jedoch war der Lärm der sich nähernden City bereits überall in Upper Manhattan zu hören. Dazu gehörten auch die ohrenbetäubenden Schwarzpulverexplosionen der Sprengteams, die sich ihren Weg durch mehr als 6 Meter hohe Granitfelsen bahnten, um Platz für neue Straßen zu schaffen. Durch die Explosionen wurden große Mengen Steinsplitter durch die Luft geschleudert, die bisweilen sogar durch die Dächer der Baracken schlugen. Nach Einebnung des Bodens wurden unterirdisch die Wasser-, Abwasser- und Gasleitungen verlegt und schließlich die Straßen nach dem 1811 erstellten und selbst nach mittlerweile 50 Jahren immer noch gültigen Bebauungsplan angelegt. Die gepflasterten Fahrbahnen und befestigten Bürgersteige, die das Konzept der rechteckig angelegten Wohnblocks aufgriffen, auch wenn diese noch gar nicht existierten, wirkten wie eine seltsame Zukunftsvision.

Schließlich begann sogar die Stadtverwaltung selbst auf den für Neubauten vorgesehenen Grundstücken Gebäude hochzuziehen. Deren ersten Bewohner waren junge, neureiche New Yorker, die das Prestige einer Adresse an der Fifth Avenue einheimsen wollten, die Immobilienpreise weiter südlich jedoch nicht bezahlen konnten.

An einem engen Korridor, der sich am östlichen Rand des Baugebiets entlangzog, entstanden nun inmitten der Geflügelfarmen und Holzbaracken palastartige Villen aus Kalkstein und Granit. Das noble Einschenken einer Tasse Tee im Salon einer der reich verzierten Villen konnte durchaus vom Gekreische eines Huhns begleitet werden, das gerade auf der Farm nebenan geschlachtet wurde.

»Sie pflegte am Fenster ihres Wohnzimmers im Erdgeschoss zu sitzen«, erzählte die Romanautorin Edith Wharton über eine der wohlhabenden Pionierinnen. »Von dort aus beobachtete sie gelassen, wie das bunte Stadtleben langsam, aber sicher nach Norden bis zu ihrer noch entlegenen Türschwelle vordrang. Sie sah der Entwicklung in aller Ruhe zu, denn ihre Geduld war gepaart mit einem unerschütterlichen Vertrauen in die Zukunft. Sie hegte keinerlei Zweifel daran, dass schon sehr bald … die verlassenen Saloons und die hölzernen Gewächshäuser der verwilderten Gärten sowie die Felsen, auf denen Ziegen herumkletterten, nach und nach weiteren gut situierten Neubürgern weichen würden. Und das Kopfsteinpflaster, über das die alten, schäbigen Omnibusse ratterten, würde durch wunderbar glatten Asphalt ersetzt werden, wie man ihn sonst nur noch in Paris fand.«

Obwohl die Kluft zwischen Arm und Reich, die er zu verringern versucht hatte, in den folgenden Jahren eher noch größer wurde, hatte seine Kampagne doch ein bemerkenswertes Phänomen deutlich gemacht: Die am stärksten kapitalistisch geprägte Stadt Amerikas war dabei, aus sich selbst heraus Alternativen zum Kapitalismus zu entwickeln – und zugleich entstand die radikalste urbane Kultur des Landes.

### LICHT IM DUNKELN

*12. Februar 1888. Eine geheimnisvolle, von grell zuckenden Lichtblitzen umgebene Gruppe gibt der Stadt Rätsel auf. Sowohl Nachtschwärmer vor diversen Bars und Spelunken als auch Obdachlose in ihren armseligen Nachtlagern wundern sich über die merkwürdigen Geschehnisse. Was man sieht, sind drei oder vier Personen, die in der Dunkelheit mit einem seltsamen Dreibein unterwegs sind. Dann ein greller Blitz. Danach hört man nur noch die sich entfernenden Schritte, und die mysteriösen Besucher sind so plötzlich verschwunden, wie sie gekommen waren.*

Jacob Riis, *New York Sun*

Im Oktober des Jahres 1890 erschien unter dem Titel *How the Other Half Lives* (*So lebt die andere Hälfte*) ein bahnbrechendes Werk: der erste echte Bildband, der zudem die Wahrnehmung des Lebens in der Stadt nachhaltig verändern sollte. Der Autor war ein 41-jähriger dänischer Immigrant namens Jacob Riis, der 20 Jahre zuvor nach New York gekommen war. Nach Monaten bitterster Armut hatte er schließlich bei der *New York Tribune* Arbeit gefunden, und die nachfolgenden elf Jahre berichtete er als Polizeireporter insbesondere über die Slums.

»Was ich zu sehen bekam, traf mich tief ins Herz«, berichtete er später. »Ich musste mir die Dinge einfach von der Seele schreiben.«

Er begann damit, aufrüttelnde Artikel zu veröffentlichen, allerdings ohne nennenswertes Echo. Deshalb dachte er daran, Fotos zu machen, aber die Mietskasernen waren zu düster, als dass man auf den Bildern noch etwas hätte erkennen können. Doch im Jahr 1887 erfuhr er von einer bahnbrechenden Erfindung in der Fototechnik. Es handelte sich um ein spezielles Magnesiumpulver, das im Moment der Aufnahme gezündet wurde und mit einem grellen Lichtblitz explodierte.

**Zuvor ein irisches Viertel und nun fast ganz in italienischer Hand, stellte der geschwungene Streifen mit Namen Mulberry Bend (rechts) laut Jacob Riis den »harten Kern« der Slums dar. Der Fotograf und Reformer (oben) kannte den Bezirk genau, schließlich hatte er als Polizeireporter in einem Pressebüro an der Mulberry Road 301, direkt vis-à-vis der Polizeistation, gearbeitet. »In den 20 Jahren, in denen ich dort tätig war«, notierte er, »gab es keine Woche, in der [die Mulberry Bend] nicht in den Polizeiberichten auftauchte – in aller Regel in Verbindung mit Gewaltverbrechen ... Deshalb blieb das Viertel mit seiner Blutrache, der Mafia, den Nachbarschaftsfehden und dem beinahe pittoresken Verfall und Schmutz stets im Zentrum der Aufmerksamkeit.« Nachdem Riis jahrelang darum gekämpft hatte, wurde zuletzt der Häuserblock auf der linken Seite abgerissen und an dessen Stelle ein Park angelegt.**

»Endlich gab es etwas, worauf ich so lange gewartet hatte«, schrieb Riis später. »Die Erfindung des Blitzlichts erlaubte es mir, auch die finstersten Ecken auf Platte zu bannen.«

Ausgestattet mit der neuen Ausrüstung, durchstreiften Jacob Riis und seine Kollegen New York. Es war nicht nur eine schmutzige, sondern auch eine gefährliche Arbeit: Das entzündliche Pulver war nicht einfach zu handhaben. Riis setzte beinahe zwei Häuser in Brand, verkohlte mehrmals seine Kleidung und wäre einmal fast erblindet. Doch die Ergebnisse waren die Mühe wert. Derartige Aufnahmen, wie Riis und sein Team sie mitbrachten, hatte noch nie jemand zuvor gesehen. Sie konfrontierten die New Yorker mit einer Realität, die von den meisten allzu gerne verdrängt wurde: In ihrer Stadt, einer der reichsten der Welt, vegetierten Hunderttausende in bitterster Armut.

Der Fotograf ließ keinen Ort aus – auch nicht die düstersten Hinterhöfe und finstersten Nebengassen. An einem Ort, der sich Bandit's Roost (Banditennest) nannte, fotografierte er zum Beispiel ein Dutzend Männer, die allesamt wegen Mordes gesucht wurden.

Besonders bewegte ihn das Schicksal der zahllosen, zumeist völlig auf sich selbst gestellten Kinder und Jugendlichen, die nachts auf der Straße schlafen mussten und tagsüber Zeitungen verkauften oder bisweilen sieben endlose Tage in der Woche schwere Arbeit in stickigen, düsteren Fabrikhallen verrichteten.

Sein Hauptaugenmerk jedoch lag auf den heruntergekommenen Mietskasernen, in denen im Jahr 1890 mehr als zwei Drittel von New Yorks 1,5 Millionen Einwohnern hausten. »Als ich die Stufen des finsteren Treppenhauses hinaufstieg«, schrieb Riis über den Besuch eines Hinterhauses, »stolperte ich über einen Säugling. So etwas ist in den dunklen, alten Häusern nichts Ungewöhnliches, aber ich hatte mich noch immer nicht daran gewöhnt. Ich ... fotografierte [das] Baby, das, mit dem Rücken gegen ein Waschbecken gelehnt, auf dem Boden in einer Schmutzwasserlache hockte. Es wundert mich überhaupt nicht, dass ... jedes fünfte Kind in Hinterhäusern wie diesem, in das nie ein Sonnenstrahl einfällt, elend zu Grunde geht. Es ist vielmehr ein Wunder, dass einige es schaffen, trotz solcher Umstände zu überleben.«

Am verheerendsten waren die Zustände in den ältesten Häusern, für die noch keinerlei Bauvorschriften gegolten hatten. Auf schmalen Parzellen, die eigentlich für ein Einfamilienreihenhaus vorgesehen waren, hatten profitsüchtige Grundbesitzer siebenstöckige, 30 Meter tiefe Mietskasernen hochgezogen. In überaus enge, sargähnliche Zellen eingepfercht, mussten die Mieter in der Regel ohne Frischluftzufuhr und ohne jedes Tageslicht auskommen.

Doch auch um die Häuser neueren Datums stand es nicht viel besser. Als Ergebnis des 1879 halbherzig durchgeführten Versuchs, die Wohnumstände zu reformieren, verfügten die seither errichteten Gebäude über enge Luft- und Lichtschächte, die mit weniger als 80 Zentimetern Durchmesser jedoch viel zu schmal waren, um mehr als ein düsteres Zwielicht in die Wohnungen dringen zu lassen.

Während der folgenden zehn Jahre wurden mehr als 20.000 solcher finsterer und stickiger Bauten in der Lower East Side und entlang der östlichen und westlichen Randgebiete von Manhattan aus dem Boden gestampft.

»Wo gibt es noch Gegenden, wo man heutzutage nicht auf Mietskasernen stößt?«, schrieb Riis. »In den vergangenen 50 Jahren haben sie sich entlang der gesamten Insel ausgebreitet ... Sie nehmen in den billigen Stadtvierteln jeden Quadratmeter ein, der nicht von Fabriken und Geschäftsgebäuden besetzt ist.«

Das Schlimmste an den Mietskasernen war die Tatsache, dass sie völlig überbelegt waren. In manchen Gegenden des Eleventh Ward Distrikts etwa lebten deutlich mehr Menschen pro Hektar als im berüchtigten Black-Hole-Bezirk in Kalkutta oder in den Slums von Bombay.

Unterernährt und zerlumpt, eingepfercht in Gebäude mit nur wenigen Waschgelegenheiten und Toiletten, manchmal sogar vollkommen ohne Wasseranschluss, waren die Bewohner der Mietskasernen leichte Opfer von Diphtherie, Grippe, Typhus und Lungenentzündung. Am schlimmsten war eine Krankheit, die auch als weiße Seuche bekannt war – die Tuberkulose. Von den jährlich gemeldeten 20.000 neuen Infektionsfällen fielen 8000 dieser tückischen Krankheit zum Opfer.

Mit den schonungslosen Fotografien seines Buches wollte Riis nicht nur seiner Entrüstung über die Elendsquartiere Luft machen, sondern die New Yorker aufrütteln und dazu ermuntern, etwas dagegen zu tun. Schließlich waren die Slums keine gottgegebene Unabänderlichkeit.

**Der Baxter Street Court in der Baxter Street 22 im Jahr 1890. Um Reformen bei den gesetzlichen Wohnungsbauauflagen in Gang zu bringen, fotografierte Riis die engen Innenhöfe der Mietskasernen, die in den Slums die einzige Rückzugsmöglichkeit aus dem Gewimmel auf den Straßen darstellten. »Neulich zählte ich alle Kinder unter zehn Jahren in einem Mietshaus, dessen Hof ... so eng war, dass es dort gerade ausreichend Platz für eine Reihe stinkender Aborte ... und einen Hydranten gab. In diesem »Hof« war es so finster wie in einem Keller ... Ich kam auf insgesamt 128 Kinder von 40 Familien.«**

Für sein 1892 erschienenes Buch *Children of the Slums (Kinder in den Slums)* interviewte Riis Dutzende von Kindern, die alle in den Mietskasernen wohnten. Auch dieses Mädchen namens Katie (links) aus der West 49th Street. »›Was arbeitest du?‹, fragte ich sie. ›Ich schrubbe‹, war ihre Antwort und ihr Blick bewies, dass sie ihre Aufgabe ernst nahm ... Im obersten Stockwerk des Gebäudes führte sie den Haushalt für ihre ältere Schwester und die beiden Brüder, die alle zur Arbeit gingen. Sie putzte, ging zur Schule und kümmerte sich um die Wohnung, und nur manchmal erhielt sie Hilfe von den Nachbarn, die noch ärmlicher waren als sie.«

Blick in die Behausung einer italienischen Lumpensammlerin in der Jersey Street, um 1889.

**Bandits' Roost, 1895.**
**Als Polizeireporter kannte Riis die verstecktesten Winkel der Slums – wie diese enge Seitengasse der Mulberry Street, die Bandits' Roost (»Banditennest«) genannt wurde. »Sie trägt diesen Namen seit vielen Jahren«, notierte er, »und obwohl die Fluktuation dort ziemlich groß ist, scheint jeder neue Bewohner den Ruf der Gasse durch sein Aussehen und seine charakterlichen Eigenschaften neu bestätigen zu wollen.«**

Nicht lange nach Erscheinen von *How the Other Half Lives* suchte der junge und tatkräftige Verwaltungsbeamte Theodore Roosevelt, der es nur ein Jahrzehnt später bis zum Präsidenten der Vereinigten Staaten von Amerika bringen sollte, Jacob Riis in seinem Büro in der Printing House Row auf. Da er diesen nicht antraf, ließ Roosevelt seine Visitenkarte zurück. Auf der Rückseite hatte er eine Botschaft für Riis notiert: »Ich habe Ihr Buch gelesen, und ich möchte helfen.«

**GREATER NEW YORK**

*Nach einer Zeit der Abwesenheit verbringe ich nun einige Urlaubswochen in New York City und Brooklyn. Die Pracht, die ungeheuren Ausmaße und die Lebendigkeit dieser bedeutenden Städte, … die schier unendliche Zahl von Schiffen, die belebten Straßen, der Broadway und der selbst in der Nacht nicht abreißende, beinahe melodische Verkehrslärm … Mir wird immer bewusster, dass nicht nur die Natur in ihrer unendlichen Weite eindrucksvoll sein kann,*

*Die Monate Juli und August bedeuten den sicheren Tod für die Schar der Kleinen, denen die Ärzte nicht mehr helfen können. Schlaflose Mütter gehen im Morgengrauen mit ihren fiebrigen Babys spazieren, um ihnen etwas Abkühlung zu verschaffen. Ein trauriger Anblick, wie sie mit endloser Geduld gegen ein hoffnungsloses Schicksal ankämpfen. Als Folge stapeln sich haufenweise kleine Särge auf dem Boot der Wohlfahrtsbehörde, wenn es seine regelmäßige Fahrt zum städtischen Friedhof macht.*

Jacob Riis

**Potter's Field auf Hart Island, fotografiert von Jacob Riis 1889. Auf einem abgelegenen Flecken Erde im Long Island Sound wurden Zehntausende New Yorker, die sich kein eigenes Begräbnis leisten konnten, auf Kosten der Stadt beerdigt. Die Särge wurden in drei Schichten übereinander in Massengräbern verscharrt. Der Friedhof wird bis heute genutzt.**

Obgleich nicht ganz so
sozialkritisch eingestellt
vie Riis, fühlte sich auch
ler Fotograf Julius Wilcox
aus Brooklyn dazu beru-
fen, die unbekannteren
Ecken der Stadt auf Fotos
zu dokumentieren. Oben:
Eine kurz vor Mitternacht
m Arbeitersaloon Silver
Dollar Smith's aufgenom-
mene Szene aus dem Jahr
892. Unten links: Vier Tote
n Kühlfächern des städti-
schen Leichenschauhau-
ses. Unten rechts: Eine
Reihe von Zellen im Tombs,
lem Zentralgefängnis der
Stadt an der Centre Street
n Lower Manhattan.

Im Jahr 1879 war die Zahl der Polizisten in New York auf über 2100 angewachsen. Damit war die dortige Polizei zur größten und am straffsten durchorganisierten Strafverfolgungsbehörde im ganzen Land geworden. Erweitert hatten sich auch ihre Aufgabenbereiche. Bei dem Bemühen, die ausufernde Metropole unter Kontrolle zu halten, fiel vor allem den Streifenpolizisten eine verantwortungsvolle Rolle zu: Sie meldeten unter anderem Wasserrohrbrüche oder beschädigte Straßenlaternen, sammelten infizierte Tiere ein und kontrollierten Gasboiler, um Explosionen vorzubeugen. Eine 109 Mann starke Spezialeinheit patrouillierte im Hafen, während Hunderte andere für den »Schutz der inneren Ordnung« zuständig waren – beispielsweise für das Regulieren des Autoverkehrs, das Auflösen unerwünschter Menschenansammlungen, den reibungslosen Ablauf von Paraden oder für Verkehrskontrollen, die verhindern sollten, dass Reiter und Wagen mit überhöhter Geschwindigkeit durch die Stadt rasten.

Nichtsdestotrotz war die New Yorker Polizei wegen ihrer Korruption und Brutalität berüchtigt. »Mit seinem Schlagstock sorgt ein Polizist für mehr Gesetzestreue als der Oberste Gerichtshof mit all seinen Urteilen!« – stolze Worte, die dem berühmten Reviervorsteher Captain Alexander Williams, genannt der »Schläger«, zugeschrieben wurden. Williams verdankte seinen Spitznamen einem Vorfall an seinem allerersten Arbeitstag, bei dem er zwei Schurken verprügelt und sie danach durch ein Schaufenster gestoßen hatte. Im Laufe seiner Dienstjahre wurde er in insgesamt 358 Fällen wegen Brutalität angezeigt, 224-mal wurden Geldbußen gegen ihn verhängt.

1880 zog ein weiteres Mitglied der Polizeibehörde die Aufmerksamkeit der Öffentlichkeit auf sich. In diesem Fall handelte es sich um einen 37 Jahre alten irischen Inspektor, der zum Leiter der Kriminalpolizei befördert worden war, nachdem er einen spektakulären Raubüberfall auf die Manhattan Bank mit einer Beute von drei Millionen Dollar aufgeklärt hatte. Mit viel Dynamik, Ehrgeiz und gnadenloser Effizienz trug Inspektor Thomas T. Byrnes mehr als jeder andere dazu bei, die New Yorker Polizei zu reformieren.

Ein Polizist weist einem Fremden den Weg, Fulton Street/Broadway, ca. 1895.

»Mit seinem rücksichtslosen Machtgehabe war er ein richtiger Tyrann«, beschrieb ihn Jacob Riis später, »aber er hat der Kriminalpolizei zu großem Ansehen verholfen.« Hinter verschlossenen Türen konnte Byrnes erstaunlich brutal vorgehen. Er wendete in der Regel eine endlos lange, unbarmherzige Verhörmethode an, die er selbst als den »dritten Grad« bezeichnete. Aber im Gegensatz zu seinen Vorgängern war Byrnes sehr darauf bedacht, etwaige Hinweise auf Gewalt oder Korruption vor der Öffentlichkeit zu verbergen. Durch seine gestelzte Wortwahl lenkte er von seinem irischen Akzent ab und stellte sich dar als einen »niveauvollen und fähigen Mann, der systematisch an die Arbeit ging«. Von Beginn an arbeitete er methodisch daran, die Vorgehensweise der Polizei zu modernisieren.

Zunächst führte er die erste Verbrecherkartei ein – eine Sammlung von 7000 Fotografien bekannter Krimineller, die als Kopie in allen Haupt- und Nebendienststellen vorlag und in einigen Fällen auch an Polizeibehörden anderer Städte weitergegeben wurde. Darüber hinaus strukturierte Byrnes den Kriminaldienst neu, entließ die korruptesten Mitarbeiter und rekrutierte eine handverlesene Gruppe junger Polizisten. Den Berichten erstaunter Journalisten zufolge kamen »viele von ihnen vom College und hätten vor der besten Gesellschaft bestehen können«.

Mit dem ihm eigenen politischen Instinkt setzte Byrnes die Mehrzahl seiner Leute in der Wall Street ein, wo täglich Millionen von Dollars in Scheinen, Bonds, Schuldverschreibungen oder Edelmetallen auf offener Straße befördert und ebenso regelmäßig auch gestohlen wurden. Wie ein Reporter anmerkte, »priesen geschickte Diebe das Finanzviertel als das einträglichste Revier von allen«.

Anders als seine Zeitgenossen, die in den Kneipen und Nachtclubs des Rotlichtviertels nach Geldern schielten, erkannte Byrnes, dass die Dankbarkeitserweise der Banker und Broker in der Wall Street die Zahlungen kleiner Kneipenwirte weit in den Schatten stellen würden. Am 11. März 1880 verkündete Byrnes mit dem Pathos des geborenen Selbstdarstellers, dass die nördliche Grenze des Finanzdistrikts von Lower Manhattan künftig durch die Fulton Street markiert werde und dass jeder aktenkundige Kriminelle, den die Polizei innerhalb dieser »Sperrzone« aufgreife, sofort verhaftet werde, unabhängig davon, ob er sich eines Verbrechens schuldig gemacht habe oder nicht.

Die Anordnung war drakonisch und nach heutigem Verständnis sicher ungesetzlich – doch sie funktionierte. Rückblickend brüstete sich Byrnes im Jahr 1887, dass »vom 12. März 1880 bis zum heutigen Tag in der Wall Street noch nicht einmal eine Briefmarke von einem Berufsverbrecher gestohlen wurde«.

Im Zuge der Entwicklung der Wall Street zum Finanzzentrum der USA gelang es Byrnes, den Bezirk vollständig vor den vielfältigen Problemen der Immigrantenstadt abzuschirmen. Die Finanziers, die ihre Geschäfte an einem sicheren Ort abwickeln konnten, stimmten in den allgemeinen Beifall für den Leiter der Kriminalpolizei ein. Einige von ihnen verliehen ihrer Dankbarkeit auf stille, aber für Byrnes durchaus lukrative Weise Ausdruck. Als 1894 eine Gruppe von Reformern eine gründliche Untersuchung der polizeilichen Korruption in New York anordnete, quittierte Byrnes eilig den Dienst. Die verbleibenden 14 Jahre seines Lebens verlebte er wohlhabend im Ruhestand, ausgestattet mit einem Privatvermögen von 350.000 Dollar – obwohl er als Beamter nur ein Jahresgehalt von 2.000 Dollar bezogen hatte.

**Eine der Neuerungen, die Thomas F. Byrnes (links), Leiter der New Yorker Kriminalpolizei, einführte, war der Einsatz von Fotokarteien zur Identifizierung von Kriminellen. Das Beispiel links außen zeigt sechs Frauen auf einer Seite von Byrnes' »Galerie der Galgenvögel«, der ersten Kartei dieser Art. Auf der Abbildung oben versammeln sich Häftlinge im tief verschneiten Hof der Strafvollzugsanstalt auf Blackwell's Island im East River, heute bekannt als Roosevelt Island.**

**Ein Kriminalbeamter stößt einen Verhafteten in eine Zelle des Tombs-Gefängnises, um 1895.**

Der 11. März 1888, ein Sonntag, begann für die Jahreszeit ungewöhnlich mild. Noch am Tag zuvor hatte der *New York Herald* ein Gedicht von Walt Whitman über die ersten Frühlingsblüten veröffentlicht, und mit bereits knospenden Bäumen im Central Park schien der mildeste Winter seit 17 Jahren seinem Ende entgegenzugehen.

Aus dem achtstöckigen Equitable Building am unteren Broadway meldete das staatliche Wetteramt die abendliche Vorhersage: »Bewölkt mit leichten Regenschauern, später erneut aufklarend.« Gegen Sonnenuntergang wurden die leichten Schauer zu schweren, und die Temperaturen sanken rapide.

Es war 22 Uhr, als Al Smiths Mutter ihren 14-jährigen Sohn anwies, die Rollläden ihres Süßigkeitenladens an der Dover Street herunterzulassen und sofort wieder heimzukommen. Um Mitternacht verwandelten sich die Regengüsse in Schnee, den ein scharfer, stetig zunehmender Wind durch die Straßen peitschte. Zwei gigantische Sturmtiefs trafen über New York zusammen und lösten den heftigsten Schneesturm des 19. Jahrhunderts aus – den Blizzard des Jahres 1888.

Die New Street in Lower Manhattan nach dem Blizzard.

*Der Wind heulte, pfiff, brüllte und stöhnte laut, während er ungehindert durch die Straßen fegte. Er schlug in beängstigenden Böen gegen die Hauswände und Schaufensterscheiben, rüttelte am Gebälk und drückte mit einer Wucht gegen die Türen, dass man nicht mehr wagte, sie zu öffnen. Der Schnee, den der Wind vor sich her trug, machte den Sturm geradezu sichtbar und beinahe greifbar.*

Julian Ralph, *New York Sun*

*Schilder wurden von den Geschäftsfassaden gerissen und Steine inmitten der Sturmböen fortgewirbelt. Hüte wurden von den Köpfen gefegt und weggetragen ... Männer und Frauen wurden zu Fall gebracht oder vom Wind erfasst und gegen Hauswände geschleudert. Hunderte von Fußgängern erlitten Prellungen und Schnittwunden. Zahlreiche Menschen wurden überfahren ... Es schien, als würde der Wind von einer Million Teufel geritten werden.*

*New York Herald*

Niemand hatte so etwas jemals zuvor erlebt. Ein Mann beobachtete »einen wahren Regen an Spatzen, die tot von den Dächern der umstehenden Gebäude herabfielen«. Am Montag wurde der öffentliche Personenverkehr in und um die Stadt eingestellt, der Hafen für ein- und ausfahrende Schiffe gesperrt. Bis zu 10 Meter hohe Schneeverwehungen blockierten die Eingänge der Geschäfte und Wohnhäuser, an den Gebrauch von Pferdekutschen war nicht einmal zu denken.

Trotz des tosenden Sturms machten sich New Yorker Arbeiter, die sich den Verdienstausfall nicht leisten konnten, zu Fuß oder mit den Hochbahnen, von denen einige noch im Einsatz waren, auf den Weg in die Fabriken. Doch gegen Mittag wurden auch die letzten Strecken unbefahrbar, und 15.000 Menschen waren hoch über den Straßen in den unbeheizten Waggons eingeschlossen, die Furcht erregend im Wind schaukelten. Geschäftstüchtige Jungen lehnten Leitern gegen die Schienen und brachten verängstigte Passagiere gegen eine Gebühr von 25 Cent in Sicherheit.

Mehr als zwei Tage lang herrschte in der Stadt der Ausnahmezustand. Da sämtliche Hotelbetten belegt waren, sammelten sich gestrandete Stadtbesucher in den Eingangshallen, wo sie auf Sofas, Billardtischen und auf dem Fußboden nächtigten. Im Kaufhaus Macy's verbrachte das Personal die Nacht auf den für den Verkauf gedachten Matratzen, und Hunderte von Heimatlosen suchten Schutz in der behaglichen Wärme der New Yorker Gefängnisse.

Am härtesten traf der Schneesturm die ärmlichen Elendsviertel in der Lower East Side, wo die Zustände bereits am Montagabend immer unerträglicher wurden. Um 22 Uhr fielen auch noch die Gasleitungen aus, wodurch die verängstigten Bewohner in Finsternis gehüllt ausharren mussten. Die Außentemperaturen gingen gegen den Gefrierpunkt, und die Kohlenvorräte wurden immer knapper, sodass die Menschen dicht zusammenrücken mussten, um sich gegenseitig zu wärmen.

Am Mittwoch hörte es nach 54 Stunden endlich auf zu schneien, und die Räumungsarbeiten konnten beginnen. Die Rettungsmannschaften fanden in den mächtigen Schneeverwehungen die Leichen von zwölf Menschen. Der Gesamtschaden wurde auf über 20 Millionen Dollar geschätzt.

Obwohl das Unwetter die ländlichen Gebiete noch viel härter getroffen hatte, waren die Schäden des Blizzards in der Stadt unübersehbar. Inzwischen abhängig von ausgeklügelten Leitungssystemen für Gas, Wasser, Telefon und elektrischen Strom, bekamen die New Yorker die Anfälligkeit der modernen Technik in mehrfacher Weise zu spüren: Zwei Drittel von Manhattans Telefon- und Elektrizitätsmasten waren umgestürzt und hatten die Leitungen völlig lahm gelegt.

Nachdem die entfesselte Natur jedermann die Verwundbarkeit der Stadt demonstriert hatte, beschloss man umgehend, etwas zu unternehmen. Innerhalb weniger Monate wurde auf Anordnung des Bürgermeisters das unansehnliche oberirdische Leitungsgewirr unter die Straße verlegt. Und noch im gleichen Jahr veröffentlichte die *New York Times* einen detaillierten Vorschlag für ein revolutionär neues öffentliches Personentransportsystem, das wetterunabhängig sein sollte. Elektrisch betrieben, würde es ganz Manhattan einbeziehen – und zwar unterirdisch.

*sondern auch von Menschenhand Erschaffenes – in seiner ungeheuren Fülle an menschlichem Genie, an Straßen, Waren, Häusern und Schiffen; mit der stets fiebrig voranstrebenden Menge an Menschen, ... mit all dem grandiosen und vielschichtigen Reichtum und all der Schaffenskraft, die sich hier auf so dramatische Weise konzentrieren.*

Walt Whitman

Im Januar 1892 kündigte Whitman im *New York Herald* das Erscheinen seines Bandes *Leaves of Grass* (*Grashalme*) an: einer Epoche machenden Gedichtsammlung, an der er 40 Jahre lang liebevoll gearbeitet hatte. Zwei Monate später, am 26. März 1892, verstarb der visionärste Dichter, den die Stadt jemals gesehen hatte.

»Ich werde zum Staub in dem Gras, das ich so liebe«, schrieb er – eine Zeile, die seine Grabinschrift werden sollte. »Wollt ihr mich finden, sucht mich unter den Sohlen eurer Stiefel.«

*Ich spürte ein Kribbeln, das von der riesigen Stadt ausging: eine Unruhe, die etwas Unbestimmbares zu versprechen schien. Man vermeinte, zuschauen zu können, wie New York wuchs und sich mehr und mehr ausbreitete.*

Charles Hanson Towne

Die durch Whitmans Werke erst vorstellbar gewordene und von Männern wie Olmsted, Roebling, Tweed und Morgan geformte Stadt war nun nicht mehr wiederzuerkennen.

In diesem vormals »zerrissen wirkenden, unfertigen Ort«, wie Besucher die Stadt New York

**Entworfen von der Firma McKim, Mead & White und 1890 für drei Millionen Dollar gebaut, stellte der Madison Square Garden einen eleganten öffentlichen Spielplatz für die oberen Zehntausend New Yorks und gleichzeitig den größten, ausschließlich der Unterhaltung dienenden Gebäudekomplex der USA dar. Einen ganzen Häuserblock groß, verfügte er über ein Amphitheater mit 5000 Sitzplätzen (groß genug für Pferdeshows, politische Versammlungen und Zirkusvorstellungen), ein kleines Opernhaus, ein Restaurant, einen Ballsaal sowie einen Dachgarten, wo an Sommerabenden Konzerte aufgeführt wurden. Als die nackte Figur der Göttin Diana auf der Gebäudespitze angebracht wurde, zeigten sich die New Yorker schockiert – genauso wie 16 Jahre später, als der Architekt des Gebäudes, Stanford White, von einem eifersüchtigen Ehemann während einer Vorstellung von *Mam'selle Champagne* auf dem Dachgarten erschossen wurde.**

noch im Jahr 1865 geringschätzig bezeichnet hatten, bedeckten nunmehr unglaubliche 90.000 Wohnhäuser und 25.000 Geschäftsgebäude buchstäblich jedes Fleckchen Erde auf der Insel Manhattan. Die Einwohnerzahl war in jenen Jahren von 900.000 auf knapp zwei Millionen angestiegen. Und die insgesamt 575 Meilen gepflasterter Straßen verfügten nicht nur über eine 444 Meilen lange Kanalisation, sondern waren auch mit mehr als 28.000 zumeist elektrisch betriebenen Straßenlaternen ausgestattet. Daneben zogen sich 685 Meilen Wasserleitungen kreuz und quer über die Insel.

Vor Ausbruch des Bürgerkriegs hatte es in New York 600 Textilfabriken gegeben – nun waren es 10.000. Insgesamt wies die Stadt über 25.000 verschiedene Industriebetriebe auf, die jährlich 299 Produktkategorien im Gegenwert von 750 Millionen Dollar produzierten.

Mehr als 350.000 New Yorker verbrachten ihre Arbeitszeit in Fabriken und Werkstätten, wo sie Nähmaschinen und Klaviere herstellten, Bier brauten, Tabak rollten oder Bücher druckten. Andere stellten Industriezucker her, gerbten Leder, frästen Holz oder mischten Chemikalien. Und wieder andere schleppten Kohle, schlachteten Vieh oder sortierten Lumpen und Abfall.

Allein 500 Stadtbewohner zimmerten Särge, 5000 produzierten künstliche Blumen und 150.000 nähten Kleidung. In der letzten Dekade des Jahrhunderts war die Entwicklung der Stadt New York von einem Handelszentrum hin zu einer Industriemetropole endgültig vollzogen. Doch es standen noch weitaus gravierendere Veränderungen vor der Tür.

Vier Jahrzehnte zuvor hatten Frederick Law Olmsted und Calvert Vaux mit dem Central Park einen ausgleichenden Gegenpol zur Hektik der Industriestadt geschaffen. Nun setzte sich eine neue Generation von wohlhabenden New Yorkern, der die reine Anhäufung von Geld nicht mehr genügte, das Ziel, in der Stadt die höchsten Ideale der Kultur, Ästhetik und Erholung zu verwirklichen.

**Nichts spiegelte die imperialen Gelüste der neuen Metropole anschaulicher wider als die aufwändig verzierten Bauwerke, die eigens zu Ehren von Admiral George Deweys Sieg über die Spanier in der Manila Bay im Jahr 1898 errichtet wurden. Der an der Ecke 23rd Street und Fifth Avenue errichtete Triumphbogen sowie die Kolonnaden im römischen Stil – komplett aus Holz und Stuck gefertigt – lagen genau in einer Achse mit dem 15 Blocks weiter südlich gelegenen Washington Arch und machten die Fifth Avenue damit zu einer großartigen Bühne für die feierliche Siegesparade. Die Monumente wurden noch im gleichen Jahr wieder abgebaut.**

**1894 wurde mit dem Bau des neuen Campus der Columbia University auf dem Plateau von Morningside Heights am nördlichen Ende der Upper West Side begonnen. 1898, im Jahr dieser Aufnahme, war die Anlage des neuen »akademischen Dorfes« bereits deutlich erkennbar: eine Reihe von Gebäuden aus Stein und Ziegeln, angeordnet um die mit einer großen Kuppel gekrönte und dem römischen Pantheon nachempfundene Bibliothek. In den folgenden Jahren wurde der im neoklassizistischen Stil erbaute Campus zu einer eigenen Stadt mit Colleges, Schulen, Seminargebäuden, Kirchen, Krankenhäusern und Monumenten erweitert, was den Heights den Spitznamen »Akropolis von Amerika« eintrug.**

»Die Lebensumstände verändern sich in unserer heutigen Zeit rasend schnell«, so erklärte der Kritiker Arthur Hoeber. »Wir haben die primitiven Anfänge hinter uns gelassen und entwickeln uns weiter. Es genügt uns nicht mehr, einfach nur das Bankkonto zu füllen; das Leben hat uns wesentlich mehr zu bieten.«

Angetrieben von einer erstaunlichen und in dieser Form noch nie da gewesenen Anwandlung von Philanthropie, kulturellen Ambitionen, Eitelkeit und Bürgerstolz, realisierten die während des Goldenen Zeitalters unsagbar reich gewordenen New Yorker in wenig mehr als zehn Jahren eine Reihe außergewöhnlicher Projekte. Sie wollten auf diese Weise deutlich machen, dass ihre Stadt kulturell durchaus mit London, Paris und Rom mithalten konnte. Gleichzeitig wollten sie sich selbst beweisen, dass die eindeutig kommerziell ausgerichtete Metropole mehr hervorzubringen vermochte als positive Handelsbilanzen. Das kulturelle Angebot für die Bürger erlebte in diesen Jahren seinen historischen Höhepunkt.

1890 entstand am Madison Square ein außergewöhnliches Veranstaltungszentrum, das den Namen Madison Square Garden erhielt und dessen reich verzierter, 93 Meter hoher Turm der Giralda von Sevilla nachempfunden war.

Nur ein Jahr später öffnete der größte Konzertsaal des Landes, die an der Seventh Avenue und 57th Street gelegene Carnegie Hall, zum ersten Mal die Tore. Das Eröffnungskonzert mit den New Yorker Philharmonikern dirigierte der berühmte Komponist Tschaikowsky höchstpersönlich. Dann wurde 1892 der Columbus Circle, ein eleganter, im neoklassizistischen Stil gestalteter Platz an der 59th Street, Ecke Central Park West, fertig gestellt – pünktlich zum 400. Jahrestag der Entdeckung Amerikas.

Andernorts hatten derweil die Arbeiten an der größten Kathedrale der Welt – St. John the Divine – begonnen. In erstaunlich kurzer Zeit mauserte sich die von Industrie und Handel bestimmte Metropole zu einer apollinischen Traumstadt.

Inspiriert von der strahlenden White City, die 1893 in Chicago anlässlich der dortigen Weltausstellung eröffnet wurde, begannen Stararchitekten wie die Partner Charles McKim, William Mead und Stanford White damit,

*Eine Metropole definiert sich nicht primär über ihre Einwohnerzahl. Sie sollte vielmehr über weitere Qualitätsmerkmale verfügen. So sollte sie nationale Strömungen nicht nur auffangen, sondern sie bündeln und ihnen die Richtung weisen. Dazu muss sie mehr tun, als lediglich die typischen amerikanischen Wesenszüge widerzuspiegeln – sie muss selbst nationale Ideale formen, definieren und praktisch umsetzen.*

Herbert Croly

**Der Riverside Drive im Jahr 1897 – in nördlicher Richtung gesehen mit Grants Grabmal im Hintergrund. Kurz vor seinem Tod 1885 sprach der ehemalige Präsident Ulysses S. Grant, der seine letzten Lebensjahre in New York verbracht hatte, den Wunsch aus, in der Stadt beigesetzt zu werden. 1897 hatte man das mächtige neoklassizistische Monument – das größte Mausoleum Amerikas, das im Inneren dem Grabmal Napoleon Bonapartes nachempfunden war – am Rande von Morningside Heights errichtet. Von hier aus genoss man einen fantastischen Ausblick über den Hudson River, sodass der Riverside Drive bald ein beliebtes Ausflugsziel für Kutschfahrten wurde.**

innerhalb der aus unzähligen Fabrikschloten geschwärzten Insel Manhattan eine ganz neue Art von Stadt zu kreieren. Einheitlicher im Stil, geordneter und ausgesprochen majestätisch, entsprach die neue Grandezza der prächtigen Metropole, zu der New York sich entwickelte.

1893 verließ die Columbia Universität ihre engen, in der Stadtmitte gelegenen Räumlichkeiten und zog auf einen neoklassizistisch gehaltenen, bald als »amerikanische Akropolis« bezeichneten Campus hoch über dem Hudson River in Morningside Heights.

Ein weiteres Jahr später eröffnete die New York University ihren mehr als 20 Hektar großen Campus jenseits des Harlem River in der Bronx. Zur gleichen Zeit hatte auch die Arbeit an den beeindruckenden neuen Gebäuden des Brooklyn Museum, des American Museum of Natural History sowie des Metropolitan Museum of Art begonnen.

»An der Wall Street strebt man danach, alles und jedes in Gold zu verwandeln«, erklärte Joseph Choate, einer der Gründungskuratoren des Metropolitan Museum, bei der Eröffnung des riesigen Gebäudeflügels an der Fifth Avenue im Jahr 1895. »Wir jedoch verfolgen das wesentlich höher gesteckte Ziel, bloßes Gold in Dinge von lebendiger Schönheit zu verwandeln, die ein ganzes Volk die nächsten 1000 Jahre erfreuen werden.« Die Phase der Erneuerung setzte sich ungebremst fort, wobei das erstaunlichste Bauwerk erst noch folgen sollte.

Im Frühjahr 1897 begannen an der Ecke 42nd Street und Fifth Avenue, wo zuvor der riesige Wasserspeicher des Croton Reservoir gestanden hatte, die Arbeiten an einem außergewöhnlichen Projekt – der New York Public Library: einer öffentlichen Bibliothek, deren Bestände aus drei kleineren Büchereien stammten.

»Was London für Europa ist und Rom für das Römische Reich während der Kaiserzeit war, das ist New York für das riesige Amerika«, erklärte ein Wall-Street-Banker voller Stolz über die innerhalb von weniger als zehn Jahren aus dem Boden gestampften Errungenschaften. »New York bildet ohne Zweifel die Bühne, auf der sich das bedeutendste Drama unserer Zeit abspielt – nämlich die fortschreitende Zivilisierung dieses Kontinents.«

»Das alte New York existiert nicht mehr«, stimmte ein Zeitungsreporter ein. »Es wurde

RING OUT THE OLD YEAR. All has been done tha' can be done. Don't review your shortcomings now; think of the future. If you overlooked Journal "Wants" before, don't do so in '98.

EDITION FOR GREATER NEW YORK.

NEW YORK JOURNAL

AND ADVERTISER.

RING IN THE NEW YEAR. New aim—new ideas—more ambition—make it memorable for big business. Let Journal "Wants" help you. They lead to the road of PROSPERITY.

NO. 5,524. — NEW YORK, FRIDAY, DECEMBER 31, 1897.—16 PAGES. PRICE ONE CENT

THIS IS THE EVENTFUL NIGHT OF NIGHTS THAT SEES A CITY BORN.



THE ELECTRIC SPARK WILL TRAVEL 3700 MILES

TOUCHING THE BUTTON IN 'FRISCO.

THE FLAG RISING IN NEW YORK.

THESE MEN WILL RULE THE CITY.

To-morrow the Offices of Greater New York Will Be Turned Over to These Lucky Men.

ALL THE HAPPENINGS IN POLITICS.

Tammany to Invade the Borough of Brooklyn—Sudden Clearing Out of the District-Attorney's Staff in This Borough.

The City of New York begins its official life to-morrow. This realization of the hopes of the citizens of the boroughs that now comprise the Greater New York brings with it the wish that the government may be in the hands

'FRISCO GREETS NEW YORK.

Mayor of the Pacific Metropolis Will Raise the Flag.

HONOR PRIZED.

Journal's Celebration Will Connect Two Great Domains in Rejoicing.

James D. Phelan, Mayor of San Francisco.

Congratulations Across the Continent on the Fete.

PATRIOTIC IDEAS.

Birthday of the New City an Emblem of America's Unity.

San Francisco, Dec. 30.

Editor New York Journal:

As Mayor of San Francisco I accept the distinguished honor of participating in the flag raising over Greater New York, and I congratulate the Journal on the patriotic thought of wedding together the remotest parts of our great domain on an occasion so auspicious.

The flag thus enthusiastically unfurled by a sister city occupying the same position to the Pacific that New York does to the Atlantic demonstrates at once the vast extent of our territory, the rapidity of interior communication, and the intimacy

IN FIRE AND SONG AT MIDNIGHT.

A Fine Night Promised, All Is Ready, and San Francisco's Mayor Will Raise the Flag.

MARSHAL SMITH'S FINAL ORDERS.

No One Who Sees the Display in City Hall Park To-night Will Ever Forget the Gorgeous Sight.

Schlag Mitternacht wurden am 31. Dezember 1897 die Städte New York und Brooklyn, zusammen mit weiteren 38 Orten und Dörfern in Queens, der Bronx und auf Staten Island, zu einer einzigen Megalopolis mit fünf Stadtbezirken – so genannten Boroughs – vereint, die den Namen Greater New York erhielt. Mit einer Fläche von fast 850 qkm und 3,5 Mio. Einwohnern entstand damit buchstäblich über Nacht die zweitgrößte Stadt der Welt nach London.

Im Gegensatz zu vielen Einwohnern Brooklyns, die stolz auf die Unabhängigkeit ihrer Stadt und unglücklich über den Zusammenschluss waren, feierten die Herausgeber des *Brooklyn Daily Eagle* die Gründung Greater New Yorks mit einer Sondernummer ihrer Zeitung. Auf dem Titelblatt waren die Stadtteile durch fünf Frauen symbolisiert, die ihre Fackeln zu einem hell strahlenden Licht vereinigten.

durch eine vollkommen neue Stadt ersetzt.« Und noch bevor das Jahrhundert zu Ende ging, sollte eine Flurbereinigung ungeahnten Ausmaßes das Stadtgefüge neu definieren.

Gleich nach dem Bürgerkrieg hatten sich führende Köpfe der Stadt unter der Vorherrschaft des vorausschauenden Stadtplaners Andrew Haswell Green für eine Erweiterung der Stadtgrenzen über Manhattan Island hinaus ausgesprochen, um Platz für weiteres Wachs-

Alice Austen mit Freundinnen auf der Veranda ihres Hauses auf Staten Island, um 1890. Die begabte Fotografin (links im Bild) verbrachte ihre gesamte Lebenszeit auf Staten Island, das sich – obwohl es Teil der zweitgrößten Stadt der Welt war – seinen ländlichen Charakter bewahrte. Im Gegensatz zu den zwei Millionen Einwohnern auf Manhattan Island lebten hier weniger als 60.000 Menschen. Die einzige Verbindung zum Rest der Welt stellte die Staten-Island-Fähre dar.

tum zu schaffen. Sie wollten damit verhindern, dass es der jüngeren Rivalin Chicago gelingt, der Hudson-Metropole den Rang abzulaufen.

Am 1. Januar 1898 erreichte die Welle wirtschaftlicher Fusionen und kulturellen Ausbaus in New York ihren vorläufigen Höhepunkt. Nach drei Jahrzehnten intensiver politischer Verhandlungen gelang es der ohnehin größten Stadt Amerikas, ihre Grenzen weiter auszudehnen, indem sie sich mit Brooklyn – selbst die drittgrößte Stadt des Landes – sowie 38 Orten und Dörfern in Queens, auf Staten Island und in der Bronx zu einer gigantischen Metropole mit fünf Stadtbezirken zusammenschloss, die den Namen Greater New York erhielt.

Als sich am 31. Dezember des Jahres 1897 die Mitternachtsstunde näherte, versammelten sich trotz des Regenwetters 100.000 Menschen im City Hall Park, um die Geburt der neuen Megastadt zu feiern.

Die *Tribune* bezeichnete diese Nacht als »die größte, lauteste und ausgelassenste Silvesterfeier, die es jemals auf Manhattan gegeben hat.«

*Mit Kanonenschlägen und lauten Böllern wurde um Mitternacht die Flagge von »Greater New York« offiziell vor dem Rathaus gehisst – die zweitgrößte Stadt der Welt war geboren.«*

*New York Times*, 2. Januar 1889

*An diesem Morgen wird die Sonne aufgehen über dem größten Experiment auf dem Gebiet der Stadtverwaltung, das die Welt je erlebt hat.*

*New York Tribune*, 1. Januar 1898

Die Bürger Manhattans hatten sich in einem vier Jahre zuvor abgehaltenen Referendum ebenso voller Enthusiasmus für die Idee ausgesprochen wie die dünn besiedelten Kommunen in Queens, Staten Island und der Bronx,

die auf ihre Weise von der Zusammenlegung zu profitieren hofften, indem sie Zugang zu mehr Schulen, Straßen, Häfen, öffentlichen Verkehrsmitteln sowie Anschlüsse an Wasser- und Abwassersysteme erhielten. Nur Brooklyn konnte sich nicht so recht für die Idee von Greater New York begeistern, da man die von Immigranten übervölkerte Nachbarstadt seit langem mit Misstrauen betrachtete. Die Entscheidung für den Zusammenschluss wurde hier denn auch nur mit einer hauchdünnen Mehrheit von 277 von insgesamt 129.211 Stimmen herbeigeführt.

Einige Bewohner hängten daraufhin schwarze Papierbänder als eine Art Trauerflor aus den Fenstern ihrer Wohnungen oder Läden. Noch über Jahrzehnte wurde diese historische Neuordnung im jetzigen »Borough of Brooklyn« bisweilen als der »Große Fehler« bezeichnet.

Doch ob willkommen oder nicht, New York war mit einem Federstrich zur zweitgrößten Metropole der Welt geworden. Die Stadt umfasste nun fast 850 Quadratkilometer Fläche und an die 3,5 Millionen Einwohner – mehr als doppelt so viel wie das rivalisierende Chicago. New York war nun größer als Berlin, Paris und Moskau, größer als jede andere Stadt in der Welt außer London. Und bei dem Tempo, mit dem sie sich weiter ausbreitete, würde sie auch die britische Kapitale sehr bald überholt haben.

»Die kühnste Fantasie reicht nicht aus, um sich vorzustellen, dass dem wirtschaftlichen Wachstum und dem Fortschritt dieser Stadt Grenzen gesetzt sein könnten«, hatte Bürgermeister Hewitt einige Jahre zuvor festgestellt, »[New Yorks] strahlende Zukunft als führende Metropole der Welt ist naturgegeben und kann nur durch eine etwaige Torheit oder Vernachlässigung von Seiten ihrer Bewohner durchkreuzt werden.«

Die Stadt, die nur 125 Jahre zuvor lediglich 5000 Einwohner gezählt hatte, bereitete sich mit Beginn der Ära, die man bald als das amerikanische Jahrhundert bezeichnete, auf ihren Platz in der vordersten Reihe der Weltmetropolen vor.

### LICHT UND SCHATTEN

*Heute gibt es keine neuen Welten mehr zu entdecken. Auf unseren Schultern lastet eine Verantwortung, die noch kein Volk vor uns zu tragen hatte: eine Welthauptstadt zu erschaffen, die die Zeiten überdauert. Sollte unser Werk gelingen, wird es der Menschheit auf ewig zum Vorteil gereichen; machen wir jedoch Fehler, so werden diese für alle zu dauerhaften Stolpersteinen werden. Niemand vor uns hat jemals eine solch einmalige Chance gehabt. Wir können sie nutzen, aber auch vertun.*

John DeWitt Warner, März 1898

Doch bei all dem, was die Stadt während ihres kometenhaften Aufstiegs erreicht hatte, es standen zu Ende des Jahrhunderts weiterhin überaus dringliche Probleme im Raum, und die New Yorker hatten sie alles andere als gelöst.

Unermessliche Reichtümer waren angehäuft worden, die Bevölkerungszahl war in unglaublichem Ausmaß explodiert und riesige geografische Hindernisse waren überbrückt worden. Aber die Schere zwischen Arm und Reich klaffte mit jedem Jahr weiter auseinander. Dieser Umstand empörte etwa auch den Geistlichen Lyman Abbot, einen Gemeindepriester an der Plymouth Church in Brooklyn. Nachdenkliche Bürger wie er stellten zum Ausklang des Jahrhunderts die Schwindel erregende Entwicklung der Stadt mehr und mehr in Frage.

*Die Stadt spiegelt in ihrem Mikrokosmos all die Kontraste unseres modernen Lebens wider – im Guten wie im Schlechten. Hier finden wir breite Prachtstraßen oder wunderschöne Parks als Meisterwerke der Landschaftsarchitektur, aber wir begegnen auch stinkenden Gassen, deren fauliger Abfall die Luft verpestet; hier protzen palastähnliche Villen mit allem nur erdenklichen Luxus, während dort Männer, Frauen und Kinder unter menschenunwürdigen Umständen in finsteren Mietskasernen hausen, zusammengepfercht wie Ölsardinen. Hier gibt es berühmte Universitäten, die ihren Studenten ehrbare intellektuelle Berufe verheißen, dort herrschen Analphabetismus und Verrohung … Und hier leben noble Menschen, die – erschrocken angesichts der argen Zustände, unter denen ein Teil ihrer Mitbürger leiden muss – all ihre Energien darauf verwenden, die Lebensbedingungen der hoffnungs- und ehrlosen Kreaturen, denen auch das letzte bisschen Würde genommen worden zu sein scheint, zu verbessern. Was sollen wir mit unseren Großstädten tun? Was werden die Städte mit uns machen? Diese beiden Fragen beschäftigen jeden nachdenklichen amerikanischen Bürger.*

Reverend Lyman Abbot
Plymouth Church, Brooklyn

Lower Manhattan, Blick in nördlicher Richtung auf die Brooklyn Bridge.

# DIE GEHEIMNISSE DER »GROSSEN STADT«

DANIEL CZITROM

*New York ist ein großes Geheimnis – nicht nur für die, die noch nie dort waren, sondern sogar für die Bewohner der Stadt selbst. Nur wenige kennen die harte Realität, die das Leben von gut zwei Dritteln der Menschen hier täglich bestimmt. Wie gut jemand auch in seiner Heimat zurechtgekommen sein mag, den Schurken und Gangstern dieser Stadt ist er hilflos ausgeliefert wie ein Kind. Das einzig Sichere ist, solche Leute zu meiden. Die folgenden Seiten sollen daher ermöglichen, die »Große Stadt« kennen zu lernen, ohne sich der Mühe und Gefahr eines Besuches aussetzen zu müssen.*

Edward Winslow Martin,
*The Secrets of the Great City*, 1868

Als sich New York Mitte des 19. Jahrhunderts in rasantem Tempo immer weiter ausbreitete, entwickelte sich eine neue Art von Reiseführern, die die schockierenden Kontraste thematisierten, die überall auf den Straßen sichtbar waren. Sie bezogen sowohl ökonomische, gesellschaftlich-soziale wie auch städtebauliche Aspekte ein. Diese Stadtliteratur befriedigte die Bedürfnisse eines Lesepublikums, das von den revolutionären urbanen Strukturen fasziniert war und zugleich danach verlangte, über die dunklen Seiten New Yorks informiert zu werden, ohne sich deren Gefahren aussetzen zu müssen. Noch heute finden sich in Antiquariaten oder auf Flohmärkten kleinerer Städte abgegriffene alte Exemplare solcher »Stadtführer«, die die Fantasie der Provinz bezüglich des Lebens in der »Großen Stadt« beflügelten.

Die literarischen Berichte über die »Geheimnisse« der Stadt entstanden allerdings keineswegs aus dem Nichts. In England hatten ähnliche Werke bereits im frühen 18. Jahrhundert Londons Aufstieg zur Weltmetropole begleitet.

Neben den Stadtführern erschienen eine Reihe von Boulevardblättern wie James G. Bennetts *New York Herald* und Benjamin Days *Sun*, die neben Wirtschaftsthemen auch über Bauprojekte, Gerichtsverhandlungen, lokale Ereignisse sowie über Klatsch und Tratsch berichteten. Wie diese Blätter boten auch die Stadtführer eine komprimierte Zusammenfassung des Stadtlebens, wobei die Themen oft kaleidoskopartig und ungeordnet nebeneinander standen.

Anders als die Zeitungen, die für die New Yorker Leserschaft konzipiert waren, wendeten sich die Stadtführer vor allem an stadtfremde Besucher. Dabei wurde kein Hehl daraus gemacht, dass Touristen von zentraler Bedeutung für die kulturellen Einrichtungen der Stadt waren – angefangen bei Barnum's American Museum bis hin zu den großen Theatern. Die Autoren plagiierten unverhohlen Texte und Illustrationen von Konkurrenten, und zwar in einem sol-

***Die Bowery bei Nacht*, um 1895, von W. Louis Sonntag.**

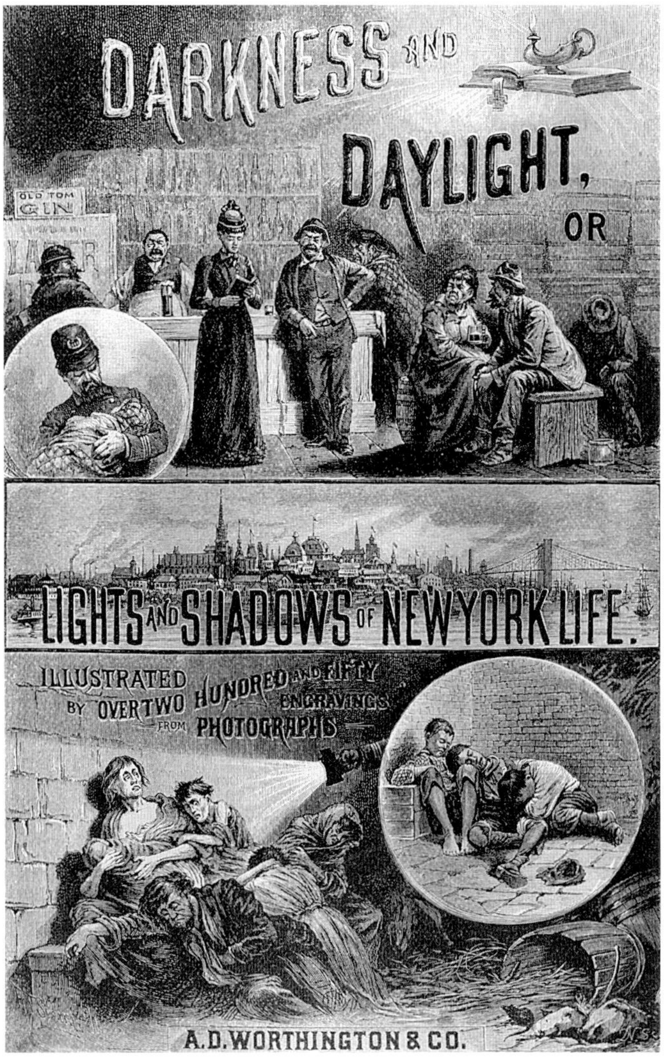


**Das Titelbild von *Darkness and Daylight, or Lights and Shadows of New York Life*, von Helen Campbell, 1899.**

chen Umfang, dass in den 1870er Jahren problemlos auch derjenige einen Stadtführer hätte schreiben können, der die Stadt noch nie gesehen hatte. Ein Teil der Werke stammte aus der Feder von Journalisten und konzentrierte sich auf die weltlichen Fragen des Großstadtlebens, während andere religiöser Natur waren und von protestantischen Geistlichen geschrieben wurden. All diese im 19. Jahrhundert veröffentlichten Bücher reflektierten – welcher weltanschaulichen Richtung sie auch immer angehörten – sowohl die tatsächlichen Veränderungen in der Stadt als auch die zwiespältige Faszination, die die übrige Nation angesichts dieser ersten großen Metropole des Landes befiel.

Den Prototyp für die Gattung des weltlichen Stadtführers stellte George Fosters beliebtes *New York by Gas-Light* von 1849 dar, das eine Auflage von 200.000 Exemplaren erreichte. Ein Jahr zuvor hatte Foster, ein gelernter Drucker, der als Zeitungsjournalist arbeitete, die viel beachtete und täglich erscheinende Serie »New York in Slices« in der *New York Tribune* veröffentlicht und bald darauf auch in Buchform herausgegeben. Foster, der durch seine journalistische Tätigkeit zu einem intimen Kenner der Metropole geworden war, lud seine Leser ein, mit ihm die Anonymität der Großstadt zu erkunden, die es den Menschen erlaubte, »zu jeder Tageszeit alles und jedes zu tun, ohne irgendwelche Fragen befürchten zu müssen«.

Sein betont realistischer Stil versprach, die Stadt zu demaskieren und Licht in die dunkelsten Ecken zu bringen. Mit seiner Ehrlichkeit, seinem Gerechtigkeitssinn und seiner philanthropischen Grundhaltung gehörte Foster zu den Journalisten, denen es nicht primär um den kommerziellen Erfolg ging; vielmehr empfand er es als seine Pflicht, die Öffentlichkeit objektiv zu informieren. Davon zeugen die einleitenden Seiten seines Buches:

> *New York bei Nacht – was haben wir uns da vorgenommen? Wir wollen den dichten Schleier der Dunkelheit lüften und die unerhörten Geheimnisse dieser Metropole aufdecken: Ausschweifungen der Prostitution, wuchernde Armut, Diebstahl, Mord und Alkoholismus, die um sich greifende Verrohung und all die anderen Auswüchse, auf die man im nächtlichen Bodensatz New Yorks stößt. Weshalb sollen wir einen Blick in diese Abgründe und ihre entsetzlichen Geheimnisse wagen? Kommen Sie mit und entscheiden Sie selbst. Es ist die Pflicht unserer Zeit, auch die finsteren Wahrheiten der untersten Schichten aufzudecken, damit Menschlichkeit und Gerechtigkeit an die Stelle von Not und Elend treten können.*

Wie kein anderer amerikanischer Schriftsteller vor ihm benutzte Foster die Metapher von »Licht und Schatten« bei der Beschreibung New Yorks. Seiner Ansicht nach konnte es das eine nicht ohne das andere geben. Doch gleichzeitig forderte er eine Verbesserung der Umstände, indem er die Extreme schilderte, die auf den Straßen der Stadt immer deutlicher sichtbar wurden. »Tausende von Männern, Frauen und Kindern stehen täglich von Neuem kurz vor dem Hungertod«, berichtete er. »Ich bin davon überzeugt, dass ein Großteil der Verbrechen und der Unmoral der unteren Gesellschaftsschichten aus dem schutzlosen Ausgeliefertsein an Kälte und Hunger erwachsen.« Foster hielt wenig von den Moralisten und Geistlichen, die Jahr für Jahr »gegen schlimme Laster wie Diebstahl und Prostitution predigten«, ohne deren Hintergründe zu erhellen. Vielmehr setzte er sich für eine bürgernahe Lösung der Probleme ein: »Es ist die heilige Pflicht der Gesellschaft, sich um jedes einzelne Mitglied zu kümmern, bevor sie ihrerseits die Erfüllung der bürgerlichen Pflichten mit Rücksicht auf das Wohl und den Besitz der Allgemeinheit einfordern kann.« Die Stadt New York, so argumentierte Foster weiter, müsse ihr öffentliches Kultur- und Bildungsangebot erweitern und verbessern. Er forderte mehr »öffentliche Museen, Bibliotheken, Theater, Konzertsäle, Vortragsreihen für die Allgemeinheit sowie attraktivere Bildungseinrichtungen.«

Nach dem Bürgerkrieg folgten die meisten Stadtführer nicht länger Fosters sozialreformerischem Ansatz, sondern akzeptierten die sozialen Unterschiede in der Gesellschaft als naturgegeben und unabänderlich. Sie interessierten sich stattdessen vermehrt für das wachsende Geschäft mit dem Laster: Prostitution, Glücksspiel, Alkoholverkauf, erotisches Theater, Produktfälschungen sowie Trickbetrügereien. Der Krieg hatte vor allem männliche Besucher in die Stadt gespült, was die so genannten »concert saloons« entlang der Bowery und am unteren Broadway aus dem Boden schießen ließ. Die Etablissements warben mit »hübschen Serviererinnen«, die als Sängerinnen auf der Bühne auftraten oder männliche Gäste in Privaträumen verwöhnten. Zwar hatte es am Hafen immer schon Tanzlokale gegeben, die ihre Kunden mit Mädchen köderten; das eigentlich Neue an den »concert saloons« der Nachkriegszeit war die Kombination von Barbetrieb, Animierdamen und Erotik-Shows unter einem Dach, und das ganz offen im Geschäftsviertel der Stadt. Mit Hilfe von Zeitungsannoncen oder Straßenschildern wurde unverhohlen Werbung für derartige Etablissements betrieben. Was diese Häuser so »gefährlich für die öffentliche Moral« machte – so das Ergebnis eines Untersuchungsausschusses –, war die Verwischung etablierter Klassenunterschiede, und zwar vor allem unter der jüngeren Generation. »Lehrlinge und kleine Büroangestellte werden ebenso in diese öffentlich zugänglichen Lasterhöhlen hineingelockt wie die Söhne der Reichen ... Allzu oft werden hier gute Charaktere und große Hoffnungen unwiderruflich zerstört.«

Die »Geheimnisse der Großen Stadt« waren nicht länger geheim. Und da die neuen Amüsierbetriebe die Ängste schürten, das Stadtleben könne eine moralisch verrohende Wirkung ausüben, verlegten sich die Stadtführer fortan darauf, vor den »Fallen und Schlingen der vielfältigen Verlockungen« in der Metropole zu warnen. *The Rogues and Rogueries of New York (New Yorker Gauner und Gaunereien)* von 1865 bemerkte etwa, ein Teil der Besucher werde auf Grund von Unwissenheit vom Pfad der Tugend abgebracht, während eine weitaus größere Zahl »sehenden Auges und aus eigener Gier und Vergnügungssucht ins Verderben laufe«.

Religiös geprägte Autoren behielten die für Reiseführer typische Form bei: Überblicksdarstellungen des Stadtlebens, die eher stichpunktartig gelesen wurden. Sie stellten New York vor allem als »Paradies für Prediger« dar. Reverend Matthew Hale Smith verfasste das berühmteste dieser Werke. Es erschien 1866 unter dem Titel *Sunshine and Shadow in New York (Licht und Schatten in New York)* und erreichte die erstaunliche Auflage von 300.000 Stück, was zahlreiche Nachahmer auf den Plan rief. Anders als Fosters Reportagen bot Smith zweifelhafte Beschreibungen der Tanzlokale, Spielhöllen, Saloons und Hinterhoftheater sowie der Prostitutions- und Verbrecherszene – alles aus zweiter Hand. Düstere Kapitel mit Überschriften wie »Die Kunst der Erpressung«, »Das Five-Points-Viertel« oder »Spielhöllen für Arme« wechselten sich ab mit überschwänglichen Elogen auf Männer wie Cornelius Vanderbilt, John J. Astor und Ulysses S. Grant. Ressentiments gegenüber Katholiken und Juden standen Lobhudeleien über protestantische »Heroen« und Berichten über Aufsehen erregende Erfolge an der Wall Street gegenüber. Smith leugnete zwar nicht die große Kluft zwischen Arm und Reich, betonte jedoch vor allem die Wohltätigkeit der oberen Zehntausend. »In keiner anderen Stadt setzt sich die wohlhabende Bevölkerung mehr für die Missionsarbeit und die Sonntagsschulen ein oder besucht eifriger die Gefängnisse, Hospitäler und Besserungsanstalten als in New York.« Und dies, obwohl es »auf der ganzen Welt keine schlimmeren Kreaturen gibt als hier«.

In den 1870er und 1880er Jahren kamen weitere Variationen des Genres auf den Markt. In *The Nether Side of New York (New Yorks Unterwelt)*, erschienen 1872, brachte Edward Crapsey, der Polizeireporter der *New York Times*, die Zunahme von Gesetzes- und Sittenlosigkeit sowie der Massenverarmung mit dem gerade aufgedeckten Skandal um William Tweed in Verbindung. Für ihn war die Unterwelt kein selbstverständlicher Teil des Großstadtlebens, sondern ein Zeichen wachsender Verrohung und des Niedergangs. »Mit einer Mittelklasse, die freiwillig in die Vorstädte auswich, einer Arbeiterschicht, die unter menschenunwürdigen Umständen hauste, und einer Oberschicht, die sich gleichgültig gegenüber dem Schicksal der Mitbürger zeigte, verschlimmerte sich die Lage noch, und die Stadt wurde ein leichtes Opfer für Diebe, Gesindel und korrupte Politiker.« Crapsey belegte seine Thesen mit Statistiken, die – wenn auch teilweise überzogen – die wachsende Unzufriedenheit unter den Angestellten und Geschäftsleuten belegten.

Andere Bücher wählten ein breiter gefächertes Konzept und versuchten, alle Bedürfnisse zu befriedigen. *Snares of New York, or Tricks and Traps of the Great Metropolis (New Yorker Fußangeln oder Wie gehe ich miesen Tricks und Fallen aus dem Weg?)* zum Beispiel versprach der Leserschaft, sie vor potenziellen Schäden zu bewahren. Andererseits mochte die detaillierte Beschreibung zwielichtiger Machenschaften manchem finsteren Gesellen erst die eine oder andere Idee an die Hand gegeben haben. Im Jahr 1888 schrieben die berühmten Strafverteidiger William Howe und Abraham Hummel *In Danger, or Life in New York (In Gefahr, oder Leben in New York)* – ein Buch, das sich an vielen Stellen wie eine Werbeschrift für ihre Arbeit las. Die Kapitel über Verbrecher, ihre Schlupfwinkel und die Geschichte der New Yorker Gangs gingen offenkundig auf Insiderkenntnisse zurück. Zudem versuchten die Anwälte allem Anschein nach, mit ausführlichen Berichten über skandalöse Liebesaffären zahlungskräftige Klienten zu werben, die sich bei ihrer Reise nach New York einen Seitensprung erlaubt und dabei unerwünschte Aufmerksamkeit auf sich gezogen hatten.

Im Jahr 1890 erreichte die Phase, in der sich alles um die »Geheimnisse der Großen Stadt« drehte, mit dem Buch *How the Other Half Lives (So lebt die andere Hälfte)* gleichzeitig ihren Höhe- und Wendepunkt. Die beeindruckende Studie des ehemaligen Polizeireporters Jacob Riis über das Leben der Armen in New York vereinte die journalistische Reportage mit sozialem Appell. Der Vorabdruck des Werkes zeigte, dass Riis' Verleger die Nähe des Buches zu den Reiseführern gezielt für die Vermarktung des Titels nutzte:

> *Der Leser hat das Gefühl, als würde er an der Hand eines erfahrenen Fremdenführers sicher durch Schmutz, Verbrechen, Elend und durch die finstersten Gegenden New Yorks geführt ... Kein anderes bisher veröffentlichtes Buch zeigt so lebendig den wahren Charakter Chinatowns oder des Judenviertels, der Hinterhöfe und billigen Absteigen, der Bezirke der Schwarzen, der Italiener und der mittellosen Künstler. Niemand berichtet so nah und ehrlich über Landstreicher, verwahrloste und herumstreunende Kinder, Trinker, Bettler, Gassenjungen und über all die anderen Kreaturen, die zum Bodensatz dieses Zentrums der Zivilisation zählen.*

Doch Riis beschrieb New York nicht nur aus der Perspektive des 19. Jahrhunderts, sondern beschritt auch innovative Wege, um die Zustände in der Stadt angemessen zu erläutern. So beinhaltet sein Buch eine erstaunliche Fülle an statistischem Material zum Gesundheitswesen New Yorks sowie einen prägnanten historischen Abriss über die Arbeitersiedlungen. Bei der »anderen Hälfte« handelte es sich in Wirklichkeit um zwei Drittel der insgesamt 1,6 Millionen Bewohner New Yorks, von denen 1890 allein 1,1 Millionen in Mietskasernen hausten – die meisten unter menschenunwürdigen Lebensumständen. Auch wenn Jacob Riis nicht ganz ohne rassistische Stereotype und sentimentale Geschichten auskam, drückte sein Buch doch ein echtes Mitgefühl aus und war von dem ehrlichen Wunsch beseelt, die Situation der Ärmsten der Armen zu verbessern. Eine ganze Generation junger Reformer – von Frances Perkins bis Fiorello La Guardia – wurde nachhaltig von seinem Werk geprägt. Während die früheren Stadtführer von der New Yorker Mittelklasse mehr oder weniger ignoriert worden waren, machte Riis gerade dieser Schicht deutlich, dass sie sich mit der fortwährenden Missachtung der sozialen Frage auf Dauer ins eigene Fleisch schnitt. Sein Appell sowohl an das Eigeninteresse als auch an die Christenpflicht motivierte viele, sich der Reformbewegung anzuschließen.

»Die Geheimnisse der Großen Stadt« blieben bis hinein ins 20. Jahrhundert ein beliebtes Thema für New-York-Porträts, man bediente sich nun jedoch auch neuer Medien wie des Films. Zahlreiche frühe Produktionen – wie *How They Do Things on the Bowery* (Edison, 1902) oder *The Deceived Slumming Party* (Biograph, 1908) – zeigten Straßenszenen über Sex in der Öffentlichkeit, Orgien, das Nachtleben sowie die Kriminalität in der Stadt – alles in allem eher voyeuristische Einblicke in die Unterwelt New Yorks. D. W. Griffiths Kriminalgeschichte *The Musketeers of Pig Alley* von 1912 bot eine Mischung aus sozialem Realismus, zynischer Kritik an der Stadtpolitik und schockierenden Gewaltszenen. Griffith erinnerte damit an Riis' sensiblen Umgang mit der sozialen Frage, zum anderen nahm er viele Elemente aus den Gangsterfilmen der Tonfilmära vorweg.

Auch die neu entstandene Regenbogenpresse, die in den Jahren nach dem Ersten Weltkrieg den Journalismus revolutionierte, griff allzu gern auf die »Geheimnisse der Großen Stadt« zurück. Die Blätter entwickelten das Genre weiter, indem sie die Storys zur bequemen Lektüre in U-Bahnen und Bussen in verkleinertem Format abdruckten. Die Artikel waren knapp und lebendig gehalten und wurden durch zahlreiche Fotos sowie Illustrationen ergänzt. Mit Themen wie Mord und Totschlag, Scheidungen, Showbusiness und Sport, Sex und Skandalen, Laster und Verbrechen setzten sich die Blätter zum Ziel, die heimlichen Bande zwischen der Unterwelt und den respektablen Vertretern von Politik und Wirtschaft aufzudecken. Am beliebtesten war die nach diesem Muster gestrickte Klatschkolumne, die einst Walter Winchell vom *Evening Graphic* ins Leben gerufen hatte.

In der Folgezeit wurde es immer schwieriger, in den Publikationen über New York ehrliches Reforminteresse sowie sachliche Analyse von oberflächlicher Tourismuswerbung und reiner Sensationsgier zu unterscheiden. Die Stadtführertradition warf noch immer ihren langen Schatten auf die Bemühungen von Historikern, die Vergangenheit objektiv darzustellen. Das gilt auch für Herbert Ashburys *The Gangs of New York* (1928), eines der meistgelesenen Bücher über New York, das zwar nicht den Anspruch eines wissenschaftlichen Werkes erheben konnte, aber bei vielen Lesern großen Anklang fand. Die ansprechenden Aspekte des Titels – die flotte Schreibe, das Auge für farbige Details, die lebendigen Charaktere – waren ebenso augenfällig wie dessen Schwächen: ein unkritischer Umgang mit höchst unzuverlässigen Quellen wie Zeitungsberichten, frei erfundene Dialoge sowie spärliche Fußnoten und bibliografische Hinweise.

In jüngster Zeit bot der erst 1991 erschienene Bestseller *Low Life: Lures and Snares of Old New York* von Luc Sante nach eigener Aussage des Autors »kein akademisch exaktes Geschichtsbuch«, sondern »den Versuch einer Mythologie New Yorks«. Santes gefühlvolle, lebendige, manchmal beinahe halluzinatorisch wirkende Prosa bedient sich dabei in zugleich schamloser wie höchst amüsanter Weise der alten »Geheimnisse der Großen Stadt«. Aber wenn er betont, »jene Grundstrukturen New Yorks zu veranschaulichen, die nichts mit Kommerz und Tourismuswerbung zu tun haben, sondern aus dem Mythos der Stadt selbst resultieren«, offenbart Sante eher unbeabsichtigt die Gefahr, Fakten und Mythen allzu sehr durcheinander zu mischen. In der Tat

**Italienische Konzerthalle an der Bowery, 1890.**

stößt man in seinem Buch auf so gut wie keine Quelle, die nicht aus dem Umfeld von Kommerz oder Werbung stammt.

Fazit: Es ist wichtig hervorzuheben, dass New Yorks Geschichte keineswegs auf die »Geheimnisse der Großen Stadt« reduziert werden darf. Allzu leicht wird vergessen, dass ein Großteil dieser »Geheimnisse« in einer Zeitströmung wurzelte, die dem Stadtleben eher feindlich gesonnen war. Dieser Umstand bereitete den Boden für viele Vorurteile und reaktionäres Spießertum. Indem die Mittelschicht und der Handwerkerstand nahezu ignoriert wurde, zeichnete die Stadtführerliteratur ein stark verzerrtes Bild von New York. Zwei Jahrhunderte lang haben die Amerikaner bereitwillig derartige Darstellungen der Metropole als vermeintlichen Realismus akzeptiert. Somit besteht auch heute noch die Zielvorgabe, die Geschichte der Stadt New York ehrlicher, menschlicher und komplexer aufzuzeichnen, um auf diese Weise dem »urbanen Leben« seinen angemessenen Platz in Amerikas Kultur und Politik einzuräumen.

Oktober 1912: Immigranten warten auf die Fähre, die sie von Ellis Island nach Manhattan bringen wird. Von den zwölf Millionen Einwanderern, die zwischen 1892 und 1924 im Hafen eingeschifft wurden, blieben allein vier Millionen in New York und Umgebung. »Wir alle stiegen hinab und betraten die Fähre, die zur Battery hinüberfuhr«, berichtete der Einwanderer Donald Roberts. »Und dann verließen wir einfach das Schiff – wie Vögel, die aus einem Käfig in die Freiheit entlassen werden.«

# DIE MACHT UND DAS VOLK

1898–1919

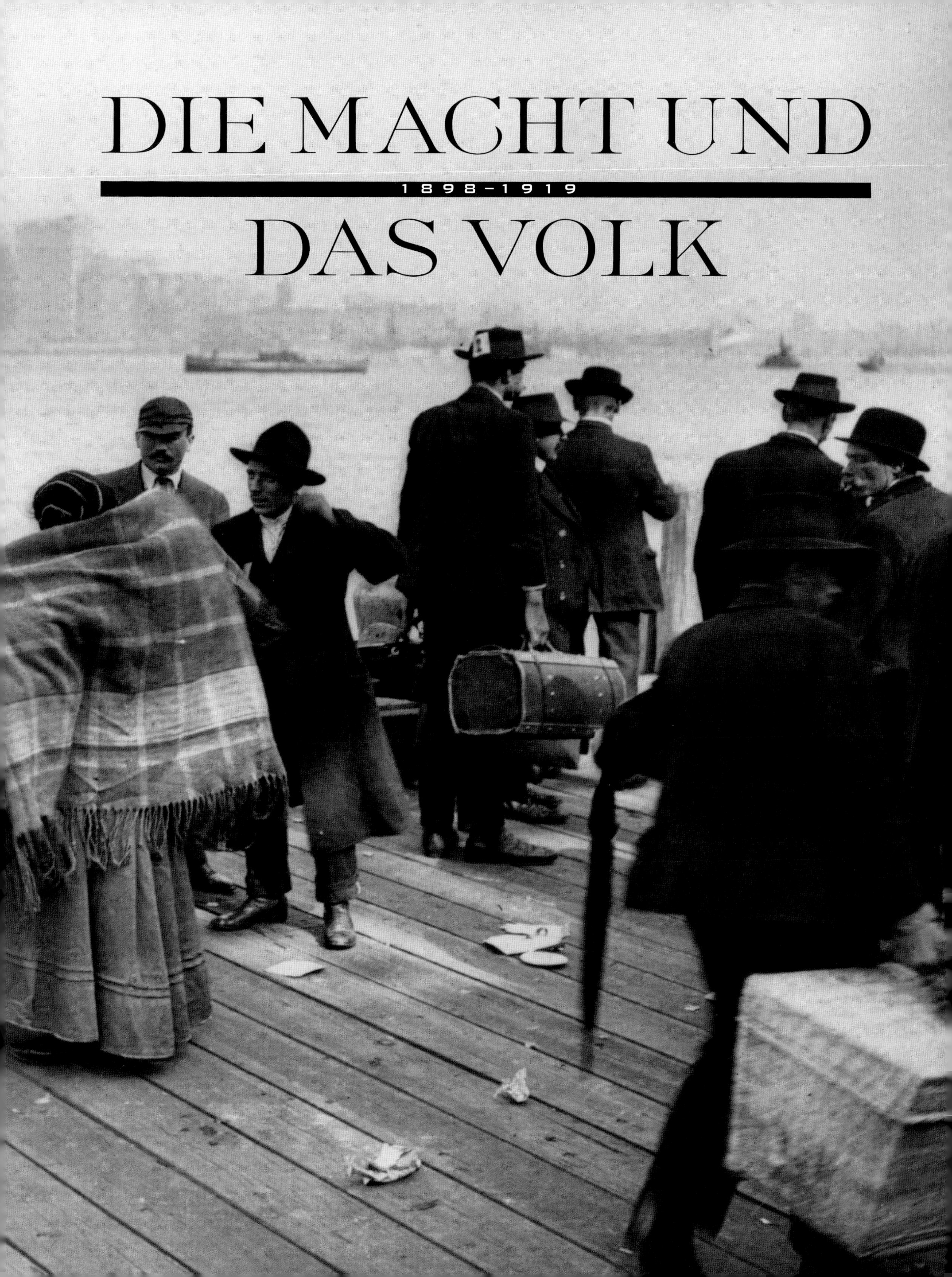

YORK CITY

Gigantisch, kolossal, gewaltig, kühn, es fehlen die Worte – Worte versagen ob dieser Erscheinung, dieser Landschaft, in der der mächtige Fluss als Rahmen dient für die noch mächtigere menschliche Energie. Auf dem Gipfel der gemeinsamen Bemühungen ist diese Energie Teil der Naturkräfte selbst geworden. Sie erklingt als Poesie der Demokratie, als ein gewaltiges Konzert. Dies ist nicht der Parthenon – der kleine Tempel auf sanftem Hügel ... es ist die unbekannte und ungeheure Poesie der modernen Welt, und sie weckt in uns einen tragischen Schauder, es liegt so viel besessene und eigenwillige Menschlichkeit darin.

Paul Bourget, 1893

**Kein Gebäude symbolisierte New Yorks rastloses Aufstreben in den Himmel besser als das Gillender Building an der nordwestlichen Ecke der Kreuzung Wall Street und Nassau Street, mitten im Herzen des Finanzviertels. 1897, im Jahr seiner Fertigstellung, war der 19-stöckige Wolkenkratzer noch eines der höchsten Gebäude der Stadt. Doch bereits im Jahr 1910 war das Grundstück, auf dem er gebaut worden war, mit mehr als 7000 Dollar pro Quadratmeter so wertvoll geworden, dass er abgerissen wurde, um dem Banker's Trust Building – mit 37 Stockwerken beinahe doppelt so hoch – Platz zu machen. Dem Gillender Building war mit 13 Jahren die kürzeste Lebensdauer aller Wolkenkratzer in der Geschichte New Yorks beschieden.**

## EINE STADT IN BEWEGUNG

Am Mittag des 11. Mai 1896 montierte ein Fotograf namens William Heise am südlichen Ende des Ecke 33rd Street und Broadway gelegenen Herald Square ein klobiges Gerät auf ein dreibeiniges Stativ. Die Passanten vermuteten, er wolle damit die Szenerie des Platzes auf eine Fotoplatte bannen. Doch der merkwürdige Apparat – die neueste Erfindung von Heises Arbeitgeber Thomas Alva Edison – diente keineswegs nur dazu, Standfotos zu schießen, er konnte eine ganze Serie aufeinander folgender Aufnahmen belichten, genau 16 pro Sekunde. Erstmals war es möglich, das pulsierende Großstadtleben in bewegten Bildern wiederzugeben – die Filmtechnik war geboren.

Fasziniert von der Dynamik New Yorks, schleppten die ersten Kameramänner ihre sperrige Ausrüstung überallhin, um Kurzfilme zu drehen: ein- bis zweiminütige dokumentarische Momentaufnahmen des Alltags. Die simplen Spektakel des Großstadtlebens zogen Scharen von Zuschauern in ihren Bann. Edison und die ihm nachfolgenden Filmemacher waren sich bewusst, dass sie keine faszinierendere Bühne auf der Welt finden konnten als diese Stadt.

1896 verfügte New York über den geschäftigsten Hafen des Landes, die größten Schiffe, die längsten Brücken. Es beherbergte auch die engsten und überfülltesten Slums sowie die weitläufigsten und herrschaftlichsten Wohnsitze des Landes. Hier gab es eine 15 Etagen hohe Statue, einen Park, der sich über 340 Hektar erstreckte, sowie eine Schnellbahn, die 33 Meter über der Erde fuhr und sogar Flüsse überquerte. Und es gab Millionen von Menschen, die die Straßen und Plätze bevölkerten.

Auch wenn zuweilen öffentliche Festakte gefilmt wurden, das eigentliche Ereignis blieben die Alltagsszenen: Zeitungsjungen bei ihrer Arbeit, Menschen, die sich in Kaufhäusern auf Sonderangebote stürzten, oder Immigranten, die an der Battery zum ersten Mal amerikanischen Boden betraten. Indem die Filmkameras unspektakuläre und flüchtige Momente einfingen – einen stürmischen Tag, einen Straßenbahnwagen auf seiner Fahrt, das Lächeln einer Frau – schufen sie eine völlig neue, moderne Ästhetik der kurzlebigen, ausschnitthaften, sich stetig verändernden Urbanität. Die hypnotische Wirkung der bewegten Bilder wurde allem voran aus der pulsierenden Hektik und Enge des Lebens in der Metropole gespeist.

Diese sich immer stärker beschleunigende Dynamik, die in Manhattan zum ganz normalen Lebensrhythmus wurde, sollte allerdings nur der Anfang sein. Trotz allem, was die Stadt im Laufe ihrer außergewöhnlichen Geschichte schon erlebt hatte, ahnten die New Yorker nicht im Geringsten, was sie im ersten Jahrzehnt des kommenden Jahrhunderts erwarten würde.

In den Jahren, die der Ausprägung Greater New Yorks folgten, sollte das ungeheure Potenzial der Stadt, das die holländischen Pioniere bereits 300 Jahre zuvor vorhergesagt hatten, zu voller Blüte gelangen.

Amerika entwickelte sich in den folgenden Jahrzehnten zum ersten wirklichen Vielvölkerstaat, und Menschen aus aller Welt begegneten einander in New York, dem Tor zur Neuen Welt. Die Stadt platzte aus allen Nähten und wurde zum Schauplatz einer in dieser Form noch nie da gewesenen Gesellschaftsentwicklung: komplexer und in seiner Rasanz faszinierender als in jeder anderen Stadt der Erde. Die Welle an Einwanderern, die über New York zusammenschlug, veränderte die Stadt von Grund auf. Die Vielfalt der von diesen Menschen ausgehenden Impulse prägte nicht nur das politische Profil New Yorks, sondern ganz Amerikas. In wenig mehr als zwei Jahrzehnten wurde in den Straßen New Yorks das 20. Jahrhundert geboren.

## EINE ENDLOSE ARMEE

*In jeder Provinzstadt Ungarns, Polens oder Italiens kann man beobachten, wie sie von den Bergen kommen oder über das flache Land ziehen ... Gruppen von Bauern, ärmlich und zerlumpt, die in einem schier endlosen Strom einer neuen Welt entgegenmarschieren. Dieser Strom schwillt tagtäglich mehr an, und die Quelle scheint nie zu versiegen.*

Edward Steiner, 1906

Es begann in den 1880er Jahren, dass die Menschen nicht nur aus Nordeuropa, aus Deutschland oder Irland in die USA kamen, sondern auch aus dem Osten und aus dem Süden: Italiener, Juden, Griechen und Polen; Russen, Ungarn, Ukrainer, Armenier und Türken.

**Oben: Immigranten auf einer Fähre nach Ellis Island im Jahr 1908. Nach der Ankunft an den Hudson River Piers wurden die Passagiere der ersten und zweiten Klasse noch an Bord einer flüchtigen Inspektion unterzogen und gingen dann direkt an Land. Die Passagiere der Massenquartiere unter Deck wurden jedoch auf voll gepfropften Fährschiffen nach Ellis Island verfrachtet. Bisweilen warteten mehrere überfüllte Fähren stundenlang vor der Insel darauf, ihre lebende Fracht zu löschen.**

Rechts: Immigranten an Deck eines Linienschiffs, 1907. Die Segelschiffe, mit denen vor allem irische und deutsche Einwanderer den Atlantik überquert hatten, waren zu Beginn des 20. Jahrhunderts stählernen Ozeanriesen gewichen, die ungleich mehr Menschen aufnehmen konnten. So gelangten an Bord der britischen und deutschen Liner wie der *Mauretania*, der *Olympic* oder der *Vaterland* während einer einzigen Überfahrt zwischen 2000 und 3000 Passagiere nach New York.

»Aus den entlegensten Ecken Europas marschiert eine riesige Armee auf uns zu«, schrieb ein Zeitzeuge angesichts der rasant steigenden Einwandererzahlen. Für die Immigranten aus Sizilien und Süditalien war es eine Flucht vor bitterer Armut. Seit Generationen in sklavenähnlicher Abhängigkeit lebend, litten sie zugleich unter der Wirtschaftskrise und den Naturkatastrophen, die ihre Ernten vernichteten. »Wir säen und ernten den Weizen, ohne jemals selber Weißbrot essen zu können«, klagte ein italienischer Bauer verbittert. »Wir kultivieren Weintrauben, aber wir bekommen keinen Rotwein zu trinken. Wir ziehen Tiere groß, ohne jemals ihr Fleisch zu kosten. Wir laufen in Lumpen ... man sagt uns, dass wir unser Heimatland

## Der neue Koloss

Entsetzt von den aktuellen Meldungen über antisemitische Pogrome in Russland, schrieb die 34-jährige jüdische Lyrikerin Emma Lazarus Anfang Dezember 1883 ein Sonett. Sie wollte auf diese Weise eine Kampagne unterstützen, die Geld für das noch zu errichtende Fundament der von Frankreich versprochenen Freiheitsstatue sammelte. Wohl wissend, dass prominente Autoren wie Walt Whitman und Mark Twain ebenfalls zu literarischen Beiträgen aufgefordert worden waren, hatte die gebildete Tochter eines wohlhabenden New Yorker Zuckerfabrikanten zuerst gezögert, ihr Gedicht beizusteuern. Aber die gigantische Statue, die die Franzosen im New Yorker Hafen errichten wollten, hatte die Fantasie der jungen Frau wohl angeregt und dazu motiviert, ein Sonett mit dem Titel *Der neue Koloss* zu verfassen – begleitet von der Hoffnung, auf diese Weise ihren in Europa verfolgten Glaubensgenossen helfen zu können.

Oben: Die Lyrikerin Emma Lazarus im Jahr 1883, in dem sie *Der neue Koloss* schrieb. Unten: Nach der Freiheitsstatue ausspähende Einwanderer auf der *Olympic* bei ihrer Ankunft im New Yorker Hafen (1910). Elisabeth Philips, damals Passagier an Bord, erinnerte sich: »Alle Leute rannten auf eine Seite des Schiffes und riefen in vielen verschiedenen Sprachen ›Da ist sie. Seht sie euch an! Da ist sie!‹ – als ob es sich um jemanden handle, der uns Ankommende willkommen hieß.«

Der Freiheitsbegriff, den diese 14 Zeilen feiern, hat nichts mit den abstrakten politischen Idealen zu tun, die den Franzosen ursprünglich vorschwebten. Bei Emma Lazarus erscheint die Freiheit als ein Leuchtfeuer der Hoffnung für alle Unterdrückten und Verfolgten in der Welt, als Wegweiser in eine Zukunft, in der die Humanität endlich die Fesseln der Vergangenheit abstreift. Und tatsächlich sollten die Abertausende und schließlich Millionen von Einwanderern bei ihrer Einfahrt in den New Yorker Hafen in der Freiheitsstatue ein Symbol für all ihre Hoffnungen und Träume erblicken, die sie nach Amerika geführt hatten.

*Nicht wie der eherne Riese griechischen Ruhms*
*Mit erobernden Gliedern breitbeinig von Land zu Land;*
*Hier an unseren von der See gewaschenen,*
*Von der Sonne beschienenen Toren soll sie stehen,*
*Eine mächtige Frau mit einer Fackel, deren Flamme*
*Ist der eingesperrte Blitz, und ihr Name*
*Mutter der Vertriebenen. Von ihrer Leuchtturm-Hand*
*Glüht weltweites Willkommen; ihre milden Augen befehligen*
*Den Luft-überbrückten Hafen, den die Zwillingsstädte einrahmen,*
*»Behaltet, Länder der Alten Welt,*
*Euren angehäuften Pomp!«, schreit sie*
*Mit stummen Lippen. »Gebt mir eure Müden, eure Armen,*
*Eure zusammengepferchten Massen, die nach Freiheit lechzen,*
*Den elenden Abschaum eurer wimmelnden Ufer.*
*Sendet diese, die Heimatlosen, die Unwettergestoßenen zu mir,*
*Ich erhebe meine Lampe neben der goldenen Tür.«*

Emma Lazarus selbst war es nicht vergönnt, die in ihren Versen so bewegend gefeierte Statue mit eigenen Augen zu sehen. Während der letzten Monate der Fertigstellung befand sich Emma Lazarus auf Reisen in Europa. Man hatte bei ihr die Hodgkin'sche Krankheit diagnostiziert. Als sie im Sommer 1887 nach New York zurückkehrte, war sie bereits zu schwach, um bei der Hafenankunft hinauf an Deck kommen zu können. Vier Monate später verstarb sie im Alter von 38 Jahren in ihrer Wohnung in Manhattan. Allerdings wurde ihr Sonett in keinem der Nachrufe auch nur mit einem einzigen Wort erwähnt.

Erst 15 Jahre später führten die unermüdlichen Bemühungen von Georgina Schuyler, einer Freundin und Bewunderin der Verstorbenen, dazu, dass eine Bronzeplatte mit dem Gedicht am Fundament der Statue angebracht wurde. Es sollten weitere Jahrzehnte vergehen, bis Amerika die volle symbolische Bedeutung des Geschenkes, das ihnen einst von den Franzosen übergeben wurde, ins Bewusstsein drang.

*Das Eindringen solch unermesslicher Scharen von heruntergekommenem und erniedrigtem Landvolk in unser politisches, soziales und wirtschaftliches Gefüge muss jeden vernunftbegabten Patrioten mit größter Besorgnis erfüllen. Diese Leute verfügen nicht mehr über jene gemeinsamen Grundüberzeugungen, die in früheren Zeiten eine Eingliederung von Immigranten vergleichsweise einfach gestaltete. Diese Einwanderer sind geknechtete Kreaturen aus geknechteten Rassen. Sie repräsentieren den Bodensatz aus dem Überlebenskampf der Völker.*

Professor Francis Walker, Universität Yale

**Ellis Island im Jahr 1905. 1892 eröffnet und 1900 umgebaut, wurden von der Einwanderungsbehörde auf Ellis Island fast 75 Prozent aller Immigranten abgefertigt, die im ersten Viertel des 20. Jahrhunderts nach Amerika einreisten. Während dieser Zeit wurde der Komplex auf fast 6 ha Bodenfläche – zum Großteil trockengelegtes Land – mit insgesamt 34 Gebäuden erweitert. »Verglichen mit den Häusern, in denen ich in meiner Heimat gewohnt hatte, kam mir der Ort wie eine ganze Stadt vor«, erinnerte sich ein Immigrant. »Ich fühlte mich jämmerlich klein.«**

nicht im Stich lassen sollen. Aber kann ein Land, in dem wir von unserer Hände Arbeit nicht leben können, wirklich unsere Heimat sein?«

Andere entkamen durch die Emigration dem Militärdienst oder der barbarischen Brutalität der Pogrome, die in Osteuropa Angst und Schrecken verbreiteten. Noch bevor die große Einwanderungswelle verebbt war, hatte bereits ein Drittel der jüdischen Bevölkerung Europas ihre Heimat verlassen – bei weitem die meisten von ihnen mit dem Ziel Amerika.

*Gemeinsam mit anderen Familien versuchen meine Frau, meine Kinder und ich der Gewalt zu entfliehen. Wir fühlen uns ohnmächtig, nutzlos und wie gelähmt ... Vor unseren Augen und den Augen der ganzen Welt halfen die russischen Soldaten, Fenster einzuschlagen, Türen zu zerschmettern, Schlösser aufzubrechen und ihre Taschen mit Diebesbeute zu füllen. Wir und unsere Kinder wurden Augenzeugen, wie sie Juden – Männer, Frauen und Kinder – erbarmungslos verprügelten und schrien: »Her mit eurem Geld!« Und vor unser aller Augen wurden Frauen aus dem Fenster gestoßen und Kinder auf das Kopfsteinpflaster geschmettert ... Was sollen wir tun? Wir haben keinen Ort, wo wir uns verstecken könnten. Nichtjuden werden keinen Juden bei sich aufnehmen ... Mein Volk wird untergehen.*

Sholom Aleichem

Die Botschaft war überall dieselbe: Amerika lockte als Land der Freiheit und der unbegrenzten Möglichkeiten. Es gab Arbeit für jeden, vor allem in der riesigen Hafenstadt New York. Zwischen 1880 und 1919 wurde sie für 5,5 Millionen europäische Einwanderer zur neuen Heimat. Süditaliener und russische Juden stellten dabei die mit Abstand größten Gruppen. Die meisten von ihnen kehrten ihren Herkunftsländern für immer den Rücken.

»An dem Tag, an dem ich mein Zuhause verließ«, erinnert sich die aus Litauen stammende Julia Goniprow, »begleitete meine Mutter mich zum Bahnhof. Beim Abschied sagte sie mir, dass sie sich fühle, als trage sie mich zu Grabe. Ich habe sie nie mehr wieder gesehen.«

Jahrzehntelang waren die Einwanderer über Castle Garden nach New York gekommen – ein baufälliges Amtsgebäude am Rande Manhattans, wo bereits die ersten holländischen Siedler mit ihren Schiffen angelegt hatten. 1890 platzten dann die heruntergekommenen Räumlichkeiten mit der neuen Einwandererwelle endgültig aus allen Nähten. Die Regierung des Bundesstaates ließ daraufhin ein neues Durchgangslager auf Ellis Island errichten – einem ehemaligen Munitionslager draußen im Hafen.

Der 1892 eröffnete und 1900 erweiterte Komplex wurde mit seinen 34 Gebäuden so etwas wie eine eigene Inselstadt, zu der nicht nur ein Kraftwerk gehörte, sondern auch ein Krankenhaus mit 125 Betten, eine Polizei- und Feuerwehrstation, Wäschereien, Schlafsäle und Großküchen. Für die Aufnahme einer halben Million Einwanderer geplant, musste schließlich die doppelte Anzahl beherbergt werden. Im Jahr 1906 besuchte der englische Schriftsteller H. G. Wells Ellis Island und zeigte sich tief beeindruckt von der logistischen Heraus-

Nach dem Ausschiffen warteten die Immigranten in langen Reihen unter einem Schutzdach vor dem Eingang zum Hauptgebäude auf Einlass in den Komplex. In der Gepäckabfertigung im ersten Stock hatten die frisch Eingetroffenen die Möglichkeit, ihre Taschen und verschnürten Bündel abzugeben und an ihren angestrebten Zielort senden zu lassen. Viele fürchteten jedoch um ihr einziges Hab und Gut und behielten die Sachen während der gesamten Einwanderungsprozedur bei sich.

forderung, die die Betreuung der unüberschaubaren, mit den Linienschiffen eintreffenden Menschenmassen mit sich brachte.

*»Schauen Sie«, forderte mich der Kommissar der Einwanderungsbehörde auf, indem er mich am Arm packte und mit der Hand in die Ferne deutete. Ich konnte dort einen riesigen Ozeandampfer ausmachen. »Das ist die* Kaiser Wilhelm. *Sie bringt uns 853 neue Bürger. Und diesem Schiff folgen weitere, und noch mehr überqueren gerade in diesem Augenblick den Atlantik.«*

Die Immigranten empfanden ihre Ankunft in New York zugleich als Ende und Neuanfang – eine Station in der Mitte ihrer Reise in ein anderes Leben, die Tausende Meilen entfernt begonnen hatte. In der Folgezeit sollten die Erfahrungen der Einwanderer den Mythos Amerika wesentlich mitprägen. Und keiner von ihnen vergaß jemals den Tag der Ankunft in der neuen Heimat. Es war – wie ein Mann es ausdrückte – wie eine zweite Geburt.

Eingepfercht wie Vieh in schlecht belüfteten Innenkabinen, die sich tief unten im Bauch des mächtigen Schiffskörpers befanden, mussten die Immigranten acht bis vierzehn nasskalte und anstrengende Tage auf See überstehen. Erst danach durften sie sich von der Großartigkeit des weitläufigen Hafens überwältigen lassen, der ihnen eine bessere Zukunft verhieß. Einen bewegenden Anblick bot zudem die riesige Frauenfigur, die 30 Stockwerke über dem Wasser eine Fackel gen Himmel streckte, um so die Neuankömmlinge willkommen zu heißen.

»Um vier oder fünf Uhr morgens standen wir alle auf«, erinnerte sich die Immigrantin Sarah Asher. »Das ganze Schiff drängte in ihre Richtung, weil jeder sie sehen wollte. Sie sah wunderschön aus in der frühen Morgensonne und ihre Größe war wahrlich beeindruckend. Jedem Einzelnen von uns standen die Tränen in den Augen. Der Aufforderung des Kapitäns, mehr in die Mitte zu rücken, kam vor lauter Begeisterung niemand nach.«

Sobald das Schiff Liberty Island passiert hatte und die Kuppeln und Türme von Ellis Island in Sicht kamen, verwandelte sich die hoffnungsvolle Erwartung in Unruhe. »Eine ungeheure Spannung lag in der Luft«, berichtete Joseph Talese aus Italien. »Aber auch Angst machte sich breit, man hatte noch Ellis Island vor sich. An Bord wurde alles Mögliche darüber gemunkelt. ›Mein Gott‹, dachte ich im Stillen, ›ich hoffe nur, dass sie mich nicht zurückschicken‹.«

Der englische Journalist Stephen Graham, 1913 Augenzeuge der ungeheuren Einwandererwelle, konnte die Furcht in den Gesichtern der Menschen lesen: »Jeder fragte sich: Werde ich es schaffen? Habe ich genug Geld? Werde ich die ärztliche Untersuchung bestehen?«

*Ich dachte an den babylonischen Turm: so viele Sprachen, so viele Menschen und so viel Angst.*
Barbara Barondess

Mit jedem Jahr stieg die Zahl der Immigranten: Aus 8000 pro Tag wurden bald 10.000. Im Frühling des Jahres 1907 gab es Tage, an denen sogar mehr als 11.000 Männer, Frauen und Kinder den Durchgangskomplex passierten.

Nach dem Verlassen des Schiffes gerieten die Pilger in das Räderwerk einer unbarmherzigen Maschinerie. Jedem wurde eilig eine Nummer an die Jacke geheftet. Dann wurde man in langen Reihen aufgestellt und ins Hauptgebäude geführt, angetrieben von den Beamten der Einwanderungsbehörde, die in einem babylonischen Sprachengewirr Anordnungen ausriefen.

**Der bei weitem gefürchtetste Teil der Untersuchungsprozedur auf Ellis Island war der Augentest, bei dem Ärzte die Augenlider der Einwanderer mit einem Haken hochzogen, um nach einer unheilbaren und hochansteckenden Krankheit zu fahnden, dem so genannten Trachom. Wer infiziert war, wurde umgehend abgewiesen. »Niemand sollte glauben, dass [Ellis Island] eine angenehme Erfahrung ist«, schrieb der Geistliche Edward Steiner 1906. »An diesem Ort waltet die harte, unbarmherzige Maschinerie des Gesetzes: eine Maschinerie, die sortiert und selektiert. Sie akzeptiert die Starken und Gesunden und schließt die Schwachen und Hilflosen aus.«**

Als die Einwanderungsquoten im Sommer 1907 ihren Höhepunkt erreichten, fasste der Autor Henry James bei einem Besuch auf Ellis Island seine Bewegtheit und Beunruhigung angesichts des nicht endenden Menschenstroms in die Worte: »Vor dieser Tür, die sich ihnen erst nach hundert Fragebögen und unzähligen Formalitäten auftut, stehen sie und warten – mal kürzer, mal länger, um Aufnahme bittend, planmäßig geordnet, zusammengetrieben, aufgeteilt und sortiert, überprüft, durchsucht und desinfiziert. Es ist ein Drama, das sich ohne Pause fortsetzt, Tag für Tag, Jahr für Jahr ... eine Uhr, die niemals aufhört zu ticken.«

Im Inneren des Hauptgebäudes begann für die Ankömmlinge ein wahrer Spießrutenlauf – einschüchternd, unmenschlich und auf eine geradezu brutale Weise effizient. Die Mitarbeiter der Einwanderungsbehörde waren angewiesen, Polygamisten, Mittellose, Kriminelle, Geistesgestörte, Herzkranke sowie Menschen mit einer körperlichen Behinderung oder einer ansteckenden Krankheit abzuweisen. Die brüsk durchgeführten Untersuchungen erbrachten unanfechtbare Ergebnisse, auch wenn zu Spitzenzeiten oft nur sechs Sekunden für die Beurteilung einer Person zur Verfügung standen.

Die weniger Glücklichen schickte man kurzerhand in spezielle Untersuchungsräume, nachdem sie mit Kreide gekennzeichnet worden waren: L für Behinderte, EC bei Augenproblemen, H bei Herzkrankheit, X bei Verdacht

**Die meisten Immigranten hatten die Untersuchungsprozedur in drei bis fünf Stunden hinter sich gebracht. Etwa jeder Fünfte jedoch musste sich zusätzlichen Tests unterziehen. Diese mit einem Kreide-X gekennzeichneten Männer, die im Verdacht standen, psychisch krank oder behindert zu sein, warten in einem gesonderten Raum auf weitere Untersuchungen.**

Registrierungshalle auf Ellis Island, 1907. Nach den medizinischen Untersuchungen wurden die Immigranten in die große Registrierungshalle geleitet. Unterteilt durch hohe Metallgitter, die dem Raum die Atmosphäre eines Viehstalls verliehen, warteten die Neuankömmlinge stundenlang, bis sie an die Reihe kamen. »Ständig wurden Immigranten ausgerufen, sodass in der Halle ein Höllenlärm herrschte. Ich war ziemlich nervös, weil ich die Namen häufig nicht verstand und Angst hatte, meinen Aufruf zu verpassen«, erinnerte sich der Immigrant William Chase.

auf Geisteskrankheit. Am gefürchtetsten war die Untersuchung auf das Trachom, ein unheilbares Augenleiden. Wer diese Infektion aufwies, wurde umgehend zurückgeschickt – unabhängig von Alter oder familiärer Situation.

»Es war entsetzlich mit anzusehen, wie ganze Familien auseinander gerissen wurden«, berichtete der 25-jährige Übersetzer Fiorello La Guardia. Er beherrschte fünf Sprachen fließend – darunter Deutsch, Italienisch, Jiddisch und Kroatisch –, und so fiel es oft ihm zu, die traurige Botschaft zu übermitteln. »Manchmal, wenn ein Kind unter dem Trachom litt, war ein Elternteil gezwungen, mit dem Kind in sein Heimatland zurückzukehren. Das war für viele ein großer Schock. Sie hatten von ihrer Krankheit nichts gewusst, hatten das Wort Trachom nie zuvor gehört und in der alten Heimat längst alle Zelte abgebrochen ... In den drei Jahren, in denen ich dort arbeitete, war es für mich immer wieder schwer zu ertragen, fast täglich die Enttäuschung, den Kummer und die Ängste dieser armen Leute mit ansehen zu müssen.«

Nach Bestehen der medizinischen Tests war noch eine letzte Hürde zu überwinden: die große Registrierungshalle. Hier erfolgten die

Die Mehrheit der Immigranten, die Anfang des Jahrhunderts Ellis Island passierten, stammten aus Süd- und Osteuropa wie die russisch-jüdische Familie auf dem Foto unten aus dem Jahr 1900. Es trafen jedoch auch hoffnungsvolle Einwanderer aus anderen Teilen der Welt ein. Das Bild oben zeigt eine Gruppe von Immigranten aus der Karibik um 1908.

letzten Befragungen. »Dieser Ort kam dem Jüngsten Gericht sehr nahe«, erinnerte sich ein Augenzeuge. Die Wartenden wurden aufgefordert, möglichst zügig eine Reihe von Fragen zu beantworten: Name, Geburtsort, angestrebter Zielort, erlernter Beruf, eventuelle Vorstrafen, Zugehörigkeit zu einer anarchistischen Vereinigung, Höhe des mitgeführten Bargeldes.

Es ist kein Fall bekannt, in dem die Beamten auf Ellis Island den Namen eines Immigranten eigenmächtig geändert hätten. Sie überprüften lediglich die Angaben, die ihnen auf Grund der Passagierlisten vorlagen. Und trotz der harten Prüfungen wurde letztendlich weniger als zwei Prozent der Antragsteller die Einwanderung in die Vereinigten Staaten verwehrt.

»Sie strömen weiter«, schrieb H. G. Wells, die Szene von seinem Balkon aus beobachtend, »von einer Unterschrift zur nächsten, bis sie zu einem Pult neben einer kleinen Metallpforte gelangen: dem Tor nach Amerika. Durch dieses ergießt sich unaufhaltsam der Einwandererstrom – alle zwei bis drei Sekunden passiert ein Immigrant mit seinem Bündel das kleine Pult und macht sich auf ... in eine neue Welt ... 24 Stunden lang, Tag für Tag, fortwährend gefolgt von neuen Zuwanderern ... bis die Zahl in die Hunderttausende geht.«

Zwischen 1892 und 1919 durchliefen mehr als zwölf Millionen Männer, Frauen und Kinder das Gewirr an Korridoren, Warteräumen und Untersuchungszimmern. Die meisten hatten die Prozedur nach vier oder fünf Stunden hinter sich gebracht. Ohne weitere Willkommenszeremonie wurden sie eine Treppe zum Ausgang hinuntergewiesen – hinaus in die Neue Welt.

Die Mehrzahl folgte den Schildern »New England« oder »West« und entschloss sich so zügig für die Weiterreise in andere Landesteile. Für jeden Vierten der frisch Angekommenen lag die Endstation jedoch nur eine kurze Fährfahrt entfernt auf einer Insel, die die meisten nie wieder verlassen sollten. Von Bord der Fähre blickten sie auf die hell strahlende Skyline – ein Bild, das all die Träume von der Neuen Welt verkörperte. »Jeder starrte wie gebannt auf Manhattan, und auch ich habe diesen Augenblick nie vergessen«, berichtete ein Immigrant. »Ich wähnte mich im Paradies«, erinnerte sich ein anderer, »und fragte mich ernsthaft: Ist diese himmlische Stadt wirklich von dieser Welt?«

**Neubauten von Wolkenkratzern in Lower Manhattan um 1900. »Die Skyline von New York verändert sich so rasend schnell, dass ein Reisender die Silhouetten der fremden Städte, die er besucht hat, eher wieder erkennen würde als die seiner eigenen Heimatstadt, wenn er sie bei seiner Rückkehr vom Schiffsdeck aus erblickt«, schrieb der Journalist Lincoln Steffens.**

**BIS IN DEN HIMMEL**

Neuankömmlingen bot sich um die Wende des Jahrhunderts ein grandioser Anblick. An der Südspitze Manhattans, wo die Holländer zehn Generationen zuvor die ersten engen Straßen angelegt hatten, wuchsen nun die Gebäude der Stadt bis in den Himmel.

Seit dem Bau der gotischen Kathedralen 800 Jahre zuvor hatte es in der Architektur keine derart revolutionäre Entwicklung mehr gegeben. Durch scheinbar titanische Kräfte aus dem Boden emporgewachsen, waren diese gigantischen neuen Silhouetten atemberaubender Ausdruck der kreativen Kräfte der Moderne.

»Als wären mächtige unterirdische Energien am Werke«, so die *Harper's Weekly* 1902, »um die Bauten in Höhen schießen zu lassen, die noch ein Jahrzehnt zuvor undenkbar gewesen wären.«

»Darin kommt zwar keine vollkommen neue Vision zum Ausdruck«, stellte der Architekturkritiker Montgomery Schuyler zutreffend fest, »aber es spiegelt in großartiger Weise den modernen Geschäftssinn unserer Zeit wider.«

Die beeindruckenden Gebäude entsprangen der phänomenalen ökonomischen Entwicklung, die New York in der zweiten Hälfte des 19. Jahrhunderts erlebt hatte. Jahrelang hatte es Unternehmen aus dem ganzen Land an die Wall Street gezogen, angelockt vom ungeheuren Potenzial, über das Manhattan verfügte.

1901 erreichte die ein Vierteljahrhundert zuvor durch J. P. Morgan angestoßene Unternehmenskonzentration in Lower Manhattan eine kritische Wachstumsgrenze: 96 der 200 größten Unternehmen des Landes waren nun in New York angesiedelt, darunter Standard Oil, General Electric, American Tobacco und U.S. Steel – das erste milliardenschwere Unternehmen, das in jenem Jahr von J. P. Morgan persönlich gegründet worden war.

Parallel zum stetig wachsenden Bedarf an Mitarbeitern und Büroräumen wuchs das Bestreben, sich der Erdanziehungskraft immer weiter zu entziehen. »Da die Bodenfläche in alle Himmelsrichtungen begrenzt war, führte der einzige Ausweg nach oben«, schrieb der Journalist Lincoln Steffens. »Um das Raumlimit auf der Erde zu überwinden, eroberten sich die Unternehmen den Himmel. Doch zunächst stellten sich viele praktische Fragen. Die Gebäude einfach über sechs Etagen hinaus aufzustocken schien sinnlos, denn auch wenn die jungen Geschäftsleute vielleicht noch bereit gewesen wären, so viele Treppen zu steigen – die Kunden wären mit Sicherheit ausgeblieben.«

Unabdingbare Voraussetzungen für den Bau derart hoher Gebäude waren die Stahlskelettkonstruktion und der Einsatz von Aufzügen. Letztere waren bereits 50 Jahre zuvor von einem Ingenieur namens Elisha Graves Otis vor dem Crystal Palace einem begeisterten Publikum stolz präsentiert worden.

1869 zählte das Bürogebäude der Equitable Life Insurance Company als erstes Gebäude mit Fahrstuhl beeindruckende sieben Stockwerke, nur um wenig später vom neunstöckigen Verwaltungssitz der *New York Tribune* und dann vom Western Union Building mit sogar zehn Stockwerken übertroffen zu werden.

»Man könnte meinen, diese Gebäude wären dafür gebaut, um von ihnen aus Kometen zu beobachten«, formulierte der *American Builder*. Doch den Architekten war durchaus bewusst, dass das oberste Limit für eine gemauerte Gebäudekonstruktion erreicht war. »Die Wände eines zehnstöckigen Hauses ... mussten so massiv sein wie die einer Trutzburg und erlaubten kaum Fensteröffnungen«, erläuterte Ingenieur William A. Starrett später. »Dadurch wurde der wertvolle Erdgeschossraum stark eingeschränkt und das Sonnenlicht weitestgehend ausgesperrt.«

Mitte der 1880er Jahre entwickelten Architekten in Chicago und New York unter dem Einfluss von Brückenkonstrukteuren wie John und Washington Roebling eine revolutionäre Form der Stahlkonstruktion, die es ihnen erlaubte, Gebäude mit 15 oder 16 – theoretisch sogar unbegrenzt vielen – Etagen zu bauen.

> *Der Architekt, der [den Ingenieur] bei der Konstruktion seiner Hängebrücke beobachtete, bat diesen um seinen Rat ... Der Ingenieur schlug vor, Stahl als Träger für die Fußböden zu verwenden. Staunend erfuhr der durch die Steinbauweise geprägte Architekt, dass eine schlanke Eisensäule über die gleiche Tragkraft verfügt wie die massivste gemauerte Wand. Daraus resultierte eine brillante Idee: Warum sollte ein Stahlskelett, das die Böden problemlos trug, nicht auch das Gewicht der Wände tragen? Das Stahlskelett wurde zum tragenden Element, und die gemauerten Wände dienten lediglich als Füllung und schützten die Bewohner vor Witterungseinflüssen. Ein Architekt ... stellte jüngst die Wände von oben nach unten fertig, um auf diese Weise zu demonstrieren, was alles möglich sei.*
>
> Lincoln Steffens

Mit der neuen Technik ließ sich das Emporschießen der New Yorker Skyline, das 1889 mit dem Tower Building seinen Anfang genommen hatte, nicht mehr aufhalten. Als eine elf Stockwerke hohe, »senkrecht stehende Stahlbrücke« stellte der Designer Bradford Lee Gilbert sein Gebäude voller Stolz vor. »Idioten-Gebäude« nannten es skeptische New Yorker, die jeden Augenblick mit dem Einsturz rechneten.

Es blieb jedoch wider Erwarten stehen und wurde sehr bald nach seiner Einweihung durch das World Building mit seinen unglaublichen 18 Etagen übertrumpft. »Ist Gott zu Hause?«, soll ein Besucher beim Verlassen des Fahrstuhls im obersten Stockwerk ausgerufen haben.

»Benötigen Amerikaner mehr Raum, kippen sie einfach die Straße am Ende senkrecht in die Höhe und nennen es *skyscraper*«, bemerkte 1899 ein schottischer Journalist. Der Begriff entstammte sinnigerweise der Nautik und bezeichnete das Toppsegel der großen Dreimaster, die einst den Atlantik überquerten.

**Links: Ansicht des Flatiron Building während der Bauarbeiten um das Jahr 1901. Anders als bei herkömmlichen Gebäudekonstruktionen übernahmen bei den Wolkenkratzern nicht die Außenwände die tragende Funktion, sondern ein Stahlskelett. Wie auf dem Foto gut zu sehen, konnte die Außenfassade – vergleichbar einer Gardine – in den oberen Stockwerken bereits angebracht werden, obwohl die Zwischendecken der unteren Ebenen noch fehlten.**

**Der 1909 fertig gestellte, 211 m hohe Büroturm der Metropolitan Life Insurance Company (oben links) war seinerzeit das höchste Gebäude der Welt. Die Zifferblätter der Turmuhren übertrafen sogar die des Big Ben, und die Gebäudespitze bildete ein Leuchtfeuer, das Signale an Schiffe auf dem Meer aussenden konnte. Das keilförmige Flatiron Building (oben rechts), das sich direkt über der belebten Kreuzung Fifth Avenue Ecke Broadway erhob, stellte bei seiner Fertigstellung 1902 eine regelrechte Sensation dar. »Es vergeht keine Stunde, in der nicht jemand durch sein Hinaufstarren eine große Gruppe Interessierter um sich schart«, berichtete die *New York Tribune*. »Und es verwundert nicht, dass die Leute staunen! Ein 94 m hohes Gebäude mit einer Stirnkante, fast so spitz wie der Bug eines Schiffes, ... ist allemal Grund genug zum Staunen.«**

Jahr für Jahr wuchs die Skyline höher in den Himmel. »Sie schoss regelrecht in die Höhe«, drückte es ein Zeitgenosse aus. Im Jahr 1902 entstand das Fuller Building mit 21 Stockwerken, das bald wegen seiner ungewöhnlichen dreieckigen Form den Spitznamen *flatiron* (»das Bügeleisen«) erhielt. »Mir war, als würde es sich wie der Bug eines riesigen Ozeandampfers auf mich zubewegen«, schrieb ein junger Fotograf namens Alfred Stieglitz, überwältigt von dem turmhohen Gebäude. Er fotografierte dieses »Symbol der Erschaffung des neuen Amerika« wieder und wieder.

Fünf Jahre später ragte der elegante Turm des Singer Building 47 Stockwerke über dem Broadway in die Luft. Mit seinen 187 Metern war es doppelt so hoch wie das Flatiron Building – und zugleich das bei weitem höchste Gebäude der Welt. »Auch dieser neue Höhenrekord wird nicht lange ungebrochen bleiben«, schrieb ein Reporter und sollte Recht behalten. Noch im gleichen Jahr wurde am Madison Square das Schwindel erregend hohe Bürogebäude der Metropolitan Lebensversicherungsgesellschaft errichtet, das mit 211 Metern nunmehr das höchste Gebäude der Welt war.

Am 23. April 1896 konnten sich die New Yorker in der Koster and Bial's Music Hall in der 34th Street einen ersten Eindruck von einer völlig neuen Form der Unterhaltung verschaffen. Ungläubig verfolgten die Zuschauer, wie auf einer Leinwand, die auf einer Bühne aufgebaut worden war, Fotos zum Leben erweckt wurden: Wellen brandeten an einen Strand, ein Zug fuhr in einen Bahnhof ein, und zwei Tänzer führten einen schottischen *Highland fling* auf.

Unterdessen nahm der Erfinder Thomas Edison, dessen Firma die Filme in West Orange/New Jersey produziert hatte, von seiner Loge aus bescheiden den begeisterten Jubel der Menschen entgegen, die gerade die erste Filmaufführung der Welt miterlebt hatten.

Innerhalb weniger Monate war in New York eine ganze Industrie entstanden, die mit der Produktion von Filmen Geld verdiente. Im Frühjahr waren nicht nur Edison, sondern auch sein Hauptkonkurrent, die American Mutuscope and Biograph Company, in das neue, viel versprechende Geschäft eingestiegen. Ein Jahr später folgte ihnen die Firma Vitagraph nach.

Auf der Suche nach ausreichend beleuchteten Drehorten für die ersten Produktionen – zumeist Varieté- und Zirkusdarbietungen sowie Zauberkunststücke – bauten die Filmpioniere auf den Dächern der Firmengebäude bewegliche Bühnen, die dem Lauf der Sonne folgen konnten.

Aber schon bald fanden die Filmemacher heraus, dass das interessanteste Sujet direkt vor der Tür lag, nämlich die Stadt selbst. Fortan schwärmten Kameraleute wie Edwin S. Porter und G.W. »Billy« Bitzer in ganz New York aus, um ohne Schauspieler und ohne Drehbuch kurze Dokumentarfilme über das Leben in der Stadt zu drehen. Sie schleppten ihre Kameras in die erbärmlichsten Elendsviertel oder über die prunkvollsten Avenues, über idyllische Landschaften am Stadtrand oder ins überfüllte Stadtzentrum. Besonders beliebt waren Filme über die heroischen Taten von Polizei und Feuerwehr sowie über die Wunder der modernen Technik – Hängebrücken, Bahnhöfe, das Subway-System und die sich ständig verändernde Skyline Manhattans.

Obwohl das Publikumsinteresse an diesen Dokumentarfilmen um das Jahr 1906 herum nachließ, änderte sich nichts an der Faszination, die von der sich ständig wandelnden Metropole New York ausging. Bald entstanden die ersten Filme mit einer fiktiven Handlung, die jedoch vor dem Hintergrund der spektakulären Großstadtszenerie spielten. So wurden beispielsweise viele der Aufnahmen für *The Skyscrapers* – ein 1906 produziertes Melodram über zwei rivalisierende Bauarbeiter – auf dem Stahlskelett eines an der Ecke Broadway und 13th Street (unten links) im Bau befindlichen Bürogebäudes gedreht. Ein anderer Streifen mit dem Titel *The Tunnel Workers* entstand während der Bauarbeiten an einem Eisenbahntunnel der Pennsylvania Railroad unter dem Hudson River.

Zu dieser Zeit platzten die in Manhattan angesiedelten Produktionsgesellschaften langsam aus allen Nähten. Da der expandierende Industriezweig immer komplexere Anforderungen an die Ausstattung der Drehorte, die Garderobe der Darsteller, die Nachbearbeitung der Filme sowie deren Vertrieb stellte, benötigten die beteiligten Firmen bald mehr Platz, und der war in den zentrumsnahen Vierteln kaum mehr zu bezahlen.

Also wanderte Vitagraph schon 1905 in die Flatbush Avenue nach Brooklyn ab, wo offenbar Amerikas erstes richtiges Filmstudio entstand. 1906 zog Edisons Firma in die Bronx um, bevor Biograph ihr ein Jahr später dorthin folgte. Innerhalb weniger Jahre siedelten sich eine ganze Reihe kleinerer Produktionsfirmen jenseits des Hudson in dem verschlafenen Ort Fort Lee, New Jersey, an, der zwischen 1910 und 1919 zu einem bedeutenden Zentrum der amerikanischen Filmindustrie aufstieg.

Obwohl später noch zahlreiche große Studios in New York gebaut wurden – darunter auch das von Paramount, das 1920 in Astoria im Stadtteil Queens seine Pforten öffnete – führte der Bedarf nach immer mehr Platz und möglichst konstantem Sonnenschein dazu, dass die meisten Gesellschaften die Stadt ganz verließen und in die Gegend von Los Angeles zogen. Dieser Trend sollte allerdings nichts daran ändern, dass die Filmbranche auch in den kommenden Jahrzehnten eng mit New York verknüpft blieb. Schließlich war die Ostküstenmetropole nach wie vor das wichtigste Finanz- und Verwaltungszentrum, bot eine Vielzahl von jungen Talenten auf und stellte zudem wie eh und je das unersetzliche Flair für zahlreiche Filmschauplätze.

Thomas Edisons Studio an der Decatur Avenue in der Bronx kurz nach der Fertigstellung im Jahr 1908, zusammen mit zwei Ausschnitten aus frühen Produktionen: *The Skyscrapers*, ein 1906 auf dem Stahlskelett eines Hochhausneubaus gedrehter Film (oben), und *The European Rest Cure*, 1904, mit der Skyline von Lower Manhattan im Hintergrund (oben rechts).

Blick von der William Street aus in westlicher Richtung auf die Wall Street (um 1910). Lower Manhattan war jahrzehntelang das Finanzzentrum des Landes gewesen. Im Jahr 1910 war es auch zum Hauptsitz der neuen, landesweit operierenden Unternehmen wie Standard Oil, Western Union oder American Telephone and Telegraph, die hier ihre mächtigen Bürohäuser für die ständig wachsenden Konzernleitungen errichteten, geworden. Wie dieses während einer Mittagspause aufgenommene Foto dokumentiert, waren inzwischen auch immer mehr Frauen in den Büros beschäftigt.

*In einem Wolkenkratzer ... sind die vielfältigsten Aktivitäten unter einem Dach vereint. Jedes einzelne Hochhaus ist beinahe so etwas wie eine komplette Stadt mit Banken, Versicherungen, Post- und Telegrafenamt, Büros, Restaurants, Klubräumen und Geschäften. Ein Geschäftsmann kann sich hier mit Kleidung, Schuhen, Zigarren, Schreibutensilien und Kosmetika versorgen, seine Post erledigen, an der Börse spekulieren und seine Geschäfte abwickeln, ohne das Gebäude verlassen zu müssen, in dem er sein Büro hat. Der Fahrstuhl, der ihn in atemberaubender Geschwindigkeit in die 16. Etage hinauf- oder zum Erdgeschoss*

*Die Weiterentwicklung moderner Apartmenthäuser ist ausschließlich eine New Yorker Domäne, die alten europäischen Metropolen haben nichts Gleichwertiges entgegenzusetzen. In Paris, Wien und Berlin kennt man Aufzüge allenfalls als Gerücht und Dampfheizungen scheinen höchstens in ferner Zukunft realisierbar.*

Everett N. Blanke, 1893

Als 1869 das Stuyvesant – ein ungewöhnliches fünfstöckiges Gebäude in New Yorks East 18th Street – fertig gestellt war, wurde damit eine der bahnbrechendsten Entwicklungen auf dem städtischen Wohnungsbausektor eingeleitet.

Bauherr Rutherfurd Stuyvesant, 29-jähriger Nachfahre des legendären Gouverneurs von Neu-Amsterdam, und Architekt Richard Morris Hunt hatten ein neuartiges Gebäudekonzept realisiert, das 20 Familien unter einem Dach beherbergen sollte – und zwar in großzügig bemessenen Wohnungen, die über eine gemeinsame Eingangshalle und ein durchgehendes Treppenhaus zu erreichen waren. Amerikas erstes Apartmenthaus war bezugsfertig.

Zunächst bewohnte eine berühmt-berüchtigte Schar von experimentierfreudigen Querdenkern und Freigeistern das Haus, so der Publizist George Putnam, Lavinia Booth – Mutter des Fanatikers John Wilkes Booth, der Präsident Lincoln erschossen hatte – und Libby Custer, die 1876 einzog, nachdem ihr Mann in der Schlacht am Little Big Horn gefallen war.

Von Beginn an schieden sich die Geister an der neuartigen Wohnform. Ein Anwohner der Upper East Side vertrat die Mehrheit der wohlhabenden New Yorker, die nahezu alle in frei stehenden Häusern lebten: »Ein Ehrenmann wird sich niemals damit zufrieden geben, sein Heim mit anderen zu teilen.«

Für die Bauherren lagen die Vorteile der neuen Konzeption allerdings auf der Hand: Unter einem Dach vereinigt, konnten sich selbst Mittelstandsfamilien gewisse Annehmlichkeiten und ein großzügiges Ambiente leisten, die für sie sonst unbezahlbar gewesen wären. »Es gibt nun einmal nur wenige, die unbedingt einen ganzen Palast ihr Eigen nennen wollen«, stellte der Makler Edward Severin Clark fest, »aber es gibt viele, die sich mit einem Teil eines großen Gebäudes begnügen würden, vor allem dann, wenn das Gebäude mehr zu bieten hat als jeder europäische Palast.«

1880 begann Clark, am Central Park West, Ecke 72nd Street, das größte Apartmenthaus der Welt zu bauen. Der vorgesehene Bauplatz inmitten hölzerner Baracken und kleiner Farmen lag so weit nördlich, dass einer von Clarks Mitarbeitern halb scherzhaft den Vorschlag machte: »Warum gehen wir dann nicht noch ein paar Blocks weiter raus und bauen in den Dakotas?« Auf diesem brachliegenden Gebiet hatten einst die Dakota-Indianer gelebt. Clark war sich seiner Sache so sicher, dass er sein gesamtes Eigenkapital in das Projekt investierte, dem Haus tatsächlich den Namen The Dakota gab und die Fassade mit der Skulptur eines Indianerkopfes versah.

Viele der Apartments waren von ihrer Größe her durchaus mit Reihenhäusern vergleichbar und verfügten über 12 bis 20 Zimmer. Es gab hotelähnlich eingerichtete Räume für vorübergehende Gäste, Mansarden für die Dienerschaft, eine hauseigene Wäscherei sowie ein Restaurant mit Weinkeller, einen Ballsaal und einen Dachgarten, von dem aus man in alle Richtungen 20 Meilen weit blicken konnte. Clark ließ 4000 elektrische Glühbirnen installieren, dazu noch einmal 300 ebenfalls elektrische Rufanlagen, die jedes Apartment mit der jeweils eigenen Stallbox sowie einem Boten-, Telegrafen- und Blumendienst verbanden.

*Die Tatsache, dass hundert Familien einträchtig unter einem Dach leben können, sollte den Architekten unserer Tage dazu anspornen, dem Zusammengehörigkeitsgefühl der Menschen durch Stein, Stahl und Glas Raum zu geben. Er sollte den Mutigen prächtige Treppenaufgänge erbauen, wahre Städte mit prunkvollen Bögen und Pfeilern, mit Portalen, so groß wie in einer Kathedrale ... er sollte die Böden mit Marmor gestalten, die Eingangshalle mit Fresken verzieren und die Gärten mit Statuen und Springbrunnen. Ein solches Konzept wird eine neue, bisher unbekannte Gesinnung hervorbringen, die eines Tages den konventionellen Bürgerstolz, das althergebrachte Familiengefühl, ja vielleicht sogar den Patriotismus ersetzen wird.*

***Real Estate Record***

1884 in einer ruhigen Gegend am Central Park errichtet, war das Dakota (oben) das luxuriöseste Apartmenthaus der Stadt. Hingegen blieben die 1883 an der 59th Street, Ecke Seventh Avenue, fertig gestellten Central Park Apartments (unten) für 20 Jahre das größte Apartmenthaus Manhattans.

Die ersten Apartmenthäuser, wie das Stuyvesant oder das Dakota, wurden aus Stein und Ziegel errichtet. Ab den 1890er Jahren griffen die Architekten jedoch wie bei den Wolkenkratzern Manhattans immer häufiger auf Stahlskelettkonstruktionen zurück. Zudem wurden Aufzüge installiert, um den Bewohnern ein bequemes Erreichen der oberen Etagen zu ermöglichen. Und je höher die Gebäude wurden, desto begehrter wurden die so genannten Penthouse-Wohnungen, wegen ihrer herrlichen Aussicht.

Obwohl die Apartmenthäuser sich immer mehr der Bauweise und Größe von Wolkenkratzern annäherten, galten sie rechtlich noch immer als Mietshaus. Um jedoch keinerlei Verwechslungen mit den Massenquartieren im Lower East End aufkommen zu lassen, bezeichneten die Makler ihre Objekte zumeist als Französische Wohnungen. Sie wollten auf diese Weise den Eindruck von großbürgerlichem Pariser Schick erwecken, vertieften damit aber eher den zweifelhaften Ruf, der Apartmenthäusern noch lange anhaftete.

Doch mit der Zeit setzte sich das Konzept durch, bis schließlich um die Jahrhundertwende dutzendweise Apartmenthäuser aus dem

Nach der Jahrhundertwende füllte sich die als Boulevard bezeichnete Verbreiterung des oberen Broadway (hier 1904 von der 70th Street aus in nördlicher Richtung gesehen) rasch mit Apartmenthäusern und Hotels, darunter auch das reich verzierte, 1901 erbaute Dorilton (rechts) und, im Hintergrund, das 17-stöckige und mit Türmchen versehene Ansonia, zu jener Zeit das größte Apartmenthotel der Welt.

Boden gestampft wurden, vor allem in Manhattans bisher noch wenig entwickelter Upper West Side.

Der größte Neubau war seinerzeit das Ansonia an der Kreuzung 73rd Street und Broadway, das nach seiner 1904 erfolgten Fertigstellung über 2500 Räume verfügte, die sich auf 350 großzügig bemessene Apartments verteilten. In dem grandiosen Springbrunnen in der Eingangshalle tummelten sich Seehunde. Zudem konnte sich das Haus des größten Schwimmbades der Welt rühmen.

Das Ansonia erregte vor allem bei Mietern aus dem Showbusiness und der Künstlerszene Gefallen. Musiker wussten nicht zuletzt die dicken, schallgedämpften Wände zu schätzen. So zogen im Laufe der Jahre unter anderem Enrico Caruso, Arturo Toscanini, Igor Strawinsky und Yehudi Menuhin ein. Und der Impresario Florenz Ziegfeld bewohnte mit seiner Frau, der französischen Schauspielerin Anna Held, ein Apartment im zwölften Stock, während er seine Geliebte Lillian Lorraine im zehnten Stock einquartierte.

Innerhalb der nachfolgenden acht Jahre wurden in der Upper West Side sowie der Upper East Side mehr als 4000 Apartmenthäuser gebaut, in denen jeweils 100 oder mehr Menschen wohnten – darunter viele jüdische und italienische Immigranten, die über genügend Einkommen verfügten, um den übervölkerten Massenquartieren entfliehen zu können.

Dr. S. Josephine Baker beschrieb die typischen Stationen des sozialen Aufstiegs einer Immigrantenfamilie: »Während der Sohn sich noch im Medizin- oder Jurastudium befand, schuftete und hauste der Rest der Familie unter menschenunwürdigen Bedingungen, sparte am Essen und der Kleidung. Begann der Sohn allerdings Geld zu verdienen, zog die Familie aus und folgte ihm nach, während er die Karriereleiter erklomm. Meist ging es dann zunächst in die Lexington Avenue, dann an den Riverside Drive und schließlich vielleicht sogar in die Park Avenue. Diese Reihenfolge war so vorbestimmt wie der Wechsel der Jahreszeiten.«

Um sich von dem endlosen Strom neuer Einwanderer abzugrenzen, begannen wohlhabendere New Yorker damit, Kooperativen zu gründen, die die von ihnen bewohnten Häuser nicht mehr mieteten, sondern gemeinschaftlich kauften. Auf diese Weise konnte die Versammlung der Eigentümer selbst darüber entscheiden, wen sie in die Hausgemeinschaft aufnehmen wollte und wen nicht.

»Falls es die Eigentümergemeinschaft versäumen sollte, rechtzeitig Wachsamkeit zu üben und einen Auswahlausschuss zu bestimmen«, warnte die Fachzeitschrift *Architectural Record* mit kaum verhohlenem Antisemitismus, »dann könnte es eines Tages geschehen, dass gewisse hakennasige Mieter, die Sie sicher nicht haben wollen, der Wachsamkeit des Pförtners entgehen und sich in Ihr Haus einnisten.«

Als 1910 sogar an der Fifth Avenue ein von McKim, Mead & White entworfenes zwölfstöckiges Apartmenthaus gebaut wurde, und zwar mit riesigen Wohnungen, die jeweils ein komplettes Stockwerk einnahmen, hatten selbst die reichsten New Yorker damit begonnen, ihre Villen und Reihenhäuser zu räumen und die neue Wohnform zu akzeptieren. »Eine Familie, die in einem Haus durchschnittlicher Größe zwischen vier bis acht Diener benötigte«, schrieb Chas. F. Wingate in *Building*, »kommt in einem Apartmenthaus gut und gern mit der Hälfte aus.« Und als die Bundesregierung 1913 – zum ersten Mal seit dem Bürgerkrieg – eine Einkommenssteuer einführte, wurde der Trend noch beschleunigt. Fortan sollte an der Fifth Avenue keine weitere Villa mehr gebaut werden, und selbst der Bau von Reihenhäusern ging erheblich zurück. Schon bald sollten beinahe alle New Yorker, ob reich, ob arm, in derselben Art von Haus wohnen – nämlich in einem Apartmenthaus.

*hinabbringt, ist ein typisches Produkt des atemlos-hektischen amerikanischen Lebensstils ...*

A. D. F. Hamlin, 1897

»Die Hauptfunktion eines Bürohauses ist es, die Geschäftspartner in der Nähe zu haben«, erklärte ein New Yorker Bauunternehmer.

Bis zum Jahr 1902 gab es in Lower Manhattan nicht weniger als 66 Wolkenkratzer, die meisten davon in der Nähe der Wall Street. Die Grundstückspreise waren derart explodiert, dass der Grund und Boden unter den Gebäudetürmen zum teuersten der Welt wurde.

1910 betrug der Preis für an die Wall Street angrenzende Wohn- oder Geschäftsflächen bereits 82.500 Dollar pro Meter, was die Eigentümer dazu trieb, noch höhere Gebäude mit noch mehr rentabler Fläche zu errichten. Dies wiederum trieb die Grundstückspreise weiter in die Höhe – ein regelrechter Teufelskreis.

So wertvoll sie allein als Immobilie waren – die Wolkenkratzer übernahmen in New York jedoch noch eine weitere Funktion, die für die Firmen, denen sie gehörten, bares Geld wert war. »Die ersten Türme wurden gewissermaßen als riesige Werbetafeln errichtet«, beschrieb der Immobilienmakler Earle Schultz die Lage. »Die Großartigkeit und das hohe Prestige der Wolkenkratzer machten sie zur besten Reklame für ihre Eigentümer.« Es bildete sich eine ganz eigene architektonische Formensprache heraus, die die Wolkenkratzer New Yorks etwa von denen Chicagos unterschied: ein schlanker, frei stehender Turm, der auf einer massiven Basis ruhte und in eine kaum nutzbare, aber einprägsame Spitze auslief – ein babylonischer Zikkuratturm, ein Mansardendach im französischen Stil, ein neogotischer Spitzturm. Jede dieser individuellen Formen ragte quasi als Markenzeichen des Eigentümers in den Himmel.

Innerhalb weniger Jahre bildeten die sich am südlichen Ende Manhattans anhäufenden Gebäudetürme die berühmte Silhouette New Yorks. Wer mit dem Schiff in den Hafen einoder ausfuhr hatte von Deck aus den dramatischsten Blick auf die Inselstadt. Die neuen »Kathedralen des Kommerzes« stahlen den Kirchtürmen die Schau und begründeten ein ganz neues urbanes Image – die Skyline als unvergessliches Symbol für die enorme weltliche Macht der Handelsmetropole.

**In den frühen Jahren des 20. Jahrhunderts begann in den engen alten Straßen des einstigen Neu-Amsterdam das erste Wolkenkratzerviertel der Welt zu wachsen. Auf dem Luftbild oben ist die ehemalige Küstenlinie der holländischen Siedlung als dunkle, mehrere Blocks von der Wasserlinie entfernt liegende Eisenbahntrasse zu erkennen. Die hohen Grundstückspreise und der Wunsch nach kurzen Wegen erklären die dichte Ballung der Wolkenkratzer. Der Blick aus nördlicher Richtung auf die Broad Street aus dem Jahr 1907 (links) zeigt das gleiche Motiv aus der Straßenperspektive. Die Gebäude scharten sich um die New Yorker Börse, deren einstiger Sitz 1903 durch einen turmhohen, komplett mit einer Marmorfassade versehenen Bau im neoklassizistischen Stil ersetzt worden war.**

*Der Hunger nach Geld und Macht mag die treibende Kraft gewesen sein; aber die Tausende, die ihren Blick Tag für Tag von den Fährbooten, Zügen und Brücken erheben, denken nicht an Geld, wenn sie die eindrucksvolle Silhouette aus dem glitzernden Wasser des Hafens emporwachsen sehen. Die Großartigkeit der Ästhetik lässt das Kommerzielle verblassen.*

Mildred Stapley

### DIE NEUE WELTMETROPOLE

*Verspürte ein Freund von mir den Wunsch, bedeutende europäische Städte wie Wien, Prag, St. Petersburg, Warschau, Krakau oder Berlin und Neapel zu besuchen, so würde ich ihn zu einer einwöchigen Reise durch die New Yorker East Side einladen. Man braucht nicht erst den Atlantik zu überqueren, um fremde Sprachen zu hören oder fremde Sitten zu erleben. In New York, der einzigartigen neuen Weltmetropole, gehört all dies zum Alltag: Jede Nation wird repräsentiert durch eigene Cafés, Zeitungen, Kirchen und Theater – und alles wird beherrscht von einem optimistischen Lebensgefühl.*

James Huneker

Seit der Zeit der holländischen Gründerväter war New York das kosmopolitische Herz Amerikas. Dennoch war man auf die ungeheuren Massen an Neuankömmlingen, die in den Jahren 1890 bis 1910 in die Stadt strömten, und auf die Komplexität der damit verbundenen Probleme nicht vorbereitet.

Noch immer wie Bauern gekleidet, ihr ganzes Hab und Gut als unförmig geschnürte Bündel bei sich tragend, schleppten sich die Einwanderer unsicher und überwältigt von den turmhohen Wolkenkratzern, die sie zu allen Seiten umgaben, den Broadway entlang. Die meisten hatten ihr gesamtes Leben in Dörfern verbracht, wo man jeden Bewohner und jeden Stein kannte. Völlig unvorbereitet wurden sie nun konfrontiert mit ohrenbetäubendem Lärm, unüberschaubaren Menschenmassen, hektischem Verkehr und der Anonymität der Großstadt.

»Straßenbahnwagen rauschten mit hoher Geschwindigkeit durch die Straßen«, beschrieb der polnische Immigrant David Ignatov seine Erfahrungen. »Wellen von Menschen brandeten uns entgegen, deren Gesichter zu Schaum verschwammen. Alles war wild und verwirrend ... diese ganze unglaubliche Stadt.«

»Wohin sollten wir gehen?«, schrieb der jüdische Einwanderer Abraham Cahan später in der Erinnerung an seinen ersten Tag in New York City. »Was sollten wir tun?«

*Eine Stimme begrüßte uns auf Jiddisch. Als wir uns umschauten, erblickten wir einen Mann mittleren Alters ... Der Reichtum war ihm in sein wohlrasiertes Gesicht geschrieben, aber er gehörte eindeutig zu unserem Volk. Es war, als ob man mitten im Dschungel einen Menschen traf. »Ihr habt noch keine Arbeit, nicht wahr? ... Aber keine Sorge, wer nicht faul oder dumm ist, wird es nicht bereuen, nach Amerika gekommen zu sein.« Als wir am General Post Office angelangt waren, schob mir unser Führer einen Vierteldollar in die Hand und wies in eine Richtung. »Geh nur immer geradeaus, bis du in eine Gegend kommst, in der du auf viele Juden treffen wirst.«*

Angesichts des Zustroms von Hunderttausenden und schließlich Millionen mittelloser Immigranten reagierten viele New Yorker mit tiefem Misstrauen und begegneten den Neulingen mit kaum verhohlener Feindseligkeit.

Um 1900 hatten die Straßen der Lower East Side – hier die Kreuzung Hester und Essex Street – den Charakter eines ausgedehnten Basars angenommen. Es gab Hunderte von Geschäften, Kneipen, Bäckereien, Obst- und Gemüseläden sowie Tausende von Verkaufsständen, die Früchte, Gemüse, Töpferwaren, Kleidung, Brillen, Knöpfe, Schreibwaren, Scheren, Unterwäsche, Stoffreste und vieles mehr feilboten. »Es gab wirklich nichts, was es dort nicht gab«, resümierte ein Augenzeuge.

**Die Innenhöfe der Mietskasernen in den New Yorker Armenvierteln waren verhältnismäßig großzügig bemessen. Da sie jedoch zumeist durch Mauern und Zäune in kleine Parzellen aufgeteilt wurden, reichte der Platz gerade dazu aus, um dort die Wäsche zum Trocknen aufzuhängen.**

»Diese Flut an Fremden«, formulierte Richard Williams im *Wall Street Journal*, »setzt sich aus den jämmerlichsten und verdorbensten Kreaturen zusammen, die je an amerikanischen Ufern gelandet sind.« Eine New Yorker Tageszeitung wurde noch deutlicher. »Die Schleusen sind geöffnet. Die Deiche sind gebrochen. Die Abwasserkanäle und Kloaken haben freie Bahn. Europa erbricht sich!«

Doch ob bewusst oder unbewusst – jeder Einzelne der Einwanderer, ebenso wie jeder einzelne New Yorker, wurde Teil eines ungewöhnlichen Experiments, dessen Ausgang noch offen war: Wie würde sich das Zusammenleben gestalten, und wie würde diese Welt aussehen, die so viele unterschiedliche Facetten in sich vereinigen musste?

Nicht nur für die älteren New Yorker, sondern für alle galt es, sowohl kulturell als auch politisch bedingte Diskrepanzen zu überwinden. Die Integration der Einwanderer erforderte neben umfangreichen Neubauprojekten auch völlig neue Denkstrukturen und wesentliche Änderungen in der Politik.

Die Immigranten hatten mit ihrer Ankunft in New York eine der ungeheuerlichsten Reisen der Menschheitsgeschichte hinter sich gebracht. Es war eine Reise durch Raum und Zeit, nicht nur die Überquerung eines Ozeans, sondern der Wechsel von einem nach uralten Mustern geführten traditionellen Dasein in das modernste und hektischste Lebensumfeld, das man auf der ganzen Welt finden konnte und das für die Neuankömmlinge natürlich vollkommen fremd und unverständlich war.

»Das alte Dorf mochte armselig gewesen sein«, schrieb der Autor Irving Howe später. »Aber es war ein mir durch und durch vertrauter Ort, an dem schon meine Vorfahren begraben worden waren. Man war nicht von himmelhohen Häuserschluchten erdrückt worden, man hatte nicht mit komplizierten technischen Geräten zu tun gehabt wie in den Geschäften und Straßenbahnen der Großstadt, und auch die Uhr schlug weniger erbarmungslos.«

Auf irgendeine Weise musste es allen Immigranten gelingen, die enormen Gräben zu überbrücken, die sich sogleich nach der Ankunft in New York auftaten – die Gräben zwischen Erwartung und Realität, zwischen dem, was sie verloren hatten, und dem, was sie zu gewinnen hofften, zwischen den verheißungsvollen Verlockungen des neuen Lebens und der Wehmut nach dem Zurückgelassenen.

**Dieses 1908 in der Mott Street aufgenommene Foto zeigt einen der aufwändigen Schreine, die anlässlich der Feierlichkeiten zu Ehren der Schutzpatrone in den italienischen Wohnbezirken errichtet wurden. »Für den heimwehkranken Bauern, der stundenlang in den Cafés in der Mott Street herumhing«, berichtete Jacob Riis, »war der Schutzheilige ein Stück Vertrautheit inmitten der Fremde. Die weite Entfernung von zu Hause ... erhöhte noch den Stellenwert der altüberlieferten Traditionen.«**

Es wurde jedem schnell bewusst, dass mit der Ankunft auf Ellis Island die eigentliche Reise erst begonnen hatte. Was folgte, war ein langwieriger Integrationsprozess, der letztendlich die Stadt und die Nation mehr verändern sollte als die Immigranten selbst.

### STADT DER NATIONEN

Im Jahr 1907 schien sich auf den Straßen Manhattans bereits die halbe Welt zu treffen. »Alle vier Jahre vergrößert sich New York um eine Stadt in der Größe von Boston oder St. Louis«, schrieb der Schriftsteller Edwin Hill. »Es ist gleichzeitig die größte jüdische Stadt der Welt, die größte irische Stadt und die größte deutsche Stadt. Mehr als 700.000 Russen nennen sie ihre Heimat, und es wohnen in ihr mehr Italiener als in Rom.«

Tatsächlich lebten in New York inzwischen mehr Italiener als in Genua, Venedig und Florenz zusammen. Häuserblock um Häuserblock entstanden in der Lower East Side nicht nur komplette italienische Städte und Dörfer, sondern es wurden auch die sozialen und religiösen Strukturen der Alten Welt rekonstruiert.

New Yorks Little Italy glich dem Mutterland Italien: ein loser Verbund einzelner Provinzen mit jeweils eigenen Landsmannschaften. Die Neapolitaner siedelten sich an der Mulberry Street und der Mott Street an, die Westsizilianer an der Prince Street und der Elizabeth Street, die Ostsizilianer an der Catherine und der Monroe Street. Die Kalabrier wohnten an der Mott Street zwischen Broome Street und Grand Street, die Genueser an der Bleecker Street und der Baxter Street und die Apulier an der Hester Street.

In einigen Häuserblocks setzten sich derartige Strukturen fort: Familien, die aus ein und derselben Siedlung in Italien oder Sizilien stammten, bezogen im selben Gebäude benachbarte Apartments und übertrugen so die dörflichen Lebenstraditionen auf ein einzelnes Mietshaus in New York.

»Unten in der Elizabeth Street, in der Mulberry, Mott und Thompson Street sowie in zahlreichen Straßen Little Italys bildet fast jeder Häuserblock ein eigenes Dorf«, stellte Jacob Riis fest, »und zwar mitsamt dem dazugehörigen Dorfheiligen, über dessen gemeinsame Anerkennung sich die Zugehörigkeit zu der jeweiligen Gemeinschaft definiert.«

**Russisch-jüdische Mädchen prangern anlässlich der Parade zum Maifeiertag 1909 die Kinderarbeit in den Ausbeuterbetrieben der Stadt an. Die jüdischen Einwanderer aus Russland – seit jeher mit Protestaktionen und politischen Aktivitäten vertraut – übernahmen bald eine Führungsrolle in den Reform- und Arbeiterbewegungen New Yorks. So gründeten sie ein weitläufiges Netzwerk radikaler politischer Gruppen, Arbeitervereine und sozialistische Zeitungen. 1914 gelang es der Wählerschaft des vornehmlich jüdischen Ninth Distrikt in der Lower East Side, den erklärten Sozialisten Meyer London in den Kongress zu wählen.**

**Von den zwei Millionen Juden, die zwischen 1881 und 1914 aus Osteuropa nach Amerika kamen, blieben 75 Prozent in New York. Im Jahr 1910 machten die Juden, von denen allein 400.000 in der Lower East Side lebten, die größte Gruppe der Immigranten aus. »Rivington Street war ein besserer Vorort von Minsk«, bemerkte Alfred Kazin später.**

Nichts symbolisierte die Übertragung der alten Bräuche auf die neue Umgebung deutlicher als die alljährlich mehr als 20 religiösen Feste der italienischen Gemeinde. Dem Heiligen der jeweiligen Herkunftsregion gewidmet, passierten die farbenfrohen Prozessionen, die einst durch kleine Dörfer gezogen waren, nun die engen Straßenschluchten der City. Gemeinsam mit Priestern, Marschkapellen und Kinderhorden folgte man einem riesigen Abbild oder einer mächtigen Statue des Patrons. Der Heilige der Mulberry Street im Herzen von Little Italy war etwa San Rocco, dessen Fest am 16. August jeden Jahres gefeiert wurde.

*In der Mulberry Street herrschte Feststimmung: Aus den Fenstern der italienischen Häuser hingen Fahnen, bunte Stickereien und dreifar-*

**Das Grand Theater an der Bowery im Jahr 1908. Das künstlerisch anspruchsvollste der 20 jiddischen Theater New Yorks wurde von dem gefeierten Schauspieler und Regisseur Jacob P. Adler gegründet. Er versprach dem Publikum »wunderbare Opern und Dramen, die das Leben ehrlich und glaubwürdig widerspiegeln«. Zur Zeit des Ersten Weltkriegs, dem Höhepunkt der jiddischen Bühnen New Yorks, besuchten pro Jahr mehr als zwei Millionen Zuschauer über 1000 Aufführungen – von derben Komödien und rührseligen Melodramen bis hin zu anspruchsvollen Shakespeare-Adaptionen.**

*bige Laternen, überall waren Lichterketten aufgehängt ... In den Straßen wurde fröhlich und ausgelassen gefeiert. Die Frauen ... trugen ihre bunten Festtagskleider und bildeten neben den dunklen Anzügen der Männer sowie den Uniformträgern einen fröhlichen Akzent. Der heilige Rocco wurde gefeiert, und die Italiener des Mulberry-Viertels wollten sich nicht lumpen lassen. Gegen elf Uhr vormittags hörte man plötzlich Trompetenklänge, und in der Ferne waren Flaggen und Banner zu erkennen ... Angeführt wurde die Prozession von einer Polizeitruppe, gefolgt von der Conterno-Combo, hinter der ein Banner getragen wurde, das San Rocco mit seinen Wunden nebst seinem Hund darstellte. Zu beiden Seiten wehten die italienische und die amerikanische Flagge, sodass der Heilige gleich doppelt beschirmt war.*

Bernardino Ciambelli, 1893

Doch so beeindruckend die Ausmaße von Little Italy auch waren, noch riesiger war die Gruppe der jüdischen Einwanderer. Im Jahr 1907 lebten bereits mehr als eine Million Juden in New York – mehr als 400.000 allein in der Lower East Side.

»Es ist ein brodelndes Meer aus Menschen«, schrieb Abraham Cahan, »in das Ströme von Immigranten aus allen jiddischsprachigen Zentren Europas einmünden ... Juden aus allen Ecken Russlands, Polens, Galiziens, Ungarns, Rumäniens; litauische Juden ... südrussische Juden, bessarabische Juden; Juden aus Moskau, St. Petersburg und Kiew; aus den russischen Universitäten ausgeschlossene Juden; Bauern, Kaufleute, Lehrer, Rabbis, Künstler, Bettler – und alle auf der Suche nach Glück und Erfolg.«

Die ungarischen Juden siedelten sich am nördlichen Rand des Distrikts an, der zuvor ein Teil von Kleindeutschland gewesen war. Die russischen Juden konzentrierten sich in südlicher Richtung auf den East Broadway: das kommerzielle Zentrum des Bezirks. Dazwischen – »genau im Zentrum des Ringens um Luft zum Atmen«, wie jemand die Situation beschrieb – kamen die Juden aus Galizien und Rumänien sowie die zuletzt eingetroffenen levantinischen Juden aus dem mittleren Osten unter.

Überall entstand eine regelrechte Industrie, um die Bedürfnisse der jüdischen Bürger zu befriedigen. 500 Bäckereien sorgten für ausreichend Schwarzbrot und Matzen. Weitere 100

Für den Großteil der Immigranten, die zu Beginn des 20. Jahrhunderts nach New York kamen, führte der Weg von Ellis Island direkt in die Lower East Side. Im Jahr 1900 waren die 450 Wohnblocks des Stadtteils die am dichtesten bevölkerten der Welt. Hier lebten mehr als eine halbe Million Menschen – und jeden Monat kamen Tausende hinzu. Noch zehn Jahre zuvor hatte Jacob Riis ebenso ungläubig wie erschüttert zur Kenntnis genommen, dass in den Slums auf jeden einzelnen Hektar 1250 bis 1500 Personen kamen. Inzwischen waren es 2500 bzw. mehr als 3000 pro Block – eine in der Weltgeschichte einzigartig hohe Bevölkerungsdichte.

Diese Masse an Menschen, ihre Energien und ihre Träume, eingeschlossen in die Enge der Mietskasernen, sollten mit der Zeit die amerikanische Kultur von Grund auf verändern und Teil des Mythos Amerika werden.

*Die Straßen quollen über vor lauter Immigranten ... Doch das Gedränge und geschäftige Treiben war nicht nur intensiver und lauter als in meiner Heimatstadt, in den Schritten der Fußgänger, den Stimmen der Straßenhändler und in tausend anderen Kleinigkeiten drückten sich auch mehr Selbstbewusstsein, mehr Energie, mehr Ehrgeiz und optimistischere Zukunftserwartungen aus, als ich sie in meiner Geburtsstadt je kennen gelernt hatte.*

Abraham Cahan

Die Unterkünfte, in denen die Neuankömmlinge ihr erstes Zuhause fanden, waren legendär für ihre Dürftigkeit. Zunächst als billige Notunterkünfte für die längst ausgezogenen deutschen und irischen Einwanderer gebaut, wurden die Mietskasernen nun durch die neuen Einwanderungswellen von Italienern, Russen, Polen, Griechen, Ungarn, Armeniern und einem halben Dutzend weiterer Nationalitäten bezogen, die sich eine andere Wohngegend nicht leisten konnten.

Nicht selten teilten sich 20 oder mehr Personen eine Unterkunft, sodass sich die Kinder häufig zu viert oder fünft in einem Bett drängten, während die Erwachsenen gezwungen waren, in Schichten zu schlafen. Konnten Familien die zehn Dollar Monatsmiete nicht aufbringen, nahmen sie Untermieter auf. Diese schliefen auf Matratzen, die in den Schlafbereichen und Küchen dicht an dicht auf dem Fußboden ausgebreitet wurden. Falls die Matratzen nicht ausreichten, mussten zwei Stühle herhalten, zwischen die ein Brett gelegt wurde.

In schwül-heißen Nächten flohen die Bewohner aus den engen, stickigen Räumen und schliefen auf den Feuertreppen oder auf den Dächern. »Was für eine seltsame Mischung dort unter dem Sternenhimmel!«, beschrieb der Autor Michael Gold die Situation. »Mütter, Graubärtige, ... von der Arbeit erschöpfte Väter, hustende und spuckende Schwindsüchtige – wir alle lagen dort dicht an dicht, schnarchend und stöhnend, auf Matratzen oder auf Zeitungspapier. Wir schliefen in Unterwäsche, wie Leichen gestapelt. Und um uns toste der Lärm der Großstadt.«

Auf Grund der engen Wohnverhältnisse spielte sich das Leben hauptsächlich draußen auf den Straßen ab. Spiel- und Arbeitsplatz, Klassenraum, Theater, allgemeiner Treffpunkt – von den frühen Morgenstunden bis in die späte Nacht hinein waren die Straßen ein großer, lebhafter Basar. Scharen von Händlern breiteten ihr schier unermessliches Warenangebot auf der Straße aus oder boten es aus Karren feil, die für zehn Cent Tagesmiete zu kriegen waren.

Um 1900 konnte man in den Straßen der Lower East Side über 25.000 solcher Verkaufskarren zählen, die alles Erdenkliche darboten: von Obst und Gemüse über Töpfe und Pfannen, Schuhbänder, Stoffe, Werkzeug und Geschirr, Bücher und Papierwaren, Brillen zu 35 Cent oder gebrauchte Mäntel und Hüte zu 25 Cent.

In den ärmlichsten Gegenden hatten die Händler nur sehr wenig, was sie verkaufen konnten: eine einzelne Kerze, ein Hühnerbein, ein Ei oder gar nur ein Eigelb. Den neu Eingetroffenen bot dieser Handel einen Einstieg in die neue Welt. »Es genügt, das englische Wort für einige wenige Dinge zu kennen«, erklärte ein Immigrant. »Aber man darf sich nicht leicht einschüchtern lassen, denn manch einer reagiert zuweilen schroff und abweisend.« Ein erfolgreicher Händler verdiente bis zu 15 oder 20 Dollar pro Woche – genug, um einen eigenen kleinen Laden eröffnen zu können.

*Vergiss deine Vergangenheit, deine alten Gewohnheiten und Ideale. Such dir ein Ziel und verfolge es mit all deiner Kraft. Lass dich durch nichts davon abbringen. Du wirst harte Zeiten durchmachen, aber früher oder später wirst du dein Ziel erreichen ... Noch ein Rat: Gönn dir keine Ruhe. Bleib in Bewegung, arbeite und verliere nie dein Ziel aus den Augen. Eins brauchst du in Amerika: Mumm in den Knochen ... Sag nie: »Das kann ich nicht!« oder »Das weiß ich nicht.«*

G. M. Price

*Ich lernte schnell, dass man es sich hier nicht leisten konnte, Zeit zu vertrödeln. Hier galt es, tatkräftig anzupacken. Das Geld lag nicht auf der Straße ... Nun ja, dann hieß es eben arbeiten. Ich gab alles, was ich konnte. Ich arbeitete!*

Michael Gold

Ein typisches Zimmer in einer Wohnsiedlung in der Lower East Side, fotografiert 1905 von Jessie Tarbox Beals.

Eine Zeichnung des Ausflugsdampfers *General Slocum*, wie er am Morgen des 15. Juni 1904, kurz vor Ausbruch des fatalen Feuers an Bord, aussah. Das stattliche Schiff erwies sich als Todesfalle, da weder die Feuerlöschschläuche noch die Rettungsboote oder Schwimmwesten funktionstüchtig waren.

Mittwoch, 15. Juni 1904 – ein klarer, sonniger Vormittag. Pünktlich um 9.40 Uhr legte der Ausflugsdampfer *General Slocum* vom Third-Street-Pier ab, um sich in nördlicher Richtung den East River hinauf auf eine Tagestour nach Long Island zu begeben.

Die Mehrzahl der 1300 Passagiere an Bord waren Frauen und Kinder – Angehörige deutscher Immigranten, die sich für einen Tagesausflug angemeldet hatten, der von der deutschen lutherischen St.-Markus-Gemeinde in der Lower East Side organisiert worden war. Doch nach weniger als 20 Minuten sollte sich der Ausflug in einen Alptraum verwandeln.

Gerade als sich das Schiff einem schwierigen Gewässerabschnitt namens Hell Gate näherte, brach in einem Laderaum am Bug der *General Slocum* ein Feuer aus. Anstatt den Dampfer ans nächste Ufer zu steuern, versuchte der Kapitän, eine kleine Werft auf North Brother Island wenige Meilen nördlich zu erreichen. Ein fataler Fehler. Als das Schiff Volldampf gab, entfachte der Fahrtwind das Feuer erst richtig, sodass die entsetzten Beobachter vom Ufer aus tatenlos zusehen mussten, wie die Flammen nacheinander alle drei Passagierdecks erfassten.

Nach zehn Minuten hatte das schwer angeschlagene Schiff North Brother Island erreicht, doch 1021 Passagiere waren bereits tot. Dutzende von Frauen und Kindern waren den Flammen und dem Rauch zum Opfer gefallen, Hunderte waren in die starke Strömung des East River gesprungen und jämmerlich ertrunken.

Das Desaster hinterließ bei den deutschen Immigranten in New York eine bleibende Wunde. In den folgenden Monaten zogen nach und nach Hunderte von Familien, die in ihrer Trauer zu aufgewühlt waren, um in der vertrauten Umgebung am Tompkins Square zu bleiben, in ein anderes Viertel namens Yorkville in der Nähe der 86th Street in der Upper East Side. Innerhalb weniger Jahre trat dieses Stadtviertel dauerhaft an die Stelle von »Kleindeutschland« als das Zentrum des deutschen Lebens in New York.

Noch Tage nach dem verheerenden Brand wurden an den Stränden von North Brother Island Leichen angespült.

Unternehmen füllten Selters- und Sodawasser ab, das als »Champagner der Arbeiterklasse« bezeichnet wurde. Allein im Tenth-Ward-Bezirk befanden sich 140 Gemüsehändler, 113 Schlachter, 36 Bäckereien, 30 Milchgeschäfte, 62 Süßigkeitenläden und 15 Geschäfte, die auf Wein für das Sabbat-Mahl spezialisiert waren.

Tagtäglich konnte man in über 500 Synagogen und Religionsschulen Hebräisch hören. Aber es war das Jiddisch, die Alltagssprache der Juden, das in den Enklaven in der Lower East Side für den Gemeinschaftssinn sorgte. Jiddisch war die gemeinsame Sprache der rumänischen, polnischen, russischen und ungarischen Juden – man hörte es in den Geschäften, auf den Märkten und in den Cafés, in denen bis spät in die Nacht über Religion, Kultur und Politik debattiert wurde.

Zu Beginn des Jahrhunderts gab es in New York nicht weniger als sechs Tageszeitungen in Jiddisch, mit einer Auflagenhöhe von insgesamt fast einer halben Million Exemplare. Ein zehn Häuserblocks langer Abschnitt der Bowery, auch jüdisches Rialto genannt, lockte mit seinen über 20 Bühnen jährlich zwei Millionen Besucher an, denen vom kitschigen Liebesdrama bis zur Shakespeare-Tragödie alles geboten wurde – und zwar auf Jiddisch und auf einen jüdischen Hintergrund übertragen. Charakterdarsteller wie Boris Thomashvski und Jacob Adler wurden frenetisch gefeiert. »Adlers Lear«, schrieb die *New York Times*, »ist eine in unsere Zeit übertragene Sittenkomödie, in der die Figur des alten Patriarchen und seine drei Töchter sehr überzeugend eingebaut wurden.«

Wie die italienischen Feiertagsprozessionen erfüllten auch die jiddischen Theater die Aufgabe, den Übergang zwischen der Vergangenheit in Europa und dem neuen amerikanischen Lebensalltag zu erleichtern. Auf der Bühne sahen die New Yorker Juden ihre gesammelten Erfahrungen ins Bild gesetzt: die Entwurzelung, die Ankunft in einem fremden Umfeld und schließlich die Eingewöhnung in ein neues Leben.

*Aus der ganzen Welt strömen sie nach New York. Griechen aus Athen, Sparta und Mazedonien, die mit bis zu zwölf Personen in einem Raum leben und auf dem Fußboden schlafen. Gott weiß, wie sie sich ernähren, kleiden und wie sie ihre Freizeit verbringen. Juden kommen aus Russland, Polen, Ungarn und dem Balkan. Sie bevölkern die East Side und das Zentrum Brooklyns, wo sie in engen, schmuddeligen Straßen zusammengepfercht leben … Italiener aus Sizilien und den südlichen Teilen ihrer Heimat besiedeln weitflächige Gebiete, Ungarn, Franzosen, Polen, Schweden, Armenier – alle mit jeweils eigenen Bezirken. Und jeder Einzelne von ihnen ist hungrig nach den Freuden des Großstadtlebens!*

Theodore Dreiser

Inmitten der großen jüdisch und italienisch geprägten Stadtteile befanden sich zahlreiche kleinere Enklaven – Gemeinschaften von Griechen, Armeniern, Türken, Polen, Tschechen, Schweden, Norwegern, Syrern, Libanesen und mehr als ein Dutzend weiterer Volksgruppen aus der ganzen Welt. Im Jahr 1900 lebten in einem acht Blocks umfassenden Gebiet nördlich des Chatham Square mehr als 6000 chinesische Immigranten – nach San Francisco die zweitgrößte Konzentration von Chinesen in den USA. »Eine Karte von New York, in der die verschiedenen Nationalitäten farblich gekennzeichnet wären, würde mehr Streifen aufweisen als ein Zebra und mehr Farben als ein Regenbogen«, veranschaulichte Jacob Riis das Spektrum des Völkergemisches.

Trotz des jeweils ganz anderen Flairs, der Zweck der diversen Immigrantengemeinden war immer der gleiche. Inmitten der anonymen Stadt existierte ein familiärer Bereich mit gewohnten Lebensstilen, Geräuschen und Gerüchen. In sich unabhängig, stellte er für die Neuankömmlinge einen sicheren Hafen dar, in dem man sich zurechtfand und den man im Grunde nicht einmal zu verlassen brauchte.

»Auch wenn ich nun in Amerika bin«, so die Jüdin Rose Cohen, »lebe ich in einer Welt, die kaum anders ist als die, aus der ich gekommen war. Natürlich gibt es andere Freuden, Sorgen und Probleme … aber im Großen und Ganzen ist alles fast so, wie wir es aus unseren Heimatorten kennen.« Und Italienerinnen, die schon seit Jahren in der Stadt lebten, sagten »Ich war heute drüben in Amerika«, wenn sie sich nur wenige Blocks von Little Italy entfernt hatten.

»Mit der Straßenbahn zu fahren war teuer, und da wir kein Geld zu verschleudern hatten, wussten wir nur sehr wenig über die fremdartige Welt, die unserer eigenen so nah war«; der jungen Immigrantin Marie Ganz erschien »die-

**Syrische Kinder in New York. Zwar stellten die russischen Juden und Süditaliener die bei weitem größten Immigrantengruppen, doch gab es um 1900 in Manhattan und Brooklyn gleich nebenan auch zahlreiche kleinere ethnische Ansiedlungen. Hierzu gehörte auch Little Syria, nördlich der Battery an der Washington und Rector Street gelegen, wo sich nach 1878 mehrere tausend Einwanderer aus dem Osmanischen Reich als Händler, Fabrikarbeiter und kleine Geschäftsleute niederließen.**

se Welt, die wir von den Dächern unserer Häuser aus beobachteten, fern und mysteriös.«

Eines Tages nahm ein freundlicher Kutscher das junge Mädchen auf eine Tour durch die obere Fifth Avenue und den Central Park mit.

*In null Komma nichts übertraten wir das, was für mich das westliche Ende der Welt gewesen war: die Bowery, das Sprungbrett ins Unbekannte ... Sogar die Gesichter der Menschen erschienen mir anders, ... keine Mietskasernen mit Feuertreppen, über denen die Betten zum Auslüften hingen ..., sondern herrschaftliche Häuser, die beinahe bis in den Himmel ragten und in denen niemand zu wohnen schien ... Prachtvolle Kutschen fuhren vorbei, in denen Männer saßen, die in farbenfrohe Uniformen gekleidet waren, ... und im Inneren der Häuser vermutete ich Prinzen und Prinzessinnen, wunderschön gekleidete Frauen, ... und sogar die Kinder würden Pelzmäntel tragen. In der Ferne wurden die riesigen Wolkenkratzer sichtbar. Auf der einen Straßenseite befand sich ein Wäldchen, dessen Bäume in den schönsten Herbstfarben leuchteten, auf der anderen standen Paläste aus braunem Sandstein und Marmor, erhaben und geheimnisvoll ... Langsam wird es dunkel. Große, strahlende Laternen erhellen mit ihrem magischen weißen Licht die Straßen und die Häuser. Die Fenster der Paläste und großen Gebäude sind erleuchtet, mysteriöse Schatten huschen vorbei. Alles wirkt seltsam unwirklich. Wache oder träume ich?*

Marie Ganz

**VERÄNDERUNGEN**

*Wir müssen Amerikaner sein, und wir werden es sein. Wir werden Englisch lernen und uns den Gesetzen und Lebensformen dieses Landes fügen ... Wir werden Amerika lieben und mit aufbauen. Wir werden in der Neuen Welt hundertmal mehr erschaffen als in der Alten. Aber wir werden nicht in der Lage sein, die Heimat aus unseren Herzen zu tilgen. Und in einsamen Stunden werden vor unserem geistigen Auge Erinnerungen aufsteigen, die uns mit sehnsuchtsvoller Trauer ins Gesicht blicken.*

Abraham Cahan

Auf einen Fremden musste die verwahrloste und übervölkerte Lower East Side einen ziemlich abschreckenden Eindruck machen. Für die Bewohner war sie meist nur ein Zwischenstopp auf dem Weg in ein besseres Leben. Im Durchschnitt benötigten die meisten Einwandererfamilien nur etwa zehn Jahre, also weniger als eine einzige Generation, bevor sie aus der Lower East Side fortziehen konnten.

*»Ich bin nur ein einfacher Händler«, sagte der Hausierer im langen Wollmantel, »aber mein Sohn soll einmal Anwalt werden, ein gebildeter und angesehener Mann. Aus diesem Grund stehe ich hier, auch wenn meine Füße schmerzen und ich mich lieber ausruhen würde. Mein Junge soll auf die höhere Schule gehen, um etwas Vernünftiges zu lernen.« Die höhere Schule – das ist das Ziel, das Hunderte von ihnen vor Augen haben. Während die Väter sich in die Fabriken schleppen oder mit Schubkarren abmühen, träumen sie von einem besseren Leben für ihre Kinder. Und jeden Abend erzählen sie ihren Töchtern und Söhnen erneut, wie wichtig eine gute Schulbildung ist und dass man viel lernen muss, um nicht ein genauso entbehrungsreiches Dasein zu fristen wie sie selbst.*

*New York Tribune*, 18. September 1898

Beinahe übergangslos setzte diese Besinnung auf Bildung einen Veränderungsprozess in Gang. »Ein Vater bringt seine Kinder so feierlich zur Schule, als handle es sich dabei um eine Weihe«, schrieb ein Mann.

1901 wurde in New York – zum ersten Mal in einer amerikanischen Großstadt überhaupt – für alle Kinder bis zum zwölften Lebensjahr die allgemeine Schulpflicht eingeführt. In den Klassenzimmern blickten die Lehrer – meist selbst Töchter und Söhne von Einwanderern – in die Gesichter von Kindern aller möglichen Herkunftsländer. Im ersten Jahrzehnt des 20. Jahrhunderts waren über 70 Prozent der 550.000 Schüler in Übersee geboren worden. »Keine andere Stadt hat je vor einer so großen Herausforderung gestanden«, stellte die Journalistin Adele Marie Shaw fest. »Die Zukunft hängt von dem Gelingen ab, all die Russen, Türken, Österreicher und Ungarn, Sizilianer, Griechen und Araber zu guten Amerikanern zu machen.«

Die Verwaltung der Schulen war traditionell Sache der einzelnen Stadtbezirke gewesen, doch nach hitziger Debatte wurde 1896 der Beschluss gefasst, von einer zentralen Kultusbehörde für ganz New York verbindliche Lehrpläne erstellen zu lassen. »Es wäre nicht sinnvoll«, so ein Berater von Bürgermeister William L. Strong, »wenn in einer Stadt mit so vielen fremden Sprachen und Lebensvorstellungen derlei Fragen in die Hände lokaler Verwaltungen gelegt würden. Um vielerorts drohende unamerikanische Einflüsse zu unterbinden, sollten – im

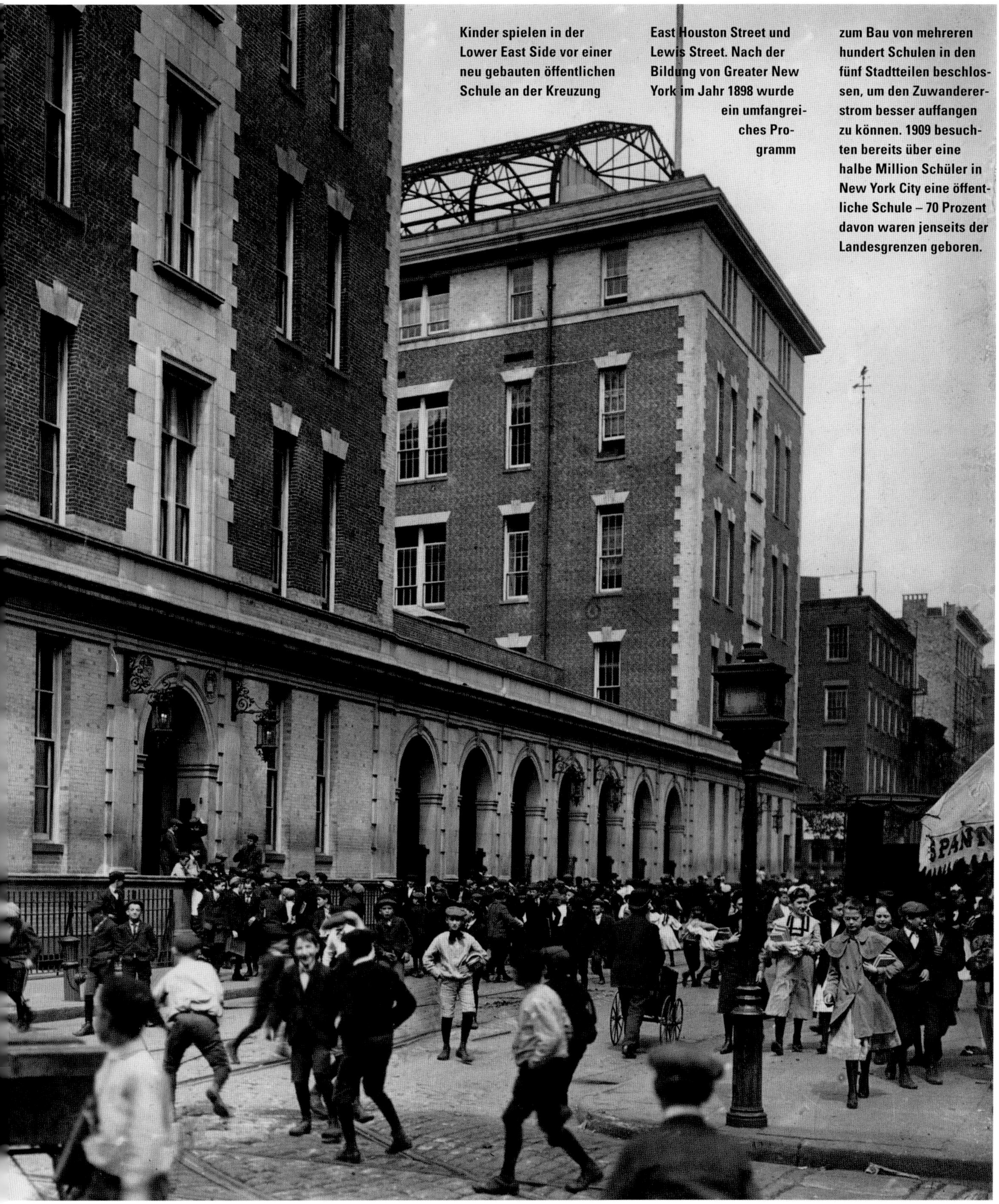


Kinder spielen in der Lower East Side vor einer neu gebauten öffentlichen Schule an der Kreuzung East Houston Street und Lewis Street. Nach der Bildung von Greater New York im Jahr 1898 wurde ein umfangreiches Programm zum Bau von mehreren hundert Schulen in den fünf Stadtteilen beschlossen, um den Zuwandererstrom besser auffangen zu können. 1909 besuchten bereits über eine halbe Million Schüler in New York City eine öffentliche Schule – 70 Prozent davon waren jenseits der Landesgrenzen geboren.

Interesse der Stadt – besonders die Kinder von Einwanderern einzig und allein amerikanische Bildungsinhalte erwerben.«

Ob englische Grammatik, amerikanische Geschichte oder Unterweisungen in Körperhygiene: New Yorks Bestreben, Einwandererkinder in Rekordzeit zu amerikanisieren und die Spuren ihrer Herkunft zu tilgen, wurden zum Vorbild für die gesamte Nation. »Wir wurden auf dieselbe zartfühlende Weise amerikanisiert, wie man ein widerspenstiges Pferd zähmt«, so das sarkastische Fazit eines Betroffenen.

Bis zum Jahr 1907 waren sämtliche öffentlichen Schulen in ein ebenso umfassendes wie weltweit beispielloses Bildungssystem integriert worden. An allen Werktagen strömten über 100.000 Menschen – darunter 40.000 Frauen – nach der Arbeit in New Yorks Abendschulen, um dort zu lernen: von den Grundlagen der englischen Sprache und des Rechnens bis hin zu Jura und Medizin. Andere bildeten sich in den städtischen Berufsschulen weiter oder besuchten weiterführende Schulen – wie das City College, das Hunter College oder das Brooklyn College –, deren Kurse und Abschlüsse für jeden qualifizierten New Yorker kostenlos waren.

Darüber hinaus zog es sowohl Kinder als auch Erwachsene in die 37 über Manhattan und die Bronx verstreuten Leihbibliotheken, die von Andrew Carnegie finanziert wurden. »Nicht selten kann man beobachten, wie Kinder in der Filiale am Chatham Square über zwei Stockwerke herab bis auf die Straße Schlange stehen«, berichtete die *New York Evening Post*. »Um die 1000 englischsprachige Bücher werden hier Tag für Tag kostenlos entliehen.«

Die tief greifenden Veränderungen betrafen nicht nur die öffentlichen Institutionen. Voller

**Eine öffentliche New Yorker Schule um 1910. Die Immigrantenkinder sollten nicht nur über Englisch, Geschichte und Rechnen amerikanisiert werden, sondern auch dadurch, dass sie in die Grundlagen der Demokratie eingewiesen wurden. Daneben standen Körperhygiene und gutes Benehmen auf dem Lehrplan »Jedes Klassenzimmer ist ein Schmelztiegel«, erklärte William H. Maxwell, der Leiter der New Yorker Schulbehörde, im Jahr 1911, »in dem aus Einwandererkindern standfeste und unabhängige amerikanische Bürger werden.«**

Furcht, die immer zahlreicher aus Russland und Polen einströmenden Juden könnten ihnen ihre Vorrechte streitig machen, trugen die bereits etablierten deutschen Juden selbst dafür Sorge, ihre eigene Assimilation zu beschleunigen. Zu diesem Zweck gründeten sie im Herzen der Lower East Side ein Kulturzentrum und finanzierten Kurse sowie Veröffentlichungen zum Thema »Wie werde ich Amerikaner?«.

»Ich erinnere mich an einen langen, kühlen Raum, in dem jüdische Jungen und Mädchen mit leuchtenden Augen saßen«, schrieb H. G. Wells 1906 nach einem Besuch des Kulturzentrums. »Einige waren erst seit einem Monat in Amerika, andere schon länger, aber alle standen sie unter der Obhut wohlhabender New Yorker Juden – und wurden amerikanisiert. Sie sangen Lieder über das ›Land der Freiheit‹ und schwenkten dabei niedliche kleine Fahnen.«

Das größte Klassenzimmer aber war die Stadt selbst. »Die Straßen gehörten uns«, stellte Irving Howe fest. »Wir strichen umher, schmeckten die Früchte der Freiheit und erhielten Anreize, von denen unsere Eltern nicht einmal geträumt hätten. Auf der Straße beobachteten wir Betrügereien, machten erste sexuelle Erfahrungen, lernten wichtige Überlebensstrategien und bekamen eine Idee davon, was es bedeutete, in Amerika zu leben ...Vor allem auf jüdische Jungen und Mädchen wirkte das Straßenleben wie ein Magnet, da es eine Wirklichkeit offenbarte, die in den Familien oft ausgespart blieb. Im Süden, jenseits der Cherry Street, lebten die Iren und westlich der Bowery die Italiener. Der Mut, sich in diese Welt der Nichtjuden vorzuwagen, wurde nicht selten mit einer blutigen Nase bestraft, aber die Neugier auf die fremde Kultur war einfach nicht zu bändigen.«

Auch wenn sich die Kinder und Jugendlichen immer mehr der Neuen Welt zuwandten, so galt das oft nicht für ihre Eltern. »Die Eltern bleiben Ausländer, während die Kinder Amerikaner werden«, resümierte die Erzieherin Julia Richman. »Zwischen beiden Generationen klafft ein unüberwindbarer Spalt.«

In den Immigrantenfamilien waren es oft die Kinder, die für ihre nur Jiddisch oder Italienisch sprechenden Eltern behördliche Formulare, Mietverträge oder ärztliche Verordnungen übersetzten. Allerdings verfolgten die meisten Eltern die stetige Amerikanisierung ihrer Kinder mit einer Mischung aus Stolz und Besorgnis.

> *Mit der Zeit wurde meine Tochter zu einem richtigen Yankee und verlernte sogar, wie man Jiddisch spricht. Sie sagte, es sei nicht mehr passend, Jiddisch zu reden, und ich wisse gar nichts über unsere neue Heimat ... Als sie sich einmal auf dem Treppenabsatz mit einem Jungen unterhielt und ich sie nach oben rief, reagierte sie erst nicht. Dann schrie sie mich an, weil ich sie bei ihrem jüdischen Namen gerufen hatte. Aber ich bringe ihren neuen Namen einfach nicht über die Lippen.*
>
> Eine Mutter

Zwischen Eltern und Kindern tat sich eine immer größer werdende Kluft auf. »Ich bewege mich zwischen zwei Welten«, sagte die eingewanderte Schriftstellerin Anzia Yezierska. »In der Alten Welt kann ich nicht mehr leben und in der Neuen finde ich mich noch nicht zurecht. Ich gehöre weder zu denen, die mich geboren haben, noch zu denen, die neben mir auf der Schulbank saßen.«

Aber der einmal begonnene Verschmelzungsprozess war unumkehrbar: Kinder unterschiedlichster Herkunft spielten miteinander, Männer und Frauen ließen mit der Straßenbahn und der neuen Untergrundbahn die Grenzen der eigenen Wohnviertel hinter sich, die Söhne und Töchter von unterschiedlichsten Einwanderer-

**Eine Klasse in einer öffentlichen Schule. Um 1900 waren zeitgenössische Beobachter nicht nur von der Masse der Einwanderer überwältigt, sondern auch von deren ethnischer Vielfalt. In einer einzigen, im Lower East End gelegenen Schule stammten die Schüler aus nicht weniger als 25 verschiedenen Ländern, darunter Dänemark, Griechenland, Holland, Finnland, Frankreich, Ungarn, Norwegen, Polen, Schweden, Syrien und Rumänien.**

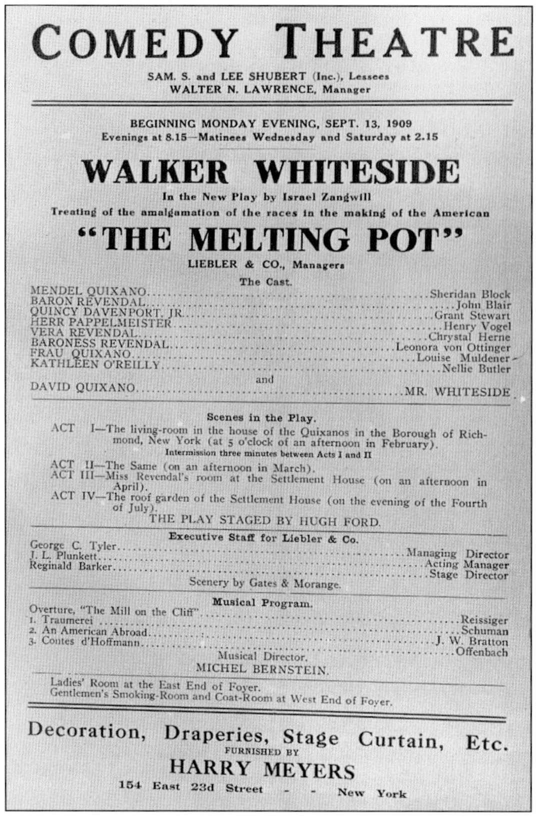
COMEDY THEATRE

SAM. S. and LEE SHUBERT (Inc.), Lessees
WALTER N. LAWRENCE, Manager

BEGINNING MONDAY EVENING, SEPT. 13, 1909
Evenings at 8.15—Matinees Wednesday and Saturday at 2.15

WALKER WHITESIDE

In the New Play by Israel Zangwill
Treating of the amalgamation of the races in the making of the American

"THE MELTING POT"

LIEBLER & CO., Managers

The Cast.

MENDEL QUIXANO........Sheridan Block
BARON REVENDAL........John Blair
QUINCY DAVENPORT, JR........Grant Stewart
HERR PAPPELMEISTER........Henry Vogel
VERA REVENDAL........Chrystal Herne
BARONESS REVENDAL........Leonora von Ottinger
FRAU QUIXANO........Louise Muldener
KATHLEEN O'REILLY........Nellie Butler
and
DAVID QUIXANO........MR. WHITESIDE

Scenes in the Play.

ACT I—The living-room in the house of the Quixanos in the Borough of Richmond, New York (at 5 o'clock of an afternoon in February).
Intermission three minutes between Acts I and II
ACT II—The Same (on an afternoon in March).
ACT III—Miss Revendal's room at the Settlement House (on an afternoon in April).
ACT IV—The roof garden of the Settlement House (on the evening of the Fourth of July).
THE PLAY STAGED BY HUGH FORD.

Executive Staff for Liebler & Co.

George C. Tyler........Managing Director
J. L. Plunkett........Acting Manager
Reginald Barker........Stage Director
Scenery by Gates & Morange.

Musical Program.

Overture, "The Mill on the Cliff"........Reissiger
1. Traumerei........Schuman
2. An American Abroad........J. W. Bratton
3. Contes d'Hoffmann........Offenbach
Musical Director.
MICHEL BERNSTEIN.

Ladies' Room at the East End of Foyer.
Gentlemen's Smoking-Room and Coat-Room at West End of Foyer.

Decoration, Draperies, Stage Curtain, Etc.
FURNISHED BY
HARRY MEYERS
154 East 23d Street - - New York

**Programm zu Zangwills 1908 uraufgeführtem Stück *Der Schmelztiegel*. Während nach New York immigrierte Autorinnen und Autoren wie Abraham Cahan und Anzia Yezierska auf herzergreifende Weise über die Schwierigkeiten von Einwanderern schrieben, sich von der Bindung an ihre ursprüngliche Heimat zu lösen, feierte Zangwill die Stadt als Schmelztiegel, in dem alle Spuren der Alten Welt getilgt und Menschen verschiedenster Herkunft zur neuen Spezies des Amerikaners geläutert werden.**

familien lernten sich kennen und heirateten. Selbst in die einzelnen Wohnblocks im Herzen der Lower East Side – in denen zuvor meist nur Einwanderer gelebt hatten, die aus dem gleichen Heimatdorf stammten – zogen nun Fremde aus aller Welt ein.

»Die Mieter in unserem Haus kamen aus Palermo, Neapel, Minsk, Bukarest und Warschau«, so Milton Catapano, Sohn eines italienischen Immigranten. »Wie wir uns verständigten? Zum Teil in Jiddisch, das mein Vater einigermaßen beherrschte, und dann natürlich mit den Landsleuten auf Italienisch. In der Familie redeten wir Englisch, da meine Mutter bereits in Amerika geboren war. Sie wiederum konnte genügend Italienisch und Jiddisch, um in den Läden einzukaufen und um sich mit Nachbarn und Verwandten zu unterhalten.«

Um 1908 fielen die Immigrantenviertel nicht mehr durch ihre Abschottung gegen andere Landsmannschaften auf, sondern weit mehr durch das Tempo ihrer Durchmischung.

*Was kennzeichnet einen New Yorker? Ist er Jude oder Ire? Engländer oder Deutscher? Russe oder Pole? Er mag von allem etwas sein und doch wieder nichts von alledem. Etwas ist hinzugekommen, das vorher nicht da war. Er bewegt sich ungehemmter und bringt seine Meinung freimütiger zum Ausdruck. Die Veränderung ist nicht zu übersehen. New York ist eine Art magischer Kessel: Alle, die in ihn hineingeraten, werden neu geboren.*

Charles Whibley, 1907

Am 5. Oktober 1908 hielt ein neues Wort Einzug in den allgemeinen Sprachgebrauch. Ursache hierfür war ein Theaterstück des in London lebenden Autors Israel Zangwill. Das Stück mit dem Titel *Der Schmelztiegel* handelt von einem jungen russisch-jüdischen Musiker, der davon träumt, eine Symphonie zu komponieren, die die von New York ausgehende atemberaubende Vermischung der Kulturen zum Ausdruck bringt.

»Da unten brodelt der große Schmelztiegel«, ruft der Musiker aus, von einem Häuserdach in Manhattan auf die Stadt herabblickend, »und dort öffnet sich sein Schlund, der Hafen, der ihn tausendfach mit menschlichem Nachschub beschickt. Kelten und Latinos, Slawen und Teutonen, Griechen und Syrer, Schwarze und Gelbe, Juden und Christen – der große Alchimist schmilzt sie alle mit seiner reinigenden Flamme zu einer neuen Nation zusammen.«

Zangwills Stück wurde von der *New York Times* als »romantischer Tingeltangel« verrissen, aber der Titel blieb fortan in aller Munde. Ob man den Umstand nun begrüßte oder aber als wenig wünschenswert erachtete, beinahe jeder teilte die Auffassung, dass New York tatsächlich Schauplatz einer ungeheuren Umgestaltung war, die nicht nur die Stadt, sondern das gesamte Land für immer prägen sollte.

*In unserer großartigen Stadt – mit all ihren unterschiedlichen Rassen und Religionen, sozialen und politischen Vorstellungen – herrscht ein Geist, den das übrige Land noch nicht recht realisiert hat. Er enthüllt sich auch erst allmählich, denn er ist weit mehr der Zukunft verpflichtet als der Vergangenheit. Wir vergessen häufig, dass New York nicht nur eine junge Stadt ist, sondern mit der ihr eigenen Vielseitigkeit auch eine Stadt völlig neuer Prägung: eine Stadt, die eine neue, eigene Form der Einheit ausprägt und auf die Entwicklung kommender Jahrzehnte vorausdeutet.*

Hamilton Wright Mabie, 1904

## EIN LOCH IM BODEN

*An einem Rekordtag in diesem Monat sind allein im New Yorker Hafen 21.000 Immigranten eingetroffen und innerhalb einer Woche mehr als 50.000. In diesem Jahr werden 1,2 Millionen Menschen ins Land kommen und ohne Probleme Arbeit finden, ohne dass deshalb die Löhne sinken würden. Überall in der Stadt wird gegraben, gebaut und Neues produziert. Man muss sich nur einmal vor Augen führen, welche Dimensionen das alles hat!*

H.G. Wells, 1906

Um 1900 hatte der Zuwandererstrom einen Veränderungsdruck auf die Infrastruktur New Yorks entfaltet, der – sogar an den außergewöhnlichen Maßstäben dieser Stadt gemessen – jedes Vorstellungsvermögen sprengte.

Zwei Jahre zuvor waren im Rahmen einer Verwaltungs- und Gebietsreform Hunderte von Quadratmeilen zusammengelegt und in fünf riesige Bezirke, die *Boroughs*, aufgeteilt worden, die bis heute das Stadtgebiet von Greater New York bilden. Nun sollte in den nächsten anderthalb Jahrzehnten das modernste und effizienteste U-Bahn-System der Welt entstehen, um diese enormen innerstädtischen Distanzen schnell überwinden zu können.

*Mark Hanigan aus Throgg's Neck, der vor zwei Wochen am Kinn getroffen wurde, als sein Pferd ausschlug, hat sich so weit erholt, dass er das Krankenhaus wieder verlassen kann.*

*Bronx Borough Record*, 30. August 1902

Wie der größte Teil Brooklyns und beinahe die Gesamtfläche von Staten Island und Queens bestand die Bronx im Jahr 1900 aus Feldern, Farmen und landwirtschaftlichen Ansiedlungen. Die höchsten Gebäude, die sich am Horizont abzeichneten, waren Getreidespeicher, und die verkehrstechnische Hauptverbindung zu Manhattan bildete eine von Pferden gezogene Straßenbahn, die so langsam vorankam, dass Pendler ohne Hast unterwegs abspringen, wilde Heidelbeeren pflücken und wieder einsteigen konnten. Doch die Tage dieser Idylle waren bereits gezählt, auch wenn nur wenige voraussahen, wie schnell das Ende nahte.

Bereits Ende des Jahres begannen Landvermesser damit, die Strecke für ein neues Verkehrssystem abzustecken, das elektrisch betrieben und größtenteils unterirdisch bis ins Herz Manhattans führen sollte. Mit Blick auf London, Paris und ein halbes Dutzend weiterer europäischer Städte hatte man bereits seit Jahrzehnten den Bau einer Untergrundbahn diskutiert. Obwohl es nach wie vor einflussreiche Skeptiker gab, die die Meinung vertraten, dass »die New Yorker niemals in ein Loch in der Erde« hinabsteigen würden, hatte die Stadt die notwendigen Verträge geschlossen, sodass mit dem Bau der Subway begonnen und das Privatunternehmen Interborough Rapid Transit Company (IRT) mit der Durchführung der Arbeiten betraut werden konnte.

Geleitet wurde das Mammutprojekt von August Belmont, einem der reichsten Männer New Yorks. Innerhalb von nur vier Jahren schuf

**Ein Blick in östlicher Richtung über die Bronx von der 179th Street, Ecke Bryant Avenue im Jahr 1904. Abgesehen von einigen Fabriken, Brauereien und Kohlehalden besaßen die meisten der 111 qkm einen eher ländlichen Charakter mit ein paar wenigen Ansiedlungen zwischen offenem Weideland, Feldern und Äckern, Obstplantagen und Wiesen. Noch im selben Jahr wird die Inbetriebnahme der Subway eine explosionsartige Ausdehnung des Stadtgebiets auslösen und dazu führen, dass innerhalb von nur zwei Jahrzehnten die Bevölkerungszahl von weniger als 90.000 auf fast eine halbe Million ansteigt.**

Am 24. März 1900 wurde vor dem New Yorker Rathaus im Rahmen eines Festakts offiziell mit den Ausschachtungsarbeiten für die Subway begonnen. Unter der Leitung von Chefingenieur William Barclay Parsons nahm ein Projekt Gestalt an, das in seiner Komplexität nur mit dem Bau des Panamakanals vergleichbar war. Insgesamt verschlang der Bau, an dem 7700 zumeist italienische und irische Arbeiter beteiligt waren, 35 Millionen Dollar und wurde in der vergleichsweise kurzen Zeit von vier Jahren und fünf Monaten vollendet.

das von ihm aufgestellte Heer von 7700 Arbeitern, zumeist irische und italienische Einwanderer, eine 20 Meilen lange Strecke quer durch dicht bevölkerte Viertel der Stadt hindurch. Ermöglicht wurde diese schier unglaubliche Pionierleistung durch eine geniale Konstruktionsmethode: Anstatt Tunnel durch tief liegendes Gestein zu treiben, hoben die Arbeiter in der Straßenmitte einen tiefen Graben aus, wobei sie sich den Weg durch ein Gewirr von Leitungen und Rohrsystemen bahnen mussten. Anschließend wurden die Wände gemauert, Schienen gelegt, Bahnsteige gebaut und das Ganze mit einer Art Stahldeckel verschlossen, der als Untergrund für die darüber entlangführenden Straßen und Bürgersteige diente.

Am 27. Oktober 1904 konnte das modernste Personenbeförderungssystem der Welt den Betrieb aufnehmen. In dem zehn Meter unterhalb des Rathauses erbauten und aufwändig gestalteten Bahnhof wurde Bürgermeister George B. McClellan, Sohn des berühmten

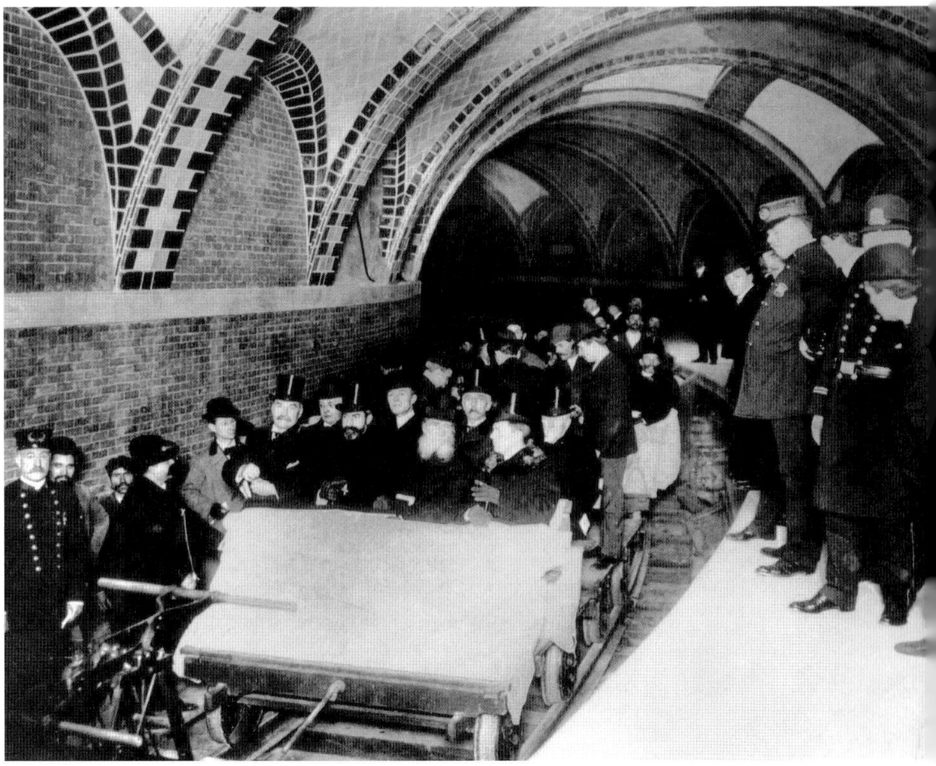

**Zu den bedeutendsten technischen Neuerungen der Subway zählte das Vier-Schienen-System. Als erstes derartiges System der Welt erlaubte es den gleichzeitigen Betrieb von langsameren Zügen, die an jeder Station hielten, und von Expresszügen, die mit einer Spitzengeschwindigkeit von bis zu 45 Meilen pro Stunde in nur 26 Minuten durch ganz Manhattan brausten.**

**Mitarbeiter der Interborough Rapid Transit Company bei einer Inspektion der Haltestelle unter dem Rathaus im Februar 1904. Mit ihren elegant gefliesten Deckenbögen, den bleiverglasten Oberlichtern und den zusätzliches Licht spendenden Lüstern bildete die Station das Schmuckstück des Systems. Da die eigentlichen Züge noch nicht in Betrieb waren, benutzten die Inspektoren eine handbetriebene Draisine.**

Bürgerkriegsgenerals, symbolisch eine silberne Bedienungskurbel überreicht, mit der er den ersten Zug in Bewegung setzte.

Unter den besorgten Blicken der Ingenieure beschleunigte der Bürgermeister den aus acht Waggons bestehenden Zug rasch auf Höchstgeschwindigkeit, um mit 45 Meilen pro Stunde unter der Bleecker Street in nördliche Richtung zu donnern. Als der immer nervöser werdende Chefingenieur, die Hand auf der Notbremse, den begeisterten Bürgermeister bat, ihm den Steuerstand zu überlassen, wies dieser ihn brüsk zurück: »Ich führe den Zug!« Die rasante Fahrt endete erst sieben Meilen später.

Nach weiteren Einweihungstouren mit ausgewählten Prominenten und einer einstündigen Sicherheitsinspektion wurde die Subway um 19.00 Uhr schließlich für die Öffentlichkeit freigegeben. Der Fahrpreis betrug fünf Cent.

> *Begleitet von Jubel und Salutschüssen sind gestern 150.000 New Yorker in den Untergrund der Stadt hinabgestiegen ... Der Zug fuhr pünktlich ab und erreichte den Bahnhof in der 146th Street exakt 26 Minuten später. Unterwegs stiegen Bürger zu, die an den Eingängen auf der Strecke ungeduldig darauf gewartet hatten, dass die ersten Fahrgäste wieder ans Tageslicht heraufkamen.*
>
> *New York Herald*

Am ersten Sonntag nach der Inbetriebnahme wollten fast eine Million Leute die Subway benutzen und nahmen dafür in Kauf, mehrere Häuserblocks weit Schlange zu stehen.

Natürlich interessierten sich auch wohlhabende New Yorker für das technische Wunderwerk und begaben sich pelz- und schmuckbehangen unter die Erde. Wenigen Privilegierten war es sogar vergönnt, in August Belmonts Privatwaggon mitfahren zu dürfen, der mit Mahagoni getäfelt und mit einem Dutzend Ledersessel bestückt war. »Ein privater U-Bahn-Waggon ist in der Tat ein wenig ungewöhnlich«, gestand Belmonts Ehefrau Reportern gegenüber, »aber man gewöhnt sich schnell daran.«

Ebenso schnell gewöhnten sich auch unzählige Durchschnitts-New-Yorker an diese demokratische Revolution auf dem Gebiet der öffentlichen Verkehrsmittel: Waren Männer und Frauen zuvor dazu gezwungen gewesen, ihren Arbeitsplatz von ihrer Wohnung aus zu Fuß zu erreichen, stand es nun jedermann offen, binnen einer halben Stunde von einem ans andere Ende der Metropole zu pendeln.

Im Verlauf der folgenden vier Jahre benutzten tagtäglich beinahe eine Million Menschen die U-Bahn, und innerhalb von zehn Jahren wurde das Streckennetz um 600 Meilen erweitert. Damit verfügte New York über das größte öffentliche Personentransportsystem der Welt.

QuakerOats
The food that tells
QUAKER OATS
QUAKER OATS
QUAKER OATS
Instead of Meat
Cremo
5¢ Cigar
STORAGE
PAIN
59
GRIP

Die Haltestation auf der Brooklyn Bridge im Jahr 1900. Die neuen Subway-Linien wurden in ein bereits bestehendes System öffentlicher Transportmittel integriert, das mit einem Hunderte Meilen umfassenden Streckennetz und Tausenden von elektrisch betriebenen Straßenbahnwagen (im Bild rechts beim Überqueren der Brücke) ohnehin schon zu den größten der Welt zählte.

Oben: Ein Zug in einem gerade fertig gestellten Subway-Tunnel.
Unten: Pendler, die nach Feierabend auf die Rückfahrt nach Brooklyn warten.

**Um 1905 war Coney Island, eine Landzunge am Fuße Brooklyns, zum berühmtesten Amüsierviertel der Welt aufgestiegen: »ein zauberhaftes Märchenland«, so ein Zeitgenosse, »eine dem alltäglichen Treiben und dem Straßenlärm entrückte Welt.« Jedes Jahr strömten mehr als 20 Millionen Besucher hierher, um sich an den feinsandigen Stränden und an der salzhaltigen Meeresluft zu erholen oder in den Hotels, Tanzsälen und den drei großen Freizeitparks Steeplechase, Luna Park (oben) und Dreamland (rechts) zu vergnügen. Nachts wurde der Luna Park von 250.000, Dreamland sogar von einer Million Glühbirnen erhellt: ein »elektrischer Garten Eden«, der 30 Meilen weit über das Meer zu sehen war. »Genauso«, sagte ein eingewandertes Mädchen, »stelle ich mir in meinen Träumen den Himmel vor.«**

MIDGET
CITY

**Als dieses Foto von der Prospect Avenue 1909 aufgenommen wurde, hatte sich die Bronx bereits buchstäblich über Nacht in ein endloses Meer von qualitativ hochwertigen Apartmenthäusern und kommerziell genutzten Gebäuden verwandelt. Die frisch gepflanzten Bäume ebenso wie die makellosen Bürgersteige offenbarten das gehobene Niveau der Wohnlage, deren räumliche Großzügigkeit und Ruhe fernab vom Lärm Manhattans auch viele Einwanderer anzog. Pferdefuhrwerke wie das auf der linken Straßenseite belieferten die Bewohner mit Kohle: eine Prozedur, die das Leben der Stadt noch auf Jahrzehnte prägen sollte.**

Von noch weitgehend brachliegenden Gebieten in Brooklyn und der Bronx konnte man plötzlich in wenigen Minuten die Fabriken und Büros in Manhattan erreichen. Unter diesen Vorzeichen nahm der größte Immobilienboom in der Geschichte New Yorks seinen Lauf.

*An einen uralten Baum, der inmitten einer verlassenen Einöde stand, hatte jemand folgendes Schild genagelt: »Hier wird bald eine neue U-Bahn-Station gebaut!«*

Arnold Bennett, 1912

*Der Boom begann. Buchstäblich über Nacht explodierten die Grundstückspreise. Ehemals landwirtschaftlich genutzte Flächen wurden zerstückelt und Straßen aus dem Boden gestampft. In diesem Chaos standen die Makler am Rande des Wahnsinns: Während sie Bauplätze an einer Straße verkauften, ersteigerten sie andere an der nächsten Ecke, mit dem einen Geschäft machten sie Gewinne, mit dem anderen Verluste. Es war nichts Ungewöhnliches, in nur einer Stunde ein paar hundert Hektar zu verkaufen und an einem einzigen Nachmittag 150.000 Dollar zu verdienen.*

Robert M. Coates

Nun benutzten Zehntausende Immigranten die Subway, um mit ihrer Hilfe der Lower East Side zu entfliehen und in einem der Außenbezirke zu wohnen. Hatten wenige Jahre zuvor in der Bronx gerade mal 60.000 Menschen gelebt, so vervielfachte sich die dortige Bevölkerung im Handumdrehen auf 430.000. Die Bronx stieg so zur sechstgrößten Stadt der USA auf.

Ein Block mit sechsstöckigen Wohngebäuden wurde neben dem nächsten errichtet, nicht wenige von ihnen mit kostbaren Wandbehängen, holzgetäfelten Aufzügen und Gärten, in denen Springbrunnen plätscherten. An die einstigen Farmen erinnerten bald nur noch die Namen der Bezirke: Fordham, West Farms, Tremont, Belmont, Crotona.

*Ich war in die Bronx eingeladen worden, um mir einen persönlichen Eindruck von den dortigen Wohnverhältnissen zu verschaffen. Wo vormals sechs Familien gelebt hatten, lebten nun mehr als zweitausend ... Eine untersetzte Dame führte mich voller Stolz in ihre Vierzimmerwohnung, die über Zentralheizung, einen Gas- und Stromanschluss, einen Kühlschrank und eine Küche verfügte. In Europa erfreuen sich die »kleinen Leute« nicht solcher Annehmlichkeiten, nicht einmal wohlhabende Familien. Zudem sprangen mir die mit Marmor getäfelten, sauberen Eingangshallen ins Auge und die mit Mosaiken versehenen Treppenaufgänge ... das Ganze wirkte einfach großartig. Die Bewohner zeigten nichts mehr von dem Einfluss der Alten Welt, unter dem noch die Leute in der Lower East Side standen. Die Bronx ist anders, sie ist ein Neubeginn – und zwar ein sehr gelungener.*

Arnold Bennett, 1912

Weniger als ein Jahrzehnt nach ihrer Eröffnung beförderte die Subway jährlich fast eine Milliarde Fahrgäste. Sie brachte nicht nur Arbeiter und Angestellte zur Arbeit, sondern ermöglichte es allen New Yorkern, die über alle fünf Distrikte verstreut liegenden Attraktionen der Stadt zu genießen: das Erholungsgebiet Van Cortlandt Park, die direkt am Atlantik erstrahlenden Lichterketten von Coney Island oder den Campus des City College mit seinen kostenlosen Sommerkonzerten, ebenso die Nachtclubs in Greenwich Village.

Die noch im Bau befindliche Pennsylvania Station um 1908. Entworfen von der renommierten Firma McKim, Mead & White, umfasste der Komplex mehr als 3 ha Land, bildete aber nur die sichtbare Spitze eines ungleich größeren unterirdischen Systems von Schienen und Bahnsteigen. Auch wenn das Gebäude klassischen Vorbildern nachempfunden war, außen über eine Granitfassade und innen über Marmorflächen verfügte, hatte man es genauso wie die übrigen Hochhäuser New Yorks mit Hilfe der modernen Stahlskelettbauweise errichtet.

Die Subway war also weit mehr als nur ein Transportmittel; sie war ein Motor, der die Demokratie und den sozialen Fortschritt vorantrieb. Die einfachen Schichten hatten bisher nicht die Chance gehabt, sich die Reichtümer und Sehenswürdigkeiten ihrer Stadt zu erschließen – Museen, Bibliotheken, Parks und Konzertsäle. Allen New Yorkern wurden nun ganz neue intellektuelle und kulturelle Welten eröffnet. Eine neue Form von Weltbürgertum wuchs heran und wurde zum Aushängeschild dieser ersten Metropole des 20. Jahrhunderts.

### MERKUR

Zeitgleich wurden nicht nur unter, sondern auch über der Erde die Weichen für eine neue Ära des öffentlichen Personenverkehrs gestellt. Zwischen 1901 und 1913 revolutionierte die Technologie elektrisch angetriebener Lokomotiven auch den Fernverkehr und sorgte dafür, dass New York in bisher nicht gekanntem Maße an das Umland angebunden wurde.

Es dauerte weniger als ein Jahrzehnt, bis das für die Stadt seit jeher typische Streben nach einer Perfektionierung der Verkehrssysteme darin gipfelte, dass die Insel Manhattan zum ersten Mal seit Ende der Eiszeit wieder mit dem nordamerikanischen Kontinent verbunden wurde. Fast ein Jahrhundert lang hatte die westliche Uferseite des Hudson in New Jersey auch die Endstation für die aus dem Westen kommenden Züge markiert. Um nach Manhattan zu gelangen, mussten die Bahnreisenden aussteigen und die Fähre benutzen. Aber selbst wenn man bereits einen Tunnel gegraben hätte, wäre es für die großen Dampflokomotiven unmöglich gewesen, diesen zu durchfahren.

Die Erfindung von Elektromotoren änderte alles. Die beiden großen amerikanischen Eisenbahngesellschaften – die Pennsylvania Railroad und die New York Central – benötigten weniger als zehn Jahre, um ein ganzes Tunnelsystem unter dem Hudson und dem East River hindurchzutreiben und die Züge über unzählige

ür die Wartehalle der Pennsylvania Station (rechts) hatten die römischen Caracalla-Thermen als Vorbild gedient. Der Bahnhofsbau fiel allerdings um
0 Prozent größer aus, um den Erfordernissen der modernen Metropolis zu genügen. »Die Lebensbedingungen im modernen Amerika, die nicht zuletzt
uch die Durchführung von immensen Großprojekten erfordern und die die Interessen der ganzen Welt berühren«, schrieb der Architekt William Symmes
ichardson, »ähneln denen im Römischen Imperium mehr als denen in jeder anderen bekannten Zivilisation.« Vom Wartebereich aus gelangten die Reisen-
len in die mehr als 30 m hohe, aus Glas und Stahl errichtete Abfahrts- und Ankunftshalle (oben und unten).

*Man beeilt sich nicht über Gebühr, wenn man hier seinen Zug erreichen will, sondern bewegt sich gemessenen Schrittes voran. Und nur wenn man von einem der vier Treppenaufgänge in die Wartehalle hinabblickt, wird man gewahr, dass ein Raum vor einem liegt, der so groß ist wie das Hauptschiff des Petersdoms, der größten Kirche der Christenheit.*

Charles Moore

**Geschätzte 100.000 Schaulustige drängten sich am Eröffnungstag, dem 27. November 1910, im Wartesaal der Pennsylvania Station. »Zu Tausenden strömten sie in den riesigen Raum und starrten wie ehrfürchtige Pygmäen zum Deckengewölbe über ihnen oder bestaunten die liebevoll gestalteten Details ringsum«, schrieb ein New Yorker Reporter. »Wie Tiere im Käfig klammerten sie sich an die Gitter vor den nach unten zu den Bahnsteigen führenden Treppen. Den ganzen Tag über ließ der Andrang nicht nach.«**

Viadukte und Brücken durch das Herz Manhattans zu leiten. Jetzt konnte man direkt nach New Jersey im Westen, nach Long Island im Osten und nach New England im Norden fahren.

Die Einweihung der nur zwölf Blocks voneinander entfernt in der Mitte der Insel Manhattan liegenden monumentalen Bahnhöfe der beiden Gesellschaften darf man getrost zu den größten Augenblicken in der Geschichte der Stadt New York rechnen.

Zuerst öffnete die Pennsylvania Station an der 33rd Street und der Seventh Avenue im September 1910 ihre Tore für die Öffentlichkeit. Von der Firma McKim, Mead & White konzipiert, war das Gebäude gewaltiger als die Caracalla-Thermen in Rom, die als Vorbild gedient hatten. Allein der imposante Wartesaal ragte 15 Stockwerke hoch in den Himmel. Durch ihn hindurch gelangte der Reisende allerdings in die noch gewaltigere Haupthalle: einen gigantischen, lichtdurchfluteten Raum aus Stahl und Glas, der in Amerika nicht seinesgleichen hatte.

»Das größte und eindrucksvollste Bahnhofsgebäude der Welt«, schrieb die *New York Times*, erbaut für die Ewigkeit und ein Beweis dafür, dass die Stadt endgültig im Konzert der Weltmetropolen mitspielen konnte.

*Im Bahnhof war wie aus weiter Ferne das immense Raunen der Zeit zu vernehmen. Während staubgetränkte schräg stehende Lichtstrahlen schwer auf dem Boden lasteten, schwebte die gelassene Stimme der Zeit, die sich über die Stimmen und das Treiben der Menschenmassen erhob, die Wände und die Decke des mächtigen Raumes entlang. Sie klang wie das ferne Rauschen des Meeres, wie das matte Heranspülen und Abfließen des Wassers an einem Strand … Nur wenige Gebäude sind voluminös genug, um die Stimme der Zeit zu bergen. Und wie passend, dass gerade ein Bahnhof sie besser zum Erklingen brachte als alle anderen. Mehr als irgendwo sonst kreuzten sich hier für wenige Augenblicke die Wege unzähliger Menschen, die sich gerade am Beginn oder Ende einer Reise befanden. Hier konnte man zugleich unzählige Willkommens- und Abschiedsgrüße vernehmen und in einem einzigen Moment die Bestimmung des Menschen erfahren. Sie kamen und gingen, sie tauchten ebenso plötzlich auf, wie sie wieder verschwanden, … aber über allem verblieb unbeeindruckt die Stimme der Zeit, ein schläfriges, doch immerwährendes Murmeln unter dem grandiosen, so weit entfernten Dach.*

Thomas Wolfe

**Der 1913 fertig gestellte Grand Central Terminal ersetzte die bereits 1871 erbaute Commodore-Vanderbilt-Lokhalle durch einen Neubau mit unterirdischen, auf zwei Ebenen verlegten Bahntrassen. Die Haupthalle des Komplexes (rechts) gehört mit einer Breite von 40 m, einer Länge von 113 m und einer Höhe von 38 m zu den größten Räumen, die jemals in Amerika erbaut worden sind. Die mit 60 blinkenden Glühbirnen versehene Deckenmalerei des Künstlers Paul Helleu stellt die verschiedenen Sternbilder dar.**

Knapp drei Jahre später wurde auch der Schwesterbahnhof, der Grand Central Terminal, an der Kreuzung 42nd Street/Park Avenue fertig gestellt. Dort hatte Vanderbilts aus Glas und Stahl erbauter Lokschuppen, der einst die größte Halle Amerikas gewesen war, einem noch imposanteren Gebäude weichen müssen. Weniger kolossal als die Pennsylvania Station, bestach dieser Bahnhof durch sein visionäres Planungskonzept. Er bildete zukunftsweisend das Herzstück eines umfassenden Komplexes mit Hotels, Clubs, Läden, Apartmenthäusern und Bürogebäuden, allesamt verbunden durch ein ausgeklügeltes Netzwerk von Verbindungswegen, Rampen, Durchgängen und Brücken.

Nach Norden hin sollten in naher Zukunft die entlang der ehemaligen Fourth Avenue verlegten Gleise von einer eleganten, zwei Meilen langen Einkaufsstraße verdeckt werden, die unter dem Namen Park Avenue zu einem der luxuriösesten Boulevards der Welt avancierte. Bezugspunkt dieses neuen Distrikts war jedoch der Grand Central Terminal mit seinem grandiosen Deckengewölbe, das mit elektrisch beleuchteten Sternen den Nachthimmel wiedergab – ein Bauwerk, weit mehr als nur ein Verkehrsknotenpunkt und Tor zum Hinterland.

Draußen über der Südfassade thronte eine 12 Meter hohe Merkur-Statue, der mit Flügeln versehene Götterbote.

*Alles, was die moderne Technik zu leisten im Stande ist, um das Leben zu erleichtern, wird sinnvoll zur Anwendung gebracht – und zwar in einem Maße, von dem man in London nicht einmal träumen würde: die elektrischen Straßenbahnen, die Hochbahn, das Telefon und die Aufzüge. Die neuesten Erfindungen verbreiten sich blitzschnell vom Patentamt aus über die ganze Stadt. Während man in London morgens die Fensterläden öffnet, um nachzusehen, ob es regnet, tut man es in New York, weil man herausfinden will, ob nicht möglicherweise jemand über Nacht ein neues Transportsystem mit Flugapparaten installiert hat. Angesichts solchen Fortschritts kann sich jeder Engländer nur beschämt fragen, welch vorsintflutlichem Land er entstammt. Wer wollte da noch in einer Stadt leben, in der man nicht wie ein Torpedo in den 20. Stock eines Hochhauses hinaufgeschossen wird oder von der Hochbahn aus in ein im zweiten Stock gelegenes Wohnzimmer schauen kann?*

Charles Whibley, 1908

Die Südfassade des Grand Central Terminal, 1914. Da die Bahnhöfe mittlerweile zu den wichtigsten Zugangspforten in die modernen amerikanischen Großstädte geworden waren, gestalteten die Architekten die Fassade in Form von drei monumentalen Bögen, die an die Triumphbögen der Hauptstraßen römischer Städte erinnern sollten. Über dem Zentralbogen und der Uhr mit einem Durchmesser von knapp 5 m thronte die von Jules Guerin gestaltete 12 m hohe Merkur-Statue.

*Die Wall Street ist weit mehr als nur eine Straße oder ein Finanzviertel, sie ist vielmehr eine nationale Institution. Sie bedeutet für die amerikanische Wirtschaft etwa so viel wie Washington D.C. für die Politik. Ihr enormer Einfluss auf das ganze Land nimmt ständig zu. Sie ist das am perfektesten funktionierende und mächtigste Steuerungsorgan des gesellschaftlichen Lebens in Amerika, die amerikanische Regierung nicht ausgenommen.*
Lincoln Steffens

In der ersten Oktoberwoche des Jahres 1907 wurden die überhitzten Finanzmärkte der Wall Street zum sechsten Mal innerhalb von 70 Jahren in eine Krise gestürzt, nachdem eine Reihe von Unternehmen infolge von erheblichen Kursverlusten zahlungsunfähig geworden war. Als die ersten Gerüchte die Runde machten, versammelten sich Tausende besorgter Anleger vor den Banken, um ihre Anteile zu verkaufen, was mehrere Gesellschaften in den Ruin und Charles Barney, Präsident einer der betroffenen Firmen, in den Selbstmord trieb.

Am Montag, den 22. Oktober, war angesichts der ins Bodenlose fallenden Aktienkurse nicht mehr zu übersehen, dass die Wall Street sich in einer handfesten Krise befand. Geschäftsleute, die sich noch an die Panik der Jahre 1873 und 1893 erinnerten, fürchteten bereits das Schlimmste: ein monatelang währendes Finanzchaos und eine daraus resultierende jahrelange Phase wirtschaftlicher Rezession.

In dieser Situation wandten sich die New Yorker Bankiers und Börsenmakler an den einzigen Mann, von dem möglicherweise Rettung zu erhoffen war: John Pierpont Morgan. Der bereits in die Jahre gekommene und schon zu Lebzeiten zur Legende gewordene Finanzexperte wurde von dem Journalisten Lincoln Steffens als »unumschränkter Monarch« und »oberster Boss« des Landes bezeichnet. In der Wall Street nannte man ihn für gewöhnlich »Jupiter«, und als eine Zeitung ihn mit der Äußerung zitierte, Amerika sei »gerade gut genug für ihn«, erwiderte ein Politiker aus dem Mittelwesten: »Wenn es ihm irgendwann nicht mehr gefallen sollte, dann kann er es ja zurückgeben.«

Fast ein halbes Jahrhundert lang im Wall-Street-Business, hatte J.P. Morgan die Zeit genutzt, um mehr Macht und Einfluss zu sammeln als jeder andere Privatmann in der Geschichte der Vereinigten Staaten. Dabei half ihm die Tatsache, dass es damals in Handel und Wirtschaft nur rudimentäre gesetzliche Regelungen gab und dass die Zentralbank – heute wichtigste Kontrollinstanz der Finanzmärkte – noch nicht existierte. Morgan, so eine Zeitung, herrschte an der Spitze seines Unternehmens »eher über das Vermögen einer ganzen Nation als über das einer Einzelperson«. Er war maßgeblich an der Geldmarktpolitik beteiligt, machte seinen Einfluss bei der Festsetzung von Wechselkursen geltend und repräsentierte die USA oftmals bei internationalen Wirtschaftsverhandlungen mit anderen Staaten.

Bei Ausbruch des Börsenkrachs war Morgan nicht in New York, sondern in Richmond, Virginia, wo er an einem Kongress der Episkopalkirche teilnahm. Obwohl der mittlerweile 69-Jährige sich aus dem aktiven Geschäftsleben bereits zurückgezogen hatte, eilte er in seinem privaten Eisenbahnwagen zurück in die Stadt und begann unverzüglich mit der Arbeit.

Bis zum Dienstagabend hatte er kraft seiner Autorität bereits erreicht, dass Finanzminister George B. Cortelyou ihm einen zinslosen 25-Millionen-Dollar-Kredit zur Verfügung stellte, um den zahlungsunfähigen Firmen wieder auf die Beine zu helfen. Am Folgetag trieb Morgan weitere drei Millionen Dollar aus privater Hand auf. Doch die Märkte brachen immer weiter ein. Am Donnerstagnachmittag eilte Ransom H. Thomas, Direktor der New Yorker Börse, zu Morgans Haus in der Broad Street hinüber, um ihm mitzuteilen, dass noch am selben Tag 50 Anlageinstitute dazu gezwungen sein würden, Konkurs anzumelden, falls sie nicht umgehend eine Finanzspritze erhielten.

Dies war der Moment der Wahrheit für John Pierpont Morgan. Im Handumdrehen berief er alle New Yorker Bankiers zu einer Krisensitzung ein und setzte innerhalb von nur 16 Minuten in einem Kraftakt durch, dass zusätzliche 13 Millionen Dollar zusammenkamen. Eine halbe Stunde später eilte er davon, um die Börse persönlich über die Entspannung der Lage zu informieren.

Niemand, der ihm auf dem Weg dorthin begegnete, wird jemals den Anblick vergessen, den der einflussreichste Mann der Wall Street auf dem Höhepunkt seiner Macht bot. »Schnellen Schritts ging er die Nassau Street hinab«, schrieb der Börsenmakler Herbert Satterlee. »Den Hut fest auf dem Kopf und den Blick entschlossen geradeaus gerichtet, bahnte er sich seinen Weg durch das belebte Finanzviertel, ohne von den übrigen Passanten Notiz zu nehmen. Da ihn jeder kannte, machte man ihm sofort Platz, und diejenigen, die zu sehr mit sich selbst beschäftigt waren, um ihn zu bemerken, wurden von ihm brüsk zur Seite geschoben. Morgan war in diesem Augenblick der Inbegriff von Macht und Zielstrebigkeit. Nachdem er in die Börse verschwunden war, dauerte es keine zwei Minuten, bis der Jubel sogar draußen auf der Broad Street zu hören war.«

Drei Wochen lang erschütterte der Börsenkrach von 1907 die Finanzmärkte, bevor die Krise an einem Samstag durch ein letztes Spitzengespräch in Morgans Privatbibliothek in der 36th Street endgültig beigelegt werden konnte.

Der Finanzmogul führte die Bankiers in einen Raum und die Treuhänder in einen anderen, dann schloss er beide Türen mit der Erklärung ab, sie erst wieder zu öffnen, wenn eine Einigung erzielt worden sei. Nach einer Nachtsitzung war kurz vor fünf Uhr früh Morgans größter Triumph perfekt. »Keinem anderen wäre es gelungen«, so gestand selbst sein größter Konkurrent, Jacob Schiff, »die Banken in so kurzer Zeit zur Zusammenarbeit zu bewegen.« Und ein weiterer Zeitzeuge kommentierte die Machtverhältnisse so: »Wo zuvor viele Fürsten geherrscht hatten, gab es nun ein Königreich, und es wurde von Morgan regiert.«

Morgans größter Triumph war zugleich auch sein letzter. Zwar hatte er die Wirtschaft vor einer großen Katastrophe bewahrt, aber es gab keine Garantie dafür, dass sich Ähnliches nicht wiederholen würde. »Wir dürfen uns nicht darauf verlassen, jede zukünftige Krise mit Pierpont Morgans Hilfe zu bewältigen«, stellte Senator Nelson W. Aldrich fest. Bereits in den Wochen des Börsenkrachs hatte sich der Kongress mit der Frage beschäftigt, wie man die Märkte stabilisieren konnte, ohne dabei vom Geschick eines einzelnen Finanzmoguls abhängig zu sein.

In den Folgejahren half Morgan noch selbst bei der Ausarbeitung von Gesetzesvorlagen mit, die Washington mehr Einfluss auf die Wall Street gaben. Doch es bedurfte weiterer zwei Jahrzehnte und der großen Depression, bevor die Bankiers und Broker der Wall Street ihre beinahe unbegrenzte Macht wirklich teilen mussten.

Links: J. Pierpont Morgan. Als 1907 nach dem Börsenkrach Panik ausbrach, hatte sich der große Bankier bereits weitestgehend aus dem Geschäftsleben zurückgezogen und verbrachte die meiste Zeit entweder in seiner Privatbibliothek, die in einem von Charles McKim nach römischen Vorbildern gebauten Palast untergebracht war, oder auf seiner 90-Meter-Yacht *Corsair*. Auf seinen ausgedehnten Reisen durch Europa sammelte er mit derselben Begeisterung, die er den Finanzmärkten entgegengebracht hatte, nun Kunst und Antiquitäten. Zu seiner Sammlung gehörten Bilder von Rembrandt, Raffael, Vermeer und Rubens, ein Altargemälde von Fra Filippo Lippi, Napoleons Taschenuhr, Leonardo da Vincis Notizbücher, eine Schnupftabakdose Katharinas der Großen, Erstausgaben von Shakespeares Werken und die meisten Juwelen der Medici.

Rechts: Der im Rahmen der Hudson-Fulton-Feierlichkeiten mit Lichterketten versehene Triumphbogen am Washington Square. Ende September und Anfang Oktober 1909 feierten die New Yorker zehn Tage lang zwei Schlüsselereignisse in der Geschichte der Stadt: zum einen Henry Hudsons Entdeckung des nach ihm benannten Flusses, zum anderen den weltweit ersten Einsatz eines von Robert Fulton gebauten Dampfschiffes auf eben diesem Gewässer im Jahr 1807. Als Höhepunkt der Festlichkeiten erstrahlten am 2. Oktober 1909 mehr als eine Million Glühbirnen, die – verteilt über die ganze Stadt – Brücken, Wolkenkratzer, Schiffe und Sehenswürdigkeiten beleuchteten.

## STADT DES FEUERS

Im Jahr 1909 erreichte die Konzentration von menschlichen und ökonomischen Ressourcen in New York ihren Höhepunkt. Jahrzehntelang hatte die Ballung von Firmen und Kapital keine Zweifel daran aufkommen lassen, dass nicht Washington, sondern die Metropole am Hudson die eigentliche Hauptstadt des Landes war.

Zwei Jahre zuvor hatte J. P. Morgan – den der Journalist Lincoln Steffens als »obersten Boss der Vereinigten Staaten« bezeichnete – beinahe im Alleingang die US-Wirtschaft vor einem Desaster bewahrt, das von einem Börsenkrach in der Wall Street auszugehen drohte.

Im April 1907 hatte Ellis Island den größten Andrang überhaupt erlebt, als binnen zwölf Stunden 11.747 Menschen durch die Tore der Einwanderungsbehörde geschleust wurden. Wo einst Henry Hudsons Schiff *Halve Maen* geankert hatte, lagen nun acht Stockwerke hohe und 240 Meter lange Ozeanriesen mit einer Kapazität von bis zu 3000 Passagieren auf Reede.

Und nun – 300 Jahre nachdem Hudson in die Bucht von New York gesegelt war und ein Jahrhundert nachdem das erste von Robert Fulton erbaute Dampfschiff vom Westufer Manhattans abgelegt hatte – veranstaltete die Stadt die größte Geburtstagsparty ihrer Geschichte. Die Hudson-Fulton-Feierlichkeiten waren ein einziger triumphaler Toast auf diese bemerkenswerte Metropolis, auf einen drei Jahrhunderte fortwährenden spektakulären Aufstieg.

Zehn Tage lang sammelten sich immer wieder Abertausende an New Yorks Ufern und Piers, um eine beeindruckende Zahl von Kriegsschiffen ein- und auslaufen zu sehen oder einen ersten Blick auf das von Wilbur Wright persönlich gesteuerte Flugzeug zu erhaschen, das Kreise um die Freiheitsstatue zog. Den Höhepunkt der Feierlichkeiten aber bildeten eine Million Glühbirnen aus Edisons Fabrik, die in der klaren Nacht des 2. Oktober die Brücken, Schiffe und Türme Manhattans in ein glitzerndes Feuer tauchten.

*Die Stadt war ein einziges funkelndes Lichtermeer, das selbst den Mond erblassen ließ. Jedermann konnte das elektrische Wunder bestaunen, zumal es an weithin sichtbaren Hochhäusern erstrahlte und genügend Suchscheinwerfer im Einsatz waren, um den Nachthimmel mit zahllosen Lichtsäulen zu bedecken.*

*New York Times*

Nie wieder würde in New York der Kapitalismus so hell erstrahlen. Nie wieder würden so viele Menschen in den Straßen Manhattans stehen, auch wenn erst im Folgejahr mit 2,3 Millionen die bis heute höchste Einwohnerzahl für die schmale Insel gezählt werden sollte.

Sechs Wochen nach dem Lichterspektakel gingen erneut Zehntausende auf die Straße – dieses Mal, um gegen die entsetzliche Armut sowie die himmelschreienden Klassenunterschiede zu protestieren: Missstände, die in den vergangenen 100 Jahren ebenfalls das Gesicht der Stadt geprägt hatten.

Die gravierenden politischen Umwälzungen, denen New York bald unterworfen sein sollte, würden jedem Bürger der brodelnden Metropole weit mehr abverlangen als nur das Bauen von Brücken, Wolkenkratzern und Bahntrassen. Schwere Tragödien würden die Stadt erschüttern und nicht nur das Leben hier, sondern in ganz Amerika verändern. Fortan sollten aber auch weit mehr Menschen die Früchte der Neuen Welt genießen dürfen und die Stadt zum ersten Mal in ihrer Geschichte zu einer wirklichen Heimat für all ihre Bewohner werden.

### JACOB RIIS' ERBEN

Seit der Veröffentlichung seines Buches *So lebt die andere Hälfte* hatte Jacob Riis all seine Energie darauf verwendet, die unmenschlichen Lebensbedingungen in den Slums zu verbessern. Dabei waren seine Bemühungen vor allem von einer wachsenden Zahl von Reformern, progressiven Politikern, Sozialarbeitern und nicht zuletzt auch sensationslüsternen Journalisten unterstützt worden.

Doch auch ein volles Jahrzehnt später war beinahe alles beim Alten geblieben. Obwohl jeden Sommer 10.000 Säuglinge in den heruntergekommenen Massenquartieren der Stadt starben, wurden nach wie vor, und zwar im Einklang mit geltenden Bauvorschriften, Tausende von dunklen, mangelhaft belüfteten Mietskasernen aus dem Boden gestampft. Ein erster Hoffnungsschimmer zeichnete sich allerdings im Herbst 1898 ab, als Jacob Riis' alter Freund und Mitstreiter Theodor Roosevelt zum Gouverneur gewählt wurde und sich sogleich daran machte, die Öffentlichkeit für die soziale Frage zu mobilisieren. Dabei half ihm einer von Riis' brillanten jungen Anhängern.

Obwohl erst 26 Jahre alt, war Lawrence Veiller bereits ein ausgewiesener Wohnungsbau- und Sozialexperte. Mit Roosevelts Rückendeckung stellte er eine Ausstellung über die Wohnverhältnisse in New York zusammen. Sein Kalkül, die Öffentlichkeit auf diese Weise auf die unerträglichen Zustände in den Slums aufmerksam zu machen, ging auf. Nach ihrer Eröffnung im Februar 1900 besuchten über

**Auch die Brücken über den East River erstrahlten 1909 bei den Hudson-Fulton-Feierlichkeiten im Glanz der Glühbirnen. Mit dem Fest wollten die New Yorker nicht nur der beiden historischen Ereignisse gedenken, sondern generell der technischen Leistungen, die überall in der Stadt ins Auge fielen. In weniger als zehn Jahren war es den Ingenieuren zum Beispiel gelungen, neben der bereits 1883 eröffneten Brooklyn Bridge (im Bild rechts) noch drei weitere Übergänge über den East River zu errichten: die 1903 fertig gestellte Williamsburg Bridge, die Manhattan Bridge (1909) sowie die (auf dem Foto nicht abgebildete) Queensborough Bridge (1909).**

10.000 Menschen die Sammlung zur »Stadt der lebenden Toten«, und zwar »vom Millionär bis zum ungelernten Arbeiter«, wie Veiller voller Stolz vermerkte. Auch Roosevelt zeigte sich tief beeindruckt und fühlte sich darin bestätigt, dass es an der Zeit war, die Gesetze und Vorschriften anzupassen. »Sagen Sie mir, was Sie für notwendig halten«, wandte er sich an Veiller, »und ich werde Ihnen helfen, es durchzusetzen.«

Der Reformer benötigte nur wenige Wochen, um einen Entwurf vorzulegen, der die bisherigen Bauvorschriften revolutionierte. Nach Veillers Vorstellungen mussten die Hausbesitzer fortan umfangreiche Brandschutzbestimmungen beachten, jede Wohnung mit einem Badezimmer ausstatten und jeden Schlafraum mit einem Fenster. Bei den bereits bestehenden Gebäuden sollten nachträglich in jeder Küche ein Spülbecken und zumindest auf jedem Flur eine Toilette eingebaut werden.

Mit Roosevelts Hilfe wurde die Vorlage in Rekordzeit durchgebracht und am 18. April 1900 zum Gesetz. Die ersten allgemein verbindlichen Bauvorschriften in der Geschichte Amerikas sorgten nicht nur für eine Verbesserung der Wohnbedingungen in New York, sondern wurden zum Vorbild für das ganze Land.

*Die menschenunwürdigen Quartiere gehören nun der Vergangenheit an. An ihre Stelle treten neue Wohnungen mit großen Innenhöfen, die in jeden Raum genug Luft und Licht eindringen lassen. Was dies für die Zukunft des Gesundheitswesens in dieser Stadt bedeutet, kann nicht hoch genug eingeschätzt werden.*

Lawrence Veiller

Nicht nur bei den Wohnverhältnissen, auch im Gesundheitsbereich gab es erste, längst überfällige Verbesserungen. Dass es um 1900 zum alltäglichen Erscheinungsbild der Elendsviertel gehörte, uniformierte junge Frauen über die Dächer klettern zu sehen, war einer deutschstämmigen Jüdin zu verdanken. Beseelt von dem festen Entschluss, den Armen und Hilfsbedürftigen notfalls auch allein zur Seite zu stehen, hatte die ebenso humorvolle wie energische Krankenschwester Lillian Wald sieben Jahre zuvor New Yorks ersten ambulanten Pflegedienst gegründet.

*Führen Sie sich vor Augen, dass hinter jeder Statistik ein Mensch steht. Machen Sie sich klar, dass jedes dieser finsteren Quartiere das Heim einer Familie ist. Dort leben Männer und Frauen, Jung und Alt mit denselben Wünschen und*

**Eine Krankenschwester auf dem Dach eines Wohnblocks (1908). Bei ihren Hausbesuchen lernten Lillian Walds Krankenschwestern schnell, dass der Weg von einer Familie zur anderen über das Dach wesentlich schneller und kräfteschonender zurückgelegt werden konnte, als wenn man jedes Mal durch Treppenhäuser bis in das sechste Stockwerk hinaufklettern musste. Im Jahr 1908 war bereits eine stattliche Zahl von Krankenschwestern damit beschäftigt, Zehntausende von Hausbesuchen zu machen.**

Kinder aus Brooklyns Slums bei einer aus Spenden finanzierten Fahrt ins Grüne (1913). Zu dieser Zeit waren bereits Dutzende von Privatinitiativen ins Leben gerufen worden, um Not leidenden Stadtbewohnern unter die Arme zu greifen, darunter diverse Reformklubs, Frauenvereinigungen, der Kindergartenbund, Bildungsvereine sowie staatliche Institutionen und sonstige Hilfsorganisationen.

*Bedürfnissen, Stärken und Schwächen, die uns allen eigen sind. Kommt bei diesen Überlegungen nicht auch bei Ihnen der beunruhigende Gedanke auf, dass hier schreiendes Unrecht geschieht? Und stellen Sie sich nicht auch die Frage, was wir gegen diese unhaltbaren Zustände unternehmen könnten?*

Lillian Wald, 1896

Bei ihren Bemühungen um finanzielle Unterstützung für ihr Projekt fand Wald eine unerwartete Verbündete: Betty Loeb, die Schwiegermutter Jacob Schiffs, der neben J. P. Morgan als einflussreichster Bankier der Wall Street galt.

»Eine außergewöhnliche junge Frau hat sich an mich gewandt«, schrieb Mrs. Loeb an ihre Tochter Nina. »Ich bin mir noch nicht sicher, ob sie wirklich genial oder einfach nur verrückt ist. Ich hoffe Ersteres. Auf jeden Fall sollte man ihr eine Chance geben, und deshalb möchte ich Jacob bitten, ihr zu helfen.«

Schiff – der sich als wohlhabender deutscher Jude ohnehin in der Pflicht fühlte, den nach New York kommenden ärmlichen russischen Juden unter die Arme zu greifen – erklärte sich tatsächlich bereit, Lillian Wald während einer zunächst sechsmonatigen Probephase die benötigten finanziellen Mittel zur Verfügung zu stellen. Daran knüpfte er allerdings die Bedingung, täglich einen Arbeitsbericht zu erhalten. Deshalb saß Wald unermüdlich jede Nacht über ihren Schreibtisch gebeugt, um sorgfältig ihr aufreibendes Tagewerk zu dokumentieren.

*Meyer P., … fünf Jahre alter Krüppel mit einer Verletzung an der Hüfte. Er hat sieben Monate lang in der Orthopädie des Krankenhauses gelegen … als unheilbar entlassen … leidet unter ständigen Schmerzen und muss getragen werden … Familie hat keine eigene Wohnung, zahlt aber drei Dollar an Hannah H., um bei ihr auf dem Flur schlafen zu dürfen.*

Lillian Walds zwar knapp gehaltene, aber viel sagende Berichte über Not und Elend blieben nicht ohne Eindruck. Schiff stimmte zu, den Pflege- und Hilfsdienst personell zu verstärken,

1909 galt die erst 28-jährige Dr. S. Josephine Baker, Gründerin des New Yorker Amtes für Säuglingspflege, als anerkannte Autorität auf dem Gebiet des öffentlichen Gesundheitswesens. Zudem war sie der führende Kopf mehrerer innovativer Programme, die Tausenden von Kindern in den Slums das Leben retteten. Zwei Jahre zuvor war sie als damalige Inspektorin des Gesundheitsamtes an einem der Aufsehen erregendsten Fälle in der Geschichte des öffentlichen Gesundheitswesens beteiligt gewesen.

Alles hatte damit begonnen, dass eine Reihe unerklärlicher Ausbrüche von Typhusfällen eines gemeinsam hatte: Alle betroffenen Haushalte hatten eine höchst kompetente 40-jährige Köchin namens Mary Mallon beschäftigt. Obwohl die gebürtige Irin selbst keinerlei Krankheitssymptome zeigte, hatte sie wohl als Wirtin den tödlichen Virus von einer Familie zur nächsten getragen.

Mit dem Auftrag, Mary Mallon zu Tests ins Gesundheitsamt zu bringen, spürte Dr. Baker die Köchin in der Park Avenue auf, wurde von ihr jedoch brüsk abgewiesen. Als sie am nächsten Tag in Begleitung von drei Polizisten zurückkehrte, war die resolute Irin bereits vorgewarnt und verschwand durch eine Hintertür, nachdem sie Dr. Baker mit einer Fleischgabel attackiert hatte. Erst nach dreistündiger Suche konnte Mary Mallon in ihrem Versteck hinter einigen Aschentonnen aufgestöbert werden.

»Trotz ihres erbitterten Widerstandes konnte die laut Fluchende schließlich in eine Ambulanz gebracht werden. Die ganze Fahrt über musste ich jedoch buchstäblich auf ihr hocken, um sie an der Flucht zu hindern«, schrieb Dr. Baker. »Es war, als wäre man mit einem wütenden Löwen in einen Käfig eingesperrt worden.«

Die Tests ergaben, dass die Köchin mit einer lebenden Kultur von Typhuserregern infiziert war, woraufhin die Zeitungen ihr in riesigen Schlagzeilen den Spitznamen »Typhus-Mary« verliehen.

Mary Mallon wurde unter Quarantäne gestellt, nach einigen Jahren allerdings wieder auf freien Fuß gesetzt, nachdem sie feierlich versichert hatte, niemals wieder als Köchin zu arbeiten. Als jedoch fünf Jahre später in einer Entbindungsklinik in Manhattan ein Dutzend Typhusfälle auftraten, traf Dr. Baker in der Küche erneut auf die Irin, die jede von ihr berührte Speise infizierte. Diesmal wurde Typhus-Mary für den Rest ihres Lebens auf eine entlegene Insel im East River verbannt, wo sie 23 Jahre lang nur in Gesellschaft einer englischen Bulldogge lebte, bevor sie im Jahr 1938 an einem Schlaganfall verstarb.

Unterdessen setzte Dr. Baker ihre Karriere fort und sorgte dafür, dass Hebammen vor Ausübung ihres Berufes Prüfungen ablegen mussten, dass Milch pasteurisiert wurde, in Dutzenden von Krankenhäusern eigene Kinderstationen gebaut wurden und dass angehende Mütter in Säuglingspflege unterrichtet wurden. Ihre Pionierleistungen sollten nicht nur den Gesundheitszustand der Kinder in den New Yorker Slums erheblich verbessern, sondern hatten für das ganze Land Vorbildcharakter.

Dr. S. Josephine Baker (oben) an ihrem Schreibtisch im Amt für Säuglingspflege. Mary Mallon (unten, Vierte von rechts), besser bekannt unter dem Spitznamen »Typhus-Mary«, zusammen mit anderen Kranken, die auf einer isolierten Insel unter Quarantäne standen.

und finanzierte darüber hinaus noch ein weiteres Projekt der Krankenschwester: das Henry Street Settlement House. Ein Jahr später öffnete diese Einrichtung ihre Pforten, um kostenlose Kurse über Säuglingspflege sowie über Hygiene und Haushaltsführung anzubieten. Im Hinterhof des Gebäudes gab es noch etwas, das man in Amerika noch nie zuvor gesehen hatte, nämlich einen Spielplatz für Kinder.

*In New York ist der Grundstein dafür gelegt worden, soziale Ideen für ein besseres Amerika umzusetzen. In keiner anderen Stadt unseres Landes haben Reformer mit so unerbittlichen Widerständen zu kämpfen gehabt wie hier und ihre Erfolge daher so sehr verdient. Soziale Projekte müssen in allen großen Städten in Angriff genommen werden, und es macht Mut, dass New York dabei eine Vorreiterrolle übernimmt.*

Herbert Croly

Ein Jahrzehnt später verfügte Lillian Wald über insgesamt sieben Beratungseinrichtungen und 92 Krankenschwestern, die alljährlich mehr als 200.000 Hausbesuche erledigten. Darüber hinaus wurde die Henry Street unter ihrer Führung zum Zentrum eines weltweit tätigen Netzwerks von Sozialreformern.

Um 1909 trug diese Entwicklung in New York maßgeblich zur Revolutionierung des öffentlichen Gesundheitswesens in den USA bei. Seuchen wie Cholera, Diphtherie, Typhus oder Gelbfieber, die früher in den Slums gewütet hatten, waren durch das entschlossene Vorgehen des New Yorker Gesundheitsamtes praktisch ausgerottet worden. Allein im Sommer dieses Jahres gelang es Dr. Josephine Baker, die auf dem Gebiet der Präventivmedizin Pionierarbeit leistete, in nur einem Wohnbezirk 1200 Säuglingen das Leben zu retten. In Dr. Bakers weiterem Berufsleben sollte sich diese Quote auf mehr als 90.000 Armenkinder erhöhen.

Doch auch wenn ein Umdenken eingesetzt hatte, die sozialen Reformen blieben zunächst auf die Bereiche Gesundheit und Wohnungsbau beschränkt. Scheinbar konnte nichts und niemand Einfluss auf die Arbeitsbedingungen in den 30.000 Industriebetrieben nehmen, in denen 612.000 zumeist eingewanderte Arbeiterinnen und Arbeiter Jahr für Jahr etwa ein Zehntel des gesamten Industrieausstoßes der Vereinigten Staaten erzeugten. Dabei waren einschneidende Verbesserungen gerade in New York überfällig, wo allein eine Viertelmillion Männer, Frauen und Kinder in der Textilindustrie tätig waren und 50 Prozent der gesamten amerikanischen Herren- sowie 75 Prozent der Damenbekleidung produzierten – und zwar in 11-Stunden-Schichten an sechs Tagen in der Woche unter unmenschlichen und häufig auch gefährlichen Arbeitsbedingungen.

### DER GROSSE AUFSTAND

*Durch die gesamte Länge der Fabrikhalle zogen sich drei parallel stehende Tischreihen voller Nähmaschinen, vor denen ärmlich wirkende Männer und Frauen mit verdrehten Gliedern hockten, als wären sie angekettete Sträflinge. Wie Kolben und Hebel einer großen, monströsen Maschine fuhren sie monoton auf und nieder, hin und her … Der deprimierende Eindruck wurde zudem noch durch das ununterbrochene Surren von Rädern, das Keuchen und Röcheln des Stromerzeugers sowie das dumpfe Murmeln von Stimmen verstärkt.*

Marcus Ravage

Um 1909 schrien die Arbeitsbedingungen in New Yorks 11.000 Nähereien zum Himmel. Die bereits neun Jahre zuvor gegründete Textilarbeitergewerkschaft International Ladies' Garment Workers Union war eine kleine, unbedeutende Organisation geblieben; jeder noch so bescheidene Versuch, Verbesserungen durchzusetzen, war am massiven Druck der Arbeitgeber gescheitert. Tausende »Fabriken« waren lediglich behelfsmäßige Hinterhofbetriebe, geleitet von Immigranten, die früher oft selbst Textilarbeiter gewesen waren. Ein starker Konkurrenzdruck zwang die Unternehmen zu einem Preiskampf, um an die Aufträge der großen New Yorker Manufakturen und Kaufhäuser zu kommen. Entsprechend mager war das Lohnniveau.

Die Lage verschlechterte sich nicht nur in Kleinbetrieben, sondern auch bei Leiserson's oder der Triangle Waist Company, wo Hunderte junger Immigrantinnen modische Baumwollblusen herstellten. Für eine 66-Stunden-Woche bekamen die Näherinnen häufig weniger als fünf Dollar, und davon wurde noch ein Anteil für die Benutzung der Nähmaschinen, den anfallenden Stromverbrauch sowie für Nadeln, Faden und Maschinenöl einbehalten.

Um 1909 fertigten 256.000 New Yorker Textilarbeiter beinahe zwei Drittel der gesamten in den USA produzierten Bekleidung. Obwohl die Branche zumeist noch aus Tausenden kleinerer Hinterhofbetriebe bestand (vgl. Seite 280), siedelten sich immer mehr Manufakturen in großen Fabrikhallen an, in denen endlose Reihen von Nähmaschinen und Zuschneidetischen Platz fanden. Die dortigen Arbeitsbedingungen waren in der Regel weniger primitiv als in den kleineren Betrieben. Dennoch waren die Angestellten auch hier einem hohen Leistungsdruck ausgesetzt: Da die Arbeitgeber ständig auf eine Steigerung der Produktivität drängten, bestimmten die schnellsten Näher und Näherinnen das Arbeitstempo.

Um die Produktivität zu erhöhen, setzten die Vorarbeiter kaum realisierbare Quoten fest, feuerten Arbeiter nach Lust und Laune und kürzten den Lohn, wenn sie jemanden beim Sprechen oder Singen erwischten. Zudem wurden häufig die für den Brandfall vorgeschriebenen Notausgänge abgeschlossen, um Diebstähle und unerwünschte Pausen zu unterbinden.

»Sicher müssten die Ausgänge offen bleiben«, gestand ein Sicherheitsinspekteur nach der Begutachtung eines Betriebes, »aber das ist praktisch nicht durchführbar. Ließe man die Türen unverschlossen, würden die Mädchen kommen und gehen, wie sie wollen, und eine Menge Material mitgehen lassen. Also müssen die Türen abgesperrt bleiben. Ist es nicht schließlich auch unsere Aufgabe, den Unternehmer zu schützen?«

*Um sieben Uhr früh setzen wir uns vor die Maschinen, und der Chef legt vor jedem einen Stapel Stoff ab, der bis zum Abend fertig genäht werden muss ... Die Maschinen kommen den ganzen Tag über nicht zum Stehen, denn je schneller man arbeitet, desto mehr Geld verdient man. Manchmal führt die Hetze und Eile dazu, dass mir die Nadel einen Finger komplett durchsticht. Dann verbinde ich die Wunde mit einem Stofffetzen und setze die Arbeit fort. Wir alle haben oft solche Unfälle ... Die ganze Zeit über dreht der Chef seine Runden, prüft die fertigen Stücke und legt sie uns erneut vor, falls etwas nachzunähen ist. Wir müssen also nicht nur schnell, sondern auch sehr sorgfältig arbeiten.*

Sadie Frowne

Im Verlauf des Sommers 1909 staute sich die Frustration massiv auf. Als erste punktuelle Arbeitsniederlegungen wirkungslos blieben, kam die Idee zu einem Generalstreik auf, um ein Zeichen für die gesamte Branche zu setzen. Am Abend des 22. November versammelten sich 3000 Frauen, die meisten blutjunge Immigrantinnen, in der Great Hall of Cooper Union, in der 50 Jahre zuvor Abraham Lincoln jene Rede gehalten hatte, die ihn ins Weiße Haus brachte. Als eine gemeinsame Großaktion ins Auge gefasst wurde, zauderten viele Gewerkschaftsführer.

New York hatte noch nie zuvor einen Generalstreik erlebt. Selbst angesehene Einzelgewerkschaften wie die der Klempner oder Heizungsinstallateure kuschten vor der Übermacht der Fabrikbesitzer und vor Tammany Hall, die nicht zögerten, Streiks mit Polizeigewalt aufzulösen. Sogar Samuel Gompers, Kopf der mächtigen American Federation of Labor, versuchte die immer unruhiger werdenden Arbeiterinnen mit nichts sagenden Platitüden zu vertrösten.

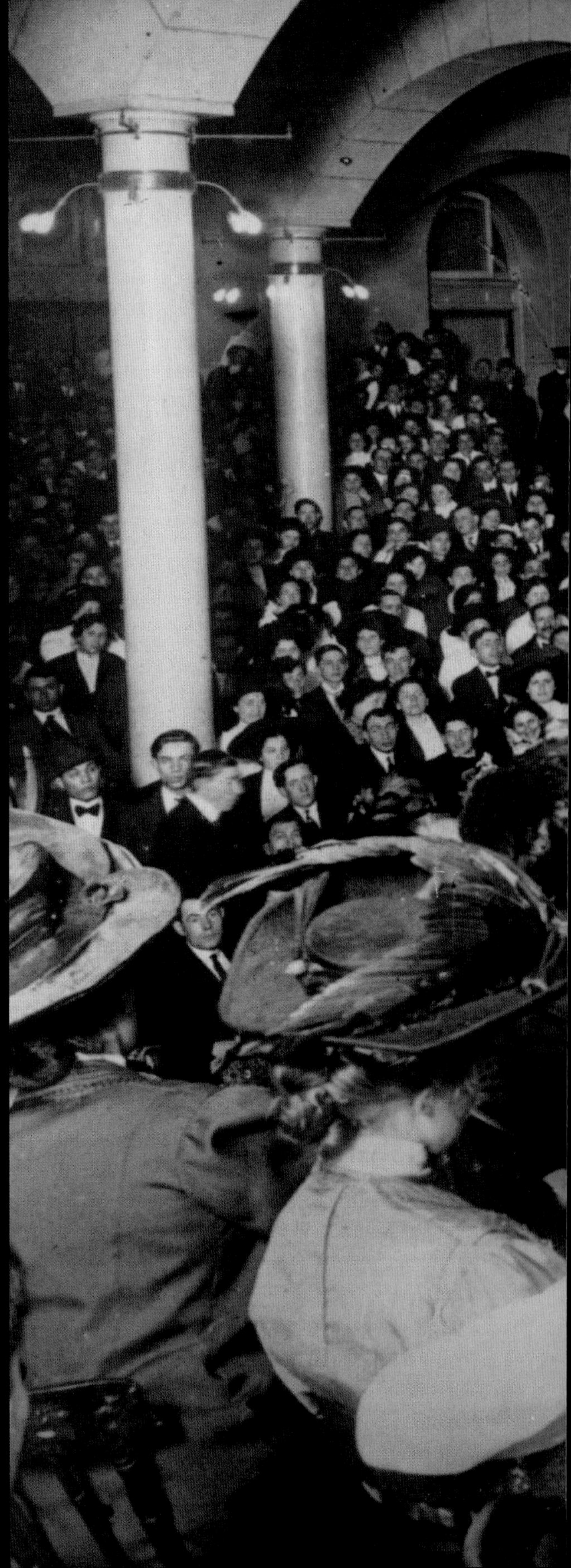

Die am 22. November 1909 in der Great Hall of Cooper Union abgehaltene Massenversammlung (rechts) markierte einen Wendepunkt in der New Yorker Arbeiterbewegung. Aber es waren nicht prominente Gewerkschaftsführer wie Samuel Gompers, Präsident der American Federation of Labour (am Podium), die die Arbeiterinnen und Arbeiter elektrisierten, sondern vor allem die leidenschaftlichen Worte einer temperamentvollen, erst 23 Jahre alten Näherin namens Clara Lemlich (oben Mitte). Erst zwei Monate zuvor hatte die in Russland geborene Jüdin – eine überzeugte Gewerkschafterin und Sozialistin – bei einem Angriff auf ihren Streikposten einen sechsfachen Rippenbruch erlitten.

*Tausende und Abertausende verließen die Fabriken und versammelten sich auf dem Union Square. Es war November, der Winter stand vor der Tür, und wir hatten keine Pelzmäntel, um uns vor der Kälte zu schützen. Aber alle waren wir von einem Geist beseelt, der uns immer weitergehen ließ, bis wir zu einer großen Halle kamen. Vor meinem geistigen Auge kann ich die jungen Menschen, zumeist Frauen, noch immer sehen, wie sie unaufhaltsam ihren Weg verfolgen, ohne nach den Konsequenzen zu fragen … nach dem Hunger, der Kälte und der Einsamkeit … All das kümmerte sie nicht, es war einfach ihr Tag.*

Pauline Newman

Dann trat jedoch eine Zuhörerin nach vorn und bat, ein paar Worte an die Anwesenden richten zu dürfen. Die zerbrechlich wirkende, 23-jährige Näherin Clara Lemlich war von ihrem letzten Streikeinsatz noch so mitgenommen, dass man ihr aufs Podium helfen musste. Als sie jedoch ihre erwartungsvollen Leidensgefährtinnen vor sich sah, begannen ihre Augen zu leuchten. Sie erhob ihre geradezu hypnotisierende Stimme: »Ich bin nur eine einfache Näherin, die es leid ist, die unerträglichen Arbeitsbedingungen hinzunehmen. Und ich bin es leid, Rednern zuzuhören, die mich mit Allgemeinplätzen abspeisen wollen. Wir haben uns hier versammelt, um darüber zu entscheiden, ob wir streiken sollen oder nicht. Und ich meine, wir alle sollten es tun!«

Die Reaktion war überwältigend. Als das Jiddisch der Rednerin ins Italienische und Englische übersetzt wurde, explodierte die Halle geradezu vor zustimmendem Jubel und Applaus. Am nächsten Morgen verließen 15.000 Näherinnen ihre Maschinen und legten die Arbeit nieder. Innerhalb weniger Tage schlossen sich weitere 5000 junge Frauen dem Streik an.

New York erlebte erstmals einen Arbeitsausstand dieses Ausmaßes. Es war nicht nur »ein Konflikt zwischen Arbeitgebern und Arbeitnehmern«, schrieb eine Zeitung, »sondern zugleich die größte Arbeitsniederlegung von Frauen in der Geschichte der Vereinigten Staaten.«

Und William Mailly kommentierte im *Independent*: »Nie zuvor sind so viele Arbeiterinnen an einem Ort und zur selben Zeit spontan in den Streik getreten. ... Voller Entschlossenheit und erfüllt vom Geist des Widerstandes gegen die vorherrschenden Arbeitsbedingungen mobilisieren sie immer mehr Mitstreiterinnen.«

**Ein typischer Hinterhofbetrieb, wie es sie um die Jahrhundertwende zu Tausenden in New York gab. Nicht selten verpflichteten die Betreiber – häufig selbst ehemalige Textilarbeiter – ihre Leute dazu, die Nähmaschinen selbst mitzubringen. In solchen voll gestopften, ungesunden und oft auch gefährlichen Löchern verbrachten die Arbeiterinnen und ihr Chef täglich zwischen zehn und 13 Stunden – an sechs Tagen in der Woche.**

Ein Streikposten von Näherinnen während der großen Arbeitsniederlegung von 1909. »Obwohl unterernährt und zu dünn gekleidet, scheuen die Mädchen nicht davor zurück, durch die winterlich kalten Straßen zu patrouillieren«, schrieb ein Reporter. »Es fordert ungewöhnlich viel Entschlossenheit und Mut, diese körperlichen Entbehrungen auf sich zu nehmen. Als hätten sie nicht schon genug zu leiden, müssen die Streikenden auch noch Drohungen und Beleidigungen einstecken, ständig mit Verhaftungen rechnen und das rüde Verhalten der Polizei sowie die Attacken von Schlägertrupps erdulden.«

Der außergewöhnliche Streik zog sich hin, von Woche zu Woche – trotz der Kompromisslosigkeit der Arbeitgeber, der Feindseligkeit von Tammany Hall und des erbarmungslos kalten Winterwetters. »So etwas hatte es niemals zuvor gegeben«, sagte ein alter Gewerkschafter. »Eine vergleichbare Anzahl Männer würde niemals durchstehen, was diese Mädchen erdulden.«

Tag für Tag standen die nur unzulänglich gekleideten jungen Frauen zitternd im kalten Regen, dicht zusammengerückt, um sich gegenseitig zu wärmen. Immer wieder attackierten von den Fabrikanten angeheuerte Schlägerhorden die zerlumpten Streikenden, dicht gefolgt von Polizeieinheiten, die Tammany Hall aussandte, um die Mädchen wegen »ungebührlichen Benehmens in der Öffentlichkeit« festzunehmen. Ein Reporter der *Sun* beobachtete, wie ein von Clara Lemlich angeführter Streikposten auf diese Weise zerschlagen wurde:

*»Haltet euch dicht zusammen«, rief Clara, als die Schläger in die Reihen der Streikenden eindrangen und auf sie einprügelten. Im Handumdrehen gab es ein undurchschaubares Knäuel von kratzenden und schreienden Mädchen sowie Fäuste schwingenden Männern, bis schließlich ein Polizeiwagen eintraf. Am Ende rannten die Schläger davon, während die Polizisten Clara und zwei weitere übel zugerichtete Mädchen in den Wagen stießen.*

McAlister Coleman

Trotz alltäglicher Übergriffe dieser Art hielten die Streikposten durch, aber in der dritten Dezemberwoche waren die finanziellen Mittel der Gewerkschaft verbraucht. Der Streik drohte bereits zusammenzubrechen, als plötzlich von unerwarteter Seite Hilfe nahte: Die Flamme des Protestes hatte von den mittellosen, jungen Immigrantinnen auf die Frauen und Töchter

der wohlhabendsten Familien New Yorks übergegriffen. Prominente Geschlechtsgenossinnen wie Anne Morgan, die Tochter des mächtigen Finanzmoguls, hatten sich in einer Reformbewegung – der so genannten Women's Trade Union League – organisiert. Mit dem Fernziel, das Wahlrecht für Frauen durchzusetzen, unterstützten sie die Streikenden, indem sie Geld sammelten, die Streikposten gegen Schlägertrupps schützten und inhaftierte Arbeiterinnen gegen Kaution aus dem Gefängnis holten.

Am 21. Dezember 1909 organisierte Alva Belmont, die früher mit einem Vanderbilt verheiratet gewesen war, einen aus 15 Limousinen bestehenden Autokorso durch die Straßenschluchten Lower Manhattans. Millionärsgattinnen saßen Schulter an Schulter mit einfachen Arbeiterinnen, die noch nie in ihrem Leben mit einem privaten Wagen gefahren waren. An den Autos befestigte Plakate forderten kürzere Arbeitszeiten und das Wahlrecht für Frauen.

Doch »der große Aufstand der 20.000« – die bis dahin bedeutendste Arbeitsniederlegung in der Geschichte New Yorks – war zum Scheitern verurteilt. Fehlende Geldmittel und die bittere Kälte forderten schließlich ihren Tribut, sodass Ende Februar die meisten Näherinnen wieder an ihre Arbeitsplätze zurückkehrten, ohne dort spürbare Verbesserungen vorzufinden.

Doch trotz des gescheiterten Versuchs, die Macht der Gewerkschaftsbewegung zu demonstrieren, war es Clara Lemlich und ihren Mitstreiterinnen gelungen, die Öffentlichkeit auf die Missstände in den Fabriken aufmerksam zu machen und eine Allianz zwischen reichen Reformerinnen und armen Gewerkschafterinnen herzustellen. Darüber hinaus hatten die Arbeiterinnen etwas Unschätzbares gelernt: Sie hatten Erfahrungen gesammelt, wie man einen Streik organisiert.

Als drei Monate später die Gewerkschaft der Oberbekleidungshersteller zu Arbeitsniederlegungen aufrief, war alles sorgfältig geplant worden: Es war Frühling, es stand genügend Geld zur Verfügung, und diesmal gingen nicht 20.000, sondern 60.000 Menschen auf die Straße. Durch diesen Streik, der als »die große Revolte« in die Geschichte New Yorks einging, gelang es der Gewerkschaftsbewegung zum ersten Mal, einen kompletten Industriezweig lahm zu legen und die Arbeitgeber an den Verhandlungstisch zu zwingen. Das als »Protokoll des Friedens«

Dieses 1913 geschossene Foto von einer Gruppe streikender Textilarbeiter mit ihren in Englisch, Jiddisch, Italienisch und Russisch verfassten Transparenten verdeutlicht sowohl die kulturelle Vielfalt der New Yorker Arbeiterbewegung als auch die daraus resultierende internationale Ausrichtung der Gewerkschaften.

DEMAND
HOURS
RK DAY!
ITION
LABOR
SEC 1
IN UNITY
IS OUR STRENGTH
LUNIONE
Fo La FORZA
VORATORI
O IL MONDO
ITEVI.
ПОРТНЫ
ПРОСМУ
TTO ORE DI
AVORO
TTO ORE DI
RIPOSO

bezeichnete Vertragsergebnis umfasste die ständige Einrichtung einer Schiedsstelle, begrenzte die Wochenarbeitszeit auf 50 Stunden und vereinbarte doppelten Lohn für Überstunden.

*Allerorts fielen sich Männer und Frauen, Alt und Jung in die Arme und beglückwünschten sich zum Sieg ... Am darauf folgenden Samstag, dem 3. September, fuhren nachmittags mit Fahnen geschmückte Lastwagen durch die Straßen. Auf ihnen spielten Bands, und jubelnde Textilarbeiter verkündeten, dass der Streik erfolgreich beendet sei.*

Abraham Rosenberg

Die New Yorker Arbeitsniederlegungen von 1909 und 1910 bedeuteten zweifellos einen Durchbruch für die Gewerkschaftsbewegung. Aber nach wie vor gestaltete sich die praktische Durchsetzung der vertraglichen Vereinbarungen als schwierig, zumal einige der größten Firmen – wie die auf der Ostseite des Washington Square ansässige Triangle Waist Company – sich schlicht weigerten, das »Protokoll des Friedens« zu unterzeichnen. Und trotz des Erreichten gab es noch immer keine gesetzlichen Vorschriften zur Verbesserung der unmenschlichen und gefährlichen Arbeitsbedingungen in den New Yorker Betrieben. Allein in den zurückliegenden fünf Jahren waren in den Gebäuden der Triangle Waist Company vier kleinere Brände ausgebrochen. Doch die Unternehmer sahen sich zu keiner Reaktion veranlasst und verwiesen lediglich darauf, dass die Fabriken den in der Stadt geltenden Brandschutzbestimmungen entsprachen.

**INFERNO**

*Bereits auf der Treppe zur Textilfabrik spürt man die starken Vibrationen der lauten Nähmaschinen. Sobald man die Tür öffnet, verstärkt sich der Lärm noch. Der Blick fällt auf eine lang gestreckte Halle ... Reihen von Mädchen sitzen konzentriert über die ratternden Nadeln gebeugt. Sie sind eifrig bei der Sache, denn sie werden entweder nach Akkord bezahlt oder von einem Vorarbeiter erbarmungslos angetrieben, der sich nach den Schnellsten und Geschicktesten richtet.*

*McClure's*, November 1910

**Ein Aufmarsch der insgesamt 60.000 Streikenden in der Lower East Side während der gut vorbereiteten Arbeitsniederlegung des Jahres 1910. Zum ersten Mal gelang es den Gewerkschaften, die Arbeitgeber zu ernsthaften Verhandlungen zu zwingen. »Die beiden Streiks von 1909 und 1910«, so der Schriftsteller Louis Levine, »verhielten sich zueinander wie Prolog und erster Akt in einem Schauspiel. Der erste Streik war eher ein spontaner Massenaufstand, der zweite ›die große Revolte‹.«**

**Am Nachmittag des 25. März 1911 brach in einem zur Triangle Waist Company gehörenden Betrieb, der sich in den obersten drei Stockwerken des Asch Building, einen Block westlich des Washington Square,**

**befand, ein Feuer aus (unten). Da die Betreiber des Unternehmens alle Fluchttüren abgeschlossen hatten und ein Entkommen durch das Innere des Gebäudes daher unmöglich war, sprangen viele der Arbeiterinnen und Arbeiter in Verzweiflung aus den Fenstern in die Tiefe.**

Es war am späten Samstagnachmittag des 25. März 1911, als die 500 Arbeiterinnen der Triangle Waist Company – zumeist blutjunge Mädchen – sich beeilten, schnellstmöglich ihre Quoten zu erfüllen, um ihren Verdienst abholen und den milden Frühlingsabend genießen zu können. Gegen 16.45 Uhr, eine Viertelstunde vor Dienstschluss, ließ jemand in der achten Etage ein noch glühendes Streichholz oder eine Zigarettenkippe achtlos auf einen Haufen Stoffreste fallen, der auf dem Fußboden lag.

In Sekundenschnelle griff das Feuer von einem Stoffhaufen auf den nächsten über, und ein Stapel fertiger Hemdblusen nach dem anderen wurde ein Raub der Flammen. Schließlich loderten auch die großen Abfallbehälter auf, die mit Unmengen an Stoffresten gefüllt waren.

Wenige Minuten später war das Feuer zu einem wahren Inferno angeschwollen. Von allen Seiten erklangen Schreie, und die Arbeiterinnen rannten voller Panik zu den Ausgängen – diese waren jedoch von außen verriegelt.

> *Ich hörte, wie jemand lauthals »Feuer!« rief, und rannte zum Ausgang auf der Gebäudeseite am Washington Place. Die Tür war verschlossen, und es entstand ein riesiges Gedränge. [Die Bosse] hielten die Eingangstüren den ganzen Tag über versperrt. Das Feuer war in meiner Etage ausgebrochen und ich war schnell nach unten geflohen, aber die Flammen verbreiteten sich in Windeseile. Einige der Mädchen kreischten vor Panik, schlugen mit den Fäusten gegen die Tür und versuchten, sie mit Gewalt zu öffnen.*
>
> Rosie Safran

Den Arbeiterinnen aus der obersten – der zehnten – Etage war es noch gelungen, über das Nachbardach zu entkommen. Hunderte andere versuchten, sich mit dem Fahrstuhl nach unten zu retten. Bis zu 30 Personen zwängten sich in die Kabine, die damit doppelt so schwer beladen war wie ursprünglich zugelassen. Um 16.55 versagte der Aufzug endgültig den Dienst, und das Feuer breitete sich mit rasender Geschwindigkeit weiter aus. Für die gut 200 noch im Fabrikgebäude gefangenen Frauen wurde die Triangle Waist Company zur Hölle.

Verzweifelte Löschversuche im achten Stockwerk waren auf Grund mangelnden Wasserdrucks in den Schläuchen zum Scheitern verurteilt. Als die brennende Hitze und der beißende Qualm immer unerträglicher wurden, drängten sich die verzweifelten Frauen dicht an dicht vor den Ausgängen zusammen und zerquetschten sich gegenseitig. Wer noch konnte, versuchte eine Feuertreppe am weit entfernten westlichen Ende des Gebäudes zu erreichen.

Letztlich gelang es weniger als 20 Frauen, dem Inferno zu entkommen, bevor die rostigen Metallstreben nachgaben und mehrere

**Menschenansammlung auf dem Washington Square, einen Häuserblock entfernt von der Triangle-Textilfabrik. Als sich die Nachricht von dem Brand verbreitete, eilten über 10.000 Menschen – unter ihnen Hunderte von verzweifelten Ehemännern, Eltern und Kindern – zum Ort des Unglücks, um ihre Angehörigen zu suchen.**

Arbeiterinnen mit in den Tod rissen. Damit war auch die letzte Fluchtmöglichkeit verbaut, und alle Übrigen wurden von den züngelnden Flammen an die offenen Fenster gedrängt.

> *Die Mädchen hinter uns schrien und weinten. Manche rannten einfach in den Qualm hinein, als das Feuer sich immer mehr näherte, und wir hörten entsetzliche Schreie, als die Flammen ihre Kleider in Brand setzten. Ein kleines Mädchen, das an der Maschine mir gegenüber gearbeitet hatte, rief auf Italienisch: »Lebt wohl, lebt wohl!«*
>
> Tessa Banani

Auf der Straße vor dem Gebäude hatte sich inzwischen eine riesige Menschenmenge versammelt. Die New Yorker Feuerwehr war mit 35 Einsatzwagen angerückt, die zum Teil über die modernste Ausrüstung des Landes verfügten. Doch auch die längste Leiter reichte nur bis zur sechsten Etage – zwei Etagen unter dem Stockwerk, in dem die Flammen inzwischen schon aus den Fenstern schlugen.

Um 17.05 Uhr hörte ein Straßenarbeiter in der Greene Street ein dumpfes Explosionsgeräusch, dem lautes Scherbenklirren folgte. Als er aufschaute, dachte er zunächst, es handle sich um blaue Stoffballen, die aus einem Fenster im achten Stockwerk fielen. Als diese jedoch auf dem Bürgersteig aufschlugen, musste er feststellen, dass es sich um Frauenkörper handelte.

Die Reformerin Martha Bensley Bruère überquerte gerade den Washington Square, als zwei junge Frauen auf sie zueilten. »Sie waren kreideweiß und packten mich zitternd beim Arm«, notierte sie später. »›Oje, sie springen!‹, schrie eine der beiden. ›Sie springen aus dem zehnten Stock und zerschellen auf der Straße! Die Feuerwehr und die Polizei können ihnen nicht helfen – niemand kann ihnen helfen!‹«

Inzwischen waren Dutzende Frauen, die vom Feuer immer mehr in die Enge gedrängt wurden, an den Fenstern des achten und neunten Stockwerks zu sehen. Zum Entsetzen der Beobachter nahmen sich die Frauen nun zu dritt oder zu viert bei den Händen, schlossen die Augen – und sprangen in die Tiefe.

Frances Perkins, eine 31-jährige Anwältin bei der Verbraucherorganisation, gehörte zu den hilflosen und ohnmächtigen Augenzeugen der Tragödie. »Die Sprungnetze waren gerissen«, berichtete sie. »Die Feuerwehrmänner versuchten, die Frauen vom Springen abzubringen, aber es gab keine Alternative. Die Flammen waren zu diesem Zeitpunkt bereits hinter ihnen.«

William Shepherd, ein Reporter für *United Press International*, berichtete direkt von einer Telefonzelle in Sichtweite der Katastrophe an seine Redaktion.

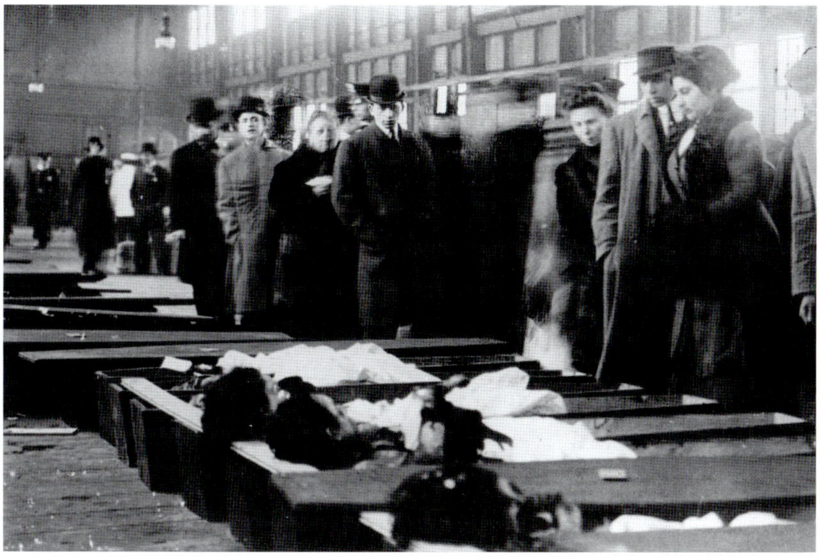

Am Abend der Brandkatastrophe in der Triangle-Fabrik wurde am Pier an der 26th Street eine improvisierte Leichenschau organisiert, damit die Familien die Überreste ihrer Angehörigen identifizieren konnten, was drei komplette Tage dauerte.

Leichen liegen bereits auf dem Bürgersteig, während Polizisten und Passanten das Feuer beobachten. Insgesamt forderte diese schwerste Werkskatastrophe in der Geschichte New Yorks 146 Opfer.

*Ich hatte diesen Laut noch nie zuvor gehört … es war der dumpfe Knall des Aufprallens lebender Körper auf dem harten Bürgersteig … Der Sturz aus ca. 25 m Höhe dauerte entsetzlich lange. Ich sah, dass noch jede Menge Mädchen an den Fenstern standen. Die Flammen aus dem Stockwerk unter ihnen schlugen ihnen in die Gesichter. Mir war klar, dass es auch für sie keinen Ausweg mehr gab … Den Sturz eines Mädchens konnte ich in allen Einzelheiten beobachten. Ich sah, wie sie mit den Armen ruderte und sich bemühte, ihren Körper bis zum Schluss aufrecht zu halten. Als sie auf dem Boden aufschlug, gab es ein hässliches Geräusch. Dann war sie nur noch ein regungsloser Haufen von Kleiderstoff und gebrochenen Knochen.*

THE BROOKLYN DAILY EAGLE

5 SECTIONS. NEW YORK CITY, SUNDAY, MARCH 26, 1911. 68 PAGES.

OVER 150 PERSONS, MOST OF THEM GIRLS, DIE AS FIRE TRAPS HAPLESS FACTORY WORKERS IN MANHATTAN SKYSCRAPER

Forced to Windows by Flames, Scores Jump to Death on Pavements Far Below. Many Frightfully Injured.

Wild Scenes Follow, as Flames, Starting in Rooms of the Triangle Waist Company at 23 Washington Place, Envelope 10-Story Structure Containing 800 Employes.

HORRIFIED CROWDS LOOK ON AS DOOMED VICTIMS JUMP

More than 150 persons, according to the estimate at an early hour this morning—nine-tenths of them girls from the East Side—were crushed to death on the pavements, smothered in smoke, or shriveled crisp yesterday afternoon in the worst fire New York has known since the steamship General Slocum was burned to the water's edge off North Brother's Island in 1904.

Nearly all, if not all, of the victims were employed by the Triangle Shirtwaist Company on the eighth, ninth and tenth floors of a ten-story loft building at 23 Washington place, on the western fringe of the downtown wholesale clothing, fur and millinery district. The partners of the firm, Isaac Harris and Max Blanck, escaped unscathed from the office on the tenth floor, carrying with them over an adjoining roof Blanck's two young daughters and a governess. There was not an outside fire escape on the building.

Only Fire Escape Led Into a Pit.

RUSHING TEMPORARY COFFINS FOR THE VICTIMS.

LIST OF DEAD AND THE INJURED

WOMEN BATTLE TO SEE THE DEAD

»Sie prasselten wie Regentropfen auf den Gehsteig«, bezeugte später der Feuerwehrmann Edward Worth die schaurige Situation.

Gegen 17.15 Uhr hatte die Szenerie immer unwirklichere Züge angenommen. Tausende strömten aus den umliegenden Fabriken und drängten sich an den Absperrgittern. Die Zugpferde der Feuerwehrwagen scheuten vor dem starken Blutgestank, und die Polizei bemühte sich erfolglos, die Menschenmenge unter Kontrolle zu halten. »Was kann ein Polizist gegen ein ganzes Wohnviertel unternehmen, das wie von Sinnen ist vor Entsetzen, ohnmächtig mit ansehen zu müssen, wie die eigene Schwester oder Tochter ein grausames Opfer der Flammen wird?«, schrieb Martha Bruère. »Und wie will man einen Mann beruhigen, der in einem unförmigen, mit einem Tuch bedeckten Fleischklumpen seine junge Frau zu erkennen glaubt?«

In weniger als einer halben Stunde war alles vorbei. »Das Löschwasser, das in den Rinnstein lief, war vom Blut rot gefärbt«, berichtete William Shepherd. »Beim Anblick des Leichenbergs erinnerte ich mich daran, wie dieselben Mädchen, die nun dort lagen, noch im vergangenen Jahr für eine Verbesserung der sanitären Bedingungen und der Sicherheitsvorkehrungen in den Fabriken gestreikt hatten. Diese Toten bewiesen, wie berechtigt die Forderungen waren und wie sehr man sie missachtet hatte.«

Am nächsten Morgen stieß man im Inneren des Gebäudes auf Dutzende von Leichen – verkohlte, kopflose Torsi, einige noch immer über die Nähmaschinen gebeugt. Unter den Überresten fanden sich elf Verlobungsringe. Insgesamt starben bei dieser größten Werkskatastrophe in der Geschichte der Stadt 146 zumeist sehr junge Frauen, einige nicht älter als 14 Jahre.

In einem notdürftig eingerichteten Leichenschauhaus am East River Pier standen die Angehörigen drei Tage lang Schlange, um die Leichen zu identifizieren. Sieben bis zur Unkenntlichkeit verstümmelte Opfer wurden am 5. April 1911 im Rahmen einer Massenbestattung beigesetzt. Trotz heftigen Regens schlossen sich 120.000 Leute dem Leichenzug an, weitere 400.000 standen auf den Bürgersteigen Spalier.

»Die anfängliche Trauer wich bald dem Zorn über die Umstände, die zu dieser Katastrophe geführt hatten«, berichtete der Textilarbeiter Louis Waldman. »Alle forderten, dass so etwas in New York nie wieder passieren dürfe.«

Es war offenkundig geworden, dass es keinerlei Gesetze gab, die eine solche Tragödie hätten verhindern können. Zwar wurden die Eigentümer der Triangle Waist Company, Isaac Harris und Max Blanck, die die Arbeiterinnen in der Fabrik eingesperrt hatten, wegen Totschlags vor Gericht gestellt, doch die Angehörigen und mit ihnen die meisten New Yorker mussten entsetzt mitverfolgen, wie die beiden Männer freigesprochen wurden. Die Staatsanwaltschaft hatte ihnen nicht nachweisen können, von der Verriegelung der Fluchttüren zur Zeit des Feuerausbruchs gewusst zu haben.

Wenige Wochen später nahm die Triangle Factory die Arbeit in einem nahe gelegenen Gebäude wieder auf. Bei einer Besichtigung stellten Inspekteure fest, dass diesmal die Ausgangstür durch Nähmaschinen blockiert war.

### PHÖNIX

Die Folgezeit war allerdings geprägt von einer höchst erstaunlichen Entwicklung. Der Horror über das Ausmaß der Tragödie führte mit einem Mal zu einem Schulterschluss zwischen New Yorkern, die nie zuvor gemeinsame Ziele verfolgt hatten. Nun kämpften sie Hand in Hand für eine Verbesserung der Arbeitsbedingungen.

»Das beste Mahnmal, das wir den 146 Opfern errichten können, ist eine Gesetzgebung, die eine solche Tragödie ein für allemal verhindert«, verkündete ein Teilnehmer einer Versammlung, die eine Woche nach der Feuersbrunst im Metropolitan Opera House abgehalten wurde. Aus der Asche der Triangle Company erwuchs ein radikaler politischer Veränderungsprozess, der den Einfluss der Regierung auf das Leben jedes einzelnen amerikanischen Bürgers neu definieren sollte.

Die nun zu Stande kommende Koalition der Reformer war ein Abbild sämtlicher politischer Gruppierungen der Stadt: Arbeiter aus Immigrantenkreisen und aristokratische Anwälte ebenso wie Gewerkschafter und Wall-Street-Banker, Sozialisten und Angehörige der oberen Zehntausend, Rabbis und Priester, Konservative und Progressive. Und zum Erstaunen aller nahmen ausgerechnet die führenden Köpfe Tammany Halls eine zentrale Rolle bei der Durchsetzung dieser revolutionären Umwälzungen ein – jene also, die über 50 Jahre lang jeder Reformbewegung in New York mit unbeugsamer Ablehnung begegnet waren.

Bereits wenige Tage nach der Versammlung in der Metropolitan Opera hatten Mitglieder der Frauengewerkschafts-Bewegung einige der einflussreichsten Unternehmer New Yorks dazu bewegen können, eine Petition zur Änderung des Arbeitsrechts an die Regierung zu richten.

Wie jeder wusste, lag der Schlüssel zu den überfälligen Reformen bei den gesetzgebenden Gremien des Bundesstaats New York und damit in den Händen von »Silent Charlie« Murphy. Und der ebenso schweigsame wie dickschädlige Führer von Tammany Hall – der politi-

**Wortkarg, erfolgreich und gescheit – Charles Francis Murphy, »Silent Charlie« genannt, war 22 Jahre lang der Kopf von Tammany Hall. Man schrieb seinen Erfolg nicht zuletzt seiner Schweigsamkeit zu. »Die meisten Probleme dieser Welt könnten vermieden werden, wenn die Menschen mehr ihren Verstand öffnen würden als ihren Mund«, soll Murphy einmal gesagt haben. Nach dem Triangle-Desaster machte er Tammany Hall zur treibenden Kraft bei der Durchsetzung sozialer Verbesserungen. Er setzte zwei seiner engsten Mitarbeiter – Robert Wagner und Al Smith – an die Spitze der Factory Investigating Commission, einer Behörde für Sicherheitsmaßnahmen am Arbeitsplatz, und unterstützte ihre Bemühungen, die erarbeiteten Gesetzesvorschläge auch durchzusetzen.**

**Charles Murphy ernannte 1911 Robert F. Wagner sen. (zweiter v. links auf dem Podium) zum Vorsitzenden der Factory Investigating Commission. Dem eher introvertierten Wagner gelang es, 60 von 64 Gesetzesnovellen, die sein Freund und Kollege Al Smith einbrachte, im Senat durchzusetzen. Später wurde Wagner selbst Senator und treibende Kraft bei der Reformierung des Arbeitsrechts sowie des öffentlichen Wohnungsbaus. In den 50er Jahren wurde sein Sohn, Robert Wagner jr., dreimal hintereinander zum Bürgermeister von New York gewählt.**

schen Vereinigung, die ihren Namen der New Yorker Parteizentrale der Demokraten verdankte – war der letzte Mensch, von dem sich die Reformkräfte Unterstützung erwartet hätten.

Doch Charlie Murphy erkannte die Zeichen der Zeit. Seit Jahren hatten die stetigen Umwälzungen der New Yorker Bevölkerungsstruktur seine Anhängerschaft stark schrumpfen lassen. Viele der irischen und deutschen Immigranten, einst das Rückgrat der Stadtverwaltung, waren sozial aufgestiegen und hatten daraufhin New York verlassen. Die neuen Einwanderer orientierten sich politisch in andere Richtungen. Zahlreichen Juden und Italienern genügten die traditionellen Zugeständnisse von Murphys Gruppierung – ein Truthahn zu Weihnachten, ein Sack Kohle und ein Sonntagspicknick – einfach nicht mehr. Immer mehr Immigranten wandten sich daher der sozialistischen Partei, progressiven Republikanern und einer ganzen Reihe diverser Arbeitervereine zu. Anders als die Demokraten im Rathaus waren sie es, die erste Verbesserungen für die Lebenssituation der kleinen Leute durchgesetzt hatten.

Der gewiefte Taktiker Murphy wusste, dass er neue Wege beschreiten musste, um Tammany zu retten. Als im Zuge des Triangle-Factory-Desasters der Ruf nach Veränderungen lauter wurde, traf er eine weit reichende Entscheidung: Indem er die Ziele der Reformer zu seinen machte, übernahm die Stadt nun die führende Rolle bei den Bemühungen, den Bedürfnissen der Arbeiterschaft Geltung zu verschaffen.

Er nahm die Sache mit großem Engagement in die Hand, doch die Reformer blieben misstrauisch. Murphys erste Tat war die Gründung einer staatlichen Kommission, die Gesetzesentwürfe für ein neues Arbeitsrecht entwickeln sollte. Mit der Leitung dieser Kommission betraute Murphy zwei seiner engsten Schützlinge – Robert F. Wagner und Alfred E. Smith. Beide stießen besonders bei Kommissionsmitgliedern wie dem berühmten Arbeiterführer Samuel Gompers und der jungen Arbeitsrechtlerin Frances Perkins, die mit eigenen Augen die jungen Arbeiterinnen der Triangle Company in den Tod springen sah, auf große Skepsis.

Der stets elegante und hochgebildete Wagner, der eine führende Rolle in der Politszene des Bundesstaats spielte, galt als getreuer Vasall Tammany Halls, genauso wie der in den Straßen der Lower East Side aufgewachsene Smith, der mittlerweile ebenfalls die obersten Sprossen der politischen Karriereleiter erklommen hatte und sogar mit noch größerem Argwohn aufgenommen wurde. Mit seinem geröteten Gesicht, den goldüberkronten Zähnen, seinen geschmacklosen Anzügen und der unabdingbaren Zigarre war er noch ein Jahr zuvor von den Reformern als »einer der gefährlichsten Männer der Regierung« und als Murphys »devoter Handlanger« bezeichnet worden.

Doch nachdem die Reformkommission ihre Arbeit aufgenommen hatte, blieb in New York nichts, wie es vorher gewesen war. Woche für Woche, Monat für Monat setzte die Kommis-

**Der einst als »Handlanger von Tammany Hall« verachtete Al Smith (links) machte während seiner dreijährigen Amtszeit als Vorsitzender der Factory Investigating Commission eine grundlegende politische Wandlung durch und entwickelte sich zu einer Führungsfigur der Arbeiter- und Reformbewegung.**

**Im März 1911 wurde die idealistische junge Arbeitsrechtlerin Frances Perkins Augenzeugin, als die jungen Näherinnen der Triangle-Textilfabrik bei einer Feuersbrunst in den Tod sprangen. Noch im gleichen Jahr schloss sie sich der Factory Investigating Commission an, um Beweise für die untragbaren Arbeitsbedingungen in New York zu sammeln und um an der Ausarbeitung von Gesetzesvorlagen mitzuwirken. 1933 wurde sie – als erstes weibliches Kabinettsmitglied in der Geschichte Amerikas – von Franklin D. Roosevelt zur Arbeitsministerin ernannt.**

sion ihre Arbeit fort. Binnen eines Jahres wurden mehr als 200 Zeugen verhört und auf über 2000 Seiten haarsträubende Aussagen über die Zustände in New Yorker Fabriken protokolliert. Und es gab ein Mitglied der Kommission, das bei keiner Befragung und keinem Verhör fehlte und stets mit allergrößter Aufmerksamkeit lauschte: Al Smith. Er versäumte auch keine Ortsbesichtigung, sodass er die unmenschlichen und gefährlichen Zustände, die in unzähligen Betrieben herrschten, mit eigenen Augen zu sehen bekam. Er fand Fabriken vor, in denen Eltern zusammen mit ihren Kindern sieben Tage in der Woche ohne Pause schufteten. Einmal entdeckten er und seine Kollegen ein Dutzend kleiner Jungen und Mädchen in einem Fahrstuhl versteckt, der zwischen zwei Etagen angehalten worden war.

Smith ging das, was er in den Fabriken und ausbeuterischen Betrieben New Yorks sah und hörte, zu Herzen. Seine erkennbare Anteilnahme beeindruckte auch seine einstigen Gegner. Als die Untersuchungsphase abgeschlossen war und es an die Ausarbeitung von Gesetzesentwürfen ging, wurde Smith zum unerbittlichen Racheengel, der die Dinge energisch vorantrieb. Da er sich allerdings seiner Bildungsdefizite durchaus bewusst war, kam es zu einer klaren Arbeitsteilung mit seinen Kollegen, bei denen er sich hohe Anerkennung erworben hatte: »Ihr formuliert unsere Forderungen – ich werde ihre Umsetzung erkämpfen.«

Der Wendepunkt war erreicht. Jahrzehntelang hatten sich Reformer vergebens bemüht, gesetzliche Regelungen gegen die Kinderarbeit und die Ausbeutung der Frauen sowie für bessere Arbeitsbedingungen, eine Invalidenrente oder weitere Versorgungsleistungen durchzusetzen. Nun verfolgten sie von der Zuschauergalerie aus, wie Al Smith – einst ihr erklärter Feind – in drei legendären Sitzungen zwischen 1912 und 1914 einen Gesetzesentwurf nach dem anderen bis zum Senat durchpaukte, wo schließlich sein alter Arbeitskollege Robert F. Wagner dafür Sorge trug, dass alle Novellierungen rechtskräftig wurden.

Im Ergebnis kam es, wie jemand sagte, zu »epochalen Veränderungen«, die jeden Aspekt der Fabrikarbeit umfassten. Die Unternehmer wurden dazu verpflichtet, in den Betrieben geschlossene Treppenhäuser als Fluchtwege zu errichten und Feuerlöschanlagen einzubauen. Nun gab es gesetzliche Mindestanforderungen im Hinblick auf eine ausreichende Beleuchtung und Belüftung des Arbeitsplatzes sowie die Bereitstellung von Waschräumen und Erste-Hilfe-

»Dieser Tag stellte mich vor eine der härtesten Geduldsproben meines Lebens«, erinnerte sich noch Jahre später Al Smith.

In jener Wahlnacht am 5. November 1918 wartete der 44-jährige Held der Arbeiter- und Reformbewegung im Festsaal des Biltmore Hotels in New York auf die Wahlergebnisse. Die ersten Auszählungen im City-Bezirk hatten Al Smith, dem demokratischen Kandidaten für das Amt des Gouverneurs von New York, einen großen Vorsprung gegenüber dem wohlhabenden republikanischen Amtsinhaber Charles S. Whitman verschafft. Doch die Ergebnisse aus den umliegenden Wahlbezirken machten deutlich, dass es ein Kopf-an-Kopf-Rennen geben würde.

Es dauerte zwei Tage, bis alle Stimmen ausgezählt waren, und schließlich entschied das Votum von Tausenden von Soldaten, die in Übersee eingesetzt waren, über den Ausgang dieser historischen Wahl. Am Donnerstagabend stand das amtliche Endergebnis fest: Der rotgesichtige, Zigarren rauchende Arbeiterführer hatte die Wahl mit einer knappen Mehrheit von 15.000 Stimmen gewonnen. Charles Whitman bestand auf einer Überprüfung der Wahlergebnisse, speziell in den Bezirken, in denen die Ergebnisse besonders krass zu seinen Ungunsten ausgefallen waren (beispielsweise in Smiths eigenem Wahlbezirk, wo der Herausforderer 387 zu 2 Stimmen gegen die Republikaner erkämpft hatte), doch es hatte alles seine Richtigkeit.

So knapp der Sieg auch ausfiel, es war ein großer Erfolg für die Sache der Immigranten in New York und ein persönlicher Triumph für Al Smith – der sich zum 16. Mal für ein öffentliches Amt zur Wahl gestellt hatte und zum 16. Mal gewählt worden war.

Der vorlaute, ungebildete Junge aus der Lower East Side hatte es irgendwie geschafft, den höchsten Posten im bevölkerungsreichsten und wichtigsten Bundesstaat der Vereinigten Staaten von Amerika zu erlangen, und war nebenbei auch noch der erste irische Katholik in der Geschichte der Nation, der zum Gouverneur aufstieg.

Die New Yorker Arbeiterschaft konnte ihr Glück noch kaum fassen. Irische wie nichtirische Immigranten der Lower East Side jubelten und feierten in den Straßen, während am Fourth Ward die Hausfrauen ihre Besen an das Gatter ihrer Veranda banden – das Symbol für ein gründliches Reinemachen.

Am 31. Dezember 1918, dem Vorabend von Al Smiths Amtseinführung, begaben sich Tausende irisch-amerikanischer Bürger zum Sitz der Regierung des Bundesstaats in Albany, wo sie bis zur Morgendämmerung durch die Straßen zogen und immer wieder die Strophen des Liedes von Al Smiths Wahlkampagne sangen: das fröhliche »The Sidewalks of New York«. Das Lied war 1884 von dem New Yorker Kaufmann James W. Blake geschrieben worden, der seine Erinnerungen an das Leben in der East Side zu einer Hymne auf die Immigrantenstadt verarbeitet hatte:

*Down in front of Casey's*
*Old brown wooden stoop,*
*On a summer's e'ening,*
*We formed a merry group.*
*Boys and girls together,*
*We would sing and waltz,*
*While Ginnie played the organ,*
*On the sidewalks of New York.*

*East side, west side,*
*All around the town.*
*The tots sang Ring-a-Rosie,*
*London Bridge is falling down.*
*Boys and girls together.*
*Me and Mamie O'Rourke,*
*Tripped the light fantastic,*
*On the sidewalks of New York.*

James W. Blake and
Charles B. Lawlor,
»The Sidewalks of New York«

Smith selbst verbrachte den Abend als Ehrengast eines Inaugurations-Festballs in der riesigen staatlichen Exerzierhalle Albanys. »Die Veranstaltung bekam bald den Anstrich einer Nachbarschaftsfete in der Lower East Side«, erzählte ein Augenzeuge. Hunderte von Smiths Freunden aus Downtown Manhattan mischten sich unter die aristokratische Elite der oberen Gesellschaft Albanys. Mrs. William Bayard Van Rensselaer begrüßte Charles Murphy und dessen Tochter Mabel, während ein strahlender Tom Foley in seiner Eigenschaft als Tammany-Hall-Bezirksleiter jedem höher gestellten Bürger, dessen er habhaft werden konnte, augenblicklich die Hand schüttelte.

In der Familienloge reichte Smiths Mutter eine Postkarte herum, die sie seit 16 Jahren bei sich trug. Als ihr Sohn 1904 nach seiner Wahl in den Landessenat, die so genannte State Assembly, nach Albany gekommen war, hatte dieser ihr geschrieben: »Liebe Mutter, das Bild zeigt die Residenz des Gouverneurs. Ich werde hart arbeiten und an den Idealen festhalten, die du mich gelehrt hast – und vielleicht werde ich eines Tages selbst dort wohnen.«

BUY
W.S.S.

Leistungen. Die Frauenarbeitszeit erfuhr eine Beschränkung auf maximal 54 Stunden pro Woche, und Kindern unter 14 Jahren war es generell verboten, in Fabriken zu arbeiten.

Die Unternehmer reagierten mit Empörung. »In New York eine Fabrik zu besitzen kommt einem wahren Fluch gleich«, schimpfte der Vorsitzende der New Yorker Vereinigung der Grundeigentümer. Doch die von Al Smith mit missionarischem Eifer verfolgte Kampagne war durch nichts mehr zu stoppen. Von den 64 Gesetzesanträgen der Kommission wurden 60 durchgesetzt. Ende des Jahres 1913 konnte New York sich rühmen, über die landesweit fortschrittlichsten Arbeitsplatzschutzgesetze zu verfügen.

Das Desaster in der Triangle Company hatte also weit reichende Folgen nach sich gezogen. Und die Kommissionsmitglieder besetzten einflussreiche Positionen zuerst im New Yorker Rathaus, dann im Bundesstaat New York und schließlich in Washington. Sie wurden zu Garanten für tief greifende Veränderungen nicht nur in New York, sondern in ganz Amerika.

Hatte die Subway die New Yorker einander physisch näher gebracht, so rückten sie durch das Triangle-Unglück auf der geistig-emotionalen und schließlich auch der politischen Ebene zusammen. »Wir fühlten uns durch ein gemeinsames ohnmächtiges Schuldgefühl dazu aufgerufen, gemeinsam dafür zu kämpfen, dass so etwas nie wieder geschieht«, erinnerte sich Frances Perkins – als spätere Arbeitsministerin unter Franklin D. Roosevelt erstes weibliches Kabinettsmitglied in der US-Geschichte. Die revolutionären Umwälzungen seien – wie Phönix aus der Asche – ein Produkt »der furchtbaren Feuersbrunst vom 25. März 1911«.

**Bei seiner Fertigstellung im Februar 1913 war der 240 m hohe Woolworth Tower das höchste Gebäude der Welt. Erst 1930 lief das Chrysler Building ihm den Rang ab. Wegen seiner schlank aufstrebenden Silhouette und der gotisch inspirierten Architekturelemente wurde er auch »Kathedrale des Kommerzes« genannt. Das 60-stöckige Gebäude wurde alsbald zum Wahrzeichen der Stadt und zu einer der beliebtesten Touristenattraktionen, die jährlich 300.000 Besucher hinauf auf die Aussichtsplattform in der 54. Etage lockte. »Das Woolworth Building wird den Ruhm New Yorks noch mehr vergrößern«, erklärte der Geistliche Reverend S. Parkes bei der Eröffnungsfeier. »Es kratzt nicht an den Wolken, es grüßt sie.«**

## DER VERKEHRSKNOTENPUNKT DER WELT

Am Abend des 24. April 1913 betätigte Präsident Woodrow Wilson um Punkt 19.30 Uhr einen elektrischen Schalter im Weißen Haus in Washington. Im selben Augenblick erstrahlten 200 Meilen nördlich in New York, an der Kreuzung Broadway und Park Row, in einem brandneuen Wolkenkratzer 80.000 Glühbirnen.

Das Woolworth Building sah aus »wie ein riesiger Feuerball, wie ein in seiner Goldfassung erstrahlender Diamant«, erinnerte sich ein Augenzeuge an den unvergesslichen Anblick, der sich noch 40 Meilen entfernt den Seeleuten auf dem offenen Meer bot. Mit rund 250 Metern Höhe, die sich auf 60 Stockwerke verteilten, war die »Kathedrale des Kommerzes« das bei weitem höchste Gebäude der Welt.

> *[Ist] New York die schönste Stadt der Welt? Sie kommt diesem Ideal jedenfalls sehr nahe. Die Nächte sind hier unvergleichlich. Wie oft habe ich nachts den Ausblick auf die Stadt aus hoch gelegenen Fenstern genossen. In solchen Momenten entfalten die mächtigen Gebäude eine magische Kraft und werden zu Flammenquadraten, die aus dem Himmel geschnitten zu sein scheinen. Das ist die Poesie dieser Stadt, in der wir die Sterne zu uns herabgeholt haben.*
>
> Ezra Pound, 1913

Im Jahr 1913 schien in New York nichts mehr unmöglich zu sein. Das sich ständig verändernde Erscheinungsbild der Stadt repräsentierte eine neue Symbolik menschlichen Schaffens, »Formen, die immer wieder neue Formen hervorbringen«, wie Walt Whitman schon Jahre zuvor vorausgesagt hatte: ganze Wohnblocks, die einfach senkrecht zu Wolkenkratzern aufgetürmt wurden, um dann in der Horizontalen wieder zu gigantischen Ozeandampfern zu werden, gleich riesigen Modellen Manhattans – des größten Ozeandampfers der Welt. All dies von Menschenhand Erschaffene, Elektrifizierte und ineinander Verschachtelte war Schauplatz eines schier endlosen Menschengewimmels.

Die Metropolis hatte jetzt auch ein weiteres Zentrum: am oberen Ende des Broadway, nördlich der 42nd Street. Im Lauf der Jahre hatte sich der Brennpunkt des städtischen Treibens aus den Straßenschluchten am unteren Broadway hin zum Long Acre Square verschoben – einem einst verschlafenen Flecken im Westen, der zehn Jahre zuvor noch von Kutschenhändlern und Mietstallbesitzern dominiert worden war.

Adolph Ochs, der neue Herausgeber der *New York Times*, hatte diese Entwicklung in Gang gesetzt: Er tauschte die ehemaligen Räume der Zeitung an der City Hall gegen einen nagelneuen 22-stöckigen Wolkenkratzer ein, der seit 1904 hoch über dem Platz thronte, den man zu Ehren der Zeitung nun Times Square nannte.

Nur zehn Jahre später brachten U-Bahnen aus allen Richtungen Männer und Frauen, Alte und Junge, Immigranten und geborene New Yorker zu diesem neuen großen Zentrum, das bald als *crossroads of the world* bekannt wurde – als »Verkehrsknotenpunkt der Welt«.

Der Times Square aus südlicher Richtung von der 45th Street aus gesehen. Einst unter dem Namen Long Acre Square ein verschlafener Flecken, wurde er 1904 zu Ehren des 22-stöckigen Hauptsitzes der *New York Times*, den die Redaktion im gleichen Jahr an der Ecke 42nd Street und Broadway bezogen hatte (siehe Bildmitte), in Times Square umbenannt. Gleichzeitig festigte die Anbindung an das Subway-Netz die Position des Stadtteils als New Yorks zentrales Vergnügungsviertel. 1895 ließ der Theaterdirektor Oscar Hammerstein das Olympia (im Bild links) als erstes Theater am Times Square erbauen – ein weitläufiger Komplex mit drei Bühnen, einem Restaurant, einer Bowlingbahn, einem Billardraum sowie einem türkischen Bad. Das Astor-Hotel (im Bild rechts), erbaut 1904, war vor allem für seinen Dachgarten berühmt, der sich über die gesamte Länge des Blocks erstreckte. Dort vergnügten sich an Sommerabenden Hunderte zwischen Springbrunnen und künstlichen Wasserfällen, auf Aussichtsplätzen und in der efeuumrankten Laube.

Im Jahr 1913 war der Times Square bereits zum zentralen Pflaster für New Yorks Theater, Varietés, Konzertsäle und Kinos aufgestiegen und bildete den Mittelpunkt des Nightlife der Metropole. Hier pochte das Herz des Entertainments, hier stand die Wiege der amerikanischen Unterhaltungskultur.

Tagsüber gaben sich in dieser Gegend die verschiedensten Leute aus allen Bereichen des Showbusiness die Klinke in die Hand – Schauspieler, Regisseure, Designer, Komponisten, Musiker und Manager eilten geschäftig zwischen den zahllosen Theatern, Probenräumen, Bühnenausstattungsläden, Vorverkaufsstellen, Pressebüros und Restaurants hin und her.

Nachts verwandelte sich der Bezirk in ein städtisches Vergnügungsviertel bisher unbekannten Ausmaßes. Hier suchten Bürger aus allen sozialen Schichten Unterhaltung und Zerstreuung. Jeden Abend trafen sich Zehntausende New Yorker am Times Square, um die Musicals und Varietévorführungen zu besuchen, um tanzen zu gehen oder elegant zu speisen. Besonders beliebt waren die zauberhaften Dachgärten auf den großen Hotels und Theatern, die hoch über der Stadt zu schweben schienen und wo man sich dem Sternenhimmel sehr nahe fühlte.

Doch trotz des vielfältigen Unterhaltungsangebots blieb der Times Square selbst die größte Attraktion. Jede Nacht erwachte er mit seinen riesigen Leuchtreklametafeln zu neuem Leben. Millionen Glühbirnen tauchten das gesamte Viertel in ein flackerndes, leuchtendes Glühen, als ob die Stadt New York selbst zu einer traumhaften Filmkulisse mutiert wäre.

Eines Septemberabends stand der französische Schriftsteller Pierre Loti auf dem Broadway, gefesselt von dem Spektakel ringsum, das ihn von den Straßen New Yorks direkt in die Zukunft zu entführen schien.

Bei seiner Eröffnung an der Ecke Broadway und 39th Street im Jahr 1882 lag das luxuriöse Casino Theater noch am nördlichen Rand des Theaterviertels – einem acht Blocks langen Abschnitt des Broadway oberhalb des Herald Square und der 34th Street, im Volksmund Rialto genannt. Mit aufwändigen Musicalproduktionen und damaligen Stars wie Lillian Russell oder dem berühmten Floradora-Girls-Sextett erlebte das Theater in den späten 1890er Jahren den Höhepunkt seines Erfolges. Um 1915, als diese Aufnahme entstand, verlor das Casino durch die Verlagerung des Theaterviertels hin zum Times Square sein Publikum und wurde schließlich 1930 abgerissen.

Blick auf den Times Square um 1914. Das erste Leuchtreklameschild am Broadway war 1897 installiert worden; 1906 kündigte das Knickerbocker Theater das Stück *The Red Mill* mit einer beleuchteten Windmühle an, deren Flügel sich zu drehen schienen – die erste Leuchtreklame, die eine Bewegung simulierte. 1913 wurde der Times Square bereits jede Nacht zu einem Lichtermeer mit über einer Million Glühbirnen, die dem Viertel den Namen Great White Way eintrugen.

*Es erfreut den müden, erholungsbedürftigen Geschäftsmann ebenso wie denjenigen, der auf dem Heimweg eine halbe Stunde Pause einlegt oder der für ein, zwei Stunden auf seinen Zug warten muss, … die vom Einkaufen erschöpfte Frau, Kinder, die Tiere und Akrobaten lieben, … Amerikaner jeglicher Herkunft, die für ihr Geld etwas erleben möchten. Vielleicht könnte man es als eine Art Imbiss-Kunst bezeichnen, aber Kunst ist etwas so Vages, und ein Imbiss etwas so Handfestes.*

Edwin Milton Royle, 1899

Kinder vor Reklametafeln in Manhattan – darunter auch die Ankündigung einer »Unvergleichlichen Show« des New Yorker Kulturmanagers Tony Pastor, der für sich in Anspruch nehmen kann, das Vaudeville-Varieté erfunden zu haben.

Nichts entsprach der kulturellen Vielfalt der Metropole besser als die vitale, ausgelassene und überaus beliebte Unterhaltungsform des so genannten Vaudeville. Obgleich sich diese Varieté-Form bald bis in die entferntesten Winkel des Landes ausbreitete, blieb New York stets deren kreative Quelle und wirtschaftlicher Schwerpunkt.

Alles begann damit, dass der umtriebige Theaterbesitzer Tony Pastor 1881 ein neues Gastronomie-Theater in der 14th Street eröffnete und bestrebt war, neue Besuchergruppen zu erschließen, indem er die traditionell etwas schlüpfrigen Varietévorstellungen durch neue Formen des Entertainment ersetzte. Diese waren so gesittet, dass es hieß, »Kinder könnten ihre Eltern dorthin mitnehmen«. Die Aufführungen bezeichnete man als Vaudeville, möglicherweise nach dem französischen *voix de ville* – Stimme der Stadt. Sie erfreuten sich speziell bei der Arbeiterschaft großer Beliebtheit und wurden bald von Theatern in ganz New York nachgeahmt.

Die Vorstellung lief zwei- oder dreimal am Tag und bestand aus einem bunten Aufführungsreigen: acht Akte, in denen unter anderem Balladensänger, Jongleure, Tänzer, Pantomimen, Dompteure, Zauberkünstler, Bauchredner, Gewichtheber und Opernsänger auftraten. »Jedes auch nur erdenkliche Element des Showbusiness kam darin vor, einschließlich Drama, Komödie und Zeitgeschichtliches«, wie der Komiker Billy Glason bemerkte.

Mit ihrer starken Überzeichnung landestypischer Eigenheiten boten die Darbietungen ein ebenso schrilles wie drastisches Spiegelbild der bunt gemischten New Yorker Bevölkerung. Da waren jüdische Komiker wie Eddie Cantor oder Sängerinnen wie Sophie Tucker, deren Lied »Meine jiddische Mamme« selbst Zuschauer zu Tränen rührte, die kein Wort Jiddisch sprachen. Da gab es handfeste Komödianten wie Joe Weber and Lew Fields, die mit breitem deutschem Akzent auftraten. Da waren Gruppen von irischen Tänzern und Sängern wie die Four Cohans – deren Sohn George M. Cohan mit selbst komponierten, eingängigen Melodien allen anderen die Show stahl. Einige Vaudevillaner ahmten den Akzent fremder Nationalitäten nach oder verbanden gegensätzliche Traditionen miteinander. »Ich bin ein Cocktail aus Dialekten«, erklärte die deutschstämmige Emma Carus. »Ein wenig Schottisch, eine ordentliche Portion Irisch, dazu ein Spritzer Holländisch, ein guter Teil Schwarzen-Slang, das Ganze abgerundet durch einem Schuss British English.«

*Ich brauche keine Stadtführungen mitzumachen, um meine Charaktere kennen zu lernen. Ich bin in New York geboren, mitten unter ihnen … wenn ich ein italienisches, irisches oder jiddisches Lied singe, denke ich einfach an eine konkrete Person, die ich schon jahrelang kenne.*

Belle Baker

Doch obwohl sich die Vaudeville-Darbietungen von den kulturellen Traditionen der Immigranten inspirieren ließen, richteten sie sich an den amerikanischen Normalbürger. Die Theatergebäude lagen meist in den Hauptgeschäftsstraßen, und die Vorstellungen wurden fast immer in englischer Sprache aufgeführt – wenn auch mit fremden Akzenten durchsetzt, um eine möglichst breit gefächerte Bevölkerungsgruppe anzusprechen. Im Zuschauerraum saß eine bunt zusammengewürfelte Menge irischer, jüdischer, italienischer und deutscher Einwanderer, die über die diversen Traditionen und Eigenheiten lachten und weinten, selbst wenn sie noch so übertrieben und klischeehaft dargestellt waren. Obwohl diese Unterhaltungsform ausschließlich vor einem kommerziellen Hintergrund entstanden war, trug sie zur Ausformung eines neuen Gemeinschaftsgefühls unter den Immigranten bei: Hier fühlten sie sich als Amerikaner und als Bürger von New York.

Paradoxerweise entstand das Gemeinschaftsgefühl auf Kosten einer anderen Bevölkerungsgruppe, der Amerikaner afrikanischer Herkunft, die als Zuschauer in speziell zugewiesenen Logen sitzen mussten – sofern man sie überhaupt einließ. Sie wurden auf der Bühne häufig von weißen Schauspielern mit geschwärzten Gesichtern der Lächerlichkeit preisgegeben. Nicht nur weiße, sondern auch afroamerikanische Schauspieler wurden von leitenden Theaterleuten dazu gezwungen, sich grotesk zu schminken und auf geradezu alberne Weise als sich schwerfällig dahinschleppende Plantagensklaven darzustellen. »Nichts erscheint mir absurder als ein Farbiger, der sich lächerlich verkleidet, um sich selbst darzustellen«, schrieb der farbige Komiker George Walker als einer der wenigen, die sich weigerten, bei diesen Geschmacklosigkeiten mitzumachen. Auf der anderen Seite begeisterte Walkers Partner, der Sänger und Komiker Bert Williams, farbige und weiße Zuschauer gleichermaßen durch seine gekonnten und feinsinnigen Vorführungen mit geschwärztem Gesicht, bis er schließlich eine Hauptrolle in Florenz Ziegfelds überragenden Follies übernahm.

Im Jahr 1900 erfuhr nicht nur das Vaudeville eine radikale Veränderung, sondern auch New Yorks Rolle innerhalb der Unterhaltungsindustrie der USA. Zwei Impresarios – Benjamin F. Keith und Edward F. Albee – begannen nämlich damit, Vaudeville-Vorstellungen in verschiedenen Städten in ganz Amerika aufzuführen. Damit schufen sie eine Tourneetheater-Organisation, die schließlich 2000 Bühnen zwischen New York und San Francisco umfasste. Es handelte sich um das erste landesweite Unterhaltungsangebot in der amerikanischen Geschichte, und New York als Entstehungsort der Shows wurde zum unbestrittenen Mittelpunkt des Showgeschäftes. Ebenso wie J.P. Morgan oder Vanderbilt vor ihnen nutzten Keith und Albee ihre Macht, um kleinere Geschäftsleute unter Druck zu setzen. Örtlichen Theaterbesitzern blieb wenig anderes übrig, als dem Diktat des New Yorker Tourneesystems zu gehorchen.

Bald strömten Leute von allen Seiten in die Stadt, um bei einem Vaudeville mitzumachen – getragen von der vagen Hoffnung, von den Veranstaltern, die ihre Büros in der Nähe des Times Square unterhielten, für die großen Tourneen entdeckt zu werden. Überall träumten Schauspieler davon, im »Palace« aufzutreten – dem luxuriösen Theater am Broadway, Ecke 46th Street, mit 1800 Sitzplätzen, das als die Krone des Vaudeville angesehen wurde. »All die Jahre auf den Provinzbühnen«, erinnerte sich später der Kolumnist und einstige Vaudevillaner Walter Winchell, »all die Absagen und Entwürdigungen, und immer die Hoffnung, eines Tages im Palace aufzutreten. Es war kaum zu verstehen für jemanden, der nie bei einem Vaudeville dabei war. Aber mir persönlich bedeutete es mehr, im Palace zu spielen, als ins Weiße Haus gewählt zu werden.«

Die New Yorker Schauspieler verließen die vertraute Umgebung ihrer Stadt, um monatelang die Provinz zu bereisen. »Wir kämpften uns durch obskure Orte im Mittleren Westen und im Süden«, berichtete ein in Manhattan geborener Vaudevillaner namens Harpo Marx später. »Dabei waren wir uns bewusst, dass drei Dinge gegen uns sprachen. Erstens waren wir Theaterleute. Zweitens waren wir Juden. Und drittens waren wir nicht allzu gut.« In den Städten und Dörfern im ganzen Land akzeptierten die Zuschauer dennoch rasch die besondere Sprechweise und die scharfzüngigen Dialoge der New Yorker Immigranten als die neue Stimme der Volkskultur Amerikas.

Es sollte allerdings nicht lange dauern, bis das Vaudeville Konkurrenz bekam. Ebenfalls am Times Square angesiedelte Filmemacher kopierten die Organisationsform von Keith und Albee und richteten in den Jahren vor dem Zweiten Weltkrieg landesweit Lichtspieltheater ein. Die prächtigen Gebäude entstanden nur wenige Häuserblocks vom Palace entfernt: so im Jahr 1914 das Strand, 1916 das Rialto, 1917 das Rivoli und 1919 das Capitol. Der Komiker Fred Allen bezeichnete sie als »Kathedralen, neben denen die Vaudeville-Bühnen wie Schmierentheater wirken«.

Nach der Entstehung des Tonfilms 1927 konnte sich das Vaudeville nicht mehr lange halten. Ein Theater nach dem anderen ging dazu über, Filme zu zeigen. Am 16. Oktober 1932 ersetzte schließlich auch das Palace sein übliches Abendprogramm durch eine Reihe von kurzen Sketchen, die, von Filmvorführungen unterbrochen, fünfmal am Tag dargeboten wurden. Ein halbes Jahrhundert nach seiner Entstehung war das Schicksal des Vaudeville endgültig besiegelt.

Dennoch wirkte sein Einfluss weiter, denn junge Schauspieler wie Al Jolson, Buster Keaton, George Jessel, Eddie Cantor, Fanny Brice, Jack Benny, George Burns, Gracie Allen, Cary Grant, Mae West, Milton Berle, Bill Robinson, Fred Astaire, Jimmy Cagney oder Jimmy Durante ließen die vielfältigen Vaudeville-Traditionen in Musikkomödien, Theaterrevuen, Kinofilme, Radioshows und schließlich auch ins Fernsehen einfließen. Ein Kritiker bezeichnete das Vaudeville-Varieté später als den »Grundstein« für eine neue Form der US-Volkskultur, die sich von den Einwandererbezirken New Yorks über das ganze Land und schließlich die ganze Welt verbreiten sollte.

Eine New Yorker Theateraufführung um 1902. Wie bei vielen der Vaudeville-Shows war der Schauplatz der Posse in der Stadt selbst angesiedelt – hier eine typische Straßenecke in Manhattan mit einem irischen Saloon und einem deutschen Gemischtwarenladen.

*Die prächtig ausgestatteten Geschäfte mit ihren riesigen Schaufenstern erinnern mich an unsere eigenen Boulevards. Aber die Elektrizität, die hier allmächtig regiert, tritt tausendmal aggressiver in Erscheinung als bei uns. Alles vibriert und knistert unter der immensen, Licht und Kraft spendenden Stromspannung. Ja, jeder einzelne Passant wirkt in diesem Umfeld wie elektrisiert … Wenn ich von hier nach Hause zurückkehre, wird mir Paris mit seinen kleinen, engen Häusern wie eine ruhige, altmodische Kleinstadt vorkommen. Und selbst die alljährliche Festbeleuchtung zu Ehren des 14. Juli kann es keineswegs mit dem Lichterzauber aufnehmen, der jede Nacht über New York liegt. Überall funkeln und flackern bunte Lichter, formen Buchstaben und lösen sich wieder auf. Lichtkegel fallen in Kaskaden von den oberen Etagen der Hochhäuser in die Tiefe oder scheinen in der Ferne Leuchtbanner über die Straßen zu spannen. Aber der Blick des Betrachters streift in die Höhe, wo sich durch geniale Apparaturen Lichterketten bewegen und tanzende Visionen erschaffen … Sie erlöschen und wandern weiter, und das Ganze geschieht schnell, sehr schnell – so schnell, dass das menschliche Auge kaum zu folgen vermag. Von Zeit zu Zeit erstrahlt eine riesige Werbefläche, die tagsüber im Dunst der Stadt kaum sichtbar ist, in flammendem Rot auf dem Dach eines Wolkenkratzers und brennt irgendeinen Namen in das Gedächtnis, bevor sie wie ein Hirngespinst wieder erlischt.*

Pierre Loti

**Auf dieser 1911 entstandenen Panoramaaufnahme kann man erkennen, wie das spätere Erscheinungsbild des Times Square Gestalt annimmt: überall Geschäfts- und Theatergebäude, deren Fassaden und Dächer von Werbeplakaten und Eisengestellen mit Neonreklamen bedeckt sind. Bei Tage eher unscheinbar, erwachte der Platz erst nachts zum Leben – dann waren die Eisengestänge nicht mehr zu erkennen und die riesigen Neoninstallationen schienen über der Stadt zu schweben.**

Zum Zeitpunkt der Aufnahme – hier die Wahlnacht von 1916 – war der Times Square längst zum zentralen Versammlungsort der New Yorker Bevölkerung geworden. »Er ist das Forum der Stadt«, schrieb Gerald W. Johnson, »der Marktplatz, zu dem alle Menschen strömen, wenn sie von tiefen Emotionen erfüllt sind … Alle vier Jahre versammeln sich hier eine Million Bürger, um sich über den aktuellen Auszählungsstand der Wahlstimmen zu informieren. Und am Silvesterabend finden sie sich erneut ein – die Blicke nach oben auf den leuchtenden weißen Ball auf der Spitze der Fahnenstange gerichtet. Sie alle wollen den entscheidenden Moment nicht verpassen, um als Erste ihren Nachbarn ein frohes neues Jahr zu wünschen, das immer wieder verspricht, glücklicher zu sein als das vergangene.«

# NEW YORK – WO DIE MODERNE WELT GESTALT ANNAHM 1898–1929

KENNETH T. JACKSON

In den drei Jahrzehnten, die zwischen dem 1898 erfolgten Zusammenschluss der fünf Stadtbezirke zu einem riesigen Gesamtgebilde und dem Börsenkrach von 1929 lagen, entwickelte sich New York zu einer weltweit einzigartigen Metropole. Natürlich hatten sich auch schon in früheren Jahrhunderten einst bescheidene Ansiedlungen zu Weltstädten entwickelt, doch im Vergleich zu New York wirkten Istanbul, Venedig, Tokio, Moskau oder Madrid beinahe wie Provinzstädte. Allein die Größe war ebenso eindrucksvoll wie einzigartig: Um 1930 lebten allein in New York mehr als sieben Millionen Menschen, zu denen sich in den Vororten weitere vier Millionen gesellten. Ein weiterer Rekord: Zwei Millionen davon hatten im Ausland das Licht der Welt erblickt (517.000 in Russland und 430.000 in Italien).

New Yorks wahre Einzigartigkeit beruhte jedoch von jeher weniger auf seinen riesigen Ausmaßen als vielmehr auf dem für die Metropole typischen *way of life*. Auch ohne die Hauptstadt der USA zu sein, hatte New York bereits zu Beginn des Jahrhunderts sowohl kulturell als auch auf wirtschaftlicher und politischer Ebene eine Führungsposition eingenommen. Mochte Boston zwar seit Ende des 19. Jahrhunderts das Zentrum der Zeitungs- und Buchverleger sein, so war der Broadway zur Hochburg der amerikanischen Theaterkultur aufgestiegen, und das Metropolitan Museum of Art sowie die Metropolitan Opera hatten einen Standard gesetzt, der nur in Europa seinesgleichen fand. Darüber hinaus beheimatete der Stadtteil Greenwich Village viele von Amerikas führenden Künstlern und Literaten.

Mit einer ungeheuer komplexen Infrastruktur und einer ganzen Reihe von technischen, wirtschaftlichen und gesellschaftlichen Umwälzungen demonstrierte New York eine Vielfältigkeit urbanen Lebens, die auf Jahrzehnte hinaus ein Vorbild für alle Metropolen dieser Welt setzen sollte. Hierzu trugen insbesondere fünf Faktoren bei: neue Formen des Wohnens, seien es breit gestreute Vorortsiedlungen oder auch die großen Apartmentblocks; neue Verwaltungs-, Handels- und Verkaufsstrukturen, z. B. auf Wolkenkratzer konzentrierte Bürokomplexe oder große Warenhauspaläste; neue Formen der Kommunikation wie Zeitungen für die Massen und flächendeckende Rundfunknetze; neue Freizeitangebote in Form von Restaurants, Vergnügungsparks und großen Sportveranstaltungen; und neue Massenverkehrsmittel wie die in ihrer Komplexität konkurrenzlose Subway.

### NEUE WOHNFORMEN

Um 1900 lebten mehr als die Hälfte der New Yorker in standardisierten Mietskasernen. Dort teilten sich – in der Regel auf sechs Etagen – ca. 150 Personen 12 Toiletten sowie 84 beengte und unbelüftete Räume, in die meist kaum Tageslicht einfiel. Noch 1914 lebte ein Sechstel der gesamten Stadtbevölkerung zusammengepfercht in der Lower East Side: durchschnittlich 100.000 Menschen auf einem Quadratkilometer – die höchste jemals gemessene Besiedlungsdichte. Wäre die ganze Stadt derart übervölkert gewesen, wäre ein Moloch mit 78 Millionen Menschen entstanden.

Schließlich wurde 1901 mit dem Tenement House Act ein Gesetz verabschiedet, das einen historischen Grundpfeiler des amerikanischen Baurechts bildete und den nationalen Maßstab für die Bereitstellung erschwinglichen Wohnraums definierte. Nun konnten bei Neubauten wirksame Vorschriften und Qualitätskontrollen durchgesetzt werden.

Zwei weitere Neuerungen im Wohnungsbau führten zu ebenso grundlegenden Umwälzungen. Die erste betraf die Errichtung von Vorortsiedlungen, was für eine Metropole mit dem größten City-Areal des Landes zunächst verwundern mag. Das Ideal, halb auf dem Land, halb in der Stadt zu wohnen, gab es seit langem, aber diese Bestrebungen wurden erst ab 1817 ernsthaft in die Tat umgesetzt, nachdem Robert Fulton die erste regelmäßige Fährschifflinie zwischen Brooklyn Heights und dem Wirtschaftszentrum in Lower Manhattan eingerichtet hatte. Damit eröffnete sich Geschäftsleuten die Möglichkeit, ihre Familien fernab von den multikulturellen und eher bedrohlich wirkenden Straßen New Yorks in einem idyllischen Umfeld unterzubringen, während man innerhalb von 15 Minuten zurück in die Büros und Kontore der City gelangte. Das Experiment gelang, und bereits zur Jahrhundertmitte berichtete Walt Whitman, der von seinem Arbeitsplatz bei der Zeitung *Brooklyn Daily Eagle* die Anlegestelle der Fulton-Fähren überblicken konnte, immer wieder über die enorme Expansion der Vororte. »In Brooklyn«, so sein Fazit, »können auch Interessenten mit mittlerem Einkommen Häuser zu bezahlbaren Preisen oder Mieten finden, während in New York City entweder nur palastähnliche Villen oder heruntergekommene Bruchbuden angeboten werden.«

In den ersten Jahrzehnten des 20. Jahrhunderts sorgte zudem ein immer dichter werdendes Schienennetz für die weitere Ausdehnung New Yorks. Eine wahre Flut neuer Wohnsiedlungen erfasste Tausende von Quadratkilometern, sei es im nördlich der City gelegenen Westchester County, im Nassau County im Osten auf Long Island oder in New Jersey im Hudson, Essex und Bergen County. Inzwischen gab sich die neue Mittelklasse auch nicht mehr mit den für Brooklyn Heights und andere frühe Vorortsiedlungen typischen Reihenhäusern zufrieden, sondern verlangte jetzt vermehrt nach einem frei stehenden Gebäude auf einem angemessen großen Grundstück. Dieses Ideal griff bald auch auf andere Städte über, was allerdings nichts daran änderte, dass damals wie heute keine andere Metropole der Welt über eine derart ausgedehnte Vorortbesiedelung verfügte.

Trotzdem war und blieb New York eine Stadt voll riesiger Wohnblocks. Nicht von ungefähr zählte die wachsende Akzeptanz von Mietwohnungen in dem halben Jahrhundert nach dem Ende des Bürgerkriegs zu den bedeutendsten Wandlungen der Wohnkultur. Vor 1870 galt es unter den bürgerlichen Wächtern der Mittelklassenmoral als skandalös, wenn zwei nicht miteinander verwandte Familien unter einem Dach zusammenlebten oder ein Schlaf- und ein Wohnzimmer auf ein und demselben Flur lagen. Dass derlei Sitten an einem Ort wie Paris bereits seit Jahrzehnten Alltag waren, galt nur als Bestätigung. Erst das 1869 von dem Architekten Richard Morris Hunt entworfene Stuyvesant-Gebäude an der East 18th Street brachte solche Vorstellungen ins Wanken. Weitere Großprojekte folgten, darunter das 1884 an der Ecke 72nd Street und Central Park West fertig gestellte Dakota Building. Um die Jahrhundertwende lösten große Apartmentgebäude langsam, aber sicher die früheren Sandsteinvillen als Domizil für die New Yorker Oberschicht ab. Das gelang nicht zuletzt deshalb, weil die ersten Apartmenthäuser auf einer einzelnen Etage all die Vorzüge und Annehmlichkeiten boten, über die ein einzelnes fünfstöckiges Reihenhaus verfügte. Dazu gehörte auch eine klare Trennung zwischen Wohnbereich für die Familie und Arbeitsräumen bzw. Unterkünften für die Dienerschaft.

Als die Reichen immer mehr Gefallen daran fanden, in großen, mehrstöckigen Gebäuden zu residieren, kamen auch die Mittelstandsfamilien in Brooklyn, der Bronx und den oberen Vierteln Manhattans auf den Geschmack. Bald bestimmten vor allem an der Upper East und West Side außergewöhnlich hohe Apartmentblocks das Straßenbild. So wurden am Broadway zwischen 1904 und 1908 die drei seinerzeit weltweit größten Wohnhäuser errichtet: das Ansonia an der 73rd Street, das Apthorp an der 79th Street und das Belnord an der 86th Street. Der letztgenannte Palazzo nahm mit seinen zwölf Stockwerken und dem umbauten Innenhof den gesamten Block zwischen dem Broadway und der Amsterdam Avenue ein. Die insgesamt 175 Apartmentsuiten mit jeweils acht bis vierzehn Räumen verfügten unter anderem über ein Rohrpostsystem, und rund um die Uhr bewachte ein Portier die Eingangshalle.

Zu Beginn des 20. Jahrhunderts erwies sich Emery Roth in ganz New York als produktivster Architekt für hohe und luxuriöse Apartmenthäuser. Sein erstes Großprojekt war das 1903 eröffnete Belleclaire Hotel an der Ecke Broadway und 77th Street. Auf Roths Zeichenbrett entstanden darüber hinaus die Entwürfe für die San Remo und Beresford Apartments am Central Park West, der Ritz Tower an der Park Avenue, die Normandy Apartments am Riverside Drive und das altehrwürdige, 1911 erbaute Haus Nr. 417 an der Park Avenue. Bei all diesen Gebäuden gelang es Roth, Stilmittel der Renaissance und der Klassik mit moderner Hochhausarchitektur zu verbinden, und er überzeugte seine Klienten – denen es ohne weiteres möglich gewesen wäre, in einen der Vororte zu ziehen –, dass das Leben in einem Apartmenthochhaus Eleganz und Kultiviertheit mit Komfort und Bequemlichkeit verband.

### NEUE FORMEN DES EINKAUFENS

Um 1900 beherbergte New York die größte Ansammlung von Kaufleuten, Industriedesignern, technischen Beratern, Anwälten, Bankern und Architekten in ganz Nordamerika. Zu dieser Zeit war die Wall Street bereits zur nationalen Institution geworden, Investmentbanker wie J. P. Morgan, Jacob Schiff, die Gebrüder Seligman und August Belmont genossen einen legendären Ruf, und als aus einstmals kleinen Klitschen landesweit operierende Konzerne wurden, stieg New York zum Zentrum der US-Wirtschaft auf.

Nichts symbolisierte den neuen Lebensstil so anschaulich wie die großen Kaufhäuser und die in den Himmel ragenden Wolkenkratzer. Bis heute werden die damals entstandenen Bürotürme vor allem als technische Errungenschaften gefeiert. Dabei wird allzu leicht übersehen, dass derartige Gebäude auch ganz neue Formen der Arbeitsorganisation mit sich brachten. Um 1910 strömten tagtäglich Tausende von Angestellten in Aufzüge, von denen sie in künstlich beleuchtete Räume verfrachtet wurden, wo Hunderte weiterer Menschen mit denselben Aufgaben beschäftigt waren. In mancher Hinsicht waren die damals modernen Bürogebäude nichts anderes als ein riesiger Aktenschrank mit vielen verschiedenen Schubladen und Ablagefächern.

Das Erscheinungsbild New Yorks wurde jedoch ebenso nachhaltig von den großen Einkaufspalästen geprägt. Diese neue Form des Einzelhandels wurde 1846 geboren, als der schottische Einwanderer Alexander T. Stewart am Broadway, Ecke Chambers Street ein großes Warenhaus eröffnete. Zuvor hatten Kunden, die zum Beispiel neue Kleidung oder ein Paar Schuhe kaufen wollten, kleine, spezialisierte Läden oder einen Schneider bzw. Schuster aufgesucht, um Maßanfertigungen in Auftrag zu geben. Stewart sowie der in Philadelphia tätige John Wanamaker warfen diese bisherige Herangehensweise über den Haufen. Sie unterteilten ihre Häuser in unterschiedliche Abteilungen, wo die Kundschaft eine nie zuvor gekannte Vielfalt an Waren erwartete. Nach und nach führte Stewart auch revolutionäre Verkaufsstrategien ein, etwa groß angelegte Werbeaktionen oder die Geld-zurück-Garantie. 1862 eröffnete Stewart an der Ecke Broadway und 10th Street ein nochmals größeres und mit permanenter Orgelmusik beschalltes Warenhaus, das über zwei Treppenhäuser sowie im Zentrum über eine geräumige Rotunde verfügte.

Gelang es A.T. Stewart, jahrhundertealte Einzelhandelspraktiken durch neue Angebotskonzepte beiseite zu fegen, so entstand alsbald auf engstem Raum eine beispiellose Konzentration von Warenhäusern. So bezeichnete etwa der Begriff *Ladies' Mile* um 1900 ein Gebiet, das sich entlang des Broadway und der Sixth Avenue und von der 10th bis zur 23rd Street erstreckte. Hier scharten sich mehr imposante Konsumtempel als irgendwo sonst auf der Welt. Der größte davon gehörte der Cooper-Siegel-Company. Die Tore dieses aus Backstein und Terrakotta erbauten, verschwenderisch ausgestatteten Hauses, dessen Haupteingangsbereich mit einem riesigen Springbrunnen ausgestattet war, öffneten sich 1896. Der Kundschaft wurde – wie es in einer Werbeanzeige hieß – »alles und jedes unter der Sonne« feilgeboten. Schon bald kursierten wilde Geschichten über das scheinbar grenzenlose Bemühen der Kaufhausmanager, auch jeden noch so ausgefallenen Wunsch der Kundschaft zu befriedigen. Als zum Beispiel jemand sein – wie sich später herausstellte scherzhaft gemeintes – Kaufinteresse an einem lebenden Elefanten äußerte, erhielt er einige Wochen später überraschend Post von Siegel-Cooper: »Das Dampfschiff *Van Dam* trifft morgen aus Ceylon mit einem weißen Elefanten ein. Bitten um weitere Instruktionen.«

Die Warenhauspaläste prägten nicht nur immer stärker das architektonische Erscheinungsbild des Stadtzentrums, sie repräsentierten auch die zunehmende Ausrichtung des Einzelhandels auf Frauen als bedeutendste Käufergruppe. Da jene bisher meist in der Nähe ihrer Wohnungen eingekauft hatten, war die City überwiegend den Männern vorbehalten gewesen. Das aber sollte sich grundlegend ändern. Während die der Mittelklasse angehörenden Männer weiterhin den Großteil ihrer Energie aufs Geldverdienen konzentrierten, befriedigten ihre Gemahlinnen ihre wachsenden Konsumbedürfnisse dadurch, dass sie Kleidung von der Stange, Spielzeug für die Kinder und Ausstattungsgegenstände für die Wohnung erwarben. Bereits in den ersten Jahrzehnten des 20. Jahrhunderts – als große, luxuriös ausgestattete Kaufhäuser immer umfangreichere Warensortimente anboten, Produktgarantien gewährten und ganzseitig in den Tageszeitungen inserierten – wurde Shoppen in New York zu einer beinahe exklusiven Domäne der Frauen. Auf diese Weise eroberten sie nicht nur die Warenhäuser, sondern auf dem Weg dorthin auch die zuvor von Männern dominierten Innenstadtbezirke.

Als dann die Kundschaft mit der Zeit in die nördlicheren Bezirke abwanderte, folgten ihr die Warenhäuser nach. R. H. Macy bewies mit seinem Konsumtempel als Erster diese für New York typische Flexibilität. Nathan Straus, dessen Bruder Isidor später mit der *Titanic* unterging, erwarb die Firma 1888 und verlegte den Standort 1902 von der 14th an die 34th Street, Ecke Broadway. Damit wurde Macy's zum ersten großen Warenhaus nördlich der 23rd Street.

Die Südhälfte Manhattans, gesehen vom Metropolitan Life Tower um das Jahr 1915.

Kurz darauf begann B. Altman zwischen 34th und 35th Street sowie Madison und Fifth Avenue mit dem Bau eines zwölfstöckigen Kaufhauses aus französischem Kalkstein. Ganz im Stil der italienischen Renaissance verfügte es über breite Gänge, hohe Decken, Kristalllüster und Parkettböden. Besondere Berühmtheit erlangte es durch seine außergewöhnliche Schaufensterdekoration zur Weihnachtszeit.

Nachdem Altman's und Macy's den Anfang gemacht hatten, schossen an der Fifth Avenue und am Herald Square zwei neue imposante Shoppingzentren aus dem Boden. Dort fanden sich Gimbel's, Arnold Constable, Saks Fifth Avenue, Lord and Taylor, Bonwit Teller sowie ein Dutzend weitere Unternehmen. Zusammengenommen boten sie mehr Verkaufsfläche als jedes andere Einkaufsviertel auf der Welt.

#### NEUE KOMMUNIKATIONSFORMEN

New York war schon lange die Zeitungshauptstadt des Landes gewesen, doch nahm das Wachstum des Mediensektors in den Jahrzehnten vor dem Ersten Weltkrieg geradezu dramatische Formen an. Ein Beispiel: Nachdem er 1883 die *World* gekauft hatte, führte der Verleger Joseph Pulitzer zehn Jahre später den Farbdruck und mehrfarbige Comics in die Printmedien ein. Damit leistete er nicht nur Pionierarbeit, sondern erzielte mit seiner Sonntagszeitung auch die höchste Auflage der USA. Dann übersiedelte William Randolph Hearst 1895 von San Francisco nach New York und erwarb das *New York Journal*. Er nutzte den Vorteil von Hochgeschwindigkeits-Rotationspressen dazu, die Auflage um Hunderttausende zu erhöhen. Pulitzer wie Hearst trugen durch die Leitartikel in ihren Massenblättern dazu bei, Amerika 1898 in einen Krieg mit Spanien zu treiben, und beiden gelang es, berühmte Reporter wie Nelly Bly, Lincoln Steffens oder Stephen Crane unter Vertrag zu nehmen.

In der Folgezeit ging es für die New Yorker Zeitungen sogar noch steiler bergauf. Dutzende von spezialisierten Blättern etablierten sich am Markt, darunter der *Jewish Daily Forward* (1897), die *Amsterdam News* (1909) für Amerikaner afrikanischer Herkunft oder der kommunistische *Daily Worker* (1927). Hinzu kamen Presse- und Informationsdienste wie Associated Press (bereits 1848 gegründet, aber 1900 erheblich verstärkt), United Press (1909) und International News Service (1909). Zeitgleich eroberten immer mehr Boulevardblätter mit großen Fotos und sensationsheischenden Schlagzeilen die Leserschaft. Mit einer Tagesauflage von fast zwei Millionen Exemplaren wurde die 1919 gegründete *Illustrated Daily News*, die bald nur noch *Daily News* hieß, um 1930 zur meistgelesenen Zeitung der Welt.

Die bedeutsamste Entwicklung zu Beginn des 20. Jahrhunderts war allerdings die Tatsache, dass sich die *New York Times* zu einer der weltweit einflussreichsten Zeitungen mauserte. 1851 gegründet, sank die Tagesauflage 1896 auf einen Tiefpunkt von 9000 Exemplaren: nicht viel im Vergleich zu den 200.000 der *World*, den 300.000 des *Journal*, den 140.000 des *Herald* oder den 70.000 der *Sun*. Im selben Jahr kaufte jedoch Adolph S. Ochs sowohl die Zeitung als auch das Redaktionsgebäude an der Park Row. Sein Hauptziel bestand darin, Niveau und Ansehen des Blattes zu steigern, um auf diese Weise eine Leserschaft anzusprechen, die mehr Wert auf verlässliche Informationen legte als auf Sex and Crime. Innerhalb der nächsten 20 Jahre schaffte es die *New York Times* tatsächlich, die Spitze des Zeitungsmarkts zu erklimmen und durch gut recherchierte Hintergrundberichte – etwa über Robert Pearys Polarexpedition und Albert Einsteins Entdeckungen – zu halten. Hinzu kam eine Vielzahl von Meldungen über New Yorks Finanzwelt und Industrie. Es folgten die Berichterstattung über den Untergang der *Titanic* und die Gemetzel des Ersten Weltkriegs. Chefredakteur Carr Van Anda war es seinerzeit gelungen, die Reporter bereits vor Ausbruch der Kampfhandlungen an den entscheidenden Schauplätzen in Stellung zu bringen.

Als die Zeitungen in den 1920er Jahren von der Erfindung der Telekommunikation existenziell bedroht wurden, gingen die wichtigsten Impulse wiederum von New York aus. Die drahtlose Telegrafie wurde als Vorform des Radios bereits 1899 in den USA eingeführt: James Gordon Bennett, der Besitzer des *New York Herald*, übertrug die Admiral's-Cup-Regatta im New Yorker Hafen an eine Station an der 34th Street. Zwar konnte KDKA in Pittsburgh für sich in Anspruch nehmen, Amerikas erster kommerzieller Sender zu sein, aber es fiel Manhattan zu, innerhalb kürzester Zeit zur Zentrale landesweit ausgestrahlter Programme zu werden. Als erstes Rundfunknetz in der Stadt nahm die National Broadcasting Company (NBC) unter der Leitung von David Sarnoff 1926 ihre Arbeit auf. Ein Jahr später ging der große Rivale, das Columbia Broadcasting System (CBS), und auch Blue Network, bald unter dem Namen American Broadcasting Company (ABC) bekannt, auf Sendung. Sie alle trugen dazu bei, dass New Yorker Stars wie Fred Allen, Jack Benny, Al Jolson, George Burns und Gracie Allen in ganz Amerika berühmt wurden.

#### NEUE FORMEN DER FREIZEITGESTALTUNG

Ein weiterer Weg, der Monotonie der täglichen Arbeit und der Enge der eigenen Wohnung zu entfliehen, bestand darin, sich der neuen Vergnügungen zu erfreuen, die seit 1880 einem breit gestreuten Publikum offen standen. Die New Yorker konnten zwischen drei Angeboten wählen: Restaurants und Nachtclubs, Freizeitparks oder Sportarenen.

Da es für uns heutzutage zu einer völligen Selbstverständlichkeit geworden ist, zum Essen auszugehen (und sei es auch nur zu McDonald's), können wir uns kaum vorstellen, dass die Menschen früher fast alle Mahlzeiten zu Hause einnahmen. Und doch galt dies bis zum Zweiten Weltkrieg für die allermeisten amerikanischen Haushalte.

In New York setzte der Trend, außer Haus zu essen, 1831 ein, als zwei schwedische Brüder das Delmonico's an der William Street in Lower Manhattan eröffneten. Pariser Vorbildern folgend, setzte der Feinschmeckertempel, der während des Bürgerkriegs zum berühmtesten Restaurant des Landes wurde, als Mekka für Gourmets und Personen des öffentlichen Lebens neue Maßstäbe, und das in immer größeren Räumlichkeiten an immer neuen Orten: sowohl am Broadway, wo Jenny Lind und Louis Napoleon dinierten, als auch an der Fifth Avenue und 14th Street, von wo aus Samuel F. B. Morse das erste Telegramm über den Atlantik schickte. Während der langen Geschichte von Delmonico's (1831–1923) kreierten die dortigen Köche solche unvergessenen Köstlichkeiten wie Lobster Newburg, Pie à la Mode, das Delmonico Steak oder Chicken à la King.

Nach Ende des Bürgerkriegs, als konkurrierende Restaurants wie Rector's, Maison D'Orée und Louis Sherry's aufmachten, und besonders nach 1900, als die Gastronomie der Stadt durch Hunderttausende von Immigranten aus aller Herren Länder bereichert wurde, stieg New York zur unbestrittenen Feinschmecker-Hauptstadt auf. So etablierten das Barbetta, das 1906 an der 39th Street eröffnet wurde und 1925 an die West 46th Street umzog, genauso wie Mamma Leone's, ebenfalls 1906 eröffnet, im Theaterviertel die Piemonteser Küche. Lüchow's servierte deutsche Küche, und die ständig wachsende jüdische Bevölkerung machte eine Form von Ladenlokal populär, Delicatessen genannt, in dem man nicht nur essen, sondern auch einkaufen konnte, angefangen bei Lachs über Pickles bis hin zu Vanille-Shakes. 1899 organisierte das Café Martin große Bankette, während zur gleichen Zeit chinesische Lokale die New Yorker mit asiatischen Köstlichkeiten vertraut machten.

Nachdem sich die New Yorker daran gewöhnt hatten, auswärts zu essen, gingen sie den nächsten Schritt hin zu einer modernen Freizeitkultur, indem sie Nachtclubs ins Leben riefen. Der neue Trend setzte etwa 1911 ein – in dem Jahr, in dem der Foxtrott aufkam und die Gebrüder Bustanoby in ihrem viel besuchten Restaurant Tanzveranstaltungen organisierten. Lokale wie Rector's und Reisenweber's machten es ihnen bald nach, sodass Essen, Trinken und Tanzen unter einem Dach vereint wurden. Zwar setzte die Prohibition dem aufkeimenden Nachtleben der New Yorker ein vorläufiges Ende, doch findige Unternehmer umgingen die gesetzlichen Verbote, indem sie auch ohne Konzession illegale Clubs gründeten, die allein von Flüsterpropaganda lebten. Nach dem Fall der Prohibition im Jahr 1933 eröffneten eine ganze Reihe neuer Nachtclubs, darunter das El Morocco, der Stork Club und das Copacabana, die mit ihrer opulenten Ausstattung und ihren spektakulären Unterhaltungsprogrammen neue Maßstäbe setzten.

Handelte es sich bei den Nachtclubs vor allem um Tummelplätze für die Schönen und Reichen der Stadt, so strömten die Arbeiterfamilien in die Freizeitparks. Die einsame Spitze bildete Coney Island, auch wenn die während des Bürgerkriegs eingerichtete Anlage anfangs nichts weiter gewesen war als ein am Meer gelegenes und einige Hotels umfassendes Erholungsgebiet. Dennoch verbanden bereits 1870 nicht weniger als sechs Bahnstrecken Manhattan mit verschiedenen Zielpunkten an den weiten Stränden. In den späten 1880er Jahren schossen dann immer mehr Hotels aus dem Boden, und Pferderennen sowie Preisboxen zogen zusätzlich Tausende von Besuchern an.

Der entscheidende Umbruch erfolgte allerdings erst um die Jahrhundertwende. 1897 eröffnete George Tilyou den Steeplechase Park, der seinen Namen einem Hindernisparcours verdankte, der rings um das Gelände verlief. 1903 erbauten Frederic Thompson und Elmer Dundy den Luna Park mit venezianischen Gondeln, einem japanischen Garten, einem Eskimodorf, einer holländischen Windmühle, einem chinesischen Theater und einer erhöhten Promenade. Darüber hinaus ermöglichten die 250.000 Glühbirnen des Parks einen 24-Stunden-Betrieb der Anlage. Schließlich schuf der Politiker William Reynolds auf der dem Luna Park gegenüberliegenden Straßenseite 1904 das Dreamland: einen Freizeitpark, der den nächtlichen Himmel mit insgesamt einer Million Glühbirnen erhellte.

Auch wenn die englischen Badeorte Brighton und Blackpool für die Konzeption von Coney Island Pate gestanden hatten, gab es nichts Vergleichbares auf der Welt. Und als das Subway-Netz 1920 auch Coney Island einschloss, konnten Millionen Menschen für fünf Cent zu den Vergnügungsparks hinausfahren und sich an aufregenden Fährgeschäften, Kuriositätenshows, Wachsfigurenkabinetten und einem Lichterspektakel erfreuen, das alle Vorstellungen sprengte. Da zu dieser Zeit die Preise für Hot Dogs und die Fährbetriebe ebenfalls auf fünf Cent gesenkt wurden, konnten sich auch Familien mit geringem Einkommen ein erlebnisreiches Wochenende oder erholsame Spaziergänge auf der Strandpromenade leisten. Bevor Disneyland 1955 in Südkalifornien seine Pforten öffnete, war Coney Island der meistbesuchte und bekannteste Freizeitpark der Welt.

Als größte und reichste Stadt Amerikas offerierte New York natürlich auch ein Angebot an Sportveranstaltungen, das jeden Geschmack befriedigte. So konnten Interessierte auf einer ganzen Reihe von Trabrennbahnen Pferdewetten abschließen, und in der ersten Hälfte des 20. Jahrhunderts erwarb sich die Metropole den Ruf, die erste Adresse für Boxkämpfe zu sein. Viele herausragende Begegnungen fanden hier statt, darunter der erst nach 22 Runden errungene Sieg von Jim Jeffries über James J. Corbett in dem am 11. Mai 1900 ausgetragenen Weltmeisterschaftskampf im Schwergewicht oder Jack Dempseys Triumph über Louis Firpo am 14. September 1923, den 82.000 Zuschauer verfolgten. Unterdessen hatten die New Yorker Behörden 1920 das Preisboxen legalisiert und eine staatliche Kontrollkommission eingesetzt. Zwei Wochen nach Verabschiedung des Gesetzes brachte der Boxveranstalter Tex Rickard mit Hilfe des Zirkuschefs John Ringling genügend Geld zusammen, um den Madison Square Garden mieten zu können. Dieser war trotz vielfältiger Bemühungen nie ein echter Publikumsmagnet geworden, doch unter Rickards Regie stieg er zur berühmtesten Veranstaltungshalle der USA auf. Boxkämpfe, Freistilringen, Rodeos, Eishockey, Basketball, Zirkusauftritte und Pferdeshows waren nur ein Teil der Attraktionen, die hier geboten wurden.

Zum populärsten Zeitvertreib entwickelte sich jedoch das Baseballspiel, das in New York nicht nur aus der Taufe gehoben wurde (Cooperstown kam erst viel später), sondern hier auch seine geistige Heimat hatte. Als einzige Stadt in der Geschichte der USA beherbergte New York zeitgleich drei Erstligaklubs, die jeweils über große Fangemeinden verfügten: die New York Giants, die New York Yankees und die Brooklyn Dodgers. Das renommierteste und nicht nur finanziell bestausgestattete Team des Landes waren die Yankees, was sie vor allem einem Mann zu verdanken hatten – Babe Ruth. Er stieß 1920 zur Mannschaft und schlug schon bald so viele Homeruns, dass sich durch ihn die Art des Spiels veränderte. Ruth führte die Bronx Bombers zu insgesamt sieben Landes- und vier Weltmeisterschaften. Das Yankee-Stadion galt als »Ruths Haus«, da die meisten der 67.000 Zuschauer, die es fasste, vor allem seine Fans waren. Baseball entwickelte sich mit der Zeit allerdings nicht nur zur mit Abstand populärsten Sportart, sondern zu weit mehr: Hier wurden die Immigranten auf spielerische Weise mit den ihnen noch fremden Regeln und Konzepten der amerikanischen Gesellschaft vertraut gemacht.

### NEUE FORMEN DES ÖFFENTLICHEN PERSONENVERKEHRS

All die Wolkenkratzer, Apartmenthäuser, Einkaufsparadiese, Freizeitparks und Sportarenen – kurz: New Yorks gesamte Infrastruktur – hätten nicht ohne ein außergewöhnliches Netz öffentlicher Verkehrsmittel existieren können. Dabei musste das größte Personenbeförderungssystem der Welt eine Vielzahl technischer Hürden bewältigen, die aus der geografischen Lage der Stadt resultierten. Da nur die Bronx direkt mit dem Festland verbunden ist, stellt New York im Grunde einen Archipel mit einer mehr als 500 Meilen langen Küstenlinie dar. Zudem sind die Flussläufe und Buchten des Stadtgebietes ungleich weiträumiger als etwa in London, Paris, Berlin und Rom. Das Hauptproblem bestand also darin, weit voneinander entfernte Bezirke mit Hilfe von Schienen und Straßen zu einem organischen Ganzen zu verbinden, wobei es zahlreiche natürliche Hindernisse zu überwinden galt. So mussten mehr Brücken, Tunnel, Bahnstrecken, U-Bahn-Trassen und Highways gebaut werden als an irgendeinem anderen Ort der Welt. Von allen zumeist in den ersten drei Jahrzehnten des 20. Jahrhunderts konstruierten 76 New Yorker Brücken war die 1883 fertig gestellte Brooklyn Bridge die berühmteste. Es folgten in nur sechs Jahren die Williamsburg (1903), die Manhattan (1905) und die Queensborough Bridge (1909), die alle den East River überwanden. Weitere acht Brücken wurden zwischen 1889 und 1910 über den Harlem River gezogen, zu einer Zeit also, als auch Dutch Kills, Newton Creek und der Gowanus Canal bereits von Brücken überspannt wurden.

Die Bauarbeiten für den ersten Unterwassertunnel wurden im Jahr 1874 begonnen. Durch ihn sollten mit Dampf betriebene Züge die Cortlandt Street in Manhattan mit dem Exchange Place in New Jersey verbinden. Der Tunnel konnte jedoch erst 1908 eröffnet werden. Kurz darauf begannen die ursprünglich privaten Betreiber der U-Bahnen damit, eine ganze Reihe von Tunneln durch den Boden unter dem East River und dem Harlem River zu treiben. Zur gleichen Zeit errichtete die Pennsylvania Railroad zwei weitere Tunnel. Schließlich wurde der Holland Tunnel 1927 als der weltweit erste Unterwassertunnel für Kraftfahrzeuge eröffnet. Das hierfür verwendete Ventilationssystem wurde zum Vorbild für viele ähnliche Projekte in der ganzen Welt.

Die Verbindung der einzelnen Stadtteile miteinander geschah jedoch vor allem durch die Eisenbahn, durch ober- und unterirdisch verkehrende S-Bahnen und elektrisch betriebene Straßenbahnen. Sie alle bildeten zusammen ein öffentliches Verkehrssystem, das in der ersten Hälfte des 20. Jahrhunderts – sowohl gemessen an der Länge des Schienennetzes als auch an der Höhe der Baukosten, der Fahrten pro Kopf der Bevölkerung oder der Gesamtzahl der Nutzer – weltweit beispiellos war.

Allem voran wurde die Subway zum Wahrzeichen für eine Stadt neuer Prägung. Manhattans erste U-Bahn-Linie nahm 1904 den Betrieb auf, also lange nach London (1863), aber nur kurz nach Glasgow (1886), Budapest (1896), Boston (1897), Paris (1900) oder Berlin (1902). Nach Ende des Zweiten Weltkrieges war das Streckennetz der Subway allerdings mit gut 1000 Meilen mehr als doppelt so groß und die Zahl der Fahrgäste (über vier Millionen täglich) doppelt so hoch wie bei irgendeinem anderen U-Bahn-System der Welt. Die New Yorker Subway setzte unter der Ägide von Chefingenieur William Barclay Parsons auch technisch und organisatorisch neue Maßstäbe. Zum einen war ein gleichzeitiger Einsatz von durchgehenden Express- neben an jeder Station haltenden Nahverkehrszügen möglich, zum anderen konnten durch ein revolutionäres Ausschachtungsverfahren die Baukosten erheblich gesenkt werden.

Dieses hoch entwickelte Personenbeförderungssystem veränderte das Leben der Menschen. Da eine Fahrt mit der Subway, der Straßenbahn oder einem Bus bis 1948 nur fünf Cent kostete, sahen die New Yorker weit mehr von der Stadt als nur die unmittelbare Nachbarschaft des eigenen Viertels.

Man kann die weit reichende Bedeutung der Verkehrsmittel zumindest erahnen, wenn man sich vor Augen führt, dass die erste U-Bahn der Stadt bereits im ersten Jahr ihres Betriebs 600.000 Fahrgäste pro Tag transportierte – eine Zahl, die sich bis 1914 nochmals verdoppelte. Und 1925 lebten sage und schreibe 86 Prozent der New Yorker Bevölkerung innerhalb der 251 Quadratkilometer umfassenden Fläche, die vom Schienennetz der Subway und der Hochbahnen durchzogen wurde. Die übrigen 14 Prozent wohnten in den dünner besiedelten ländlichen Gebieten New Yorks. Die Bronx zum Beispiel, die ursprünglich nur aus Feldern und Farmen bestand, wurde durch die Anbindung an die City völlig verändert und zu einem der am schnellsten wachsenden Countys des ganzen Landes. Dort erreichten die von der Third Avenue abgehenden Züge 1891 die 177th Street, 1901 die Fordham Road und 1920 die Gunhill Road, wobei der Ausbau jedes Mal einen Bauboom längs der Streckenerweiterung auslöste. Unterdessen ersetzten Busse die alten Kutschendienste und beförderten die Passagiere zu den nächstgelegenen Subway-Stationen.

Beinahe ebenso bedeutend wie die Subway waren die Eisenbahnverbindungen mit dem Umland. Die ab 1830 eröffneten Strecken wurden vor allem von Pendlern in den Vororten genutzt. Schon vor dem Bürgerkrieg führten die Gleise bis in den Westchester und den Nassau County und sorgten für einen wahren Exodus hin zu den Landhäusern in Gebieten wie New Rochelle und Mount Vernon. Nach der Einführung elektrischer Lokomotiven verstärkte sich dieser Trend noch, sodass um 1900 Tag für Tag 1000 Züge nach Manhattan rollten. Die aus New Jersey – also aus dem Westen – kommenden Pendler verließen die Züge in Hoboken und stiegen dort auf die Fähren um, mit denen sie über den Hudson River in die Stadt gelangten. Die Züge aus dem Osten hielten an der Atlantic Avenue in Brooklyn, also gleich vis-a-vis dem Finanzviertel an der Wall Street. Und allein aus dem Norden strömten tagtäglich mit den drei Bahnlinien entlang des Hudson River, des Harlem River und des Long Island Sound rund 118.000 Pendler durch den Grand Central Terminal. In der Zwischenzeit waren zahlreiche Entwicklungsprojekte im Umland angekurbelt worden, eine Unmenge neuer Vorortsiedlungen aus dem Boden geschossen, und die Pendler erhielten reizvolle Rabatte.

Der Erfolg der Bahn machte es bald notwendig, zwei große Endbahnhöfe aus dem Boden zu stampfen. Der erste war die Pennsylvania Station: ein gigantischer Komplex von nie da gewesenen Dimensionen, der zwischen 1904 und 1910 aus einer zwei Blocks großen Lücke zwischen 31st und 33rd Street emporwuchs. Wenig später baute man auch den ähnlich großen und eleganten Grand Central Terminal aus, um dessen Leistungsvermögen zu verbessern. Die 67 Gleise wurden auf zwei unterirdisch übereinander liegenden und größtenteils elektrifizierten Ebenen verteilt.

Die vor allem von der Subway und der Eisenbahn beherrschte Pendlerstadt New York hatte es darüber hinaus zu einem umfangreichen Schnellstraßennetz gebracht. William K. Vanderbilts Long Island Motor Parkway (1906–1911) war die erste Verkehrstrasse der Welt, die ausschließlich für Personenkraftwagen konzipiert und bedürfnisgerecht ausgestaltet worden war. Bedeutsamer aber war der ebenso kurvenreiche wie beschauliche Bronx River Parkway, der mit einer Streckenlänge von 16 Meilen vom Bruckner Boulevard in der Bronx bis nach White Plains im Westchester County führte. Da die Straße durch ein Tal führte, konnten die 1906 aufgenommenen Bauarbeiten ohne größere Erdbewegungen 1923 abgeschlossen werden. Das Ergebnis war eine landschaftlich reizvolle Streckenführung, die viele Bewohner aus Orten wie Scarsdale, Mount Vernon, Bronxville und New Rochelle dazu animierte, mit dem Auto nach New York City zu pendeln. Innerhalb von nur zehn Jahren folgten dann der Hutchinson River Parkway (1928), der Saw Mill River Parkway (1929) sowie der Cross County Parkway (1931). Bis zum heutigen Tag verfügt New York – nicht Los Angeles – von allen Städten Amerikas über das streckenmäßig umfangreichste Fernstraßennetz.

### ZUSAMMENFASSUNG

New York ist gewiss nicht die einzige Stadt, in der Apartmenthäuser, U-Bahn-Linien und Bürotürme gebaut wurden. Aber es ist vielleicht der rund um den Globus am meisten von Menschenhand gestaltete Ort. Die Metropole an der Mündung des Hudson River war eine Stadt völlig neuer Prägung, in der Stein, Glas, Bürgersteige, Schienentrassen und Brücken die Landschaft dominierten. Nirgendwo sonst waren die Symbole der Moderne so unübersehbar und so zahlreich wie hier. All die vielen Apartmentbauten, Wolkenkratzer, Warenhäuser, Baseballstadien und Subway-Linien offenbarten sich jedem in der Stadt. Wichtiger noch, sie veränderten die Wahrnehmung und die Erfahrungen jedes einzelnen Bürgers. So wurden beispielsweise die riesigen Auflagen der Tageszeitungen nicht zuletzt durch die ganzseitigen Anzeigen von Warenhäusern angekurbelt, die ihre Kundschaft wiederum den ständig expandierenden Verkehrssystemen verdankten. Nur durch das Zusammenspiel verschiedener Komponenten war es möglich, dass eine in Brooklyn, in der Bronx oder der Lower East Side lebende Hausfrau in der Zeitung von einem besonderen Angebot lesen konnte, um anschließend für fünf Cent mit der Subway zum Herald Square an der 34th Street zu fahren und in den dortigen Kaufhäusern und Geschäften beinahe alles zu finden, was die weltweit produktivste Wirtschaft hervorbrachte. New York war also nicht nur eine moderne, aus Stein und Glas erbaute Stadt, sondern eine Stadt, die auch vollkommen neue Erfahrungen bot – eine moderne Stadt für eine moderne Welt.

In den 20er Jahren war die kilometerlange Fifth Avenue nördlich der 34th Street die größte Einkaufsstraße der Welt, gesäumt von Dutzenden von Fachgeschäften und großen Kaufhäusern, u.a. B. Altman's, Lord and Taylor, Saks, Best & Co., Bergdorf, Goodman und Bonwit Teller. Diese Ansicht aus dem Jahr 1926 zeigt die Kreuzung 42nd Street/Fifth Avenue mit Blick nach Norden. Um die Mittagszeit schieben sich Massen von Fußgängern, eine Flut von Autos und Taxis und die für die Fifth Avenue typischen Doppeldeckerbusse an einem der ersten Ampeltürme New Yorks, erbaut 1922, vorbei.

# KOSMOPOLIS

1919–1931

W elcher Stock, bitte?«, sagte der Fahrstuhlführer.
»Ganz gleich welchen«, sagte Mister In.
»Oberster Stock«, sagte Mister Out.
»Dies ist der oberste Stock«,
sagte der Fahrstuhlführer.
»Lassen Sie noch einen draufsetzen«,
sagte Mister Out.
»Höher«, sagte Mister In.
»Himmel«, sagte Mister Out.

F. Scott Fitzgerald,
*Erster Mai*, 1920

**Ein so genannter *ironworker* mit dem Chrysler Building im Hintergrund, am 29. September 1930 von den obersten Stockwerken des Empire State Building aus fotografiert. Die Fotografen waren vom Mut und Geschick dieser »Wolkenreiter« genauso fasziniert wie von den atemberaubenden Hochhäusern, die sie bauten. Von seinem Aussichtspunkt auf dem höchsten Gebäude der Welt macht sich der Arbeiter über das relativ niedrige Chrysler Building lustig. Nur wenige Monate zuvor war es noch das höchste Gebäude der Welt gewesen.**

**HEIMKEHR**

Den ganzen Frühling und Sommer 1919 hindurch füllten sich die Straßen New Yorks mit Paraden und Truppen marschierender Männer, die siegreich von den düsteren Schlachtfeldern im fernen Europa zurückgekehrt waren.

Monatelang waren jedes Hotel und jede Pension in der Stadt ausgebucht – u. a. zwei neue Giganten mit je 2000 Zimmern in Midtown, das Hotel Commodore in der 42nd Street und das Pennsylvania in der Seventh Avenue –, als über drei Millionen Menschen aus dem ganzen Land nach Manhattan kamen, um an den rauschenden Siegesfeiern teilzunehmen.

*Man hatte einen Krieg geführt und gewonnen, und die große Stadt des siegreichen Volkes war voller Triumphbögen, und weiße, rote und rosa Blumen wurden geworfen. All die langen Frühlingstage hindurch marschierten die zurückgekehrten Soldaten über die Hauptverkehrsstraßen hinter den Trommeln und den fröhlich hallenden Blechbläsern her, während Händler und Büroangestellte ihre Streitereien begruben, sich an die Fenster drängten und ihre weißen, ernsten Gesichter den vorbeiziehenden Bataillonen zuwandten.*

F. Scott Fitzgerald

Woche für Woche säumten Menschenmassen die Straßen, um den siegreichen Regimentern zuzujubeln, die über die Fifth Avenue zogen – vorbei am 30 Meter hohen Triumphbogen in der 23rd Street und am Ehrenmal vor der New York Public Library in der 42nd Street – bis zu dem spektakulären »Juwelenvorhang« Ecke 59th Street und Central Park: 9000 aneinander genähte glitzernde Kristallprismen, angestrahlt von zwei Dutzend grellen Suchscheinwerfern.

Das 369. Regiment wurde als Erstes geehrt. Es bestand ausschließlich aus Farbigen aus Harlem, und die Franzosen hatten ihm ihre höchste Auszeichnung, das Croix de Guerre, sowie den Spitznamen »Höllenkämpfer« für seine legendäre Tapferkeit verliehen. Am 17. Februar 1919 marschierten die Truppen stolz über die Fifth Avenue an der Tribüne des neu gewählten Gouverneurs, Alfred E. Smith, vorbei. Dazu erklang die mitreißende Musik von James Reese Europe, dessen rhythmische Ragtime-Tanzstücke Nachtclub-Besucher im ganzen Land fasziniert hatten: 2000 kriegserfahrene Männer

1919 säumen Menschenmassen die Fifth Avenue, um die aus dem Ersten Weltkrieg zurückgekehrten Truppen zu begrüßen. Millionen Amerikaner aus dem ganzen Land strömten 1919 nach New York, um die kriegsmüden Veteranen aus Europa in der Heimat willkommen zu heißen. Die Siegesparaden begannen Ende Februar und dauerten fast ein Jahr. Die Besucher kamen manchmal schon um sechs Uhr morgens, um sich einen guten Platz entlang der fünf Meilen langen Strecke auf der Fifth Avenue zu sichern.

Das 69. New Yorker Regiment – allgemein als »Fighting 69th« bekannt – marschiert am 26. März 1919 über die Fifth Avenue. Man begegnete den heimkehrenden Truppen mit überschwänglicher Dankbarkeit. Sie bekamen Freikarten für das Kino und für Shows sowie kostenlose Mahlzeiten in den besten Hotels und Restaurants der Stadt. »Die stundenlangen Vorbereitungen auf die Parade und das Marschieren hatten den Appetit der 25.000 Soldaten kräftig angeregt«, berichtete die New Yorker *Sun*, »und es gab einen großen Ansturm auf das McAlpin, Claridge, Waldorf, Astor, Commodore, Pennsylvania ... und zwei Dutzend andere Orte, wo ein Tag der offenen Tür für die Männer abgehalten wurde ... Im Hotel Pennsylvania waren die Köpfe reihenweise gesenkt, und es herrschte die Stille eines Dankgebets, als das Orchester ›Home, Sweet Home‹ spielte.«

kehrten nun zur Melodie von »Here Comes My Daddy« nach Hause zurück.

»Die Menge war außer sich vor Freude«, so die *New York Times* am Folgetag. »Die Bürgersteige waren voll wie die U-Bahn zu Stoßzeiten, die Fenster voller Gesichter, die Dächer belagert ... Jeder schien einem bestimmten Soldaten zuzurufen ... bis die Stimmen gemeinsam zu einem gewaltigen Gebrüll anschwollen, wie es Harlem nie zuvor gehört hatte.«

Für die meisten New Yorker schienen sich in diesem Frühling und Sommer ganz neue Chancen zu eröffnen. Am 26. August 1919 war der 19. Zusatzartikel zur Verfassung in Kraft getreten. Nach Jahrzehnten erbitterter Kämpfe hatten die Frauen endlich das Wahlrecht bekommen. Im Januar war Alfred E. Smith – ein armer Junge aus der Lower East Side, der zum Helden der Arbeiterbewegung aufgestiegen war – als erster irisch-amerikanischer Gouverneur in Amerika vereidigt worden – ein Triumph für die Einwanderer in New York City.

»Alles ist möglich«, schrieb der 23-jährige F. Scott Fitzgerald aus St. Paul in Minnesota im Mittelwesten am Tag seiner Ankunft im Februar 1919 an seine Traumfrau, Zelda Sayre. »Ich bin im Land der unbegrenzten Möglichkeiten.«

> *New York schillerte wie die Welt bei ihrer Entstehung. Die zurückkehrenden Truppen marschierten die Fifth Avenue hinauf, und Mädchen wurden instinktiv ... zu ihnen hingezogen – dies war die großartigste Nation, und eine festliche Stimmung lag in der Luft.*
> F. Scott Fitzgerald

Im folgenden Jahrzehnt lief jedoch nichts wie geplant – nicht für Scott und Zelda Fitzgerald, nicht für Al Smith, nicht für die Einwanderer, die die Stadt verändert hatten, nicht für die Bewohner von Harlem. In den unbeschwerten Tagen nach dem Krieg bemerkte kaum jemand, dass sich eine tiefe Kluft zwischen Vergangenheit und Gegenwart aufgetan hatte, dass sich die Stadt und das Land in nur fünf Jahren dramatisch verändert hatten und dass sie sich in den folgenden Monaten noch einmal fundamental verändern sollten.

Der Krieg hatte eine der folgenschwersten Veränderungen in der Geschichte New Yorks bewirkt, obgleich sich noch kaum jemand dessen bewusst war. Mehr als ein halbes Jahrhundert lang war europäisches Kapital ins Land geflossen und hatte für ein spektakuläres Wirtschaftswachstum gesorgt. Inzwischen hatte sich jedoch alles verändert. Auf der verzweifelten Suche nach Mitteln zur Finanzierung ihrer mörderischen Feldzüge gingen die Europäer dazu über, ihre über 60 Jahre angesammelten Auslandsinvestitionen abzustoßen – und waren wenig später sogar gezwungen, ausgerechnet von den USA Geld zu leihen. Die USA, die mit drei Milliarden Dollar Schulden in den Krieg gezogen waren, gingen als Gläubiger von drei Milliarden Dollar aus dem Konflikt hervor. Das House of Morgan und andere große Wall-Street-Firmen, einst Vermittler für europäische Investitionen in Amerika, wurden nun zu den Hauptkreditgebern für Europa.

»Vor drei Jahren war das Licht von New York lediglich das hellste in Amerika«, schrieb der Essayist Edwin C. Hill 1917. »Durch den Krieg wurde New York zum Leuchtturm der ganzen Welt.« 1919 war New York die Finanzmetropole schlechthin und hatte London, den letzten und größten Rivalen, hinter sich gelassen. Geld floss in die Stadt »wie Wasser bergab fließt«, bemerkte ein britischer Beobachter. »Nur durch gewissenhafte und stetige Verschwendung«, antwortete ein New Yorker frech, »können wir verhindern, dass es die Banken sprengt!«

> *Die Kreditnehmer Amerikas und der ganzen Welt wenden sich an New York ... Geschäftsleute von Penobscot bis Honolulu blicken jeden Morgen auf die Aktienkurse an der New Yorker Börse, um den Puls des Wohlstands und des Unternehmertums zu spüren. Die französische Regierung wendet sich verzweifelt an New York, wenn der Franc ins Bodenlose fällt, und von dort erhält sie Unterstützung und Kraft.*
> Charles A. Beard, 1924

Doch genau zu jenem Zeitpunkt, als die Stadt plötzlich im Zentrum der Weltwirtschaft stand, distanzierte sich die Nation von ihren jüngsten Verwicklungen im Ausland und isolierte sich reflexartig von Europa. Dort prägten soziale und politische Unruhen das Bild: Arbeiteraufstände erschütterten England, Frankreich, Italien und Deutschland, und – am beängstigendsten – in Russland fand eine handfeste Revolution statt.

»Das Gift der Revolte«, erklärte Präsident Woodrow Wilson grimmig, »hat sich seinen Weg in die Adern dieses freien Volkes gebahnt.«

> *Die bolschewistische Revolution wurde von einer kleinen Außenseiterclique aus der New Yorker East Side bewerkstelligt ... Nur weil ein zwielichtiger Ausländer, Leon Bronstein, der Mann, der sich jetzt Trotzki nennt, von seinem Thron im Kreml aus eine Terrorherrschaft etablieren kann – nur weil dieser schäbigste aller Typen, die New York kennt, jetzt im Bett des Zaren schläft ... sollte sich Amerika deshalb von solchen Doktrinen beeinflussen lassen?*
> US-Justizminister
> A. Mitchell Palmer

Die Nation wurde nun von einer konservativen Welle überrollt. Gruppen, die noch vor kurzem in New York triumphale Erfolge gefeiert hatten – eingewanderte Arbeiter, fortschrittliche Reformer, radikale Politiker und Gewerkschaftsführer – waren plötzlich auf der Flucht.

Im Herbst 1919, nur sechs Monate nach den Siegesparaden auf der Fifth Avenue, ordnete Justizminister A. Mitchell Palmer landesweit eine Reihe brutaler Razzien an. Anfang Dezember wurden 250 bekannte Aktivisten, darunter die berühmte Anarchistin Emma Goldman, wegen des Verdachts auf Landesverrat verhaftet, nach Ellis Island gebracht und in denselben Räumen interniert, wo einst Millionen hoffnungsvoller Neuankömmlinge im Land empfangen worden waren. Am Morgen des 19. Dezember pferchte man sie dann auf einem alten, vom Kriegsministerium gecharterten Truppenschiff zusammen und deportierte sie nach Russland.

Fremdenhass, Isolationismus sowie die Angst, Horden von Nachkriegsflüchtlingen würden das Land überschwemmen, machten sich breit. Zwei Jahre nach dem Krieg verabschiedete der Kongress in einem Notstandsgesetz eine Quotenregelung, um die Einwanderung aus Süd- und Osteuropa einzudämmen. Im Jahr darauf trafen weniger als 150.000 Einwanderer auf Ellis Island ein – ein Jahrzehnt zuvor hatten noch jährlich eine Million Neuankömmlinge das Gewirr der Korridore betreten. Als diese Beschränkungen drei Jahre später fest verankert wurden, fiel diese Zahl noch einmal um die Hälfte. »Amerika muss amerikanisch bleiben«, erklärte Präsident Calvin Coolidge.

*»Der Mythos des Schmelztiegels ist diskreditiert. Die USA sind unser Land … und so soll es bleiben. Die Zeit, als alle Völker unbefangen willkommen geheißen und alle Rassen vorurteilslos akzeptiert wurden, ist definitiv vorbei.*

Kongressabgeordneter Albert Johnson, Washington State

**Emma Goldman hält 1916 auf dem Union Square eine Rede über die Geburtenkontrolle. Goldman war 30 Jahre lang die bekannteste Anarchistin im Land und wurde als Führerin der New Yorker Radikalen wegen ihrer unbequemen Ansichten schikaniert, zensiert und verhaftet. 1919 deportierte man sie nach Russland, weil sie sich gegen den Eintritt Amerikas in den Ersten Weltkrieg gewandt hatte. Anders als viele ihrer Mitstreiter blieb sie den Bolschewisten gegenüber misstrauisch. Bei ihrer Deportation soll sie gesagt haben: »Ich wollte nie eine Revolution, bei der die Menschen nicht tanzen dürfen.«**

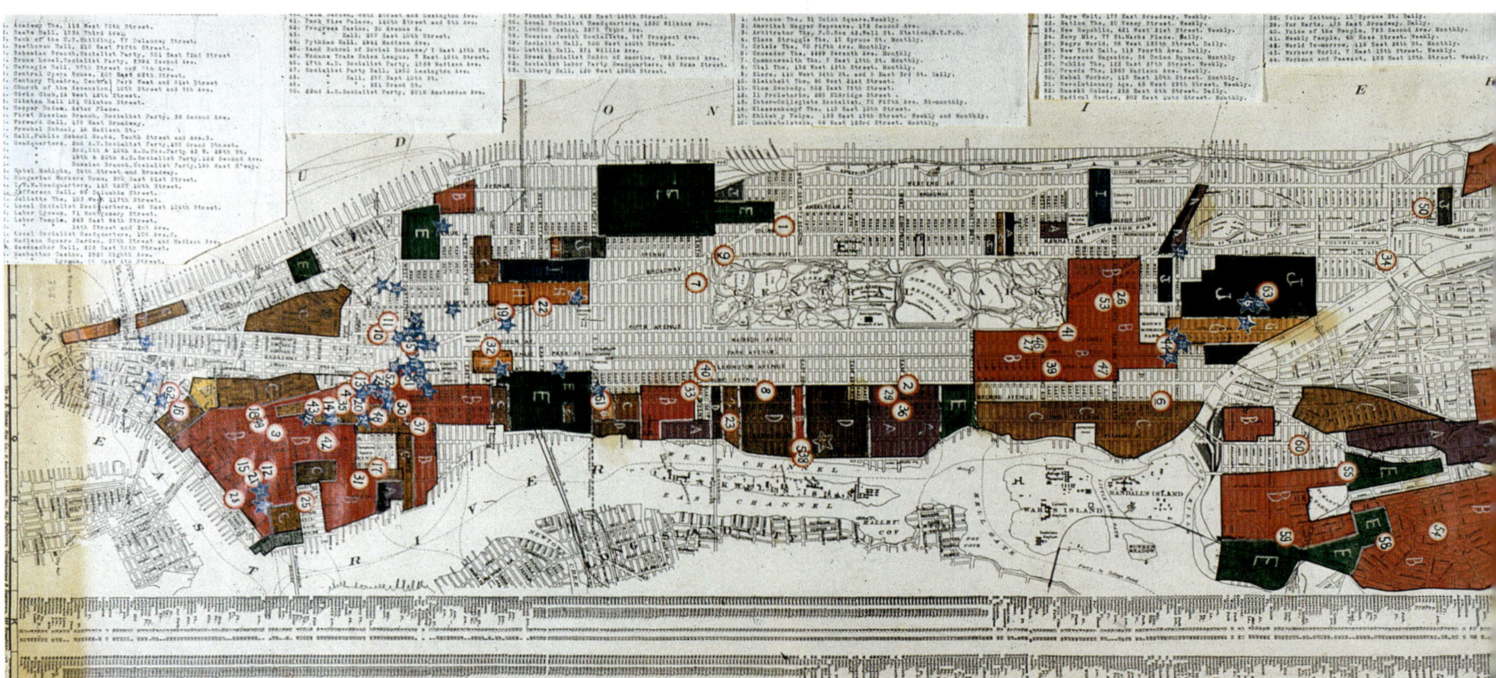

**Die so genannte »Karte des roten Schreckens«, 1920 von John B. Trevor für das Lusk Committee bearbeitet. Auf dieser Straßenkarte von Manhattan, auch ethnische Karte genannt, wurden jene Viertel farblich hervorgehoben, die eine hohe Konzentration »subversiver« Nationalitäten aufwiesen. State Senator Clayton R. Lusk enthüllte die Karte am 16. Januar 1920 im Rathaus, woraufhin die *New York Sun* erklärte: »Karte roter Nester enthüllt Gefahr.« In Wirklichkeit spiegelte der bunte Farbstreifen nur den Standort der Viertel mit Einwanderern aus der Arbeiterklasse wider – von der Ausbuchtung der Lower East Side auf der linken Seite über die gesamte Länge Manhattans entlang der Mietskasernenviertel am East River bis zu den großen jüdischen und italienischen Quartieren in Harlem und in der South Bronx auf der rechten Seite.**

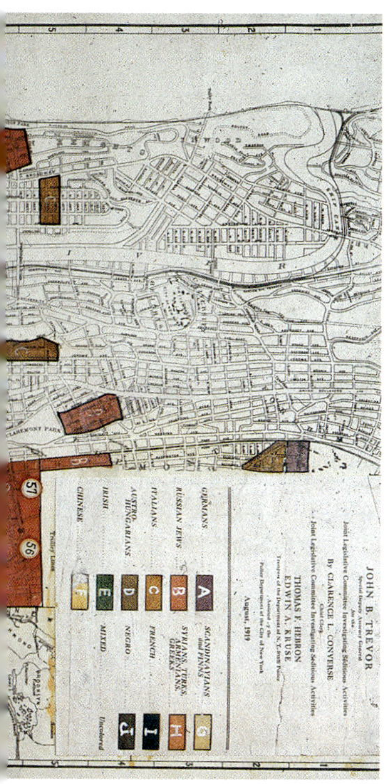

Die Besorgnis vieler Amerikaner vor ihren mit Einwanderern voll gepackten Städten fand ihren Ausdruck im Volstead Act – einem Bundesgesetz, das den umstrittenen 18. Zusatzartikel zur Verfassung durchsetzen sollte, der den Verkauf von Alkohol verbot. »Das noble Experiment«, warnte seinerzeit ein junger Kongressabgeordneter namens Fiorello La Guardia, würde »ein Polizeiaufgebot von 250.000 Männern erfordern sowie ein Aufgebot von 250.000 Männern, um die Polizei zu kontrollieren«. Die Prohibition wurde gegen alle Widerstände verabschiedet. Sie hatte die überwältigende Unterstützung der Wähler in den ländlichen Gegenden im Süden und Mittelwesten, die eine kaum beherrschbare Flut der Unmoral und der Gesetzlosigkeit, ausgehend von den amerikanischen Großstädten, fürchteten.

1921 fand die Epoche der Einwanderung ein jähes Ende. Der politische Protest wurde in den Untergrund verbannt, der Verkauf von Alkohol war jetzt verboten, und die Geschäftsleute hatten in New York so viel Einfluss wie noch nie.

Unbemerkt hob sich der Vorhang zum spektakulärsten Akt in der erstaunlichen 300-jährigen Geschichte der Stadt, in dem 130 Jahre fortwährenden Wirtschaftswachstums ihren vorläufigen Höhepunkt erreichen sollten. In den nächsten zehn Jahren, als Stadt und Land die Vergangenheit abstreiften und einer schier grenzenlosen Zukunft entgegenzuschreiten schienen, war New York an wirtschaftlicher Potenz und kultureller Kreativität nicht zu überbieten. Die Stadt berauschte sich wie nie zuvor und nie mehr danach an ungebremstem Kapitalismus und Kommerz.

Noch bevor das Jahrzehnt zu Ende ging, entstanden auf Manhattan eine neue Kultur – die Massenkultur – sowie eine neue Megalopolis – ein Ort der Sehnsüchte und Träume. Zu dieser Zeit stieg New York in einer Spirale der Spekulation immer höher hinauf und fiel schließlich tiefer, als es je wieder fallen würde.

*Es ist keine europäische Stadt mehr. Es ist amerikanisch. Es ist es selbst. Das imperialistische New York. Noch viel Zeit. Menschen und Maschinen. Wir sind alle noch so jung. Abwarten. Abwarten, was New York tun wird.*

Sherwood Anderson

**PARADIES**

Eines der ersten Zeichen für das, was das Jahrzehnt bereithielt, zeigte sich im Frühjahr 1920, als F. Scott Fitzgerald – der junge Mann aus Minnesota, der nach Osten gekommen war, um sich ein neues Image zuzulegen – merkte, dass sein ganzes Leben auf dem Kopf stand.

Nach seiner Ankunft im Winter 1919 hatte der junge Schriftsteller mit den euphorischen Träumen von Ruhm und Erfolg monatelang versucht, etwas zu bewegen. Er schrieb Jingles für eine Werbeagentur und sandte zunehmend besorgte Briefe an seine geliebte Zelda in Alabama. Nichts passierte. Im Juni hatte er 122 Absagen von Verlagen gesammelt, die er an die Wände seiner dunklen, trostlosen Wohnung in der Claremont Avenue heftete – »ein Zimmer«, schrieb er, »in einem hohen, schrecklichen Apartmenthaus mitten im Nichts«.

Als Zelda, tief besorgt über seine Misserfolge, die Verlobung im Juni löste, veranstaltete er ein dreiwöchiges Saufgelage und überarbeitete anschließend mit bemerkenswerter Disziplin das Manuskript des abgelehnten Romans, der noch den Arbeitstitel *The Romantic Egoist* trug.

Zwei Wochen später stimmte Scribners der Veröffentlichung zu, und gegen Jahresende überlegte es sich auch Zelda anders. Als das Buch am 26. März 1920 mit dem neuen Titel *This Side of Paradise* erschien, rief es Begeisterung bei Kritikern und der Leserschaft hervor. Der Schriftsteller A. Scott Berg sagte später, das Werk »entfalte sich wie ein Banner über die gesamte Epoche«. Innerhalb weniger Wochen wurde der blonde Mann aus dem Mittelwesten, der so gut aussah, dass es fast schon unheimlich war, zu einer nationalen Berühmtheit, und die kometenhafteste Karriere in der Geschichte der amerikanischen Literatur hatte begonnen.

»Zu meinem Erstaunen«, sagte Fitzgerald später, »wurde ich nicht als jemand aus dem Mittelwesten, ja nicht einmal als unbeteiligter Beobachter wahrgenommen, sondern als Inbegriff dessen, was New York wollte.« Scott und Zelda schienen den leichtfertigen Geist der Stadt zu verkörpern – »eine Heimat der Entwurzelten«, so ein Zeitgenosse, »wo jeder aus einer anderen Stadt kam, die er zu vergessen versuchte, wo niemand Eltern zu haben schien oder eine Vergangenheit, die weiter zurücklag als die Party vom Abend zuvor«.

*Von den Wirren des Jahres 1920 erinnere ich mich an eine Taxifahrt über die leere Fifth Avenue an einem heißen Sonntagabend und an ein Mittagessen im kühlen japanischen Garten des Ritz ... und daran, dass ich immer wieder die ganze Nacht geschrieben habe ... dann hinaus in die frisch verzauberte Stadt, durch seltsame Türen in seltsame Wohnungen ... Das Letzte, woran ich mich aus dieser Zeit noch erinnere, ist, dass ich eines Nachmittags zwischen sehr hohen Gebäuden unter einem malven- und rosafarbenen Himmel Taxi gefahren bin; ich begann zu schreien, denn ich hatte alles, was ich wollte, und wusste, dass ich nie wieder so glücklich sein würde.*

F. Scott Fitzgerald

Fitzgeralds glänzender Karriereschub fiel mit dem Schwindel erregenden Aufstieg der Stadt zusammen. Niemand beschrieb und verkörperte in den folgenden Jahren die faszinierende

**Anfang der 20er Jahre waren F. Scott und Zelda Fitzgerald urplötzlich berühmt – und Thema zahlloser Storys und Interviews in neuen, modernen Zeitschriften wie *Vanity Fair*, *Smart Set* und *Metropolitan*. Die temperamentvolle Zelda, die vielen als Vorbild der »neuen amerikanischen Frau« galt, gab bereitwillig Interviews und erteilte jungen Frauen in Zeitungskolumnen Ratschläge. Scott wurde vor allem zu seinem neu erworbenen schriftstellerischen Erfolg befragt. Schließlich waren seine Einkünfte von weniger als 900 Dollar im Jahr 1919 auf fast 19.000 Dollar im Jahr 1920 hochgeschnellt.**

**Nur Tage nach In-Kraft-Treten des Volstead Act eröffnete ein gewisser Perkins illegal eine Bar im Keller eines Sandsteinhauses in Midtown: die erste Mondscheinkneipe in New York. Anfang der 20er Jahre schätzte die Polizei die Zahl illegaler Kneipen in der Stadt auf 32.000 – doppelt so viele, wie es vor der Prohibition an legalen Kneipen gab. Das bekannteste Etablissement lag in der West 52nd Street Nr. 21 und hieß »Jack and Charlie's« oder »Club 21« bzw. einfach nur »21« (links). Es bestand aus zwei Bars und einem Restaurant, und bei einer Razzia konnten Flaschen über eine Geheimrutsche »entsorgt« werden. Hier werde an einem Tag mehr Umsatz gemacht als an der Börse, sagte ein Gast. »Hinter vergitterten Türen versammeln sich ... die Intellektuellen von Wall Street, Broadway und Fashion Avenue, um über die neuesten Ereignisse der Stadt zu diskutieren. Die Mondscheinkneipe ist das Kaffeehaus von heute«, berichtete ein Zeitgenosse.**

In den 20er Jahren stellte die Skyline New Yorks mit ihren Wolkenkratzern eine der größten Herausforderungen für moderne Künstler und Fotografen dar. Der Maler und gebürtige Italiener Joseph Stella kam während eines Europaaufenthalts mit Picasso und den Künstlern des italienischen Futurismus in Berührung und war tief beeindruckt von deren künstlerischer Ausdruckskraft. Zurückgekehrt nach New York, versuchte er, über die vielen Perspektiven des Kubismus die Bewegung der modernen Stadt darzustellen. Das Ergebnis ist in seinem aus fünf Tafeln bestehenden Meisterwerk *New York Interpreted* von 1922 zu bewundern. Rechts die mittlere Tafel einer Serie mit dem Titel *Skyscrapers*.

Entwicklung New Yorks in den 20er Jahren wortgewandter und ergreifender als er.

> *Der ganze goldene Boom lag in der Luft – seine herrliche Freizügigkeit, seine unglaubliche Korruption und der quälende Todeskampf des alten Amerika. Es schien kaum einen Zweifel zu geben, was geschehen würde – Amerika veranstaltete das beste, schrillste Gelage in der Geschichte, und man würde viel davon zu erzählen haben.*
>
> F. Scott Fitzgerald

**EXPLOSION**

Der 16. September 1920, ein Mittwoch, begann bewölkt und angenehm warm. Die Morgenzeitungen brachten die freudige Nachricht über die Schlichtung eines kurzen U-Bahn-Streiks in Brooklyn. In weniger als 20 Jahren war das riesige Subway-Netz zur Lebensader der Stadt geworden: Fünf Millionen Passagiere wurden tagtäglich auf einem fast 600 Meilen umfassenden Schienennetz befördert, das Manhattan, Brooklyn, die Bronx und Queens zu einer Einheit zusammenschweißte. Nur Staten Island, ein verschlafener Landstrich, war nach wie vor nur mit der Fähre erreichbar.

In der Bronx wurden an diesem Morgen Trauergottesdienste für sieben Menschen abgehalten, die starben, als ihr Auto im Regen auf einer Hochstraße ins Schleudern kam und abrutschte. Die Stadt des 19. Jahrhunderts war praktisch verschwunden. Nur zehn Jahre zuvor hatte es in New York 128.000 Pferde gegeben, 100-mal mehr als Autos. Jetzt waren es nur noch knapp die Hälfte, und in den nächsten zehn Jahren halbierte sich diese Zahl noch einmal, während die Zahl der Automobile auf den Straßen der Stadt auf fast 800.000 hochschnellte.

Der Berufsverkehr war in vollem Gange, und fast drei Millionen Menschen – mehr als die Gesamtbevölkerung Chicagos – strömten in die Südhälfte Manhattans, um in den 15.000 Fabriken und Lagerhallen, Hunderten von Kaufhäusern und Dutzenden von Wolkenkratzern in Midtown und der Wall Street zu arbeiten – wo rund ein Drittel der Arbeitskräfte New Yorks jetzt einen Bürojob hatte.

Es war ein guter Tag an der Börse: Die Kurse stiegen den ganzen Vormittag über langsam, aber stetig. Vis-a-vis, im Haus Nr. 23, liefen die Geschäfte im House of Morgan, einem nied-

Blick nach Westen auf die Wall Street am 16. September 1920, Minuten nachdem bei einer heftigen Explosion 38 Menschen getötet und Hunderte verletzt wurden. Die in einem Pferdefuhrwerk versteckte Bombe explodierte gegen 12.00 Uhr mittags. Wäre sie nur wenige Augenblicke später explodiert, als in der Mittagspause die Straßen von riesigen Menschentrauben bevölkert waren, wäre die Zahl der Todesopfer sicher erheblich höher gewesen.

rigen Gebäude mit dicken Kalksteinwänden und der Ausstrahlung einer eleganten Festung, wie gewöhnlich. J. P. Morgan selbst war noch vor Ausbruch des Krieges im Alter von 75 Jahren gestorben. An seiner Stelle regierte nun sein Sohn, J. P. jr., der seit seiner Kindheit Jack gerufen wurde und bei weitem nicht das Charisma hatte wie sein autokratischer Vater. Zurzeit reiste er durch Schottland, und sein Nachwuchs, Junius Spencer Morgan, kümmerte sich um die Geschäfte der einflussreichen Bank.

Kurz vor der Mittagspause strömten Büroangestellte aus den vielen Wolkenkratzern an der Kreuzung Wall Street und Broad Street. Wenige Minuten vor zwölf hielt ein mit einer Plane bedecktes Pferdefuhrwerk an der Nordseite der Wall Street gegenüber dem House of Morgan an. Niemand achtete auf den Kutscher, der ausstieg und in der Menge verschwand.

Sekunden später brach die Hölle los. Ohne Vorwarnung explodierte der bis zum Rand mit Dynamit und Eisengewichten beladene Karren in einem gleißenden Lichtblitz. Ohrenbetäubendes Donnern hallte durch die Straßenschluchten des Bankenviertels, noch eine halbe Meile entfernt gingen Fensterscheiben zu Bruch, eine Flammensäule schoss hoch in die Luft, und ein tödlicher Eisensplitterhagel ergoss sich über die ahnungslose Menschenmenge in der Wall Street.

Einen Block entfernt wurde der Finanzier Joseph P. Kennedy von der Wucht der heftigen Explosion, die die Wall Street in Dantes Inferno verwandelte, zu Boden geschleudert. Überall lagen zerfetzte und verstümmelte Leichen und Körperteile inmitten verkohlter Trümmer aus verbogenem Stahl, zerbrochenem Glas und schwelendem Schutt. Vom Karren selbst und dem Pferd, dessen Hufe klappernd auf den Bürgersteig vor der Trinity Church flogen, blieb nichts übrig. Von einem Millionär mit Namen Edward Sweet wurde lediglich ein Finger gefunden, an dem noch der Ring steckte.

Insgesamt fanden bei dem Anschlag auf das House of Morgan 38 Menschen den Tod und weitere 300 wurden verletzt. In der Bank selbst gab es nur zwei Todesopfer – darunter ein junger Büroangestellter namens William Joyce, der an dem Fenster gesessen hatte, das der Explosion am nächsten war. Junius Morgan, dessen Schreibtisch auf der von der Explosion abgewandten Seite an der Broad Street stand, trug nur kleinere Verletzungen an der Hand davon.

Auch am Ende des Jahrhunderts waren die tiefen Narben, die der Kalksteinfassade des Gebäudes an jenem Tag zugefügt worden waren, noch immer deutlich zu sehen – die »Wundmale des Kapitalismus«, wie der Historiker John Steele Gordon treffend bemerkte.

Sofort wurden bolschewistische Gruppen und radikale Anarchisten verdächtigt, dieses hinterhältige Verbrechen begangen zu haben, doch konnten diese Anschuldigungen nie bewiesen werden. Der Kutscher wurde nie identifiziert. Niemand wurde je vor Gericht gestellt.

Abends wurden Lampen für die hastig bereit gestellten Aufräumtrupps installiert. »Um ein Uhr«, berichtete die *New York Times* tags darauf, »war klar, dass die gesamte Wall Street und das Bankenviertel ihren Geschäften weiter wie gewohnt nachgehen würden, da die notwendigen Reparaturen größtenteils abgeschlossen waren.« Als das House of Morgan am Donnerstag, den 17. September 1920 öffnete, waren die zerbrochenen Fenster mit Brettern vernagelt. An diesem Vormittag setzte der Markt zum allgemeinen Erstaunen seinen Aufwärtstrend fort. Die wilden Zwanziger hatten begonnen.

**Minuten nach der Explosion lagen Leichen und unzählige Glasscherben auf dem Bürgersteig der Wall Street verstreut. Innerhalb einer halben Stunde nach der Explosion trafen Truppen der Nationalgarde aus Governor's Island sowie Marines vom Navy Yard in Brooklyn ein, um das nahe gelegene Assay Office und die Sub-Treasury (das heutige Federal Hall National Memorial) zu bewachen, wo Goldbarren im Wert von 900 Millionen Dollar – viele davon im Ersten Weltkrieg aus Europa zur Verwahrung mitgebracht – in unterirdischen Tresoren lagerten.**

Als dieses Foto 1907 entstand, bereitete sich die Abyssinian Baptist Church, eine der ältesten Kirchen New Yorks, auf den Umzug aus ihrem alten Gebäude in der West 40th Street in einem Bezirk, der als African Tenderloin bekannt war, nach Harlem vor. 1923 wurde der imposante Neubau in der West 138th Street im gotischen Stil mit Tudor-Elementen errichtet. Ende der 30er Jahre war die Kirche, die bis heute besteht, mit über 7000 Mitgliedern die größte eigenständige protestantische Gemeinde der Vereinigten Staaten.

## HARLEM

*Auch ich singe Amerika.*
*Ich bin der dunklere Bruder.*
*Sie schicken mich zum Essen in die Küche*
*Wenn Besuch kommt.*
*Aber ich lache*
*Und esse gut*
*Und werde stark.*

*Morgen sitze ich mit am Tisch*
*Wenn Besuch kommt.*
*Dann wird sich keiner traun*
*Mir zu sagen:*
*»Iss in der Küche«.*

*Ja – sie werden sehn,*
*Dass ich schön bin*
*Und sich genieren –*
*Auch ich bin Amerika.*

Langston Hughes, *Auch ich*

Nirgendwo in New York waren die Hoffnung, Aufregung und Verheißung dieses außergewöhnlichen Jahrzehnts stärker zu spüren als in einem aus 50 Wohnblocks bestehenden Viertel in Upper Manhattan, das 1921 einer der größten Schwarzenbezirke und die unumstrittene Hauptstadt des schwarzen Amerika war.

»In nahezu jeder Stadt im Land«, stellte der Schriftsteller James Weldon Johnson 1927 fest, »ist das Negerviertel ein Nest, das irgendwo am Rand liegt. In New York ist das ganz anders. Neger-Harlem ist weder ein Randbezirk noch ein Slum oder ein ›Viertel‹ aus baufälligen Häusern. Es ist ein Stadtteil mit neuen Apartmentblocks, hübschen Wohnungen und Straßen, die genauso gut gepflastert, beleuchtet und gepflegt sind wie in jedem anderen Stadtteil. Es ist eine schwarze Stadt mitten im weißen Manhattan, in der mehr Neger pro Quadratmeile leben als auf jedem anderen Fleck der Erde. Dem uninformierten Beobachter erscheint es wie ein Phänomen, ein Wunder aus heiterem Himmel.«

*Den Afrikaner, den Westinder und den amerikanischen Neger zieht es nach Harlem; Harlem bringt den Neger des Nordens mit dem Neger des Südens zusammen, den Mann aus der Stadt und den Mann aus dem Dorf, den Bauern, den Studenten, den Geschäftsmann, den Akademiker, Künstler, Dichter, Musiker, Abenteurer und Arbeiter, Prediger und Kriminellen, Ausbeuter und Außenseiter. Jede Gruppe kam aus ihren eigenen Beweggründen und mit eigenen Zielen, doch ihre beste Erfahrung war, einander zu finden.*

Alain Locke, 1925

Weniger als 20 Jahre zuvor hatte es in Harlem, einem Reihenhausviertel nördlich des Central Park, das ursprünglich als Pendlervorort für Weiße des Mittelstands gebaut wurde, noch keine Schwarzen gegeben. In der Tat hatte New Yorks zweitälteste Bevölkerungsgruppe (nach den Holländern) keinen Ort, den sie in Manhattan ihr Eigen nennen konnte. Sie wurde von aufeinander folgenden Einwanderungswellen der Weißen und der wirtschaftlichen Entwicklung immer weiter nach Norden gedrängt: von der Five-Points-Region nördlich des Rathauses über die Thompson Street in Greenwich Village bis zu einem Mietskasernenviertel auf der Seventh Avenue an der 33rd Street, genannt

Der Aufstieg Harlems zum Zentrum der Schwarzen ist vor allem einem Mann zu verdanken: dem risikofreudigen Immobilienmakler Philip A. Payton, der den Schwarzen um die Jahrhundertwende in weniger als vier Jahren etwas gab, das sie nie zuvor hatten: einen eigenen Zufluchtsort in der riesigen Stadt.

Jahrzehntelang hatte ein tief sitzender Rassismus die Schwarzen aus fast allen Vierteln der Stadt ausgeschlossen – ausgenommen den ärmsten. »Der russische Zar«, schrieb Jacob Riis 1890, »ist in Bezug auf sein eigenes Land nicht absoluter als der New Yorker Hausbesitzer im Umgang mit farbigen Mietern. Wo er ihnen zu wohnen gestattet, ziehen sie ein, wo er die Tür schließt, bleiben sie draußen.«

Tatsächlich war Harlem über lange Zeit hinweg kein Ort, wo Schwarze willkommen waren. 1650 wurde Harlem erstmals als holländisches Bauerndorf besiedelt. Nach dem Bau der Hochbahn diente es in den 1870er Jahren als Pendlerviertel für bürgerliche Deutsche und 20 Jahre später als Zufluchtsort für jüdische und italienische Einwanderer, die den überfüllten Mietskasernen der Lower East Side entfliehen wollten. Einige deutsche Hausbesitzer hängten seinerzeit Schilder mit der Aufschrift »Keine Juden und keine Hunde« auf.

Die U-Bahn brachte schließlich eine einschneidende Veränderung. 1900, als städtische Beamte ankündigten, die neue IRT-Linie würde die Lenox Avenue entlang bis zur 145th Street fahren, brach in Harlem das Spekulations- und Baufieber aus. »Das große U-Bahn-Projekt lag in der Luft«, erinnerte sich der Bauunternehmer John M. Royall. »Immobilienmakler und -spekulanten [sahen plötzlich die Chance], Millionär zu werden, und kauften großzügig in West Harlem rund um die geplanten U-Bahnhöfe. Sie schlossen 30- und 60-Tages-Verträge für ihre Immobilien ab, stießen ihre Verträge ab ... und fuhren kräftige Gewinne ein. Und so ging es weiter: kaufen, kaufen, kaufen ...«

Nur vier Jahre später war der Boom dann so schnell vorbei, wie er begonnen hatte. Die Upper West Side zog potenzielle Mieter ab. In Harlem standen Block für Block brandneue Apartments und Mietwohnungen leer, und die verzweifelten weißen Hausbesitzer bettelten jetzt praktisch um Mieter.

Da erschien Philip A. Payton jr. auf der Bildfläche, ein scharfsichtiger Immobilienspekulant mit der Ausstrahlung eines Pastors und dem Instinkt eines Berufsspielers, der keine gute Geschäftschance ausließ. Er hatte am Livingston College in North Carolina studiert und war 1899 voller Ambitionen in die Stadt gezogen, fand jedoch nur eine Arbeit als Hausmeister in einer weißen Immobilienfirma. Als das U-Bahn-Projekt angekündigt wurde und Gerüchte über einen Boom in Umlauf kamen, machte er sich selbstständig und war 1904 der erfolgreichste schwarze Immobilienmakler der Stadt. In diesem Jahr, als der Aufschwung endete, machte Payton den Hausbesitzern in Harlem ein gewagtes Angebot: Seine Firma, die Afro-American Realty Company, würde leere Wohnungen anmieten, um schwarze Bewohner auszuwählen – über dem Marktwert und mit einer monatlichen Garantie.

Payton wusste, dass die Hausbesitzer in jeder anderen Situation sofort abgelehnt hätten, und selbst jetzt kapitulierten einige nur widerwillig. Doch »die Ökonomie«, so James Weldon Johnson, »nimmt keine Rücksicht auf Rassenschranken – oder andere Vorurteile, sodass die Hausbesitzer mit leer stehenden Häusern auf Mr. Paytons Angebot eingingen. Ein oder zwei Häuser in der 134th Street wurden übernommen und mit farbigen Mietern belegt. Allmählich füllten sich auch andere Häuser.«

Es war ein erstaunlicher Durchbruch. Obwohl Paytons Klienten einen Aufschlag zahlten – mindestens fünf Dollar mehr pro Monat als weiße Familien für vergleichbare Unterkünfte hinlegten –, kamen Afroamerikaner in Manhattan jetzt nach fast 300 Jahren endlich in den Genuss solide gebauter und gepflegter Wohnungen in einer gewachsenen Umgebung.

*Indem ich schwarzen Mietern zuerst ein Haus in einem Block, dann ein Haus in einem anderen Block zugänglich machte, schaffte ich es, über 250 erstklassige Miet- und Eigentumswohnungen zu sichern ... Der Kampf, den ich ausfechte, muss früher oder später ausgefochten werden, und ich wüsste keinen besseren Zeitpunkt als jetzt ...*

Philip A. Payton jr.,
Geschäftsführer der Afro-American Realty Company

Philip Paytons unersättliches Bedürfnis zu intrigieren und zu spekulieren trieb seine Firma schließlich in den Ruin. Der Grundstein war jedoch gelegt, und bald griffen andere seine Ideen auf – u. a. zwei seiner ehemaligen Verkäufer, John E. Nail und Henry C. Parker, die 1911 nicht nur Mietwohnungen und Reihenhäuser, sondern auch luxuriöse Apartmenthäuser für schwarze Mieter zugänglich machten.

»Die Schwarzen, die in großem Stil leben wollen«, erklärte die Urban League, »mit Fahrstuhl, Telefon und Portier, können sich ihre lang gehegten Wünsche jetzt erfüllen.« Als Gebäude um Gebäude seine Türen für schwarze Mieter öffnete, strömten Neuankömmlinge aus dem ganzen Land nach Harlem – zum Entsetzen der weißen Hausbesitzer auf der Westseite der Seventh Avenue, die 1911 eine Gegenoffensive starteten, um die Schwarzen draußen zu halten.

»Wann werden sich die Bürger Harlems endlich der Tatsache stellen«, wetterten die Herausgeber der weißen Zeitung *Harlem Home News* im August, »dass sie eine starke Anti-Invasionsbewegung organisieren und durchführen müssen, wenn sie den Vormarsch der schwarzen Horden aufhalten wollen, die sich allmählich einen Weg durch das Herz Harlems bahnen?«

»Obwohl Initiativen gegen die Besiedlung einiger Viertel Harlems durch farbige Bürger plötzlich wie Pilze aus dem Boden schießen«, antworteten die Herausgeber der schwarzen Zeitung *New York Age* gelassen, »geht die Invasion der Farbigen fröhlich weiter.« 1914 gab es mehr als 50.000 Schwarze in Harlem. »Die Schwarzen wollen in Harlem bleiben«, erklärte John M. Royall im selben Jahr, »und sie kommen jedes Jahr zu Tausenden.«

»Wenn die New Yorker Neger ein Urteil über die Wohltäter ihrer Rasse fällen wollen«, so James Weldon Johnson 1930, »müssen sie feststellen, dass kaum jemand mehr als Phil Payton für sie getan hat ... Harlem hat den Negern bessere, sauberere, modernere, luftigere, sonnigere Häuser zur Verfügung gestellt als die, in denen sie jemals gewohnt haben. Und das ist der Pionierleistung von Mr. Payton zu verdanken.«

Harlem, 1905. Das Schild weist darauf hin, dass grundsätzlich nur farbige Familien als Mieter akzeptiert werden.

**Harlem war in den 20er Jahren ein Konglomerat politischer Aktivitäten. Sie reichten von Massenorganisationen wie der National Association for the Advancement of Colored People – Sponsor von W.E.B. DuBois' einflussreicher Zeitschrift *The Crisis* – bis zu Marcus Garveys radikaler Universal Negro Improvement Association (oben bei einer Demonstration im Jahr 1920). Der gebürtige Jamaikaner Marcus Garvey machte sich die wachsende Unzufriedenheit vieler Einwohner von Harlem zu Nutze und zog mit seiner panafrikanischen Doktrin einer schwarzen Solidarität und ökonomischen Unabhängigkeit eine große Anhängerschaft an. »Wie kann ein Neger konservativ sein?«, fragte Garvey. »Was hat er zu bewahren?«**

Little Africa. Als es 1903 abgerissen wurde, um Platz für die Pennsylvania Railroad zu machen, waren die schwarzen New Yorker erneut auf der Flucht. Vier Jahrzehnte nach den Gewaltexzessen gegen Schwarze während der Aufstände von 1863 war die Zahl der Afroamerikaner in New York erstaunlich gering: Noch 1900 machten sie weniger als 2 Prozent der 3,5 Millionen Einwohner der Stadt aus.

Kurz nach der Jahrhundertwende begann jedoch die massivste Landflucht in der Geschichte der USA. Bald verließen Hunderttausende schwarzer Amerikaner auf der Suche nach Arbeit, einem Zufluchtsort und einem neuen Lebensstil den ländlichen Süden. Zeitgleich entstand durch das neue U-Bahn-System in New York ein Bauboom in Upper Manhattan, der Menschen auf der verzweifelten Suche nach soliden Wohnungen mit Wohnungen auf der verzweifelten Suche nach Menschen zusammenführte. Das schwarze Harlem war geboren.

*Wenn ich ein Symbol dafür finden sollte, was Harlem in der kurzen Zeitspanne von nur 20 Jahren geworden ist, wäre es eine weitere Freiheitsstatue, auf der Landseite von New York. Harlem ist das größte Schwarzenviertel der Welt, ohne Gegenstück in den Südstaaten oder in Afrika. Doch Harlem steht auch für den neuesten Vorstoß des Negers in Richtung Demokratie.*

Alain Locke, 1925

Im Herbst 1921 kam ein ehrgeiziger junger Dichter von Cleveland, Ohio, nach New York und nahm die U-Bahn nach Harlem. Als er aus dem U-Bahnhof an der 135th Street Ecke Lenox Avenue trat, traute der junge Langston Hughes kaum seinen Augen. »Ich jubelte über den Anblick so vieler anderer Neger«, sagte er, »ich wollte allen die Hände schütteln.«

*Lassen Sie mich ein Beispiel für die Dinge erzählen, die den Menschen so viel bedeuteten. Ecke 125th Street und Seventh Avenue stand ein Riese von Polizist namens Lacy, der den Verkehr regelte und Weiße auf sein Geheiß anhalten oder weiterfahren ließ. Wo ich herkomme, gab es keine schwarze Autoritätsperson, die Respekt verlangte. Wie er ein Auto voller Weißer herauswinkte, hinschlenderte … und sagte:*

*»So groß und schwarz, wie ich bin, wollen Sie mir weismachen, Sie könnten meine Hand in der Luft nicht sehen?« – so etwas hatten wir noch nie erlebt. Es war beeindruckend.*

Elton Fax

Jahr für Jahr setzte sich der Exodus fort, beschleunigt durch die Arbeitsmöglichkeiten im Norden, die Gewalt gegen Schwarze im Süden und den Eintritt Amerikas in den Ersten Weltkrieg. 1919 hatten sich fast 100.000 Afroamerikaner in Harlem niedergelassen und es damit zur größten afroamerikanischen Enklave des Landes gemacht. Trotz der lähmenden Armut vieler seiner Bewohner wurde Harlem zum Symbol der Hoffnung und der Zuflucht vor dem Wahnsinn der Rassengewalt, der die Nation im Zuge des Krieges in Europa packte.

In diesem Sommer, der fortan nur noch roter Sommer genannt wurde, wurden im Süden über 70 Schwarze gelyncht, darunter Veteranen, die gerade aus Europa zurückgekehrt waren, während der weiße Mob, aufgebracht über den Zustrom an Afroamerikanern, in den Schwarzenvierteln der Städte im Norden wütete.

Inmitten dieses Aufruhrs blieb Harlem ruhig. Seine Größe, Stabilität und Beständigkeit machten es zu einem Bollwerk der Sicherheit im aufkommenden Sturm – und erhöhten den Zustrom an Neuankömmlingen noch mehr. »Ich wäre lieber ein Laternenpfahl in Harlem«, besagte ein Sprichwort der Schwarzen, »als Gouverneur in Georgia.«

*Nachts legte sich ein blauer Dunst auf die Lichterketten an den breiten Avenues ... Vom Fenster einer Wohnung an der Ecke Fifth Avenue / 129th Street blickte ich über die Dächer des Negertums und versuchte, meinen Augen zu trauen. Was für eine Stadt! Was für eine Welt!*

Arna Bontemps

Im Jahr 1921 war das aufstrebende Mekka der Schwarzen mit 60 Kirchen, einem YMCA und einem YWCA sowie den zwei angesehenen Zeitungen *New York Age* und *Amsterdam News* eine Stadt innerhalb der Stadt.

Außerdem war es ein Unruheherd, in dem der politische Aktivismus brodelte. Hier gab es Büros der Demokraten und Republikaner, einen Gründungssitz der National Association for the Advancement of Colored People, die dazu aufrief, sich in die US-Gesellschaft einzugliedern, sowie das Zentrum von Marcus Garveys Universal Negro Improvement Association, die dazu aufforderte, sich vom weißen Amerika abzuwenden und nach Afrika heimzukehren.

Obwohl die meisten Bewohner Harlems Arbeiter waren, gab es hier teilweise einen Wohlstand, der in der Geschichte der Afroamerikaner seinesgleichen suchte. Dutzende schwarzer Anwälte, Ärzte, Pfarrer und Geschäftsleute wohnten in eleganten Apartmenthäusern in einem als Sugar Hill bezeichneten Teil der Edgecombe Avenue oder kauften gleich ein Reihenhaus. Eine Generation zuvor hatte kaum ein Dutzend Schwarze Land auf Manhattan besessen; jetzt waren Immobilien im Wert von über 60 Millionen Dollar in den Händen von Afroamerikanern. »Der Immobilienerwerb«, hieß es, »wurde zu einem ansteckenden Fieber.«

An Sonntagen streiften die Bewohner Harlems nach der Kirche im Sonntagsstaat über die breiten Boulevards. »Selbst auf der Fifth Avenue war es nie so«, sagte ein Mann. »In Harlem gibt es pro Jahr 52-mal Ostern.«

Obwohl Harlem größtenteils durch die strengen Rassengrenzen jener Zeit entstanden war, die Schwarze in ein einziges Viertel zwangen, war es 1921 eine unumstrittene Quelle der Macht und des Stolzes: ein Forum für Afroamerikaner aus dem ganzen Land und die wahre Hauptstadt einer Bevölkerungsgruppe, die noch kurz zuvor weit verstreut gelebt hatte.

**Unter den über 100.000 Afroamerikanern, die in den 20er Jahren nach Harlem zogen, waren einige der begabtesten Schriftsteller, Künstler und Musiker des Landes. Langston Hughes (gegenüber), Sohn eines wohlhabenden Anwalts, kam 1921 von Cleveland nach New York, um an der Columbia University zu studieren. »Mehr als Paris oder das Shakespeare-Land oder Berlin oder die Alpen«, schrieb er später, »wollte ich Harlem sehen, die größte Negerstadt der Welt.« Vom unterschwelligen Rassismus an der Universität abgeschreckt, stürzte sich Hughes in den künstlerischen Strudel Harlems und wurde schon bald zu einem führenden Kopf der literarischen Renaissance. Das Bild oben, ca. 1926 auf einer Party zu Ehren von Hughes aufgenommen, zeigt mehrere weitere prominente Autoren aus dem damaligen Harlem: (von links nach rechts) Hughes, Charles Johnson, E. Franklin Frazier, Rudolph Fisher und Hubert Delaney.**

In ganz New York bekamen Schwarze – die wie im übrigen Land noch immer streng nach Rasse getrennt waren – nur die schlechtesten Jobs, hatten keinen Zugang zu guten Wohnungen und Schulen, mussten im Theater in den obersten Rängen sitzen und täglich tausend andere Demütigungen erdulden. Dennoch wurden die Blocks nördlich des Central Park in den kommenden zehn Jahren zu einem der kreativsten Orte der Welt und zum Epizentrum einer erstaunlichen Kulturrevolution.

Zwar blieben der überwiegenden Mehrheit der Schwarzen die Wall Street wie die meisten staatlichen Posten verschlossen, doch »gab es in Bezug auf die Kunst keine Ausschlusskriterien«, schrieb der Historiker David Levering Lewis später. »Hier war ein kleiner Riss in der Mauer des Rassismus, ein Spalt, den es zu erweitern galt.«

Und er weitete sich tatsächlich. Jahr für Jahr strömten Schriftsteller, Musiker, Künstler, Dichter und Intellektuelle aus dem ganzen Land nach Harlem, inspiriert von dem Traum, eine neue schwarze Kultur in Amerika zu begründen.

*Die jüngere Generation kommt und bringt ihre Talente mit. Es sind die ersten Früchte der Neger-Renaissance. Die Jugend spricht, und die Stimme des neuen Negers ist zu hören ... mit faszinierenden Visionen und Prophezeiungen. Im Spiegel der Kunst wird prophezeit, was wir morgen auf den Straßen der Realität sehen werden; in neuen Tönen und Akzenten erleben wir eine Vorschau auf die heranreifende Sprache und Ausdrucksweise dieser Rasse.*

Alain Locke

Harlem, erklärte der Schriftsteller Wallace Thurman, »ist fast ein Greenwich Village der Neger ... Jeder Zweite, den man trifft, schreibt einen Roman, ein Gedicht oder ein Drama.« Mit der wachsenden Zahl von Essays, Theaterstücken, Gedichten und Romanen zog eine neue kulturelle Interaktion herauf, die es in dieser Form in Amerika nie zuvor gegeben hatte.

Das New Yorker Verlagswesen horchte auf. Irgendetwas an der neuen schwarzen Literatur berührte die Menschen – nicht nur die Afroamerikaner, sondern auch die Weißen, für die sie erfrischend unberührt von den überholten Konventionen der weißen Kultur war.

Um 1925 war die afroamerikanische Literatur aus Harlem in den Literatenkreisen New Yorks ein Knüller, und »der Neger«, wie Langston Hughes trocken bemerkte, »war in«.

Am 1. Mai 1925 veranstaltete eine Zeitschrift namens *Opportunity: A Journal of Negro Life* ein Bankett mit Preisverleihung in einem eleganten Restaurant auf der Fifth Avenue, um Harlems junge Talente vorzustellen. Die Crème de la crème der New Yorker Literatenszene kam zu diesem glanzvollen Ereignis und applaudierte begeistert, als die Jury – bestehend aus literarischen Berühmtheiten wie Robert Benchley und Alexander Woollcott – die Namen der ausschließlich schwarzen Gewinner, darunter der 23-jährige Dichter Langston Hughes, vorlasen.

Anschließend wurde Hughes von einem elegant gekleideten blonden Mann begrüßt. Er hieß Carl Van Vechten und war einer der einflussreichsten Literaten New Yorks. Fasziniert von der Energie und dem Engagement der neuen schwarzen Literatur, tat er alles, um Hughes' Karriere zu fördern. »Jetzt ist genau der richtige psychologische Moment«, schrieb er an den jungen Dichter, »alles Schicke ist jetzt schwarz.«

»Warum betrachtete man uns als etwas so Besonderes?«, fragte die Dichterin Arna Bontemps rückblickend. »Eine unserer Anhängerinnen auf der Park Avenue stellte eine interessante Theorie auf. Der primitive Mensch, sagte sie, hat noch jenen Kontakt zur Unendlichkeit, den die Zivilisation bereits abgebrochen hat. Der ›neue Neger‹ sollte diese verschüttete Qualität in der Dichtung, Malerei und Musik zurückerobern und anschließend an ganz Amerika weitergeben. Durch niemand Geringeren als uns würde Amerika einen bestimmten Wert zurückgewinnen, den die Zivilisation zuvor zerstört hat.«

Wie komplex bzw. vage die Motive auch waren, eines war klar: Nie zuvor hatten sich schwarze und weiße Intellektuelle in New York so vorurteilslos vermischt. Schwarze Autoren wie Hughes, Wallace Thurman, Alain Locke, Zora Neale Hurston und Countee Cullen – der einzige Harlemer Schriftsteller, der auch in Harlem aufgewachsen war – wurden in einen Strudel extravaganter Partys und literarischer Events gezogen. »Ich weiß gar nicht, wo ich zuerst hingehen soll«, sagte Hurston, »wenn ich kein Ereignis versäumen will.«

»Wenn wir uns nicht gerade irgendwo amüsierten«, sagte Bontemps, »wurden wir überall herumgereicht und allen möglichen Leuten vorgestellt. Und wir hörten ihr erstauntes Seufzen, wenn irgendwo geflüstert oder angekündigt wurde, hier stehe einer der ›neuen Neger‹. Nichts konnte schöner sein für junge Menschen, die nur ein paar Wochen oder Monate zuvor alles andere als interessant waren ... Wir waren die Vorboten einer neuen Ära ... die Ersten, die aus der dunklen Renaissance hervorgingen.«

Auch wenn sie sich als zartes Geschöpf und am Ende leider auch als sehr kurzlebig erwies, stellte die Harlemer Renaissance einen Durchbruch dar: eine Bestätigung durch die intellektuelle Elite der amerikanischen Hochkultur, dass das, was Amerika im tiefsten Inneren aus-

**Promenierende Frauen, 1927 an der Ecke Seventh Avenue/124th Street. In den 20er Jahren war Harlem berühmt für sein elegantes Boulevard-Leben. Jeden Sonntag spazierten wohlhabende Harlemer die breiten Bürgersteige der Seventh Avenue zwischen der 125th und 138th Street auf und ab – die Frauen trugen lange Pelze und Sonnenschirme, die Männer karierte Anzüge und weiße Gamaschen, Melonen und Seidentaschentücher.**

Das kulturelle Spektrum im Harlem der 20er Jahre verdeutlicht die Vita von zwei seiner versiertesten Literaten: James Weldon Johnson (ganz links) und Zora Neale Hurston (links). Johnson, einer der führenden Köpfe der Harlemer Renaissance, war ein erfolgreicher Songwriter, Dichter, Journalist, Romancier, Historiker, Anwalt, Pädagoge und Diplomat. Der Autor von über 200 Songs für Broadwaymusicals arbeitete sieben Jahre als U.S.-Konsulatsangestellter in Südamerika, bevor er 1913 nach Harlem zurückkehrte und die Führung der NAACP übernahm. Die in Florida geborene Zora Hurston – respektlos, unverblümt, unberechenbar – war eine begabte Dichterin und Romanautorin und eine geborene Geschichtenerzählerin, die an der Columbia University Anthropologie studiert und anschließend das ganze Land bereist hatte, um afroamerikanische Folklore zu katalogisieren. »Ich will sammeln wie ein neuer Besen«, lautete ihr Motto.

machte, nicht seine Reinheit war, sondern die ständige Vermischung der Menschen – Schwarze und Weiße, Ureinwohner und Einwanderer, Männer und Frauen, Ober- und Unterschicht – ein unendlicher Migrations- und Verschmelzungsprozess, der in New York nun schon seit fast 300 Jahren im Gange war.

*Es ist Harlem – und alles ist möglich. Harlem, New Yorks neue Spielwiese! Harlem – die bunte Stadt in der größten Metropole des weißen Mannes! Harlem – die Hauptstadt der Rassenvermischung! Harlem – die fröhliche, musikalische Pariser Heimat des Lasters!*

Edward Doherty

1925, als Harlems Renaissance in der Hochkultur in vollem Gange war, fand eine noch weiter reichende Explosion der Unterhaltungskultur statt, die ebenfalls Harlem zum Zentrum hatte. Nichts verkörperte den berauschenden Geist der Epoche – oder den Geist ihrer kosmopolitischen Hauptstadt – mehr als die neue Musik, die aus den Harlemer Nachtklubs und Mondscheinkneipen drang. Die Jazz-Ära, wie sie F. Scott Fitzgerald bezeichnete, hatte begonnen.

*New York beflügelte unsere Fantasie. Wir waren beeindruckt von der unendlichen Welle großer Talente ... in der Unterhaltungsmusik und im Blues, beim Varieté und Songschreiben, im Jazz und im Theater, im Tanz und in der Komödie. Für uns hatte Harlem tatsächlich die glamouröseste Atmosphäre der Welt. Wir mussten einfach dorthin.*

Duke Ellington

Es war der Höhepunkt einer Entwicklung, die lange zuvor begonnen hatte. Seit Eröffnung des Erie-Kanals war New York das Zentrum der amerikanischen Massenkultur, hier trafen die verschiedenen Elemente des Entertainments aufeinander. Die zunehmende Konzentration der Produktion von Kulturgütern sowie die neuen Medien – Schallplatte, Radio, Film – dehnten New Yorks Übermacht jetzt noch weiter aus. Künstler kamen aus allen Landesteilen, und aus einer regionalen Volkskunst wurde die Hymne einer ganzen Nation.

Wie die Stadt selbst entstand auch der Jazz aus dem Zusammenfluss vieler Quellen, von den Field Hollers und schwarzer Kirchenmusik bis zu Ragtime und deutschen Märschen.

Rechts: Ein von Schwarzen betriebener Friseurladen in Harlem um 1929. Obwohl Afroamerikaner aus vielen Berufen ausgeschlossen waren, wurde Harlem zu einem Zufluchtsort für schwarze Unternehmer und kleine Ladenbesitzer, Darunter fanden sich Bestattungsunternehmen, Schönheits- und Friseursalons, Anwaltskanzleien und Arztpraxen. Zu den erfolgreichsten Firmen zählten Carver Savings and Loan, die United Mutual Life Insurance Company sowie die beiden großen Zeitungen *New York Age* und *Amsterdam News*.

Anfang der 20er Jahre strömten schwarze Musiker aus dem ganzen Land nach Harlem, um in der mächtigen Unterhaltungsindustrie der Stadt Fuß zu fassen. Die berühmte Bluessängerin Ethel Waters (unten) wurde mit 13 Jahren verheiratet und tourte dann jahrelang als Sweet Mama Stringbean in Varietés durch den Süden. Nach ihrer Ankunft in New York nahm sie ab 1921 zahlreiche Schallplatten auf und spielte gegen Ende des Jahrzehnts Hauptrollen am Broadway. 1927, vier Jahre nach seinem Umzug von Washington, D.C., nach New York, startete Edward Kennedy Ellington (links) – wegen seines aristokratischen Gehabes und seines makellos eleganten Äußeren als Duke bekannt – sein zwölfjähriges Engagement im Cotton Club. Seine Konzerte wurden regelmäßig landesweit im Radio ausgestrahlt. Ende der 20er Jahre kamen mehr Jazzmusiker nach New York als in alle anderen Städte im ganzen Land zusammen.

Er wurde im Hinterland geboren, entlang des Mississippi in New Orleans, und wanderte dann nach Norden: St. Louis, Kansas City, Chicago. Doch die neue Musik »verschmolz und vermischte sich« erst in New York, wie Duke Ellington später sagte. Und erneut stahl die Stadt am Hudson ihren Rivalinnen die Schau.

1921 nahm die zierliche 25-jährige Bluessängerin Ethel Waters aus Pennsylvania, die sich am Broadway bereits einen Namen gemacht hatte, eine Platte für die schwarze Plattenfirma Black Swan auf. Mit Unterstützung des wenig bekannten Arrangeurs und Bandleaders Fletcher Henderson verkaufte sich Waters' Version von »Down Home Blues« über eine halbe Million Mal an Schwarze und Weiße im ganzen Land.

Zwei Jahre später kam Bessie Smith, eine Bluessängerin aus Chattanooga, Tennessee, nach Harlem und spielte ihre erste Platte ein. 1923 ging Smiths Interpretation von »Down Hearted Blues« in weniger als sechs Monaten mehr als 780.000 Mal über den Ladentisch, bewahrte das Label Columbia Records vor der drohenden Pleite und machte Smith zum Weltstar.

Es setzte ein regelrechter Run ein. »Es gibt immer mehr Negerware«, schrieb der Romanautor Rudolph Fisher, »und jeder kauft.«

*Farbige Sänger und Musiker kommen auf Grund der derzeitigen Nachfrage nach »Blues«-Plattenaufnahmen zu Ruhm und Reichtum. Außerdem kann – wie allgemein bekannt – nur ein Neger den alten Indigo-Weisen gerecht werden, die bei solchen Künstlern so gefragt sind.*

*Variety*, 26. Juli 1923

Der Wendepunkt kam 1924: das denkwürdige Jahr des Jazz. Im Februar wurde Edward Kennedy Ellington – ein Bandmusiker aus Washington, der kurz zuvor nach New York gekommen war – Chef einer eigenen Jazzband. Zwei Monate später traf ein Kornettist aus New Orleans namens Louis Armstrong von Chicago ein, um im Roseland Ballroom in Fletcher Hendersons Band zu spielen. In den folgenden Monaten und Jahren eroberten Armstrongs unverkennbarer Sound und sein Improvisationstalent sowie Duke Ellingtons atemberaubende, elegante Arrangements die Stadt und das Land im Sturm.

1925 war Harlem weltweit ein Synonym für die berauschende Vitalität der amerikanischen Kultur – und der höchste Ausdruck des urbanen Zeitalters. Der American Way of Life schien mit Haut und Haaren in der neuen Musik aufzugehen, die wie Manhattan selbst eine einzigartige Mischung aus spontaner Improvisation und strenger Disziplin war: komplex und chaotisch und wie nichts zuvor auf die vielschichtigen Rhythmen der Metropole abgestimmt – der Sound und die Seele des Stadtlebens.

»Das Tempo des Jazz«, so der schwarze Kritiker J. A. Rogers, »ist komplexer und schneller als das der afrikanischen Musik. Es trägt alle Anzeichen einer nervösen, schrillen, mechanisierten Zivilisation. Es stammt aus dem Dschungel – einem modernen, künstlichen Dschungel.«

*Hot Jazz ... ist ein Ereignis wie die Wolkenkratzer ... er steht für die Kräfte von heute. Der Jazz ist schon weiter als die Architektur. Wenn die Architektur an dem Punkt wäre, den der Jazz erreicht hat, wäre sie ein unglaubliches Spektakel ... Manhattan ist Hot Jazz aus Stein und Stahl.*

Le Corbusier

»Die Legende von Harlem bei Nacht«, erklärte der Autor Lloyd Morris, »hat den Kontinent und den Ozean überquert.« Als der modernistische französische Komponist Darius Milhaud

***Baljeunesse***, **ein Aquarell des Harlemer Künstlers Palmer Hayden von 1927, fängt die aufregende Tanzrevolution ein, die die Jazz-Explosion im Harlem der 20er Jahre begleitete. Neue Tänze wie Charleston, Turkey Trot, Shim Sham und Boogie-Woogie bahnten sich rasch ihren Weg von den Harlemer Nightclubs in die Tanzsäle im ganzen Land und wurden von Millionen jungen weißen Amerikanern übernommen, denen die lockeren und sexuell freizügigeren Bewegungen der schwarzen Tänze besser gefielen als die Förmlichkeit des Walzers und anderer traditioneller Tanzformen. Dutzende von Harlemern fanden in den 20er Jahren feste Anstellungen als Tanzlehrer und brachten den weißen New Yorkern die neuesten Schritte bei.**

*Ein Besuch in Harlem bei Nacht – die Boulevards sind nie leer, fröhliche Menschenmengen springen von einer Vergnügungsstätte zur nächsten, Taxis und Limousinen stehen reihenweise unter den funkelnden Lichtern der Eingänge zu den berühmten Nightclubs, die U-Bahn-Kioske verschlingen die ganze Nacht über Menschen und spucken sie wieder aus – vermittelt den Eindruck, als würde Harlem nie schlafen und seine Bewohner sich durch das ganze Leben jazzen.*

James Weldon Johnson, 1930

**Die weißen New Yorker waren von Harlem fasziniert. Das wird auf diesem Foto einer Varieténummer von 1929 im Small Paradise Club deutlich – der Club bot über 1500 Menschen Platz und wurde von einem gemischten Publikum aus Schwarzen und Weißen besucht (ganz links hat ein afroamerikanischer Künstler als Teil der Show schwarzes Make-up aufgetragen). Die Titelseite der *Vanity-Fair*-Ausgabe vom Januar 1928 stilisiert das Harlemer Nachtleben mit seinen Musikern und Tänzerinnen. Die Aufmachung verdeutlicht die Verbindung der neuen afroamerikanischen Kultur mit der künstlerischen Moderne.**

1924 während eines New-York-Besuchs gefragt wurde, welche amerikanische Musik wohl den größten Einfluss auf Europa habe, verblüffte er die Reporter mit der Antwort: »Jazz«.

»Vielleicht bewegen sich diese weißen Nordlichter jetzt endlich auf unserer Wellenlänge«, sinnierte Wallace Thurman.

*Hören wir uns Louis Armstrong an, ... den schwarzen Giganten des Schreis, des Apostrophs, der Lachsalve, des Donners. Er singt, er lacht schallend, er bringt seine Silbertrompete zum Sprühen. Er ist Mathematik, Balance auf dem Drahtseil. Er ist wie Shakespeare! Warum nicht?*

Le Corbusier

»Um sich als New Yorker zu bezeichnen«, erklärte Thurman, »muss man zumindest einmal in Harlem gewesen sein. Jeder moderne Mensch kennt Harlem.« 1924 strömten weiße New Yorker scharenweise nach Harlem, das als »Nightclub-Hauptstadt der Welt« bezeichnet wurde. Es gab über 125 offizielle Varietés und Clubs und mindestens 300 weitere illegal betriebene.

Im Small's Paradise Club an der 135th Street spielte Fats Waller Klavier, Ethel Waters sang Blues, und die Kellner tanzten Charleston oder fuhren mit beladenen Tabletts auf Rollschuhen durch den vollen Speisesaal, ohne einen Takt zu verpassen. Die Attraktion des nahe gelegenen Pod and Jerry's war Willie »the Lion« Smith mit seinen ansteckenden Stride-Piano-Riffs. Der geräumige Savoy Ballroom – »die Heimat glücklicher Füße« – fasste 4000 Menschen und verfügte auf jeder Seite über ein Podium, um »Wettbewerbe« zwischen den Bandleadern Fletcher Henderson und King Oliver zu ermöglichen.

Im Cotton Club, der hauptsächlich Weiße zur Zielgruppe hatte, saßen 700 Besucher in einem Raum voller afrikanischer Masken, künstlicher Palmen und Bongos und sahen sich die Revue der jungen, hellhäutigen Künstler an, die zur Musik von Duke Ellington oder Cab Calloway tanzten. Manchmal waren auch Charlie Chaplin, Harold Lloyd, der Finanzier Otto Kahn, die Erbin Gertrude Vanderbilt Whitney oder Lady Mountbatten zu Gast. »Für [weiße] Amerikaner«, erkannte ein Beobachter, »ist der Neger kein Mensch, sondern ein Konzept.«

Unter der fröhlichen Oberfläche des Harlemer Nachtlebens blieb die Realität für schwarze New Yorker dennoch hart. »Die Atmosphäre war glanzvoll«, gab der Tänzer Fayard Nicholson nüchtern zu. »Das einzige Problem war, dass meinen Leuten kein Einlass gewährt wurde.«

Als Carl Van Vechten eines Nachts mit ein paar schwarzen Freunden zum Cotton Club kam, wurde ihm höflich mitgeteilt, dass gemischte Gruppen nicht eingelassen wurden und dass außer Künstlern oder Kellnern Schwarze so gut wie nie Zutritt hatten. Dem Komponisten W. C. Handy mit dem Beinamen »Father of the Blues« wurde einmal der Eintritt in den Cotton Club verwehrt. Von draußen hörte er dann, wie innen einer seiner eigenen Songs gespielt wurde.

Alle Harlemer Nachtklubs gehörten Weißen, genauso wie alle großen Geschäfte auf der 125th Street, Harlems zentraler Einkaufsmeile, wo Afroamerikaner nicht einmal als Verkäufer arbeiten durften.

Auch das Wachstum Harlems brachte Probleme mit sich. Die Mieten – für schwarze New Yorker schon immer teurer – schnellten in die Höhe, als sich die Einwohnerzahl des Bezirks im Verlauf eines Jahrzehnts auf fast 200.000 verdoppelte. Wohngemeinschaften wurden zu einer Harlemer Tradition. Als auch das nicht ausreichte, unterteilten die Mieter Zimmer mit Bettlaken oder stellten Feldbetten ins Esszimmer. Ende der 20er Jahre machte Harlem der Lower East Side als am dichtesten besiedeltes Viertel New Yorks heftig Konkurrenz.

Und doch hatte sich etwas verändert. »Wenn meine Rasse in Harlem klarkommt«, hieß es, »mein Gott – was kann sie denn dann nicht?« In Harlem gab es eine unglaubliche Kulturflut, eine so mächtige kreative Kraft, dass ganz New York, ja die ganze Welt gezwungen war, sie anzuerkennen. Einst von den Weißen an den Rand der amerikanischen Gesellschaft verbannt, standen Schwarze zumindest für den Moment im Zentrum der Schwindel erregenden modernen Kultur, für die New York den Weg bereitete.

*Harlem ist mehr als die Negerhauptstadt der Nation. Es ist die Negerhauptstadt der Welt. Und so wie New York das größte Experiment der Welt ist, bei dem verschiedene Rassen und unterschiedlichste menschliche Gruppen um ein Zusammenleben ringen, ist Harlem das interessanteste Beispiel für ein gemeinsames Auskommen der schwarzen Menschheit mit der weißen Menschheit.*

Claude McKay

*Greenwich Village ist für mich eine spirituelle Zone ... Die Stadt, die kein Greenwich Village hat, muss bedauert werden. Sie hat kein Leben, keine Illusionen, keine Kunst.*

Hippolyte Havel

In den 20er Jahren entstand etwa 100 Blocks südlich von Harlem eine weitere Stadt innerhalb der Stadt: Greenwich Village, das nunmehr, nachdem es sich zehn Jahre zuvor trotzig vom Mainstream der Stadt abgewandt hatte, seine fragile Unabhängigkeit gegen die mächtigen kommerziellen Kräfte der Zeit durchzusetzen versuchte.

In einer gewissen Hinsicht war Greenwich Village schon immer eine andere Welt. Auf dem in der Kolonialzeit erschlossenen Areal entstand in den 1820er und 1830er Jahren ein Reihenhausvorort, der noch Anfang des 20. Jahrhunderts tiefste Provinz war – isoliert vom Rest der Stadt durch sein verwirrendes Labyrinth aus seltsam geformten Häuserblocks und engen Straßen. »Die Straßen sind verrückt geworden und haben sich selbst ... in merkwürdige Winkel und Kurven aufgespalten«, beobachtete der Schriftsteller O. Henry. »Eine Straße kreuzt sich selbst ein oder zwei Mal.« Die aus alten Backsteinhäusern – von denen die meisten gerade in kleine, billige Wohnungen aufgeteilt wurden – sowie Teestuben, Tavernen und preiswerten Restaurants bestehenden niedrigen Häuserblocks bildeten einen krassen Gegensatz zur hektischen Stadt ringsum. »Dort gab es Stille und Idylle«, erinnerte sich ein Bewohner, »man kannte sich, und die Leute bummelten auf den Straßen.«

Doch 1911 »lag etwas in der Luft«, schrieb der Kritiker Floyd Dell. »Etwas passierte oder würde demnächst passieren.« Innerhalb weniger Jahre entstand in diesem ruhigen, provinziellen Viertel Amerikas erste echte Boheme – »eine Brutstätte von Zirkeln, Clubs und Cliquen«, deren Bürger, so wurde berichtet, für »Sozialismus, Sex, Dichtung, Konversation und durchwachte Nächte« eintraten – »alles, solange es nur als Tabu im Mittleren Westen taugte«. Zu den frühen Pionieren, angezogen von den billigen Mieten und malerischen Straßen des Viertels, gehörten Autoren wie John Reed, Edna St. Vincent Millay, Lincoln Steffens und Eugene O'Neill, Künstler wie John Sloan, Robert Henri und Edward Hopper sowie politische Aktivisten wie die gefeierte Anarchistin Emma Goldman, Big Bill Haywood, der hitzige, charismatische Führer der International Workers of the World, und Margaret Sanger, die offen für Geburtenkontrolle und Familienplanung eintrat.

Das Epizentrum des chaotischen alternativen Universums, das im Village entstand, war ein elegantes Apartment mit hohen Räumen in

*The City from Greenwich Village* von John Sloan.

Patchin Place in Greenwich Village, 1916 fotografiert von Jessie Tarbox Beals.

der 23 Fifth Avenue. Dort lebte Mabel Dodge, eine subversive Kunstmäzenin und Erbin, die jeden Donnerstagabend einen Salon abhielt, »um Leute zusammenzubringen«, wie sie sagte, »damit sie sich mitteilen können, was sie denken«.

Im Frühjahr 1913 führten Dodges lebhafte Soireen zu zwei außergewöhnlichen kulturellen Ereignissen: der Armory Show, einer umstrittenen Ausstellung, die die Amerikaner erstmals mit der provokanten modernen Kunst aus Europa konfrontierte, und Paterson Pageant, einem innovativen politischen Theater am Madison Square Garden, mit dem Geld für die streikenden Textilarbeiter in Paterson, New Jersey, gesammelt wurde.

Inzwischen war das Village zu einer Brutstätte künstlerischer Experimente und des politischen Radikalismus geworden.

»Überall«, schrieb der Kritiker Malcolm Cowley später, »wurden neue Institutionen gegründet, Zeitschriften, Clubs, Künstlerkolonien, kleine Theater, Initiativen für freie Liebe oder eine Einheitssteuer, experimentelle Schulen, Bildergalerien. Überall herrschte Kameradschaftsgeist, und es gab ein immenses Veränderungspotenzial.« In diesem Jahr tauchte eine ungewöhnliche neue Zeitschrift namens *The Masses* an den Zeitungsständen auf und begeisterte die Leser. Das von John Reed, Floyd Dell und einem früheren Philosophiedozenten der Columbia University namens Max Eastman herausgegebene Blatt vereinigte alle Strömungen des Village: Marxismus, Anarchismus, Geburtenregelung, freie Liebe, Kubismus, Futurismus, Freudianismus, Feminismus und das neue Theater. »Sie ist das Sprachrohr der kommenden Revolution«, schrieb der Dichter und Aktivist Arturo Giovannitti, »ein lebendiges Wesen, ein Schlachtruf, ein trotziger Schrei, eine lodernde Fackel, die wie verrückt durch die Nacht läuft, um die Pulverfässer der Welt anzuzünden.«

In der Nacht des 23. Januar 1917 stürmte dann der Maler John Sloan mit ein paar Freunden den Washington Square, um die Revolution offiziell zu machen. Sie kletterten auf den Washington Arch, entzündeten Kerzen, machten ein Mitternachtspicknick, schmückten das Denkmal mit Ballons und erklärten, dass sich Greenwich Village von den Vereinigten Staaten abgespalten habe und sich fortan »Free and Independent Republic of Washington Square« nenne.

*Wenn ich an Greenwich Village denke, kommen mir fast die Tränen. Denn dort richten die geschlagenen Truppen ihre Gewehre auf die ganze Nation. Auf der Suche nach Geborgenheit und Zuflucht sind sie aus den dunkelsten Ecken des Landes geflüchtet. Man könnte sie für lächerlich oder schwach halten – doch Schwäche ist immer relativ. Jemand, der seine Heimat in Kansas verlässt und für die Meinungen von Freud und Wagner eintritt, um nach neuen Harmonien zu suchen oder für die von Einstein, um sich ein endliches Universum vorzustellen, braucht zweifellos viel Charakterstärke und geistige Unabhängigkeit.*

Edmund Wilson

Nur sechs Monate später – das Land befand sich nun im Krieg – beeilten sich die US-Behörden, jede Illusion politischer Autonomie zunichte zu machen. Im Juli 1917 erklärte die Postbehörde gemäß dem neuen Spionagegesetz *The Masse*s zum Hetzblatt, verwehrte der Zeitschrift Versandprivilegien und zwang sie dadurch zum Aufgeben. Im November klagte das Justizministerium Eastman, Reed und Dell der Verschwörung an, da sie in ihren Leitartikeln den Eintritt der USA in den Krieg angeprangert hatten. Ein Schauder erfasste das einst so lebhafte Viertel, das sich schon bald »wie ein besetztes Land« fühlte, wie Malcolm Cowley schrieb, dessen »Bewohner entmutigt waren und freudlos tranken«.

Im selben Jahr beendeten die städtischen Behörden auch die räumliche Isolation von Greenwich Village durch eine Verlängerung der Seventh Avenue südlich der 14th Street – inklusive einer neuen IRT-U-Bahn-Linie unter der Straße. Die neue Durchgangsstraße teilte das Viertel nicht nur in zwei Hälften, sie zog mit der neuen U-Bahn auch eine Flut von Fremden an.

*Ich ging zu den alten Plätzen. Ich sah niemanden, den ich kannte, und alles hatte sich verändert. Das Village – unser Dorf – war tot. Hier waren junge Leute, so jung wie wir damals und genauso fröhlich und gierig. Sie waren die neuen Greenwich Villagers. Die Veränderungen machten ihnen nichts aus, weil sie unser Dorf nie gesehen hatten. Sie kannten bereits all die Dinge, die wir so schmerzhaft lernen mussten. Rückblickend sah ich uns von einer wunderbaren Naivität beseelt, einer spätviktorianischen Gutgläubigkeit, einem glücklichen und absurden Glauben an das Gute und die Schönheit dieses chaotischen Universums. Die jungen Leute wussten es besser. Tja, es war jetzt ihr Dorf; sie sollen es haben und daraus machen, was sie wollen!*

Floyd Dell, 1924

Anfang der 20er Jahre wurde Greenwich Village durch einen Strom an Neuankömmlingen wieder belebt – viele davon Veteranen wie Cowley, die sich, wie er sagte, »in einen langen Urlaub« begaben. »Nach dem Krieg«, notierte er, »zog es die meisten von uns zu den verwinkelten Straßen südlich der 14th ... Wir kamen, weil das Leben billig war, weil Freunde von uns schon dort waren (und uns verzückte Briefe geschrieben hatten) und weil New York die einzige Stadt zu sein schien, in der ein junger Autor veröffentlichen konnte.« Obwohl viele der Vorkriegs-Villagers weg waren – tot oder verbannt oder einfach woanders –, taten Neuankömmlinge wie der Dichter e. e. cummings, der Kritiker Edmund Wilson und der Schriftsteller John Dos Passos ihr Bestes, um den Ruf des Viertels als »die Wiege der modernen amerikanischen Kultur« zu wahren. Im selben Jahr, als *The Masses* einging, zog die *Little Review* von Chicago nach New York, das erste der so genannten »Little Magazines«, zu denen später auch *Dial*, *The New Masses* und *Partisan Review* gehörten. Sie verwandelten Lower Manhattan für den Großteil des kommenden Jahrhunderts in den zentralen Schauplatz der intellektuellen Debatte in Amerika.

Und doch hatte sich etwas verändert. Greenwich Village ergab sich dem Wohlstandstrend der 20er Jahre und war nun weniger für seine radikale Politik als vielmehr für seinen freigeistigen, unkonventionellen Lebensstil bekannt. Neulinge im Viertel veranstalteten prächtige Bälle – genannt Bacchanalien –, die in der Webster Hall (auch Devil's Playhouse genannt) begannen und dann bis zum frühen Morgen auf den Straßen weitergingen. Eine neue Art von »Berufs-Villagers« entstand, zu der etwa die Baroness Elsa von Freytag-Loringhoven gehörte, eine extravagante Frau, die sich den Kopf rasierte, das Gesicht anmalte und einen umgedrehten Kohleneimer als Hut trug. Eine Zeitschrift bestand darauf, dass Besucher des Village sicher sein konnten, »Damen mit kurzen Haaren und langen Fingernägeln und Männer mit langen Haaren und mageren Bankkonten« zu sehen.

Zum Entsetzen seiner älteren Bewohner wurde aus der einst provinziellen und autarken Kolonie nicht nur rasch eine Karikatur ihrer selbst, sondern auch eine beliebte Touristenattraktion. Reiseführer tischten verlockende Geschichten über die aufregende Philosophie der »freien Liebe« auf und bezeichneten das Viertel als »Latin Quarter« und »Greenwich Thrillage«. Reiseleiter, die mit ihren Künstlerkitteln und offenen Sandalen die Erwartungen der Touristen bestätigten, führten die Gruppen durch die malerischen Straßen und lotsten sie oft in Geschäfte und Cafés von Freunden. Um die Touristenmassen zu verpflegen, entstanden Dutzende pittoreske Teestuben mit Namen, die stark zoologische Anklänge hatten: Black Parrot, Purple Pup, Green Witch und Vermillion Hound. Wild dekorierte Varietés trugen Namen wie Bandit's Cave, Nut Club und Don Dickerman's Pirate's Den, wo ein Sarg als Firmenschild diente und alle Kellner als Piraten verkleidet waren. »Wenn man im Village stolpert und hinfällt«, war in einem Reiseführer zu lesen, »kann man sicher sein, dass man in einem Restaurant landet.«

Ende der 20er Jahre war Greenwich Village u. a. wegen des Besucherstroms eines der bekanntesten Viertel der Welt. Schon sein Name war, wie Harlem, auf der ganzen Welt bekannt. Langjährige Bewohner sprachen jetzt jedoch wehmütig von den Jahren, als Greenwich Village für mehr als nur einen exotischen Lebensstil gestanden hatte, und trauerten um das tote bzw. sterbende wahre Boheme-Leben.

Die für Greenwich Village so wichtige Grenze zwischen Kunst und Kommerz, die vor dem Krieg so klar definiert war, begann zu verwischen, als die Medienkultur in Midtown die behüteten Grundsätze der Boheme in raffinierte Marketingstrategien verwandelte.

*Daher förderten Selbstdarstellung und Heidentum die Nachfrage nach allen möglichen Produkten: moderne Möbel, Strandbekleidung, Kosmetik, bunte Badezimmer mit passendem Toilettenpapier. Das Leben für den Moment bedeutete, ein Automobil, Radio oder Haus zu kaufen, es jetzt zu benutzen und morgen zu bezahlen. Durch die Gleichberechtigung der Frau verdoppelte sich der Konsum mancher Produkte, so von Zigaretten, die vorher nur von Männern benutzt wurden … Alles passte ins kommerzielle Bild.*

Malcolm Cowley

»Wenn Greenwich Village wirklich starb«, erkannte Cowley, »dann starb es, weil es so beliebt wurde, weil zu viele Leute dort leben wollten. Es starb, weil Frauen auch auf den Straßen der Bronx Zigaretten rauchten, in Omaha Gin-Cocktails tranken und in Seattle und Middletown tolle Partys feierten – mit anderen Worten: weil das Geschäftsleben und der gesamte Mittelstand zu einem einzigen Greenwich Village geworden sind.«

Polly's, ein beliebtes Restaurant in der MacDougal Alley in Greenwich Village, 1916 von Jessie Tarbox Beals fotografiert.

## MIDTOWN

*Wunder waren die Gnade des Landes. Praktisch jede Handlung konnte damit gerechtfertigt werden – mit dem Wunder, aus dem sie entstanden war. Die Zeit verging, und schließlich wurde es als ein Wunder betrachtet, dass Dinge so groß gebaut werden konnten. Brücken, Wolkenkratzer, Vermögen – obwohl sie alle in erster Linie den Gesetzen des Marktes gehorchten, schöpften sie immer noch aus der Macht des Wunders. Doch dann ein Moment lang Stille. Was war es jetzt, das so groß gebaut wurde? Doch nur der Markt selbst. Konnte darin ein Wunder liegen? In der Größe des Bluffs?*

George W. S. Trow

So ungewöhnlich sie auch war – die Kulturexplosion in Harlem war nur Teil eines viel größeren kommerziellen und kulturellen Wandels, der New York in den 20er Jahren erfasste. Ein bisher ungekannter Wirtschaftsboom leitete eine Ära beispiellosen Wohlstands ein und bewirkte eine massive kulturelle Veränderung.

Ende des Ersten Weltkriegs – teilweise auch infolge des Krieges – waren die Probleme mit der Massenproduktion größtenteils gelöst. 1919 wussten US-Hersteller, wie sie schneller, billiger und in größerer Stückzahl produzieren konnten als je zuvor. Als zahlreiche neue Konsumgüter erstmals auch für Familien mit mittlerem und niedrigem Einkommen erschwinglich wurden – Kühlschränke, Telefone, Autos, Waschmaschinen, Staubsauger, Haushaltsgeräte –, fand eine zweite industrielle Revolution statt: Nicht nur die Produkte selbst änderten sich grundlegend, sondern auch die Art der Produktion und vor allem die Vermarktung .

*Früher mussten Dinge produziert werden, die die Menschen wollten; jetzt müssen die Menschen dazu gebracht werden, die Dinge zu wollen, die von den Maschinen produziert werden müssen, damit die Zivilisation nicht untergeht … unser heutiges Problem ist nicht, wie die Güter produziert werden sollen, sondern wie die nötigen Kunden produziert werden sollen.*

Samuel Strauss, 1924

Beinahe zwangsläufig befand sich das Zentrum dieses Wandels in New York, und der neue Anziehungspunkt hieß Midtown. Dort begannen 1923 die bemerkenswertesten fünf Jahre in der Geschichte des Kapitalismus in Amerika.

Seit fast einem Jahrhundert, seit James Gordon Bennett und Horace Greeley, war New York das unumstrittene Informations- und Kommunikationszentrum des Landes. Im Zuge des steigenden Wohlstands der Nachkriegszeit wurde die Stadt jetzt zur Kommandozentrale einer neuen Massenkultur, deren Grundlage nicht die Produktion, sondern der Konsum, nicht der

**Die zahlreichen eleganten Kaufhäuser und Geschäfte in Midtown – z. B. das Schuhgeschäft I. Miller (oben) in Nr. 562 Fifth Avenue – befriedigten nicht nur den Bedarf der Konsumenten, sondern versuchten mit ihren extravaganten Schaufensterauslagen, Seminaren über die neuesten Stilrichtungen und großzügigen Werbekampagnen auch Bedürfnisse zu wecken. I. Miller, das die Arbeit italienischer Designer wie Andrea Perugia präsentierte, lockte die Kundschaft außerdem jeden Nachmittag mit kostenlosem Tee und Damenzigaretten an.**

**In den 20er Jahren erschienen in New York über 600 Zeitschriften, und jeden Monat kamen neue hinzu, z. B. *Reader's Digest*, 1922 von DeWitt und Lila Acheson Wallace in einem Keller in Greenwich Village gegründet, sowie *Time*, die im Jahr darauf von zwei Yale-Absolventen namens Henry Luce und Britton Hadden in Midtown ins Leben gerufen wurde. Der kultivierte Ton dieser Zeit – den F. Scott Fitzgerald »Geist der Metropole« nannte – wurde jedoch von exklusiven Publikationen wie Condé Nasts *Vogue* (rechts) und seiner neuen Zeitschrift *Vanity Fair* angegeben. Mit ihrer Mischung aus Hochglanzfotos, Klatsch und Tratsch, Berichten aus schicken Urlaubsorten und Metropolen im Ausland sowie Essays und Artikeln von Autoren wie Dorothy Parker, Robert Benchley, Sherwood Anderson und Aldous Huxley sprachen die »smarten« Zeitschriften nicht nur die gehobenen Kreise an, sondern auch deren Bewunderer – meist Frauen der Mittelschicht, die der Mode und dem Lebensstil in den Zeitschriften nachstrebten. 1925 versprach die neue Wochenzeitschrift *The New Yorker*, »das Stadtleben in Wort und Bild, voller Fröhlichkeit, Witz und Satire wiederzugeben«. »Wir rechnen mit einer beträchtlichen überregionalen Verbreitung«, erklärte der Herausgeber Harold Ross, »jedoch nur für Leute, die Interesse am Stadtleben haben. Die Zeitung wird sicher nicht für die alte Dame in Dubuque herausgegeben.«**

Bedarf, sondern das Verlangen war. Sie nährte die Vorstellungen und Träume einer ganzen Nation, und mit der Macht der neuen Medien erlangte sie innerhalb kürzester Zeit einen unglaublich hohen Stellenwert.

Nach und nach entstand in einem 20 Häuserblocks großen Viertel in Midtown Manhattan eine moderne Kultur, die sich weiter und tiefer als je zuvor in die bewussten und unbewussten Träume des amerikanischen Volkes eingrub – eine offen sexualisierte und gnadenlos kommerzielle Kultur, in der die Grenzen zwischen Fantasie und Realität, Privatleben und Öffentlichkeit, hohem und niedrigem kulturellem Niveau wie nie zuvor verwischt waren. In kaum mehr als fünf Jahren vereinte sie die verschiedenen Facetten des amerikanischen Lebens zu einer echten Nationalkultur.

Darüber hinaus wurde Midtown, das jahrelang mit der Wall Street um eine Vormachtstellung in der New Yorker Geschäftswelt gekämpft hatte, zum neuen Lebensmittelpunkt Manhattans: In beachtlichem Tempo schossen ultramoderne Bürogebäude, Kaufhäuser, Mietshäuser und Hotels rund um den Grand Central Terminal aus dem Boden und bedienten die neuen, sauberen Industriezweige der Stadt, vor allem die Werbe- und Kommunikationsbranche, den Einzelhandel und die Unterhaltungsindustrie.

> *Die* Illustrated Daily News *wird Ihre Zeitung ... Wir bieten Ihnen täglich die besten und neuesten Bilder der interessanten Dinge, die auf der Welt passieren ... Die Story, die in einem Bild erzählt wird, kann sofort erfasst werden.*
>
> *Daily-News*-Leitartikel, Juni 1919

Es begann mit einer Revolution im Tagesjournalismus. Am 29. Juni 1919 erschien die Erstausgabe der *Illustrated Daily News* – schon bald zu *Daily News* verkürzt – an den Zeitungsständen der Stadt. Die erste Boulevardzeitung Amerikas war mit keiner anderen New Yorker Zeitung vergleichbar. Nur halb so groß wie herkömmliche Blätter, war sie nicht für die Lektüre am Frühstückstisch, sondern im Stehen in der U-Bahn gedacht. Mit ihren großen Bildern, reißerischen Schlagzeilen und Sensationsberichten zielte sie auf ein sehr breites Publikum ab. Innerhalb weniger Jahre schnellte die Auflage auf über eine Million Exemplare pro Tag – Vorbote einer neuen und teilweise als bedrohlich empfundenen Kraft im US-Journalismus.

> *Verdreht die Welt, bis ihre Nachrichten nur noch aus Mord, Scheidung, Verbrechen, Leidenschaft und kriminellen Machenschaften bestehen. Beschreibt den ums Überleben kämpfenden Armen die genannten Orte als von einfältigen Millionären und oberflächlichen, abenteuerlustigen Frauen bewohnt, deren Verschwendung verachtenswert und doch wunderbar ist. Stellt nur alles ganz sentimental und mit etwas verstecktem Zynismus dar. An Stelle des vollen Lebens oder des guten Lebens oder des harten Lebens voller Erfahrungen – füllt den Geist mit einem Trugbild, in dem bequemer Wohlstand, schäbiger Luxus, Skandale, Degeneration und feuchtfröhliche Dummheit in berauschender Geschmacklosigkeit über die Seiten wirbeln.*
>
> *Saturday Review of Literature*

Der Erfolg der *Daily News* zog eine Flut von Nachahmern nach sich. 1924 erschienen bereits 17 Tages- und Dutzende von Wochenzeitungen in Manhattan. Keine von ihnen war jedoch mit dem *New York Evening Graphic* vergleichbar, einer unglaublich einfallsreichen und unerhört unflätigen Boulevardzeitung, die in jenem Jahr erstmals von Bernarr Macfadden herausgegeben wurde. Macfadden war ein exzentrischer Gesundheitsapostel, der jeden Tag barfuß und oft mit einem 40 Pfund schweren Sandsack auf dem Rücken von seiner Wohnung am Central Park West zur Arbeit lief.

Etwas wie den *Graphic* hatte es noch nie gegeben. Die Zeitschrift *Time*, nur ein Jahr zuvor in New York gegründet, nannte ihn »das bemerkenswerte Beispiel des Landes für schäbigen, geschmacklosen Journalismus« – eine Meinung, die einer der Herausgeber des *Graphic* bereitwillig teilte. »Er ist das Frankenstein-Monster der Zeitungswelt«, schrieb er, »ein hemmungsloses, brandheißes, angriffslustiges Skandalblatt«, das vor nichts Halt machte, um die Aufmerksamkeit der Leser zu erregen. Die Zeitung, wegen der Sex-, Gewalt- und Skandalgeschichten, die sie gnadenlos auftischte, schon bald in *New York Porno-Graphic* umbenannt, wurde zu einer der beliebtesten Tageszeitungen der USA und erhöhte die Auflage an nachrichtenarmen Tagen häufig durch frei erfundene Ereignisse.

Das beste Zugpferd des *Graphic* war jedoch sein Starkolumnist Walter Winchell, der ab 1924 für das Blatt schrieb. Der Schnellredner, Ex-Varietékünstler und gebürtige New Yorker war als Entertainer gescheitert und wechselte in den 20er Jahren zum Journalismus. Beim *Graphic* erfand er praktisch im Alleingang die moderne Klatschspalte. Wie niemand zuvor vereinte Winchell in seinen im Telegrammstil geschriebenen Artikeln in einer einzigen Spalte all die Charaktere des Großstadtlebens: Gangster, Spieler und Schwarzbrenner, Richter, Senatoren und Personen des öffentlichen Lebens, Schauspieler, Sänger und Filmstars, Baseballspieler, Politiker, Millionäre und deren geschiedene Frauen.

Winchell schrieb, so der Reporter und Drehbuchautor Ben Hecht: »wie jemand, der im Stau auf die Hupe drückt«. Jeden Nachmittag brachte er in der ihm eigenen Sprache einen Knüller: Ein Neugeborenes war ein »gesegnetes Ereignis«, ein zügelloses Mädchen aus besseren Kreisen ein »Debutramp«. (aus »Debütantin« und *tramp* = »Flittchen«), ein Scheidungstrip in die Hauptstadt von Nevada wurde »Reno-vating« genannt.

*Welcher frühere Theaterkritiker und sein Frauchen hatten am Donnerstag um 20.37 Uhr an der Ecke 43th Street und Seventh Avenue einen lautstarken Ehekrach? … Die letzte Lieferung geistvoller Getränke war eher mäßig … Dorothy Dilley wird diese Woche von ihren Mandeln geschieden … Fannie Brice hat 40 Negligés im Schrank … Wer hat versucht, Edna Leedom mit Säure zu übergießen, als sie im Krankenhaus war? … Whitney Boltons neuester Vorrat an Dessous besteht aus babyrosa und orchideengrüner Spitze! … Aus nicht sehr zuverlässiger Quelle wird berichtet, Scott Fitzgerald würde nur noch Wasser trinken …*

Walter Winchell

Es hieß, Walter Winchell habe für den Times Square das getan, was Mark Twain für den Mississippi getan hatte. Jahr für Jahr erlangte er mehr Macht und Einfluss, und seine unwiderstehliche Mischung aus Klatsch und Skandalen erreichte ein immer größeres Publikum, nicht nur in New York, sondern auch im übrigen Land. Dort wurde seine Kolumne – eine der ersten, die in mehreren Zeitungen erschien – von Hunderttausenden und schließlich Millionen von Lesern, die sich über die neuesten pikanten Einzelheiten aus den Nightclubs, Theatern und Mondscheinkneipen am Broadway und Times Square informieren wollten, begeistert verfolgt.

Selbst abgebrühte Broadway-Regisseure wie Florenz Ziegfeld, David Belasco oder die Shubert-Brüder fürchteten die Winchell-Kolumne, die eine mühsam aufgebaute Reputation in der ganzen Stadt ruinieren konnte. Als die Shuberts erwogen, Winchell in ihren Theatern Hausverbot zu erteilen, konterte der: »Wenn sie mich nicht mehr in ihre Premieren lassen, warte ich fünf Tage und komme zu ihrer Schließung.«

*Okay, Amerika! Guten Abend, Herr und Frau Nordamerika und alle Schiffe auf See. Gehen wir in Druck …*

Walter Winchell im Radio

Bald waren Winchells stakkatohafte, feuerwerksartige Ergüsse nicht nur zu lesen, sondern auch zu hören – von einem Publikum, das um ein Vielfaches größer war als das der Zeitungsleser. So einflussreich die Boulevardzeitungen auch waren: Nichts konnte die Reichweite und Macht der Medien in New York weiter ausdehnen als die sensationelle Erfindung, die bereits unsichtbar von einigen Dächern der Wolkenkratzer in Midtown aus sendete. In den Folgejahren machte das Radio den ohnehin schon immensen Einfluss New Yorks auf das amerikanische Bewusstsein perfekt. Es erreichte nicht nur Hunderttausende, sondern Millionen

**Im Verlauf der 20er Jahre wandelte sich der amerikanische Journalismus fundamental durch die neuen Boulevardzeitungen, z. B. den *New York Evening Graphic* (oben links und rechts), dessen populärster Bestandteil Walter Winchells tägliche Klatschspalte war (unten links). Als Winchell 1929 den *Evening Graphic* verließ, um beim Konkurrenzblatt *Daily Mirror* zu arbeiten, sank die Auflage des *Graphic* um 200.000, während die des *Mirror* um dieselbe Zahl stieg. 1930 wurde Winchell sogar noch berühmter und einflussreicher, als er mit seiner Klatschspalte im überregionalen Rundfunk auf Sendung ging (unten rechts) und Millionen Hörer im ganzen Land ohne Punkt und Komma über das New Yorker Nachtleben informierte.**

"YES SIR, THAT'S MY BABY!" MOTHERS! PRIZES IN GOLD— SEE PAGE 12

# LAST WORDS FLAY JUSTICE AS CHAPMAN FACES DEATH

Story on Page Three

The Complete Tabloid Newspaper

NEW YORK EVENING GRAPHIC

Afternoon Edition

Vol. 2. No. 479. Copyright, 1926, by Macfadden Publications, Incorporated. NEW YORK, MONDAY, APRIL 5, 1926. Entered as second-class matter Post Office, New York, N. Y. 2 Cents IN CITY LIMITS | 3 CENTS Elsewhere

# ANOTHER COP MURDERED

Story on Page Four

## *Women's Poker Pot Seized by Thugs*

Story on Page Four

"YES, SIR! That's my baby," says Douglas MacLean (above), with all the pride of a daddy. Other fond parents whose babies are photographed by The GRAPHIC this week may win $50 in gold. See page 12

HASN'T THAWED. Evelyn Nesbit (above) is as cold as ever toward Harry K. Thaw. "I wouldn't marry him if he were the last man on earth," she said today, denying rumor Thaw and she were to "do a Stillman." (Photo Graphic.)

14 HOURS TO LIVE! In Gerald Chapman's … a clock, marking th… to hang. As the hour of midnight approache… report that gunmen are massing in Hartfor…

…RUTH ABOUT THE FLORIDA LAND BUBBLE —

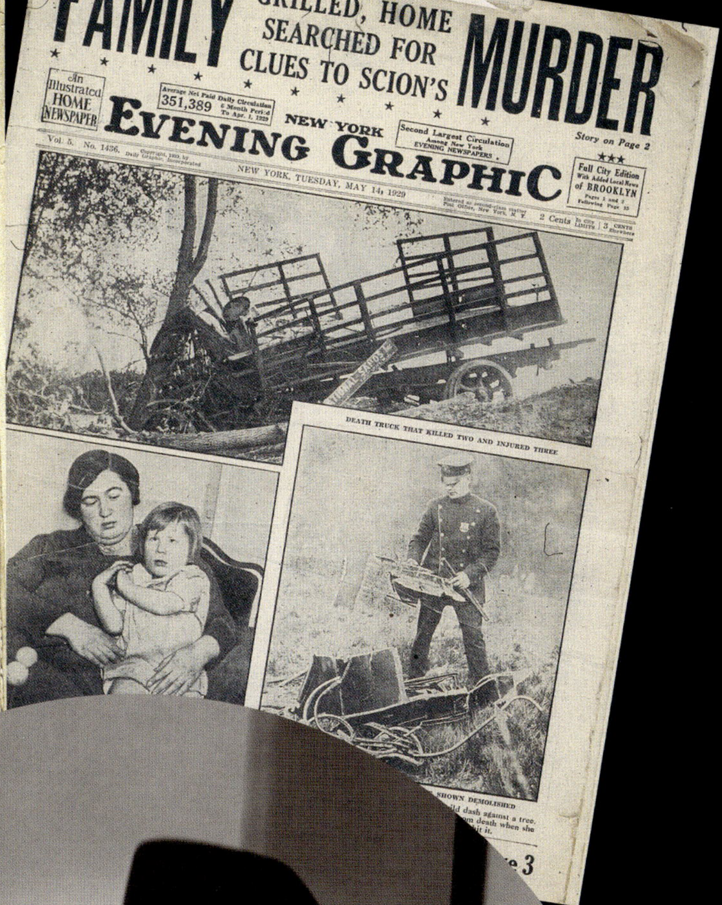

# FAMILY GRILLED, HOME SEARCHED FOR CLUES TO SCION'S MURDER

Story on Page 2

An Illustrated HOME NEWSPAPER

Average Net Paid Daily Circulation 351,389 6 Month Period To Apr. 1, 1929

NEW YORK EVENING GRAPHIC

Second Largest Circulation Among New York EVENING NEWSPAPERS.

Full City Edition With Added Local News of BROOKLYN

Vol. 5. No. 1436. NEW YORK, TUESDAY, MAY 14, 1929. 2 Cents In city LIMITS | 3 CENTS Elsewhere

DEATH TRUCK THAT KILLED TWO AND INJURED THREE

… SHOWN DEMOLISHED

… Page 3

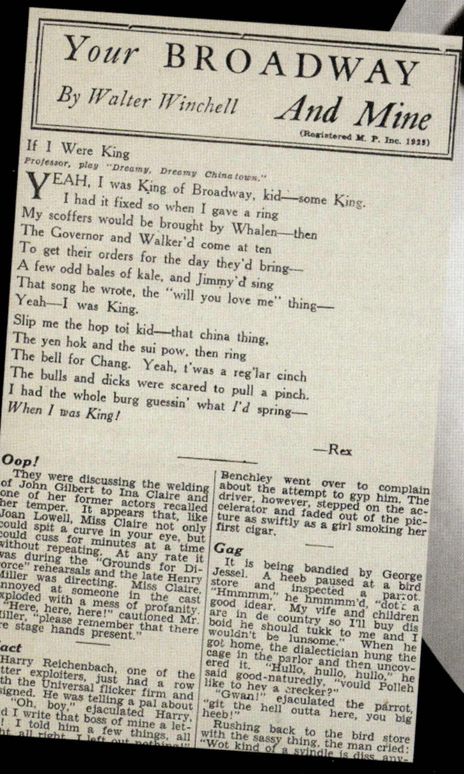

## Your BROADWAY And Mine

By Walter Winchell

(Registered M. P. Inc. 1925)

If I Were King

*Professor, play "Dreamy, Dreamy Chinatown."*

YEAH, I was King of Broadway, kid—some King.
I had it fixed so when I gave a ring
My scoffers would be brought by Whalen—then
The Governor and Walker'd come at ten
To get their orders for the day they'd bring—
A few odd bales of kale, and Jimmy'd sing
That song he wrote, the "will you love me" thing—
Yeah—I was King.
Slip me the hop toi kid—that china thing,
The yen hok and the sui pow, then ring
The bell for Chang. Yeah, t'was a reg'lar cinch
The bulls and dicks were scared to pull a pinch.
I had the whole burg guessin' what *I'd* spring—
*When I was King!*

—Rex

***Oop!***

They were discussing the welding of John Gilbert to Ina Claire and one of her former actors recalled her temper. It appears that, like Joan Lowell, Miss Claire not only could spit a curve in your eye, but could cuss for minutes at a time without repeating. At any rate it was during the "Grounds for Divorce" rehearsals and the late Henry Miller was directing. Miss Claire, annoyed at someone in the cast exploded with a mess of profanity.

"Here, here, here!" cautioned Mr. Miller, "please remember that there are stage hands present."

***Fact***

Harry Reichenbach, one of the better exploiters, just had a row with the Universal flicker firm and resigned. He was telling a pal about it. "Oh, boy," ejaculated Harry, "did I write that boss of mine a letter! I told him a few things, all right, all right. I left out nothing!"

Benchley went over to complain about the attempt to gyp him. The driver, however, stepped on the accelerator and faded out of the picture as swiftly as a girl smoking her first cigar.

***Gag***

It is being bandied by George Jessel. A heeb paused at a bird store and inspected a parrot. "Hmmmm," he hmmmm'd, "dot's a good idear. My vife and children are in de country so I'll buy dis boid he should tukk to me and I wouldn't be lunsome." When he got home, the dialectician hung the cage in the parlor and then uncovered it. "Hullo, hullo, hullo," he said good-naturedly, "vould Polleh like to hev a crecker?"

"Gwan!" ejaculated the parrot, "git the hell outta here, you big heeb!"

Rushing back to the bird store with the sassy thing, the man cried: "Wot kind of a svindle is diss, any-

von Menschen gleichzeitig, nicht nur auf den Straßen, sondern auch in der vertrauten Umgebung und Privatsphäre ihres Zuhauses.

Im Radio liefen alle Fäden kultureller und kommerzieller Macht in New York, vom Broadway über Harlem und die Wall Street bis zur neuen Werbebranche an der Madison Avenue, zusammen. Es vereinigte drei der einflussreichsten Branchen der Stadt – Kommerz, Kultur und Kommunikation – zu einem Instrument der Massenvermarktung, das viel mächtiger war als alles, was man sich hatte vorstellen können.

Das immense Potenzial des Rundfunks wurde im Sommer 1922, nur zwei Jahre nach der allerersten Sendung, deutlich: Am 22. August übertrug die New Yorker Station WEAF den ersten bezahlten Werbespot der Rundfunkgeschichte. Eine zehnminütige Sendung pries die Vorzüge neuer Gartenwohnungen in Jackson Heights, einem Vorort in Queens. Die Reaktion war überwältigend. Der Auftraggeber hatte 50 Dollar für die Sendezeit bezahlt und stieß Wohnungen im Wert von 150.000 Dollar ab. Der kommerzielle Rundfunk war geboren und bescherte den Werbetreibenden ein nie da gewesenes Massenpublikum von Konsumenten.

1926 erlangte das neue Medium noch mehr Macht, als der aus Russland eingewanderte jüdische New Yorker und Visionär David Sarnoff, ein 36-jähriger Unternehmer, der für die Radio Corporation of America arbeitete, auf die Idee kam, mehr als 100 lokale Radiosender zu einem einzigen landesweiten System – einem Netzwerk – zusammenzuschließen.

Im November 1926 startete Sarnoffs National Broadcasting Company im großen Stil im Ballsaal des Waldorf-Astoria. Im Folgejahr gründete William S. Paley, der Sohn eines reichen Zigarrenfabrikanten aus Philadelphia, den Konkurrenzsender Columbia Broadcasting System. Wie die NBC hatte auch das neue Netzwerk seinen Sitz in Midtown Manhattan. Dort konnten direkt die Talente der Stadt abgegriffen werden, von den bekannten Komikern und Sängern der Varietés und des Broadway bis zu den klassischen Musikern des New York Philharmonic Orchestra und der Metropolitan Opera.

Mit Zeitungen und Zeitschriften erreichte man Zehntausende, mit dem Radio Millionen. Ende des Jahrzehnts lauschten einer Top-Radiosendung über 40 Millionen Zuhörer, mehr als die Hälfte aller Erwachsenen im Land.

**Die erste landesweite Rundfunksendung begann am 15. November 1926 um 20.00 Uhr mit dem Eröffnungsprogramm der National Broadcasting Company (NBC). Das Konzept, lokale Sender zu einem landesübergreifenden Netz zusammenzuschließen, stammte von David Sarnoff, einem New Yorker Rundfunkunternehmer (oben rechts am Abend der Sendung; Sarnoff im Bild links), der Chef des neuen Netzwerks wurde. 25 Radiosender in 21 Städten übertrugen das Programm, u.a. mit Beiträgen der Metropolitan Opera, des New York Philharmonic Orchestra und den Varietékünstlern Weber und Fields. Links ein Studio des Columbia Broadcasting System (CBS), dessen Zentrale wie die der NBC in Midtown Manhattan lag.**

**Obwohl das Radio rasch zu einem überregionalen Phänomen wurde, hatte es seinen Ursprung in New York. Dort entwickelten Pioniere wie Lee De Forest und Edwin Armstrong in den Jahren vor dem Ersten Weltkrieg in Dachlabors in Lower Manhattan die technologischen Grundlagen des Mediums. Nach dem Krieg machten New Yorker Unternehmen wie AT&T, General Electric und die neu gegründete Radio Corporation of America (RCA) die neuen drahtlosen Geräte zum Zugpferd einer millionenschweren Kommunikationsindustrie. Rechts testet ein Kunde an der Theke eines New Yorker Elektronikgeschäfts einen neuen Empfänger.**

Angesichts des neuen, riesigen Radiopublikums explodierte die Werbebranche in New York, da Produkte zum ersten Mal der gesamten Nation angepriesen und verkauft werden konnten. Madison Avenue, eine Geschäftsstraße in Midtown Manhattan, wurde schon bald zum Synonym für ebenjene spezialisierten Unternehmen, die sich dort konzentrierten: von Werbung über Marketing und Public Relations bis zur neuen Wissenschaft der Demografie.

*Verkauft ihnen ihre Träume. Verkauft ihnen, was sie sich ersehnt und erhofft und fast schon aufgegeben haben ... Verkauft ihnen diese Hoffnung, und ihr müsst euch nicht damit herumquälen, ihnen Produkte zu verkaufen.*

Helen Landon Cass

1926 schien für die kreativen und kommerziellen Kräfte in Midtown Manhattan nichts außer Reichweite zu liegen. Da der Handel aufblühte wie nie zuvor, führte New York das Land in eine, wie es die Wirtschaftsexperten der Wall Street nannten, »Ära dauerhaften Wohlstands«.

Edward Bernays, Sigmund Freuds Neffe und Begründer der Public Relations, wollte die Amerikaner davon überzeugen, dass Industrielle und Geschäftsleute auf der obersten Sprosse der Evolutionsleiter standen. Im Jahr zuvor hatte Bruce Barton, Sohn eines Pfarrers und Seniorpartner von BBD&O, einer der einflussreichsten New Yorker Werbeagenturen, ein Buch veröffentlicht, in dem er Christus als Vorläufer des Madison-Avenue-Werbers bezeichnete. »Heute würde er«, schrieb Barton, »im ganzen Land Werbung machen. Ich bin sicher, schließlich war er schon damals der Werbemann seiner Zeit.«

*Die Bewegung von Wunder zu Wunder, dass ein Land so groß sein sollte, zu dem Wunder, dass ein Gebäude so groß sein konnte, zum letzten, kleinen Wunder, dass ein Markt so groß sein konnte – das war die Bewegung der Geschichte. Dann kam eine Veränderung. Die Bewegung hielt einen Moment lang inne und änderte dann die Richtung. Von da an war Größe der Anfang und nicht das Ende. Die Bewegung begann nun bei 200 Millionen und bewegte sich in Richtung einer Einheit von eins. Gruppen aus mehr als einem wurden jetzt nicht durch eine gemeinsame Geschichte, sondern durch gemeinsame Eigenschaften vereint. Aus der Geschichte wurde die Geschichte der Demografie, die Geschichte der Geschichtslosigkeit.*

George W. S. Trow

*Wer soll New York malen? Wer? New York, grandios und glitzernd – die moderne, pulsierende Wunderstadt des Radios, des Magnetismus, der Elektrizität und des gehärteten Stahls ... Dort steht sie, einzigartig und überwältigend. Für moderne Künstler ist dies die Aufgabe, die fatalistisch mit der Faszination des Unerreichbaren lockt.*

Henry Tyrell

»Die Amerikaner sind früher zu uns gekommen«, stellte ein Pariser Kunstkritiker 1915 fest. »Jetzt kommen wir zu euch.« In den Jahren nach dem Ersten Weltkrieg überquerten immer mehr europäische Maler und Bildhauer – Pioniere der modernen Kunst – den Atlantik, um die Stadt kennen zu lernen, die zur höchsten modernistischen Schöpfung der Welt avanciert war.

Was sie fanden, erstaunte sie. New York, schrieb der Maler Francis Picabia, war »die kubistische Stadt ... die futuristische Stadt«. Bei seinem ersten Besuch war Henri Matisse »völlig in Ekstase ... völlig begeistert«. Marcel Duchamp brüstete sich gar damit, seit seiner Ankunft noch kein einziges Bild gemalt zu haben. »New York selbst«, sagte er, »ist bereits ein fertiges Kunstwerk.«

*Sie sprudelt nach oben. Jetzt, da ich das Glück hatte, New York zu sehen, kann ich diese vertikale Stadt, die sich in den Himmel erhebt, nicht mehr vergessen. [Sie ist] der Maßstab der neuen Zeit, die Werkstatt unserer Epoche.*

Le Corbusier

Nicht nur die Europäer waren begeistert, auch US-Künstler jeder Couleur reagierten heftig auf das, wie viele es empfanden, exaltierteste Werk des Landes. »Meine Stadt, meine Geliebte, meine Reine«, so Ezra Pound. »Hör mir zu, und ich werde dir eine Seele einhauchen; und du sollst ewig leben.«

Anfang der 20er Jahre versammelten sich moderne Künstler wie Stuart Davis, Arthur Dove, Joseph Stella und Charles Demuth in der Stadt, fasziniert von der unendlich plastischen, sich ständig verändernden Landschaft Manhattans sowie von der Herausforderung, die starke Dynamik ihrer künstlichen Geometrie auf die Leinwand zu bringen. 1924 wandten sich der Maler Charles Sheeler und der Fotograf Paul Strand dem Film zu, da sich die kinetische Energie der Stadt ihrer Meinung nach in den traditionellen Kunstformen nicht fassen ließ. Das Ergebnis war ein faszinierendes achtminütiges Filmporträt von New York, inspiriert von Walt Whitman und – dem großen, idealistischen Dichter zu Ehren – mit dem Titel *Manhatta* versehen.

Selbst während Strands und Sheelers Kameras liefen, veränderte sich die New Yorker Skyline im Zuge des Baubooms der 20er Jahre in atemberaubendem Tempo. »Die 20-stöckigen Wolkenkratzer, die den europäischen Besucher 1910 beeindruckten«, schrieb der Architekt Harvey Wiley Corbett 1925, »wurden entweder abgerissen oder im Zuge des amerikanischen Architekturwettlaufs gen Himmel völlig in den Schatten gestellt. Jeden Monat wird ein altes Wahrzeichen in Trümmer gelegt, und an seiner Stelle ragt ein schlankes Stahlskelett in neue Höhen.«

Die neue Baurunde stellte nicht nur den größten Bauboom in der Geschichte der Stadt dar, sondern wurde erstmals auch von einem neuen Aspekt bestimmt: den Baubeschränkungen. Bis 1915 hatte kein Gesetz in New York oder irgendeiner anderen Stadt Amerikas die Höhe oder Größe neuer Gebäude eingeschränkt. In jenem Jahr erhob sich der neue Hauptsitz der Equitable Life Insurance Company am Lower Broadway jedoch 40 Stockwerke hoch direkt über dem Bürgersteig. Er warf einen Schatten über vier Häuserblocks, tauchte 24 Gebäude in seiner Nähe in ein ständiges Halbdunkel und wirkte sich wertmindernd auf die angrenzenden Immobilien aus.

Innerhalb eines Jahres wurde in New York das erste Baugesetz der USA verabschiedet. Diese einschneidende Maßnahme forderte,

*From the Shelton Looking North*, 1927 von Alfred Stieglitz fotografiert.

dass Gebäude gemäß einer Formel, die sich nach der Breite der Straße richtete, nach oben hin schmaler werden müssten, damit die Bürgersteige und niedrigeren Häuser genug Tageslicht abbekamen. Wenn sich ein Gebäude jedoch um über 25 Prozent seines Grundrisses verjüngte, durfte es so hoch werden, wie es die Konstruktion erlaubte.

Das Resultat war beeindruckend. Im Zuge des immensen Baubooms der 20er Jahre wirkte das Baugesetz von 1916 sowohl einschränkend als auch befreiend. Die New Yorker Skyline nahm eine bisher ungekannte Erhabenheit, Einheitlichkeit und Höhe an.

Da jeder neue Bauherr die für sein Gebäude erlaubte Größe und Form voll ausschöpfte, brachte das neue Gesetz eine beeindruckende Symmetrie an den Himmel über Manhattan. Entlang der großen Avenues der Upper East und Upper West Side zogen sich lange Reihen stattlicher Mietshäuser bis zum Horizont – Wohnschluchten, so symmetrisch und prächtig wie die in Paris, nur doppelt so hoch.

Midtown verwandelte sich in eine vollendete Stadtlandschaft mit gigantischen Treppenaufgängen, gebirgsartigen Türmen und schmalen Gipfeln. »Das Baugesetz hat zu einer unvorhergesehenen Revolution geführt«, schrieb ein Kritiker, »zu einer Stadt, deren Straßen mit terrassenförmigen Klippen im Stil der Gotik und Renaissance gesäumt sind. Auf den Terrassen blühen Blumen und Sträucher und Bäume; eine Stadt mit unzähligen hängenden Gärten.«

Die Türme, die jetzt in Midtown entstanden, waren nicht nur Bürogebäude, sondern auch elegante neue Wohnhäuser und Hotels für Dauergäste, die Mieter mit dem Versprechen eines ganz modernen Lebensstils anlockten – mitten im Leben der Stadt und gleichzeitig über ihr schwebend.

*[Ihrem] hoch oben lebenden Bewohner erscheinen die Geräusche der Stadt etwas gedämpft ... er sieht seine Umgebung nicht als eine eingrenzende Mauer, sondern als eine*

*Reihe von Silhouetten und Perspektiven, die in der Ferne immer kleiner werden; er bekommt die ersten Sonnenstrahlen ab, lange bevor sie in die Schluchten der Stadt vordringen, und den ganzen Tag lang strahlt ein perfekter Himmel für ihn. Er kann beim Frühstück auf eine Wildnis menschlicher Wohnstätten und beim Abendessen auf ein Firmament voller Lichter blicken. [Er] hat bei Tag ... einen außerordentlich interessanten und abwechslungsreichen Blick und bei Nacht ein Panorama voller Schönheit und Rätsel, denn über die Härte der zerklüfteten Skyline legt sich der Samtvorhang der Dunkelheit, durchzogen von einem silbernen Fluss und übersät mit unzähligen Lichtpunkten.*

Claude Bragdon

1925 erschien die hoch aufragende künstliche Landschaft von Midtown Manhattan wie Gottes Werk am achten Tag der Schöpfung.

In diesem Jahr zogen der 61-jährige Alfred Stieglitz, seinerzeit der berühmteste Fotograf der Welt, und seine Frau, eine unbekannte 37-jährige Malerin und Werbegrafikerin aus Wisconsin namens Georgia O'Keeffe, aus ihrem Sandsteinhaus in der Fifth Avenue in ein Apartment im 28. Stock des Shelton Hotels Ecke Lexington Avenue und 49th Street im Herzen von Midtown.

*East River from the Shelton* von Georgia O'Keeffe, 1927/1928.

*New York ist verrückter als je zuvor ... Georgia und ich scheinen irgendwie nicht von hier zu sein – und auch nicht von irgendwo anders. Wir wohnen ganz oben im Shelton Hotel ... Wir fühlen uns, als wären wir mitten auf dem Ozean – alles ist so still außer dem Wind & dem zitternden, schwankenden Stahlkoloss, in dem wir leben. Es ist ein wundervoller Ort.*

Alfred Stieglitz

Das neue Zuhause des Ehepaars hatte großen Einfluss auf ihr Werk. Ein Vierteljahrhundert lang hatte Stieglitz seine Fotografenkollegen – Edward Steichen, Paul Strand und andere – dazu gedrängt, von den eleganten europäischen Bildtraditionen abzuweichen und die amerikanische Stadt ihren eigenen Bedingungen gemäß darzustellen – in einer, wie er es nannte, »Photo-Secession«. Stieglitz fing die hohen Türme New Yorks ein wie keiner zuvor – obwohl sie, wie die meisten Ansichten der Skyline, von der Straße oder dem Fluss schräg nach oben geknipst wurden, um die emporragenden Turmspitzen zu betonen. Jetzt, von seinem Domizil im 28. Stock, versuchte Stieglitz das gen Himmel gerichtete Manhattan nicht von unten, sondern Auge in Auge festzuhalten – von einem Aussichtspunkt aus, der selbst oft von tiefen Wolken verhangen war.

O'Keeffe war von den Konstruktionen vor ihrem Fenster nicht weniger fasziniert. »Ich hatte noch nie so weit oben gewohnt«, sagte sie, »und war so aufgeregt, dass ich davon redete, New York malen zu wollen. Natürlich bekam ich zu hören, dass das eine unmögliche Idee sei – selbst die Männer hätten das nicht allzu gut geschafft.« Stieglitz und seine Freunde verwiesen auf die Mühen der modernen Künstler, die komplexe und sich ständig verändernde Skyline darzustellen, und rieten O'Keeffe zu einem etwas angenehmeren und weniger entmutigenden Motiv – vielleicht Blumen.

Gerade zum Trotz nahm O'Keeffe die Herausforderung an und malte ab 1925 eine erstaunliche Reihe von Stadtansichten: vertikale Bilder von Manhattans neuesten Wolkenkratzern, u.a. Ansichten des Shelton sowie das Panorama von ihrem Domizil in Midtown. Sie hatte zwar ihre wahre Freude an der modernen Jazz-Ära der Stadt, erahnte jedoch gleichzeitig eine gewisse Zeitlosigkeit und versuchte, die Spitzen und Schluchten von Midtown als eine Art natürlicher Landschaft darzustellen – mit glitzernden Sonnenflecken und Vollmonden und mit dem flachen Industriegebiet von Queens, das sich unter einer Dunstglocke nach Osten ausdehnt.

1926 beschlossen die beiden, sich ein anderes Apartment im Shelton zu nehmen – zwei Stockwerke höher, im 30. Stock. In einem Brief an ihre Schwester erklärte O'Keeffe: »Ich werde dieses Jahr so hoch wohnen wie möglich.«

## BROADWAY

*Drei Jahre vergingen, bevor wir New York wieder sahen. Als das Schiff den Fluss hinauffuhr, brach die Stadt im Morgengrauen donnernd über uns herein – der weiße Gletscher von Lower New York stieß auf uns herab wie ein Teil einer Brücke, um nach Uptown New York aufzusteigen, ein Wunder aus milchigem Sternenlicht. An Deck begann eine Band zu spielen, doch die Erhabenheit der Stadt ließ den Marsch als triviales Geklimper erscheinen. Von diesem Moment an wusste ich, dass New York, so oft ich es auch verlassen würde, meine Heimat war.*

F. Scott Fitzgerald, 1927

1927 beherrschte New York die Kultur und Wirtschaft der USA wie nie zuvor. Noch nie hatte die Metropole einen so großen Einfluss auf das Bewusstsein und Unterbewusstsein der Nation gehabt. Noch nie waren die kulturellen und wirtschaftlichen Kräfte der Stadt so stark miteinander verflochten gewesen.

Die kreative Erregung an Orten wie Harlem, wo sich die Kunst den Bedingungen des Kommerzes anpasste, erreichte jetzt auch den hintersten Winkel Amerikas. Ihre Impulse erhielt sie von der Medienexplosion in Midtown, wo sich der Kommerz nun den Bedingungen der Kunst anpasste. »Alte amerikanische Musik und Tänze«, beschwerte sich der Automobilmagnat Henry Ford, »werden von der kommerziell geförderten Jazzmusik aus New York rasch ins Abseits gedrängt.«

Alle Fäden liefen am Broadway zusammen, wo die enormen künstlerischen und kommerziellen Energien der Stadt miteinander verschmolzen. Als das kreativste Jahrzehnt in der Geschichte des Broadway seinen Höhepunkt erreichte, fanden die Werte der Metropole Ausdruck in einer ungewöhnlichen musikalischen Darbietungsform, einer New Yorker Erfindung aus dem 19. Jahrhundert.

Walt Whitman, der fast ein Jahrhundert zuvor das kulturelle Potpourri in der Bowery miterlebt hatte, prophezeite, dass es eines Tages eine »eigene große Oper in Amerika« hervorbringen würde. Jetzt, in den wilden Zwanzigern, wurde diese Oper endgültig ins Leben gerufen, als das Broadway-Musical zu voller Blüte gelangte und eine der produktivsten Zeiten der Musikkultur in der US-Geschichte anbrach.

Niemand hat die amerikanische Unterhaltungsmusik mehr beeinflusst als George Gershwin (links) und Irving Berlin (rechts), hier auf einem Foto von 1928. Berlin wurde 1888 als Israel Baline in Russland geboren, wuchs in der Lower East Side auf und arbeitete als Sänger und Pianist in schäbigen Chinatown-Kneipen, bevor er 1911 seinen ersten Hit, »Alexander's Ragtime Band« schrieb. In späteren Jahren avancierte er zum erfolgreichsten Songwriter des Landes, der zahlreiche Hymnen auf das amerikanische Leben verfasste, u. a. »God Bless America«, »White Christmas« und »Easter Parade«. »Berlin«, beschwerte sich ein Rivale, »hat alle Feiertage für sich gebucht.« Gershwin, elf Jahre jünger als Berlin, bewunderte den älteren Songwriter, bei dem er sich einmal erfolglos als Assistent bewarb. Wie Berlin war auch Gershwin ein Kind der Lower East Side und teilte mit seinem Idol viele Einflüsse, vor allem die afroamerikanischen Ragtime-Rhythmen. Seine Werke bauten auf Berlins Innovationen auf, auch wenn er sie zu komplexen neuen musikalischen Formen verarbeitete. »George Gershwin«, gab Berlin später zu, »ist der einzige Songwriter, den ich kenne, aus dem ein Komponist wurde.«

Alles Positive der boomenden Stadt des Kommerzes wurde im Broadway-Musical, das nur in New York entstehen konnte, zusammengefasst. Als Höhepunkt einer langen Tradition, von den Minstrel-Shows über das Vaudeville bis zu den Tin-Pan-Alley-Produktionen, vereinte es alle Musikrichtungen, die es seit Jahrzehnten in der Stadt gab: den Ragtime von Scott Joplin und den Blues von W. C. Handy, die Wiener Operette von Victor Herbert, die irisch-amerikanischen Show-Songs von George M. Cohan und vor allem die rhythmischen Tanznummern des aus Russland eingewanderten Juden Israel Baline, der sich in Irving Berlin umbenannte und in den Jahren vor dem Ersten Weltkrieg einer der Vorreiter des modernen Popsongs war.

Im Musical, von einer Gruppe weltoffener, kulturbegeisterter New Yorker Juden aus dem kulturellen Schmelztiegel der Stadt ins Leben gerufen, wurde der endlose Verwandlungs- und Veränderungsprozess des Stadtlebens gefeiert.

Innerhalb von etwas mehr als zehn Jahren versammelte sich eine höchst ungewöhnliche Konstellation von Musiktalenten am Broadway, darunter Irving Berlin, Jerome Kern, Richard Rodgers, Lorenz Hart, Oscar Hammerstein II, George und Ira Gershwin sowie Cole Porter aus Indiana. Ihre Musik war nicht der Reinheit eines einzigen Stils, sondern den spannenden Möglichkeiten einer Melange aus verschiedenen Kulturen gewidmet. Sie vereinte den Mainstream mit der Peripherie – Stadt und Land, Einwanderer und gebürtige Amerikaner, schwarze und weiße Kultur und Hochkultur und Unterhaltungskultur – zu einer typisch amerikanischen Musikform.

*We'll have Manhattan*
*The Bronx and Staten*
*Island too.*
*It's lovely going through*
*The Zoo.*
*It's very fancy*
*On old Delancey*
*Street, you know.*
*The subway charms us so,*
*When balmy breezes blow*
*To and fro.*
*And tell me what street*
*Compares with Mott Street*
*In July?*
*Sweet pushcarts gently gliding by.*
*The great big city's a wond'rous toy,*
*Just made for a girl and boy,*
*We'll turn Manhattan*
*Into an isle of joy.*

Lorenz Hart, *Manhattan*, 1925

Die Botschaft der Broadway-Musicals, die oft aus sehr gefühlvollen Songs mit einer Mischung aus raffinierten Wortspielen und Slang bestanden und die Rhythmen und Melodien dreier Kontinente vereinigten, war eindeutig: Amerikanisch zu sein bedeutete, gemischt zu sein, Grenzen zu überschreiten, zu entlehnen und zu vermischen, um neue Formen zu erschaffen. Kurz: Das Wesen Amerikas lag in New York.

Niemand schöpfte New Yorks Musikkultur in den 20er Jahren kühner aus und versuchte mit mehr Leidenschaft, ihre unzähligen Stränge zu einem transzendenten Ganzen zu verbinden, als George Gershwin, der charmante und talentierte Junge von der Lower East Side.

Der Sohn russisch-jüdischer Einwanderer, der in seiner Jugend 28-mal umgezogen war, wuchs »mitten im Lärm« auf, wie sein Freund und Kollege John Green sagte. »Er hört den Lärm und findet Musik darin.« Vom sechsten Lebensjahr an nahm er alle musikalischen Strömungen in der Stadt in sich auf – von Ragtime und Blues bis zu den Marching Bands und der Oper. 1919, mit 20 Jahren, hatte er seine erste Broadway-Show und blickte nie zurück.

*New York ist ein Treffpunkt, ein Rendezvous der Nationen. Ich möchte den Rhythmus dieser miteinander verschmelzenden Völker einfangen, um ihr Aufeinandertreffen und ihre Vermischung darzustellen. Ich möchte über den Schmelztiegel schreiben, über New York selbst mit seiner Mischung aus Einheimischen und Einwanderern ... über seine vielen Musikstile, schwarz und weiß, östlich und westlich.*

George Gershwin

In den folgenden zehn Jahren strömte unaufhörlich Musik aus ihm heraus, darunter neun Musicals und Hunderte von Songs. Viele davon entstanden zusammen mit seinem belesenen Bruder Ira, einem hervorragenden Texter. 1924 wurde Gershwins Hit-Musical *Lady, Be Good*, das u. a. den Song »Fascinating Rhythm« enthielt, mit seinem Jugendfreund Fred Astaire und dessen Schwester Adele aufgeführt und eroberte die Stadt im Sturm. Ein weiteres Hit-Musical, *Girl Crazy*, brachte die Karriere der ehemaligen Stenografin Ethel Merman ins Rollen. Sie konnte eine Note angeblich länger halten als die Chase National Bank und schmetterte den Hit »I Got Rhythm« so kraftvoll ins Publikum, dass diesem Hören und Sehen verging.

*Kurz nach halb sieben kommen die Leute aus allen Richtungen. Um acht ist die Straße voll, und trotzdem betreten Hunderttausend die Theater und andere Vergnügungsstätten, [während] noch mehr Menschen hinzukommen, deren Platz einnehmen und sich unter die wogende Menschenmenge mischen. Selbst in seinen erfolgreichsten Tagen hätte Barnum an einem klaren Abend auf dem Great White Way nicht solche Massen anziehen können.*

W. Parker Chase

»New York«, sagte der Humorist James Thurber, »ist vor allem eine Stadt der Theaterbesucher.« Jahr für Jahr wuchsen Anziehungskraft und Reichweite des Broadway-Musicals. Allein 1924 entstanden am Times Square zwölf neue Theater, um die steigende Nachfrage zu bedienen. 1926 gab es nicht weniger als 36 aktive Broadway-Theater – neben Hunderten von Varietés, Konzerthallen und Kinos. Jeden Abend

*Sobald die Dämmerung hereinbricht, verwandelt sich der Broadway in einen sprühenden Funkenregen, der auf der ganzen Welt seinesgleichen sucht. [Er] ist die Apotheose der Elektrizität. Er bewirkt, dass sich einem der Kopf dreht; er leuchtet, fließt, bebt, schlingert, zwinkert, blinzelt, flackert, wechselt die Farbe, verschwindet und sprüht erneut. Rot, weiß, grün, gelb, blau, orange, lila – sie drängen, bitten, fordern, befehlen, irgendwo hinzugehen und etwas zu kaufen. Bierflaschen erscheinen und verwandeln sich in trinkende Zwerge; ein goldener Erdnussregen fällt vom Himmel; Feuer speiende Drachen werden zu einem Filmtitel; Zigaretten werden angezündet; Automobile tauchen plötzlich auf. Berge, Städte, Lamaklöster, Männer mit Zylindern, nackte Frauen mit Zähnen nehmen ganz spontan Gestalt an und verschwinden wieder.*

Odette Keun

***Opening Night, Ziegfeld Follies*, 1926, von Howard A. Thain, zeigt eine chaotische Szene vor dem Globe Theater Ecke Broadway und 46th Street am Abend der Premiere von *No Foolin'*, der Ziegfeld-Follies-Aufführung von 1926. Seit 1907 präsentierte der gefeierte Produzent und Impresario Florenz Ziegfeld seine jährlichen Follies – spektakuläre Musikrevuen mit üppiger Bühnenausstattung, Hit-Songs, Comedy-Einlagen und einer Reihe bildschöner, spärlich bekleideter Ziegfeld Girls. Ziegfelds Shows verbanden Elemente des Varietés mit Auftritten der größten Stars im Showbusiness – Eddie Cantor, Al Jolson, W.C. Fields, Will Rogers, Fanny Brice – und zählten regelmäßig zu den beliebtesten Theaterattraktionen der Stadt. Links nehmen Wochenschau-Kameras die tumultartige Szene für das Kinopublikum im ganzen Land auf.**

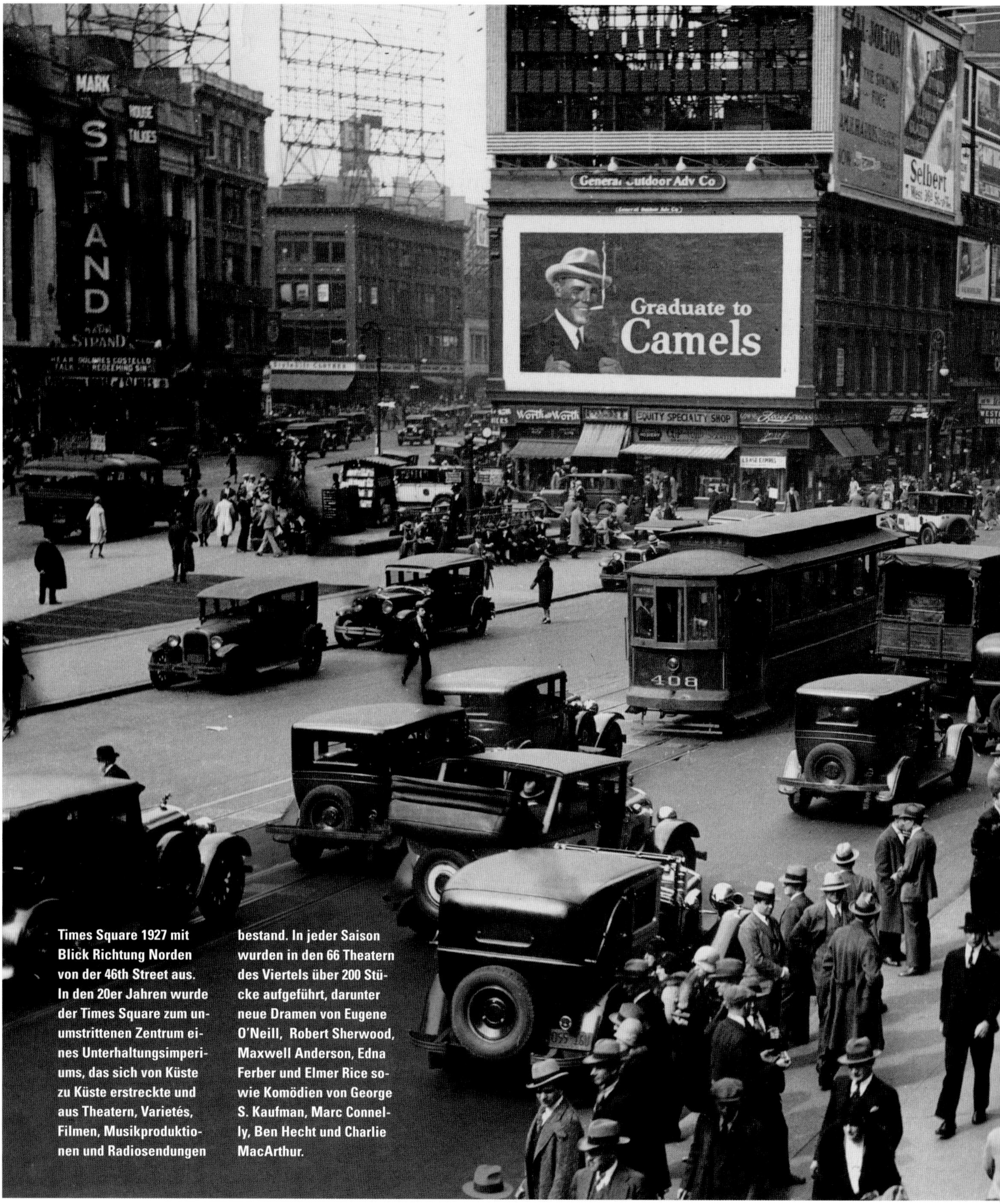


Times Square 1927 mit Blick Richtung Norden von der 46th Street aus. In den 20er Jahren wurde der Times Square zum unumstrittenen Zentrum eines Unterhaltungsimperiums, das sich von Küste zu Küste erstreckte und aus Theatern, Varietés, Filmen, Musikproduktionen und Radiosendungen bestand. In jeder Saison wurden in den 66 Theatern des Viertels über 200 Stücke aufgeführt, darunter neue Dramen von Eugene O'Neill, Robert Sherwood, Maxwell Anderson, Edna Ferber und Elmer Rice sowie Komödien von George S. Kaufman, Marc Connelly, Ben Hecht und Charlie MacArthur.

strömte eine Viertelmillion Menschen auf der Suche nach Zerstreuung zum Times Square.

1927, im besten Jahr des Broadway, hatten 264 neue Theaterstücke und Musicals Premiere, darunter neue Musicals von Irving Berlin, den Gershwins sowie Rodgers und Hart. Am zweiten Weihnachtsfeiertag 1927 kamen elf neue Theaterstücke am selben Abend erstmals auf die Bühne, was die Kritiker ziemlich strapazierte. Verzweifelte Zeitungsherausgeber waren gezwungen, Sportredakteure als Ersatz zu schicken – »nicht, dass es irgendeinem aufgefallen wäre«, bemerkte der Librettist Alan Jay Lerner.

Am nächsten Tag, dem 27. Dezember, hatten nur zwei neue Musicals Premiere, doch eines von ihnen, *Show Boat* von Jerome Kern und Oscar Hammerstein II, sollte das Musiktheater auf ewig verändern. So etwas hatte es am Broadway noch nicht gegeben: eine gewagte, düster-romantische Musical-Saga, die auf einem Mississippidampfer des 19. Jahrhunderts spielte. Es ging um Rassenvermischung und die Unterdrückung der Schwarzen. Im Zentrum stand die bewegende Geschichte einer verbotenen Liebe zwischen einem weißen Zocker und einer geheimnisvollen Schauspielerin, die er heiratet, und die, wie sich herausstellt, zum Teil afroamerikanischer Herkunft ist. Den schockierenden Höhepunkt des ersten Aktes bildet die Ankunft des Sheriffs, der die Frau wegen Rassenvermischung verhaften will. Der Spieler ergreift die Hand seiner Frau, schneidet ihr in den Finger, saugt das Blut und erklärt anschließend, auch er habe schwarzes Blut in seinen Adern.

*Show Boat* war vom ersten Beginn an ein sensationeller Erfolg. Es tourte durch Europa und Amerika und wurde 572-mal am Broadway gespielt – das Musical mit der drittlängsten Laufzeit der Epoche. Daneben stellte es einen Durchbruch in der US-Kultur dar. Die eindrucksvollste philosophische Botschaft kam aus dem Mund des schwarzen Stauers Joe, der in dem schwermütigen, eindringlichen Song »Ol' Man River« die Kontinuität des Lebens besingt, die alle Menschen wie ein großer Fluss vereint.

*Show Boat*, von jüdischen New Yorkern für ein Mittelschichtpublikum geschrieben, war eine Parabel auf die Rassentrennung und sprach das Thema der Rassen- und Kulturvermischung an, das auch dem Musiktheater zu Grunde lag. Darüber hinaus wies es die Amerikaner sogar

**Notenausgabe von »Why Do I Love You« aus *Show Boat* von Jerome Kern und Oscar Hammerstein II von 1927. Obwohl neue Unterhaltungsformen wie Radio und Schallplatten den Musikverlagen Konkurrenz machten, stellten diese in New York nach wie vor einen großen Industriezweig dar und verkauften zwei Milliarden Notenausgaben pro Jahr. Seit Jahrzehnten war die Branche in der Tin Pan Alley zu Hause, einem Block in der 28th Street zwischen Sixth Avenue und Broadway, wo die größten Verlage der Stadt zusammengedrängt waren. Als der Komponist Morris Rosenfeld an den offenen Fenstern vorbeiging und ein Dutzend Songwriter hörte, die ihre Werke alle gleichzeitig vorspielten, verglich er den Lärm mit »dem Krach von Blechpfannen«. Der Name blieb hängen – auch nachdem die Verlage Anfang des 20. Jahrhunderts zum Times Square zogen.**

darauf hin, dass die Einzigartigkeit ihrer Nation nicht in ihrer Reinheit, sondern in der ständigen Vermischung begründet war – ein Prozess, der seit fast 300 Jahren im Gange war.

> *In allen Epochen hatte jedes Volk eine bestimmte Straße, einen Platz, einen Berg mit einer Akropolis, … um seine beste Literatur zu feiern. Den Amerikanologen des Jahres 3000 n. Chr. sei gesagt, dass wir New Yorker eine seltsame, wie ein Bumerang geformte, des Nachts belebte Durchgangsstraße gebrochener Herzen und gesegneter Ereignisse namens Broadway vergötterten. Das wird uns erklären.*
>
> Gilbert W. Gabriel, *New York American*

*Show Boat* setzte die Maßstäbe für die großen Musicals der nächsten Jahrzehnte, indem es nicht nur Story und Song zu einem zusammenhängenden Ganzen verband, sondern erstmals auch die Randbereiche in den Mainstream der amerikanischen Unterhaltungskultur integrierte. Die zukünftigen gefeierten Musicals von den Gershwins, Porter, Berlin sowie Rodgers und Hammerstein erweiterten und überschritten die Massenkultur des Mainstream, die sie mit definiert hatten. Sie weckten die Vorstellung von einer gemeinsamen Basis und höheren Einheit, nach denen diese Kultur streben sollte.

> *Da ich in New York geboren wurde und mit New Yorkern aufwuchs, habe ich die Stimme von [Amerikas] Seele gehört. Sie sprach auf den Straßen, in der Schule und im Theater zu mir. Im Chor der Stadtgeräusche hörte ich sie … Melodien aus dem neuesten Konzert, die gebrochenen Töne der Drehorgel, das Geheul eines Straßensängers, das Obbligato einer kaputten Geige … alte und neue Musik, vergessene Melodien wie den neuesten Hit, Opernfetzen, russische Folklore, spanische Balladen, Chansons und Ragtime-Nummern, vereint in meinem Ohr zu einem gewaltigen Refrain. Und durch all das hindurch hörte ich, zuerst ganz schwach und dann laut, die Seele … Amerikas.*
>
> George Gershwin

Den ungewöhnlichsten musikalischen Ausdruck fand jene Zeit jedoch nicht auf einer Broadway-Bühne, sondern in einem revolutionären Werk, das in einer Konzerthalle an der 42nd Street und Sixth Avenue uraufgeführt wurde.

Im Januar 1924 entnahm George Gershwin einem Artikel der *Tribune* überrascht, dass er hart an einem neuen »Jazzkonzert« arbeite, das von dem Bandleader Paul Whiteman gespielt werden sollte. Einige Monate zuvor hatte er geistes-

**George Gershwin 1925 im Whitehall Hotel Ecke 100th Street und Broadway. In den 20er Jahren war keine Showbiz-Party in New York komplett, ohne dass George Gershwin am Klavier saß und seine neuesten Kompositionen zum Besten gab. »Ich habe niemals einen glücklicheren, vor Lebensfreude strotzenderen Mann gesehen«, erinnerte sich der Verleger Bennett Cerf, »als George, wenn er seine Songs spielte.« »Georges Musik ist schon vor einer Premiere so bekannt«, witzelte der Dramatiker George S. Kaufman, »dass das Publikum bei der Premiere denkt, es sei ein Revival.«**

**Notenausgabe von *Rhapsody in Blue* von 1924. »In der *Rhapsody*«, bemerkte George Gershwin später, »habe ich versucht, unsere Lebensweise, das Tempo unseres modernen Lebens in seiner Schnelligkeit und seinem Chaos und seiner Vitalität auszudrücken.« Die Notenausgabe von *Rhapsody in Blue*, das als schwieriges Stück gilt, verkaufte sich erstaunlich gut und brachte Gershwin in den ersten zehn Jahren etwa eine Viertelmillion Dollar ein.**

abwesend versprochen, das Stück für Whitemans Konzert »An Experiment in Modern Music« zu schreiben, und es dann völlig vergessen.

Jetzt, nur 36 Tage vor dem Konzert, beeilte er sich mit der Komposition eines Stückes, das er *An American Rhapsody* nannte. »Ich hörte es als eine Art musikalisches Kaleidoskop«, sagte er später, »als unseren großen Schmelztiegel, ... als unseren Blues, unseren großstädtischen Wahnsinn.« Sein Bruder Ira gab dem Stück schließlich seinen Namen: *Rhapsody in Blue*.

Am 12. Februar 1924 versammelte sich die New Yorker Creme der Musikszene, u. a. Jascha Heifetz, Igor Strawinsky, Leopold Stokowski und Sergej Rachmaninow, in der Aeolian Hall in der 42nd Street zur Premiere. Sie dauerte nur 20 Minuten. Gershwin spielte einige komplizierte Klavierkadenzen auswendig, er hatte in der Eile keine Zeit mehr gehabt, sie zu notieren.

> *Dann betrat ein hagerer, dunkler junger Mann verlegen die Bühne – George Gershwin. Er spielte bei der ersten öffentlichen Aufführung seiner* Rhapsody in Blue *für Klavier und Orchester die Klavierstimme. Die Komposition lässt ein außergewöhnliches Talent erkennen und zeigt einen jungen Komponisten, dessen Ziele weit über die seiner Kollegen hinausgehen. Er kämpft mit einer Form, die er noch längst nicht beherrscht.*
>
> Olin Downes

Als der letzte donnernde Akkord verklang, brach das Publikum in tosenden Applaus aus. Die Kritiken in einigen New Yorker Zeitungen waren weniger schmeichelhaft. Sie bezeichneten die Melodien als abgedroschen, fantasielos und nichts sagend. Ein Kritiker hielt sie jedoch für »besser als Strawinskys *Le Sacre du printemps*«, und auch die Öffentlichkeit hatte keine Zweifel. Allein 1924 wurde Gershwins *Rhapsody in Blue* 84-mal gespielt, und als das Stück im Juni als Schallplatte erschien, übersprangen die Verkaufszahlen in Windeseile die Millionenmarke.

## DER KIRCHTURM

> *Seine Zeitschriften erscheinen überall und vereinheitlichen Ideen; der Slang dringt in die hintersten Winkel vor und vereinheitlicht die Sprache; die Melodien sind in jedem Haus und vereinheitlichen die Unterhaltung; allein der Gedanke an den Broadway, die Achse Amerikas, fasziniert Millionen im ganzen Land.*
>
> Collinson Owen

Seit Beginn der Zivilisation musste jede Gesellschaft bei ihren Mitgliedern einen Sinn für die Gemeinschaft wecken, einen Sinn für die übergeordnete Gruppe, zu der sie gehörten. 1927 war New York nicht nur die Kulturhauptstadt Amerikas, sondern auch der Ort, an dem die Vorstellung geprägt wurde, was es bedeutete, Amerikaner zu sein. Anschließend erfasste diese Idee den Rest der Nation.

Ein halbes Jahrtausend früher wussten alle Bewohner eines mittelalterlichen Dorfes, woher sie kamen, und zeigten dazu auf den Kirchturm, der über die Baumwipfel ragte. Jetzt war New York der Kirchturm, der über den Horizont der amerikanischen Kultur ragte, der Ort, auf den die Amerikaner blickten, um zu verstehen, wer sie waren und woher sie kamen.

Viele, die auf dieses Bild starrten, fanden es faszinierend, andere fanden es erschreckend und abstoßend. Doch nur wenige konnten es ignorieren oder die Augen lange abwenden.

> *Was ist denn New York tatsächlich? Im ganzen Land ist es die Zielscheibe für Verachtung, Misstrauen und Antipathie des Provinzlers. Zugleich ist es sein ganzer Stolz ... und bewusst oder unbewusst auch Vermittler seiner Verhaltensweisen und Gedanken. Es bestimmt seine Kleidung, versorgt ihn mit Musik, liefert*

*den Großteil seiner Bücher und Zeitschriften – selbst seine eigene Zeitung erhält ihre Freigabe für alles bis auf die Lokalnachrichten aus New York. Er mag es einen Tempel des Mammons, eine Brutstätte des Lasters und der Sünde, fremd, europäisch, unamerikanisch schelten. Und doch plant er sein einheimisches Hotel nach dem Vorbild der großen Karawansereien. New Yorks Woolworth und Flatiron Buildings sind für ihn Nationaldenkmäler. Der Broadway wird in seiner eigenen Stadt als bunter »White Way« kopiert. Das New Yorker Business, dessen Tempo, »Pep«, Größe und Vergötterung des Erfolges werden zur Quelle seiner ständigen Bewunderung und Inspiration.*

Ernest Gruening, 1922

Doch da war noch etwas anderes. Die Volkszählung von 1920 hatte ergeben, dass zum ersten Mal in der amerikanischen Geschichte mehr Menschen in der Stadt als auf dem Land lebten. »Jede Stadt träumt davon, eine Großstadt zu werden«, schrieb Sherwood Anderson 1921. »In Amerika ist alles auf Größe ausgerichtet. Nur wenige wollen klein bleiben und das Leben nehmen, wie es ist. Die Filme rufen, die erleuchteten Straßen rufen.«

Anfang der 20er Jahre strömten jede Woche 2000 junge Männer und Frauen aus dem ganzen Land nach New York City, und die großen Bahnhöfe in Midtown ersetzten Ellis Island als Einfallstor zur Metropole.

*Das ganze Land, die Ehrgeizigen und Eifrigen, die Möchtegernreichen und -intelligenten richten den Blick auf Manhattan Island, das Mekka und Vorbild für den Kontinent. Wenn man die Menschen sowohl danach beurteilen müsste, was sie wollen, als auch danach, was sie sind, dann wären mindestens die Hälfte der Einwohner der USA New Yorker.*

*The Nation*

*Man kann die Jungen und Mädchen klar erkennen, wenn man in der Grand Central oder Pennsylvania Station steht und ihr Verhalten beim Aussteigen aus dem Zug beobachtet. Sie zögern einen Moment lang, ohne die Menschenmassen zu beachten blicken sie nach oben, nehmen ihre Taschen und Bündel, hören New York, fühlen es. Sie kehren nur selten zurück.*

*National Geographic*

**BERÜHMTHEIT**

*1927 hatte sich das Tempo der Stadt dramatisch verändert. Die Ungewissheit von 1920 ging in einem stetigen Getöse unter, und viele unserer Freunde waren reich geworden. Doch 1927 grenzte die Rastlosigkeit New Yorks an Hysterie. Die Partys waren größer, die Shows vielseitiger, die Gebäude höher, die Moral lockerer und der Alkohol billiger, doch all diese Vorzüge machten nicht besonders glücklich. Junge Leute waren früh ausgelaugt – mit 21 waren sie hart und träge ... und niemand von ihnen steuerte etwas Neues bei ... Viele Leute, obwohl sie keine Alkoholiker waren, waren vier von sieben Tagen betrunken, und überall lagen die Nerven blank ... Die meisten meiner Freunde tranken zu viel – je mehr sie dem Geist der Zeit huldigten, desto mehr tranken sie.*

F. Scott Fitzgerald

Rückblickend konnte sich niemand daran erinnern, wann genau die Dinge aus dem Ruder liefen. 1927, als der große Boom der 20er in das fünfte Jahr ging und die Stadt ihren Schwindel erregenden Aufstieg fortsetzte, entstand eine geradezu unwirkliche Atmosphäre. Berauscht von den Versprechungen des Jahrzehnts, hatten viele Menschen geglaubt, alles sei möglich, und die Geschehnisse um sie herum brachten sie nicht gerade dazu, diesem Traum abzuschwören.

Am Himmel über Manhattan erhoben sich Gebäude und Flugzeuge nun in Schwindel erregende Höhen und schienen den Gesetzen der Schwerkraft zu trotzen. Von den höchsten Turmspitzen wurden unsichtbare Schallwellen blitzschnell in alle Himmelsrichtungen gesendet, trotzten den Grenzen von Raum und Zeit und verwandelten gewöhnliche Sterbliche fast augenblicklich in nationale Berühmtheiten.

Was die Wolkenkratzer für die Straßen, war der Ruhm für die Menschen. Mit dem zunehmenden Wunsch, immer höher hinaufzusteigen, wuchs auch das Verlangen nach Ruhm, entfacht von der ersten Kultur der Welt, die vollständig von den Medien genährt wurde. Jene schürten durch ihre enorme Reichweite den Traum, jeder könne berühmt werden und wie ein Flugzeug oder ein Wolkenkratzer aus der Ferne betrachtet und von den Massen angehimmelt werden.

Alle Sehnsüchte jener Epoche wurden am 20. Mai 1927 vereint, als ein völlig unbekann-

**Die Parade für Charles Lindbergh am 13. Juni 1927 nach seinem Alleinflug über den Atlantik war mit vier Millionen Menschen eine der größten Feiern in der Geschichte der Stadt. Der Brauch, den Himmel über Lower Manhattan mit Konfetti zu bedecken, begann 1886 bei der Parade am Broadway nach der Einweihung der Freiheitsstatue. Irgendjemand hatte seinerzeit die Idee gehabt, die langen Papierstreifen, die sich den ganzen Tag in den Börsentickern der Büros sammelten, aus dem Fenster zu werfen, und eine neue Tradition war geboren. Bei Lindberghs Parade wirbelten über drei Millionen Pfund Papier durch die Straßen. »New York gehört Ihnen, Colonel Lindbergh«, sagte Bürgermeister Jimmy Walker zu dem Piloten, nachdem er ihm auf der Rathaustreppe den Schlüssel der Stadt überreicht hatte, »Ich schenke es Ihnen nicht, sie haben es gewonnen ... Bevor Sie aber gehen«, fügte er hinzu, »würden Sie uns ein neues Straßenreinigungsamt zur Verfügung stellen, um all das Chaos hier zu beseitigen?«**

ter 25-jähriger Luftpostpilot aus Little Falls, Minnesota, von einem schlammigen Flugplatz namens Roosevelt Field östlich von New York zum ersten Alleinflug über den Atlantik startete – und damit die kühnsten Träume von der Überwindung des Himmels verwirklichte.

*Im Frühjahr 1927 tauchte plötzlich etwas Helles und Fremdartiges am Himmel auf. Ein junger Mann aus Minnesota, der mit seiner Generation nichts zu tun zu haben schien, tat etwas Heroisches, und für einen Augenblick stellten die Leute in den Country-Clubs und Mondscheinkneipen ihre Gläser ab und dachten an ihre guten alten Träume. Vielleicht brachte das Fliegen einen Ausweg, vielleicht konnte unser unruhiges Blut am endlosen Himmel Grenzen finden. Doch damals waren wir alle ziemlich beschäftigt; und die Jazz-Ära ging weiter; und wir tranken alle noch einen.*

F. Scott Fitzgerald

Bei seiner Rückkehr nach New York drei Wochen später wurde Charles Lindbergh mit der größten Konfettiparade begrüßt, die die Stadt je gesehen hatte. Vier Millionen Menschen drängten sich in den Häuserschluchten des unteren Broadway, um dem Helden zuzujubeln und seinen Weg mit über drei Millionen Pfund Konfetti zu pflastern – zehnmal mehr als 1919 bei der Rückkehr der Veteranen.

»Überall in der Metropole«, berichtete die *Daily News*, »sind alle Augen auf Charles Lindbergh gerichtet.« Selbst die sonst eher zurückhaltende *New York Times* verglich Lindberghs Leistung mit der Landung von Noahs Arche und Moses' Rettung aus dem Nil. Ein Leitartikel der *New York Evening World* nannte sie »die größte Heldentat einer Einzelperson in der Geschichte der Menschheit«.

*Die Leute erzählten mir, der Empfang in New York würde der größte von allen sein, aber ich hatte keine Ahnung, dass er so viel überwältigender werden würde als alle anderen. Eigentlich bin ich ja ziemlich gelassen, aber als die* Macom *Battery Park erreichte und ich die Menschenmenge sah, war ich zugegebenermaßen gerührt. Eine solche Begrüßung konnte es nur in New York geben. Sie stellte jeden Schneesturm in den Schatten.*

Charles Lindbergh

*Die Publicity-Maschinerie ... die ständig den Horizont [absucht] ... nach dem Ereignis, das das nächste neuntägige Wunder werden könnte ... ist ein Motor, der die Welt nicht gerade erhellt. Im Gegenteil: Sie ist wie der Strahl eines Spots, der ... mit dem Lauf der Ereignisse spielt, einmal dies, einmal jenes hervorhebt und den Rest so ziemlich im Dunkeln lässt.*

Walter Lippmann

1927 wuchs sich das unbändige Verlangen nach Ruhm zu einem Fieber aus. Um die schier unstillbare Sensationslust der Öffentlichkeit zu befriedigen, schien der Publicity-Apparat der Stadt zu einer einzigen, ständig rotierenden Maschine zu werden und die Stadt selbst zu einer einzigen gigantischen Bühne für ein Medienspektakel nach dem anderen.

Die Jahrzehnte zuvor in New York entstandene Konfettiparade war nun zu einer Publicity-Routine geworden. Sie wurde von einem speziellen Zeremonienmeister beaufsichtigt, einem gut aussehenden, ausgesprochen eleganten Kaufhausmanager namens Grover Whalen, dessen Aufgabe darin bestand, die Würdenträger von der Battery zur Rathaustreppe zu geleiten.

*Ein offenes Auto fährt langsam durch die johlende Menge den Lower Broadway hinauf, und auf dem zurückgeklappten Verdeck sitzt, lachend und in den Schneesturm winkend, der von den Fenstern über ihm herunterweht, ein zurückgekehrter Flieger, Entdecker, Filmschauspieler, Schachweltmeister, der erste Mensch, der ganz Manhattan rückwärts abgelaufen ist.*

*WPA Guide to New York City*

*Der mittlere Bereich entfiel vollständig, sodass die Distanz (zwischen Groß und Klein) nicht mehr gesehen und nicht mehr verstanden wurde. Zwei Bereiche blieben: der Bereich von 200 Millionen Menschen und der Bereich des Privaten. Alles andere spielte keine Rolle mehr. Es gab ein öffentliches Leben – den Anschein eines öffentlichen Lebens – und ein Privatleben. Die Distanz zwischen diesen beiden Bereichen war sehr groß. Die Distanz war sehr beängstigend. Die Menschen wollten sie nicht messen. Die Menschen begannen, ihren Sinn für Distanz und den eventuellen Nutzen der Distanz zu verlieren.*

George W. S. Trow

Bisweilen fühlten sich die Menschen, die von den neuen Medien mit den tatsächlichen und erfundenen Details aus dem Privatleben von Fremden bombardiert wurden, den Filmstars näher als ihren eigenen Verwandten.

Als das größte Idol jener Zeit, der ausgesprochen gut aussehende Filmstar Rudolph Valentino, mit 31 Jahren auf dem Höhepunkt seiner Karriere plötzlich starb, stürmten 30.000 verzweifelte Fans Frank Campbells Bestattungsunternehmen Ecke 66th Street und Broadway. Sie schlugen die Fenster ein und rissen Knöpfe von der Kleidung des toten Filmstars ab.

Die Menge lieferte sich eine Schlacht mit der berittenen Polizei, bei der es mehr als 100 Verletzte gab. Als die Ordnung endlich wiederhergestellt war, war die Schlange aus Trauernden aller Gesellschaftsschichten, die im strömenden Regen darauf warteten, an Valentinos Sarg vorbeizudefilieren, elf Häuserblocks lang.

Mrs. Angeline Celestina, eine 22-jährige Mutter zweier Kinder, trank nach der Beerdigung in ihrer Wohnung in der Cherry Street Jod, schoss zweimal auf sich selbst und verblutete auf einem Stapel Fotos von Valentino.

Im März 1927 waren Presse und Öffentlichkeit erneut außer sich: Ruth Snyder, eine Hausfrau aus Queens Village – eine »kühle Blondine«, die angeblich eine »heiße Liebesaffäre« mit einem Korsettvertreter namens Henry Judd Grey hatte –, prügelte ihren Mann im Schlaf mit einem Eisengewicht zu Tode.

Die *Daily News*, die mit ihrer Auflage täglich fast 1,5 Millionen – und sonntags gar drei Millionen – Leser erreichte, erging sich in einer Orgie der Berichterstattung und druckte jedes reißerische Detail des Falls, von Snyders Verhaftung über ihren Prozess und das Urteil bis zur Hinrichtung. In letzter Minute schleuste sie einen Fotografen mit einer Minikamera am Bein in die Hinrichtungszelle, um den genauen Todeszeitpunkt der ersten Frau auf dem elektrischen Stuhl festzuhalten. »›Gleich kocht sie und brutzelt und brät!‹ auf dem elektrischen Stuhl, wie die *News* ihren Gourmets genüsslich andeutete«, bemerkte Scott Fitzgerald trocken.

> *Wir können Schall über große Entfernungen hinweg übermitteln. Wir können Fotografien übertragen, wir können bewegliche Bilder schaffen, die sprechen. Diese Erfindungen haben zusammen mit den großen Nachrichtenorganisationen eine Publicity-Maschinerie geschaffen, wie sie die Welt noch nicht gesehen hat. Doch diese hat eine wichtige Eigenart. Ist die Maschine erst einmal warm gelaufen, erzeugt sie eine Art Rausch, bei dem die Aufregung über eine Sache durch neue Aufregung über die Aufregung selbst noch heftiger wird.*
>
> Walter Lippmann

Aus der Stadt, erklärte der *New Yorker*, war eine »Sporthalle der Berühmtheiten« geworden. Jetzt waren alle berühmt: Filmstars, Journalisten, Politiker, Polizisten, Gangster, Mörder, Nightclubbesitzer, Schriftsteller und Baseballspieler.

Im Algonquin Hotel in Midtown machte sich eine Gruppe junger Kritiker und Kolumnisten, u.a. George S. Kaufman, Alexander Woollcott, Robert Benchley, Dorothy Parker und Franklin P. Adams, selbst zu Berühmtheiten: Sie trugen ihre geistreichen Bonmots beim Lunch über ihre Kolumnen quasi unmittelbar an die Öffentlichkeit weiter.

In den Mondscheinkneipen und Nightclubs rund um den Times Square standen Gestalten aus der Unterwelt nicht mehr verborgen im Schatten der Stadt, sondern im Rampenlicht – Gangster und Schwarzbrenner, deren Spitznamen den New Yorkern so vertraut waren wie die eines Entertainers oder einer Person des

MY LIFE – Rudolph Valentino

(Written exclusively for the Macfadden Publications, Inc., before his death.) See Page 4

The ONLY COMPLETE TABLOID NEWSPAPER in AMERICA

NEW YORK EVENING GRAPHIC

Afternoon Edition

Vol. 2. No. 600. NEW YORK, THURSDAY, AUGUST 26, 1926 2 Cents

# FEAR RIOT FOR RUDY

Story on Page 3

**FIRST WIFE SOBS AT BIER.** Showing dramatically the deep, poignant heart-hurt she felt at the passing of her former husband, Jean Acker sobbed violently as she glimpsed Rudy in death. Photo shows her in tears (at right), followed by her cousin and mother. (Photo Graphic.)

**HUNDREDS MIRACULOUSLY ESCAPE** as the Lackawanna express rocketed off the rails after a crash with crane near Maplewood, N. J. Eight persons were injured. (P. & A.)

**HAIL "NEW MESSIAH."** Jeddu Krishnamurti, who has been called the "New Messiah" by 100,000 Theosophists the world over, arrived in New York yesterday to deliver his long-awaited message. The young Hindu is shown with Mrs. Annie Besant, famed mystic. (Photo Graphic.)

**Titelseite des *New York Evening Graphic* vom 26. August 1926. Der plötzliche Tod des Filmstars Rudolph Valentino im Alter von 31 Jahren entfachte eine wahre Publicity-Orgie. Unmittelbar nachdem die Nachricht vom Tod des Schauspielers veröffentlicht wurde, schmuggelte Bernarr Macfadden, der Herausgeber des *Graphic*, einen Fotografen und ein männliches Fotomodell in Frank Campbells Bestattungsunternehmen Ecke 66th Street und Broadway. Das Fotomodell legte sich in einen Sarg, und der Reporter schoss ein Bild. Am selben Nachmittag, als Valentinos Leiche noch im Krankenhaus lag, erschien ein widerliches und gefälschtes Porträt des aufgebahrten »großen Liebhabers« auf der Titelseite. Der *Graphic* musste seine Pressen die ganze Nacht laufen lassen, um die Nachfrage nach immer mehr Exemplaren zu befriedigen. Der Bericht erregte die Gemüter der Öffentlichkeit so sehr, dass 30.000 verzweifelte Männer und Frauen Campbells Räume stürmten, Fensterscheiben einschlugen und sich eine Schlacht mit der berittenen Polizei lieferten, die zur Wiederherstellung der Ordnung gerufen worden war – was dem *Evening Graphic* nur noch weitere Themen zur Berichterstattung lieferte.**

Weibliche Fans warten vor den Toren des Yankee-Stadions auf Einlass zum ersten Spiel der World Series 1926. Nachdem Jacob Ruppert, der Eigentümer der Yankees, Babe Ruth 1920 nach New York geholt hatte, verdoppelten sich die jährlichen Zuschauerzahlen auf über 1,3 Millionen. Um die Menschenmengen unterzubringen, die Babe Ruth spielen sehen wollten, baute Ruppert 1923 die größte Sporteinrichtung der Welt: das Yankee-Stadion, ein 2,5 Millionen Dollar teures Bauwerk mit 67.000 Sitzplätzen in der River Avenue in der Bronx, das als »Wolkenkratzer unter den Baseballstadien« bezeichnet wurde. In der Saison 1926 kam ein spektakulärer junger First Baseman namens Lou Gehrig und schlug direkt nach Ruth – spätestens jetzt waren die Yankees ein Nationalsymbol.

öffentlichen Lebens: Lepke, Bugsy, Lucky, Kid Twist, Mad Dog, Icepick Willie. Ein Gangster namens Arthur Flegenheimer fürchtete, sein Name sei wohl zu lang für die Schlagzeilen der *Daily News* und änderte ihn in Dutch Schultz.

Im Gegenzug sorgten zwei Prohibitionsspitzel namens Isidore Einstein und Moe Smith – besser bekannt als Izzy und Moe – dafür, dass sie genauso berühmt wurden wie die Gangster. Mit Izzys rhetorischem Talent und Moes Verkleidungs- und Schminkkünsten gaben sie sich als Touristen, Rinderzüchter, Hafenarbeiter, Straßenfeger, Männer vom Gaswerk oder Totengräber aus, um in die Unterwelt einzudringen und Tausende Flaschen illegalen Alkohols zu konfiszieren. Ihre Abenteuer machten sie »in New York so berühmt wie das Woolworth Building«, stellte der Kolumnist O. O. MacIntyre fest – was sie zum Teil auch ihrer Angewohnheit verdankten, die Boulevardzeitungen über eine bevorstehende Razzia zu informieren.

Inzwischen wurde der Homerun-Spezialist und linke Außenfeldspieler der Yankees, Babe Ruth – in der Presse als Behemoth of Bust, Sultan of Swat, Colossus of Clout, Bambino und Slambino bekannt –, in dem riesigen dreistöckigen, eigens für ihn gebauten Baseballstadion in der Bronx in Windeseile zum Superstar. Mit Hilfe seines Agenten Christy Walsh avancierte er zum ersten Sportler überhaupt, der wie ein Produkt vermarktet wurde. Sein Name und sein Gesicht prangten auf allen möglichen Lizenzprodukten vom Schokoriegel bis zum Auto. Der freundliche, aber unersättliche Baseballspieler verdiente außerhalb des Spielfelds schon bald doppelt so viel wie im Stadion.

1927 war der Personenkult in jeden Aspekt des New Yorker Lebens eingedrungen – von Harlem bis zur Madison Avenue, vom Times Square bis zum Rathaus, wo die New Yorker zwei Jahre zuvor ihren eigenen Star-Bürgermeister gewählt hatten: einen eleganten und unwiderstehlich charmanten Varietékünstler und Tammany-Mann namens James J. Walker.

Er war der perfekte Bürgermeister der Jazz-Ära. Der Ex-Songwriter, der 1908 den Hit »Will You Love Me in December As You Do in May?« geschrieben hatte, war teils Politiker, teils Showstar, eine Figur, die »für eine Zeit der Brass Bands, des Fähnchenschwenkens, der Paraden und hellen Lichter geschaffen war«, so ein Reporter.

Der Sohn eines irischen Einwanderers, der mit über einer halben Million Stimmen gewählt wurde, befolgte sein Versprechen, sich so wenig wie möglich in die guten Zeiten einzumischen. »Ein Minimum an Regierung«, erklärte er, »ist die beste Regierung. 98 Prozent der Menschen wollen in Ruhe gelassen werden, um die Freiheit in sicheren Zeiten zu genießen. Solange es den Menschen einer Nation gut geht, ist es völlig egal, wer ihre Gesetze macht.«

Selbst treue Anhänger fanden seinen Stil unglaublich lax. Während seiner beiden Amtszeiten »war er gewöhnlich anderswo«, hieß es, und er kam so oft zu spät zu Terminen, dass er »der späte Bürgermeister Walker« genannt wurde.

»Er ist unfähig, sich lange zu konzentrieren«, so ein junger State Parks Commissioner namens Robert Moses. »Wenn Walker ein zweiseitiges Memo bekommt, liest er die erste Seite, und dann schweifen seine Gedanken ab.« Er stand

**»Babe Ruth«, war zu lesen, »war wie für New York geschaffen.« Als größte Berühmtheit in einer Stadt voller Berühmtheiten begeisterte Ruth nicht nur mit seinen außergewöhnlichen Leistungen auf dem Spielfeld, sondern auch mit seinem extravaganten Lebensstil, über den die Boulevardpresse ausführlich berichtete. Er lebte in einer Elfzimmersuite im Ansonia Hotel, erwarb ein teures Automobil nach dem anderen, besuchte die exklusivsten Nightclubs und verbrachte ausschweifende Abende in Gesellschaft von Zockern und Filmstars. »Ruth«, hieß es, »ist unsere nationale Übertreibung.«**

Auch als Bürgermeister hatte Jimmy Walker einiges vorzuweisen. Er gründete die erste städtische Gesundheitsbehörde und setzte sich persönlich vor dem Obersten Gericht der USA dafür ein, dass der Fahrpreis für die U-Bahn bei fünf Cent blieb. Meist war er jedoch zufrieden, wenn er die Stadtverwaltung mit ihren 150.000 Mitarbeitern sich selbst überlassen konnte. Solange die Zeiten gut waren, schien dies die wenigsten zu interessieren – außer einer kleinen Gruppe von Kritikern, deren Kopf ein freimütiger republikanischer Kongressabgeordneter namens Fiorello La Guardia war, der die Gleichgültigkeit des Bürgermeisters am Tage und dessen Extravaganz nach Büroschluss lautstark kritisierte. »Ich führe das Leben von Jim Walker«, antwortete der, »es ist weder La Guardias noch Benjamin Franklins noch Carry Nations Leben, sondern mein eigenes.«

selten vor Mittag auf und vertrat die Überzeugung, es sei die größte Sünde, am selben Tag ins Bett zu gehen, an dem man aufgestanden war. Er war immer nur wenige Stunden und nur ein paar Tage die Woche im Büro. Stattdessen empfing er berühmte Besucher und Würdenträger auf der Rathaustreppe, wo er in sechs Jahren fast 300 Schlüssel der Stadt überreichte, flitzte in seinem 17.000 Dollar teuren Dusenberg durch die Stadt, wohnte Profiboxkämpfen und Broadway-Premieren bei und machte seinen Spitznamen alle Ehre: »Jazz Mayor«, »Dream Prince«, »Night Mayor« oder »Beau James«.

> *Er liebt das Leben. Und er liebt … eine Lebensart, die nur auf Manhattan Island zu finden ist. Jimmy ist ein leuchtendes Beispiel für einen glücklichen Stadtmenschen, der sich zur vollen Entfaltung seiner Persönlichkeit den Vergnügungen der Großstadt hingibt … seine Sprache, Gedanken, Handlungen und Wünsche sind im Einklang mit dem Rhythmus des Stadtlebens. »Meine Stadt«, soll er einmal gesagt haben, »ob richtig oder falsch, ist meine Stadt.«*
>
> Clare Boothe

In Walkers Rathauszeit war praktisch alles käuflich. Für 10.000 Dollar konnte man ein Richteramt erwerben und für 50.000 Dollar exklusiv einen Pier pachten, der groß genug für einen Ozeandampfer war. In sechs Jahren bezog Walker selbst fast eine Million Dollar Bestechungsgelder – die er Spenden nannte – von Firmen, die mit der Stadt Geschäfte machten. Daneben zweigte er just zu einer Zeit, als die New Yorker Infrastruktur – Parks, Piers und Straßen – zu verfallen begann, eine halbe Million Dollar für den Bau eines pompösen Nachtklubs namens Casino im Central Park ab, um seine berühmten Freunde und seine Geliebte, die Schauspielerin Betty Compton, zu unterhalten.

Doch das störte nur wenige New Yorker, teils, weil Walker ihre Wünsche kannte und in die Zeit passte, teils, weil sie in ihm ein Spiegelbild ihrer selbst sahen: den Einwandererjungen, der mit der Vergangenheit abgeschlossen und sich in der glitzernden Stadt einen Namen gemacht hatte.

Walker verstand die kurzlebige Dynamik des Ruhms in der Jazz-Ära. An Charles Lindberghs letztem Abend in New York zählte Walker zu den Gästen einer Privatparty zu Ehren des Fliegers im Warwick Hotel. Kurz vor der Ankunft des gefeierten Piloten überraschte Walker mit dem Vorschlag, von lauten Beifallsrufen und Applaus abzusehen. »Seit der junge Mann nach Amerika zurückgekehrt ist«, sagte Walker, »hat er nichts als Applaus bekommen. Aber so sehr ich die Menschen unserer glorreichen Nation auch liebe: Dies ist ein gefährlicher Ort für Helden, man wird immer auch eine Zeit ohne Beifall erleben. Man kann noch so beliebt sein, macht man einen winzigen Fehltritt, der im Gegensatz dem steht, was gerade ›in‹ ist, wird man kritisiert, diffamiert, ignoriert und dann vergessen.« Lindbergh bekam trotzdem seine Hochrufe, doch die Zukunft zeigte, wie weise die Vorhersage war. Der Mann, der mit dem Song »Will You Love Me in December As You Do in May?« berühmt wurde, wusste, dass Menschen, die wie Meteore aufsteigen, genauso schnell wieder in Vergessenheit geraten. Im Reich der Lüfte konnte es kein Fundament, keine Bodenhaftung geben.

Im Herbst 1927 gab es in New York kaum mehr einen Unterschied zwischen Politik und Showbusiness. Eines Abends waren die Theaterbesucher zwar begeistert, aber keineswegs überrascht, als Jimmy Walker bei einer Broadway-Nummer der Ziegfeld Follies aufstand und mit dem Komiker Eddie Cantor herumalberte. Der

»Wenn der geschätzte James in den letzten vier Jahren viele Auszeichnungen verliehen und so gut wie gar nicht gearbeitet hat«, schrieb der Journalist Elmer Davis 1929 im *Harper's Monthly*, »dann nicht, weil er nicht könnte, wenn er wollte. Er hat in anderen Jobs hart und gut gearbeitet, wenn er dazu gezwungen war. Aber er ist ein cleverer Mensch, der weiß, was die Leute wollen. Sie wollen natürlich ein bisschen Arbeit sehen, aber es gibt ja genug kleine Beamte, die sie bereitwillig erledigen. Sie wollen auch und vor allem Show; und niemand kann ihnen eine so gute Show bieten wie ›Joyful James‹.«

bot gerade eine Persiflage auf den Bürgermeister, der hektisch Schlüssel der Stadt verteilte.

*Jimmy! Wir mussten einfach alle auf Jimmy abfahren,*
*Und jetzt besingen wir ihn, weil wir ihn lieben.*
*Wer hat dem Broadway gesagt, er dürfe nicht fröhlich sein?*
*Wer lässt sich dreimal am Tag fotografieren? Jimmy!*
*Wir zeigen gerne, dass wir alle wissen,*
*Dass es Jimmy gut geht.*
*Hört ihr die alten New Yorker schreien:*
*Gebt mir meinen Jimmy!*

Irving Berlin

Nur wenig später fand nur ein paar Blocks weiter ein schicksalhaftes Ereignis statt: eine Filmvorführung, die die schrille Epoche beschrieb und den Anfang vom Ende markierte.

**Reklametafel für *The Jazz Singer* am Warners' Theatre Ecke Broadway/51st Street im Oktober 1927. Die Handlung orientierte sich an einem Theaterstück von Samuel Raphaelson und hatte zudem große Ähnlichkeit mit dem Leben des Stars Al Jolson, der 1886 als Asa Yoelson im russischen St. Petersburg geboren wurde. *The Jazz Singer* war bereits Warners dritter Tonfilm, doch sein überwältigender Erfolg markierte das eigentliche Ende der Stummfilmzeit.**

Der erste Tonfilm in der Geschichte des Kinos, *The Jazz Singer*, war ein Einwandererdrama und spiegelte das New York der wilden Zwanziger wider. Der Streifen, teilweise in den Straßen der Stadt gedreht, schilderte den Weg eines jüdischen Jungen – gespielt vom Sänger Al Jolson, der selbst ein Sohn jüdischer Einwanderer war – von seinen unbedeutenden Anfängen auf der Lower East Side bis zu Ruhm und Reichtum im Showbusiness.

*Liebste Mama – wenn ich in dieser Show Erfolg habe, dann ziehen wir von hier weg ... Oh ja, das machen wir ... Wir ziehen in die Bronx. Da ist es schön grün. Da gibt es viele Leute, die du kennst. Da gibt es die Ginsbergs, die Guttenbergs und die Goldbergs. Oh, viele -bergs. Ich kenne sie nicht alle.*

Al Jolson in *The Jazz Singer*

Hin und her gerissen zwischen seiner jüdischen Herkunft und den Verlockungen des Broadway, begreift der Sänger, dass der Gott des amerikanischen Traums den Gott seines Vaters verdrängt hat. Er wendet sich der Menge zu und widmet sein Leben der weltlichen Religion des Erfolgs und des ungebremsten Aufstiegs.

Die Botschaft der sentimentalen Romanze war klar: Mit Hilfe der Potenziale der neuen Massenmedien konnten die Probleme der Einwanderer gelöst werden – sie würden sofort behoben und transzendiert und lösten sich in der amerikanischen Gesellschaft auf.

### DÄMMERUNG

*Zu jener Zeit fielen einige meiner Zeitgenossen den dunklen Mächten der Gewalt zum Opfer. Ein Klassenkamerad tötete auf Long Island seine Frau und sich selbst, ein anderer fiel »aus Versehen« von einem Wolkenkratzer in Philadelphia und wieder ein anderer absichtlich von einem Wolkenkratzer in New York. Einer wurde in einer Chicagoer Mondscheinkneipe ermordet, ein weiterer in einer Mondscheinkneipe in New York zusammengeschlagen und kroch heim in den Princeton Club, um zu sterben ... All das passierte nicht während der Wirtschaftskrise, sondern während des Booms.*

F. Scott Fitzgerald

1927 forderte das Jahrzehnt seinen Tribut von Scott und Zelda Fitzgerald. Der Ruhm, den er endlich eingestrichen hatte, wurde zuerst zur Sucht, dann zu einem Fluch und schließlich zu einer zerstörerischen Kraft. Zwei Jahre zuvor hatte sein größter Roman, *Der Große Gatsby*, der zwar gute Kritiken bekam, sich jedoch nur mittelmäßig verkaufte, all die Romantik, die Wunder und die herzzerreißenden Tragödien der Metropole wie kein anderer eingefangen.

Doch jetzt schlitterte die schon seit jeher labile Zelda in eine Psychose und der Alkoholiker Fitzgerald wurde noch selbstzerstörerischer. Seine Trunksucht und die von ihm provozierten Schlägereien hatten schon lange ihren Reiz verloren. Vielleicht war er im ersten Erfolgsrausch zu hoch geflogen, um jemals wieder zu solchen Höhen aufzusteigen. Vielleicht stimmte es, dass es, wie Fitzgerald selbst erklärte, im amerikanischen Leben keinen zweiten Akt gab.

Und doch schien noch einiges möglich, auch wenn die Stadt der unbegrenzten Möglichkeiten ihn zerstörte. Auf die Frage eines Reporters nach seinem höchsten Ziel antwortete Fitzgerald lediglich: »meine Frau weiterhin zu lieben und den besten Roman der Welt zu schreiben«.

*Im verzauberten Zwielicht der Stadt spürte ich manchmal eine Einsamkeit und spürte sie auch bei anderen – armen, jungen Büroangestellten in der Dämmerung, die die ergreifendsten Momente der Nacht und des Lebens vergeudeten … Und um acht Uhr, wenn in den dunklen Straßen dröhnende Taxis wieder zu fünft hintereinander standen, um zum Theaterviertel zu fahren, fühlte ich mein Herz schwer werden. In den wartenden Taxis lehnten Gestalten aneinander, und da war Lachen über unhörbare Witze, und aus angezündeten Zigaretten stiegen geheimnisvolle Ringe auf. Ich stellte mir vor, dass auch ich gerade Fröhlichkeit und Erregung entgegeneilte, und wünschte ihnen alles Gute.*

F. Scott Fitzgerald

**DAS JAHR 1928**

*New York City strahlt die tödlichste Faszination in ganz Amerika aus. Die Stadt sitzt wie eine große Hexe am Tor der Nation, zeigt ihr verführerisches Gesicht und versteckt ihre krummen Hände und Füße unter den Falten ihrer weiten Gewänder. Ständig zieht sie Tausende von weit her in sich hinein und verleitet diejenigen, die über das Meer kommen, nicht weiterzuziehen. Und alle fallen sie ihren Launen zum Opfer. Einige zermalmt sie sofort unter ihren grausamen Füßen, andere verdammt sie zu einem Schicksal wie dem der Galeerensklaven; ein paar begünstigt und hätschelt sie und lässt sie hoch oben auf den Seifenblasen des Glücks reiten; und dann lässt sie die Blasen ganz plötzlich platzen und lacht höhnisch auf, während sie ihnen beim Fallen zuschaut.*

James Weldon Johnson

Rückblickend sehen einige den Sommer 1928 als Anfang vom Ende des wildesten und verrücktesten Jahrzehnts der Stadt – als der Gouverneur von New York, Alfred Emanuel Smith, in das historische Rennen um das höchste Amt der Vereinigten Staaten von Amerika ging.

Die Nation erfreute sich eines nie da gewesenen Wohlstands, und ein politischer Wechsel schien nicht in Sicht, Smith jedoch zeigte sich siegesgewiss. Der überaus populäre Gouverneur des mächtigsten Bundesstaates, von seiner Partei mit überwältigender Mehrheit dazu auserkoren, gegen Herbert Hoover anzutreten, hatte 20 von 21 Wahlkampagnen gewonnen und war – für einen Gouverneur bis dahin einmalig – für vier Amtszeiten gewählt worden.

Seine Leistungen in Albany waren zweifellos beeindruckend. In acht Jahren hatte er die Staatsregierung umstrukturiert, richtungsweisende Bildungs-, Wohnungsbau- und Arbeitsreformen durchgesetzt und mit Hilfe seines brillanten jungen Parks Commissioner Robert Moses ein spektakuläres öffentliches Bauprogramm initiiert, darunter ein vorbildliches neues Park- und Parkway-System auf Long Island. 1928 war der einstige Ministrant von der Lower East Side einer der angesehensten Politiker des Landes.

*Das übliche Sichwinden und Kriechen liegt ihm einfach nicht. Er ist zwar großspurig, ordinär, vielleicht sogar vulgär, aber nie schäbig. … Al ging mit einer weißen Weste in die Kampagne … und er scheint entschlossen zu sein, auch mit weißer Weste wieder herauszukommen. Irgendwo auf New Yorks Bürgersteigen, ohne die in Kansas und Mississippi verfügbare moralische Anleitung, hat er sich den Grundsatz angeeignet, dass Ehrlichkeit länger währt als Lügen. Dieser Grundsatz ist in Amerika nicht sonderlich beliebt. Er gilt in der Politik geradezu als gefährlicher Ballast. Er führt dazu, dass ein Mensch verdächtigt und gehasst wird. Aber er hat trotzdem einen Vorteil: Er stellt sicher, dass sich ein Mensch innerlich wohl fühlt.*

H. L. Mencken

Die bloße Vorstellung wäre zehn Jahre zuvor undenkbar gewesen: ein ungebildeter irischer Katholik aus dem vierten Wahlbezirk New Yorks, der sich um das Präsidentenamt bewirbt. Aber es hatte auch niemanden wie Al Smith gegeben, den der junge Franklin Roosevelt vier Jahre zuvor als »Happy Warrior« betitelt hatte.

Entschlossen, New Yorks kommerziellen und kulturellen Einfluss auf die Politik auszudehnen, tat er nichts, um sein Wesen oder seine Herkunft zu verbergen, und machte erneut »The Sidewalks of New York« zu seinem Wahlspruch.

**Jubelnde Abgeordnete drängen sich beim Parteitag der Demokraten 1924 im New Yorker Madison Square Garden, kurz nachdem Franklin D. Roosevelt den Gouverneur Al Smith für die Präsidentschaft nominiert hatte. Roosevelt hielt eine mitreißende Ansprache, in der er Smith den Spitznamen »Happy Warrior« verlieh. Smiths Nominierung wurde jedoch von einer großen Gruppe katholikenfeindlicher Delegierter aus dem Süden blockiert. Auch in Smiths Präsidentschaftswahlkampf 1928 spielte der religiöse Fanatismus eine entscheidende Rolle.**

Die Wahl von 1928, behauptete Smith, würde nicht nur für ihn, sondern auch für die Stadt, die ihm seinen Aufstieg ermöglicht hatte, einen Meilenstein in der Geschichte darstellen.

Der Wahlkampf gestaltete sich von Anfang an schwierig. Nur wenige Tage nach seiner Nominierung ernannte Smith den verschlossenen Selfmademan und Wall-Street-Finanzier John Jacob Raskob zum Wahlkampfmanager, ein »seltsamer kleiner Mann«, so einer von Smiths Beratern, »fast schon machiavellistisch«, der den Autokauf auf Kredit erfunden und Du Pont und General Motors zu ihrem Vermögen verholfen hatte.

Der Plan, den populistischen Gouverneur als Freund des Big Business zu präsentieren, ging zum Teil nach hinten los, als der kleine katholische Millionär Rascob als Vertreter Roms und der Wall Street dargestellt wurde.

Letztlich war Raskob jedoch Smiths geringstes Problem, da der Präsidentschaftswahlkampf bald zu einem der dunkelsten Kapitel in der Geschichte der US-Politik wurde. Alles, was Smith in New York so erfolgreich gemacht hatte, gereichte ihm auf dem Land zum Nachteil. Dort stieg die uralte Antipathie gegen die Stadt und alles, was sie verkörperte, wie giftiger Dampf auf. Dort schlug dem unbeschwerten Botschafter der Stadt Whitmans und Emma Lazarus' geradezu eine Welle des Hasses entgegen, dort sah man ihn als typischen Abkömmling der »von Fremden bevölkerten Stadt namens New York«.

Teilweise lag es an seinem Stil. Die Wähler aus der Provinz machten sich über Smiths Melone, Zigarre und grelle Anzüge lustig, die ihn fast als Karikatur eines städtischen Aufsehers erscheinen ließen. Das einflussreiche neue Medium Radio, das erstmals eine wichtige Rolle bei einer Präsidentschaftswahl spielte, bereitete Smith weitere Probleme. Seine nasale Stimme und sein starker Lower-East-Side-Akzent, der »first« in »foist«, »hospital« in »orspital« und das Wort »radio« in »raddio« verwandelte, klang in vielen Landesteilen seltsam, fast ausländisch.

Teilweise lag es an der alten Rivalität zwischen Stadt und Land. In konservativen Kreisen geriet Smith wegen seiner Ablehnung der Prohibition, seiner liberalen Ansichten und seiner Verbindungen zu Tammany Hall, die dort mit Korruption gleich gesetzt wurde, unter Beschuss.

Am meisten verletzte ihn aber der massive Katholikenhass, »eine scheinheilige Kampagne, deren Intensität fast unglaublich war«, erinnerte sich ein Berater. Sie sollte, wie seine Tochter Emily später sagte, »den dunkelsten Schatten, den größten Kummer auf sein Leben« werfen.

In Kansas reagierten die Farmer auf Smiths Reden mit eisigem Schweigen. In Oklahoma stellten Ku-Klux-Klan-Mitglieder brennende Kreuze entlang der Strecke seines Wahlkampfzuges auf. Im ganzen Land wurde er von protestantischen Kirchenführern angegriffen, die New York als »Sitz des Satans« verdammten und darauf bestanden, wie ein Pfarrer sagte, dass »kein Untertan des Papstes Präsident sein dürfe«.

»Als Botschafter Gottes«, donnerte Reverend Billy Sunday, »ist es meine Pflicht, die Kräfte der Hölle abzuwehren – Al Smith und den ganzen Rest. Seine Anhänger sind abscheuliche Gauner, Whiskey-Politiker, Schwarzbrenner, Zuhälter und Geschäftemacher, die mit ihm dealen. Seine weiblichen Fans sind allesamt Huren.«

Smith hielt lange still. Dann schlug er mit einer wortgewandten Rede in Oklahoma City am 20. September zurück. Er beschwor sein Publikum, alle Scheinheiligkeit als unchristlich und unamerikanisch abzulehnen. Die Feindseligkeit der Menge war so massiv zu spüren, dass man um seine Sicherheit fürchtete.

*Das Hauptproblem in Amerika wird in den nächsten 50 Jahren darin bestehen, zwischen Stadtmenschen und Bauerntölpeln zu vermitteln. Die Republik wurde vom ersten Tag an von Bauerntölpeln regiert – oft, muss man hinzufügen, durchaus weise. Jetzt aber werden sie schwach und werden in Frage gestellt, und auf lange Sicht werden sie ganz sicher untergehen.*

H. L. Mencken, Juli 1928

Letztendlich war Amerika nicht bereit für New York, zumindest nicht für einen New Yorker im Weißen Haus.

Am Wahlabend, dem 6. November 1928, saß Smith mit seinen Getreuen stoisch im Armory auf der Park Avenue, eine unangezündete Zigarre im Mund, und sah sich die Ergebnisse an.

In den großen Industriestaaten hatte er sich erstaunlich gut geschlagen und in den zwölf größten Städten die Mehrheit eingefahren. In einer historischen politischen Neuordnung hatten die Einwanderer im Wahlkampf ihre Stärke demonstriert, und in den folgenden Jahren wandelte sich die Demokratische Partei, einst dominiert von ländlichen Südstaatlern, zum Medium des aufsteigenden urbanen Nordens.

Es war jedoch ein anderer New Yorker – und zwar keiner aus den Straßen der Lower East Side –, der die Früchte der großen Veränderung ernten würde, die Al Smith gesät hatte. Im Moment war nur klar, dass Herbert Hoover mit 444 zu 87 Wahlmännern einen überwältigenden Sieg errungen hatte. Am Ende verlor der New Yorker fast jeden Bundesstaat – sogar New York selbst, wo sich die Landbevölkerung in Scharen von ihn abgewandt hatte.

In einer grausamen Wende des Schicksals sicherte sich Smiths aristokratischer Kollege, der 46-jährige Franklin Roosevelt, mit hauchdünner Mehrheit den Gouverneursposten. In der Folgezeit baute der aufstrebende junge Politiker auf Smiths innovativen Ideen auf und übertrug sie schließlich auch auf die Bundespolitik.

Für Smith war um 21.30 Uhr alles vorbei. Dann fuhr er zum Biltmore Hotel, um seine Niederlage einzugestehen und vor einigen loyalen Anhängern zu sprechen. »Es ist Gottes Wille«, sagte seine Frau Katie mit Tränen in den Augen, »aber wir werden ihn nun öfter sehen.«

*Er ließ sich nicht unterkriegen und war guten Mutes. In Anbetracht seiner Heiterkeit nach der Niederlage brachen Arbeiter und Arbeiterinnen in Tränen aus. Zutiefst gerührt sprach Smith barsch ein paar Dankesworte, um seine eigenen Gefühle zu verbergen, reichte einigen die Hand und verschwand wieder. Vermutlich hatte es in der politischen Geschichte noch nie so viel Verzweiflung an der Parteibasis gegeben wie im Angesicht seiner Niederlage.*

James Farley

In den Wochen nach der Wahl versuchte Smith, gute Miene zum bösen Spiel zu machen, doch seine lange politische Karriere war vorüber. Im Dezember nahm er an einem Festessen im Lotos Club teil und war zum ersten Mal seit Jahren nicht Ehrengast. Als er sah, wie sich der künftige Gouverneur im Rampenlicht sonnte, wurde ihm das Desaster erst richtig bewusst. Seine Niedergeschlagenheit wurde durch das Wissen, dass er schon bald zum ersten Mal seit 40 Jahren arbeitslos sein würde, untermauert.

An diesem Abend verließ Smith den Saal und ging mit seinem engen Freund, dem bekannten Broadway-Regisseur Eddie Dowling, auf die Herrentoilette. Dowling erinnerte sich, dass Smith über seine trüben Aussichten klagte, als beide eine leise Stimme hinter sich hörten. Es war John Jacob Raskob, der unergründliche Wahlkampfmanager des Gouverneurs, der den beiden Männern lautlos gefolgt war und Smiths Klagen mitgehört hatte. »Mach dir keine Sorgen, Al«, sagte der Finanzier. »Ich werde einen neuen Wolkenkratzer bauen – den größten der Welt –, und du wirst Präsident des Projekts.«

**HÖHENRAUSCH**

1929 wurde New York von einer grandiosen Spekulationswelle erfasst. Fast zwei Jahre lang hatte sich der Aktienmarkt nach oben geschraubt und Monat für Monat alle Rekorde gebrochen. Noch wenige Jahre zuvor waren Analysten verblüfft, als erstmals zwei Millionen Aktien an einem einzigen Tag gehandelt wurden. Jetzt waren fünf Millionen an der Tagesordnung. Hoovers überwältigender Wahlsieg hatte einen Kaufrausch ausgelöst, der die Siebenmillionenmarke übertraf. Und die Makler sanken nach Börsenschluss regelmäßig erschöpft zu Boden.

*Wall Street war die Hölle. Die Makler draußen, die Freiverkehrsmakler, überboten sich gegenseitig für Aktien, die gar nicht an der New Yorker Börse notiert waren. Ihre lauten Rufe vermischten sich zu einem heiseren Chor. Ich stand vor einem Irrenhaus und starrte auf lauter Irre. Das war gewiss ein Irrenhaus, umgeben von anderen Anstalten für unheilbare Geisteskranke …*

Philip Gibb

Im Frühjahr hatte der Aktienmarkt jeden Bezug zur Wirtschaft und zur Realität verloren. In kaum einem Jahr war der Wert des Marktes, der mit der Anzahl der Verkäufe nach oben schoss, um das Doppelte gestiegen. Der Dow Jones war von 191 Punkten im Jahr 1928 bis zum heißen Sommer von 1929 auf über 350 gestiegen.

Als die Werte weiter zu wachsen schienen, wandte sich John Jacob Raskob, der bisher vor allem Millionäre zu Milliardären gemacht hatte, an die Kleinstanleger. In der Augustausgabe von *Ladies' Home Journal* verkündete er einen fantastischen Plan: Jeder sollte reich sein. Es war ganz einfach. So wie Leute mit bescheidenen Mitteln Autos auf Kredit kaufen konnten, sollten auch Kleinanleger Aktien auf Kredit erwerben können. Mit steigenden Kursen würden sich die Schulden in Luft auflösen und reine Gewinne folgen. Bei fallenden Kursen wäre der Anleger natürlich ruiniert. Doch inzwischen glaubte man, dass so etwas eigentlich nicht passieren könne. Leihen und Kaufen war jetzt die Devise.

*Meiner Meinung nach muss der Reichtum eines Landes einfach schnell wachsen. Wie schnell er wächst, wird durch die Zunahme des Konsums festgelegt, und mit vernünftigen Investitionsplänen steigt der Konsum kontinuierlich.*

John Jacob Raskob

1929 war es gang und gäbe, dass Makler den Kleinanlegern zwei Drittel des erforderlichen Geldes für einen Aktienkauf liehen. Mehr als 8,5 Milliarden Dollar an Krediten waren schon vergeben worden. Das war mehr als das gesamte in den USA im Umlauf befindliche Bargeld.

Analysten warnten jetzt zunehmend, dass dieser Boom nicht bis ins Unendliche anhalten könne. Einige behaupteten, es gäbe Anzeichen für ein Ende des Zyklus, wenn man sie denn sehen wolle. Fast das ganze Jahrzehnt hindurch waren die Aktiengewinne in die industrielle Produktion zurückgeflossen und hatten die boomende Wirtschaft weiter vorangetrieben.

Produktion und Umsatz hatten allerdings 1927 auf verschiedenen Schlüsselmärkten ihr Maximum erreicht, und als Gewinne immer seltener für Anlageinvestitionen verwendet wurden, suchte sich das Kapital neue und gefährliche Wege: Es floss in die Spekulation mit Wertpapieren, die die Kurse an der Wall Street in schier unermessliche Höhen trieben, sowie in die Immobilienspekulation, wo Dutzende neuer Bürohochhäuser in Lower und Midtown Manhattan in die Höhe schossen. Sie verliehen der legendären Skyline ein komplett neues Gesicht.

*Die Stadt befindet sich im Umbruch … In weniger als sechs Jahren wurde die Skyline von Midtown Manhattan um mehr als 30 Meter angehoben … Fantasie, Wagemut, Rastlosigkeit und die technischen Fertigkeiten Amerikas haben diese erstaunliche Verwandlung von braunem Sandstein in ein Babylon bewirkt … Was das Bauen für die Ewigkeit angeht, besteht hier keine Notwendigkeit. In 30 Jahren werden sie die Stadt wieder neu gestalten.*

*New York Times*, 1926

Monat für Monat dauerten die wilden Spekulationen und das Wachstum an. Aktienmarkt und Skyline schnellten ungeachtet der Folgen in die Höhe. Gebäude für Gebäude, Block für Block schoss New York gen Himmel. In weniger als zehn Jahren war die Skyline um fast 100 Gebäude mit 20 oder mehr Stockwerken bereichert worden. Von weitem konnte man an die Turmspitzen eines fremden Planeten denken.

In den ersten neun Monaten des Jahres 1929 waren Pläne für 709 Neubauten in New York im Wert von insgesamt 472 Millionen Dollar eingereicht worden. An einem einzigen Tag im Februar hatte die Metropolitan Life Insurance Company 74 Millionen Dollar an Baudarlehen ausgegeben. Im Frühjahr 1929 waren 15 Türme über 150 Meter hoch. Und der Boom dauerte an, da die mächtigsten Baulöwen jetzt einen Krieg der Wolkenkratzer vom Zaun brachen.

16 Jahre lang war das Woolworth Building mit seinen 60 Stockwerken und über 240 Metern das höchste Gebäude der Welt gewesen. Jetzt fand ein Wettlauf statt, der diese Marke übertreffen sollte. Einige Pläne waren so hochtrabend, dass sie an der Realität vorbeigingen. Es gab Gerüchte über ein Hochhaus am Madison Square mit 100 Stockwerken, eins am Times Square mit einer Höhe von 320 Metern und einen Wolkenkratzer der Superlative mit 150 Etagen Ecke Broadway und Duane Street.

Zwar wurde keines dieser Bauwerke jemals realisiert, doch heizten die imaginären Pläne die Fantasie der Öffentlichkeit fast so sehr an wie echte Gebäude. »Fast 500 Meter über dem Broadway«, bemerkte die *Herald-Tribune* über eines dieser Luftschlösser, »wird das Dach mit einer Fläche von 4.047 Quadratmetern als Landebahn für Flugzeuge dienen. Das Bauwerk wird dreimal so hoch sein wie sein berühmter Nachbar, das Woolworth Building.«

Jeder schien die gleiche dünne, kalte, berauschende Luft einzuatmen. »Die Höhe eines Gebäudes ist gar nichts«, erklärte der Architekt Raymond Hood. »Ich habe unsere Ingenieure angewiesen ... die theoretisch maximale Höhe für einen Wolkenkratzer zu berechnen ... Nach den Formeln der derzeitigen Statikgesetze ... wäre es möglich, ein Hochhaus von 2133 Metern zu bauen.« Hood propagierte also, ohne mit der Wimper zu zucken, ein Gebäude, das eineinhalb Meilen in die Höhe ragen sollte. »Die Fahrstuhlindustrie ist bereit«, sagte er.

*Ich kam zu dem Schluss, meine Jungs sollten etwas haben, wofür sie Verantwortung tragen. Sie waren in New York aufgewachsen, und es war anzunehmen, dass sie dort auch weiterhin leben wollten ... So entstand die Idee, ein Bürogebäude zu errichten. Ich erinnerte mich an etwas, das ich in Paris gesehen hatte. Ich sagte zu den Architekten: »Baut dieses Gebäude höher als den Eiffelturm.« Das war die Geburt des 77-stöckigen Chrysler Building.*

Walter P. Chrysler

Im Frühjahr des Jahres 1929 bewegte sich der Höhenrausch auf seinen Zenit zu.

**Manhattans Skyline wurde Ende der 20er Jahre um mehr als 100 neue Gebäude mit über 20 Stockwerken bereichert. Die wilden Spekulationen an der Wall Street griffen auf den Immobilienmarkt und die Baulöwen der Stadt über, und der Wettstreit um den Bau neuer Bürohochhäuser und Apartmentblocks in Manhattan setzte ein. Links: Der 64-stöckige Bau der Bank of Manhattan. Das im Jahr 1929 fertig gestellte Gebäude an der Wall Street war eines von vielen, die die Skyline von Lower Manhattan Ende der 20er Jahre neu zeichneten. Ein weiteres war das Irving Trust Building an der Wall Street 1, das ganz rechts zu sehen ist. Rechts: Die Park Avenue Richtung Norden von der 34th Street aus gesehen. Man erkennt das noch im Bau befindliche Chrysler Building und zwei nur kurz zuvor fertig gestellte Hochhäuser: das Chanin Building in der Bildmitte und das New York Central Building links, das sich nördlich des Grand Central Terminal erhebt.**

Im nun beginnenden Wettstreit um das höchste Gebäude in Manhattan kämpfte Midtown gegen die Wall Street. Die Rivalität wurde von zwei großen Unternehmen mit gewaltigen Ambitionen und zwei besessenen Architekten mit noch größeren Ambitionen angeheizt. Letztere hatten kürzlich ihre langjährige Partnerschaft aufgelöst und waren jetzt erbitterte Feinde.

Angefangen hatte alles im Jahr zuvor, als der Chrysler-Konzern Pläne bekannt gegeben hatte, einen neuen Firmensitz an der Ecke 42nd Street und Lexington Avenue zu errichten. Walter Chryslers Anweisungen an den Architekten William Van Alen waren ganz einfach: ein Hochhaus zu bauen, das schlichtweg das höchste Gebäude auf Erden sein sollte.

Anfänglich hatte Van Alen ein 256 Meter hohes Gebäude mit viel Chrom geplant, bis sein ehemaliger Partner und jetziger Erzrivale, H. Craig Severance, 80 Blocks weiter südlich, an der Wall Street 40, ein Areal für den neuen Firmensitz der Bank of Manhattan erschloss.

Als Severance verkündete, dass sein Gebäude im gotischen Stil 60 Zentimeter höher sein würde als das Chrysler Building, eilte Van Alen ans Zeichenbrett und fügte seinem Gebäude sofort 10 Etagen hinzu. Jetzt war die Schlacht eröffnet.

Monat für Monat verfolgten die New Yorker mit Verwunderung den Wettstreit zwischen den beiden Bauherren. Jeder änderte wiederholt mitten in der Bauphase seine Pläne, um den anderen doch noch zu übertreffen. An einem klaren Tag konnten die Hochhausarbeiter den Fortschritt der Konkurrenz vier Meilen entfernt beobachten. Als die Bank of Manhattan im Herbst 1929 bei 282,50 Metern Richt-

Die Wolkenkratzer im Osten von Midtown, 1931 vom Empire State Building aus gesehen. Ende der 20er Jahre war das neue Büro- und Hotelviertel rund um den Grand Central Terminal zum neuen Stadtzentrum geworden. In der Ferne kann man die beiden Spitzen des noch im Bau befindlichen neuen Waldorf-Astoria Hotel erkennen. 1929 war die Nobelherberge von ihrem alten Standort Ecke Fifth Avenue und 34th Street, wo nun das Empire State Building errichtet wurde (siehe S. 377), umgezogen. Rechts vom Hotel sind das New York Central Building mit seinem verzierten Pyramidendach und das Lincoln Building mit seinen 54 Stockwerken zu sehen. Das elegante Chanin-Gebäude befindet sich direkt vor dem hoch aufragenden Chrysler Building, und ganz rechts erkennt man das stufenförmige Daily News Building, das von den beiden Architekten Raymond Hood und John Mead Howells entworfen und 1931 fertig gestellt wurde. Mit seinen einfachen vertikalen Linien, den relativ spärlichen Ornamenten und seinem flachen Dach deutete es auf ein neues Erscheinungsbild der Hochhaustürme hin.

*Die Spitze des Chrysler Building ist so außergewöhnlich, herausfordernd und originell, dass man sie geradezu bewundern muss, in ihrem glänzenden Gewand aus poliertem Chromnickelstahl. Fantastisch, bizarr und exotisch, fesselt sie zumindest einen Moment lang die Aufmerksamkeit der Passanten auf der Straße und weckt die Bewunderung des Umlandes und der Seeleute in der Ferne.*

*Architectural Forum*

her als das Woolworth Building, höher als die Bank of Manhattan und höher als der Eiffelturm. Es war unumstritten das höchste Gebäude der Welt – zumindest für den Moment.

*Einige halten es für ein Monster, andere für eine Sensation, einige denken, es sei absolut hässlich, andere bezeichnen es als eine Großtat, ein Kunstwerk, eine Glanzleistung.*

Kenneth Murchison

Wenige Wochen nach dem Triumph des Chrysler Building im Herbst brachen zwei große Ereignisse fast gleichzeitig über New York herein. Das erste stürzte die Stadt in den tiefsten Abgrund ihrer bewegten Geschichte und setzte dem Jahrzehnt der wilden Spekulationen ein jähes und schreckliches Ende. Das andere brachte die Stadt entgegen allen Erwartungen noch höher hinaus als je zuvor und war ein Zeichen, das für alle Zeiten an den unerschütterlichen Aufstiegswillen der Stadt erinnerte.

**Die Fotografin Margaret Bourke-White schoss 1934 vom 61. Stockwerk des Chrysler Building aus ein Panorama der Skyline. Sie saß auf einem der Wasserspeier, bei denen es sich eigentlich um stilisierte Adler handelte. Die Wasserspeier der unteren Stockwerke ähnelten Kühlerhauben eines 1928er Chrysler. Die berühmte Fotoreporterin lebte und arbeitete in einem aufwändig eingerichteten Studio im 61. Stock. Über ihr erkennt man im Hintergrund das gerade fertig gestellte RCA Building, das einen Teilkomplex des Rockefeller Center bildete.**

fest feierte, waren fast alle überzeugt, dass sie die Schlacht gewonnen hatten. Severance hatte erst eine Laterne hinzugefügt, dann zehn neue Penthouse-Stockwerke und schließlich einen 15 Meter hohen Fahnenmast, um seinen Rivalen ein für alle Mal zu übertrumpfen.

Doch William Van Alen gab nicht auf. Sechs Wochen später enthüllte er seine Geheimwaffe. Am 16. Oktober 1929 sahen Passanten und Reporter verblüfft, wie eine 56 Meter hohe Stahlspitze, die heimlich im Inneren der Gebäudehaube zusammengesetzt worden war, langsam aus ihrem verchromten Kokon hervorkam und in weniger als 90 Minuten triumphierend befestigt wurde. Der glitzernde Dorn erhöhte das Chrysler Building auf 319 Meter und machte es damit knapp 36 Meter höher als den Downtown-Rivalen. Es war ein persönlicher Triumph für Walter Chrysler und seinen Architekten. Darüber hinaus war der Sieg eine Bestätigung dafür, dass Midtown die Wall Street als Manhattans wichtigstes Zentrum verdrängt hatte.

Mit den glänzenden gotischen Friesen, den Dachvorsprüngen und Wasserspeiern aus Edelstahl, einige davon Kühlerhauben eines 1928er Chrysler nachempfunden, war das majestätische Hochhaus mit seinen 77 Stockwerken jetzt hö-

### DER BÖRSENKRACH

Den ganzen Sommer 1929 hindurch hatte es drohende Vorzeichen gegeben. Die Arbeitslosigkeit war gestiegen, die Autoverkäufe und die Einnahmen der Kaufhäuser waren dramatisch zurückgegangen, und im Süden und Westen gingen Farmen in Rekordzahl Bankrott.

An der Wall Street hielt der Optimismus unvermindert an. Am 27. August 1929 erklomm der Dow Jones seinen Höhepunkt. Käufermassen überschwemmten die New Yorker Hotels oder schliefen rund um die Börse auf der Straße, um nur ja keinen Handelstag zu verpassen.

Im September änderte sich die Stimmung. Als der Markt kurzfristig nachgab, sich wieder erholte und dann erneut nach unten rutschte, wurden die Investoren immer nervöser. Eindringlich warnte der Wirtschaftsexperte Roger Babson: »Früher oder später wird es zu einem fürchterlichen Crash an der Börse kommen.« Professor Irving Fisher von der Yale University schob die Bedenken beiseite. »Die Aktienkurse«, beschwichtigte er, »haben so etwas wie ein Dauerhoch erreicht.«

Doch dann brach die Aktienwelt zusammen. Am Mittwoch, den 23. Oktober 1929, bewirkten erste Panikverkäufe, dass die Kurse von erstklassigen Standardwerten wie Westinghouse und General Electric fielen.

Am nächsten Morgen war Winston Churchill unter den schockierten Gästen auf der Galerie der New Yorker Börse, als wenige Minuten nach Eröffnung die Stimmung in Panik umschlug und die Makler anfingen, Einschusskonten in Rekordgeschwindigkeit abzustoßen. Die Kurse fielen dramatisch und trieben die Verkaufsaufträge der Spekulanten weiter in die Höhe. Als entsetzte Schreie vom Parkett heraufdrangen, räumte man die Besuchergalerie. In knapp zwei Stunden war ein Aktienwert von nahezu 10 Milliarden Dollar einfach vernichtet worden.

Draußen auf der Straße versammelten sich die Menschenmassen in Sechserreihen vor der Börse, während Hunderte stumm vor Schock auf den Stufen der Federal Hall standen. Die Zeitungen versuchten später, das unheimliche Gemurmel zu beschreiben, dessen Echo an jenem Morgen von den Steinfassaden im Finanzviertel widerhallte, eine kollektive Klage des Entsetzens, der Trauer und schierer Ungläubigkeit, die aus den Mündern von Tausenden ruinierter, angsterfüllter Menschen erklang.

Wie schon 20 Jahre zuvor, in der Panik von 1907, versammelte sich die Menge vor dem House of Morgan und hoffte verzweifelt auf ein Wunder. Ein Stoßseufzer ging durch die Reihen, als vier führende Banker entschlossen die Stufen der Wall Street 23 hinaufschritten und im House of Morgan verschwanden. Die Hoffnungen begannen zu steigen, als der amtierende Börsenpräsident auf Anweisung der Bank 240 Millionen Dollar in den kollabierenden Markt pumpte, zuversichtlich auf das Börsenparkett trat und den Kurswert von U.S. Steel um ganze zehn Punkte anhob. Die Händler und Börsenmakler brachen in Jubelschreie aus, als der Markt langsam wieder in Schwung kam. Gerüchte gingen um, dass einmal mehr das House of Morgan zu Hilfe gekommen sei.

Doch die Entspannung war nur von kurzer Dauer. Am Freitag, als der Markt scheinbar stabil war, zogen die Banken ihr Kapital zurück.

Am Dienstag, den 29. Oktober 1929 – fortan als Schwarzer Dienstag bekannt –, wurde der Markt von einer neuen Verkaufswelle getroffen. Und diesmal konnte niemand sie aufhalten. Stunde um Stunde rutschte die Börse weiter ins Chaos, als die Kurse unter dem Ansturm von Panikverkäufen zusammenbrachen. Verzweifelte Makler kämpften sich schreiend ihren Weg nach draußen frei.

**Massen von Menschen versammeln sich während des Börsenkrachs im Oktober 1929 vor dem Sub-Treasury Building. Am Morgen des 24. Oktober – dem Schwarzen Donnerstag – wurden in zwei Stunden 9,5 Milliarden Dollar an Aktienbesitz vernichtet. Während sich die Makler heiser schrien, herrschte Panik auf dem Börsenparkett, und die Polizei räumte die Galerie von hysterischen Besuchern. Doch selbst dieser Verlust wurde von dem Desaster am 29. Oktober, dem Schwarzen Dienstag, weit in den Schatten gestellt, als 16 Millionen Aktien zu Schleuderpreisen verkauft wurden und die Vereinigten Staaten mehr Kapitalvermögen verloren, als sie für den gesamten Ersten Weltkrieg ausgegeben hatten.**

Im Frühjahr 1921 fand eine von der Russell Sage Foundation finanzierte private Zusammenkunft einiger der einflussreichsten Männer New Yorks statt: Banker und Finanziers, Eisenbahn- und Versicherungsdirektoren, Stiftungspräsidenten und Stadtplaner, Kaufhausbesitzer und Baulöwen trafen sich, um die ehrgeizigste und umfangreichste Umgestaltung der Stadt zu planen, die es je gegeben hatte: den *Regional Plan of New York and Its Environs.*

Seit jeher waren hochtrabende Visionen und exterritoriale Ambitionen in die Stadtplanung eingeflossen: von Stuyvesants Konzept für ein blühendes Neu-Amsterdam über den Commissioners' Plan für Manhattan von 1811 bis zu Andrew Haswell Greens Vorschlag, die fünf Verwaltungsbezirke zu Greater New York zusammenzuschließen. Doch nichts reichte an die Dimensionen dieses Regionalplans heran, der alle fünf Verwaltungsbezirke der Stadt, ihre Vororte und riesige Flächen des Umlands erfasste – insgesamt 14.318 Quadratkilometer, verteilt über 22 Counties und drei Bundesstaaten. Wieder einmal versuchten zukunftsorientierte New Yorker, die Stadtgrenzen zu erweitern, diesmal um eine Fläche, die 250-mal so groß wie Manhattan war.

Nie zuvor hatte es eine solche Unternehmung gegeben: ein einziger, umfassender Plan für ein Gebiet mit 436 Stadt- und Bezirksverwaltungen – ein Labyrinth von Zuständigkeiten, das, so die Planer, die Bedürfnisse der zunehmend vernetzten städtischen Agglomeration nicht länger erfüllen konnte.

»Zieht die Linien durch die Staaten und Counties, wie ihr wollt«, sagte Elihu Root, ehemaliger Senator und Regional-Plan-Komiteemitglied, »eine Stadt bedeutet Wachstum. Sie reagiert unabhängig von den Überlegungen der Politik und der Regierung auf die Atome, aus denen sie besteht. Die Kraft, aus der dieses Wachstum entsteht, ist die Kraft des Unternehmertums, der Sehnsucht, der Bewegung – der Sehnsucht nach Einkommen und Wohlstand, Komfort und Gesellschaft, die den Herzen und Köpfen unzähliger Menschen innewohnt. Dies ist die große Kraft des Lebens und der Zivilisation, die die Regierung nicht imitieren kann.«

Die Fertigstellung des Regional Plan dauerte acht Jahre und kostete 1,3 Millionen Dollar. Als er im Frühjahr 1929 – am Vorabend des Börsenkrachs – endlich publiziert wurde, eröffnete der zehnbändige Bericht einen prophetischen Blick auf die Zukunft der Stadt und hielt zugleich einen detaillierten Entwurf zu ihrer Realisierung bereit.

Laut Plan würde Manhattan der Mittelpunkt der Region bleiben. Es sollte jedoch eine neue Art von Zentrum werden. Hafen und Fabriken würden wegfallen und Platz für neue, »saubere« Wirtschaftszweige machen, die in Midtown und Downtown entstanden: Banken, Versicherungen, Anwaltskanzleien, Werbeagenturen, Kommunikationsfirmen und die Hauptsitze überregionaler Unternehmen – jene Branchen also, die auch den Regional Plan gesponsert hatten. Die Planer sahen Manhattans zukünftige Rolle als erste postindustrielle Stadt, die von Finanz- und Unternehmensaktivitäten, Einkaufs- und Unterhaltungsmöglichkeiten und von exklusiven Wohnvierteln geprägt sein würde – ein modernes, strahlendes urbanes Zentrum, dessen Bürohochhäuser und Wohnkomplexe sinnvoll konzipiert und gemäß den neuesten Planungsgrundsätzen angelegt sein würden.

In Wirklichkeit blieb Manhattan in den 20er Jahren das, was es seit über einem Jahrhundert war: das größte Transport- und Industriezentrum der Nation mit über 420.000 Fabrikjobs allein auf der Südhälfte der Insel. Die Schlussfolgerung des Plans war jedoch, dass die industriellen Aktivitäten der Stadt in den Hafenvierteln von Brooklyn, Queens und New Jersey besser aufgehoben seien. Dort mussten sich die Unternehmer nicht durch überfüllte Straßen quälen oder sich in veralteten, aber teuren Industriegebäuden ansiedeln. Außerdem würde sich Manhattans neue Angestelltenschicht nach dem Umzug nicht mehr durch die unangenehmen, mit Gestank verbundenen Begleiterscheinungen der traditionellen Produktionsstätten oder die vielen Arbeiter, die dort beschäftigt waren, belästigt fühlen.

Bis zu einem gewissen Grad war der Vorschlag, Arbeiter und Angestellte zu trennen, die logische Konsequenz einer jahrzehntelangen Entwicklung, die durch die Entstehung neuer Industrieviertel in Brooklyn, Queens und New Jersey, die Verlagerung der Stadtbevölkerung vom Zentrum an die Peripherie und die Verwandlung Manhattans von einer Industriestadt des 19. Jahrhunderts in ein modernes Unternehmens- und Finanzzentrum geprägt war. Doch nun regte der vorliegende Plan an, diese Veränderungen mit Hilfe zweier ehrgeiziger und erstaunlich innovativer Ideen zum Thema Verkehrsmittel drastisch zu beschleunigen.

Der erste Vorschlag bestand aus einem erweiterten und vereinheitlichten Schienennetz, das alle Teile der Region miteinander verflechten sollte. Ein neuer unterirdischer Tunnel unter dem Hafen sollte Brooklyn mit New Jersey verbinden, eine gigantische Eisenbahnbrücke über den Hudson River führen, und ein komplexes Schienennetz sollte das Mosaik der einzelnen, miteinander konkurrierenden Eisenbahnlinien in der Region ersetzen.

Der zweite Vorschlag war noch gewagter: ein weitläufiges Straßensystem, das New York mit dem modernsten Verkehrsnetz der Welt ausstatten würde. Eine Reihe von Umgehungsstraßen und Brücken – u.a. die spätere Triborough Bridge, die Verrazano-Narrows Bridge, der Cross-Bronx Expressway, der Belt Parkway und die Bronx-Whitestone Bridge – sollte den Autofahrern ermöglichen, die Region zu durchfahren, ohne die City zu durchqueren.

Der Regional Plan war zwar zukunftsweisend, andererseits jedoch völlig theoretisch – finanziert von einer Privatorganisation ohne offizielle Verfügungsgewalt, die Bauprojekte zu verwirklichen. Und doch hatte der Plan entscheidende und nachhaltige Auswirkungen auf die Zukunft der Stadt – auf das, was nicht gebaut wurde, ebenso wie auf das, was gebaut wurde.

Der Eisenbahnplan wurde aufgegeben. Die starke Konkurrenz zwischen den New Yorker Eisenbahngesellschaften machte eine Einigung unmöglich. Lediglich über ihren Widerstand gegen jegliche Vernetzung ihrer Strecken waren sie sich einig. Der Eisenbahntunnel unter dem Hafen wurde nicht realisiert, und aus den Bahntrassen über den Hudson und die Narrows wurden Straßen. Das New Yorker Güterzugnetz blieb für den Rest des Jahrhunderts mangelhaft – mit negativen Auswirkungen auf die Industrie in der gesamten Region.

Im Gegensatz dazu regte das vorgeschlagene Straßensystem rasch die Fantasie der beiden wichtigsten Verantwortungsträger für staatliche Bauprojekte an. Am 25. Februar 1930 legte der brillante und ehrgeizige State Parks Commissioner Robert Moses, der gerade sein bahnbrechendes Parkway-System auf Long Island fertig stellte, im Grand Ballroom des Hotel Commodore 500 hochrangigen Beschäftigten der New Yorker Stadtverwaltung einen Gesamtplan für ein zukünftiges Straßensystem in der Region vor. Die Karte, die er vorstellte, hatte große Ähnlichkeit mit dem Regional Plan, obwohl aus den Straßen nun Highways geworden waren. In den nächsten vier Jahrzehnten verwendete er all seine Energie darauf, die gepunkteten Linien auf der Karte mit Beton, Stahl und Asphalt zu füllen. Die wenigen verbleibenden Lücken wurden von der New Yorker Hafenbehörde geschlossen. Die einflussreiche, für zwei Bundesstaaten zuständige Institution verlagerte ihre

Aktivitäten in den kommenden Jahren von der Schifffahrt auf den Bau von Verbindungsstraßen zwischen New York und New Jersey und errichtete die George Washington Bridge, den Lincoln Tunnel und (in Zusammenarbeit mit Moses) die Narrows-Brücke, die von einem Tunnel in die längste Hängebrücke der Welt umgewandelt wurde.

Im den kommenden Jahrzehnten wurden tatsächlich viele Punkte des Regionalplans verwirklicht. Nach dem Zweiten Weltkrieg wanderten Schiffsverkehr und Industrie aus Manhattan ab – der Hafen wurde, genau wie im Plan vorgeschlagen, nach Elizabeth in New Jersey verlagert –, was Manhattan zunehmende Ähnlichkeit mit dem glitzernden postindustriellen Zentrum verlieh, das der Plan vorgesehen hatte. Es blieb weiterhin umstritten, ob der Regional Plan die Veränderungen tatsächlich herbeigeführt hatte oder ob er Veränderungen, die sowieso stattgefunden hätten, nur vorhergesagt hatte.

Das größte Vermächtnis des Plans war jedoch unbestritten sein bahnbrechendes Straßennetz, die entscheidende erste Skizze des weitläufigen Systems aus Highways, Brücken und Tunneln, das in der Folgezeit nicht nur New York und seine Umgebung veränderte, sondern auch zum Vorbild für jede moderne Stadt der Welt wurde.

Dieser Auszug aus dem Regional Plan von 1929 zeigt die eindrucksvolle Vision für Lower Manhattan. Einer der ärmsten Distrikte der Stadt, die Chrystie und Forsyth Street im Zentrum der Lower East Side, sollte durch ein imposantes Hochhausviertel mit Büros, Theatern, Geschäften und Wohnhäusern ersetzt werden – mit einer unter das Straßenniveau abgesenkten Stadtautobahn, breiten Boulevards, großzügig platzierten Wolkenkratzern sowie niedrigeren Gebäuden dazwischen, um genügend Licht und Luft durchzulassen.

Am katastrophalsten Tag in der Geschichte der New Yorker Börse wechselten 16 Millionen Aktien den Besitzer, und der Markt verlor 14 Milliarden Dollar an Wert. Der Wochenverlust belief sich damit auf über 30 Milliarden, das Zehnfache des gesamten Jahresetats der Bundesregierung und fast das Doppelte der US-Ausgaben während des Ersten Weltkriegs. Es sollte 25 Jahre dauern, bis der Dow Jones den Rekordwert der Wochen vor dem Börsenkrach erneut erreichte, und 40 Jahre, bis an der Börse an einem einzigen Tag wieder mehr Aktien gehandelt wurden als am Schwarzen Dienstag.

Erst nach Monaten begann man zu begreifen, was passiert war. Am schlimmsten hatte es Tausende Kleinanleger getroffen, die Aktien auf Kredit gekauft hatten und die geglaubt hatten, jeder könne reich werden. Manchmal hatten sie sich bis zu 90 Prozent des Buchwerts geliehen. Innerhalb weniger Stunden, teilweise sogar nur Minuten, hatten sie somit alles verloren, ihre Ersparnisse, ihre Häuser und ihre Träume.

Die Finanzexperten versuchten gute Miene zum bösen Spiel zu machen. »Vorsichtige Investoren kaufen jetzt Aktien in großen Mengen und werden enorm davon profitieren, wenn die Hysterie vorüber ist«, sagte Raskob gegenüber der *New York Times* am Tag nach dem Schwarzen Dienstag. »Das Pendel war zu weit ausgeschlagen«, insistierte er. »Die Listen sind voll von Abschlüssen. Meine Freunde und ich kaufen derzeit Aktien.« Raskob selbst hatte seine Millionen längst in sichere Anlagen investiert.

> *Mittwoch, 30. Oktober 1929. Mr. Raskob wurde gefragt, ob er denke, der Niedergang der Börse werde große Auswirkungen auf die Geschäftswelt haben. Er antwortete, er glaube keinesfalls, dass die Auswirkungen von langer Dauer sein würden, vielleicht würden sie zwei oder drei Monate anhalten. Und er glaube auch nicht, dass außer der Luxusgüterindustrie noch andere Branchen davon betroffen sein würden.*
>
> *New York Times*

Doch andere befürchteten das Schlimmste. »Diese Woche«, erklärte etwa der Herausgeber des *Commercial and Financial Chronicle*, »hat die größte Börsenkatastrophe aller Zeiten erlebt.« Schockiert von der Sorglosigkeit Raskobs, machte Senator A. R. Robinson diesen sofort »psychologisch« für das Desaster verantwortlich.

STAGE | BROADWAY | SCREEN

VARIETY

PRICE 25¢

VOL. XCVII. No. 3 — NEW YORK, WEDNESDAY, OCTOBER 30, 1929 — 88 PAGES

WALL ST. LAYS AN EGG

Going Dumb Is Deadly to Hostess In Her Serious Dance Hall Profesh

DROP IN STOCKS ROPES SHOWMEN

Kidding Kissers in Talkers Burns Up Fans of Screen's Best Lovers

Many Weep and Call Off Christmas Orders — Legit Shows Hit

MERGERS HALTED

Talker Crashes Olympus

HOMELY WOMEN SCARCE; CAN'T EARN OVER $25

Demand for Vaude

FILTHY SHOW OF

**Titelseite der Zeitung *Variety* vom Mittwoch, den 30. Oktober 1929. Die berühmte Schlagzeile der führenden New Yorker Showbusiness-Zeitung spiegelte die Erkenntnis wider, dass sich die Folgen des Börsenkrachs keinesfalls auf das Finanzviertel begrenzen würden. In den Monaten und Jahren nach dem Crash sollte jeder Teil der komplexen Wirtschaft der Stadt, vom Entertainment über die Schifffahrt bis hin zum Journalismus Schaden nehmen oder lahm gelegt werden.**

Scott Fitzgerald war irgendwo in Nordafrika, als das Ende kam, und glaubte, einen »dumpfen, weit entfernten Krach« gehört zu haben, der noch bis zu den entferntesten Einöden hallte. Zeldas Krankheit verschlimmerte sich. Als er schließlich 1931 zurückkehrte, wurde ihm sofort bewusst, dass alles anders geworden war.

> *Ich kann nur laut aufschreien, ich habe mein großartiges Trugbild verloren. Komm zurück, komm zurück, strahlend und weiß!*
>
> F. Scott Fitzgerald

### DAS EMPIRE STATE BUILDING

Es war das Gebäude, das niemals hätte gebaut werden sollen. Es wuchs zur falschen Zeit am falschen Ort in die Höhe, aus dem gleichen spekulativen Impuls heraus, der an der Wall Street gerade erst so gründlich bestraft worden war.

Und doch wurde es hochgezogen – in der großen Stille, die dem Börsenkrach folgte. Und als es fertig war, wusste niemand mehr zu sagen, ob das Empire State Building nun ein Erfolg oder ein Reinfall war, nur, dass es das schönste und prächtigste Wahrzeichen der Stadt war.

**Rechts: Das Waldorf-Astoria Ecke Fifth Avenue und 34th Street. Der Bindestrich im Namen des Hotels verweist darauf, dass es sich ursprünglich um zwei getrennte Gebäude handelte, das elfstöckige Waldorf, 1893 von W. Waldorf Astor erbaut, und**

**das 16-stöckige Astoria, 1897 von John J. Astor IV errichtet. Zur Jahrhundertwende war das Waldorf-Astoria mit seinen mehr als 1300 Zimmern das größte und luxuriöseste Hotel New Yorks. Doch in den 20er Jahren geriet die Edel-Hotellerie ins Wanken – ein Opfer der Prohibition, des Umzugs reicher New Yorker nach Uptown und ihres eigenen altmodischen viktorianischen Stils. Nachdem eine Werbekampagne nicht den gewünschten Erfolg gebracht hatte, beschlossen die Eigentümer, das Hotel in einen Wolkenkratzer an der Park Avenue nördlich des Grand Central Terminal zu verlegen. 1930 war der Altbau bereits abgerissen, um Platz für das Empire State Building zu machen.**

Es war nur logisch, dass hinter dem Plan, den größten Wolkenkratzer der Welt zu bauen, der kleine, verschlossene Spekulant J. J. Raskob stand. Lange vor dem Abend, an dem er Al Smith im Lotos Club das schicksalhafte Versprechen gab, wollte Raskob einen Turm bauen, der all die anderen weit überragen würde – teils, um eine alte Rechnung mit Walter Chrysler zu begleichen, teils, weil es ihn nach Anblick des Eiffelturms »wurmte, dass die Franzosen etwas Höheres geschaffen hatten«. Im Frühling und Sommer 1929 mobilisierte er heimlich seine Kräfte.

Im April hatte er sich für einen riskanten Bauplatz entschieden: ein riesiges Grundstück von 8094 Quadratmetern Ecke 34th Street/Fifth Avenue und eine gute halbe Meile südlich des modernen Midtown-Zentrums – dort wo das alte Waldorf-Astoria Hotel gelegen hatte, bevor es selbst an einen attraktiveren Standort weiter nördlich an der Park Avenue umgezogen war.

Im Juni war die Finanzierung geregelt. Außerdem hatte Raskob die berühmte Baufirma Starrett Brothers and Eken sowie mit William Lamb einen Architekten von der Firma Shreve, Lamb and Harmon, engagiert. Letzterem stellte er nur eine einzige Frage: »Bill, wie hoch kannst du so etwas bauen, ohne dass es umfällt?«

Nachdem monatelang Gerüchte im Umlauf waren, enthüllte New Yorks berühmter Präsidentschaftskandidat, der angeschlagene, aber ungebeugte Al Smith am 29. August, zwei Tage nachdem der Aktienmarkt seinen Höhepunkt erreicht hatte, die letzten Neuigkeiten über das Schwindel erregende Projekt. Raskob hatte Wort gehalten und den ehemaligen Gouverneur zum Präsidenten und Pressesprecher des jetzt Empire State Building genannten Projekts ernannt.

Selbst in diesen Boomzeiten, als Hunderte von Wolkenkratzern in den Himmel schossen, machte die Nachricht Schlagzeilen. Ohne konkrete Pläne und nur mit einer vagen Vorstellung davon, wie es gebaut und bezahlt werden sollte, legte Smith der Öffentlichkeit einen Bauplan von waghalsigen Proportionen vor. Mit seinen 85 Stockwerken und 320 Metern Höhe würde es über 610.000 Quadratmeter Bürofläche verfügen. Täglich würden dort 60.000 Personen arbeiten – ein einziges Gebäude würde also mehr Menschen fassen, als die Hälfte der Counties des Landes überhaupt Einwohner zählten, unterstrich Smith, ganz der Showman, dramatisch.

Noch nie war ein Bauwerk von solchen Ausmaßen und solch hohen finanziellen Risiken hochgezogen worden. Nur auf Grund wilder Spekulation und ohne einen einzigen Mieter wollten Raskob und Smith das größte Bürogebäude der Welt bauen, noch dazu an einem unattraktiven Standort und am Ende eines gefährlich ausgereizten Baubooms. Sie hofften, die bloße Präsenz des Kolosses würde das wirtschaftliche Zentrum der Stadt dorthin ziehen.

*Es handelt sich um eine spektakuläre Geste. Wenn die Eigentümer richtig liegen, legen sie möglicherweise das Zentrum der Metropole neu fest. Liegen sie falsch, wird der Spott der Experten sie für den Rest ihres Lebens verfolgen.*

*Fortune*

Im Oktober 1929, als auf dem Aktienmarkt der erschreckende Abwärtstrend einsetzte, begannen die Arbeiten am Empire State Building mit dem Abriss des alten Waldorf-Astoria.

Einen Monat später, als sich die wirtschaftliche Lage verschlechterte, berief Smith eine

Pressekonferenz ein. Raskob war weit davon entfernt, seine großen Pläne einzuschränken. Er hatte beschlossen, einen massiven, 61 Meter hohen Turm auf sein 85-stöckiges Gebäude zu setzen, um es vor einem Gegenangriff des Chrysler Building zu schützen. Die Spitze, selbst so hoch wie ein 20-stöckiges Gebäude, würde die endgültige Höhe des Bauwerks auf Schwindel erregende 381 Meter treiben – unüberwindbare 62 Meter mehr als sein Rivale zehn Blocks weiter nördlich.

Die endgültige Überraschung kam jedoch, als Smith den erstaunten Pressevertretern verkündete, der Turm würde auch noch als Landemast für Transatlantikflüge von Zeppelinen aus Europa fungieren. Die Passagiere würden eine Viertelmeile über dem Boden von Midtown Manhattan andocken, in weniger als zehn Minuten die Zoll- und Passkontrollen auf dem 86. Stockwerk durcheilen und dann mit Expressfahrstühlen hinunter zur Fifth Avenue fahren.

Fachleute taten den Plan sofort als undurchführbar ab. Sie verwiesen auf die starken Aufwinde am Turm, die einen anlandenden Zeppelin abstoßen würden. Zudem fragten sie sich, welcher Passagier mit gesundem Menschenverstand bereit sei, eine offene Gangway mehr als 300 Meter über dem Boden zu überqueren.

Doch das schien niemanden zu interessieren. Wie von Raskob vorhergesehen, heizte die Vorstellung vom größten Hochhaus der Stadt als kosmopolitischer Anflughafen für Luftschiffe aus aller Welt die Fantasie der Öffentlichkeit an. Sieben Wochen später, am 22. Januar 1930 – drei Monate nach dem Crash –, begannen die Arbeiten am Fundament des gigantischen Baus.

*Wenn eine Arbeitslosenkrise so ernst wird, dass sie nicht länger ignoriert werden kann, spielen die Behörden ihre Bedeutung gewöhnlich herunter, indem sie vorhersagen, sie werde bald vorüber sein. Dieses Jahr stellt in keinster Weise eine Ausnahme von dieser Regel dar.*

*The New Republic*, 12. März 1930

Monate vergingen, der Frühling hielt Einzug, und trotz einiger optimistischer Prognosen von Finanzexperten und Regierungsvertretern blieb der erwartete Aufschwung auf dem Aktienmarkt aus. Als die Geschäfte einbrachen und Firmen mit der Entlassung von Arbeitern begannen, schlitterte die noch im Jahr zuvor so dynamische Volkswirtschaft in eine tiefe Krise.

Auf den Bürgersteigen New Yorks versuchten Männer, Äpfel loszuschlagen, die sie der Apple Shippers Association auf Kredit abgekauft hatten. Als die Arbeitslosigkeit stieg und Fabriken ihre Tore auf ewig schlossen, begannen auch die einst so stabilen Banken zu wackeln, da sie ihre Schulden nicht eintreiben konnten.

Angesichts solch trüber Zukunftsaussichten waren viele Menschen nicht mehr in der Lage, die unerbittliche Schwermut, die sie umgab, zu vertreiben. Eines Freitagabends, nur zehn Tage nach dem Börsenkrach, holte ein reicher Finanzier namens James Riordan, Schatzmeister von Al Smiths unglückseligem Wahlkampf und Chef der jetzt in Konkurs befindlichen County Trust Savings Bank, einen Revolver aus dem Kassenschalter, kehrte in sein Stadthaus in der West 12th Street zurück und erschoss sich.

Aber selbst als sich der Würgegriff der Depression immer enger zuzog, bot sich den New Yorkern ein höchst erstaunlicher Anblick: Im Frühjahr und Sommer 1930 schoben sich die nackten Stahlträger von Al Smiths Bau wie ein gigantischer Phönix aus der Mitte von Manhattan Island empor und bahnten sich einen Weg über die Dächer der niedrigeren Gebäude ringsum. Ein Symbol der Hoffnung in düsteren Zeiten und eine trotzige Erklärung, dass die Stadt nicht bereit war unterzugehen.

*In den dunkelsten Momenten der Rezession haben wir ein Gebäude, das 380 Meter in den Himmel ragt! In einer Zeit, in der es schon verrückt ist, auch nur zwei Meter neuen Wachstums zu produzieren.*

E. B. White

Fast ein halbes Jahrhundert Erfahrung im Bau von Wolkenkratzern floss in die Konstruktion des Empire State Building ein. Es sollte in jeder Hinsicht ein Meisterwerk der Technik werden, noch dazu inmitten der schlimmsten Krise, die die US-Wirtschaft je heimgesucht hatte.

Die Logistik für die Konstruktion des Mammutbaus, die Koordination von Millionen von Bauelementen und Tausenden von Arbeitern nach einem sorgfältig ausgeführten Plan für die Produktion, Lieferung, Montage und Fertigstellung, war absolut überwältigend. »Der Bau von Wolkenkratzern kommt in Friedenszeiten einem Krieg am nächsten«, erklärte Colonel William A. Starrett, das legendäre Gründungsmitglied von Starrett Brothers and Eken. »Die

Analogie ist wirklich erschreckend, bis hin zur manchmal grausigen Realität eines Baustellenunglücks, wenn uns verstümmelte Körper oder gar Leichen daran erinnern, dass wir beim Bauen Krieg gegen die Kräfte der Natur führen.«

Im August 1930, auf dem Höhepunkt der Arbeiten, waren 3439 Männer auf der Baustelle beschäftigt. Die 50.000 massiven Stahlträger, von denen jeder über eine Tonne wog und die mit einer Toleranz von weniger als 3 Millimetern gefertigt waren, wurden wie ein gigantisches dreidimensionales Puzzle zusammengesetzt. Sie wurden nach genauen Bauplänen in Pittsburgh hergestellt und mit dem Zug nach New Jersey transportiert, mit einem Lastkahn über den Hudson gebracht und in Manhattan auf LKWs auf sorgsam ausgearbeiteten Routen zur Baustelle Ecke Fifth Avenue/34th Street gebracht. Hier hievten sie nur acht Stunden nach Verlassen des Stahlwerks in Pennsylvania neun riesige Kräne hoch, und die Arbeiter fügten sie zuletzt zusammen.

In einem Zeitalter, in dem das Fließband für die Herstellung von Autos und Konsumgütern perfektioniert worden war, perfektionierten die Starret Brothers das erste Fließband zur Herstellung von Wolkenkratzern. Die Arbeiten gingen so rasch voran, dass die Leute ihren Augen kaum trauten. Das Gebäude schoss buchstäblich in die Höhe. Einmal wurden binnen zehn Tagen 14 neue Stockwerke errichtet.

*Auf jeder Etage des immer höher wachsenden Stahlgerüstes wurde eine Miniatureisenbahn mit Weichen und Wagons gebaut, um das Material zu befördern. Jeden Morgen wurde ein genauer Fahrplan ausgehängt. Die Bauleiter wussten immer, was gerade in den einzelnen Fahrstühlen befördert wurde, bis zu welcher Höhe es befördert wurde, und welche Arbeitskolonne es verwenden würde. Auf jeder Etage waren die Betreiber der kleinen Eisenbahnwagons genau im Bilde, was kommen und wo es gebraucht würde. LKWs mussten nie warten, Kräne und Fahrstühle fuhren nicht unnütz hin und her, die Männer waren stets beschäftigt.*

*Empire State, A Short History*, 1931

*Sonntag, 27. Juli 1930. Alles gleicht einer Jagd gen Himmel; die Stahlarbeiter vorneweg, und all die anderen folgen ihnen wie die Verrückten.*

*New York Times*

Der Arbeitstag begann um 3.30 Uhr und endete um 16.30 Uhr. Um Zeit zu sparen und Staus an den Fahrstühlen zu vermeiden, wurden auf der 24., 47. und 64. Etage Kantinen eingerichtet. Hier konnte man für 40 Cent zwei Sandwiches, einen Becher Kaffee oder Milch und ein Stück Kuchen kaufen.

*Das Hämmern ist viele Blocks weit zu hören. Die Männer an den Presslufthämmern sind schon bald taub. Wir fragten einen Mann, welcher Teil seiner Arbeit am gefährlichsten sei. »Es ist nicht das Zusammennieten einer hohen Ecke, die noch an den Seilen hängt«, berichtete er, »es ist auch nicht das Balancieren auf den Planken mit Blick auf die Straße 300 Meter weiter unter dir. Es ist das Wetter. Wenn es regnet, wird alles rutschig. Wenn es kalt ist, werden deine Hände so steif, dass du dich nirgendwo festhalten kannst. Das ist wirklich schlimm.«*

*New York Times*

Für die Zuschauermassen, die sich täglich unten auf der Straße versammelten, waren die Nieter die wahren Helden der Bauarbeiten, Tausende Männer, die in Viererteams schufteten und das Stahlgerüst mühselig Stück für Stück zusammenfügten. Die Kolonnen hingen Hunderte Meter in der Luft an den Stahlträgern und erledigten ihre gefährliche Aufgabe schnell und mit der Präzision eines Uhrwerks: Erhitzen, Hochwerfen, Fangen und Einschlagen der glühenden Stahlnieten – 800 Nieten pro 13-Stunden-Schicht für 1,92 Dollar die Stunde, dazwischen eine halbe Stunde Mittagspause.

*Dies sind die klassischen Helden, nach außen nüchtern und äußerst gleichmütig, bewegen sie sich kriechend, kletternd, gehend, schwingend und stürzend auf den riesigen Stahlgerüsten, stämmige Kerle mit Haaren auf der Brust, stramme, wohlproportionierte und scharfsichtige Burschen, die ihre eisernen Nerven mit den eisernen Trägern verschmelzen und daraus die modernen Städte bauen.*

*London Daily Herald*

*Oftmals balancieren sie am Rande des Nichts. Glühende Partikel spritzen von den Schneidbrennern, mit denen die Stahlarbeiter zehn Tonnen schwere Stahlträger zerschneiden und sich ihre Zigaretten anzünden.*

*New York Times*

Die Errichtung des Empire State Building wurde von Lewis Hine für die Nachwelt festgehalten. Hine war Fotograf und sah sich in der Tradition von Jacob Riis. Er setzte seine Kamera ein, um soziale Veränderungen zu bewirken, indem er das tägliche Leben gewöhnlicher Arbeiter und deren Lebensunterhalt dokumentierte. Sechs Monate lang kletterte der 55-jährige Fotograf über das Stahlgerüst, balancierte auf Trägern, teilte seine Mahlzeiten mit den Arbeitern und schoss mehr als 1000 Fotos. Zum Richtfest ließ sich Hine 300 m über das Stahlgerüst in die Luft heben, um die Endmontage des letzten Stahlträgers zu fotografieren.

Das Empire State Building bei Nacht, 1930 von Lewis Hine fotografiert. Noch vor seiner Fertigstellung begann das neue Hochhaus Tag und Nacht die Skyline der Stadt zu beherrschen. Sein einsamer Standort auf einem der höchstgelegenen Punkte in Midtown betonte seine dominante Präsenz zusätzlich. Als dieses Foto gemacht wurde, war das eigentliche Gebäude schon komplett, während die Arbeiten am Landemast noch andauerten. Dank der Einsparungen, die zum Teil auf das Konto der sich verschlimmernden Wirtschaftskrise gingen, konnte das Gebäude bereits 45 Tage vor Termin und fünf Millionen Dollar unter Budget abgeschlossen werden.

Die Arbeiten gingen auch im Spätsommer und Herbst 1930 voran. Im Oktober war der 85-stöckige Hauptblock fertig gestellt, und die Arbeiten am Landemast begannen. Im Januar 1931 wurden ungeachtet des heftigen Windes, des eiskalten Regens und des Nebels, der den Männern die Sicht raubte, eine Viertelmeile über dem Boden die letzten Träger des außergewöhnlichen Turms zusammengenietet. Am 18. März 1931 um exakt 17.42 Uhr war der Landemast komplett, einige Wochen später waren auch die letzten Innenarbeiten beendet.

Letzten Endes hatten Raskob und Al Smith, der erfolgreiche Spekulant und der begnadete Politiker, triumphiert und zum Ausklang eines außergewöhnlichen Jahrzehnts das höchste Gebäude der Welt errichtet – eine Auszeichnung, die es über 40 Jahre hinweg behalten sollte.

Sechs Männer kamen während der gesamten Konstruktion ums Leben: zwei Bauarbeiter, ein Stahlnieter und drei Zimmerleute. Alles in allem eine ziemlich geringe Zahl, wenn man die Gefahren am Bau, den Zeitdruck und die seinerzeit äußerst mangelhaften Sicherheitsvorkehrungen in Rechnung stellt.

Die Arbeitskolonnen hievten 57.000 Tonnen Baustahl (fast dreimal so viel wie für das Chrysler Building) gen Himmel – nicht nur höher hinauf, sondern auch schneller, als man es je für möglich gehalten hätte; und das in dem klaren Bewusstsein, je schneller sie arbeiteten, desto schneller würden sie sich in die wachsenden Massen der Arbeitslosen einreihen.

Vom Beginn der Arbeiten am Fundament bis zum letzten Schliff am Marmor in der Eingangshalle vollendete das hervorragende Team aus Ingenieuren und Arbeitern in gerade mal elf Monaten das höchste Gebäude der Welt und vollbrachte damit eine der größten Leistungen in der Geschichte des Bauwesens.

Der Tag der Eröffnung, der 1. Mai 1931, war hell und klar. Al Smith, offiziell mit der Einweihung betraut, führte durch die Galaveranstaltung auf der brandneuen Aussichtsplattform in der 86. Etage. Raskob und seine Partner, Gouverneur Franklin D. Roosevelt und Bürgermeister Jimmy Walker nahmen ebenfalls an der Veranstaltung teil. Walker, gegen den gerade wegen Korruptionsverdachts ermittelt wurde und der von der Presse erbarmungslos verspottet wurde, dankte den Bauherren scherzhaft für die Errichtung »eines Ortes, der höher und abgelegener ist als alles andere auf der Welt, und an dem sich der eine oder andere Verwaltungsbeamte vielleicht gerne verstecken würde«.

Als an jenem Abend eine herrliche Abenddämmerung über New York hereinbrach, drückte Präsident Herbert Hoover im Weißen Haus in Washington auf einen Knopf, und das Gebäude wurde zum ersten Mal hell erleuchtet.

Links: Am 1. Mai 1931 wurde das Gebäude, das der *Brooklyn Daily Eagle* als das »Haus, das Smith errichtet hat« bezeichnete, feierlich eröffnet. Zwei von Al Smiths Enkelkindern durchschnitten das rote Band vor dem Eingang an der Fifth Avenue. Dann öffneten sie mit einem silbernen Schlüssel die Türen zu der mit Marmor ausgelegten Eingangshalle. Spät am Abend drückte dann Präsident Herbert Hoover im Weißen Haus auf einen Knopf, und die Lichter gingen im ganzen Gebäude an. Die Feierlichkeiten wurden von den Radiosendern CBS und NBC live im ganzen Land übertragen. Als er um einen Kommentar zum Gebäude gebeten wurde, bemerkte Al Smith nur: »Es ist ein Meisterwerk.«

Rechts: Am Eröffnungstag genossen Alfred E. Smith und Gouverneur Franklin D. Roosevelt von der Aussichtsplattform in der 86. Etage das Panorama. Der Gouverneur gab zu, dass er von dem Ausblick »ein bisschen ergriffen« sei. »Die Aussicht von diesem Gebäude«, sagte er, eröffne ihm »eine völlig neue Vorstellung von den Dimensionen New Yorks.«

*Das Empire State schien wie ein verwunschener Märchenturm über New York zu schweben. Ein so erhabenes, friedliches, wunderbar einfaches und so strahlend schönes Gebäude hätte man sich nie vorstellen können. Man konnte sich eines gut geplanten Traums erfreuen.*

*Empire State, A Short History*, 1931

Und so gingen die wilden Zwanziger, das unvergessliche Jahrzehnt der großen Ambitionen und stürmischen Träume, zu Ende. Ein Jahr später, an einem kalten Februarmorgen 1932 – mittlerweile war nahezu die ganze Welt in den Strudel der Wirtschaftskrise geraten –, geleitete Al Smith Winston Churchill hinaus auf die zugige Aussichtsplattform seines Wolkenkratzers, ein Team von Presseleuten im Gefolge. »Was Sie jetzt sehen«, sagte Smith, als die Kameras liefen, »sehen Sie vom Empire State Building aus, dem höchsten Gebäude der Welt.« Als Churchill steif bemerkte, er sei noch nie zuvor so weit oben gewesen, antwortete der viermalige Gouverneur, dem das Amt des US-Präsidenten versagt geblieben war, schlagfertig: »Ich nehme nicht an, dass ich selbst jemals höher hinaufkomme.«

Al Smith kam niemals über seine bittere Wahlkampfniederlage von 1928 hinweg. Der »Happy Warrior« von einst begegnete der Politik des New Deal, für die seine eigenen Ideen Modell gestanden hatten, mit Ablehnung – überzeugt, Roosevelt habe ihm den Wind aus den Segeln genommen. Er wandte sich schließlich ganz von der Demokratischen Partei ab.

Auch für John Jacob Raskob blieb nichts beim Alten. Obwohl auch er den Himmel berührt hatte, würde sein geliebtes Hochhaus seinen hohen Erwartungen niemals gerecht werden. Die feierliche Stimmung am Tag der Eröffnung konnte nicht darüber hinwegtäuschen, dass das Empire State Building von Anfang an eine ökonomische Pleite war und zu einer immer größeren Peinlichkeit für den Eigentümer wurde.

Die Skeptiker, die eindringlich vor dem riskanten Standort gewarnt hatten, sollten Recht behalten. Bis zum Eröffnungstag hatten Raskob und seine Partner nur 46 Prozent der gesamten Bürofläche vermietet. Selbst Al Smith mit seinem Charme und seinem Gespür für Öffentlichkeitsarbeit konnte die Firmen nicht davon überzeugen, ihre sicheren Hochsitze über der Wall Street oder dem Grand Central zu verlassen und sich in dem schlecht platzierten Gebäude einzunisten. Obwohl die Eigentümer stolz die Lichter im ganzen Gebäude brennen ließen, wussten die allermeisten Leute, dass es oberhalb der 41. Etage leer stand und auch nach unten nur zum Teil vermietet war. Witzbolde nannten es gar das »Empty State Building«.

Ein Jahr nach der Eröffnung war das Gebäude, das ein Symbol für die mächtige Finanzwelt der USA darstellen sollte, für viele zu einem Denkmal der Exzesse der 20er Jahre geworden.

Zweimal versuchte man vergeblich, mit einem Zeppelin am Empire State Building anzudocken, dann wurde der Landemast aufgegeben.

*Das Empire State, ein einsamer Dinosaurier, erhob sich traurig in Midtown, das höchste Hochhaus, der größte Berg, die längste Straße, King Kongs Horst, einst zum Festmachen von Luftschiffen gedacht, ach!*

Vincent Scully

Trotz aller Probleme verliebten sich die New Yorker in dieses hohe Gebäude, und das Empire State Building wurde fast über Nacht zum romantischen Wahrzeichen der Stadt, das man schon von weitem erkannte. Besucher von überallher strömten auf die spektakuläre Aussichtsplattform, die im ersten Jahr über eine Million Dollar einbrachte – ebenso viel wie die Mieteinnahmen der Besitzer – und sofort zur beliebtesten Touristenattraktion der Stadt wurde.

Der für Luftschiffe ungeeignete Landemast fand schon bald seine wahre Bestimmung als mächtiger Zauberstab zur Übertragung von Rundfunk- und später Fernsehsignalen. Obwohl der Wolkenkratzer die 34th Street nie in ein Businesszentrum verwandelte, schien auch dieser Fehlschlag bald eine Art Triumph zu sein. Das schlichte Hochhaus stand für alle Ewigkeit weitab vom Schuss – wunderschön, stolz, von weitem sichtbar und unvergleichlich.

Und so steht es noch heute. Ende der 20er Jahre mit Hilfe kommerzieller und kultureller Kräfte, die sich über ein ganzes Jahrhundert lang herausgebildet hatten, aus dem Boden gestampft, war das Empire State Building Ausdruck für die immense Macht New Yorks geworden, sein Schicksal selbst zu formen und umzugestalten.

Da sich das Gebäude erhob, als die Nation die schlimmste Depression der Geschichte erlebte, stellte es einen Zenit und eine wichtige Wende im Leben von New York dar. Nie wieder sollte es solch ein uneingeschränktes Ver-

**Das Empire State Building von oben. Der 70 m hohe Landemast war so konstruiert, dass er einer horizontalen Zugkraft von 50 Tonnen widerstehen konnte und daher seine ursprüngliche Funktion durchaus hätte erfüllen können. Starke Aufwinde machten ein Andocken der Zeppeline, die leichter waren als Luft, jedoch so gut wie unmöglich. Es wurden lediglich zwei Landeversuche unternommen, einer am 16. September 1931, als ein privates Luftschiff drei Minuten lang an der Spitze des Mastes ankoppeln konnte, und ein zweiter zwei Wochen später, als sich das Goodyear-Kleinluftschiff *Columbia* unter großen Schwierigkeiten immerhin so weit nähern konnte, dass ein Stapel Zeitungen und ein Brief an Al Smith abgeworfen werden konnten. Daraufhin wurden keine weiteren Landeversuche mehr unternommen. Die Freifläche auf der 86. Etage, die für Gepäckräume und Zolltische für Luftreisende aus Europa gedacht war, wurde in einen Erfrischungsbereich für Touristen umfunktioniert.**

McCREERY'S

trauen in die Zukunft oder solch ungezügelte kommerzielle und kapitalistische Kräfte geben. Nie wieder sollte die Stadt so konkurrenzlos über Kultur und Handel der USA herrschen.

Auch würde sich die glänzende Metropole nie wieder so unumstritten als Zentrum der Welt fühlen. Neue Kräfte formierten sich im Land, zum Teil sogar selbst entfacht durch die Macht und die Verschwendungssucht der Stadt. In den folgenden Jahrzehnten sollten diese Kräfte die Beziehung zwischen der Stadt und der Nation als Ganzes dramatisch verändern.

Niemand spürte diese Veränderungen deutlicher oder brachte sie gefühlvoller zum Ausdruck als der brillante gefallene Engel der Stadt, F. Scott Fitzgerald, dessen eigene Karriere bereits ins Dunkel hinabglitt. Zwei Jahre nach dem Börsenkrach kehrte er 1931 – im »dunklen Herbst«, wie er es nannte – nach fast drei Jahren wieder nach New York zurück. Vor Ewigkeiten war er einst in eine Stadt gekommen, in der alles möglich schien. Jetzt hatte sich alles verändert, und in seinem eindringlichen, melancholischen Essay »Meine verlorene Stadt« versuchte er in Worte zu fassen, was genau das war.

*Einsam und unerklärlich wie die Sphinx erhob sich das Empire State Building aus den Trümmern; und so wie es meine Angewohnheit war, auf das Dach des Plaza-Hotels zu steigen, um mich von der wunderbaren Stadt, die sich vor mir ausbreitete, so weit das Auge reichte, zu verabschieden, begab ich mich jetzt auf das Dach des neuesten und schönsten Hochhauses. Dann verstand ich – alles wurde klar: Ich hatte das größte Übel der Stadt entdeckt, ihre Büchse der Pandora. Voll euphorischen Stolzes war der New Yorker hier heraufgekommen und hatte mit Bestürzung festgestellt, was er sich niemals erträumt hätte: Die Stadt war keine endlose Aneinanderreihung von Schluchten, wie er angenommen hatte, sondern hatte Grenzen – vom höchsten Gebäude sah er zum ersten Mal, dass sie zu allen Seiten ins Grüne und Blaue überging, in eine wirklich endlose Weite. Und mit dieser schrecklichen Erkenntnis, dass New York doch nur eine Stadt war und kein Universum, stürzte das ganze glänzende Gebäude ein, das er in seiner Fantasie errichtet hatte. Das war das überstürzte Geschenk von Alfred E. Smith an die Bürger von New York.*

F. Scott Fitzgerald

***Flagrant délit*** **von Madelon Vriesendorp.**

# DIE »HARLEM RENAISSANCE«

## DAVID LEVERING LEWIS

INTERVIEW

*Wie unterschieden sich die afroamerikanischen Erfahrungen in New York von den Erfahrungen anderer ethnischer Minderheiten?*

Die Amerikaner sind ein Siedlervolk. Für sie ist es äußerst wichtig zu wissen, wer bzw. was ein Amerikaner ist. Eine Möglichkeit hierfür ist die negative Definition, d. h. festzulegen, was Amerikaner nicht sind. Die Entwicklung ging damals zunehmend dahin, Afroamerikaner aus der Definition auszuschließen: Nicht schwarz zu sein bedeutete, ein Bürger zu sein. Nicht so zu sein wie sie definiert, was wir sind. Zeitweise waren selbst viele Weiße nicht »weiß«. Vor 1930 oder 1940 gab es diese Hierarchie: den WASP, den Puritaner, den Deutschen. Neue ethnische Gruppen wurden gebrandmarkt. Die Iren waren eine große Gefahr. Die Italiener verbrecherisch. Die Juden – sogar einer offiziellen Kommission zufolge – im Großen und Ganzen intellektuell minderwertig. Dies sollte natürlich gleichzeitig den zahllosen Einwanderern ein Konzept von Amerikanertum vermitteln, das den früheren Siedlern Vorrechte zubilligte. Iren und Italiener waren also nicht wirklich weiß. Es ging noch um vieles mehr, doch eines der Phänomene hierbei war die Abgrenzung von den Afroamerikanern. Die afroamerikanische Erfahrung hat also etwas von einer Zwickmühle, da wir vielleicht etwas zu spät aus der Armut, aus einem ländlichen Schmelztiegel in das urbane Umfeld gelangten. Wären wir früher gekommen, hätten wir möglicherweise entscheidend zur Bildung der Gewerkschaften beitragen können. Doch wir kamen erst, als die wichtigste Gewerkschaft, die American Federation of Labor, schon ausschließlich weiß geprägt war. In Verbindung mit der Dynamik der Ausgrenzung nahm die afroamerikanische Erfahrung dadurch ganz andere Formen an. Nicht tragisch, aber doch um einiges härter.

*Wie hat sich Harlem nach dem Ersten Weltkrieg verändert?*

Kurz nach dem Krieg setzte die »große Migration« ein, die eng mit dem Abflauen der europäischen Einwanderungswelle und der Rekrutierung von Afroamerikanern aus dem Süden durch große Unternehmen und Eisenbahngesellschaften verbunden war. Die Bevölkerung wuchs rasant: Von 1917 bis 1925 strömten ca. 200.000 Afroamerikaner nach Harlem. Der Stadtteil wurde allerorts für Afroamerikaner zum Inbegriff des »New Negro« – einer neuen Chance. Diese Menschen veränderten das West Harlem der 30er Jahre grundlegend. Die Eighth Avenue, das Rückgrat des Viertels, entwickelte sich hierbei zunehmend zu einer Trennlinie zwischen dem schwarzen und dem weißen Harlem. Statistisch gesehen blieb ein großer Teil Harlems noch bis nach dem Zweiten Weltkrieg weiß.

*Was war für einen Afroamerikaner, der 1925 nach Harlem kam, besonders augenfällig?*

Ein Neuankömmling, der aus der U-Bahn stieg, wäre vermutlich tief beeindruckt, ein komplexes, völlig autarkes Universum vorzufinden, das schwarz ist; oder besser gesagt, den Anschein hiervon. Denn die Harlem Renaissance fand in gemieteten Räumen statt. Der Neuankömmling hätte auf Schildern gesehen, dass viele Häuserblocks der St. Philip's Church gehörten. Es gab afroamerikanische Immobilienprobleme. Dem Anschein nach war Harlem eine Gemeinschaft, die ihre Ressourcen zusammengelegt hatte, doch in Wahrheit lagen die Eigentumsrechte von Harlem noch immer außerhalb Harlems.

*Was bedeutete Harlem zu jener Zeit für Afroamerikaner?*

Zweifellos eine wirtschaftliche Chance. Mit einem Job in New York verdiente man mehr als in den Südstaaten. Ob in der Leichtindustrie, als Hausangestellter, Gepäckträger oder Portier, Arbeit in Harlem bedeutete einen deutlich höheren Lebensstandard. Aber Harlem wurde zugleich auch zu einer geistigen Größe. Es stand für den New Negro und für die Chance, das Bild vom Afroamerikaner über die Kreativität zu verändern – eigentlich eine typische New Yorker Geschichte. Die Bewegung, die vom *Herald-Tribune* schon bald als »Harlem Renaissance« bezeichnet wurde, entstand 1925 in Folge eines Banketts in einem Restaurant an der Fifth Avenue, bei dem einige der jungen Schriftsteller aus Harlem zugegen waren. Damals kam die Überzeugung auf, man könne Rassismus mit einer künstlerischen Bewegung bekämpfen. Hierfür sollten überall, bis in den tiefen Süden, Menschen angeworben werden, die schrieben oder musikalisches oder schauspielerisches Talent besaßen. Auch die National Association for the Advancement of Colored People und die National Urban League vernachlässigten in gewisser Weise ihren eigentlichen Auftrag und widmeten sich der Sache der Kunst. So bekamen die Faszination, der Reiz, die Aura von Harlem schon bald eine transzendentale Note.

*Wie wirkte sich die Harlem Renaissance auf Harlem selbst aus?*

Sie begann als Präsentation des so genannten »Talentierten Zehntels«, des New Negro, dessen, was als beispielhaft galt. Doch entgegen der Ansicht des berühmten Harlem-Renaissance-Dichters Sterling Brown sickerte sie sehr wohl in die breite Bevölkerung durch. Die Harlem Renaissance wurde vom kleinen Mann auf der Straße geschätzt und gerühmt. Gerade dies ist so faszinierend: dass Gepäckträger, Pagen, Briefträger und Hausmeister die Preisverleihung der Zeitschrift *Opportunity* verfolgten oder sich für den Guggenheim-Preis interessierten, den Walter White oder Zora Neale Hurston erhielten. Dass sie begeistert waren von den Debatten über Carl Van Vechtens Bestseller *Nigger Heaven*. Es war eine Zeit ungewöhnlicher Anteilnahme an Kultur – an der Nutzung der Kultur als Waffe.

*Inwiefern förderte Harlem die Ausbreitung afroamerikanischer Kultur auf den Mainstream?*

Der Broadway war, sehr viel stärker, als man sich vielleicht erinnert, eine Schöpfung Harlems. Die frühen Musicals von James Weldon Johnson und Rosamond Johnson, von Will Marion Cooke und Bob Cole und natürlich *Shuffle Along* von Miller and Lyles – die wohl erfolgreichste Broadway-Produktion ihrer Zeit – gaben Florenz Ziegfeld erst den Anstoß. Sie boten ihm Talente und Inhalte, die er fördern bzw. billig einkaufen und downtown vermarkten konnte. Ein wahrer Sturm der Kreativität schien durch diese paar Blocks nördlich des Central Park zu fegen. Afroamerikanische Musik hatte seinerzeit enormen Erfolg, weil sie einfach durch und durch gut war. Selbst ein eingefleischter Rassist konnte erkennen, dass Sidney Bechet oder Louis Armstrong einfach begnadete Musiker waren. Doch selbstverständlich gab es auch Unterordnung: Jazz war weit weniger bedrohlich als etwa ein Spitzenroman von W. E. B. DuBois oder Walter White. Zudem profitierte der Jazz von einer Art Zusammenarbeit der Subkulturen. So setzte eine eindeutige Akzeptanz dieser Musik ein, als sich Benny Goodman, Paul Whiteman und andere ihrer annahmen. Dadurch wurde es ungefährliche Musik.

*Wie gestaltete sich die Interaktion zwischen Harlem und Greenwich Village?*

Dies waren zwei Gegenkulturen an den entgegengesetzten Enden Manhattans. Beide verschrieben sich ähnlichen Aktivitäten künstlerischer und literarischer Art. Erste Verbindungen gab es schon gegen Ende des Ersten Weltkriegs mit dem Umzug von Claude McKay und Jean Toomer ins Village. Auch ließ sich Paul Robeson von Antonio Seleni verewigen, dessen Bildhauerstudio im Schatten des Washington Square lag. Der Unterschied war jedoch, dass die Boheme-Künstler im Village aus freien Stücken dort lebten. Sie wollten so auf die grundlegenden Mängel einer Kultur hinweisen, an der sie erst teilhaben wollten, nach-

**Zuschauer in Harlem verfolgen 1919 die Siegesparade.**

dem sie diese verändert hatten. Die Harlemer Künstler dagegen bedienten sich zwar häufig derselben Sprache, prangerten den Mammon an und sprachen offen über Mängel in der Mainstream-Kultur, doch in Wahrheit sahen sie ihre Kritik als Mittel, um in ebendiese Kultur hineinzukommen. Obwohl beide Gruppen sich ohne weiteres verstehen konnten, redeten sie oft aneinander vorbei. Mit anderen Worten, das Maß an Revolution in der Harlem Renaissance scheint mir deutlich geringer gewesen zu sein als jenes, das im Village zum Ausdruck kam. Man denke beispielsweise an Max Eastmans *Liberator* und dessen Kritik am Kapitalismus. Oder die »Lyrische Linke« um *Seven Arts* und andere Zeitschriften. Ich glaube, es ist hilfreich, diese Unterschiede im Hinterkopf zu behalten, auch wenn sie seinerzeit nicht wahrgenommen wurden. Aber die gegenseitige Befruchtung war ohne jeden Zweifel wichtig: das tatsächliche räumliche Zusammenspiel, als die Boheme, geführt von McKay und Toomer, selbst nach Harlem kam und als Harlem zur Boheme ging.

*Warum endete die Harlem Renaissance?*

Über das Ende der Harlem Renaissance streiten sich die Gelehrten. Einige sind der Ansicht, dass die Bewegung nicht einfach im Sande verlief. Ich dagegen glaube, dass genau dies der Fall war. Schließlich sprachen die Teilnehmer selbst vom Scheitern ihrer Bewegung. Die Harlem Renaissance war insofern gescheitert, als ihre anfänglichen Ziele illusorisch gewesen waren. Denn die amerikanische Gesellschaft ließ sich nicht durch Kunst verändern – ganz unabhängig davon, welche Hautfarbe der Künstler hatte. Kunst war zwar wichtig, doch es gab andere Kräfte, die einen derartigen Einfluss verhinderten. Darüber hinaus war die noch junge Bewegung der Afroamerikaner besonders verletzlich. Die Harlem Renaissance speiste sich letztlich aus einem unglaublich kleinen Pool von nur etwa 30 oder 40 Künstlern. Umso größer sind natürlich die Errungenschaften zu bewerten! Doch es fehlte an Nachwuchs. Einer der Gründe hierfür war, zumindest nach 1929, die Depression. Die Leute kamen nicht mehr von Fisk und Howard und wollten einen Vertrag bei Knopf. Das Leben wurde ernst und real. Nur die wirklich begabten Künstler blieben ihrem Metier treu – diejenigen, die auch ohne Harlem Renaissance geschrieben hätten, wie Langston Hughes, Countee Cullen, Zora Hurston. Alle anderen fanden Gründe sich zurückzuziehen. Hierbei gab es sicher eine kontinuierliche Entwicklung. Die Work Progress Administration ersetzte in gewisser Hinsicht die NAACP und die Urban League sowie die Kommunistische Partei. Doch gerade der wirtschaftliche Hintergrund erklärt meines Erachtens, warum die Harlem Renaissance eine besondere historische Leistung ist – und zweifelsohne auch weiterhin von Bedeutung sein wird.

*Wie veränderte sich Harlem nach dem Beginn der Depression?*

Um es mit Gilbert Osofsky zu sagen: Es wurde ein Slum. Vorher war Harlem ein Ghetto gewesen, jetzt wurde es zu einem wirklichen Slum. Der Unterschied ist einfach. Früher war es ein Ort, der eine passable Existenzgrundlage bot, ein Ort ungleichen Wohlstands, aber eben eines gewissen Wohlstands, der die Dinge trotz der Isolation am Laufen hielt. Nach der Depression schossen die Mieten in die Höhe; desgleichen Räumungen, Arbeitslosigkeit, Tuberkulose und all die anderen Anzeichen des Verfalls. Doch schon Ende der 30er und in den 40er Jahren fand eine Erneuerung dieses Stadtteils statt. Hierbei spielte in Harlem erstmals die Politik eine maßgebliche Rolle. Wir haben Politik bisher nur im Zusammenhang mit Kunst erwähnt, und zwar deswegen, weil es Politik im engeren Sinne in Harlem überhaupt nicht gab. Das lag vor allem daran, dass der Zuschnitt des 21. Kongresswahlbezirks die Afroamerikaner daran hinderte, einen Vertreter ihrer eigenen Interessen zu wählen. 1944 wurde der Bezirk allerdings aufgespalten und neu zugeschnitten – das war die Chance für Adam Clayton Powell jr. und in Harlem wurde ein neues Kapitel der Politik aufgeschlagen.

*Was sollten wir im Hinblick auf die Harlem Renaissance in Erinnerung behalten?*

Auch wenn sie ihre politischen und bürgerrechtlichen Ziele nicht erreicht hat, so präsentierte die Harlem Renaissance den Afroamerikaner doch als kreativen Künstler und zugleich als amerikanischen Bürger, der es verstand, Themen aufzugreifen und zu entwickeln, die allen Amerikanern am Herzen lagen. Der Einfluss auf den Broadway – etwa durch *Green Pastures* und *All God's Chillun Got Wings* sowie zahllose andere dramatische Durchbrüche, die inzwischen veraltet sein mögen – sagte damals viel mehr über Amerika im Allgemeinen als nur über die Afroamerikaner aus. Darüber hinaus ist die Harlem Renaissance wichtig, weil sie ein Erbe darstellt. Auch heute noch kommen wir immer wieder auf sie zurück und wägen ab, was sie erreicht bzw. nicht erreicht hat, und dies beeinflusst unsere eigenen Aktivitäten. Außerdem ist es wohl erbaulich, den Erfolg einer Gruppe von Menschen zu sehen, die vor nicht allzu langer Zeit aus der Sklaverei entlassen worden waren – dieser Institution, die eben auch auf Analphabetentum gründete. Die Harlem Renaissance konnte also nur funktionieren, indem sie sich einem höchst gebildeten Unterfangen verschrieb, nämlich dem Verfassen von Büchern, Gedichten, Theaterstücken usw. Was ihre Bedeutung für New York betrifft, so ist sie nur ein Stein in jenem Mosaik heterogener Aktivitäten. Manche dieser Aktivitäten waren produktiver, manche authentischer als andere, doch allesamt waren sie wichtig für die Dynamik der Stadt.

# KOSMOPOLITISCHE HAUPTSTADT: NEW YORK IN DEN 20ERN

## ROBERT A. M. STERN

**INTERVIEW**

*Was ist charakteristisch an New York?*

New York ist die demokratische, kapitalistische Hauptstadt der Welt und die modernste aller Großstädte. Es ist eine Stadt, die erst in der Moderne entstand. Nur sehr wenige Städte verbinden wirklich den demokratischen Impuls mit dem Wachstum des Kapitalismus.

*Was finden Sie an New York besonders bewegend?*

Für mich als Architekt, dass die Stadt ein reales Artefakt ist. Nicht nur Gebäude, sondern vielmehr deren Einfluss auf das Leben der Menschen. Als Architekt wird einem in New York nie langweilig, denn man kann die Geschichte des Ortes in den Gebäuden erkennen. Ich lese in ihnen wie ein Archäologe in den sieben Schichten von Troja. Wenn man durch New York streift und die Gebäude liest, erhält man einen unglaublichen Eindruck vom Reichtum der Stadt. Man sieht ihre Entwicklung und wie viel von ihrer Geschichte noch immer an Ort und Stelle ist – trotz fürchterlich vieler Abrisse und mangelnden Denkmalschutzes. Die Straßen von New York sind eine wahre Galerie der Architektur. Dies stellte schon der große Architekturkritiker Montgomery Schuyler um 1900 fest. Heute trifft es sogar mehr denn je zu. Ein Spaziergang durch die Stadt ist wie der Besuch eines großartigen Architekturmuseums. Und während man durch die Straßen schlendert, kann man sich Geschichten ausdenken, was wohl hinter jeder dieser Fassaden, in jedem dieser Gebäude passiert ist.

*Warum sind New Yorks Wolkenkratzer etwas so Besonderes?*

Die unglaublichen Bürohäuser der City waren nicht einfach nur hohe Gebäude. Sie waren vielmehr etwas für New York Typisches: Wolkenkratzer. Ich definiere Wolkenkratzer nicht einfach nur als hohe Gebäude, vielmehr ragt über deren Grundfläche ein Turm gen Himmel, der für alle Zukunft von anderen Bauten unbehindert bleibt. Ein Wolkenkratzer hat somit eine sinnbildliche Präsenz in der Skyline. Von den 90er Jahren des 19. bis in die 30er Jahre des 20. Jahrhunderts krönte man diese sinnbildliche Präsenz noch mit einem sichtbaren Symbol: gotisches Maßwerk am Woolworth Building, eine moderne Version hiervon an der Spitze des Chrysler Building, eine Art phallisches Irgendetwas auf dem Empire State Building – aber einmal gesehen, wer könnte es je vergessen? Das Pyramidendach der Bank of the Manhattan Company, 40 Wall Street, und so weiter und so fort. Jedes dieser Gebäude wurde zum Markenzeichen. Das pyramidenförmige Dach des Bankers Trust Building ziert bis zum heutigen Tage als Logo das Briefpapier des Unternehmens. Es wird also noch etwas freigesetzt: dieser Impuls, aus diesen Geschäftsgebäuden Stadtdenkmäler zu machen.

*Welche Faktoren kamen zusammen, dass so viele Wolkenkratzer am Fuße Manhattans entstanden?*

In den frühen Tagen war es die Bodenknappheit in Lower Manhattan. Wegen der dort bereits vorhandenen Infrastruktur war ein Umzug des Geschäftsviertels nicht denkbar: Es gab bereits Telefon, elektrischen Strom, den Telegrafen, das transatlantische Kabel – alles geballt in Lower Manhattan. Dann brauchte man natürlich den Aufzug, um höhere Etagen bequem erreichen zu können. Man musste den Aufzug mit Strom versehen; so fuhr er schneller und konnte mit diversen Sicherheitssystemen ausgestattet werden. An Stelle der tragenden Steinwände benötigte man eine Skelettbauweise: Nur so konnte man höher bauen, ohne unten so massive Mauern zu bekommen, dass die ersten Etagen praktisch unbenutzbar waren. All diese Faktoren spielten zusammen. Doch den entscheidenden Kick bekamen die Wolkenkratzer wohl, indem man sich mit einem solchen Bauwerk an einem exponierten Ort wie Manhattan einen gewaltigen Vorteil verschaffte. Man konnte zurücktreten und sie sehen. Man konnte ein Foto machen. Man konnte sie den Leuten aus Europa zeigen. Nicht den Einwanderern – denen waren die Wolkenkratzer egal –, sondern den Reichen auf den Liniendampfern. Sie sahen Lower Manhattan und sagten: »Was ist das für ein Gebäude?« – »Bankers Trust Company.« »Und jenes?« – »Singer Nähmaschinen.« Und Singer ist schließlich ein internationales Unternehmen.

*Was macht die Wolkenkratzer vom Anfang des 20. Jahrhunderts – das Singer Building, den Woolworth Tower – so unverwechselbar und außergewöhnlich?*

Diese großen, sinnbildlichen Wolkenkratzer wurden als Werbung gebaut. Die Idee, Gebäude für Werbe- und Kommunikationszwecke zu nutzen, wurde in New York noch lange vor den anderen Medien entwickelt. Gerade in Lower Manhattan schossen die Wolkenkratzer wie Pilze aus dem Boden, weil dort die großen Firmen wie Singer oder Woolworth ihren Sitz hatten. Singer war das wichtigste Unternehmen des 19. Jahrhunderts. Jede Hausfrau besaß eine Nähmaschine, und die selbst genähte Kleidung für ihre Familie half ihr zu überleben. Woolworth dagegen brachte mit seinen Kaufhäusern ein raffinierteres Marketing in die Innenstädte. Frank Woolworth brauchte nicht wirklich ein Bürogebäude, und schon gar keines mit 60 Stockwerken. Doch er hatte erkannt, dass man einen Wolkenkratzer wegen seines Werbewertes baut. Also ging er 1913 zu seiner Bank und sagte, dass er diesen tollen Wolkenkratzer am City Hall Park bauen wolle. Damals gab es in der Nähe keine rivalisierenden Hochhäuser, und er hatte dort praktisch denselben Vorgarten wie die Stadtregierung. Ein fantastischer Bauplatz also. Noch dazu am Broadway, der Hauptschlagader der Stadt. Er ging zu seinen Bankiers, doch die lehnten mit der Begründung ab, er brauche das Gebäude doch gar nicht. Zudem sei man nicht sicher, ob so etwas – ein wenig außerhalb der Wall Street – überhaupt vermietbar sei. Daraufhin Woolworth: »Okay, dann bezahle ich es selbst, bar.« Nun hat er das Geld zwar nicht wortwörtlich aus seiner Hosentasche gezogen, doch er hat das Woolworth Building im Wesentlichen aus dem Eigenkapital seiner Firma finanziert. 13 Millionen Dollar zu jener Zeit – auf heutige Verhältnisse umgerechnet ein Vielfaches davon. Und 13 Millionen Dollar sind selbst heute noch viel Geld! Aber Frank Woolworth hat seinen Wolkenkratzer bekommen.

*Wodurch wurde New York in dieser Zeit so mächtig?*

Alle großen Industrien erhielten ihr Kapital aus New York. Die gesamten europäischen Investitionen – vor allem aus Frankreich und England, den wahren Finanziers Amerikas im 19. und Anfang des 20. Jahrhunderts – strömten über die Wall Street nach New York. Auch J. P. Morgan bewerkstelligte den Ausbau großer Unternehmen wie U. S. Steel über die Wall Street. Das ganze Geld war also dort, und was tat Morgan? Er ließ sich eine außergewöhnliche Bibliothek bauen. Er beauftragte Charles McKim, wie in der Antike Stein auf Stein zu legen. Fast ohne Mörtel. Trockener Stein, wie beim Parthenon. Als ob er sagen wollte: »Wir machen in New York keinen Pfusch, wir bauen hier etwas für die Ewigkeit.« Morgans Gebäude ist fraglos ein Juwel. Er bewahrte darin seine Schätze auf, die seltenen Manuskripte. Aber J. P. Morgan nutzte seine Bibliothek auch als Empfangsraum für Würdenträger. Er schmiedete dort Allianzen, umgeben von all der Kultur. Kultur, Gott und Mammon – Geschäft und kulturelle Ideale sind in New York in einer Art und Weise verbunden wie sonst nirgendwo auf der Welt. Morgan schuf ein herrliches Ambiente, um darin Geschäfte zu tätigen. Er verband sein Büro im Bibliotheksgebäude auch durch einen unterirdischen Tunnel mit seinem Wohnhaus auf der anderen Seite des Grundstücks. Wo außer in New York würde so etwas passieren?

*Es wurde oft gesagt, dass das 20. Jahrhundert eigentlich erst nach der Rückkehr der Soldaten aus dem Ersten Weltkrieg wirklich begann. Ist dies Ihrer Meinung nach für New York zutreffend?*

In den 20er Jahren wurde New York zum Treffpunkt zweier im Grunde entrechteter Gruppen. Eine dieser Gruppen war sehr amerikanisch. Es waren jene Farmer, die erkannt hatten, dass das Landleben trostlos, abgeschnitten und ohne jegliche Zukunft war. Es zog sie in die Stadt, all die Büroangestellten, Sekretärinnen und ehrgeizigen jungen Schriftsteller. Zugegeben, es gab sie auch schon zwischen 1890 und 1910. Doch mit dem Ende des Ersten Weltkriegs, nachdem sie Paris gesehen hatten, konnte sie nichts mehr aufhalten. So kam es zu diesem Zustrom von Entrechteten, die in New York ihr Glück suchten – nicht als Moguln, sondern etwa in den Werbeagenturen. Auch F. Scott Fitzgerald arbeitete nach seinem Studium in Princeton für eine New Yorker Agentur. Die andere Gruppe war ebenfalls nicht neu, aber niemand hatte ihr bis dahin große Beachtung geschenkt: die zweite Einwandererwelle. Doch jetzt wurde aus einem Mann namens Izzy Baline plötzlich Irving Berlin. Und sein Titel »Alexander's Ragtime Band« führte ihn von der Bar an der Ecke zu Weltruhm. Auf einmal tanzte ganz New York, selbst die Highsociety, zur Musik dieses amerikanisch-jüdischen New Yorkers russischer Herkunft, der einen afroamerikanischen Ragtime verfasst hatte. Weitere Hits folgten. Auch George Gershwin gehörte zu dieser Gruppe; und die Italoamerikaner. Plötzlich war Unterhaltungskultur Teil der Weltkultur. Oder nehmen Sie den Aufstieg von Fanny Brice, ein jüdisches Mädchen von der Lower East Side mit Hakennase und komischem Akzent. Sie wäre nie in einen schicken Wohnblock hineingekommen, doch die Bewohner dieser Bezirke saßen im Theater und schauten ihr zu. Wohin man blickte: eine völlig neue, sprudelnde Energie. Jazzmusik. Die Straßen wurden lebendiger. Die ersten Filmaufnahmen zeichneten ein noch aufregenderes Bild von der Stadt, als sie es ohnehin schon war. Sie erfassten eine Stadt in Bewegung. Auf einmal faszinierten die Dinge, wogegen im 19. Jahrhundert noch heftig protestiert wurde: der Verkehr, die Dichte. Die Highsociety wandte sich um, stieg in ihre Limousinen und fuhr nach Harlem, um dort ihren illegalen Durst nach Alkohol und Sensationen zu stillen. Sie ließ sich in Clubs, die weißen Gästen vorbehalten waren, von Schwarzen unterhalten, die im regulären amerikanischen Leben nie wirklich eine Rolle gespielt hatten. Das ist die andere Seite der Geschichte.

*Warum hat das Empire State Building einen so besonderen Platz im Herzen der Stadt?*

Das Empire State Building ist der schönste der alten Wolkenkratzer. Er hat einige fantastische Vorzüge. Erstens der Standort: Selbst heute erhebt sich das Gebäude dort noch praktisch konkurrenzlos. Da ist einfach die schiere Größe. Dazu kommt die wunderbare Gestaltung, symmetrisch in jeder Ebene und nach oben stark zurückgesetzt. Dann die

**Midtown Manhattan, Blick von der 34th Street und Third Avenue nach Nordwesten, 1932.**

herrliche Aussichtsplattform mit einem Blick auf die Stadt, als ob man in einem Luftschiff säße. Darüber die beleuchtete Laterne – vertikal proportioniert, phallisch vielleicht – die als Ankermast für Luftschiffe dienen sollte, aber wer weiß, wofür sie wirklich gedacht war. Welch großartiger Höhepunkt: eine Laterne! Sie ist der große Leuchtturm der Stadt. Im antiken Ägypten oder in Griechenland fand man die Leuchttürme am Hafen. Die Freiheitsstatue ist ein großer Leuchtturm: »Ich erhebe meine Fackel neben dem goldenen Tor.« Das Empire State Building war der Leuchtturm der Geschäftswelt mitten im Zentrum von Midtown, umgeben von niedrigen Gebäuden. Es war aber nicht nur ein Symbol, sondern wurde paradoxerweise erst kurz nach dem Börsenkrach gebaut, wie ein Gast, der zu spät zur Party kommt. Man musste das Gebäude daher möglichst schnell hochziehen, in der Hoffnung, Mieter zu finden. So wurde es in nur elf Monaten errichtet, vermutlich Rekordzeit für ein Objekt seiner Größe. Schon allein die Koordinierung der Arbeiter und Stahlteile sowie der übrigen Baumaterialien war eine echte Meisterleistung. Wunderbar festgehalten auf den fantastischen Fotografien, die Lewis Hine von den Arbeitern auf den Stahlträgern schoss, die dort oben wahre Heldentaten vollbrachten.

*Inwiefern erkannte F. Scott Fitzgerald die Vorzeichen, die unterschwellige Traurigkeit, die diese Epoche umgab?*

Man erkennt sie im *Großen Gatsby*. Man sieht die Traurigkeit inmitten des Champagnerglanzes. Etwa bei Tom Buchanan, dem reichen Mann, der mit seiner Vorzeigefrau am Nordufer von Long Island lebt. Sie sind unglücklich. Man sieht sie im »Tal der Asche«, der Müllkippe, aus der Robert Moses Flushing Meadows und die Weltausstellung stampfen würde; Moses verwandelte eine Müllkippe in eine Weltausstellung – vom Elend zur Blüte, würde er sagen. Man sieht die Traurigkeit, wenn man über die Queensborough Bridge ins glitzernde Zentrum von Midtown Manhattan kommt, wo das Plaza Hotel der mondänste Ort schlechthin war. Aber natürlich gibt es im Plaza Hotel keine Drinks. Man ist in der schicksten Stadt der Welt und kann keinen Drink bekommen. Also müssen sie auf das billige Apartment einer Freundin am Riverside Drive ausweichen. Und dann ist da noch Gatsby selbst, der auf Long Island das Zepter schwingt, aber ist er ein Schwarzbrenner? Woher kommt er? Wer sind diese Menschen in New York? Gerade entsteht eine ganz neue schemenhafte Klasse in New York. Fitzgeralds Texte über New York sind immer hochinteressant, weil er ein Autor ist, der wirklich den städtischen Rahmen sieht. Er sieht die Gebäude und was sie bedeuten. »Ein Diamant so groß wie das Ritz.« Wenn man diesen Satz gelesen hat, setzt man das mondäne Hotel, das es heute nicht mehr gibt, mit dem gleich, was es verkörperte: den Reichtum, den Schmuck etc. Fitzgerald spricht vom »ersten frischen Grün der Republik«: von dem, was die holländischen Siedler gesehen haben müssen. Er sieht New York als vollkommen abgeschnitten von der Welt der Gründungsväter. Er sieht, dass das moderne New York sich selbst genügt und nahezu keine Verbindungen mehr hat. Dann besteigt er das neue Empire State Building, auf dem er höher steht als je ein Mensch zuvor. Und er sieht, dass man jenseits des Stadtrandes noch Grün und die reale Welt sehen kann. Sein New York ist eine große, in sich geschlossene Insel. Fitzgerald vermittelt uns also ein lebhaftes Bild von den Spannungen zwischen der Stadt und unserer Nation. Er macht dies natürlich auch noch nach der Depression. Die Blase ist geplatzt. Er ist traurig, sein Privatleben ist verkorkst, alles ist ziemlich kompliziert. Aber ich glaube, er erzählt uns auf wunderbare Weise die Geschichte der Stadt und ihrer kulturellen Hoch- und Tiefpunkte. Er ist ein wunderbarer Guide dieser Zeit.

Die Triborough Bridge über der Enge von Hell Gate kurz nach ihrer Fertigstellung im Jahr 1936. Mit einer Länge von über 800 m bildete der majestätische Brückenbogen nur eine von vier Einzelbrücken, aus denen das gewaltige Triborough-Projekt bestand. In der Mitte schwebte die Straße mehr als 40 m über dem Wasser; jeder Brückenpfeiler war höher als ein auf dem Kopf stehendes Fußballfeld.

# DIE STADT VON

1931–1939

# MORGEN

Neue Städte haben in gewissen Abständen schon immer alte Städte ersetzt. Aber heute kann die Stadt der Moderne, die glückliche Stadt, die strahlende Stadt entstehen.

Le Corbusier

**Die New Yorker Weltausstellung 1939/1940. Blick von der Aussichtsplattform des RCA-Building im Rockefeller Center. Hinter dem Industriegebiet von Queens ragen die typischen Themenpavillons der Weltausstellung auf: der futuristische, 186 m hohe Turm, bekannt als »Trylon«, und daneben die »Perisphere« mit einem Durchmesser von 55 m. Um die beiden zentralen Gebäude gruppieren sich die leuchtend weißen Pavillons, darunter auch das Futurama von General Motors (rechts).**

## DIE STRAHLENDE STADT

Auch wenn F. Scott Fitzgerald scharfsinnig erkannt hatte, wie sehr das Empire State Building New Yorks Traum vom grenzenlosen Wachstum gleichermaßen behinderte wie verkörperte, so hatte er doch etwas anderes übersehen, das im Herbst 1931 von der Aussichtsplattform des Wolkenkratzers unschwer erkennbar war.

Während der gesamten Zeit des Schwindel erregenden Wachstums der 20er Jahre hatten die New Yorker einen weiteren Traum verfolgt: nicht nach oben, sondern hinaus aus der Stadt, in die »grüne und blaue Weite«, die aus Fitzgeralds Sicht »allein grenzenlos war«.

Antrieb waren der steigende Wohlstand und die Rastlosigkeit der New Yorker, aber auch die revolutionäre Erfindung, die seit der Jahrhundertwende zum Symbol für beide Phänomene geworden war: das Automobil. Der Drang in die Außenbezirke von Greater New York sowie ins Hinterland von New Jersey, Long Island und des Westchester County veränderte für immer das Verhältnis der Stadt zu ihrer Umgebung und war Wegbereiter eines neuen Lebensstils.

Stärker als jede andere Innovation beeinflusste das Automobil die für New York seit der Zeit der Holländer so typischen Charaktereigenschaften und drohte sie zuletzt sogar zu eliminieren. 300 Jahre lang hatte jeder Durchbruch auf den Gebieten Transport und Kommunikation, vom Postschiff und dem Erie-Kanal über das Dampfschiff und den Telegrafen bis zur Eisenbahn und der Subway, die zentrale Stellung der City weiter gefestigt, ihre Bevölkerungsdichte erhöht und ihre Macht vergrößert – selbst als sich die Stadt drastisch auszudehnen begann.

Das Auto bedeutete die radikale Abkehr von all dem. Als es Anfang des Jahrhunderts, auf dem Höhepunkt des Eisenbahnzeitalters, in den Straßen von New York auftauchte, stellten das Auto wie die um es herum entstehende Welt das ganze bisherige urbane Leben in Frage. Die sternförmigen Schifffahrtswege und Schienennetze, die seit Jahrhunderten auf die Stadt konzentriert waren, wurden durch ein diffuses Straßen- und Autobahnnetz ersetzt, das die Menschen und Ressourcen über das Land verstreute.

In den 40 Jahren nach dem Börsenkrach von 1929, in denen die Stadt die Weltwirtschaftskrise und den Zweiten Weltkrieg durchlebte, wurde New York zum Schauplatz eines erbitterten Kampfes zwischen Autos und Fußgängern, zwischen Autobahn und Stadtkomplex sowie zwischen den kompakten, wenn auch oftmals überfüllten Stadtbezirken und den sich schnell ausbreitenden anonymen Vororten der Pendler. Dieses Ringen spaltete die Metropole und zwang die New Yorker, sich den grundlegenden Fragen des urbanen Lebens zu stellen. Was ist eine Stadt? Was lässt eine Stadt funktionieren? Warum sollte es überhaupt Städte geben?

Ironischerweise gab es viele krasse Widersprüche. Gerade als die Mega-Stadt den Zenit ihrer Macht erreichte, wurden die von ihr so gefeierten urbanen Ideale wie niemals zuvor in Frage gestellt. Die theoretischen Grundlagen für diese Attacken stammten größtenteils von europäischen Modernisten wie dem Schweizer Architekten Le Corbusier, der, gleichermaßen fasziniert und abgestoßen von New York, die typischen Eigenschaften der Stadt angriff: ihre vertikale Enge, Überfüllung und chaotische Bevölkerungsdichte. »New York ist eine vertikale Stadt im Zeichen der neuen Zeit«, behauptete er. »Sie ist eine Katastrophe, die ein übereiltes Schicksal über ein mutiges und zuversichtliches Volk gebracht hat.« Le Corbusier stellte alles in Frage, wofür Manhattan in der Vergangenheit stand, und forderte Dinge ein, die es niemals leisten konnte. Er war ein Verfechter des genauen Gegenbildes einer modernen Metropole: einer Anti-Stadt, die im Wesentlichen ein Anti-New-York war, weit verstreut, rationell, fließend, strahlend, unverdorben und dezentralisiert, einer Stadt, die ebenso sehr um die Bedürfnisse des Automobils wie um die Bedürfnisse der Menschen herum entstand.

»Auf New York«, schrieb Le Corbusier, »den lautstarken Halbwüchsigen im Maschinenzeitalter, reagiere ich mit horizontalen Wolkenkratzern. Paris, die Stadt der geraden Linien und der Horizontalen, wird die Vertikale bändigen.«

Erst die Zeit würde zeigen, welche Vision einer Metropole sich behaupten wird. In der Zwischenzeit verschob sich in Amerika das Gleichgewicht der Kräfte zwischen Stadt und Land gewaltig. New York war gezwungen, nach außen zu blicken, was es seit der Zeit der Engländer und Holländer nicht mehr getan hatte. Auch die New Yorker selbst rangen damit, die verwirrenden, immer komplexeren Wechselwirkungen zwischen Stadt und Umgebung, zwischen Stadt und Bundesregierung und zwischen der Stadt und der Welt zu akzeptieren.

*Unsere Besucher begegnen in New York so viel Fröhlichkeit, vor allem dort, wo die Lichter am hellsten sind, dass sie den verständlichen Fehler machen, jegliche Nutzung von Strom in der Großstadt mit Amüsement gleichzusetzen. Es ist schwierig, die erleuchteten Fenster … [von Manhattans Wolkenkratzern] zu sehen und sie sich nicht als eine Art Manifestation des Überschwangs und der Freude vorzustellen. Aber wenn die Schriftsteller, die diesen Anblick so aufregend finden, … an einem der Millionen Lichtstrahlen hinaufgleiten könnten, würden sie feststellen, dass er direkt aus einem Büro voller müder [Büroangestellter] fällt, die alle auf die Uhr schauen, wenn die Straßenbeleuchtung eingeschaltet wird – nicht, um sich auf eine Vergnügungstour, sondern auf eine lange U-Bahn-Fahrt zu begeben … Und diese Fahrt führt sie an all den Treffpunkten vorbei, die die Besucher und ihre Gastgeber kennen, vorbei an den Clubs und Theatern und Squashplätzen, in eine riesige Stadt, … in der das Leben, mit Ausnahme einer gewissen Überfüllung in den Wohnbezirken, genauso ist wie das Leben in Muncie, Indiana, oder Quincy, Illinois … Es ist nicht einmal malerisch wie die [Lower] East Side. Es ist ein Schmelztiegel, in dem die Zutaten nicht schmelzen wollen. Die Menschen sind ebenso sehr New Yorker wie in den 40er Jahren, und sie sind den »typischen« New Yorkern zahlenmäßig derart überlegen, dass ein Kampf zwischen beiden in der Stadt nicht länger als 20 Minuten dauern dürfte, selbst wenn die alten Gauner Maschinengewehre hätten.*

Robert Benchley, 1928

Als Manhattan seine rasende Fahrt durch die wilden Zwanziger fortsetzte, erlebten die Außenbezirke eine eigene Revolution, die die Landschaft von Greater New York binnen zehn Jahren völlig umkrempelte und das historische Bevölkerungsgleichgewicht zwischen Manhattan und den umliegenden Bezirken für immer verschob.

Noch 1920 konzentrierte sich New Yorks Bevölkerung eindeutig auf der zentralen Insel, die jetzt noch 2,3 Millionen Menschen Heimat war und die, wie schon seit 300 Jahren, die höchste Bevölkerungsdichte der gesamten Region aufwies. Doch noch im selben Jahr begann der größte Bauboom in der Stadtgeschichte, der ganze zehn Jahre andauerte. Begleitet von einem alles Bisherige in den Schatten stellenden Ausbau der Verkehrsstränge wurden auch die weiten Grünflächen der beiden größten Boroughs, Brooklyn und Queens, mit atemberaubendem Tempo erschlossen und die traditionell urbanste aller US-Städte dazu gebracht, den Weg für eine neue Art von Umgebung zu bereiten: die Vorstadt.

Es begann 1913 mit einem bahnbrechenden Verkehrsabkommen, bekannt als »das duale System«, in dem die beiden privaten U-Bahn-Betriebe der Stadt vereinbarten, nicht nur ihre Linien miteinander zu verbinden, sondern auch ein gemeinsames Bauprogramm von beispiellosem Ausmaß in Angriff zu nehmen, das die Größe des Systems fast verdreifachte – auf eine Gesamtlänge von 619 Gleismeilen. In weniger als zehn Jahren entstand ein neues, dichtes Netz aus U-Bahn-Linien quer durch die ganze Stadt, das Manhattan zum ersten Mal mit Queens verband und noch weiter in unbebaute Gebiete Brooklyns und der Bronx vordrang.

In Brooklyn, wo jetzt Expresslinien über die gesamte Länge des Bezirks bis nach Coney Island und zum Meer fuhren, sowie in Queens, wo sich riesige leere Grundstücke nur wenige Minuten von Midtown Manhattan entfernt ausbreiteten, war nun der Grundstein für eine der beachtlichsten Entwicklungen im New Yorker Wohnungsbau gelegt.

*In unglaublich kurzer Zeit ist auf dem Sheepshead-Bay-Gelände eine neue Stadt entstanden! Noch vor fünf Monaten war das herrliche Grundstück in Parzellen aufgeteilt und an Wohnungssuchende verkauft worden … Heute werden hier neue Häuser und Geschäfte im Wert von $ 3.000.000 gebaut … Nutzen Sie die außergewöhnliche Gelegenheit, um ZU IHREM EIGENEN PREIS zu kaufen. Bauplätze an der Ocean Avenue – direkt dort, wo sich Brooklyn ausbreiten wird … UND NUR VIER BLOCKS VON DER HALTESTELLE DER EXPRESS-SUBWAY entfernt.*

Anzeige, *New York World*, 27. Januar 1924

Mit mehr als zwei Millionen Einwohnern war Brooklyn schon 1920 eine riesige Stadt. Das Gros der Bevölkerung ballte sich jedoch noch in den älteren, dicht bebauten Gemeinden im Nordwestzipfel des Boroughs. Dahinter erstreckte sich Brooklyns südlicher Streifen, eine weite, sandige Ebene, die bis dato weitgehend ländlich geblieben war. Im Zuge der neu gebauten U-Bahn-Linien entstanden plötzlich Dutzende neuer Gemeinden: Bensonhurst, Midwood, Flatbush, East New York, Canarsie, Bushwick, Sheepshead Bay. 1922 übertraf Brooklyn jeden anderen County in den USA in der Anzahl der Neubauprojekte. Jedes Jahr erwarben oder bauten Tausende Manhattaner Familien, die sich ihres bescheidenen Anteils an dem steigenden Wohlstand jener Zeit erfreuten, neue Häuser jenseits des Flusses. Diese Entwicklung wurde durch das Aufkommen des Ratenzahlungssystems beschleunigt, das den Kauf neuer Häuser bei nur geringer Anzahlung ermöglichte.

»Kleine Händler aus den Slums, selbst Arbeiter, investierten ihre Ersparnisse in Häuser und Bauplätze«, erinnerte sich der Redakteur A. Cahan später. »Zimmerleute, Anstreicher, Maurer oder Hausierer bauten Holzhäuser oder spekulierten mit Grundstücken. Geschäfte wurden abgeschlossen, und arme Männer verdienten Tausende von Dollars in weniger Zeit, als sie zum

Greenpoint Park in Brooklyn nach seiner Eröffnung am 11. Juli 1926.

Verspeisen der Sauerampfersuppe oder des Tees brauchten, über dem das Geschäft getätigt wurde. Auch Frauen mischten eifrig mit.«

Zwischen 1918 und 1929 wurden in Brooklyn 117.000 neue Wohnhäuser gebaut, nicht nur mehrstöckige Mehrfamilien-, sondern auch über 46.000 Einfamilienhäuser, die sich »Meile um Meile entlang lieblicher Straßen« erstreckten, wie später zitiert wurde, »die von gemütlichen Häuschen gesäumt waren, jedes mit einem kleinen Rasenstück, einer Veranda und einem Wintergarten«. Häufig hatten die neuen Häuser auch eine kleine Garage zur Unterbringung eines Familiengefährts, das schnell so alltäglich wie das Haus selbst wurde: das Auto. Die New Yorker am äußeren Rand der Stadt, in den am rasantesten wachsenden Gemeinden, waren die Pioniere eines neuen Lebensstils, in dem ein Prototyp der Vorstadt mit Rasenflächen, frei stehenden Häusern und Autos die Dichte der traditionellen städtischen Wohnbezirke ablöste.

Am Ende des Jahrzehnts hatte Brooklyn 540.000 neue Einwohner in Vierteln, die sich fast über die gesamte Länge des Verwaltungsbezirks erstreckten. »Für Brooklyn scheint es schier keine Grenze zu geben«, so der Kritiker James Agee ein paar Jahre später. »[Es] wirkt wie eine unendliche Ansammlung von Häusern an Häusern und Straßen an Straßen – auf einem Land so flach und riesig wie Kansas, wo ein Horizont hinter dem nächsten auftaucht; oder man denkt an China, an unendlich viel Zeit, Geduld, Menschen und Raum.«

Im Norden veränderte sich der ebenso schnell wachsende Bezirk Queens noch drastischer. Denn anders als Brooklyn hatte Queens das Jahrzehnt nicht als Zwei-Millionen-Stadt begonnen, sondern als ausgedehnte, weitgehend unbebaute Landschaft mit Farmen, Feldern und Dörfern und nur 469.000 Einwohnern auf seinen 114 Quadratmeilen.

*Queens nannte seine Gemeinden Forest Hills, Kew Gardens, Elmhurst, Woodside, Sunnyside, Jackson Heights, Corona oder Astoria (ausgerechnet nach den Astors). Die Bauherren errichteten die Mehrfamilienhäuser im Pseudotudor-, Pseudogotik- oder Pseudokolonialstil und nannten sie The Chateau, The El Dorado, Linsley Hall oder The Alhambra. Wir wohnten erst im East Gate und zogen dann ins West Gate, später nach Hampton Court. In den Eingangshallen standen Chippendale-Möbel und aztekische Kamine, und in den Aufzügen zierten römische Ziffern die Knöpfe ... Queens, ein schöner Ort zum Ausruhen, eine angenehme Stufe auf der Erfolgsleiter, ein Versprechen, das uns in einem geheimen Traum gegeben wurde ... Und ragt in der Ferne nicht immer Manhattan empor, dessen Skyline täglich dichter und mit immer mehr Zinnen versehen wird? Die Hochbahn, die »Flushing Line«, saust dorthin, in nur 14 Minuten ist man an der Grand Central Station.*

John Guare

Baufirmen, die in Queens auf bis dato unbebauten Gebieten nur Minuten von Midtown Manhattan entfernt tätig waren, ebneten den Weg für ein weiteres Vorstadtideal: die Gartenwohnung. In Astoria, Sunnyside und Jackson Heights errichteten große Bauunternehmen wie die Queensboro Corporation großzügige Genossenschaftswohnkomplexe, von denen jeder um eine Grünfläche in der Mitte hochgezogen wurde – »die idealen Wohnhäuser«, hieß es in den Anzeigen. »Die Gebäude sind von der Straße zurückversetzt, und die Hinterhöfe werden als großer Park zum Zweck der Ruhe und Erholung angelegt.«

Den Familien, die aus dem beengten Manhattan wegzogen, erschienen die neuen, weitläufigen Komplexe mit Gartenwohnungen – hier Cambridge Court in Jackson Heights, Queens – wie ein wahr gewordener Traum. Bei seinem Besuch im nahe gelegenen Sunnyside Gardens lobte der Journalist Bruce Bliven 1925 die Projekte für ihre »großen weiten Rasenflächen, frische Luft, Sonnenschein und die Gelegenheit, an einer echten Gemeinschaft teilzuhaben«.

Die jeweils einen Block umfassenden Queensboro-Projekte boten Neuankömmlingen aus Manhattan einen nahezu unvorstellbaren Luxus mit Gemeinschaftsgärten und Spielplätzen, Kegelbahnen, Tenniscourts und einem 12-Loch-Golfplatz. Im Gegenzug bestand der Bauträger darauf, dass die Neuankömmlinge, die vorher meist zur Miete gewohnt hatten, die strengen Verhaltensregeln der Mittelklasse befolgten. Den Mietern war es beispielsweise untersagt, Putzlappen oder Besen am offenen Fenster auszuschütteln oder Wäscheleinen zum Trocknen der Wäsche zu ziehen. Darüber hinaus setzte das Unternehmen einen weiteren Maßstab für das Vorstadtleben, indem es darauf bestand, dass im Namen »gemeinsamer Ideale und Lebensstandards« sowie »finanzieller und sozialer Verträglichkeit« keine Wohneinheiten an Juden, Italiener oder Schwarze verkauft wurden.

Die Queensboro-Projekte umfassten 1929 ganze 23 Blocks in Jackson Heights. Queens bekam damit insgesamt mehr als 600.000 neue Einwohner. Fast über Nacht hatte es sich von einer dünn besiedelten Ansammlung von Dörfern und Farmen in eine wachsende Stadtlandschaft mit mehr als einer Million Bewohnern verwandelt.

Seit dem Zusammenwachsen der Stadt im Jahr 1898 hatten die Reformer von dem Tag geträumt, an dem sich die wimmelnden Menschenmengen in Manhattan mit Hilfe neuer Verkehrsmittel über alle fünf Bezirke der Stadt verteilen würden. In nur einem Jahrzehnt, den 20er Jahren, wurde ihr Traum wahr. Innerhalb von zehn Jahren verlor Manhattan eine halbe Million Einwohner, während Brooklyn und Queens zusammen 1,2 Millionen Neubürger bekamen. Zum ersten Mal in der Geschichte der Stadt war nicht mehr Manhattan Island der am dichtesten besiedelte Teil von New York, sondern Brooklyn. Mit seinen 2,5 Millionen Einwohnern war es mit Ausnahme von Chicago größer als jede andere Stadt der Vereinigten Staaten.

Obwohl Manhattan immer das Kultur- und Geschäftszentrum der Stadt blieb, hatte sich New Yorks Wohnschwerpunkt vom Herzen der Stadt an den Rand verlagert – eine Entwicklung, deren Auswirkungen in den folgenden Jahren immer bedeutsamer wurden.

## INS BLAUE UND GRÜNE

*Der in der Kolonialzeit erstellte Stadtplan von Manhattan, so stolz und überzeugend, ein Muster an Weisheit und Weitsicht, ist heute wegen des Automobils in tödlicher Gefahr.*

Le Corbusier, 1937

Es schien zunächst eine beinahe komische Erfindung zu sein, ein harmloses Spielzeug, das über die Straßen von Manhattan glitt. Als zur Jahrhundertwende die ersten Autos auftauchten, war die neu zusammengewachsene Stadt gerade zu einem Crescendo von Bahnverbindungen mit neuen unterirdischen Anbindungen an das Festland, neuen Bahnhöfen in Manhattan und einem eindrucksvollen, modernen U-Bahn-System angeschwollen, das die gesamte Stadt über Schienen miteinander verband. Zu jener Zeit sah man das Auto weniger als ernsthaftes Transportmittel als vielmehr als teures, zerbrechliches und seltenes Spielzeug der Reichen.

»Die gewöhnliche ›pferdelose Kutsche‹«, so der Herausgeber des *Literary Digest* 1899, »ist derzeit ein Luxus für die Reichen; selbst wenn ihr Preis irgendwann fallen sollte, wird sie doch nie zum Gebrauchsgut werden wie das Fahrrad.«

Doch von Anfang an führte das Auto einen erbitterten Kampf mit den Fußgängern um die Vorherrschaft auf den Straßen. Die Reichen rasten aus Spaß mit ihren neuen, lauten Errungenschaften durch Manhattan und verbreiteten Furcht und Schrecken im Leben der gewöhnlichen Bürger, die die Straßen seit jeher als Erweiterung der Bürgersteige betrachtet hatten.

Im Sommer 1901 wurde der zweijährige italienische Junge Louis Camille beim Spielen in der Lower East Side von einem Auto erfasst und getötet. Sogleich versammelte sich eine wütende Menge von Einwanderern um das Auto mit Chauffeur, in dem zwei Wall-Street-Banker saßen, und drohte, die fein gekleideten Insassen noch vor Eintreffen der Polizei aufzuhängen.

In den folgenden zwölf Jahren kamen fast 1000 Kinder auf den Straßen New Yorks durch Autos um, was Woodrow Wilson, den Dekan der Princeton University, 1906 zu der Warnung veranlasste, das Millionärsspielzeug sei dabei, zum Instrument des Klassenkampfes zu werden.

Nicht einmal zwei Jahre später kam es zu einem erstaunlichen Durchbruch. Die »pferdelose Kutsche« wurde fast über Nacht von einem Spielzeug der Reichen zu einem Fortbewegungsmittel für Millionen und veränderte das Leben in der Stadt für alle Zeiten.

*Ich werde ein Auto für die breite Masse bauen. Es wird groß genug für eine Familie sein und klein genug für eine Einzelperson, um es zu fahren und zu pflegen. Es wird aus den besten Materialien hergestellt werden, … nach dem einfachsten Entwurf, den die moderne Technik bieten kann. Aber es wird so niedrig im Preis sein, dass jeder, der ein solides Gehalt bezieht, Besitzer eines solchen Wagens werden und sich mit seiner Familie an den großen Weiten ergötzen kann, die Gott hier geschaffen hat.*

Henry Ford, 1909

Es begann im Frühjahr 1908, als Henry Ford das »Modell T« vorstellte, das weltweit erste serienmäßig gefertigte Auto. Fords *Tin Lizzie*, robust, zuverlässig und erstaunlich preiswert, machte das Auto erstmals Millionen von Amerikanern zugänglich. Als der Preis für einen Neuwagen auf unter 300 Dollar sank, schnellte die Zahl der Autobesitzer im ganzen Land in schwindelnde Höhen. 1914 fuhren bereits 125.000 Autos auf New Yorks Straßen. Fünf Jahre später waren es fast dreimal so viele und die Zahl der Pferde ging drastisch zurück.

Der nächste Durchbruch fand 1920 statt, als John Jacob Raskob, Finanzchef bei Fords großem Rivalen General Motors, eine brillante Marketingstrategie entwickelte, die es den Kunden erlaubte, Autos auf Kredit zu kaufen, die sie sich sonst niemals hätten leisten können. 1924 gab es knapp 800.000 Autos in New York, zwei Drittel von ihnen auf Raten gekauft.

Angetrieben vom steigenden Wohlstand und der schnellen Verfügbarkeit von Krediten durchlief New York eine außergewöhnliche Metamorphose. Zum ersten Mal in der Geschichte begann eine Kultur des Konsums die Konturen der Metropole zu formen und neu zu gestalten, die nicht nur die Bedürfnisse, sondern ebenso die Träume der Menschen im Auge hatte.

Für Zehntausende, später Hunderttausende New Yorker aus dem Mittelstand und der Arbeiterschicht war sozialer Aufstieg gleichbedeutend mit mehr Freizeit, einem Auto und einem eigenen Heim. Zunehmend bedeutete Aufstieg aber auch, in die Außenbezirke zu ziehen. Immer mehr Familien verließen die überfüllten Wohnbezirke Manhattans und nutzten niedrige Hypotheken, um eine Doppelhaushälfte oder ein Einfamilienhaus in Brooklyn oder Queens zu erwerben, das sie schon bald mit ebenfalls auf Kredit gekauften Konsumgütern füllten: Radios, Kühlschränke, Spülmaschinen, Toaster und, in der Garage oder stolz in der Auffahrt geparkt, ein neues Auto. Berufstätige Familienväter fuhren zwar morgens mit der U-Bahn oder Straßenbahn nach Lower Manhattan oder Brooklyn zur Arbeit, doch in der Freizeit wurde immer das Familienauto hervorgeholt.

Und Freizeit gab es jetzt auch. 1920 war die vor dem Krieg landesweit übliche Wochenarbeitszeit von 70 auf 60 Stunden zurückgegangen und sank noch vor dem Ende des Jahrzehnts weiter auf 45 Stunden. Hatten die Menschen damals schon den halben Samstag für sich, wurde den Arbeitern inzwischen zunehmend das ganze Wochenende freigegeben. Nach fünf Tagen in der drangvollen Enge der überfüllten Stadt fuhren die arbeitenden Familien jetzt mit dem Auto aufs Land und besuchten Erholungsorte, Grünflächen und Strände, an denen sie wandern, angeln, ihren Kindern das Schwimmen beibringen oder einfach nur ein paar Stunden in der Sonne sitzen konnten. 1923, das Jahr, in dem Alfred Smith in den Gouverneurspalast in Albany zurückkehrte, um die zweite seiner insgesamt vier Amtszeiten anzutreten, stand das in den Auffahrten von Millionen New Yorkern parkende Fahrzeug für die berauschende Vision von Abenteuer und Freiheit.

Es war, wie sich herausstellte, eine ziemlich leere Vision. Selbst mit mehr Freizeit und einem Familienauto gab es für die meisten New Yorker einfach keinen Ort, an den sie fahren konnten, und auch keine Wege dorthin.

Familien, die hofften, New York entfliehen zu können, stellten fest, dass ihnen das offene Land rings um die Stadt fast völlig verschlossen war. Die wenigen Erholungsgebiete im Norden Manhattans und der Bronx entlang des Hudson waren nur über ausgebuchte Fähren oder verstopfte Landstraßen zu erreichen, auf denen der Verkehr an jedem Samstagnachmittag zum Stillstand kam. Im Osten, auf Long Island, war die Situation gar noch schlimmer. Jenseits der Grenzen von Brooklyn und Queens, wo jetzt mehr als drei Millionen Menschen lebten, erstreckten sich 85 Meilen leuchtender Strände und Zehntausende Hektar Grünflächen. Auf ihren Ausflügen nach Osten entdeckten die Familien jedoch schnell, dass sich das meiste Land auf Long Island fest in Privat- oder Gemeindebesitz befand. Die großen bewaldeten Grundstücke entlang der North Shore waren streng bewachter Privatgrund, die Eigentümer gehörten zu den reichsten Familien Amerikas: den Morgans, Pratts, Phippses, Woolworths, Harknesses, Whitneys und Vanderbilts. Die South Shore dagegen war in den Händen der für ihre Einsiedelei bekannten »baymen« – Fischer, die seit Generationen in den Gewässern der Great South Bay gefischt hatten und in ihrem Misstrauen gegenüber allen Fremden, insbesondere gegenüber New Yorkern, fast alle Grundstücke zur Seeseite für sich selbst reserviert hatten.

Es gab aber noch ein anderes Problem. Selbst wenn Grünflächen für die in Scharen aus der Stadt herbeiströmenden Menschen verfügbar gewesen wären, so gab es doch keine geeigneten Wege dorthin. An der Stadtgrenze verengten sich die breiten Boulevards von Queens und Brooklyn zu zweispurigen Landstraßen, die ausschließlich zur Nutzung durch Anlieger gedacht waren. An jedem Samstag und Sonntag konnte man daher bei gutem Wetter endlose Autokolonnen gen Osten kriechen sehen. In jedem Fahrzeug saßen frustrierte New Yorker auf der Suche nach einem kleinen Picknickplatz oder einem Tapetenwechsel. Die Suche konnte Stunden dauern und war oft erfolglos.

Mit dieser Sackgasse war die Stadt – ob man es nun wahrhaben wollte oder nicht – an einem Wendepunkt angelangt. Seit über einem Jahrhundert war New York durch die oft bahnbrechende Entwicklung und intensive Nutzung revolutionärer Neuerungen im Transportwesen erstaunlich schnell gewachsen. Jeder Durchbruch hatte ein Problem gelöst, nur um wieder ein neues zu schaffen. Innovationen wie das regelmäßig verkehrende Postschiff oder der Erie-Kanal hatten zeitliche und räumliche Barrieren durchbrochen, nur um den ersten modernen Verkehrsstau zu erzeugen, als die Zahl der Fahrzeuge und Menschen in Lower Manhattan explodierte. Spätere umwälzende Entwicklungen wie die Dampflok, Hochbahnen und Hängebrücken sorgten für die weitere Öffnung der Stadt und erzeugten durch die auf diese Weise möglichen neuen Beförderungsformen eine noch größere Dichte.

In den Jahren nach dem Zusammenschluss von Greater New York hatten mit Strom betriebene Bahnen, die unter den Flüssen und

**Der wirtschaftliche Aufschwung nach dem Ersten Weltkrieg ermöglichte es Hunderttausenden von New Yorkern, ihre Mietwohnungen in Manhattan zu verlassen und in neue Eigenheime in Brooklyn, Queens oder der Bronx zu ziehen. Rechts ein Blick auf Gartenwohnungen und Doppelhaushälften in Forest Hills, Queens, am Rande der bebauten Stadt in den 20er Jahren (am Ende der Straße sind noch unbebaute Grundstücke zu sehen). Die vielen parkenden Autos auf der Straße veranschaulichen die wachsende Bedeutung dieses Objekts im Leben der Bewohner der Außenbezirke.**

Straßen verkehrten, für neue Strecken sowohl innerhalb der dicht besiedelten Stadt als auch zwischen City und Umland gesorgt. Durch die verbesserte Anbindung wurde die wirtschaftliche Attraktivität der Region erneut erhöht, was unaufhaltsam noch mehr Menschen anzog, die die fünf Bezirke der sich stark ausdehnenden Metropole innerhalb kürzester Zeit füllten.

1923 nahm die aufstrebende Stadt der Autos, die jetzt zwar im 20. Jahrhundert angekommen war, aber noch durch die Infrastruktur einer um Züge und Pferde herum gebauten Stadt gebremst wurde, den nächsten großen Durchbruch im Transportwesen in Angriff. Obwohl es kaum einem New Yorker bewusst gewesen sein dürfte, nahm dieser Durchbruch im Kopf eines einzigen Mannes bereits erstaunliche Formen an.

100 Jahre zuvor, als die Stadt von den immensen Reichtümern träumte, die im Landesinneren verborgen lagen, hatte De Witt Clinton einen künstlichen Wasserweg entworfen und gebaut, um an die Rohstoffe zu gelangen und dabei das Einzugsgebiet der Stadt enorm erweitert. Jetzt machte sich ein moderner Visionär, ebenso weitsichtig und dominant wie Clinton selbst, an eine noch kühnere Aufgabe, um das Land jenseits der Stadtgrenzen zu erschließen und das Gebiet von Greater New York und dessen Umgebung an die neue Realität des Automobils anzupassen. In den folgenden Jahren konzipierte und errichtete Robert Moses, ein besessener 35-jähriger Reformer und Stadtplaner, der als Berater für Gouverneur Al Smith aktiv war, ein in der Geschichte des Städtebaus einmaliges Straßen- und Erholungssystem.

Die Vision erwies sich als noch schicksalhafter für die Zukunft New Yorks, und letztlich des ganzen Landes, als jede andere umfangreiche Neuordnung zuvor. 1923 und 1924, als George Gershwin die Musik zu *Rhapsody in Blue* schrieb und F. Scott Fitzgerald den *Großen Gatsby* abschloss, sein Meisterwerk vom amerikanischen Traum, dessen Handlung von der North Shore auf Long Island bis zu den Straßenschluchten Manhattans reichte, begann Robert Moses mit der Komposition einer anderen Art von Sinfonie: einer heiteren, brillant strukturierten urbanen Rhapsodie, bei der er sich keiner Noten oder Wörter bediente, sondern des gesamten 2100 Quadratmeilen umfassenden Gebiets der Stadt New York und der sie umgebenden weiten, blaugrünen Landschaft.

## DER BAUMEISTER

*Die neue Art von Stadt im Automobilzeitalter, die wir mit fast wahnsinniger Geschwindigkeit bauen, benötigt neue Konzepte für Parks und Grünflächen ... so kühn und visionär wie die Stadtpark-Bewegung 100 Jahre zuvor.*

Robert Moses

1924 begann Robert Moses unter Gouverneur Al Smith zu bauen. Als er 1968 von Gouverneur Nelson Rockefeller aus dem Amt gedrängt wurde, hatte sich die Landschaft von New York City und Umgebung völlig gewandelt. Dafür war zum großen Teil Robert Moses verantwortlich. In den 44 Jahren, die er an der Macht war, gestaltete er die Stadt in einem Umfang neu, der die Leistungen der größten Städtebauer der Geschichte, darunter Papst Sixtus V. im Rom des 16. Jahrhunderts und Moses' eigenes Idol, Baron Haussmann im Paris des 19. Jahrhunderts, verblassen ließ. In seiner fünf Bürgermeister, sechs Gouverneure und sieben Präsidenten umfassenden Karriere ließ er kaum einen Bereich der Stadt unberührt und schuf Hunderte von Parkway- und Stadtautobahnmeilen, Hunderte von Parks, Spielplätzen und öffentlichen Stränden, Hunderttausende von Sozialwohnungen sowie ein beeindruckendes Brücken- und Tunnelsystem. Nicht zu vergessen das Lincoln Center, das Shea Stadion, die UNO-Gebäude und zwei Weltausstellungen.

Um Bauprojekte dieses Umfangs realisieren zu können, forcierte er die Einrichtung eines ungewöhnlichen, quasistaatlichen Machtinstrumentariums und nutzte es dann mit machiavellistischer Effizienz und Rücksichtslosigkeit. Die neuen Behörden, eine einzigartige Mischung aus öffentlicher und privater Macht, waren am Ende wohl die beständigsten, wenn auch am wenigsten offen sichtbaren Bestandteile seines Vermächtnisses und die auffälligsten Symbole einer gleichsam öffentlichen wie geheimnisumwobenen Karriere. 50 Jahre lang war sein Name überall in New York bekannt, und doch blieb in dieser Zeit das tatsächliche Ausmaß seiner Macht fast vollständig im Dunkeln.

Erst im Jahr 1974 enthüllte Robert A. Caro die Bedeutung von Robert Moses in *The Power Broker*, dem größten stadtgeschichtlichen Werk des 20. Jahrhunderts, das eine Generation lang für Diskussionsstoff über das Leben in einer urbanen Umwelt sorgte. So wie Moses die Stadt veränderte, veränderte Caros monumentale, 1296 Seiten starke Biografie für immer das Verständnis der Amerikaner für ihre eigenen Städte und die damit einhergehenden Machtmechanismen. Die darin aufgeworfenen Fragen sowie die beunruhigenden und teilweise kontroversen Schlussfolgerungen beschäftigten New York über Jahrzehnte und sind Anfang des 21. Jahrhunderts aktueller denn je. Wie sollen öffentliche Einrichtungen in einer wachsenden und dicht besiedelten urbanen Demokratie umgesetzt werden und zu welchem Preis? Welchen Einfluss hat das auf die Stadt des Autos? Auf welche Weise ist die Rassen- und Klassenpolitik in die Infrastruktur der Stadt eingebettet, mit welchen Konsequenzen und für wie lange?

Das sind die Themen, mit denen sich Caro immer wieder befasste. »Robert Moses«, schrieb er, »gestaltete eine Stadt und ihre wachsenden Vororte und bestimmte das Schicksal aller Städte im Amerika des 20. Jahrhunderts in einem Maße, das Analytiker urbaner Trends verblüfft hätte, wenn sie die Bedeutung seiner jahrzehntelangen Arbeit hätten ermessen können.«

**PARKS UND PARKWAYS**

*Die Stadt, die am deutlichsten seine Handschrift trägt, ist New York, Titanin unter den Städten, gewaltige Synthese urbaner Hoffnung und urbaner Verzweiflung ... Wäre New York ein besserer Ort zum Leben, wenn Robert Moses nie etwas gebaut hätte? Wäre es eine bessere Stadt, wenn der Mann, der sie gestaltet hat, nie gelebt hätte? ... Das lässt sich unmöglich sagen ... Man kann nur mit Bestimmtheit sagen, dass es eine andere Stadt wäre.*

Robert A. Caro

Moses war weder Architekt noch Ingenieur. Er war auch kein Bauunternehmer, Anwalt oder gewählter Beamter. Er war der Bauherr öffentlicher Bauten, vielleicht der größte aller Zeiten. Brillant, arrogant, visionär und rücksichtslos, schuf Moses die Stadt neu wie niemand vor oder nach ihm und unterwarf ihre Form dabei den Geboten des Automobilzeitalters.

Er begann seine Laufbahn, berichtete der Stadthistoriker Gregory F. Gilmartin später, als »echte Blüte der New Yorker Reformbewegung«. 1888 als Sohn einer wohlhabenden deutsch-jüdischen Familie in Connecticut geboren, wuchs er ab seinem neunten Lebensjahr in einem eleganten Reihenhaus nahe der Fifth Avenue in gediegenem Luxus auf. Die willensstarke idealistische Mutter Bella Moses spielte eine aktive Rolle in der Settlement-Bewegung. Nach seinem mit Auszeichnung bestandenen Abschluss 1909 in Yale entschied sich Robert Moses für den öffentlichen Dienst. Das Politikwissenschaft-Diplom erwarb er in Oxford sowie an der Columbia University und arbeitete ab 1914 für das Bureau of Municipal Research, die einflussreichste unter den »guten« Behörden der Stadt.

**Anfang der 20er Jahre wurde der junge Reformer Robert Moses (rechts) Mitglied von Gouverneur Al Smiths engem Beraterstab. Als Smith Moses einen gut bezahlten Posten zur Überwachung der Gefängnisindustrie anbot, lehnte Moses das Angebot ab und schlug stattdessen ein anderes Betätigungsfeld vor: Parks. Als dieses Bild 1926 entstand, war Moses im Alter von 37 Jahren zum Präsidenten des New York State Council of Parks sowie zum Vorsitzenden der Long Island State Commission ernannt worden und war auf dem Weg, das größte Staatsparksystem der Vereinigten Staaten zu schaffen.**

Sein erster Vorstoß auf dem Gebiet der Stadtreform war ein Desaster. Mit einem aufgeschlossenen Bürgermeister an der Macht und der in New York zu einem Crescendo anschwellenden Fortschrittsbewegung schien das Jahr 1914 ein günstiger Moment für grundlegende Veränderungen zu sein. Aber der junge Idealist hatte die Macht von Tammany Hall völlig unterschätzt. Mit Unterstützung des alten Reformers Henry Moskowitz hatte er sich einer der größten Herausforderungen des Bureaus angenommen, der Rationalisierung von New Yorks legendärem korruptem Verwaltungsapparat, der Bastion für die Protektion von Tammany-Loyalisten. Moses' brillanter und letztlich beinahe komisch wirkender Feldzug zur Beurteilung der Eignung von 50.000 städtischen Angestellten wurde von der Basis blockiert und dann langsam von den Tammany-Bonzen zu Fall gebracht, die ihre Macht schwinden sahen.

Im Winter 1918 stand Tammany wieder an der Spitze des Rathauses. Die Reformbewegung war ins Abseits gedrängt worden, und Moses war quasi arbeitslos. Im November keimte neue Hoffnung auf, als ein neuer Mann in die Gouverneursvilla in Albany einzog. Doch Moses, der dem hemdsärmeligen Iren einige Jahre zuvor begegnet war, tat Al Smith als »typischen Tammany-Politiker« ab. »Was kann man schon von einem Mann erwarten«, sagte er, »der eine braune Melone schräg auf dem Kopf trägt und immer eine große Zigarre im Mundwinkel hat?«

Robert Moses war ziemlich überrascht, als er wenige Wochen nach der Wahl einen Anruf von Henry Moskowitz' Frau Belle erhielt, einer Ex-Mitarbeiterin im Settlement House, deren ungetrübter politischer Instinkt sie in den engsten Kreis um Smith gebracht hatte. Der designierte Gouverneur, erklärte sie, bräuchte für die Restrukturierung der Staatsregierung den besten Reformer, den er finden könne, und sie hätte ihn für den Job empfohlen. Moses ergriff die Gelegenheit beim Schopf, und binnen weniger Wochen begann eine der schicksalhaftesten Partnerschaften in der Geschichte der Stadt.

Der neue Gouverneur nahm bald Notiz von dem intelligenten jungen Mann, der unter der Kuratel von Belle Moskowitz begann, bei all seinem Idealismus ein immer gerisseneres Verständnis für die politische Realität an den Tag zu legen. Als Smith sein Amt 1920 nach einem triumphalen Sieg der Republikaner abgeben musste, wurden die beiden Männer zu engen Verbündeten. Sie aßen zusammen in Smiths Haus in der Oliver Street zu Abend und unternahmen lange Spaziergänge rund um New York. Dabei hätten sie verschiedener nicht sein können: der eine groß und gut aussehend, der Spross einer privilegierten Familie, der die beste Erziehung der Welt genossen hatte; der andere klein und geradezu ungehobelt, der arme Junge von der Lower East Side, der mit 13 die Konfessionsschule von St. James verlassen und nach eigener Aussage in seinem ganzen Leben nur ein einziges Buch von Anfang bis Ende gelesen hatte, und zwar *The Life of John L. Sullivan*.

Al Smith – alles andere als ein »typischer Tammany-Mann« – war von dem brennenden Wunsch beseelt, das Leben der ganz normalen Bürger zu verändern. Auf ihren Spaziergängen führte meist der Gouverneur das Wort, doch Moses überschüttete ihn jetzt regelmäßig mit Ideen. Als Al Smith 1922 mit überwältigender Mehrheit wieder gewählt wurde, nahm er seinen aufstrebenden Protegé mit nach Albany.

Dieses Mal war alles anders, Moses verfügte nun über »Unterstützung seitens der Exekutive«. Während er tatkräftig an der Umsetzung von Smiths Reformprogramm arbeitete, bereitete er zugleich ein eigenes ungewöhnliches Projekt vor, das der Stadt die Ressourcen der ganzen Region zufließen lassen sollte.

Er würde ein Parksystem bauen. Nicht jene Spiel- und Sportplätze, die man gewöhnlich darunter verstand, sondern ein eindrucksvolles Archipel leicht zu erreichender Staatsparks mit langen Stränden und ausgedehnten Naturflächen, das New Yorks dringendes Bedürfnis nach Frischluft und Grünflächen befriedigen sollte.

Beim Besuch von Long Island im Sommer 1922 stieß er bei Hempstead und Valley Stream auf eine Reihe längst vergessener städtischer Staubecken. Insgesamt über 890 Hektar, die sich bereits in öffentlichem Besitz und nur elf Meilen von der Stadtgrenze entfernt befanden. Im selben Sommer hatte er bei der Erkundung der Great South Bay mit einem Motorboot einen verlassenen Strandwall nahe der South Shore von Long Island entdeckt. Als er den herrlichen Strand betrat, wurde ihm plötzlich klar, dass er nur 25 Meilen vom Times Square entfernt lag. Er stand auf einem Flecken, der das Potenzial barg, zum größten öffentlichen Badeort der Welt zu werden. Er musste nur einen Weg finden, wie die New Yorker hierher gelangen konnten. Er stürzte sich auf die Lösung dieses Problems: Als Wasserscheiden dienende öffentliche Grundstücke könnten als Durchfahrt zu einem ausgedehntes Netz von Straßen und Dammwegen dienen, auf denen die Menschen östlich und südlich über Long Island aus der Stadt und dann über die South Bay hinaus zum Strandwall gelangen konnten.

»All das ging mir in einem einzigen Moment durch den Kopf«, erzählte er später Robert A. Caro. Als er 1923 seinen *State Park Plan for New York* ausarbeitete, hatte seine Vision noch größere Ausmaße angenommen: 14 riesige Parks, die kurz hinter der Grenze von Queens begannen und sich über die gesamte Länge von Long Island bis zur Ostspitze von Montauk erstreckten – insgesamt über 4000 Hektar.

**Für Moses gehörten seine Parkways gleichermaßen zur Erholung wie die neuen Parks selbst. Seine Gestaltungsideen waren von einer großen Liebe zum Detail geprägt: von den rustikalen Laternenpfählen und Holzgeländern bis zu den insgesamt über 100 steinernen Überführungen, von denen keine der anderen glich. Wie in einem Film boten Moses' Parkways das**

moderne Äquivalent zu den Bewegungsszenen, die Olmsted und Vaux einst den Wanderern im Central Park geboten hatten, die jetzt allerdings in voller Fahrt erlebt wurden. Im Lauf seiner Karriere gestaltete Moses, verteilt über die ganze Region, landschaftlich reizvolle Parkways von 416 Meilen Länge – darunter auch der Northern State Parkway auf Long Island (unten).

Noch visionärer als die Parks selbst war sein revolutionärer Vorschlag für die Erschließung. Er wollte ein Netz aus landschaftlich schön gestalteten Straßen ohne Kreuzungen, Ampeln oder Bahnübergänge bauen, um endlich die Versprechungen des Autos hinsichtlich Tempo und Mobilität zu erfüllen. Der erste Parkway der Welt war erst im Jahr zuvor eröffnet worden und verlief einige Meilen entlang des Bronx River. Robert Moses' Plan jedoch beinhaltete den Bau eines ganzen Geflechts aus gewundenen Parkways von insgesamt 124 Meilen Länge auf Long Island, das in der Tat das weltweit erste moderne Highway-System darstellte.

Moses war sich sicher, dass all das mit einer Anleihe von 15 Millionen Dollar finanziert werden könne. Smith wurde blass angesichts der enormen Summe. »Sie wollen den Leuten einen Pelzmantel geben«, sagte er zu seinem ehrgeizigen Schützling, »doch was sie wirklich brauchen, ist rote Flanellunterwäsche.«

Moses ließ sich nicht abschrecken. Er fuhr den Gouverneur im tiefsten Winter nach Long Island hinaus und malte ihm aus, wie die nur in

der Fantasie existierenden Parks im Sommer wirken würden, wenn Hunderttausende New Yorker aus der überfüllten Enge der Stadt hierher kämen, um ein Wochenende mit Picknick, Schwimmen, Wandern und Spielen zu genießen. Smith begann umzudenken. Es ging schließlich um seine Wähler, die Söhne und Töchter der Einwandererfamilien, die sich zu Millionen mit harter Arbeit und Entschlossenheit ein Leben in den Randbezirken erkämpft hatten und die nun hofften, mit ihren Kindern ein neues, besseres Leben zu führen und endlich die Chance zu haben, der Stadt an den Wochenenden für einige Stunden in die Natur zu entfliehen.

Als Smith seine Zustimmung für die ehrgeizigen Pläne signalisierte, ertönten Lobeshymnen von Zeitungen, Frauengruppen und Reformorganisationen im ganzen Staat. Der Gouverneur begann die politische Bedeutung der Parks zu würdigen. »Solange Sie auf der Seite der Parks stehen«, bemerkte Moses später, »stehen Sie auf der Seite der Engel. Sie können nicht verlieren.«

Smith stellte sich nun voll hinter die Finanzierung. Am 18. April 1924 ernannte er Moses zum Vorsitzenden der Long Island State Park Commission und sorgte für seine Wahl zum Präsidenten des State Council of Parks. Robert Moses erhielt endlich die Chance loszulegen.

Und er baute mit einer Zielstrebigkeit und Entschlossenheit, die jeden verblüffte, der mit ihm zu tun hatte. Binnen weniger Wochen hatte er sich in der alten August-Belmont-Villa nahe der South Shore niedergelassen, die selbst Teil eines neuen Staatsparks werden sollte, und begann mit der gestalterischen Planung von mehr als einem Dutzend Staatsparks auf Long Island. In den folgenden Monaten und Jahren erwarb er Land mit allen ihm zur Verfügung stehenden Mitteln: Er setzte sich rücksichtslos über alte Ansprüche hinweg, schikanierte private Grundstücksbesitzer und gewann, wenn nötig, führende Lokalpolitiker für sich, indem er ihnen Insiderinformationen zur Gestaltung seiner geplanten Straßen anbot.

1926 versammelte er einige der bekanntesten Architekten und Landschaftsgestalter der Nation in der Sandödnis von Jones Beach. Er holte einen Umschlag aus seiner Tasche und skizzierte ein öffentliches Erholungsgebiet von einer Dimension, wie es sich keiner seiner Kollegen je zuvor auch nur vorzustellen gewagt

hatte. Vorgesehen waren zwei riesige Badehäuser, eine Meile voneinander entfernt, mit jeweils 10.000 Umkleidekabinen – keine primitiven Holzhütten, sondern elegante Backstein- und Sandsteingebäude –, mit gigantischen Pools, Planschbecken für Kinder, Open-Air-Cafés mit Tischen unter Sonnenschirmen und Restaurants. Beide Areale sollten über eine lange Strandpromenade miteinander verbunden sein, mit Spielbereichen für Shuffleboard, Wurfringspiel und Golf sowie Musikpavillons, damit, wie er sagte, Paare unter den Sternen tanzen könnten.

Die Gestalter starrten ihn nur an. »Es war das Ausmaß des Ganzen«, erinnerte sich einer von ihnen später. »Nichts ... Derartiges ist je zuvor zur öffentlichen Erholung in Amerika geschaffen worden. Da standen wir auf einer absolut verlassenen Sandbank, zu der man nur mit einem Boot gelangte, und da war dieser Typ ... der sprach über Badehäuser wie Paläste und Parkplätze für 10.000 Autos. Nun, ich glaube nicht, dass es irgendwo einen Parkplatz für 10.000 Autos gab ... Wir hielten ihn für verrückt.«

In den kommenden Monaten trieb Moses sein Team, eine loyale und engagierte Truppe aus Ingenieuren, Architekten und Gestaltern, die als »Moses-Männer« bekannt wurde, zu geradezu übermenschlichen Leistungen an. Anfang 1929 übernahm dann ein neuer Mann das Gouverneursamt, F. D. Roosevelt, der wie Smith rasch das politische Gewicht der Parks erkannte und Moses ermöglichte, ungehindert fortzufahren, obwohl er ihm persönlich misstraute.

Im Sommer kam alles zusammen. Im Juni wurde der Heckscher State Park der Öffentlichkeit zugänglich gemacht, im Juli der Southern State Parkway eingeweiht, und am 4. August wurde Jones Beach, das Juwel des Parksystems, von Roosevelt und Smith offiziell eröffnet. In seiner Rede merkte der Gouverneur an, einige Kritiker hätten das ehrgeizige Staatsparkprogramm als »sozialistisch« bezeichnet. Wenn dem so sei, bemerkte er ironisch, »sind Gouverneur Smith und ich ziemlich gute Sozialisten«.

Am Eröffnungstag setzten sich 25.000 New Yorker in ihre Autos, um über den Wantagh-Damm zu fahren und den neuen Park zu besuchen. Am Monatsende hatten weitere 325.000 dieselbe Tour unternommen. Mit einer Länge von 5,5 Meilen und einer Fläche von mehr als 900 Hektar war Jones Beach etwas Einmaliges in Amerika, eine exquisit gestaltete Freizeitanlage am Meer und offen für die Allgemeinheit.

»Nichts ist zu gut für die Menschen im Empire State«, pflegte Moses zu sagen, und in Anbetracht der enormen Größe des Parks waren

**Der Bau des Jones Beach State Park auf Long Island war eine Herkulesleistung. Über 30 Millionen Kubikmeter Sand und Kies wurden dabei vom Grund der Bucht heraufgepumpt, um den Strand zu vergrößern und zu befestigen. Gleichzeitig wurde das Areal mit einer Million Büschel Strandgräser bepflanzt, um das Wandern der Dünen zu verhindern. Tausende von Männern arbeiteten rund um die Uhr und zwei eiskalte Winter hindurch, um das Werk zu vollenden. Es wurde gebaggert, gegraben und gebaut, um die Parklandschaft, Straßen, Parkplätze, Badehäuser und andere Einrichtungen zu schaffen. Gegenüber: Drei Schnappschüsse von einem Arbeiter aus dem Jahr 1929. Oben: Arbeiter von der Firma Johnson-Drake-Piper gießen Beton für eine Fußgängerunterführung. Mitte: Ein steter Strom von Autos und Besuchern am Eröffnungstag. Unten: Der erweiterte Strand nach der Freigabe.**

**Rechts: Robert Moses, zweiter von rechts, nimmt im Juni 1929 nach der Eröffnung des Heckscher State Park in East Islip, Long Island, an einem Picknick teil. Moses sitzt zwischen dem ehemaligen und zukünftigen Gouverneur von New York, Al Smith (rechts) und Herbert Lehman (ganz links).**

KEEP THIS
LANE CLEAR

es gerade die fantasievollen Kleinigkeiten, die die Besucher am meisten beeindruckten: Abfalleimer, die wie Schiffsschornsteine geformt waren, Wasserfontänen, die über Schiffsruder betrieben wurden, Aschentonnen, die wie Schwimmwesten aussahen. Fahnenmasten wiesen Ausguck und Nock auf, an ihren Fallleinen wehten munter Signalwimpel, während das Geländer der Strandpromenade an einen Ozeandampfer erinnerte. Der Boden war mit bunten Mosaiken verziert, die Kompasse, Karten und das kleine Seepferdchen darstellten, das Moses zum Symbol des Parks erkoren hatte.

An einem der schönsten Strände der Welt konnten sich mehr als 300.000 Menschen am weißen Sand und an der krachenden Brandung erfreuen. Auf der Bayseite fanden die Besucher Paddelboote und Kajaks, Anlegeplätze für ihre Motorboote und Barkassen und, ein paar Jahre später, ein Theater, dessen Bühne und Sitzplätze von Wasser umgeben waren und wo das Publikum an Sommerwochenenden eine Musikshow unter den Sternen genießen konnte.

Jones Beach war von Anfang an ein triumphaler Erfolg, der bei Landschaftsarchitekten in aller Welt Bewunderung hervorrief. »Das ist die schönste Anlage am Meer«, erklärte ein englischer Besucher, »die je der Öffentlichkeit irgendwo auf der Welt zur Verfügung gestellt wurde.«

Das Projekt wurde bestaunt für das, was es war, und ebenso für das, was es nicht war. Es war sicher kein zweites Coney Island, das fast durchweg von Arbeitern mit der U-Bahn aufgesucht wurde und von Moses schon lange wegen seiner Überfüllung und Kommerzialisierung kritisiert wurde. »Es gibt keine Gewerbelizenzen, keine Stände, keine schreienden Hot-Dog-Verkäufer«, so ein Beobachter voll Bewunderung. »Man sieht keinen Hau-den-Lukas oder Wurfbuden oder lärmende Spelunken. Vermutlich zum ersten Mal in der Geschichte öffentlicher Strände wurde dieser als Ort der Erholung und nicht des billigen Amüsements konzipiert.«

Wie schon Olmsted vor ihm, hatte Moses, der die tiefe Abneigung des großen Landschaftsarchitekten gegen New Yorks dichtes urbanes Gewirr aus Menschen, Kommerz und Verkehr teilte, ein ruhiges, gediegenes Mittelklasseparadies geschaffen, in dem der Kommerz der elementaren Freude an der Natur untergeordnet war. Wie sein Zeitgenosse Le Corbusier forderte er Ordnung, Planbarkeit, Licht und Fluss – offenkundig Wertvorstellungen, die keineswegs allen Bürgern der Stadt entgegenkamen.

Der schnelle Zugang zu Jones Beach oder auch zu den anderen neuen Staatsparks erforderte ein Auto, sodass die Anlagen für die meisten New Yorker, die auf U-Bahnen, Busse und Züge angewiesen waren, unerreichbar blieben. Moses selbst hatte die Zustimmung zum Bau einer Eisenbahnnebenstrecke nach Jones Beach verweigert. Zudem waren die eleganten Brücken über den zahlreichen Parkways – absichtlich oder unabsichtlich – so niedrig gebaut, dass sie für die meisten Busse unpassierbar waren. Moses' Besessenheit für das Auto bestärkte in der Folge diejenigen, die in seinen Projekten eine Missachtung der ärmeren, insbesondere der farbigen Bürger New Yorks sahen.

Jede dritte Familie in New York besaß jedoch inzwischen ein Auto, und für sie war Robert Moses ein Held, ein Mann mit geradezu übermenschlichen Talenten, der Smiths Versprechen eines besseren Lebens für die Massen Gestalt verliehen hatte. Für diejenigen, die noch eine Generation zuvor in einem Mietskasernenviertel eingepfercht gewesen waren, war die sonntägliche Fahrt auf einem der von Moses auf Long Island errichteten Parkways nicht einfach eine

**Der Einfallsreichtum und die Fantasie von Moses und seinen Parkgestaltern in Jones Beach waren schier grenzenlos: vom Wasserturm, einer Kopie des Campanile auf dem Markusplatz in Venedig in der Parkmitte über die 18-Loch-Minigolfanlage, in der jedes Loch mit winzigen Wahrzeichen von Long Island gekennzeichnet war, bis zu den reich verzierten Wegweisern im Park (links), die an Scherenschnitte erinnerten.**

**Vorhergehende Doppelseite: Gruppengymnastik vor dem West Bathhouse im Jones Beach State Park, das 5400 Badegäste fasste. Es gab Terrassen, Erfrischungsstände, ein Restaurant und eine Freiluftzone mit einem großen Planschbecken für Kinder sowie einem noch größeren Schwimmbecken mit Unterwasserbeleuchtung für Erwachsene. Jones Beach wurde gebaut, um der wachsenden Mittelschicht der Stadt eine gepflegte, erholsame und nichtkommerzielle Umgebung zu bieten. Damit bildete das Areal einen starken Gegensatz zu Coney Island, dem Strandbad von Brooklyn, das Moses schon lange wegen seiner rücksichtslosen Kommerzialisierung und des rauen, abstoßenden Charakters der, wie er es nannte, »lärmenden Gerätschaften und Unterhaltungsshows« kritisiert hatte.**

neue Freizeitaktivität, es war vielmehr eine ganz neuartige Erfahrung, ein aufregendes Gefühl von Modernität, Bewegung und Überschwang.

> *Luftbilder zeigen den großzügigen Schwung dieser ... Highways, die Schönheit ihrer Linienführung, die anmutige Aufeinanderfolge der Kurven, aber am Steuer eines Autos konnte man spüren, was sie wirklich bedeuteten: die Befreiung von störenden Ampeln und kreuzendem Verkehr und die Freiheit kontinuierlicher Vorwärtsbewegung ... durch die Anpassung des Straßenbetts an das Gelände, durch sein Ansteigen und Abfallen, den sanften Schwung der Kurven, die klaren offenen Strecken, bevor man unter einer kreuzenden Straße oder einer Brücke durchschlich, wurde man bei einer vernünftigen Geschwindigkeit gehalten. Die Freiheit galt sowohl dem Fahrer als auch dem Auto. Die langen, gewundenen Steigungen hinunter- bzw. hinaufzufahren verursachte ein doppelt anregendes Gefühl – das Gefühl, mit dem Boden verbunden zu sein und doch einfach darüber hinwegzugleiten, ein Gefühl ähnlich dem, auf Skiern durch unberührten Neuschnee die Hänge hoher Berge hinabzugleiten.*
>
> Siegfried Giedion

Jones Beach wurde im Sommer 1929 eröffnet, als die Börse ihr Allzeithoch erreichte. Die Anlage war, wie auch Moses' übrige Parks und Parkways, ein sensationeller Erfolg, der allein im ersten Jahr 1,5 Millionen, im zweiten Jahr 2,5 Millionen und ein Jahr später schon mehr als drei Millionen Menschen anzog.

Doch schon damals blies ein kalter Wind. 1929 hatte Moses' geliebter Mentor Al Smith die Präsidentschaftswahl verloren und seine Macht auf Dauer eingebüßt. Dann zerschlug der große Börsenkrach im Herbst die Stützen des Schwindel erregenden Wohlstands, der so gigantische Projekte wie Jones Beach erst ermöglicht hatte oder gar erst nötig werden ließ. 1931, nur zwei Jahre später, befanden sich Stadt und Land in der schlimmsten Depression ihrer Geschichte, und Geldmittel für Parks und Parkways waren so gut wie versiegt.

Zu diesem Zeitpunkt kämpften Millionen von New Yorkern um ihr nacktes Überleben, auch jene, deren Leben Al Smith und Robert Moses so inständig erhofft hatten zu verändern. In den Folgejahren suchte eine Katastrophe nach der anderen die Stadt heim: So wurde die Metropole in den Ruin getrieben, ihrer politischen Autonomie beraubt und vom schlimmsten Politskandal seit den Tagen von Boss Tweed getroffen. Als die Weltwirtschaftskrise fortdauerte und New York immer tiefer im politischen und ökonomischen Chaos versank, fragten sich viele, ob in dieser Stadt überhaupt jemals wieder irgendetwas gebaut werden würde.

### DEPRESSION

> *Im größten Ameisenhaufen der westlichen Hemisphäre laufen die Maschinen jetzt langsamer. Jeder sechste New Yorker geht stempeln. Jeder Dritte der arbeitenden Bevölkerung in der Stadt hat keine Arbeit.*
>
> Isidor Feinstein

Im Frühjahr 1931 war klar, dass der Börsenkrach von 1929 mehr als nur der Vorbote einer Konjunkturflaute gewesen war. In der US-Wirtschaft hatte sich offenbar etwas Grundlegendes und völlig Unerklärliches zugetragen.

1929 gab es in den USA 2,5 Millionen Arbeitslose. Jetzt waren es schon acht Millionen, und am Ende des darauf folgenden Jahres stieg die Zahl sogar auf 13 Millionen, d.h. auf ein Viertel aller Arbeitskräfte im ganzen Land.

> *Im [städtischen Arbeitsamt] ist es fast völlig still. Ein leises, verzweifeltes Gemurmel der Arbeit Suchenden. Warten. Ein Telefon klingelt. Ein neuer Job! Ein Dutzend Männer stürzen an den Schalter. Sie sind auffallend jung. Da ein 17-jähriger Junge, der um einen Job bettelt. Dort ein gelernter Mechaniker um die 30. Mehrere Arbeiter und keiner über 40. Zwei werden ausgewählt. Aufgeregt machen sie sich davon. In den anderen erlischt die aufflackernde Hoffnung und hinterlässt ein schwarzes Dunkel.*
>
> Louis Stark

In New York City wie auch im übrigen Land brachte jeder neue Monat neue Hiobsbotschaften und die Aussicht auf weiteres Unheil. Im Dezember 1930 war die Bank of United States, eines der größten Finanzinstitute des Landes, bankrott. Über Nacht standen ihre 400.000 Anleger, die meisten von ihnen eingewanderte Arbeiter, vor dem Nichts.

10.000 der 29.000 Fabriken der Stadt hatten bereits geschlossen oder standen kurz vor der Schließung. Die Aktien waren auf weniger als ein Zehntel ihres Wertes von 1929 gesunken.

*Man biegt um eine Ecke und sieht ein erstaunliches Spektakel. Eine Schlange von Männern, manchmal drei oder vier in einer Reihe, einen Block lang – so dicht gedrängt, dass niemand mehr vorbeikommt. Dafür gibt es einen Grund: Wer in der grauschwarzen Menschenschlange vorne steht, hat heute Abend etwas zu essen, wer weiter hinten steht, wahrscheinlich nicht.*

Bruce Bliven

Einige Jahre zuvor hatte die Bäckerei Fleischmann am Broadway begonnen, abends alte Ware an alle abzugeben, die bereit waren, dafür anzustehen. Die Wartenden wurden als »Brotschlange« bezeichnet, von denen es jetzt 82 Stück in der Stadt gab. An einem kalten Januartag 1931 verbrachten 85.000 New Yorker den Tag damit, auf Essensreste zu warten. »Die Brotschlange«, schrieb der Kolumnist Heywood Hale Brown, war »der Wurm, der wie ein Mensch kriecht.«

*Einige waren torkelnde Kerle, die man überall sieht ... Aber die meisten ... waren einfach menschliches Treibgut in den Trümmern der Zeit – aufrichtige, anständige Männer mittleren Alters mit Gesichtern, die von harter Arbeit und Not gezeichnet waren ... hungrig, besiegt, leer, hoffnungslos, ruhelos ... die überall nach Arbeit, nach bloßen Krumen suchten, um ihr elendes Dasein zu fristen, und doch weder Arbeit noch Krumen fanden.*

Thomas Wolfe

Als über 100.000 New Yorker ihre Häuser und Wohnungen räumen mussten, lebten fortan Zehntausende auf der Straße, in Parks oder in Elendsvierteln, die entlang von East River und Hudson aus dem Boden schossen und bisweilen als ironische Anspielung auf den Präsidenten »Hoovervilles« genannt wurden. Die größte und bekannteste Barackensiedlung befand sich mitten im Central Park, wo die Stadt den Abriss des alten Croton Reservoirs abgebrochen hatte. Arbeitslose Maurer nutzten die Steinblöcke zum Bau einer sechs Meter hohen Hütte, andere lebten in entleerten Hauptwasserleitungen.

Das neue Jahr brachte keine Besserung. Die Wirtschaftslage verschlechterte sich sogar noch. Die Verzweiflung nahm zu. »Mein Mann ist Ironworker«, schrieb eine Frau an das Arbeitsamt, »hat aber seit 18 Monaten keine Arbeit. [Wir haben] kein Geld für die Miete. Wir haben es aufgegeben, uns an Arbeitsvermittlungen zu wenden. Ich frage mich, wie arm und zerlumpt wir sein und wie viele Kinder wir haben müssen, ehe man uns hilft. Wir können uns nur noch wenige Wochen über Wasser halten. Diese Welt ist nur noch ein guter Platz zum Sterben.«

Inzwischen betraf die Krise nicht mehr nur Arbeiter, sondern auch Zehntausende von Managern und Akademikern, die sich einmal zum Mittelstand gezählt hatten. Ein Drittel aller Ärzte in Brooklyn praktizierte nicht mehr. Makler und Banker wurden zu Hunderten entlassen, Tausende Geschäftsleute mussten ihre Neuwagen zurückgeben. Sechs von sieben Architekten hielten sich mit anderen Jobs über Wasser.

Voller Scham ob ihrer Notlage gingen Männer mit leeren Aktenkoffern aus dem Haus, um die Nachbarn zu täuschen, und standen dann mit anderen Arbeitslosen in den Schlangen.

*In den Schlangen stehen jetzt studierte Leute: Lehrer, Musiker, ... Ärzte, Apotheker, Anwälte, Buchprüfer. Da steht einer im feinen Leinenhemd, aber ohne Kragen oder Krawatte. Dort steht einer, dessen Kleidung offenkundig vor längerer Zeit von einem guten Schneider maßgefertigt wurde. [Einige] Gesichter sind gleichgültig oder verzagt ... anderen hingegen ist an den hohlen Wangen und starren Blicken*

**Auf dem Höhepunkt der Weltwirtschaftskrise war fast ein Drittel der Stadtbevölkerung arbeitslos, und viele, die ihren Job behalten hatten, mussten Gehaltskürzungen oder Teilzeitarbeit hinnehmen. Unten: Scharen von Männern stehen 1931 vor dem Büro für Arbeitslosensoforthilfe in der East 26th Street Schlange. Jimmy Walkers Regierung unternahm zwar diverse Versuche, um dem wachsenden Problem mit Hilfe von Einrichtungen wie dem Free Employment Bureau zu begegnen. Die wachsende Not der vielen Arbeitslosen in der Stadt konnte auf diesem Weg jedoch kaum gelindert werden.**

Während der Depression bewahrte so mancher Obdachlose seine wenigen Habseligkeiten in einer so genannten Hoover-Tasche auf oder schlief auf einer Parkbank unter einer Hoover-Decke aus Zeitungen. Doch die häufigste Verunglimpfung des Namens des Präsidenten diente zur spöttischen Bezeichnung der neuen Elendsquartiere, der so genannten »Hoovervilles«, die allerorten aus dem Boden schossen. Die bekannteste dieser Barackensiedlungen befand sich auf dem Gelände des alten Central Park Reservoirs (oben), dessen Abriss aus Geldmangel eingestellt worden war. 1931 war sie zur neuen Heimat Hunderter Arbeitsloser sowie zu einer Touristenattraktion geworden, wo täglich ein arbeitsloser Seiltänzer auftrat.

*anzusehen, welche Hölle sie durchmachen. Einer der Männer fiel letzte Woche einfach nach vorn und starb auf den Stufen einer Fürsorgeeinrichtung … Er hatte nicht gewusst, wohin er gehen sollte, oder wollte vielleicht nicht einmal dorthin gehen, bis Hunger und Erschöpfung ihr Werk vollendet hatten.*

Bruce Bliven

Ende 1931 gab es offiziell 95 Hungertote in New York. Die seit Jahrzehnten auf der Sheep Meadow im Central Park grasende Schafherde wurde in den Norden des Staates gebracht – aus Angst, die Tiere würden sonst geschlachtet.

Die Behörden auf Bundes-, Staats- und Kommunalebene waren angesichts des Ausmaßes der Katastrophe völlig überfordert. »Die provisorischen Hilfsprogramme der Regierung, die angesichts der Krise aufgestellt wurden«, bemerkte ein Journalist, »erinnern alle an ein schwaches Expeditionskorps, das in einen Krieg geschickt wurde, der nur drei Monate dauern sollte und sich stattdessen zu einem Weltkrieg ausgeweitet hat. Sie vertreten im Wesentlichen immer noch das Prinzip, Schwächlingen und Faulpelzen über die harte Zeit hinwegzuhelfen anstatt den Massen, die von einem wirtschaftlichen Massaker niedergemetzelt wurden.«

Private Wohlfahrtsverbände taten, was sie konnten, um die Not der mittellosen Menschen zu lindern. Der Verleger W. R. Hearst finanzierte Dutzende von Brotschlangen. Eine reiche New Yorkerin namens Marion Spore Bush zahlte jede Woche 1400 Dollar, um 3000 Menschen zu ernähren, was ihr den Spitznamen »Lady Bountiful« einbrachte. Alva Vanderbilt Belmont, die 1909 streikende Textilarbeiter unterstützt hatte, stellte nun Mittel bereit, um mehr als 1000 allein stehende Frauen zu beschäftigen. Insgesamt wurden über die private Wohlfahrt Arbeitsplätze für 37.000 New Yorker geschaffen.

Doch angesichts des enormen Bedarfs war das nur ein Tropfen auf den heißen Stein. 1931 waren fast eine Million Männer und Frauen in der Stadt arbeitslos, und es gab kaum Anlaufstellen, bei denen sie auf Hilfe hoffen konnten.

Die Bundesregierung lehnte nahezu jede Verantwortung für die steigende Zahl mittel-

loser Bürger ab. Präsident Herbert Hoover stand kurz vor dem Ende seiner Amtszeit und wurde von fast allen kritisiert. Er war der letzte von drei republikanischen Präsidenten, die mit Hilfe eines ebenso konservativen Supreme Court viele Sozialreformen aus der Zeit des Fortschritts wieder rückgängig gemacht hatten.

Die Bundesregierung von New York unter Gouverneur Franklin Roosevelt gehörte zwar zu den ersten, die mit einem umfangreichen Notstandsprogramm reagierten, um Hunderttausende mit Arbeit oder Direkthilfe zu versorgen. Die Fürsorgeeinrichtungen der Stadt brachen jedoch völlig zusammen. Von den staatlichen Geldern, die durch das Rathaus flossen, erreichte nahezu nichts die Menschen, für die sie gedacht waren. Den Großteil davon strichen Tammany-Beamte ein und gaben den Rest meist an treue Parteigänger weiter.

*New York City ist gewaltig, atemberaubend, faszinierend. Aber politisch ist New York ein Fehlschlag. Als Kommune ist es durch und durch korrupt und verkommen.*

Alva Johnson

In der von einer Wirtschaftskatastrophe verwüsteten Stadt waren Jimmy Walkers Mätzchen im Rathaus nicht länger amüsant. Anfang 1932 steuerte New York auf einen finanziellen Abgrund zu. In den 15 Jahren der Tammany-Regierung hatte sich der städtische Haushalt fast verdreifacht und war auf 620 Millionen Dollar gestiegen. Fast ein Drittel floss in die Tilgung der Schulden der Stadt. Diese wuchsen zudem täglich um 300.000 Dollar an, was ungefähr der Gesamtverschuldung aller US-Staaten entsprach.

Während des Wirtschaftswachstums in den 20er Jahren waren die in die Höhe schießenden Ausgaben der Stadt mit den rasch steigenden Grundstückssteuereinnahmen ausgeglichen worden. Nach dem Börsenkrach brach dieser Posten jedoch stark ein. Im Januar 1932 war Walker angesichts des drohenden Bankrotts und

**Vier Monate nach dem Börsenkrach am 6. März 1930 erlebte New York die größten und schwersten Unruhen seit vielen Jahren. Zehntausende von Demonstranten, allen voran die Mitglieder der Kommunistischen Partei, versammelten sich zum Internationalen Tag der Arbeitslosigkeit auf dem Union Square. Die Veranstaltung begann friedlich, doch als Vertreter der Stadt der Gruppe den Weitermarsch zum Rathaus untersagten, bahnte sich die Menge trotzig ihren Weg in Richtung Innenstadt, und die Polizei begann, die Demonstration aufzulösen. »Wer gekommen war, um Krawalle zu erleben, kam voll auf seine Kosten«, berichtete die**

***New York World*** **am nächsten Tag. »Frauen wurde mit Knüppeln ins Gesicht geschlagen, Jungen von Trupps aus sieben oder acht Polizisten verprügelt. Ein alter Mann wurde in einen Eingang gedrängt und immer wieder zu Boden geschlagen, nur um wieder auf die Füße gezerrt und mit Fäusten und Knüppeln erneut niedergemacht zu werden. Kriminalbeamte, ... viele von ihnen ohne Dienstmarke, rannten wild durch die Menge und brüllten, während sie all diejenigen schlugen und traten, die sie für Kommunisten hielten. Frauen wurden von der Menge zu Boden geworfen oder von Pferden umgestoßen. Männer, die schrien, sie seien keine Roten, brachen dennoch unter den Gummiknüppelschlägen zusammen.« Der Künstler Peter Hopkins, der das Handgemenge von seinem Atelier über dem Platz aus beobachtete, malte 1947 aus dem Gedächtnis *Riot at Union Square, March 6, 1930.***

**Rechts: Menschenschlangen auf beiden Seiten der West 18th Street in Manhattan. »Die Stadt New York«, schrieb die Reporterin Lorena Hickok 1931, »kämpft heute gemeinsam mit der Bundes- und der Staatsregierung, um das größte je initiierte Nothilfeprogramm umzusetzen, der schwierigste Job dieser Art, der je von einer Stadt seit Anbeginn der Welt in Angriff genommen wurde. Die Aufgabe besteht darin, 1.250.000 Männer, Frauen und Kinder, deren Überleben ausschließlich von öffentlichen Mitteln abhängt, mit Nahrung, Kleidung, Unterkünften und medizinischer Betreuung zu versorgen.«**

Präsident Hoovers Weigerung, ihm zu Hilfe zu kommen, schließlich gezwungen, Stützungskredite bei den Banken zu beantragen.

Die Banken erklärten sich zwar bereit, ihm die Gelder zu leihen, jedoch nur, wenn sie dafür die Bücher der Stadt prüfen, die Gehälter der städtischen Angestellten nach Bedarf kürzen und die Geschäfte der Stadt führen konnten. Trotz der Demütigung blieb dem verzweifelten Walker nichts anderes übrig, als die von den Banken diktierten Bedingungen anzunehmen. Auf diese Weise wurde dem New Yorker Bürgermeister erfolgreich die Kontrolle über die Stadt und ihre Behörden entzogen.

**WALKER GEHT**

*Die drei Dinge, die ein Tammany-Führer am meisten fürchtete, waren, in aufsteigender Reihenfolge ihrer Abneigung, Gefängnis, ehrliche Arbeit … und Biographie.*

E. L. Godkin, *The Nation*

Sieben Monate später war Walker weg. Seit Jahren hatte es Gerüchte über das ungeheuerliche Ausmaß der Korruption in seiner Regierung gegeben, doch in guten Zeiten hatte das kaum jemanden gestört. Weniger als ein Jahr nach dem Börsenkrach war die öffentliche Meinung gekippt. Im Frühjahr 1931 beauftragte Gouverneur Roosevelt den Richter und Reformer Samuel Seabury mit der Leitung der Untersuchungen über die sich verdichtenden Vorwürfe. Mit Seabury war Tammany Hall ein gefährlicher Gegner erwachsen. Dem strengen Richter wurde nachgesagt, seit seiner Kindheit einen unstillbaren Hass gegen Tammany zu hegen. Damals hatte ein kleiner Tammany-Beamter die Gruft der Familie Seabury in Greenwich Village platt walzen lassen, um sich an einem Immobiliengeschäft zu bereichern. Seabury hatte den Namen dieses Beamten nie vergessen: James J. Walker sr., der Vater von New Yorks großspurigem amtierendem Bürgermeister.

Seabury stürzte sich wie ein Racheengel auf die Untersuchung der Korruptionsvorwürfe. Binnen eines Jahres lud er 175 Zeugen vor, die das Rathaus als einen Ort beschrieben, an dem Schmiergelder gang und gäbe waren, Insiderinformationen und Einfluss verschachert wurden und praktisch jede Leistung ihren Preis hatte. Selbst die Polizei, so die Zeugen, betrieb Schutzgeldgeschäfte, indem sie ehrbaren Frauen auf der Straße mit Anklagen wegen Prostitution drohte, wenn sie sich nicht freikauften.

Der Zeuge Sheriff Thomas Farley konnte nicht erklären, wie er bei einem Jahresgehalt von 8500 Dollar fast 400.000 Dollar hatte sparen können. Angeblich stammte das Geld aus einer kleinen Blechdose bei sich zu Hause. »Wohl eine Art Zauberdose, Sheriff?«, entgegnete Seabury. Die Bürokraten der Stadt wurden in der Folge als »Blechdosen-Brigade« bekannt.

Walker selbst wurde als Letzter vorgeladen. »Es gibt nur drei Dinge auf dieser Welt, die ein Mann allein tun muss«, scherzte er gegenüber einem Reporter. »Auf die Welt kommen, sterben – und unter Eid aussagen.«

Am 25. Mai 1932 betrat Bürgermeister Jimmy Walker (oben) den New York Superior Court, um vor Richter Samuel Seabury unter Eid zu dem Korruptionsskandal auszusagen, in den seine Regierung verwickelt war. Walker wurde von einer Meute jubelnder Anhänger begrüßt, die ihm »Viel Glück, Jimmy!« und »Gib's ihnen, Jimmy!« zuriefen. Trotz seiner Beliebtheit wusste der leutselige Ex-Varietékünstler, dass ihn im Gerichtssaal der schwerste Auftritt seines Lebens erwartete. »Ein Scherz folgte dem anderen«, berichtete die *New York Times* (rechts) am nächsten Tag, »als er rundweg alle ›Rückschlüsse‹ und ›Unterstellungen‹ bestritt, auf denen, wie er behauptete, die ganzen Vorwürfe gegen ihn aufgebaut waren. In der Sitzung, die den ganzen Tag dauerte, schien sich der Bürger-

Am Morgen des 25. Mai 1932 bahnte sich der elegante Bürgermeister seinen Weg durch die 5000 Menschen vor dem New Yorker Amtsgericht am Foley Square und schritt betont zuversichtlich in den Gerichtssaal. Im Zeugenstand konnte er allerdings nur wenig tun, um Seaburys vernichtende Anklage zu entkräften.

*Nachdem er ein Jahr lang die Stinktiere in New Yorks politischen Wäldern aufgescheucht hat, verfolgt Anwalt Samuel Seabury nun laut bellend die Fährte eines Fuchses. Nie zuvor ist die Jagd so nah an den raffinierten kleinen Bürgermeister James John Walker herangekommen.*

*Time*, 30. Mai 1932

Am zweiten Tag seiner Zeugenaussage war Jimmy Walker vollständig der Wind aus den Segeln genommen. »Der alte fröhliche Bürgermeister ist nicht mehr derselbe«, bemerkte der Kolumnist Franklin P. Adams.

Seabury kam schnell zum Kern seines Falls, der nachweislichen Zahlung von Schmiergeldern in Höhe von fast einer Million Dollar, die Walker tapfer als »Spenden« zu rechtfertigen versuchte. Als Seabury den Bürgermeister im Juni »grober Unregelmäßigkeiten« bezichtigte und 15 konkrete Anschuldigungen gegen ihn erhob, war klar, dass Jimmy Walker gehen musste. Ende August schickte Gouverneur Roosevelt Al Smith, um seinem alten Freund und Schützling die Nachricht zu überbringen. »Jimmy«, sagte der, »du bist erledigt.«

27,151. NEW YORK, THURSDAY, MAY 26, 1932. TWO CENTS

# MAYOR ON STAND ANGRILY DEFENDS ACTS AND ACCUSES SEABURY OF PERSECUTION; ADMITS GIFT OF $246,692 STOCK PROFIT

**Says I. C. C. Has No Authority To Enforce Ten Commandments**

**YOUNG GROUP OFFERS PLAN TO REFINANCE HOME MORTGAGES**

Leading Banks to Subscribe to Central Loan Bank Bonds to Provide the Funds.

SMALL OWNER TO BENEFIT

Committee Also Weighs Wider Use of Trade Acceptances to Supply Business Credit.

MID-WEST BODY IS FORMED

**Scott of California to Name Hoover for Renomination**

**$2,300,000,000 ASKED FOR RELIEF IN SENATE**

Wagner Presents Democratic Measure, Calling for $500,000,000 Works Bond Issue.

$300,000,000 STATE LOANS

$1,500,000,000 Would Be Used for Self-Liquidating Enterprises Through Finance Corporation.

**PRUSSIAN DIET HALL WRECKED IN BATTLE**

Fists and Furniture Fly as 50 Reds Aid Comrade Attacked by 150 Nazis—Six Are Hurt.

BRUENING HINTED IN BREAK

Hindenburg Said to Refuse to Back Some of His Policies —Two to Confer Sunday.

**THOUSANDS AT COURTHOUSE**

Hot, Partisan and Noisy Crowds Cheer and Hiss Inside and Out.

SCENE LIKE A PRIZE FIGHT

700 Jammed, With Aid of Flying Wedge, Into Space for 300, as Passes Are Ignored.

PARK AVENUE BRINGS LUNCH

Four Women Come Prepared to Stay—Losers in the Rush Give Police All-Day Problem.

MAYOR WALKER ON THE STAND.

His Honor, in a Calm Moment, Undergoing Examination by Samuel Seabury.

**Full Text of Walker Testimony Before the Hofstadter Committee**

Mayor's Own Version of the Equitable Bus Negotiations, His Financial Affairs and His Trip Abroad as Brought Out in Questioning by Seabury.

**PARRIES COUNSEL ALL DAY**

Says He Kept Money Won for Him by Publisher in a Safe at Home.

TELLS OF $10,000 CREDIT

Asserts He Put Up $3,000 for Trip—Never Saw Equitable Man Who Bought Letter.

ACCUSES 'TRACTION CROWD'

Charges That Special Interests Ruined Bus Plan—Denies Ever Being Influenced by Hastings.

By F. RAYMOND DANIELL.

**meister des öfteren direkt an die Menge zu wenden. Manchmal geschah dies durch eine der bissigen Bemerkungen, für die er bekannt war. Manchmal durch eine Geste, das Hochziehen einer Augenbraue oder einen erhobenen Zeigefinger unter Mr. Seaburys Nase. Mr. Seabury behielt die ganze Zeit eine gleichgültige Haltung bei und gab selten schlagfertige Antworten.« An diesem Abend sprach der Bürgermeister im Madison Square Garden zu 18.000 jubelnden Anhängern und erklärte: »Ich bin immer noch der Bürgermeister von New York!« Vier Monate später trat er zurück.**

Am 1. September 1932 trat Walker zurück. Er schwor, noch einmal anzutreten und seinen Namen rein zu waschen. Dann reiste er mit seiner Geliebten, der Schauspielerin Betty Compton, an Bord des italienischen Passagierschiffs *Conte Grande* nach Europa. »Die schillernde, theatralische und größtenteils absurde Karriere ist schließlich in sich zusammengefallen«, schrieb die *Herald-Tribune*. »Die Absetzung von Mr. Walker als Bürgermeister«, erklärte Richter Seabury, »ist ein klarer Sieg für die höheren Werte des öffentlichen Lebens.«

## AUF BÜRGERMEISTERSUCHE

Walker war weg und Tammany Hall zum ersten Mal seit 15 Jahren auf dem Rückzug. Jetzt sahen die New Yorker Reformer ihre Chance, um das Rathaus zurückzuerobern.

Der Walker-Skandal rief geradezu nach einem echten Reformpolitiker, der die Situation nutzen und die Stimmen der republikanischen und demokratischen Wähler auf sich vereinigen konnte. Man brauchte nur den richtigen Mann.

Als der Idealist Seabury es ablehnte, diese Ehre auch nur in Erwägung zu ziehen, gab es für die Reformanhänger in der Stadt nur eine Wahl: Robert Moses, der renommierte Erbauer der öffentlichen Strände, Parks und Parkways. Von allen Zeitungen der Stadt gepriesen und von der Öffentlichkeit bewundert, war Moses ein hervorragender Redner und als »der Mann, der etwas durchzog«, bekannt. Das Rathaus, so schien es, war ihm nicht mehr zu nehmen.

Aber Richter Seabury sah etwas Beunruhigendes in Moses, eine Reserviertheit, die an Arroganz grenzte, einen Mangel an Volksnähe. Erschwerend kam hinzu, dass er ein Protegé von Al Smith war, der – selbst ein Tammany-Produkt – durch Moses vielleicht die Kontrolle über das Rathaus zurückgewinnen könnte.

Zum Entsetzen seiner progressiven Kollegen bestand Seabury auf der Ernennung eines kleinen, leicht reizbaren 51-jährigen republikanischen Ex-Kongressmitglieds namens Fiorello La Guardia, der sich durch seinen Kampf gegen Tammany und alles Übrige von Korruption und Dummheit Verdorbene einen Namen gemacht hatte. Laut Seabury konnte La Guardia nicht nur die Wahl gewinnen, sondern auch ein erstklassiger Bürgermeister werden.

Fast niemand war mit dieser Kandidatur einverstanden. Obwohl er weithin für seinen Mut und seine Integrität bewundert wurde, hielt man La Guardias politische Karriere für beendet. 1929 war er bei der Bürgermeisterwahl gegen Jimmy Walker angetreten und haushoch unterlegen. Bei der letzten Wahl 1932 hatte er nicht einmal seinen Sitz im Kongress behalten.

Doch Seabury sah in La Guardia einen Mann des Volkes, der seit Jahren mit Frau und Tochter in derselben Wohnung in East Harlem wohnte, eine Persönlichkeit mit ausgeprägtem Gewissen und voller Menschlichkeit.

La Guardia, 1882 in Lower Manhattan geboren, galt zwar als waschechter New Yorker, war aber auf einem Armeestützpunkt bei Prescott in Arizona aufgewachsen, wo sein Vater als Leiter des Musikkorps diente. Die Familie zog später nach Italien, wo der junge Fiorello seine erste Stelle im US-Konsulat in Triest antrat. Nach seiner Rückkehr finanzierte er sein Jurastudium an der New York University, indem er nebenher als Dolmetscher auf Ellis Island jobbte.

Als Anwalt vertrat La Guardia nach dem Brand der Triangle Shirtwaist Company streikende Arbeiter und gewann 1916 als Republikaner überraschend für einen überwiegend demokratischen Wahlbezirk in Lower Manhattan einen Sitz im Kongress. Nach Eintritt der USA in den Weltkrieg trat er dem neuen Army Air Service bei, flog Einsätze in Italien und ging weiterhin schriftlich seinen Kongressgeschäften nach.

In den 20ern wurde La Guardia siebenmal wieder gewählt – ein einsamer Reformer in einer konservativen Dekade, der seine Partei ein »vom Großkapital ausgehaltenes Weib« nannte. Er ging gegen Prohibition und Einwandererquoten vor und drängte auf staatliche Interventionen im Wohnungs- und Gesundheitswesen. Während einer Rede vor dem Kongress für eine Lebensmittelverordnung winkte er einmal mit einem rohen Stück Fleisch im Saal. Daraufhin wurde er als »Tobender Rebell«, »Bulle von Manhattan« und »Feuerball« bezeichnet.

*Aggressiv wie ein kämpfender Hahn, trägt er einen unpassenden Vornamen, der übersetzt »Blümchen« bedeutet. Seine Freunde überhäufen ihn mit lobenden Adjektiven: ehrlich, fähig, furchtlos und dergleichen. Seine Kritiker betrachten ihn als zu radikal.*

*Newsweek*

Bei den älteren Reformern weckte der reizbare, aufrührerische La Guardia Argwohn und Misstrauen. Er war, so hieß es, »halb Itaker, halb Amerikaner, halb Republikaner«. Wiederholt versuchten die Reformer, die Kandidatur von Robert Moses durchzusetzen. Ihre Absichten wurden jedoch ständig von dem gestrengen, weißhaarigen Seabury durchkreuzt, der einmal eine Sitzung mit den Worten verließ: »Sie sind zu Tammany übergelaufen. Auf Wiedersehen.«

Schließlich fügten sich Robert Moses' Anhänger Seaburys Macht und zogen sich zurück. Der Richter konnte nun den Kandidaten seiner Wahl frei bestimmen und nominierte La Guardia. »Er ist absolut ehrlich«, sagte Seabury. »Er ist ein sehr mutiger Mann. Und er kann gewinnen.«

Selbst in einer Wirtschaftskrise war es schwer, als Republikaner in New York zu kandidieren. Aber Fiorello La Guardia brachte hervorragende Voraussetzungen mit. Als praktizierendes Mitglied der Episkopalkirche mit einem italienischen Vater und einer jüdischen Mutter war er an sich schon ein ausgewogenes Wahlprogramm. Als ehemaliger Dolmetscher war er in der Lage in sieben Sprachen, u. a. Italienisch, Spanisch, Ungarisch, Kroatisch, Deutsch und Englisch, eine Rede zu halten. Als er von einem Gegner des Antisemitismus bezichtigt wurde, forderte er ihn zu einer Debatte heraus, vorausgesetzt, dass sie auf Jiddisch gehalten würde.

Am Tag des Urnengangs wurde die größte Wahlbeteiligung in der Geschichte der Stadt verzeichnet – gut zwei Millionen Wähler – und La Guardia mit deutlicher Mehrheit gewählt. Am 1. Januar 1934 um 12.05 Uhr legte der kleine, kampflustige, polyglotte Politiker in der stillen Bibliothek von Richter Samuel Seaburys Stadthaus in der East 65th Street den Amtseid ab, während auf den Straßen Tausende New Yorker die Aufhebung der Prohibition feierten.

Nach der Zeremonie schüttelte Seabury La Guardia die Hand und sagte: »Jetzt haben wir einen Bürgermeister in New York.«

**LA GUARDIA**

*1. Januar 1934. Zum ersten Mal seit 16 Jahren erwacht die Stadt heute morgen, um das Schicksal ihrer Bewohner in der Hand neuer Männer zu finden, die voller Energie und Verantwortungsbewusstsein sind. Dieses neue Jahr ist für die Bürger so einmalig, dass sie es kaum*

**Sofort nach seiner Vereidigung als Bürgermeister am 1. Januar 1934 verschrieb sich Fiorello La Guardia seinem Job. Er arbeitete 16 Stunden pro Tag an sieben Tagen die Woche und verwandelte seine Limousine, die mit einem Funkgerät ausgestattet war, in ein mobiles Rathaus. »Es schien, als sei die Stadt von einer Armee kleiner, fülliger Männer mit großen Hüten okkupiert worden«, bemerkte ein Richter. »Er war überall.« Der Bürgermeister erschien am Tatort eines Mordes, bei Autounfällen, Zugunglücken und Bränden und stürzte sich oft leichtfertig mit den Feuerwehrleuten und Rettungstrupps ins Gewühl. Doch seine manische Energie forderte von dem 51-jährigen Politiker ihren Tribut. Noch während seiner ersten Amtszeit gestand er seinem alten Freund, dem Senator Robert F. Wagner: »Ich bin manchmal so übermüdet, dass ich es kaum mehr aushalte.«**

*auf einmal erfassen können; seine Auswirkungen greifen vielleicht so sehr in das Leben aller Menschen in der Stadt ein, dass niemand eine Prophezeiung wagen würde.*

*Herald-Tribune*

Kein anderer Bürgermeister in der Geschichte New Yorks hatte so großen Einfluss. In seiner zwölfjährigen Amtszeit setzte La Guardia den Maßstab, an dem jeder andere Bürgermeister Amerikas über viele Generationen hinweg gemessen wurde. Und wie keiner vor oder nach ihm versuchte er, das Versprechen einer demokratischen kapitalistischen Stadt einzulösen.

Doch auch er hatte Fehler. »Ich bin autoritär, schwierig, despotisch, rücksichtslos, kompliziert, intolerant – und etwas theatralisch«, sagte er einmal in einem Einstellungsgespräch. Einem Berater verkündete er: »Ich habe den Tiefschlag erfunden.« Sein Temperament konnte so mit ihm durchgehen, dass er einmal festgehalten werden musste, damit er nicht auf andere Beamte einschlug. Sosehr er mit Lob für seine Mitarbeiter sparte, so schnell fühlte er sich beleidigt und ließ keine Gelegenheit aus, einen Untergebenen zu schikanieren. »Wenn Sie noch blöder wären«, schrie er einen Stenografen an, »würde ich Sie zum Commissioner machen!«

Oft blieb er stur bei seinen Entscheidungen, auch wenn sie unbeliebt waren, wie z. B. seine Anordnung, alle italienischen Drehorgelspieler von den Straßen zu holen. Doch er konnte auch Fehler eingestehen. Seinen Papierkorb bezeichnete er als »die wichtigste Akte« im Rathaus, und er wurde für den Spruch »Wenn ich einen Fehler mache, dann richtig« bekannt.

*Nur allzu oft besteht das Leben in New York aus einer Abfolge grauer Tage; und dabei kann es ein so tolles Abenteuer sein.*

Fiorello La Guardia

Als Bürgermeister war er überall: Er raste in einem Motorradbeiwagen zu Bränden – einmal rettete er einen Feuerwehrmann, der unter einem Stahlträger lag – und sonnte sich im Rampenlicht, als er in der Carnegie Hall das Stadtorchester dirigierte und dem Bühnenmeister befahl: »Keine Sonderbehandlung; behandeln sie mich einfach wie Toscanini.«

*Seine Ehren haben als Chef d'Orchestre ein paar Eigenarten. Gelegentlich schlägt er den Takt mit dem linken Fuß. Aber wir mögen seine Art zu dirigieren. Er weiß, wofür die Blechbläser da sind: um gehört zu werden. Er weiß, dass Orchestermusik das Blut in Wallung bringen soll.*

Howard Taubman,
Musikkritiker, *New York Times*

Im Rathaus arbeitete er gern an einem fast zehn Meter langen Tisch, der so wuchtig war, dass Besucher den kleinen Mann am anderen Ende oft gar nicht bemerkten. Briefe beantwortete er, noch während sie ihm vorgelesen wurden, ballte oft die Faust und gab barsche Antworten – »Sagen Sie ja, sagen Sie nein, ach werfen Sie ihn weg, sagen Sie ihm, er soll zur Hölle fahren« –, während zwei Stenografen nur mit Mühe Schritt halten konnten. Er saß nie still und drehte sich beängstigend auf seinem Stuhl, während er mit einem der sechs Summer auf seinem Schreibtisch vorsorglich seine Berater um sich sammelte. Der Schriftsteller John Gunther erinnerte sich, er habe noch nie jemanden gesehen, der im Sitzen so viel Energie verbrauche. La Guardias Mitarbeiter, die völlig erledigt waren, nachdem ihr Chef Feierabend gemacht hatte, blieben oft noch stundenlang im Büro und warteten auf seine Anrufe über das Funkgerät in der Limousine des Bürgermeisters.

An seinem ersten Tag im Rathaus drohte er dem 122 Jahre alten Bau herausfordernd mit der Faust und schrie: »È finita la cuccagna!« – »Kein kostenloses Mittagessen mehr!« Skeptische Reporter hatten das alles zwar schon einmal gehört, doch La Guardia zeigte, dass er es ernst meinte. Er strich Zehntausende traditioneller Tammany-Posten und wollte stattdessen eine »wissenschaftliche Regierung«, die auf Fachwissen und Kompetenz und gerade nicht auf Vetternwirtschaft basierte. Seine geplagten Mitarbeiter suchten das Land nach hoch qualifizierten Fachkräften für den Stadtrat ab. Anschließend warf er Dutzende von politischen Günstlingen und Tammany-Leuten hinaus, die nur ihre Zeit absaßen und die er als »dickbäuchige Ex-Barkeeper« verspottete. Alte Hasen im Rathaus waren erstaunt, immer mehr Juden und Italiener und vereinzelt sogar ein paar Afroamerikaner durch die Gänge eilen zu sehen.

*Mein ganzes Leben lang habe ich gehört, wie schlecht es den armen Juden … in Russland … Polen … Armenien … und jetzt Deutschland geht. Wenn ich mich heute Abend hier im Saal umschaue, sehe ich etwa Gouverneur Herby Lehmann. Er ist Jude. Der Bürgermeister ist Halbjude. Der Stadtverordnetenvorsteher, mein früherer Posten, ist Jude, genau wie Sam Levy, der Vorstand des Boroughs Manhattan. Ich frage mich allmählich, ob hier nicht auch einmal etwas für die armen Iren getan werden sollte.*

Al Smith, 1934

### NEW YORK / NEW DEAL

*Wir haben eine Aufgabe, die wichtiger ist als die Bekämpfung unserer politischen Gegner. Es gibt echte Feinde vor unserer Tür: Hunger, Schmutz, Elend und Krankheit. Arbeitslosigkeit, Inkompetenz, Untreue und Korruption. Das sind unsere wirklichen Feinde.*

Fiorello La Guardia

Es war eine Sache, die Korruption im Rathaus auszurotten und stattdessen eine neutrale Regierung einzusetzen. Eine ganz andere Sache hingegen war, sich der Verzweiflung und des Leids anzunehmen, das durch die katastrophale Wirtschaftskrise entstanden war. La Guardia wusste genau, was anstand, und wollte unbedingt sofort damit anfangen. Die Infrastruktur der Stadt – nach 15 Jahren Vernachlässigung und Missmanagement durch Tammany völlig marode geworden – musste vollständig erneuert, erweitert und modernisiert werden.

Auf diese Weise würden Zehntausende Männer wieder Arbeit finden, Zehntausende Familien hätten ein Einkommen, und die Selbstachtung der Menschen würde wiederhergestellt. Ein neues New York – fortschrittlich, modern, sauber und innovativ – würde entstehen. »Ich werde nicht eher ruhen«, erklärte La Guardia, »bis meine Geburtsstadt nicht nur in Bezug auf ihre Einwohnerzahl, sondern auch in Bezug auf gesundes Wohnen an erster Stelle steht; nicht nur in Bezug auf den Handel, sondern auch in Bezug auf das Gesundheitssystem; bis sie nicht nur schuldenfrei ist, sondern in Glück schwelgt.«

Von Anfang an stand jedoch der kleine Bürgermeister mit den großen Plänen mit dem Rücken zur Wand. Angesichts der wenigen finanziellen Mittel, der Machteinschränkungen und einer sich monatlich verschlechternden Wirtschaftslage hatte er praktisch keine Chance, seine hochtrabenden Pläne für New York umzusetzen. Wenige Wochen nach seiner Amtseinführung verlangte das für die New Yorker Finanzen zuständige Bankenkonsortium von dem neuen Bürgermeister, er solle das Budget der Stadt ausgleichen; ansonsten würde er ohne einen Cent dastehen. La Guardia fügte sich bereitwillig, kürzte öffentliche Dienstleistungen, entließ Tausende von Arbeitern und machte sich an die gewaltige Aufgabe, den Schuldenberg der Stadt zurückzuzahlen. Angesichts der desolaten Finanzlage musste er oft darum kämpfen, das Licht im Rathaus brennen zu lassen.

Nie zuvor waren die Konjunkturaussichten so trübe gewesen. Noch nie hatte eine größere Notwendigkeit zum Wiederaufbau der maroden Infrastruktur bestanden, noch nie waren die traditionellen finanziellen Ressourcen der Stadt – Banken, Broker, Immobilienhändler, Spediteure, Unternehmer aller Art – erschöpfter und selbst mehr auf Hilfe angewiesen.

Umso überraschender war es, dass La Guardia schon bald in der Lage war, den größten Ausbau des öffentlichen Dienstes in der Ge-

Fiorello La Guardias oberste Priorität war die finanzielle Sanierung der Stadt. Rechts spricht der Bürgermeister vor einem gemischten gesetzgebenden Ausschuss in Albany und verlangt die Durchsetzung seines Notstandsgesetzes. Tag für Tag nahm La Guardia den Frühzug in die Hauptstadt, bewaffnet mit Unmengen von Berichten und Statistiken, um die festgefahrene Tammany-Opposition auf seine Seite zu ziehen. Nach vier Abstimmungsniederlagen wurde das Gesetz dann am 10. April 1934, 100 Tage nach La Guardias Amtsantritt, verabschiedet. Endlich ermächtigt, die Stadtverwaltung abzuspecken und Gehälter zu kürzen, fing er bei sich selbst an und senkte sein Gehalt von 40.000 auf 22.500 Dollar.

schichte der Stadt sowie eines der ehrgeizigsten öffentlichen Bauprogramme in Angriff zu nehmen. Innerhalb erstaunlich kurzer Zeit hatte der Bürgermeister nicht nur Millionen, sondern gar Milliarden von Dollars zu seiner Verfügung. Noch erstaunlicher war es, dass New York selbst die Mittel bereitstellte und somit die Stadt und die Nation aus der Depression führen konnte.

Rückblickend war es vor allem die radikale Wende in der Politik der US-Regierung, die New York diesen Umschwung ermöglichte. Diese größte politische Umwälzung seit den Anfängen der Republik wurde als »New Deal« bezeichnet und markierte in vielerlei Hinsicht den Höhepunkt und den Anfang vom Ende von New Yorks Macht über das ganze Land.

Ein Großteil des New Deal hatte seinen Ursprung in New York. Er entstand in den ersten Jahrzehnten des 20. Jahrhunderts auf den Straßen von Manhattan und im Regierungsgebäude in Albany. Jetzt, als die Not am größten war, wurden die politischen Reformideen der Stadt nach Washington getragen und in großem Stil auf die Bundespolitik ausgedehnt.

1932, nur vier Jahre nachdem die Amerikaner Al Smith und allem, wofür er stand, im heftig umstrittenen Präsidentschaftswahlkampf von 1928 eine so schwere Niederlage beigebracht hatten, zog ein anderer New Yorker mit einem überwältigenden Sieg ins Weiße Haus ein. Als Franklin Delano Roosevelt im Frühjahr 1933 nach Washington kam, hatte er ein ganzes Geschwader fähiger New Yorker im Schlepptau, die fast 20 Jahre praktische Erfahrung in der für New York typischen progressiven Regierung mitbrachten. Roosevelts neue Truppe zwang die US-Behörden dazu, die Trägheit der Hoover-Jahre aufzugeben und auf staatlicher Ebene das umzusetzen, was New York seit dem Brand der Triangle Waist Company auf Landes- und Kommunalebene getan hatte, d. h. Regierungsmittel bereitzustellen, um vor allem in Krisenzeiten korrigierend in die Wirtschaft und das Leben des amerikanischen Volkes einzugreifen.

Roosevelts Verwaltungsapparat bestand von den höchsten bis zu den niedrigsten Rängen aus einem Netz aus Sozialarbeitern, Arbeiterführern, Settlement-House-Arbeitern und Behördenchefs, die ihre Ideen auf den Straßen New Yorks getestet hatten. Da war Harry Hopkins, ein ehemaliger Sozialarbeiter aus Manhattan, der Roosevelts staatliche Hilfsprogramme in Albany geleitet hatte und jetzt ein Abkürzungswirrwarr an Bundesbehörden schuf – die CWA, PWA, WPA, CCC usw. –, um Millionen von bedürftigen Amerikanern Unterstützung und Arbeitsplätze zu verschaffen. Da war Frances Perkins, langjährige Mitarbeiterin der Factory Investigating Commission, die Roosevelt jetzt zur Arbeitsministerin und zum ersten weiblichen Kabinettsmitglied überhaupt ernannte. Sie entwickelte alsbald ein innovatives Sozial-

Unter der Schirmherrschaft der vom Staat finanzierten Works Progress Administration wurden Tausende von Künstlern beauftragt, die öffentlichen Gebäude der Stadt mit Wandgemälden und anderen Kunstwerken zu schmücken. In der Rotunde des Custom House auf dem Bowling Green in Lower Manhattan fertigte Reginald Marsh im Herbst 1937 eine Reihe von Fresken an, die die Ankunft eines riesigen Ozeandampfers (der eine leichte Ähnlichkeit mit der französischen *Normandie* aufweist) im New Yorker Hafen darstellen. Hier sind vier der 16 Bilder zu sehen. Das erste zeigt das große Schiff, wie es dampfend durch die Upper Bay fährt, vorbei an der Freiheitsstatue und auf die Skyline von Lower Manhattan zu. Das zweite stellt den Schiffslotsen dar, der an Bord klettert, um das Schiff zu seinem Anlegeplatz an den Hudson-Piers zu steuern. Das dritte bildet die Presseleute der Stadt ab, wie sie den ankommenden Filmstar Greta Garbo auf einem Oberdeck interviewen. Das vierte veranschaulicht die Löschung eines Teils der wertvollen Fracht, darunter eine teure europäische Limousine. Marsh und seine Assistenten bekamen von der Regierung 1560 Dollar für diesen Auftrag.

versicherungssystem für Arbeiter. Im Kongress nutzte Perkins' Ex-Kollege in der Factory Commission und jetziger US-Senator aus New York, Robert F. Wagner, seine ausgeprägte Gabe für politischen Konsens, um die Finanzierung von Roosevelts mutigen Hilfsprogrammen in Höhe von einer halben Milliarde Dollar durchzusetzen. Und obwohl sie keinen offiziellen Titel trug, gab es da noch die First Lady, Eleanor Roosevelt, die jahrelang in der New Yorker Settlement-Bewegung aktiv gewesen war und jetzt als eine Art Sonderbotschafterin für die Fortschrittsbewegung in Washington auftrat.

Es war eine erstaunliche Kehrtwende. Ende 1934 wurden Milliarden Dollar staatlicher Hilfen über Hunderte neuer Bundesbehörden nach New York und in andere Not leidende Gebiete im ganzen Land weitergeleitet und wirkten sich auf fast alle Lebensbereiche der Amerikaner aus. Jetzt gab es Gelder für Soforthilfeprogramme für Arbeitslose, für langfristige Initiativen im Gesundheitswesen sowie auf dem Gebiet der Sozialhilfe und Arbeitsreform und, was in der dunkelsten Stunde der Krise am meisten überraschte, für groß angelegte öffentliche Bauvorhaben, die Fiorello La Guardia zum Kernstück seiner Pläne für New York gemacht hatte.

Kurzfristig erwies sich der New Deal als Rettungsanker für die Stadt, die ihn erfunden hatte, da schon bald Geld für den Bau von Schulen, Krankenhäusern, Highways, Colleges, Gesundheitszentren und Flughäfen nach New York floss. Langfristig veränderte er jedoch für immer die Vormachtstellung der Stadt. Mit dem New Deal hatte New York seine Ideale in die amerikanische Hauptstadt und von dort ins ganze Land exportiert. Dadurch hatte New York jedoch zum ersten Mal seit 1804 zur Entstehung eines echten Rivalen um die wirtschaftliche Macht beigetragen: einer neu definierten Bundesegierung, deren Einfluss immer stärker wurde.

Es dauerte Jahrzehnte, bis die Auswirkungen dieser Veränderung in vollem Maße sichtbar waren. In der Zwischenzeit erkannte niemand im Land das außergewöhnliche Potenzial des New Deal deutlicher als La Guardia, der in den folgenden Monaten und Jahren erstaunliche Summen aus den neuen staatlichen Hilfs- und Wiederaufbauprogrammen herauskitzelte.

Die Washingtoner Beamten halfen bereitwillig – nicht nur, weil der New Deal in New York, d. h. der Heimatstadt La Guardias und des Präsidenten, seinen Ursprung hatte. Schließlich war New York auch das Zentrum der Weltwirtschaftskrise, die Finanzhauptstadt, in der alles begonnen hatte, und der Ort, wo ihre verheerenden Auswirkungen am spürbarsten und, dank der Medien, auch am sichtbarsten waren. Für die Welt stand New York im Großen und Ganzen für Amerika. Sowohl symbolisch als auch de facto hatte seine Genesung oberste Priorität.

Die Bemühungen der Stadt um staatliche Hilfen wurden dadurch begünstigt, dass Fiorello La Guardia für seine Integrität bekannt war. In anderen Städten verschwanden Gelder oft auf mysteriöse Weise, bevor sie zu ihrem Bestimmungsort gelangen konnten, z. B. in Boston, wo der zuständige Beamte eine Aufsicht durch die Bundesbehörden sofort abgelehnt hatte, oder in San Francisco, dessen Bürgermeister zugab, dass nur Mitglieder der Demokratischen Partei Anrecht auf Unterstützung hätten. Ausgerechnet in New York wurden die Gelder tatsächlich für die vorgesehenen Zwecke ausgegeben. »New York City«, schloss ein Bericht, »ist bemerkenswert frei von politischer Kontrolle oder politischem Einfluss.«

Die Stadt hatte noch einen weiteren und letztlich vielleicht entscheidenden Vorteil. Trotz der Partei-, Klassen- und Charakterunterschiede verstanden sich der neue Präsident und der

**Der Bürgermeister hatte einen ausgeprägten Sinn für Dramatik. Bei der Vereidigung des neuen Polizeichefs, John F. O'Ryan, mit den Worten »Vertreiben Sie die Gauner, oder verschwinden Sie« erklärte er Gangstern und Spielhöllen den Krieg und nahm angesichts eines Haufens konfiszierter Spielautomaten vor laufenden Kameras selbst den Vorschlaghammer in die Hand (links).**

Als Robert Moses im Januar 1934 das New York City Park Department übernahm, bestand die Central Park Menagerie nur noch aus 22 verrottenden Schuppen. Aus Angst, einige Tiere könnten ausbrechen, hatten Moses' Vorgänger Männer mit Gewehren vor den Löwenkäfigen positioniert und angeordnet, die Tiere im Brandfall zu erschießen. In weniger als einem Jahr baute Moses das Tiergehege vollständig wieder auf und benannte es in Central Park Zoo um. Oben rechts: Am Eröffnungstag, dem 2. Dezember 1934. La Guardia, der den Pomp der Einweihungszeremonien liebte, bestand darauf, fast alle Park- und Spielplatzprojekte von Moses persönlich eröffnen zu dürfen: 60 Festakte 1934 und mehr als 250 im Jahr 1937. Rechts: Der Bürgermeister wird bei einem städtischen Freizeitprogramm 1940 von Kindern umringt.

**Oben: Die Baumaßnahmen im De Witt Clinton Park mitten im Industrieviertel der West Side von Manhattan Ecke 45th Street und Eleventh Avenue.**
**Unten: Dame spielende Männer im Fort Greene Park in Brooklyn am 24. September 1934.**

*Der Einfluss von La Guardia auf New York ist immens … Robert Moses, der Park Commissioner – politisch konservativ und absolut autokratisch in seinen Methoden – hat mit seinen Maßnahmen Wunder vollbracht … Was all die neuen Parks, die neuen Highways, die neuen Krankenhäuser, die neuen, preiswerten Wohnungen, die neuen Kläranlagen, die Verbesserung der öffentlichen Verkehrsmittel und den neuen Flughafen angeht, so hat New York der Großzügigkeit Washingtons viel zu verdanken. Jedoch nicht alles: Denn obwohl der New Deal seit 1934 eine Milliarde nach New York gepumpt hat, musste die Stadtkasse 800 Millionen Dollar selbst auftreiben, um die Milliarde zu bekommen.*

John Chamberlain, 1939

neue Bürgermeister hervorragend. »Die Türen des Weißen Hauses öffnen sich sofort, wenn er kommt«, schrieb die *Albany Times-Union*, »und der Präsident ist nie zu beschäftigt, um sich nicht zu ihm zu setzen und mit ihm zu plaudern.«

> *Unser Bürgermeister ist der umgänglichste Mann, den ich kenne. Er kommt nach Washington und erzählt mir eine sehr traurige Geschichte. Tränen laufen mir und auch ihm über die Wangen, und plötzlich bemerke ich, dass er mir schon wieder 50 Millionen Dollar abgeluchst hat.*
>
> Franklin Delano Roosevelt

La Guardia benutzte als einer der Ersten häufig das Flugzeug. Er flog früh am Morgen nach Washington und war am Nachmittag wieder im Rathaus, meist mit einem weiteren Versprechen staatlicher Hilfe. Da er seine Stadt unbedingt zum Musterbeispiel für all das machen wollte, wofür der New Deal stand, war er, so hieß es, »ein kleiner Frank Roosevelt«, und am Ende funktionierte diese Beziehung, weil sie beiden Männern diente. Der Bürgermeister brauchte dringend Regierungsgelder, die nur Roosevelt zur Verfügung stellen konnte. Der Präsident wollte diese Gelder dringend ausgeben – konstruktiv, schnell und vor allem sichtbar – und wusste, dass er sich diesbezüglich auf La Guardia verlassen konnte. Innerhalb weniger Monate flossen Millionen Dollars vom Potomac zum Hudson und versorgten La Guardia mit den Mitteln, die er zur Erfüllung seines Traums brauchte. Jetzt brauchte er nur noch jemanden, der den Traum realisierte.

### MOSES UND LA GUARDIA

> *Ich fühle mich wie ein Künstler oder Bildhauer … Ich kann New York sehen, wie es sein soll und wie es sein kann, aber jetzt bin ich wie der Mann, der eine Idee hat, die er meißeln oder malen möchte, der das Modell vor sich hat, der aber … keinen Meißel oder Pinsel hat.*
>
> Fiorello La Guardia

Es gab einen Mann, so wusste La Guardia, der New York in ein, wie er sagte, »riesiges Laboratorium städtischen Wiederaufbaus« verwandeln konnte, den Wunderheiler von Long Island, dem zwar die Bürgermeisterkandidatur versagt geblieben war, der jedoch nach wie vor als ein Charakter bekannt war, der »etwas durchzog.«

Wenige Tage nach seiner Wahl bat der designierte Bürgermeister Robert Moses, City Park Commissioner zu werden. Moses war einverstanden, doch er erhob Bedingungen. Er wollte alle alten Bezirksparkverwaltungen zu einer einzigen, für die ganze Stadt zuständigen Abteilung unter seiner Leitung zusammenfassen. Zudem bestand er darauf, all seine Staatsparkposten auf Long Island zu behalten. Und er forderte noch ein weiteres Amt: Geschäftsführer und Generaldirektor der Triborough Bridge Authority, eines groß angelegten öffentlichen Bauprojekts, das Manhattan, die Bronx und Queens miteinander verbinden sollte, und das schon so lange vor sich hindümpelte, dass es inzwischen »die Brücke ins Nichts« genannt wurde.

Da La Guardia den Baumeister unbedingt an Bord haben wollte, war er mit allen Forderungen einverstanden. Er setzte sich damit über die Bedenken einiger Berater hinweg, die Moses zwar schätzten, jedoch Angst davor hatten, so viel kommunale Macht in die Hände eines einzigen Mannes zu legen. Schließlich schrieb Moses selbst – den Al Smith einmal als »besten Gesetzestexter« bezeichnet hatte – das Gesetz, das ihm seine neue Position einrichtete und warf an seinem ersten Amtstag alle alten Borough-Beauftragten und deren Mitarbeiter hinaus.

Er erklärte, dass keine Zeit zu verlieren sei. Nach 15 Jahren Vernachlässigung durch Tammany waren die Spielplätze und Anlagen der Stadt zu Ruinen verkommen. »Die Parks waren in einem erbärmlichen Zustand«, erinnerte sich Robert Moses später. »Tausende von Bäumen … zu Feuerholz für politische Günstlinge zerhackt. Die Zoos waren schmutzige Feuerfallen … die Wärter hatten Gewehre auf dem Schoß, um bei einem Brand wilde Tiere zu erschießen.«

Für die Zusammenstellung seines Eliteteams aus »Moses-Männern«, mit denen er auf Long Island gearbeitet hatte, stellte er rasch 600 arbeitslose Architekten und Ingenieure ein und ließ sie dann an Zeichenbrettern arbeiten, die hastig in der Garage hinter dem Büro der Parkbehörde im Central Park aufgestellt worden waren. Als die Männer am Ende ihres ersten Arbeitstages gehen wollten, wurden diejenigen mit den dringendsten Projekten angewiesen, die ganze Nacht zu bleiben – oder gar nicht mehr zu kommen. Alle blieben und legten sich zwischendurch kurz auf die Feldbetten, die in den Gängen aufgestellt worden waren.

Eine der drastischsten frühen Parksanierungen von Moses betraf den Bryant Park, eine zwei Hektar große Grünfläche im Zentrum von Midtown Manhattan Ecke 42nd Street und Sixth Avenue hinter der New York Public Library. Aus dem ursprünglichen Armenfriedhof und späteren Standort des Crystal Palace entstand 1884 ein Park, benannt nach dem Dichter und wichtigsten Befürworter des Central Park, William Cullen Bryant. 1932 errichtete Tammany Hall anlässlich der Feierlichkeiten zu George Washingtons zweihundertstem Geburtstag (sowie als Beschäftigungstherapie für treue Parteigänger) am Westende des Parks eine häßliche Gipskopie der Federal Hall, deren bröckelnde Reste im Winter 1934 von Moses' Arbeitern schnell beseitigt wurden. Binnen weniger Monate schufen Moses und seine Männer (die nach Entwürfen von Lusby Simpson, Aymar Embury II und Gilmore D. Clarke arbeiteten) eine exquisite Oase mitten in der Stadt, einen Garten im französischen Stil, dessen Rasenfläche von 200 Platanen und einer Reihe gepflasterter Fußwege umgeben war. Außerdem gab es einen eleganten Brunnen, der dem Andenken an die Sozialreformerin des 19. Jahrhunderts, Josephine Shaw Lowell, gewidmet war. Hinter dem Park erhob sich wie eine Kulisse die imposante Fassade der öffentlichen Bibliothek, die von den Architekten John Carrère und Thomas Hastings entworfen worden war.

Links: New Yorker Bürger entspannen sich in der Mittagspause im Bryant Park (1935).

Rechts: Blick nach Süden entlang des West Side Improvement, zwischen 1935 und 1937 von Robert Moses gebaut. Moses verdreifachte die Größe von Olmsteds und Vaux' ursprünglichem Riverside Drive und Riverside Park (der entlang der Wohnblocks auf der linken Seite verläuft) und verwandelte einen hässlichen Industriehafen in eine sechs Meilen lange landschaftlich gestaltete offene Fläche mit Parks, Freizeiteinrichtungen und einer Zufahrtsstraße, die Henry Hudson Parkway getauft wurde. Das ausgedehnte, aber gepflegte Areal, das daraus entstand, wurde zum charakteristischen Merkmal des Bauherrn – was Robert A. Caro später als »Landschaft von Moses« bezeichnete. »Dies ist also das Hudson-Ufer«, erklärte Moses, »Industriemagnaten überblicken die Upper und Lower Bay und die Jersey-Piers. Automassen rasen oder kriechen durch den Riverside Park und den West Side Highway hinunter, vorbei an den unvergleichlichen, unberührten Palisaden. Im Vergleich dazu ist der Rhein mit seinen Burgen nur ein Rinnsal zwischen Weinbergen. Ich frage mich, ob unser Volk mit seiner Besessenheit für das heruntergekommene Inselinnere von Manhattan den Hudson überhaupt verdient. Was für ein Ufer! Was für eine Insel, die man für 24 Dollar kaufen kann!«

Mittlerweile trieben in der gesamten Stadt Moses' Aufseher, unbarmherzige irische Vorarbeiter, die als Ladestöcke bezeichnet wurden, frisch rekrutierte Heere mittelloser Arbeiter aus Hilfsprogrammen zu einem 80.000 Mann starken, disziplinierten Bautrupp zusammen.

*Wir haben Männer übernommen, die ohne Plan und ohne Aufsicht arbeiteten. Die Pläne sind jetzt gemacht, die Aufsicht ist da, und wir erwarten, dass die Männer voll arbeiten.*

Robert Moses

Der Winter 1934 war einer der kältesten überhaupt. Die Temperaturen fielen im Februar auf durchschnittlich -11,5 °C. Die Männer wollten ihre Arbeitsplätze keinesfalls verlieren und hielten durch. Im März und April wurde in drei Schichten 24 Stunden am Tag geschuftet.

Am 1. Mai – dem ersten warmen Samstag des Jahres – waren die New Yorker, die es in die Parks zog, erstaunt über die Verwandlung. Moses' Truppen hatten Rasen neu gesät, Parkgebäude gestrichen, Zäune wieder aufgebaut und Tennisplätze erneuert. 11.000 neue Bäume waren gepflanzt und 38 Meilen Spazierwege neu gepflastert worden. Insgesamt waren 1700 Sanierungsprojekte abgeschlossen.

Doch das war noch nicht alles. Im Sommer wurden weitere Einrichtungen eröffnet: zehn neue Golfplätze, 240 neue Tennisplätze, 51 neue Baseballfelder. Nach Entfernen des Bauzauns um den Bryant Park an der 42nd Street war nun ein eleganter Garten an die Stelle eines verwahrlosten Grundstücks getreten. Neue Zoos entstanden zuerst im Central Park und dann im Prospect Park. In den beiden folgenden Sommern wurden 17 neue Schwimmbäder gebaut, darunter zehn »Millionen-Dollar-Bäder.«

*Zu jeder Eröffnung wurden Statistiken herausgegeben, die der Öffentlichkeit schier unglaublich erschienen. Der Astoria Pool bot angeblich Platz für 6200 Badegäste. Niemand hatte vorher etwas Derartiges gehört, aber es stellte sich alles als absolut wahr heraus.*

*Architectural Forum*

Moses baute Hunderte neuer Spielplätze, manchmal wurden 15 an einem Tag eröffnet. Der Bürgermeister stand dabei immer an einem speziellen Rednerpult, das seine kleine Statur kaschierte. »Okay, Kinder«, schloss La Guardia jede Rede, »er gehört euch!« »Wenn die Kinder dieser Stadt wählen dürften«, schrieb Moses, »könnte der Bürgermeister allein mit ihren Stimmen wieder gewählt werden.«

An der Südostküste von Queens und der Nordostküste der Bronx entstanden zwei riesige öffentliche Badeanstalten: Jacob Riis Beach

**Robert Moses erhält 1934 eine Auszeichnung von einem Kinderklub. Die meiste Zeit seiner langen Laufbahn wurde Moses von der Stadtpresse fast ausschließlich gepriesen. »Robert Moses hat eine Stadtwüste zum Blühen gebracht«, erklärte die *New York World-Telegram* 1934 und lobte seine zahlreichen neuen Spielplätze. In späteren Jahren, als viele seiner Projekte unter Beschuss gerieten, konnte Moses immer noch auf das Wohlwollen fast aller Zeitungen der Stadt zurückgreifen, von der *New York Times* bis zur *Daily News*.**

und Orchard Beach – elegante städtische Gegenstücke zu Jones Beach. Jede fasste über eine Viertelmillion Badegäste. Insgesamt bereicherte Moses New York um fast 6500 Hektar Land und über 8000 Hektar Parklandschaft.

> *In diesem Moment kann man in New York City das größte Parksystem der Welt in Betrieb sehen, man kann es leuchten sehen, gestutzt und grün, mit Hilfe von 166.000.000 Dollar, die in drei Jahren dafür ausgegeben wurden. Und das ist eine Sehenswürdigkeit, die so viel wert ist wie alle anderen zusammen.*
>
> *Architectural Forum*

Wie auf Long Island erweiterte Moses die Definition von Parks um die Parkways, die trotz ihrer landschaftlichen Gestaltung eigentlich Highways waren. In den Folgejahren baute er Parkways von über 100 Meilen Länge innerhalb der Stadtgrenzen – den Henry Hudson, den Grand Central, den Interborough, den Belt – und verband sie dann mit seinen Parkways auf Long Island und zwei neuen Straßen in Westchester zum ersten Highway-System der USA. Keine andere amerikanische Stadt hatte bisher auch nur eine einzige Meile einer solchen Verkehrsader gebaut. Während ihre Beamten noch immer das Kleingedruckte in den neuen Baugesetzen lasen, lagen Moses' Pläne schon fertig auf den Tischen der Washingtoner Behörden.

Für Moses selbst war die Stadtsanierung, die er als West Side Improvement bezeichnete, die erfreulichste Leistung: Die alten New-York-Central-Schienen wurden planiert und 53 Hektar Gelände aufgeschüttet, um Platz für einen 11 Meilen langen Parkway, den Henry Hudson, zu machen. Daneben wurde der Riverside Park erweitert, Dutzende Spielplätze, Tennisplätze, Handball- und Basketballplätze, Baseballfelder und ein öffentlicher Jachthafen an der 79th Street wurden eingerichtet. Durch die enorme Ausdehnung der Parkflächen und die gleichzeitige Schaffung schöner Fahrstrecken am Wasser nutzte das Projekt die Topografie des Gebiets auf geniale Weise, um sowohl Fußgängern als auch Autofahrern zu dienen. Das Ergebnis war, wie der Kritiker Lewis Mumford schrieb, »die beste Planung in großem Maßstab seit der Erschließung des Central Park«.

Weniger als ein Jahr nach der Wahl von 1934 begannen Fiorello La Guardia und Robert Moses mit der Umgestaltung der New Yorker Landschaft. Es war der Beginn einer außergewöhnlichen Bau- und Entwicklungsära, in deren Verlauf die Metropole die modernste städtische Infrastruktur der Welt erhielt. Doch all die neuen Bauprojekte konnten nicht verbergen, dass es in der ganzen Stadt nach wie vor große soziale Probleme und Ungerechtigkeiten gab – Konflikte, die durch den Ausbruch der Weltwirtschaftskrise nur verschlimmert worden waren. Eines der ältesten und hartnäckigsten Probleme eskalierte schon bald auf den Straßen und Avenues von Harlem, als im Frühjahr 1935 mehr als 30 Jahre relativer Rassenruhe in New York ein tragisches, gewalttätiges Ende fanden.

### DER AUFSTAND IN HARLEM

> *Wenn eine Harlemer Kasse klingelt, ist der Finger auf der Taste in 85 von 100 Fällen weiß. Harlem hat keine großen Industrien und nur einige kleine, in denen die Bewohner Arbeit finden. Harlem ist einfach eine riesige Pension.*
>
> *Fortune*

Die Weltwirtschaftskrise traf die Hauptstadt der schwarzen Amerikaner härter als jeden anderen Stadtteil. Die Harlem Renaissance zehn Jahre zuvor war kein ökonomischer, sondern ein künstlerischer Triumph gewesen, und unmittelbar nach dem Börsenkrach begann der Verfall des fragilen Wohlstands in diesem Viertel.

Die Arbeitslosenrate, in Harlem seit jeher höher als im Rest der Stadt, erreichte schon bald 50 Prozent. Tausende von mittellosen Familien verloren ihre Wohnungen und nahmen jede Unterkunft an, die sich ihnen bot. Sie teilten sich mit Freunden oder Nachbarn ein Heim, bis Harlem 1935 die Lower East Side als den Bezirk mit der höchsten Bevölkerungsdichte überholt hatte. Sozialarbeiter schätzten, dass einige Blocks in Harlem mit je 3000 Menschen voll gestopft waren. Ein Block hatte sogar 4000 Bewohner. Als Elend und Verzweiflung weiter zunahmen, wurde auch der Druck auf die völlig unzureichende medizinische Versorgung in Harlem stärker. Es gab nur ein einziges Krankenhaus mit 273 Betten und 50 Babykörben für mehr als 200.000 schwarze New Yorker, die sich doppelt so oft mit Lungenentzündung und Typhus infizierten wie Weiße. Die Zahl der Tuberkulosekranken war sogar fünfmal so hoch.

Das Elend wurde durch den Rassismus noch verschärft. In ganz New York, wie auch im übrigen Land, war Diskriminierung ein fester Bestandteil der Arbeitswelt. Die meisten Firmen stellten Schwarze – wenn überhaupt – nur als Hilfsarbeiter ein. 1935 gab es in der modernsten

**Am 19. März 1935 kam es in Harlem zu Ausschreitungen, bei denen über 200 Geschäfte, die im Besitz von Weißen waren, zerstört wurden (rechts ein von Schwarzen betriebenes Geschäft auf der 125th Street, an das man während des Aufruhrs – in der Hoffnung, vom Mob geschont zu werden – hastig Schilder gehängt hatte.) Die Unruhen, erklärte Reverend Adam Clayton Powell sr. von der Abyssinian Baptist Church, waren »ein offener, unorganisierter Protest gegen leere Mägen, überfüllte Mietshäuser, schlechte hygienische Verhältnisse, verfaulte Nahrungsmittel, betrügerische Vermieter und Händler, gegen Diskriminierung bei den Hilfsprogrammen, Entrechtung und gegen das Desinteresse der Verwaltung«.**

Stadt der USA keine schwarzen Telefonistinnen, Milchmänner, Apotheken- oder Krankenhausangestellten. 24 Gewerkschaften der Stadt verweigerten Schwarzen die Mitgliedschaft. Die große Metropolitan Life Insurance Company, die in Harlem mehr als 100.000 Versicherungsnehmer hatte, beschäftigte generell keine Schwarzen.

Selbst Regierungsprogramme, die das durch die Weltwirtschaftskrise verursachte Leid lindern sollten, waren von Rassismus durchsetzt. Weiße Vorarbeiter öffentlicher Hilfsprogramme wiesen afroamerikanische Bewerber routinemäßig ab. Daher wunderte es niemanden, dass die neuen öffentlichen Einrichtungen des New Deal nicht gleichmäßig über die Stadt verteilt waren. Im Riverside Park hatte Robert Moses in den südlich der 125th Street gelegenen Teilen des Parks an der Südgrenze von Harlem Dutzende von Spielplätzen gebaut, im Norden hingegen nur einen, und das auch nur auf La Guardias Drängen hin. In die verzierten Eisengitter vor den öffentlichen Toiletten ließ Moses, bekannt für seine Liebe zum Detail, seine Arbeiter Affenskulpturen einarbeiten.

Als Gipfel der Scheinheiligkeit empfanden die Harlemer die Situation im Zentrum ihres eigenen Stadtteils. Kein einziger Afroamerikaner arbeitete in den über 20 von Weißen betriebenen Geschäften auf der 125th Street, der Hauptgeschäftsstraße des Viertels, als Verkäufer.

1934 organisierten Harlemer Führer eine Reihe von Demonstrationen vor den weißen

**Während des Zweiten Weltkriegs, nur acht Jahre nach der Revolte in Harlem, brachen erneut Unruhen aus, nachdem ein weißer Polizist einen schwarzen Militärangehörigen erschossen hatte. Der afroamerikanische Künstler William H. Johnson hielt den Aufstand von 1943, bei dem sechs Menschen ums Leben kamen, in seinem Bild *Moon over Harlem* (ca. 1944) fest.**

Läden auf der 125th Street, die sich weigerten, Schwarze einzustellen. Woche für Woche marschierten die Protestler auf und ab und hielten Schilder mit der Aufschrift »Kauf nicht dort ein, wo du nicht arbeiten kannst!« hoch. Die Demonstrationen fanden ein Ende, als ein weißer Richter den friedlichen Protest zum Ärger der schwarzen New Yorker für illegal erklärte und seine sofortige Beendigung anordnete.

Wiederholt beknieten schwarze Aktivisten La Guardia – einen der wenigen US-Politiker, der sich öffentlich für die Bürgerrechte ausgesprochen hatte –, einzugreifen, und warnten davor, dass die zunehmende Not und Verbitterung jederzeit in Gewalt umschlagen könne.

Doch nichts änderte sich, und am Nachmittag des 19. März 1935 machte sich der Ärger Luft. Es begann mit einer Reihe von Missverständnissen; die Situation geriet schon bald außer Kontrolle und wurde durch die Atmosphäre des Misstrauens, die die Beziehungen zwischen den Rassen in New York seit Jahrhunderten vergiftet hatte, weiter verschlimmert.

Um 15.30 Uhr wurde ein puertorikanischer Junge namens Lino Rivera beim Stehlen eines Taschenmessers in einem Laden auf der 125th Street erwischt. Im darauf folgenden Handgemenge biss er den Ladenbesitzer. Als sich eine neugierige Menschenmenge angesammelt hatte, rief der Besitzer um Hilfe und bat den eintreffenden Polizisten in der Hoffnung, weiteren Ärger zu vermeiden, den Jungen laufen zu lassen. Als der Beamte Rivera zur Hintertür des Ladens brachte, schrie eine Frau, dass sie »den Jungen in den Keller mitnehmen, um ihn zu verprügeln«. Die Ankunft eines Krankenwagens, der wegen der Bisswunde des Ladenbesitzers gerufen worden war, schürte das Misstrauen der Menge noch mehr. Ein in der Nähe geparkter Leichenwagen verstärkte Gerüchte über den Tod des Jungen.

Als sich die Nachricht verbreitete, versammelten sich wütende Harlemer auf der 125th Street und belagerten die Geschäfte, die im Besitz von Weißen waren. Bei Anbruch der Nacht randalierten mehrere tausend Einwohner. Sie plünderten Geschäfte, griffen Fußgänger an und zerstörten Eigentum im Wert von zwei Millionen Dollar. Als die Ordnung am nächsten Morgen wiederhergestellt war, saßen 100 Menschen im Gefängnis, 30 lagen im Krankenhaus, und drei Menschen – allesamt schwarz – waren tot.

*Zu den Ausschreitungen des 19. März wäre es wegen einer solchen Belanglosigkeit nie gekommen, wenn ökonomische und gesellschaftliche Kräfte keine derartige emotionale Spannung aufgebaut hätten, die sich bei der kleinsten Provokation entladen musste.*

Commission on Social and Economic Conditions in Harlem

Auf die Bitte der Harlemer Aktivisten hin rief La Guardia eine Commission on Social and Economic Conditions ins Leben. Ihr Bericht zeichnete ein düsteres und entmutigendes Bild von der Kluft zwischen den Rassen. Von der Kritik tief getroffen, weigerte sich der Bürgermeister, den Bericht zu veröffentlichen.

Er reagierte mit der Ausdehnung der öffentlichen Dienstleistungen auf Schwarze und Puertorikaner, mit der Aufnahme von Schwarzen in städtische Krankenhäuser und der Verbesserung des Gesundheitswesens sowie des Brand- und Polizeischutzes in Harlem. Nachdem er sich versichert hatte, dass die Justizbehörden nicht aufbegehren würden, ernannte er Myles Paige, einen ehemaligen Football-Star und Absolventen der Columbia University, zum ersten afroamerikanischen Friedensrichter New Yorks.

Doch der Bürgermeister, den die schwarze *Amsterdam News* 1931 als »einen der furchtlosesten Freunde, den der Neger je im oder außerhalb des Kongresses hatte«, gepriesen hatte, war nicht bereit, die Ungleichheit der Rassen ins Zentrum seines Reformprogramms zu stellen. Schwarzen Kirchenvertretern bestätigte er, er mache sich »keine Illusionen über die Schwierigkeiten, die eure Leute in New York haben«. Die Abschaffung der durch den Rassismus bedingten Ungleichheit hielt er für eine Aufgabe, der selbst er sich nicht gewachsen fühlte.

Es war ein verhängnisvoller Moment für die Stadt. Der Mann, der intensiver und erfolgreicher als jeder andere versucht hatte, New York zu einem Ort der Gerechtigkeit und Gleichheit zu machen, gestand ein, dass die Früchte dieser Bemühungen nicht jedem zugute kommen würden. Bis zu einem unbestimmten Tag in der Zukunft würde eine Gruppe außen vor bleiben.

*Der erste Rassenaufstand in New York fand 1712 statt. Der jüngste 1935. Es war sicherlich nicht der letzte.*

*Fortune*

*Ich will weltweiten Sozialismus – denn ich weiß, dass nur er das Elend der Welt, in der ich jetzt lebe, ausrotten kann. Er wird die Fabriksklaven, die Leute, die auf den Farmen schuften, sowie die Frauen befreien und der Negerrasse ihre Menschenrechte zurückgeben. Ich weiß, dass die Welt schon bald im Sonnenlicht proletarischer Bruderschaft erstrahlen wird. Bis dahin gibt es Kampf.*
Michael Gold

Im Sommer 1937, als die Weltwirtschaftskrise gerade abzuflauen schien, stürzte die US-Wirtschaft in eine neue Krise. Tausende, die endlich Arbeit gefunden hatten, verloren sie wieder, und die Arbeitslosenzahl schnellte erneut auf 13 Millionen. Präsident Roosevelt und Bürgermeister La Guardia galten zwar allgemein als die Besten des Systems – Ende der 30er Jahre fragten sich jedoch immer mehr Menschen, ob nicht vielleicht das System selbst nicht funktionierte.

*Wir brüllten auf unserem Weg zum Union Square. Wie üblich kochte der Platz. An den Würstchenständen standen die Leute Schlange, die »Schwabbelbäuche«, wie sie sich nannten ... die üblichen Gruppen, die sich vor dem Automatenrestaurant stritten, die üblichen dichten Menschenmengen, die rund um den Platz liefen, auf der Suche nach etwas, nach irgendetwas. ... Auf dem Union Square war immer eine Menschenmenge; der Platz selbst fühlte sich wie eine Masse an, durch die man sich durchkämpfen musste, um irgendwohin zu gelangen.*
Alfred Kazin

New York war schon lange das Zentrum radikaler Politik. Doch mit dem Eintritt der so genannten zweiten Wirtschaftskrise wurden die Rufe nach einem revolutionären Umbruch immer lauter. Auf dem Union Square, dem Zentrum der New Yorker Radikalen, versammelten sich an jedem 1. Mai Tausende von Studenten und Gewerkschaftsmitgliedern, sangen die »Internationale« und schwenkten rote Banner. In East Harlem wurde ein Radikaler namens Vito Marcantonio als La Guardias Nachfolger ins Repräsentantenhaus gewählt. Im Garment District stärkten die Sozialisten ihre alten Bande zu den jüdischen Arbeiterverbänden. Auf der 125th Street warben Kommunisten Afroamerikaner mit dem Argument an, dass nur die Revolution die gleichen Rechte für alle bringen könne. Am Broadway bejubelten die Theaterbesucher die politischen Stücke des Group Theater, das dem Vorbild des Moskauer Künstlertheaters folgte und Regisseure und Darsteller wie Lee Strasberg, Elia Kazan, John Garfield, Lee J. Cobb oder Sylvia Sidney aufbot. Clifford Odets emotionsgeladenes Stück *Waiting For Lefty* stellte auf einer Broadway-Bühne ein Gewerkschaftsmeeting nach und endete mit dem schallenden Ruf der Schauspieler in den Gängen: »Streik! Streik! Streik!«

Nirgendwo in New York war der Geist der Revolution jedoch stärker zu spüren und wurde leidenschaftlicher zum Ausdruck gebracht als auf dem Campus des City College of New York in Upper Manhattan. Das ehrwürdige staatliche College, das als Harvard der Arbeiterklasse bekannt war, verlangte keine Studiengebühren und war damit auch für die ärmsten New Yorker zugänglich. Da jedoch nur die besten Absolventen der staatlichen Schulen der Stadt ausgewählt wurden, gehörten die Studenten am College zu den intellektuellsten und akademisch versiertesten im ganzen Land. In den 30er Jahren wurde das City College zum Schmelztiegel radikaler Ideen, die von dem Gefühl angefacht wurden, »dass etwas völlig schief gelaufen war«, wie sich ein Schriftsteller später erinnerte. Jede linke Gruppe der Stadt war auf dem Campus und vor allem in der Cafeteria vertreten, wo eine Generation politisch engagierter Studenten »die Welt erörterte«, wie es ein Teilnehmer im Rückblick ausdrückte.

*Das wahre Leben im City College spielte in unserer Nische 1, einer von zehn am Rand der Mensa ... Hier versammelten sich Trotzkisten, Sozialisten und Lovestone-Schüler mit ihren Büchern, Pamphleten, zerschlissenen Mänteln und Käsesandwiches. Man konnte in die schwüle Dunkelheit eintreten und eine Diskussion über die Volksfront in Frankreich, den New Deal in Amerika, den Bürgerkrieg in Spanien und den Fünfjahresplan in Russland hören. Die Vielseitigeren von uns brüsteten sich damit, zwei Diskussionen gleichzeitig führen zu können, wie Schachspieler an zwei Brettern.*
Irving Howe

Nicht nur in der College-Mensa, sondern in der ganzen Stadt durchzog die radikale Politik in den 30er Jahren eine tiefe und oft erbitterte Spaltung – zwischen den Sozialisten, die Fortschritt mit demokratischen Mitteln erreichen wollten, und den Kommunisten, die darauf bestanden, dass nur eine gewaltsame Revolution eine echte Veränderung herbeiführen könne; zudem innerhalb der Kommunistischen Partei zwischen den Befürwortern von Stalins Sowjetregime und den Anhängern von Leo Trotzki, der vom Exil aus versuchte, die Macht in seiner Heimat wieder an sich zu reißen. »In all ihrer Aufregung und Depression rappelte sich die Stadt auf und wanderte nach Russland«, so der Kritiker Lionel Abel später. »Politisch gesehen wurde New York ... der interessanteste Teil der Sowjetunion. Denn es wurde zu einem Teil dieses Landes, in dem der Kampf zwischen Stalin und Trotzki offen ausgelebt werden konnte. Und das geschah auch! Und wie!«

1937 machten Berichte über die »Moskauer Schauprozesse«, mit denen Stalin Tausende politischer Gegner einsperren oder hinrichten ließ, die Kluft zwischen den beiden Lagern praktisch unüberbrückbar. Zwei Jahre später wurden die New Yorker Radikalen von Berichten über Stalins Nichtangriffspakt mit dessen Erzfeind Nazideutschland überrascht. Die darauf folgende Verwirrung und Unruhe schwächte die Sache der Radikalen sehr – wie auch Amerikas Kriegsbündnis mit Russland, das die Stimmen der Opposition vorübergehend zum Schweigen brachte; erst recht die von Senator Joseph McCarthy geschürte antikommunistische Stimmung nach dem Krieg, die viele ältere Radikale zum Rückzug zwang.

Doch das Erbe der radikalen Bewegung im New York der 30er Jahre warf auch weiterhin einen langen Schatten, als die jungen Männer und Frauen des City College in den Nachkriegsjahren zu einer wichtigen intellektuellen Gruppe wurden. Sie »erörterten die Welt« auch in der Folgezeit in einflussreichen Fachzeitschriften wie *Dissent, Commentary* oder *Partisan Review*. New York, die unumstrittene Hauptstadt des Kapitalismus, blieb weiterhin das Zentrum der Debatte um einen dritten Weg zur Vermehrung und zur gerechten Verteilung des Reichtums auf dieser Welt.

»Die versiertesten Philosophen, die je in New York geboren wurden«, nannte der Literaturkritiker Alfred Kazin später seine Kommilitonen vom City College, »unermüdliche Genies, die einander morgens, mittags und abends radikale Argumente ebenso heftig an den Kopf schmetterten, wie sie im College-Keller Pingpong spielten«. Unten: Eine antifaschistische Demonstration auf dem Campus des College Ende der 30er Jahre.

**TRIBOROUGH**

*Kein Gesetz, keine Bestimmung, kein Budget hält Bob Moses bei seiner Aufgabe auf.*

Fiorello La Guardia

1935 war es Robert Moses leid, vor allem La Guardia jedes Mal um Geld bitten zu müssen, wenn er bauen wollte. Obwohl sie eng kooperierten und in der Öffentlichkeit nur mit der größten Bewunderung voneinander sprachen, waren Moses und La Guardia oft wütend aufeinander. Nach ihren häufigen Streits hinter verschlossenen Türen bezeichnete Moses seinen Chef häufig spöttisch als »den kleinen Drehorgelspieler« oder gar als »Scheißkerl«. Für La Guardia war der äußerst herrische Moses »Seine Gnaden.« Jedes Mal, wenn ihm ein Strich durch die Rechnung gemacht wurde, drohte Moses wütend mit Kündigung, woraufhin der Bürgermeister einen Kündigungsvordruck ausfüllte.

Moses war entschlossen, eine eigene Geldquelle aufzutun, die ihn für immer unabhängig von gewählten Beamten machen würde. Er fand sie in einem ehrgeizigen Verkehrsprojekt.

Die Triborough Bridge war Moses' größte Herausforderung. Schon der Standort war spektakulär: ein riesiges Wirrwarr aus Wasser und Land, wo drei der fünf Verwaltungsbezirke New Yorks – Manhattan, Queens und die Bronx –, jeder von ihnen so groß wie eine eigene Stadt, aufeinander trafen. Die rauen Gewässer von Hell Gate, dem Zusammenfluss des East River, des Harlem River und des Long Island Sound, sowie zwei große isolierte Landstücke, Ward's und Randall's Island, trennten sie voneinander. Vor Zehntausenden von Jahren hatten Gletscher

**Am 25. Juni 1935 verlegen Arbeiter auf dem Ostpfeiler des Brückenbogens der Triborough Bridge Kabel.**

*Die Triborough Bridge ist nicht einfach eine Brücke; sie ist auch kein Übergang. Sie ist eine große Ader, die drei Stadtbezirke miteinander verbindet und in die angrenzenden Counties und Bundesstaaten übergeht. Sie ist nicht nur eine Straße für Automobile und Lastwagen, sondern eine allgemeine Aufwertung der Stadt, indem sie tote Gebiete rekultiviert und für Wohnungen an ihren Rändern, für Strandpromenaden, Spielplätze, Naturlandschaften und Zugänge zu den wunderbaren neuen Parks sorgt.*

Robert Moses, 1936

**Luftaufnahme der Triborough Bridge, die Manhattan (links), Queens (unten) und die Bronx (oben) miteinander verbindet. Die Brücke mit ihren vier Seilverspannungen und einem zweieinhalb Meilen langen Zubringer-Viadukt wurde auf zwei Inseln errichtet – Ward's und Randall's Island –, die Moses erweiterte und landschaftlich umgestaltete, sodass neue Parks, Promenaden, das Downing Stadion mit 25.000 Sitzplätzen sowie – fast unsichtbar hinter der Mautstelle versteckt – ein neuer Behördensitz für sich und seine Mitarbeiter Platz fanden.**

*Die George Washington Bridge über den Hudson ist die schönste Brücke der Welt. Mit ihren Seilen und Stahlträgern glänzt sie am Himmel wie ein umgedrehter Bogen. Sie ist heilig. Sie ist die einzige Stätte des Anstands in der chaotischen Stadt. Sie ist aluminiumfarben gestrichen, und zwischen Wasser und Himmel sieht man nichts als das von zwei Stahlpfeilern gestützte durchhängende Seil. Wenn man mit dem Auto die Rampe hinauffährt, erheben sich die beiden Pfeiler so mächtig, dass man von Glück erfüllt ist; sie sind so rein, so energisch, so regelmäßig, dass hier sogar die Stahlarchitektur zu lachen scheint ... Der zweite Pfeiler ist sehr weit weg; unzählige vertikale Kabel, die gegen den Himmel schimmern, hängen von der beherrschenden Wölbung, die zuerst nach unten und dann nach oben schwingt. Die rosaroten Hochhäuser von New York tauchen auf, eine Vision, deren Schroffheit durch die Entfernung abgeschwächt wird.*

Le Corbusier

1933, vier Jahre nach Veröffentlichung des Regionalplans von New York, gaben die Sponsoren einen Fortschrittsbericht ihres damaligen Plans heraus, dessen Kernstück das erste umfassende Straßenkonzept für New York und Umgebung beinhaltete. Nach nur vier Jahren stellten sie freudig überrascht fest, dass Verkehrsadern von insgesamt 555 Meilen Länge – ein Fünftel ihres Vorschlags – bereits fertig gestellt waren oder sich im Bau befanden. 1936 kam der Plan seiner Vollendung einen weiteren Schritt näher, als die Triborough Bridge eröffnet wurde und Autofahrern die Möglichkeit bot, von Upstate New York nach Long Island zu fahren, ohne Manhattan durchqueren zu müssen. Schneller als erwartet wurde das theoretische Konzept von New York als einem riesigen miteinander vernetzten Stadtgebiet Wirklichkeit.

Ein Großteil des neuen Straßennetzes wurde von Robert Moses gebaut, jedoch nicht alles. Seit Ende der 20er Jahre hatte die New Yorker Hafenbehörde Moses' Bemühungen durch eine Reihe neuer Verbindungen zwischen Manhattan und New Jersey – über und unter dem Hudson – ergänzt.

Ein Beispiel dafür ist der Holland Tunnel, der nicht, wie man annehmen könnte, nach dem alten holländischen Mutterland benannt wurde, sondern nach Clifford Holland, dem brillanten Ingenieur, der eine Möglichkeit entwickelte, den zwei Meilen langen Tunnel mit Frischluft zu versorgen. Das 1927 fertig gestellte Projekt war der erste große Unterwasser-Autotunnel der Welt. Ein zweiter Weg über den Hudson befand sich gerade im Bau: der Lincoln Tunnel, der noch länger werden sollte. Und dann war da noch die George Washington Bridge (rechts), die längste Hängebrücke der Welt. Ihr Mittelstück war mit einer Länge von 1067 Metern doppelt so lang wie das der Brooklyn Bridge – eine technische Meisterleistung, die selbst Visionäre wie Le Corbusier verblüffte. »Hier«, sagte er, »scheint die Stahlarchitektur zu lächeln.«

Den ersten Plänen zufolge sollte die George Washington Bridge eine reine Eisenbahnbrücke werden. Später sollte sie sowohl von Autos als auch von Zügen befahren werden. Doch zu Beginn der Bauarbeiten im Jahr 1927 hatte man sich endgültig für den Autoverkehr entschieden. Im Sommer 1936, als die große »Verkehrsmaschine«, die Triborough Bridge, eröffnet wurde, war die großstädtische Vision untrennbar mit dem Auto verbunden. Genauso die Männer, die für New Yorks städteplanerisches Schicksal verantwortlich waren – Robert Moses, Fiorello La Guardia und die Planer der Port Authority –, die die grundlegende und unwiderrufliche Entscheidung fällten, die Zukunft der Region auf Asphalt, Beton und Stahl zu bauen.

Ansichten des Parks mit Blick über den See (rechts oben) und einem Spazierweg (unten). Spätestens 1860 war klar, dass der Central Park alle in ihn gesetzten Erwartungen der Oberschicht erfüllte – er war ein riesiger Lustgarten, in dem Bootsfahrten oder Ausritte, Rasentennis oder Vogelbeobachtung, Open-Air-Konzerte oder Dinner unter freiem Himmel möglich waren.

Der von Professor Thaddeus Lowe konstruierte Wasserstoffballon *The City of New York* stieg im Süden des Central Park, Ecke 59th Street/Sixth Avenue auf. Das Gefährt erfüllte niemals seinen ehrgeizigen Zweck, den Atlantik zu überqueren. Innerhalb von zwei Jahren hatte sein Erfinder allerdings eine unmittelbarere Verwendung für seine Luftfahrzeuge gefunden: Sie dienten den Unionisten als Aufklärungsballons, um die Truppenbewegungen der Konföderierten während des Bürgerkriegs zu beobachten.

Straßen-Schachbrett zu verpassen. Und den damaligen Kunstgriff krönten Olmsted und Vaux nun mit einer gestalteten Natur, dem »zentralen Park« – zwar war er nicht zentral für die damalige Stadt, doch für das New York der Zukunft.

»In ferner Zukunft«, so Olmsteds feste Überzeugung, »wird New York endgültig stehen, alles planiert und zugebaut sein. Dann wird sich die eindrucksvolle Felslandschaft dieser Insel in Reihen monotoner, schnurgerader Straßenzüge verwandelt haben, gesäumt von Unmengen hoher Gebäude. Nichts wird mehr an ihre heutige Vielgestaltigkeit erinnern, wäre da nicht der Park. Dann wird man den unschätzbaren Wert der heute ungewöhnlich anmutenden Architektur des Areals zu würdigen wissen und besser begreifen, wie gut sie ihren Zweck erfüllt.«

Ein Franzose befand: »Wenn der Park seinem Namen Ehre macht, wird er später einmal im Stadtzentrum liegen. Nichts ist typischer für Amerika, als einem derart urwüchsig erscheinenden Gelände jenseits der Außenbezirke einen solch ehrgeizigen Namen zu geben.«

*Dieser Park sollte die Antithese sein zu den lauten, gepflasterten, rechtwinkeligen Straßen; sollte im weiteren Sinn wie Musik funktionieren, die, jenseits der Gedankenwelt angesiedelt, letztlich nicht in Worte zu fassen ist.*

Frederick Law Olmsted

Wer hätte jedoch erwartet, dass der Park selbst ein so außergewöhnlich ästhetisches Erlebnis würde? Er war, urteilte später jemand, »das größte Kunstwerk Amerikas des 19. Jahrhunderts«.

Der Besucher wurde, von der Fifth Avenue und 59th Street kommend, über einen von Bäumen gesäumten, schattigen Promenadenweg allmählich aus den Straßenschluchten entführt und immer tiefer in den Park hineingeleitet. Ganz im Norden weitete sich die Landschaft plötzlich und gab den Blick auf ein atemberaubendes Panaroma frei: Olmsted und Vaux war es gelungen, dem Besucher die Illusion einer unendlichen Weite vorzuspiegeln – sie hatten den einst urwüchsigen Kontinent Amerika nun mitten in der Metropole wieder belebt, in ein städtisches Paradies transformiert und so auf ewig bewahrt.

*Mai 1859. Der Park zeigte sich in diesem Monat von seiner allerbesten Seite: das frische Grün der Bäume, die üppige weiße und rosafarbene Blütenpracht der Sträucher, die weiten smaragdgrünen Rasenflächen, gesprenkelt mit leuchtend gelbem Löwenzahn, die aparten grauen Steinfelsen, die meilenlang aus dem Erdboden aufzutauchen schienen, und über allem die Anmut und Klarheit des sommerlich blauen Himmels.*

Walt Whitman

*1. Oktober 1859: Wer wäre nicht stolz, dass heute, da Betrug in Politik und Gusseisen im Bauwesen dominieren, aus unerschütterlicher Lauterkeit und hartem Fels ein solches Werk entstehen konnte? Es widerlegt die skeptischen Behauptungen, Demokratie und große öffentliche Bauten seien unvereinbar.*

*Harper's Weekly*

1827 war die Sklaverei im Staat New York abgeschafft worden, doch am harten Leben der Afroamerikaner in der dynamischen Stadt änderte sich wenig: Rassenvorurteile und rechtliche Benachteiligung waren allgegenwärtig. Zwar waren sie nun offiziell freie Bürger, doch wurden ihnen noch immer viele Grundrechte vorenthalten, unter anderem auch das Wahlrecht. In der Constitutional Convention von 1821 waren das allgemeine Wahlrecht für weiße Männer, aber auch enorm hohe Hürden für potenzielle schwarze Wähler festgeschrieben worden: Zur Urne gehen durfte nur der verschwindend kleine Teil jener Afroamerikaner, der ein steuerpflichtiges Vermögen von 250 Dollar oder mehr besaß.

Die Chance auf Grund und Boden eröffnete sich wohl kaum in der Stadt, sondern in den Gemeinden an der Peripherie. So gründeten schwarze Bürger in den 1830er Jahren die stadtnahen Bauerndörfer Weeksville und Carrville am Ostrand von Brooklyn, unweit des heutigen Bedford-Stuyvesant.

Gleichzeitig hatten schwarze Farmer und Tagelöhner begonnen, sich in einem felsigen Terrain von Upper Manhattan anzusiedeln. Die meisten errichteten dort eigene Häuschen und erwarben auf diese Weise das für das Wahlrecht notwendige Eigentum. Der kleine Weiler namens »Seneca Village« entwickelte sich bis 1853 zu einer blühenden, gemischtrassigen Gemeinde mit 250 Bewohnern – zwei Drittel Schwarze und ein Drittel Iren. Es gab zwei Schulen, drei Friedhöfe und Kirchen, darunter die ausschließlich schwarze Gemeinde A.M.E. Zion Church und die gemischtrassige Gemeinschaft All Angels' der Episkopalkirche.

*5. August 1853: Gestern Nachmittag wurde der Grundstein für die First African Methodist Episcopal Church of Yorkville gelegt ... Den Gottesdienst anlässlich dieses Ereignisses leitete Reverend Christopher Rush, Superintendent der Vereinigung Afrikanischer Kirchengemeinden ... Im Souterrain des weißen Holzbaus wird eine Schule für farbige Kinder eingerichtet. Etwa 50 farbige Familien leben im Umkreis der Kirche. Die Vereinigung zählt 30 Mitglieder und die Glaubensgemeinschaft All Angels' etwa 100 Personen.*

*New York Daily Tribune*

1853 waren die Tage von Seneca Village gezählt. In diesen Jahr wurde das Gemeindegebiet unmittelbar östlich der Eighth Avenue zwischen 82nd und 86th Street – mit oder ohne Wissen der Bewohner – von den Stadtoberen für ein gewaltiges öffentliches Erschließungsprojekt eingeplant. Drei Jahre später, die Vorarbeiten am Projekt »des zentralen Parks« waren bereits angelaufen, begann die Stadt zügig, das Gebiet für die Umgestaltung vorzubereiten. Die Landbesitzer von Seneca Village erhielten eine bescheidene Abfindung für ihre durch harte Arbeit erworbenen Häuser und wurden dann ausgewiesen. Bis zum 1. Oktober 1857 hatte man alle Häuser und Kirchen abgerissen und ihren Schutt abtransportiert, von den Bewohnern waren keine Spuren geblieben.

Schlittschuhläufer auf dem See des Central Park im Winter 1859/1860. Im Hintergrund erkennt man eine Reihe hölzerner Hütten und Häuser. Sie liegen unmittelbar außerhalb des neuen Parkgeländes, an der Südseite der 59th Street zwischen Fifth und Seventh Avenue.

Der Central Park in den 60er Jahren des 19. Jahrhunderts: Frauen unter einer Glyzinien-Laube östlich des Promenadenwegs (oben). Blick von der Terrasse auf den See (Mitte). Marmorbogen, Treppenflucht und Grotte (unten). Schon die ersten Besucher hatten freudig festgestellt, dass die von Olmsted und Vaux gestaltete Natur im Park nicht allein aus einer einzigen Landschaft bestand, sondern einem Landschaftsensemble. Die einzelnen Elemente des Parkgeländes waren so miteinander verwoben, dass sich dem Besucher mit jedem Schritt oder hinter jeder Biegung ein neuer, sorgfältig geplanter Ausblick zu eröffnen schien.

»In einer mondhellen Sommernacht«, schrieb der Autor des Parkführers James D. McCabe jr., »wird der See zu einem wundervollen Erlebnis. Wie polierter Stahl glänzt die klare Wasseroberfläche im Mondlicht, übersät mit Booten ... Gruppen von Schwänen ziehen majestätisch ihre Kreise. Überall vernimmt man das Platschen der Ruder, hört lachende, fröhliche Stimmen, der schwere Duft der Blumen am Ufer erfüllt die Luft. Nichts stört die Ruhe, die große Stadt ist weder zu hören noch zu sehen. Man kann sich getrost mit halb geschlossenen Augen im Boot zurücklehnen und wie in einem Märchenland fühlen.«

Als Kunstwerk wurde der Central Park ein Bombenerfolg. Doch zur Enttäuschung von Vaux und Olmsted war er bei der Oberschicht populärer als bei armen Arbeitern – sie hätten ihn am nötigsten gebraucht, konnten ihn jedoch kaum erreichen. Die breiten Fahrwege wurden an Sonntagnachmittagen überflutet von eleganten Kutschen, gewerbliche Transportmittel waren nicht zugelassen. Die Arbeiterfamilien, die damals pro Tag von nur einem Dollar lebten, wären von ihren überfüllten Downtown-Kasernen zum entfernten Vergnügungspark eine Stunde mit dem Omnibus oder Pferdewagen unterwegs gewesen – und das bei einem Preis von fünf Cent pro Nase für eine Fahrt.

Die maßgeblich am Bau der Anlage beteiligten deutschen und irischen Tagelöhner schreckten außerdem die zahlreichen Verbotsregeln der Parkordnung ab. »Viele New Yorker Bürger«, so Olmsted, »wissen nicht, was ein Park bedeutet. Sie müssen den Umgang erst lernen und daran gehindert werden, ihn zu missbrauchen.« So standen überall Schilder, die Picknicks, das Betreten der Rasenflächen und jede Form von »Körperaktivitäten« untersagten. Schüler durften nur Baseball spielen, wenn sie die Genehmigung ihres Schulleiters vorweisen konnten.

Da die Krawalle und Bandenkriminalität der Vergangenheit noch nicht vergessen waren, ging Olmsteds Parkpolizei ständig auf Streife, um etwaige Unruhen im Keim zu ersticken.

*9. Mai 1860: Die mustergültige Ordnung im Central Park kann für uns Vorbild und Ermutigung sein ... angesichts der öffentlichen Korruption dieser Tage und der generellen Misere in unserer Kommune ... Würde es in Albany, im Rathaus und in unserer nationalen Metropole ebenso zuverlässig, tatkräftig und diszipliniert zugehen wie bei der Parkverwaltung, wäre bald bewiesen, dass sich die Amerikaner nicht weniger als andere bewusst sind, wie attraktiv Anständigkeit und wie vorteilhaft Ordnung sein kann.*

*New-York Times*

Die Gestaltung des Central Park war in groben Zügen 1860 abgeschlossen. Doch das Meisterwerk hatte leider wenig zur Entschärfung der Spannungen in der übervölkerten Stadt beigetragen – ohnehin gab es damals für die meisten New Yorker und Amerikaner Wichtigeres als einen Park. Bald überschattete die schlimmste Krise in der Geschichte der USA die massiven Probleme in der Stadt. In dem sich anbahnenden Konflikt spielte New York City eine bedeutende, wenngleich ungewöhnliche Rolle.

#### DER BEDEUTENDSTE MANN SEIT PAULUS

Am Samstagmorgen, dem 25. Februar 1860, ging um 11.30 Uhr ein großer, schlaksiger Mann mit schlecht sitzendem schwarzem Überzieher und zerbeultem Biberpelzhut in Manhattan an Land. Der außerhalb seines Heimatstaats Illinois fast unbekannte Anwalt und einstige Kongressabgeordnete war in der Hoffnung nach New York gereist, hier seine geringen Chancen auf die Nominierung zum republikanischen Präsidentschaftskandidaten zu verbessern.

Niemand empfing ihn an der Fähre, so machte sich Abraham Lincoln allein auf den Weg ins Astor-House-Hotel. Blitzartig verbreitete sich die Nachricht von der Ankunft des Kandidaten in den Zeitungsredaktionen an der Printing House Row, und Reporter schwärmten aus, um über den Mann aus dem Westen zu berichten.

Tags darauf besichtigte Lincoln die Stadt und setzte mit der Fähre nach Brooklyn über, um Reverend Henry Ward Beecher von der Kanzel gegen die Sklaverei wettern zu hören. Zurück in Manhattan, sah er sich nachmittags in The Five Points um und besuchte eine Minstrel-Show an der Bowery, wo er begeistert dem im Vorjahr in New York entstandenen Hit »Dixie« lauschte. »Zugabe!«, brüllte Lincoln nach Schluss der Vorstellung. »Zugabe!«

Doch zum Sightseeing war der Präsidentschaftskandidat nicht gekommen. Sein Aufenthalt war für ihn vielmehr die einzige Chance, die Öffentlichkeit für sich zu gewinnen, und daher hing alles von seiner Rede am Montagabend im Arbeiter-College Cooper Institution ab. Nachmittags erstand er – es war kalt und regnete in Strömen – im Knox' Hat Store am Broadway einen mit Seide überzogenen Hut für seinen alten aus Biberpelz und ließ dann ein offizielles Porträt von sich in Mathew Brady's Daguerrian Gallery gegenüber anfertigen.

Wegen des einsetzenden Schneefalls befürchtete Lincoln ein Ausbleiben des Publikums, doch New Yorks Presse funktionierte: Gegen 19.30 Uhr war der Saal der Cooper Institution mit über 1500 Menschen brechend voll. Unterdrücktes Lachen begleitete den Beginn der Rede des kauzig aussehenden Mannes aus dem Westen mit der Näselstimme. Doch die Menge wurde still, sobald er zu seinem eigentlichen Thema kam und die Zuhörer leidenschaftlich beschwor, sich gegen die Ausbreitung – nicht für die völlige Abschaffung – der Sklaverei auszusprechen.

Wer unter den Zuhörern hätte je Lincolns Wortgewalt und Charisma vergessen können?

*Schnell kam er zum Thema. Ein inneres Feuer erleuchtete sein Gesicht, der Mann war wie ausgewechselt. Seine Kleidung, Erscheinung und Kauzigkeit – unwichtig! Ich sprang, mich vergessend, mit den anderen auf und ließ mit wildem Indianergeheul den wundervollen Mann hochleben ... Beim Hinausgehen fragte mich ein Freund mit glänzenden Augen, wie der Provinzler Abe Lincoln auf mich gewirkt hätte. »Er ist der Größte seit Apostel Paulus«, antwortete ich. Und das ist er heute noch für mich.*

Eine Zuhörerin

**Das von Mathew Brady aufgenommene so genannte »Cooper-Union-Porträt« von Abraham Lincoln. Es war eine besondere Herausforderung für den New Yorker Fotografen, den aus Springfield, Illinois, Angereisten mit seinem großen Muttermal auf der rechten Wange und seinem ausgeprägten Adamsapfel aufzunehmen. Brady hatte, wie er sich später erinnerte, »ein ziemliches Problem, ein natürliches Foto zu schießen.« Er bat den noch weithin unbekannten Kandidaten, zur Verdeckung des Halses seinen Kragen nach oben zu schieben, und ließ das Negativ retuschieren, um die harten Gesichtszüge abzumildern. Das Ergebnis, Tausende Male reproduziert und auf Druckplatten der *Tribune* und anderer New Yorker Zeitungen gebannt, wurde zum offiziellen Wahlkampffoto. Dieses erste Porträt aus einer ganzen Serie Bradys prägte für alle Zeiten das öffentliche Image des zwölften Präsidenten der Vereinigten Staaten.**

Am nächsten Morgen war Lincoln zum Star der Nation geworden. »Niemand vor ihm hat bei seinem ersten Redeauftritt einen nachhaltigeren Eindruck beim New Yorker Publikum hinterlassen«, leitartikelte Horace Greeley in der überregionalen Ausgabe der *Tribune*, die mehr als eine Viertelmillion Leser erreichte. Indes war die Rede in voller Länge von vier großen Zeitungen sowie den damals landesweit verbreiteten Flugschriften abgedruckt worden, zusammen mit dem Lincoln-Foto Bradys.

Später vergaß Abraham Lincoln niemals, was er seinem dreitägigen Aufenthalt in New York verdankte. »Brady und das Cooper Institute«, pflegte er schlicht zu sagen, »haben mich zum Präsidenten gemacht.«

### VORZEICHEN UND MENETEKEL

Am 15. November 1860, eine Woche nach der Wahl Lincolns, erleuchtete ein Riesenmeteorit den Himmel über der Stadt. »Omina, Vorzeichen, Menetekel«, orakelte die *New-York Times* düster. Lincolns furioser Aufstieg bestätigte die schlimmsten Erwartungen des Südens, der Norden werde mit seinen expandierenden Städten die Lebensweise der Südstaatler auslöschen.

Kurz nach der Wahl rief der Bundesstaat South Carolina zu einer Sondersitzung im Kongress: Thema war ein Austritt aus der Union.

In New York sorgten sich Kaufleute und Banker um die Rückzahlung der ihnen von den Baumwoll-Brokern des Südens geschuldeten 200 Millionen Dollar, die sie im Falle eines Krieges nie wiedersehen würden.

*Mittwoch, 13. November 1860: Die Aktien haben heute enorm nachgegeben, und ich denke, sie fallen weiter, bis die Sache entschieden ist … Versicherungstitel des Südens sind an der Wall Street wertlos … Wer kauft schon Papiere, deren Einlösung in South Carolina oder Georgia gerichtlich erstritten werden muss?*

George Templeton Strong

Als das von Strong als »Sezessionitis« bezeichnete Virus von einem Südstaat auf den anderen übersprang, wuchsen die Spannungen in New York. Im Winter 1861 spiegelte die Stadt im Kleinen die Gespaltenheit der ganzen Nation wider – sie stand entschieden auf Seiten der Union und war gleichzeitig, wegen ihrer starken geschäftlichen Bindungen an den Süden, eine Brutstätte für Sympathien mit dessen Sache.

Am 21. Januar schlug Bürgermeister Fernando Wood in der Stadtversammlung vor, New York solle seinerseits aus der Union austreten – aus Sorge, der Krieg könnte den Baumwollhandel zum Erliegen bringen und die Wirtschaft der Stadt unterminieren. Als Abraham Lincoln am 19. Februar auf seinem Weg zur Vereidigung in Washington abermals die zerrissene Stadt besuchte, bekam Walt Whitman am Broadway erstmals den Mann zu Gesicht, von dem nun das Schicksal der Nation abhing. Voller Sorge um dessen Leben schrieb er: »In manch einer Hüft- oder Brusttasche steckt ein Messer oder eine Pistole, um im Falle eines Umschwungs oder Tumults hervorgezogen zu werden.«

Wie Whitman hatte auch der in der Menge stehende George Templeton Strong, trotz Zweifeln an den Führungsqualitäten Lincolns, den Mann aus dem Westen gewählt: »Ich konnte das prominente Gesicht des Hinterwäldlers einen Moment betrachten«, heißt es in seinem Tagebuch, »es schien mir ein scharfsinniges, klares, ehrliches Gesicht zu sein, nicht so hässlich wie auf den Fotos.« Kaum zwei Monate später fand sich unter dem 13. April 1861 ein schicksalsschwerer Eintrag: »Die Morgenzeitungen bestätigten die Meldungen der letzten Nacht, d. h., die Rebellen eröffneten gestern Morgen das Feuer auf Sumter … Der Bürgerkrieg hat also begonnen. Gott schütze die gerechte Sache.«

Die schockierende Nachricht heizte die prounionistische Stimmung in der Stadt an. »Es gibt jetzt nur eines«, schrieb ein Kaufmann, »unsere Flagge und Regierung hochhalten, koste es, was es wolle.« Am 20. April versammelte sich, als Reaktion auf Lincolns Aufruf an 75.000 freiwillige Rekruten, eine Viertelmillion Kaufleute, Angestellte und Arbeiter auf dem Union Square, um für die Nordstaaten zu demonstrieren. Es war, so die *Tribune*, »der größte Volksauflauf aller Zeiten in Amerika.«

*20. April 1861: Um zwei Uhr verließ ich zu Fuß Downtown. Am Broadway begegneten mir immer größere Menschenmassen, je näher ich dem Union Square kam. Ganze Kompanien froh gestimmter Rekruten marschierten jubelnd auf und ab … Jeder zweite, ob Mann, Frau oder Kind, trug eine Flagge mit der Kokarde. Die Stadt scheint plötzlich vollkommen verrückt geworden zu sein.*

George Templeton Strong

Stadt und Land befanden sich nun im Krieg. Im Laufe der Auseinandersetzungen kämpften 150.000 New Yorker – unter ihnen 50.000 Iren, Abertausende Deutsche und 2000 Farbige – für die Sache der Unionisten.

Frederick Law Olmsted trat alsbald von seiner Central-Park-Position zurück, um die U.S. Sanitary Commission zu leiten. Er war damit verantwortlich für die Gesundheit und medizinische Versorgung Tausender von Soldaten der Unionisten. Walt Whitman verließ ebenfalls die Stadt, um in den überfüllten Krankenhäusern Washingtons als Freiwilliger zu helfen. George Templeton Strong, mit 41 zu alt für den aktiven Dienst, trainierte eine Scharfschützenbrigade, die New York Rifles.

Vor den notdürftig errichteten Rekrutierungszelten im New Yorker City Hall Park

aus dem Norden Long Island vom Festland abgeschnitten. Mit dem Versuch, die drei Verwaltungsbezirke miteinander zu verbinden, unternahm Moses nichts Geringeres, als das Werk der letzten Eiszeit rückgängig zu machen.

Ein solches Unternehmen erforderte Ingenieurleistungen, an die sich selbst Moses noch nie herangewagt hatte. Triborough bestand nicht aus einer, sondern aus vier Brücken sowie einem über 4000 Meter langen Viadukt – »ein Rendezvous der Brücken«, so der Schriftsteller Anson Bailey Cutts, oder Robert Caros späterer Beschreibung zufolge »eine Verkehrsmaschine, die größte, die je gebaut wurde.« Für die Zufahrtsstraßen mussten Dutzende Mietshäuser weichen. Die Verankerung war größer als die Cheops-Pyramide, die Fahrbahnen waren breiter als die Straßen im alten Rom. Die 50 Millionen Dollar Baukosten, die fast zur Gänze von der Public Works Administration getragen wurden, waren fast so hoch wie die Summe, die Moses in den vergangenen zehn Jahren für seine Projekte auf Long Island ausgegeben hatte.

Genauso wegweisend wie die Brücke selbst waren die Strukturen, mit denen Moses sie bauen und betreiben wollte. Die Idee einer öffentlichen Behörde war in den USA noch immer neuartig. Sie wurde 1921 mit der New Yorker Hafenbehörde eingeführt, die für den Bau von Hafenanlagen in zwei Staaten zuständig war. Wie die Regierung konnte auch eine Behörde Obligationen ausgeben und Grundstücke enteignen. Sie konnte aber auch wie eine Privatfirma Verträge abschließen, die nicht einmal vom Bürgermeister, Gouverneur oder Präsidenten gebrochen oder geändert werden konnten.

Theoretisch sollten öffentliche Behörden, die für den Bau eines Einzelprojekts, z. B. einer Brücke, gegründet wurden, nach Fertigstellung des Bauwerks und Begleichung der Kosten wieder aufgelöst werden. Doch wie Caro später feststellte, hatte Moses nicht die Absicht, die Triborough Bridge Authority jemals zu schließen. Er wollte die Millionen von Münzen aus den Mauthäuschen als permanente Einkommensquelle nutzen: ein stetiger Geldstrom, mit dem er noch mehr Mittel für zukünftige Projekte würde beleihen können – eine Machtbasis, die ihn vor dem etwaigen Eingriff des Bürgermeisters, Gouverneurs und anderer schützen würde.

*Bob Moses ist der beste Ingenieur der Welt!*
*Bob Moses ist der beste Ingenieur der Welt!*

Fiorello La Guardia

Im Herbst 1934, als das Land immer noch unter der Weltwirtschaftskrise litt, wurden die Arbeiten an dem gewaltigen Brückenprojekt wieder aufgenommen. Zur Herstellung des erforderlichen Betons, genug, um eine vierspurige Autobahn von New York nach Philadelphia zu bauen, erwirkten die Bauunternehmer die Wiedereröffnung zahlreicher Zementfabriken von Maine bis zum Mississippi. 50 Stahlwerke wurden in Pennsylvania eröffnet, um den Rohstoff für die Balken und Träger zu produzieren. Um genügend Holz für die Verschalungen zum Gießen des Betons zu bekommen, wurde in Oregon ein ganzer Wald abgeholzt.

In New York arbeiteten 5000 Männer auf der Baustelle. Sie verlegten und montierten Materialien, produziert von Zehntausenden weiterer Männer in 134 Städten in 20 Bundesstaaten. 31 Millionen Arbeitsstunden flossen insgesamt in den Bau, was die Wirtschaft in vielen Regionen überall in Amerika ankurbelte.

Die Einweihung der fertigen Brücke fand am 11. Juli 1936 statt und wurde vom Rundfunk im ganzen Land übertragen. Präsident Roosevelt, der zunächst absagte, änderte seine Meinung, nachdem ihm versichert wurde, dass nicht Moses, sondern La Guardia die Vorstellung des Präsidenten übernehmen würde.

*Wir befinden uns definitiv in einem Zeitalter des Bauens, der besten Art des Bauens – des Bauens großer öffentlicher Objekte, die der Öffentlichkeit zugute kommen und die klar das Ziel verfolgen, menschliches Glück zu schaffen.*

Franklin Delano Roosevelt

### DER BÜRGERMEISTER DES VOLKES

*[1934] wurde offen zugegeben, dass meine Theorie unpolitischer Verwaltung für New York ein Experiment war. Jetzt erlaube ich mir die Feststellung, dass das Experiment Erfolg hatte und dass wir anderen amerikanischen Städten etwas zu bieten haben. Das Programm vom Januar 1934 ist größtenteils vollendet – nicht in allen Details, aber doch im Wesentlichen.*

Fiorello La Guardia, 1938

Obwohl Moses' Parks, Parkways und Brücken das Kernstück von La Guardias Wiederaufbauprogramm für New York darstellten, waren die Bemühungen des Bürgermeisters Ende der 30er Jahre fast überall in der Stadt zu spüren. Mit Dollarmillionen aus der Staatskasse ließ er neue Märkte, drei neue Krankenhäuser, Dutzende von Kläranlagen und Hunderte von Gesundheitszentren und Schulen bauen. Am Hudson entstanden riesige moderne Piers für die gut 300 Meter langen Ozeandampfer der Superlative – die *Normandie*, *Rex* und *Queen Mary* –, die jetzt aus Europa eintrafen. Er überwachte die Fertigstellung der neuen Independent Subway, vernetzte sie mit den privaten IRT- und BMT-Linien und schuf damit ein einheitliches öffentliches Verkehrsnetz, auf dessen 815 Schienenmeilen pro Tag sieben Millionen Menschen befördert wurden. Über 30 Jahre nach Eröffnung kostete eine Fahrt noch immer fünf Cent.

Der streitlustige Bürgermeister nahm sich sogar des ältesten und beständigsten Problems der Stadt an: der Slums, in denen noch immer über eine halbe Million Menschen wohnten. 1934 gründete La Guardia gegen die private Immobilienlobby, die die Regierung seit langem am Eingreifen auf dem Wohnungsmarkt gehindert hatte, die New York City Housing Authority, die erste Behörde dieser Art in Amerika. Mit staatlichen Mitteln, getarnt als Beschäftigungsprogramm, sowie der Hilfe der Familie Astor, die der Stadt ein Grundstück zum Bau von Mietshäusern in der Lower East Side billig abtrat, entstanden die »First Houses«, das erste soziale Wohnungsbauprojekt in den USA.

An einem bitterkalten Morgen im Dezember 1935 weihte La Guardia in Begleitung von Eleanor Roosevelt das Projekt ein. »Es hieß, wir würden sehr kalte Tage erleben, bevor Häuser mit staatlicher Hilfe gebaut würden«, sagte er. »Tja, es ist tatsächlich kalt – und hier sind die Häuser!« Für die 122 neuen Einheiten gab es 15.000 Bewerber. Es folgten die Harlem River Houses, hübsche Wohnungen mit Innenhof, speziell für schwarze Familien gedacht. Für ihre 576 Wohneinheiten gab es über 14.000 Bewerber. In den nächsten fünf Jahren baute die Stadt insgesamt 11.000 neue Wohnungen.

Im November 1937 schaffte La Guardia, was vor ihm kein Reformer geschafft hatte: Er wurde wieder gewählt. Mit der größten Mehrheit in der Geschichte der Stadt wurden viele Ämter neu besetzt, einschließlich progressiver Vorstände für jeden Borough außer der Bronx.

**Ecke First Avenue und 3rd Street in der Lower East Side entstanden die ersten Sozialwohnungen Amerikas und wurden 1935 unter dem Namen »First Houses« eingeweiht. Die neu gegründete New York City Housing Authority baute dafür eine Reihe alter Mietshäuser komplett um. Es entstanden 122 neue Wohnungen in vier- und fünfstöckigen Häusern ohne Aufzug, dafür mit einem angelegten Innenhof. Das Projekt, das 1974 zu einem Wahrzeichen der Stadt ernannt wurde, ist auch heute noch bewohnt.**

Nach fast einem Jahrhundert schien die Macht von Tammany endlich zu bröckeln. Am Wahlabend saß der Vorsitzende, Christopher Sullivan, mit nur 20 Freunden in Tammany Hall.

La Guardia verstand den überwältigenden Wahlsieg als Auftrag, seine Vision auszudehnen, New York dorthin zu führen, wo es nie zuvor war, ohne die Hälfte der Zeit gegen engstirnige Banker oder eine Tammany-durchsetze Bürokratie kämpfen zu müssen. »Wir werden die Stadt zu einem echten Himmel machen«, sagte er.

> *Manchmal sehe ich die Stadt von morgen, mit herrlichen Parks und Gebäuden, besseren Krankenhäusern, sicheren, schöneren Straßen, besseren Schulen, mehr Spielplätzen, mehr Schwimmbädern, größeren Märkten. Es gibt auch weniger Gefängnisse, da es weniger Motive für Verbrechen geben wird. Ich sehe eine Stadt ohne Slums und nahezu ohne Armut. Eines Tages wird sie Wirklichkeit sein.*
>
> Fiorello La Guardia

In der Folge führte La Guardia Highschools für die Fachbereiche Naturwissenschaften, Kunst und Musik ein, die zur Wiege künftiger Generationen begabter Schüler wurden. Es gab ein City Center of Music and Drama, eine City Opera, ein City Ballet sowie den stadteigenen Radiosender WNYC, in dem für Kulturveranstaltungen geworben wurde. Das ungewöhnliche System aus kostenlosen öffentlichen Colleges wurde durch je einen neuen Campus in Brooklyn und Queens erweitert.

Und jetzt konnte La Guardia endlich einen seiner ältesten Träume verwirklichen. Einst als »der fliegende Kongressabgeordnete« bekannt, hatte er als einer der Ersten die zukünftige Bedeutung der Flugreise erkannt. »Die Luftfahrt hat sich etabliert«, erklärte er. »Nichts kann sie mehr aufhalten.« Um auf die Schande eines nicht vorhandenen Verkehrsflughafens in New York aufmerksam zu machen, weigerte sich der Bürgermeister 1934 lautstark, auf dem Rückflug von Chicago in Newark auszusteigen, und verwies auf sein Ticket, auf dem »Chicago nach New York« – nicht New Jersey – stand. Mit dem einzelnen Passagier flog die Maschine dann weiter nach Floyd Bennett Field, einer einsamen, völlig unzulänglichen Landebahn in Brooklyn.

Jetzt schwor La Guardia, New York mit Hilfe staatlicher Mittel mit dem modernsten Flughafen der USA auszustatten. Das Bauvorhaben, auf dem 223 Hektar großen Sumpfland des alten North-Beach-Geländes in Queens errichtet, war das größte von der WPA finanzierte Projekt dieser Art. In die Hangars hätte der Madison Square Garden hineingepasst, die Start- und Landebahnen waren über eine Meile lang, und man konstruierte den stärksten Suchscheinwerfer der Welt. Der Bürgermeister besuchte die Baustelle fast täglich, verfolgte jedes Detail und wies Kritiken zurück, die das Projekt »Fiorellos Spleen« nannten. La Guardia wusste, dass die Stadt seit über 100 Jahren in Bezug auf Transport und Kommunikation – Dampfer, Kanal, Eisenbahn, Telegraf, Telefon, Parkway, Radio – immer die Grenzen des Möglichen auslotete und wollte diese Vormachtstellung nun auf die kommerzielle Nutzung des Himmels ausdehnen.

»Es ist der größte, beste, modernste Flughafen der USA«, schrieb er Präsident Roosevelt stolz, »›der‹ Flughafen der Neuen Welt.« Nur ein Jahr nach der Eröffnung 1939 war er mit seinen 200 Flügen pro Tag der belebteste der Welt. Es fehlte nur noch eine letzte Kleinigkeit.

> *Wir bemerken, dass die Stadt New York auf der Suche nach einem Namen für ihren neuen Flughafen ist. Name und Werk des dynamischen Bürgermeisters sind im ganzen Land bekannt. [Nennt ihn] »La Guardia Field«!*
>
> *Oklahoma City Times*

Von allen seinen Beratern stand Charles C. Burlingham, der 81-jährige Präsident der New Yorker Anwaltskammer und legendäre Stadtreformer, bekannt als New Yorks erster Bürger, La Guardia am nächsten. Dieser hatte 1863 als Junge von seinem Fenster aus die ersten Aufstände in der Stadt beobachtet. In den folgenden 70 Jahren hatte er New Yorks langen Kampf zur Einlösung des Versprechens von der »großen demokratischen Perspektive« verfolgt, die Walt Whitman vor langer Zeit erahnt hatte.

Burlingham war sehr stolz auf die außergewöhnlichen Ergebnisse, die La Guardia bis dato bei der Transformation New Yorks in, so der Bürgermeister, »das größte Laboratorium in der Geschichte der sozialen und politischen Demokratie« erzielt hatte. Doch er machte sich Sorgen um die Gesundheit des gehetzten Mannes, der es sich zur Aufgabe gemacht hatte, der Stadt – wenn nötig, im Alleingang – eine neue Ebene sozialer Chancen, wirtschaftlichen Wohlstands und menschlicher Bereicherung zu eröffnen.

»Sie sind sehr müde und müssen sich ausruhen«, riet er La Guardia in einem vertraulichen Brief. »Wenn ich durch das riesige Gebiet der Bronx fahre und die Menschenscharen sehe, sage ich mir: ›Kann es sein, dass ein einziger Mann für das Wohlergehen all dieser Leute verantwortlich ist?‹«

### DER HANDEL

*Die ganzen [öffentlichen Maßnahmen] wären selbst mit all der Begeisterung, Fähigkeit und Sehnsucht nicht möglich gewesen, hätte die US-Regierung die Finanzierung nicht ermöglicht.*

Fiorello La Guardia

In den fünf Jahren zwischen 1934 und 1939 erhielt New York 1,1 Milliarden Dollar von Bundesbehörden wie der PWA, CWA und WPA, ein Sechstel des nationalen Budgets für öffentliche Baumaßnahmen. Mit Hilfe dieses Finanzstroms hatten La Guardia und Robert Moses New York in eine Stadt des 20. Jahrhunderts verwandelt – der effizienteste Ort mit dem besten Bürgermeister des Landes.

Doch es war in vielerlei Hinsicht ein faustischer Handel. Seit Eröffnung des Erie-Kanals war New York über ein Jahrhundert lang die heimliche Hauptstadt der USA gewesen. Es finanzierte viele staatliche Projekte und war die Heimat der großen Konzerne, die das ökonomische Schicksal des Landes geprägt hatten. Die großen Verkehrsnetze und einflussreichen Finanzinstitute, beherrscht von New Yorkern, hatten im Gegenzug einen Großteil der Ressourcen des gesamten Kontinents in die Stadt geholt – so viel, dass der Grundstücks- und Immobilienwert in den fünf New Yorker Boroughs Ende der 30er Jahre höher war als im gesamten Landesteil westlich einer Linie durch Nebraska.

Doch die Katastrophe der Depression veränderte die Gleichung: New York – und auch die Nation selbst – würde sich für sein wirtschaftliches und räumliches Wachstum niemals wieder allein auf Privatkapital verlassen können. Die progressiven New Yorker, die Anfang der 30er Jahre Washington und Franklin Roosevelt für sich gewonnen hatten, hatten einen enormen Einfluss der US-Regierung auf fast alle Lebensbereiche erwirkt und zum ersten Mal in der Geschichte eine Quelle staatlicher Macht geschaffen, die Manhattans traditioneller Handelsmacht zumindest ebenbürtig war.

Seit 1790, als die Bundeshauptstadt durch Alexander Hamiltons schicksalhaften Handel von New York nach Washington verlegt wurde, hatte es in Amerika keine so einschneidende Verschiebung der wirtschaftlichen und politischen Machtbalance mehr gegeben. »Über 100 Jahre lang«, schrieb der Historiker Thomas Kessner später, »schluckte die imperialistische Metropole entlegene Regionen und annektierte sie. Sie baute Brücken über Flüsse und Tunnel unter ihnen hindurch, bezog ihr Süßwasser aus 200 Meilen Entfernung und schuf zahlreiche Krankenhäuser und Schulen. Sie errichtete das größte U-Bahn-Netz der Welt sowie einen Weltklassepark, um ihr Zentrum zu schmücken. Die gigantische Stadt hat all dies und noch mehr ohne staatliche Hilfe geleistet. Ihre stabile Wirtschaft produzierte sogar großzügige Überschüsse für Washington und Albany. Die modernen Zeiten haben der autarken Stadt jedoch ein Ende gesetzt.« Nach Ausbruch der Weltwirtschaftskrise war New York, einst stolzer Geldgeber ganz Amerikas, gezwungen, Washington um Hilfe zu bitten, um die Krise zu überwinden, und verlor dabei etwas von seinem unvergleichlichen Glanz. Es war, wie Fitzgerald es treffend beschrieben hatte, nicht mehr das unbestrittene Zentrum des Landes; es war kein Universum, sondern eine Stadt, eine von vielen und dazu eine Stadt in Bedrängnis, die jetzt in hohem Maße von der Bundesregierung abhängig war.

Diese Situation zeitigte noch andere weit reichende Konsequenzen. In den Folgejahren, als Washington die Großzügigkeit des New Deal auf traditionell unterentwickelte Landesteile ausweitete, kam es zu einer grundlegenden Umverteilung staatlicher Mittel – von den mächtigen Städten im Nordosten hin zum Süden und Westen, wo staatliche Behörden inzwischen gigantische Bauprojekte durchführten: Dämme, Wasserreservoirs und -versorgungssysteme, Kraftwerke, Stromnetze und Highways. Die gewaltigen öffentlichen Projekte, die dem überentwickelten Nordosten Geld entzogen und es dem unterentwickelten Südwesten zukommen ließen, lieferten die Infrastruktur für die spätere Konkurrenz des »Sun Belt« um die wirtschaftliche Hegemonialstellung New Yorks.

In den folgenden Jahrzehnten, als die Macht des Staates nicht zuletzt wegen der zunehmenden Bedeutung des Militärs immer mehr wuchs, wurden die traditionellen Ungleichheiten zwi-

NOW PLAYING
LEO
Mary Brian Roger Pryor Lillian Miles
DANGEROUS CURVES
A Drama of Glamorous Glitter of Romance
Human Emotions
STRIPPED BARE
A Drama of the Under World and its Penalties
NOW 20¢
ATTRACTION

*Dies ist der Great White Way, das Theaterzentrum Amerikas und Wunder für den Fremden. Hier sind die mitternächtlichen Straßen heller als am Mittag und die Menschenmengen an einem gewöhnlichen Abend größer als bei einem großstädtischen Karnevalstreiben … Es ist das Viertel der hochgelobten Tänzerinnen und Playboy-Millionäre und, auf einer anderen Ebene, der Animierdamen und der vergnügungssüchtigen Büroangestellten. Hier, in einem fortwährend moralisierten Bild, findet man auch die Extreme des Erfolgs und des Versagens, die für den Broadway typischen spektakulären Berufe: Gangster und Gauner, Schnorrer und Obdachlose, junge Bühnenstars und alternde Varietékomiker, Weltmeister im Schwergewicht und einst gefeierte Bettler. Eine äußere Schale der Bars und Restaurants, Leuchtreklamen, Kinopaläste, Tanzsäle, Varietés, Chop-Suey-Stände und Ablenkungen aller Art bedeckt die Hauptstraßen.*

*The WPA Guide to New York City, 1939*

***Twenty Cent Movie*** **von Reginald Marsh, 1936. Marsh, für seine groben, bunten, manchmal grotesken Darstellungen des Stadtlebens bekannt, fühlte sich zur dunklen Seite New Yorks hingezogen – zu den schäbigen Vergnügungsparks, lärmenden Lustspielhäusern und zwielichtigen Absteigen in der Bowery, die den Gegenpol zur ordentlichen, anständigen Stadt bildeten, die Fiorello La Guardia und Robert Moses – beide hatten stark puritanische Charakterzüge – propagierten (in den 30ern führte La Guardia eine erfolgreiche Kampagne zur Abschaffung der Lustspielhäuser). Wie in vielen seiner Werke kombiniert Marsh in** ***Twenty Cent Movie*** **– das den Eingang eines billigen Kinos am Times Square zeigt – reale und fantastische Elemente miteinander, um eine Stimmung kaum verhohlener Sexualität zu erzeugen. Hier verwendet Marsh Filmplakate von Streifen wie** ***Joys of the Flesh*** **und** ***Stripped Bare.***

schen New York und dem übrigen Land immer geringer und verschwanden schließlich ganz. Letzten Endes hat die imperiale Stadt am Hudson nicht nur zu ihrer eigenen Entthronung beigetragen, sondern sich teilweise ihre eigenen Rivalen um die Macht selbst geschaffen.

### DIE WELT VON MORGEN

*Stück für Stück hat sich das New York von 1920 in das New York von 1941 verwandelt. Neue Highways verlaufen unter seinen Böschungen, neue Häuser und neue Spielplätze wurden aus seinem Fels gemeißelt. Gigantische neue Brücken erheben sich über seinen beiden Flüssen, und neue Tunnel haben sich ihren Weg unter das Wasser gegraben. Das Baugesetz hat das Blau des Himmels in die Straßen gebracht, die vormals im Schatten lebten ... Vielleicht zum ersten Mal in seiner unbarmherzigen Geschichte wirkt ein neuer Impuls, etwas anderes als Kommerz, Industrie und Finanzwirtschaft auf die Stadt. Ein Gemeinschaftsgefühl hat den Kauf- und Verkaufswahn gezügelt. Aus der alten, dämonischen Energie ist ein neuer Ehrgeiz entstanden, eine Stadt zu bauen, die dem Menschen und seinen Zielen eher entspricht.*

Clair Price, 1941

1939, nach nur fünf Jahren, hatten Fiorello La Guardia und Robert Moses mit Hilfe von Millionen Dollars aus der Staatskasse nicht nur die Stadt selbst umgestaltet, sondern auch eine neue Sichtweise auf die Stadt geschaffen. Nur zehn Jahre zuvor war New York das Symbol für kapitalistische Dynamik und Verschwendungssucht gewesen. Ende der 30er Jahre fungierte es nun als Beispiel für ein neues Wirtschaftsmodell, in dem ehrgeizige öffentliche Projekte dazu dienten, die rücksichtslosen und häufig habgierigen Kräfte privater Unternehmen zu beleben – und auszugleichen. Innerhalb dieses neuen Systems wurden die enormen unternehmerischen Substanzen der Stadt an vielfältige soziale Zwecke gebunden und die Exzesse des Kapitalismus im Interesse der Demokratie gezügelt.

Gegen Ende des Jahrzehnts fand die neue Balance zwischen öffentlicher und privater Initiative in New York ihren Ausdruck in zwei ungewöhnlichen Bauvorhaben: zwei Städten innerhalb der Stadt. Eine wurde für die Ewigkeit gebaut, die andere war nach zwei Sommern wieder verschwunden. Und doch war, als sich

**Von links nach rechts: Robert Moses, Grover Whalen (Präsident der New Yorker Weltausstellung) und Bürgermeister La Guardia im Juni 1936 bei der Besichtigung des Baugeländes für die Ausstellung. Als Park Commissioner war Moses für die Vorbereitung des Ausstellungsstandorts verantwortlich. Es war ein mühevolles Unterfangen, zu dem auch die Abtragung einer großen Müllkippe namens Corona Dump gehörte, die F. Scott Fitzgerald in *The Great Gatsby* als »Tal der Asche« verewigt hatte.**

New York vom Schock der Depression erholte, jede auf ihre Weise ein Andenken an die Entstehung einer schönen neuen Welt in Amerika, deren Konturen, obwohl verlockend, noch alles andere als klar umrissen waren.

### DIE STÄDTE VON MORGEN

*Das Rockefeller Center ist für New York ein so typisches Wahrzeichen wie der Louvre für Paris.*

*The WPA Guide to New York City*

Das Rockefeller Center, 1931 begonnen, schien zunächst die Apotheose der kapitalistischen Stadt zu sein, »der verspätete Höhepunkt«, erklärte der *WPA Guide to New York City*, »des Booms der 20er«. Doch Ende der 30er Jahre, als sich die Silhouette des Baus abzeichnete, wurde klar, dass der fast fünf Hektar große Komplex etwas völlig Neues war, »nicht nur eine riesige Wolkenkratzergruppe«, wie in einem Reiseführer zu lesen war, »sondern eine organisierte Stadt«.

Anders als die Spekulationsobjekte der 20er Jahre, die auf einem einzigen Stück Land hochgezogen wurden, war das Rockefeller Center von Anfang an als urbanes Ensemble konzipiert, als Komposition von Gebäuden und Freiflächen, verteilt über drei Häuserblocks, die den Bewohnern viel Licht und Luft bot, Fußgänger, Autos und öffentliche Verkehrsmittel durchschleuste und von der Straße aus eine Folge beeindruckender, ständig wechselnder Perspektiven bot. »In gewisser Hinsicht«, hieß es, »ist das Center

Bauarbeiter auf dem 70-stöckigen RCA Building, dem wichtigsten Gebäude des Rockefeller Center, im April 1932. Das Rockefeller Center erstreckte sich über drei Blocks zwischen der Fifth und Sixth Avenue und bestand aus 14 Bürogebäuden im Herzen von Midtown, einer Reihe von Promenaden und Plazas, eleganten Geschäften auf der Fifth Avenue, einem Netz aus unterirdischen Tunneln, die die Gebäude untereinander verbanden und zur U-Bahn führten, sowie mehreren spektakulären Gärten auf den Dächern und hinter den niedrigeren Gebäuden. Obwohl das Rockefeller Center einigen Leuten nicht sonderlich gefiel – ein Kritiker bezeichnete die Bauten als »Grabmale des Kapitalismus mit Fenstern« –, war der Komplex für die meisten ein Triumph des modernen Designs.

*Der Neuankömmling in New York, ob Amerikaner oder Ausländer, wirft keinen Blick auf St. John's in Morningside Heights oder auf St. Patrick's auf der Fifth Avenue oder auf die russische Basilika auf der Fourth Avenue oder Ähnliches, sondern geht geradewegs zum Rockefeller Center, wo er wirklich etwas fürs Auge bekommt.*

Sean O'Casey

Obwohl mitten in der Depression eröffnet, wurde das Rockefeller Center rasch zum Mekka für New Yorker und Touristen. Die Radio City Music Hall (oben) verblüffte mit einem luxuriösen Foyer und Auditorium im Art-déco-Stil und zog Menschen aller Schichten in ihre aus einer Mixtur von Bühnenauftritten und Spielfilmen bestehenden Shows.

Es begann 1931. Die ersten Gebäude des Rockefeller Center erhoben sich, als die Nation immer tiefer in der Weltwirtschaftskrise versank. Auch wenn einige in dem Bauwerk ein Zeichen der Hoffnung für die Zukunft sahen, hielten es viele andere für den Gipfel der Dummheit – mehrere brandneue Bürohochhäuser, justament zu einer Zeit hochgezogen, als die renommiertesten Gebäude der Stadt halb leer standen und um Mieter bettelten.

Doch Ende der 30er Jahre, als der Bau fast fertig war, wurde schnell deutlich, dass das Rockefeller Center ein voller Erfolg war – nicht nur ein rentables Objekt, sondern die Verkörperung der Stärke, des Stils und der Selbstsicherheit im New York des 20. Jahrhunderts.

Jetzt war das Center der unumstrittene Knotenpunkt der New Yorker Kommunikationsbranche, die ihre in den 20er Jahren entstandene enorme Macht und Reichweite weiter ausgebaut hatte. Im Zentrum des Gebäudekomplexes stand das RCA Building, ein 70-stöckiger Wolkenkratzer, in dem sich das hochmoderne Sendezentrum der NBC befand – allgemein als »Radio City« bekannt. Die 27 Studios strahlten von Jack Bennys Comedy Shows bis zu Sinfonien unter der Leitung von Arturo Toscanini alle möglichen Sendungen zu den unzähligen Rundfunkempfängern aus, die jetzt in vier von fünf US-Haushalten zu finden waren. Zu den übrigen Gebäuden des Komplexes gehörten u.a. die RKO Studios, die Associated Press sowie Time-Life, das weltweite Verlagsimperium, das vielleicht das zeitgenössische Äquivalent zu Horace Greeleys alter *New York Tribune* war: Eine schier unerschöpfliche Quelle von Nachrichten und Informationen, die jede Woche von Manhattan ins ganze Land ausgestrahlt wurden. Mit jeder Ausgabe erreichte die Zeitschrift *Time* eine Million Menschen, die Zeitschrift *Life* drei Millionen und die Wochenschau »March of Time« 30 Millionen.

*Das Time-Life Building im Rockefeller Center schien mir unglaublich vital ... eines der Filetstücke der New Yorker Party: ein brodelndes Zentrum, das alle Konturen schärfte wie die hell strahlenden Leuchtstoffröhren in den Aufzügen. An der runden Steintheke, dem berühmten »Goldfischglas«, wo sich die Menschen zum Mittagessen trafen und Touristen den Guides mit offenem Mund durch die Halle folgten, wurden meine Kräfte durch die perfekte Zentralität, die Herrlichkeit von Midtown Manhattan wieder belebt. Es war unmöglich, sich im Time-Life Building nicht hervorragend informiert zu fühlen.*

Alfred Kazin

Das Rockefeller Center war mehr als nur einfach ein Bürokomplex. Der Öffentlichkeit wurde eine Vielzahl von Vergnügungen geboten: Restaurants, Cafés, eine Schlittschuhbahn, jahreszeitlich wechselnde Blumenarrangements, Wandgemälde und Skulpturen. Dann der große Weihnachtsbaum sowie die eleganten Geschäfte sowohl an der Straße als auch im Untergeschoss. Pro Jahr wohnten 900.000 Menschen den Sendungen in den NBC-Studios bei. Zehntausende genossen den Blick von der Aussichtsplattform, die, obgleich etwas niedriger als jene des Empire State Building, den Besuchern etwas bot, was auf dem höheren Gebäude nicht möglich war: einen grandiosen Blick auf das majestätische Empire State Building selbst.

Die mit Abstand beliebteste Attraktion des Rockefeller Center, wenn nicht sogar ganz New Yorks, war die Radio City Music Hall, das größte Kino der Welt. Hier gehörte alles den Superlativen an: das größte Foyer der Welt, die größte Leinwand der Welt, die größte Kinoorgel der Welt und der größte Zuschauerraum der Welt, der 6200 Menschen fasste. Auf der Bühne führten die 50 »Präzisionstänzerinnen« der berühmten Tanztruppe Rockettes verblüffend synchrone Schritte und Pirouetten aus. Darunter versteckte sich eine weitere Attraktion: acht riesige Aufzüge, die die Bühne um zwölf Meter absenken oder vier Meter anheben konnten. Ende der 30er Jahre verwendeten Ingenieure der US-Navy diese Konstruktion für die großen Flugdeck-Aufzüge ihrer hochmodernen Flugzeugträger.

Eine letzte Überraschung gab es auf dem Dach des RCA Building, von dem aus man die ganze Stadt überblicken konnte: einen riesigen Nightclub namens Rainbow Room, so elegant und glamourös, dass er weniger zur realen Stadt als vielmehr zum legendären New York der Penthouses, Cocktails und Swing Music der zeitgenössischen Hollywoodfilme mit Fred Astaire und Ginger Rogers zu gehören schien. Der riesige Club war das symbolische Zentrum einer verträumten, kosmopolitischen Vision der Metropole, die ebenso die

Art-déco-Wohnhäuser am Central Park West und das neue Waldorf-Astoria Hotel auf der Park Avenue einschloss und darüber hinaus die Hudson Piers umfasste, wo sich die New Yorker um Mitternacht auf eleganten Ozeandampfern wie Cunards *Queen Mary* oder der französischen *Normandie* Richtung Europa einschifften.

Nach Fertigstellung des letzten der 14 Gebäude im Jahr 1939 war das Rockefeller Center nicht nur der größte Bürokomplex und die größte Touristenattraktion der Stadt, sondern wurde von Besuchern und New Yorkern gleichermaßen zum eigentlichen Zentrum der modernen Metropole gekürt. »Das Center hat die Zuneigung der New Yorker gewonnen«, stellte der Kritiker Douglas Haskell 1939 fest. »Denn es ist nicht nur die größte Wolkenkratzeransammlung, sondern liefert auch eine gute Show.«

Der Rainbow Room (oben) war für die Elite der Stadt bestimmt, die in seinem imposanten Speisesaal 65 Stockwerke über der Stadt zur Big-Band-Musik tanzte.

Im Dezember 1931, während der Bauarbeiten am Center, richten Arbeiter einen Weihnachtsbaum auf. In den Folgejahren entwickelte sich die Feier zum berühmten Medienspektakel: Jeweils im Dezember wurde der größte Weihnachtsbaum der Welt vor der Schlittschuhbahn aufgestellt und vor laufenden Wochenschaukameras illuminiert.

**Oben links: Lee Lawries *Atlas* im Vorhof des International Building. Oben: Das RCA Building bei Nacht. Bei ihrem New-York-Besuch 1937 stellte die Schriftstellerin Gertrude Stein fest, dass ihr »das Rockefeller Center am besten gefallen hat ... Alice Toklas sagte, dass nicht die Art und Weise, wie sie in die Luft ragen, sondern die Art und Weise, wie sie aus dem Boden wachsen, diese Gebäude ausmache. Europäische Gebäude sitzen auf dem Boden, amerikanische hingegen wachsen aus dem Boden.«**

ein Versuch, Ordnung in New York zu schaffen und New York dabei so zu belassen, wie es ist.«

Besucher des Komplexes sahen, dass jeder Aspekt der traditionellen Stadt des Kommerzes neu konzipiert, neu gestaltet und verbessert worden war. Obwohl einige der Gebäude zu New Yorks höchsten gehörten, waren andere nur sechs Etagen hoch und vermittelten eine noch nie da gewesene Weitläufigkeit mitten in der City. Große Statuen und Wandgemälde schmückten die Eingänge der Gebäude. Zwei von ihnen, Paul Manships vergoldeter Prometheus und Lee Lawries gewaltiger Bronze-Atlas, wurden zu New Yorker Wahrzeichen. Von der Fifth Avenue kommend, bummelte man über eine elegante, leicht abschüssige Promenade mit Geschäften, Brunnen und üppigen Blumenarrangements, die je nach Jahreszeit wechselten. Im Zentrum des Komplexes gelangte man auf eine große, abgesenkte Piazza – im Sommer voller Brunnen, Blumen und Cafétische, im Winter voller Eisläufer –, um die die Flaggen jedes Bundesstaats und die Nationalflaggen aller Länder der Welt wehten. In der Mitte wurde jedes Jahr im Dezember der größte Weihnachtsbaum der Welt aufgestellt. »Die Gebäude sind nicht nur riesig, effizient und komfortabel«, so der Autor Frederick Lewis Allen 1938. »Sie sind auch fröhlich.«

Der Komplex, ein exzellentes Beispiel für den Wert öffentlicher Einrichtungen und eine gut durchdachte Planung, hatte bis Ende der 30er Jahre seinem Namen bereits alle Ehre gemacht und war zum wahren Zentrum der Stadt geworden – zur Quintessenz von New Yorks Selbstbild als einer weltgewandten, fortschrittlichen Metropole und zur beliebtesten Touristenattraktion der Stadt. Gleichzeitig erwies sich das Rockefeller Center als beeindruckender finanzieller Erfolg und verblüffte die Skeptiker selbst in den schlimmsten Jahren der Weltwirtschaftskrise mit seinen renommierten Mietern.

Doch als John D. Rockefeller jr. 1939 zur Feier der Fertigstellung symbolisch eine letzte Niete in die Eisenkonstruktion schlug, hatte

***Sixth Avenue North from Forty-Seventh Street*** **von John J. Soble, ca. 1936. Im Vordergrund sind düstere Mietskasernen, das Leben auf den Dächern und die Schienen der Hochbahn zu sehen, den Hintergrund beherrscht das Rockefeller Center, das wuchtig aus der älteren Skyline aufragt.**

New Yorks andere Zukunftsvision bereits Gestalt angenommen – nicht im Stadtzentrum, sondern am nördlichen Rand von Queens, inmitten einer seltsamen, trostlosen Landschaft, die bis 1938 als Corona Dump bekannt war: ein hoch aufragender Ascheberg, der innerhalb von 30 Jahren aus den Müllverbrennungsanlagen von Brooklyn erwachsen war. Zehn Jahre zuvor hatte F. Scott Fitzgerald die gespenstische Region als »Tal der Asche« beschrieben.

*Dies ist ein Tal der Asche – eine fantastische Farm, wo Asche wie Weizen zu Hügeln und Hügelkämmen und grotesken Gärten wächst; wo Asche die Form von Häusern und Schornsteinen und aufsteigendem Rauch annimmt und schließlich, unter übernatürlicher Anstrengung, die Form von aschgrauen Männern, die sich schwach und bereits zerfallend durch die pulverige Luft bewegen.*

F. Scott Fitzgerald

Nach zwei Jahren mühevoller Arbeit hatte eine ganze Armee von Männern unter Moses 492 Hektar Ödland in das Areal der New Yorker Weltausstellung von 1939/40 verwandelt.

Der Standort war aufschlussreich: Eingerahmt von zwei von Moses' neuen Parkways und umgeben von einer vorstädtischen Landschaft aus Einfamilienhäusern, erwartete die New Yorker Weltausstellung ein ganz anderes Schicksal als das Rockefeller Center, das die Erregung und Geschäftigkeit der sie umgebenden Stadt hervorheben und bündeln sollte. Der Weltausstellung zufolge lag die Zukunft jedoch nicht im Herzen der Stadt, sondern an ihrem Rand.

*Ein ganz herzliches Willkommen an die Besucher der Weltausstellung! Wir sind stolz auf sie! Wir hoffen, dass sie Ihnen gefällt! Das Thema »Gestaltung der Welt von morgen« steht für die zukunftsorientierten Menschen in New York, und ihr Engagement für eine bessere Welt zeigt sich im täglichen Leben dieser herrlichen Stadt.*

Fiorello La Guardia

**Notenausgabe des offiziellen Songs der Weltausstellung, »Dawn of a New Day« von George und Ira Gershwin. Nach Georges plötzlichem Tod durch einen Hirntumor 1937 schrieb sein Bruder Ira den Text. Das Musikstück hatte er in einem von Georges Notizbüchern gefunden.**

Im Zentrum der Ausstellung standen Trylon und Perisphere – die letzten großen Art-déco-Wahrzeichen der Stadt. Weiß schimmernd präsentierten sie in ihrem Inneren die futuristische Stadt »Democracity«. Um sie herum standen die Pavillons der wichtigsten US-Konzerne. Jeder versprach eine windschnittige, verchromte Zukunft, in der etwa Maschinen den Hausfrauen die mühselige Küchenarbeit abnehmen.

Die längsten Schlangen standen allerdings am Futurama von General Motors an. Drinnen kreisten die Besucher auf fahrbaren Sesseln um ein fast 335.000 Quadratmeter großes Modell, das die zukünftige USA im Jahr 1960 zeigte. Was sie dort sahen, würden sie nie mehr vergessen.

Laut Modell gab es 1960 in Amerika immer noch Städte. Doch sie waren nicht mit dem New York von 1939 vergleichbar. Das Stadtzentrum war im Modell von weit auseinander stehenden Wolkenkratzern dominiert, die durch 14-spurige Highways voneinander getrennt waren. Dort fuhren 50.000 Modellautos mit einem Tempo von 100 Meilen pro Stunde. Auf den Highways gelangten die Menschen aus der Stadt heraus und hinein in eine amerikanische Landschaft, wo sie in aller Regel in Einfamilienhäusern lebten, die ausschließlich mit dem Auto erreichbar waren. U-Bahnen, Straßenbahnen, Regionalzüge, d. h. alle traditionellen Verkehrsmittel, waren verschwunden. Laut General Motors würde das Amerika von 1960 eine Welt der Autos, Highways und Vorstädte sein.

In gewisser Weise war die im Futurama vorgestellte Welt die vollendete »Mischwirtschaft«, für die Moses und La Guardia den Weg bereitet hatten und in der umfangreiche öffentliche Bauprojekte – Parkways, Tunnel, Brücken – den privaten Interessen der großen Autohersteller, Straßenbaufirmen, Bauunternehmen und Hypothekenbanken unter die Arme griffen. Doch für die Stadt selbst war im Futurama eine beunruhigende Botschaft erkennbar. In Zukunft, würden öffentliche Projekte nicht wie unter La Guardia und Moses der Verbesserung und Erneuerung der bestehenden Stadt dienen, sondern einer Umgestaltung, die primär auf die Bedürfnisse des Autos zugeschnitten war. »General Motors hat ein kleines Vermögen ausgegeben«, bemerkte der Kritiker Walter Lippman, »um die amerikanische Öffentlichkeit davon zu überzeugen, dass sie ihre Städte und Highways mit Hilfe staatlicher Unternehmen umbauen muss, wenn sie die Vorteile der privaten Automobilproduktion voll nutzen will.«

Genau in der Mitte des Parks, in dem die Stadt und ihre Leistungen gefeiert wurden, hatte General Motors einen beklemmenden Entwurf für die Zerstörung New Yorks und seine Verdrängung durch eine völlig andere Welt geschaffen.

Menschenmenge in der Consolidated Edison's City of Light auf der Weltausstellung. Die Schau, die als das größte Diorama der Welt angekündigt wurde, bestand aus einem drei Stockwerke hohen und einen Häuserblock langen animierten Modell von New York. Die Besucher bekamen fahrende U-Bahnen und Fahrstühle zu sehen sowie Fabriken, die in Licht und Schatten getaucht wurden – ein ganzer Tag, mit einem Gewitter am Nachmittag als Höhepunkt, vollzog sich in zwölf Minuten vor den Augen der Zuschauer.

*Dies ist kein vager Traum von einem Leben in ferner Zukunft, sondern von einem Leben, das schon morgen früh beginnen könnte, wenn wir es wollten. Die große, schreckliche, alles verschlingende Stadt von heute ... wäre kein planloses Durcheinander von Slums und Schornsteinen mehr, die nur aus Profitgier gebaut wurden, sondern ein effektives Medium für menschliche Aktivitäten, die dem Bau einer besseren Welt von morgen dienen würden ... Das Verhältnis zwischen den Einheiten Stein und Stahl, Highway und Grün ist ein Symbol für das Dasein von morgen – dafür, dass das Leben auf der Verständigung der Beiträge aller Elemente zu einer neuen, lebendigen Demokratie basiert.*

Robert Kohn, Vorsitzender des Themenausschusses der Weltausstellung

Über 25 Millionen Menschen passierten im letzten wunderbaren Sommer der 30er Jahre die Tore der New Yorker Weltausstellung. Nachts ließen spektakuläre Feuerwerke und Lightshows die provisorischen Gebäude leuchten wie in einem Traum. Am Tag wanderten die Besucher in dem geschlossenen Universum der Ausstellung von Region zu Region, von den kunstvollen industriellen Ausstellungsstücken über die Vergnügungseinrichtungen bis zu den stattlichen internationalen Pavillons, wo mehr als drei Dutzend Nationen, darunter Russland, Frankreich, Polen, England, Italien und die Tschechoslowakei, friedlich nebeneinander standen.

Noch bevor die erste Saison der Weltausstellung vorüber war, trafen unheilvolle Nachrichten aus dem Ausland ein. Am 1. September 1939 war Hitler in Polen einmarschiert. England und Frankreich hatten Deutschland den Krieg erklärt, und die Schlacht um Europa stand vor der Tür. Als die Weltausstellung im Frühjahr 1940 wieder eröffnete, waren der polnische und der tschechische Pavillon verschwunden, die beiden Länder von den Deutschen okkupiert worden. Am 25. Mai 1940 wurde die Trikolore über dem französischen Pavillon auf Halbmast gesetzt. Paris war in Hitlers Hände gefallen.

Spätestens zu diesem Zeitpunkt war klar, dass die internationale Harmonie, die auf der New Yorker Weltausstellung präsentiert wurde, keinen Bezug mehr zur Realität hatte. Die Ausstellung dümpelte noch ein paar Monate unsicher vor sich hin, bevor sie im Herbst 1940 geschlossen wurde. Es war kaum Geld übrig, um die Objekte abzureißen und das Grundstück zu räumen. Die 3000 Tonnen Stahl, aus denen Trylon und Perisphere gefertigt waren, wurden dem amerikanischen Militär gespendet.

Amerika selbst befand sich noch im Frieden. Doch es war schwer, »den Gedanken daran zu verdrängen«, so hieß es, »was tatsächlich auf die Welt von morgen zukommen würde«.

# ROBERT MOSES: MAKLER DER MACHT

## ROBERT A. CARO

INTERVIEW

*Nach welchen Maßstäben lässt sich das städtebauliche Wirken eines Robert Moses beurteilen?*

Ein Maßstab war mit Sicherheit sein Stehvermögen. In einer Demokratie denkt man bei höheren Positionen für gewöhnlich an vier-, acht- oder zwölfjährige Amtszeiten. Moses hatte über 44 Jahre lang das Sagen über New York und seine Vorstädte, von 1924 bis 1968. Er behielt die Zügel unter sechs Gouverneuren fortwährend in der Hand: Al Smith, der ihn an die Macht brachte, Franklin Roosevelt, der ihn hasste, Herbert Lehman, Thomas Dewey, Averell Harriman und Nelson Rockefeller, der ihn letztendlich stürzte. Und er überdauerte fünf Bürgermeister: Fiorello La Guardia, William O'Dwyer, Vincent Impellitteri, Robert Wagner und John Lindsay. Robert Moses hielt sich nicht ein Jahrzehnt an der Macht, nicht eine Generation lang, sondern fast ein halbes Jahrhundert. Und er setzte seine Macht ein, um New York umzugestalten. Die Geschichte New Yorks im 20. Jahrhundert ist untrennbar mit der Geschichte von Robert Moses verbunden.

*Was hat er uns hinterlassen?*

Wenn Sie sich New York heute von einem Flugzeug aus anschauen, sehen Sie eine Stadtlandschaft, die zu weiten Teilen von einem einzelnen Menschen gestaltet wurde. Wenn Sie von Norden kommend La Guardia ansteuern, fliegen Sie über die Triborough Bridge, die Throgs Neck Bridge, die Bronx-Whitestone Bridge und die Henry Hudson Bridge. Jede einzelne dieser Brücken hat Robert Moses gebaut. Wenn Sie von Süden kommen, blicken Sie auf die Verrazano-Narrows Bridge, die Cross Bay Bridge und die Marine Parkway Bridge. Auch diese Brücken stammen von Robert Moses. Die sieben wichtigsten Brücken, die in den letzten 75 Jahren in New York entstanden, sind das Werk dieses einen Mannes. Lediglich einer der fünf Boroughs, und zwar die Bronx, liegt auf dem Festland. Das heißt, genau genommen ist New York eine Inselstadt. Und es war Robert Moses, der diese Inseln über Brücken zu einer Stadt zusammengefügt hat. Wenn Sie auf diese Stadt hinabblicken, sehen Sie über dem feinen Netzwerk des Straßenrasters die breiteren Linien der Expressways. Mit einer einzigen Ausnahme, dem East River Drive, hat Robert Moses jede einzelne dieser Verkehrsadern gebaut. Er hat den Major Deegan Expressway, den Van Wyck Expressway, den Sheridan Expressway und den Bruckner Expressway gebaut. Den Gowanus Expressway, den Prospect Expressway, den Whitestone Expressway, den Throgs Neck Expressway und den Clearview Expressway. Den Brooklyn-Queens Expressway, den Cross-Bronx Expressway, den Nassau Expressway, den Staten Island Expressway und den Long Island Expressway. Den Harlem River Drive und den West Side Highway. Aus der Stadt heraus führen lange Betonstreifen, die für Lkws gesperrt und von Grünflächen flankiert sind; das sind die Parkways. Robert Moses hat 416 Meilen Parkways geschaffen. Als er damit begann, waren Parkways in den Vereinigten Staaten praktisch ein Novum – zumindest in den Dimensionen, in denen er sie sich vorstellte. In Richtung Long Island baute er den Belt Parkway, den Grand Central Parkway, den Laurelton Parkway, den Cross-Island Parkway und den Interborough Parkway. Auf Long Island baute er den Northern State Parkway und den Southern State Parkway, den Wantagh Parkway und den Sagtikos, den Sunken Meadow und den Meadowbrook Parkway. Nordwärts aus der Stadt herausführend, baute er den Mosholu Parkway, den Hutchinson River Parkway, den Sawmill River Parkway, den Sprain Brook Parkway und den Cross-Country Parkway. Aus Ihrem Flugzeug heraus sehen Sie auch sehr viel Grün. Ein nicht unbeträchtlicher Teil davon geht auf das Konto von Robert Moses. Er vergrößerte die Parkflächen der Stadt um 8000 Hektar, und legte – ebenfalls für die Städter – in den Long-Island-Suburbs weitere 16.000 Hektar Park an. Er band die Stadt nicht nur enger zusammen, er veränderte ihre Form. Im Rahmen seiner zahlreichen Landgewinnungsmaßnahmen rammte er Spundwände ins Wasser, füllte das dahinter liegende Land mit Gestein und Erde auf, und oben auf die aufgeschüttete Fläche baute er Parkways und Parks. Die neu gewonnene Fläche addierte sich auf 6400 Hektar bzw. 64 Quadratkilometer. Ganz New York City umfasst nur 835 Quadratkilometer, 64 davon hat er geschaffen. Und er stand als treibende Kraft hinter der Entstehung vieler Bauten, die das Stadtbild verändert und geprägt haben – Lincoln Center, UN-Hauptquartier, Shea-Stadion, New York Coliseum, die Campus der Universitäten Fordham, Pratt und Long Island –, die Liste ließe sich fast endlos fortsetzen.

*Was war seine Zukunftsvision für die Stadt?*

Er hatte die Vision eines Stadtformers. Man konnte mit Robert Moses niemals lediglich über einen Teil von New York sprechen, da er die Stadt – inklusive ihrer Vorstädte – als eine zusammenhängende Einheit betrachtete. Die Bronx stand in enger Beziehung zu Staten Island, Jones Beach zu Manhattan. Ich habe später nie mehr einen Städteplaner kennen gelernt, der das Vorstellungsvermögen von Moses besaß. Seine Vision war der Größe New Yorks ebenbürtig. Er sah die Stadt und ihr Umland als Einheit, und er wusste genau, wie diese Stadt aussehen sollte. Mit der Ausarbeitung eines Gesamtplans begann er schon in ganz jungen Jahren. Und als er Jahrzehnte später seine Macht verlor, war er noch immer mit dessen Umsetzung beschäftigt.

*Gibt es einen anderen Stadtplaner, der mit Moses vergleichbar wäre?*

Keinen, den ich wüsste. Paris gilt weithin als das Paris des Baron Haussmann. Und für die innerstädtischen Arrondissements stimmt das auch. Haussmann war zweifellos ein genialer Stadtplaner, und was er geschaffen hat, besticht durch wahre Größe. Aber auch wenn Haussmanns Verdienste in puncto Eleganz und Eloquenz mit denen von Moses vergleichbar sind, sind sie es von Umfang und Reichweite her keineswegs. Ist heute von öffentlichen Bauvorhaben die Rede, denkt man an Staatsgelder in Milliardenhöhe. Aber das ist nur Geld, nicht Bauen. Was das Ersinnen von Bauvorhaben, ihre Entwicklung und Durchführung angeht, ist kein Stadtplaner Moses jemals auch nur annähernd nahe gekommen. Er hat sich all diese Projekte selbst ausgedacht. Er fing 1913 an, von ihnen zu träumen, und 1968, ganze 55 Jahre später, war er noch immer dabei, sie zu realisieren. Er ist nicht zum Abschluss gekommen. Wenn Sie sich heute New York anschauen, sehen Sie Lücken, die Moses, wäre er noch an der Macht, schließen würde: mit einem Lower Manhattan Expressway, einem Mid Manhattan Expressway und einem Upper Manhattan Expressway.

*Können wir uns Robert Moses als eine Art Künstler vorstellen?*

Unbedingt. In seinem Büro hatte Robert Moses einen riesigen Stadtplan von New York hängen, und wenn man ihn sah, wie er davor stand und seinen Bleistift in ausgreifenden Gesten darüber führte, dann konnte man den Maler vor seiner Leinwand erkennen, den Träumer, den Visionär, den Künstler. Er betrachtete New York und die Suburbs – 5450 Quadratkilometer, eine Fläche, auf der zu seiner Zeit 12 Millionen Menschen lebten – als eine große Leinwand. Er würde seine Straßen darüber bauen. Er würde seine Straßen darum herum bauen. Hier sollten Parks entstehen, und dort ebenfalls. Und weil hier eine Wohnsiedlung gebaut wird, bekommt der Park diese Form, und wir lassen die Straße dort verlaufen. Er sah das Ganze wie ein riesiges wunderbares Wandgemälde. Es war unmöglich, ihn nicht als Künstler zu sehen. Man konnte richtig zuschauen, wie er eines zum anderen fügte, und das Ganze besaß eine Geschlossenheit, die Geschlossenheit einer zusammenhängenden Vision. Ich sage nicht, dass diese Vision richtig war, aber es war seine Vision. Und dieser Vision entsprechend wurden New York und seine Vorstädte gestaltet.

*Wie war Moses als junger Mann?*

Er war ein Idealist und Träumer. Nach dem College arbeitete er für eine Organisation, die das Beamtensystem von New York reformieren sollte. Er wohnte damals bei seinen Eltern, Ecke 72nd Street/Central Park West, aber wenn er sich abends von seinem Arbeitsplatz im Bureau of Municipal Research heimfahren ließ, erklärte er dem Taxifahrer jedes Mal, er solle ihn nicht am Central Park West absetzen, sondern am Riverside Drive. Dort pflegte er dann zu stehen, ein groß gewachsener, gut aussehender Mann im weißen Anzug, und auf den Riverside Park zu blicken, der die Westgrenze der Insel Manhattan bildete. Das Areal hieß Riverside Park, aber es war kein Park. Es waren sechseinhalb Meilen matschiges Ödland. Heute liegen hier der Henry Hudson Parkway und der Riverside Park. Damals jedoch war es nur ein Provisorium, Jahrzehnte früher von der Stadt in einer halbherzigen Aktion aufgeschüttet, und das Wasser drang durch das Erdreich, sodass man beim Betreten im Morast einsank. Direkt am Fluss entlang liefen vier Gleise der New York Central Railroad, denn die Stadt hatte schon Jahrzehnte zuvor den gesamten Uferbereich der West Side der Eisenbahngesellschaft überlassen. Rechts und links der Schienen standen verrostete Stacheldrahtzäune und schnitten die Stadt komplett vom Wasser ab. Über diese Gleise rollten endlos lange Güterzüge. Sie brachten Kohle und Öl – wir sprechen hier über die Zeit um 1913/1914 –, die Rußwolken der Lokomotiven legten sich über die Apartmenthäuser am Riverside Drive, und die Anwohner hielten ihre Fenster wohlweislich immer geschlossen. Dazu kamen bereits das Hupen und Rattern der Automobile. Die ganze Gegend war schäbig und dazu gefährlich. Nicht einmal die Polizei wagte sich nach Einbruch der Dunkelheit hierher. Obdachlose und Hobos kampierten entlang der Bahntrassen. Robert Moses pflegte dieses Areal lange zu betrachten. Eines Tages, es war 1914, setzte er mit Freunden zu einem Picknick nach New Jersey über (damals gab es noch keine Brücke über den Hudson). Mit von der Partie war Frances Perkins, die später unter Roosevelt Arbeitsministerin wurde, und Perkins erinnert sich, dass Moses sich plötzlich zu ihr umdrehte, auf den unter einer dicken Smogschicht liegenden Morast deutete und sagte: »Frances, könnte dieser Uferbereich nicht der schönste der Welt werden?« Er erzählte ihr von dem wunderbaren Parkway, der hier am Wasser entlang verlaufen könnte, und dem wunderschönen Park, der neben dem Highway läge, und wie Straße und Park die hässlichen Schienen verdecken würden. Was Frances Perkins am meisten überraschte war, dass er, so ihre Worte, »alles bereits komplett durchdacht hatte«. Er meinte, man müsse den Highway auf Höhe 72nd Street eine leichte Biegung machen lassen und dort einige Häuser abreißen. Er stellte sich einen Jachthafen vor – die heutige 79th Street Marina and Boat Basin –, wo Segelboote ankern könnten. Er hatte Tennisplätze und Radwege vor Augen und wusste exakt, wo sie liegen sollten. Robert Moses war damals 24 oder 25, ein einfacher Büroangestellter. Und er sprach über ein städtebauliches Vorhaben von bislang – zumindest in Amerika – ungekannten Dimensionen. Und hatte alles fertig im Kopf. Sonntags spazierten er und Frances Perkins bisweilen zusammen durch die Stadt, und »Bob sprühte nur so vor Ideen. Alles, was er sah, regte ihn zu Verbesserungsvorschlägen an.« Damals war er wirklich ein Idealist und Träumer und Visionär.

*Wie sah es in New York 1934 aus, als Robert Moses erstmals an die Hebel der Macht kam?*

Damals war New York völlig außer Stande, den Bedürfnissen seiner Einwohner gerecht zu werden. Der seit Jahren an der Macht befindliche Tammany-Apparat war durch und durch korrupt. Unter Bürgermeister Jimmy Walker war die Bevölkerung von New York City von 5,7 Millionen auf 6,8 Millionen angewachsen. Das bedeutet eine Steigerung um 19 Prozent. Zur gleichen Zeit schnellte der Etat der Stadt um 250 Prozent in die Höhe. Dieses gewaltige Wachstum hing in erster Linie mit Schiebungen und Korruption zusammen. Die Stadt erstickte im Verkehr. Seit Jahren war keine einzige Meile Durchgangsstraße gebaut worden. Die Henry Hudson Bridge war zwar im Gespräch, aber es gab noch nicht einmal konkrete Konstruktionspläne. Die Stadt sann über eine Tunnelverbindung nach Staten Island nach. Man hatte mit einer Narrows Tube begonnen, doch die Arbeiten waren eingestellt worden. Ebenso bei der Triborough Bridge. Und es bestand keinerlei Hoffnung, dass diese Dinge in absehbarer Zukunft in Angriff genommen würden. Wer aus der Stadt herauswollte, musste sich auf engen Straßen durch Queens oder Brooklyn oder die Bronx quälen. Die einzige Verbindung nach Norden war die Broadway Drawbridge bei der 225th Street, eine schmale Zugbrücke, die bei jedem Segelschiff hochgezogen wurde, sodass man mit stundenlangen Staus rechnen musste. Jede Anstrengung, New York von dieser chronischen Verstopfung zu befreien, war gescheitert. Dazu war die Stadt praktisch bankrott.

*Wie wirkten sich Robert Moses' Vorurteile auf seine städtischen Bauvorhaben aus?*

Moses war durch und durch ein überzeugter Rassist, und sein Rassismus spiegelte sich in seinen Bauprojekten wider. Zum Beispiel baute er in den 30er Jahren 255 Spielplätze in New York City. Aber nur einen einzigen in Harlem; nur einen einzigen in Bedford-Stuyvesant. In South Jamaica lebte eine große Schwarzengemeinde; er baute nicht einen Spielplatz in South Jamaica. Kurzum: Von 225 Spielplätzen lagen gerade einmal zwei in Gegenden, wo farbige Kinder sie nutzen konnten. Harlem hätte sehr dringend Spielplät-

**Robert Moses auf einem Stahlträger auf Roosevelt Island am 4. Juni 1959, fotografiert von Arnold Newman.**

ze benötigt. Ich erinnere mich an einen Brief aus den LaGuardia-Akten, in dem ein Pastor namens Shelton Hale Bishop von einer Kirche in der 134th Street in Harlem dringend um einen Spielplatz bat. »Die Kinder betteln um einen Platz zum Spielen. Sie betteln nicht mit Worten. Sie sind stumm, aber man spürt, dass sie betteln. Sie haben keinen Platz, wo sie spielen können, außer der Straße.« Moses setzte seine Sozialpolitik in Beton, und er tat dies in so vielen Bereichen, dass man gar nicht weiß, wo anfangen. Er baute die größten Schwimmbäder aller Zeiten in New York. Riesige, fantasievolle Schwimmbäder. Aber er zog sie an Stellen hoch, wo sie die Rassen trennten. Weiße Kinder bekamen Rutschen und Schaukeln; schwarze Kinder mussten auf der Straße spielen. Moses schuf herrliche Planschbecken für weiße Kinder; schwarze Kinder hatten in den Pfützen der Wasserhydranten zu planschen. Er steckte voller Vorurteile. Er glaubte, Farbige würden kaltes Wasser verabscheuen – wenn er die Temperatur in den Becken niedrig hielte, würden Farbige sie nicht benutzen; dementsprechend wurde die Beheizung eingestellt. Er war überzeugt, Schwarze von Orten wie Jones Beach fern halten zu können, indem er dort grundsätzlich keine Farbigen beschäftigte.

*Wie schaffte er es, sich über die Schranken demokratischer Wahlen hinwegzusetzen?*

In einem totalitären Regime resultiert die Macht aus einer Gewehrmündung. In einer Monarchie entstammt sie einem königlichen Erlass. In einer Demokratie sollte sie der Wahlurne entspringen und den Willen des Volkes widerspiegeln. Moses hätte niemals die Zustimmung des Volkes bekommen. Er war unglaublich arrogant und von seiner intellektuellen Überlegenheit derart besessen, dass er das Volk verachtete, und diese Verachtung war offensichtlich. Er gab sich nicht einmal Mühe, sie zu verbergen. Deshalb hätte er niemals ein Mandat bekommen. Robert Moses war klar, dass er nie in irgendein Amt gewählt werden würde. Er wäre gerne Bürgermeister von New York geworden, aber er wurde nie nominiert. Als er 1934 für die Republikaner bei den Gouverneurswahlen antrat, erlitt er die schlimmste Niederlage, die jemals ein Kandidat im Staat New York einstecken musste. Er erkannte, dass er auf dem normalen demokratischen Wege niemals irgendwelche Macht erlangen würde. Folglich musste er sich etwas anderes einfallen lassen. So verfiel er auf den Gedanken, über öffentliche Bauvorhaben an die Macht zu kommen. Eine Brücke bedeutet Macht, weil sie Geld bedeutet: Die Brücken, die Moses baute, kosteten viele Hundert Millionen Dollar. Eine Brücke bedeutet Verträge, die an Bauunternehmer mit den richtigen politischen Verbindungen vergeben werden konnten. Eine Brücke bedeutet Einkünfte für die Anwälte, die das Projekt betreuen. Sie bedeutet Versicherungsprämien. Eine Brücke bedeutet Anleihen. Hunderte von Millionen Dollars mussten aufgenommen werden. Warum Banken und Investmenthäuser gerne in Brücken investieren? Weil sie die größten Sicherheiten bieten – Mautgebühren sind die beste Garantie, dass jeder Cent zurückgezahlt wird. Außerdem konnten alle Beteiligten, die Moses als Geldgeber auswählte, davon ausgehen, schon durch Kauf und Verkauf der Emission Gewinn zu machen. Nicht zuletzt bedeutet eine Brücke Arbeitsplätze, Hunderte Arbeitsplätze, für die Gewerkschaften. Moses vergab die Aufträge, die Notar-, Versicherungs- und Grundbuchangelegenheiten sowie die Planungs- und Bauarbeiten an diejenigen Einzelpersonen, Konzerne und Gewerkschaften mit dem maßgeblichsten Einfluss. Sie alle hatten größtes Interesse daran, seine Projekte gut über die Bühne zu bringen. Sollten also die Bewohner eines Viertels oder ihr Abgeordneter oder der Bürgermeister oder der Gouverneur versuchen, eines seiner Vorhaben zu stoppen, sahen sie sich einem gewaltigen Druck ausgesetzt. Ein riesiges öffentliches Bauprojekt – eine Brücke, ein Tunnel oder ein großer Highway – ist ein perfektes Machtinstrument, wenn man es richtig nutzt. Und kein Mensch wusste Macht raffinierter und rücksichtsloser einsetzen als Robert Moses.

*Welche Rolle spielten die Verwaltungsbehörden bei Robert Moses' Machtanhäufung?*

Moses baute und verwaltete seine Brücken und Tunnel mit Hilfe von Behörden. Jahrzehntelang floss jeder Cent und jeder Dollar, den man an Mautgebühren entrichtete, einer seiner Behörden zu. Die Triborough Bridge and Tunnel Authority bestand aus drei Personen, aber die beiden anderen schlossen sich stets Moses' Meinung an. Später konnte er durchsetzen, seine Macht mit niemandem mehr teilen zu müssen. In der Gründungsurkunde der Henry Hudson Parkway Authority etwa steht, die Körperschaft bestehe »aus einem einzigen Mitglied«. Dieses »einzige Mitglied« war Robert Moses. In jedem Fall konnte er das Geld, das durch die Mautgebühren hereinkam, nach eigenem Ermessen ausgeben. Er brauchte sich nicht, wie etwa ein Bürgermeister, vor einem Haushaltsausschuss oder Stadtrat oder gar dem Wähler zu rechtfertigen. Er konnte mit den Einnahmen der Behörden nach Gutdünken schalten und walten. Über Jahrzehnte hinweg standen ihm mehr Mittel für öffentliche Bauvorhaben zur Verfügung als der Stadt selbst.

*War er süchtig nach Macht?*

Ja. Macht macht ja bekanntlich süchtig. Sie wirkt wie eine Droge. Je mehr man bekommt, nach desto mehr giert man. Als junger Mann, als Idealist und Träumer, konnte Robert Moses keines seiner Bauprojekte realisieren, weil ihm die Macht dazu fehlte. Er merkte, dass man Macht braucht, und lernte, wie sie sich verschaffen lässt. Dann setzte er sie ein, um seine Träume zu verwirklichen. Und zuletzt wurde die Macht zum reinen Selbstzweck.

*Hat Moses aus seinen Projekten finanziellen Profit gezogen?*

Nein. Geld an sich interessierte Moses nicht. In Finanzdingen war er persönlich absolut integer. Ihm ging es um die Macht. Ein Freund von ihm sagte einmal zu mir: »Wissen Sie, viele Menschen verlangt es nach Kaviar. Robert Moses war vollkommen zufrieden mit einem Schinkensandwich, sofern es mit ein bisschen Macht garniert war.« Und es ging ihm um Unsterblichkeit. Unsterblich zu sein war ihm ungeheuer wichtig. Bauingenieure erzählten ihm, dass Hängebrücken eine schier unendliche Lebensdauer hätten. Moses liebte Hängebrücken. Er war überzeugt, dass ihn seine Bauprojekte, die Meilensteine, die er setzte, unsterblich machen würden. Er sagte voraus, in den nächsten Jahrhunderten würde niemand New York betrachten können, ohne diese Meilensteine zu bemerken. Nun, seit er das geschrieben hat, sind 50 Jahre vergangen, und bis heute ist seine Prophezeiung absolut zutreffend.

*Inwieweit hat Moses' Wirken den Wohnungsbau der Nachkriegszeit geprägt?*

Kaum jemand weiß, dass Robert Moses zwar kein Mitglied der New York City Housing Authority war, deren Entscheidungen aber dennoch 13 Jahre lang – von 1945 bis 1958 – nahezu vollständig beherrschte. Ohne sein Plazet wurde kein Standort für öffentliche Wohnungsbauprojekte ausgewiesen, kein einziger Ziegelstein gesetzt. In dieser Zeitspanne errichtete die Housing Authority – man könnte auch sagen Robert Moses, denn das war im Grunde ein und dasselbe – 1082 Mietshäuser mit 148.000 Wohneinheiten, in denen, als er 1968 entmachtet wurde, 550.000 Menschen lebten – also mehr, als die meisten Städte Einwohner haben. Genau wie bei der Verkehrsplanung und den Parks war sein Einfluss auf den Wohnungsbau immens. Bei der Standortwahl der einzelnen Bauvorhaben tat er sein Möglichstes, die Menschen nach Hautfarbe und Einkommensklasse zu trennen. Es erweist sich als sehr schwierig, diese Fakten nachträglich zu ändern.

*Welche Bedeutung hatten die Expressways, die er in den Nachkriegsjahren in New York errichten ließ?*

Nach dem Krieg wurde klar, dass man anfangen musste, Stadtautobahnen zu bauen. Pläne für solche Expressways existierten in jeder Großstadt, aber nirgendwo konnten sie realisiert werden. Dafür gab es zwei Gründe: Erstens waren die Kosten einfach zu hoch, und zweitens sollten die breiten Straßen durch dicht besiedelte Stadtviertel führen. Wir leben in einer Demokratie, und diese Projekte hätten die Umsiedlung mehrerer Zehntausend Menschen bedeutet. Diese Menschen waren Wähler, und folglich schreckten die Politiker allein schon vor dem Gedanken zurück, sich diese Leute zu Feinden zu machen. Moses schreckte vor nichts zurück. Kaum war der Krieg zu Ende, schlug er Schneisen für sechs mächtige Expressways quer durch das Herz von New York. Einer davon, der Cross-Bronx Expressway, verlief mitten durch den Borough – wie ein riesiger Graben durchschnitt er sechseinhalb Meilen dicht an dicht stehender Wohnblocks. Moses bewies, dass es möglich war. Ob es gut war oder nicht, ist freilich eine andere Frage.

*Wie unterschieden sich die Expressways von den früheren Parkways?*

Die Parkways führten durch unbebautes Land. Es mussten kaum Menschen umgesiedelt werden. Wenn man anfängt, Straßen, riesige Straßen mit sechs oder acht Spuren, durch das Herz einer Stadt zu führen, ergibt sich ein völlig anderes, ganz neues Problem – ein Problem mit den Menschen. Und das Kennzeichen des Robert Moses, ein Mal, mit dem er alle US-amerikanischen Großstädte brandmarkte, zeigt sich nirgendwo deutlicher als darin, was er den Menschen antat, die das Pech hatten, diesen Expressways im Weg zu stehen. Insgesamt baute Moses 627 Meilen Durchgangsstraßen. 130 davon verliefen quer durch New York City. Während der Arbeit an meinem Buch *The Power Broker* [Robert A. Caros Biografie von Robert Moses, *die Red.*] versuchte ich, die Zahl der »Opfer« eines Highways zu ermitteln, indem ich eine der 130 Meilen genauer unter die Lupe nahm und nachforschte, was aus den Menschen und Vierteln geworden war, die der Expressway hinweggefegt hatte. Ich wählte dazu eine Meile des Cross-Bronx Expressway im Wohnviertel East Tremont. Betrachtet man den gesamten Cross-Bronx Expressway aus der Vogelperspektive, wird einem rasch klar, dass es sich dabei um eine gewaltige Leistung der Ingenieure handelt. Diese gigantische Betonpiste führt mitten durch das Herz eines übervölkerten Boroughs. Aber wenn man die eine Meile in East Tremont anschaut, fällt einem noch etwas anderes auf: Gleich neben der Trasse dieses Highways, quasi parallel dazu, liegt eine unbebaute Landfläche, und es ist eine unumstößliche Tatsache, dass Moses auf dieser Meile die Alternative gehabt hätte, ungleich weniger Leute um ihr Heim zu bringen. Er hatte den Crotona Park zur Verfügung, der genau wie der Cross-Bronx Expressway in Ost-West-Richtung lag, und an der Nordseite des Parks gab es bereits eine breite Avenue namens Crotona Park North. Hätte er Crotona Park North ausgebaut (und dazu nur ein kleines Stückchen Park geopfert), hätte er lediglich sechs kleinere Mietshäuser abreißen müssen. Allerdings hätten auch die Lagerhäuser und Büros einer Firma namens Third Avenue Transit Company weichen müssen, aus der der Parteiapparat der

Bronx – einer der korruptesten der gesamten Nation – satte Gewinne zog. Der politische Apparat war gegen den Abriss. Deshalb wählte Moses eine andere Route durch East Tremont. Er legte den Verlauf des Cross-Bronx Expressway quer durch eine Meile sechs- und siebenstöckiger Apartmenthäuser. 54 Stück insgesamt. Um seine sechs mächtigen Highways zu bauen, warf Moses 250.000 Menschen aus ihren Wohnungen, eine schier unglaubliche Zahl. Und East Tremont war nur einer von 20 lebens- und liebenswerten Wohnbezirken, deren Herz Moses für seine Stadtautobahnen zerstörte. Nach meinem Dafürhalten sind es Viertel wie diese, die dafür sorgen, dass Menschen sich in einer Großstadt wohl fühlen. Und die Räumungsbefehle, mit denen er die Leute aus ihren Wohnungen vertrieb, waren berüchtigt für ihren barschen Ton. Der Preis, den diese Highways an menschlichem Leid forderten, war immens. Robert Moses pflegte zu sagen: »Wer in einer dicht bebauten Metropole agieren will, muss sich den Weg mit einem Fleischerbeil freihacken.« Er benutzte das Fleischerbeil nicht nur als Mittel zum Zweck. Er genoss es geradezu, damit zuzuschlagen.

*Inwieweit haben Moses' Projekte der 50er Jahre die Zukunft des Großraums New York geprägt?*

Der entscheidende Moment kam 1954. In *The Power Broker* habe ich es den »point of no return« für New York genannt. Er baute damals nicht nur den Cross-Bronx Expressway, sondern stand kurz davor, mit den Arbeiten am Long Island Expressway, am Brooklyn-Queens Expressway, Gowanus Expressway, Bruckner Expressway und Staten Island Expressway zu beginnen. Es war eine Zeit, in der sowohl die Stadt als auch die einzelnen Behörden über reichlich Geldmittel verfügten, weil während der Kriegsjahre kein Baumaterial zur Verfügung gestanden hatte und daher auch keinerlei Projekte in Angriff genommen worden waren. Es war obendrein der Moment, in dem die Bewegung hinaus in die Suburbs anfing zu boomen. Levittown und ähnliche Siedlungen schossen aus dem Boden. Es war wirklich ein entscheidender Moment in der Geschichte der gesamten Region. Es gab zahlreiche Anträge, die vorhandenen Mittel für den Ausbau des öffentlichen Verkehrsnetzes zu verwenden – neue Subway-Linien zu bauen und die älteren Strecken von U-Bahn und Vorortzügen zu überholen und zu verbessern. Aber auf diesem Ohr war Moses taub. Stattdessen steckte er den gesamten Betrag in Stadtautobahnen und hungerte den öffentlichen Nahverkehr regelrecht aus. Während seiner gesamten Wirkungszeit baute die Stadt nicht eine einzige Bahn- oder U-Bahnmeile. Und gerade diese Entwicklung bereitete den Boden für die Suburbs und jene völlig automobilorientierte Gesellschaftsstruktur, aus der es bis heute kein Zurück zu geben scheint.

*Hat New York Moses trotz all seiner Fehler gebraucht?*

Immer wieder werde ich gefragt: »Brauchen wir nicht einen zweiten Robert Moses?« Wenn wir die 20 Jahre anschauen, bevor Robert Moses in New York an die Macht kam, so wurde in dieser Zeit nicht eine einzige Meile Highway gebaut, obwohl das heraufziehende Automobilzeitalter ein solches Vorgehen dringend erfordert hätte. Dann trat Moses auf den Plan, und baute zwischen 1924 und 1968 seine 627 Meilen Durchgangsstraßen. Wissen Sie, wie viele Meilen Highway Stadt und Bundesstaat in und um New York in den 30 Jahren seit Moses' Absetzung gebaut haben? Genau 13. Einerseits besaß er also diesen grandiosen Weitblick, die Fähigkeit, die Metropole als Ganzes samt einem Netzwerk aus Straßen und Brücken und Parks zu sehen. Er besaß einen eisernen Willen sowie eine unglaubliche Konsequenz und Zielstrebigkeit. Oft sagte er: »Wenn nicht der Zweck die Mittel heiligt, was dann?« Das Traurige ist, dass er dieses Durchsetzungsvermögen später auf Ziele konzentrierte, die die Stadtlandschaft und die gewachsenen Viertel zerstörten und zu ihrer Ghettoisierung beitrugen. Wenn man etwas baut, dann löst man etwas aus, was lange Bestand hat. Gesetze lassen sich ändern, Verwaltungsrichtlinien lassen sich ändern, die Sozialpolitik lässt sich ändern. Sehr viel schwieriger ist es, zu Stein gewordene Fakten aufzuheben. Moses setzte die Zukunft der Stadt in Beton. Er manipulierte die städtische Sozialpolitik in einer Weise, dass das Geld nicht mehr den Menschen zugute kam, sondern in Baumaßnahmen floss. Es hätte nicht so kommen müssen. Natürlich existieren gewisse historische Kräfte, die Dinge in Bewegung setzen oder beschleunigen und denen jedes Individuum zu einem gewissen Grade unterworfen ist. Aber es gibt auch Individuen, die auf dem Kamm dieser Kräfte reiten und sie in eine bestimmte Richtung dirigieren. Moses war ein solcher Mensch. Sein Charakter, sein eiserner Wille, seine Vision und seine Energie machten ihn dazu.

*Welche Wirkung hatte Moses über die Grenzen New Yorks hinaus?*

Als in den 20er Jahren der Long Island Park und das Parkway-System entstanden, war dies ein absolutes Novum. Und wer kam, es zu bestaunen? Die jungen Städteplaner. Die Männer und Frauen, die Straßen bauen, Parkways und State Parks anlegen wollten. Sie kamen zu Robert Moses, um von ihm zu lernen. Sein Amtssitz lag seinerzeit in der Belmont-Villa auf Long Island. Dort gab es einen riesigen Tisch, den August Belmont als Esstisch benutzt hatte, und an dem pflegte er zu sitzen, umgeben von seinen Plänen und Landkarten, und zu fabulieren. Und jedes Mal, wenn er einen Standpunkt besonders unterstreichen wollte, schlug er mit der flachen Hand auf die Tischplatte. In diese Villa strömten diejenigen Menschen, die später für den landesweiten Highway-Bau zuständig sein würden. Ich weiß noch, wie ich 1970 mit Bertram Tallamy, dem ersten Leiter des Interstate-Highway-Systems, sprach, und er mir sagte: »Jede Meile des Interstate-Highway-Systems basiert auf jenen Prinzipien, die ich damals in den 20er Jahren von Robert Moses im Belmont Mansion gehört habe.« Robert Moses war also nicht nur der größte Straßenbauer und Verkehrsplaner Amerikas, sondern auch Lehrer und Vorbild anderer Straßenbauer und Verkehrsplaner.

*Was hat Sie bewogen, sich näher mit Robert Moses zu befassen?*

Ich bin in New York aufgewachsen, und als ich jung war, war Robert Moses der große Held. Es war die Zeit, in der er überall Spielplätze bauen ließ, und bei jeder Einweihung riefen die Kinder im Chor: »Zwo, vier, sechs, acht. Wer hat das für uns gemacht? Robert Moses!« Später als Student musste ich eine Seminararbeit schreiben, die den Titel trug: »Entspricht Robert Moses dem Idealbild des edlen Ritters in der Literatur?« Und ich war überzeugt, dass er es tat. Nach dem College wollte ich Reporter werden. Ich verschrieb mich dem Enthüllungsjournalismus im Politikbereich. Ich versuchte herauszufinden und zu erklären, wie die Verteilung der Macht in einer Demokratie funktioniert. Eines Tages erkannte ich, dass ich mit meinen Recherchen einer völlig falschen Fährte folgte, dass ich keine Ahnung davon hatte, wer in New York wirklich an den Hebeln der Macht saß. Welchen Weg ich auch einschlug, welcher Spur ich auch nachging – alle führten zu Robert Moses. Obwohl ich jede Menge Artikel über ihn geschrieben hatte, kannte ich weder den Ursprung seiner Macht, noch wusste ich, wie er sie gebrauchte. Und mir wurde klar, dass ich, wollte ich das Wesen der Macht erklären, Robert Moses erklären musste.

*Welche persönliche Begegnung mit Moses hat Sie besonders berührt?*

Ich kann nicht an Robert Moses denken, ohne ihn vor mir zu sehen, wie er war, nachdem er seine Macht verloren hatte. Als man ihm die Macht wegnahm, war er 80 Jahre alt. Aber er erfreute sich unvermindert bester Gesundheit und schwamm bei jeder sich bietenden Gelegenheit durch die Brecher von Jones Beach. Und er hatte einen scharfen Verstand; er war geistig unglaublich rege. Wenn wir miteinander sprachen, vergaß er nie etwas. Er schien sich an jedes Detail zu erinnern, auch wenn es Jahre, ja Jahrzehnte zurücklag. Und er hatte immer noch große Pläne. Alles, was Robert Moses gebaut hatte, war nichts im Vergleich zu dem, was er noch bauen wollte. Er bewohnte ein Cottage am Oak Beach, hinter Jones Beach, und dieses Cottage hatte zwei große Panoramafenster. Durch eines blickte man auf den Robert Moses State Park, durch das andere auf den Robert Moses Causeway. Er pflegte in einem mächtigen Ledersessel zwischen diesen beiden Fenstern zu sitzen. Robert Moses, umrahmt von seinen Monumenten. Doch was er gebaut hatte, interessierte ihn nicht. Ihn interessierte nur, was er noch bauen wollte. Er packte mich am Arm – noch mit 80 hatte er unglaubliche Kraft –, zog mich auf die Veranda hinaus und deutete mit dem Finger auf die eine Straße, die er nicht mehr bauen konnte, den Fire Island Parkway. »Warum begreifen die denn nicht, dass der Ocean Parkway ohne den Fire Island Parkway unvollständig ist?«, fragte er. »Er wäre eine so wunderschöne Straße. Auf einer Seite der Ozean und auf der anderen die Bay, und so würde man 40 Meilen zwischen Ozean und Bay entlangfahren.« Und dann fasste er meinen Arm noch fester und schrie fast, so sehr erregte er sich: »Sehen Sie denn nicht, dass da eine Straße hin muss?« Mit den Jahren, also in der Zeit zwischen seinem 80. Lebensjahr, als er gestürzt wurde, und seinem 93., in dem er starb (er lebte nach seinem Rücktritt noch zwölf Jahre), begriff er allmählich, dass er nie wieder bauen würde können. Anfangs weigerte er sich, das zu glauben: Er steckte so voller Ideen und Tatendrang, hatte noch genauso viele Träume wie als junger Mann. Der Gedanke an die Zeit, als Robert Moses, der alte Löwe, keine Macht mehr innehatte, erfüllt mich mit großer Trauer.

*Wie würden Sie den Einfluss Robert Moses' auf New York City zusammenfassen?*

Den Sophokles-Ausspruch, den ich in *The Power Broker* zitiere, bringt es auf den Punkt: Sophokles behauptet: »Man muss bis zum Abend abwarten, um sagen zu können, wie gelungen der Tag war.« Robert Moses' Tagwerk war gelungen. Jahrzehnt um Jahrzehnt wurde er von der Presse bejubelt – aber was ist mit der Stadt, die er uns hinterlassen hat? Die Highways von New York sind die schlimmsten Highways, die jemals gebaut wurden, und nichts an ihnen ist schlimmer als die Staus, von denen sie befallen sind. New York ist voll von Mietshäusern, die er gebaut hat und die von den Menschen, die darin wohnen, gehasst werden. Seine Politik hat die Stadt ghettoisiert. Andererseits war die Stadt sowohl vor als auch nach Moses eindeutig nicht in der Lage, die Bedürfnisse ihrer Bevölkerung hinsichtlich großräumiger Verkehrsplanung zu befriedigen. Das Problem bei allen großen Projekten, so gigantischen Bauvorhaben, wie sie eine dicht bevölkerte Weltstadt nun einmal benötigt, ist etwas, was bislang noch keine Demokratie zu lösen vermochte. Es wäre falsch zu sagen, Moses habe alles verkehrt gemacht und Jane Jacobs mit allem Recht gehabt. Genau genommen darf man die beiden gar nicht vergleichen. Man kann nur feststellen, dass die richtige Lösung noch nicht gefunden ist. Ich möchte nicht sagen, dass New York eine bessere Stadt wäre, wenn Robert Moses nie gelebt hätte. Was ich sage und glaube, ist, dass New York eine andere Stadt wäre, hätte es ihn nicht gegeben.

1966, als diese Aufnahme entstand, hatte sich die Silhouette von Downtown Manhattan – die wohl berühmteste Skyline der Welt – seit Fertigstellung der letzten mit Mauerwerk verkleideten Wolkenkratzer in den frühen 30er Jahren kaum verändert. Nun aber sollte sich dieses vertraute Bild binnen weniger Jahre fast bis zur Unkenntlichkeit wandeln: In vorderster Reihe entstand ein Gürtel riesenhafter neuer Bürogebäude, der die dahinter liegenden älteren Wolkenkratzer praktisch verdeckte. Sowohl Lower als auch Midtown Manhattan erlebten Ende der 60er Jahre einen nie da gewesenen Bauboom: 1967 wurden 650.000 qm Bürofläche fertig gestellt, 1968 750.000 qm, 1969 950.000 qm und 1970 sogar 1,3 Mio. qm – in jedem einzelnen Jahr kam praktisch der gesamte Downtownbezirk einer Großstadt wie Kansas City oder Pittsburgh dazu. (Foto © Fred W. McDarrah)

# DIE STADT UND
## 1939–1969
# DER ERDKREIS

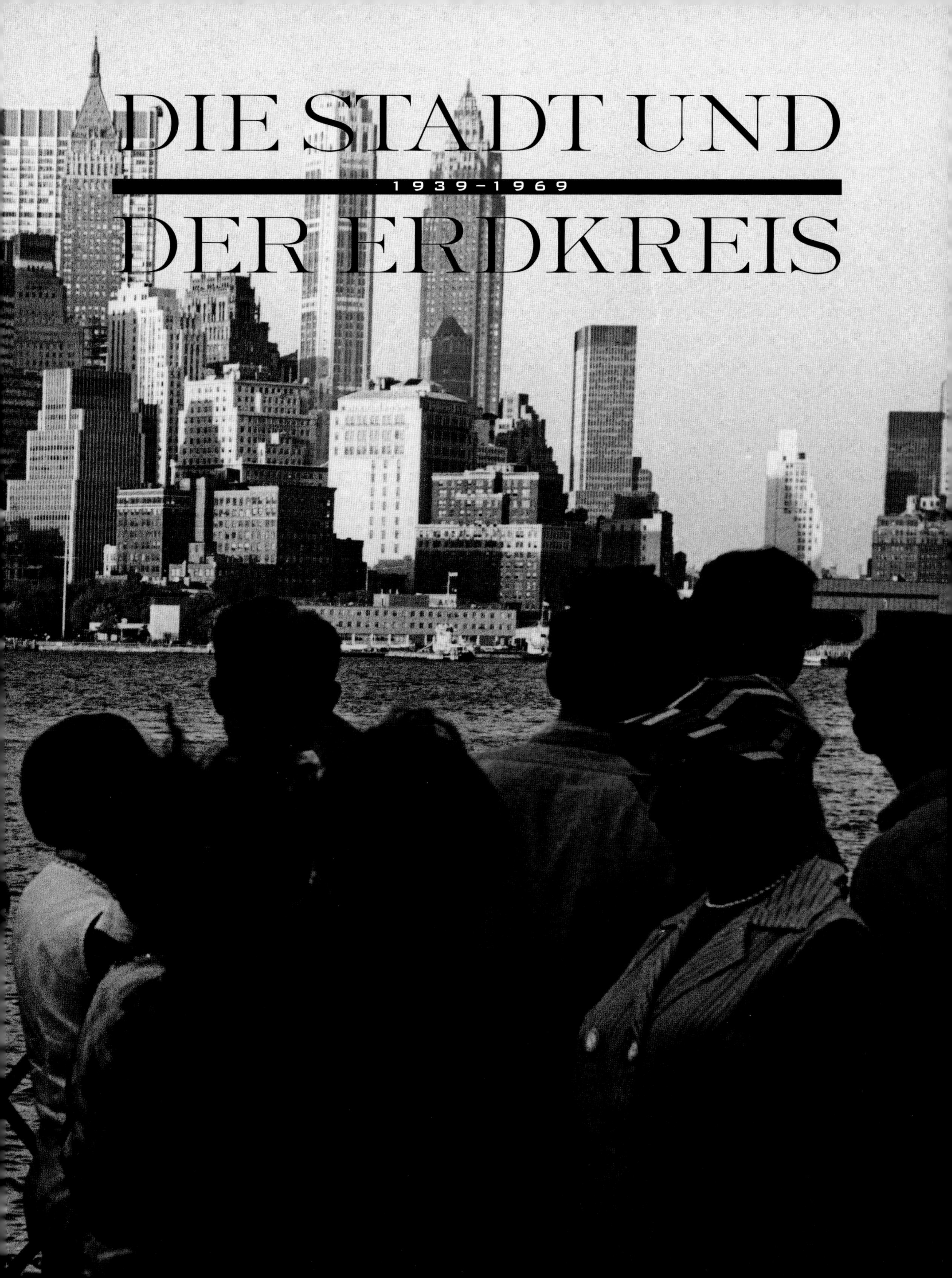

Wieder draußen, nach einer Woche im Bett,
Sehe ich, dass sie Teile meines Blocks abreißen …

Wie immer in New York. Alles wird abgerissen,
Bevor man Zeit hat, es zu schätzen.

Man könnte meinen, allein das Überdauern
Bedrohte unsere Städte wie ein dämonisches Feuer.

James Merrill,
*An Urban Convalescence*, 1962

**Der große Wartesaal der Pennsylvania Station während der Abrissarbeiten 1964. Über einen Zeitraum von drei Jahren, 1963–1966, ließ die Pennsylvania Railroad das Monumentalbauwerk (1910) des Architekturbüros McKim, Mead & White abtragen, um einem 29-geschossigen gesichtslosen Bürotower und einem neuen Stadion mit 20.500 Sitzplätzen für den Madison Square Garden Platz zu machen. Der Bahnhof selbst – er blieb während der gesamten Abrissarbeiten in Betrieb – wurde unter die Erde verlegt. 1999 wurde der Wunsch nach einer neuen Penn Station laut, die innerhalb des James A. Farley Post Office Building entstehen soll. Dieses imposante klassizistische Gebäude auf der gegenüberliegenden Seite der Eighth Avenue wurde 1913 von McKim, Mead & White als Pendant zu dem »römischen Tempel« des alten Bahnhofs errichtet.**

## DAS ENDE EINER ÄRA

In den frühen Morgenstunden des 6. März 1940 glitt der größte Oceanliner, der jemals vom Stapel lief, still an seinen Liegeplatz vor der Westseite Manhattans – ohne Begrüßungstusch, ohne einen einzigen Passagier an Bord und nach der eigentümlichsten Jungfernfahrt in der Geschichte der Passagierschifffahrt.

Ein knappes halbes Jahrhundert lang war die Ankunft jedes neuen Liniendampfers in New York lautstark, ja geradezu volksfestartig gefeiert worden. Obwohl alle großen Transatlantikschiffe – die *Mauretania*, die *Lusitania*, die *Rotterdam*, die *Nieuw Amsterdam*, die *Europa* und die *Bremen* – in Europa gebaut worden waren, galt New York als ihre eigentliche Heimat. Es war ihr wichtigster Anlegehafen und die einzige Weltstadt beiderseits des Atlantiks, die sie direkt anlaufen konnten. Noch wenige Jahre zuvor waren zwei noble Vorläufer des Neuankömmlings – die in Frankreich gebaute *Normandie* und die britische *Queen Mary* – auf ihrer Jungfernfahrt von jubelnden, Fähnchen schwenkenden Menschenmassen begrüßt worden und eskortiert von einer heiser tutenden Flottille aus Schleppern, Fähren, Löschbooten und Jachten in New York eingelaufen. Schließlich bot die Ankunft eines neuen Schiffes wie kaum ein anderes Ereignis Anlass, die schiere Größe der Stadt und New Yorks historische Rolle als Bindeglied Amerikas zur Alten Welt zu zelebrieren.

Im Frühjahr 1940 freilich war diese Verbindung unterbrochen – Europa stand in Flammen, und Amerikas Rolle auf der politischen Weltbühne sollte sich für immer wandeln. Auf ihrem stummen Weg in den Hafen passierte die *Queen Elizabeth* die *Normandie* und die *Queen Mary*, die beide seit mehr als sechs Monaten apathisch an ihren Piers lagen, weil niemand die vom Krieg aufgewühlten nordatlantischen Schifffahrtsstraßen zu befahren wagte. Dass die *Queen Elizabeth*, die ihre britische Werft unter strengster Geheimhaltung verlassen hatte, es wohlbehalten über den Großen Teich geschafft hatte, verdankte sie ohnehin nur ihrer hohen Geschwindigkeit und dem Geschick ihres Kapitäns, der sie mit Minimalbesatzung über das Meer gejagt hatte, den deutschen U-Booten immer gerade einen Schritt voraus. In düsteres Militärgrau gewandet, lief das herrliche Schiff New York an »wie eine inkognito reisende Kaiserin, die sich für ihre verzweifelte Heldentat vermummt hat«, so ein Reporter.

Zwei Wochen lang lagen die drei größten Passagierschiffe der Welt nebeneinander – zum ersten und einzigen Mal in ihrem Leben. Noch bevor der Monat sich seinem Ende zuneigte, verließ die *Queen Mary* den Hafen, um zu einem Truppentransporter für 15.000 Soldaten umgebaut zu werden; sieben Monate später ereilte die *Queen Elizabeth* dasselbe Los. Inzwischen war Frankreich gefallen, und die wunderschöne *Normandie* blieb vaterlandslos am Pier. Ihr eleganter schwarzer Rumpf wurde zum Mahnmal einer rasch dahinschwindenden Ära.

Weitere 18 Monate hielten sich die Vereinigten Staaten noch aus dem Krieg heraus, doch ballten sich bereits dunkle Wolken am Horizont. In New York beeilten sich Robert Moses und Fiorello La Guardia, noch möglichst viele öffentliche Projekte zum Abschluss zu bringen, bevor sämtliche Staatsgelder in die Kriegskasse flossen. Im Herbst 1941 hatte Moses die Henry Hudson Bridge, die Bronx-Whitestone Bridge sowie den Queens-Midtown Tunnel fertig gestellt und mit den Arbeiten an einer weiteren gigantischen Unterführung begonnen, die Brooklyn mit Lower Manhattan verbinden sollte. Zeitgleich hatte die New York City Housing Authority über 16.000 Wohnungen errichtet; mehrere Zehntausend weitere befanden sich in Planung.

Dann wurde Pearl Harbor angegriffen, und das ganze Land rüstete zum Krieg. Alle zivilen Vorhaben wurden auf Eis gelegt: Die Blaupausen der Baubehörde wanderten ins Archiv, die unfertigen Stahlbetonröhren des Brooklyn-Battery-Tunnels wurden versiegelt. Tatsächlich schien es in den folgenden Kriegsjahren mitunter so, als bliebe die Zeit in New York stehen, während ringsum die Kräfte des Wandels immer rascher voranschritten.

## »NEW YORK, NEW YORK«

Mit Kriegsausbruch ergriff ein Schrecken die Stadt, wie man ihn seit Einmarsch der britischen Truppen 1776 nicht mehr erlebt hatte. Schließlich galt New York als potenzielles Angriffsziel Nummer eins für deutsche Bombergeschwader. Monatelang suchten zivile Aufklärungsmaschinen Tag für Tag den Horizont nach feindlichen Flugzeugen ab. In der Hoffnung,

In der ersten Hälfte des 20. Jahrhunderts bot die Westseite Manhattans eine in der Tat staunenswerte Stadtansicht, wenn ein halbes Dutzend oder mehr der größten Passagierschiffe der Welt hier nebeneinander an ihren Piers lagen. Diese Aufnahme vom Hudson River entstand am 2. September 1957, dem »verkehrsreichsten« Tag in der Geschichte des Hafens, als ein Dutzend Oceanliner anlegte – darunter (von links nach rechts) die *Britannic*, *Queen Mary* und *Mauretania* der Cunard Line, der französische Dampfer *Flandre* und die griechische *Olympia* sowie die *United States* und die *Independence*. In dasselbe Jahr fiel der Beginn interkontinentaler Linienflüge mit Düsenjets – der Anfang einer Entwicklung, die der Ära des transatlantischen Schiffsverkehrs ein rasches Ende bereiten sollte. Drei Jahrzehnte später würde nurmehr ein einziges Passagierschiff – Cunards *Queen Elizabeth II* – regelmäßig den Großen Teich queren.

die gigantische Stadt verbergen zu können, initiierte das Army Air Corps ein Tarnprogramm, bei dem Flugzeuge, die künstlich Rauch erzeugten, Manhattan vor feindlichen Blicken schützen sollten. Jeden Tag starteten am Mitchel Field auf Long Island ganze Schwadronen von Kampfjets und patrouillierten über dem Atlantik, um deutsche Flugzeuge und U-Boote abzufangen, bevor diese New York erreichten.

Letztlich blieb der erwartete Angriff aus, da die Deutschen nie einen Bomber entwickelten, der quer über den Atlantik und wieder zurück fliegen konnte. Und indes die Angst vor einem Angriff zurückging, wurden die ungeheuren Vorteile der Kriegswirtschaft spürbar: Binnen weniger Monate erwachte die brach liegende Wirtschaft der Stadt zu neuem Leben, zumal der Hafen von New York mit seinen 651 Meilen Küstenlänge, 1800 Anlegestellen, 40 Werften und 36 Trockendocks zum wichtigsten Umschlaghafen für den gesamten europäischen Kriegsschauplatz wurde. Nachts rumpelten endlose Lastwagenkolonnen durch die Straßen und brachten Truppen und Ausrüstung zum Brooklyn Army Terminal, wo sie im Schutz der Dunkelheit umgeladen wurden. Insgesamt verschiffte man von New York, dem mittlerweile größten Kriegshafen der Geschichte, aus mehr als drei Millionen Soldaten und 63 Millionen Tonnen Material.

Angekurbelt vom Krieg, erlebten buchstäblich alle Industriezweige der Stadt einen ungeahnten Aufschwung. Die New York Navy Yard in Brooklyn, wo u. a. die *Monitor*, die *Maine* und die *Arizona* vom Stapel liefen, wurde binnen kürzester Zeit von 16 auf 120 Hektar erweitert und damit zur größten Schiffswerft weltweit.

Im ganzen Stadtgebiet schossen Fabriken aus dem Boden, und die Hersteller elektronischer Systeme und Präzisionsinstrumente – von Frühwarngeräten über Radar hin zu Flugzeugteilen – ließen jede Menge Überstunden arbeiten, was Zehntausenden zu regelmäßigen Lohnschecks verhalf. Die Werbeagenturen aus der Madison Avenue rekrutierten Kriegshelden zu Kampagnen für Lucky-Strike-Zigaretten, nötigten Familien, Grabstätten zu kaufen, bevor die schlimme Nachricht eintraf, und machten schließlich für den Krieg selbst Reklame, indem sie Propaganda für das U. S. Office of War Information betrieben. Presse und Verlagswesen witterten das Geschäft des Jahrhunderts, druckten erstmals billige Taschenbuchausgaben für die »Boys« in Übersee und entwickelten ein völlig neues Genre, das Comic-Heft: mit Superhelden wie Captain America, der gegen die Achsenmächte kämpfte, oder Batman bzw. Superman, die beide von New York – respektive Gotham City und Metropolis – aus agierten.

Aus dem Leben der Amerikaner bereits vor dem Krieg nicht mehr wegzudenken, gewann das Radio nun, da das ganze Land ständig den neuesten Frontnachrichten entgegenfieberte, noch größere Bedeutung. Die Stimme des CBS-Korrespondenten Edward R. Murrow, der während der deutschen Bombenangriffe live vom Dach eines Londoner Hauses berichtete, machte den Namen des Reporters amerikaweit bekannt und ihn zum Vorbild künftiger Kriegsberichterstatter.

Nach Einbruch der Dunkelheit schien New York noch einen Gang zuzulegen; der Krieg ließ die Vergnügungssucht förmlich explodieren. Die Unterhaltungsindustrie boomte, auch wenn die hellen Lichter des Broadway aus Angst vor Bombenangriffen mitunter abgedunkelt werden mussten. Da Konsumgüter entweder

überhaupt nicht erhältlich oder unerschwinglich teuer waren, gab die Zivilbevölkerung ihr Geld in Nightclubs, Restaurants und Bars aus, während die Militärs zu Tausenden am Times Square Zerstreuung suchten und nach einem Paar hübscher Beine Ausschau hielten. Riesige Menschenmengen schwangen das Tanzbein zu Benny-Goodman-Rhythmen oder ließen sich von Frank Sinatras schmachtenden Melodien mitreißen. Gleichzeitig experimentierte in den Nachtklubs von Harlem ein neuer Schlag von Jazzmusikern, darunter Charlie Parker, Dizzy Gillespie und Thelonious Monk, mit einer neuen Stilrichtung, Bebop genannt. Der Broadway selbst präsentierte ein einzigartiges Feuerwerk von Musicals, teils – wie *Oklahoma!* und *Karussell* – aus der Feder alter Hasen wie Rodgers und Hammerstein, teils von Newcomern wie dem brillanten jungen Komponisten Leonard Bernstein, dessen Erfolgsstück *On the Town* erzählt, was drei Marinesoldaten während eines 24-Stunden-Landurlaubs in Manhattan erleben.

Links: Die New York Navy Yard an der Wallabout Bay in Brooklyn. In den Kriegsjahren entwickelte sich diese gemeinhin als Brooklyn Navy Yard bekannte Werft zur größten weltweit. 75.000 Arbeiter, darunter auch mehrere Tausend weibliche Nieter, Schweißer und Schiffsausstatter, waren sieben Tage die Woche in drei Schichten rund um die Uhr am Werk. Sie bauten die Schlachtschiffgiganten *Missouri* und *Iowa*, fünf Flugzeugträger sowie mehrere große Kreuzer und reparierten oder rüsteten rund 15.000 kleinere um. Während des Kriegs liefen in der Navy Yard mehr Schiffe vom Stapel als in ganz Japan!

Rechts: Eine italienische Gemeinde in Brooklyn verabschiedet ihre Söhne, die als Soldaten in den Krieg ziehen. Während des Zweiten Weltkriegs meldeten sich 327.000 Männer aus diesem Stadtteil zur Armee, was dem Filmmythos Vorschub leistete, dass zu jeder Bombercrew, jeder Patrouillenbootbesatzung und jedem Zug mindestens ein junger Mann gehörte, der den Spitznamen »Brooklyn« trug. Bei Ende des Krieges waren 7000 von ihnen tot.

Aber Vergnügen hin, Amüsement her – auf Dauer konnte nichts die nüchterne Rechnung des Kriegs verdrängen. 1944 waren fast eine Million New Yorker bei den Streitkräften, und viele Zehntausend Familien klebten blaue Sterne an ihre Fenster, um kundzutun, dass ein Sohn, Bruder, Ehemann oder Vater in Übersee focht. Bis Kriegsende würden die Familien von 16.000 New Yorkern die bittere Todesnachricht erhalten. Von ihrer Trauer kündete dann ein goldener Stern im Fenster.

Für die farbigen New Yorker bedeuteten die kriegsbedingten Spannungen und der neue Wohlstand eine Verschärfung der Diskriminierung, unter der sie seit Generationen litten. Im Kampf gegen das rassistische Regime in

W 47 ST
W 46 ST
ONE-WAY
GRAND CENTRAL TERMINAL
NO PARKING IN THIS BLOCK

Blick über die Fifth Avenue in Richtung Süden. Diese Aufnahme von Andreas Feininger gehört zu einer Serie aus den frühen 50er Jahren, in der der aus Deutschland stammende Fotograf und Architekt die Verstopfung der Innenstadt mit Hilfe eines Teleobjektivs künstlich komprimierte. Sosehr das Ergebnis optisch besticht, verstärkte es doch die (gesunde?) Skepsis der Ära gegen die Verkehrs- und Bevölkerungsdichte der immer weiter wachsenden Großstädte: das Leben in New York als ständiger Konkurrenz- und Überlebenskampf, die City als Wolkenkratzerdschungel, dessen Einwohner buchstäblich übereinander geschichtet werden. Der älteste Sohn des deutsch-amerikanischen Malers Lyonel Feininger verließ Deutschland 1933 und lebte ab 1939 als Fotograf in New York, wo er mit seiner Kamera zum Stadtchronisten wurde.

Deutschland stellten die Vereinigten Staaten rein schwarze Kompanien auf, die in getrennten Unterkünften untergebracht waren. Auch an der Heimatfront wurde strikte Rassentrennung betrieben. Nur wenige der neu entstandenen Arbeitsplätze gingen an Afroamerikaner, die im öffentlichen Dienst ebenso wie in der Privatwirtschaft übelste Benachteiligungen erfahren mussten. Bei einer Erhebung, die die Urban League 1941 in 72 Rüstungsbetrieben in Brooklyn durchführte, kam heraus, dass unter den insgesamt 13.840 Beschäftigten gerade einmal 234 Farbige waren und die Hälfte der Unternehmen überhaupt keine Nicht-Weißen eingestellt hatten. Als der schwarze Gewerkschaftsführer A. Philip Randolph mit einem Marsch auf Washington drohte, um gegen die Rassendiskriminierung in der Armee und in den Rüstungsbetrieben zu protestieren, drängte Präsident F.D. Roosevelt Bürgermeister La Guardia, dagegen einzuschreiten. La Guardia weigerte sich, und im Sommer 1941 ratifizierte Roosevelt eine Gesetzesvorlage, die Rassendiskriminierung in all jenen Betrieben verbot, die mit Regierungsaufträgen bedacht worden waren. Allerdings bewirkte diese erste Bürgerrechtsverordnung seit langem wenig, und im August 1943 kam es zum zweiten Mal innerhalb von zehn Jahren zu Krawallen in Harlem.

Dennoch: Allen düsteren Schlagzeilen und immer länger werdenden Verlustlisten zum Trotz sollten die meisten New Yorker die Kriegsjahre rückblickend als eine erstaunlich ruhige und friedliche Zeit in Erinnerung behalten. 1944 waren sowohl Franklin Roosevelt als auch Fiorella La Guardia mehr als zehn Jahre im Amt, und geradeso, wie es schien, als habe das Land nie einen anderen Präsidenten gehabt, so schien auch New York nie einen anderen Bürgermeister gekannt zu haben.

Jeden Sommer wandte die Stadt ihre volle Aufmerksamkeit dem Baseball zu. In der Bronx, wo die »Murderer's Row« Gehrig und Ruth den »Bronx Bombers« DiMaggio und Dickey Platz gemacht hatten, setzte sich die Yankee-Dynastie stetig fort. Jedes Frühjahr schöpfte man in Ebbets Field, Brooklyn, und auf den Polo Grounds in Upper Manhattan aufs Neue Hoffnung, die Dodgers oder die Giants würden ihre Gegner vernichtend schlagen und den Yankees den Meistertitel stehlen. Jeden Herbst wurden dann regelmäßig die Hoffnungen beider Teams enttäuscht – und auf das nächste Jahr verschoben.

Den ganzen langen Sommer hindurch übertrug das Radio die Spiele in nahezu jeden New Yorker Haushalt, dazu die Spitzen des Klatschreporters Walter Winchell, die neuesten Gags der Rundfunkkomiker Fred Allen und Edgar Bergen und, jeden Samstagnachmittag, Liveübertragungen aus der Metropolitan Opera. Allsonntäglich informierte Fiorello La Guardia fast zwei Millionen Zuhörer ungebeten über ein Themenspektrum, das vom Preis für Brathähnchen bis zum erfolgreichen Einsatz der »Boys« an der Kriegsfront reichte. Jede Sendung schloss mit der Ermahnung, weiterhin »Geduld und Stärke« zu üben. Als 1945 die Zeitungsausträger streikten, las er seinen jüngeren Wählern die Witzseiten vor, damit diese nicht ihren Lieblingsteil des Sonntagsblatts verpassten.

Gegen Ende des Krieges war New York ein so sicheres Pflaster wie nie zuvor oder später in seiner Geschichte: Die Kriminalstatistik für das Jahr 1945 zählt ganze 292 Morde – und das bei einer Bevölkerung von über 7,5 Millionen. Die einzelnen Viertel waren relativ homogene Gemeinden, deren Einwohner über weite Strecken ein Zusammengehörigkeitsgefühl pflegten, wie sie es in einem Dorf oder einer Kleinstadt getan hätten. Die gewaltigen städtischen Bauvorhaben der 30er Jahre hatten die traditionellen Neighborhoods praktisch nicht berührt. Selbst Robert Moses' riesige Parkways umgingen die Stadt weitgehend oder führten durch relativ spärlich besiedeltes Land an ihrer Peripherie. Für die überwiegende Mehrheit der New Yorker spielte sich das Leben wie seit Generationen auf Hintertreppe und Bürgersteig, in der eigenen Straße, im eigenen Block ab.

Blickt man jedoch tiefer, zeichnete sich bereits ein schicksalhafter Wandel ab, denn die mächtigen Dezentralisierungskräfte, ein Jahrzehnt zuvor entfesselt, wurden vom Krieg merklich beschleunigt. Langsam, aber sicher veränderte sich das Verhältnis zwischen New York und Washington – wie auch zwischen New York und dem Rest Amerikas –, da sich das Kräftegleichgewicht innerhalb des Landes verlagerte. Zwar hatte der Krieg die Stellung der Stadt gefestigt – geradeso wie in den 30er Jahren, als New Yorker nach Washington gezogen waren, um Einfluss auf die Politik zu nehmen –, doch waren es diesmal nicht Sozialarbeiter und Fürsorgekräfte, sondern Wall-Street-Anwälte und Investmentbanker, Minister und Präsidentenberater. Im Rahmen der Mobilmachung hatten die New Yorker dazu beigetragen, die Macht des Staates zu fördern, und erwarteten nun eine neue politische und wirtschaftliche Ordnung, die in umfassendem Maße die Bedürfnisse der multinationalen Wirtschaft berücksichtigte, deren Zentrum New York nun einmal war.

Allerdings sollte die Behauptung dieser einflussreichen Position – wie schon im New Deal und während der Weltwirtschaftskrise – einen hohen Preis fordern, denn die staatliche Machterweiterung ging auf Kosten der wirtschaftlichen Vormachtstellung New Yorks. Obwohl ein Teil des Rüstungsetats in die fünf Boroughs floss, gingen weit größere Summen in andere Regionen der USA. Im Verlauf des Krieges wurde sogar die Uniformherstellung – traditionelles Geschäftsfeld des New Yorker Garment District – zunehmend nach North und South Carolina verlagert, wo die meisten Arbeiter nicht gewerkschaftlich organisiert waren. Viele Hundert Millionen Dollar wurden in die Flugzeug- und Schiffswerften der Westküste sowie in riesige neue Fabriken und Forschungslabors in Tennessee, Washington State und New Mexico gepumpt, manche davon streng geheim.

Noch vor Kriegsende war das Schicksal der Stadt bereits besiegelt, wenngleich sich zu jener Zeit noch wenige New Yorker dieser Tatsache bewusst waren. Mit rasantem Tempo hatte der Krieg die Stadt aus der Flaute der Weltwirtschaftskrise geholt, eine Ära nie da gewesenen Wohlstands eingeläutet und der Stadt zu einem Prestige verholfen, das sie in Kürze zum Sitz der neuen Vereinten Nationen prädestinieren würde. Dennoch verhüllte gerade dieser Wohlstand die Tatsache, dass sich unmittelbar unter der Oberfläche ungeheure Widersprüche auftaten, die sich bereits in der Weltwirtschaftskrise angedeutet hatten. In kaum fünf Jahren hatte sich die Verlagerung der Ressourcen ebenso wie der politischen Einflussnahme dramatisch beschleunigt. In der komplexen, immer unberechenbarer werdenden Welt würde New York – ohne seinen Status als bedeutendste Weltstadt aufzugeben – schon bald finanziell ums nackte Überleben kämpfen.

## CRASH

*Das Flugzeug sah aus, als käme es direkt auf mich zu ... Ich traute meinen Augen nicht.*

Army Lieutenant Allen Aiman

Am Morgen des 28. Juli 1945, es war ein nebliger, wolkenverhangener Samstag nur drei Wochen vor Ende des Zweiten Weltkriegs, verlor der Pilot eines B-52-Bombers im Anflug auf Newark Airport im Nebel die Orientierung, verwechselte offenbar den East River mit dem Hudson und steuerte seine Maschine in den Wolkenkratzerwald von Midtown Manhattan. Fußgänger starrten voller Entsetzen nach oben, als das riesige Flugzeug nur knapp das New York Central Building Ecke Park Avenue/46th Street verpasste und dann gerade noch rechtzeitig in Querlage ging, um dem 50-stöckigen Gebäude 500 Fifth Avenue auszuweichen – doch die Fensterscheiben klirrten.

Der Pilot hatte das Flugmanöver noch nicht abgeschlossen, da ragte vor ihm eine gigantische schwarze Silhouette auf. Punkt 9.49 Uhr rammte die riesige Maschine, die der Pilot trotz vollen Schubs nicht mehr hochzuziehen vermochte, den 79. Stock des Empire State Building.

*Alarmiert von lautem Motorengeräusch, rannten die Menschen, die sich in dem Gebäude aufhielten, an die Fenster, um in hellem Entsetzen ein Flugzeug aus den Nebelschwaden auftauchen zu sehen, die die oberen Etagen des welthöchsten Bauwerks umhüllten ... Mit unbeschreiblicher Wucht krachte es in die Nordseite. Bei dem Aufprall brachen die Flügel ab, doch Triebwerke und Rumpf rissen ein über fünf mal sechs Meter großes Loch in die Außenwand des Bauwerks. Leuchtend orangerote Flammen schlugen bis auf Höhe der Aussichtsplattform empor, als die Tanks explodierten. Von der Straße aus gesehen, schien das ganze Gebäude einen Augenblick lang in gleißendes Licht getaucht, bevor es wieder vom grauen Nebel und dem Rauch des brennenden Flugzeugs verschluckt wurde.*

*New York Times*, 29. Juli 1945

Die Crew des Bombers war sofort tot, ebenso zehn junge Frauen, die in den Räumen einer katholischen Hilfsorganisation im 79. Stock arbeiteten. Sie hatten sich erboten, am Samstag-

**Am Morgen des 28. Juli 1945 krachte ein B-52-Bomber der US-Armee, der sich in einer dichten Nebelbank über Manhattan verflogen hatte, in den 79. Stock des Empire State Building. Elf Büroangestellte starben, mehrere Dutzend wurden verletzt. Ein Loch klaffte in dem Gebäude, ein Triebwerk und Teile des Rumpfes flogen auf der anderen Seite wieder heraus bis zu einem Penthouse in der 32nd Street. Andere Trümmer prallten vom Wolkenkratzer ab und landeten mehrere Häuserblocks weit entfernt. Wie durch ein Wunder wurde kein Mensch auf der Straße getötet, und die Statik des Bauwerks nahm keinen Schaden. »Ich bin sicher«, schrieb Frances G. Guilford, die sich zur Zeit des Unglücks in ihrem Büro im 34. Stock aufhielt, »sehr viele Mieter im Empire State Building ... fühlen sich der statischen Meisterleistung verpflichtet, dank der dieses herrliche Gebäude den Aufprall des Bombers überlebte ... Unerschütterlich blieb der mächtige Bau stehen ... und als ich später in mein Büro zurückkehrte, wies nichts auf das schreckliche Ereignis hin, das nur wenige Stockwerke weiter oben stattgefunden hatte.« Binnen 48 Stunden wurde das Bauwerk als sicher eingestuft und zur Benutzung freigegeben. Ein Jahr später und nach Kosten von einer Million Dollar waren das Loch sowie sämtliche Schäden im Gebäudeinneren so weit repariert, dass von der Tragödie nichts mehr zu sehen war.**

BOMBER HITS EMPIRE STATE BUILDING, SETTING IT AFIRE AT THE 79TH FLOOR; 13 DEAD, 26 HURT; WIDE AREA ROCKED

WHERE BOMBER CRASHED INTO EMPIRE STATE BUILDING

B-25 CRASHES IN FOG

Hole 18 by 20 Feet Torn Through North Wall by Terrific Impact

BLAZING 'GAS' SCATTERED

Flames Put Out in 40-Minute Fight—2 Women Survive Fall in Elevator

By FRANK ADAMS

A twin-engined B-25 Army bomber, lost in a blinding fog, crashed into the Empire State Building at a point 915 feet above the street level at 9:49 A. M. yesterday. Thirteen persons, including the three occupants of the plane and ten persons at work within the building, were killed in the catastrophe, and twenty-six were injured.

Although the crash and the fire that followed wrecked most of the seventy-eighth and seventy-ninth

vormittag die gigantischen Aktenberge abzuarbeiten. Den Leichnam eines männlichen Mitarbeiters, durch die Wucht der Explosion aus dem Fenster geschleudert, entdeckte man später in einer Fassadennische der 72. Etage. Insgesamt wurden 14 Menschen getötet und mehrere Dutzend zum Teil schwer verletzt.

Doch das Bauwerk selbst hielt stand. Abgesehen von einem Stahlträger, der durch die Wucht des Aufpralls einen halben Meter verbogen wurde, gab es keine ernsthaften Schäden. Leute in anderen Gebäudeteilen merkten nicht einmal, dass etwas passiert war. Auf der Aussichtsplattform im 86. Stock spielte die Walzermusik vom Band ohne Unterbrechung weiter.

Die New Yorker gemahnte dieses alptraumhafte Unglück wieder einmal daran, wie viel Glück ihre Stadt gehabt hatte. In Übersee hatten alle Metropolen mehr oder weniger Schaden genommen: Berlin und Tokio waren praktisch dem Erdboden gleichgemacht worden, London durch Bombenangriffe beschädigt, Moskau ausgehungert, Rom und Paris von fremden Mächten besetzt. New York hingegen hatte den Weltkrieg nicht nur unversehrt überstanden, sondern war reicher als je zuvor.

Nun ging der Krieg endlich zu Ende. Zweimal im Monat brachten die *Queen Mary* und die *Queen Elizabeth*, die in vier Jahren mehr als zwei Millionen Soldaten über den Großen Teich transportiert hatten, ihre menschliche Fracht wieder zurück in die Heimat. Beim Anblick der atemberaubenden Skyline New Yorks brach unter den Uniformierten, die dicht gedrängt an Deck der mächtigen Dampfer standen, jedes Mal lautstarker Jubel aus. Nie war die Stadt glorreicher erschienen, nie verheißungsvoller.

Erst in den letzten Kriegswochen begannen die Amerikaner zu begreifen, wie einschneidend und unwiderruflich sich die Welt verändert hatte. Am Anfang stand die schier unglaubliche Bestätigung, dass Nazideutschland in der Tat den systematischsten Völkermord in der Geschichte betrieben hatte. Dann, im August 1945, brachten zwei Bombenabwürfe den Krieg auch in Japan zu einem abrupten Ende und markierten damit den Beginn des Atomzeitalters. In den folgenden Jahrzehnten würde das Schreckgespenst eines vom Himmel regnenden atomaren Todes die New Yorker ebenso verfolgen wie die Bewohner irgendeiner anderen Großstadt.

Nach fünf Tagen wiederholter Falschmeldungen traf am 14. August 1945 um 19.01 Uhr endlich die Nachricht ein, dass das japanische Oberkommando kapituliert hatte und der verlustreichste Krieg aller Zeiten zu Ende war. An diesem Abend kamen am Times Square (rechts), dessen Leuchtreklamen zum ersten Mal seit vier Jahren wieder in vollem Licht erstrahlten, mehr als zwei Millionen Menschen zu einem spontanen Freudenfest zusammen, das bis in die frühen Morgenstunden dauerte. Alles jubelte, küsste sich, lachte und weinte. »Die ganze Stadt explodierte in einem Gefühlstaumel von atomarer Stärke«, schrieb Alexander Feinberg am nächsten Tag in der *New York Times*. »Jegliche Zurückhaltung wurde in den Wind geschlagen. Die Menschenmassen auf den Straßen warfen Hüte, Schachteln und Fahnen in die Luft. Andere lehnten sich gefährlich weit aus Büro- und Hotelfenstern und ließen Luftschlangen, Papier und Konfetti herabregnen. Männer und Frauen umarmten sich – in ganz New York gab es gestern keine Fremden, nur Freunde.«

OSS WAR FUND
SALTY O'ROURK
W 44 ST
WALK

*Zum ersten Mal in seiner langen Geschichte ist New York zerstörbar. Ein einzelnes Geschwader, nicht größer als ein Schwarm Gänse, kann diesem Inseltraum ein abruptes Ende bereiten, die Türme in Flammen aufgehen lassen, die Brücken zum Einsturz bringen, die U-Bahn-Schächte in Todesfallen verwandeln, Millionen Menschen einäschern. Das Bewusstsein seiner Sterblichkeit ist nunmehr ein Teil von New York – im Dröhnen von Düsenflugzeugen, in den schwarzen Schlagzeilen der Tagespresse.*

E. B. White

**Fiorello La Guardia am 1. Januar 1946, seinem letzten Tag als Bürgermeister. Seine letzte Amtszeit hatte ihn ausgelaugt, zumal kriegsbedingte Beschränkungen ihn daran gehindert hatten, seine ehrgeizigen Pläne zu realisieren. »Warum habe ich mich ein drittes Mal um den Posten beworben?«, soll er Freunde gefragt haben. »Ich wollte die erste und die zweite Amtszeit, und ihr habt mich gebeten, mich auch noch ein drittes Mal aufstellen zu lassen.«**

### »THE LITTLE FLOWER«

An einem Abend Ende Dezember 1945, es war schon spät, schritt Louis E. Yavner, der Leiter der New Yorker Dienstaufsicht, die Stufen zur City Hall hinauf. Nach drei Amtszeiten würde La Guardia an Silvester aus dem Dienst ausscheiden, und Yavner, der von Anfang an mit dem Bürgermeister zusammengearbeitet hatte, wollte einige letzte Fragen mit ihm klären.

Er betrat das Rathaus und war überrascht, das Klappern einer Schreibmaschine zu hören. Er folgte dem Geräusch durch die Marmorflure und entdeckte La Guardia, der eigenhändig auf der Maschine seiner Sekretärin herumhackte.

»Oh, hallo, Lou«, sagte der Bürgermeister. »Diese Briefe müssen noch raus, und es war niemand mehr da. Können Sie tippen?«

Yavner setzte sich, bewegt von diesem wehmütigen Augenblick. Seine dritte Amtszeit hatte La Guardia völlig erschöpft. Nach zwölf Jahren ging die Ära des großen Bürgermeisters zu Ende: Ein ausgemergelter, verhärmter Mann saß spät am Abend allein in einem winzigen Büro, immer pflichtbewusst, immer im Dienst, niemals Privatmann.

Als er aus dem Amt schied, litt La Guardia bereits an unheilbarem Bauchspeicheldrüsenkrebs. Zwei Jahre später, am 20. September 1947, starb er im Alter von 64 Jahren – und hinterließ seiner Frau Marie gerade einmal 8000 Dollar in Kriegsanleihen und ein mit hohen Hypotheken belastetes Haus in der Bronx. Ganz New York trauerte um »the little flower«, wie La Guardia liebevoll genannt wurde. Es wurde halbmast geflaggt, und alle Feuerwachen der Stadt schlugen für den großen Bürgermeister die Glocken – vier Mal fünf Schläge –, genauso, wie schon seit Generationen jeder verstorbene Feuerwehrmann geehrt worden war.

Ob sich die New Yorker dessen bewusst waren oder nicht – La Guardias Tod markierte das Ende einer Ära. Zwölf Jahre lang hatten seine Zukunftsvisionen und seine Persönlichkeit die widersprüchlichen Tendenzen der Stadt geeint und eng zusammengehalten. Er hatte Robert Moses ermutigt, seine revolutionären Parkways zu bauen, die die Verlagerung von Mensch und Kapital in die Peripherie beschleunigten. Gleichzeitig aber hatte er das riesige New Yorker Subway-System vereinheitlicht und mit dem Fahrpreis von fünf Cent auch das (wirtschaftliche) Leben im Herzen der Stadt bewahrt. Er hatte dafür plädiert, die Slumgebiete niederzureißen, aber auch gefordert, dass die Gebäude, die stattdessen errichtet wurden, von höchstmöglicher Bauqualität waren. Er war für seine Vision einer Stadt der Zukunft eingetreten, mit modernen Flughäfen, modernen Parkways und einer Weltausstellung. Aber er hatte sich auch für den Erhalt der Straßen und Häuserblocks in den ältesten Stadtvierteln eingesetzt und für die Millionen einfacher New Yorker, die dort lebten.

Während seiner drei Amtsperioden hatte er, kurz gesagt, New York geliebt und so dazu beigetragen, die Identität der Stadt zu bewahren.

Als das Licht in seinem Eckbüro in der City Hall zum letzten Mal erlosch, verschwand et-

**Am 20. September 1947 strömten über 45.000 New Yorker zur Cathedral of St. John the Divine, um Abschied von ihrem ehemaligen Bürgermeister zu nehmen, der in der Nacht zuvor an Krebs gestorben war. »Eine Stadt, von der er ebenso Teil gewesen war wie jedes öffentliche Bauwerk, wachte auf, und der kleine Unruhestifter war tot«, kommentierte die *New York Times* sein Ableben. »Die Menschen hatten mit ihm und über ihn gelacht, hatten sich von seinen Eskapaden unterhalten und von seinen Ermahnungen wieder auf den Boden zurückholen lassen. Und es fiel ihnen schwer zu glauben, dass die Stimme, die er in ihrem Namen stadt- und landesweit, an Straßenecken und im Radio erhoben hatte, für immer verstummt war.**

was, das New York in den schweren Zeiten von Weltwirtschaftskrise und Krieg zusammengehalten hatte. Ohne ihn, so die Meinung vieler, wurde die Stadt, allem Aufschwung und Glamour zum Trotz, zunehmend fremder und kälter.

## STADT DER NATIONEN

*Wie im Wettlauf mit der Zeit stampfen Arbeiter am Ufer des East River, dort, wo einst die Schlachthöfe der Turtle Bay standen, einen ständigen Sitz für die Vereinten Nationen aus dem Boden ... Auf ihrem Weg in die Zukunft nimmt sich die Stadt eines weiteren Bauvorhabens an – eines, das sämtliche Regierungen beherbergen und die Plage des Krieges ein für allemal ausrotten soll. New York ist keine Hauptstadt, weder eines Landes noch eines Bundesstaates. Aber es ist auf dem Weg, die Hauptstadt der Welt zu werden.*

E. B. White, 1949

Die Welt zog noch Bilanz des soeben zu Ende gegangenen Krieges – 50 Millionen Tote und weit mehr versehrt oder obdachlos –, da wurde 1945 eine Vereinigung gegründet, die Derartiges für immer verhindern sollte. Im Oktober nahm Präsident Roosevelts Traum einer dauerhaften Allianz für Frieden konkrete Gestalt an, Anfang 1946 waren die jungen Vereinten Nationen auf der Suche nach einem ständigen Sitz.

Eine Stadt schien dafür prädestiniert: New York, das aus dem Krieg als unangefochtene Finanz-, Kultur- und Kommunikationshauptstadt des Globus hervorgegangen war. Nach dem blutigsten Konflikt aller Zeiten schien der große Schmelztiegel – eine dicht bevölkerte Inselstadt, in der mehr als 60 Ethnien, wenn nicht immer harmonisch, so doch im Großen und Ganzen friedlich, zusammenlebten – genau der richtige Mikrokosmos für die neue Weltordnung zu sein. Und dennoch wäre die UNO beinahe anderswohin gezogen.

UN-Generalsekretär Trygve Lie hatte sich von Anfang an für New York als ständigen Sitz der Organisation ausgesprochen – allerdings unter der Voraussetzung, dass das Gebäude in Manhattan stand. Das bedeutete höhere Lebenshaltungskosten für die Diplomaten, verstärkte Sicherheitsvorkehrungen sowie Raumknappheit. Aber nur im Herzen der Stadt, so seine

**Links: Im Sommer 1949 entstand am Ufer des East River in Manhattan das Secretariat Building als erstes Gebäude des UN-Hauptquartiers. Der 166 m hohe, schmale Turm, dessen Ost- und Westfassade aus mehr als 5000 Fenstern bestehen, war in New York ein architektonisches Novum – und der erste Glasfront-Wolkenkratzer der Welt.**

**Rechts: Diese Ansicht des Hauptquartiers der Vereinten Nationen zeigt, wie fundamental sich dessen Architektur von den älteren Bürotürmen Manhattans abhebt. Zwar stammte der Entwurf offiziell von einem 10-Mann-Team unter Leitung von Wallace Harrison (der bereits das Trylon and Perisphere für die Weltausstellung 1939 entworfen hatte), als geistiger Vater galt jedoch allgemein der Schweizer Modernist Le Corbusier. Zwischen den beiden entbrannte denn auch ein heftiger Streit um die Urheberschaft, und in einem Brief heißt es, das Konzept sei zu »100 Prozent die Architektur und der Urbanismus Le Corbusiers«. Die Kuppel auf dem niederen geschwungenen Dach des General Assembly Building (im Bild rechts neben dem Sekretariatsturm) wurde erst nachträglich in den Bauplan integriert, und zwar auf Anregung von Senator Warren Austin aus Vermont, der argumentierte, der US-Kongress würde niemals Gelder für ein Regierungsgebäude ohne Kuppel freigeben.**

Überzeugung, würde die junge Institution gebührliche Beachtung finden. »Wir sind hier schließlich nicht zum Urlaubmachen«, sagte er.

Doch die Stadtverwaltung besaß kein geeignetes Grundstück in Manhattan und auch nicht das Geld, eines zu kaufen. Ende 1946 sah es so aus, als sei New York aus dem Rennen. Am 6. Dezember ließ Trygve Lie die Stadtväter wissen, sie hätten noch genau fünf Tage Zeit, ein verbindliches Angebot abzugeben. Andernfalls würde die UNO nach Philadelphia ziehen.

Nelson A. Rockefeller, der ehrgeizige 38-jährige Sohn von John D. Rockefeller jr., fand diesen Gedanken unvorstellbar. Seiner Meinung nach war der Völkerbund nicht zuletzt deshalb gescheitert, weil dessen Sitz in Genf zu weit vom Zentrum des Geschehens entfernt lag. »Ich wollte der UNO zu einem glücklicheren Los verhelfen«, erklärte er später. »Sie musste einfach in der Finanz-, Kultur- und Kommunikationshauptstadt der Welt liegen. Nur die unmittelbare Nähe sämtlicher Medien würde

Nelson A. Rockefeller (oben), 1908 geboren und Mitglied einer der reichsten Familien der Welt, interessierte sich von frühester Jugend an für Architektur und Städtebau. Er war eng mit der Entwicklung des Rockefeller Center befasst und wurde 1938, gerade 30-jährig, Präsident dieser Gesellschaft. Im Dezember 1946 leistete er einen wesentlichen Beitrag, die Vereinten Nationen nach New York zu holen: Er überzeugte seinen Vater, John D. Rockefeller jr., das Geld für den Kauf des Geländes am East River zur Verfügung zu stellen. 1958 trat Nelson Rockefeller seine erste von vier Amtszeiten als Gouverneur des Staates New York an, und in dieser Funktion trug er viel dazu bei, das Bild der Stadt zu verändern. Zu den von ihm geförderten Bauprojekten zählten das World Trade Center und die Battery Park City in Lower Manhattan, Dutzende neuer Wohnanlagen und die Umwandlung von Roosevelt Island (vormals Blackwell's Island) in eine autofreie »Wohnstadt«, die über eine Drahtseilbahn mit Manhattan verbunden ist. Rockefellers ambitionierte Bauvorhaben mussten ihn früher oder später in Konflikt mit dem anderen großen Stadtplaner, Robert Moses, bringen, und tatsächlich kam es 1968 zum Eklat.

kontinuierliches öffentliches Interesse und die nötige Unterstützung gewährleisten.«

Einen Tag vor Ablauf des Ultimatums hatte einer von Rockefellers Beratern, der Architekt Wallace Harrison, die zündende Idee: Seit Jahrzehnten gab es einen Schandfleck in Midtown Manhattan, einen vier Häuserblocks umfassenden Landstreifen am East River. Das wegen der dortigen Schlachthöfe als Bloody Alley bekannte 6,8 Hektar große Gelände war kürzlich vom Immobilienspekulanten William Zeckendorf gekauft worden, der an dieser Stelle einen futuristischen Gebäudekomplex namens X-City hochziehen wollte. Doch Zeckendorf hatte Probleme, Geldgeber für sein ausgefallenes Projekt zu finden, und Harrison glaubte ihn überreden zu können, sich für 8,5 Millionen Dollar davon zu trennen.

Weder die Vereinten Nationen noch die Stadt verfügten über so viel Geld. Nelson Rockefeller und sein Bruder David, ein 31-jähriger Bankier, kannten jedoch jemanden, der genügend besaß. Noch am selben Abend überredeten sie ihren Vater, der jungen Organisation 8,5 Millionen zu stiften, damit sie den Grund kaufen konnte.

Jetzt musste nur noch Zeckendorf überzeugt werden. Am späten Dienstagabend, zwölf Stunden vor Ablauf der Frist, schickte man Harrison auf die Suche nach Zeckendorf. Der Architekt entdeckte ihn im Monte-Carlo-Nachtclub, Madison Avenue, wo er seinen Hochzeitstag feierte. Ohne große Vorreden zog Harrison einen Lageplan aus der Tasche und fragte Zeckendorf, ob er das Grundstück verkaufen würde. In seiner Festtagslaune kritzelte der stark angeheiterte Baulöwe sein Einverständnis auf den Plan.

Grund und Boden waren gesichert, aber Beurkundung und andere Einzelheiten mussten noch geregelt werden, und so wandte Nelson Rockefeller sich an den einzigen Mann in New York, der es schaffen konnte, das Geschäft rechtzeitig unter Dach und Fach zu bringen. Und unter den staunenden Blicken des jüngeren Mannes nahm Robert Moses innerhalb weniger Stunden alle bürokratischen Hürden. Eine Genehmigung der Landesregierung, die Straßen des Areals schließen zu dürfen? Moses tätigte einige Telefonate nach Albany, und das Problem war vom Tisch. Eine Erklärung von Stadt, Kommune und Bundesstaat, auf die Ufernutzung zu verzichten? Moses rief eine Sekretärin herein und diktierte ein längeres Memorandum, das ein Anwaltsteam später als korrekt bis auf das letzte Komma bezeichnete.

Um 10.30 Uhr am nächsten Morgen, William Zeckendorf pflegte noch seinen Kater, erhielt er einen Anruf von Nelson Rockefeller: »Es klappt!«, sagte dieser atemlos. »Mein alter Herr gibt der UNO die achteinhalb Millionen, und die kauft Ihr Land. Bis dann ... Good-bye.« Wenige Minuten später gab das Headquarters-

Komitee offiziell bekannt, sich für den Standort New York entschieden zu haben. Die formelle Bestätigung folgte nur drei Tage später.

Die Gebäude, die nun am East River entstanden, waren in jeder Hinsicht einzigartig – nicht nur in New York, sondern weltweit. Von den Ideen Le Corbusiers geprägt, der New York einst »eine Katastrophe« genannt hatte, stand das UN-Hauptquartier in Widerspruch zum damaligen architektonischen Charakter der Stadt. An Stelle von Dichte, Vertikalität und rigoroser Ausrichtung zur Straßenfront findet man eine optisch leichte Komposition moderner Formen, die vollkommen losgelöst vom regelmäßigen System der umliegenden Blocks im freien Raum zu schweben scheinen. Als erste Realisierung von Le Corbusiers »Stadt der Zukunft« verwarf der Komplex die urbanen Traditionen New Yorks zugunsten eines neuen »International Style«, der überall und nirgends zu Hause war.

Allerdings gab sich Le Corbusier in seiner typischen Mischung aus Unverfrorenheit und Weitblick keinerlei Illusionen hin, dass die neue Organisation oder der Sitz, den er für sie ersonnen hatte, tatsächlich etwas bewegen würde.

> *Hier könnt ihr augenblicklich anfangen, Lösungen für unsere heutige Welt zu erarbeiten, ... was allerdings zu gefahrvoll und zu langwierig wäre, wolltet ihr aus dem Stand ein ideales Weltzentrum schaffen. Es ist zu früh für ein Weltzentrum. Nehmt daher solange diesen Vorposten an ...*
>
> Le Corbusier

1950 waren die ersten Gebäude fertig, und bald traten Delegierte aus aller Herren Länder regelmäßig in ihrem lichtdurchfluteten neuen Hauptquartier am East River zusammen, immer bestrebt, zumindest ein wenig Einigkeit in die gespaltene Nachkriegswelt zu bringen. Inzwischen hatten die meisten Menschen erkannt, was Le Corbusier von Anfang an gesehen hatte: New York war zur Hauptstadt eines Weltstaates geworden, der noch nicht existierte, einer politischen Union, deren Macht und Identität allein auf dem Papier bestanden.

Zur selben Zeit begann sich tatsächlich eine globale Gemeinschaft abzuzeichnen – eine wirtschaftliche freilich, keine politische –, bereits jetzt von gigantischen multinationalen Konzernen beherrscht, die herkömmliche politische Grenzen zunehmend ignorierten und Waren und Kapital nach Gutdünken verschoben. Auch diese Gemeinschaft würde ihr Hauptquartier in New York aufschlagen, allerdings nicht am East River, sondern in einer überwältigenden Palette neuer Bürotürme, wie sie wenige Querstraßen weiter bereits in den Himmel ragten.

## HEADQUARTERS CITY

> *New York ist eine Stadt der Headquarters, Kleinhirn ebenso wie Großhirn. Es ist ein Kommunikationszentrum, das ein ständig wachsendes Volumen an Geld, Informationen und Ideen verwaltet. Und es ist ein Zentrum, das einen großen und immer größer werdenden Teil der Produktion, der Investitionen und des Arbeitsmarkts bestimmt – von Geschmack und Kultur ganz zu schweigen. Das Lohnniveau einer 2000 Meilen entfernten Fabrik, die Finanzpolitik ... Saudi-Arabiens, Schnitt und Farbe des Kleides, das Ihre Gattin im kommenden Sommer kauft, die Melodie, zu der Sie im nächsten Herbst tanzen, die Ölfördermenge Libyens, der Seifenumsatz in Denver, das künftige Wachstum der US-amerikanischen Stahlindustrie – all das ... wird von Entscheidungen bestimmt oder mitbestimmt, die in New York City fallen.*
>
> Gilbert Bruck

Anfang der 1950er Jahre sah es so aus, als stünde New York wirtschaftlich am Beginn eines neuen goldenen Zeitalters.

Mit 40.000 Fabriken und mehr als einer Million Fabrikarbeitern war die Stadt das weltgrößte Produktionszentrum. Außerdem war sie das umsatzstärkste Großhandelszentrum des Landes: Ein Fünftel aller Großhandelstransaktionen der USA wurde hier abgewickelt. New York verfügte über den weltgrößten Hafen; 150 Millionen Tonnen Fracht wurden hier im Jahr verladen – 40 Prozent der Handelsschifffahrt des Landes. Und es war das größte Finanzzentrum der Welt, wo täglich Hunderte von Millionen Dollars über den Tisch gingen.

Vor allem jedoch war New York Sitz der gigantischen Unternehmen, die, nachdem sie jahrzehntelang die amerikanische Wirtschaft beherrscht hatten, jetzt den gesamten Globus in ihren Aktionsradius einbezogen. 135 der 500 größten Konzerne Amerikas – darunter Stan-

New York hat schon immer seine Exzentriker gehabt. In der Kolonialzeit etwa soll Gouverneur Edward Hyde mit sichtlichem Vergnügen auf dem Festungswall von Ford George entlangstolziert sein – gekleidet wie seine Cousine Queen Anne. Er war in der Kolonie alles andere als beliebt (und die Anekdoten über ihn könnten insofern erfunden oder übertrieben sein), doch vielen späteren Exzentrikern begegnete man mit Verständnis und sogar Sympathie. In den 1940er Jahren etwa war Joe Gould, ein magerer kleiner Stadtstreicher, der stets einen speckigen Aktendeckel mit sich herumtrug, ein Faktotum in Greenwich Village. Unterstützt von Freunden und Fremden, arbeitete Gould mehr als 20 Jahre an einer »oral history« der Stadt. 1942 behauptete er stolz, über 9 Millionen Worte geschrieben zu haben, starb dann aber, ohne jemandem auch nur eine Seite seines Opus gezeigt zu haben – was verständlicherweise dazu führte, dass manch einer sich fragte, ob das Werk jemals existiert hatte.

Dennoch dürfte kein New Yorker an Sonderbarkeit die Collyer-Brüder übertroffen haben, deren höchst bizarre Geschichte im Frühjahr 1947 Schlagzeilen machte.

Es begann am 21. März mit dem Anruf eines Mannes, der sich Charles Smith nannte und der Polizei meldete, in 2078 Fifth Avenue befinde sich ein Toter. Das stattliche viergeschossige Brownstone-Haus Ecke 128th Street in Harlem war der Wohnsitz der Brüder Homer und Langley Collyer, die es 1909 gekauft hatten, als diese Adresse noch ausgesprochen vornehm war. Obwohl die Umgebung mit der Zeit zu einem Slum verkam, zogen die Collyer-Brüder nie weg.

Die beiden hatten einen Ruf als notorische Geizkragen und Exzentriker, deren Vorfahren nur eine Woche nach der *Mayflower* nach Amerika gekommen waren. Homer war 1947 ein 66-jähriger begnadeter Klavierspieler, ein ehemaliger Anwalt, der erblindet war und seit 15 Jahren nicht mehr außer Haus gegangen war. Der hagere, aristokratische Langley ging ganz in der Betreuung seines vier Jahre älteren Bruders auf und verließ das Haus nur spätabends, um Lebensmittel zu besorgen. Manchmal lief er für einen Laib Brot bis nach Brooklyn, und er glaubte, Homers Blindheit dadurch heilen zu können, dass er ihm 100 Orangen in der Woche zu essen gab. Obwohl die beiden gerüchtweise Millionäre waren, lebten sie in dem mit Brettern vernagelten Haus ohne Gas-, Strom- und Wasseranschluss. Die Stadt klagte regelmäßig die nicht bezahlte Grundsteuer ein, und nur wenige Jahre zuvor hatte eine Bank eine Hypothek über 6700 US-Dollar zu kündigen versucht. Erst als die Polizei das Haus umstellte, händigte Langley einen Scheck aus. Auf die Frage, warum sich beide so von der Außenwelt abkapselten, antwortete er nur: »Wir möchten nicht gestört werden.«

Am auffälligsten freilich war die unbeschreibliche Angst der Collyer-Brüder vor Einbrechern. Seit Jahrzehnten hatten sie keinen Fremden ins Haus gelassen; niemand wusste so recht, wie Langley eigentlich rein und raus kam, da sämtliche Türen und Fenster verbarrikadiert waren. Im Inneren gab es dem Vernehmen nach jede Menge von Langley selbst konstruierte Fallen.

Trotzdem waren die Polizisten, die dem Anruf vom 21. März nachgingen, in keinster Weise auf das vorbereitet, was sie erwartete. Sämtliche Türen waren mit Riesenbergen von Gerümpel blockiert. Die Fenster ließen sich nicht bewegen. Schließlich gelang es Wachtmeister William Barker, durch ein Fenster im ersten Stock einzusteigen. Als er sich wenige Minuten später wieder zeigte, meldete er eine Leiche, die völlig ausgezehrt war und nur einen zerschlissenen grauen Bademantel trug. Es war Homer Collyer, der zwischen raumhoch gestapelten, fein säuberlich gebündelten Zeitungsbergen saß. Die Polizei begann das Haus zu durchsuchen, kam jedoch nicht mehr sehr weit, da es bald dunkel wurde. Von Langley fehlte jede Spur.

Am nächsten Morgen hatten sich mehr als 500 Schaulustige auf dem Bürgersteig eingefunden und warteten neugierig darauf, einen Blick in das Haus zu werfen – und zu erfahren, ob die Brüder tatsächlich Hunderttausende Dollar in Schuhschachteln gehortet hatten. Drinnen entdeckte die Polizei ein Labyrinth schmaler Gänge zwischen jeder Menge Gerümpel, das sich bis zur Decke häufte. Langley musste diese Gänge benutzt, sie hinter sich aber immer wieder mit Ramsch gefüllt haben, um mögliche Eindringlinge abzuschrecken. Es vergingen Tage und Wochen ohne ein Zeichen von Langley. Viele Nachbarn waren überzeugt, er befände sich nach wie vor im Haus und hielte sich in einem Zimmer im zweiten Stock versteckt. Andererseits gingen bald stündlich Meldungen ein, er sei an den verschiedensten Ecken der Stadt gesichtet worden.

Die Polizei, die unermüdlich arbeitete, entfernte 120 Tonnen aus dem Haus – darunter zehn Klaviere und Flügel, mehrere Schneiderpuppen, Fahrräder, Gaskronleuchter, einen Stromgenerator, 35 Jahre alte Pin-up-Zeitschriften und Opernprogramme, 3000 Bücher, viele Hundert mechanische Apparate und einen Ford Modell T. Überall im Haus türmten sich riesige Zeitungsstapel – je eine Ausgabe jeder New Yorker Zeitung seit 1918, die Langley penibel sammelte, so hatte er einmal einem Bankbeamten anvertraut, »damit Homer, wenn er sein Augenlicht wieder hat, alles nachlesen kann«. Außerdem befanden sich überall Fallen. Die Gerüchte über die Collyer-Brüder wurden von der Wahrheit noch übertroffen! Etwas Vergleichbares hatte New York noch nicht gesehen.

Am 8. April schließlich stieß die Polizei auf die sterbliche Hülle von Langley Collyer – nur wenige Meter von der Stelle entfernt, an der man Homer gefunden hatte. Er war in eine seiner eigenen Fallen getappt, als er seinem Bruder Essen bringen wollte. Ratten hatten sich bereits an dem Leichnam gütlich getan, der zwischen einer Kommode und einem Bettrost eingeklemmt und unter drei Metallbrotkästen, einem beschwerten Koffer und jeder Menge Zeitungsbündeln begraben war. Man rekonstruierte, dass Langley die Falle durch ein Stolpern selbst ausgelöst hatte. Sein blinder und gelähmter Bruder war im gleichen Zimmer langsam verhungert und verdurstet.

Ein New-York-City-Policeman beim Ausräumen des Collyer-Hauses 1947.

dard Oil, General Electric, U.S. Steel, IBM und RCA – hatten ihre Hauptverwaltung in der nunmehr »Headquarters City« genannten Stadt. Und tagtäglich kamen neue hinzu.

1952 bezog Lever Brothers, ein riesiger multinationaler Seifenfabrikant aus Cambridge, Massachusetts, ein Bürogebäude in der Park Avenue. Das schimmernde Lever House war der weltweit erste Bau, der die elegante Glas-und-Stahl-Diktion der Vereinten Nationen in den Dienst eines schnittigen Corporate Image stellte. In den kommenden Jahren würde der International Style die Metropolen der Welt erobern – von Paris über Caracas bis Hongkong –, doch nirgendwo würde diese neue Moderne überzeugender wirken als in Manhattan, wo schon in den frühen 1950er Jahren ein Bauboom von bisher ungekannter Dimension einsetzte. Innerhalb von zehn Jahren nach Kriegsende waren 856 neue Bürogebäude fertig gestellt, und noch immer kamen jährlich weitere 185.000 qm Bürofläche dazu.

»Manhattan«, so die Redakteure des Magazins *Time* 1953, »seiner gedrängten Wolkenkratzer und schmalen Straßenschluchten wegen von den Städteplanern längst abgeschrieben, hat in einem phänomenalen Nachkriegsbauboom alle Kritiker Lügen gestraft.« An der Park Avenue, dem Epizentrum der Explosion, wurde Block um Block schöner alter Apartmenthäuser niedergerissen, um glänzenden neuen Glas-und-Stahl-Monolithen Platz zu machen.

> *Ein Großteil der Stadt scheint einer manisch säuberungswütigen Furie zum Opfer gefallen, die unablässig brüllt: »Reißt es ab! Macht es nieder! Werft es fort! Räumt endlich auf!«*
>
> Kate Simon

1955 gehörten die steten Baumaßnahmen, das Schwindel erregende Auf und Ab der Architektur in Manhattan praktisch zum Alltag. »Umsturz und nochmals Umsturz, heißt die Maxime New Yorks«, hatte Philip Hone 110 Jahre früher gefordert. Doch diese jüngste Abriss- und Neubauwelle war irgendwie anders.

Über ein halbes Jahrhundert lang war New York nun schon Hauptsitz der größten US-Unternehmen. Vor dem Zweiten Weltkrieg jedoch schienen diese Konzerne und die Gebäude, die sie beherbergten, fest in der Stadtkultur verankert. Allen spezifischen Unterschieden zum Trotz hatten sich die berühmtesten Vorkriegswolkenkratzer – das Singer Building, das Woolworth Building, das Empire State Building und das RCA Building – als stilvoll-urbane Zeugnisse geschäftigen Treibens kühn und mit ostentativem Stolz himmelwärts gereckt.

Die Nachkriegsbauten dagegen waren eher schlichte, anonyme Kästen, die, bar jeglicher Zinnen und Pfeiler, keinerlei Anstalten machten, an den Wolken zu kratzen, und die einander so ähnlich sahen, dass man sie nur anhand der Firmenlogos unterscheiden konnte. Streng, geradezu abweisend, ohne jeden Bezug zu der Stadt um sie herum, suchten die neuen Unternehmenshochburgen entlang der Park Avenue sowie die noch höheren, die später die Sixth Avenue säumen sollten, keinerlei Verbindung zu der Metropole; fast so, als wäre eine solche Geste unschicklich – zu bieder, ja kleinbürgerlich für Firmen mit globalen Ambitionen. Selbst die architektonische Eleganz, die man einigen – wenigen – zugestehen muss, konnte nicht verhindern, dass ihre kalten, abstrakten Fassaden den meisten New Yorkern fremd blieben. Genau wie der UN-Komplex schienen diese

**Samuel Bronfman, Eigentümer der kanadischen Destillerie Joseph Seagram & Sons, erteilte 1954 den Auftrag für den neuen Hauptsitz seines Unternehmens in der Park Avenue. Bronfmans 27-jährige Tochter Phyllis Lambert war von dem auffälligen, aber fantasielosen Entwurf, den das *Architectural Forum* mit einem »riesigen Feuerzeug« verglich, enttäuscht und überredete ihren Vater, ein »wirklich schönes Bauwerk« zu errichten; sie würde persönlich einen geeigneten Architekten ausfindig machen. Nach langer Suche entschied sie sich für den Ex-Bauhausleiter Ludwig Mies van der Rohe, der den namhaften New Yorker Architekten Philip Johnson mit ins Spiel brachte. Bei seiner Eröffnung 1958 wurde das Seagram Building (links) als schönster Nachkriegswolkenkratzer New Yorks gepriesen. Der elegante Turm mit braunem Stahlskelett und graubraunen Glaswänden steht knapp 30 m von der Straße zurückversetzt und lässt dadurch Platz für eine 2000 qm große Plaza. Die Schlichtheit des Gebäudes und der großzügige Freiraum wurden wegweisend für die New Yorker Architektur, insbesondere nachdem ein neues Baugesetz 1961 Grundeigentümern erlaubte, ihre Hochhäuser aufzustocken, wenn sie dieselben Proportionen einhielten. Allerdings erreichte kein späterer Bau die Noblesse des Seagram. Die neuen Plazas, die Seite an Seite lagen, verfügten nicht über den Reiz des Außergewöhnlichen, dem das Original seine Wirkung verdankte, und zerrissen eher das traditionelle geschlossene Straßenbild der Stadt. (Ezra Stoller © ESTO.)**

Bauten nicht aus der Tradition der Stadt erwachsen, sondern eine Bewegung von globalen Ausmaßen aufzugreifen, die mit New York selbst rein gar nichts zu tun hatte.

Je mehr sich die Avenues von Manhattan zu gewaltigen Schluchten aus Glas und Stahl wandelten und der Bezug zwischen Wirtschaft und öffentlichem Leben verloren ging, um so unklarer und lockerer wurde auch das Band zwischen den Unternehmen und ihrem Standort. Fortschritte auf den Gebieten Transport und Kommunikation ließen die Welt in den folgenden beiden Jahrzehnten immer kleiner werden. Die Märkte wurden globaler, und New York, das einst sein eigenes Schicksal hatte mitbestimmen können, verfiel zunehmend zum Spielball mächtigerer Kräfte. Bald schon würde sich die außerordentliche Fähigkeit der Stadt, Reichtum und Ressourcen eines ganzen Kontinents auf sich zu vereinen, erst verlangsamen und schließlich umkehren, während die industrielle Basis immer rapider verfiel.

Zur selben Zeit zog New York riesige Ströme besitzloser Einwanderer in seinen Bannkreis: spanischsprachige Immigranten aus der Karibik und Farbige aus dem Süden, viele von denselben wirtschaftlichen und technologischen Veränderungen vertrieben, die die alte Stadt zu bedrohen begannen. In einer Verkettung unglücklicher Umstände, die sich in den Folgejahrzehnten noch weiter verstärkte, würde sich die Bevölkerungsstruktur New Yorks rapide hinverlagern zu denen, die eben jene wirtschaftlichen Ressourcen dringend benötigten, die doch ihrerseits immer rascher im Schwinden begriffen waren.

## DIE GROSSE ZUWANDERUNG

*Nach New York gehen hieß Abschied nehmen von den Baumwollfeldern, Abschied nehmen von »Massa Charlie«, Abschied von den Zuchthäuslern ... So kamen sie aus allen Gegenden des Südens ... Aus Georgia kamen sie, sobald sie das Fahrgeld von den Pfirsichbäumen gepflückt hatten. Sie kamen aus Südkarolina, wo die Baumwollfelder abgeerntet waren. Aus Nordkarolina kamen sie mit Tabakteer unter den Fingernägeln. Sie hatten das gleiche Gefühl wie die Pilgerväter, als sie nach Amerika kamen. Aber diese Nachfahren Hams müssen doppelt so glücklich gewesen sein wie die Pilgerväter, weil sie zweifach der Hölle entkommen waren. Schon als sie die Reise planten, sangen sie Spirituals wie »Jesus Take My Hand« und I'm On My Way«; und sie jubelten: »Hallelujah, I'm on my way to the promised land.«*

Claude Brown,
*Manchild in the Promised Land*

Am 2. Oktober 1944 sammelte sich auf einer Baumwollplantage neben dem Highway 49 unweit der Ortschaft Clarksdale im Bundesstaat Mississippi eine Schar neugieriger Zuschauer, um ein bemerkenswertes Schauspiel zu beobachten – acht Maschinen, die ein ganzes Baumwollfeld abernteten. Die neue Erfindung, der mechanische Baumwollpflücker, sollte eine Kette von Ereignissen in Gang setzen, die das ganze Land verwandeln würden – vom Mississippidelta bis zu den Straßen New Yorks.

Die Maschinen, die in der Lage waren, die Arbeit von 50 Menschen zu einem Achtel der Kosten zu übernehmen, vernichteten quasi über Nacht die Existenzgrundlage mehrerer Hunderttausend schwarzer Pächter und Feldarbeiter, die seit Generationen auf den Baumwollplantagen der Südstaaten ihren kargen Lebensunterhalt verdienten. Innerhalb von nur zwei Jahrzehnten würden etwa fünf Millionen Afroamerikaner in die Industriestädte des Nordens abwandern: nach Chicago, Detroit, Cleveland, Philadelphia, Pittsburgh – und New York.

Bei Kriegsbeginn lebten weniger als eine halbe Million Afroamerikaner in New York. Fünf Jahre nach Kriegsende drängten sich eine Dreiviertelmillion Menschen allein in den traditionellen Schwarzenvierteln von Brooklyn und Manhattan. Und die Zahl stieg weiter. Zwölf Jahre nach Kriegsende war New York die weltweit erste Stadt mit über einer Million schwarzen Einwohnern.

Wie schon früher ließen sich viele Neuankömmlinge in Harlem nieder, dessen Name in den Ohren zahlreicher Schwarzer noch immer nach Gelobtem Land klang. Spätestens 1950 jedoch waren die Träume und der Optimismus des Jazz Age verflogen und Harlem hoffnungslos übervölkert und der ärmste Teil der Stadt.

Mitte des 20. Jahrhunderts lebte die Hälfte der Familien in Harlem unterhalb der Armutsgrenze, und viele hatten zunehmend Probleme, sich über Wasser zu halten. Indessen schwoll

**Vorhergehende Seite: Blick vom Pan Am Building in Richtung Norden über die Park Avenue, 1968. »Was die bürokratisierten Wirtschaftskonzerne nach New York zieht«, schrieb der Soziologe Daniel Bell 1961, »ist die uralte Sehnsucht, Begehr zu wecken. New York ist der neue Marktplatz, wo edle Symbole ›Seagram‹ ›Pan Am‹, ›Lever Brothers‹ oder ›Pepsi Cola‹, die neuen Herren der Park Avenue, verherrlichen. New York ist dabei, eine Stadt zu werden, in der ein Unternehmen eher sich selbst zur Schau als etwas herstellt.« Viele der neuen Verwaltungssitze, darunter das Union Carbide Building links und das Lever House, dessen dunkle Glasfassade sechs Querstraßen weiter nördlich aufragt, stammen von Skidmore, Owings & Merrill, einem großen New Yorker Architekturbüro, das hinsichtlich Produktivität und der Hochwertigkeit seiner Entwürfe durchaus in der Tradition von McKim, Mead & White steht.**

Adam Clayton Powell jr. am 26. Juni 1944 bei einer Wahlkampfrede im Madison Square Garden. Der Sohn des Pastors der Abyssinian Baptist Church in Harlem, der 1937 die einflussreiche Kanzel von seinem Vater übernahm, wurde 1941 der erste Schwarze im New Yorker Stadtrat und 1944 der erste schwarze Kongressabgeordnete aus Harlem. In New York wie in Washington wegen seines aufwändigen Lebensstils verpönt, genoss Powell seinen zweifelhaften Ruf regelrecht und war Stammgast bei Broadway-Premieren und in Harlemer Nightclubs. In erster Ehe war er mit einem Cotton-Club-Star verheiratet, in zweiter mit einer bildschönen Jazzpianistin. In den 50er Jahren galt Powell als der einflussreichste schwarze Politiker im Land – ein früher Verfechter der Bürgerrechtsbewegung, den seine treue Harlemer Wählergemeinde zwölf Mal hintereinander in den Kongress berief.

die Zuwanderungswelle zu einer wahren Flut an. Hunderttausende wohnten zusammengepfercht in den mittlerweile baufälligsten Unterkünften der Stadt. Wer keine Ausbildung hatte, fand nur schwer einen Job, und trotz geringfügiger Besserung war die Arbeitslosenrate der Schwarzen immer noch doppelt so hoch wie die der Weißen. Mangelernährung und Tuberkulose gehörten zum täglichen Leben.

*Harlem hat sich, äußerlich zumindest, während meiner Lebenszeit oder der meiner Eltern kaum verändert ... Ganz Harlem ist erfüllt von dieser bitteren Erwartungshaltung, mit der wir in meiner Kindheit dem Winter entgegensahen ... Es wird hart, und es gibt nichts, was wir dagegen unternehmen können.*

James Baldwin

Das Apollo Theater in der 125th Street bot zwar noch Liveshows, doch die Fassade war schäbig, und die meisten Nightclubs hatten längst dichtgemacht oder waren Richtung Downtown gezogen, weil das weiße Publikum Harlem seit den Unruhen von 1935 und 1943 vor allem nach Einbruch der Dunkelheit zunehmend mied. Selbst der Cotton Club öffnete seine Pforten jetzt am Times Square. Die einzigen weißen Gesichter, die man noch auf der Straße sah, gehörten Lehrern oder Sozialarbeitern.

Trotz kleinerer bürgerrechtlicher Zugeständnisse herrschte in New York unvermindert die Rassentrennung. 1943 hatte die Metropolitan Life Insurance Company ihre Pläne zu einer Siedlung in Lower Manhattan bekannt gegeben, die Stuyvesant Town heißen sollte. Dieses weltweit größte Wohnungsbauprogramm – auf staatlich subventioniertem Grund und Boden – würde, so der Vorstandssprecher, farbige Mieter noch nicht einmal in Erwägung ziehen. »Schwarz und Weiß passen nicht zusammen«, begründete er die Entscheidung lapidar. Der Proteststurm, der sich daraufhin erhob, führte letztlich zu einer Verordnung, die Rassendiskriminierung in öffentlich geförderten Bauten verbot – das erste Gesetz dieser Art in der Geschichte der USA. Auch in den folgenden Jahren spielte New York eine Vorreiterrolle auf dem Gebiet der Bürgerrechtsbewegung und verbot Rassendiskriminierung bei Vermietung, Beschäftigung und Ausbildung.

Doch die Afroamerikaner merkten rasch, dass die Verabschiedung eines Gesetzes eine Sache, seine Umsetzung aber eine andere war. In der Realität hatte sich 1950 kaum etwas verändert, und echte Gleichberechtigung schien so unerreichbar wie eh und je.

*Die Kinder dieser desillusionierten Pioniere erbten das Schicksal ihrer Eltern, ihre Enttäuschung und ihren Hass. Was ihr Elend vergrößerte, war, dass es nur wenig Hoffnung auf Erlösung gab. Denn wohin soll man gehen, wenn man bereits im Gelobten Land ist?*

Claude Brown

Da sie überall auf Hindernisse stießen, folgten die schwarzen New Yorker schließlich dem Vorbild der Iren, die sich ein Jahrhundert zuvor auf die politische Bühne vorgewagt hatten. Allein auf Grund ihrer Bevölkerungszahl waren sie eine nicht zu unterschätzende Macht. Ende der 1940er Jahre war denn auch eine neue Generation farbiger Politiker auf dem Weg in echte Machtpositionen – darunter Hulan Jack, der erste schwarze Borough-Präsident Manhattans, sowie Adam Clayton Powell jr., der charismatische Pastor der Abyssinian Baptist Church, der als einer von nur einer Hand voll afroamerikanischer Mitglieder des Repräsentantenhauses Harlem seit 1944 im Kongress vertrat. Erwartungsgemäß scheiterten die von ihm eingebrachten Gesetzesvorlagen regelmäßig, doch immerhin sorgte er dafür, dass die Thematik im Gespräch blieb.

*Ist dies das Land der Freien, die Heimat der Unerschrockenen? Ist dies ein Land der Freiheit und Gerechtigkeit für alle? ... Entweder wir leben die Demokratie, die wir predigen, oder wir halten den Mund!*

Adam Clayton Powell jr.

Ende der 40er Jahre hatte sich noch eine weitere Bevölkerungsgruppe auf Wanderschaft begeben – Hunderttausende spanischsprechender Puertoricaner verließen ihre karibische Heimat in Richtung Norden.

Trotz seines Namens (»reicher Hafen«) war Puerto Rico alles andere als wohlhabend. In geringer Zahl kamen Puertoricaner bereits seit 1898 nach New York (in diesem Jahr trat Spanien die Insel an die USA ab). Und als 1917 die volle amerikanische Staatsbürgerschaft folgte, stieg die Zahl. Doch die wahre Zuwanderung begann in den 30er Jahren, als der Zuckerrohrmarkt, der Hauptwirtschaftszweig der Insel, infolge der Weltwirtschaftskrise zusammenbrach. Getrieben von bitterer Armut, kehrten viele Puertoricaner einer der am dichtesten bevölkerten Inseln der Welt den Rücken, um anderswo ein besseres Leben zu finden.

*Diese Einwanderung ist anders. Die Puertoricaner kommen nicht mit dem Schiff, eng zusammengedrängt im Zwischendeck, sondern mit dem Flugzeug. Als US-Bürger haben sie keine Einwanderungsbeschränkungen zu fürchten, wurden nie in bunter Landestracht hinter den Zäunen von Ellis Island fotografiert. Sie tröpfeln einfach herein. Landen in Gruppen von 20 oder 30 in heruntergekommenen Maschinen in La Guardia und Newark, stehen dann neben ihren Pappkartonkoffern auf den Gehsteigen der Stadt ... Für sie sind die USA gleich New York City, und inzwischen leben in den fünf Boroughs 300.000 von ihnen.*

*Time*, 1949

Vor dem Zweiten Weltkrieg hatten weniger als 60.000 Puertoricaner in New York gelebt. Im September 1948 verließ erstmals eine moderne DC-7 San Juan mit Ziel La Guardia Airport und läutete das Zeitalter der Billigflüge ein. Da Tickets schon ab 40 Dollar zu haben waren, konnte sich fast jeder den Flug leisten. Binnen dreier Jahrzehnte wuchs die puertoricanische Bevölkerung New Yorks auf über 800.000.

**Zwar war New York schon seit den 20er Jahren die Heimat einer nicht gerade kleinen Puertoricaner-Gemeinde, doch nach Einführung der Billigflüge aus San Juan im Jahr 1947 schoss ihre Zahl sprunghaft in die Höhe und stieg von 61.000 1940 auf 612.000 20 Jahre später. Viele Neuankömmlinge ließen sich in East Harlem nieder, das bald El Barrio genannt wurde, doch auch in der Upper West Side Manhattans, in Williamsburg und Red Hook in Brooklyn sowie in der South Bronx entstanden große puertoricanische Siedlungen. Die Abbildung oben zeigt die Ankunft einer jungen Familie 1947 in New York, das Foto rechts Kinder auf den Stufen einer Grundschule in East Harlem, ebenfalls 1947.**

Eine Viertelmillion ließ sich in einem Bezirk Upper Manhattans nieder. Als einstiges italienisches Arbeiterviertel – Fiorello La Guardias alter Kongresswahlkreis – war East Harlem immer schon dicht besiedelt und arm gewesen, doch das neue Spanish Harlem oder El Barrio überholte in puncto Elend und Übervölkerung binnen kurzem sogar das schwarze Harlem.

Spanisch machte Jiddisch und Italienisch den Rang als zweite Sprache New Yorks streitig, und das Leben verlagerte sich auf die Straße. »Im Sommer geht die Post so richtig ab«, notierte der Schriftsteller Piri Thomas. »Zwischen den Häuserblocks tobt das Leben ... überall sind Menschen. Die Treppenaufgänge sind besetzt wie die Zuschauertribünen beim Baseball ... Die Straßenmusiker schlagen auf Blechbüchsen, Conga- und Bongotrommeln. Und überall wimmelt es von Kindern – auf Feuerleitern, unter Autos, auf Autos, in Seitengassen und Hinterhöfen.«

Wie schon die meisten Immigranten vor ihnen waren die Puertoricaner zum allergrößten Teil Wirtschaftsflüchtlinge, die ihr Glück in der Großstadt suchten. Und tatsächlich fanden neun von zehn Arbeit – fast immer allerdings

jene Niedriglohnjobs, die seit den Tagen der Iren die jeweiligen Neuankömmlinge auffingen. »Sie heben Gräben aus und schuften im Hafen«, schrieb ein Reporter. »Sie sind die unsichtbaren Helfer hinter den Kulissen. Sie spülen das Geschirr, machen die Betten, putzen Büros, bügeln die Wäsche und wechseln die Tischtücher.«

*Gestern waren es die »ungehobelten« Iren; dann waren es die »Messer schwingenden« Italiener; es folgten die »verklanten« Juden mit ihren »eigenartigen« Sitten. Gestern waren es die Schwarzen, heute sind es die Puertoricaner – und die Schwarzen –, die die untersten Sprossen der sozialen Leiter New Yorks bevölkern.*

Jesus Colon

Jahrzehntelang waren New Yorks Straßen, Gassen, Bürgersteige und Treppenaufgänge ein herrlicher Spielplatz, dessen Traditionen eine Kindergeneration an die nächste weiterreichte. Zum täglichen Zeitvertreib gehörten Springseil (*double dutch*), Murmeln, Mumblety Peg (ein Messerwurfspiel), Himmel-und-Hölle, Touchfootball, Handball, Kick the Bucket, Fangen, Red Rover und King of the Hill. Das beliebteste Straßenspiel war jedoch Stickball, eine städtische Version von Baseball, bei dem der gesamte Häuserblock zum Spielfeld wurde. Die Spieler schlugen mit Holzstöcken (*sticks*) einen Gummiball (*spaldeen*) gegen eine Hauswand, von der er über die Straße zurück auf den gegenüberliegenden Gehweg prallte, wo Mitglieder der gegnerischen Mannschaft ihn zu fangen versuchten. Kanaldeckel dienten als Base oder als Foullinien, die Treppenaufgänge zu beiden Seiten der Straße als Zuschauertribünen. Außerdem brachten Buben wie Mädchen Stunden damit zu, Trottoir und Hauswände mit Kreide zu bemalen. »Jedes Kind hat ein Stück Kreide in der Tasche«, beobachteten die Volkskundler Ethel und Oliver Hale (Pseudonym: Esther und Oscar Hirschman) 1938, »und mit dieser Kreide setzt es seine Fantasien um, zeichnet sie auf das Pflaster ... Wohin man auch schaut, auf jeder Straße, sieht man die unerschöpflichen Muster, die nach Einbruch der Dunkelheit, wenn die Kinder wieder in ihren Wohnungen verschwunden sind, verlassenen Häusern gleichen, die, einst voll übermütigen Lebens, jetzt leer stehen.«

*I should worry, I should care,*
*I should marry a millionaire.*
*He should die, I should cry,*
*I should marry another guy.*

*I won't go to Macy's anymore, more, more.*
*There's a big fat policeman at the door, door, door.*
*He'll grab you by the collar and make you pay a dollar.*
*I won't go to Macy's anymore, more, more.*

New Yorker Kinderreime

Oben links: Junge mit Zeitungshut, Harlem, 1947 (© Arthur Leipzig). Unten links: Kinder spielen am Bürgersteig Red Rover, Clauson Avenue, Brooklyn, 1943 (© Arthur Leipzig). Oben rechts: Spiele mit Straßenkreide, Prospect Place, Brooklyn, 1950 (© Arthur Leipzig). Unten rechts: Buben spielen Touchfootball auf einer Straße in der Bronx, 40er Jahre.

P.O.S.

1950 waren die Grundpfeiler der neuen und weit unruhigeren Stadt noch intakt. In den gerade fünf Jahren seit Kriegsende waren mittellose Zuzügler in riesigen Mengen eingetroffen, belasteten die Stadtkasse und überfluteten die bereits hoffnungslos überfüllten Slums – und dies zu einer Zeit, in der die industrielle Basis der Stadt ohnehin zu schwanken begann.

Jahrzehntelang war der Lebensstandard in New York stetig gestiegen, insbesondere für Iren, Deutsche, Italiener und Juden, die sich Generation um Generation hocharbeiteten. Im Lauf der Jahre hatten sie sich in den Mittelschicht-Neighborhoods von Manhattan und den Outer Boroughs angesiedelt oder waren in die Vorstädte gezogen. New York war immer stolz darauf gewesen, Millionen von Zuwanderern aufnehmen und ihnen einen sozialen Aufstieg ermöglichen zu können.

Doch diese Zeiten waren nun vorbei. In den 50er Jahren änderten sich die Voraussetzungen. Das wirtschaftliche Fundament der Stadt – die Fabriken, Werkstätten und Lagerhäuser, die die erste Sprosse der sozialen Leiter bildeten – wuchs nicht mehr. Weit davon entfernt zu expandieren, wie es in den zurückliegenden Jahrzehnten gang und gäbe gewesen war, mussten die Firmen angesichts der allgemeinen Wirtschaftsflaute nun darum kämpfen, die vorhandenen Arbeitsplätze zu erhalten. Anders als die Einwanderer vor ihnen, kamen die jüngsten Zuzügler aus dem Süden der USA und Puerto Rico in eine Stadt mit deutlich reduziertem Stellenangebot für ungelernte Arbeitskräfte.

Dazu gesellte sich ein weiteres, ausgesprochen unerfreuliches Problem: Der gewaltige Bevölkerungszustrom aus den Südstaaten und Puerto Rico hatte eine Stadt geschaffen, wo – aus Sicht der Mehrheit – ein Viertel als Farbige eingestuft wurden und somit der gehässigen Rassendiskriminierung ausgesetzt waren, die seit Jahrhunderten fester Bestandteil der amerikanischen Gesellschaft war.

Unter diesen Umständen nahm eine der gewaltigsten Umwälzungen in der Geschichte New Yorks ihren Anfang, eine Transformation, die die Metropole bis in ihre Grundfesten erschüttern sollte. Sie ging unter der Ägide eines Mannes vonstatten, der 1950 mehr Macht angehäuft hatte als irgendjemand in der Geschichte der Stadt vor ihm. Die folgenden 15 Jahre würde Robert Moses diese Macht mit grimmiger Entschlossenheit dazu gebrauchen, New York umzugestalten wie niemand vor oder nach ihm und – zum Guten oder Schlechten, wie sein Biograf Robert A. Caro später schrieb – einen Großteil seiner Zukunft in Beton setzen. Nur wenig von dieser Zukunft würde freilich den Bedürftigen zugute kommen, insbesondere dann, wenn sie auch noch farbig waren.

Nicht lange vor La Guardias Tod traf der Stadtbevollmächtige Walter Binger zufällig den Ex-Bürgermeister, der im Engineer's Club in der 40th Street mit finsterer Miene über seinem Essen brütete. Binger fragte La Guardia, was ihm denn auf der Seele läge. »Moses hat jetzt zu viel Macht«, antwortete er. Als Binger ihn darauf hinwies, dass schließlich er es war, der ihm viel von dieser Macht verschafft hatte, schaute der frühere Bürgermeister noch betrübter drein und sagte: »Ja, aber ich hatte ihn unter Kontrolle. Jetzt gibt es niemanden mehr, der ihn in Schach hält.«

## ANTI-STÄDTE

*Im Rahmen der derzeitigen Sanierungsgesetze könnte Macy's [seinen Konkurrenten] Gimbels auf die Abrissliste setzen lassen – wenn Robert Moses nur ein Wort sagte.*

Charles Abrams

In den Jahren vor dem Krieg hatte Robert Moses – zuerst unter Al Smith und dann Fiorello La Guardia – öffentliche Bauprojekte erarbeitet, die durch Weitblick und außerordentlichem Einfallsreichtum bestachen.

Schon damals jedoch waren seine Vorgehensweisen und Motive bisweilen in Frage gestellt worden. »Er liebt die Öffentlichkeit«, bemerkte seine langjährige Freundin Frances Perkins, »aber nicht die Menschen. Die Öffentlichkeit ist ... für ihn eine große amorphe Masse, die Wasser und frische Luft braucht – oder bessere Erholungsmöglichkeiten.«

Inzwischen schien Robert Moses weniger daran interessiert, für die Öffentlichkeit zu bauen, als vielmehr am Bauen selbst. Von wenigen Ausnahmen abgesehen, würden seine neuen Pläne kaum noch etwas von der Fantasie und Qualität aufweisen, die seine Vorkriegsarbeiten ausgezeichnet hatten. Sie waren jetzt reiner Selbstzweck geworden – ein Mittel, seine Kontrolle über die Stadt noch weiter auszudehnen.

Denn die nicht unbeträchtliche Macht, die Moses sich bereits vor dem Krieg angeeignet hatte, war nichts im Vergleich zu der, die er nun in Händen hielt. Einen ersten Schritt in diese Richtung hatte er 1946 unternommen, als La Guardias von den Problemen der Nachkriegsmetropole überforderter Nachfolger – der frühere Distrikstaatsanwalt William O'Dwyer – in seiner Verzweiflung bei Moses Rat suchte. Dieser zeigte sich gerne bereit zu helfen, sofern O'Dwyer für ihn im Gegenzug das neue, bislang unbekannte Amt eines Stadtbaukoordinators schaffen würde.

Damit hatte Moses das Sagen über sämtliche öffentlichen Bauvorhaben in allen fünf Boroughs. Nicht wie bisher nur über Parks und Parkways, Tunnel und Brücken, sondern auch über Wohnungsbauprogramme, Schulen und Gemeindezentren, also buchstäblich jeden Ziegelstein und jeden Sack Zement, den die Stadt verbaute. Außerdem bestand Moses darauf, von O'Dwyer zum alleinigen Verbindungsmann zwischen Stadt und Bundesregierung ernannt zu werden, eine Position, die seine Macht innerhalb von drei Jahren praktisch ins Unermessliche steigen ließ.

1949 wurde ein Bundesgesetz erlassen, das trotz eines trügerisch nichts sagenden Namens das Leben in Amerika dauerhaft verändern sollte. Nach jahrelangem Aufschieben befasste sich der Kongress in diesem Jahr nämlich ernsthaft mit dem Problem der Slumgebiete und dem Dilemma, das deren Sanierung über Jahre hinweg verhindert hatte: der Tatsache, dass die Slumsiedlungen, so erbärmlich sie für ihre Bewohner waren, den Hauseigentümern immensen Profit bescherten. Der Preis, um diese Areale zu kaufen und sie zu sanieren, lag schlichtweg jenseits der Möglichkeiten der meisten Städte.

Die Antwort war eine neue Wohnungsbaurichtlinie, deren harmloser Name »Title I« nicht den geringsten Hinweis auf die radikale Ausdehnung staatlicher Macht gab, die sie bedeutete – insbesondere die Macht zur Enteignung von privatem Grundbesitz. Über die nächsten 15 Jahre würde Title I Milliarden von Dollar an öffentlichen Mitteln bereitstellen, mit denen die Kommunalverwaltungen Grundstücke in der Stadt erwerben (oder enteignen) konnten, um darauf nicht nur staatlich geförderte Projekte, sondern auch private Bauvorhaben zu realisieren.

Eine entscheidende Bedingung musste freilich erfüllt sein: Da Experten die Ansicht vertraten, dass ein teilweiser Wiederaufbau älterer Stadtviertel unweigerlich fehlschlagen musste, waren Title-I-Gelder nur dann zuteilungsfähig, wenn buchstäblich jedes Gebäude in dem ausgewiesenen Bezirk abgerissen wurde. Das Ganze hieß schönfärberisch Stadterneuerung.

In New York würde Robert Moses dank O'Dwyers Freibrief bald über jeden einzelnen Dollar verfügen können, den die Stadt im Rahmen von Title I erhielt. Der Moloch der Zerstörung und Neubebauung, der in seinem Namen um sich griff, stellte alles bislang da Gewesene in den Schatten.

Während des Zweiten Weltkriegs hatte New York immer wieder vor einem Bombenangriff gezittert, der niemals kam. Jetzt, da Robert Moses sich ans Werk machte, stand jedes Viertel, das er sich vornahm, wenig später den zerstörten Städten Europas kaum noch nach. Monat um Monat, Jahr um Jahr wurden Hunderte Hektar bunt belebter Wohngebiete dem Erdboden gleichgemacht. Was keine ausländische Macht zuwege gebracht hatte, bewerkstelligte New York nun von innen heraus.

»New York braucht keine Atombombe«, bemerkte der Schriftsteller Bernard Malamud mit bitterer Ironie. »Kaum kehrt man einem Platz den Rücken, wird er auch schon abgerissen.«

> *Jeder, so scheint es, ist für die Erneuerung unserer Großstädte … Aber das heißt nicht, dass die Großstädte auch gemocht würden … Die meisten derzeitigen Baumaßnahmen … werden von Leuten veranlasst, die Großstädte nicht mögen. Und sie haben nicht einfach nur etwas gegen den Lärm und den Schmutz und die Enge. Nein, sie haben etwas gegen die Vielgesichtigkeit einer Großstadt, ihre Dichte, ihre Vitalität und Dynamik, ihr geschäftiges Treiben … Das Ergebnis sind nicht Städte …, sondern vielmehr Anti-Städte.*
>
> William H. Whyte

Ein großer Teil dessen, was nun entstand, hatte nichts mehr mit der Stadt zu tun, die die New Yorker kannten und liebten. Das, was sich auf Moses' Geheiß aus den Trümmern erhob, stand in keinerlei Bezug zu seiner Umgebung, hatte nichts mehr gemein mit dem, was jemals in der Stadt gebaut worden war – abgesehen vielleicht vom Hauptquartier der Vereinten

**Die James Weldon Johnson Houses in East Harlem (links) gehörten zu den ersten öffentlichen Wohnungsbauprogrammen, die nach dem Zweiten Weltkrieg in der Stadt entstanden. Nach dem Harlem-Renaissance-Dichter benannt, standen die 1947 errichteten Wohnblocks auf einem gut vier Hektar großen Areal zwischen 112th und 115th Street respektive Third und Park Avenue. 1300 Familien sollten in den gesichtslosen 14-stöckigen Mietskasernen unterkommen, die der Kritiker Lewis Mumford als »trostlos, ... unmenschlich [und] kasernenartig« anprangerte. Andere Siedlungen mit Sozialwohnungen, die in den folgenden Jahren in Harlem, der South Bronx und anderen Armenvierteln der Stadt gebaut wurden, sollten noch voluminöser und unpersönlicher werden – manchmal auf über zehn Hektar und mit mehr als 25 Etagen.**

Nationen. Alle Neubauten entsprachen ohne Ausnahme der Vision jener Anti-Stadt, wie sie Le Corbusier und andere Modernisten seit Jahren propagiert hatten.

Diese zweifelhafte Vision ließ noch nicht einmal das Straßenraster der Stadt unbehelligt. Ganze Straßenzüge und Gehsteige wurden getilgt, ganze Blocks zu so genannten Superblocks zusammengefasst, mit gewundenen Fußwegen und vorstadtartigen Grünanlagen. Darum gruppierten sich, häufig in merkwürdigen Winkeln platziert, kastenförmige Apartmenthäuser mit 15 Geschossen und mehr.

*Die meisten [Bauprojekte] fassen benachbarte Häuserblocks zu Superblocks zusammen, die laut Housing Authority in Planung und Bau wirtschaftlicher sind. Zudem könnten die Gebäude in einem gewissen Abstand errichtet werden, der die Wohnungen sonniger und luftiger macht. Und die Freiräume selbst ließen sich für Grünanlagen und Spielplätze nutzen.*

*New York Times*

Robert Moses sowie die Versicherungen, Gewerkschaften, Bauunternehmer und Regierungsagenten, die die Stadterneuerung mitfi-

Nachfolgende Doppelseite: 1920 wurde die erste Subway-Verbindung nach Coney Island eröffnet. Keine zehn Jahre später war der berühmte Strand von Brooklyn – wo bisher an manchen Sommersonntagen bis zu 200.000 Menschen Erholung gesucht hatten – an sonnigen Wochenenden im Juli und August von einer Million Besuchern überflutet. Die Beliebtheit hielt die 40er Jahre hindurch an, obwohl der Luna Park 1946 (infolge eines verheerenden Feuers zwei Jahre zuvor) geschlossen wurde – und trotz Robert Moses' wiederholten Versuchen, die Konzessionen der Gastronomie- und Unterhaltungsbetriebe einzuschränken, die er für gewinnsüchtig und zwielichtig hielt. Der brütend heiße 4. Juli 1947 gilt als der betriebsamste Tag in der Geschichte von Coney Island: über 1,3 Millionen Besucher – mehr Menschen, als die meisten amerikanischen Metropolen Einwohner hatten – strömten an den breiten weißen Sandstrand. Ende der 1950er Jahre führten neue Formen des Entertainments, ein verstärkter Umzug in die Suburbs und die wachsende Popularität des Automobils zu einem drastischen Einbruch der Besucherzahlen. 1964 machte mit Steeplechase dann der letzte große Vergnügungspark von Coney Island dicht. Dieses Stimmungsbild von Promenade und Strand nahm Andreas Feininger Anfang der 1950er Jahre auf.

nanzierten, beurteilten den Erfolg allein anhand von Zahlen – nach der Zahl der fertig gestellten Wohneinheiten, der Zahl der Elendsviertel, die abgerissen wurden. Und rein zahlenmäßig waren Moses' Erfolge in der Tat beeindruckend: 20 Jahre lang baute er jedes Jahr etwa 9000 Apartmenthäuser und gab damit insgesamt 600.000 Menschen ein neues Zuhause. Allein in Harlem ließ er an die 100 Hektar niederreißen und schuf 40.000 neue Wohneinheiten.

Für viele New Yorker bedeuteten die Neubauten einen echten Schritt nach vorn, die erste richtige Wohnung ihres Lebens. Diejenigen, die dringend eine Unterkunft benötigten – und die Stadt selbst – zahlten jedoch einen hohen Preis dafür. Die Sanierung der Slums bedeutete naturgemäß, dass zunächst einmal viele Tausend Wohnungen abgerissen und die Bewohner auf die Straße gesetzt wurden. Theoretisch sollten diese Familien, im Regelfall die ärmsten und schwächsten Mitglieder der Gesellschaft, in nahe gelegenen Wohnsiedlungen untergebracht werden. In der Praxis blieben sie jedoch meist auf sich allein gestellt – Opfer eben jener Programme, die ihnen eigentlich hatten helfen sollen.

Und es gab noch weitere Folgewirkungen, die in mancher Hinsicht schlimmer, auf jeden Fall aber langlebiger waren. Im Gegensatz zu den idealistischen Beamten, die La Guardias Ideen umgesetzt hatten, stand Moses dem sozialen Wohnungsbau an sich skeptisch gegenüber. Wie alle Projekte, die unter seiner Leitung entstanden, waren die Häuser solide gebaut. Aber sie waren seelenlos. Die Ausstattung beschränkte sich auf ein Minimum, und Dinge wie ein Klodeckel oder Schranktüren waren in seinen Augen durchaus entbehrlicher »Luxus«. Die Backsteinkasernen wurden folglich ohne jede Abwechslung, ohne die geringste Dekoration hochgezogen – anonym, abstrakt, abweisend.

*Die Gebäude in Harlem werden gehasst. Sie werden fast so sehr gehasst wie die Polizisten, und das heißt viel. Beide werden aus demselben Grund gehasst: Sie enthüllen auf geradezu unerträgliche Weise die wahre Einstellung der Weißen – ganz gleich wie viele liberale Reden geschwungen, wie viele hochtrabende Leitartikel verfasst und wie viele Bürgerrechtskomitees ins Leben gerufen werden.*

James Baldwin

»Die neu gebauten Wohnsiedlungen«, schrieb der Gesellschaftskritiker Ernest van der Haag wenige Jahre später, »haben die Slums sehr viel häufiger einfach verlegt als ersetzt. Und was noch gravierender ist: Sie sind in ästhetischer Hinsicht nicht weniger problematisch, als es die Slums waren. In gewisser Hinsicht ist es gerade ihre Sterilität, die abstößt: Alles ist so ordentlich, so absolut. Das äußere Erscheinungsbild wie auch die soziale Struktur der neuen Wohnsiedlungen ersticken jede Spontaneität und Abwechslung bereits im Keim. Sie haben es zuwege gebracht, das Gemeinschaftsgefühl und die Vitalität zu zerstören, die das Leben in vielen Slumvierteln erträglich gestaltet hatten.«

Moses' Machtkonzentration erreichte ihren Höhepunkt mit dem Einzug eines neuen Mannes im Rathaus – einer politisch eher unbedeutenden Figur namens Vincent Impellitteri, der O'Dwyer nach einem Korruptionsskandal im Sommer 1950 ablöste. Im Herbst desselben Jahres half Moses dem liebenswürdigen, aber erschreckend naiven Impellitteri die Bürgermeisterwahl für sich zu entscheiden, und das neue Stadtoberhaupt revanchierte sich umgehend dafür und übertrug die Verwaltung der Stadt praktisch seinem Wohltäter. Über die nächsten 40 Monate hinweg hielt Moses mehr offizielle Macht in Händen als irgendjemand zuvor in der Geschichte New Yorks.

In Personalunion bekleidete er jetzt zwölf Führungspositionen: Er leitete das City Park Department, den Bauausschuss und war Stadtbaukoordinator. Er stand an der Spitze der Long Island State Park Commission, des State Council of Parks, der Jones Beach and Bethpage State Park Commissions sowie der State Power Authority. Und er war Vorsitzender der Triborough Bridge and Tunnel Authority, was ihm die alleinige Verfügungsgewalt über die 25 Millionen Dollar gab, die jedes Jahr durch Mautgebühren hereinkamen.

»Mit seiner Macht«, schrieb Robert A. Caro, »baute sich Robert Moses ein Imperium auf« – ein Imperium von der Größe New Yorks. Er hatte nicht einen Amtssitz, sondern drei: in einem städtischen Bürogebäude in Lower Manhattan, im Belmont Mansion auf Long Island und in einem unauffälligen Haus unmittelbar unter der Triborough Bridge. In jedem gab es einen eigenen Mitarbeiterstab sowie Personal.

ram's
Crown
7

Bei besonderen Anlässen nutzte er Jones Beach privat und lud wichtige Gäste und Würdenträger zu opulenten Festgelagen. Und wer wollte schon nein sagen, wenn er dann am Ende der Party den einen oder anderen Gefallen erbat?

Drei hauptberufliche Chauffeure standen rund um die Uhr zu seiner Verfügung – denn der Mann, der mehr Highwaymeilen bauen ließ als irgendjemand sonst in Amerika, hatte selbst nie Autofahren gelernt.

Doch selbst diese fürstlichen Amtsinsignien bilden den Einfluss Robert Moses' in seinem vierten Jahrzehnt an der Macht nur unvollständig ab. Ohne es letztlich beabsichtigt zu haben, hatte er einem neuen Way of Life den Weg bereitet, einem Lebensstil, der rasch auf das gesamte Land übergriff.

Vor dem Krieg hatte Moses Straßen gebaut, um den Großstadtbewohnern die Möglichkeit zu einer Landpartie zu geben. Ende der 1940er Jahre erschlossen seine Straßen mit den Suburbs eine vollkommen neue Welt, da jetzt immer mehr Menschen die Parkways benutzten, um aus der Metropole selbst wegzuziehen.

Selbstverständlich hatte es schon seit längerer Zeit Vorstädte in der Umgebung von New York gegeben, doch die neuen Nachkriegssiedlungen waren anders. Sie entstanden nicht um gewachsene Ortschaften herum, sondern auf riesigen unbebauten Landflächen. Sie entstanden nicht nach und nach, ein Haus nach dem anderen, sondern wurden buchstäblich reihenweise aus dem Boden gestampft. Sie beherbergten nicht die oberen Zehntausend, sondern den rasch wachsenden Mittelstand, der mehr Wohnfläche sowie ein Stückchen Land sein Eigen nennen wollte. Vor allem aber wurden sie nicht um die Bahnhöfe herum angelegt, sondern um Moses' frühe Parkways, die den Vorstädtern das Pendeln leicht machten.

Wie der Long Island Parkway zum Muster vorstädtischer Mobilität wurde, so entwickelte sich ein anderes Projekt auf Long Island zum Vorbild der neuen Vorstadt an sich. Es war eine Erfindung des aus Brooklyn stammenden Bauunternehmers William J. Levitt und würde das Erscheinungsbild der Nation gravierend verändern. Während des Kriegs hatte Levitt Konstruktionstechniken entwickelt, die den Hausbau drastisch rationalisierten. Entschlossen, seine Idee in die Tat umzusetzen, startete er 1947 auf einem 1600 Hektar großen Kartoffelacker auf Long Island, 25 Meilen östlich von New York, das größte private Wohnungsbauprojekt in der Geschichte der Vereinigten Staaten. Levitts ebenso simple wie revolutionäre Siedlung, Levittown genannt, übertrug das Prinzip der Fließbandarbeit auf den Bau von Eigenheimen, die, genau wie Henry Fords Autos, alle mehr oder weniger identisch waren. Lief alles nach Plan, würde Levitt an einem Tag 36 Häuser fertig stellen.

Und Levittown, bald Heimat von 82.000 Menschen, war nur der Anfang. Bevor das Jahrzehnt zu Ende ging, lebten in den Suburbs fast halb so viele Menschen wie in der Metropole selbst – Tendenz steigend.

Mitte der 1950er Jahre pendelten an jedem Wochentag nahezu eine halbe Million Menschen zu ihrem Arbeitsplatz in New York City, und die vorhandenen Parkways – buchstäblich für Sonntagsfahrer konzipiert – platzten aus allen Nähten. Für Verkehrsplaner wie Robert Moses stand jedoch rasch fest, dass es nur einen Weg gab, den Verkehrsfluss der Region wieder ins Rollen zu bringen: den Bau eines neuen Straßennetzes von bislang ungeahntem Ausmaß.

Von den Römerstraßen bis hin zu Robert Moses' frühen Parkways hatten die großen Verkehrsadern immer in städtische Randgebiete geführt, durch dünn besiedelte Regionen oder Ackerland. Die Straßen, die Robert Moses nun plante, würden jedoch direkt das Herz der Großstadt durchschneiden. Sie würden keine Parkways mehr sein, sondern Expressways, achtspurig und an die 70 m breit, ohne Rücksicht auf die sie umgebende Stadtlandschaft, ohne unnötige Kurven – gigantische Betonpisten, über die der fortwährende Pkw- und Lkw-Strom fließen konnte, ohne die Streets und Avenues der Stadt zu verstopfen.

Eine der von Moses geplanten Straßen – der sieben Meilen lange Cross-Bronx Expressway – kreuzte 113 kleinere Straßen, mehrere Hundert Wasser-, Abwasser- und andere Versorgungsleitungen, drei Eisenbahngleise und fünf Hochstraßen, die während der Bauarbeiten ausnahmslos in Betrieb bleiben mussten. Colonel Thomas Farrell, einem Armeeingenieur, der während des Kriegs die Burma Road gebaut hatte und der ein Gutachten zu dem geplanten Projekt erstellen sollte, verschlug es angesichts dieses Gewaltakts schlichtweg den Atem.

1956 wurde der Southern State Parkway verbreitert, um dem durch die neuen Suburbs bedingten wachsenden Verkehrsaufkommen Rechnung zu tragen. Für dieses am 6. Juli aufgenommene Propagandafoto setzte sich Robert Moses höchstpersönlich an das Steuer eines Bulldozers, um ein Haus zu versetzen, das der neuen Verkehrsader im Wege stand. Der Journalist, der das Geschehen für die *Daily News* kommentierte, schrieb voller Bewunderung, dass Moses, obwohl er mehrere Büros in der Region hatte, »viel lieber draußen wäre, um den Fortschritt der Arbeiten zu überwachen und Pläne für zukünftige Baumaßnahmen schmieden würde. Hat er sich einmal für ein Projekt entschieden, bringt er es mit der Entschlossenheit und Durchsetzungskraft einer Dampfwalze auf den Weg.« Der besorgt dreinschauende Mann links im Bild ist Henry Hull, der Eigentümer des Hauses, das versetzt werden soll.

*Wer in einer dicht bebauten Metropole agieren will, muss sich den Weg mit einem Fleischerbeil freihacken ... Ich werde weiterbauen. Wem das nicht gefällt, der soll versuchen, mich aufzuhalten.*

Robert Moses

Tatsächlich standen dem Cross-Bronx Expressway die Wohnungen über 40.000 Menschen im Wege. Wie Robert A. Caro, der als Erster die Opfer von Moses' Straßenbauprojekten unter die Lupe nahm, später detailliert ausführte, bedeutete eine Meile des Highways auf der Trasse durch das dicht besiedelte Arbeiterviertel East Tremont den Abriss von 54 Wohnblocks, in denen über 1500 Familien lebten.

Einige wenige versuchten, sich zu wehren; sie wollten gar nicht den Bau des Highways verhindern, sondern lediglich seinen Verlauf geringfügig ändern. Angeführt von der energischen Hausfrau Lillian Edelstein und unter Mithilfe eines gleichfalls betroffenen Ingenieurs, der früher für Moses tätig gewesen war, arbeiteten die Einwohner von East Tremont eine Alternativroute aus, die die Trasse zwei Querstraßen nach Süden verlegte und mehr als 1500 Wohnungen erhalten würde, ohne die Baukosten zu erhöhen.

Der Sieg schien in greifbarer Nähe, als Borough-Präsident James Lyons dem Bürgerkomitee seine Unterstützung zusagte, doch in Wahrheit hatten die Gegner des Projekts nie

eine Chance. Am 23. April 1953 vollzog Lyons einen unerklärlichen Sinneswandel und stimmte gegen Lillian Edelstein und ihr Komitee. Wenige Monate später änderte auch der neue Bürgermeister Robert F. Wagner, der im Wahlkampf gelobt hatte, die Einwohner der Bronx zu unterstützen, unvermittelt seine Meinung und machte damit den Weg für die geplante Straße endgültig frei.

Die Erklärung war simpel: 1953 konnte sich kein Politiker der Stadt – nicht einmal der Bürgermeister – erlauben, sich gegen Robert Moses zu stellen. Seine Macht war einfach zu groß. Mit einem Telefonat konnte er einen Gefallen einfordern, die Finanzierung eines gesamten Straßen- oder Parkprojekts zurückhalten oder den Druck von Gewerkschaften, Banken oder Politikern, ja sogar des Klerus heraufbeschwören. Half das alles nicht, dann griff er – so enthüllte Caro später – auf Geheimakten zurück, die er in seiner Zentrale auf Randall's Island aufbewahrte und die Informationen über das Privatleben mehrerer Hundert Persönlichkeiten des öffentlichen Lebens enthielten.

Der Cross-Bronx Expressway wurde wie geplant gebaut. Tatenlos musste Lillian Edelstein zuschauen, wie ihr Wohnhaus gemeinsam mit vielen Tausend anderen in East Tremont von Bulldozern niedergewalzt wurde.

»Zehn Jahre lang, bis in die frühen Sechziger hinein«, erinnerte sich der Schriftsteller Marshall Berman später, »wurde das Herz der Bronx systematisch zerschlagen. Meine Freunde und ich standen am Grand Concourse, wo einst die 174th Street verlaufen war, und beobachteten die Bauarbeiten – die mächtigen Bagger und Planierraupen, die Holzbalken und Stahlträger, die vielen Hundert Arbeiter mit ihren verschiedenfarbigen Schutzhelmen, die riesigen Kräne, die die höchsten Dächer der Bronx weit überragten, die Sprengungen, die zerklüfteten Steinkrater – das ganze Bild der Verwüstung, das sich über mehrere Meilen hinzog, so weit das Auge reichte. Geradezu ungläubig sahen wir zu, wie sich unser durchschnittliches, nettes Wohnviertel in ein spektakuläres Ruinenfeld verwandelte.«

Und diese Geschichte wiederholte sich quer durch die Stadt. Bevor der Vernichtungsfeldzug vorüber war, hatten über eine Viertelmillion New Yorker Bürger ihre Wohnung verlassen müssen, um den Expressways – insgesamt elf an der Zahl – Platz zu machen, deren Betonschneisen nun auf einer Länge von 130 Meilen einige der am dichtesten besiedelten Wohngebiete der Welt durchschnitten. Nach dem Unterschied zwischen seinen neuen Expressways und den Parkways der früheren Jahre gefragt,

**Oben links: Die Fordham Road in der Bronx am Abend des 29. März 1946.**

**Oben rechts: Das Verkehrskreuz zwischen dem Cross-Bronx Expressway und dem Bruckner Boulevard während der Bauphase Mitte der 1950er Jahre. 1946 von Robert Moses eingebracht und sieben Jahre später begonnen, zählte der Cross-Bronx**

Expressway zu den komplexesten Straßenbauprojekten aller Zeiten. Für die Schnellstraße, die auf sieben Meilen dicht bebautes Stadtgebiet durchschnitt, mussten Zehntausende umgesiedelt werden. Die Arbeiten an der teuersten – und umstrittensten – innerstädtischen Verkehrsader dauerten 13 Jahre und verschlangen über 250 Millionen Dollar.

antwortete der oberste Stadtplaner lakonisch: »Es sind mehr Häuser [und] ... mehr Menschen im Weg. Das ist alles.«

Während neue Expressways und Reißbrett-Siedlungen die Stadt und ihre Bürger immer mehr an das Auto banden, wurden gleichzeitig die öffentlichen Verkehrsmittel vernachlässigt. In all den Jahren, in denen Robert Moses' breite Schnellstraßen entstanden, wurde nicht eine einzige Meile neuer Subway-Strecken gebaut – hauptsächlich deshalb, weil Moses, der befürchtete, der Schienenverkehr könne seinen Highways Konkurrenz machen, jeden entsprechenden Vorschlag im Keim erstickte.

Mit jedem Jahr wurde das gesamte Stadtgebiet weiter umgestaltet – immer im Tanz um das goldene Kalb Automobil, das schon bald Kultstatus erlangen sollte. Anders als die älteren Teile der Stadt waren die äußeren Bezirke von Brooklyn, Queens und der Bronx – genau wie die neuen Suburbs – wild wuchernde Einfamilienhaussiedlungen, doch dank Moses' neuer Straßen gut erreichbar – aber ausschließlich mit dem Auto.

So war jeder neue Highway vom Tag seiner Eröffnung an voller Automobile, die schon bald erneut im Stau standen. Der Brooklyn-Battery Tunnel, ursprünglich für 2000 Fahrzeuge pro Stunde gebaut, musste 5000 oder 6000 schlucken. Der Van Wyck Expressway, dessen Kapazität auf 2600 Wagen pro Stunde angelegt war, kämpfte mit 7000. Und der Long Island Expressway, mit dem Moses die ständig verstopften Verkehrsadern Southern State Parkway und Northern State Parkway entlasten wollte, hieß bald »längster Parkplatz der Welt«, weil absolut nichts voranging. Und auf den Parkways stauten sich die Wagen unvermindert.

Jeder neue Highway, so schien es, ermutigte nur noch mehr Menschen, sich ins Auto zu setzen. *Traffic generation* nannten sie die jüngeren Stadtplaner, die nach einer ausgewogeneren Lösung riefen, die öffentliche Transportmittel einschloss. Für Robert Moses jedoch bedeuteten verstopfte Straßen nur, dass noch mehr Straßen nötig waren. Die Triborough Bridge, über die 1946 13 Millionen Fahrzeuge gerollt waren, musste vier Jahre später die doppelte Menge verkraften. Zu ihrer Entlastung baute Moses eine zweite Brücke, die Bronx-Whitestone Bridge. Als auch diese nicht mehr ausreichte, wurde eine dritte, Throg's Neck, geplant.

Doch die Flut von Autos wuchs fortwährend weiter, da immer mehr New Yorker in die Suburbs zogen – fort aus der City, die zunehmend als ein Ort wahrgenommen wurde, dem man besser den Rücken kehrte.

### STADTFLUCHT

Indes hielt der Zustrom aus den Südstaaten und aus Puerto Rico unvermindert an. Gleichzeitig begann noch eine weitere Einwanderungswelle, dieses Mal von den Westindischen Inseln, und dieses Mal nicht mit Harlem als Ziel.

Afroamerikaner lebten schon seit den 1830er Jahren in Brooklyn. Doch die neue Subway-Strecke der »Independent Line«, die vor dem Weltkrieg eröffnet wurde, bot der schwarzen Bevölkerung der Stadt eine weitere Expansionsmöglichkeit. Sie verband die Wohnblocks von Upper Manhattan mit den geräumigeren Brownstone-Häusern von Central Brooklyn, insbesondere den Vierteln Bedford und Stuyvesant. Duke Ellingtons und Billy Strayhorns »Take the A Train« war nicht nur eine Einladung, uptown nach Harlem zu kommen, sondern auch eine Hymne auf die Subway-Linie, die die beiden großen Schwarzengemeinden New Yorks verband.

Ende der 1950er Jahre erreichte die Zahl der (hauptsächlich von den West Indies stammenden) Farbigen in Brooklyn die 400.000er-Marke, und Bedford-Stuyvesant überholte Harlem als größte Schwarzengemeinde New Yorks. Die Bewohner von »Bed-Stuy«, wie dieser Bezirk nunmehr hieß, begannen sich in die angrenzenden, vorwiegend weißen Wohngegenden Crown Heights, Bushwick, East Flatwood und Brownsville hinein auszubreiten.

In diesen mitunter recht schäbigen Vierteln lebten Einwanderer einer früheren Ära – in der Hauptsache jüdische, italienische und irische Arbeiterfamilien. Jetzt verlagerte sich der Bevölkerungsschwerpunkt rasch von Weiß nach Schwarz. Zum Teil war dieser Wandel auch die Folge von Rassenvorurteilen und Ängsten seitens der Weißen. Erschreckende Ausmaße aber nahm diese Entwicklung an, als skrupellose Spekulanten diese Ängste aus reiner Profitgier zu schüren begannen. *Blockbusting* wurde diese arglistige Immobilienstrategie genannt.

»Auf die Furcht der weißen Hausbesitzer bauend«, schrieb Jason Epstein später, »diese Schwarzen seien nur die Vorhut, und ihre Immobilie werde drastisch im Wert sinken, wenn [das Viertel] zu einem Schwarzenghetto verkomme, vermieteten die dreisten Immobilienspekulanten ... alle frei gewordenen Häuser an die lautesten und unangenehmsten Leute, die sie auftreiben konnten. Dann verschickten sie Rundbriefe: ›Häuser gesucht. Barzahlung. Warten Sie nicht, bis es zu spät ist.‹ Indem sie sodann billig von überängstlichen Weißen kauften und teuer an zuziehende Schwarze verkauften, machten diese Blockbuster das Viertel erst vorwiegend schwarz.«

Block um Block flohen die Weißen aus Nord und Central Brooklyn – manchmal in andere Teile New Yorks, viel häufiger jedoch in die neuen Reißbrett-Vorstädte, wo die Nachbarschaft noch mit Sicherheit weiß war.

*Ich als Jude habe für Rassenvorurteile beileibe nichts übrig. Aber ... ich kam nicht umhin festzustellen, dass, wenn wir ein Haus an eine schwarze Familie verkaufen, 90 bis 95 Prozent unserer weißen Klientel sich dort nicht einkaufen. Das ist ihre Einstellung, nicht unsere ...*

***Fulton and Nostrand, Brooklyn*** **von Jacob Lawrence, 1958. Der afroamerikanische Maler, der vor allem durch seinen Zyklus *Migration of the Negro* bekannt wurde, lebte mehrere Jahre in Bedford-Stuyvesant in Brooklyn. Dieser Bezirk war Ende der 50er Jahre die größte Schwarzengemeinde der Stadt und die zweitgrößte der Vereinigten Staaten – übertroffen nur von der Chicagoer South Side.**

**Levittown (rechts unten), die erste auf dem Reißbrett entworfene Vorstadt der Welt, wurde in Rekordzeit aus dem Boden gestampft. Der Bauunternehmer William Levitt und sein Bruder Alfred hatten während des Kriegs eine revolutionäre Methode entwickelt, die die Prinzipien der Fließbandfertigung auf den Hausbau übertrug. Nachdem das gesamte Areal freigeräumt war, luden Lkws exakt im Abstand von 60 Fuß (18,30 m) das Baumaterial ab. Ihnen folgten 27 Handwerkertrupps, die von Haus zu Haus zogen und jeweils nur einen speziellen Arbeitsgang erledigten. Die Vorfertigung der komplizierteren Teile und neue Elektrohandwerkzeuge reduzierten die Bauzeit noch weiter. Anfangs waren die 17.400 Häuser der Fertigbausiedlung Kriegsveteranen vorbehalten, die für gerade einmal 8000 Dollar ein nagelneues Eigenheim erwerben konnten. Günstige Kredite, abgesichert durch die so genannte GI Bill, machten die Sache für die Veteranen noch erschwinglicher. An einem einzigen Tag im März 1949 wurden etwa 1400 Häuser verkauft.**

*Unsere Position ist ganz einfach die: Wir können etwas gegen die Wohnungsnot unternehmen, oder wir können versuchen, etwas gegen ein Rassenproblem zu unternehmen. Beides lässt sich nicht unter einen Hut bringen.*

William Levitt

Wie die meisten Bauunternehmer der neuen Reißbrett-Vorstädte verkauften die Levitts schlichtweg nicht an Afroamerikaner. 1960 war nicht ein einziger der 82.000 Einwohner von Levittown farbig. Anstatt solch offensichtliche Diskriminierung zu verbieten, unterstützte die Regierung sie noch, indem sie in ihren Richtlinien Vermieter nachdrücklich vor »unharmonischen Rassen- oder Nationalitätengruppen« warnte. In District-Plänen, wie sie zur Bestimmung der Kreditwürdigkeit verwendet wurden, reichte eine einzige nichtweiße Familie aus, den ganzen Block »schwarz« zu stempeln.

So ausgeprägt war die staatliche Abneigung gegenüber gemischtrassigen Wohngegenden, dass es bald nahezu unmöglich war, eine Hypothek zum Kauf oder zur Renovierung eines Hauses in einem älteren Viertel zu bekommen. Gleichzeitig ermöglichten staatlich begünstigte Darlehen – 1949 in einer zweiten Klausel des Housing Act unter dem Namen Title II verabschiedet – Millionen, die sich nie zuvor eine Immobilie hatten leisten können, die Finanzierung eines Hauses in den Suburbs. Dank der US-Regierung war es billiger, in den Vorstädten zu kaufen, als in der Innenstadt zu mieten.

> *Als das amerikanische Volk über seine Kongressabgeordneten vor kurzem für ein 26-Milliarden-Dollar-Highway-Programm votierte, kann man sie bestenfalls dadurch entschuldigen, dass sie nicht den blassesten Schimmer hatten, was sie damit anrichteten. Im Lauf der nächsten 15 Jahre werden sie es zweifellos herausfinden, aber dann ist es zu spät, die Schäden wieder gutzumachen, die unsere Städte und Landschaften … durch dieses unbedachte und grotesk einseitige Programm erlitten haben.*
>
> Lewis Mumford

Kein Beschluss der US-Regierung wirkte sich folgenschwerer auf New York – und alle anderen US-amerikanischen Großsstädte – aus als die Verabschiedung des Gesetzes für das Interstate Highway-System im Juni 1956, das ein 41.000-Meilen-Netzwerk von Straßen absegnete, das den gesamten Kontinent mit einem Beton-und Asphaltraster überziehen und das Land für immer verändern würde.

Das System selbst war dem bahnbrechenden Fernverkehrsstraßennetz New Yorks nachempfunden, was wenig verwundert, wenn man weiß, dass es in den Köpfen von Verkehrsplanern entstand, die ihr Handwerk in den 20er Jahren von Robert Moses gelernt hatten. In einem bemerkenswerten Ausmaß würde es die automobildominierte Zukunftsvision real werden lassen, die General Motors bei der Weltausstellung 1939 vorgestellt hatte – was freilich wenig überraschend kam, hatte doch GM höchstselbst das Konsortium der Automobilhersteller, Gummi-, Öl-, Asphalt- und Straßenbaufirmen, der Autohändler und -vermieter, Lkw- und Busunternehmen angeführt, deren Lobbyisten das Programm dann erfolgreich durchsetzten. Als Wortführer der Gruppe entpuppte sich wieder einmal Robert Moses, der – in R. A. Caros Worten – »redegewandteste, angesehenste und einflussreichste Verfechter und Förderer des Automobils«, ohne dessen ebenso eindringliche wie überzeugende Plädoyers dieses kostenintensivste Bauvorhaben in der Geschichte der USA vermutlich nie realisiert worden wäre.

Das Interstate-System erwies sich als die verhängnisvollste Folge der Machtverlagerung von New York nach Washington, die im New Deal begonnen hatte, während des Zweiten Weltkriegs an Fahrt gewann und nun ihren Zenit erreichte. Volle 90 Prozent der gigantischen Kosten sollte die Bundesregierung übernehmen, eine wichtige Voraussetzung, da zahlreiche finanzschwache Regionen im Süden und Westen der USA sich die Straßen andernfalls unmöglich hätten leisten können.

Das Interstate-Highway-System, das bedeutendste Verkehrsprojekt Amerikas seit dem Bau des Erie-Kanals, würde alles tun, um die Vorzüge dieses Vorgängerprojekts sowie des umfassenden Schienennetzes, das in dessen Folge entstanden war, zunichte zu machen. Hatten Kanal und Eisenbahn Menschen und Waren auf wenige Städte konzentriert – und zugleich New Yorks wirtschaftliche Zentralität wesentlich gefördert –, würde das Highway-Netz Bevölkerung und Kapital über das ganze Land verstreuen und die Position New Yorks wie auch der anderen Großstädte drastisch schwächen.

Mit fast unglaublicher Geschwindigkeit half das Interstate-System, den Verkehr von öffentlichen Transportmitteln auf private Pkws und Lastwagen zu verlagern. In älteren Gemeinden entwickelte sich der Highway rasch zur wichtigsten Verkehrsader, in jüngeren war er die einzige. Die Nachfrage nach Pkws übertraf die kühnsten Erwartungen der Automobilindustrie. 1939 hatte General Motors' Futurama für 1960 stolze 38 Millionen Fahrzeuge vorhergesagt; als das Jahr kam, waren es 61 Millionen.

Obwohl man sie natürlich überall benutzen konnte, eigneten sich Autos am besten für Gegenden mit relativ niedriger Bevölkerungsdichte. In nur zwei Jahrzehnten – von 1950 bis 1970 – verdoppelte sich die Einwohnerschaft der Suburbs von 36 auf 74 Millionen, während 18 der 25 größten Städte des Landes über Bevölkerungsschwund klagten.

*Ohne jeden Zweifel liegt das Ziel des Durchschnittsamerikaners heute in Suburbia. Die glücklichen Familien der Fernsehwerbung, der Titelseiten und Zeitungsanzeigen sind in Suburbia zu Hause, … im Land der Bluejeans und Einkaufszentren, der hellen neu gebauten Schulen, der Barbecue-Treffen und Lehrer-Eltern-Ausschüsse, im Land des Do-it-yourself, der Rasenmäher und Gartensprenkler. Hier kann man die neue Freizeit genießen, und da immer mehr Menschen für immer weniger Arbeit immer mehr Geld bekommen, gewinnt die Identifikation der Mittelschicht mit Suburbia fortwährend neue Anhänger … Nicht nur, dass Hunderttausende nach Suburbia gezogen sind. Hier wächst eine ganz neue Generation heran, eine Generation, die das Leben in der Großstadt nie gekannt hat.*

William H. Whyte, 1957

Einst hatte New York an der Spitze einer urban geprägten Nation gestanden, war Vorbild aller amerikanischen Großstädte gewesen. Jetzt war es eine andere Stadt, am anderen Ende des Kontinents gelegen, die den Prototyp der Zukunft des Landes verkörperte – und diese Verlagerung manifestierte sich im Sommer 1957 als Walter O'Malley, der Eigentümer der Brooklyn Dodgers, bekannt gab, sein Baseballteam werde von Ebbets Field in ein neues Stadion in Los Angeles umziehen. Noch im gleichen Jahr verkündeten die New York Giants, auch sie würden der Stadt den Rücken kehren und die Polo Grounds in Upper Manhattan gegen ein Stadion in San Francisco tauschen.

Die New Yorker traf der Verlust der beiden Mannschaften tief. Dennoch war dies nur der Anfang einer ganzen Reihe von Schicksalsschlägen, die die Stadt jetzt hinnehmen musste.

Das industrielle Herz der Stadt begann zu zerfallen, da immer mehr Hersteller die mehrstöckigen engen Fabrikgebäude verließen und sich in großzügigen, ebenerdigen Produktionsanlagen jenseits der Stadtgrenze ansiedelten, wo der Grund billig, reichlich Platz für Verladerampen und die Ware rasch auf den Fernverkehrsstraßen war.

Eine weitere Revolution bahnte sich im Hafenviertel an, wo sich die Verlademethoden seit den Tagen der Klipper kaum geändert hatten. Genau wie damals wurden die Kisten einzeln transportiert, was nicht nur unwirtschaftlich war, sondern auch zum Diebstahl einlud. Jetzt versprach eine neue Erfindung, die Verluste zu reduzieren: genormte zwölf Meter lange verschließbare Stahlcontainer, in denen die Fracht geschlossen be- und entladen wurde. Außerdem verlagerte die Hafenbehörde den größten Teil des Betriebs auf die New-Jersey-Seite der Bucht, in die größeren, modernen Anlagen von Elizabeth und Newark. Die Piers am Hudson River, wo jahrhundertelang die Fracht gelöscht worden war, boten nicht genügend Platz für die riesigen neuen Containerschiffe. Eine nach der anderen zogen die Schifffahrtsgesellschaften nach New Jersey – und mit ihnen Zehntausende Arbeitsplätze. Ein Jahrzehnt später legte kein einziger Frachter mehr auf der Westseite Manhattans an. Die Piers verfielen.

Letztlich wanderte die Industrie aus einem einfachen Grund ab: New York war noch nie der billigste Standort gewesen. Löhne und Abgaben lagen weit über dem Landesdurchschnitt. Die Stadt hatte die besten Krankenhäuser, Schulen, Universitäten, Museen und Bibliotheken der USA, aber entsprechend hoch waren eben auch die Steuern.

In früheren Jahren hatten die logistischen Vorteile die Mehrkosten mehr als wettgemacht. Doch in der neuen Highway-orientierten Kultur spielten diese kaum mehr eine Rolle. Ende der 50er Jahre hatte ein Exodus der herstellenden Betriebe begonnen, der mehr als 20 Jahre andauern und in dessen Verlauf New York mehr als drei Viertel seiner ursprünglich eine Million Industriearbeitsplätze verlieren sollte.

Die Volkszählung von 1960 brachte eine überraschende Tatsache ans Licht: Zum ersten Mal seit 1775 – als die Kolonisten aus Kriegsangst aus der Stadt flohen – war die Einwohnerzahl von New York rückläufig. Zwar war es mit 7.781.000 Menschen noch immer die bei weitem größte Stadt Amerikas und bevölkerungsreicher als 44 der 50 Bundesstaaten. Aber innerhalb von zehn Jahren war es nun um fast 100.000 Einwohner geschrumpft.

Einst hatte F. Scott Fitzgerald vom Empire State Building auf den entfernten Streifen Blau und Grün am Horizont geblickt und darin den Beweis gefunden, dass die Großstadt Grenzen hatte. Jetzt waren diese grünen Bänder fast ausnahmslos grau und braun geworden – und

*Im tiefsten Urwald, auf den einsamsten Inseln, in den winzigsten Siedlungen rund um den Globus – überall haben die Menschen von Brooklyn gehört. Wenn man den Filmen glaubt, war jeder Brooklyner Taxifahrer im Krieg und stellte sich noch im Schützengraben stirnrunzelnd und kopfschüttelnd die Frage: »Möchte doch wissen, was die Penner so treiben!«*

John Richmond

Ende der 1840er Jahre in Manhattan erfunden, war Baseball Mitte des 19. Jahrhunderts allgemein als »New York Game« bekannt. Ein Jahrhundert später war dann dieser Sport, wie der Schriftsteller Robert Angell bemerkte, »praktisch ein Privateigentum von New York City«. Von den späten 1940ern bis Mitte der 50er Jahre übertrumpften nämlich die drei in der Stadt ansässigen Teams – die Yankees in der Bronx, die Giants in Manhattan und die Dodgers in Brooklyn – alle anderen US-Teams um Längen und stellten sie regelrecht kalt: Sieben Mal in neun Jahren wurde die World's Series zwischen zwei New Yorker Clubs entschieden.

Insbesondere das legendäre nadelgestreifte Team aus der Bronx vergrößerte seinen historischen Vorsprung immer weiter. Waren schon vor dem Krieg die Yankees die erfolgreichste Mannschaft, galten sie danach als regelrechte Siegermaschine. In den ersten 18 Jahren nach Ende des Zweiten Weltkriegs erkämpften sie sich 15-mal den ersten Platz in der American League und gewannen zehnmal die World Series. Von 1951 bis 1953 holten sie die begehrte Trophäe dreimal hintereinander.

Trotzdem waren es letztlich nicht die Yankees, sondern ihre erbitterten National-League-Rivalen, die Brooklyn Dodgers, die Baseballgeschichte schrieben:
Ein Team, dessen stürmische Triumphe und Tragödien den Wandel der Stadt als Ganzes auf erschütternde Weise widerspiegelten.

In vielerlei Hinsicht waren die Dodgers das genaue Gegenteil der Yankees. Sie spielten nicht im größten Stadion der Liga, sondern im kleinsten: Ebbets Field, einem in die Jahre gekommenen Bau mit nur 32.000 Sitzplätzen an der Bedford Avenue, nicht weit von Downtown Brooklyn. Lange Zeit vom Pech verfolgt, verpassten die »Brooks« 21 Jahre lang den Pennant (Siegesfahne der National League); und als sie ihn 1941 endlich gewannen, verloren sie prompt die World's Series an die Yankees. Diese Niederlage begründete schließlich das Motto der Mannschaft: »Wartet nur bis nächstes Jahr!« Hießen die Yankees »Bomber der Bronx«, waren die Dodgers als »Bums« (»die Penner«) bekannt.

Doch kein Club, egal wo, hatte eine engere Beziehung zu seiner Heimatgemeinde. »In jeder anderen amerikanischen Stadt«, so hörte man, »ist Baseball ein Sport; in Brooklyn ist er eine Religion.« Während eines Abendspiels konnte man jede x-beliebige Straße in Brooklyn entlanggehen, ohne eine einzige Aktion zu versäumen: Die vertraute Stimme des Dodgers-Kommentators Red Barber klang aus jedem Haus. Auf Zehntausenden Straßen in Brooklyn spielten Buben Stickball, eine an die Topografie von Gehsteigen und Kanaldeckeln angepasste Version von Baseball, und träumten vom Rasen von Ebbets Field. Anders als bei den Yankees wohnten die meisten Dodgers-Spieler auch in Brooklyn, in Gegenden wie Bay Ridge oder Flatbush. Sie waren anfassbar – Nachbarn und Götter zugleich.

Jedermann war sich einig, dass nichts einem Dodgers-Spiel gleichkam, wo auf den Tribünen das Leben tobte. Die äußerst kritischen, aber glühend loyalen Fans der Dodgers waren im ganzen Land bekannt. »Sie füllen die Tribünen nicht nur, um bei einem Baseballspiel zuzuschauen«, sagte jemand. »Sie managen das Team auch.« Da war Hilda Chester, »die Scarlett O'Hara von Ebbets Field«, die mit

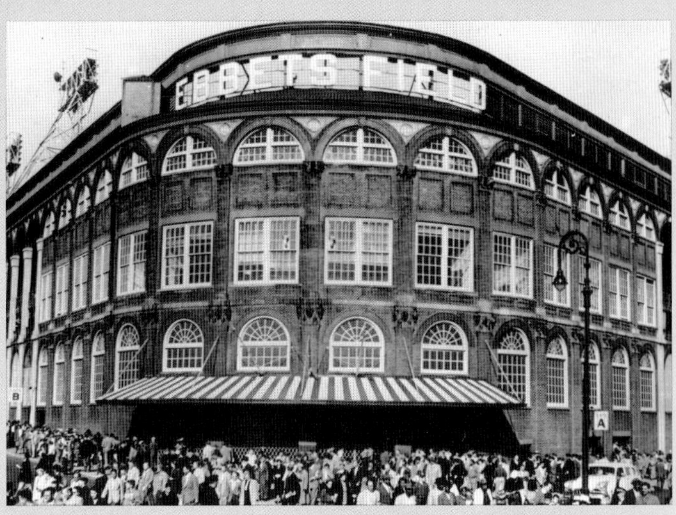


Dodgers-Fans Anfang der 50er Jahre vor dem Stadion Ebbets Field.

einer vier Pfund schweren Kuhglocke und dem Spruchband HILDA IS HERE ihren Stammplatz auf der linken Tribüne hatte. Und da war die »Dodgers Sym-phony«: fünf Italiener aus Williamsburg, die zwar keine Noten lesen konnten, aber mit schöner Regelmäßigkeit auf ihren verbeulten Instrumenten »Three Blind Mice« spielten, sobald das Schiedsrichtertrio das Spielfeld betrat.

Die Bindung zwischen Team und Stadt war einzigartig. »Man darf nicht vergessen«, schrieb John Richmond 1946, »dass Brooklyn mehr Einwohner hat als 30 Bundesstaaten. Es ist eine eindrucksvolle und überaus komplexe Gemeinde aus 21 Stadtteilen, eine Art Patchwork aus zahlreichen alten Dörfern und Siedlungen, von denen einige 300 Jahre alt sind ... [Ein] Brooklynite spricht mit barscher Selbstverständlichkeit über sein eigenes Viertel, aber quäkt wie ein Kleinkind, das seine Mutter verloren hat, wenn man ihn außerhalb seines bekannten Umfelds nach dem Weg fragt. Ein Mann aus Flatbush etwa weiß nicht das Geringste über die Straßen von Williamsburg. Und Red Hook ist für jemanden aus Canarsie regelrecht Ausland.« Sie mochten wenig über die Welt außerhalb ihres eigenen Wohnbezirks wissen, aber wer die Dodgers waren, wusste jeder. »Wer aus Brooklyn stammte«, bemerkte der Werfer Preacher Roe, »war automatisch Dodgers-Fan.«

Am 15. April 1947 wurde das Team, bislang hauptsächlich seiner Niederlagen wegen bekannt, zu einer außergewöhnlichen Kraft des sozialen Wandels, als zum ersten Mal in der Geschichte des Baseball ein Afroamerikaner im Trikot eines Major-League-Clubs das Spielfeld betrat. In den folgenden Saisons bekehrten Jackie Robinsons überzeugende Spielstärke und die unerschütterliche Ruhe, mit der er die bösartigsten Beleidigungen einsteckte, selbst die skeptischsten Fans und Mitspieler – und machten das Team noch repräsentativer für seine vielgesichtige Heimatgemeinde. »Die Mannschaft«, so der Autor Allen Abel später, »einst so weiß und protestantisch wie die Welt jenseits Gowanus Creek, begann das Selbstverständnis des Borough zu spiegeln: Robinson und Campanella, die Schwarzen; Furillo und Maglie, die Italiener; Koufax, der Jude; Snider und Hodges, die all-american Boys.«

Und indem Tausende Fans mitfieberten, wenn Schwarz und Weiß im Stadion problemlos zusammenspielten und kämpften, wurden die Dodgers zu einem einzigartigen Symbol der Gleichberechtigung unter den Hautfarben. Und sie wurden zur besten Mannschaft der Liga. »Als [Jackie] zu Brooklyn kam«, erinnerte sich Duke Snider später, »gewannen wir den Pennant. Punktum.« In den folgenden acht Saisons holten sich die Dodgers fünfmal die Meisterschaft der National League. Doch jedes Jahr zog der Sieg im Oktober einen Abstecher ins Yankee-Stadion nach sich, in Brooklyn als Schicksalstempel bekannt, wo sie regelmäßig eine vernichtende Niederlage einstecken mussten. Doch dann, in der World Series 1955, schlugen die Dodgers zur allgemeinen Überraschung den gefürchteten Erzrivalen. »Die Dodgers haben es geschafft«, triumphierte der *Daily Mirror.* »Die Penner sind keine Penner mehr!« An diesem Nachmittag brach das Telefonnetz in Brooklyn zusammen. Am Abend gab es überall spontane Freudenfeiern mit Umzügen und Feuerwerk. »Das nächste Jahr ist da!«, meldete die *Daily News.*

Doch nicht einmal die neuen Weltmeister konnten die Kräfte aufhalten, die jetzt überall im Borough zugange waren. Aller offen zur Schau gestellten Harmonie im Stadion zum Trotz hatte Brooklyn selbst schwer mit dem sozialen Wandel zu kämpfen, der allzu oft mit wachsendem Schwarzenhass, Ängsten und Feindseligkeiten einherging. In immer größerer Zahl flüchteten weiße Familien aus den Reihenhäusern und Wohnungen Brooklyns in die neuen Vorstadtgemeinden von Queens, Staten Island und Long Island, während afroamerikanische Einwanderer von den Westindischen Inseln oder aus den Südstaaten nun die älteren Distrikte des Boroughs bevölkerten.

Mit der Subway problemlos erreichbar, lag Ebbets Field doch weit entfernt von den neuen Hauptverkehrsadern und verfügte dazu über gerade einmal 700 Parkplätze. Abendspiele – 1938 von den Dodgers in den Baseballsport eingeführt – hatten die Zuschauerzahlen steigen lassen, aber nun wagten sich immer weniger weiße Fans bei Dunkelheit in das unsichere Viertel. Die Afroamerikaner waren auf dem Vormarsch – und das Team belegte nach wie vor die zweite Position in der Liga. Doch 1956 informierte Walter O'Malley, der Besitzer der Dodgers, die zuständigen Behörden, sollte die Stadt nicht ein neues Stadion errichten – eine überdachte Sportarena mit 50.000 Sitzplätzen über dem Long Island Rail Road Terminal an der Flatbush Avenue –, werde er mit seinem Club New York ganz verlassen.

Bürgermeister Robert Wagner schreckte vor den Kosten – 30 Millionen Dollar – zurück. Stadtplaner Robert Moses war zwar für ein Stadion, aber gegen die Flatbush Avenue (und Brooklyn überhaupt) und schlug stattdessen einen Standort in der Nähe von Flushing Meadows in Queens vor – im Herzen seines expandierenden Imperiums der Parks und Parkways.

Als auch noch ruchbar wurde, dass O'Malley in Verhandlung mit anderen Städten stand, gingen die Brooklynites auf die Barrikaden. Sie veranstalteten Protestmärsche und Briefkampagnen. BROOKLYN IST DIE DODGERS stand auf einem Transparent, DIE DODGERS SIND BROOKLYN. BELASST ES DABEI! Der Präsident der Hebrew National Frankfurter Company offerierte allen Ernstes sein Firmengelände als Standort für ein neues Stadion.

*Man konnte nicht in Brooklyn leben, ohne die Hingabe zu spüren, die diese Stadt ihrem Baseballclub entgegenbrachte. Kein anderes Team in Amerika hatte eine vergleichbare Anhängerschaft. Loyalität wie sie im Buche steht. Die Dodgers umzusiedeln hieß, sich an drei Millionen Menschen zu versündigen.*

Branch Rickey

Alles half nichts. Wenn die Dodgers nicht in Brooklyn bleiben würden, war es O'Malley zufolge egal, wo sie hinzogen. Er verhandelte heimlich mit dem Bürgermeister von Los Angeles, der – erpicht auf das Prestige eines Baseballteams der Major League – anbot, ein neues Stadion zu bauen. Im August 1957 gab O'Malley bekannt, die Dodgers würden Brooklyn mit Ende der Saison verlassen.

Am 24. September 1957 spielten die Dodgers zum letzten Mal in Ebbets Field – vor gerade einmal 6702 Fans – und gewannen. 1960 wurde das Stadion dann abgerissen (Scherzbolde hatten die Abrissbirne als Baseball angemalt) und durch einen 20-geschossigen Wohnkomplex ersetzt. In den Folgejahrzehnten verlor Brooklyn in rascher Folge ein Baudenkmal nach dem anderen – 1955 den Daily Eagle, 1964 den Steeplechase Park auf Coney Island, 1966 die Navy Yard – und musste hart darum kämpfen, überhaupt eine eigene Borough-Identität zu wahren.

1962 fand die Eröffnung des Dodger-Stadions in Chavez Ravine, eine Meile nördlich von Downtown Los Angeles, statt. An der Kreuzung zweier Freeways gelegen, war der Bau von 24.000 Parkplätzen umgeben. Die kalifornischen Redakteure gaben Order, die Dodgers (deutsch: »Schlawiner«) in Zukunft nicht mehr als »Bums« zu bezeichnen.

Die Dodgers Sym-phony feuert ihr Team bei einem Spiel gegen die Philadelphia Phillies an, 50er Jahre.

repräsentierten nicht mehr das Ende der Stadt, sondern etwas weit Verhängnisvolleres: das neue Reich, weder Stadt noch Land, das die urbanen Zentren zu ersetzen begann. Das scheinbar endlose Konglomerat aus Highways, Parkplätzen und Reißbrett-Siedlungen, vereinzelt noch durchsetzt von rasch verfallenden älteren Ortskernen, das sich nahezu durchgehend von Washington bis nach Boston erstreckte.

New York lag immer noch im Zentrum dieser »Megalopolis« (den Ausdruck prägte 1961 der französische Demograf Jean Gottman), einer Region, in der 40 Millionen Menschen und damit fast jeder vierte Amerikaner lebten. Doch mittlerweile fragten sich viele, ob ein Zentrum überhaupt noch erstrebenswert war.

**TOD UND LEBEN**

*An keinem anderen Ort wird Erneuerung mit ähnlicher Konsequenz umgesetzt. Die Vergangenheit ist eine Schande. Alles Alte muss falsch sein. New York lebt in der Gegenwart, weil es Immobilie ist. Es steht vollständiger zum Verkauf als irgendeine andere Stadt.*

V. S. Pritchett

Seit nahezu zwei Jahrhunderten waren ständiges Um- und Neubauen integraler Bestandteil des Charakters der Stadt New York. Der Abbruch älterer Gebäude, die gewöhnlich einem größeren wichen, war immer als Zeichen des Fortschritts und der Vitalität angesehen worden, die New York so einzigartig machten. Ein »grandioser Ort«, wie es der Schriftsteller O. Henry formulierte, »wenn sie jemals fertig werden.«

1961 wurde eines der herrlichsten Baudenkmäler Amerikas der Zerstörung anheim gestellt, als die Pennsylvania Railroad ihren Plan bekannt gab, die 51 Jahre alte Penn Station abzureißen und durch einen unterirdischen Bahnhof zu ersetzen. Darüber sollten sich der neue Madison Square Garden und ein Bürohochhaus erheben.

Die Passagierzahlen des Bahnhofs waren seit 1945, als 109 Millionen Reisende das Gebäude nutzten, ständig zurückgegangen, und immer mehr Menschen stiegen auf das Auto um. Die Pennsylvania Railroad, einst eines der reichsten Unternehmen der USA, erwirtschaftete jetzt ein jährliches Defizit von 72 Millionen Dollar und wollte die 30.000 Quadratmeter des Bahnhofs auf dem teuren Pflaster von Midtown zur Aufbesserung ihrer Finanzen nutzen.

Anfangs schien der geplante Abriss kaum jemanden zu interessieren. Die Presse erwähnte den bestehenden Bau kaum und konzentrierte sich voll auf die glanzvollen neuen Gebäude, die an seiner Stelle entstehen sollten.

Doch am 2. August 1962 protestierten über 50 junge Architekten, Historiker und andere Kritiker – darunter Philip Johnson, Mitarchitekt des Seagram Building – gegen die Zerstörung des Bahnhofs. Die Aktion stieß in Presse und Öffentlichkeit vorwiegend auf Unverständnis, und die Demonstranten selbst mussten bald feststellen, dass es keine Instanz gab, an die sie sich hätten wenden können. Es existierte in New York – ja im ganzen Land – schlichtweg keine Behörde, die für den Schutz alter Gebäude zuständig war, ganz gleich wie prächtig oder historisch bedeutsam diese waren.

Um 9.00 Uhr am 28. Oktober 1963, einem regnerischen Montagmorgen, begannen die Abbrucharbeiten. Fast drei Jahre sollte es dauern, das mächtige Bauwerk niederzureißen, das der Architekt Charles McKim für die Ewigkeit erbaut hatte. Ein Großteil der Marmor- und Granittrümmer – darunter die herrlichen dorischen Säulen und Kapitelle sowie die Engelsskulpturen, die einst die Fassade geschmückt hatten – wurde eilig in den Secaucus Meadows, einem Sumpfgebiet in New Jersey, versenkt.

»Bevor die ersten Bagger anrückten«, schrieb die *New York Times*, »glaubte kein Mensch, dass

**Am 2. August 1962 protestierten über 50 Demonstranten auf der Seventh Avenue gegen den Abriss der Pennsylvania Station (links). Aufgerufen zu dieser »äußerst ermutigenden Aktion«, so die *New York Times*, hatten sechs junge Architekten, die sich Action Group for Better Architecture in New York nannten. Ihr Anliegen fand rasch die Unterstützung mehrerer Dutzend New Yorker, darunter auch die Schriftsteller Norman Mailer, Lewis Mumford und Jane Jacobs sowie die Architekten Philip Johnson und I. M. Pei. Doch die Allgemeinheit enthielt sich der Stimme oder war sogar anderer Ansicht. »Wenn ich jung wäre«, sagte ein älterer Architekt, »würde ich für den Abriss auf die Straße gehen.« Irving Felt, der Erbauer des Madison Square Garden Center, das an Stelle des Bahnhofs entstand, tat die Protestaktion mit einer Handbewegung ab. »Wenn unser Center in 50 Jahren an der Reihe ist, abgerissen zu werden«, erklärte er, »wird wieder eine neue Gruppe von Architekten für seinen Erhalt demonstrieren.«**

Im Juli 1966 wurde der letzte noch erhaltene Teil der Pennsylvania Station abgerissen – die herrliche Fassade mit den dorischen Säulen zur Seventh Avenue (rechts). Dem Abbruchunternehmer Morris Lipsett bereitete die Zerstörung des gewaltigen Bauwerks keine schlaflosen Nächte. »Wenn irgendjemand das ernstlich für Kunst hielte«, sagte er, »dann hätten sie dafür gesammelt, es zu erhalten.« Eine der Säulen kam in den Skulpturengarten des Brooklyn Museum, zwei der überlebensgroßen Adler bezogen vor Nr. 2 Penn Plaza Stellung, dem Bürogebäude, das sich später am Standort des Bahnhofs erhob. Der allergrößte Teil der Trümmer aber wurde in einem Sumpfgebiet auf der anderen Seite des Hudson versenkt. »25 Jahrhunderte klassischer Kultur werden in das Secaucus-Grab befördert«, schrieb die Architekturkritikerin der *New York Times*, Ada Louise Huxtable, »und mit ihnen die Maßstäbe für Stil, Eleganz und Grandeur, die sie den Träumen und Bauten des Abendlandes vermittelte. Das macht den Jerseyer Sumpf zu einer recht exklusiven Müllkippe.«

INCOMING TRAINS
NEWSPAPERS
MAGAZINES

*Welche Sphinx aus Zement und Aluminium schlug ihnen die Schädel auf und fraß ihnen das Hirn und die Fantasie heraus? …*
*Moloch, das unbegreifliche Gefängnis! Moloch, das gnadenlose Zuchthaus unter der Fahne mit dem Totenkopf, der Kongress der Ängste! Moloch, dessen Gebäude uns richten! …*
*Moloch, dessen Augen tausend blinde Fenster sind! Moloch, dessen Wolkenkratzer an den langen Straßen stehn wie endlose Jehovas!*
*Moloch, dessen Fabriken träumen und röcheln im Qualm! Moloch, dessen Schornsteine und Antennen die Städte krönen! …*
*Moloch, der mir früh in die Seele drang! Moloch, in dem ich ein Bewusstsein ohne Körper bin! Moloch, der mich aus meiner natürlichen Ekstase schreckte! Moloch, von dem ich mich lossage! In dem ich wieder aufwache! Im Licht, das aus dem Himmel strömt!*
*Moloch! Moloch! Roboter-Apartments! Unsichtbare Vorstädte! Skelette in den Tresoren! Blinde Hauptstädte! Dämonische Industrien! Gespenstische Nationen! Unbesiegbare Irrenhäuser! Schwänze aus Granit! Monströse Bomben!*
*Sie brachen sich das Kreuz, als sie Moloch zum Himmel hoben! Straßenpflaster, Bäume, Radios, tonnenschwer! Die ganze Stadt hoben sie in den Himmel, der existiert und uns überall umgibt!*

Allen Ginsberg, *Geheul*, 1956

**Die Haupthalle der Pennsylvania Station während der Abrissarbeiten, 1964 (siehe Seite 264). (Foto © Norman McGrath.)**

die Penn Station tatsächlich abgerissen würde oder dass New York diesen unglaublichen Akt des Vandalismus gegen eines der größten und wunderbarsten Wahrzeichen seiner Epoche zulassen würde ... Doch jede Stadt bekommt, was sie verdient ... Wir wollen und verdienen diese Hochstaplerarchitektur für unsere Hochstaplergesellschaft. Und wahrscheinlich wird man uns dereinst nicht an den Monumenten messen, die wir errichtet, sondern an jenen, die wir zerstört haben.«

Durch die Penn Station, so der Architekturhistoriker Vincent Scully, »betrat man die Stadt wie ein Gott. Das war womöglich zu viel. Jetzt trippelt man herein wie eine Ratte.«

Rückblickend markiert die Zerstörung der Pennsylvania Station einen Tiefpunkt in der Geschichte der Stadt, die damit nicht nur ein unersetzliches Meisterwerk einbüßte, sondern das großartigste Symbol jener majestätischen Metropole, die sie einst gewesen war. Die Vernichtung schien die letzte Bestätigung, dass die Straßenbauwut des Robert Moses die Zukunft der Stadt bestimmen würde.

Moses selbst blickte derweil freudig der Fertigstellung seines gigantischen Highway-Systems entgegen. Jetzt fehlten nur noch zwei Hochstraßen, die quer durch Manhattan führen sollten. Doch unter den New Yorkern, die allmählich das volle Ausmaß des Verlustes der Penn Station zu begreifen begannen, wurden zunehmend Rufe nach einem gänzlich neuen Konzept laut. Und bald nahm diese Geisteshaltung konkrete Gestalt an. Sie erhob sich aus den Häuserblocks von Downtown Manhattan, um dem (noch) vorherrschenden Denken die Stirn zu bieten, das es offenbar für nötig befand, die Stadt zu zerstören, um sie zu erhalten.

> *Niemand scheint sich um das Schicksal von New York zu scheren – mit Ausnahme von uns, die wir hier leben und arbeiten. Und wir, die das Los der Stadt kümmert, sind überzeugt, dass die Zeit gekommen ist, der mutwilligen Zerstörung unserer herrlichsten Bauten ein Ende zu setzen, dem Vandalismus einen Riegel vorzuschieben ... Es mag zu spät sein, die Penn Station zu retten ... Aber es ist nicht zu spät, New York zu retten.*
>
> Action Group for Better Architecture in New York

Im selben Jahr, in dem der Abriss der Penn Station bekannt gegeben wurde, erklärte die Stadt ein 14-Block-Areal am westlichen Rand von Greenwich Village zum Stadterneuerungsgebiet. Beamte nannten die Gegend einen »Schandflecken«, einen »Slum« – Standardausdrücke, die ebenjene öffentlichen Mittel verfügbar machten, die notwendig waren, um die vorhandene Bausubstanz niederzureißen und an ihrer Stelle moderne vielgeschossige Wohnkasernen zu errichten. Auf dieselbe Weise waren im letzten Jahrzehnt Hunderte von Gebäudekomplexen zur »Sanierung« freigegeben worden.

Doch diesmal sollte es anders kommen. Das West Village war eine selbst für Manhattaner Verhältnisse höchst bemerkenswerte Gegend. Das malerische Durcheinander von Geschäften, Bars, Restaurants, Wohn- und Mietshäusern, Fabriken und Werkstätten hatte eine gleichermaßen bunte Mischung von Menschen angelockt, die die relativ niedrigen Mieten des Bezirks ebenso schätzten wie die Vielgesichtigkeit der Menschen und Gebäude, die den Bürokraten ein solcher Dorn im Auge war.

Zehn Jahre früher hatten sich die Gemeinden, die im Rahmen der »Stadterneuerung« oder wie East Tremont für Straßenbauprojekte abgerissen werden sollten, der behördlichen Macht fügen müssen. Doch die Villagers waren wild entschlossen, das Blatt zu wenden.

Sie taten sich zusammen und bildeten ein Komitee zur Rettung des West Village, dessen Vorsitz eine 45-jährige berufstätige Mutter übernahm, die in 555 Hudson Street lebte. Sie war eine »außergewöhnlich fähige und tatkräftige Frau«, erzählte ein Mann, »kampfgestählt im Umgang mit den Behörden«. Und sie war, fügte er hinzu, »die Verfasserin eines Buches über die Sünden des Städtebaus«. Ihr Name war Jane Jacobs. Ihr Werk *Tod und Leben großer amerikanischer Städte* sollte den Blick der Menschen auf New York – oder eine x-beliebige andere Großstadt – unwiderruflich verändern.

Jacobs war in den 1940er Jahren aus Scranton, Pennsylvania, nach New York gekommen und wenige Jahre später mit ihrem Ehemann, einem Architekten, in die Hudson Street gezogen. Hier führte sie ihren Haushalt, zog ihre zwei Kinder groß und beobachtete den Alltag in ihrer Umgebung – das ganz gewöhnliche Leben in einer ganz gewöhnlichen Straße.

**Jane Jacobs mit ihrem Sohn Ned in Greenwich Village. In demselben Jahr, in dem diese Aufnahme entstand, veröffentlichte sie ihr außerordentlich einflussreiches Buch *Tod und Leben amerikanischer Städte* – ein Angriff auf den modernen Städtebau ebenso wie eine Hommage an Wohngebiete wie Greenwich Village, wo Jane Jacobs mit ihrer Familie seit 1947 lebte. Die Verbindung zwischen Leben und Arbeit war von zentraler Bedeutung für Jacobs, die, wie der Politologe Marshall Berman später feststellte, »aus einer intensiv gelebten Häuslichkeit heraus« schrieb. »Sie kennt ihr Viertel, weil sie 24 Stunden am Tag darin lebt ... Sie kennt die Ladenbesitzer, das weit reichende informelle Netzwerk, das sie unterhalten ... Sie zeichnet ein detailliertes Porträt der ... Gehsteige und Straßen, weil sie Jahre damit zugebracht hat, ihre Kinder damit vertraut zu machen, weil sie hier schwere Einkaufstaschen geschleppt, mit den Nachbarn geplauscht, hier einfach gelebt hat ... Sie lässt ihre Leser spüren, dass Frauen viel besser wissen, wie man in einer Großstadt lebt, als die Männer, die diese planen und bauen.«**

*Wenn ich kurz nach acht den Abfalleimer hinaustrage, ... beobachte ich die üblichen Morgenrituale: Mr. Halpert, der das Schloss von seinem Handwagen löst, ... Joe Cornacchias Schwiegersohn, der die leeren Kisten aus dem Delikatessengeschäft aufstapelt, den Friseur, der am Bürgersteig seinen Klappstuhl aufstellt, Mr. Goldstein, der sein Haushalts- und Eisenwarengeschäft aufsperrt ... Jetzt laufen die Volksschulkinder auf dem Weg nach St. Luke's in südlicher Richtung vorbei ... und die Kinder zur Prepschool 41 in östlicher Richtung. Gut, ja elegant gekleidete Frauen und Männer mit Aktentaschen eilen aus Haustüren und Seitenstraßen in Richtung Subway und Bushaltestelle ... Auch ich muss mich sputen, zur Arbeit zu kommen, und vollziehe mein Abschiedsritual mit Mr. Lofaro, dem Obsthändler, der mit verschränkten Armen aufgepflanzt unter seiner Ladentüre steht. Wir nicken uns zu, werfen einen raschen Blick die Straße hinab und hinauf, sehen uns dann wieder an und lächeln. Seit mehr als zehn Jahren tun wir das fast jeden Morgen, und wir wissen beide, was es bedeutet: Alles ist in Ordnung.*

Jane Jacobs

Jacobs, die als Autorin und Redakteurin der Zeitschrift *Architectural Forum* arbeitete, war überrascht zu erfahren, dass praktisch alles, was ihr an der Stadt gefiel, von Städteplanern, Architekten und anderen Kritikern in Misskredit gebracht wurde. 1958 ließ sie sich beurlauben, um ein Buch zu schreiben. Anstatt über Fehler und Mängel der großen Städte zu lamentieren, sollte es, so hoffte sie, die wunderbare Art und Weise aufzeigen, wie diese funktionierten.

*Tod und Leben großer amerikanischer Städte*, das zwei Jahre später erschien, begann mit einem Angriff auf alles, was die modernen Stadtplaner verbrochen hatten. »Man sehe sich einfach an«, schrieb sie, »was gebaut wurde: Siedlungen für Minderbemittelte, die schlimmere Brutstätten für Verbrechertum, Vandalismus und allgemeine soziale Hoffnungslosigkeit geworden sind als jene Slums, die sie ersetzen sollten; ... Wir haben Kulturzentren, in denen sich nicht einmal eine gute Buchhandlung halten kann; Verwaltungszentren, die, außer von Tagedieben, ... von jedermann gemieden werden; ... Wir haben Promenaden, die irgendwo sinnlos anfangen und nirgendwo hinführen und die kein Spaziergänger benutzt. Wir haben Schnellverkehrsstraßen, die unsere Großstädte ausweiden. Das ist keine Stadterneuerung, das ist Raubbau, Städteabbau.«

Dabei lag die Lösung buchstäblich vor der Nase: die Straße. Die belebte innerstädtische Straße war seit Jahrzehnten Zielscheibe aller Stadtplaner und -kritiker. Vielleicht genauer als irgendjemand anders seit Walt Whitman beobachtete Jane Jacobs minutiös das Leben auf den Straßen New Yorks – und sang ihr Loblied.

*Unter der scheinbaren Unordnung der alten Stadt herrscht ... eine wunderbare Ordnung, welche die Sicherheit und die Bewegungsfreiheit in den Straßen gewährleistet. Es ist eine sehr komplexe Ordnung. Ihr Wesen ist ein enges Ineinandergreifen verschiedener Benutzungsmöglichkeiten der Bürgersteige, die ein ständiges Defilieren vieler Augen mit sich bringt. Diese Ordnung setzt sich zusammen aus Bewegung und Wechsel, ... und wir könnten sie mit einem Tanz vergleichen ... Das Ballett eines gut funktionierenden Bürgersteigs ist an jedem Ort ein anderes, es wiederholt sich nie und wird ... stets erneut mit Improvisationen angereichert.*

Jane Jacobs

Das Buch stellte herkömmliche Denkschemata nicht nur in Frage, sondern kehrte sie völlig um. Was die modernen Stadtplaner an den Straßen am meisten störte – die Hektik und der kunterbunte Mischmasch –, war laut Jacobs die größte Quelle ihrer Kraft. Das bunte Durcheinander der Nutzungszwecke, alter und neuerer Gebäude, lockte verschiedene Leute auf die Straße, und dies zu unterschiedlichen Zeiten. Das Gemenge machte die Straßen sicher und interessant. Und sichere und interessante Straßen machten eine Stadt sicher und interessant.

Noch mehr als eine Attacke gegen die moderne Stadtplanung war Jacobs' Buch ein Lobgesang auf die Effizienz der Großstädte und des urbanen Lebens an sich. Aus Jacobs' Sicht war die Großstadt kein Ort, aus dem man flüchtete, sondern ein Ort zum Bleiben und Erhalten; ein Ort zum Leben, Arbeiten, Kindergroßziehen.

Jacobs' Buch gab erstmals auch dem Durchschnittsbürger eine überzeugende Philosophie an die Hand, mit der er der Willkür der städtischen Verwaltung Kontra geben konnte. In Wort und Schrift, bei öffentlichen Hearings und mit Flugblättern, wiesen Jacobs und andere Villagers auf die falschen Prämissen hin, die hinter den geplanten Sanierungsprojekten steckten.

»Die Stadt hat den Fehler gemacht, Niedrigmieten mit Elendsvierteln gleichzusetzen«, bemerkte der Aktivist Stephen Zoll. »Ein Fehler, der sich allein deshalb festgesetzt hat, weil die Planer eine fixe Vorstellung davon haben, wie eine Stadt auszusehen hat: Geringe Mieten also gleich Slum, vor allem dann, wenn eine zweite Gleichung städtische Vielfalt mit Verwahrlosung gleichsetzt. Aber Vielgesichtigkeit ist nun einmal ein buntes Gemisch.«

Die Einwohner bereiteten auch einen Alternativplan vor, mit relativ niedrigen Neubauten, die das Viertel nicht auseinander rissen. Nach und nach gewannen sie immer mehr Verbündete, darunter einen jungen Stadtrat (und späteren Bürgermeister) namens Edward I. Koch und den engagierten Politiker Louis DeSalvio, der den ursprünglichen Plan als »Rückkehr ins finsterste Zeitalter des Robert Moses und seiner willkürlichen und inhumanen Methoden« bezeichnete. Schlussendlich ließ die Stadt ihre Hochhauspläne fallen und entschied sich für eine Lösung ähnlich dem Vorschlag der Bewohner.

Aber noch war es zu früh zum Jubilieren. Über dem Village zogen erneut dunkle Wolken auf, und dieses Mal würde die Schlacht gegen den Titanen persönlich geführt werden.

**Am 20. Februar 1961, Jane Jacobs beendete gerade die Arbeit an ihrem Buch, wurde das West Village, in dem sie lebte, von Bürgermeister Robert F. Wagner zum Slum erklärt und damit zum Abriss im Rahmen der »Stadterneuerung« freigegeben. Innerhalb von fünf Tagen legten Jacobs und 300 Einwohner Widerspruch gegen die Pläne der Stadtverwaltung ein. Im Lauf der folgenden Monate verfassten und unterschrieben die Villagers diverse Anträge und Petitionen, führten Beamte durch ihr Viertel und organisierten sogar eine Demonstration vor dem Rathaus. Als die Protestbewegung an Stärke gewann, revidierte Bürgermeister Wagner – der schließlich wieder gewählt werden wollte – seine Meinung, und am 31. Januar 1962 ließ das Bauamt verlautbaren, das West Village sei nunmehr doch kein Elendsviertel. Links: Jane Jacobs bei einem Flohmarkt in der St. Luke's Church, dessen Erlös der Protestbewegung zufließen sollte.**

**Robert Moses und Walt Disney besprechen ein Modell der New Yorker Weltausstellung 1964. Disney, wie Moses ein Anhänger großer öffentlicher Erholungsgebiete, war bei der Weltausstellung mehrfach präsent – in den Pavillons von Ford, Illinois, Pepsi-Cola und General Electric – und von der Publikumsresonanz derart begeistert, dass er allen Ernstes mit Moses darüber sprach, auf dem Gelände in Flushing Meadows eine Ostküstenversion von Disneyland zu errichten. Disneys Beraterstab lehnte New York zwar nicht grundsätzlich ab, hielt aber einen Standort in einer wärmeren Klimazone, wo der Betrieb das ganze Jahr über laufen könnte, für profitabler. Einige Monate später begannen die Planung und Grunderwerbsverhandlungen für Disney World in Florida.**

*Den jüngsten Fantasmen nach ist also ... jede Hausfrau, die ihr Fachwissen aus Fernsehen, Radio und Telefon bezieht, fähig, ein riesiges System städtischer Hauptverkehrsstraßen zu planen ... Ohne die Entscheidungen von Fachleuten gäbe es aber keine Arbeit, keine Künste, keine Parks, rein gar nichts. Ehrliche Beamte werden als Schlitzohr, Unterdrücker der Armen oder als Diktatoren angeprangert, der Schieberei und Korruption bezichtigt. Ich erhebe mein Glas auf den Unternehmer, der Ghettos beseitigen kann, ohne Menschen umzusiedeln, ebenso wie auf den Koch, der Omeletts zubereiten kann, ohne ein Ei zu zerschlagen.*

Robert Moses

Seit den späten 1920er Jahren träumten die Verkehrsplaner von Hochstraßen, die Lower Manhattan in voller Breite durchschneiden und Manhattan Bridge und Williamsburgh Bridge im Osten mit dem Holland Tunnel im Westen verbinden würden. 1940 hatte Robert Moses mit dem Lower Manhattan Expressway einen Eckstein zu seinem Fernstraßennetz gesetzt, und jetzt, Mitte der 60er Jahre und mit einem Großteil des Planes – 627 Highway-Meilen – realisiert oder in Bau, schien die Zeit gekommen, das Vorhaben endlich zum krönenden Abschluss zu bringen.

Zehn Jahre zuvor, in der Bronx, hatte Moses sich über den Widerstand der Bevölkerung hinwegsetzen können. Aber das Aufgebot an New Yorkern, das nun gegen ihn antrat, ließ sich nicht so einfach aufhalten. Geschäftsleute wehrten sich gegen den Abriss ihrer Fabriken. Architekturhistoriker wiesen auf die unersetzlichen gusseisernen Fassaden hin. Jüdische Radikale aus der Lower East Side, sizilianische Patriarchen aus Little Italy, Händler aus Chinatown und avantgardistische Künstler, die sich in den Lofts eingemietet hatten – buchstäblich alle, deren Wohnsitz oder Arbeitsplatz im Weg der geplanten Schneise lag –, vergaßen all ihre Differenzen und machten gemeinsam gegen Moses' Plan mobil. An der Spitze dieser höchst ungewöhnlichen Allianz stand Jane Jacobs.

Wie im West Village fanden die Gegner des Projekts immer mehr Verbündete – Beamte und Politiker, die jetzt zum ersten Mal bereit waren, Robert Moses öffentlich entgegenzutreten. Auch Louis DeSalvio nahm keinerlei Blatt vor den Mund und begegnete bei einer Aussage vor dem Haushaltsausschuss dem alternden Stadtplaner mit unverhohlener Verachtung.

»Außer einem alten Mann«, sagte er, »habe ich niemanden auch nur einigermaßen Qualifizierten finden können, der für diesen so genannten Expressway wäre, und dieser alte Mann ist ein mürrischer, dickköpfiger Greis, der vieles getan hat, was seinerzeit vielleicht gut für New York City gewesen sein mag ... [Aber] ich denke, mittlerweile sollte selbst dieser alte Mann erkennen, dass zu viele seiner ... Träume zu einem Alptraum für die Stadt geworden sind ...

*25 Jahre später kam ich wieder zur Weltausstellung nach New York. Ich fuhr zwar dieselbe Strecke, doch alles andere ... hatte sich verändert. Die »Welt von morgen«, auf die wir 1939 gezählt hatten, war mit Hiroshima zu Staub zerfallen, und nur Narren und unverbesserliche Optimisten konnten noch hoffnungsvoll in die Zukunft blicken und die Segnungen des Maschinenzeitalters preisen ... Mir hat auch die Weltausstellung des Jahres 1964 gefallen, aber aus einem gänzlich anderen Grund: Weil sie ein schier unglaubliches Übermaß an hanebüchenem Kitsch offerierte, während man angesichts der himmelweiten Diskrepanz zwischen Nachkriegsrealität und Vorkriegsfantasien nicht wusste, ob man weinen oder lachen sollte.*

Robert Rosenblum

Eingedenk des großen Erfolgs der Weltausstellung von 1939 machte Robert Kopple, ein Anwalt aus Manhattan, 1958 den Vorschlag, die Stadt solle 1964 – anlässlich der Dreihundertjahrfeier der Umbenennung von Neu-Amsterdam in New York – auf dem gleichen Gelände eine weitere internationale Leistungsschau veranstalten.

Robert Moses griff die Idee begeistert auf und wurde, nachdem er Kopple geschickt ausmanövriert hatte, selbst Präsident der Weltausstellungsgesellschaft, ein Amt, für das er sämtliche städtischen Posten aufgeben musste, seine fünf staatlichen Ämter sowie den Vorsitz über die Triborough Authority jedoch behalten konnte.

Von Anfang an war klar, dass Moses wenig Interesse an der Weltausstellung selbst hatte und das Projekt primär als Mittel ansah, eines seiner ältesten Ziele zu verwirklichen: die Anlage des größten Parks von New York – einer 480 ha großen Grünfläche, die später an der Stelle des Ausstellungsgeländes entstehen würde, praktischerweise finanziert aus den Erträgen der World's Fair. Unweit der geografischen Mitte der Fünf-Borough-Stadt gelegen, wäre es eine Art »Central Park« nicht allein für Manhattan, sondern die gesamte Metropole – der erste Park, der es verdienen würde, Robert Moses Park zu heißen.

*Die Ausstellung ist ... eine merkwürdige Mischung aus Technik und Effekthascherei. Teils Theater, teils Wanderzirkus, teils ... Historienspiel und teils – und das ist mir das Wichtigste – auf Dauer bestehender Park.*

Robert Moses, 1963

Moses' uneinheitliches Programm machte Probleme unvermeidlich. Um genügend Profit für seine Parkanlage zu erwirtschaften, würde die Ausstellung über zwei Saisons laufen müssen, was das Projekt mit den Vorgaben der in Paris ansässigen Internationalen Messegesellschaft in Konflikt brachte, die nicht mehr als sechs Monate zuließ. Eine großzügige Auslegung der Regeln war natürlich möglich – die Weltausstellung von 1939 war stillschweigend gebilligt worden –, doch nachdem Moses die Organisation als »drei Leute in einer schäbigen Pariser Mansarde« verunglimpft hatte, verweigerten diese nicht nur die Genehmigung, sondern empfahlen ihren Mitgliedern ausdrücklich, von einer Teilnahme Abstand zu nehmen. Von den größeren europäischen Ländern meldete sich denn auch nur Spanien. Es würde eine Weltausstellung werden, so merkten Kritiker an, der der größte Teil der Welt fernblieb.

Allen Problemen zum Trotz nahm die Ausstellung im Lauf der nächsten Jahre Gestalt an. Die 156 Pavillons beherbergten eine außergewöhnliche Mischung aus Kunst und Kitsch – etwa Michelangelos *Pietà*, im Pavillon des Vatikans zu bewundern, neben Walt Disneys Robotertieren. »Niemand, der sich für Pop-Art interessiert«, bemerkte die Kunsthistorikerin Katherine Kuh, »sollte über die Hamburgerbuden spotten, die aussehen, als trügen sie riesige Sahnehäubchen, ... oder über den 25-Meter-Autoreifen, der sich als Riesenrad ausgibt.«

Die Ausstellung war »ein einziges Chaos«, schrieb der Moses-Biograf Caro später, »aber auch irgendwie vital und lebhaft, gewiss nicht trendsetzend, aber bunt und fröhlich. Sie bot nichts, was den Ansprüchen der New Yorker Intelligenzija genügt hätte, aber Spaß und Sensation für die Massen.«

Als Kind des Wissenschaftsoptimismus der frühen 60er Jahre widmete sich die World's Fair weithin den technischen Errungenschaften der Nation. Es gab originalgroße Modelle der Nasa-Raumfahrzeuge, und im Zentrum stand eine ultramoderne »Unisphere«: eine über 42 m große Erdkugel aus Edelstahl, umkreist von den Orbits der neuen Nasa-Satelliten. Der AT&T-Pavillon bot eine Vorschau auf die neuen Bildtelefone der Firma, während sich IBM alle Mühe gab, den Besuchern die Angst vor dem Computer zu nehmen.

Vom ersten Tag an wurde freilich auch die Kluft deutlich zwischen der strahlenden Welt des Fortschritts, wie sie die Ausstellung zeigte, und der weit weniger idyllischen Welt jenseits ihrer Pforten. Am Tag der Eröffnung, dem 22. April 1964, fand eine Demonstration statt, die, so der Bürgerrechtsaktivist James Farmer, auf den »traurigen Widerspruch zwischen der idealisierten Fantasiewelt der Ausstellung und der wirklichen, von Brutalität, Vorurteilen und Gewalt beherrschten Welt« aufmerksam machen sollte, »in der gerade Afroamerikaner zu leben gezwungen sind«.

Zu den Hauptattraktionen der Weltausstellung zählte der IBM-Pavillon, ein Entwurf des Architekten Eero Saarinen. 500 Besucher konnten sich hier in die steile People Wall (oben) einreihen und wurden dann in ein höher gelegenes Auditorium gehoben, wo das Designer-Ehepaar Charles und Ray Eames die Funktionsweise und Einsatzmöglichkeiten von Computern erklärte. Links posieren 50 afrikanische Ehrengäste vor der Unisphere. Beide Aufnahmen 1964.

Zu weiteren Kontroversen, wenn auch weniger ernsthafter Natur, kam es, als Philip Johnson für seinen New-York-State-Pavillon zehn Avantgardekunstwerke in Auftrag gab – so etwa von James Rosenquist, Robert Rauschenberg, Roy Lichtenstein und Andy Warhol. Warhols Beitrag *Thirteen Most Wanted Men* bestand aus vergrößerten Fahndungsfotos. Als Bürokraten die »anstößigen« Aufnahmen entfernen lassen wollten, schlug der Künstler vor, sie durch 25 identische Porträts eines lächelnden Robert Moses zu ersetzen. Letztlich verzichtete Andy Warhol dann auf jegliche Beteiligung.

Doch auch ohne sichtbares Konterfei war Robert Moses allgegenwärtig. Im New-York-City-Pavillon konnten Besucher einen staunenden Blick auf das Reich des Stadtplaners werfen: ein über 800 qm großes Modell, komplett mit den 835.000 Gebäuden der Stadt sowie den Parks, Parkways, Expressways, Tunnels und Brücken, die Moses im Laufe seiner 40-jährigen Amtszeit geschaffen hatte. Wer vor diesem gigantischen Modell stand, begriff endlich etwas von dem wahren Ausmaß und der Totalität jener Vision, die die Stadt so radikal verändert hatte.

*Im Endeffekt zeigt [Mr. Moses'] Ausstellung genau die Welt, die jetzt allerorten in den Staaten entsteht ... Sie ist nichts anderes als die Essenz von Motel, Tankstelle, Einkaufszentrum und Vorstadt. Warum nach New York fahren, wenn wir doch alles vor der eigenen Haustür haben?*

Vincent Scully

Die meistbesuchte Attraktion war, wie schon 1939, General Motors' »Futurama«, dessen damalige Prognose eines automobilorientierten Amerika sich so erstaunlich bewahrheitet hatte. In dem neuen Exponat führten Autobahnen in die entlegensten Regionen der Welt – in die Sahara, nach Antarktika, in den Urwald Amazoniens. Anders als das ursprüngliche Futurama, das den Amerikanern eine gewagte, aber gehaltvolle Zukunftsvision geboten hatte, präsentierte dieses die Straße als Selbstzweck. Die Show enthielt »nichts, was nicht das erste Futurama schon gezeigt hätte«, bemerkte der Architekturkritiker Vincent Scully verächtlich. »Die ›Zukunftsvision‹, die hier gezeigt wird, ist schal, wenn nicht gar abstoßend, und beweist, wie wichtig es ist, Automobilherstellern kein Mitspracherecht in der Stadtplanung einzuräumen. All die Straßen! Das amerikanische Urbild der Mobilität, die uns alle ersticken wird.«

Letztlich war die Weltausstellung auch finanziell ein Misserfolg, da nicht einmal zwei Drittel der erwarteten Besucherzahlen erreicht wurden. »Anstatt uns die Zukunft zu zeigen«, meinte der Schriftsteller George W.S. Trow später, »zeigte sie uns das Ende von etwas.« Die Ironie des Schicksals wollte zudem, dass ebenjene Technologien, die 1939 vorgestellt worden waren – insbesondere das Fernsehen –, die Bedeutung von Ausstellungen herabsetzten. »Fernsehsendungen«, so der Kritiker Morris Dickstein, »sind die Ausstellungen von heute ... Sie befriedigen die Neugier über die Welt jenseits des eigenen Horizonts. Man muss nicht mehr wegfahren, man kann sich die Welt ins eigene Wohnzimmer holen.«

Statt der 29 Millionen Dollar, mit denen Moses gerechnet hatte, blieben nur 8,6 Millionen übrig – gerade genug, um die Pavillons abzureißen und dem großen, aber nicht weiter bemerkenswerten Park eine minimale Gestaltung zukommen zu lassen. Er wurde übrigens nicht nach Moses benannt, sondern hieß einfach Flushing Meadow.

Dieser dickköpfige alte Mann sollte inzwischen wissen, dass das, was schon vor 20 Jahren eine Fehlplanung war, heute noch übler ist, ja zum Himmel stinkt. Und dieser Ausschuss muss erkennen, dass er dieses idiotische Beispiel schlechter Stadtplanung abwürgen muss. Andernfalls wird dieser Gestank ihm und dieser wunderbaren Stadt für viele, viele Jahre anhaften.«

So unkonventionell Jacobs' Methoden sein mochten, sie funktionierten. Schließlich wurde der Lower Manhattan Expressway endgültig verworfen. Mit unermüdlichem Einsatz und ebenjenem Buch, das ihre Thesen stützte, hatte Jane Jacobs den Wert des Häuserblocks – und der Großstadt überhaupt – verteidigt.

In der Nachkriegszeit hatten vor allem zwei Dinge – beide geistige Kinder Robert Moses' – die Vorherrschaft einer modernen, abstrakten Zukunftsvision über die Vitalität der Straßen von New York verkörpert: der Expressway und die Stadterneuerung. Jetzt hatte ein entschlossenes Grüppchen mitten im Herzen der Stadt beides vereiteln können. Die Menschen hatten ihre Wohnviertel gerettet und den in New York bislang vorherrschenden Grundsatz in Frage gestellt, dass das Neue stets besser sei als das Alte.

Bald würde diese Infragestellung zu einem bemerkenswerten neuen Gesetz führen. Am 19. April 1965 rief Bürgermeister Robert Wagner mit der Landmarks Preservation Commission die erste Denkmalschutzkommission in den Vereinigten Staaten ins Leben. Sie kam zwar ganze zwei Jahre zu spät, um die Pennsylvania Station zu retten, sollte aber in den kommenden Jahren mehrere Hundert Einzelgebäude sowie ganze Viertel wie Greenwich Village und Brooklyn Heights unter Denkmalschutz stellen. New York, das mehr getan hatte, sein bauliches Erbe zu vernichten, als jede andere amerikanische Großstadt, übernahm nun die Vorreiterrolle und tat mehr als jede andere Stadt, um historische Bausubstanz zu erhalten.

Doch obwohl einige Teile der Stadt nun in Sicherheit waren, verfielen andere zusehends, insbesondere die riesigen schwarzen und puertoricanischen Ghettos, deren Bewohner nicht aus dem Teufelskreis der Armut herausfanden. Mitte der 1960er Jahre war ihre Verzweiflung über die soziale und wirtschaftliche Stagnation dramatisch gewachsen und entlud sich schließlich in roher Gewalt.

## KRAWALLE UND KRIMINALITÄT

*In den ... Ghettos des Nordens macht sich zunehmend Unmut breit. Diese Schwarzen haben das Gefühl, von dem bedeutsamen Wandel im Süden übergangen worden zu sein. Zudem sind sie verbittert über das zweierlei Maß, mit dem die Weißen im Norden die Freiheitskämpfer südlich der Mason-Dixon-Linie unterstützen, gleichzeitig aber die Schwarzen in den städtischen Slums als selbstverständlich hinnehmen.*

*The Nation*, 10. August 1964

*Der schwarze Mann ist zornig, zornig über die fortdauernde Brutalität weißer Polizisten. Er ist schon zornig, solange ich zurückdenken kann.*

Adam Clayton Powell jr.

Im Sommer des Jahres 1964 machten sich die Rassenunruhen, die seit fast zwei Jahrzehnten in New York geschwelt hatten, auf der Straße Luft. Am 15. Juli tötete ein Polizist, der nicht im Dienst war, in Harlem versehentlich einen 15-jährigen Jungen namens James Powell. Die folgenden beiden Tage veranstalteten die Anwohner wütende, aber friedliche Protestzüge. Dann, in der schwülheißen Nacht des 18. Juli, wurde die Menge gewalttätig. »Killer cops!« und »Mörder!« schreiend, sammelte sich der Mob vor dem Revier an der 123rd Street.

»Innerhalb von Minuten stand ganz Central Harlem in Flammen«, berichtete *Newsweek*. »Blindwütig rasten die Randalierer durch die Straßen, zerstreuten sich, wenn die Polizei einen Gegenangriff startete, um sich gleich darauf wieder zur nächsten Attacke zu sammeln. Steine, Ziegel und Mülltonnendeckel flogen, dazu Flaschen von den Dächern ... Müllcontainer wurden in Brand gesteckt. ... Gangs plünderten die Geschäfte entlang der 125th Street, warfen Schaufenster ein und nahmen alles mit, was sie fanden: Lebensmittel, Kleidung, Schuhe, Schmuck, Radios – und Feuerwaffen. Ein schweißüberströmter Polizeihauptmann mit hochrotem Kopf schrie in sein Megaphon: »Geht nach Hause! Geht nach Hause!« Und zurück kam eine Stimme, schrill und spöttisch: »Wir sind zu Hause, Baby!«

Die Unruhen in Harlem und Bedford-Stuyvesant dauerten fünf Tage. Ein Mensch starb, 520 wurden verhaftet. Einem FBI-Bericht

**Robert F. Wagner jr., der Sohn des legendären Senators Robert F. Wagner, hatte sich von Kindesbeinen an in den höchsten politischen Kreisen bewegt und fühlte sich später zum Bürgermeister berufen. Obwohl von manchen als farblos und konfliktscheu kritisiert, sahen viele in ihm den idealen Politiker, und tatsächlich wurde er wegen seiner besonnenen, freundlichen Art dreimal gewählt – die längste Amtszeit seit La Guardia. »Wagner hat einfach gar nichts«, sagte ein Kollege über ihn, »nur die Stimmen am Wahltag.« Der Rassenproblematik gegenüber weit aufgeschlossener als irgendein Bürgermeister vor ihm, ernannte Wagner 1957 den ersten puertoricanischen Richter und verabschiedete im Jahr darauf das US-weit erste Gesetz gegen Rassendiskriminierung im privaten Wohnungsbau. Das Foto zeigt Wagner (links im Bild) auf einer Wahlveranstaltung der Demokraten 1956 mit Ex-Präsident Harry Truman (rechts) und Carmine DeSapio, dem letzten Boss von Tammany Hall, die ab 1961 keine aktive Rolle mehr in der Stadtpolitik spielte.**

zufolge handelte es sich nicht um Rassenunruhen, da die Aufrührer nicht gezielt Weiße oder Eigentum von Weißen angegriffen hatten. Stattdessen hieß es, es sei »eine nicht zweckgerichtete Attacke« gewesen, wahrscheinlich »gegen die staatliche Autorität an sich«.

Besonders hart trafen die Unruhen Bürgermeister Wagner, der sich die Verbesserung der Rassenbeziehungen zum Ziel gesetzt hatte. Doch 1964 wurden seine Hoffnungen, aus New York einen Ort des friedlichen Miteinanders zu machen, noch von anderer Seite bedroht.

Kriminalität war in New York – wie in allen Großstädten – immer präsent. Doch seit zwei oder mehr Generationen war New York mit im Durchschnitt nur wenig mehr als 300 Morden im Jahr (die meisten geschahen aus Leidenschaft oder im Rahmen von Bandenkriegen oder Schlägereien) außergewöhnlich ruhig gewesen. Die meisten Einwohner fühlten sich sicher. Kein Problem, noch spätabends die U-Bahn zu benutzen, zu jeder Tages- und Nachtzeit zu Fuß durch die Straßen zu gehen.

Doch während Wagners dritter Amtsperiode stieg die Kriminalität drastisch an – die Zahl der Morde verdoppelte sich, besonders gravierend war der Zuwachs bei willkürlichen Angriffen. Im Frühjahr 1964 war die Ermordung einer jungen Frau, die in Queens auf offener Straße überfallen wurde, kaum noch eine Zeitungsmeldung wert. Doch sollte gerade ihr Tod in den folgenden Monaten zum Symbol des bedrohlichen Wandels werden, der sich nun vollzog.

Am 13. März gegen 3.20 Uhr früh war die 28-jährige Catherine »Kitty« Genovese in ihrem Wohnbezirk Kew Gardens in Queens auf dem Heimweg, als sie dreimal hintereinander von demselben Täter angegriffen und brutal niedergestochen wurde. Ein Mann rief: »Lass das Mädchen in Frieden!« Ein anderer holte, 30 Minuten nach dem ersten Angriff, die Polizei. Alle anderen unternahmen überhaupt nichts.

»Der Vorfall stellt einen vor die Frage, ob wir in einer Gemeinschaft leben oder im Dschungel«, schrieb ein Leser der *New York Times*, die den Vorfall ausführlich diskutierte und damit einen Sturm der Empörung entfachte, den nicht einmal die rasche Ergreifung des Täters – eines Maschinisten namens Winston Moseley – zu besänftigen vermochte. Angesichts der Tatsache, dass sich der Mord nicht in einem Slum, sondern einem Mittelstandsviertel zugetragen hatte, fragten sich viele New Yorker, ob ihre Stadt noch immer ein sicheres Pflaster war.

1965 gab ein in seiner dritten Amtszeit sichtlich gealterter Bürgermeister Wagner bekannt, er wolle kein viertes Mal kandidieren. Zu seinem Nachfolger wurde im November John V. Lindsay gewählt, ein groß gewachsener, gut aussehender 44-jähriger Jurist und Kongressabgeordneter aus dem Patrizierviertel Upper East Side, dessen von Republikanern und Liberalen unterstützte Kandidatur an das Wahlbündnis für Fiorello La Guardia erinnerte. Dennoch wurde Lindsay, der seinen Wählern frischen Wind im Rathaus – darunter die deutliche Abkehr von Robert Moses' auto- und straßenorientierten Politik – versprach, nur mit knapper Mehrheit der 103. Bürgermeister von New York.

### FUN CITY

*Auf der einen Straßenseite brennt es, und auf der anderen versuchen Kinder, etwas zu bauen.*

Grace Paley

Wie in den ganzen USA war die zweite Hälfte der 60er Jahre auch in New York eine äußerst zwiespältige, verrückte Zeit, geprägt von Anarchie, Zorn und Hoffnung. Während Lindsays Amtszeit im Rathaus sollte eine Krise nach der anderen – sozialer Natur ebenso wie wirtschaftlicher – über die Stadt hereinbrechen, und in vielen Fällen traten Kräfte, die in früheren Jahrzehnten nur unterschwellig gewirkt hatten, jetzt mit voller Macht zutage. Und doch würde sich, noch bevor das Jahrzehnt zu Ende gehen sollte, eine neue Zukunftsvision abzeichnen.

Schon gleich nach Lindsays Amtsantritt gab es Ärger. Um 5.00 Uhr früh am 1. Januar 1966, seinem ersten Tag als Bürgermeister, traten die 34.000 Bediensteten der städtischen Verkehrsbetriebe in den Streik. Sie forderten die Viertagewoche sowie eine 30-prozentige Lohnsteigerung – und legten das gesamte öffentliche Verkehrssystem der Stadt lahm.

Seit Jahrzehnten gehörten die Angestellten der Stadtverwaltung zu den am schlechtesten bezahlten Werktätigen New Yorks, da ihnen das Streikrecht sowie gemeinsame Lohnverhandlungen gesetzlich verwehrt waren. Bürgermeister Wagner hatte dies 1958 zwar geändert, es persönlich aber stets vorgezogen, im Stillen mit den Gewerkschaften zu verhandeln, um ernste Störungen im Dienstleistungssektor zu vermeiden.

Fest entschlossen, nicht einzuknicken, kritisierte Lindsay öffentlich die Gewerkschaft und ließ ihren Führer Michael Quill verhaften. Quill, der bekannt dafür war, kein Blatt vor den Mund zu nehmen, verspottete den Bürgermeister noch aus dem Gefängnis heraus als »Würstchen« und »Milchbuben«. Als der Streik andauerte und immer dramatischere Folgen annahm, versuchte Lindsay, eine verzweifelte Öffentlichkeit mit einem Satz aufzumuntern, der ihn für den Rest seiner Amtszeit begleiten sollte: »Es macht Spaß, Bürgermeister von New York zu sein«, äußerte er sich gegenüber Reportern. »New York ist eine Fun City, eine Stadt, die Spaß macht«.

Nach zwölf Tagen kapitulierte Lindsay und musste Forderungen erfüllen, die die anfangs gestellten sogar noch übertrafen. Dieser Ausgang ermutigte andere städtische Gewerkschaften – Ärzte, Krankenschwestern, Stadtreiniger und Sozialarbeiter – ebenfalls zum Arbeitskampf.

Im Herbst 1968 streikten die Lehrer, allerdings nicht für mehr Lohn, sondern aus Protest gegen den schwarzen Brooklyner Schulbezirk Ocean Hill-Brownsville, der 14 weiße Lehrer entlassen hatte. Fest entschlossen, ihre Jobs zu verteidigen, legten die (vorwiegend jüdischen) Gewerkschaftsmitglieder die Arbeit nieder, um die städtische Schulbehörde zu zwingen, die Entlassungen rückgängig zu machen. Der Bürgermeister enthielt sich einer Stellungnahme, und der dreimonatige Streik führte zu einer tiefen Kluft zwischen der schwarzen und der jüdischen Bevölkerung New Yorks, die in Bürgerrechtsfragen lange Zeit Seite an Seite gekämpft hatten.

Die sozialen Probleme wurden inzwischen immer gravierender. Die Verbrechensrate stieg bedrohlich an, Drogenmissbrauch, Graffiti und Vandalismus vervielfachten sich. Bekamen Anfang der 60er Jahre vier Prozent der New Yorker Sozialhilfe, waren es am Ende der Dekade bereits 14 Prozent.

> *Wenn bei acht Millionen Menschen in New York eine Million von der Fürsorge lebt, nein, die Zahl liegt inzwischen höher, werden es Ende des Jahres 1,2 Millionen sein. Vor allem Alleinerziehende hängen am Ende einer finanziellen Nabelschnur, die sie wirtschaftlich im Embryonalstadium verharren lässt. Die Armut liegt wie eine dicke Smogschicht über der Stadt.*
>
> Norman Mailer, 1969

Bedingt zum Teil durch den immensen Anstieg staatlicher Sozialleistungen, zum Teil aber auch durch John Lindsays persönlichen Ehrgeiz, den Missständen der Stadt von oben zu Leibe zu rücken, schoss das Budget von New York City nur so in die Höhe – im Durchschnitt um 16 Prozent pro Jahr. 1969 verfügte die Stadt über den zweitgrößten Etat des Landes, größer als der Bundesstaat Kalifornien, größer als der Bundesstaat New York und übertroffen nur vom Haushalt der Bundesregierung selbst.

Um diese Summen finanzieren zu können, hatten Stadt und Bundesstaat 22 verschiedene Steuern eingeführt – private Einkommensteuer, Pendlersteuer, Verkaufssteuer, Tresorsteuer, Autosteuer, Börsensteuer, Tabaksteuer etc. Doch die Basis dieser Steuereinkünfte schrumpfte, da die Anzahl multinationaler Konzerne, die seit dem Krieg beständig angewachsen war, nun plötzlich rückläufig war. Allein 1971 kehrten sechs Wirtschaftsgiganten – darunter American Can, Pepsico, Shell Oil und U.S. Tobacco – New York den Rücken, 14 kündigten eine Standortverlagerung an. Fünf Jahre später waren noch 16 weitere Konzerne abgewandert.

Da die Einnahmen der Stadt die Ausgaben nicht mehr decken konnten, entschied Lindsay, das wachsende Defizit zu vertuschen, indem er den Umfang jener fragwürdigen Finanzpraktiken ausdehnte, die bereits während Wagners

Am kalten, regnerischen Morgen des 3. Januar 1966 mussten die New Yorker ohne die städtischen U-Bahnen und Busse zur Arbeit kommen, da die 34.000 Angestellten der öffentlichen Verkehrsbetriebe streikten. Insgesamt blieben mehr als anderthalb Millionen Werktätige zu Hause, was das Geschäftsleben in der Innenstadt praktisch lahm legte. Andere findige Bürger bildeten Fahrgemeinschaften, schwangen sich auf ihren Drahtesel, riefen ein Taxi, trampten oder gingen schlichtweg zu Fuß – wie diese unerschrockenen Pendler, die sich daran machen, die Brooklyn Bridge auf Schusters Rappen zu überqueren.

letzter Amtsperiode eingeführt worden waren und bestenfalls als »kreative Buchführung« durchgingen. Mit dem Einverständnis des städtischen Rechnungsprüfers Abraham Beame deklarierte Lindsay Hunderte Millionen Dollars tagtäglicher Betriebsausgaben als Investitionen, angeblich für langfristige Projekte, und wies weitere 100 Millionen Dollar als Schlechtwetterfonds für Notzeiten aus.

Im Lauf der nächsten paar Jahre verschlimmerte sich die finanzielle Misere der Stadt noch weiter, da der überraschende Zusammenbruch des Manhattaner Immobilienbooms mit einer drastischen Kürzung der staatlichen Sozialleistungen (unter Richard Nixon) zusammenfiel. Bald musste die Stadt enorme Summen vom Bondmarkt aufnehmen und, um irgendwie solvent zu bleiben, die ständig steigende Schuldenlast von einem Jahr aufs nächste wälzen. 1975 würde Lindsays Nachfolger, der einstige Rechnungsprüfer Abraham Beame, justament mit der Abrechnung konfrontiert werden, als eine Finanzkrise über die Stadt hereinbrach, katastrophaler und demütigender als irgendein anderes Ereignis in der Geschichte New Yorks.

Das Deprimierendste dieser Ära war jedoch der zunehmende Verfall der ärmsten Stadtteile. Finster und unerbittlich waren die Slums von New York schon immer gewesen. Aber nichts kam dem Niedergang gleich, den eine Reihe von Arbeiter- und Elendsvierteln in der südlichen Hälfte der Bronx nun durchmachten. Seit Jahren hatten alle Banken die Neufinanzierung von Immobilien in diesem Bezirk kategorisch abgelehnt, während rigide Vorschriften es zugleich den Eigentümern praktisch unmöglich machten, die Mieten zu erhöhen oder Hausbesetzer zur Räumung zu zwingen. Viele Vermieter, die ihr Geld nur so schwinden sahen und weder verkaufen noch einfach weggehen konnten, griffen in ihrer Verzweiflung zu dem brachialen Mittel, ihre eigenen Häuser in Brand zu stecken, um die Versicherungssumme zu kassieren. Fünf Jahre lang gingen bis zu vier Häuserblocks pro Woche in Flammen auf. Bevor die Zerstörungswut ein Ende fand, waren über 43.000 Wohnungen vernichtet. Mehr als 2000 Blocks waren dem Erdboden gleich oder nurmehr verkohlte Ruinen.

*Dieser Morast lebt. Er breitet sich in alle Richtungen aus, und er hat einen Bürgermeister.*

Donald Barthelme

Erstaunlicherweise schaffte Lindsay es trotz der gewaltigen und mannigfaltigen Probleme, während seiner beiden Amtszeiten eine positive Stimmung zu verbreiten und den Glauben an die Stadt wach zu halten. »Lindsay«, schrieb der Sozialwissenschaftler Andrew Hacker später, »weckte den Ehrgeiz von Menschen, die andernfalls wohl in der passiven Denkweise früherer Zeiten verharrt hätten. Ungezählte Individuen gewannen ein Selbstvertrauen, das sie nie zuvor besessen hatten.«

Lindsay machte Jane Jacobs' Ansichten zu einem inoffiziellen Stützpfeiler seiner Politik. Die Neuerungen, die er anstrebte, förderten die Wertschätzung der Straßen und Häuserblocks und erwiesen sich als befreiende Chance für die Stadt als Ganzes und ihre Bewohner. In vielen Fällen wurden die Ergebnisse seiner Arbeit freilich erst nach Jahren sichtbar, da New York zunächst noch von einer Krise in die nächste schlitterte. Doch Lindsays zwei Amtszeiten legten den Grundstein für eine neue Würdigung der Stärken der einzelnen Stadtviertel – ihrer Komplexität und Vielgesichtigkeit, ihrer Vitalität und ihrer außergewöhnlicher Fähigkeit zu Selbstheilung und Regeneration.

Während des langen heißen Sommers 1967, als allerorts Rassenunruhen schwelten, unternahm der Bürgermeister mit großem Pressetross eine Reihe von Rundgängen durch die wirtschaftlich gebeuteltsten Teile der Stadt. »Gegen Ende des Sommers«, bemerkte der Reporter Richard Reeves, »wurden diese Besuche mit fast derselben Aufmerksamkeit verfolgt wie die

**Bürgermeister John Lindsay am 9. Februar 1968 bei einem Gang durch die Straßen von Harlem. Überall türmen sich Müll und Abfälle, weil die städtischen Müllmänner die Arbeit niedergelegt hatten – nur einer von zahlreichen Streiks in seiner Amtszeit.**

Meisterschaftsspiele der American League. An diesem Abend in Harlem hatte Lindsay, der in Begleitung eines Kongressabgeordneten aus Michigan, des berühmten Zeitungskolumnisten Art Buchwald und des Chefredakteurs von *Look Magazine* unterwegs war, eine ganze Horde lachender Negerkinder sowie ein Dutzend Journalisten und Fotografen im Schlepptau.«

Die Fernsehbilder, auf denen Lindsay in Hemdsärmeln durch die Elendsviertel spazierte – groß, aristokratisch, das Jackett leger über die Schulter gehängt –, veranlassten Kritiker, dem Bürgermeister einen Hang zur Publicity zu unterstellen. Doch seine Anstrengungen zahlten sich 1968 aus, als es nach der Ermordung von Martin Luther King jr. landesweit in den Schwarzenghettos zu schweren Unruhen kam. Lindsays Bemühen, Kontakt zu Minderheitenführern zu knüpfen, wurde nun honoriert: New York blieb von jener Zerstörungswut verschont, die das Gesicht vieler anderer amerikanischer Großstädte auf Dauer entstellte.

Noch 1967, als diese Aufnahme entstand, waren die U-Bahnen in New York City relativ sauber und frei von Graffiti. Schon wenige Jahre später aber würde eine wahre Lawine von Sprayern das Gesicht der Subway-Züge und -Bahnhöfe völlig verändern.

Obwohl gerade die weiße Arbeiterschicht ihn oft mit Misstrauen beäugte, brachte Lindsay frischen Schwung in die Rathauspolitik, wie man es seit den Zeiten La Guardias nicht mehr erlebt hatte. Wie John und Robert Kennedy, mit denen er oft verglichen wurde, holte er eine völlig neue Generation junger Männer und Frauen in den öffentlichen Dienst – als Parkverwalter, Städteplaner und Verkehrsexperten.

Viele von ihnen hatten Jane Jacobs gelesen und wollten nun alles tun, die aus ihrer Sicht unklugen Entscheidungen Robert Moses' rückgängig zu machen. Dies wurde wohl nirgendwo deutlicher als in Moses' altem Herrschaftsbereich, dem Parks Department. Bereits wenige Tage nach Amtsantritt hatte Lindsay einen ehemaligen Moses-Berater durch den 34-jährigen Thomas Hoving ersetzt, bis dato Kurator am Metropolitan Museum of Art. Als eine seiner ersten Amtshandlungen erklärte Hoving den Central Park sonntags zur autofreien Zone. Taxifahrer murrten, aber an den ersten warmen Frühlingstagen holten auch sie ihre Fahrräder heraus und genossen die Ruhe und frische Luft.

Wo immer Lindsays Leute die Möglichkeit dazu sahen, versuchten sie, Moses' großstadtfeindlicher Gesinnung entgegenzuwirken. Sie stoppten den Bau eines Expressways, der über die 30th Street durch Manhattan führen sollte, richteten ein Netz innerstädtischer Planungsgremien ein und engagierten sich für den Bau neuer Subway-Strecken. Für ein Industriegebiet in Lower Manhattan, früher als The Valley bekannt, mittlerweile aber SoHo genannt, wo seit Jahren Künstler illegal in einstigen Fabrikgebäuden lebten, erließen sie eine Verordnung, die die besetzten Lofts nun zu legalen Wohnräumen machte. 1966 rief Lindsay persönlich das Mayor's Office of Film, Theater, and Broadcasting ins Leben, um Produktionsfirmen in die Stadt zu locken, und tatsächlich wurden bald mehr Außenaufnahmen in New York gedreht als in irgendeiner anderen Stadt der Welt.

In Brooklyn gingen jetzt Tausende junger Familien, die noch kurz zuvor in eine der neuen Vorstädte abgewandert wären, dazu über, die Reihenhäuser aus dem 19. Jahrhundert herzurichten, die zuletzt in kleine Billigapartments für Arbeiter und Bedürftige aufgeteilt worden waren. Den älteren Bewohnern, die häufig durch die Neuankömmlinge verdrängt wurden, war dieser Trend nicht willkommen. Ein Mann, der hörte, wie diese sich selbst als Pioniere bezeichneten, sinnierte: »Und was sind dann wir bitte – Indianer?« Insgesamt aber wurde die Entwicklung als Zeichen des wieder erwachten Glaubens an die Zukunft der Stadt gesehen. Vielleicht war Stadtflucht doch nicht das letzte Wort gewesen.

### DAS LETZTE HURRA

*Es bleibt abzuwarten, ob [eine] im Großen und Ganzen ehrliche junge Stadtverwaltung, die mehr auf Spontaneität als auf Erfahrung setzt – mit Spaziergängen durch die Slums, übertriebenen Versprechungen, Einladungen ... zu Unruhen, gekünstelten, unkontrollierten Veranstaltungen und Happenings –, die Vormachtstellung und den Wohnwert New Yorks wird halten können. Wir müssen uns entscheiden, ob wir eine Stadt wollen, die Spaß macht, [oder] eine, die Ruhe und Ordnung garantiert.*

Robert Moses

Jane Jacobs' Worte und John Lindsays Politik hatten die Prinzipien, die Robert Moses' Leben und Werk geprägt hatten, weitgehend verdrängt. Der inzwischen fast 80-jährige Mann hielt sich wacker – Ende der 60er Jahre war seine Macht jedoch erstmals ernsthaft bedroht. Freilich nicht durch Lindsay, den Moses als »Matinee-Idol« abtat, sondern von Seiten eines Mannes und einer Familie, die sehr wohl über die Mittel und die Macht verfügten, seinem Imperium ernstlich den Kampf anzusagen.

Für die Amerikaner waren die Rockefellers der Inbegriff privaten Reichtums. Doch weit ausschlaggebender als die schiere Größe ihres Vermögens – Ende der 50er Jahre auf über fünf Milliarden Dollar geschätzt – war ihre Entschlossenheit, die Stadt, in der sie lebten und arbeiteten, zu gestalten. In den 30er Jahren hatte sie mit dem Rockefeller Center den weltweit größten Bürokomplex errichtet sowie das Museum of Modern Art gesponsert, das später wesentlich dazu beitrug, New York zur Welthauptstadt der Kunst zu machen. In den 50er Jahren war die Familie als treibende Kraft hinter dem Lincoln Center for the Performing Arts gestanden, das die kulturelle Bedeutung der Stadt untermauerte, indem es die Juilliard School, die New Yorker Philharmoniker, die Metropolitan Opera u. a. unter einem Dach vereinte.

*Ihr habt ja keine Ahnung, wie verdammt gerne ich eine Spraydose in die Hand nehme und den großen Zug in meinem Hof angreife und die Spannung durch die Züge fließen fühle, wenn ich meinen Ghettonamen auf die Eisenwand male, damit mein Volk im Staate NYC die Kunst der Ghettos und Elendsviertel unserer Zeit sehen und sich darüber Gedanken machen kann.*

Shy 7

**In den frühen 70er Jahren nahm die Graffitibemalung in der Subway gigantische Ausmaße an. Waren es vorher kleinere Kritzeleien mit schwarzen Markern gewesen, wurden nun ganze Wagen und Züge mit Schriftzügen und Mustern in grellen Farben besprüht. Diese Entwicklung führte zu Differenzen zwischen jenen, die Graffiti als aufregende neue Kunstform begrüßten, und anderen, die darin den drohenden Kontrollverlust der Stadtverwaltung über die öffentlichen Einrichtungen sahen. Anfang der 80er Jahre, als eine Kampagne der Verkehrsbehörde die Graffiti schließlich von den Zügen eliminierte, hatten sich die charakteristische Technik und der typische Stil bereits als eigener Trend in der New Yorker Kunstszene durchgesetzt, und diverse Galerien und Ausstellungen waren auf diese Arbeiten spezialisiert. (Alle Aufnahmen dieser Doppelseite © Martha Cooper.)**

FURNITURE
AT LOW PRICES
SALE
527
543
Campbell's
DA-DA SOUP
POP SOUP
FABULOUS SOUP
FRED SOUP
T.V. PARTY SOUP
TOMATO SOUP

*Sie sind jetzt in SoHo, einer der schicksten und teuersten Wohngegenden der Welt, wo renovierte Lofts für eine Million Dollar oder mehr gehandelt werden. Die Straßen selbst gleichen einem Laufsteg ... Hätte Jane Jacobs nicht ihre Nachbarn aufgerufen, sich zur Wehr zu setzen, staute sich hier heute auf acht Spuren der Verkehr ... Es gäbe keinen Mozzarella am Morgen, keine De-Sica-Filme an lauen Sommerabenden und kein SoHo mit seinen wunderschönen gusseisernen Fassaden, kopfsteingepflasterten Straßen, malerischen Restaurants, Galerien und Geschäften oder seinen mit Millionen, ja Milliarden Dollars besteuerbaren Immobilien.*

Jason Epstein

Wenige Wandlungen in der Geschichte der Stadt New York verliefen ähnlich dramatisch – und kamen ähnlich unerwartet – wie die des in die Jahre gekommenen Industriedistriks SoHo in Lower Manhattan zu einer der bekanntesten und einflussreichsten Wohngegenden der Welt. Innerhalb von nicht einmal zwei Jahrzehnten erhielt das 30 Häuserblocks umfassende Viertel südlich der Houston Street eine vollkommen neue Identität, veränderte die kulturelle Landschaft New Yorks und wurde zum Vorbild sanierungsbedürftiger Bezirke in aller Herren Länder.

Noch Anfang der 60er Jahre wies rein gar nichts auf eine solche Entwicklung hin: Damals stand das Gebiet auf der Abbruchliste und sollte Robert Moses' Lower Manhattan Expressway weichen. Diese Straße sei nicht nur lebenswichtig für die Metropole, argumentierte der oberste Verkehrsplaner, ihr Abriss würde darüber hinaus einen echten Gewinn für die Stadt als Ganzes bedeuten:

*Wir wiederholen, dass Großstädte durch und für den Verkehr geschaffen sind. Eine Stadt ohne [Auto-] Verkehr ist eine Geisterstadt. Die Gegend zwischen Canal Street und 3rd Street ist auf einem Streifen von einer dreiviertel Meile die heruntergekommenste von ganz Lower Manhattan und eines der schlimmsten, wenn nicht gar das schlimmste Elendsquartier der ganzen Stadt, ein Slum, ein Ghetto mit einer jährlichen Fluktuationsrate von über 14 Prozent.*

Robert Moses

Paradoxerweise war es die Bedrohung durch den Expressway, die das Viertel vor der Zerstörung bewahrte. Seit den späten 40er Jahren hatte das geplante Straßenbauprojekt wie ein Damoklesschwert über dem Bezirk gehangen und dafür gesorgt, dass Hausbesitzer ihre Gebäude weder renovieren noch abreißen ließen. Für das Viertel, einen der ältesten Industriebezirke des Landes und einst voller Leben, begann ein langsamer, aber steter Abstieg, als ein Unternehmen nach dem anderen aus den alten, unrationellen Gebäuden auszog.

Die Eigentümer, die auf den leeren Häusern saßen, waren froh, als Ende der 50er Jahre eine neue Gruppe von Mietern, meist Künstler, in die unrenovierten Lofts einzog. Traditionell beherbergte Greenwich Village die Künstlerkolonie New Yorks, doch die Nachkriegsgeneration der abstrakten Expressionisten kreierte Werke, die zu groß und zu sperrig für die kleinen, oft nur über enge Treppenaufgänge erreichbaren Wohnungen des Village waren.

Das rußige alte Fabrikviertel südlich der Houston Street dagegen bot ideale Ateliers. Die noch vor Einführung der Elektrizität gebauten Häuser hatten riesige Fensterfronten, die das Tageslicht einfluten ließen, und in den hohen und großen Räumlichkeiten fanden selbst großformatigste Leinwände und schwerste Skulpturen Platz. Am wichtigsten aber war, dass man die oberen Etagen der Häuser, die sonst leer gestanden hätten, fast umsonst bekam. »Das Künstlerleben«, berichtete *Newsweek* 1961, »einst in romantischen Mansarden zu Hause, ist in Fabrikspeicher gezogen.«

Gusseiserne Fassaden Ecke Broadway und Broome Street in SoHo.

Inzwischen nutzten einige Künstler die Lofts jedoch nicht nur als Atelier, sondern – in bewusster Verletzung der Vorschriften – auch als Wohnraum. Behördliche Überprüfungen meisterte man mit Fantasie oder Bestechung. »Ein Maler ... fing den Bauinspektor auf der Treppe ab und sagte: ›Bitte warten Sie einen Augenblick, ich habe ein Nacktmodell oben‹«, schrieb der Journalist Michael R. Kaufman. »Dann ging er hinein und zog mittels Flaschenzügen die Betten über eine falsche Decke und warf Stoffbahnen über Kühlschrank, Herd und Badewanne.« Die Vermieter sahen gerne darüber hinweg, zumal die Situation zeitlich befristet erschien – eine Übergangslösung, die ohnehin bald enden würde, wenn die Künstler auf Grund des Expressways ausziehen mussten.

Doch der Widerstand gegen das geplante Highwayprojekt wuchs, und in den 60er Jahren hatten sich auch die Maler und Bildhauer der Protestbewegung angeschlossen. Ein Gemeinschaftsgefühl entstand, wo vorher nie etwas Ähnliches existiert hatte. Zusammen mit Jane Jacobs und anderen Straßenbaugegnern bildete man Komitees, schickte Lobbyisten zu den Be-

*Estate* von Robert Rauschenberg, 1963. Rauschenberg, einer der ersten Künstler, die ein Downtown-Loft bezogen, schöpfte für seine Arbeit aus dem Fundus der Stadt. Für *Estate* kombinierte er kommerzielle Aufnahmen der New Yorker Medienbranche (aus Zeitschriften, Zeitungen, Postern und Werbung) mit Abbildungen der Stadt (Straßenschilder aus Lower Manhattan, Laternenpfähle, Häuserfassaden etc.). Öl und Seidensiebdruck auf Leinwand, 243 x 197 cm, Philadelphia Museum of Art. © Untitled Press, Inc./Licensed by VAGA, New York

hörden, sprach bei öffentlichen Anhörungen und ließ Beziehungen spielen. Zugleich führte der Kampf um den Erhalt des Viertels dazu, dass den Bewohnern die Gegend erst richtig ans Herz wuchs, und viele fingen nun an, sich dort eine langfristige Zukunft auszumalen.

Was dieser Zukunft auch im Wege stand, war das Fehlen eines griffigen Namens für den Bezirk. Die Bewohner sagten ein wenig vage, sie lebten »downtown«. Bei der Feuerwehr hieß die Gegend der häufigen Fabrikbrände wegen Hell's Hundred Acres. Andere nannten sie The Valley, weil sich die niedrige Bebauung wie ein Tal zwischen den Wolkenkratzern von Midtown und Downtown hindurchzog. 1968 bemerkte der Maler und Ingenieur Aaron Roseman, dass eine Stadtplanungskommission das Viertel als South Houston Industrial District bezeichnete, und er verkürzte diesen unförmigen und uneleganten Ausdruck zu SoHo – was zudem Anklänge zum gleichnamigen smarten Stadtteil von London schuf.

Die Wende für SoHo kam 1971. Nachdem es nicht gelungen war, das Viertel abzureißen, unternahm die Stadtverwaltung unter John Lindsay einen ungewöhnlichen Schritt und erteilte »anerkannten« Künstlern die Genehmigung, in dem ehemaligen Fabrikviertel nicht nur zu arbeiten, sondern auch zu wohnen. »SoHo«, schrieb Stephen Koch, »könnte der erste Stadtteil in der Geschichte der westlichen Welt werden, in dem interessierte Mieter den Nachweis erbringen müssen, ›Künstler‹ zu sein.«

Zwei Jahre später erklärte die Denkmalschutzkommission die gusseisernen Gebäude zum »Cast Iron Historic District« und schützte sie somit endgültig vor dem Abriss.

Einmal offiziell sanktioniert, begann das Viertel zu boomen. 1973 gab es 40 Kunstgalerien, drei Jahre später waren es 70. SoHo wurde zu einem ernst zu nehmenden Rivalen für die traditionellen Galerien entlang der 57th Street. Als sich das Jahrzehnt dem Ende zuneigte, galt SoHo als das zukünftige Zentrum der Kunstszene.

Diese Entwicklung war weit über das eigentliche Viertel hinaus von Bedeutung. SoHos Verwandlung bestätigte auch Jane Jacobs' These, dass Stadtteile – die sie mit lebenden Organismen verglich – in der Lage waren, sich von innen heraus zu sanieren, ohne massive Eingriffe von außen. »Die Künstler schafften, was eine jahrzehntelange Stadterneuerung nicht zuwege gebracht hatte«, beobachtete Jason Epstein. »Sie sanierten ein Viertel und wurden selbst Steuerzahler. SoHos Wiederbelebung liefert den Beweis, dass die Spontaneität, die New York dereinst groß gemacht hat, noch immer möglich ist.«

Allerdings barg gerade der Aufschwung SoHos ein Dilemma, das zu einer unvermeidlichen Begleiterscheinung aller wiederbelebten Stadtviertel wurde: Das Künstlerflair, das Galerien, Restaurants und Geschäfte angelockt und den vormals gemiedenen Bezirk zu einer gesuchten Gegend gemacht hatte, ließ nun die Mieten steigen – und vertrieb dadurch die Künstler. Obwohl einige, darunter Claes Oldenburg, Robert Rauschenberg, Frank Stella, Christo und Louise Nevelson, blieben, wurde SoHo doch zunehmend auch bei Börsenmaklern, Anwälten und Werbemanagern populär, die das Wohnen in einem Loft als schicke Alternative für den oberen Mittelstand entdeckten.

Nicht länger in der Lage, sich das Leben in einer Gegend zu leisten, der sie selbst zum Aufschwung verholfen hatten, begannen viele Künstler, anderweitig nach billigen Wohnungen Ausschau zu halten – in Chinatown, der Bowery, TriBeCa (ein weiteres Kürzel, diesmal für Triangle Below Canal) oder auf der anderen Seite des East River in Williamsburg bzw. anderen Teilen Brooklyns. Gleichzeitig vertrieben die rasant in die Höhe schnellenden Mieten die letzten verbliebenen Industriebetriebe – Ersatzteilhersteller, Textilfabrikanten, Seilereien und Spinnereien – und mit ihnen all die zugehörigen Arbeitsplätze. Stockwerk um Stockwerk, Haus um Haus eroberten stattdessen Galerien, Restaurants und zunehmend auch Nobelboutiquen und Einrichtungsfachgeschäfte die ehemaligen Werkstätten und Lagerräume.

Ende der 80er Jahre war SoHo eines der bekanntesten Viertel von New York. Mit 300 Kunstgalerien und diversen Museen stand es stellvertretend für die Kunstszene an sich – so wie die Madison Avenue für Werbung und die Wall Street für Finanzen. Und sein Einfluss griff auf die angrenzenden Viertel über – NoHo, TriBeCa, das East Village –, die heute gemeinsam als das neue »Downtown« gelten: eine bunte Mischung aus Kunst und Kommerz, zu der nicht nur Malerei und Plastik zählen, sondern auch Architektur, Design, Fotografie und Mode. Als Mitte der 90er Jahre in New York eine neue, technologieorientierte Industrie Fuß fasste, siedelte sie sich hier an, in den historischen Gebäuden, die mittlerweile selbstredend mit allem erdenklichen Telekommunikations-Schnickschnack ausgerüstet waren.

In den 50er Jahren war die Metropole ganz im Zeichen der Modernisierung, d.h. der Stadterneuerungs- und Straßenbaumaßnahmen, gestanden. 30 Jahre später hatte sich das alte Industriegebiet südlich der Houston Street – dasselbe, das Robert Moses seinerzeit als »das schlimmste Elendsquartier der ganzen Stadt« bezeichnet hatte – zu einem der reichsten und blühendsten Viertel New Yorks gemausert.

Und als wäre dies allein nicht genug, galt es auch als eines der modernsten Businesszentren der Welt: Hinter den gusseisernen Fassaden des 19. Jahrhunderts fanden sich die Büros des 21. Jahrhunderts, komplett vernetzt und auf dem neuesten Stand der Technik, die eine vollkommen andere Definition von Moderne boten – und eine neue Dimension für die Zukunft der Stadt.

Demonstration vor dem Rathaus in den 70er Jahren. Die Menschen protestieren gegen die Massenentlassungen im öffentlichen Dienst.

In den 60er Jahren besaß die Familie mehr Einfluss als je zuvor. David Rockefeller war Präsident der familieneigenen Chase Manhattan Bank, einem der finanzkräftigsten Geldinstitute weltweit. Nelson war Gouverneur des Staates New York. Die Fähigkeit der Brüder, öffentliche und private Mittel zu kombinieren, verlieh ihnen immense Macht. So wurden etwa Davids Anstrengungen, den Business District mit dem Bau eines neuen 60-stöckigen Bankgebäudes zu verjüngen, dadurch unterstützt, dass Nelson die Port Authority veranlasste, nur zwei Querstraßen weiter die 110-geschossigen Zwillingstürme des World Trade Center zu errichten, das seinerzeit höchste Gebäude der Welt.

Als junger Mann hatte Nelson Rockefeller staunend zugesehen, wie Robert Moses buchstäblich über Nacht den Weg für das UNO-Hauptquartier frei machte. Später hatten Moses und die Rockefeller-Brüder beim Bau des Lincoln Center und einem halben Dutzend anderer Projekte eng zusammengearbeitet. Doch jetzt wollte der Schüler seinen Lehrmeister ablösen. Der Gouverneur – selbst ein verhinderter Architekt, der nun eine Reihe bedeutender Bauprojekte für Stadt und Staat im Auge hatte – fühlte sich durch den alternden Haudegen zunehmend behindert. Als der Gouverneur 1962 Moses öffentlich den Rücktritt von einem seiner Ämter nahe legte, drohte dieser, seinen

Abschied aus sämtlichen State-Park-Kommissionen zu nehmen. Mit dieser Taktik hatte er ähnliche Ansinnen früherer Politiker wiederholt erfolgreich abwiegeln können. Doch dieses Mal ging der Schuss offenkundig nach hinten los, denn Rockefeller nahm seine Kündigung für alle fünf Posten höflich an.

Im Jahr 1967 war Moses' einstmals gewaltiger Machtbereich beträchtlich geschrumpft. Sieben Jahre zuvor hatte er, um Präsident der Weltausstellungsgesellschaft werden zu können, seine städtischen Ämter aufgeben müssen. Dann hatte Nelson Rockefeller ihn mit einem Trick seiner staatlichen Posten beraubt. Nun blieb ihm lediglich noch der Vorsitz der Triborough Bridge and Tunnel Authority.

Doch selbst das war Rockefeller noch zu viel. Angesichts steigender Defizite bei der Long Island Rail Road und dem Subway-System wollte der Gouverneur ihm die Verfügungsgewalt über die Dollarmillionen durch Mautgebühren entziehen, indem er Triborough in eine neu gegründete Metropolitan Transportation Authority (MTA) integrierte.

Moses wollte davon erwartungsgemäß nichts hören. Triborough sei eine öffentliche Behörde, ließ er Presse und Öffentlichkeit wissen, und damit einzig ihren Bondholdern verpflichtet. Niemand, nicht einmal der Gouverneur des Staates, könne ihn also zum Rücktritt zwingen. Diese Befugnis besäßen allein die Bondholder respektive deren Treuhänder.

Nun hatte ebendieser Gouverneur jedoch einen Trumpf im Ärmel: Treuhänder der Triborough-Bondholder war nämlich rein zufällig eine Bank – die Chase Manhattan Bank, die sein Bruder leitete und seine Familie kontrollierte.

Am 9. März 1967 hatten Robert Moses und Gouverneur Rockefeller in der Stadtvilla der Rockefellers an der West 55th Street ein Gespräch unter vier Augen. Im Anschluss daran gab Moses bekannt, er unterstütze die angestrebte Fusion zwischen Triborough Authority und MTA. Am 9. Februar 1968 unterzeichneten Nelson und David Rockefeller am gleichen Ort ein Abkommen, nach dem die Bank der Fusion und der Entlassung Robert Moses' zustimmte, beides wirksam zum Monatsende. Der Gouverneur versprach Moses eine Schlüsselfunktion in der neuen Behörde: die Oberaufsicht über eine weitere gigantische Brücke über den Long Island Sound, ein Projekt, das dann allerdings nie in Angriff genommen wurde.

Letztlich hatte es der vereinten Kräfte staatlicher und privater Macht bedurft, aber es war geschafft: Robert Moses, der am 23. April 1924 erstmals in eine Machtposition gekommen war, verlor sie am 1. März 1968 auf immer. Die Ära Moses hatte 44 Jahre gedauert. Er hatte zwölf große Brücken, 658 Spielplätze, 627 Meilen Highway und über eine Million Hektar Parks und Grünanlagen hinterlassen – dazu Lincoln Center, Jones Beach, Shea-Stadion, New York Coliseum und das Hauptquartier der Vereinten Nationen. Außerdem hatte er New York – im Guten und im Schlechten – zum Vorbild der Großstadt des 20. Jahrhunderts gemacht, indem er jahrzehntelang alle Hebel in Bewegung setzte, die Metropole in eine riesige Stadtlandschaft mit einem gigantischen Netzwerk von Highways zu verwandeln. Er hatte mitgewirkt, jenes Verkehrsschema zu schaffen, das – in schier unglaublichem Tempo – die gesamten USA von einer Nation der Großstädte und Dörfer zu einer Nation der Highways und Suburbs machte.

In den 70er Jahren waren Robert Moses und Jane Jacobs – die beiden Antagonisten, die die Debatte über das zukünftige Gesicht New Yorks geprägt hatten – von der Bildfläche verschwunden. Trotz vieler Bemühungen gelang es Moses nicht, erneut an die Macht zu kommen, und er war gezwungen, das weitere Geschehen quasi vom Spielfeldrand aus zu beobachten. Nolens volens setzte er sich in einem gemieteten Cottage am Oak Beach, Long Island – in Sichtweite des Robert Moses State Park und des Robert Moses Causeway – zur Ruhe, blieb aber geistig und körperlich fit, bis er 1981 im Alter von 92 Jahren starb. Jane Jacobs hatte Mitte der 70er Jahre, auf dem Höhepunkt des Vietnamkriegs, mit ihrer Familie den USA den Rücken gekehrt und in Kanada ein neues Leben begonnen. Sie kam nie mehr in die Metropole zurück.

In den folgenden Jahren war es Jane Jacobs' Vision, die sich immer mehr durchsetzte. New York stoppte fast alle neuen Straßenbauvorhaben, steckte viele Milliarden Dollar in den Um- und Ausbau seines U-Bahn-Netzes – und organisierte die Stadtverwaltung neu, sodass keine Einzelperson mehr das Machtquantum anhäufen konnte, das Robert Moses gehabt hatte. Jacobs' Forderung, auch gewöhnlichen

Sterblichen ein Mitspracherecht in städtebaulichen Angelegenheiten einzuräumen, wurde mit der Einführung eines Bürgerentscheids erreicht, der erstmals in der Geschichte der USA Anwohnern formal die Möglichkeit zur Mitbestimmung gab. Die Bedeutung der Straße und Jacobs' einst gewagte Argumente zugunsten von Konzentration und buntem Miteinander wurden zur Selbstverständlichkeit für Städteplaner, Architekten und Stadtverwaltung.

Mit den Jahren bestätigte sich auch Jacobs' Theorie, dass Stadtviertel zur Selbstheilung fähig sind, in einem Maße, das Robert Moses für undenkbar gehalten hätte. Die alten Loft-Distrikte in Lower Manhattan, zeitweilig als Slums bezeichnet, wurden zu den schicksten Wohngegenden New Yorks. Die South Bronx erwachte ebenfalls zu neuem Leben, allerdings nicht durch Gewaltakte der Stadterneuerung à la Moses, sondern durch eine Reihe kleinerer, von den Anwohnern selbst ausgehender Maßnahmen, die sich durch eine gesunde Mischung aus Renovierung und Neubau auszeichneten. Und Arbeiterviertel in den älteren Teilen von Queens und Brooklyn erlebten einen Neubeginn, als die Bevölkerung sich mit unternehmerischem Geist daranmachte, die verlassenen Ladengeschäfte wieder herzurichten.

Dennoch begann man nach einer Weile, auch den Beitrag Robert Moses' in einem anderen Lichte zu sehen. Wenngleich mit oftmals brutalen Methoden, hatte er doch New York zu einem Fernstraßennetz verholfen, das – ob es einem nun gefiel oder nicht – jede moderne Großstadt zum Überleben brauchte. Ja, er hatte New York ein Highway-System hinterlassen, das in seinem Ausmaß sogar das von Los Angeles übertraf. Einige seiner Projekte hatten schlimme Verwüstungen angerichtet und Unwiederbringliches zerstört. Doch hatte auch vieles gerade noch rechtzeitig verhindert werden können, sodass zumindest Manhattan, wo der Verkehrsplaner selbst gelebt und gearbeitet hatte, relativ intakt blieb – während die Stadtzentren der meisten anderen amerikanischen Großstädte von Expressways zerrissen und verunstaltet wurden. Moses' Abneigung gegen öffentliche Verkehrsmittel zum Trotz prosperierte auch das Subway-Netz weiterhin.

So konnte sich New York Ende des Jahrhunderts verdientermaßen rühmen, über das ausgewogenste Verkehrssystem der gesamten USA zu verfügen: die besten öffentlichen Verkehrsmittel und das umfangreichste Fernstraßennetz, die besten Schienenverbindungen für Pendler und die größte Anzahl von Buslinien. Robert Moses konnte New York nicht zerstören, weil es den New Yorkern gelang, ihn rechtzeitig aufzuhalten – bevor er die Stadt zu sehr in eine Richtung drängte. In dieser Hinsicht ist das Ergebnis des Tauziehens zwischen Moses und Jacobs nur die letzte Episode einer anhaltenden Serie von Kompromissen, die die New Yorker bereits in der Vergangenheit erzielt hatten und die den Bedarf der Stadt an Gedränge und Leben und ihren Bedarf an Bewegung und Fluss immer wieder ins Gleichgewicht brachten.

Moses hatte, wenn auch mit rücksichtsloser Härte, einen Weg gefunden, im Herzen einer sich ständig ausdehnenden urbanen Demokratie große Bauvorhaben zu realisieren – Projekte, die, unabhängig von ihrer Bedeutung für die Zukunft der Stadt, häufig als unliebsam empfunden wurden und insofern bei den Wählern alles andere als populär waren. »Moses ist großartig«, urteilte einst ein begeisterter Politiker über den Stadtplaner. »Er macht sich um die Zukunft der Menschen Gedanken, und vielleicht werden sie ihm in 20 Jahren dafür dankbar sein. Aber zur Wahl gehen sie jetzt.« Vielleicht war gar derselbe Mangel an Verantwortlichkeit, der diesen Mann so gefährlich machte, auch die Ursache seiner Effizienz.

In den Jahrzehnten nach seinem erzwungenen Abgang zeigte sich New York unfähig, größere Bauvorhaben in Angriff zu nehmen, die eigentlich nötig gewesen wären: erweiterte Hafen- und Eisenbahnanlagen, erschwingliche Wohnungen, regionale Verkehrsanbindungen. Dass dies lange Zeit gut ging, lag zu einem großen Teil an dem außerordentlichen Vorleistungen früherer Generationen. Doch mit jedem Jahr wuchs die Dringlichkeit, die grandiose, aber Stück für Stück alternde Infrastruktur zu erweitern und verbessern.

Moses' Abdankung wurde von vielen New Yorkern als Sieg gefeiert – und möglicherweise war sie das tatsächlich. Doch sie löste nicht das uralte Problem, das Ende des Jahrhunderts einen immer länger werdenden Schatten auf die Zukunft der Stadt warf: Wie kann eine Metropole ihren Bedarf an Großprojekten mit den Bedürfnissen ihrer einzelnen Viertel und deren Bewohner in Einklang bringen?

**Diese Luftaufnahme von Brooklyn (im Vordergrund) und Manhattan wurde am 21. Dezember 1971 aufgenommen und zeigt die Verwandlung der Inselstadt zum Herzstück des komplexesten urbanen Gefüges der Erde. Im unteren Teil von Manhattan Island, wo 350 Jahre früher die ersten Niederländer siedelten, erhoben sich jetzt die höchsten Gebäude überhaupt – darunter das World Trade Center, dessen 110-geschossige Türme nach ihrer Fertigstellung 1973 erstmals das Empire State Building überragten (nur wenige Monate später würden sie freilich selbst vom Sears Tower in Chicago überholt werden). Noch weit mehr Wolkenkratzer standen in Midtown, südlich des Central Park. In Brooklyn schneidet der Gowanus Expressway diagonal durch die alte Stadtstruktur. Verbunden sind die Boroughs über die größte Ansammlung von Brücken und Tunneln weltweit – darunter Triborough, Manhattan, Brooklyn, Queensborough und Williamsburg Bridge sowie der Queens-Midtown Tunnel am East River, die George Washington Bridge (in Horizontnähe) sowie Lincoln Tunnel und Holland Tunnel unter dem Hudson River und der Brooklyn-Battery Tunnel unterhalb der Bay. Nicht auf dieser Aufnahme sichtbar ist die Verrazano-Narrows Bridge, die nach ihrer Fertigstellung 1964 längste Hängebrücke der Welt.**

# »THE LONELY CROWD«: NEW YORK NACH DEM KRIEG

MARSHALL BERMAN

*Die Stadt ist eine Landschaft, an der man Gefallen finden muss – was verdammt wichtig ist, wenn man dort lebt. Dreck hat seine eigene Tiefe und Schönheit. Ich liebe Ruß und Feuer. Daraus kann Positives wie Negatives erwachsen ... die Schönheit und Bedeutsamkeit fortgeworfener Objekte, Zufallseffekte ... der Schmutz der Stadt, die Übel der Werbung, des Erfolgs, der Massenkultur ... Sucht die Schönheit dort, wo man sie nicht erwarten sollte.*

Claes Oldenburg, *The Street*, 1960

In vielen Momenten seiner Geschichte hat das Alltagsleben New Yorks ein Umfeld erzeugt, das die Menschen – Bewohner und Besucher gleichermaßen – zu überwältigen schien: zu voll, zu schmutzig, zu übel riechend, zu ungesund, zu gewalttätig, zu widersprüchlich. Ein solches Übermaß an Beeinträchtigungen, dass es die kreativen Kräfte der Stadt zu ersticken droht. Die Menschen verlieren den Mut: Sie haben das Gefühl, dass etwas geschehen muss, aber sie wissen nicht, was, und erst recht nicht, wie. Solcher Kritik ist die Stadt auf sehr unterschiedliche Art und Weise begegnet: Sie hat neue Gebäude und neue Visionen entwickelt, neue Lebensbedingungen und neue Ideen. Sie hat herrliche neue öffentliche Räume und Einrichtungen geschaffen, die Menschen aller Bevölkerungsschichten und Ethnien gemeinsam nutzen können, und gleichzeitig eine Kultur und Sensibilität gefördert, die in den alten, bereits bestehenden Dingen neue Tiefe und Schönheit zu entdecken vermag. Mitte des 19. Jahrhunderts etwa schenkte sie uns sowohl den Central Park als auch *Leaves of Grass* (*Grashalme*). Olmstead und Vaux verwandelten Ödland in Grünanlagen, die den Menschen eine Tür zur Natur wiesen, zum eigenen Körper und zueinander. Man traf auf Superstädte und Anti-Städte in einem. An der Wende zum 20. Jahrhundert bereicherten Coney Island, Pennsylvania Station und Grand Central Terminal sowie der Times Square das Bild, während Dreisers *Sister Carrie* (*Schwester Carrie*) und Whartons *The Age of Innocence* (*Zeit der Unschuld*), Jacob Riis' *How the Other Half Lives*, die Armory Show von 1913 und Alfred Stieglitz' 291 Gallery, die Schlagerindustrie und »Alexander's Ragtime Band« neue Perspektiven eröffneten.

Seit seinen Anfängen ist New York mit einem einzigartigen Synchronismus architektonischer wie kultureller Grandeur gesegnet, der jedoch nach dem Zweiten Weltkrieg ein abruptes Ende fand. Natürlich wurde in und um New York noch viel gebaut, darunter auch einige majestätische Objekte, aber der große Schub der Neubauten traf die Stadt wie ein Fluch – ein Fluch, der sich in den Wolkenkratzern und Highways manifestierte und auch in den neu entstandenen Vorstädten entlang dieser Highways, in den Straßen selbst aber schlussendlich einen Stillstand herbeiführte.

Die Wolkenkratzer sind eine Erfindung des ausgehenden 19. Jahrhunderts; die ersten entstanden in New York und Chicago und wurden augenblicklich weltweit zum Symbol des Aufwärtsstrebens, einer modernen urbanen Energie und Grandeur. Woolworth und Singer Building, Chrysler Building und Empire State Building, alle zwischen 1910 und 1930 entstanden, waren Meisterleistungen der Selbstdarstellung wie der Technik. Sie sollten die Menschen begeistern und mitreißen, ein Maß an Lebensfreude und Ruhm versprechen, wie es einzig New York einzulösen im Stande war. Über Generationen verliehen sie all jenen, die sich mit der Stadt identifizierten, Kraft und Inspiration.

Die Wolkenkratzer der Nachkriegszeit aber waren anders – anonyme Glaskästen, die Dutzende von Konzernen beherbergten, die bis in die 60er Jahre hinein ihren Stammsitz in New York City aufschlugen. Diese Unternehmen entfachten den größten und langfristigsten Wirtschaftsboom aller Zeiten. Viele unterhielten engste Beziehungen zur US-Regierung, speziell zur Rüstungslobby. Der Markt bot keinerlei Anreiz zum Sparen, ihre Geschäftsmoral war aufgeblasen und selbstgefällig, ganz anders als der für New York eigentlich typische Wettbewerbsgeist. Sie waren hierher gezogen, um in der Nähe der Kapitalmärkte der Wall Street und der expandierenden Massenmedien und deren Publicityapparat zu sein. Sie schufen zahlreiche neue Arbeitsplätze und verlagerten das Beschäftigungsspektrum in Richtung Schreibtischarbeit und Dienstleistung. Über diese Geschäftsmoral wurden einige bissig-brillante Bücher geschrieben – etwa David Riesmans *The Lonely Crowd* (*Die einsame Masse*), C. Wright Mills' *White Collar*, William H. Whytes *The Organization Man*. Und es gab mindestens eine grandiose Filmkomödie darüber: Billy Wilders böse Satire *Das Appartement*. Doch von Anfang an gab es auch Meinungsverschiedenheiten. Viele der neuen Manager fühlten sich in New York nicht wohl. Sie mochten die Straßenschluchten nicht, die Multikulturalität, die fieberhafte Hektik. Sie sehnten sich nach einem überschaubaren Ambiente. IBM war Anfang der 60er Jahre eine der ersten Firmen, die mit der Schaffung so genannter Campuses auf dieses Bedürfnis reagierten. Ende der 60er dann begannen Bauunternehmer mit der Einrichtung von Office Parks (gewöhnlich höchstens eine Autostunde von der City entfernt). Dutzende von Konzernen zogen daraufhin aus der Stadt fort.

Mittlerweile war die Stadt New York jedoch wirtschaftlich zunehmend von ihnen abhängig geworden und litt schwer unter dieser Abwanderungswelle. So kam es letztlich zur Finanzkrise der 70er Jahre – allerdings auch zum Wiederaufschwung der 80er und 90er Jahre, denn die findigen Großunternehmen hatten gelernt, dass man allein mit der Drohung, abzuwandern, der Stadt Steuervergünstigungen in Millionenhöhe entlocken konnte.

Bevor sie wegzogen – oder auch wenn sie dablieben –, kam es immer wieder zu Konflikten mit einem Grundelement des Stadtlebens: der Straße. Die meisten Menschen des 20. Jahrhunderts, die die Straße hassten, hatten etwas gegen die damit verbundene Unordnung: Zu viele Leute laufen, scheinbar planlos, in zu viele Richtungen oder hängen herum, ohne irgendwohin zu laufen. Einer der erbittertsten Gegner der Straße war der französische Architekt Le Corbusier. Er sagte, er schätze die Wolkenkratzer New Yorks sehr, verabscheue aber ihre enge Verbundenheit mit den Straßen der Stadt. Die Straße war sein Intimfeind, Straßen brachten ihn zur Weißglut. Immer und immer wieder brachte er in seinen Schriften zum Ausdruck, wie sehr er die herkömmliche Straße verteufelte: »Wir müssen die Straße eliminieren.« Er forderte die »titanische Renaissance eines neuen Phänomens: VERKEHR! Autos, Autos, schnell, schnell!« Er wollte das Straßenraster abschaffen und die Flächen neu aufteilen, in endlose Reihen gewaltiger Glas-und-Beton-Kästen, jeder eine Inselwelt mit eigener Tiefgarage. Miteinander wären diese jeweils von großen Grünflächen umgebenen »Verkehrsfabriken« über breite Highways verbunden. Tatsächlich war Le Corbusiers mythische Schlacht der Giganten, in der die Straßen den Autos zum Opfer fallen, in den 40ern poetischer Ausdruck der höchst prosaischen Vorstellungen amerikanischer Städteplaner, die diese Vision ernsthaft in die Tat umzusetzen bemüht waren.

Die Wolkenkratzerlawine der Nachkriegsära begann in New York durchaus grandios – mit Lever House, Seagram Building und dem Gebäudeensemble der Vereinten Nationen. Doch nachdem Büroturm auf Büroturm aus dem Boden schoss, wurde bald klar, dass irgendetwas falsch lief. Die riesigen Glaskästen wurden ohne jeden Bezug zur Straße oder zur Stadt als Ganzes gebaut. Sie sollten überall hinpassen – wirkten aber weit öfter überall fremd und fehl am Platz.

Was haben wir verbrochen, um so etwas zu verdienen? fragten sich die Menschen. Und sie kamen auf ganz verschiedene Ursachen. Einige, zumeist Kommunisten oder Sozialisten, gaben dem Kapitalismus die Schuld. Doch sie mussten sich sagen lassen: Die Kapitalisten der Zeit vor der Weltwirtschaftskrise waren noch profitorientierter gewesen, und hatten sie nicht dennoch edel gebaut? Andere – Vorläufer eines Tom Wolfe – bezichtigten »Fremde« und Architekten aus Europa als Urheber des Übels. Doch jeder konnte sich überzeugen, dass diese deutschen Baumeister vor Hitlers Machtübernahme herrliche Entwürfe angefertigt und den Zauber Berlins mitgestaltet hatten.

Präsident Eisenhower und die Massenmedien predigten unablässig, so wie es an der Börse aufwärts ging, so würde es auch den Amerikanern immer besser gehen. Und in der Tat verdienten viele New Yorker gut. Sehr gut sogar. Aber alles Geld konnte nicht darüber hinwegtäuschen, dass einem das Herz schwer wurde, sobald man nur irgendwo ein Bauschild sah. Die ganze Nachkriegszeit über konnte man sicher sein, dass, was immer auch neu hochgezogen wurde, schlimmer sein würde als das, was abgerissen wurde.

Hatten wir die Architektur der 50er Jahre für schlecht befunden, wurde es in den 60ern noch ärger – das Pan Am Building, das World Trade Center, die gigantischen Grabsteine, die die Sixth Avenue in Besitz nahmen. Die Pennsylvania Station war unwiederbringlich zerstört, desgleichen das elegante Singer Building: Sie alle mussten sterben, damit weitere Kästen leben konnten. Die Skyline von Lower Manhattan war jahrzehntelang ein abwechslungsreiches Ensemble unterschiedlicher Höhen und Stilrichtungen gewesen – die größte kubistische Collage der Welt, und eine belebte dazu. Mitte der 60er Jahre waren die meisten dieser Gebäude von Bürotürmen verdeckt, die riesigen Containern glichen, aufeinander gestapelt, das alte Hafenviertel zu verschiffen. Unsere Stadt wurde uns gestohlen, und wir konnten nicht einmal sagen, von wem.

Im Falle der Highways wenigstens hatten wir einen Sündenbock. Und Robert Moses genoss die Publicity, die ihm das brachte. Er ging mit unglaublicher Rücksichtslosigkeit zu Werke und schien verblüffend effizient zu sein. So weit man zurückdenken konnte, war er der Erste, der öffentliche Bauprojekte nicht nur termingerecht, sondern manchmal sogar unter Budget auf die Beine stellte. (Die wahren Kosten seiner Projekte kamen erst auf, als er längst nicht mehr im Amt war.) In den Nachkriegsjahren befand er sich auf dem Gipfel seiner Macht. Er hatte sich ein Dutzend verschiedener Direktorenposten verschafft. Er kontrollierte mehrere städtische und staatliche Ämter und Behörden und schuf sich daraus ein bürokratisches Imperium. Und allen seinen Lieblingsvorhaben war eines gemein: Sie folgten Le Corbusiers Diktum: »Wir müssen die Straße eliminieren!«

Moses' Highways beendeten die Isolation der New Yorker Einwandererviertel und integrierten sie in das junge landesweite Straßenverkehrsnetz – Präsident Eisenhowers Interstate Highway System, das der Historiker Kenneth T. Jackson »das größte zivile Bauprojekt in der Geschichte« genannt hat. Ende der 60er Jahre hatte es, so Jackson, »die Stadtgebiete des Landes vollkommen umgekrempelt«. Es lockte Bevölkerung, Industrie und Handel heraus aus den Innenstädten und verlagerte die Dynamik in neu entstandene Suburbs. Jede amerikanische Großstadt zahlte mit lieb gewonnenen Einrichtungen, vor allem Department Stores. Im Regelfall wurde das Mutterkaufhaus in der Innenstadt geschlossen, während auf billigem Bauland Filialen gediehen, für gewöhnlich im Rahmen einer weiteren baulichen Neuschöpfung, der verkehrsgünstig an einer Highwaykreuzung gelegenen Shopping Mall.

1953 gewann Robert Moses einen mit 25.000 Dollar dotierten Essay-Wettbewerb, ausgeschrieben von General Motors zum Thema »Planung besserer Fernverkehrsstraßen«. Er konnte so viel für New York tun bzw. New York so viel antun, weil er mit seltenem Weitblick das gewaltige Verkehrsaufkommen der Zukunft voraussah und seine ganze Kraft aufbot, die Stadt entsprechend umzugestalten. Für den Verkehrszuwachs selbst freilich konnte er nichts.

Robert Moses hat in New Yorks Outer Boroughs sowie in den Vorstädten Großes zu Wege gebracht. In Manhattan jedoch versagte er. 40 Jahre lang träumte er von kolossalen Expressways, die quer über die Insel führen sollten. Doch in Manhattan schlugen immer zu viele Leute Krach, und in den 60er Jahren wussten seine dortigen Gegner, anders als die in Brooklyn und in der Bronx, die Massenmedien ebenso für sich einzusetzen wie er. Als Folge davon ist New York die einzige amerikanische Großstadt, deren Herz nicht von Expressways durchschnitten wird, und vielleicht sogar die einzige amerikanische Stadt überhaupt, in der man sein ganzes Leben ohne Auto verbringen kann. Moses' Versagen verhalf Manhattan zu jener fast paradoxen Eigenart, dass es – und zwar bis heute – ultramodern wirkt, wenn man nach oben schaut, aber geradezu archaisch, wenn man nach unten blickt. Voller Straßen aus dem 19. Jahrhundert, gedacht für Benutzer öffentlicher Verkehrsmittel. Hier mit dem Auto durchzufahren kann einen an den Rand des Wahnsinns bringen, aber die bunte Belebtheit buchstäblich Hunderter von Blocks macht es zu einem Paradies für Fußgänger.

Die Expressways der Nachkriegszeit markieren einen Höhepunkt staatlicher Übergriffe auf das Stadtleben. In New York brachten sie schweres Leid über ungezählte Menschen, doch ihr eigentliches Ansinnen verpassten sie: Sie schafften es nicht, die Straße zu eliminieren. Fast überall sonst freilich hatten sie Erfolg. Nach Fertigstellung des Interstate-Highway-Systems waren die simpelsten Alltagsdinge – zu Fuß an der Ecke einen Liter Milch kaufen, mit dem Bus zu einem Kino in der Innenstadt fahren, an der belebten Hauptstraße eine Limo trinken – in weiten Teilen des Landes plötzlich nicht mehr möglich. In New York jedoch blieb die klassische Straßenlandschaft überraschend intakt und wurde nicht, wie fast überall sonst, einfach ausradiert. Denken Sie an Alfred Eisenstadts berühmtes Foto im Magazin *Life*, wo ein Mädchen am Times Square im Überschwang der Friedensnachricht einem Matrosen um den Hals fällt. 1945 repräsentierten der Times Square und New York noch ganz Amerika. Das ist endgültig vorbei. Das Interstate Highway System hat New York selbst nicht verwandeln können, aber es hat ihm eine neue Rolle verliehen: Es ließ die Stadt zur großen Ausnahme von der Regel werden.

## ANDERE GESICHTER, ANDERE STIMMEN

Sie schafften es nicht, die Straße zu eliminieren. Nach dem Zweiten Weltkrieg erfuhren die Straßen New Yorks jedoch einschneidende Veränderungen: einesteils hinsichtlich ihrer Benutzer und andernteils hinsichtlich unserer Sichtweise auf sie. Auf Vorkriegsdarstellungen erschienen New Yorker Straßen (im Kino wie in der Fotografie) zwar überlaufen, aber sauber und ordentlich. Selbst offenkundig arme Leute tragen Anzug oder Kostüm – und seien sie auch abgetragen. Sie stehen gerade, mit gestrafften Schultern, oder gehen energischen Schrittes. Die Welt scheint in Ordnung, selbst wenn die Aufnahme Protestler und Demonstranten zeigt. In den 50er Jahren fanden Fotografen und Filmemacher Möglichkeiten, die Stadt so vielschichtig und fließend, so dynamisch und unausgewogen abzulichten, wie sie tatsächlich war. Nebenstehend ein Bild der Menschenmenge am Times Square am Silvesterabend 1954; es stammt aus William Kleins Buch *Life Is Good & Good for You in New York* (das paradoxerweise zuerst in Paris erschien und in den USA erst in den 90ern auf den Markt kam). Die Menschen auf dem Bild sind vorwiegend farbig, vorwiegend Kinder und vorwiegend arm. Sie kommen auf uns zu. Sie lutschen Zuckerstangen in Zigarettenform und versuchen auch sonst, möglichst erwachsen auszusehen. Ihre Gesichter liegen teils im Schatten, teils im grellen Licht der Leuchtreklame. Das Bild versetzt uns mitten hinein in diese Menge. Diese Kinder haben nichts Feindseliges und sehen übermüdet aus, aber wir möchten nicht direkt neben ihnen stehen. Trotzdem reißt uns diese Aufnahme aus der Rolle des bloßen Zuschauers und lässt uns Teil der Menge werden. William Klein fragt uns nicht, ob sie Teil unseres New Yorks sein sollen; er zwingt uns, Teil *ihres* New Yorks zu werden. Genau das ist die Leistung der New York School of Photography – Klein, Robert Frank, Bruce Davidson, Gary Winograd – und der Film-noir-Regisseure Jules Dassin, Robert Rossen, Abraham Polonsky, Samuel Fuller, Stanley Kubrick, John Cassavetes u. a. Die Gehsteige New Yorks wurden in den 50ern immer voller und problematischer. Aber eine großartige Generation von Fotografen und Filmemachern brachte es fertig, in sie einzudringen und die ihnen eigene Struktur, ihre Tiefe und Schönheit zu zeigen.

Viele dieser Künstler – insbesondere Filmschaffende wie Dassin und Polonsky – wurden Opfer des Kommunistenjägers McCarthy. Andere wie Robert Rossen wurden ebenso Täter wie Opfer. Hatte der McCarthyismus in New York ein eigenes Gesicht? Zum einen spielte Verrat eine große Rolle: Viele wurden von den nächsten Angehörigen denunziert, den eigenen Geschwistern, leiblichen Eltern und Kindern, ehemaligen Geliebten und Ehepartnern. Dadurch war er weniger melodramatisch – nicht was »sie« »uns« antun – als vielmehr tragisch: etwas, was wir uns selbst antun. Und es gab jede Menge merkwürdiger Verstrickungen.

**Der Times Square 1954/55, fotografiert von William Klein.**

Nachdem etwa Elia Kazan vor dem House on Un-American Activities Committee (HUAC) als »friendly witness« ausgesagt hatte, meinten viele, der Regisseur habe mit *On the Waterfront* (*Die Faust im Nacken*) seine eigenen Handlungen rechtfertigen wollen. Andere vertraten die Ansicht, dieser große New-York-Film sei die Antwort auf einen anderen großen New-York-Film, *Force of Evil* (*Die Macht des Bösen*), dessen Regisseur und Hauptdarsteller, Abraham Polonsky und John Garfield, auf der schwarzen Liste des HUAC standen. Polonsky konnte 20 Jahre lang nicht in Amerika arbeiten, Garfield starb binnen Jahresfrist an Herzinfarkt.

Die in den frühen 50ern wohl bekanntesten Gesichter New Yorks waren Julius und Ethel Rosenberg (von ihrem Bruder verraten und am Grab von ihrer Mutter verflucht). Was mich am meisten beeindruckte, war ihr unscheinbares Äußeres: Sie sahen aus wie irgendwelche Nachbarn. Diese Unauffälligkeit barg die Warnung, dass sich hinter ganz gewöhnlichen netten Leuten, selbst Freunden und Verwandten, in Wahrheit Agenten einer feindlichen Macht verbergen konnten. Die Schwarze Liste reichte hinunter bis zur Arbeiterklasse: Krankenschwestern, Busfahrer, Telefonistinnen, Briefträger – jeder war verwundbar. Weder Ruhm noch Unbekanntheit boten Schutz. Einmal sah ich im Schließfach eines Lehrers ein Bild von Paul Robeson. »Sie sind also Robeson-Fan«, sagte ich. Er schlug das Fach zu: »Wer hat dich beauftragt, mich das zu fragen?« Ich fragte ihn nie wieder etwas. Das war der McCarthyismus in New York: Menschen, die man mochte, hatten Angst, mit einem zu reden. Man begann, alltägliche Fragen als gegen sich gerichtete Waffe anzusehen. Und manchmal waren sie es auch.

Auf dem Gebiet der Musik wurde das New York der Nachkriegsära von zwei Richtungen beherrscht: dem Jazz und dem Rock 'n' Roll. Der Jazz dieser Zeit heißt heute Bebop. Damals hieß er Modern Jazz, und er hob sich deutlich vom Dixieland der 20er und dem Swing der 30er Jahre ab. Erfunden hatte ihn, so hieß es, der Altsaxophonist Charlie Parker. Er war mit 34 Jahren an einer Überdosis Heroin gestorben, aber die Leute bewahrten sein Andenken, und es gab eine Reihe großer Musiker – Dizzy Gillespie, Max Roach, Thelonious Monk, Miles Davis, Charles Mingus u. v. a. –, die sein Werk fortführten. Alles war live, im Village Vanguard etwa, das immer noch existiert, und an vielen anderen wunderbaren Orten, die es nicht mehr gibt. Bop wurde von wenigen Musikern in kleinen Räumen gespielt. Das Publikum lauschte ehrfürchtig, eher wie bei Beethoven oder Schönberg als etwa bei Louis Armstrong. Dies war keine Party. Die Musiker waren keine Entertainer. Bop wurde zwar auch in Nachtclubs gespielt, aber zu dieser Musik tanzte oder trank man nicht. Man hörte zu. Die Band spielte eine Strophe eines bekannten Songs, dann setzte, begleitet von Klavier und Schlagzeug, ein Saxophon oder eine Trompete ein und variierte das Thema. Und dann, ganz unversehens, hob der Solist ab, unglaublich rasch, laut und komplex, und entführte einen an Orte, von denen man nie zu träumen gewagt hatte, bis man das Gefühl hatte abzuheben. Und dann kam der Höhepunkt, dem der allmähliche Ausklang folgte. Zuletzt wiederholte der Solist das Thema noch einmal, während wir wie wild klatschten. Dann übernahm ein anderes Bandmitglied seine Rolle, und wenn man Glück hatte, spielte jeder ein Solo.

Rock 'n' Roll war das genaue Gegenteil: Musik zur Geselligkeit. In den 50ern führte er noch nicht zu einer Innenschau – das tat erst Bob Dylan in den 60ern –, aber er vermittelte spontan Freude, die zwischen Fremden ein sofortiges Band schuf. Kinder sangen ihn auf der Straße, beim Lift- oder Busfahren oder auf den Subway-Bahnsteigen (bis Anfang der 80er waren die Züge selbst zu laut, um darin zu singen), und andere Leute, Leute, die sie nicht kannten, stimmten ein. In den 60er Jahren nutzten begabte New Yorker – Dylan, Paul Simon, Lou Reed, Leonard Cohen, Laura Nyro u. a. – Rock 'n' Roll als Medium, um die komplexesten Dinge über das Leben auszudrücken.

In den 50ern entstanden in New York wunderschöne, von bittersüßer Sentimentalität durchzogene Balladen – häufig von schwarzen Sängern –, wobei das Publikum von Anfang an gemischtrassig war. Etwas von diesem Geist der frühen Jahre hat sich in einem Doo-wop genannten Stil erhalten, den man heute noch in Parks und Subways hört, und der einem, wenn man wirklich zuhört, das Herz zerreißen kann. Den Durchbruch für den Rock 'n' Roll in New York brachte nicht Elvis Presley, sondern sein Zeitgenosse Frankie Lymon mit »Why Do Fools Fall in Love?« Lymon starb jung – ebenfalls an einer Überdosis Heroin –, doch eine ganze Generation junger Leute hielt sein Schmachten in den Straßen lebendig. Wie überall in Amerika reagierten auch die Behörden in New York City regelrecht hysterisch auf die in ihren Augen wilde gemischtrassige Masse von Jugendlichen. Erinnerten sie sich denn nicht an ihren eigenen Überschwang 20 Jahre früher, in der Ära des Swing?

Kunstwerke lebender Künstler zu sehen war im New York der Nachkriegszeit weit schwieriger als heute. Das Metropolitan Museum of Art und die Galerien an der 57th Street interessierten sich mehr für Europäer oder gediegene Künstler von 60 aufwärts. Nicht dass irgendetwas an der Pariser Schule auszusetzen wäre. Aber wer wissen wollte, was zeitgenössische New Yorker Künstler produzierten, wurde eigentlich nur im Museum of Modern Art fündig. Das MoMA war aufgeschlossen genug, die Arbeiten der abstrakten Expressionisten auszustellen: Jackson Pollock, Willem de Kooning, Clyfford Still, Franz Kline, David Smith, Mark Rothko, Adolph Gottlieb, Helen Frankenthaler, Joan Mitchell u. a. Diese Künstler schienen über eine Quelle unerschöpflicher Energie zu verfügen. Ihre Werke besaßen dieselbe anstrengende Virtuosität und spirituelle Eindringlichkeit wie der Bebop. Obwohl sie als Gruppe galten, waren ihre Arbeiten von erschreckender Einsamkeit. Mir kamen sie vor wie Bopper, die versuchten, ihre Solos immer tiefer in einen inneren Raum zu führen, in der Hoffnung, irgendwie am anderen Ende wieder herauszufinden, wo sie erneut lachen und unter Freunden sein konnten. Diese Kunst konnte man nicht immer betrachten, man musste sich mental darauf vorbereiten. Für mich glichen ihre Bilder Wolkenkratzern: Um ihre wahre Identität zu erkennen, muss man in die Sonne schauen.

Um 1960 herum begann eine andere Gruppe von Künstlern, Werke zu präsentieren, die weniger Intensität besaßen, aber mehr Spaß machten. Sie schöpften aus der Straße. Ihre Arbeiten beinhalteten Fundobjekte, Kitsch und Trödel. Viele lebten in den alten Fabrik- und Lagerhäusern unweit der Brooklyn Bridge – in einem Viertel, das Robert Moses für seinen Lower Manhattan Expressway abreißen wollte. Oft waren die Firmen noch nicht lange ausgezogen und hatten ganze Berge von Gerümpel hinterlassen. Diese Künstler – zu ihnen gehörten Robert Rauschenberg, Allan Kaprow, George Segal, James Rosenquist, Claes Oldenburg und Red Grooms – durchforsteten Müllhalden und abbruchreife Gebäude, und manchmal wohnten und arbeiteten sie auch in den Häusern. Was mir an ihren Werken am besten gefiel, war ihre Verbindung zur Straße.

Eines von Oldenburgs frühesten Werken war das expressionistische Environment *The Street: A Metaphoric Mural*, das 1960 und 1961 in der Lower East Side gezeigt wurde. Zu *The Street* gehörte ein whitmaneskes Manifest:

*Ich bin für eine Kunst, die politisch-erotisch-mystisch ist,*
*die etwas anderes tut,*
*als sich im Museum auf ihrem fetten Arsch auszuruhn.*
*Ich bin für eine Kunst, die aufwächst, ohne den blassesten*
*Schimmer, dass sie überhaupt Kunst ist …*
*Ich bin für eine Kunst, die mit dem Alltagsmist*
*verschmilzt und trotzdem immer nobler Sieger bleibt …*
*Ich bin für eine Kunst, die sich wie ein Stadtplan auffalten lässt, die man drücken kann wie den Arm seiner*
*Liebsten und abknutschen wie ein Schoßhündchen.*
*Die dehnbar ist und quietscht wie eine Ziehharmonika …*
*Ich bin für eine Kunst, mit der man hämmern und nähen*
*kann, flicken und feilen.*
*Ich bin für eine Kunst, die einem die Zeit sagt oder wo*
*man die und die Straße findet.*
*Ich bin für eine Kunst, die alten Damen über die Straße*
*hilft …*

Claes Oldenburg

In den folgenden zwei Jahrzehnten reagierten sehr viele Künstler auf diesen Ruf Oldenburgs.

Der Künstler mit dem wohl engsten, ja innigsten Bezug zur Straße war Red Grooms. In den 60ern und 70ern malte Grooms Dutzende Straßenszenen von großer Dichte und Intensität. Sein optisch reichstes und einfallsreichstes Werk aber ist *Ruckus Manhattan*, ein Mitte der 70er Jahre entstandenes gigantisches Environment, zu dem eine bewohnbare Fähre, ein originalgroßer Subway-Waggon und eine surrealistisch verzerrte Brooklyn Bridge gehören. *Ruckus Manhattan* gleicht einem dreidimensionalen, interaktiven Gemälde. Betrachter werden aufgefordert, die lebensgroßen Figuren anzufassen, bei denen alle Hautfarben, Alters- und Einkommensgruppen vertreten sind: Studenten, Touristen, Geschäftsleute, Taxifahrer, Lieferanten samt Ware, Rentner, Prostituierte, Damen beim Lunch, Hausfrauen, Hippies, Straßenmusikanten, chassidische Juden etc. Trotz übertriebener Verzerrungen strotzen Grooms' Figuren vor Leben. In seinen Bildern strecken sie die Hände aus und berühren einander. In seinen dreidimensionalen Environments scheinen sie uns berühren zu wollen. Grooms, Oldenburg und ihre Freunde schufen eine Kunst, die in ihrer intensiven Subjektivität und ihrem Kosmopolitismus eindeutig modern war, zugleich aber in allerengstem Bezug zu einem Ort, einer urbanen Erfahrung und einer charakteristischen Art des Daseins stand. Ihre Werke waren Parabeln einer Lebensweise.

Ungefähr zur selben Zeit wie diese Environmental Art entstand in einem anderen Teil der Stadt, im West Village, ein großartiges Buch, das die Wurzeln aller urbanen Vitalität im Straßenleben sah: Jane Jacobs' *Tod und Leben großer amerikanischer Städte*, das erstmals 1961 erschien. Jacobs wohnte in einem heruntergekommenen Häuserblock an der Hudson Street. In seiner Funktion als Stadtbaukoordinator hatte Robert Moses diesen Block zum Abbruch freigegeben, was die Einwohner gewaltig unter Druck setzte. Jacobs erzählte von diesem Druck, dokumentierte einen Tag im Leben ihres Blocks, von vor Sonnenaufgang bis Mitternacht. Und irgendwie verwandelte sich Jacobs' Katalog ganz gewöhnlicher Menschen, ihrer Namen, Adressen und Tätigkeiten, in eine strahlende Vision, die Tausenden Lesern das Gefühl gab, die Stadt zum allerersten Mal zu sehen.

> *Unter der scheinbaren Unordnung der alten Stadt herrscht … eine wunderbare Ordnung, welche die Sicherheit und die Bewegungsfreiheit in den Straßen gewährleistet. Es ist eine sehr komplexe Ordnung. Ihr Wesen ist ein enges Ineinandergreifen verschiedener Benutzungsmöglichkeiten der Bürgersteige, die ein ständiges Defilieren vieler Augen mit sich bringt. Diese Ordnung setzt sich zusammen aus Bewegung und Wechsel … wir könnten sie mit einem Tanz vergleichen.*
>
> Jane Jacobs

Jane Jacobs lieferte den Beweis, dass alte Straßen modernen Städten einen Reiz verleihen. Ihr Buch wirkte sich fast sofort auf den Planungsprozess aus – aber auch auf den Immobilienmarkt: Betagte Bausubstanz stieg rasch im Wert. Doch es bewirkte noch mehr: Es zeigte, dass die Straße einer scheinbar absurden und sinnlosen Welt durch Menschlichkeit Sinn zu geben vermag. Wenn Jane Jacobs etwas unerwähnt lässt, so sind es die möglichen Differenzen, die zwischen den vielen Menschen auf der Straße unschwer entstehen können. Sie leugnet deren Existenz zwar nicht, spricht sie aber auch nicht explizit an.

Ein Werk aber gibt es, das den Straßen von New York City als lyrische Hommage huldigt und doch gleichzeitig Anklage erhebt gegen die realen Probleme dieser Straßenkultur: die musikalische Tragödie *West Side Story*, die von 1957 bis 1959 am Broadway lief. *West Side Story* verlässt die pastorale Welt, in der das Musical gewöhnlich spielt, und verlegt die Handlung in eine von ethnischen Bandenkriegen erschütterte Stadt. Ethnische Konflikte gehörten in New York, wie überall in den USA, schon immer zum täglichen Leben, doch in der Enge New Yorks können sich die gegnerischen Parteien nicht aus dem Weg gehen. Wer damals den städtischen Radiosender WNYC einschaltete, hörte pünktlich zu jeder vollen Stunde: »Dies ist New York, wo acht Millionen Menschen in Frieden und Harmonie zusammenleben und die Vorzüge der Demokratie genießen.« *West Side Story* versetzt dieser behördlich verordneten Illusion einen Dämpfer.

Jerome Robbins' Tanzinszenierungen rauben einem den Atem: Er füllt die Bühne, als wolle er mit den ethnischen Gruppen in Wettstreit treten, die die Straßen füllen – die Straßen, die gleich um die Ecke des gemütlichen Theaters liegen, in dem die Aufführung stattfindet. Die jungen Männer setzen sich mit einer Energie in Szene, die uns mitreißt und doch, das wissen wir, wenige hundert Meter weiter tödliche Folgen haben kann. Das Stück ist nicht nur Lovestory, sondern auch Bildungsroman, ein Schauspiel über das Erwachsenwerden auf einer Straße, die ein Versprechen auf Glück birgt, die jungen Leute, die dieses Glück ergreifen wollen, aber unweigerlich in eine Sackgasse führt. Leonard Bernsteins grandiose Musik macht diese unglückliche Liebe zu unserer eigenen. Während wir zusehen und -hören, erkennen wir, dass auch wir Teil der Inszenierung sind, Teil der tödlichen Auseinandersetzung, Teil des Krawalls. In *West Side Story* findet das New York der Nachkriegszeit endlich den kulturellen Ausdruck, der zu seinen Straßen passt, zu seinem größten Potenzial. Es ist eine Vorschau auf die 60er Jahre, in denen sich das Elend so vieler Menschen in aller Öffentlichkeit abspielen wird. Es straft die offiziellen Beteuerungen der Stadt Lügen und ist doch eine der größten Hymnen auf New York, dessen Signatur der Tanz ist, der Tanz auf der Straße – oder auch der Tanz des Todes.

# TRAUMA, APOKALYPSE, BOOM UND DIE FOLGEN: NEW YORK CITY IN DEN JAHREN 1975 BIS 2000

PHILLIP LOPATE

### NOCH EINMAL DAVONGEKOMMEN

1975 stand New York vor dem Bankrott. Die Industrie gab den Arbeitern die Schuld, weil diese exorbitante Löhne und Renten ausgehandelt hätten. Gewerkschaften und Linke gaben den Banken die Schuld: Sie hätten die Krise angezettelt, um Profit zu scheffeln. Demografen gaben der Bevölkerungsverschiebung in Richtung des Sun Belt die Schuld, Ökonomen der weltweiten Inflation. Rassisten hatten die Minderheiten im Visier, Kommunalpolitiker die Bundesregierung, die mehr Steuern einzog, als sie zurückgab. Und alle schoben die Schuld auf den US-Zensus, der die Vielzahl der illegalen Einwanderer nicht berücksichtigt hätte.

Wäre die Krise fassbarer Natur gewesen, ein Hurrikan oder eine Flutwelle beispielsweise, hätte man hingehen und Sandsäcke schleppen können. Wäre sie militärischer Natur gewesen, hätte man sich freiwillig melden können. Doch sie war so theoretisch, so abstrakt, dass der Durchschnittsbürger vollkommen hilflos davorstand.

Ein Teil dieser Abstraktheit war, dass keine zeitlichen Fixpunkte erkennbar waren. Anders als bei den Morden und Attentaten der 60er Jahre fragte bei der Finanzkrise der 70er niemand, wo man gerade war, als die Schreckensnachricht eintraf, denn die Kunde verbreitete sich schleichend. Dennoch war es eine sorgenvolle Zeit, die das Vertrauen in die bürgerliche Ordnung zutiefst erschütterte – vielleicht sogar noch mehr als Watergate, da im Grunde niemand daran gezweifelt hatte, dass Präsidentschaftskandidaten alle möglichen Winkelzüge aushecken, um gewählt zu werden, während es praktisch undenkbar erschien, dass die großartigste Stadt der Welt dem Untergang geweiht sein sollte.

Fast beiläufig erwähnten Fernsehsprecher, dass New York möglicherweise vor dem finanziellen Ruin stehe. Sie wussten offenbar selbst nicht recht, ob sie die Angelegenheit ernst oder auf die leichte Schulter nehmen sollten – was konnte dieser von Stromausfällen und Müllabfuhrstreiks gebeutelten Metropole schließlich noch widerfahren? Allmählich gewann die Meldung jedoch an Brisanz, rückte an den Anfang der Abendnachrichten. Trotzdem wollte kaum jemand glauben, dass der Stadt tatsächlich das Geld ausging: In den glänzenden Bürotürmen, Banktresoren und Verwaltungspalästen gab es doch sicherlich genügend Bares. Im Laufe der Jahre hatten sich die New Yorker an ein Possenspiel gewöhnt: Die Transportgewerkschaft etwa würde an Silvester in Streik treten, der Bürgermeister würde beharrlich behaupten, die Kassen seien leer, dann würde die Gewerkschaft die Schrauben anziehen, er würde die Sache noch einmal überdenken – und, voilà, plötzlich war das Geld da!

Doch jetzt machte sich Furcht breit. Womöglich hatten die Banken dieses Mal tatsächlich Recht. Womöglich war die Stadt zu weit gegangen und hatte ihr Budget unbotmäßig überzogen. Hatten die Sozialausgaben, die zwar New Yorks Progressivität versinnbildlichten, gegen die die Rechte aber seit langem wetterte, die Stadt tatsächlich an den Rand des Bankrotts geführt? Das städtische Gesundheitssystem und die studiengebührenfreie City University standen besonders unter Beschuss und wurden von den Banken als »Almosen« einer Kommunalverwaltung angeprangert, die den »Sozialismus in einer einzigen Stadt« verwirklichen wollte. Schön wär's gewesen: Leider schwelgten die Armen New Yorks keineswegs in Sozialhilfe, und angesichts der hohen Lebenshaltungskosten konnte man die Metropole beileibe nicht als Arbeiterparadies bezeichnen. Was indes berechtigt erschien, war die Kritik der Banker an den nachlässigen, Schulden verschleiernden Finanzpraktiken der City Hall.

Rückblickend gab es keine sozialistische Verschwendung. Eine Studie von Paul Peterson und Margaret Weir belegt, dass das Anwachsen des Budgets von New York City in den späten 60er Jahren die »Folge von zwei Faktoren war, auf die die örtlichen Beamten schwerlich Einfluss nehmen konnten: Inflation und deutlich gestiegene Zuschüsse von Seiten der Bundes- und Staatsregierung«. Als Washington seine Unterstützung in den 70er Jahren dann unvermittelt kürzte, sah sich die Stadt mit einem plötzlichen Defizit konfrontiert, das die Verantwortlichen über »kreative Buchführung« bzw. Schuldenumwälzung zu kaschieren versuchten.

Die Ironie des Schicksals wollte es, dass der Bürgermeister dieser Krisenzeit ausgerechnet Abraham Beame war, derselbe Mann, der diese Taschenspielertricks in seiner Funktion als städtischer Rechnungsprüfer einst autorisiert hatte. Dieser kleine Buchhalter, den die des Matinee-Idols Lindsay überdrüssigen Wähler gerade wegen seiner Farblosigkeit ins Amt gehoben hatten, schwang mit einem Mal populistische Reden und verteidigte die Autonomie der Stadt gegen eine kollektive Übernahme. Gouverneur Hugh Carey hielt sich die ganze Zeit über vornehm im Hintergrund.

Mittlerweile sah man immer häufiger Geschäftsleute – Finanzgrößen und Bankiers wie Walter Wriston, Richard Shinn und David Rockefeller, die gewöhnlich das Rampenlicht eher mieden – aus Stretch-Limousinen steigen und Behördengebäude betreten, während Fernsehreporter verstohlen »Es ist fünf vor zwölf« murmelten. Die Boulevardpresse bediente sich einer deutlicheren Sprache. Die berühmte *Daily-News*-Schlagzeile: FORD AN STADT: VERRECKE!

sagte alles Nötige über die Unlust Washingtons, der größten Metropole des Landes aus der Bredouille zu helfen.

Bald wurde klar, dass Beame nicht länger im Alleingang die Verhandlungen mit den Banken führen konnte, und das Ganze verlagerte sich hin zu einem Lösungsansatz, für den die aufkeimende Freundschaft zwischen dem städtischen Gewerkschaftsführer Victor Gotbaum und dem Investmentbanker Felix Rohatyn symbolischen Charakter bekam. Viele Schachzüge im Rahmen der Finanzkrise sollten eine veränderte Erwartungshaltung der Bevölkerung herbeiführen. Was einst als natürliches Anrecht betrachtet worden war, wurde nunmehr zum Privileg – und zwar einem, das in naher Zukunft sehr wohl entzogen werden könnte. Die Finanzkrise setzte vielen Dingen ein Ende (kostenlose Zoobesuche, täglich geöffnete Bibliotheken usw.), die die New Yorker inzwischen als selbstverständlich begriffen, und sie reagierten wie erwartet mit Resignation.

Der loyale New Yorker Bürger musste sich mit der Rolle des Zuschauers begnügen und das Spielfeld den Insidern überlassen. Einige, darunter Herman Badillo, plädierten dafür, schlichtweg Konkurs anzumelden und so alle finanziellen Verpflichtungen ein für allemal loszuwerden. Doch natürlich barg diese Strategie viel zu viel Risiko. Die Lage glich einem Hollywood-Katastrophenfilm: Eine Stadt steht kurz davor, von einer Feuerkugel ausgelöscht zu werden. Im letzten Augenblick schwenkt der Komet zwar ab, doch die Panik vor dem Crash hat das öffentliche Bewusstsein derart erschüttert, dass die Katastrophe so verinnerlicht wurde, als habe sie tatsächlich stattgefunden.

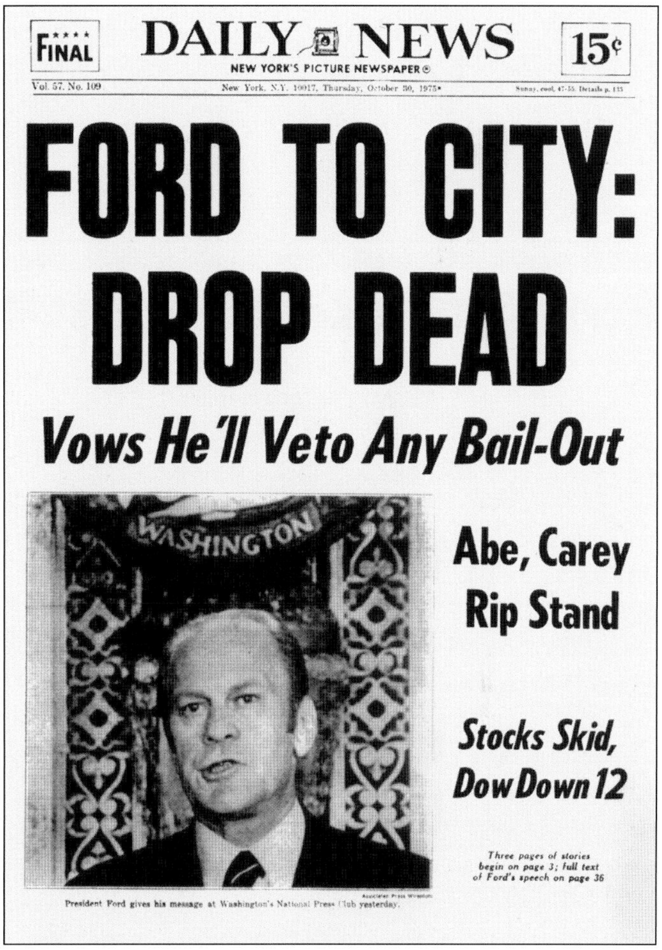

FINAL

DAILY NEWS

NEW YORK'S PICTURE NEWSPAPER

15¢

Vol. 57. No. 109 New York, N.Y. 10017, Thursday, October 30, 1975

FORD TO CITY: DROP DEAD

Vows He'll Veto Any Bail-Out

Abe, Carey Rip Stand

Stocks Skid, Dow Down 12

Three pages of stories begin on page 3; full text of Ford's speech on page 36

President Ford gives his message at Washington's National Press Club yesterday.

**Titelseite der *Daily News* vom 30. Oktober 1975.**

### DIE POSTINDUSTRIELLE STADT

Sobald sich der schlimmste Staub gelegt hatte, wurde die Stadtverwaltung unter die Zwangsaufsicht der Municipal Assistance Corporation (MAC) gestellt, die die Schulden der Stadt sehr nachsichtig über den Verkauf eigener Anleihen umstrukturierte sowie dafür Sorge trug, dass soziale Dienstleistungen beschnitten und eine neue, unternehmerfreundliche Politik umgesetzt wurde. Für eine Weile glich New York Städten wie Atlanta oder Houston und wurde ganz offen von einer Wirtschaftselite regiert.

Unter dem nächsten Bürgermeister, Edward I. Koch, der zwei Jahre darauf sein Amt antrat, tat die Stadtverwaltung alles, um sich bei der Geschäftswelt lieb Kind zu machen, von neuen Bebauungsrichtlinien bis hin zu Steuervergünstigungen. Koch erwies sich als exzellenter Protagonist der neuen kollektiven Vorgaben: Seine Wurzeln als Reformdemokrat machten ihn unabhängig von liberalen Verpflichtungen, und seine blumige, volksnahe Sprache verhalf »Onkel Eddie« zu spontaner Beliebtheit bei der breiten Masse. Seine saloppe Frage »How'm I doing?« spiegelte – aller vordergründigen burlesken Selbstbespöttelung zum Trotz – ganz unverblümt die narzisstische Unsicherheit der Ich-Generation.

Immer öfter wurden Stimmen laut, der Bürgermeister säße nicht mehr an den Hebeln der Macht. Die Geschicke der Stadt hingen vielmehr von einem komplexen Set aus Vorgängen in Hongkong, Haiti, Moskau und Berlin ab. Immerhin erwies sich Koch als unterhaltsamer Claqueur des überraschenden Wirtschaftsbooms, der – unterstützt von ausländischen Investoren – von 1977 bis 1987 dauerte.

Peu à peu traten die Muster der postindustriellen Stadt zu Tage. New York hatte den größten Teil seiner Industriebasis verloren (zwischen 1960 und 1975 fielen mehr als 600.000 Fabrikarbeitsplätze weg). Der internationale Wettbewerb hatte die einst blühende Textilindustrie kaputt gemacht. An die Stelle der Fabrikhallen trat eine expandierende Dienstleistungsgesellschaft, die auf Papier oder Pixeln basierte: Sie war irgendwie abstrakt, nicht greifbar – nichts (An)Fassbares wurde mehr produziert. New York stellte jetzt »Informationen« her. Die Stadt, in der Klatsch und Gerüchte schon immer eine große Rolle gespielt hatten, war nun geradezu besessen davon, immer auf dem neuesten Stand zu sein. An der Wall Street führte diese Mentalität der Insidertipps zu feindlichen Übernahmen und wachsender Wirtschaftskriminalität. In der Kunstszene dominierte (mit Namen wie Julian Schnabel, David Salle, Keith Haring und

**Nervös warten Broker und Trader in der Wall Street am 20. Oktober 1987, drei Tage nach dem katastrophalen Crash des »Black Monday«, auf die Öffnung der Börse. In diesen 72 Stunden hatte der Markt ein Drittel seines Gesamtwertes eingebüßt – ein Verlust von über einer Billion Dollar.**

Jean-Michel Basquiat) eine schelmische Seichtheit, Welten entfernt von der transzendenten Strenge eines David Smith oder Mark Rothko. Das Superego schien tot. Galeristen blickten jetzt voller Neid auf die Welt der Haute Couture. Offenbar war die Kunst inzwischen zu einem Nebenzweig der Mode abgestiegen. Dasselbe epikureische Lebensgefühl beflügelte auch eine Faszination für Nobelrestaurants und -diskotheken. Chefköche und Supermodels waren die neuen VIPs der Metropole.

All dieser Firlefanz machte zugegebenermaßen Spaß – insbesondere in einer Stadt, die noch vor wenigen Jahren jeden Cent hatte zweimal umdrehen müssen. Frisches Geld brachte einen Aufschwung für Randbezirke wie etwa die Columbus Avenue. Daraufhin zogen jedoch die Mieten an, Genossenschaftswohnungen wurden aufgelöst und finanzschwache Familien einfach auf die Straße gesetzt oder in Obdachlosenheime getrieben.

Während der Ära Koch nahmen Armut und Einkommensunterschiede wieder deutlich zu. Wie schon so oft in seiner Geschichte begann New York in zwei Gegensätze zu zerfallen: einen glamourösen und einen ärmlichen. Man machte dafür die kurzsichtige Politik des freien Marktes von Präsident Reagan und Bürgermeister Koch verantwortlich. Rückblickend jedoch scheint diese Entwicklung integraler Bestandteil einer Tendenz der Weltwirtschaft gewesen zu sein. Wie Saskia Sassen in *The Global City* argumentiert, wurde die Produktion zunehmend dezentralisiert – nach Taiwan, Korea etc. ausgelagert –, während sich die Entscheidungsprozesse in Großstädten wie New York, London und Tokio zentralisierten. Möglich gemacht hatten dies Fortschritte auf dem Gebiet der Telekommunikation und Informationstechnologie. Multinationale Konzerne zogen hoch dotierte Fachleute an – Anwälte, Steuerberater, Wirtschaftsprüfer, Computerexperten und Werbemanager –, bei denen das Geld ziemlich locker saß und die einen neuen Markt für Luxusgüter schufen, die in aller Regel von Teilzeitkräften in Ausbeuterbetrieben gefertigt wurden. Insofern war die immer weiter auseinander klaffende Einkom-

menssschere in Städten wie New York und London vielleicht weniger eine unmittelbare Folge der neoliberalen Politik von Ronald Reagan oder Margaret Thatcher als vielmehr eine Begleiterscheinung globaler Trends, die sowohl eine Zunahme der Zahl prestigeorientierter Konsumenten als auch der Zahl von Niedriglohnjobs begünstigten.

Häufig halten wir geschichtliche Ereignisse für regional begrenzte und korruptionsbedingte – also vermeidbare – Umstände und erkennen erst später, dass die Ursachen dieser oder jener Entwicklung möglicherweise gänzlich außerhalb unseres Einflussbereichs lagen. Auch die Stadt New York schien immer weniger Herrin ihrer eigenen Geschicke zu sein als vielmehr der wedelnde Schwanz eines riesigen Hundes, dessen Schaltzentrale sich ganz woanders befand.

### APOCALYPSE NOW?

Die ersten Auswirkungen der New Yorker Finanzkrise waren psychologischer Natur. Daran gewöhnt, als Hauptstadt des 20. Jahrhunderts zu gelten, fühlte sich die Metropole zutiefst in ihrem Stolz gekränkt. Man vermeinte sich in einem Übergang von der Teleologie (Fortschritt) hin zur Eschatologie (Apokalypse). Endzeitstimmung machte sich breit; der Untergang schien vorprogrammiert.

»New York lässt einen an den Kollaps der Zivilisation denken, an Sodom und Gomorrha, an das Ende der Welt. Hier käme es nicht unerwartet. Viele Leute rechnen schon fest damit«, schrieb Saul Bellow, und seine apokalyptische Lesart entsprach durchaus einer allgemeinen Befindlichkeit. Ein Zeitalter, das Holocaust und Hiroshima erlebt hatte, generierte fortwährend Fantasien von wirtschaftlichem Selbstmord oder postnuklearer Verwüstung.

Im Film manifestierten sich diese Gefühle in pessimistischen Szenarios. Nach 1975 war New York auf der Leinwand Schauplatz brutaler Schießereien (*Taxi Driver*) oder ein von düsteren Zukunftsvisionen, von Gewaltverbrechen und Korruption beherrschtes Universum (*Die Klapperschlange, Batman*). Ein vielleicht nicht ganz so grelles, aber ebenso trauriges Bild zeichneten die Kolumnisten der Boulevardpresse, die verzweifelt versuchten, einen Rest jenes »Geistes der Unschuld« dingfest zu machen, der die Stadt einst begleitet hatte. In Wahrheit freilich war *ihr* New York – die Stadt, deren Rückgrat die weiße Arbeiterklasse gebildet hatte – ohnehin längst Vergangenheit.

Die Bevölkerungsstruktur New Yorks hatte sich durch Einwandererwellen aus Asien, dem karibischen Raum und Mittelamerika fundamental gewandelt. Diese Migration war durchaus mit den großen Immigrantenschüben der Iren und Deutschen in den Jahren zwischen 1840 und 1860, der Italiener und Juden zwischen 1880 und 1920 und der Südstaaten-Schwarzen und Puertoricaner zwischen 1940 und 1970 vergleichbar. Zwangsläufig verlief der Abschied vom bislang typischen (weißen) New York nicht ohne Wehklagen. Aber all das war nun einmal Vergangenheit – und der neue typische New Yorker (mit vielleicht bengalischem oder koreanischem Akzent) noch nicht wirklich integriert. Daher das Gefühl, das Herz der Stadt sei »gestorben«.

Des Weiteren waren da die nüchternen Analysen des ökonomischen »Ablebens« der Stadt, etwa von Jason Epstein, der in einem Artikel unter der Überschrift »Die tragische Geschichte der Stadt New York« behauptete, die Metropole treibe mit Maschinenschaden ziellos in unbekannten Gewässern. Epstein leitete seine düstere Prognose in erster Linie von der unwiderlegbaren Tatsache ab, dass sich die Stadt von einem Industriegiganten zu einer Dienstleistungsmetropole gewandelt hatte, die nach seinem Dafürhalten den ungeschulten Minderheiten und Neueinwanderern niemals jene Aufstiegschancen bieten konnte, wie dies die Fabriken in der Vergangenheit getan hatten. Allerdings basierten die apokalyptischen Vorhersagen der 80er Jahre – wie alle Prophezeiungen – auf der Annahme, dass sich die Umstände weiter verschlimmern würden: Die Polarisierung zwischen Arm und Reich würde noch ausgeprägter, der Mittelstand würde Stück für Stück vertrieben, die kostenintensive Behandlung von Drogensüchtigen und Aids-Patienten würde das Gesundheitssystem ausbluten, immer jüngere Kriminelle würden regelmäßig mit Maschinengewehren Amok laufen, und die Mordrate würde unaufhaltsam in die Höhe schnellen ... In Wahrheit ist gerade die Verbrechensrate in den letzten Jahren drastisch gesunken. Und wenngleich Aids bislang noch nicht geheilt werden kann, gibt es doch bessere Kombinationspräparate, die die Lebenserwartung der Betroffenen merklich verlängern. Crack scheint ebenfalls an Bedeutung zu verlieren.

Ein Vorteil apokalyptischen Denkens liegt – allen unschönen Begleiterscheinungen zum Trotz – darin, dass die tägliche Sorge um das Überleben durch die Annahme hinfällig wird, man hätte ohnehin keine Zukunft. Die Wirren des Alltags mögen weniger theatralisch sein und weniger befriedigen als eine Endzeitvision – aber sie sind realer. In den Jahren zwischen 1975 und 2000 erlebte New York eine Finanzkrise, Budgetkürzungen, den Börsencrash von 1987, die Rezession der frühen 90er Jahre, weitere Beschneidungen und eine Neubelebung des Dienstleistungssektors. Die Wirtschaftszyklen schienen sich zu verkürzen, die Extreme rückten näher zusammen. Kein Mensch hatte vorausgesagt, dass die Wirtschaft weiterhin funktionieren würde. Dass die Mittelschicht (zumindest der jüngere Teil davon) bleiben würde, weil das Stadtleben durchaus seinen Reiz behielt. Dass die Strukturprobleme der Region, wenn auch nicht verschwinden, so doch bei weitem nicht das befürchtete Ausmaß annehmen würden. Dass die neuen Einwanderer sich nicht kleinkriegen lassen und der Stadt etwas von ihrem alten Selbstvertrauen zurückgeben würden. An einem lauen Sommerabend kann man hier immer noch auf die Straße gehen und einen Blick auf die weite Welt erhaschen.

### STADTERHALTUNG

Im letzten Viertel des 20. Jahrhunderts erlebte New York eine wahre Blüte historischen Bewusstseins, mit Hunderten von Büchern, Ausstellungen und Filmen, die alle der einzigartigen urbanen Ästhetik der Stadt huldigten. In gewissem Maße unterstützte die Finanzkrise dieses Phänomen, da sie die Verwundbarkeit New Yorks deutlich machte. Was zuvor überheblich und derb-vital erschienen war – die Stadt, die ihre Bewohner niederschmettern konnte, niemals aber umgekehrt –, präsentierte sich nun in der Endzeitstimmung eines greis gewordenen Filmstars. Nach jahrhundertelanger Verunglimpfung als hässliche Weltstadt (insbesondere im Vergleich mit den Metropolen Europas) wurde New York plötzlich »in«: die schachbrettartige Anlage des Straßennetzes und der Charme der alten Gemäuer ebenso wie die von Jane Jacobs gepriesenen Vorzüge organischen Wachstums gegenüber steriler Städteplanung.

Ein wesentlicher Teil dieser neuen Wertschätzung war der Denkmalschutzbewegung zu verdanken, die nach dem tragischen Abriss der Pennsylvania Station im Jahr 1966 rasch an Boden gewann. Schon kurz darauf wurden die ersten Gesetze verabschiedet, die sicherstellen sollten, dass ein solcher Frevel kein zweites Mal passierte.

Eine Schattenseite dieser Leidenschaft für das »Lost New York« war, dass ausschließlich die Vergangenheit ästhetisch wertvoll erschien. Die Stadt, die stets für ihre kommerzielle Kreativität berühmt gewesen war, wirkte mit einem Mal angeschlagen und müde – nicht mehr in der Lage, ein neues urbanes Designvokabular für das ausgehende 20. Jahrhundert zu entwickeln. Planer und Bauherren mühten sich ab, die Aura der »beliebtesten Epochen« der Stadt wieder zum Leben zu erwecken: Der Olmsted'sche Central Park musste für die Promenade des Battery Park herhalten, entlang der Park Avenue kopierte man Laternenpfähle aus dem frühen 20. Jahrhundert, und Nobelbistros in der ganzen Stadt kleideten sich im Stil der Art-déco-Lobbys. Die Kritik an den modernistischen Glaskästen hatte die Architekten zaghaft werden lassen. Sie verloren den Mut, echte Innovationen zu entwickeln, und beschränkten sich weitestgehend darauf, Stilrichtungen vergangener Zeiten mehr oder minder ironisierend zu zitieren.

Zufall oder nicht, die Wertschätzung für das »alte New York« erreichte ihren Höhepunkt in demselben Moment, in dem die Stadt unter der schlimmsten Wohnungsnot seit Jahrzehnten litt. Mochte der Flaneur in nostalgischen Träumereien schwelgen – geschäftstüchtige Immobilienmakler entdeckten ihren Blick für Ornamentik: Jede nur halbwegs ansehnliche Fassade, jeder Anflug von »Vorkriegs-Charme« rechtfertigte nun eine horrende Mietsteigerung. Rußige Fabrikgebäude besaßen plötzlich »Patina« und wurden in sündteure Eigentumswohnungen umgewandelt. Mit aufgeputzter Fassade, jeder Menge auf Hochglanz poliertem Messing, frischem Farbkleid für Ziegel und Gusseisen waren sie jedoch derart aufgedonnert, dass von »historisch« keine Rede mehr sein konnte. Die Umgestaltung weiter Teile des South Street Seaport in eine Shopping Mall ist nur eines der Beispiele einer solchen verfehlten »Wiederbelebung«, die über keinerlei echten Bezug zur Vergangenheit verfügt.

Ein erfreulicherer Aspekt der Stadterhaltung war, dass die City Hall erstmals seit Jahrzehnten nennenswerte Summen zur Aufbesserung der Infrastruktur bereitstellte. Zwar geschah dies nicht ganz freiwillig – Teile der Williamsburg Bridge und des FDR Drive hatten buchstäblich zu bröckeln begonnen –, doch immerhin erging endlich der Beschluss, die vorhandenen Bauten so weit instand zu setzen, dass sie das 21. Jahrhundert noch erleben würden. So begannen die so genannten Caretaker Years, die ganz im Zeichen unspektakulärer Sanierungsarbeiten standen: Brücken wurden gestrichen, Träger verstärkt, Straßen ausgebessert.

Eine weitere positive Begleiterscheinung des Trends zur Erhaltung war die Entscheidung der Koch-Administration,

Tausende städtische Mietshäuser in Sozialwohnungen umzuwandeln. So kam es, dass ausgerechnet Ed Koch, der nicht zu Unrecht immer wieder wegen der Wohnungsnot und des Obdachlosenproblems unter Beschuss stand, diese Probleme letzlich wohl wirksamer bekämpfte als jeder andere Bürgermeister seit Robert Wagner. Einmal abgesehen von der Tatsache, dass der Staat keinen Cent mehr für den öffentlichen Wohnungsbau locker machte, lag es schließlich näher, Vorhandenes zu sanieren, als neue Mietsblocks hochzuziehen. Sechsgeschossige Bauten ohne Fahrstuhl wurden allemal als wohnlicher empfunden – und fügten sich besser in das Stadtbild – als die abweisenden Mietskasernen eines Superblocks. Völlig abseits des Rampenlichts entstanden im Rahmen dieses Programms etwa in der Bronx hinter den Fassaden völlig heruntergekommener Häuser tausende saubere, frisch getünchte Wohnungen mit neuen Küchen und Bädern. Dazu kamen soziale Einrichtungen wie Kindertagesstätten, Drogenberatung und Arbeitsvermittlung. Wieder zum Leben erweckt, wurde die South Bronx so zu einem Beispiel des typischen ursprünglichen New York: des funktionierenden Arbeiterbezirks. Nur die Bars, Tanzpaläste, Spielhöllen, Kinos und Billardsalons, in denen diese Bevölkerungsschichten Vergnügen gesucht hatten, fehlten noch. Aber vielleicht würden sie ja folgen?

Mit schöner Regelmäßigkeit werden Errungenschaften wie der Central Park, die Brooklyn Bridge oder die New York Public Library angesprochen und mit der rhetorischen Frage verknüpft, ob solche Großprojekte inzwischen vollkommen aus dem Gesichtskreis der Stadt verschwunden seien. Dies ist nicht unbedingt so, doch in der Tat investiert die Stadt seit langem nur mehr dann in öffentliche Einrichtungen – und sei es eine Toilette auf Governor's Island –, wenn irgendeine Form von Einnahmequelle damit verknüpft ist. Ebendiese Einstellung – dass das Gemeinwesen sich selbst finanzieren muss – ist neu und gibt Anlass zur Sorge.

All diese spürbaren Verbesserungen, die New York in diesen Jahren erfuhr, erfolgten praktisch stillschweigend. Das mag teilweise damit zusammenhängen, dass es sich um Sanierungs- und Erhaltungsmaßnahmen handelte und nicht um schlagzeilenträchtige Innovationen oder technische Wunderwerke. Ein typisches Beispiel ist die Umgestaltung des Bryant Park, so geschmackvoll und dezent durchgeführt, dass ein unbedarfter Tourist annehmen könnte, er habe nie anders ausgesehen – nicht ahnend, dass diese Grünfläche in den 70er Jahren praktisch vollständig in den Händen von Drogendealern war. Auch der Times Square ist nach langen Jahren des Niedergangs auf dem besten Weg, wieder zu einem Besuchermagneten zu werden.

Das bedeutendste öffentliche Bauprojekt dieser Ära war der New York City Water Tunnel No. 3, ein gigantisches Unterfangen, das die älteren Anlagen entlastet: unabdingbar, kostenaufwändig, eine technische Meisterleistung, aber für den Normalbürger unsichtbar. Andere, augenfälligere Beispiele für die stille Erneuerung New Yorks waren u. a. die Wiederbelebung der Ladies' Mile in der Sixth Avenue, die Restaurierung des Union Square, die Sanierungsarbeiten in Downtown Brooklyn, die neuen Grünanlagen entlang des Hudson River, die zahlreichen Schulneubauten und die Renovierung des Grand Central Terminal. Auch wenn keine dieser Maßnahmen die Herzen wirklich höher schlagen ließ – es gibt gewiss Schlimmeres, als wenn eine Stadt Atem holt und sich verantwortungsbewusst um ihr Erbe kümmert.

### AUF DEM WEG INS NÄCHSTE JAHRTAUSEND

Auf der politischen Bühne New Yorks ging die Show weiter. Auf Ed Koch, den wenig eleganten Mann der Mitte, folgte der liberalere und modischere David Dinkins, der erste afroamerikanische Bürgermeister der Stadt, dessen Amtszeit von einer Rezession begleitet war. Unfähig, das soziale Netz zu flicken, tröstete er sich mit Partybesuchen. Er wurde von Rudy Giuliani abgelöst, einem gemäßigten, oft mürrisch dreinschauenden Mann, der die Wahl mit dem Versprechen gewann, rücksichtslos gegen die Kriminalität vorzugehen, und seine ersten Jahre im Rathaus damit zubrachte, die Straßen von Feuerwerkskörpern, fliegenden Händlern und den so genannten »squeegee men«, den aufdringlichen Windschutzscheibenputzern, zu säubern.

Giuliani argumentierte, ein striktes Vorgehen gegen solche »Störenfriede« würde die Lebensqualität erhöhen. Und in der Tat verzeichneten alle Umfragen einen wachsenden Optimismus. Ob dies mit der Vertreibung der »squeegee men« zusammenhing oder nicht vielmehr Folge davon war, dass er das Glück hatte, während eines landesweiten wirtschaftlichen Booms und einer Zeit generell sinkender Kriminalität an den Hebeln der Macht zu sein, sei dahingestellt.

Immerhin bestätigten die meisten New Yorker, sich auf den Straßen jetzt sicherer zu fühlen. Die wirtschaftliche Grundstimmung war positiv, alle Arbeitsplätze, die während der letzten Rezession verloren gingen, waren wieder da, und die Beschäftigungszahlen erreichten fast wieder den Spitzenwert der 1960er Jahre. Und diese Jobs waren nicht allein abhängig von der Börsenentwicklung. Nicht zuletzt dank der Ausprägung der so genannten Silicon Alley, eines Verbunds von EDV-Unternehmen, schien New York den Übergang zur postindustriellen Wirtschaft erfolgreich vollzogen zu haben. Nicht dass unsere Skepsis gegenüber einem von der Produktion losgelösten Wohlstand jemals völlig verschwinden würde – das wird sie genauso wenig wie unsere Besorgnis, ob diese Schöne Neue Welt der Technologie die Berufsperspektiven unserer minderqualifizierten innerstädtischen Jugend lösen wird. Wir sind auf der Hut. Skepsis und Sorge bleiben. Doch ganz gleich, warum: Die Stadt wirkte vitaler als ein Vierteljahrhundert früher. Sie hatte es geschafft, sich selbst zu überleben.

**Dank Film, Musik, Fernsehen und Internet ist Amerika heute überall präsent – ganz egal, ob man in Bilbao, Peking oder Bombay lebt. Jedermann hat New York im Kopf, auch wenn er selbst niemals dort gewesen ist. Deshalb war die Zerstörung der Twin Towers ein so gravierender Schlag.**

**Timothy Garton Ash**

# EPILOG: AUFSTIEG UND FALL DER TWIN TOWERS

### FEUERSÄULEN

An einem strahlend blauen Spätsommermorgen Mitte September 2001 sollte sich New York City und mit ihm ein Großteil der modernen Welt binnen zwei Stunden auf immer verändern. Die apokalyptischen Schreckensbilder brannten sich unauslöschlich in die Herzen und Seelen all jener ein, die sie zu Gesicht bekamen – die gespenstisch düsteren Flugzeuge, die auf die Türme zuhielten, die riesigen Flammen und Rauchschwaden, das Grauen herabstürzender Leiber und die gewaltigen Türme, verwandelt in schwelende Staub- und Trümmersäulen. Für Abermillionen Amerikaner und viele weitere hundert Millionen Menschen weltweit, die – ungläubig und schreckensstarr – die alptraumhaften Ereignisse live auf dem Bildschirm verfolgten, schien die Zeit selbst auseinander gerissen, gespalten in »vor« und »nach« jenem schicksalsschweren Kürzel: »11. 9.«

Was die Ereignisse des 11. September darüber hinaus jäh und schmerzlich verdeutlichten, war, dass im Herbst 2001 eine neue Ära in der Geschichte der Stadt New York begonnen hatte. Dass ein neues und ungleich komplexeres Kapitel der langen und wechselvollen Beziehungen zwischen der Stadt und dem Erdkreis aufgeschlagen worden war.

Den allergrößten Teil seines 400-jährigen Bestehens war New York eine echte Weltstadt gewesen. Von den Holländern als wichtiger Knotenpunkt in einem wachsenden Archipel europäischer Kolonien gegründet, war es im 19. und 20. Jahrhundert zu beeindruckender Größe aufgestiegen und hatte sich, als das 21. Jahrhundert heraufzog, zur unumstrittenen Hauptstadt einer neuen und zunehmend global orientierten Wirtschaftsordnung entwickelt.

Allerdings war der Kosmopolitismus New Yorks fast die gesamte Zeit über bemerkenswert einseitiger Natur gewesen – so, als beschränke sich Globalisierung darauf, die Völker und Ressourcen der Welt zueinander zu bringen und von ihnen zu profitieren. Das änderte sich am 11. September. Neben den Türmen machte dieser Tag nämlich auch die Illusion zunichte, man könne die Vorteile der Globalisierung genießen, ohne in die gravierenden Konflikte und Zwiespältigkeiten dieser Welt verwickelt zu werden – Konflikte und Zwiespältigkeiten, die der Globalisierungsprozess zu einem gewissen Maße selbst heraufbeschworen hatte.

Ganz unvermittelt war New York nicht mehr Schmelztiegel und Mikrokosmos, sondern stand an vorderster Front eines neuen globalen Schlachtfeldes.

Dass der Terroranschlag vom 11. September ausgerechnet New York traf, war alles andere als ein Produkt des Zufalls. Die Stadt wurde aus sehr konkreten Gründen zur Zielscheibe. Gründen, die letztlich mit jenen Kräften und Werten zusammenhingen, die diese Metropole seit Jahrhunderten repräsentiert. Und die Zwillingstürme waren das reale und symbolische Epizentrum eines kulturellen, sozialen und wirtschaftlichen Systems, das das Gesicht unseres Planeten in den vergangenen 200 Jahren zunehmend geprägt hat. Sämtliche Themen, die in New Yorks 400-jähriger Geschichte eine Rolle gespielt hatten – Handel und Pluralismus, Kapitalismus und Demokratie, Globalisierung und die Genese einer neuen multikulturellen Gesellschaft –, rückten durch die Ereignisse des 11. September auf neue und grauenvolle Weise wieder in den Blickpunkt.

Um diese Themen verstehen zu können und zu begreifen, was an diesem schrecklichen Septembermorgen tatsächlich geschah, müssen wir mehr als ein halbes Jahrhundert zurückgehen – in den Herbst des Jahres 1946, als zum ersten Mal der Gedanke eines »Welthandelszentrums« auftauchte. Jeder Aspekt dieses gewaltigen Unterfangens war eng mit dem absoluten Machtanspruch der USA nach dem Krieg verknüpft. Es ging um ein praktisches Vorhaben, das einen ökonomischen, kulturellen, politischen und symbolischen Charakter hatte, dessen Zentrum New York war und dessen weithin sichtbares Wahrzeichen schließlich die Zwillingstürme sein würden. Tatsächlich lässt sich die Geschichte des World Trade Center – von seinen Ursprüngen unmittelbar nach dem Zweiten Weltkrieg über die Errichtung in den 60er und 70er Jahren bis hin zu Nutzung, Bedeutung, Resonanz und schließlich seiner Zerstörung – am besten im Kontext dreier sich überschneidender Handlungsstränge erklären: der verblüffenden Expansion der wirtschaftlichen Macht der Vereinigten Staaten in der zweiten Hälfte des 20. Jahrhunderts, der einschneidenden Änderungen, die New York in den 50 Jahren nach Kriegsende erfuhr, und der komplexen, häufig widersprüchlichen Beziehungen der Stadt zur Nation als Ganzes bzw. zum Rest der Welt.

### EINE NEUE WELTORDNUNG

Wie sein Name schon sagt, sollte das World Trade Center nicht einfach ein weiterer Bürokomplex werden. Es sollte vielmehr dazu dienen, all jene Kräfte zu bündeln und zu stärken, die Stadt und Nation zu ihrer unangefochtenen Vormachtstellung auf der Weltbühne verholfen hatten.

Das Großprojekt verkörperte in vielerlei Hinsicht die Visionen eines Nachkriegsamerika, das als triumphierender Sieger des Zweiten Weltkriegs kurz davor stand, seinen Einflussbereich in bislang ungekannte Dimensionen auszudehnen und so selbst das Römische Reich oder das britische Empire in den Schatten zu stellen. Und anders als bei jenen Imperien basierte die Macht der USA weniger auf kampferprobten Legionen oder riesigen Kriegsflotten als auf wirtschaftlichen Faktoren. Sie forcierte primär eine Expansion ihrer kommerziellen Interessen auf den Märkten der Welt, deren Stabilität durch eine neue ökonomische und politische Ordnung garantiert sein sollte.

Die Architekten dieser neuen globalen Ordnung waren zu einem bemerkenswerten Grad nicht Vollblut-Politiker oder Generäle, sondern eine Gruppe extrem ehrgeiziger und weit blickender New Yorker – kosmopolitisch denkende Wall-Street-Anwälte und -Banker in erster Linie, denen ein anderer New Yorker Patrizier, Franklin D. Roosevelt, einen Platz in der Regierung verschafft hatte: nüchterne Geschäftsleute, die dennoch Amerikas Rolle in der Nachkriegswelt in den glänzendsten Farben sahen. Diese Männer – unter ihnen die Anwälte Dean Acheson und John J. McCloy sowie die Bankiers Robert Lovett, Averell Harriman, James Forrestal und Henry Morgenthau jr. – waren in den politischen und ökonomischen Wirren der 1930er Jahre groß geworden. Schuld an diesen unruhigen Zeiten, so glaubten sie, war nicht zuletzt die Weigerung der Vereinigten Staaten gewesen, bereits in den Jahren nach dem Ersten Weltkrieg die Nachfolge Großbritanniens anzutreten, das als Großmacht und Hauptgarant für die internationale Stabilität immer mehr an Bedeutung verloren hatte.

Dieses Mal, so beschlossen die Männer, würde es anders ablaufen. Die Machtposition und der Einfluss, die die USA nach Kriegsende erworben hatten, sollten eine stabile politische und wirtschaftliche Weltordnung schaffen – mit ineinander greifenden Programmen und Institutionen, die allesamt in den letzten Kriegsmonaten oder in den unmittelbar anschließenden Jahren das Licht der Welt erblickten: Da war das Bretton-Woods-Abkommen von 1944, das den US-Dollar zur Leitwährung bestimmte und die Gründung von Weltbank und Internationalem Währungsfonds beschloss – zur Förderung der wirtschaftlichen Entwicklung und des Lebensstandards der Völker jenseits des Atlantiks. Da war der Marshallplan, 1947 vorgestellt und im April 1948 vom US-Kongress verabschiedet, der mit Sachlieferungen, Krediten und Verwaltungshilfe den Wiederaufbau und die ökonomische Entwicklung Westeuropas vorantreiben sollte. Und da war eine neue, 1949 ins Leben gerufene militärische Organisation namens NATO zur gemeinsamen Verteidigung der Mitgliedsstaaten. Da war weiter die Umstrukturierung im Krieg entstandener US-Institutionen, darunter das Verteidigungsministerium und der CIA, zu einem ständigen nationalen Sicherheitsapparat. Und schließlich war da noch Franklin D. Roosevelts ureigenster Traum von den Vereinten Nationen mit ihrem ständigen Sicherheitsrat – einem weltumspannenden internationalen Forum, dem die USA, anders als dem Völkerbund, nicht nur beitreten würden, sondern das seinen ständigen Sitz in der größten und kosmopolitischsten Stadt Amerikas aufschlagen sollte.

Darauf ausgerichtet, das im Niedergang begriffene britische Empire abzulösen, ging die neue Weltordnung der USA nach einem völlig anderen Konzept vor: nicht imperialistische Herrschaft über ein riesiges Kolonialreich, sondern Aufbau und Pflege florierender Handelsbeziehungen mit Partnern in aller Welt – ein System, das gleichzeitig die Ausbreitung des Sowjetkommunismus eindämmen, den internationalen Austausch fördern und amerikanische Firmen unterstützen würde, weltweit tätig zu werden. Es verstand sich fast von selbst, dass die Zentrale dieser neuen Ordnung nicht in der politischen Hauptstadt des Landes liegen sollte, sondern in seinem Wirtschafts- und Finanzzentrum – in einer Stadt, die weiterhin Amerikas Tor zur Welt war und die über einen Hafen verfügte, über den mehr als ein Drittel der Im- und Exporte der USA abgewickelt wurden.

### EINE IDEE WIRD GEBOREN

Angesichts der außerordentlichen Bedeutung, die der »Welthandel« in dieser neuen Nachkriegsordnung spielte, war es wenig überraschend, dass Ende 1946 – zur selben Zeit, als die Delegierten der neu gegründeten Vereinten Nationen Midtown Manhattan zum ständigen Sitz der Organisation erkoren – New Yorker Politiker erstmals Pläne für ein »Welthandelszentrum« an die Öffentlichkeit trugen. Das World Trade Center sollte in Lower Manhattan liegen, in unmittelbarer Nähe des alten Finanzdistriks. Und es sollte 500.000 Quadratmeter umfassen, vorwiegend Ausstellungsfläche für Industrieerzeugnisse. In einem Komplex von Messehallen sollten Waren aus aller Herren Länder gezeigt werden. Dieses ursprüngliche Konzept war von traditionellen Handelsschauen wie der Leipziger Messe inspiriert, deren Wurzeln bis ins Mittelalter zurückreichen.

Dennoch ging zunächst mehr als ein Jahrzehnt ins Land, bevor das World Trade Center (WTC) konkretere Formen annahm. Und als es dann endlich so weit war, wich es in Gestalt wie Funktion deutlich von jenen Ideen ab, die die Väter des Projekts im Sinn gehabt hatten. Aber schließlich hatte ja auch der Begriff »Globalisierung« mittlerweile einen gravierenden Bedeutungswandel erfahren.

Einmal in Angriff genommen, nahm das Unterfangen Mitte der 50er Jahre allmählich Gestalt an – vorangetrieben insbesondere von zwei Männern, die einer der mächtigsten Familien der Welt entstammten und die den Gedanken eines Welthandelszentrums als optimales Instrument zur Verwirklichung ihrer persönlichen Träume ansahen. David und Nelson Rockefeller verkörperten jene kraftvolle Mischung aus kapitalistisch motiviertem Pragmatismus und visionärem Internationalismus, die der amerikanischen Nachkriegsordnung zu Grunde lag. Sie wollten New York zum Zentrum des heraufziehenden Handelsimperiums machen.

Als Erben des gewaltigen Vermögens, das ihr Großvater John D. Rockefeller Anfang der 1920er Jahre mit Standard Oil – einem der frühesten und mächtigsten internationalen Konzerne – geschaffen hatte, regierten die Brüder über eine fast unvorstellbare Konzentration von Macht und Reichtum. Mitte der 50er Jahre hatte die Familie Rockefeller ihren Einflussbereich weit über das Ölgeschäft hinaus erweitert und das Sagen (oder zumindest ein wichtiges Mitspracherecht) in städtebaulichen Angelegenheiten, im Bereich des Finanzwesens und selbstverständlich auch in der Politik – und zwar keineswegs nur auf kommunaler Ebene.

David, der als junger Mann für Bürgermeister Fiorello La Guardia gearbeitet hatte, bevor er der Familienbank Chase beitrat, galt weithin als »Bankier-Staatsmann«, der es verstand, seine Finanzkraft für politische und diplomatische Zwecke einzusetzen – und gleichzeitig weitere Reichtümer anzuhäufen. Nelsons Laufbahn hatte zur Zeit der Weltwirtschaftskrise begonnen, als er gemeinsam mit seinem Vater John D. Rockefeller jr. Midtown Manhattan durch den Bau eines spektakulären Bürokomplexes ein neues Gesicht verlieh. Und tatsächlich war das Rockefeller Center rasch zum Symbol von New Yorks neuer Rolle als »Headquarter City« für die großen amerikanischen Konzerne aufgestiegen. Kurz vor Ausbruch des Zweiten Weltkriegs von der Familie zum Leiter der venezolanischen Tochtergesellschaft von Standard Oil ernannt, wurde er 1940 außenpolitischer Berater des Präsidenten. Und als New York Ende 1946 schon aus dem Rennen um den ständigen Sitz der Vereinten Nationen schien, war es Nelson Rockefeller, der sich gemeinsam mit seinem jüngeren Bruder quasi fünf vor zwölf einschaltete und alle Hebel in Bewegung setzte, um die junge Weltorganisation doch noch nach New York zu holen.

Mitte der 50er Jahre hatten die beiden Brüder die Leitung des Familienimperiums übernommen. Mit dem Ziel, Gouverneur des Bundesstaates New York zu werden, hatte sich Nelson Rockefeller in den amerikanischen Nachkriegskulturbetrieb gestürzt. Unter anderem engagierte er sich für das Museum of Modern Art, dessen singulärer Aufstieg in den 50ern die historische Verlagerung der Kunstszene von Paris nach New York einläutete. David durchlief derweil in rascher Folge die oberen Ebenen der Chase Bank, eines der mächtigsten Geldinstitute der Welt. Sein Augenmerk galt insbesondere dem alten Finanzdistrikt rund um die Wall Street, an dem der Immobilienboom der Nachkriegsjahre, der Midtown Manhattan nachhaltig verändert hatte, nahezu spurlos vorbeigegangen war.

Um sicherzustellen, dass Lower Manhattan das blieb, was ein Rockefeller-Berater »den Motor der Kapitalströme der freien Welt« nannte, verkündete David 1955 stolz, die Bank seiner Familie werde, nur eine Querstraße nördlich der Wall Street, einen großartigen neuen Verwaltungssitz errichten – einen 60-geschossigen Büroturm mit einer eigenen erhöhten Plaza. Es sollte das erste größere neue Bürogebäude in dieser Gegend seit Ende des Zweiten Weltkriegs sein.

Der nächste Schritt zur Realisierung seines tollkühnen Vorhabens bestand in der Gründung eines mächtigen Finanz- und Immobilienkonsortiums, der Downtown-Lower Manhattan Association. Vor dem Hintergrund, dem in die Jahre gekommenen Businessdistrikt neues Leben einzuhauchen, griff diese Institution als Herzstück ihrer Mission eine aktualisierte Version des mittlerweile mehr als zehn Jahre alten Konzepts eines Welthandelszentrums auf. Der mehrere Gebäude umfassende Komplex sollte ursprünglich am östlichen Ende der Wall Street in der Nähe des East River entstehen. Der Originalplan sah vor, auf einem über fünf Hektar großen Areal die ältere halbhohe Bebauung niederzureißen und an dieser Stelle einen gigantischen Komplex zu errichten, zu dem nicht nur ein Hotel und Ausstellungsflächen gehören sollten, sondern auch mehrere schimmernde Hochhäuser mit Büroräumen für Banken, Versicherungen, Reedereien, Speditionen, Telekommunikationsfirmen und mehrere Dutzend andere Einrichtungen, die alle mit Exportgeschäften zu tun hatten.

»David hatte ein Zentrum zur Wirtschaftsentwicklung im Sinn, das gleichzeitig ein Symbol des internationalen Handels sein sollte«, erinnerte sich ein Berater später.

»Wir wollen nicht in Wettbewerb mit bereits bestehenden Büroflächen treten«, versicherte der Bankier höchstpersönlich. »Wir möchten neue Nutzungsinhalte schaffen. Ein Welthandelszentrum erscheint sinnvoll, und es erscheint sehr plausibel, es in der Nähe jener Geldinstitute zu platzieren, die den größten Teil des US-Außenhandels abwickeln.«

Hatte das etwa in der Mitte der Insel gelegene Empire State Building die Bedeutung New Yorks bei der Öffnung des nordamerikanischen Kontinents unterstrichen, so würde das neue World Trade Center, das den Hafen und den dahinter liegenden Ozean überragte, die neue Rolle der Stadt symbolisieren: als Kontrollzentrum und Clearinginstitut einer wahrhaft globalen Wirtschaft. Wie vorher schon der neue Chase-Verwaltungssitz und das Rockefeller Center, sollte der Komplex ein Beispiel dessen werden, was Rockefeller »katalytische Größe« nannte – ein Projekt, das allein durch seine gewaltige Präsenz weitere Maßnahmen anregen und dem Viertel neuen Aufschwung geben würde.

Paradoxerweise schreckten gerade die Größe und die Komplexität des Projekts, die den Rockefeller-Brüdern so attraktiv erschienen, selbst die risikofreudigsten Privatinvestoren ab. Niemand zeigte sich willens, das Wagnis eines solch gewaltigen Vorhabens in Kauf zu nehmen. Doch dann wurde Nelson Rockefeller im November 1958 zum Gouverneur von New York gewählt. Und mit einem Mal standen Davids ursprünglich privater Initiative die öffentlichen Mittel des finanzkräftigsten US-Bundesstaats zur Verfügung.

Dabei bediente er sich einer relativ unbekannten, aber ungemein mächtigen Behörde: der Port of New York Authority, der 1921 von den Bundesstaaten New York und

**Gouverneur Nelson Rockefeller (links) und Bürgermeister John V. Lindsay posieren 1966 mit einem Modell des World Trade Center. Lindsay, der sich gern stolz mit den Türmen ablichten ließ, war an ihrer Entwicklung praktisch nicht beteiligt. Nelsons Bruder David, die eigentliche treibende Kraft hinter dem Projekt, zog es vor, hinter den Kulissen zu bleiben.**

New Jersey gegründeten Hafenbehörde, die die weitere Entwicklung des großen Binnenhafens koordinieren sollte. Diese erste »öffentliche Behörde« der Vereinigten Staaten machte sich schnell einen Namen für technische Meisterleistungen. Aber ihre eigenwilligen Entscheidungen riefen auch mancherlei Kritiker auf den Plan. Ironischerweise vernachlässigte man den traditionell auf Bahn und Fracht konzentrierten Hafenbetrieb zugunsten aufwändiger Straßenbauvorhaben wie Lincoln Tunnel oder George Washington Bridge. Keinen gewählten Volksvertretern oder städtischen Ämtern unterstellt und allein ihrem eigenen Direktorium verantwortlich, realisierte die Port Authority ausschließlich Projekte, die satten finanziellen Profit versprachen. Investiert wurde in mautpflichtige Brücken, Tunnel, Bus- und Verladebahnhöfe sowie die drei großen Flughäfen der Region. In den Nachkriegsjahren musste sie ihre Macht über die städtische Infrastruktur lediglich mit dem Stadtplaner Robert Moses teilen. Und da beide dieselbe Vorliebe für eine automobil- und vorstadtorientierte Zukunft besaßen, kam es niemals zu größeren Differenzen.

*Die Struktur unseres Stadtgebiets wird fast ausschließlich von motorisierten Fahrzeugen geprägt … Der Vorstädter ist nicht mehr von den starren Fahrplänen und der Streckenführung öffentlicher Verkehrsmittel abhängig.*

Austin J. Tobin, Vorsitzender der Port of New York Authority, 1955

Fast ein Jahrzehnt lang war der ursprüngliche Plan eines Welthandelszentrums bei der Port Authority gelegen, ohne dass diese sich dazu durchringen konnte, ihn weiter zu verfolgen. Verantwortlich dafür war in erster Linie der Vorsitzende Austin J. Tobin, ein öffentlichkeitsscheuer und gewiefter autokratischer Anwalt, für den ein solches Vorhaben eher den Charakter eines Immobilienprojekts hatte und somit weit außerhalb des verkehrsorientierten Aufgabenbereichs seiner Behörde lag. Hinzu kam, dass angesichts der neuen florierenden Wirtschaftsentwicklung gegen Ende der 50er Jahre die Vorstellung eines Messezentrums, in dem Waren und Produkte präsentiert wurden, zunehmend überflüssig erschien. New York befand sich auf dem Weg zur postindustriellen Wirtschaft und war im Begriff, seine traditionelle Rolle als Zentrum von Produktion und Handel aufzugeben – zugunsten eines neuen Status als Finanz- und Businessmetropole, in der weniger mit Waren als vielmehr mit Ideen und Informationen gehandelt wurde.

Nirgendwo trat dieser Trend deutlicher zutage als an der Uferlinie Manhattans, wo der alte Handelshafen – jahrhundertelang wichtigste Quelle des Wohlstands der Stadt – von Jahr zu Jahr weiter verfiel. Keine neuen Lagerhäuser und kein Gedanke daran, die Hafenanlagen zu modernisieren und für Containerschiffe umzurüsten. Ganz anders stellte sich die Situation im gegenüberliegenden New Jersey dar, wo die Port Authority – gewiss nicht zufällig – in Elizabeth und Newark entsprechende moderne Piers errichten ließ.

Als Austin Tobin und die Port Authority im Dezember 1960 dem Bau eines Welthandelskomplexes schließlich zustimmten, überraschte es daher kaum jemanden, dass von der ursprünglichen Idee eines Ausstellungsgeländes für Industrieerzeugnisse praktisch nichts mehr übrig geblieben war. An deren Stelle war ein riesiger Bürokomplex getreten, der – so die Port Authority – der postindustriellen Zukunft Manhattans weitaus angemessener war. Er sollte Reedereien, Schiffsversicherer, Hafenbehörden, Handelsgesellschaften, Im- und Exportkaufleute, Verladefirmen, Handelsanwälte, Schiffsbauingenieure, Zollämter, Leasing-Agenturen, Broker und Finanzdienstleister beherbergen. Einmal entschlossen, das Projekt zu realisieren, entwickelte die zuvor so zögerliche Port Authority plötzlich ungeahnten Ehrgeiz – und dies trotz der wenig verheißungsvollen Prognose, die Nachfrage für ein solches Zentrum sei bei weitem nicht so groß wie angenommen. Anstatt den Komplex abzuspecken, beschlossen Tobin und seine Mitarbeiter – angespornt von den verstiegenen Vorstellungen der beiden Rockefellers – sogar, ihn zu vergrößern: auf eine Million Quadratmeter Bürofläche – das Achtfache des Empire State Building!

Nun aber hörte man Klagen, der Standort sei zu weit entfernt von New Jersey, das ja gleichberechtigter Partner in der Port Authority war. In der Folge verlegte man den geplanten Komplex auf ein 6,4 Hektar großes Areal am Westrand von Lower Manhattan, wo sich seit langem eine kunterbunte Mischung älterer Bürohäuser und kleinerer Fabrikgebäude ausbreitete.

Um diese Zeit etwa war es, dass die PR-Beraterin Lee K. Jaffe der Authority fast beiläufig einen historischen Vorschlag machte: »Wenn Sie ein wirklich großes Projekt planen«, schrieb sie im Nachsatz eines Memos, »sollten Sie das höchste Gebäude der Welt bauen.« Guy Tozzoli, der Leiter des World Trade Department der Port Authority, erinnerte sich später: »Austin und ich kamen zu dem Schluss, dass der einzige Weg zu sicherem kommerziellem Erfolg darin bestehen würde, das größte Hochhaus der Welt zu errichten.«

## DIE HÖCHSTEN GEBÄUDE DER WELT

Mehr als 30 Jahre lang hatte das Empire State Building unangefochten seine Stellung als höchstes Gebäude auf dem Globus behauptet. Im Oktober 1962 jedoch erteilte die Port Authority dem 40-jährigen japanisch-amerikanischen Architekten Minoru Yamasaki den Auftrag, einen Komplex zu erschaffen, der das berühmte Wahrzeichen aus dem Jahr 1931 übertrumpfte.

*Meiner Meinung nach darf dieser Entwurf nichts repräsentieren, das sich nahtlos in die vieltürmige Landschaft von Lower Manhattan einfügt. Er muss vielmehr etwas Einzigartiges darstellen, etwas, das Spannung erzeugt und seiner Umgebung dennoch mit Respekt begegnet.*

Minoru Yamasaki, 1962

Nach Durchspielen mehrerer Dutzend Optionen präsentierte Yamasaki – ein nicht einmal 1,60 Meter großer Mann mit ausgeprägter Höhenangst – dem Projektleiter Guy Tozzoli den Entwurf, der ihm persönlich am besten gefiel: zwei Türme, jeweils 80 Geschosse hoch, die in kompromissloser Einförmigkeit aus einer Plaza aufragten, an die noch vier weitere, niedrigere Gebäude grenzten. Doch diesem Entwurf fehlten noch immer 200.000 Quadratmeter zu der immensen Bürofläche, die sich die Port Authority gewünscht hatte. Der Architekt erklärte, keinesfalls höher gehen zu können. 80 Etagen galten seit langem als oberstes Limit für Hochhäuser.

Tozzolis Antwort war kurz und bündig, typisch für den Geist der frühen 60er, als Amerika sich in jeder Hinsicht unschlagbar fühlte: »Yama«, sagte er, »[Präsident] Kennedy ist dabei, einen Menschen auf den Mond zu schicken. Und Sie werden mir die höchsten Gebäude der Welt bauen.«

**Minoru Yamasaki 1964 über einem größeren Modell der Twin Towers. Der japanisch-amerikanische Architekt litt unter Höhenangst und bestand auf extrem schmalen, nur 55 cm breiten Fensteröffnungen. Dies sollte Leidensgenossen den Aufenthalt in den oberen Etagen erträglicher gestalten.**

Der Architekt fügte sich. Sein nachfolgender Entwurf, 1964 der staunenden Öffentlichkeit präsentiert, bestand aus jeweils 110 Stockwerke hohen Zwillingstürmen, jeder für sich höher als das Empire State Building oder irgendein anderer Wolkenkratzer auf der Welt. Jede Etage umfasste dabei 4000 Quadratmeter. Allerdings war klar ersichtlich, dass die neuen Gebäude nichts von dem Himmelwärtsstreben, nichts von dem Charme, nichts von der mitunter verspielt wirkenden Freude an Ornament und Dekoration besaßen, denen die Wolkenkratzer früherer Zeiten ihre ästhetische Finesse verdankten. Es waren banale Monolithen, brutalwuchtige Turmklötze, die sich, voneinander nicht unterscheidbar, in scharfkantiger Vertikalität aus quadratischen Grundrissen erhoben. Wie alle großen Bauvorhaben dieser Zeit waren sie Teil eines riesigen »Superblocks«, der das Areal 16 früherer Blocks bedeckte und neben den Türmen mehrere niedrigere Gebäude und ein unterirdisches Einkaufszentrum umfasste. Die Häuser waren nicht zu den umliegenden Straßen hin ausgerichtet, sondern gruppierten sich um eine zentrale 20.000 Quadratmeter große Plaza, die, zumindest laut Austin Tobin, an die Piazza San Marco in Venedig erinnerte – nur eben dreimal größer.

*Diese Türme werden die Maßstäbe für ganz Manhattan verschieben und eine der aufregendsten Stadtlandschaften unserer Zeit ruinieren. Das Gebäude der Chase Manhattan Bank hat die Einheitlichkeit der Wall Street zerstört; die Zwillingstürme werden diese Verwüstung komplett machen.*

18 Architekturstudenten des City College in einem Schreiben an die *New York Times*, 1964

Obwohl er manchmal davon sprach, dem architektonischen Umfeld »mit Respekt« begegnen zu wollen, beschrieb Yamasaki seinen Entwurf dennoch weit häufiger als »völlig eigenständig und vom Rest New Yorks isoliert«. Von Anfang an stellten Kritiker die Wirkung der neuen Türme auf die klassische Skyline Manhattans in Frage. »Müssen diese Gebäude wirklich so hässlich und kastenförmig sein?«, wollte die *Daily News* wissen. Und die *Washington Post* klagte: »Dieses furchtbare Instrument des Städtemords wird nicht nur das höchste, sondern ohne jeden Zweifel eines der hässlichsten Gebäude der Welt sein ... Diese unglaublichen Giganten stehen einfach da, plump und dämlich, ohne jeden Bezug zu irgendetwas, nicht einmal zueinander.« In der *New York Times* wies die Architekturkritikerin Ada Louise Huxtable darauf hin, dass Yamasakis Entwurf zwar offenkundig an die urbanen Höhenflüge des Rockefeller Center anknüpfen wolle, in Wahrheit jedoch zutiefst städtefeindlich, ja geradezu antistädtisch sei, zumal sämtliche Läden und Geschäfte sowie die Eingänge unter die Erde verlegt wären (und so die zentrale Plaza praktisch menschenleer und ohne echte Daseinsberechtigung bliebe). Obendrein eliminiere er das traditionelle Netzwerk der Straßen, anstatt es zu erweitern und bereichern, wie es das Rockefeller Center getan hatte.

In der Tat bereiteten gerade Grundriss bzw. Standort bald Probleme. Um das 6,4 Hektar große Areal für die Bebauung freizumachen, musste die Port Authority 800 kleine, aber blühende Läden, darunter die als »Radio Row« bekannte weltgrößte Konzentration von Elektrofachgeschäften, zur Räumung zwingen. Drei Jahre lang verzögerten Demonstrationen und zahlreiche Klagen ansässiger Geschäftsleute das Projekt. Letztendlich trug jedoch die finanzielle Übermacht der Port Authority den Sieg davon. Die vorhandenen Gebäude wurden abgerissen, und die Arbeiten an dem neuen Komplex konnten beginnen.

So umstritten die Architektur des World Trade Center war, die Konstruktion selbst galt vom ersten Tag an als technische Glanzleistung – eine grandiose Antwort auf die enormen Herausforderungen, die der Bau zweier 411 Meter hoher Türme aus Stahl und Glas bedeutete.

Die erste Herausforderung bildete bereits das Fundament. Der Standort in Ufernähe bot nicht den berühmten harten Granit der Inselmitte, sondern war von früheren Generationen aufgeschüttet worden. Festes Grundgestein lag erst in 20 Meter Tiefe, und das Erdreich darüber war nicht nur weich, sondern auch nass – der Hudson River war schließlich nicht weit. Damit die Türme (und die sie

TERMINAL
SERIAL
FEDERAL
SAVINGS

Luftbild der Baustelle des World Trade Center im Winter 1968/69. Die untersten Geschosse des Nordturms sind bereits zu sehen. Darüber hinaus zeigt die Aufnahme die riesige zementene »Badewannenwand«, die das Fundament auf der zum Hudson River gelegenen Seite gegen Feuchtigkeit schützte. Direkt dahinter, auf der anderen Hälfte des Baugeländes, stehen noch Reste der ursprünglichen Bebauung des WTC-Areals, darunter eines der großen Gebäude des Hudson Terminal. Binnen eines Jahres sollten auch sie vollständig niedergerissen sein.

umgebenden riesengroßen unterirdischen Parkdecks) auf einem trockenen Fundament fußen konnten, musste also zuerst eine riesige Zementwanne angelegt werden, zwei Häuserblocks breit und vier Blocks lang und bald scherzhaft »the bathtub« (die Badewanne) genannt.

Eine noch größere Herausforderung stellte die Konstruktion der Türme selbst dar, die an die Grenzen der damaligen Möglichkeiten der Statik stieß. Um der maximalen Belastung – in diesem Fall nicht der Schwerkraft, sondern des Windes – trotzen zu können, kehrten die Statiker John Skilling und Leslie Robertson fast ein Jahrhundert Hochhausarchitektur um: An Stelle der üblichen Stahlskelettbauweise, bei der die vorgesetzte Fassade lediglich als Wetterschutz und natürlich der optischen Bereicherung diente, würde das World Trade Center über eine tragende Fassade verfügen – ein ungemein starkes Netzwerk aus Stahlstreben mit einem Abstand von weniger als 60 Zentimetern, das die Türme zu riesigen »Röhren« machte, deren bemerkenswert starren Außenwänden selbst Windgeschwindigkeiten von 250 Stundenkilometern – weit mehr, als je in New York gemessen worden waren – nichts anhaben konnten.

Natürlich bereitete auch die gewaltige Höhe der Türme Sorgen, weshalb sich die Ingenieure weitere bislang unbekannte Vorsichtsmaßnahmen einfallen ließen. Selbst ein direkter Aufprall des damals größten Passagierjets, einer Boeing 707, durfte die Gebäude nicht zum Einsturz bringen. Bei ihren Berechnungen gingen die Statiker verständlicherweise von dem Szenario aus, dass die Maschine bei Nebel im Landeanflug die Orientierung verliert, sie also relativ langsam fliegt und ihre Tanks relativ leer sind.

Tatsächlich waren Yamasakis Gebäude um so viel höher und wuchtiger als alles bislang Erbaute, dass praktisch jeder Aspekt der Hochhausarchitektur neu überdacht werden musste. Als etwa klar wurde, dass die übliche Anordnung der Aufzüge, bei der alle Fahrstühle im Erdgeschoss abfahren, viel zu viel teuer vermietbare Bürofläche in Anspruch nehmen würde, kam der Vorschlag, Expressaufzüge zum 44. und 78. Stock fahren zu lassen, wo die Leute in so genannten Sky Lobbys in andere Lifte umstiegen, die dann auf jeder Etage hielten. So konnten die oberen Aufzugschächte platzsparend direkt über die unteren gelegt werden.

Ebenso hätte sich die Bauzeit um Jahre verlängert, wären die Türme nach der üblichen Stahlskelettbauweise – ein Träger oder Pfeiler nach dem anderen – hochgezogen worden. So fertigte man die Elemente am Boden vor und hob dann ganze Fassadenteile – jeweils bestehend aus mehreren drei Stockwerke hohen Streben und den sie verbindenden waagrechten Stahlträgern – an Ort und Stelle, was eine erhebliche Zeitersparnis bedeutete.

Am 5. August 1966 begann man dann – nach einem der Mailänder U-Bahn abgeschauten Verfahren – mit dem Absenken der 90 Zentimeter starken und 21 Meter tiefen »Badewannenwand«. Nach deren Fertigstellung 14 Monate später hoben Arbeiter die riesige Grube aus, aus der später der Gebäudekomplex erwachsen sollte. Dabei kamen zahlreiche Fundstücke ans Tageslicht, die deutlich machten, dass sich der moderne Bau über einem der ältesten Teile der Stadt erheben würde: Schiffsanker, Kanonenkugeln, Tonpfeifen, mundgeblasene Trinkgläser und ähnliches mehr aus der Kolonialzeit New Yorks. Archäologen, die auf einen weit größeren Schatz gehofft hatten – die Überreste der *Tiger*, des Schiffs des niederländischen Seefahrers Adriaen Block, das 1613 angeblich an dieser Stelle gesunken war –, wurden allerdings enttäuscht.

Insgesamt schaffte man fast eine Million Kubikmeter Erdaushub fort – das entsprach 100.000 Lkw-Ladungen, von denen die meisten allerdings nur auf die gegenüberliegende Seite der West Street transportiert und dort in den Hudson River gekippt wurden. Auf den dadurch neu gewonnenen 9,2 Hektar Land – ein Gedanke, der Tozzoli angeblich eines Morgens beim Rasieren kam – würde später Battery Park City entstehen.

Im August 1968 wurden die Arbeiten am Nordturm in Angriff genommen, und im Frühjahr 1970 begannen die gigantischen rostprimerroten Stahltower allmählich auf die bisherige Skyline von Lower Manhattan hinabzublicken. Neben ihnen wirkten die älteren Art-déco-Wolkenkratzer, einst selbst Symbole des Nach-den-Sternen-Greifens, auf einmal geradezu zierlich.

Zwischenzeitlich war die optimistische Stimmung, die die Idee eines Welthandelszentrums anfangs begleitet hatte, umgeschlagen. Die Zukunft sah nun nicht mehr rosig aus, sondern eher düster. Soziale, wirtschaftliche und politische Unruhen erschütterten Stadt und Nation. Und obwohl die neue Nachkriegsordnung in vielerlei Hinsicht von Erfolg gekrönt war (man denke an den Aufschwung in Westeuropa und Japan), drohte eine andere Schlüsselkomponente des amerikanisches Plans – das rigide Konzept des »Containment« (die »Eindämmung« des Kommunismus auch im letzten Winkel der Welt) – alles zum Scheitern zu bringen.

Eine neue, aus dem Establishment der Ostküste rekrutierte Beratergeneration, unter ihnen Henry Kissinger, der bereits für Nelson Rockefeller tätig gewesen war, hatte die Präsidenten Lyndon B. Johnson und Richard Nixon dazu gebracht, ein gigantisches Militäraufgebot in Vietnam zu unterhalten, um das ebenso kleine wie weit entfernte Land gegen den Kommunismus zu verteidigen. Die Folge war ein scheinbar endloser und offensichtlich nicht zu gewinnender Krieg, der Ende der 60er Jahre die US-Wirtschaft bereits beträchtlich geschwächt hatte und nun auch das soziale Gefüge der USA in Mitleidenschaft zu ziehen begann. So verzögerten sich etwa im April 1970 die baulichen Fortschritte, da zahlreiche Arbeiter – allgemein als »hard-hats« bekannt – die Baustelle verließen und sich in den Straßen von Lower Manhattan gewalttätige Auseinandersetzungen mit Anti-Vietnamkriegs-Demonstranten lieferten.

Doch allen Unbilden zum Trotz wuchsen die beiden Türme unaufhaltsam, streckten sich mit jedem Tag weiter in die Höhe. Zu Spitzenzeiten wurden über 800 Tonnen Baustahl täglich angeliefert. Vier australische »Känguru«-Kräne hoben Träger, Streben, Stützen und vorgefertigte Fassadenteile nach oben, wo sie von Bauarbeitern verschraubt wurden. 3600 Männer waren auf der Baustelle tätig, unter ihnen auch Carl Furillo, ehemaliger Außenfeldspieler der Brooklyn Dodgers, und der aus New Jersey stammende George Nelson, der 40 Jahre früher bei der Errichtung des Empire State Building mitgewirkt hatte und dieses jüngste Vorhaben als »irgendein ein weiteres Hochhaus« abtat. Zu den Monteuren zählte natürlich auch eine Gruppe Mohawk-Indianer, deren legendäre Furchtlosigkeit sie – und zwar schon seit Anfang des 20. Jahrhunderts – zum festen Bestandteil jedes Bauarbeitertrupps machte, der in Schwindel erregenden Höhen Wolkenkratzer zusammenfügte.

Relativ früh fing man damit an, die 43.600 Fenster der beiden Türme einzusetzen und die Aluminiumverkleidung anzubringen, die den Gebäuden ihren charakteristischen Silberglanz verlieh. Selbst Kritiker des Entwurfs waren beeindruckt von der Logistik, die, wie ein Mann meinte, »in puncto Exaktheit der Planung und Koordination der Invasion des D-Day in nichts nachstand«.

Am Mittwoch, den 23. Dezember 1970, wurde gegen 11.30 Uhr bei eisiger Kälte der letzte Träger des Nordturms in den 110. Stock gehievt – ein knapp elf Meter langes, vier Tonnen schweres Stahlteil, das man mit einer großen US-Flagge bestückt hatte. Die Arbeiter feierten das Ereignis mit dem traditionellen Richtfest und stellten an der Südostecke des Dachs einen zehn Meter hohen Tannenbaum auf.

Sieben Monate später, am 19. Juli 1971, wurde diese Zeremonie auf dem Südturm wiederholt. Insgesamt kamen beim Bau des World Trade Center acht Arbeiter ums Leben, darunter nicht ein einziger Monteur – eine für solch ein immenses Bauvolumen eher geringe Zahl von Opfern.

*Die Türme sind reinste Technik, die Lobbys reinste Gefühlsduselei und die Wirkung auf New York … ist reinste Spekulation … Die Fenster sind so schmal, dass einer der größten Vorzüge hoher Gebäude, der Panoramablick, wegfällt … Es sind große Gebäude, aber es ist keine große Architektur.*

Ada Louise Huxtable

## PROBLEME

Je näher die Fertigstellung des Komplexes rückte, desto lautstarker äußerste sich Kritik. Besonders angeprangert wurde der enge Abstand der Fassadenpfeiler, der die Fenster auf schmale Schlitze reduzierte und die Türme unproportioniert und abweisend wirken ließ. »Man weiß zwar, dass es Bürogebäude sind«, schrieb ein Kritiker, »aber es fällt schwer, sich vorzustellen, dass sich in ihnen tatsächlich Menschen aufhalten«; und ein anderer meinte, die Türme seien »ein Mahnmal architektonischer Langeweile«. Viele sahen in den riesigen, fast monströsen Bauwerken ein Symbol des arroganten und distanzierten Establishments, das hinter ihrer Planung stand. Noch bevor sie bezugsfertig waren, hatten die Zwillingstürme im Volksmund schon die Spitznamen »Nelson und David«.

Die Port Authority hatte derweil mit anderen Problemen zu kämpfen, denn entgegen der günstigen Prognosen seiner Befürworter drohte das World Trade Center auch ein finanzielles Fiasko zu werden. Die Türme waren kaum über die Grundmauern hinaus, da stand bereits fest, dass ein Nahziel des Projekts – die Absicht, öffentliche und private Handelsinstitute aus dem In- und Ausland unter einem Dach zusammenzubringen – wenig Aussicht auf Erfolg hatte. Trotz eifrigsten Rührens der Werbetrommel fanden sich kaum Mieter – so wenige, dass Gouverneur Rockefeller in seiner Verzweiflung 40 New Yorker Behörden, darunter die Port Authority selbst, anwies, über 35 Prozent der gesamten Bürofläche anzumieten. Dieser Schachzug rettete das Projekt zwar vor dem finanziellen Ruin, war aber natürlich Wasser auf die Mühlen derer, die das WTC einen aufgeblasenen, absolut unnützen Koloss schalten. Und obwohl Rockefeller wiederholt betont hatte, der Komplex werde bereits vorhandenen Immobilien keinerlei Konkurrenz machen, wurde rasch klar, dass das World Trade Center mit seinen mehr als einer Million Quadratmetern kaum vermietbaren Büroraums am Südzipfel Manhattans nicht nur nicht den gewünschten Aufschwung bringen, sondern den ohnehin schwächelnden Immobilienmarkt des Bezirks noch tiefer in die Flaute ziehen würde.

All diese Kalamitäten verblassten jedoch gegenüber den Schwierigkeiten, unter denen mittlerweile die gesamte Metropole litt (deren Krönung die Türme des Welthandelszentrums eigentlich hätten bilden sollen). Als der gigantomanische Komplex endlich bezugsfertig war, hatten ständig anwachsende soziale und finanzielle Missstände jede Menge Probleme heraufbeschworen. New York stand kurz vor der großen Finanzkrise der mittsiebziger Jahre. Als die Idee des World Trade Center ein Jahrzehnt früher geboren wurde, hatte die Stadt keine Wachstumsgrenzen gekannt. Nun schien sie auf einmal vor dem Aus zu stehen. Als die Port Authority am 4. April 1973 die Einweihungsfeier abhielt – ein trister Event, der wegen Regens von der Plaza in die Lobby des Nordturms verlegt werden musste –, blieb nicht nur der Ehrengast, US-Arbeitsminister Peter J. Brennan, fern. Auch der New Yorker Bürgermeister John V. Lindsay hielt es nicht für nötig, zu erscheinen. Ja, nicht einmal der Mann, der die Schlüsselrolle bei dem Projekt gespielt hatte, war anwesend: Austin J. Tobin war Ende 1971 aus der

Port Authority ausgeschieden – weil die Probleme rund um den Bau des World Trade Center seine Gesundheit angegriffen hatten, wie es hieß. Angesichts immer weiter wachsender Ressentiments und Ärgers an allen Fronten schien das Unterfangen Welthandelszentrum auf verlorenem Posten – wie ein letztes Hurra einer längst vergangenen optimistischeren Ära für New York und in gewisser Weise für die gesamten Vereinigten Staaten.

### AUFSCHWUNG

Letztlich überstand das World Trade Center die Krise – ebenso wie die Stadt. Zögerlich zunächst, dann mit wachsendem Tempo, begann sich das Blatt für beide zu wenden. Verantwortlich dafür war ein neuer, Anfang der 60er Jahre noch unvorstellbarer Wandel in der Beziehung zwischen der Stadt und dem Erdkreis. Eine neue Weltordnung, in der die Idee eines Welthandelszentrums Gestalt annehmen konnte.

Der erste Lichtstreif am Horizont erschien Mitte der 70er Jahre, als eine Reihe überraschender Ereignisse die Einstellung gegenüber den Zwillingstürmen zu mildern begann und die New Yorker daran erinnerte, dass ihre Stadt allen Bedrängnissen zum Trotz noch immer die unvergleichliche Gabe besaß, grandiose Spektakel zu inszenieren.

> *Nach der ersten Überquerung sah ich die Menge unter mir, und das war ein fantastischer Anblick. Die New Yorker wachten auf, und was sahen sie? Einen Seiltänzer zwischen den Zwillingstürmen. Ich hatte keine Angst, weil ich mich sehr gut vorbereitet hatte. Aber ich wäre fast vor Glück gestorben.*
>
> Philippe Petit, 1974

Am frühen Morgen des 7. April 1974 bot der 25-jährige französische Akrobat Philippe Petit einer steifen Brise – und mehreren behördlichen Anordnungen – die Stirn und balancierte insgesamt acht Mal auf einem Stahlseil zwischen den obersten Etagen der beiden Türme hin und her. Er wurde festgenommen und zu kostenlosen Seiltanzdarbietungen im Central Park verurteilt. Ein paar Jahre später kletterte der aus Queens stammende 27-jährige Bergsteiger George Willig mit Saugnäpfen in dreieinhalb Stunden die Außenwand des Nordturms hoch. Der »Fliegenmann«, wie ihn die Zeitungen nannten, wurde ebenso wie Petit von vielen tausend New Yorkern als Held gefeiert.

Als die Vereinigten Staaten von Amerika am 4. Juli 1976 ihren zweihundertsten Geburtstag begingen, blickte das Land nicht auf Washington, D. C., sondern auf die schimmernden Türme des World Trade Center, die sich über

**Die Türme des World Trade Center ragen aus der Wolkendecke. So hoch waren die beiden Gebäude, dass die Angestellten in den obersten Etagen nicht selten andere klimatische Bedingungen vorfanden als die in den Geschossen weiter unten. Manchmal riefen sie vor Verlassen ihres Büros in der Lobby an, um zu erfahren, welches Wetter eigentlich herrschte.**

zehntausenden Booten erhoben – darunter mehrere Dutzend Windjammer unter voller Besegelung, die im Rahmen eines Festivals die Hafengewässer durchpflügten. Im gleichen Jahr eröffnete im 106. und 107. Stock des Nordturms das Restaurant Windows on the World und durfte sich bald »das spektakulärste Restaurant der Welt« nennen. Für eine Stadt, die nur knapp der Zahlungsunfähigkeit entgangen war und die noch immer im Sumpf sozialer und wirtschaftlicher Probleme steckte, war diese glamouröse Lokalität mit Blick über die glanzvolle Skyline Manhattans ein willkommenes Omen, das bessere Zeiten verhieß. »Plötzlich wusste ich mit absoluter Sicherheit«, befand die Restaurantkritikerin Gael Greene, »dass New York überleben würde ... Wenn Geld und Macht und Selbstbewusstsein ein solch außerordentliches Vergnügen hervorbringen konnten, ... dann würden Geld und Macht und Selbstbewusstsein auch die Stadt retten können.«

Dennoch standen noch 1979 mehr als zehn Prozent der Bürofläche des World Trade Center leer, und die Port Authority musste sich der Tatsache stellen, dass das Konzept eines ausschließlich Handelsinstituten vorbehaltenen Komplexes schlichtweg nicht realistisch war. Doch mittlerweile kündigten sich die ersten Vorboten einer neuen Art von Weltwirtschaft an, die binnen weniger Jahre dem World Trade Center letztlich doch noch zu kommerziellem Erfolg verhelfen würde – wenn auch auf eine Art und Weise, die seine Planer nie beabsichtigt hatten.

Anfang der 80er Jahre entfalteten neue Möglichkeiten elektronischer Informationsübermittlung ihren Einfluss auf die Weltwirtschaft. Quasi über Nacht gehörte New York – dessen Business-Distrikt allein die doppelte Kapazität des Telefonnetzes eines kleinen Landes hatte – gemeinsam mit London, Tokio, Frankfurt, Hongkong und Zürich zu einer Hand voll »Global Citys«, in denen sich unvorstellbare Kapitalmengen zusammenballten. Das World Trade Center selbst – zuerst als Ausstellungszentrum, dann als Bürokomplex für mit dem Seehandel befasste Firmen geplant – fand zu guter Letzt seine eigentliche Berufung als Hauptquartier des neuen weltweiten Finanznetzwerks. Im Lauf der Jahre zogen die meisten Behörden sowie viele der öffentlichen und privaten Handelsunternehmen aus und neue Mieter quartierten sich ein: Investmentbanken, Börsenmakler, Anwaltskanzleien und Versicherungen, darunter Aon, Morgan Stanley, Fuji Bank, Cantor Fitzgerald, Marsh & McLennan, von denen einige sogar zehn bis 16 volle Etagen mieteten.

Doch nicht allein das Finanzsystem der Welt wurde immer kosmopolitischer. In den 80er Jahren begann sich das Gesicht der Beschäftigten im World Trade Center zu wandeln. Neuankömmlinge aus aller Herren Länder strömten nach New York City, und dies in einem Ausmaß, das den großen Einwandererwellen des vorhergehenden Jahrhunderts durchaus vergleichbar war bzw. diese in puncto Vielfalt sogar noch übertraf. Dieselbe Krisenanfälligkeit, die in diesem Jahrzehnt einen Großteil der Welt erschütterte, wurde zum Segen für New York City. Die Stadt war nunmehr Anlaufstelle für eine in jedweder Hinsicht bunte Mischung: wohlhabende Geschäftsleute aus Südamerika ebenso wie russische Juden, die der Unterdrückung in ihrer Heimat entgehen wollten, und Flüchtlinge aus allen Teilen Südostasiens. Weitere Millionen kamen aus dem karibischen Raum, vom indischen Subkontinent, aus Schwarzafrika, Mexiko, China, Griechenland, der Türkei und einer Vielzahl anderer Länder. Sie alle fluteten in die Stadt, deren neuer Wohlstand und generationenalte Träume nun wieder verlockender leuchteten als in den vergangenen Jahrzehnten. Und nirgendwo waren die Chancen augenfälliger als im World Trade Center, dessen 220 Stockwerke jetzt einer Miniaturversion der Vereinten Nationen glichen: mit Programmierern aus Indien, Buchhaltern aus Israel und Finanzexperten aus Emerging-Markets-Ländern wie Malaysia, Syrien und Uruguay. Zur Jahrtausendwende waren unter den 79 Angestellten des Restaurants Windows on the World Einwanderer aus 13 verschiedenen Ländern – darunter Barbados, Ghana und Bangladesch –, während viele Polen, Jugoslawen, Albaner, Türken und Iren als Fensterputzer arbeiteten.

Schon Ende der 80er Jahre stand ebenfalls fest, dass die globalen Handelsstrategien, die Amerika seit dem Zweiten Weltkrieg verfolgte, auf einmal weit erfolgreicher waren, als irgendjemand vorherzusagen gewagt hätte. Und als im Herbst 1989 die Berliner Mauer – und mit ihr die Bedrohung durch den Sowjetkommunismus – fiel, da glaubte man auch das letzte Hindernis beseitigt, das der totalen Globalisierung noch im Wege gestanden hatte. Binnen weniger Jahre würden die Länder der ehemaligen UdSSR und des so genannten Ostblocks – noch wenige Jahrzehnte früher den Architekten des »Containment« zufolge ein überaus ernst zu nehmendes Sicherheitsrisiko – ihrerseits Partner auf dem internationalen Handelsparkett werden.

*Unser Ziel war die Eine Welt mit freiem Handel. Das war unser Vorsatz vor zwanzig Jahren.*

Guy Tozzoli, WTC-Direktor, am Jahrestag der Eröffnung des World Trade Center, 1993

Den ersten Hinweis darauf, dass die rasche Globalisierung ihren Preis haben könnte, erhielten die New Yorker – und mit ihnen die meisten Amerikaner – an einem sonnigen Freitagmittag im Spätwinter des Jahres 1993. Am 26. Februar kurz nach 12.00 Uhr ließ eine Gruppe fanatischer muslimischer Fundamentalisten in der Tiefgarage des World Trade Center einen mit Sprengstoff beladenen Kleinbus explodieren. Mit diesem Attentat wollten sie jene Gesellschaft, die, wie sie meinten, ihren absolutistischen Glauben bedrohte, mitten ins Herz treffen. Die Detonation riss einen fünf Stockwerke tiefen Krater in die Garage, setzte 300 Au-

Nicht umsonst hatten David und Nelson Rockefeller, die Enkel des Gründers von Standard Oil, eine Schlüsselrolle bei der Entstehung des World Trade Center gespielt. Auf höchst faszinierende – und letztlich höchst erschreckende – Weise zog sich die Geschichte des Mineralöls in all seinen Verästelungen wie ein glänzender schwarzer Faden durch die außergewöhnliche Geschichte vom Aufstieg und Fall der Zwillingstürme.

Keine moderne Industriegesellschaft kann bisher ohne Erdöl funktionieren – ein Faktum, das John D. Rockefeller mit bemerkenswertem Weitblick schon in den Jahren nach dem amerikanischen Bürgerkrieg erkannte, als er mit der Standard Oil Company einen der reichsten und mächtigsten Industriekonzerne der Welt gründete. Als einer der frühesten und erfolgreichsten internationalen Industriezweige war es das Ölgeschäft, das die Maschinen des 20. Jahrhunderts zum Laufen brachte und die Infrastruktur der neuen Weltwirtschaft vorantrieb, die zunehmend von New York aus geleitet wurde. Doch das so genannte schwarze Gold – Conditio sine qua non für Modernisierung, Industrialisierung und globale Expansion – barg auch das Potenzial für Konflikte. Konflikte, die durch die Globalisierung in der zweiten Hälfte des 20. Jahrhunderts noch verschärft wurden und die das Schicksal der Vereinigten Staaten und anderer »Erste-Welt-Länder« eng mit jenem der Dritten Welt und der Länder des Nahen Ostens verflechten sollten.

Nelson Rockefeller kannte die Verwicklungen des internationalen Ölgeschäfts aus erster Hand. Nicht umsonst hatte er zwei Jahre lang die venezolanische Tochtergesellschaft von Standard Oil geleitet. Das World Trade Center, das er gemeinsam mit seinem Bruder David aus der Taufe gehoben hatte, war in vielerlei Hinsicht der architektonische Ausdruck jener Nachkriegsvision einer grenzenlos wachsenden Wirtschaft – einer Vision, die von billiger Energie abhing, von einem vermeintlich unbegrenzten Vorrat an billigem Erdöl, und die sich weder um die Umwelt scherte noch die faktische Begrenztheit der Bodenschätze zur Kenntnis nahm und auch die komplexen und häufig instabilen Ökonomien und Kulturen derjenigen Nationen außer Acht ließ, die den Rohstoff förderten und lieferten.

Der unglaublich verschwenderische Umgang mit Energie im World Trade Center – zum Beispiel mussten alle Lichter einer Etage gleichzeitig eingeschaltet werden und blieben oft die ganze Nacht hindurch brennen – führte dazu, dass der Komplex deutlich mehr Kilowatt pro Stunde verbrauchte als manche amerikanische Kleinstadt. Gleichzeitig erzeugten die Gebäude so viel Abwasser, dass sie mit einer eigenen Kläranlage ausgerüstet werden mussten.

Die Ironie des Schicksals wollte es, dass die Eröffnung des riesigen Öl fressenden Bauwerks 1973 genau mit der ersten großen internationalen Ölkrise zusammenfiel – einer Krise, die in mehrfacher Hinsicht den Beginn einer neuen und zunehmend gespannten Beziehung zwischen den ölabhängigen Industrie-Supermächten und den Erdöl exportierenden Ländern der arabischen Welt markierte. In dem Bestreben, die Ölhähne geöffnet zu halten, die den unersättlichen Durst eines immer weiter wachsenden globalen Wirtschaftsimperiums stillten, verschlossen die meisten amerikanischen Politiker und Wirtschaftsbosse die Augen vor den wachsenden sozialen, politischen und kulturellen Spannungen innerhalb der Erdölförderländer, mit denen sie Geschäfte machten. Spannungen, die sich in demselben Maße zuspitzten, mit dem die Kluft zwischen denen, die von dem Erdölfluss profitierten, und jenen, die bei der Gewinnvergabe außen vor blieben, breiter und breiter wurde.

Insofern könnte man durchaus sagen, dass die Flugzeuge, die im Spätsommer 2001 das World Trade Center zerstörten, Teil einer tödlichen Dynamik waren, die bereits Jahrzehnte früher in Gang gesetzt worden war – von ebenjenem Rohstoff, der die Twin Towers nicht nur hatte entstehen lassen, sondern sie auch zum Ziel für einen Anschlag prädestiniert hatte: Erdöl.

Die Twin Towers während der Bauphase im Spätsommer 1970. Schon lange vor ihrer Fertigstellung überragten die beiden Riesen die älteren Gebäude in ihrer Umgebung – darunter Wolkenkratzer, die zuvor zu den höchsten und eindrucksvollsten der Welt zählten. Links im Bild das Empire State Building, bis dato das höchste Gebäude der Welt.

tos in Brand und füllte das Gebäude mit dicken Rauchschwaden. Sechs Menschen starben, mehrere hundert wurden verletzt. Zu zehntausenden strömten Büroangestellte durch die teilweise mit pechschwarzem Rauch gefüllten Treppenhäuser nach unten. Doch die Türme selbst blieben unversehrt. Die Terroristen hätten »die falsche Art von Bombe« gebaut, so der Oberingenieur der Port Authority, um ihnen wirklichen Schaden zuzufügen.

Die singuläre Bedeutung des Angriffsziels stand jedoch außer Zweifel. »Eine Autobombe in einer belebten New Yorker Straße hätte mit Sicherheit wesentlich mehr Menschenleben gefordert«, bemerkte der Terrorismusexperte Bruce Hoffman kurz nach dem Anschlag. »Doch das World Trade Center ist ein Symbol der Wall Street und der Skyline Manhattans sowie der Vereinigten Staaten an sich, und das war nach meinem Dafürhalten das Entscheidende.«

Die schreckliche Episode geriet bald in Vergessenheit, zumal Mitte der 90er Jahre ein neuer Boom der Stadt nicht nur weitere Einwanderer und größeren Wohlstand bescherte, sondern ihr auch ein neues urbanes Selbstbewusstsein schenkte. Selbst das World Trade Center, das so lange als Fremdkörper zwischen den anderen Bürotürmen Lower Manhattans gewirkt hatte, schien jetzt in das Stadtgefüge integriert. Der Bau des angrenzenden »Weltfinanzzentrums« – entworfen vom Architekten Cesar Pelli und auf jenem Grund errichtet, der bei der Aushebung der »Badewanne« des WTC aufgeschüttet worden war – stellte, so der Architekt, »dem Berg ein Vorgebirge« zur Seite und band die Türme in eine neue urbane Komposition ein, die bis zur inzwischen wieder vor Leben pulsierenden Uferlinie des Hudson reichte.

In ganz New York wurde ein neuer Sinn für öffentliche Ordnung spürbar. Mit der Wahl eines ehemaligen Bundesanwalts zum Bürgermeister kam frischer Wind ins Rathaus. Rudolph Giuliani hatte Verbrechensbekämpfung auf seine Fahne geschrieben, und tatsächlich sank die Zahl der Straftaten und Vandalismusdelikte so drastisch, dass New Yorker und Besucher aus aller Welt nur noch staunten. Viele hatten sich in den letzten 30 Jahren zwangsläufig damit abgefunden, eine hohe Kriminalitäts- und Asozialenrate als festen Bestandteil des Großstadtlebens anzusehen. Als New York nun – so unglaubwürdig es schien – mit einem Mal zur sichersten Großstadt Amerikas wurde, begann sich sein Verhältnis zum eigenen Land – und zur Welt – erneut zu wandeln. Für die Amerikaner wurde die Stadt wieder zur nationalen Metropole, Symbol des amerikanischen Traums, eine Rolle, die es vor mehr als einem halben Jahrhundert hatte abtreten müssen. Und in den Augen der ganzen Welt präsentierte sich die Stadt als erstaunliches Beispiel für die sozialen und ökonomischen Möglichkeiten einer komplexen, multikulturellen Gesellschaft. Allen Spannungen und Konflikten zum Trotz war New York – eine denkbar bunte Mischung von Nationalitäten, Religionen, Hautfarben, Ethnien und 186 Sprachen – ein bemerkenswert sicheres Pflaster geworden und ein Hort des (und sei es bescheidenen) Wohlstands dazu. Ein Großteil der Menschen schaffte es, die meiste Zeit friedlich miteinander auszukommen. Im Jahr 2000 gab das US Census Bureau bekannt, dass die jahrzehntelang rückläufige Einwohnerzahl New Yorks in nicht einmal zehn Jahren um mehr als 700.000 angewachsen war und zum ersten Mal die Acht-Millionen-Grenze überschritten hatte. Die ein halbes Jahrhundert alte Vision von New York als inoffizieller Welthauptstadt mit einem »Welthandelszentrum« in seinem Herzen, New York als eine Stadt, an der nicht nur alle Wege zusammenliefen, wie es die Architekten der Nachkriegszeit geplant hatten, sondern die offenbar sogar die ganze Welt in sich vereinte, diese Vision schien nun tatsächlich wahr zu werden.

Zu Beginn des neuen Jahrtausends hatten selbst viele New Yorker, die dem World Trade Center kritisch gegenübergestanden waren, Frieden mit ihm geschlossen. Sie hatten erkannt – auch wenn sie persönlich die gefälligere Vorkriegsarchitektur eines Empire State oder Chrysler Building vorzogen –, dass die Twin Towers in den Augen der meisten Menschen zum wichtigsten Symbol des modernen New York geworden waren. Mitverantwortlich dafür war eine neue weltumspannende Kraft, deren Macht und Expansionsvermögen nicht einmal die Rockefeller-Brüder hatten vorhersehen können: die amerikanische Volkskultur.

Nun war New York schon Anfang des 20. Jahrhunderts die Medienhauptstadt der Nation gewesen, doch die neue Maschinerie der Massenmedien – Film, Fernsehen, Zeitschriften, Popmusik und neuerdings auch Internet – reichte ungleich weiter, drang in jeden Winkel jedes noch so fernen Landes. Sie verbreitete ein Bild des amerikanischen Lebens, das die Fantasie der Menschen anregte und häufig die Art, wie sie sich kleideten, ihre Sprache, ihr Denken, ja ihre ganze Lebensweise viel nachhaltiger beeinflusste und änderte, als es eine Besatzungsarmee vermocht hätte. Viele fanden dieses Bild der US-Kultur verführerisch, aufregend, ja sogar befreiend. Andere warfen neidvolle Blicke darauf, blieben aber skeptisch. Und wieder andere fürchteten und verabscheuten es und sahen darin eine Bedrohung für alles, was ihnen lieb und teuer war. Sie gelobten, ihm Einhalt zu gebieten – auf welchem Wege auch immer.

Im Herzen dieses Amerikabildes stand New York selbst, die überragende urbane Verkörperung jener Kultur, die von den Vereinigten Staaten ausgehend bald rund um den Globus reichte. 2001 waren die Bilder und Träume dieser Stadt so weit verbreitet, so allgegenwärtig und in den Köpfen so vieler Menschen wie nie zuvor. Und im Zentrum ebendieses Bildes standen die Zwillingstürme, die bekanntesten Gebäude der bekanntesten Skyline der Welt. Ihre schiere Größe, ihre Exponiertheit und ihre Nähe zur Wall Street machten sie zum ultimativen Symbol der Globalisierung.

**DER 11. SEPTEMBER 2001**

Schon in der Morgendämmerung stand fest, dass Dienstag, der 11. September 2001, einer der schönsten Tage des Jahres in New York werden würde: ein wolkenloser Tag mit »schier unendlicher Fernsicht«, wie ein Mann später sagte. Kein Wölkchen war über Manhattan zu sehen, der ganze Himmel strahlend blau – es herrschten jene seltenen Wetterverhältnisse, die Piloten »severe clear« nennen.

Für die Stadt war es der Tag der innerparteilichen Vorwahlen. Demokraten und Republikaner waren aufgerufen, ihre Kandidaten für die allgemeinen Bürgermeisterwahlen zu bestimmen, die zwei Monate später stattfinden sollten. Auf Grund der Beschränkung auf höchstens zweimal vier Jahre näherte sich die Amtszeit von Rudolph Giuliani unweigerlich dem Ende, und vier demokratische und zwei republikanische Kandidaten kämpften um die Chance, ihn im Rathaus abzulösen. Die Wahllokale öffneten Punkt sechs Uhr, und viele, deren Büros in den Wolkenkratzern Manhattans lagen, wollten an diesem herrlichen Morgen noch vor der Arbeit ihre Stimme abgeben.

Darüber hinaus war es der erste Unterrichtstag an vielen privaten und staatlichen Schulen. Überall in der Stadt verbrachten Eltern die Morgenstunden damit, ihren Sprösslingen, die dem neuen Schuljahr etwas nervös entgegenblickten, Mut zu machen, bevor sie sie zur Schule brachten.

Ansonsten schien der 11. September 2001 in New York ein ganz gewöhnlicher Dienstag zu werden. Die Stadt hatte die Unbilden der zurückliegenden Dekaden vortrefflich überstanden und in den letzten zehn Jahren einen verblüffenden Aufschwung erlebt. Jetzt stand New York besser da, war sicherer, größer und blühender als seit nahezu einem halben Jahrhundert. »Nie war die Stadt schöner«, bemerkte der Schriftsteller Adam Gopnik. »Im letzten Jahrzehnt hatte gleichsam eine Glaskuppel die Stadt beschirmt, eine schützende, transparente Kuppel mit schimmernden Highlights. Wir glaubten, uns in Sicherheit wiegen zu dürfen.«

Downtown begann gegen sieben Uhr die Rushhour, und in den beiden Türmen des World Trade Center lenkten Computer automatisch alle 51 Expressaufzüge in die Lobbys, um dem morgendlichen Ansturm der Angestellten zu begegnen. Im Laufe der nächsten Stunde bestiegen mehrere tausend New Yorker die riesigen Fahrstühle, die jeweils gut 50 Personen befördern konnten, um an ihre Arbeitsplätze zu gelangen: Börsenanalysten und Immobilienmakler, Rechtsanwälte und Ingenieure, Kellner und Tellerwäscher, Fensterputzer und Fernsehtechniker. Bald herrschte reger Betrieb in den Gebäuden, wenngleich erst ein Bruchteil der an einem Durchschnittstag 50.000 Angestellten und 80.000 Besucher eingetroffen war. Unter den Frühstücksgästen des Restaurants Windows on the World im 107. Stock des Nordturms befand sich Neil Levin, der neu ernannte geschäftsführende Direktor der Port Authority of New York und New Jersey, die den Trade-Center-Komplex 30 Jahre zuvor erbaut hatte. Eine Etage darunter, in dem hellen und freundlichen Festsaal des Restaurants, hatte das britische Unternehmen Risk Waters Group zu einer Konferenz über Informationstechnologie eingeladen. Teilnehmer waren 87 Manager von UBS Warburg, Merrill Lynch und anderen Finanzgiganten. Die Sitzung begann Punkt acht Uhr.

**Blick von Midtown – vorbei am Empire State Building – auf die brennenden Türme des World Trade Center in Lower Manhattan.**

Zu exakt derselben Zeit hob am Logan Airport in Boston American-Airlines-Flug Nr. 011 ab – eine Boeing 767 mit 81 Passagieren und elf Besatzungsmitgliedern an Bord. Das Flugziel war Los Angeles. In der ersten Klasse saß der 31-jährige Ägypter Mohammed Atta in Begleitung von vier weiteren Männern, die, ohne dass die Crew oder andere Mitreisende etwas ahnten, die Vorhut eines außergewöhnlichen, sorgfältigst choreografierten Terroranschlags bildeten, an dem insgesamt vier Maschinen beteiligt waren – mit den Abflughäfen Boston, Newark und Dulles. Alle starteten innerhalb von einer Stunde, und alle sollten sie an die Westküste fliegen. Der Plan existierte seit über einem Jahr. Die Terroristen, Angehörige der radikalislamischen Organisation al-Qaida, hatten gezielt Transkontinentalflüge gewählt, um sicherzustellen, dass die Maschinen möglichst viel Treib-

Hilflos müssen Angestellte in einem nahe gelegenen Bürohaus zuschauen, wie United-Airlines-Flug 175 auf den Südturm des World Trade Center zuhält (oben) und die 40.000 Liter Kerosin in einem riesigen Feuerball explodieren (unten).

stoff an Bord hatten. Sie hatten einen gewöhnlichen Werktag gewählt, um die Anzahl der Passagiere, die ihre Pläne durchkreuzen könnten, möglichst gering zu halten. Und sie hatten einen wolkenlosen Tag gewählt, um ihre Ziele möglichst genau ansteuern zu können.

Etwa 20 Minuten nach dem Start erhoben sich die mit Teppichmessern bewaffneten Männer aus ihren Sitzen, griffen Passagiere und Flugbegleiter an, drangen ins Cockpit ein, überwältigten die Piloten und übernahmen selbst das Steuer. Mit Hilfe des Flugtrainings, das sie absolviert hatten, brachten sie die Maschine von ihrem planmäßigen Kurs ab und lenkten sie südwärts – in Richtung New York City.

Gegen 8.46 Uhr war im Westteil Manhattans das laute Heulen eines Düsenjets zu hören, der über den Hudson donnerte. Alles daran war verkehrt: Die Maschine flog südwärts auf einer Flugroute, die nur in Richtung Norden freigegeben war. Sie flog viel zu tief – auf einer Höhe von nicht einmal 300 Metern – und viel zu schnell – über 600 Stundenkilometer (mehr als das Doppelte der zulässigen Geschwindigkeit für Zivilflugzeuge unter 10.000 Fuß).

Ecke West Broadway und Thomas Street, acht Blocks nördlich der Zwillingstürme des World Trade Center, inspizierten Feuerwehrleute des First Battalion ein Leck in einer Gasleitung. Bei ihnen war Jules Naudet, der gemeinsam mit seinem Bruder Gideon einen Dokumentarfilm über das Leben auf einer Feuerwache drehte. Naudet filmte gerade einen Feuerwehrmann, als dieser ein Heulen hörte und, von dessen Intensität überrascht, nach oben schaute. Instinktiv folgte Naudet mit der Videokamera seinem Blick und bekam das Flugzeug genau in dem Augenblick vor die Linse, als dieses hinter einem nahe gelegenen Gebäude hervorschoss und direkt auf die Spitze des Nordturms zuraste.

Um 8.46:26 Uhr krachte die große Boeing 767 mit einer Spannweite von 48 Metern und mehr als 40.000 Litern hoch entzündlichen J-A-Flugzeugtreibstoffs in den Tanks in die Nordseite des Nordturms, 1 World Trade Center. In den letzten Sekunden kippte der Pilot die Maschine etwas zur Seite – möglicherweise, um mehrere Geschosse gleichzeitig zu treffen und den größtmöglichen Schaden anzurichten. Mit dem Aufprall in die Etagen 94 bis 98, die Büroräume des großen Finanzdienstleisters Marsh & McLennan, verwandelte sich der Passagierjet in eine 137-Tonnen-Bombe aus Stahl und Aluminium, die alles um sich herum vernichtete. Das Fahrwerk brach mit solcher Wucht durch das Gebäude, dass es auf der anderen Seite wieder herausschoss und in der Rector Street, fünf Querstraßen weiter südlich, zu Boden ging. Die schwereren Teile der Maschine, darunter die Triebwerke, rammten sich direkt in das Herz des Bauwerks, wo sie die Hälfte der Streben im Kern des Turms zerstörten oder schwer beschädigten. Der größte Teil des Flugzeugs aber wurde in winzigste Stücke gerissen, nicht größer als eine Kinderfaust.

Sämtliche 92 Passagiere und Besatzungsmitglieder von American Airlines Flug 011 sowie dutzende, vielleicht auch hunderte Menschen, die sich in den Etagen 94 bis 98 aufhielten – wie viele es genau waren, wird sich nie mehr feststellen lassen – waren augenblicklich tot. Augenzeugen in den oberen Stockwerken des Südturms sahen entsetzt zu, wie gigantische Flammen aus den Fensterlöchern schlugen, gefolgt von Schreibtischen, Aktenschränken, anderen Möbelstücken – und menschlichen Körpern.

Unmittelbar nach dem Aufprall herrschte für Sekundenbruchteile absolute Stille. Nichts und niemand rührte sich. Im 91. Stock, nur drei Geschosse unter der Einschlagstelle, vernahm der Schiffsbauingenieur Steve McIntyre in seinem Büro im American Bureau of Shipping die gewaltige Explosion und war überrascht, dass alles auf seinem Schreibtisch – von Familienfotos bis hin zu einem massiven Briefbeschwerer in Schiffsform – keinen Millimeter weit verrutscht war. Im nächsten Augenblick jedoch begannen sich die 300.000 Tonnen Stahl und Beton des Turms südwärts zu neigen, während eine Druckwelle das ganze Gebäude erschütterte. Der gigantische Bau schwankte bedrohlich. Zunächst vier Sekunden lang in die eine Richtung, dann vier Sekunden in die andere. Und er wiederholte diese schaurige Schwingbewegung fünf weitere Male – wie ein Schiff, das im Sturm gegen die Wogen ankämpft.

Erstaunlicherweise aber blieb das Bauwerk stehen. Zwar klaffte ein riesiges Loch in der Nordfassade, das nicht weniger als 39 der 59 Tragpfeiler dieser Seite durchtrennte. Doch das Stahlskelett verlagerte das Gewicht auf die unbeschädigten Streben rechts und links der Einschlagstelle und hielt stand – genauso, wie es die Ingenieure Jahrzehnte früher berechnet hatten. Dieser statischen Meisterleistung war zu verdanken, dass 8000 oder 10.000 Menschen, vielleicht mehr, – also alle, die sich unterhalb der Einschlagstelle aufgehalten hatten – mit dem Leben davonkamen.

Doch kein Mensch hatte jemals mit dem planmäßigen Angriff eines mit Kerosin voll betankten Passagierflugzeugs gerechnet. Und das bedeutete andererseits, dass praktisch jeder, der sich oberhalb der Einschlagstelle befand, dem Tod geweiht war – ebenso wie der Turm selbst. Im Augenblick des Crashs ergossen sich 13.000 Liter Treibstoff aus den Flügeltanks des Jets, zerstäubten und explodierten, entzündet durch Reibungshitze, Funkenflug und Kurzschlüsse in der Elektrik des Büroturms, in einem riesigen Feuerball, der die Nord-, West- und Ostwand des Gebäudes durchbrach.

Obwohl die schiere Gewalt dieser Detonation – bei der etwa ein Drittel des Treibstoffs verbrannte – jedermann fassungslos erstarren und alles, was in ihrem Weg lag, einfach verdampfen ließ, fügte sie dem Bauwerk selbst nur relativ geringe Schäden zu. Weit vernichtender waren die restlichen etwa 27.000 Liter, die sich durch Treppenhäuser und Aufzugschächte ihren Tod bringenden Weg nach unten bahnten. Die sich, ein Stockwerk nach dem anderen, in Gänge und Büros ergossen, alles benetzten und in Brand setzten: Teppiche, Vorhänge, Schreibtische, Stühle, Schränke, Papier, Telefone, Computer.

Wie alle modernen Hochhäuser New Yorks verfügte das World Trade Center über ein ausgefeiltes Feuerlöschsystem, eine an sich lückenlose Anlage mit Steigrohren, Sprinklern und Wasserschläuchen, die selbst den schlimmsten Etagenbrand problemlos erstickt hätten. Doch dieses System war niemals dafür konzipiert worden, das Feuer einer vollen Flugzeugladung Treibstoff zu löschen, einer Feuersbrunst, die Temperaturen von über 1000 Grad Celsius erreichte. Abgesehen davon waren die Brandlöschanlagen selbst zerstört oder nicht mehr funktionstüchtig. Da das Flugzeug quer durch das Bauwerk gerast war, hatte es nahezu alle Versorgungsstränge gekappt und auch die Wasserleitungen durchtrennt, an denen die Sprinkler und Schläuche hingen. Und es hatte sämtliche Aufzüge außer Betrieb gesetzt und blockierte zwei der drei Treppenhäuser. Die Statik des Gebäudes hatte sich hervorragend bewährt. Aber nichts konnte das Inferno aufhalten, das sich im Inneren des Turms zusammenbraute und sein Schicksal besiegeln würde.

In den getroffenen Geschossen des Nordturms versuchten die Menschen, die noch am Leben waren, sich zu den Notausgängen durchzukämpfen. Im 91. Stock schaffte es Steven McIntyre zu dem am wenigsten beschädigten der drei Treppenhäuser in der Nordwestecke des Gebäudekerns, wo er feststellte, dass die Gipskartonplatten der Wandverkleidung komplett abgefallen waren. Die Stufen waren mit Schutt übersät. Nach oben war die Treppe völlig blockiert.

Er konnte es nicht ahnen, aber was er hier sah, war die Trennungslinie zwischen Leben und Tod. Unterhalb lagen 90 Stockwerke mit Büroräumen, aus denen mehrere tausend Flüchtende bereits auf dem Weg nach unten waren – verstört und bestürzt, aber ansonsten unversehrt. Oberhalb verteilten sich wohl 1344 Menschen auf 19 Etagen, die meisten noch am Leben und viele unverletzt, von denen nicht ein Einziger überleben würde. McIntyre und die meisten seiner Kollegen vom Bureau of Shipping waren in der Lage, sich einen Weg durch das halb verschüttete Treppenhaus zu bahnen und zu entkommen. Doch nur eine Etage höher, im 92. Stock, kamen die Angestellten von Carr Futures nicht mehr heraus. Und noch weiter oben war es nicht besser. Da das Feuer mit unverminderter Kraft wütete, stiegen pechschwarze Rauchwolken auf und sammelten sich in den obersten Stockwerken. Die Menschen rangen nach Luft und konnten kaum noch etwas sehen. Sie drängten zu den vielen hundert zersplitterten Fenstern, streckten Kopf und Oberkörper hinaus, um Sauerstoff zu bekommen. Einigen Polizisten, die mit dem Hubschrauber vorbeiflogen, bot sich ein fast noch schrecklicherer Anblick hinter den Fenstern, die heil geblieben waren: »Bestimmt 50 Leute«, berichtete ein Beamter später, »drückten sich ihre Gesichter an den Glasscheiben platt, weil sie nicht ersticken wollten.«

Von praktisch demselben Augenblick an, in dem Flug 011 den Nordturm rammte, hörten die Telefone der Stadt nicht mehr auf zu klingeln. Unzählige New Yorker meldeten den Vorfall über die 911-Notrufnummer an die Notfallzentrale in Downtown Brooklyn. Daraufhin gaben die zuständigen Beamten Anweisung, das neue Emergency Operations Center des Stadtchefs in Betrieb zu nehmen, das, wie es die Ironie des Schicksals wollte, in 7 World Trade Center lag, nur durch eine Straße von den beiden Türmen getrennt. Die Kommandozentrale war ein Lieblingsprojekt von Bürgermeister Giuliani, der während seiner Amtszeit durchweg sehr – Kritiker meinten übertrieben – bemüht gewesen war, New York gegen mögliche Bedrohungen zu wappnen. Nun war dank seiner Vorsorgemaßnahmen keine Stadt in den USA, vielleicht sogar weltweit, besser auf einen Terroranschlag vorbereitet als New York. Die Stadt reagierte auf die Katastrophe überraschend schnell und kompetent. Kaum eine Minute nach dem Unglück waren Feuerwehrleute auf dem Weg zur Unglücksstelle. Innerhalb von dreieinhalb Minuten waren alle Brücken und Tunnel nach Manhattan für Rettungsfahrzeuge freigemacht und erste Maßnahmen zu einer polizeilichen Räumung der unmittelbaren Umgebung eingeleitet. Innerhalb von nur zehn Minuten erklärte der Einsatzleiter der Feuerwehr einen Fünf-Stufen-Alarm. Sämtliche Krankenhäuser waren informiert und angewiesen, sich auf eine große Zahl von Verletzten einzurichten, und jeder verfügbare Krankenwagen war unterwegs in Richtung World Trade Center. Binnen einer halben Stunde würden Freiheitsstatue, United Nations und Empire State Building evakuiert sein, die drei Flughäfen der Stadt geschlossen und der Flugraum über New York für jeglichen privaten Verkehr gesperrt.

Die ersten Feuerwehrleute, die am Unglücksort eintrafen, richteten eine Kommandozentrale in der Lobby des Nordturms ein und machten sich fertig für ihren Einsatz: mitten in das Inferno vorzudringen und den Brand zu löschen oder, sollte dies nicht möglich sein, wenigstens so viele Leben wie möglich zu retten. Da der Einschlag des Jets alle 103 Aufzüge außer Betrieb gesetzt hatte, blieb keine Alternative, als die 90 Geschosse zu Fuß hinaufzusteigen. Bepackt mit über 30 Kilogramm Ausrüstung – Äxten, Schaufeln, Atemgerät und Spitzhacken –, musste sich jeder Feuerwehrmann durch dasselbe Treppenhaus aufwärts kämpfen, über das immer noch Tausende das Gebäude verließen. Doch sobald die ersten Firefighter die Stufen betraten, machten ihnen die Herabkommenden Platz, dankten ihnen, wünschten ihnen Glück – und setzten ihren Weg fort. Fort aus der Gefahrenzone.

Auch das riesige unterirdische Einkaufszentrum am Fuß der Türme leerte sich schnell, da alle, die sich zur Zeit des

Unglücks dort aufgehalten hatten, möglichst unverzüglich zu den Ausgängen strömten. Marco Haber, der bei Marsh & McLennan arbeitete und um diese Uhrzeit gewöhnlich an seinem Schreibtisch saß, war in der U-Bahn einem Bekannten begegnet und mit diesem spontan zum Frühstück in einen Coffee Shop des Ladenbereichs gegangen. Als er inmitten einer Menschenmenge auf die Straße hinaustrat, stellte er überrascht fest, dass es Papierfetzen schneite. »Das erste Stückchen, das ich in die Hand bekam«, erzählte er, »trug fett den Firmennamen ›Marsh‹ – es war ein Briefkopf unserer Firma.« Der Bogen war aus den Büroräumen seiner Company geflattert, 100 Stockwerke weiter oben. Andere registrierten nicht minder bestürzt, dass es angefangen hatte, Zementbrocken zu hageln – einige in der Größe eines Reiseweckers, andere im Schreibtischformat.

Mittlerweile blickten die vielen tausend Menschen, die im unbeschädigten Südturm des Komplexes, 2 World Trade Center, geblieben waren, fassungslos auf die grauenvolle Szene, die sich gegenüber abspielte. Obgleich der andere Turm 40 Meter entfernt war, konnten sie die Hitze an den Fensterscheiben spüren. »Wie eine Backofentür«, erinnert sich die Sekretärin Marissa Panigrosso, die im Büro der Firma Aon im 98. Stock tätig war. »Im World Trade One hat es eine Explosion gegeben«, berichtete der Büroangestellte Sean Rooney seiner Frau am Telefon. »Das ist das andere Gebäude. Sieht so aus, als sei ein Flugzeug hineingerast. Es ist ... es ist einfach furchtbar.«

Selbstverständlich schauten nicht nur die Menschen aus dem Nachbarturm zu. Von dem Moment an, in dem die Maschine in den Nordturm prallte, begannen die Bürger New Yorks einander anzurufen, E-Mails zu verschicken und wie wild online zu gehen, um Freunden und Verwandten mitzuteilen bzw. selbst genauer herauszufinden, was in ihrer Stadt eigentlich vor sich ging. Überall starrten Leute aus dem Fenster, begaben sich auf das Dach ihres Hauses oder hinunter auf die Straße, um besser sehen zu können.

Schließlich war das World Trade Center das auffälligste Gebäude nicht nur Manhattans, sondern des ganzen Stadtgebiets, in dem über 25 Millionen Menschen leben. Viele vermuteten zunächst, dass es sich um einen entsetzlichen Unfall handelte. Sie dachten vielleicht an den Juli 1945, als ein B-52-Bomber der US-Armee die oberen Stockwerke des Empire State Building gerammt hatte. Andere fragten sich, wie es möglich war, dass ein Pilot an einem derart klaren Morgen versehentlich in ein Gebäude rasen konnte.

*Dank Film, Musik, Fernsehen und Internet ist Amerika heute überall präsent – ganz egal, ob man in Bilbao, Peking oder Bombay lebt. Jedermann hat New York im Kopf, auch wenn er selbst niemals dort gewesen ist. Deshalb war die Zerstörung der Twin Towers ein so gravierender Schlag.*

Timothy Garton Ash

Es dauerte nicht lange, bis die drei großen Fernsehsender, allesamt mit Hauptsitz in New York, und Kabelkanäle wie CNN Liveübertragungen schalteten. Bald waren die Bilder nicht nur landes-, sondern weltweit zu sehen. In kaum mehr als zehn Minuten war das globale Kommunikationsnetzwerk, das in den letzten 20 oder 30 Jahren Gestalt angenommen hatte, voll in Aktion, ein Umstand, der sehr rasch eine neue und entsetzliche Bedeutung gewinnen sollte. Denn bald würde klar werden, dass der Angriff von Flug 011, ungeachtet der unbegreiflichen Verwüstung, die er angerichtet hatte, in gewisser Hinsicht nur den Auftakt bildete, um, wie es die Terroristen höchstwahrscheinlich geplant hatten, die Aufmerksamkeit der ganzen Welt live auf das zu lenken, was noch folgen sollte.

Wissenschaftler, die die Entwicklung der modernen Stadtkultur untersuchten, haben darauf hingewiesen, dass in den 20er Jahren in New York drei neue technologische und kulturelle Kräfte ans Ruder kamen, die jede für sich das verkörperten, was die Kulturhistorikerin Ann Douglas *air-mindedness* genannt hat – New Yorks schier unendliche Ambitioniertheit und vertikale Mobilität. Hierzu gehörten: Wolkenkratzer, Flugzeuge und die Medien Rundfunk und Fernsehen. In einer geradezu perversen Umkehrung hat-

**New Yorker Bürger fliehen durch die Church Street, während der Südturm in einer riesigen Staub- und Trümmerwolke zusammensackt.**

ten die Terroristen bereits eine dieser Kräfte gegen eine andere eingesetzt, um ihr Ziel zu erreichen: eine maximale Verwüstung. Und jetzt waren sie dabei, die dritte dazu zu benutzen, die psychologischen Auswirkungen des Desasters so breit wie möglich zu streuen.

Um 9.02 Uhr war im Südturm die Durchsage zu hören, die Leute möchten auf jeden Fall in ihren Büros bleiben. Diese Anweisung erfolgte in der Annahme, der Aufenthalt in dem noch intakten Tower sei weniger gefährlich, als sich ins Freie zu begeben, wo nach wie vor schwere Gegenstände herumflogen. Ein Angestellter namens Stanley Prainmath, der das Gebäude zwischenzeitlich verlassen hatte, war bereits wieder in sein Büro bei der Fuji Bank im 81. Stock zurückgekehrt, als er durch ein Südfenster plötzlich etwas Ungewöhnliches sah: ein Flugzeug, viel zu tief fliegend, das über den New Yorker Hafen donnerte, vorbei an der Freiheitsstatue, das immer größer und größer wurde, bis Prainmath auf dem grauen Rumpf der Maschine die Lettern U und A ausmachen konnte.

Es war United-Airlines-Flug Nr. 175, genau 14 Minuten nach Flug AA 011 am Logan Airport gestartet. Eine weitere Boeing 767, ebenfalls mit Zielflughafen Los Angeles – und ebenfalls mit fünf Terroristen an Bord. Jetzt raste sie mit knapp 950 Stundenkilometern über die Upper Bay, gesteuert von einem 23-jährigen Mann namens Marwan al-Shehhi aus den Vereinten Arabischen Emiraten, der gemeinsam mit seinen Komplizen das Flugzeug über New Jersey entführt und in eine weite Kurve gelenkt hatte, um den zweiten Turm von Süden aus anzufliegen.

Für die vielen tausend New Yorker, die jetzt in den Straßenschluchten nach oben blickten, wie für die Millionen weltweit, die das Geschehen in Echtzeit auf dem Bildschirm ihres Fernsehgerätes verfolgen konnten, sah es so aus, als komme die Maschine aus dem Nichts. Ein verschwommener Fleck, der sich mit der Geschwindigkeit eines tödlichen Geschosses unaufhaltsam näherte und ungehindert auf sein Ziel zusteuerte. Um 9.02:54 Uhr, bevor irgendjemand irgendwie reagieren konnte, krachte das riesige Flugzeug in

**Fast von dem Augenblick an, in dem das erste Flugzeug den Nordturm rammte, wurden Bilder des Unglücks live in alle Welt und alle Teile der Stadt übertragen. Hier eine Großleinwand am Times Square.**

die Südfassade des Südturms. Diesmal nicht in der Mitte des Bauwerks, sondern an der östlichen Seite – ein kleiner Unterschied, der allerdings enorme Auswirkungen auf das weitere Schicksal des Tower haben sollte. In den allerletzten Sekunden hatte der Todespilot die Maschine nach links geneigt, weit stärker als beim vorhergehenden Angriff, sodass die Aufschlagzone vom 78. bis zum 84. Stock reichte und insgesamt sechs Geschosse umfasste.

Wie zuvor explodierten die 40.000 Liter Kerosin augenblicklich in einem gigantischen Feuerball, der die Reste des Flugzeugs in weiß glühende Metallstücke verwandelte. Die höhere Geschwindigkeit der zweiten Maschine bedeutete jedoch, dass die auf diese Weise freigesetzte kinetische Energie noch einmal um die Hälfte größer war als beim ersten Anschlag. Der gewaltige Stahlbau schwankte. Er lehnte sich mehrere Sekunden nach Nordwesten, Stahlstreben, Holme und Röhren bis zur äußersten Belastbarkeit gespannt, und schwang dann wieder zurück.

Rumpf und Flügel des Jets, die dieses Mal nicht in den dichten Gebäudekern eingedrungen waren, sondern in relativ offene Büroflächen, wirkten wie ein riesiger Schneepflug und schoben alles in Richtung der Nordwestecke des Turms. Teile des Flugzeugs flogen durch die Nordfassade wieder hinaus, bis auf die Höhe der Murray Street, sechs Häuserblocks entfernt. Der Feuerball, größer noch als der erste, explodierte nach drei Seiten des Gebäudes – eine gigantische hell leuchtende Wolke in Gelborange, Grau und Schwarz, die wiederum etwa ein Drittel des Kerosins unmittelbar verzehrte und den Rest die Treppenhäuser und Aufzugschächte hinabfließen ließ, wo das Kerosin ebenso unaufhaltsam sein Werk der Vernichtung begann. Experten haben die Wärmeenergie, die bei dem Angriff frei wurde, auf über fünf Milliarden Watt geschätzt – das Vielfache des durchschnittlichen Outputs eines Atomreaktors. Auch dieses Mal, obwohl 30 der 59 Stützpfeiler der Südfassade durchtrennt waren, blieb der Turm stehen. Das dichte Netz der Streben des äußeren Stahlskeletts, fest mit den schweren Stahlzwickeln der einzelnen Geschosse verbunden und gebaut, selbst dem schlimmsten Hurrikan standzuhalten, führte dazu, dass die Außenwand das darauf lastende Gewicht auf die unbeschädigten Stützen rechts und links des über 20 Meter breiten Lochs verlagerte und über der schrecklichen klaffenden Öffnung quasi einen Bogen schlug.

Wenngleich der Aufprall des Flugzeugs sämtliche Passagiere und Besatzungsmitglieder sowie ungezählte Menschen im Gebäude sofort tötete, schafften es ein paar Leute in unmittelbarer Nähe der Crashzone, die gewaltige Detonation zu überleben. Einer davon war Stanley Prainmath, dem sich durch den Türstock seines Büros ein surrealer Anblick bot: Keine zehn Meter entfernt sah er eine Flügelspitze des Jets, aus der Flammen loderten. Über Trümmer und Wrackteile rannte er zu den Treppenhäusern, fand jedoch die Eingänge zu allen dreien verschüttet. Dann sah er durch einen Spalt in der eingestürzten Treppenhauswand einen wandernden Lichtkegel. Er hämmerte gegen die Gipskartonplatte und konnte seinen Kollegen Brian Clark auf sich aufmerksam machen, der sich bereits im Treppenhaus befand. Gemeinsam gelang es den beiden Männern, die Wand mit bloßen Händen so weit aufzubrechen, dass Prainmath sich hindurchzwängen und dem sicheren Tod entrinnen konnte.

Noch düsterer sah es im 78. Stock aus, einer der Sky Lobbys bzw. Fahrstuhlwechselstationen des Gebäudes, wo Augenblicke zuvor hunderte Menschen auf die Expressaufzüge gewartet hatten, die sie nach unten bringen sollten. Jetzt war die ganze Etage mit Leichen übersät, getötet vom linken Flugzeugflügel, der eben hier eingedrungen war. Die Angestellte Mary Jos hatte den Crash schwer verletzt überlebt. Verzweifelt entschlossen, ihr Leben zu retten, kroch sie über die grauenvoll zugerichteten Körper ihrer Arbeitskollegen – und kam durch. Weiter oben im Tower nutzten andere, die keinen Ausweg mehr sahen, ihre letzten Minuten dazu, letzte Angelegenheiten zu regeln. Edmund McNally, bei Fiduciary Trust im 97. Stock beschäftigt, rief seine Frau Liz an. Er informierte sie über seine Lebensversicherung, das Mitarbeiter-Bonussystem seines Arbeitgebers und erwähnte ganz nebenbei, dass die Decke über ihm einzustürzen begann. »Er sagte, ich sei sein Leben«, erzählt sie. Dann legte er auf – um eine Minute später noch einmal anzurufen und ihr mitzuteilen, dass er für ihren bevorstehenden Geburtstag eine Reise nach Rom gebucht hatte. »Liz, du musst das stornieren«, sagte er.

In den oberen Etagen des Südturms zogen Zeit und Raum eine klare Trennungslinie zwischen Leben und Tod. Fast alle, die das Gebäude verlassen hatten, nachdem der erste Turm getroffen war, überlebten. Die meisten, die blieben, starben. Viele nur leicht Verletzte wollten anderen Opfern helfen, bevor sie sich selbst in Sicherheit brachten – und fanden dann gemeinsam mit diesen den Tod.

In beiden Türmen riss der Strom der Menschen, die stumm die Treppen hinabstiegen, nicht mehr ab. Sie gingen merkwürdig ruhig und geordnet, einer hinter dem anderen, um den aufwärtsstürmenden Feuerwehrleuten Platz zu machen. »Dutzende von Feuerwehrmännern rannten an uns vorbei«, berichtet die Büroangestellte Julie Davis. »Sie hießen uns Ruhe zu bewahren und weiterzugehen. Ich weiß noch, dass ich ihnen ins Gesicht blickte und ihren Mut bewunderte.« Unter den Evakuierten war auch der blinde Mike Hingson, den seine Golden-Retriever-Hündin Roselle von der 78. Etage durch das überfüllte Treppenhaus des Nordturms nach unten führte. Die Leute machten diesem ungleichen Paar ebenso Platz wie den Brandopfern, von denen manche, so ein Augenzeuge, aussahen »wie Zombies«. Haut und Kleidung hing ihnen in Fetzen vom Gesicht und von den Armen. Unten angelangt, bot sich den aus dem Nordturm kommenden Menschen ein grauenvoller Anblick. Viele wandten schauernd den Blick ab. Auf der Plaza lagen dutzende Leichen, darunter einige noch mit schwarzem Sicherheitsgurt – die Passagiere des American-Airlines-Fluges 011. »Überall waren Tote«, erinnerte sich der Anwalt Quinlan Kato. »Sie waren grauenvoll zugerichtet.« Alles in Sichtweite – Leichname, Bäume, die Plaza selbst – war mit einer dicken Schicht aus Kalkstaub bedeckt. Die Gefahr, erschlagen zu werden, hatte keineswegs nachgelassen. Ein Feuerwehrmann kam zu Tode, als ein menschlicher Körper auf ihn stürzte. Folglich erhielten die meisten Evakuierten Anweisung, als weiteren Fluchtweg die unterirdische Einkaufspassage zu benutzen.

Eine Stunde nach dem ersten Attentat war jedermann klar, dass dieser Tag keinem anderen in der Geschichte der Stadt oder des Landes gleichen würde. In New York City war alles normale Leben praktisch zum Erliegen gekommen. Millionen Menschen standen wie gelähmt vor einem Anblick, der unbegreiflich schien – beide Türme des World Trade Center in Flammen, dunkle Rußwolken ausstoßend, die sich wie ein schwarzes Leichentuch über Lower Manhattan und Brooklyn legten. Bald würden in nahezu jeder Stadt, jedem Dorf rund um den Globus die Alltagsaktivitäten erlahmen. Weltweit würden sich die Menschen um die Fernsehgeräte scharen und entsetzt, aber auch fasziniert auf das erschütternde Schauspiel in New York starren.

Und plötzlich gab es noch mehr Schreckliches zu verdauen. Um 9.38 Uhr wurde das Pentagon in Washington, D. C., von einem dritten Flugzeug getroffen – American-Airlines-Flug Nr. 077, gestartet vom Dulles Airport in Richtung Los Angeles, aber über Ohio zu einem Kurswechsel gezwungen. Die »No-fly«-Zone über dem District of Columbia ignorierend, überflog die Maschine die Hauptstadt Washington und raste ungebremst in die Westfassade des Verteidigungsministeriums. Alle Menschen an Bord und 126 weitere in dem Gebäude starben.

Dann traf die Nachricht von einem weiteren Flugzeugabsturz ein, diesmal im ländlichen Pennsylvania. Hijacker hatten United-Airlines-Flug Nr. 093 von Newark nach San Francisco in ihre Gewalt gebracht und befanden sich auf direktem Weg nach Washington – vermutlich um das Kapitol oder das Weiße Haus zu zerstören –, als eine Gruppe von Passagieren, per Handy über Anschläge auf das World Trade Center informiert, beschloss, auf welchem Wege auch immer, das Vorhaben der Terroristen zu vereiteln. Es gelang: Die Maschine zerschellte in unbewohntem Gelände in der Nähe der Ortschaft Shanksville. Alle Insassen waren sofort tot. Zum ersten Mal in der Geschichte der Vereinigten Staaten befahl die amerikanische Luftfahrtbehörde Federal Aviation Administration sämtlichen in der Luft befindlichen Flugzeugen die sofortige Landung und schloss den gesamten Luftraum der USA für jede Art von Flugverkehr.

Die Bevölkerung war fassungslos. Und nicht ohne Grund. Seit dem Einmarsch britischer Truppen in Washington im Krieg von 1812 hatte keine feindliche Macht mehr gewagt, amerikanisches Festland anzutasten. Jetzt hatten die Terroristen die wichtigsten Zentren und Symbole der Wirtschaftsmacht USA angegriffen – Wall Street und Washington –, doch der außerordentliche Heldenmut der Passagiere von Flug 093 hatte Schlimmeres in der Hauptstadt verhindert.

Ganz New York blickte nun auf Bürgermeister Rudy Giuliani, der von einem Meeting in Midtown sofort nach dem Anschlag auf den ersten Turm nach Downtown geeilt war. Mittlerweile hatte man die neue Hightech-Notfallzentrale in 7 World Trade Center jedoch wegen Einsturzgefahr räumen müssen. Der Bürgermeister und sein Stab richteten sich daraufhin provisorisch in 75 Barclay Street ein, direkt nördlich der Zwillingstürme. Aber bei dem Angriff auf den zweiten Tower wurde auch dieses Gebäude so stark in Mitleidenschaft gezogen, dass Giuliani und seine Mitarbeiter angstvolle 15 Minuten brauchten, um sich ihren Weg durch den Schutt zu bahnen. Dennoch war der Bürgermeister, als er – von Kalkstaub und Asche bedeckt – endlich auf die Straße trat, bemerkenswert ruhig und vollkommen Herr der Lage. Es war, so auch rückblickend die einhellige Meinung, seine strahlendste Stunde. Die Herausforderung ließ ihn zu ungeahnter Größe auflaufen. Tatsächlich meisterte er die Situation beispielhaft und erwies sich als souveräner Krisenmanager. Seine Presseerklärungen wie Anweisungen klangen sachlich und bestimmt. Weder schürte er die Angst unter der Bevölkerung, noch beschönigte er die Lage. Obwohl selbst sichtlich erschüttert, gelang es ihm, den Menschen von New York ein gewisses Gefühl von Sicherheit zu vermitteln. Intuitiv schien er zu ahnen, was die Leute erwarteten, und seine Stellungnahmen waren die ganze Zeit über ebenso präzise wie einfühlsam, dabei bisweilen regelrecht eloquent. Auf die mögliche Zahl der Todesopfer angesprochen, vermied er geschickt irgendwelche Schätzungen und antwortete einfach: »unerträglich viele«.

»Wer hätte in Giuliani einen zweiten Churchill vermutet?«, fragte die Schlagzeile einer New Yorker Zeitung eine Woche später und verlieh damit der allgemeinen Überraschung Ausdruck. »Aus der Nähe betrachtet«, so der *New Yorker*, »kann man die wahre Quelle von [Giulianis] Autorität erkennen: Es mangelt ihm an Fantasie, er interessiert sich nicht für Äußerlichkeiten, schert sich nicht darum, was man von ihm hält, aber er besitzt die Fähigkeit, genau zu beurteilen, wie gravierend eine Situation ist, ohne sich davon überwältigen zu lassen ... Giuliani ist der Lage gewachsen, weil er einen kühlen Kopf behält. Er ist kein guter Schauspieler. Er ist einfach nur Staatsdiener, Bürgermeister.«

Dabei war das beherzte Auftreten des ersten Mannes von New York, wie er selbst nicht müde wurde zu betonen, nur ein matter Abglanz des Mutes, den die uniformierten Stadtbediensteten – all die Feuerwehrleute und Polizisten und Sanitäter – bewiesen, als sich die Situation zusehends verschlimmerte. Mehr als 100 Löschfahrzeuge standen rings um das World Trade Center, und Feuerwehrmänner rannten in die Gebäude, um noch irgendwie helfen zu können. Als ein Freund Peter Biefield, der sich neben seinem Fahrzeug zum Einsatz fertig machte, fragte: »Und, wie läuft's?«, antwortete dieser: »Wir rennen in die brennenden Türme, was sonst?« Dann setzte er seinen Helm auf und betrat den Komplex Richtung Südturm. Er sollte nie wieder herauskommen.

Nach einer knappen Stunde hatte der Feuersturm, der im Südturm wütete, eine solche Intensität erreicht, dass man an der Nordostecke des Gebäudes aus zerborstenen Fenstern des 80. Stocks flüssiges Metall herabrinnen sah. Es war das Aluminium von Flugzeugrumpf und -flügeln, das, über seinen Schmelzpunkt erhitzt, buchstäblich flüssig geworden war. Die gewaltigen Temperaturen griffen nun auch den schwächsten Punkt des Bauwerks an – die langen Verstrebungen, die die Stahlträger des Außenskeletts mit denen im Kern des Turms verbanden. Unterhalb der Geschossdecken gelegen, trugen sie nicht nur das Gewicht der Etagenböden, sondern bildeten auch die Stabilisierung für die äußeren Stahlstützen des Baus und verhinderten, dass diese unter dem immensen Gewicht der darüber befindlichen Geschosse einknickten. Die isolierende Ummantelung aus Beton und Baumineral, die sie vor Feuer schützen sollte, war bereits beim Aufprall des Flugzeugs abgesprungen, sodass die Träger der Gluthitze schutzlos ausgesetzt waren. Jetzt begann der Stahl weich zu werden und sich zu verformen.

Die Streben knickten bald ein und lösten sich aus ihren Aufhängungen. Damit wurde das Gebäude statisch instabil. Um 9.58 Uhr begannen die Stützpfeiler des Außenskeletts der Ostfassade auf Höhe des 80. Stocks nachzugeben. Sekundenbruchteile später drehten sich die oberen 30 Etagen des Südturms plötzlich ein Stück nach Südosten, und das gesamte Gebäude begann einzustürzen: Ein Geschoss fiel ruckartig auf das nächste, das daraufhin gleichfalls einbrach und das darunter liegende mit sich in die Tiefe riss – eine Art Dominoeffekt. 56 Minuten und zehn Sekunden nach dem Aufprall sackte der 415 Meter hohe Südturm in sich zusammen – mit über 200 Stundenkilometern, fast der Geschwindigkeit des freien Falls. Von Anfang bis Ende dauerte der Einsturz gerade einmal 15 Sekunden.

Obwohl nach seinem Zwilling getroffen, fiel der Südturm zuerst: wegen der größeren Wucht des Aufpralls und der Position der Einschlagstelle – eher seitlich als in der Mitte und mehr als zehn Geschosse tiefer. Anstelle von 45.000 Tonnen wie beim Nordturm, lasteten hier 110.000 Tonnen auf dem beschädigten Gebäudetrakt.

Als sich das gewaltige Bauwerk in eine riesige Rauch- und Staubwolke verwandelte, rannten die vielen tausend Menschen, die sich um die Basis der Türme und in den umliegenden Straßen geschart und wie hypnotisiert nach oben gestarrt hatten, urplötzlich um ihr Leben, um der dicken Aschewolke zu entkommen, die sich mit unglaublicher Geschwindigkeit durch die umliegenden Straßen wälzte.

Der Feuerwehrmann Rick Picciotto, der über Funk gehört hatte, der Südturm sei eingestürzt, schrie, das Unfassbare nicht begreifend, in sein Mikrofon: »Welcher Turm, welcher Turm? Die Fernsehantenne auf dem Nordturm? Ein Wasserturm? Was für ein Turm?« Die Antwort, die er erhielt, war in der Tat unglaublich: »Der gesamte Südturm.«

Nach einigen Minuten lichtete sich der Qualm ein wenig – und enthüllte den bizarren Anblick des Nordtower, der, immer noch brennend, nun ganz alleine dastand. Die letzten Leute, die die Stufen dieses Turms zügig herunterkamen, hörten ein merkwürdiges ächzendes Geräusch, das über eine Minute dauerte. Es war, wie sie später erfuhren, der Einsturz des anderen Tower. »Ich bin sicher, die Feuerwehrmänner waren über Funk informiert worden«, berichtete Stewart Sloan, Ingenieur bei der Port Authority, später. »Aber sie sagten kein Wort, und sie blieben auf ihrem Posten, um uns den Weg nach draußen zu weisen.«

Kurz nach zehn Uhr befanden sich im Nordturm – unterhalb des 96. Stockwerks – nur mehr Feuerwehrleute, die frustriert erkennen mussten, dass ihre Aufgabe unlösbar war. Da auch dieser Bau unmittelbar vom Einsturz bedroht war, begannen nun auch sie das Gebäude zu räumen. In den sieben obersten Etagen jedoch – 101 bis 107 – hielten sich noch immer über 1000 Menschen auf. Einige hatten versucht, auf das Dach zu gelangen. Sie erinnerten sich, dass 1993 Polizeihubschrauber Menschen von der Spitze des Nordturms gerettet hatten. Und sie konnten nicht wissen, dass Port Authority und Feuerwehr beschlossen hatten, dieses Mal auf eine solche Bergungsaktion zu verzichten. Die Hitze der Flammen und der aufsteigende Rauch hätten das Unterfangen zu gefährlich gemacht. Doch auch diejenigen, die auf das Dach flüchten wollten, erlebten eine böse Überraschung. »Ich wollte aufs Dach, aber die Türen sind alle abgeriegelt«, teilte der Büroangestellte Frank Doyle seiner Frau per Handy mit. »Du musst 911 anrufen und ihnen sagen, dass wir hier eingesperrt sind.«

Und dann waren da jene, welche, die Höllenhitze nicht länger ertragend, eine entsetzliche Entscheidung trafen. Es hatte angefangen, kurz nachdem das Gebäude getroffen worden war. Der Börsenmakler Andrew Rosenblum telefonierte gerade mit seiner Frau, da sagte er plötzlich: »Oh, mein Gott!« Er hatte vor seinem Fenster im 104. Stock die ersten Körper vorbeifliegen sehen. Eine Stunde später wählten erneut Dutzende Menschen den Sprung in den Tod. Lieber wollten sie so sterben, als verschüttet zu werden, zu ersticken oder bei lebendigem Leibe zu verbrennen. »Ich sah drei Leute springen, die sich fest an den Händen hielten«, erinnert sich der Bauarbeiter Tony Bristow. »Dann riss der Wind sie auseinander. Bumm, bumm, bumm machte es, als sie nacheinander auf verschiedenen Häusern aufschlugen.« Ein Schriftsteller, der 13 Häuserblocks nördlich wohnte, beschrieb einem Reporter seine Erlebnisse.

*Als ich auf das Dach kam, sagten ein paar Arbeiter und auch Mitbewohner: »Die Leute springen.« Natürlich glaubte ich ihnen nicht. Ich schaute durch mein Fernglas. Was sie für Menschen hielten, waren doch gewiss Trümmer – Metallstücke, Stühle, nicht mehr Identifizierbares. Und dann … oh Gott, ein Mann in flatternder brauner Hose und offenem Sakko, die Füße nach oben. Er stürzte auf der flusswärtigen Seite in die Tiefe, drei, vier, fünf Sekunden lang, bevor er zwischen einem niedrigen, silbern schimmernden Gebäude und World Trade Center Nr. 7 verschwand. Dann sprangen immer mehr Leute, zuerst nur auf der Seite zum Fluss hin, dann auch vorne, wo wir sie vor der Fassade hinabfallen sahen, geradezu in regelmäßiger Folge, wie Fallschirmspringer aus einem Flugzeug.*

Um 10.28 Uhr brach die Sendeantenne auf der Spitze des Nordturms ein, Sekundenbruchteile später gefolgt von den oberen Etagen des Gebäudes. »Ich drehte mich um und sah meinen Turm einstürzen«, erzählte Steward Sloan, der sich hatte retten können. »Ich stand da und sah zu, wie ein Geschoss nach dem anderen nachgab.« Gut zwei Meter höher als sein Zwillingsbruder, kollabierte der Nordturm in ungefähr demselben Tempo und schleuderte eine ähnliche Menge Trümmer, Rauch und Staub auf. Anders als der Südturm, bei dem das Außenskelett nachgegeben hatte, sackte der Nordturm jedoch von innen heraus in sich zusammen. Hier gaben die Stahlträger des Gebäudekerns nach, die sich infolge der gewaltigen Hitze und des durch den Crash verursachten Schadens verformt hatten. Sie hatten 102 Minuten und fünf Sekunden standgehalten.

Angesichts des gewaltigen Berges glühend heißer, noch immer brennender Gebäudetrümmer – dort, wo sich die Türme erhoben hatten – meinte ein Anwohner namens John Maloney: »Ich weiß nicht, wie es in der Hölle aussieht, aber so ähnlich muss es sein. Ich bin Vietnamveteran, aber so etwas habe ich noch nie zuvor gesehen.«

Mit dem Einsturz des zweiten Turms senkte sich eine merkwürdige, fast unheimliche Stille über die Stadt, vor allem über die Gegend nördlich der 14th Street. Die Straßen, gewöhnlich von Pkws und Lastwagen verstopft, waren wie leer gefegt. Geradezu ausgestorben. Noch ruhiger ging es unterhalb der Houston Street zu, wo sich nur mehr Anwohner aufhalten durften. Unterhalb der Canal Street dann, der Obergrenze von Lower Manhattan, begann die eigentliche Desasterzone: Hier wimmelte es auf den Straßen nur so vor Rettungskräften – Feuerwehrmännern, Polizisten, Ärzten, Sanitätern und freiwilligen Helfern –, und mehrere hundert Fahrzeuge, darunter Dutzende Krankenwagen, standen bereit. Unterhalb der Chambers Street, westlich des Broadway, boten die Blocks rund um das World Trade Center das Bild einer bizarren Mondlandschaft. Straßen und Gebäude lagen unter einer fünf bis acht Zentimeter dicken Staubschicht. Und überall türmten sich glühende Trümmer. Ecke Church und Murray Street, nicht weit von einem verlassenen Bagel-Verkaufsstand, stand ein riesiger verbogener Metallzylinder. Es war, wie Passanten entsetzt feststellten, ein Triebwerk des Jets, der den Südturm aufgeschlitzt hatte.

In den Hospitälern der Innenstadt – Beekman, Bellevue, St. Vincent's und N.Y. University – hatten sich tausende Ärzte und Krankenschwestern auf eine Flut von Verletzten vorbereitet. Auf den Gehsteigen warteten Dutzende Pfleger mit Bahren auf die erste Welle der Ambulanzfahrzeuge. Doch diese Welle traf niemals ein, es gab fast keine Patienten. »Die, die rauskamen, kamen raus«, erklärte eine Krankenschwester. »Die, die es nicht schafften, sind tot.«

Um elf Uhr kehrten Tausende, benommen, verstört und von Kopf bis Fuß voller Staub, dem Welthandelszentrum den Rücken und machten sich zu Fuß auf den Heimweg. Viele gingen in Richtung Brooklyn Bridge, andere den West Side Highway hinauf. »Es gibt keine Worte, das zu beschreiben«, befand CBS-Moderator Dan Rather, der die grauen Gestalten vorbeiziehen sah. Einige hielten Wasserflaschen umklammert, viele schwankten. Zehntausende räumten den Rest von Lower Manhattan, überquerten den East River nach Brooklyn und Queens, marschierten dutzende Häuserblocks weit in Richtung Midtown, Upper East und Upper West Side oder bestiegen eine Fähre nach New Jersey. Die New York Stock Exchange war kurz nach den Anschlägen geschlossen worden und würde auch für den Rest der Woche geschlossen bleiben: die längste handelsfreie Zeit seit dem Ersten Weltkrieg.

Vom inzwischen Furcht einflößenden Dröhnen neuer Düsenmotoren aufgeschreckt, blickten die New Yorker am frühen Nachmittag in den Himmel, wo sich ihnen ein einmaliges Schauspiel bot: Amerikanische F-16-Abfangjäger patrouillierten donnernd im Luftraum über Manhattan, um die Stadt vor möglichen weiteren Angriffen zu schützen. Gleichzeitig verließen, eskortiert von acht weiteren Kriegsschiffen, die riesigen Flugzeugträger *USS John F. Kennedy* und *USS George Washington* mit Höchstgeschwindigkeit Newport News, Virginia, in Richtung New York Harbor. Zum ersten Mal in der jüngeren Geschichte lautete der Auftrag, das Heimatland zu verteidigen.

Den ganzen Nachmittag über starrten die Menschen in Richtung Downtown, staunend und sprachlos nicht über das, was sie sahen, sondern über das, was sie nicht sahen – die Zwillingstürme, die mehr als drei Jahrzehnte lang fester Bestandteil der Skyline Manhattans gewesen waren. Alles, was von ihnen übrig war, war eine riesige Rauchsäule, denn die Ruinen standen nach wie vor in hellen Flammen.

Der Südwestwind trug den Rauch und mit ihm ungezählte Papierfetzen aus den Büros des World Trade Center über Lower Manhattan und Brooklyn. Noch bis in den nächsten Tag hinein fanden die Bewohner von Brooklyn ihre Straßen, Gehsteige und Hinterhöfe mit Memos, Geschäftsbriefen, Finanz- und Konstruktionsplänen von Firmen übersät, deren Büros in den oberen Etagen der Towers gelegen hatten.

Am Nachmittag waren sämtliche Gebäude des World Trade Center sowie die in unmittelbarer Nachbarschaft gelegenen Häuser evakuiert. Viele waren von der Stahl- und Zementlawine der kollabierenden Türme schwer in Mitleidenschaft gezogen. Das Marriott Hotel, das unmittelbar an das World Trade Center gegrenzt hatte, war praktisch zerstört, ebenso eine Reihe niedrigerer Gebäude des Komplexes. 7 World Trade Center, wo stundenlang ein Feuer gewütet hatte, stand unmittelbar vor dem Einsturz. Um 17.20 Uhr war es so weit, und der Bau hinterließ einen weiteren, sieben Etagen hohen schwelenden Schuttberg. Später würde der Einsturz von Nummer 7, das anders als die Türme nicht von einem Flugzeug getroffen worden war, den Ermittlern größte Rätsel aufgeben. Noch nie in der Geschichte der modernen Architektur war ein Stahlskelettbau allein infolge eines Brandes kollabiert. Obwohl die Ursache nie ganz geklärt werden konnte, deutet doch vieles auf einen riesigen Treibstofftank, der im unteren Teil des Hochhauses gelagert war – zur Notstromversorgung der Emergency-Kommandozentrale des Bürgermeisters.

Alle sieben Gebäude des World Trade Center – 1,2 Millionen Quadratmeter – waren zerstört und weitere 900.000 Quadratmeter in umliegenden Bauten ohne umfassende Renovierungsmaßnahmen nicht mehr benutzbar. In knapp zwei Stunden waren 2,1 Millionen Quadratmeter Bürofläche vernichtet worden. Summa summarum mehr als der gesamte Downtownbezirk der meisten US-Großstädte.

**New Yorker Bürger nach dem Kollaps der Türme. Auch ansonsten unverletzt Gebliebene wurden von Staubwolken und dem Ascheregen eingeholt.**

Doch so unvorstellbar der materielle Schaden auch war, als die Sonne an diesem Tag hinter dem Horizont verschwand, dachte jeder nur an die Menschen, die bei dem Attentat ihr Leben verloren hatten. Die ersten Schätzungen nannten bis zu 6000 Tote. Von dieser Zahl ausgehend, orderten die Verantwortlichen in der Stadtverwaltung 6000 Leichensäcke – und beteten, dass nicht noch mehr benötigt würden.

Als mit der Zeit genauere Angaben möglich und Mehrfachvermisstenmeldungen ausgesondert waren, sank diese Zahl. Erst auf 5000, dann auf 4000, schließlich 3000. Letzten Stellungnahmen zufolge kostete der Anschlag auf das World Trade Center 2823 Männer und Frauen das Leben, die Passagiere der beiden Verkehrsmaschinen eingerechnet. Es würde der verlustreichste Tag in der Geschichte der USA bleiben – mit mehr Toten, als Pearl Harbor, die Invasion der Alliierten in der Normandie oder die schlimmsten Schlachten des Bürgerkriegs gefordert hatten. Und diesmal waren die Opfer fast ausschließlich Zivilisten.

Diese grauenvolle Bilanz schloss eine besonders erschütternde Zahl ein: 343 Bedienstete der New Yorker Feuerwehr hatten an diesem Tag ihr Leben verloren, darunter viele der ranghöchsten Offiziere: Chief Peter Ganci, First Deputy Commissioner Bill Feehan sowie der Kaplan des Fire Department, der Franziskanermönch Father Mychal Judge, der einem überraschenden Herzanfall erlag, als er zwischen den brennenden Gebäuden Letzte Ölungen vornahm. Die drei Eliteeinheiten Rescue 1, 2 und 3 wurden völlig ausgelöscht. Keine städtische Feuerwehr hatte jemals Verluste, die diesen Zahlen auch nur halbwegs vergleichbar waren. In seiner gesamten 136-jährigen Geschichte – von 1865 bis zum 10. September 2001 – waren insgesamt 778 Männer des New Yorker Fire Department bei Einsätzen ums Leben gekommen. Der Schlag, den diese Attacke der Zunft der Feuerwehrleute versetzte, war unvorstellbar. Einer, der hinterher mit geröteten Augen am Boden neben der Unglücksstelle hockte, stammelte nur: »Mein Boss und alle meine Kameraden sind tot. Was soll ich noch sagen?«

Für die Feuerwehrleute, die Polizei und andere Einsatzkräfte, die ohne Rücksicht auf die eigene Sicherheit anderen zu Hilfe eilten, blieb nur die Gewissheit, dass dieser Tag zugleich die größte und glücklichste Rettungsaktion in der Geschichte der Vereinigten Staaten darstellte: Nicht weniger als 25.000 Menschen wurden aus dem zerstörten Gebäudekomplex und dessen Umgebung sicher geborgen.

Als der schmerzliche Tag endlich zur Neige ging, konnten sich die New Yorker nur mit den Worten von Bürgermeister Giuliani trösten, der auf die Frage nach der Zukunft New Yorks ohne zu zögern antwortete: »Wir werden es wieder aufbauen. Wir werden aus dieser Katastrophe gestärkt hervorgehen – emotional, politisch und auch ökonomisch. Wir werden wieder mehr zusammenhalten. Die Bevölkerung von New York City wird wieder genesen.«

**NACHWIRKUNGEN UND WIEDERAUFBAU**

*Als Turm zwei einstürzte, fingen wir gerade an zu graben. Wir machen weiter. Das ist schließlich unser Job.*

New Yorker Feuerwehrmann

In der Nacht des 11. September fanden wohl nur wenige New Yorker ruhigen Schlaf. Und viele berichten, sie seien mit dem Gefühl aufgewacht, einen bösen Traum gehabt zu haben – nur um sich gleich darauf der entsetzlichen Wahrheit bewusst zu werden, dass die Ereignisse des vorhergehenden Tages aller Alptraumhaftigkeit zum Trotz grausige Realität waren.

Dort, wo noch 24 Stunden zuvor die schimmernden Türme des World Trade Center gestanden hatten, erstreckte sich jetzt ein schwelendes Trümmerfeld. Die ganze Nacht hindurch war ein Heer von Rettungskräften – Sanitäter, Feuerwehrmänner, Ingenieure, Baggerführer und ungezählte freiwillige Helfer – zur Unglücksstelle geströmt, um mögliche Überlebende zu bergen.

Als am Mittwoch, den 12. September, der Tag anbrach, wurde das volle Ausmaß des Schreckens sichtbar: 6,4 Hektar Stadtlandschaft in Lower Manhattan, eine Fläche, so groß, dass man sie mit bloßem Auge kaum zu überblicken vermag, lagen in Schutt und Asche. Im Zentrum befanden sich die Überreste der Türme. Acht Stockwerke hoch ragte das zerfetzte Stahlbetongerippe in den Himmel, umgeben von den Ruinen der niedrigeren Gebäude des Komplexes, die aussahen wie von einer gigantischen Faust zerschmettert.

Hunderte Helfer krochen vorsichtig über die Schuttberge und zogen Leichen – häufiger noch Leichenteile – aus den Trümmern. In schwarzen Plastiksäcken wurden diese anschließend quer über die West Street getragen – in die Lobby des American Express Headquarter im World Financial Center, die zu einem provisorischen Leichenschauhaus umfunktioniert worden war. Wenn ein Arbeiter auf menschliche Überreste stieß, wurde Bescheid gegeben. Dann nahmen alle in der näheren Umgebung den Schutzhelm ab und legten ein paar Gedenksekunden ein.

Andere Arbeiter durchkämmten derweil die Ruinen, auf mögliche Hilferufe Verschütteter hoffend. Damit auch leise Geräusche nicht im Lärm von Baggern und Bulldozern untergingen, wurden die ersten Aufräumarbeiten fast ausschließlich von Hand durchgeführt. »Wir bildeten Ketten aus vielen Hundert Leuten«, erzählte der Zimmermann Robert Doremus, der, wie zahllose andere Bauarbeiter aus allen Bezirken der Stadt, seine Baustelle verlassen hatte, um hier zu helfen. »Wir zogen einzelne Teile raus und reichten sie an den Nächsten weiter – so wie man es früher beim Feuerlöschen mit Wassereimern gemacht hat.« Trotzdem wurden am ersten Tag nur eine Hand voll Überlebende entdeckt – und die Aussichten, weitere Opfer lebend zu bergen, sanken von Stunde zu Stunde.

Um das unbeschreibliche Chaos wenigstens einigermaßen in den Griff zu bekommen, teilten die Behörden das weitflächige, mittlerweile »Ground Zero« genannte Trümmerfeld nach ein paar Tagen in vier Abschnitte auf. Nun konnten die eigentlichen Aufräumarbeiten beginnen. Insgesamt galt es mehr als eine Million Tonnen Schutt zu beseitigen – ein schier unvorstellbares Unterfangen.

Seit mehr als einem Jahrhundert, seit den Tagen der ersten Hängebrücken und Wolkenkratzer, war New York für das Geschick und die Kühnheit seiner Bauunternehmen berühmt. Jetzt reagierten die Arbeitertrupps auf diese nicht minder schwierige, aber ungleich leidvollere Herausforderung mit einer stillen, aber wütenden Entschlossenheit, die jedem, der sie sah, staunenden Respekt abverlangte. Ohne Unterbrechung schafften sie sieben Tage die Woche rund um die Uhr in zermürbenden Zwölf-Stunden-Schichten. Tag und Nacht kämpften sie sich mit Spitzhacken, Handschaufeln, Kränen, Raupen und Riesenbaggern – »allen nur irgend bekannten Gerätschaften«, wie ein Beobachter sagte – durch die Trümmerberge. Sie trugen Atemschutzmasken gegen den Staub und den Rauch, der hartnäckig in der Luft hing, und waren ständig auf der Hut vor Flammen, die urplötzlich aufflackern konnten, wenn ein Brocken weggezogen wurde und Sauerstoff an den darunter liegenden schwelenden Schutt gelangte. Außerdem galt es auf die Sirene zu achten, die vor dem unmittelbar bevorstehenden Einsturz eines halb zerstörten Gebäudeteils warnte.

Als sei die körperlich anstrengende Arbeit nicht genug, war die psychische Belastung für die Hilfskräfte fast noch schlimmer. Viele, die in »the pit« (Grube) schufteten, meinten, sie fühlten sich wie in Trance, abgeschnitten vom Rest der Welt. Sie waren kaum in der Lage, nach ihrer Schicht etwas zu essen oder zu schlafen. Bald wurden in der Nähe der Unglücksstelle große Zelte aufgestellt, wo die Männer ihre Mahlzeiten einnehmen, duschen und sich eine Weile hinlegen konnten. Auch eine provisorische Kapelle wurde eingerichtet, mit Seelsorgern, die verschiedene Glaubensgemeinschaften der Stadt vertraten. So unerträglich die Arbeitsbedingungen in dem Ruinenfeld waren, zog es viele Rettungskräfte und freiwillige Helfer doch schon vor Ende ihrer Ruheschicht wieder zur »Grube«.

Ebenfalls Mittwoch drängten Zehntausende, deren Familienmitglieder oder Freunde in den Türmen gearbeitet hatten und Dienstagabend nicht nach Hause gekommen waren, zu der kurzfristig eingerichteten Vermisstenmeldestelle im New York State Armory, Ecke 26th Street und Lexington Avenue. Verzweifelte Angehörige brachten Fotos, Dokumente und Haare (oder andere Dinge für die DNA-Analyse), um ihre Lieben wieder zu finden oder – schlimmstenfalls – deren sterbliche Überreste identifizieren zu können. Bald reichte die Menschenschlange um den ganzen Block. Gleichzeitig wurden an Laternenpfähle und Wände in ganz Downtown zehntausende Flugblätter und Plakate gepinnt – sei es mit dem Konterfei eines Vermissten, näheren Angaben zur Person, dem letzten bekannten Aufenthaltsort, einer Kontakttelefonnummer und in zahlreichen Fällen der flehentlichen Bitte um Hilfe:

*»We're looking for Kevin M. Williams, 104th Fl. WTC.«*
*»Have you seen him? Robert ›Bob‹ Dewitt.«*
*»Ayuda! Manuel Emilio Mesia. 740-0496 ›Por favor.‹«*
*»Please help us find Jennifer Y. Wong, Location: 96th floor of 1 WTC. Thank you. God bless you.«*
*»Roger Mark Rasweiler. Missing. One WTC 100th floor.«*
*»We Need Your Help: Giovanna ›Gennie‹ Gambale.«*

Mittlerweile legten immer mehr Menschen Blumen und Dankesgrüße vor den Feuerwachen der Stadt nieder, die binnen weniger Stunden zu Gedenk- und Versammlungsstätten geworden waren. Nahezu alle Fire Companys hatten Verluste zu beklagen, manche die Hälfte ihrer Belegschaft verloren – einige deutlich mehr. Wie benommen lehnten überlebende Feuerwehrmänner in den gähnenden Toren, hinter denen noch vor wenigen Tagen die großen roten Leiter- und Spritzenwagen gestanden hatten.

Der Union Square, wo die New Yorker Bürger seit den Anfangstagen des Bürgerkriegs 1861 in Krisenzeiten zusammenströmten, wurde zu einem spontanen Memorial. Tausende zündeten Kerzen an, hielten Mahnwachen und beteten. Improvisierte Gedenkstätten säumten die Wege.

Die New Yorker mochten weinen und trauern, aber sie zögerten auch nicht zuzupacken, wo immer sie konnten. Ein Schwall von Hilfsgütern überflutete die Sammelstellen an den Piers. Bald füllten Lebensmittel, Decken und anderes ganze Lagerhallen, und die Krankenhäuser mussten Blutspender abweisen, da schlichtweg kaum Bedarf herrschte. Die Küchenchefs von Manhattaner Nobelrestaurants – darunter einige echte Gourmettempel – machten Überstunden, um die vielen hundert Helfer mit Nahr- und Schmackhaftem bei Kräften zu halten. Ganz normale Bürger meldeten sich bei den Einsatzzentralen am Hudson River und boten ihre Hilfe an. »Sagen Sie mir, was ich tun kann«, flehte die 32-jährige Grace Spence, die früher selbst einmal im World Trade Center gearbeitet hatte. »Ich kann jemandem die Hand halten, zuhören, die Straße kehren – was auch immer.« Am West Side Highway, der Hauptverkehrsader zu und von der Unglücksstelle, stand Tag und Nacht eine Menschenmenge Spalier und schwenkte amerikanische Flaggen, um den Rettungs- und Hilfskräften, die unterwegs zum Ground Zero waren, den Rücken zu stärken. Manch einer würde, Fähnchen in der Hand, noch vier, fünf Monate später regelmäßig vorbeikommen.

»Offenbar weiß New York, wie man ein unbeschreibliches Trauma übersteht«, kommentierte Joyce Purnick von der *New York Times*, »wie man sich, von einer unfassbaren

Tragödie heimgesucht, zeitweilig in eine Kleinstadt verwandelt. Jeder, der gestern in New York unterwegs war, wird bestätigen, dass die Stadt dieses Horrorszenario, das alles bislang Erlebte weit in den Schatten stellt, ohne jeden Zweifel bewältigen wird.« Alle Differenzen, die alltäglichen Spannungen zwischen den Bewohnern – Menschen höchst unterschiedlichen Hintergrunds, verschiedenster Schichten, Hautfarben und Ethnien – waren mit einem Mal wie fortgewischt. Der Bürgermeister hatte versprochen, New York werde »aus dieser Katastrophe [emotional] gestärkt hervorgehen« und »wieder mehr zusammenhalten«. Doch niemand hätte vermutet, dass das Zusammengehörigkeitsgefühl, das sich in den Tagen nach dem Attentat herausbildete, so stark sein würde. Eine Welle der Toleranz erfasste die Stadt mit all ihren Bevölkerungsgruppen, selbst – was manchen überraschte – die große arabisch-amerikanische Gemeinde New Yorks. »Es war geradezu, als sei die ganze Stadt extrem empfindsam geworden«, beobachteten die Reporter Jim Dwyer und Susan Sachs. »So als wären die Menschen am liebsten auf Zehenspitzen geschlichen, um nur ja keine Störung zu verursachen.« Selbst die typische kühle Distanziertheit der New Yorker verschwand: Wildfremde Menschen sprachen auf einmal miteinander – verbunden durch gemeinsame Erfahrungen, durch geteiltes Leid.

Nirgendwo war diese neue Stimmung auffälliger und überraschender als in den Politikerzirkeln der Stadt, deren gewohnheitsmäßige Differenzen sich angesichts der Tragödie in Luft aufzulösen schienen. Staunend sahen die New Yorker zu, wie der liberale demokratische Senator Charles Schumer sich dem Urteil des konservativen republikanischen Gouverneurs George Pataki anschloss – und umgekehrt. Oder Senatorin Hillary Clinton und Bürgermeister Rudy Giuliani – langjährige politische Gegner, die sich noch ein Jahr zuvor erbitterte Auseinandersetzungen geliefert hatten – schlenderten nun, vertieft in ein freundschaftliches Gespräch, die West Street hinab. Der Bürgermeister selbst erwies sich weiterhin als fähiger Krisenmanager. »Oberster Einsatzleiter, der höchstpersönlich die Aufräumarbeiten überwacht, ... [und zugleich] Stadtpsychologe, der einer schmerz- und angsterfüllten Bevölkerung wieder Mut und Zuversicht zu geben versucht«, bemerkte die Journalistin Jennifer Steinhauer. »Der Bürgermeister hat es geschafft, das Gefühl zu vermitteln, die Stadt ... sei auf dem besten Weg zurück zur Normalität.« In der Tat erweckten Giulianis wohl überlegte Formulierungen und sein entschlossenes Vorgehen einen Eindruck souveräner Autorität, den viele bei den ersten, etwas hölzernen Stellungnahmen von Präsident George W. Bush vermissten.

Die plötzliche Beliebtheit des bis dato eher unpopulären Bürgermeisters ging einer noch größeren Wandlung im Verhältnis zwischen Stadt und Nation voraus. Fast über Nacht nahm die komplexe und häufig problematische Beziehung zwischen den USA und ihrer größten Metropole eine neue Wendung. Zwar hatte schon New Yorks verblüffende Renaissance in den 80er und 90er Jahren den offenen Antagonismus der 60er und 70er verstummen lassen, doch war eine gewisse Skepsis geblieben. Insbesondere die auf dem Land lebenden Amerikaner beäugten die kosmopolitische Stadt und ihre Werte nach wie vor mit Misstrauen. Nun löste das Attentat eine wahre Welle der Sympathie aus, und in allen Teilen des Landes regte sich Stolz auf den heldenhaften Mut und die couragierte Einsatzbereitschaft der Rettungskräfte und der gewöhnlichen Bürger.

Die New Yorker brachten derweil ihren Patriotismus sichtbarer zum Ausdruck als selbst im Zweiten Weltkrieg. Plötzlich zierten amerikanische Flaggen Hausdächer und Feuerleitern, schmückten Türen und Schaufenster und kleideten mitunter ganze Gebäudefassaden. Es hatte offenbar eines Angriffs auf das hervorstechendste Wahrzeichen Amerikas bedurft, um New York wieder zu ebendiesem Wahrzeichen zu machen. »Welche Ironie des Schicksals«, schrieb der Kolumnist Michael Wolff, »dass New York, nach generationenlangem Entzug der bürgerlichen Ehrenrechte, jetzt mit einem Mal zum großen Symbol des Amerikanismus wird.« Quer durch die Vereinigten Staaten wurden in Städten und Dörfern Gedenkgottesdienste für die Opfer und Sympathiekundgebungen für die Metropole abgehalten. Freiwillige Helfer kamen aus allen Landesteilen – Krankenschwestern aus Kentucky, Ärzte aus Atlanta, Feuerwehrleute aus San Francisco. Einige Ortschaften sammelten Gelder zum Kauf neuer Spritzenwagen für das New Yorker Fire Department. Und Stiftungen, Unternehmen und Millionen Menschen aus ganz Amerika spendeten Geld für die Familien der Einsatzkräfte, die ums Leben gekommen waren.

Als die New Yorker Senatoren Schumer und Clinton zwei Tage nach dem Anschlag bei Präsident Bush wegen einer Nothilfe für die Stadt vorsprachen, taten sie dies eher skeptisch. Schließlich hatte Bush bei den letzten Wahlen in New York (Stadt wie Bundesstaat) schwere Verluste erlitten. Doch der Präsident fragte nur: »Wie viel brauchen Sie?« Und als Schumer antwortete, die ersten Kosten beliefen sich auf mindestens 20 Milliarden Dollar, reagierte Bush spontan mit der Zusicherung: »Die haben Sie.« »Ich hatte einen richtigen Kloß im Hals«, gestand Schumer später.

Natürlich beschränkte sich die spontane Hilfsbereitschaft der Menschen nicht auf Amerika. In England etwa ließ der Versicherungsriese Lloyds of London die Lutine Bell läuten – ein Ritual, das seit mehr als anderthalb Jahrhunderten die Nachricht vom Untergang eines Schiffes begleitete. Im Buckingham Palace wurde zu Ehren der Toten eine besondere Wachablösung abgehalten, während der die Militär-

**Ein New Yorker Feuerwehrmann stapft durch die schwelende Trümmerlandschaft, die das World Trade Center hinterlassen hat.**

kapelle »The Star-Spangled Banner« spielte und Touristen wie Briten unter Tränen amerikanische Fahnen schwenkten. Am gleichen Tag brachte die Pariser Tageszeitung *Le Monde* – bekannt für ihre harsche Kritik an den USA – die Schlagzeile: »Nous sommes tous Américains« – »Wir sind jetzt alle Amerikaner«. Und in Havanna drückte der kubanische Präsident Fidel Castro den Angehörigen der Opfer sein Mitgefühl aus. Der Schriftsteller Thomas Keneally, der die Ereignisse von Australien aus verfolgt hatte, wo es kurz vor Mitternacht war, beschrieb den nachhaltigen Eindruck, den das Attentat in Lower Manhattan auf die Menschen rund um den Globus ausübte: »Ich glaube nicht, dass die New Yorker sich vorstellen können, wie sehr die Welt ihre Stadt als jedermanns Stadt ansieht. Wäre jemand aus New York unter uns gewesen, ich könnte mir vorstellen, allein das Ausmaß unseres Entsetzens hätte ihn getröstet.«

Kurz nach dem Anschlag stellte die wenige Blocks von den einstürzenden Türmen entfernt liegende New Yorker Börse, das Herz des US-Finanzsystems, den Handel ein und schickte die Mitarbeiter nach Hause. Sie sollte fünfeinhalb Tage lang geschlossen bleiben – die längste Unterbrechung seit über 80 Jahren. Am Freitag wurde dann bekannt gegeben, dass am Montag, den 17. September, der Handel wieder eröffnet würde – ein Symbol für die Entschlossenheit der Finanzwelt, keinesfalls klein beizugeben. Das ganze Wochenende über waren Tausende Arbeiter am Werk, um den Finanzdistrikt bis Montag wieder gangbar zu machen. Straßenfeger spritzten den Staub von Gehwegen und Hausfassaden. Hunderte Fernmeldetechniker und Installateure der Energieversorger legten 18-Stunden-Tage ein, um Daten-, Telefon- und Stromleitungen in Stand zu setzen. »Das ist Wahnsinn«, meinte der Elektroingenieur Mark Bauer. »Die ganzen Arbeiten müssen gleichzeitig durchgeführt werden. Der Personaleinsatz, die Abrissmaschinerie, die Koordination – das ist gewaltig.« Die Straßen des Viertels blieben für den Verkehr gesperrt, aber das U-Bahn-System funktionierte und war bereit, Montagmorgen mehr als 300.000 Angestellte nach Downtown und abends wieder nach Hause zu bringen. »Natürlich haben die Leute ein mulmiges Gefühl«, erklärte der Börsenfachmann Andrew Goldman. »Aber der Wunsch, wieder in der Arbeit zu erscheinen, ist da.«

Um 9.30 Uhr betätigte Richard Grasso, der Präsident der New York Stock Exchange, die Glocke, die traditionell den Handelstag einläutet. Wie erwartet, sackte der Markt zunächst drastisch ab: Der Dow Jones verlor an diesem Tag 684 Punkte – in absoluten Zahlen der größte Tagesverlust in der Geschichte der Börse. Doch zur allgemeinen Erleichterung fielen die Kurse nicht ins Bodenlose und lösten somit keine echte Finanzkrise aus. Ja, binnen weniger Tage stabilisierte sich der Markt und begann schließlich, nachdem bald immer häufiger von einem militärischen Gegenschlag die Rede war, wieder zu steigen.

Die Rückkehr der Broker in den Finanzdistrikt markierte einen Wendepunkt, doch es würde Monate dauern, bevor in Lower Manhattan auch nur annähernd wieder normale Verhältnisse herrschten. Tausende Wohnungen und Büros in der unmittelbaren Nachbarschaft von Ground Zero waren wochenlang ohne Strom und monatelang ohne Festnetzanschluss. Ebenfalls monatelang lastete der schreckliche Gestank der Ruinen über Teilen von Downtown, denn nach wie vor schwelten Brände unter den Trümmern und flackerten immer wieder auf, wenn Schuttbrocken beseitigt wurden. Genau 100 Tage würden vergehen, bevor auch der letzte Brandherd endgültig gelöscht war.

Während Teile der Stadt in der zweiten Woche nach dem Attentat allmählich zur Normalität zurückkehrten, fingen andere Bezirke New Yorks erst jetzt an, das volle Ausmaß dessen zu erfassen, was sich ereignet hatte. In dieser Woche begannen die Beisetzungen – Feuerwehrmänner und Polizisten und gewöhnliche Bürger. Zwei bis drei an jedem Werktag, zehn und mehr pro Tag an den Wochenenden. Einige fanden in der City selbst statt, viele jedoch in den Suburbs von New Jersey und Long Island, wo die meisten der Rettungskräfte und der Büroangestellten aus den beiden Türmen zu Hause waren. Um das Ungeheure des Desasters auf ein »menschliches Maß« herunterzuschrauben, startete die *New York Times* eine Serie kurzer Nachrufe, die jeweils ein Opfer des Anschlags porträtierten. Tag für Tag erschienen diese Artikel, 15 bis 20 pro Ausgabe, Woche für Woche, Monat für Monat. Jeden Morgen lasen die New Yorker einfühlsame Kurzcharakteristiken einer Reihe von Menschen, die unter tragischen Umständen zu Tode gekommen waren. Ein kurzer Blick auf die allerersten Namen – McLaughlin, Fazio, DeChavez, Sam-Dinoo, Dowling – erinnerte an die ungeheure Vielgesichtigkeit des modernen New York. Gibt es ein bewegenderes Zeugnis des außergewöhnlichen Multikulturalismus im Alltag der Stadt als die simple Tatsache, dass die Opfer des Anschlags aus sage und schreibe 93 verschiedenen Ländern stammten?

In der Stadt herrschte noch immer die Angst. Viele Menschen fürchteten sich, die Subway zu benutzen oder große, belebte Plätze wie die Penn Station oder den Times Square aufzusuchen. Andere waren entschlossen, optimistisch in die Zukunft zu blicken: »Ich bin sicher, New York wird sich erholen«, erklärte der Analyst Paul R. Beirne. »Ich denke, die Wirtschaft kann das verkraften, hier vor Ort wie auch im ganzen Land. Wissen Sie, natürlich bin ich nervös, und ein bisschen Angst habe ich auch, aber New York hat die Mentalität eines Stehaufmännchens. Ich bin zuversichtlich.« An vielen Geschäften und Wohnhäusern sah man Poster des Grafikers Milton Glaser mit einer aktualisierten Version seines berühmten »I love New York«-Designs, bei dem ein nunmehr angesengtes rotes Herz das Wort »love« ersetzt. Und unter dem Ganzen stand jetzt: »more than ever«.

»Die Stadt ... ist jetzt auf eine neue Art nackt«, bemerkte der Schriftsteller Adam Gopnik eine Woche nach dem Anschlag. »Nicht erregend, aber verwundbar, verletzlich. Sie schien in unserer Zuneigung und Treue zu wachsen.«

Und natürlich war das Gefühl der Leere keinesfalls nur unterschwellig. Immer wieder kam es schmerzlich hoch, ausgelöst etwa von so banalen Dingen wie einem Blick in Richtung Downtown. Selbst jene New Yorker, denen die Architektur des World Trade Center nie gefiel, hatten die Zwillingstürme gerne als Orientierungshilfe benutzt. So war das Fehlen der Gebäude nicht nur im übertragenen, sondern auch im ganz realen, wörtlichen Sinne verwirrend. »Es ist irgendwie unheimlich«, brachte Monet Harris, Angestellter der Verkehrsbetriebe, die Sache auf den Punkt. »Man hält immer Ausschau nach diesen beiden Gebäuden. Wenn man die beiden Türme sah, hatte man immer gewusst, wo man war. Und jetzt sind sie nicht mehr da.«

*Wenn man einen Ameisenhaufen zerstört, machen sich die Tiere sofort daran, ihn wieder aufzubauen. Und auch wenn die Zerstörung sehr schnell geht und der Wiederaufbau sehr lange dauert, bleiben die Ameisen letzten Endes Sieger. Entschlossenheit setzt sich letztlich immer durch.*

Cesar Pelli, Architekt des World Financial Center

Während viele damit kämpften, sich mit den Opfern aus Fleisch und Blut abzufinden, standen Behörden und Stadtplaner vor den immensen Schäden, die die Infrastruktur New Yorks erlitten hatte. Der Anschlag hatte mehrere wichtige Anlagen des Telefon- und Mobilfunknetzes zerstört. Nach dem Ausfall der riesigen Sendeantenne des Nordturms waren weite Teile der Stadt ohne TV-Empfang. Der Kollaps von 7 WTC hatte eine wichtige Transformatorenstation getroffen sowie die viele Millionen Dollar teure Kommandozentrale, die Giuliani im 23. Stock des Baus hatte einrichten lassen. Zudem waren zwei bedeutende Verkehrsadern unterbrochen – der Einsturz der Türme hatte Gleisanlagen der IRT-Subway und des PATH-Pendlerzugs in Mitleidenschaft gezogen. Zu den denkwürdigsten Anblicken, die sich während der Aufräumarbeiten boten, gehörten mehrere PATH-Waggons, die tief unter dem Komplex den Angriff praktisch unbeschädigt überstanden hatten.

Schon früh begann man mit der Erneuerung respektive Reparatur dieser wichtigen Systeme. Die Büroangestellten von Lower Manhattan, die so viel Vernichtung gesehen hatten, begrüßten jeden noch so kleinen Fortschritt – und sei es eine rechteckige Röhre aus Stahlträgern, die in dem riesigen Einsturzkrater erschien. Sie markierte den Anfang eines 300 Meter langen U-Bahn-Schachts. Dieser und zwei Subway-Haltestellen, so die Behörden, würden im Herbst 2002 wieder dem Verkehr übergeben werden können. Auch der Wiederaufbau der PATH-Linie war in Planung. Ihr wichtigster Bahnhof in Manhattan hatte sich direkt unter dem WTC befunden. Viele New Yorker vernahmen erfreut, dass nicht nur die bisherigen Anlagen wieder aufgebaut, sondern den Fahrgästen in Zukunft ein zusätzlicher Verbindungstunnel zur Subway zur Verfügung stehen würde. Es war der Beginn des neuen »Grand Central« in Downtown, der ein halbes Dutzend Bahnlinien verbinden und – ein seit Jahrzehnten gehegter Traum, der jedoch nie in Angriff genommen worden war – Lower Manhattan endlich einen ähnlichen Verkehrsknotenpunkt bescheren würde, wie ihn Midtown schon seit Anfang des 20. Jahrhunderts besaß.

Beseelt vom selben Geist des Wiederaufbaus, begannen Stadtplaner die Zukunft des Ground Zero zu diskutieren. Das Attentat hatte das Wesen des 6,4 Hektar großen Areals ohne jeden Zweifel für immer verändert, und es stand fest, dass auf einem Teil davon – vermutlich der Fläche, auf der die Türme gestanden hatten – ein Denkmal für die Opfer des Anschlags errichtet werden müsse (manche gehen davon aus, dass eine solche Gedenkstätte nach ihrer Fertigstellung zu den meistbesuchten Sehenswürdigkeiten weltweit zählen würde). Doch der größte Teil des Areals würde als urbanes Gebiet wieder aufgebaut werden, um die Lücken zu schließen, die das World Trade Center hinterlassen hatte.

Unter Michael J. Bloomberg, der Anfang 2002 als neuer Bürgermeister ins Rathaus einzog, begannen Stadt und Staat mit der Ausarbeitung detaillierter Pläne. Wie man nicht müde wurde zu betonen, stellte der plötzliche Verlust des World Trade Center nicht nur eine Herausforderung dar, sondern bot die – wenn auch ungebetene – Chance, einen wichtigen Teil der Stadtlandschaft völlig neu zu gestalten. Schon aus den ersten Vorschlägen wurde ersichtlich, dass der Superblock, ein typisches Kind der 50er und 60er Jahre, der der übrigen Stadt sozusagen den Rücken zukehrte, überholt war. Er würde von einem anderen Konzept abgelöst werden, das an frühere Zeiten anknüpfte, als sich selbst die höchsten Wolkenkratzer aus überschaubaren Blocks erhoben, die in das Gitternetz der Straßen eingebunden waren.

Während diese Pläne gediehen, ließen sich die New Yorker im Frühjahr 2002 von einem erfreulicheren Anblick aufmuntern: Zwillingstürmen aus Licht, die unweit des früheren World Trade Center nebeneinander in den Himmel ragten. Das von einer Gruppe junger Künstler entwickelte Projekt basierte auf zwei riesigen Quadraten mit je 48 leistungsstarken Flutlichtscheinwerfern, die senkrecht nach oben leuchteten. Der ursprünglichen Vereinbarung entsprechend, wurden die Strahler nach genau einem Monat ausgeschaltet, aber viele hegen die Hoffnung, dass dieses ebenso eindringliche wie ästhetisch ansprechende Konzept bei der Neugestaltung des Platzes wieder aufgegriffen wird.

Fachleute hatten vorausgesagt, die Aufräumarbeiten am Ground Zero würden über ein Jahr dauern. Doch der außerordentliche Einsatz der Räumungstrupps – die sieben Tage die Woche rund um die Uhr schufteten – beschleunigte den Zeitablauf wesentlich. Als im April die letzte der 1,8 Millionen Tonnen Schutt in Angriff genommen wurde, war das Trümmergebirge auf kleine Hügel zusammengeschmolzen. Der Tag, an dem auch die letzten Überreste beseitigt werden würden, stand vor der Tür. Dies stimmte die Männer, die so unermüdlich gearbeitet hatten, froh und traurig zugleich. Von den 2823 Menschen, die bei dem Anschlag ums Leben gekommen waren, hatte man nur die sterblichen Überreste von etwa 1000 identifizieren können.

Am Dienstag, den 30. Mai 2002 – achteinhalb Monate nach dem Attentat –, wurde im Rahmen einer Feierstunde der letzte Rest der Türme abtransportiert. Damit waren die offiziellen Aufräumarbeiten abgeschlossen. Das unvergessliche Trümmerfeld war etwas gewichen, das mehr an eine gewöhnliche Baustelle erinnerte – genau genommen an die ursprüngliche Baustelle des World Trade Center: Nach fast 40 Jahren lag die riesige »Badewanne«, die kein Mensch noch einmal zu sehen geglaubt hatte, wieder offen da.

Um 10.29 Uhr – der Zeit, zu der der zweite Turm einstürzte – wurde eine leere Bahre die Rampe von der sechs Stockwerke tiefen Grube herauf- und über die West Street getragen. Freunde und Verwandte der Opfer säumten die Straße, und mehrere Hundertschaften Feuerwehrmänner und Polizisten standen Spalier. Hinter der Bahre folgte ein Tieflader mit Pfeiler Nummer 1001 B aus 2 World Trade Center, einem 58 Tonnen schweren Stahlstück, das – in schwarzen Stoff und eine amerikanische Flagge gehüllt – als letzter Teil der Gebäude fortgeschafft wurde. Langsam zog der Trauerzug an den tausenden Menschen vorbei, die unter Tränen endgültig Abschied nahmen.

Es war fast unmöglich, nicht an ein anderes Ereignis zu denken, das nahezu 32 Jahre zurücklag – an einen kalten Dezembermorgen des Jahres 1970, als ein anderer Stahlpfeiler – auch er in eine amerikanische Flagge gehüllt und auch er der letzte seiner Art – mit großer Feierlichkeit an der Fassade der neu errichteten Türme hochgezogen wurde, um seinen Platz ganz an der Spitze einzunehmen, mehr als 400 Meter über Straßenniveau.

Jetzt waren die beiden Türme nicht mehr da. Sie hinterließen eine große Leere, eine Lücke, die sich, zumindest im Augenblick, nur mit Träumen schließen lässt. Mit Träumen von einer Stadt, die vielleicht eines Tages wieder nach den Sternen greift und sich himmelwärts reckt – möglicherweise sogar höher als zuvor.

James Sanders und Ric Burns, Juni 2002

**Die Lichtsäulen des »Tribute-of-Light«-Memorial am 11. März 2002.**

# DANKSAGUNG

Bei der Arbeit an diesem Buch sowie an der Fernsehserie, zu der es entstand, haben uns so viele ungewöhnlich talentierte Menschen geholfen – Gelehrte, Schriftsteller, Wissenschaftler, Archivare, Produzenten, Redakteure, Designer und Rechercheure –, dass schon allein ihre Aufzählung demütig stimmt – von dem Versuch, ihnen unseren tiefen, aufrichtigen Dank auszudrücken, ganz zu schweigen.

Eine Reihe von Personen haben das Projekt ganz besonders geprägt, und es ist uns ein großes Anliegen und eine Freude, die Gelegenheit zu nutzen, hier zum Ausdruck zu bringen, wie tief wir in ihrer Schuld stehen – angefangen bei den großartigen Autoren und Historikern, die diesen Band mit hervorragenden Essays bereichert haben: Dieses Projekt wäre keinesfalls möglich gewesen ohne die Hilfe von Kenneth T. Jackson, Herausgeber von *The Encyclopedia of New York City* und einer der bedeutendsten Stadthistoriker unserer Zeit. Sein gewaltiges Wissen, seine Liebe zu der Stadt und zum Großstadtleben überhaupt, verbunden mit seiner großzügigen Bereitschaft, dieses Wissen zu teilen, haben die Fernsehserie und das Buch weitaus stärker beeinflusst, als wir hier auszudrücken vermögen. Großen Dank schulden wir auch Mike Wallace, dem Co-Autor von *Gotham: A History of New York City to 1898*. Ohne seine umfassenden Kenntnisse hinsichtlich der Stadtgeschichte sowie seine tiefen Einsichten in die Kräfte, die sie zu dem gemacht haben, was sie war und ist, hätten wir die immer wieder in alle erdenklichen Richtungen ausufernde 400-jährige Geschichte der Stadt kaum zu einer stringenten Handlung zusammenfassen können. Undenkbar wäre das Projekt auch ohne den Einsatz und die Unterstützung all der anderen gewesen, die wichtige Beiträge dazu geliefert haben: Robert A. Caro, dessen bahnbrechende Robert-Moses-Biografie *The Power Broker* zu den großartigsten stadtgeschichtlichen Werken zählt; Phillip Lopate, dessen intime Kenntnis der Geschichte und Literatur der Stadt gleichberechtigt neben seiner Liebe zum Film und zum Filmemachen und seinem einzigartigen Feeling für das Leben auf den Straßen der Großstadt steht; Robert A. M. Stern, dessen leidenschaftliches Engagement und scharfer Witz vor der Kamera von enzyklopädischem Wissen über die Geschichte und Architektur New Yorks begleitet werden; Carol Berkin, deren Begeisterung für das New York des 18. und frühen 19. Jahrhunderts dieser Ära zu einer Lebendigkeit verhalfen, wie es wohl niemand anders vermocht hätte; Daniel Czitrom, dessen gewaltiger Wissensschatz bezüglich der Wechselbeziehungen zwischen den sozialen, politischen und kulturellen Faktoren der Stadtgeschichte unser Verständnis für die Zusammenhänge wesentlich bereichert hat – mehr, als wir hier sagen können; David Levering Lewis, dessen außergewöhnlicher Sinn für die Art und Weise, in der Rassen-, Kultur- und Sozialpolitik das Stadtleben beeinflussten, uns neue Einblicke in das New York der 1920er gegeben hat; und last not least Marshall Berman, dessen brillante und originelle Reflexionen über Kultur und Politik sowie die Erfahrung der Moderne in New York eine echte Inspirationsquelle darstellen.

Unendlich dankbar und verpflichtet sind wir darüber hinaus auch dem Wissen, Engagement, Geist und Einfühlungsvermögen unserer außerordentlich kenntnisreichen Consultants und historischen Berater, zu denen – neben den bereits genannten – Thomas Bender, Lois Bianchi, Patricia Bonomi, Hope Cooke, Graham Hodges, Margo Jefferson, John Kuo Wei Tchen, Virginia Sanchez Korrol, John Hull Mollenkopf, Kathy Peiss, Richard Snow, Sam Bass Warner und Steven Zeitlin zählen, die jeweils Manuskriptentwürfe erhielten und ihr gewaltiges Wissen über die Stadt und ihre Geschichte mit uns teilten. Tausend Dank ihnen allen.

Im Verlauf der Arbeit lieferten uns eine Reihe begabter Autoren Material, das auf die eine oder andere Weise in den Text unseres Drehbuchs bzw. Buchmanuskripts Eingang fand. In dieser Hinsicht danken wir insbesondere Ronald Blumer, einem herausragenden Dokumentarfilmautor mit einzigartigem Riecher für Story und Details, und Mike Bryan, der in letzter Minute einsprang und uns durch die jüngsten 50 Jahre der Stadtgeschichte geleitete. Abgesehen von all ihren anderen unverzichtbaren Beiträgen ergriff unsere Cutterin und Redakteurin Judy Crichton häufig selbst die Initiative und brachte störende oder unverständliche Passagen auf eigene Faust in Ordnung. An wichtigen Stellen lieferten Phillip Lopate und Richard Rubin zusätzliches Material, von dem Film wie Buch merklich profitierten, und dafür danken wir ihnen sehr.

Tief in der Schuld stehen wir zudem bei unserem unglaublich einfallsreichen Produktionsleiter Steve Rivo. Von den ersten Anfängen des Films bis zum Abschluss der Arbeiten an diesem Buch war er uns ein unverzichtbarer Kollege, der sich auf tausenderlei Art verdient gemacht hat – die schier unüberschaubare Datenmenge an Zahlen, Zitaten und Fakten verwaltete, viele Bildlegenden formulierte, Lösungsvorschläge für problematische Szenen unterbreitete, Drehbuch und Manuskript kenntnisreich kommentierte und kritisierte und viele weitere Aufgaben meisterte, die alle zu nennen hier zu weit führen würde.

Die Textrecherchen zu dem Projekt waren ein gewaltiges, zwischenzeitlich mitunter entmutigendes Unterfangen, das im Laufe der sechsjährigen Arbeit ein ganzes Heer von Leuten beschäftigte. Zu großem Dank verpflichtet sind wir unseren großartigen und engagierten Rechercheleitern Jeanne Houck und Robert W. Snyder, die den Grundstock an Informationen und Interpretationen lieferten, auf dem die Treatments und Drehbücher basierten. Das Bildarchiv war ein Labyrinth für sich: Anya Sirota, Helen Kaplan, Katherine Bourbeau und vor allem Robin Espinola haben mit unbeschreiblichem Eifer, Geschick und großer Sorgfalt buchstäblich Zehntausende Archivaufnahmen (einige davon noch unveröffentlicht) ausfindig gemacht und gesichtet. Meghan Horvath hat diese mit Unterstützung von Justine Bertucelli und Lily Thorne – die zudem bei der Recherche half und viele Aufnahmen organisierte – akribisch geordnet und katalogisiert und somit für Film und Buch nutzbar gemacht. Ohne ihre Mitarbeit hätte das Projekt unmöglich realisiert werden können.

Herzlich danken wir auch Mike Berk, der mit Hilfe von Virginia Heffernan die Fakten von Buch und Drehbüchern mit peinlicher Genauigkeit überprüfte und alles mit Argusaugen und kritischem Blick kontrollierte. Tausend Dank an Bonnie Lynn Lafave, die den Text mit geübtem Lektorenblick und viel Sprachgefühl durchlas und Zuschauern und Lesern so jede Menge unpassender Ausdrücke ersparte.

Das Projekt wäre nicht möglich gewesen ohne die außergewöhnliche Unterstützung einer Reihe namhafter historischer und kultureller Institutionen – in New York, aber auch andernorts. Immensen Dank schulden wir unseren Partnern bei der New-York Historical Society, insbesondere Betsy Gotbaum und ihren Kollegen Dale Neighbors, Mary Beth Betts und Nicole Wells. Verpflichtet sind wir darüber hinaus dem Museum of The City of New York, insbesondere Robert MacDonald und seinen Mitarbeitern Peter Simmons, Eileen Kennedy und Marguerite Lavin; der Library of Congress, insbesondere Mary Ison und Maia Keech; sowie der New York Public Library, namentlich Alice Hudson. Ein ganz besonderes Dankeschön geht an Arthur O. Sulzberger, der uns durch die in jeglicher Hinsicht einzigartige Sammlung alter Lithographien geleitete, die die Flure der *New York Times* zieren (und diese zur Veröffentlichung verfügbar machte). Herzlichen Dank an Barbara Cohen und Judith Stonehill vom New York Bound, Paul Cohen (Autor von *Manhattan in Maps*), Eric Fettmann und Jeffrey Kraus, dessen atemberaubende Privatsammlung Buch und Film sehr bereicherte. Aufrichtiger Dank gilt daneben Roger Whitehouse, der uns großzügig sein stattliches Archiv außergewöhnlicher historischer Fotografien öffnete.

Umfang, Layout und Anliegen des Buches sowie die Eigenheiten seiner Verfasser haben es zu einem nicht gerade einfachen Projekt für den Verleger Alfred A. Knopf gemacht. Dies wissend, danken wir auch unserer wunderbaren Lektorin Ashbel Green und der verantwortlichen Redakteurin Katherine Hourigan umso mehr. Letztere hat mit einem unglaublichen Team, dem in der Herstellung u. a. Andy Hughes, Carol Devine Carson, Kathleen Fridella, Asya Muchnick und Geoff Martin angehörten, die Produktion des Buches mit viel Geduld, Verstand und Einfühlungsvermögen überwacht. Überaus dankbar sind wir Wendy Byrne, die das Layout mit exzellentem Geschmack und jener Eleganz gestaltete, wie sie sie jedem ihrem Projekte zukommen lässt. Vielen Dank dafür, dass das Buch so schön geworden ist. Herzlicher Dank geht auch an Knopfs Mitarbeiter Pat Johnson und das Werbe- und Vertriebsteam des Verlags, u. a. an Paul Bogaards, Anne-Lise Spitzer, William Loverd, Nicholas Latimer und Sheila O'Shea, die großartige Arbeit geleistet haben, das Buch an die Öffentlichkeit zu bringen. Keinesfalls unerwähnt bleiben dürfen Andrew Wylie, Liza Walworth und die Wylie Agency, die das Buchprojekt von Anfang an mit ihrem Expertenwissen begleitet haben, sowie unserem Anwalt Robert Gold, dessen Rechtsberatung sehr hilfreich war.

Da das Buch ohne die Fernsehserie, auf der es basiert, nicht hätte entstehen können, möchten wir unseren allerherzlichsten Dank auch all jenen aussprechen, deren unschätzbare Beiträge die Filmdokumentation erst ermöglichten. Erwähnung verdienen in diesem Zusammenhang natürlich vor allem die beiden herausragenden Kameramänner Buddy Squires und Allen Moore, die die Stadt mit ihrer einfühlsamen Kameraführung zum Leben erweckten. Herzlichsten Dank unserem Produzenten Geoffrey C. Ward, dem derzeit sicher besten Drehbuchautor auf dem Gebiet des Dokumentarfilms, der unzählige Male seinen unfehlbaren Geschmack und sein Gespür sprechen ließ.

Unser Sprecher David Ogden Stiers verlieh der Serie eine vornehme Autorität, die andernfalls gefehlt hätte. Wir schulden ihm großen Dank dafür, dass er der Story so gekonnt Leben einhauchte.

Vom ersten Tag an eine unschätzbare Hilfe war der große Historiker, beispiellose Geschichtenerzähler und Freund David McCullough, der uns nicht nur mit Rat – und Tat – zur Seite stand, sondern auch immer wieder Mut machte.

Schwer in Worte zu fassen ist, wie tief wir unserem Redaktionsstab verpflichtet sind – Li-Shin Yu vor allem, sowie unseren Redaktionsleitern Edward Barteski, David Hanser und Nina Schulman, dazu Michael Balabuch (der darüber hinaus als Post-production Supervisor fungierte), Janet Cristenfeld, Syndi Pilar, Roxanne Yamashiro, Anna Josenhans, June Shiiki, Samara Smith, Josh Sternfeld und Sarah Kaylor; Judd Erlich und Kramer O'Neill; unseren Toncuttern Ira Spiegel und Marlena Grzaslewicz sowie der Postproduction-Assistentin Julia Wilk.

Im Verlauf eines ausgesprochen langwierigen Projekts hatten wir das Glück, mit einem herausragenden Produktionsteam arbeiten zu dürfen, von dessen Engagement und Können Film und Buch in vielerlei Hinsicht merkbar profitiert haben. Unser herzlicher Dank gilt unserem mutigen und stets engagierten Produzenten Ray Segal, der unschätzbare kritische Anregungen und Ideen lieferte, die kompliziertesten Dreharbeiten akribisch, detailliert und mit unablässiger Aufmerksamkeit überwachte und in Zusammenarbeit mit den Kartografen Justin und Tracey Morrill die herausragenden Stadtpläne und Landkarten gestaltete, die Film wie Buch bereichern; desgleichen unseren Produzenten Kerry Herman und Kate Roth Knull, unserer Produktionskoordinatorin Justine Bertucelli, der Produktionsassistentin Lily Thorne, den Filmarchiv-Rechercheuren Daniel Vatsky, Corrinne Collette und Hilary Klotz; unseren Produktionsassistenten Jenks Whittenburg, Marijke Smit und Zachary Kaiman; außerdem unseren Produzentinnen Helen Kaplan und Danna Liebert sowie Phyllis Schwartz und Michael Shepley, deren Ratschläge und Erfahrungsschatz uns eine große Hilfe waren.

Die Filmserie wäre nicht machbar gewesen ohne die großzügige Unterstützung durch die Chase Manhattan Corporation, insbesondere Fred Hill, Aubrey Hawes und David Nowlen; das National Endowment for the Humanities, insbesondere Jim Dougherty, Karen Miles und Nancy Rogers; PBS, insbesondere Erwin Duggan, Kathy Quattrone, John Wilson und Sandy Heberer; die Corporation for Public Broadcasting; die Ford Foundation; die Arthur Vining Davis Foundations; die Rosalind P. Walter Foundation; und den J. M. Kaplan Fund.

Ganz, ganz herzlichen Dank auch an Sheryl Shade und Shade Global, deren unermüdliche Bemühungen – gemeinsam mit David Bober – uns die Unterstützung verschiedener Konzerne sicherte.

Im Verlauf dieses Projekts hatten wir nicht einen, sondern zwei große öffentliche Fernsehsender hinter uns: WNET in New York und WGBH in Boston. Tausend Dank unseren Freunden bei Thirteen/WNET, namentlich Bill Baker, Ward Chamberlin, Tammy Robinson und Audrey Koota für alles, was sie für uns getan haben. Ohne ihren Einsatz und unablässige Förderung wäre dieses Projekt nicht zu realisieren gewesen.

Unsere langjährigen Partner in Boston bei WGBH wissen selbst am besten, wie unendlich tief wir in ihrer Schuld stehen. Margaret Drain, Mark Samels und Susie Mottau von *The American Experience* gilt unser herzlichster Dank für fortwährende Unterstützung, unschätzbare redaktionelle Hinweise und ihre Freundschaft.

Zuletzt Judy Crichton und Peter McGhee – es gibt keine Worte für das, was wir fühlen. Von Anfang bis Ende hat ihre außergewöhnliche und unumstößliche Freundschaft und Unterstützung in puncto Kreativität, Redaktion und Taktik das Projekt und sein Produktionsteam zusammengehalten. Dafür sind wir ihnen zutiefst verpflichtet und bedanken uns hiermit in der Hoffnung, dass dieses Werk – die Arbeit, die sie sieben Jahre lang gefördert und möglich gemacht haben – ihren Erwartungen gerecht geworden ist.

Ric Burns
James Sanders
Lisa Ades

## AUSGEWÄHLTE BIBLIOGRAFIE

### ZITIERTE WERKE

Abbott, Berenice. *Changing New York*. München [u.a.]: Schirmer/Mosel, 1999.

Adams, Henry. *Die Erziehung des Henry Adams*. Zürich: Manesse, 1953.

Auchincloss, Louis. *The Hone and Strong Diaries of Old Manhattan*. New York: Abbeville Press, 1989.

Barnum, P. T. *Struggles and Triumphs*. New York: Viking Penguin, 1987.

Bourget, Paul. *Outre-Mer: Impressions of America*. New York: Charles Scribner's Sons, 1895.

Brace, Charles Loring. *The Dangerous Classes of New York and Twenty Years' Work among Them*. New York: Wynkoop & Hallenbeck, Publishers, 1995.

Brown, Claude. *Im gelobten Land. Eine Jugend in Harlem*. München: Desch, 1966.

Bruccoli, Matthew J., Scottie Fitzgerald Smith und Joan P. Kerr (Hrsg.). *The Romantic Egoists: A Pictorial Autobiography from the Scrapbooks and Albums of Scott and Zelda Fitzgerald*. Columbia, South Carolina: Bruccoli Clark, 1974.

Campbell, Helen, Thomas Byrnes und Thomas W. Knox. *Darkness and Daylight*. Hartford, Conn.: The Hartford Publishing Co., 1899.

Clinton, De Witt. *Remarks on the Canal, from Lake Gore to the Hudson River*. New York: Samuel Wood & Sons, 1816.

Cowley, Malcolm. *Exile's Return*. New York: Norton, 1934.

Donnan, Elizabeth. *Documents Relative to the History of the Slave Trade in America*. Washington, D.C.: Carnegie Institute, 1932.

Dos Passos, John. *Manhattan Transfer*. Reinbek bei Hamburg: Rowohlt 2000.
ders. *U.S.A.* New York: Penguin Books, 1938.

Dreiser, Theodore. *The Color of a Great City*. Syracuse, N.Y.: Syracuse University Press, 1996.

Ellington, Duke. *Music Is My Mistress*. New York: Da Capo, 1973.

Federal Writers' Project. *New York Panorama* (companion to *The WPA Guide to New York City*). New York: Pantheon Books, 1984.
dass. *The WPA Guide to New York City*, Einführung von William Whyte. New York: The New Press, 1992.

Feininger, Andreas. *New York in the Forties*. Weingarten, 2001.

Fitzgerald, F. Scott. *Der Knacks*. Berlin: Merve, 1984.
ders. *Der Rest von Glück*. Zürich: Diogenes, 1980.
ders. *Der Große Gatsby*. Zürich: Diogenes, 1974.

Foster, George G. *New York by Gas-Light and Other Urban Sketches*. Berkeley: University of California Press, 1990.

Ganz, Marie und Nat J. Ferber. *Rebels: Into Anarchy and Out Again*. New York: Dodd, Mead & Company, 1920.

Gold, Michael. *Juden ohne Geld*. Berlin: Dietz, 1989.

Hapgood, Hutchins. *The Spirit of the Ghetto*. New York: Funk and Wagnalls Co., 1965.

*Harper's Magazine. New York*. New York: Gallery Books, 1991.

Hine, Lewis W. *Men at Work*. New York: Dover, 1977.

Horsmanden, Daniel und Thomas J. Davis (Hrsg.). *The New York Conspiracy*. Reprint: Boston: Beacon Press, 1971.

Howells, William Dean und Mildred Howells (Hrsg.). *Life in Letters of William Dean Howells*. Garden City, N.Y.: Doubleday, 1928.

Hughes, Langston. *Gedichte*. München: Langewiesche-Brandt, 1960
ders. *The Big Sea*. New York: Hill & Wang, 1940.
ders. *Shakespeare in Harlem*. New York: Alfred A. Knopf, 1942.

Irving, Washington. *Diedrich Knickerbockers humoristische Geschichte der Stadt New York*. Berlin: Eulenspiegel-Verlag, 1981.

Jacobs, Jane. *Tod und Leben großer amerikanischer Städte*. Braunschweig (u.a.): Vieweg, 1993.

James, Bartlett Burleigh und Jameson J. Franklin (Hrsg.). *Journal of Jasper Danckaerts, 1679–1680*. New York: Charles Scribner's Sons, 1913.

James, Henry. *New York Revisited*. New York: Franklin Square Press, 1994.

Jameson, J. Franklin (Hrsg.). *Narratives of New Netherland: 1609–1664*. New York: Charles Scribner's Sons, 1909.

Johnson, James Weldon. *Autobiography of an Ex-Colored Man*. New York: Alfred A. Knopf, 1927.

Kazin, Alfred. *New York Jew*. New York: Vintage Books, 1978.
ders. *Starting Out in the Thirties*. Boston: Little, Brown, 1965.
ders. *A Walker in the City*. New York: Harcourt, Brace, 1951.

Koolhaas, Rem. *Delirious New York: ein retroaktives Manifest für Manhattan*. Aachen: Arch-+-Verl., 1999.

Le Corbusier. *When the Cathedrals Were White*. New York: Reynal and Hitchcock, 1947.

Locke, Alain (Hrsg.). *The New Negro*. New York: Simon & Schuster, 1997.

Lopate, Phillip (Hrsg.). *Writing New York: A Literary Anthology*. New York: Library of America, 1998.

Mackay, Alexander. *The Western World.* New York: Negro Universities Press, 1968.
Malkiel, Theresa A. *The Diary of a Shirtwaist Striker.* Ithaca, N.Y.: ILR Press, Cornell University, 1910.
McCabe, James D., Jr. *Lights and Shadows of New York Life.* Reprint: New York: Farrar, Straus & Giroux, 1970.
McCullough, Esther Morgan (Hrsg.). *As I Pass, O Manhattan: An Anthology of Life in New York.* North Bennington, Vt.: Coley Taylor Publishers, 1956.
Miller, Edwin Haviland. *Selected Letters of Walt Whitman.* Iowa City: University of Iowa Press, 1990.
Miller, John. *Historical Chronicles of New Amsterdam: Colonial New York and Early Long Island.* New York: Ira J. Friedman, 1968.
Moses, Robert. *Public Works: A Dangerous Trade.* New York: McGraw-Hill, 1970.
Moss, Howard (Hrsg.). *New York: Poems.* New York: Avon, 1980.
Nevins, Allan (Hrsg.). *The Diary of Philip Hone: 1828–1851.* Bd. 1 und 2. New York: Dodd, Mead & Co., 1927.
ders. und Milton Halsey Thomas (Hrsg.). *The Diary of George Templeton Strong: 1835–1875.* New York: The Macmillan Co., 1952.
O'Callaghan, E. B. *Documents Relative to the Colonial History of the State of New York,* Bd. 15. Albany, N.Y.: 1853–1887.
Oppel, Frank. *Gaslight New York Revisited.* New York: Castle, 1989.
ders. *Tales of Gaslight New York.* New York: Castle, 1985.
Pintard, John. *Letters from John Pintard to His Daughter.* Bd. 1–4. New York: New-York Historical Society, 1940.
Redfield, J. S. *Redfield's Traveler's Guide to the City of New York.* New York: J. S. Redfield, 1871.
Richmond, John und Abril Lamarque. *Brooklyn U.S.A.* New York: Creative Age Press, 1946.
Riis, Jacob A. *Children of the Tenements.* New York: 1903.
ders. *How the Other Half Lives.* New York: Charles Scribner's Sons, 1890.
ders. *The Making of an American,* herausgeg. von Roy Lubove. New York: Harper Torchbooks, 1966.
Ringel, Fred J. (Hrsg.). *America: As Americans See It.* New York: The Literary Guild, 1932.
Riordon, William L. *Plunkitt of Tammany Hall: A Series of Very Plain Talks on Very Practical Politics.* New York: McClure, Phillips & Co., 1905.
Ross, Joel H., M.D. *What I Saw in New York; or, A Bird's Eye View of City Life.* Auburn, N.Y.: Derby & Miller, 1851.
Schaukirk, Ewald Gustav. *Occupation of New York City by the British.* New York: Arno Press, 1969.
Sloan, John. *New York Etchings, 1905–1949.* New York: Dover, 1978.
Smith, Alfred E. *Up to Now.* New York: Viking, 1929.
Steffens, Lincoln. *Die Geschichte meines Lebens.* Zürich: Artemis, 1948.
Sterling, Dorothy. *We Are Your Sisters: Black Women in the Nineteenth Century.* New York: W. W. Norton & Co., 1984.
Suriano, Gregory R. (Hrsg.). *Gershwin in His Time: A Biographical Scrapbook, 1919–1937.* New York: Gramercy Books, 1998.
Sweetser, M. F. *How to Know New York City.* New York: Press of J. J. Little & Co., 1895.
Tocqueville, Alexis de. *Über die Demokratie in Amerika.* Stuttgart: Reclam, 1990.
Trotzki, Leo D. *Mein Leben.* Berlin: Fischer, 1930.
Trow, George W. S. *Within the Context of No Context.* Boston: Little, Brown, 1978.
Valentine, D. T. *Manual of the Common Council of the City of New York.* New York: Edmund Jones & Co., 1864.
Wald, Lillian. *The House on Henry Street.* New York: Henry Holt & Co., 1915.
Weegee. *Naked New York.* München (u. a.): Schirmer/Mosel, 1997.
Whalen, Grover. *Mr. New York: The Autobiography of Grover Whalen.* New York: G. P. Putnam's Sons, 1955.
Wharton, Edith. *Zeit der Unschuld.* München (u. a.): Piper, 1997.
White, E. B. *Here Is New York.* New York: Harper & Brothers, 1949.
Whitehouse, Roger. *Sunshine and Shadow: A Photographic Record of the City and Its People from 1850 to 1915.* New York: Harper & Row, 1974.
Whitman, Walt. *Grashalme.* Zürich: Diogenes, 1985.
ders. *Tagebuch.* Leipzig: Reclam, 1990
ders. *Lyrik und Prosa.* Berlin: Verlag Volk u. Welt, 1966.
Whyte, William H. (Hrsg.). *The Exploding Metropolis.* Garden City, N.Y.: Doubleday & Co., 1958.
Yezierska, Anzia. *Bread Givers.* New York: Persea Books, 1952.
ders. *How I Found America.* New York: Persea Books, 1991.

## WEITERE QUELLEN

Abbot, Wilber C. *New York in the American Revolution.* New York: Charles Scribner's Sons, 1929.
Albion, Robert Greenhalgh. *The Rise of New York Port, 1815–1860.* New York: Charles Scribner's Sons, 1939.
Allen, Irving Lewis. *The City in Slang: New York Life in Popular Speech.* New York: Oxford University Press, 1993.
Allen, Leslie. *Liberty: The Statue and the American Dream.* New York: The Statue of Liberty. Ellis Island Foundation, 1985.
Allen, Max (Hrsg.). *Ideas That Matter: The Worlds of Jane Jacobs.* Ontario, Canada: The Gonger Press, 1997.
Allen, Oliver E. *New York, New York.* New York: Atheneum, 1990.
Alpern, Andrew. *New York's Fabulous Luxury Apartments.* New York: Dover, 1975.
*American Heritage Magazine.* »New York in the 1920s: Supreme City«. Bd. 39, Nr. 7, November 1988.
American Social History Project. *Who Built America?* New York: Pantheon Books, 1992.
Anderson, Jervis. *This Was Harlem: A Cultural Portrait, 1900–1950.* New York: Farrar, Straus & Giroux, 1981.
Asbury, Herbert. *Die Gangs von New York: eine Geschichte der Unterwelt.* München: Heyne, 2001.
Astor, Gerald. *The New York Cops: An Informal History.* New York: Charles Scribner's Sons, 1971.
Augustyn, Robert und Paul Cohen (Hrsg.). *Manhattan in Maps, 1527–1995.* New York: Rizzoli International Publications, 1997.
Aylesworth, Thomas G. und Virginia L. Aylesworth. *New York: The Glamour Years, 1919–1945.* New York: Bison Books, 1987.
Baldwin, Neil. *Edison: Inventing the Century.* New York: Hyperion, 1995.
Barlow, Elizabeth. *Frederick Law Olmsted's New York.* New York: Praeger Publishers, 1972.
Bayor, Ronald H. und Timothy J. Meagher (Hrsg.). *The New York Irish.* Baltimore: The Johns Hopkins University Press, 1996.
Beard, Rick und Leslie Cohen Berlowitz. *Greenwich Village: Culture and Counterculture.* New Brunswick, N.J.: Rutgers University Press, 1993.
Bender, Thomas. *New York Intellect.* New York: Alfred A. Knopf, 1987.
ders. und Carl E. Schorske. *Budapest and New York: Studies in Metropolitan Transformation: 1870–1930.* New York: Russell Sage Foundation, 1994.
Bergmann, Hans. *God in the Street: New York Writing from the Penny Press to Melville.* Philadelphia: Temple University Press, 1995.
Berman, Marshall. *All That Is Solid Melts into Air: The Experience of Modernity.* New York: Simon & Schuster, 1982.
Bernstein, Iver. *The New York City Draft Riots.* New York: Oxford University Press, 1990.
Berrol, Selma. *New York and Its People, 1624–1996.* Westport, Conn.: Praeger, 1997.
Binder, Frederick M. und David M. Reimers. *All the Nations under Heaven: An Ethnic and Racial History of New York City.* New York: Columbia University Press, 1995.
Birmingham, Stephen. *»Our Crowd«: The Great Jewish Families of New York.* New York: Harper & Row, 1967.
Black, Mary. *Old New York in Early Photographs.* New York: Dover, 1976.
Blackmar, Elizabeth. *Manhattan for Rent, 1785–1850.* Ithaca, N.Y.: Cornell University Press, 1989.
Bleecker, Samuel E. *The Politics of Architecture: A Perspective on Nelson A. Rockefeller.* New York: The Rutledge Press, 1981.
Bliven, Bruce, Jr. *Under the Guns; New York: 1775–1776.* New York: Harper & Row, 1972.
Bobbe, Dorothie. *De Witt Clinton.* New York: Minton, Balch & Co., 1933.
Bonomi, Patricia. *A Factious People: Politics and Society in Colonial New York.* New York: Columbia University Press, 1971.
dies. *The Lord Cornbury Scandal: The Politics of Reputation in British America.* Chapel Hill, N.C.: University of North Carolina Press, 1998.
Bookbinder, Bernie. *City of the World: New York and Its People.* New York: Harry N. Abrams, 1989.
Bowling, Kenneth R. *The Creation of Washington, D.C.: The Idea and Location of the American Capital.* Fairfax, Va.: George Mason University Press, 1991.
Boyer, M. Christine. *Manhattan Manners: Architecture and Style, 1850–1900.* New York: Rizzoli, 1985.
Brooklyn Museum, The. *The Great East River Bridge, 1883–1983.* New York: Harry N. Abrams, Inc., 1983.
Brown, Henry Collins. *The Story of Old New York.* New York: E. P. Dutton & Co., c. 1934.
Brownstone, David M., Irene M. Franck und Douglas Brownstone. *Island of Hope, Island of Tears.* New York: Rawson, Wade Publishers, 1979.
Buck, James E. (Hrsg.). *The New York Stock Exchange: The First 200 Years.* Essex, Conn.: Greenwich Publishing Group, 1992.
Buckley, Peter George. *To the Opera House: Culture and Society in New York City, 1820–1860.* Doktorarbeit, SUNY at Stonybrook, 1984.
Burrows, Edwin G. und Mike Wallace. *Gotham: A History of New York City to 1898.* New York: Oxford University Press, 1999.
Callow, Alexander B., Jr. *The Tweed Ring.* New York: Oxford University Press, 1966.
Caro, Robert A. *The Power Broker: Robert Moses and the Fall of New York.* New York: Alfred A. Knopf, 1974.
Chambers, Veronica. *The Harlem Renaissance.* Philadelphia: Chelsea House, 1998.

Charters, Samuel B. und Leonard Kunstadt. *Jazz: A History of the New York Scene.* New York: Da Capo Press, 1981.
Chase, W. Parker. *New York: The Wonder City, 1932.* New York: New York Bound, 1983.
Chermayeff, Ivan, Fred Wasserman und Mary J. Shapiro. *Ellis Island: An Illustrated History of the Immigrant Experience.* New York: Macmillan Publishing Co., 1991.
Chernow, Ron. *The Death of the Banker: The Decline and Fall of the Great Financial Dynasties and the Triumph of the Small Investor.* New York: Vintage Books, 1997.
ders. *The House of Morgan: An American Banking Dynasty and the Rise of Modern Finance.* New York: Simon & Schuster, 1990.
ders. *John D. Rockefeller: die Karriere des Wirtschaftstitanen.* Rosenheim: Börsenverlag, 2000.
Crichton, Judy. *America 1900: The Turning Point.* New York: Henry Holt & Co., 1998.
Condit, Carl W. *The Port of New York.* Chicago: University of Chicago Press, 1980.
Connable, Alfred und Edward Silberfarb. *Tigers of Tammany: Nine Men Who Ran New York.* New York: Holt, Rinehart & Winston, 1967.
Cooke, Hope. *Seeing New York: History Walks for Armchair and Footloose Travelers.* Philadelphia: Temple University Press, 1995.
Covello, Leonard und Guido D'Agostino. *The Heart Is the Teacher.* New York: McGraw-Hill, 1958.
Czitrom, Daniel J. *Media and the American Mind: From Morse to McLuhan.* Chapel Hill, N.C.: University of North Carolina Press, 1982.
Daniels, Doris Groshen. *Always a Sister: The Feminism of Lilian Wald.* New York: The Feminist Press, 1989.
Dargan, Amanda und Steven Zeitlin. *City Play.* New Brunswick, N.J.: Rutgers University Press, 1990.
Davis, Thomas J. *A Rumor of Revolt: The »Great Negro Plot« in Colonial New York.* New York: The Free Press, 1985.
ders. *Slavery in Colonial New York City.* Doktorarbeit, Columbia University, 1974.
Diehl, Lorraine B. *The Late, Great Pennsylvania Station.* New York: American Heritage Press, 1985.
Douglas, Ann. *Terrible Honesty: Mongrel Manhattan in the 1920s.* New York: Farrar, Straus & Giroux, 1995.
Duffus, R. L. *Lillian Wald: Neighbor and Crusader.* New York: The Macmillan Co., 1938.
Edmiston, Susan und Linda D. Cirino. *Literary New York: A History and Guide.* New York: Houghton Mifflin Co., 1976.
Elkins, Stanley und Eric McKittrick. *The Age of Federalism.* New York: Oxford University Press, 1993.
Elliot, Lawrence. *Little Flower: The Life and Times of Fiorello La Guardia.* New York: William Morrow & Co., 1983.
Ellis, Edward Robb. *The Epic of New York City: A Narrative History.* New York: Coward-McCann, 1966.
Elzea, Rowland und Elizabeth Hawkes. *John Sloan: Spectator of Life.* Wilmington: Delaware Art Museum, 1988.
Erenberg, Lewis A. *Steppin' Out: New York Nightlife and the Transformation of American Culture, 1890–1930.* Chicago: University of Chicago Press, 1981.
Erie, Steven P. *Rainbow's End: Irish-Americans and the Dilemmas of Urban Machine Politics, 1840–1985.* Berkeley: University of California Press, 1988.
Ernst, Robert. *Immigrant Life in New York City: 1825–1863.* New York: King's Crown Press, 1949.
Ewen, Elizabeth. *Immigrant Women in the Land of Dollars: Life and Culture on the Lower East Side, 1890–1925.* New York: Monthly Review Press, 1985.
Federal Writers' Project. *The WPA Guide to New York City: The Federal Writers' Project Guide to 1930s New York.* New York: Pantheon Books, 1982.
Fitch, Robert. *The Assassination of New York.* New York: Verso, 1993.
Flexner, James Thomas. *The Young Hamilton: A Biography.* Boston: Little, Brown & Company, 1978.
Foner, Nancy (Hrsg.). *New Immigrants in New York.* New York: Columbia University Press, 1987.
Ford, James. *Slums and Housing: With Special Reference to New York City. History, Conditions, Policy,* Bd. 2. Cambridge, Mass.: Howard University Press, 1936.
Fowler, Gene. *Beau James: The Life and Times of Jimmy Walker.* New York: Viking Press, 1949.
Gabler, Neal. *Winchell: Gossip, Power, and the Culture of Celebrity.* New York: Alfred A. Knopf, 1995.
Garmey, Stephen. *Gramercy Park: An Illustrated History of a New York Neighborhood.* New York: Balsam Press, 1984.
Garrett, Charles. *The La Guardia Years: Machine and Reform Politics in New York City.* New Brunswick, N.J.: Rutgers University Press, 1961.
Geist, Charles R. *Wall Street: A History.* New York: Oxford University Press, 1997.
Gelernter, David. *1939: The Lost World of the Fair.* New York: The Free Press, 1995.
Gilfoyle, Timothy. *City of Eros: New York City, Prostitution, and the Commercialization of Sex, 1790–1920.* New York: W. W. Norton & Co., 1992.
Gilmartin, Gregory F. *Shaping the City: New York and the Municipal Art Society.* New York: Potter, 1995.
Glueck, Grace. *New York: The Painted City.* Salt Lake City, Utah: Peregrine Smith, 1992.
Goldman, Jonathan. *The Empire State Building Book.* New York: St. Martin's, 1980.
Goodfriend, Joyce D. *Before the Melting Pot: Society and Culture in Colonial New York.* Princeton, N.J.: Princeton University Press, 1992.
Gordon, John Steele. *Hamilton's Blessing.* New York: Penguin Books, 1998.
Grafton, John. *New York in the Nineteenth Century.* New York: Dover, 1980.
Green, Martin. *New York 1913: The Armory Show and the Paterson Strike Pageant.* New York: Charles Scribner's Sons, 1988.
Greenberg, Cheryl Lynn. *Or Does it Explode?: Black Harlem in the Great Depression.* New York: Oxford University Press, 1991.
Greenberg, Rodney. *George Gershwin.* London: Phaidon Press, 1998.
Gronowicz, Anthony. *Race and Class Politics in New York City before the Civil War.* Boston: Northeastern University Press, 1998.
Haegler, John Denis. *John Jacob Astor: Business and Finance in the Early Republic.* Detroit: Wayne State University Press, 1991.
Hammack, David C. *Power and Society: Greater New York at the Turn of the Century.* New York: Columbia University Press, 1987.
Hawes, Elizabeth. *New York, New York.* New York: Henry Holt & Co., 1993.
Heinze, Andrew R. *Adapting to Abundance: Jewish Immigrants, Mass Consumption, and the Search for American Identity.* New York: Columbia University Press, 1990.
Henderson, Thomas M. *Tammany Hall and the New Immigrants: The Progressive Years.* New York: Arno Press, 1976.
Henderson, Mary C. *The City and the Theater: New York Playhouses from the Bowling Green to Times Square.* Clifton, N.J.: James T. White & Co., 1973.
Hershkowitz, Leo. *Tweed's New York: Another Look.* Garden City, N.Y.: Anchor Press, 1977.
Hill, Marilyn Wood. *Their Sisters' Keepers: Prostitution in New York City, 1830–1870.* Berkeley: University of California Press, 1993.
Hindus, Milton (Hrsg.). *The Old East Side, An Anthology.* Philadelphia: Jewish Publications Society of America, 1969.
Hodges, Graham Russel. *New York City Cartmen, 1667–1850.* New York: New York University Press, 1986.
Homberger, Eric. *The Historical Atlas of New York City: A Visual Celebration of Nearly 400 Years of New York City's History.* New York: Henry Holt & Co., 1994.
ders. *Scenes from the Life of a City: Corruption and Conscience in Old New York.* New Haven: Yale University Press, 1994.
Hood, Clifton. *722 Miles: The Building of the Subways and How They Transformed New York.* New York: Simon & Schuster, 1993.
Horlick, Allan Stanley. *Country Boys and Merchant Princes: The Social Control of Young Men in New York.* Lewisberg, Penn.: Bucknell University Press, 1975.
Howe, Irving. *World of Our Fathers.* New York: Schocken Books, 1979.
ders. und Kenneth Libo. *How We Lived: A Documentary History of Immigrant Jews in America.* New York: Richard Marek Publishers, 1979.
Huthmacher, Joseph J. *Senator Robert F. Wagner and the Rise of Urban Liberalism.* New York: Atheneum, 1968.
Huxtable, Ada Louise. *Will They Ever Finish Bruckner Boulevard?* New York: Collier Books, 1972.
Jablonski, Edward. *Irving Berlin: American Troubadour.* New York: Henry Holt & Co., 1999.
ders. und Lawrence D. Stewart. *The Gershwin Years: George and Ira.* New York: Da Capo Press, 1996.
Jackson, Kenneth T. *Crabgrass Frontier: The Suburbanization of the U.S.* New York: Oxford University Press, 1985.
ders. (Hrsg.). *The Encyclopedia of New York City.* New Haven: Yale University Press, 1995.
ders. (Hrsg.). *The Neighborhoods of Brooklyn.* New Haven: Yale University Press, 1998.
ders. (Hrsg.). *Sodom on the Hudson: Poverty and Society in New York City.* New York: American Heritage Custom Publishing Group, 1993.
Jonas, Susan (Hrsg.). *Ellis Island.* New York: Aperture Books, 1989.
Josephson, Matthew und Hannah Josephson. *Al Smith: Hero of the Cities.* Boston: Houghton Mifflin Co., 1969.
Kammen, Michael. *Colonial New York: A History.* New York: Charles Scribner's Sons, 1975.
Kaplan, Justin. *Walt Whitman: A Life.* New York: Simon & Schuster, 1986.
Karatzas, Daniel. *Jackson Heights: A Garden in the City.* Jackson Heights, New York: Daniel Karatzas, 1988.

Kasson, John F. *Amusing the Million: Coney Island at the Turn of the Century.* New York: Hill & Wang, 1978.
Katz, William. *Black Legacy: A History of New York's African Americans.* New York: Ethrac Publications, 1997.
Kazin, Alfred. *A Writer's America: Landscape in Literature.* New York: Alfred A. Knopf, 1988.
Kelly, Bruce, Gail Travis Guillet und Mary Ellen W. Hern. *Art of the Olmsted Landscape.* New York: New York City Landmarks Preservation Commission, 1981.
Kessner, Thomas. *Fiorello H. La Guardia and the Making of Modern New York.* New York: Penguin Group, 1989.
ders. *The Golden Door: Italian and Jewish Immigrant Mobility in New York City, 1880–1915.* New York: Oxford University Press, 1977.
Kinkead, Eugene. *Central Park.* New York: W. W. Norton & Co., 1990.
Kisseloff, Jeff. *You Must Remember This.* New York: Harcourt Brace Jovanovich, 1989.
Klein, Alexander. *The Empire City: A Treasury of New York.* New York: Rinehart and Co., 1955.
Klein, Carole. *Gramercy Park: An American Bloomsbury.* New York: Houghton Mifflin Co., 1987.
Kobler, John. *Ardent Spirits: The Rise and Fall of Prohibition.* New York: G. P. Putnam's Sons, 1973.
Kouwenhoven, John A. *The Columbia Historical Portrait of New York: An Essay in Graphic History.* New York: Doubleday & Co., Inc., 1953.
Kraut, Alan M. *Silent Travelers: Germs, Genes, and the »Immigrant Menace«.* New York: Basic Books, 1994.
Krieg, Joann P. (Hrsg.). *Robert Moses: Single-Minded Genius.* Interlaken, N.Y.: Heart of the Lakes Publishing, 1989.
Krinsky, Carol Herselle. *Rockefeller Center.* New York: Oxford University Press, 1978.
Kunhardt, Philip B., Jr., Philip B. Kunhardt III und Peter W. Kunhardt. *Lincoln: An Illustrated Biography.* New York: Alfred A. Knopf, 1993.
ders. *P. T. Barnum: America's Greatest Showman.* New York: Alfred A. Knopf, 1995.
La Guardia, Fiorello H. *The Making of an Insurgent: An Autobiography, 1882–1919.* New York: J. B. Lippincott, 1948.
La Sorte, Michael. *La Merica: Images of Italian Greenhorn Experience.* Philadelphia: Temple University Press, 1985.
Lancaster, Clay. *Old Brooklyn Heights: New York's First Suburb.* New York: Dover, 1979.
Landau, Sarah Bradford und Carl W. Condit. *Rise of the New York Skyscraper: 1865–1913.* New Haven: Yale University Press, 1996.
Lankevich, George J. *American Metropolis: A History of New York City.* New York: New York University Press, 1998.
Leach, William. *Land of Desire: Merchants, Power, and the Rise of a New American Culture.* New York: Pantheon Books, 1993.
Levinson, Leonard Louis. *Wall Street: A Pictorial History.* New York: Ziff-Davis Publishing, 1961.
Lewis, David Levering. *When Harlem Was in Vogue.* New York: Alfred A. Knopf, 1979.
Lewis, Tom. *Empire of the Air: The Men Who Made Radio.* New York: HarperCollins, 1991.
Lightfoot, Frederick. *Nineteenth-Century New York in Rare Photographic Views.* New York: Dover, 1981.
Livington, E. A. (Bud). *President Lincoln's Third Largest City: Brooklyn and the Civil War.* Glendale, New York: Budd Press, 1994.
Lockwood, Charles. *Bricks and Brownstone: The New York Row House, 1783–1929.* New York: McGraw-Hill, 1972.
ders. *Manhattan Moves Uptown: An Illustrated History.* New York: Barnes & Noble, 1976.
Lowe, David Garrard. *Stanford White's New York.* New York: Doubleday, 1992.
Lubove, Roy. *The Progressives and the Slums: Tenement House Reform in New York City.* Pittsburgh: University of Pittsburgh Press, 1962.
Maeder, Jay (Hrsg.). *Big Town, Big Time.* New York: Daily News Books, 1999.
Maffi, Mario. *Gateway to the Promised Land: Ethnic Cultures in New York's Lower East Side.* New York: New York University Press, 1995.
Manglone, Jerre und Ben Morreance. *La Storia: Five Centuries of the Italian American Experience.* New York: Harper Collins, 1992.
Mann, Arthur. *La Guardia: A Fighter Against His Times, 1882–1933.* New York: J. B. Lippincott Co., 1959.
Manners, William. *Patience and Fortitude: Fiorello La Guardia.* New York: Harcourt Brace Jovanovich, 1976.
Marqusee, Michael. *New York: An Illustrated Anthology.* Salem, Mass.: Salem House, 1988.
ders. und Bill Harris. *New York; An Anthology.* New York: Little, Brown & Co., 1985.
Martin, George. *Madam Secretary: Frances Perkins.* Boston: Houghton Mifflin Co., 1976.
Mast, Gerard. *Can't Help Singing: The American Musical on Stage and Screen.* Woodstock, N.Y.: Overlook, 1987.
Maxtone-Graham, John. *Der Weg über den Atlantik.* München: Heyne, 2000.
Mayer, Grace M. *Once Upon a City.* New York: The Macmillan Co., 1985.
McCullough, David. *The Great Bridge: The Epic Story of the Building of the Brooklyn Bridge.* New York: Avon Books, 1972.
McKay, Ernest A. *The Civil War and New York City.* Syracuse, N.Y.: Syracuse University Press, 1990.
McKay, Richard C. *South Street: A Maritime History of New York.* New York: G. P. Putnam's Sons, 1934.
McNickle, Chris. *To Be Mayor of New York: Ethnic Politics in the City.* New York: Columbia Univ. Press, 1993.
Ment, David. *The Shaping of a City: A Brief History of Brooklyn.* Brooklyn: Brooklyn Educational and Cultural Alliance, 1979.
Metzker, Isaac (Hrsg.). *A Bintel Brief: Sixty Years of Letters from the Lower East Side to the Jewish Daily Forward.* New York: Ballantine Books, 1971.
Metropolitan Museum of Art. *American Impressionism and Realism: The Painting of Modern Life, 1885–1915.* New York: Harry N. Abrams, 1994.
Middleton, William D. *Manhattan Gateway: New York's Pennsylvania Station.* Waukesha, Wisc.: Kalmbach Books, 1996.
Milford, Nancy. *Zelda: die Biographie des amerikanischen Traumpaares Zelda und F. Scott Fitzgerald.* München: Knaur, 1987.
Miller, Byron S. *Sail, Steam, and Splendor.* New York: Times Books, 1977.
Miller, Terry. *Greenwich Village and How It Got That Way.* New York: Crown Publishers, 1990.
Mizener, Arthur. *Scott Fitzgerald and His World.* New York: G. P. Putnam's Sons, 1972.
Mollenkopf, John Hill (Hrsg.). *Power, Culture and Place: Essays on New York City.* New York: Russell Sage Foundation, 1988.
Moore, Deborah Dash. *At Home in America: Second Generation New York Jews.* New York: Columbia University Press, 1981.
Morris, Jan. *Manhattan '45.* New York: Oxford University Press, 1986.
Morrison, John H. *History of New York Ship Yards.* New York: W. M. F. Sametz & Co., 1909.
Morton, Margaret. *Der Tunnel: die Obdachlosen im Untergrund von New York.* München: Schirmer-Mosel, 1996.
Moscow, Henry. *The Street Book.* New York: Fordham University Press, 1978.
Moscow, Warren. *What Have You Done for Me Lately? The Ins and Outs of New York City Politics.* Englewood Cliffs, N.J.: Prentice-Hall, 1967.
Mumford, Lewis. *The Brown Decades: A Study of the Arts in America 1865–1895.* New York: Dover, 1955.
Murphy, May Ellen, Mark Murphy und Ralph Foster Weld. *A Treasury of Brooklyn.* New York: William Sloane Assoc., Inc., 1949.
Naison, Mark. *Communists in Harlem during the Depression.* New York: Grove, 1985.
Nasaw, David. *Children of the City: At Work and at Play.* New York: Oxford University Press, 1985.
ders. *Going Out: The Rise and Fall of Public Amusements.* New York: Basic Books, 1993.
O'Neill, Hank. *Berenice Abbott: American Photographer.* New York: McGraw-Hill, 1982.
O'Neill, William (Hrsg.). *Echoes of Revolt: The Masses, 1911–1917.* Chicago: Quadrangle Books, 1966.
Ogren, Kathy J. *The Jazz Revolution: Twenties America and the Meaning of Jazz.* New York: Oxford University Press, 1989.
Osofsky, Gilbert. *Harlem: The Making of a Ghetto.* 2. Auflage. New York: Harper & Row, 1971.
Patterson, Jerry E. *The City of New York: A History Illustrated from the Collections of the Museum of the City of New York.* New York: Harry N. Abrams, 1978.
Peiss, Kathy. *Cheap Amusements: Working Women and Leisure in Turn of the Century New York.* Philadelphia: Temple University Press, 1986.
Pomerantz, Sidney I. *New York: An American City 1783–1803.* Port Washington, N.Y.: Ira J. Friedman, Inc., 1965.
Porter, Kenneth Wiggins. *John Jacob Astor: Business Man,* Bd. 2. Cambridge, Mass.: Harvard University Press, 1931.
Queens Museum. *Dawn of a New Day: The World's Fair, 1939–40.* New York: NYU Press, 1980.
dass. *Remembering the Future: The New York World's Fair from 1939 to 1964.* New York: Rizzoli, 1989.
Ramirez, Jan Seidler. *Within Bohemia's Borders: Greenwich Village 1830–1930.* New York: Museum of the City of New York, 1990.
Reed, Henry Hope und Sophia Duckworth. *Central Park: A History and a Guide.* New York: Clarkson N. Potter, 1972.
Reeves, Pamela. *Ellis Island: Gateway to the American Dream.* New York: Crescent Books, 1991.
Reynolds, David S. *Walt Whitman's America: A Cultural Biography.* New York: Vintage Books, 1996.
Rink, Oliver A. *Holland on the Hudson: An Economic and Social History of Dutch New York.* Ithaca, N.Y.: Cornell University Press, 1986.

Riordon, William C. *Plunkitt of Tammany Hall*. New York: E. P. Dutton, 1963.
Rischin, Moses. *The Promised City: New York's Jews, 1870–1914*. Cambridge, Mass.: Harvard University Press, 1977.
Rosebrock, Ellen Fletcher. *South Street: A Photographic Guide*. New York: Dover, 1977.
Rosenberg, Carroll Smith. *Religion and the Rise of the American City: The New York City Mission Movement, 1812–1870*. Ithaca, N.Y.: Cornell University Press, 1971.
Rosenberg, Charles E. *The Cholera Years: The United States in 1832, 1849, and 1866*. Chicago: University of Chicago Press, 1987.
Rosenfeld, Lulla Adler. *The Yiddish Theatre and Jacob P. Adler*. New York: Shapolsky Publishers, 1977.
Rosenwaike, Ira. *Population History of New York City*. Syracuse, N.Y.: Syracuse University Press, 1972.
Rosenzweig, Roy und Elizabeth Blackmar. *The Park and the People: A History of Central Park*. Ithaca, N.Y.: Cornell University Press, 1992.
Roth, Leland M. *McKim, Mead and White, Architects*. New York: Harper & Row, 1983.
Rutterbaum, Steven. *Mansions in the Clouds: The Skyscraper Palazzi of Emery Roth*. New York: Balsam Press, 1986.
Salins, Peter D. (Hrsg.). *New York Unbound: The City and Politics of the Future*. New York: Basil Blackwell, 1988.
Salwen, Peter. *Upper West Side Story*. New York: Abbeville Press, 1989.
Sanchez Korrol, Virginia. *From Colonia to Community: The History of Puerto Ricans in New York City*. Berkeley: University of California Press, 1994.
Sanders, Ronald. *The Downtown Jews: Portraits of an Immigrant Generation*. New York: Harper & Row, 1969.
Sante, Luc. *Low Life: The Lures and Snares of Old New York*. New York: Farrar, Straus & Giroux, 1991.
Schoener, Allon. *New York: An Illustrated History of the People*. New York: Norton, 1998.
ders. (Hrsg.). *Portal to America: The Lower East Side, 1870–1925*. New York: Holt, Rinehart & Winston, 1967.
Scully, Vincent. *American Architecture and Urbanism*. New York: Henry Holt & Co., 1969.
Shanor, Rebecca Read. *The City That Never Was*. New York: Viking, 1988.
Shapiro, Mary J. *Gateway to Liberty: The Study of the Statue of Liberty and Ellis Island*. New York: Vintage, 1986.
Shaw, Ronald E. *Erie Water West: A History of the Erie Canal, 1792–1854*. Lexington, Ky.: University of Kentucky Press, 1966.
Shefter, Martin. *Capital of the American Century: The National and International Influence of New York City*. New York: Russell Sage Foundation, 1993.
Sherrow, Victoria. *The Triangle Factory Fire*. Brookfield, Conn.: Millbrook Press, 1995.
Siegel, Beatrice. *Lillian Wald of Henry Street*. New York: Macmillan Publishing Co., 1983.
Silver, Nathan. *Lost New York*. New York: American Legacy Press, 1967.
Simon, Kate. *Fifth Avenue: A Very Social History*. New York: Harcourt Brace Jovanovich, 1978.
Slide, Anthony. *The Vaudevillians: A Dictionary of Vaudeville Performers*. Westport, Conn.: Arlington House, 1981.
Snow, Richard. *Coney Island: A Postcard Journey to the City of Fire*. New York: Brightwaters Press, 1984
Snyder-Grenier, Ellen M. *Brooklyn! An Illustrated History*. Philadelphia: Temple University Press, 1996.
Snyder, Robert W. *The Voice of the City: Vaudeville and Popular Culture in New York*. New York: Oxford University Press, 1989.
Stansell, Christine. *City of Women: Sex and Class in New York, 1789–1860*. New York: Alfred A. Knopf, 1986.
Stasz, Clarice. *The Vanderbilt Women: Dynasty of Wealth, Glamour and Tragedy*. New York: St. Martin's Press, 1991.
Stein, Charles W. *American Vaudeville as Seen by Its Contemporaries*. New York: Alfred A. Knopf, 1984.
Stein, Leon (Hrsg.). *Out of the Sweatshop: The Struggle for Industrial Democracy*. New York: Quadrangle/The New York Times Book Co., 1977.
Stern, Robert A. M., with Thomas P. Catalano. *Raymond Hood*. New York: Rizzoli International Publications, 1982.
ders., Gregory Gilmartin und John Montague Massengale. *New York 1900: Metropolitan Architecture and Urbanism, 1890–1915*. New York: Rizzoli, 1992.
ders., Gregory Gilmartin und Thomas Mellins. *New York 1930: Architecture and Urbanism between the Two World Wars*. New York: Rizzoli, 1987.
ders., Thomas Mellins und David Fishman. *New York 1960: Architecture and Urbanism between the Second World War and the Bicentennial*. New York: Monacelli Press, Inc., 1995.
Still, Bayrd. *Mirror for Gotham*. New York: New York University Press, 1956.
ders. *Urban America: A History with Documents*. Boston: Little, Brown, 1974.
Stokes, I. N. Phelps. *The Iconography of Manhattan Island, 1498–1909*, Bd. 1 und 2. New York: Arno Press, 1967.
Strickland, Roy und James Sanders. *At Home in the City: Housing in New York, 1810–1983*. New York: Graduate Center of City University of New York, 1983.
Strouse, Jean. *Morgan: American Financier*. New York: Random House, 1999.
Tauranac, John. *The Empire State Building*. New York: St. Martin's Griffin, 1995.
Tax, Meredith. *The Rising of the Women: Feminist Solidarity as Class Conflict, 1880–1917*. New York: Monthly Review Press, 1980.
Taylor, George Rogers. *The Transportation Revolution, 1815–1860*. White Plains, N.Y.: M. E. Sharpe, 1951.
Taylor, William R. *In Pursuit of Gotham: Culture and Commerce in New York*. New York: Oxford University Press, 1992.
ders. (Hrsg.). *Inventing Times Square: Commerce and Culture at the Crossroads of the World*. New York: Russell Sage Foundation, 1991.
Tchen, John Kuo Wei. *New York before Chinatown: Orientalism, Identity, Formation and Political Culture in the American Metropolis, 1784–1822*. Doktorarbeit, New York University, 1992.
Toll, Robert C. *On with the Show: The First Century of Show Business in America*. New York: Oxford University Press, 1976.
Tomasi, Lydio F. *The Italian In America: The Progressive View, 1891–1914*. New York: Center for Migration Studies, 1972.
Tomkins, Calvin. *Merchants and Masterpieces: The Story of the Metropolitan Museum of Art*. New York: E. P. Dutton and Co., 1970.
Trachtenberg, Marvin. *The Statue of Liberty*. New York: Penguin Books, 1977.
Turnbull, Andrew. *F. Scott Fitzgerald: das Genie der wilden zwanziger Jahre*. München: Heyne, 1996.
Tyler, Gus. *Look for the Union Label: A History of the International Ladies' Garment Workers' Union*. Armonk, N.Y.: M. E. Sharpe, 1995.
Ultan, Lloyd. *The Beautiful Bronx, 1920–1950*. New York: Arlington House, 1979.
ders. und Gary Hermalyn. *The Bronx in the Innocent Years, 1890–1925*. New York: Harper & Row, 1985.
Van Der Zee, Henri und Barbara Van Der Zee. *A Sweet and Alien Land: The Story of Dutch New York*. New York: Viking, 1978.
Van Leeuwen, Thomas A. P. *The Skyward Trend of Thought: The Metaphysics of the American Skyscraper*. Cambridge, Mass.: Massachusetts Institute of Technology Press, 1988.
Walsh, George. *Gentleman Jimmy Walker: Mayor of the Jazz Age*. New York: Praeger, 1974.
Ward, David und Olivier Zunz. *The Landscape of Modernity: Essays on New York City, 1900–1940*. New York: Russell Sage Foundation, 1992.
Ward, Geoffrey C. *Before the Trumpet: Young Franklin Roosevelt, 1882–1905*. New York: Harper & Row, 1985.
Watson, Steven. *The Harlem Renaissance: Hub of African-American Culture, 1920–1930*. New York: Pantheon Books, 1995.
Weatherford, Doris. *Foreign and Female: Immigrant Women in America, 1840–1930*. New York: Facts on File, 1995.
Wertenbaker, Thomas Jefferson. *Father Knickerbocker Rebels: New York City during the Revolution*. New York: Charles Scribner's Sons, 1948.
Whipple, A. B. C. *The Challenge*. New York: William Morrow & Co., Inc., 1987.
Wilentz, Sean. *Chants Democratic: New York City and the Rise of the American Working Class, 1788–1850*. New York: Oxford University Press, 1984.
Willensky, Elliot und Norval White. *AIA Guide to New York City*. New York: Harcourt Brace Jovanovich, 1988.
Williams, Beryl. *Lillian Wald: Angel of Henry Street*. New York: Julian Messner, 1948.
Willis, Carol. *Form Follows Finance: Skyscrapers and Skylines in New York and Chicago*. New York: Princeton Architectural Press, 1995.
dies. (Hrsg.). *Building the Empire State*. New York: W. W. Norton & Co. 1998.
Wilson, Richard Guy. *McKim, Mead, & White*. New York: Rizzoli, 1983.
ders. *American Renaissance*. New York: Brooklyn Museum, 1979.
Wurts, Richard. *New York World's Fair*. New York: Dover, 1977.
Zurier, Rebecca. *Art for the Masses: A Radical Magazine and Its Graphic, 1911–1917*. New Haven: Yale University Art Gallery, 1985/Philadelphia: Temple University Press, 1988.
dies., Robert W. Snyder und Virginia Mecklenburg. *Metropolitan Lives: The Ashcan Artists and Their New York*. New York: W. W. Norton, 1995.

# INDEX

*Kursive* Seitenangaben verweisen auf Abbildungen.


Abbott, Rev. Lyman 208
Abel, Lionel 438
Abrams, Charles 494
Abyssinian Baptist Church 323, *323*, 435, 489
Acheson, Dean 549
Achtzehnter Zusatzartikel zur Verfassung 317
Action Group for Better Architecture in New York 510, 514
Adams, Franklin P. 357, 418
Adams, Henry 148
Adams, John 29 f., 32
Adams, W. E. 174
Adler, Jacob 248
Admiral's Cup, (Segelregatta) 304
Aeolian Hall 353
African Tenderloin 323
Afroamerikaner 72, 90, 120, 296, 323 f., 522; Diskriminierung von 326 f., 435 ff., 473, 475, 504, 505 f.; im Baseball 508; Interview mit David Levering Lewis 388 ff.; und die Harlem Renaissance 326 ff., 388 ff.; und Seneca Village 114; während des Zweiten Weltkriegs 473, 475; Zuzug aus dem ländlichen Süden 315, 326, 488 f.; siehe auch Harlem
Age of Innocence (Wharton) 536
Agee, James 400
Aids 545
Aiman, Allen 476
Aktienmarkt: in den 1920ern 367 ff.; Börsencrash von 1929 372 ff., *373*, *376*; Crash von 1987 544, *544/545*
Albany and Susquehanna Railroad 153
Albee, Edward F. 297
Aldrich, sen. Nelson W. 270
Alexander's Ragtime Band (Lied) 392, 536
Algonquin Hotel 357
Allen, Fred 297, 304, 475
Allen, Frederick Lewis 454
Allen, Gracie 304
Al-Qaida 563
Al-Shehhi, Marwan 568
Ambulanter Pflegedienst *273*, 273 f.
American Broadcasting Company 304
American Can Company 522
American Engine Company 157
American Express Company 106
American Federation of Labor 278, 388
American Museum of Natural History 206
American Museum 83, 84, *85*, 86, 97, *97*, 134
American Mutoscope and Biograph Company 234
American Stock Exchange 44
American Telephone and Telegraph 235, 343
American Tobacco Company 231
Amsterdam News 304, 326
Anderson, Maxwell 350
Anderson, Sherwood 317, 339, 354
Angell, Roger 508
Anne (Königin von England) 21, *21*, 24
Anschlag vom 11. September 2001 563 ff.
Ansonia Hotel 360
Ansonia-Apartmenthaus 237, *237*, 301
Apartmenthäuser *236*, 236 f., *237*, 301, 344
Apollo Theater 489
Apthorp-Apartmenthaus 301
Arbeitslosigkeit 378, 413 f., *414*
Arizona (Schiff) 472
Armory Show 336, 536
Armour, Philip 183
Armstrong, Edwin 343
Armstrong, Louis 330, 389
Army Air Corps 471
Arthur, Chester A. 181
Articles of Confederation 63
Ash, Timothy Garton 548, 567
Ashbury, Herbert 214
Asher, Sarah 226
Associated Press 83, 100, 304, 452
Astaire, Fred 347
Astor, John Jacob IV 377
Astor, John Jacob 51, *51*, 84, 134, 146; Haus von 54, *54*; und die Lower East Side 51, 188
Astor, Mrs. Caroline Schermerhorn 185
Astor, William Waldorf 376
Astor Hotel 294, *294*
Astor-House-Hotel 84, *84*, 116, 134
Astor Place, Oper am 82, 92
Astor Place, Revolte am 92, *92*
Astoria 234, 400
Atlas (Skulptur), Rockefeller Center 454, *454*
Atta, Mohammed 563
Auf der Brooklyn-Fähre (Gedicht) 104
Aufzüge 136; und Wolkenkratzer 231, 232, 391
Aurora (Zeitung) 80
Austen, Alice 207, *207*
Austin, Warren 482
Autos 398, 401 f., *403*, 412, 500; und Fußgänger 401; und öffentlicher Personenverkehr 412, 503 f.; siehe auch Expressways; Parkways

B. Altman 176, 304, 308
B-25-Bomber: stürzt ins Empire State Building 476 f., *477*
Babson, Roger 372
Bachmann, C. 99
Bachmann, John 105, 112
Badillo, Herman 543
Baker, Belle 296
Baker, Dr. S. Josephine 237, 275, *275*, 276
Baldwin, James 489
Banani, Tessa 286
Bancker, Evert 29
Bandits' Roost 192, 195, *195*
Bank of England 65
Bank of Manhattan Company *368*, 369, 372, 391
Bank of New York 40, 65
Bank of the United States 413
Bankers' Trust Building 219, 391
Barber, Red 508
Barbetta 305
Baring Brothers 132
Barker, William 485
Barney, Charles 270
Barnum, Phineas T. 83 ff., 134
Barondess, Barbara 226
Barthelme, Donald 524
Bartholdi, Frédéric-Auguste 186, *186*, 187
Barton, Bruce 343
Baseball 306, 475, 508 f.; siehe auch Brooklyn Dodgers; New York Yankees
Basquiat, Jean-Michel 544
Batman 472, 545
Battery 37, 95, *95*, 104, *104*
Battery Park City 483, 556
Bauer, Mark 578
Bauvorschriften 273
Baxter Street *162*, 163, 192, *193*
Bayard, William 60
Beach, Alfred Ely 152
Beal, Joshua H. 170 f.
Beals, Jessie Tarbox 246, 336, 337
Beame, Abraham 523, 542 f.
Beard, Charles A. 315
Beard, William Holbrook 148
Beaujour, Louis-Felix de 51
Bebop 472, 539 f.
Bechet, Sidney 389
Bedford-Stuyvesant 504, 520 f.
Bedloe's Island 186; siehe auch Freiheitsstatue
Beecher, Rev. Henry Ward 100, 116
Beirne, Paul R. 578
Belasco, David 340
Belden, E. Porter 20
Bell & Brown 75
Bell, Daniel 488
Belleclaire Hotel 301
Bellow, Saul 545
Belmont, Alva Vanderbilt, siehe Vanderbilt (Belmont), Alva
Belmont, August 255, 257, 301, 464
Belmont-Villa 408, 464
Belnord-Apartmenthaus 301
Belt Parkway 374, 458
Benchley, Robert 327, 339, 357, 399
Bennett, Arnold 262
Bennett, James Gordon *80*, 80 f., 101, 210, 304, 338
Benny, Jack 304
Bensonhurst 399
Beresford-Apartmenthaus 301
Bergdorf Goodman 308
Bergen, Edgar 475
Berkin, Carol 62 ff.
Berlin, Irving 346, *346*, 351, 362, 392
Berman, Marshall 502, 536 ff.
Bernard, John 46
Bernays, Edward 343
Bernstein, Leonard 472
Best and Co. 308
Bethesda Terrace, Central Park 142, *142/143*, 143
Bibliotheken 252
Biltmore Hotel 366
Binger, Walter 494
Bird, Isabella 84, 96
Black-Ball-Reederei 46, 131, 136
Black Monday 544
Blackwell's Island 162; siehe auch Roosevelt Island
Blake, James W. 291
Blanck, Max 288
Blechdosenbrigade 418
Bleecker Street 243
Bliven, Bruce 400, 414 f.
Blizzard im Jahr 1888 200, *200*
Bloomberg, Michael J. 579
Blue Network 304
Bly, Nelly 304
Boat Basin (Riverside Park) 459
Bogardus, James 136 f.
Bontemps, Arna 326, 328
Bonwit Teller 304, 308
Booth, J. Brutus 82
Booth, Lavinia 236
Boothe, Clare 361
Börsencrash von 1857 106 f., *107*, 165
Börsenkrach von 1907 270
Boston 18, 37, 131, 426
Boulevardblätter 210; siehe auch Regenbogenpresse
Bourget, Paul 171, 219
Bourke-White, Margaret 372, *372*
Bowery 94, 346; Ansicht bei Nacht 210, *210/211*; Grand Theater 245, *245*; Konzerthallen (concert saloons) 213, 215, *215*
Bowery Theater 82
Bowling Green 29, 33, *33*; in der Castello-Karte 17; Custom House 424, *424/425*
Boxkämpfe 305
Brace, Charles Loring 93
Brady, Mathew 81, 116 f.
Brady's Daguerrian Gallery 97, *97*, 116 f.
Bragdon, Claude 345
Brände: Crystal Palace 102; Großer Brand von 1835 78, *78*; versperrte Notausgänge in der Fabrik 277; während des Unabhängigkeitskrieges 34 f., 35
Breede Wegh, 9, 17; siehe auch Broadway
Brennan, Peter J. 557
Bretton-Woods-Abkommen 549
Breuckelen 9; siehe auch Brooklyn

Brice, Fanny 349, 392
Brissot de Warville, Jacques-Pierre 37
Bristow, Tony 571
Britische Übernahme Neu-Amsterdams 19
Britisch-französischer Kolonialkrieg 22, 29
Broad Street: Ansichten der 42, *42*, *238*, 239; in der Castello-Karte 17; New Yorker Börse 149, *149*
Broadway 29, 30, 33, 34, 37, 41, 51, 55, 71, 76, 81, 101; an der Fulton Street 198, *198*; Ansichten vom 54, *54*, *70*, 71, 84, *84*, *96/97*, 97, 100, *100*, 146, *146*, 237, *237*; Apartmenthäuser 237, *237*, 301; Fußgängerbrücke 147, *147*; Konfettiparaden 354, *355*, 356; Ladies' Mile 175 f., 302; Straßenbauarbeiten im Mai 1850 95, *95*; und Hamiltons Leichenzug 67; und Lincolns Tod 128, *128/129*; Upper 237, *237*; siehe auch Times Square
Broadwaytheater 300; Einfluss Harlems 389; Musicals 346 f., *348/349*, 349, 350, *350/351*, 351 f.; während des Zweiten Weltkriegs 472
Bronck, Jonas, 9, 11
Bronfman, Samuel 486
Bronx: Ansicht im Jahr 1904 255, *255*; Einfluss des öffentlichen Personenverkehrs 307; Einfluss des U-Bahn-Netzes 255, 262; Prospect Avenue 262, *262*; Straßenspiele 492, *492*, *493*; und Filmgesellschaften 234; und die New York University 206; Zusammenschluss mit den anderen fünf Stadtvierteln zu Greater New York 206 ff., 255
Bronx River Parkway 307
Bronx-Whitestone Bridge 374, 458, 504
Brookes (Schiff) 26, *27*
Brooklyn 20, 33 f., 132, 234, 262, 307, 504, 509, 527, 534, 547, 573; als Industriezentrum 153, 155, 374; Ansicht vom Ufer des East River aus *48/49*; Ebbets Field 475, 508, *508*, 509; im Jahr 1717 *24*; im Jahr 1825 72; im Jahr 1834 72, *73*; Luftaufnahme 534, *535*; New York Navy Yard 472, *472*, 473, 509; Prospect Park 142, 153; Straßenspiele 492, *492*, 493; und die U-Bahn-Erweiterung 399 f.; wird Vorort 68, 154, 399 f.; Zusammenschluss mit den anderen fünf Stadtvierteln zu Greater New York 206 ff.
Brooklyn Army Terminal 471
Brooklyn-Battery Tunnel 504, 534
Brooklyn Bridge *140*, 141; angestrahlt für die Hudson-Fulton-Feierlichkeiten 272, *272*; Ansicht von Lower Manhattan aus *208/209*, 209; Brooklyn Terminal *258/259*, 259; Fertigstellung der 177, *178/179*, 179, *180*, 181; im Bau 169, *169*, 170, *170/171*, 172, *172/173*; Luftaufnahme 534, *535*; Massenpanik 181 f., *182*; und Al Smith 164; und der People's Day 181
Brooklyn Daily Eagle 206, *206*, 300, 383, 509
Brooklyn Dodgers 306, 475, 507, 508 f.
Brooklyn Heights 154, *154*, 181, 300, 520
Brooklyn Museum 206
Brooklyn Navy Yard 119, 473, 509; siehe auch New York Navy Yard
Brooklyn-Queens Expressway 458, 464
Brooks, Gebrüder 101, 119, 122, 134, 176
Broomscombe, Jeannie 43
Brown & Bell 47
Brown, Claude 489
Brown, Henry Kirke 98
Brown, Sterling 388
Brownsville 504
Bruck, Gilbert 484
Brücken 306, 458; angestrahlt zu den Hudson-Fulton-Feierlichkeiten 272, *272*; George Washington Bridge 442, *442/443*, 534, *535*; Luftaufnahme 534, *535*; Vorschlag im Regional Plan 374; siehe auch Brooklyn Bridge; Triborough Bridge
Bruckner Boulevard 502, *502/503*
Bruckner Expressway 458, 464
Bruère, Martha 286, 287
Bryant Park 430, *430/431*, 432, *432*, 547
Bryant, William Cullen 81, 108, 430
Burch, William 48
Bürgerkrieg 117 ff., 136, 147
Bürgerrechte: und die Weltausstellung von 1964 519
Burgis, William 24
Burlingham, Charles C. 446
Burns, George 304
Burr, Aaron 41, 43, *43*
Burr, D. H. 72
Burton, Mary 27
Bush, George W. 576
Bush, Marion S. 415
Bushwick 399, 504
Bustanoby, Gebrüder 305
Buttonwood Agreement 42
Byrnes, Thomas F. 198 f., *199*

Café Martin 305
Cafferty, James H. 107
Cahan, Abraham 239, 245 f., 249, 254, 399
Calloway, Cab 334
Camille, Louis 401
Campbell, Frank 357
Canarsie 20, 399, 508
Cantor, Eddie 296, 349, 361 f.
Capitol (Kino) 297
Carey, Hugh 542
Carnegie Hall 203
Carnegie, Andrew 183, *183*, 252
Caro, Robert A. 404 f., 432 f., 444, 494, 501, 506, 519; Interview mit 458 ff.
Carrère, John 430
Carrville 114
Carus, Emma 296
Caruso, Enrico 237
Casino Theater 295, *295*
Cass, Helen Landon 343
Cassavetes, John 538
Castello-Karte *16/17*, 17
Castle Garden 86, *86/87*, 90, 104, 223
Catapano, Milton 254
Cathedral of St. John the Divine 203, 481, *481*
Catherine Street 243
CCNY, siehe City College of New York
Celestina, Mrs. Angeline 357
Central Park 107 ff., 536, 547; Ansichten des 113, *113*, 114, *114*, 115, *115*; Elendsviertel in der Depression 414, *414*; Erfolg des 142 ff.; Fertigstellung 142 f.; sonntags autofrei 527; Übersicht 112; Zoo 427, *427*
Central Park Apartments 236, *236*
Central Park West 301, 453
Cerf, Bennett 352
Chamberlain, John 428
Chanin Building 369, *369*, 370
Chapin, Charles 121 f.
Chaplin, Charles 334
Chase Manhattan Bank 532 f., 550
Chase, W. Parker 347
Chase, William 228
Chatham Square 248, 252
Chatham Street 94, *94*
Chester, Hilda 508
Chicago 202, 207 f.
Children of the Slums (Riis) *193*, 194
Children's Aid Society 93
China-Clipper 74
Chinahandel 47, 132, 136
Chinesische Lokale 305
Chinesisches Viertel 47, 248
Choate, Joseph 206
Cholera-Epidemie 77
Christo 531
Chrysler Building 293, *310*, 311, 368, 369, *369*, 370, *370/371*, 372, *372*, 378, 391, 536
Chrysler, Walter 368 f., 372, 377
Churchill, Winston 373, 384
Ciambelli, Bernardino 245
City Arms Tavern 29
City College of New York 262, 438, *438*
City Hall Park 79, 207; Blick nördlich zum Broadway vom 100, *100*; erster Spatenstich für die IRT U-Bahn 256, *256*; während des Bürgerkriegs 121
City of New York, (Wasserstoffballon) 112 f., *113*
City of Orgies (Gedicht) 104
City University of New York 542
Clark, Brian 569
Clark, Edward Severin 236
Clarke, Gilmore D. 430
Clearview Expressway 458
Clemens, Samuel 101, 146; siehe auch Twain, Mark
Clermont (Dampfer) 46
Cleveland, Grover 181, 185, 187
Cliff Street 137
Clinton, DeWitt 52 f., *53*; Beziehung zu Hamilton 53; und der Erie Canal 55 ff., 59, 61
Clinton, George 53, 63, 66
Clinton, Hillary 576
Clinton, Mrs. DeWitt 60
Clipper 74, 131, 136
Coates, Robert M. 262
Cobb, Lee J. 438
Coenties Slip 151, *151*
Cohan, George M. 296, 346
Cohen, Leonard 540
Cohen, Rose 248
Cole, Bob 389
Coleman, McAlister 281
Collyer-Brüder 485
Colon, Jesus 491
Colored Orphan Asylum 123
Columbia Broadcasting System 304, 342, *342*
Columbia College 67, 93
Columbia University 53, 203, *203*, 206
Columbus Avenue 190, *190*, 544
Comic-Hefte 472
Commission on Social and Economic Conditions in Harlem 437
Compton, Betty 419
Concord, Massachusetts 32
Condé Nast 339
Coney Island 260, *260/261*, 262, 305, 399, 497, *498/499*, 509, 536; und Jones Beach 412
Connelly, Marc 350
Conscription Act 119
Consolidated Edison »City of Light«, Weltausstellung in New York 1939/1940 457, *457*
Constable, Arnold 304
Conwell, Russell H. 164
Conyn Eylent 11
Cook, Clarence C. 108
Cooke & Company 165
Cooke, Will Marion 389
Coolidge, Calvin 316
Cooper, James Fenimore 100
Cooper Institute 116 f.; siehe auch Cooper Union
Cooper Union: Versammlung der Textilarbeiter 277 f., *278/279*, 280
Copacabana 305
Corbett, James J. 305
Cornbury, Lord 21, 24
Corona Dump, Queens 455
Corona 400
Cortelyou, Jacques 17
Cortlandt Street 50, *50*

Costello, James 124
Cotton Club 330, 334, 489
Cowley, Malcolm 336 f.
Crane, Stephen 304
Crapsey, Edward 213
Crèvecœur, St. Jean de 23
Croly, Herbert 183, 205, 276
Cromwell, Oliver 19
Cross Bay Bridge 458
Cross-Bronx Expressway 374, 458, 463 f., 500 ff., *502/503*
Cross-County Parkway 307, 458
Cross-Island Parkway 458
Croton Aqueduct 76
Croton Reservoir 101, 206
Croton Water Works 79, *79*, *110/111*, 111
Crown Heights 504
Crystal Palace *101*, 101 f., *102*, 134, 136, 430
Cullen, Countee 328, 390
Cuming, F. H. 57
Currier & Ives Lithografie 92, *92*
Currier, Nathaniel 83
Curtis, George William 161
Custer, Libby 236
Custom House 148, *148*, 424, *424/425*
Cutts, Anson Bailey 444
Czitrom, Daniel 210 ff.

Daily Mirror 340, 509
Daily News 304, 339, 357, 434; »Ford an die Stadt: Verrecke«-Schlagzeile 542, *543*
Daily News Building 370, *370/371*
Daily Worker 304
Dakota-Apartmenthaus 236, *236*, 301; Blick vom 190, *190*
Dampfbetriebene Züge 306
Dampfer 46, 131, 136
Dassin, Jules 538
Dauphine (Schiff) 6
Davidson, Bruce 538
Davies, Thomas 33
Davis, Elmer 362
Davis, Julie 569
Davis, Miles 539
Davis, Stuart 344
Dawn of a New Day (Song) 456, *456*
Day Book (Wochenblatt) 83
Day, Benjamin 210
De Forest, Lee 343
De Kooning, Willem 540
De Laet, Johannes 9
De Salvio, Louis 516 f.
De Sille, Nicasius 14
Deegan, George 138
Defoe, Daniel 7
Delaney, Hubert 326, *326*
Delicatessen 305
Dell, Floyd 335 f.
Delmonico's 305
Democrat (Zeitung) 82
Demografie 343
Dempsey, Jack 305
Demuth, Charles 344
Denkmalschutz 520, 531, 546
Denkmalschutzbewegung 546
Denton, Daniel 20
Depression 168, 174, 177; siehe auch Große Depression; Panik von 1873; Börsenkrach von 1907
Der neue Koloss (Gedicht) 222
DeSapio, Carmine 520, *521*
Deutsche Einwanderer 86, 88, 246 f.
Dewey, Adm. George 202
Dewey, Thomas 458
DeWitt Clinton Park 428, *428*
Dial (Zeitschrift) 336
Dickey, Bill 475
Dickstein, Morris 519
Die Klapperschlange (Film) 545
DiMaggio, Joe 475
Dinkins, David 547
Disney, Walt 517, *517*
Dodge, Mabel 336
Dodge, William E. 131
Dodgers, siehe Brooklyn Dodgers
Dodgers Sym-phony 508, *509*
Doherty, Edward 329
Donck, Adriaen van der, 6 14
Dongan, Thomas 21
Doppeldeckerbusse 308, *308*
Dorilton-Apartmenthaus 237, *237*
Dos Passos, John 336
Douglas, Ann 567
Douglass, Frederick 80, 90
Dove, Arthur 344
Dow Jones 367, 372, 376, 578
Dowling, Eddie 367
Downes, Olin 353
Downing, Andrew Jackson 108, 110
Downing Stadion 441
Doyle, Frank 571
Dreamland 260, *260/261*, 305
Dreiser, Theodore 248
Drew, Daniel 153
Drogen 546
Duane, James 63
DuBois, W. E. B. 325, 389
Duchamp, Marcel 344
Dundy, Elmer 305
Dunn, Catherine 164
Dutch Kills 306
Duvergier de Hauranne, Ernest 146
Dwight, Theodore 51
Dwyer, Jim 576
Dylan, Bob 540

East Flatbush 504
East Harlem 490, 496, *496*
East New York 399
East River Drive 458
East River: als Hindernis bei der Stadterweiterung 154; angestrahlte Brücken zu den Hudson-Fulton-Feierlichkeiten 272, *272*; Blackwell's Island 162; Blick von Brooklyn Heights im Jahr 1837 68, *68/69*; Brücken 306, 458, 534, *535*; nahe des Hauptquartiers der Vereinten Nationen 481 ff., *482*, *483*; North Brother Island 247; South Street 46 f., *47*, 50, *50*; Tunnels 306; Ufer 25; Ufer von Brooklyn aus gesehen *48/49*, 49; Werften 131; siehe auch Brooklyn Bridge
Eastman, Max 336, 390
Ebbets Field 475, 507 f., *508*, 509
Edelstein, Lillian 501 f.
Edison Company 271
Edison, Thomas Alva 174, *174*; und Filme 220, 234, *234*; und J. P. Morgan 174, 177
Ehninger, John Whetten 15
Eiffel, Gustave 186
Eiffelturm 372, 377
Einkaufen 133 ff., 175, 304, 338, *338*, 339; Ladies' Mile 175 f., 302, 547; siehe auch Kaufhäuser
Einstein, Isidore 360
Einwanderer 220 ff., 239 ff., 249 ff.; als Neuankömmlinge 239 ff.; Amerikanisierung von *252*, 252 ff.; Anzahl der 223, 243, 244, 245, 271; Arbeitsbedingungen 276 ff.; Armut unter 145, 162 ff.; asiatische, karibische und mittelamerikanische 229, 545; aus der Sicht gebürtiger New Yorker 239; deutsche 86 ff., 115, 246 f.; Hilfsorganisationen 91; irische 86 ff., 115, 120 f., 157 f., 163, 246; italienische 221, 223, 237, 243 ff., 246; jüdische 229, 237, *244*, 245 f., 248, 253; puertorikanische 490 ff.; Quotenregelung 316; Reaktion auf die Einberufung 120 ff.; russisch-jüdische 223, *229*, 244, *244*, 245 f.; und die Freiheitsstatue 222, *222*, 226; und die Karte des roten Schreckens *316/317*, 317; und Ellis Island 216, *216/217*, 220, *220/221*, 223, *223*, *224/225*, *226*, 226 f., *227*, *228*, *229*, 230; und öffentliche Schulen 249 f., *250/251*, *252*, 252 ff., *253*; Vielfalt an 243 ff.
Einzelhandel 133 ff.; siehe Kaufhäuser; Einkaufen
Eisenbahnen: elektrische 263; Harlem Railroad 150, *150*; Hudson Railroad 150; Hudson River 131; Investitionen von Vanderbilt 148; kleinere Strecken 148; New Haven Railroad 150; New York and Erie 131; New York Central 148; Pendler 307; und J. P. Morgan 177; und Vorschläge des Regional Plan 374; siehe auch Long Island Rail Road; Metropolitan Elevated Railway; U-Bahn-Netz
Eisenhower, Dwight 537
Eisenstadt, Alfred 538
Eisenwerke 136 f.
El, siehe Metropolitan Elevated Railway
El Morocco 305
Elektrizität 174, 263
Elendsquartiere 415, *415*
11. September 2001 548
Elizabeth, New Jersey 375
Elizabeth Street 243
Ellington, Duke 329, 330, *330*, 334, 504
Ellis Island 220, 223, *223*, *224/225*, *226*, 226 ff., *227*, *228*, *229*, 230, 271; Castle Garden als Vorläufer 86, *86/87*, 90; und Deportierte 316
Elmhurst 400
Emancipation Proclamation 119
Embury, Aymar II 430
Emergency Operations Center 566
Empire State Building 376, *385*, 391, 392 f., 398, 486, 536; 551 ff.; Ankündigung der Pläne 377; Ausblicke von 370, *370/371*, 383, *383*; Aussichtsplattform 383, *383*, 384; Erfolg 384; Eröffnung 382, *382*, 383, *383*; Flugzeug stürzt in das 476 f., *477*; Bau des *310*, 311, 378, 382; Fotos von Hine 380, *380/381*, 381, 393; Landemast 384; und das RCA Building 452; und das ursprüngliche Waldorf-Astoria Hotel 377
Empress of China (Schiff) 47
Engel der Wasser (Skulptur) 142, *142/143*, 143
Engineers' Club 494
England als Seemacht 24
English Puritans 15, 18
Entdecker 6
Epstein, Jason 504, 530 f., 545
Equitable Life Insurance Company 231, 344
Erie Canal: Ansichten vom 57, *57*, 58, *58/59*; Bau des *56*, 56 f.; Bedeutung des 55, 57, 59, 61, 131; Finanzierung des 55 f.; Karte des 55; Umfang des Projekts 55; und DeWitt Clinton 55 ff., 59, 61
Erie Railroad 153
Erste New Yorker Artillerie 32
Erster Weltkrieg: Nachkriegszeit 312 ff.; New Yorker Regimenter 312, 314, *314*; Siegesparaden *312/313*, 313 f., *314*
Essex Street 240, *240/241*
Europe, James Reese 312
Evans, George Henry 77
Evening Graphic 214, 339 f., *341*
Evening Post 43, 67, 81, 121 f.
Expressways 458, 463, 500, 520; Brooklyn-Queens Expressway 458, 464; Bruckner Expressway 458, 464; Cross-Bronx Expressway 374, 458, 463 f., 500 ff., *502/503*; Gowanus Expressway 458, 464, 534; Long Island Expressway 458, 464, 504; Lower Manhattan Expressway 517, 520, 530 f., 540; Staten Island Expressway 458, 464; Van Wyck Expressway 458, 504; und Manhattan 538; und Parkways 463, 500
Eyland Manatus 11

Fabriken 288 ff., 293, 472; siehe auch Industrieproduktion; Triangle Waist Company
Factory Investigating Commission *289*, 289 f., 293
Fähren 104, *104*, 116; Staten Island Ferry 207, 466, *466*; und Pendlerzüge 307
Farley, James 366
Farley Post Office Building 469
Farley, Thomas 418
Farmer, James 519
FDR Drive 546
Federal Hall *38/39*, 39, 40, 42, *42*, *64/65*, 148
Federal Hall National Memorial 322, *322*
Feehan, Bill 574
Feinberg, Alexander 478
Feininger, Andreas 475, 497
Feinstein, Isidor 413
Felt, Irving 510
Ferber, Edna 350
Feuerwehr 566, 570 ff., 574, 578
Fields, Lew 296
Fields, W. C. 349
Fifth Avenue 101, 183, 190, 206, 304; Ansicht von der 42nd Street 308, *308/309*; Ansicht von St. Patrick's Cathedral aus 184, *184*; Blick nach Süden in den 1950ern 474, *475*; Bürgerkriegs-Siegesparade 136, *136*; Doppeldeckerbusse 308, *308*; Madison Square 168, *168*; Siegesparaden nach dem Ersten Weltkrieg *312/313*, 313, 314, *314*; Triumphbogen für Dewey 202, *202*; erstes Waldorf-Astoria Hotel 376 f., *377*
Fifth Avenue Hotel 134, 136
Filme 214, 234
Filmindustrie 234, 527, 538; siehe auch Filme
Film noir 538
Firpo, Luis 305
First African Methodist Episcopal Church of Yorkville 114
First Houses 445, *445*
Fisher, Irving 372
Fisher, Rudolph 326, *326*, 360
Fisk, James »Jim« 153, 159
Fitzgerald, F. Scott 317 f., *318*, 339, 363 f., 376, 386, 392, 398, 404, 507; Der große Gatsby 363, 393, 404, 455; Erster Mai 311; Zitate 5, 312, 315, 318, 320, 329, 346, 354, 356 f., 363, 376, 386
Fitzgerald, Zelda Sayre 315, 317 f., *318*, 363 f., 376
Five Points 72, 77, *77*, 79, 88, *88*, 89, *89*, 90 f., 125, 163 f., 323
Five Points Mission 163, *163*
Flatbush 399, 508
Flatiron Building *232*, 233, *233*
Flegenheimer, Arthur 360
Floyd Bennett Field 446
Flushing Meadows 393, 519
Flynn, Luke 109
Foley Square 418
Foley, Tom 182, 291
Force of Evil (Film) 539
Ford, Gerald 542, *543*
Ford, Henry 346, 401
Fordham Road 502, *502*
Fordham University 458
Forest Hills 400, 402, *403*
Forrest, Edwin 82, 92
Forrestal, James 549
Fort Amsterdam 9, 12
Fort George 32, 37
Fort Greene Park 428, *428*
Fort Lee, New Jersey 234
Fort Washington 33
Foster, George 212
Frank, Robert 538
Frankenthaler, Helen 540
Franklin, Abraham 124
Franklin, Benjamin 28
Franklin Square 137
Französische Wohnungen 236
Frazier, E. Franklin *326*
Frederycks, Kryn 7, 9
Free School Society 53
Freiheitsstatue 186, *186*, 393; Enthüllung der 185, *185*, 187; Hintergrund 186; im Pariser Atelier 187, *187*; Rolle von Frédéric-Auguste Bartholdi 186 f.; Rolle von Joseph Pulitzer 187; Sockel für die 168, *168*, 171, 186 f.; und »der neue Koloss« 222; und Einwanderer 222, *222*, 226
Freizeit 300, 304 ff., 402
Fremdenfeindlichkeit 316 f.
Freytag-Loringhoven, Baroness Elsa von 337
Frick, Henry 183
Frowne, Sadie 277
Fuller Building 233
Fuller, Samuel 538
Fulton, Robert 46, 131, 300
Fulton Fish Market 164, 165, *166/167*, 182
Fulton Street »Sperrzone« 198
Furillo, Carl 508, 557

Gabriel, Gilbert W. 352
Gaget und Gauthier Atelier 186, 187, *187*
Ganci, Peter 574
Gangster 357, 360
Ganz, Maria 248 f.
Garfield, John 438, 539
Garvey, Marcus 325 f.
Gehrig, Lou 358, 475
General Electric 231, 343, 486
General Motors 506, 537; auf der Weltausstellung 1939/1940 396, *397*, 456; auf der Weltausstellung 1964/1965 519
General Slocum (Dampfer) 247, *247*
Genovese, Catherine »Kitty« 521
Georg III. (König von England) 29, 33, *33*
George, Henry 188, 191
George Washington Bridge 375, 442, *442/443*, 534, *535*, 551
Gershwin, George 346, *346*, 347, 351, *352*, 352 f., 392, 404, 456
Gershwin, Ira 347, 353, 456
Gesundheitswesen 127, 273 f., 275 f.
Gettysburg 121, 125
Gewerkschaften 137, 277 f., 280, 388, 438, 522
Ghettos und Slums 390
GI Bill 504
Giants, siehe New York Giants
Gibb, Philip 367
Giedion, Siegfried 413
Gilbert, Bradford Lee 232
Gillender Building *218*, 219
Gillespie, Dizzy 472, 539
Gilmartin, Gregory F. 405
Gimbel's 304
Ginsberg, Allen 513
Giovannitti, Arturo 336
Giuliani, Rudolph 547, 562, 566, 570, 574, 576
Glaser, Milton 578
Glason, Billy 296
Globalisierung 549 f., 560
Godkin, E. L. 162, 418
Gold, Michael 246, 438
Goldman, Andrew 578
Goldman, Emma 316, *316*, 335
Goldrausch 106, 132
Gompers, Samuel 277 f., 280, 289
Goodman, Benny 389, 472
Goodyear-Kleinluftschiff 384
Gopnik, Adam 579
Gordon, John Steele 322
Gorman, Willis A. 100
Gotbaum, Victor 543
Gotham 472; Ursprung des Namens 51
Gottlieb, Adolph 540
Gould, Jay 153, 159
Gowanus Canal 306
Gowanus Expressway 458, 464, 534
Grace Church 99
Graffiti, in der U-Bahn 528, *528/529*
Graham, Stephen 226
Grand Central Depot 148, 150, *150*, 189; siehe auch Grand Central Terminal
Grand Central Parkway 458
Grand Central Terminal 267, *267*, *268/269*, 339, 536; als Pendlerbahnhof 307; Renovierung 547; Umgebung in Midtown 339, 369, *369*, 370; siehe auch Grand Central Depot
Grand Theater 245, *245*
Grant's Tomb 205, *205*
Grasso, Richard 578
Great South Bay 406
Great White Way 295, 449
Greater New York: Zusammenschluss der fünf Stadtviertel 206 ff., 255, 374
Greeley, Horace 81, *81*, 117, 338
Green, Andrew Haswell 108, 374
Green, John 347
Greene, Asa 78
Greene, Gael 560
Greenpoint Park 399, *399*
Greenwich Street 151, *151*
Greenwich Village 24, 323, *335*, 335 ff., *336*, *337*; und Harlem 327, 389 ff.; und Landmarks Preservation Commission 520; West Village als Ort der Stadterneuerung 514 f.
Green-Wood Cemetery 108, *108*
Grey, Henry Judd 357
Griffith, D.W. 214
Griscom, John H. 91
Grooms, Red 540 f.
Große Depression: Bedeutung für Harlem 435 ff.; Bedeutung für New York 413 ff., *414*, *415*, 417; Beginn der 378; Eingreifen der Bundesregierung 447 ff.; Mittel für Parks und Parkways in New York 413, 429 ff.; staatliche Hilfsprogramme 423, 426
Große Gatsby, Der (Fitzgerald) 363, 393, 404, 455 f.
Großer Brand von 1835 78, *78*
Ground Zero 575, 579
Group Theater 438
Gruening, Ernest 10, 354 f.
Guare, John 400
Guerin, Jules 269
Guilford, Frances G. 476
Gunther, John 421 f.
Gusseisengebäude 136 f., *175*, 530, *530*
Guy, Francis 44

Haber, Marco 567
Hacker, Andrew 524
Hadden, Britton 339
Hafen 2–6, 24 f., 76; Linienschiffe 221, *221*, 271, 445, 470, *471*; New York als 5, 6, 24 f., 46 ff., *51*, 61, 470 f., *471*; Schifffahrt 46, 47, *47*, 50, *50*, 95, 132, 138, *138/139*; Verlegung nach New Jersey 375, 507
Hale, Ethel and Oliver 492
Half Moon (Schiff), 6
Hamilton, Alexander *29*, 29 f., 40, *40*, 62 f., 65 ff.; als Anwalt 40, 43, 63, 67; als Berater Washingtons 32, 63; als Föderalist 66; als Patriot 30, 62; als Schatzkanzler 40 ff., 66 f.; beim Militär 62 f.; Beisetzung von 43, 67; Duell mit Aaron Burr 43, 67; gründet die Bank of New York 40, 65; gründet die New-York Evening Post 43, 67; Meinung von Adams 29 f.; und der Report on Manufactures 67; und der Report on Public Credit 67; und der Verfassungskonvent 65 f.; Vertrag mit Jefferson 41 f.
Hamilton, Angelica 67
Hamilton, Elizabeth 40, 63
Hamilton, Philip 67
Hamlin, A. D. F. 238

Hammerstein, Oscar 294
Hammerstein, Oscar II 346, 351, 352, 472
Handy, W. C. 334, 346
Hardwick, James 24
Hardy, Mary Duffus 189
Haring, Keith 543
Harlem 24, 190, 323 ff., *324*, *325*, *328*, *329*, *331*; Abyssinian Baptist Church 323, *323*, 435, 489; als lebendiges Zentrum für Schwarze 326 ff.; Apollo Theater 489; Bedeutung der Großen Depression 435 ff.; Bedeutung der U-Bahn 324 f.; Collyer-Brüder 485; Cotton Club 330, 334, 489; elegante Boulevards 326, 328; Geschäfte im Besitz von Weißen 334, 437; Geschichte des Viertels 324 f.; Interview mit David Levering Lewis 388 ff.; Lindsays Spaziergang *524/525*; Nightclubs 329, *330*, *331*, *332/333*, 333, 472, 489; öffentliche Wohnungsbauprogramme 496, *496*; Straßenspiele 492, *492*; und Greenwich Village 327, 389 ff.; und Jazz 329 ff., 389; und schwarze Einwanderer aus dem Süden 488 ff.; Unruhen in 520 f.; wird ein schwarzes Viertel 324 f.
Harlem Heights 34
Harlem Railroad 150, *150*
Harlem Renaissance 326 ff., 388 ff.
Harlem River *32*, 33, 306
Harlem River Drive 458
Harlem River Houses 445
Harper & Brothers 137
Harper's Weekly: and Thomas Nast 160 f.
Harriman, Averell 458, 549
Harris, Isaac 288
Harris, Monet 579
Harrison, Wallace 482 f.
Hart, Lorenz 346, 351
Hartley, R. M. 88
Haskell, Douglas 453
Hastings, Thomas 430
Hauptstadt: Handel, für Washington zu stimmen 42; New York als erste Wahl 40
Haussmann, Baron 404, 459
Havel, Hippolyte 335
Havemeyer, Frederick C. 137
Hayden, Palmer 331
Hays, Jacob Jansen 17
Haywood, Bill 335
Hearst, William Randolph 304, 415
Hebrew National Frankfurter Company 509
Hecht, Ben 340, 350
Heckscher State Park 409, *409*
Heere Gracht 18, *18*
Heere Straat 9; siehe auch Broadway
Heifetz, Jascha 353
Heise, William 220
Hell Gate 394, *394/395*, 439
Helleu, Paul 267
Hell's Hundred Acres 531
Henderson, Fletcher 330, 334
Henri, Robert 335
Henry, O. 335, 510
Henry Hudson Bridge 458, 460
Henry Hudson Parkway 432, *433*, 434, 459, 462
Henry Street Settlement House 276
Herald, siehe New York Herald
Herald Square 220, 304
Herbert, Victor 346
Hester Street 240, *240/241*, 243
Hewitt, Abraham 208
Hickok, Lorena 417
Highways, siehe Expressways; Parkways
Hill, Edwin 243, 315
Hill, John William 58, 68, 96 f.
Hine, Lewis 380 f., 393
Hingson, Mike 569
Hitler, Adolf 457
Hodges, Gil 508
Hoe, Robert 137
Hoeber, Arthur 203
Hoffman, Bruce 562
Holland gegen Großbritannien 19
Holland, Clifford 442
Holland, George 42
Holland Tunnel 306, 442
Höllenkämpfer 312
Hone, Philip 76, *76*, 486; als Bürgermeister von New York 72; als Tagebuchschreiber 75–80, 86, 88, 92, 175; Haus von 54, *54*, 76
Honyman, Robert 30
Hood, Raymond 368, 370
Hoover, Herbert 364, 366, 382 f., 416
Hoovervilles 414, *414*
Hopkins, Harry 423
Hopkins, Peter 417
Hopper, Edward 335
Horsmanden, Daniel 27 f.
Hotel Commodore 312, 314, 374
Hotel Pennsylvania 312, 314
House of Morgan 315, 320, *320/321*, 322, 373; siehe auch Morgan, John Pierpont
House Un-American Activities Committee 539
Houston Street 530
Hoving, Thomas 527
How the Other Half Lives (Riis) 191 f., 195, 214, 272, 536
Howdell, Thomas 23
Howe, Irving 242, 253, 438
Howe, William 34, 213
Howells, John Mead 370
Howells, William Dean 151
Hudson, Henry 2 f., 6, *6*
Hudson Bai, Kanada 6
Hudson-Fulton Celebration 271, *271/272*, 272
Hudson Railroad 150
Hudson River 374, 470, *470/471*, 547, 553, 556
Hudson River Piers 453, 470, *470/471*
Hudson River Railroad 98, 131
Hudson Street *134/135*
Hughes, John 89, 122
Hughes, Langston 323, 325, 326, *326*, *327*, 327 f., 390
Hughson, John 27
Hume, David 63
Hummel, Abraham 213
Huneker, James 239
Hunt, Richard Morris 183 ff., 301
Hurston, Zora Neale 328, *328*, 329, 389 f.
Hutchinson River Parkway 307, 458
Huxley, Aldous 339
Huxtable, Ada Louise 511, 553, 557
Hyde, Edward 21, 24, 485

IBM 486, 519, 536
Ignatov, David 239
Illustrated Daily News 304, 339; siehe auch Daily News
Immobilien 51, 367 f., 504; siehe auch Wohnungswesen; Wolkenkratzer
Impellitteri, Vincent 458
Independent Subway 445
Indianer 2 f., 20, *20*; siehe auch Lenape-Indianer
Industriebezirk in Lower Manhattan: wird SoHo 530 f.
Industrieproduktion 136 f., 202, 507, 543
Interborough Parkway 458
Interborough Rapid Transit Company (IRT), siehe IRT U-Bahn-Linie; U-Bahn-Netz
International Ladies' Garment Workers Union 276
International News Service 304
International Workers of the World 335
Internationaler Währungsfonds 549
Interstate Highway System 464, 506, 537 f.
Irische Einwanderer 86 ff., 115, 120 f., 157 f., 163, 246
IRT U-Bahn-Linie 255 f., *256*, *257*, 579; siehe auch U-Bahn-Netz
Irving, Washington *51*, 51 f.
Irving Trust Building *368*, 369
Italienische Einwanderer 221, 223, 237, 243 f., 246
Ives, James Merritt 83

Jack and Charlie's 318, *318*
Jack, Hulan 489
Jackson, Kenneth T. 300 ff., 537
Jackson Heights 400, *400*
Jacobs, Jane 465, 510, 514 ff., *515*, 517, 520, 524, 527, 530, 531, 533, 534, 541, 546
Jaffe, Lee K. 552
Jamaica 20
James, Henry 189, 227
James Monroe (Schiff) 46
Jay, John 66
Jazz 329 ff., 389, 539 f.
Jazz-Ära: Ursprung der Bezeichnung 329
Jazz Singer, The 363, *363*
Jefferson, Thomas 40, *41*; als Washingtons Staatssekretär 40; gegen Hamiltons Plan 41, 67; und der Erie Canal 55, 57; Vertrag mit Hamilton 41 f.; Wahl zum Präsidenten 43
Jeffries, Jim 305
Jersey Street 194
Jewett, Helen 81
Jewish Daily Forward 304
Jiddisch 245
Jogues, Isaac 13
Johnson, Albert 316
Johnson, Alva 416
Johnson, Charles 326, *326*
Johnson, Gerald W. 299
Johnson, James Weldon 323 f., *328*, 329, 333, 364, 389, 496
Johnson, Philip 510
Johnson, Rosamond 389
Johnson, William H. 436
Jolson, Al 304, 349, 363
Jones, William 124, *124*
Jones Beach State Park *408*, 408 f., *410/411*, 412, 497, 533
Joplin, Scott 346
Jos, Mary 569
Joyce, William 322
Judge, Father Mychal 574
Jüdische Einwanderer 15, 229, 237, *244*, 245 f., 248, 253
Juet, Robert 6

Kaprow, Allan 540
Karl II. (König von England) 19
Karte des roten Schreckens *316/317*, 317
Karten: Castello-Karte *16/17*, 17; Erie Canal 55; Hafen von New York *4*, 5; Karte des roten Schreckens *316/317*, 317; Karte von New York und Umgebung 1834 72, *73*; Manatus-Karte *10/11*; New York im Jahr 1767 30, *31*; Plan der Kommission *52/53*; Sicht auf den Central Park 112, *112*
Kato, Quinlan 570
Kaufhäuser 300 ff., 304, 338, 537; erstes 175; Macy's 175, *175*, 302, 304; Siegel-Cooper 176, *176*, 302
Kaufman, George S. 350, 352, 357
Kazan, Elia 438, 538
Kazin, Alfred 244, 438, 452
Keith, Benjamin F. 297
Kellum, John 160
Kennedy, John und Robert 526
Kennedy, Joseph P. 322
Kern, Jerome 346, 351 f.
Keun, Odette 349
Kew Gardens 400, 521
Kidd, Capt. William 18
Kieft, Willem 12 f.
King, Rev. Martin Luther, jr. 526
King's College 23, 29 f., 37, 62; siehe auch Columbia University

Kings County 21, 72, *73*
Kinsella, Thomas 181
Kissinger, Henry 556
Klein, William 538 f.
Kleindeutschland 86, 88, 247
Klinckōwstom, Axel Leonhard 54
Kline, Franz 540
Kneipen 24 f.
Knickerbocker Theatre 295
Knickerbockers 51 f.
Knight, Sarah Kemble 22
Koch, Edward I. 516, 543 f., 546
Koch, Stephen 531
Kohn, Robert 457
Köllner, August 60, 84
Kommunikation 300, 304, 338, 339, 343, 374; siehe auch Zeitungen; Radio
Kommunisten 304, 416, 438
Konfettiparaden 354, *355*, 356
Kontinentalarmee 32, 36 f.
Kontinentalkongress 40
Konzerthallen (concert saloons) 213, 215, *215*
Koolhaas, Rem 54
Kooperativen 237
Kopple, Robert 518
Koster and Bial's Music Hall 234
Koufax, Sandy 508
Krankenhäuser 77
Kriminalität 521, 546 f.
Kubrick, Stanley 538
Künstler 300, 344 f., 530 f., 540 f.
Kutscher 98

L'Enfant, Pierre-Charles 64
La Guardia, Fiorello 214, 317, *421*, *423*, 424, *426*, *427*, 450, *450*, 480, 550; als Bürgermeisterkandidat 419 f.; als Bürgermeister von New York 420 ff., 444 ff.; als Kongressabgeordneter 420; Bedeutung als Bürgermeister 480 f.; Begräbnis von 481, *481*; Beziehung zu Robert Moses 439; Beziehung zu Roosevelt 429; Hintergrund 420; im Radio 475; Meinung über Jimmy Walker 361; Meinung über Robert Moses 494; Tod von 480; und der New Deal 422 ff.; und die Weltausstellung in New York 456; und Rassenprobleme 422, 437, 475; und Robert Moses 429 ff., 494; Wahl zum Bürgermeister von New York 420; Wiederwahl als Bürgermeister 445
La Guardia Airport 446
Ladies Home Journal 367
Ladies' Mile 175 f., 302, 547
Lady Bountiful 415
Lafayette Place 146, *146*
Lamb, William 377
Lambert, John 45, 50
Lambert, Phyllis 486
Latin Quarter 337
Laurelton Parkway 458
Lawlor, Charles B. 291
Lawrence, Jacob 504
Lawrie, Lee 454
Lazarus, Emma 222, *222*
Leaves of Grass (Whitman) *103*, 103 f., 201, 536
Le Corbusier 331, 334, 344, 397 f., 401, 412, 442, 482, 484, 496, 537
Lee, Charles 32
Lee, Robert E. 120
Lehman, Herbert 409, *409*, 422; und Robert Moses 458
Leipzig, Arthur 492
Leiserson's 276
Leislers Volksaufstand 24
Lemlich, Clara *278*, *280*, 281 f.
Lenape-Indianer: begrüßen Hudson 6; Krieg gegen die 12; Umsiedlung 20 f.; und der niederländische Kauf von Manhattan 9; und der Pelzhandel 9; und die britische Kolonialherrschaft 20; und Stuyvesant 13
Lerner, Alan Jay 351
Lever-Brüder 486
Lever House 486, 488, 537
Levin, Neil 563
Levine, Louis 284
Levitt, William 500, 504 f.
Levittown 464, 500, 504, *505*
Lewis, David Levering 327, 388 ff.
Lexington Avenue 237
Lexington, Massachusetts 32
Liberty Street 37
Lichtenstein, Roy 519
Lie, Trygve 481
Lieb, John 174
Lincoln, Abraham: als Präsidentschaftskandidat *116*, 116 f.; Emancipation Proclamation 119; Ermordung von 127 f., *128/129*, *130*; Porträt von Mathew Brady 116, *116*, 117
Lincoln, Mary Todd 175
Lincoln Building 370, *370/371*
Lincoln Center 458, 527, 532 f.
Lincoln Tunnel 375, 442, 551
Lind, Jenny 305
Lindbergh, Charles 354 ff., *355*, 361
Lindsay, John V. 458, 521 ff., *524/525*, 526 f., 531, 542, 557
Linienschiffe 221, *221*, 271, 445, 470, *471*
Lippmann, Walter 356, 357, 456
Lipsett, Morris 511
Literatur: afroamerikanische 327 ff., 390
Little, Jacob 107
Little Africa 325
Little Germany 86, 88
Little Italy 243 ff.
Little Review 336
Little Syria 249, *249*
Liverpool 46, 131
Livingston, Robert R. 39
Lloyd, Harold 334
Locke, Alain 323, 325, 327, 328
Loeb, Betty 274
Lofts, siehe SoHo
London, Meyer 244
Lonely Crowd, The (Riesman) 536
Long Acre Square 293, *294*
Long Island 154, 300, 578; und State Park Plan 406 ff.
Long Island Expressway 458, 464, 504
Long Island Motor Parkway 307, 500
Long Island University 458
Lopate, Phillip 542 ff.
Lord & Taylor 101, 176, 304, 308
Lorraine, Lillian 237
Los Angeles 234, 509
Loti, Pierre 294, 298
Louis Sherry's 305
Lovett, Robert 549
Low, Seth 181
Lowe, Thaddeus 112 f.
Lowell, Josephine Shaw 430
Lower East Side 51, 88, 188, 243 ff., 246, *246*; Ansicht von Hester and Essex Street *240/241*
Lower Manhattan 552, 556, 562, 573, 578 f.; Blick nach Norden zur Brooklyn Bridge *208/209*, 209; SoHo 530 f.; Wolkenkratzer *230/231*, 230 ff., 235, 238 f., *239*; siehe auch Wall Street
Lower Manhattan Expressway 517, 520, 530, 540
Loyalisten 30
Luce, Henry 339
Lüchow's 305
Ludlow-Street-Gefängnis 162
Luna Park 260, *260*, 305, 497
Lusk, Clayton R. 317
Lutheraner 15
Lymon, Frankie 540
Lyons, James 501

Mabie, Hamilton Wright 254
MacArthur, Charlie 350
MacFadden, Bernarr 339
MacIntyre, O. O. 360
Macready, William C. 92
Macy, Rowland H. 175, 302
Macy's Department Store 175, *175*, 302, 304
Madison, James 41, 56, 66 f.
Madison Avenue 343
Madison Square 168, *168*, 175, 233
Madison Square Garden 201, *201*, 203, 306, 336, 365, *365*, 419, 510
Magdalen Asyl 122
Maglie, Sal 508
Magnus Apollo 52; siehe auch Clinton, DeWitt
Mailer, Norman 510, 522
Mailly, William 280
Maine (Schiff) 472
Maison D'Orée 305
Major Deegan Expressway 458
Malamud, Bernard 495
Mallon, Mary 275, *275*
Maloney, John 572
Mamma Leone's 305
Manatus-Karte *10/11*
Manhattan (Song) 347
Manhattan: erste Stadtregierung in Nordamerika 14; Karte von 1834 72, *73*; Legende vom $24-Handel 8 f.; Luftaufnahme 534, *535*; Mauerbau 14, 17 f.; Zusammenschluss mit den anderen Stadtvierteln zu Greater New York 206 ff.
Manhattan Bridge 272, *272*, 306, 534, 535
Manhattanville 189
Manna-hata 9
Mannahatta (Gedicht) 103
Manship, Paul 454
Marble Palace 101, 134, 175
Marcantonio, Vito 438
Marina (Riverside Park) 459
Marine Parkway Bridge 458
Marriott Hotel 573
Marsh, Reginald 424, 449
Marshall, Walter G. 174
Martin, E. S. 182
Martin, Edward Winslow 210
Marx, Harpo 297
Marx, Karl 81
Mason, sen. Jonathan 51
Maspeth 20
Massenmedien 562
Masses, The 336
Matisse, Henri 344
Maxwell, William H. 252
McAllister, Ward 185
McCabe, James D., jr. 115, 163, 176
McCaffrey, Paddy 123
McCarthy, Joseph 438
McCarthyism 538 f.
McClellan, Bürgermeister George B. 256
McCloy, John J. 549
McCurtin, Daniel 33
McDarrah, Fred W. 466
McIntyre, Steve 565 f.
McKay, Claude 334, 389 f.
McKim, Charles 203, 392, 510
McKim, Mead and White 201, 203, 237, 266, 469
McNally, Edmund 569
Mead, William 203
Meadowbrook Parkway 458
Megapolensis, Johannes 14
Melville, Herman 51, 107, 124
Mencken, H. L. 364, 366
Mennoniten 15
Menuhin, Yehudi 237
Merchant Exchange 76, 78, 100
Merkur (Statue) 267, *268*
Merman, Ethel 347
Merrill, James 469
Methodist Episcopal Church 163
Metropolitan Board of Health 127
Metropolitan Elevated Railway 145, 151, *151*
Metropolitan Life Insurance Company 233, *233*, 368, 436; Blick vom Hauptsitz nach Süden *302/303*, 303

Metropolitan Museum of Art 206, 300, 540
Metropolitan Opera 288, 300, 342, 475, 527
Metropolitan Police 198 f.
Metropolitan Transportation Authority 533
Midtown Manhattan 338 f., 369, *369*, *370*, 393, *393*; und Wall Street 369
Midwood 399
Mies van der Rohe, Ludwig 486
Mietskasernen 153, 188, *188*, 246, *246*, 272 f., *273*, 300; siehe auch Riis, Jacob; Slums
Milhaud, Darius 331
Millay, Edna St. Vincent 335
Miller, John 21
Miller, Schuhgeschäft 338
Millionäre: Umzug nach New York 183
Mills, C. Wright 536
Mingus, Charles 539
Minuit, Peter 9
Mirror (Zeitung) 82
Missouri (Schiff) 473
Mitchel Field, Long Island 471
Mitchell, Joan 540
Model T Ford 401
Mohwak-Indianer 557
Mondscheinkneipen 318, 357, 360
Monitor (Schiff) 472
Monk, Thelonious 472, 539
Monroe Street 188
Montbaron und Gautschi 39
Moore, Charles 264
Morgan, Anne 282
Morgan, John Pierpont 231, 270, 301, 392; als Kunst- und Antiquitätensammler 271, 392; Porträt 174, *174*; und der Börsenkrach von 1907 270; und Thomas Edison 174, 177
Morgan, Junius Spencer 322
Morgenthau, Henry jr. 549
Morningside Heights 203, 205 f.
Morris, Gouverneur 30, 55, 67
Morris, Lloyd 331
Morris, Robert 63
Morris Mansion 34
Morse, Samuel F. B. 81, 87, 305
Morton, Levi P. 186
Moseley, Winston 521
Moses, Robert 404 f., *405*, *434*, 450, *450*, *460/461*, 462, 464 f., 497, 500 f., *501*, 551; als möglicher Bürgermeisterkandidat 419; als New York City Park Commissioner 429 ff.; als Präsident der Bethpage State Park Commission 497; als Präsident der Jones Beach State Park Commission 497; als Präsident der Long Island State Park Commission 408, 497; als Präsident des New York State Council of Parks 405, 408, 497; als Präsident der New York State Power Authority 497; als Stadtbaukoordinator 495, 497; als Verfechter des Autos 506; Bauprojekte nach dem Krieg 494 ff.; bei der Eröffnung des Heckscher State Park 409, *409*; Beziehung zu La Guardia 439; Einfluss von 404 f., 464 f., 533; Highways nach dem Krieg 537 f.; Hintergrund 405 f.; im Ruhestand 533; Interview mit Robert Caro 458 ff.; Machtverlust 527, 532 f.; Meinung von Jimmy Walker 360; Rolle bei der Standortwahl für das UN-Hauptquartier 483, 532; und Al Smith 364, 406; und der Lower Manhattan Expressway 517, 520, 530 f., 540; und der State Park Plan for New York 406 f.; und die Brooklyn Dodgers 509; und die Rockefellers 527, 532 f.; und die Weltausstellung von 1964 518 f., 533; und Frederick Law Olmsted 412; und Lindsays Politik 527; und Nelson Rockefeller 532 f.; und öffentliche Verkehrsmittel 464; und Rassismus 436, 460, 462; und Triborough Bridge 439 ff.; und Triborough Bridge and Tunnel Authority 429, 444, 462, 497, 533; und Walt Disney 517, *517*
Mosholu Parkway 458
Moskowitz, Belle 406
Moskowitz, Henry 405
Mott Street 243, *243*
Mould, Jacob Wrey 109
Mulberry Bend 191, *191*
Mulberry Street 195, 243 f.
Mumford, Lewis 103, 434, 496, 506, 510
Municipal Assistance Corporation (MAC) 543
Murchison, Kenneth 372
Murphy, Charles Francis *288*, 288 f.
Murphy, Henry C. 181
Murrow, Edward R. 472
Museum of Modern Art 189, 527, 540, 550
Musik: afroamerikanische 389; am Broadway 346 ff., *348/349*, 349, 350, *350/351*, 351 f.; Jazz 329 ff., 389, 539 f.; Im Nachkriegs-New-York 539 f.
Myers, J. C. 83

Nail, John E. 324
Napoleon, Louis 305
Narrows, siehe Hafen von New York; Verrazano-Narrows Bridge
Narrows Tube 460
NASA 519
Nassau County 307
Nassau Expressway 458
Nassau Street *218*, 219, 270
Nast, Thomas 160, 161, *161*
National Aeronautics and Space Administration 519
National Association for the Advancement of Colored People 325 f., 329, 388
National Broadcasting Company 304, 342, *342*
National Shades Company 155, *155*
Naudet, Gideon 565
Naudet, Jules 565
Nazideutschland 438, 477
NBC (National Broadcasting Company) 304, 342, *342*
Neau, Elias 26
Nelson, George 557
Neu-Amsterdam 12 ff., 26, *26*; als niederländische Kolonie 7 ff.; Benennung von 9; Mangel an Arbeitskräften 12, 14; Umbenennung in New York 20; siehe auch New York
Neunzehnter Zusatzartikel zur Verfassung 314
Nevelson, Louise 531
New Deal 423 ff.; Bedeutung für New York 426, 447; und Al Smith 384
New Haven Railroad 150
New Jersey 307, 374 f., 507, 578
New Masses, The 336
New Negro 388
New York: als britische Kolonie 28 f.; als Hafenstadt 5 f., 24 f., 46 ff., 61, 470; als postindustrielle Stadt 543, 547; als Unternehmenshauptsitz 231, 235, 238, 484, 486 ff., 522, 536 f.; Bedeutung des Erie Canal 55, 57, 59, 61; Bedeutung des New Deal 426, 447, 450; Bevölkerungsvielfalt 25; frühe Ansichten 7, 22 f., 68, *68/69*; frühe Karten *10/11*, 30, *31*, 72, *73*; früheste bekannte Fotografie 95, *95*; Geschichtsschreibung 210 ff.; in der Revolution 30, 32 f.; Luftaufnahmen 105, *105*, 534, *535*; Nachkriegszeit 536 ff.; Panorama-Ansicht vom Turm der Brooklyn Bridge 170, *170/171*; Plan für das Straßenraster 54; Sklaverei in 12 f., 25 ff., 72; Umbenennung von Neu-Amsterdam 19; wird erste Hauptstadt der USA 40; Zusammenschluss der fünf Stadtviertel 206 f., 255, 374
New York Academy of Sciences 53
New York Age 326
New York Bridge Company 155; siehe auch Brooklyn Bridge
New York Central Building 369, *369*, 370, *370/371*, 476
New York Central Railroad 148, 263, 267, 434, 459
New York City Housing Authority 445, 463
New York City Park Department 427
New York City Water Tunnel No. 3 547
New York Clearing House 106
New York Coliseum 458, 533
New York County Courthouse (Gerichtsgebäude) 156, 159, 160, *160*, 418
New York Evening Graphic 214, 339 f., 341
New York Gazette 25
New York Giants 306, 475, 507 f.
New York Herald 80 f., *81*, 100, 121, 174, 210, 257, 304
New York Herald-Tribune 388
New York Journal *206*, 304
New York Navy Yard 472, *472*, 473, 509
New York Public Library 206, 547; und Bryant Park 430, *430/431*, 432, *432*
New York Stock & Exchange Board 132
New York Times 122, 174, 304, 434; siehe auch Times Square
New York Tribune 81, 122, 212; Verwaltungssitz 170, *170/171*, 231; Jacob Riis bei der 191
New York University 99
New York World-Telegram 434
New York Yankees 306, 358, 360, 475, 508 f.
New Yorker Börse 148, *148*, 149, *149*, *238*, 239, 578; Anfänge der 43 f.; am Schwarzen Dienstag 373; am Schwarzen Donnerstag 373; baut die Merchant's Exchange 76; Erfolg 147; und der Börsenkrach von 1907 270; und die Panik von 1873 165
New-York Evening Post 43, 67, 81, 121 f.
New-York Historical Society 52 f.
New-York-and-Erie-Bahn 95, 131
New Yorker Philharmoniker *202*, 342, 527
New Yorker, The 339
Newman, Pauline 278
Newtown Creek 306
Nicholson, Fayard 334
Nicolls, Richard 19
Niederländer: als Seemacht 7 ff.; in Neu-Amsterdam 7 ff.; übergeben Neu-Amsterdam den Briten 19
Niederländisch Reformierte Kirche 9
Niederländische Ostindische Kompanie 6
Niederländisch-Westindische Kompanie 7 ff., 12 f., 15, 25, 26
Nightclubs 305, 357, 360; in Harlem 329 ff., *332/333*, 333, 472, 489; Rainbow Room 452, 453, *453*; während des Zweiten Weltkriegs 472
Nixon, Richard 523
Noort Rivier 11; siehe auch Hudson River
Nordwest-Passage 6
Normandie (Schiff) 445, 453, 470

North Brother Island 247
Northern State Parkway 407, 458, 504
Notenausgaben von Songs 352, *352*, 353, *353*, 456, *456*
Nowlan, John 90
Nyro, Laura 540

O'Casey, Sean 452
O'Dwyer, William 458, 495
O'Keeffe, Georgia 345, *345*
O'Malley, Walter 507, 509
O'Neill, Eugene 335, 350
O'Ryan, John F. 426
Ocean Hill-Brownsville 522
Ochs, Adolph S. 293, 304
Odets, Clifford 438
Öffentliche Verkehrsmittel: Einfluss von Robert Moses 534; neue Formen 306 f.; siehe auch Expressways; Parkways; Eisenbahnen; U-Bahn-Netz
Öffentliche Verkehrsmittel: und der Blizzard von 1888 200; und Robert Moses 412, 464, 503; siehe auch U-Bahn-Netz
Office Parks 536
Old Brewery 163
Oldenburg, Claes 531, 536, 540
Oliver, King 334
Olmsted, Frederick Law 108, 109, *109*, 110, *110*, 113, 115, 118; Fertigstellung des Central Park 142 f., 145; und der Prospect Park 142
Olympia Theater 294, *294*
On the Town (Musical) 472
On the Waterfront (Film) 538
Organization Man, The (Whyte) 536
Osofsky, Gilbert 390
Otis, Elisha Graves 102, 136, 231
Owen, Collinson 353

Paige, Myles 437
Palace Theater 297
Paley, Grace 521
Palmer, A. Mitchell 315 f.
Pan Am Building 537; Blick auf die Park Avenue vom *487*, 488
Panigrosso, Marissa 567
Panik von 1873 152, 165
Papisten 15
Paramount-Filmstudio 234
Park Avenue 150, 237, 267; Ansichten der 369, *369*, *487*, 488; Apartmenthäuser 301; moderne Wolkenkratzer an der 486, *487*, 488; Waldorf-Astoria Hotel 377
Park Hotel 134
Park Row 83, *83*, 304
Park Theater 60, *60*
Parker, Charlie 472, 539
Parker, Dorothy 339, 357
Parker, Henry C. 324
Parks 107 f., 406, 458; Bryant Park 430, *430/431*, 432, *432*; De Witt Clinton Park 428, *428*; Heckscher State Park 409, *409*; Jones Beach State Park *408*, 408 f., *410/411*, 412; Prospect Park 142, 153; Riverside Park 432, *433*, 434; Spielplätze in schwarzen Vierteln 460, 462; siehe auch Central Park; City Hall Park; Coney Island; Moses, Robert
Parkways 307, 407, 458; Definition 458; Henry Hudson Parkway 432, *433*, 434, 459, 462; Long Island Motor Parkway 307, 500; Northern State Parkway 407, 458, 504; Southern State Parkway 409, 458, 501, 504; und Expressways 463, 500
Parsons, William Barclay 256, 306
Partisan Review 336
Pastor, Tony 158, 296
Pataki, George 576
Patchin Place *336*
Paterson Pageant 336
PATH-Pendlerzug 579
Payton, Philip A. 324
Peale, Charles Willson 41
Pearl Street 37, 78, 174
Pei, I. M. 510
Pelli, Cesar 562, 579
Pelzhandel 7, 9
Pendler 104, *104*, 154, 307
Pennington, Dr. J. W. C. 127
Pennsylvania Railroad 263, 306; siehe auch Pennsylvania Station
Pennsylvania Station 264, *264*, 265, 266, *266*, 536; Abriss der *468*, 469, 510, *510*, 511 f., 513, *513*, 514, 537, 546; als Pendler-Bahnhof 307; im Bau 263, *263*
Pentagon, Washington D.C. 570
Pepsico 522
Perisphere, New Yorker Weltausstellung von 1939/1940 *396*, 397, 457, 482
Perkins, Frances 214, 286, 289, 290, *290*, 293, 423; und Robert Moses 459 f., 494
Perrin du Lac, François Marie 46
Peterson, Paul 542
Petit, Philippe 559
Pfizer, Charles 119
Philadelphia 37, 131
Phillips, Elizabeth 222
Picabia, Francis 344
Picciotto, Rick 571
Pilat, Ignaz Anton 109, *109*
Pine Street 37
Pinkster (Feiertag) 26
Pintard, John 72, 77, 87
Plebian (Zeitung) 82
Plumbe, John 82
Plymouth Congregational Church 100
Pneumatische U-Bahn 152, *152*
Pod and Jerry's 334
Polizei 571 f., 578
Polizei, siehe Metropolitan Police
Pollock, Jackson 540
Polly's Restaurant *337*
Polo Grounds 475, 507
Polonsky, Abraham 538 f.
Port of New York Authority 442, 551 f., 557, 559 f., 563
Porter, Cole 346, 352
Porter, Edwin S. 234
Porter, Sanford 98
Postschiffe 74, *74/75*
Potter's Field 196, *196*
Pound, Ezra 293, 344
Powell, Adam Clayton, jr. 390, *489*, 489 f., 520
Powell, Rev. Adam Clayton, sr. 435
Power Broker, The (Caro) 404 f.
Prainmath, Stanley 568 f.
Pratt University 458
Preisboxen 305
Price, Clair 450
Price, G. M. 246
Prince Street 243
Pringle, James Fulton 74
Printing House Square 81, 83, *83*, 100, 122, 195
Pritchett, V. S. 510
Prohibition 305, 317 f., 360, 377
Prometheus (Skulptur), Rockefeller Center 454
Prospect Avenue 262, *262*
Prospect Expressway 458
Prospect Park 142, 153
Protokoll des Friedens 282, 284
Provost, Victor 95
Puertorikanische Einwanderer *490*, 490 ff., *491*, 494, 504
Pulitzer, Joseph 187, 304
Puritaner 15, 18
Purnick, Joyce 575
Putnam, George 236
Putnam, H. R. 125

Quackinbush & Son *144*, 145
Queen Elizabeth (Schiff) 470, 477
Queen Elizabeth 2 (Schiff) 471, *471*
Queen Mary (Schiff) 445, 453, 470, 471, *471*, 477
Queens: Benennung von 21; Industrie in 374; La Guardia Airport 446; und U-Bahn-Erweiterung 399 f.; Weltausstellung in New York 1939/1940 *396*, 397; Zusammenschluss mit den anderen Stadtteilen zu Greater New York 206 ff.
Queensboro Corporation 400
Queensborough Bridge 272, 306, 534, *535*
Queens-Midtown Tunnel 534

Rachmaninow, Sergei 353
Radikale 316, 335, 438
Radio 343, *343*; Sender 300, 304; und Baseballspiele 475; und Walter Winchell 340, *341*; während des Zweiten Weltkriegs 472; Werbepotenzial 342
Radio City 452; siehe auch Rockefeller Center
Radio City Music Hall 452, *452*
Radio Corporation of America 342 f., 486; siehe auch RCA Building
Rag and Bottle House 188, *188*
Rainbow Room 452, 453, *453*
Ralph, Julian 154
Randall's Island 439, 441, 502
Randolph, A. Philip 475
Raskob, John Jacob 365, 367, 376 ff., 382, 384, 401
Rassendiskriminierung 326 f., 473, 475; und Harlem 435 ff.; und Wohnungen 504 ff.
Rassenfragen 422, 437, 475, 520 f.
Rassentrennung 489
Rathaus 53, *54*, 83, 94, *94*, 532; Aufbahrung Lincolns im 128, *130*
Rather, Dan 572
Ratzer, Bernard 30
Rauschenberg, Robert 519, 531, 540
Ravage, Marcus 276
RCA Building 372, *372*, 451, *451*, 452, 454, *454*, 486; Ansicht der Weltausstellung von 1939/1940 *396*, 397
Reader's Digest 339
Reagan, Ronald 544
Rector Street 249
Rector's 305
Red Hook 490, 508
Reed, John 335 f.
Reed, Lou 540
Reeves, Richard 524, 526
Regenbogenpresse 214, 304, 339, 360
Regional Plan of New York and the Environs 374 f.
Reisenweber's 305
Religiöse Vielfalt 15, 18
Rennbahnen 305
Report on Manufactures 67
Report on Public Credit 67
Restaurants 304 f., 472
Revolution 29 f., 32 ff.; Abzahlung der Schulden 41 f., 67
Reynolds, Maria 67
Reynolds, William 305
Rhapsody in Blue 352 f., *353*, 404
Rhinelander, Frederick 33
Rialto (Kino) 297
Rice, Elmer 350
Richardson, William Symmes 264
Richman, Julia 253
Richmond, Herzog von 21
Richmond, John 508
Rickard, Tex 305
Rickey, Branch 509
Riedesel, Fredericka 36
Riesman, David 536
Riis, Jacob Augustus 163, *191*, 191 f., 194 ff., 243, 246, 272, 324; Children of the Slums 193 f.; How the Other Half Lives 191 f., 195, 214
Ringling, John 305
Riordan, James 378

Ritz Tower 301
Rivera, Lino 437
Riverside Drive *204/205*, 205, 237, 301, 432, *433*, 459
Riverside Park 432, *433*, 434, 459
Rivington Street 244
Rivoli (Kino) 297
RKO Studios 452
Roach, Max 539
Robbins, Jerome 541
Robertson, Archibald 66
Robertson, Leslie 556
Robeson, Paul 389, 539
Robinson, Jackie 508
Robinson, sen. A. R. 376
Rockaway 20
Rockefeller, David 483, 532, 533, 542, 550 f., 561
Rockefeller, John D. 183, *183*, 189, 231, 550
Rockefeller, John D., jr. 454, 483
Rockefeller, Nelson 550 f., 561; als Gouverneur des Staates New York 483, 532; Rolle bei der Auswahl des Baugrundes für das Hauptquartier der Vereinten Nationen 482 f., *483*; und Robert Moses 458, 483, 532 f.
Rockefeller Center 450, 451, *451*, 452 ff., *453*, *454*, *455*, 483, 527, 551; Rockettes 452
Rodgers, Richard 346, 351, 472
Roe, Preacher 508
Roebling, Emily 181
Roebling, John A. 156, *156*, 157, 177
Roebling, Washington 156, *156*, 157, 181
Rogers, J. A. 331
Rogers, Will 349
Rohatyn, Felix 543
Rooney, Sean 567
Roosevelt, Eleanor 426, 445
Roosevelt, Franklin D.: als Gouverneur des Staates New York 416, 418; als Präsident 290, 293, 423, 426, 481; ernennt Frances Perkins zur Arbeitsministerin 290, 293; New Yorker in seiner Regierung 423, 426, 475 f.; und Al Smith 364 f., 384; und die Eröffnung des Empire State Building 382, 383, *383*; und die Rassendiskriminierung im Krieg 475; und die Vereinten Nationen 481; und La Guardia 429; und Robert Moses 458; Wahl zum Gouverneur des Staates New York 366; Wahl zum Präsidenten 423
Roosevelt, Theodore 195, 272 f.
Roosevelt Field 356
Roosevelt Island 483
Root, Elihu 374
Roseland Ballroom 330
Rosenberg, Abraham 284
Rosenberg, Charles G. 107
Rosenberg, Julius und Ethel 539
Rosenblum, Andrew 571
Rosenblum, Robert 518
Rosenfeld, Morris 352
Rosenquist, James 519, 540
Ross, Harold 339
Rossen, Robert 538
Roth, Emery 301
Rothko, Marc 540
Rothschild, Baron 165
Royall, Mrs. Anne 61
Royall, John M. 324
Royle, Edwin Milton 296
Ruppert, Jacob 358
Russisch-jüdische Einwanderer 223, *229*, 244, *244*, 245 f.
Ruth, Babe 306, 358, 360, *360*, 475

Sachs, Susan 576
Safran, Rosie 285
Sagtikos Parkway 458
Saks Fifth Avenue 304, 308
Salle, David 543
Saltus, Edgar 185
San Francisco 426
Sanger, Margaret 335
San-Remo-Apartmenthaus 301
Sante, Luc 214
Sarnoff, David 304, 342, 342
Sassen, Saskia 544
Satterlee, Herbert 270
saubere Industrien 339, 374
Savoy Ballroom 334
Sawmill River Parkway 307, 458
Sayre, Zelda, siehe Fitzgerald, Zelda Sayre
Schagen, Pieter Jansen 8
Schaukirk, Ewald G. 30, 37
Schiff, Jacob 270, 274, 301
Schiffbau 74, *74/75*, 136; New York Navy Yard 472, *472*, 473; während des Zweiten Weltkriegs 472 f., *472*
Schifffahrt 46, 47, *47*, 50, *50*, 95, 131 f., 138, *138/139*; siehe auch South Street
Schmelztiegel 252, 254
Schnabel, Julian 543
Schultz, Dutch 360
Schulwesen: und arbeitende Bevölkerung 252; und Einwanderer 249, 250, *250/251*, *252*, 252 ff., *253*
Schumer, Charles 576
Schuyler, Georgina 222
Schuyler, Montgomery 154, 231, 391
Schuyler, Philip 63
Schwarzbrenner 357, 360
Schwarze Liste 539
Schwarze, siehe Afroamerikaner
Schwarzer Dienstag 373
Schwarzer Donnerstag 373
Schwarzer Freitag 153
Schwimmbäder: und Robert Moses 462
Scully, Vincent 384, 514, 519
Seabury, Judge Samuel 418 f.
Seagram Building 486, *486*, *487*, 510, 537
Searle, John 60
Secaucus Meadows, New Jersey 510
Seefahrer, siehe Entdecker
Segal, George 540
Seleni, Antonio 389
Seligman, Gebrüder 301
Seneca Village 114
Sephardische Juden, Ankunft in Neu-Amsterdam 15
Seventy-Ninth Street Marina and Boat Basin 459
Severance, H. Craig 369
Seymour, Gov. Horace 121
Shanksville, Pennsylvania 570
Shaw, Adele Marie 250
Shay-Rebellion 65
Shea Stadion 458, 533
Sheeler, Charles 344
Sheepshead Bay 399
Shell Oil Company 522
Shelton Hotel 345
Shepherd, William 286 f.
Sheridan Expressway 458
Sherwood, Robert 350
Shinn, Richard 542
Show Boat 351 f., *352*
Shreve, Lamb and Harmon 377
Shubert-Brüder 340
Sidewalks of New York (Lied) 291, 364
Sidney, Sylvia 438
Siebtes New York Regiment 125, *125*
Siegel-Cooper Department Store 176, *176*, 302
Silicon Alley 547
Silver Dollar Smith's Saloon 197, *197*
Simon, Kate 486
Simon, Paul 540
Simpson, Lusby 430
Sinatra, Frank 472
Singer Building 233, 391, 486, 536, 537
Sirius (Dampfer) 131
Sister Carrie (Dreiser) 536
69th New York Regiment 314, *314*
Skidmore, Owings and Merrill 488
Skilling, John 556
Sklavenmarkt 26, *27*
Sklaverei 12 f., 25 ff., 36 f., 72
Skyline 238, 344 f., *380/381*, 381, 466, *466*, 560, 562
Sloan, John 335 f.
Sloan, Stewart 571 f.
Sloughter, Henry 24
Slums 88, *88*, 89, *89*, *90*, 90 f., 93, 163, 188, *188*, 242, *242*; Kinder bei »Fahrten ins Grüne« 274, *274*; Versuch einer Reform 192; und Ghettos 390; und öffentliche Wohnungsbauprojekte 495 ff., *496*; zunehmender Verfall 523 f.; siehe auch Riis, Jacob; Mietskasernen
Small's Paradise Club *332/333*, 334
Smith, Alfred E. 165; als Gouverneur des Staates New York 312, 314 f.; als Präsidentschaftskandidat 364 ff., *365*; bei Eröffnung des Heckscher State Park 409, *409*; Hintergrund 164; Kindheit von 182; Meinung über Robert Moses 429; Porträts 164, *164*, *290*; und das Empire State Building 382, 383, *383*, 384; und die Factory Investigating Commission 289 f.; und Franklin Roosevelt 384; und der Fulton Fish Market 164 f., 182; und Jimmy Walker 418; und Robert Moses 406, 458; und »Sidewalks of New York« 291, 364; verkündet die Pläne für das Empire State Building 377; Wahl zum Gouverneur des Staates New York 291
Smith, Bessie 330
Smith, David 540, 544
Smith, Moe 360
Smith, Rev. Matthew Hale 153, 213
Smith, William 22
Smith, Willie »The Lion« 334
Smith & Dimon Werft 74, *74/75*
Snider, Duke 508
Snyder, Ruth 357
Soble, John J. 455
Society of Cincinnati 67
Society of Saint Tammany 157; siehe auch Tammany Hall
SoHo 527, *530*, 530 f., 534, 540
Sons of Liberty 30
South Bronx 490, 496, 523 f., 546
South Houston Industrial District, siehe SoHo
South Street 47, 50, *50*, 133, 165, *166/167*; Bedeutung von 46 f., 50; erste planmäßige Schiffsabfahrt in der Geschichte 46; erste Schifffahrtslinie der Welt 46; und Al Smith 164 f.
South Street Seaport 546
Southern State Parkway 409, 458, 501, 504
Sozialer Wohnungsbau 445, *445*, 463, 495 ff., *496*
Sozialhilfe 426
Sozialisten 438
Spezialgeschäfte 175, 338
Spielplätze in schwarzen Vierteln 460, 462; siehe auch Parks
Spionagegesetz 336
Sportveranstaltungen 300, 305 f.
Sprain Brook Parkway 458
Spring, Rev. Gardiner 77
Squibb, Edward 119
St. Nicholas Hotel 134
St. Patrick's Cathedral 89
St. Paul's Chapel 54, *54*, 71, 84, *84*; Blick nach Süden von der *96/97*, 97
St. Philip's Church 388
Stadterneuerungsprojekte 495 ff., 514 ff., *516*, 520
Stadtführer: New York 137, 210, 212 ff.
Stadtplanung: Central Park 107 ff.; Regional Plan für New York und Umgebung 374 f.; Rockefeller Center 450, 451, *451*, 452 ff., *455*;

und Jane Jacobs 465, 510, 514 ff., *515*, 517, 520, 524, 527, 530 f., 533, 534, 541; Zusammenschluss der fünf Stadtviertel zu Greater New York 206 ff., 255; siehe auch Moses, Robert
Stadtviertel: frühe Ansicht *10/11*; Zusammenschluss der fünf Stadtviertel zu Greater New York 206 ff., 255, 374
Stahlskelettbauweise 231 ff., 391, 556
Stalin, Josef 438
Stamp Act 29
Standard Oil 231, 235, 486, 550, 561
Stapley, Mildred 239
Stark, Louis 413
Starrett Brothers and Eken, Baufirma 377 ff.
Starrett, William A. 231, 378 f.
Staten Eylant 11
Staten Island 21, 34, 60, *60*, 153; Zusammenschluss mit den anderen Stadtvierteln zu Greater New York 206 f., *207*
Staten Island Expressway 458, 464
Staten Island Ferry 207; Blick von der *466*
Statesman (Zeitung) 82
Stebbins, Emma 142 f.
Steeplechase Park 260, 305, 497, 509
Steffens, Lincoln 177, 231 f., 270 f., 304, 335
Steichen, Edward 177
Stein, Gertrude 454
Steiner, Edward 220, 226
Steinway & Sons 137
Stella, Frank 531
Stella, Joseph 319, 344
Stern, Robert A. M. 391 ff.
Stewart, Alexander T. 101, 134, 175, 301 f.
Stieglitz, Alfred 233, 344 f.
Stiles, Henry 154
Still, Clyfford 540
Stokowski, Leopold 353
Stork Club 305
Strand, Paul 344
Strand (Kino) 297
Strasberg, Lee 438
Straßenbahnen 306
Straßennetz 374; siehe auch Expressways; Parkways
Straßenspiele 492, *492*
Straus, Isidor 302
Straus, Nathan 302
Strauss, Samuel 338
Strawinsky, Igor 237, 353
Strayhorn, Billy 504
Streik der städtischen Verkehrsbetriebe 522, 523, *523*
Streiks: in der Textilindustrie 277 ff., *281*, *282/283*
Strong, George Templeton 93, *93*, 119, 168; als Tagebuchschreiber 46, 78 f., 92 ff., 100, 106 f., 112, 117 f., 119, 121–124, 127, 153, 156, 159, 165
Strong, William L. 250
Stuart, James 19, *19*
Stuyvesant, Peter: als Generalgouverneur von Neu-Amsterdam 13 f., 19; Birnbaum 145, *145*; Porträt *13*; Übergabe von Neu-Amsterdam an die Briten 19; und Sklaverei 13, 25 f.; Stuyvesant, Rutherford 236
Stuyvesant-Apartmenthaus 236, 301
Stuyvesant Town 489
Sugar Hill 326
Sullivan, Christopher 446
Sun (Zeitung) 80, *80*, 82, 210, 304
Sunday, Rev. Billy 366
Sunken Meadow Parkway 458
Sunnyside 400
Sweet, Edward 322
Syrische Einwanderer 249, *249*

Tageszeitungen 80 f., 121, 339
Take the A Train (Song) 504
Talese, Joseph 226
Tallamy, Bertram 464
Tammany Hall 93 f., 127, 158, *158*, 460; Entstehung von 157; und Bürgermeister Wagner 520, *521*; und La Guardia 446; und Robert Moses 405 f.; und »Silent Charlie« Murphy 288 f.; und der Textilarbeiterstreik 280 f.; siehe auch Tweed, William M.
Tatler (Zeitung) 82
Taubman, Howard 421
Taxi Driver (Film) 545
Telefon 174
Telegrafie 95, 100, 149, 174, 304
Telegramme 305
Telekommunikation 304
Terroristen 568
Textilarbeiterstreik 277 ff., *281*
Textilindustrie 543; Arbeitsbedingungen 276 ff., *277*, *280*; Brand in der Triangle Waist Company 284 f., *285*, *286*, *287*; während des Bürgerkriegs 119; während des Zweiten Weltkriegs 476
Thain, Howard A. 349
Thatcher, Margaret 544
Theater, siehe Broadway-Theater
This Side of Paradise (Fitzgerald) 317
Thomas, Piri 490
Thomas, Ransom H. 270
Thomashvski, Boris 248
Thompson, Frederic 305
Thompson Street 243, 323
Throgs Neck Bridge 458, 504
Throgs Neck Expressway 458
Thurber, James 347
Thurman, Wallace 327 f., 334
Tiffany & Company 119, 134, 175
Tilyou, George 305
Time 339
Time-Life Building 452
Times Square 293 f., *294*, 295, *295*, 298, *298/299*, 299, 347, *348/349*, 350, *350/351*, 351, *448/449*, 449, 536; bei den Siegesfeiern 478, *478/479*, 538; Foto von Klein 538, *539*; Landkauf durch Astor 51; Silvesterfeier 299, *299*; während des Zweiten Weltkriegs 472; Wiederverschönerung 547
Tin Pan Alley 346, 352
Tobin, Austin J. 552 f., 557
Tod und Leben großer amerikanischer Städte (Jacobs) 514 ff., 541
Toklas, Alice B. 454
Tombs, the 197, *197*
Tompkins Square 165, 247
Tontine Coffee House 44, *44/45*, 45
Toomer, Jean 389 f.
Toqueville, Alexis de 92
Toscanini, Arturo 237, 452
Tower Building 232
Towne, Charles Hanson 201
Tozzoli, Guy 552, 560
Train, George Francis 137
Trevor, John B. 317
Triangle Below Canal Street 531
Triangle Waist Company: Arbeitsbedingungen 276, 284, 288; Brandkatastrophe 284 f., *285*, *286*, *287*; und das Protokoll des Friedens 284
TriBeCa 531
Triborough Bridge 439, *439*, *440/441*, 441 f., 444, 458, 460, 504; Hell Gate 394, *394/395*; Luftaufnahme 534, *535*; Vorschläge im Regional Plan 374, 442
Triborough Bridge and Tunnel Authority 429, 444, 462, 533
Tribune, siehe New York Herald-Tribune; New York Tribune
Trinity Church 29, 76, 106, *106*; als Grabstätte Hamiltons 43, 67; im Panoramafoto 170, *170/171*; und George Templeton Strong 168; von der Spitze der St. Paul's Chapel aus 97, *97*; Wiederaufbau der 41; Zerstörung beim Brand 34, 35, *35*, 37
Triumphbogen 202, *202*
Trödler 246
Trollope, Anthony 147
Trollope, Frances 73
Trotzki, Leo 438
Trow, George W. S. 338, 343, 356, 519
Truman, Harry 520, *521*
Trumbull, John 40
Trylon, Weltausstellung in New York 1939/1940 *396*, 397, 456, 482
Tucker, Sophie 296
Tunnel 306, 534; Brooklyn-Battery Tunnel 504, 534; Holland Tunnel 306, 442; Lincoln Tunnel 375, 442; Eisenbahn 263, 306
Twain, Mark 146, 148, 152 f.
Tweed, William M. »Boss« 127, 145, 156 ff., *159*
21 Club (Mondscheinkneipe) 318, *318*
Twin Towers 548 ff.
Typhus-Mary 275, *275*
Tyrell, Henry 344

U-Bahn-Netz 306 f.; Baubeginn 255 f., *256*; Beachs pneumatische U-Bahn 152, *152*; Bedeutung für Harlem 324 f.; Bedeutung für die Stadt 257 ff.; Eröffnung *256*, 256 f.; Erweiterung 262; Erweiterung in die entfernteren Vorstädte 399; Graffiti-Problem 528, *528/529*; Tunnel im Bau 259, *259*; Tunnel unter dem Fluss 306; und Autos 503 f.; und die Brooklyn Bridge *258/259*, 259; und Coney Island 305, 399, 497; und Robert Moses 464, 534; und Times Square 293, 294; Zustand im Jahr 1967 *526/527*, 527
Unabhängigkeitserklärung 33, 186
Union Square 101, *117*, 118 f., 575; als Zentrum radikaler Aktivität 438; Blick nach Süden *98/99*, 99; Emma Goldman am *316*; Unruhen am Internationalen Tag der Arbeitslosigkeit *416*, 416 f.; Wiederverschönerung 547
Unisphere 519
United Press International 304
Universal Negro Improvement Association 326
Unruhen in Harlem *435*, 435 ff., *436*
Unterhaltungsindustrie 472
Unternehmenshauptsitze 231, 235, 238, 484, 486 f., 522; Wegzug aus New York 522
Upper East Side 236 f., 301, 344
Upper West Side 237, 301, 344, 490; siehe auch Morningside Heights
Urban League 324, 388, 475
U.S. Sanitary Commission 118
U.S. Steel 231, 486
U.S. Tobacco Company 522

Valentino, Rudolph 357, *357*
Van Alen, William 369, 372
Van Anda, Carr 304
Van Rensselaer, Maria 183, 291
Van Vechten, Carl 328, 334, 389
van Wassenaer, Nicolaes 9
Van Winkle, Rip 52, 61
Van Wyck Expressway 458, 504
Vanderbilt (Belmont), Alva 183, 185, 282, 415
Vanderbilt, Alice 183, *183*
Vanderbilt, Cornelius 46, 95, 107, 148, 149, *149*, 150
Vanderbilt, William K. 183 f., 307
Vanity Fair 339
Variety: am Tag nach dem Schwarzen Dienstag 376, *376*
Vaudeville 294, *296*, 296 f., *297*, 346
Vaux, Calvert 108, 109, *109*, 110, *110*, 113, 115, 142
Veiller, Lawrence 272 f.
Verbrecherkartei 198 f.
Vereinte Nationen 537, 549; Rolle von Robert Moses 458, 532 f.; Wahl New Yorks zum Sitz des Hauptquartiers 476, 481 ff., *482*, *483*

Verfassung 314, 317; Ratifizierung der 65 f.
Verfassungskonvent (Constitutional Convention) 65 f., 114
Verlage 300, 472
Verrazano, Giovanni da 6
Verrazano-Narrows Bridge 374 f., 458
Vierundzwanzig-Dollar-Deal für Manhattan 8 f.
Village Vanguard 539
Vingboom, Johannes 10
Vitagraph 234
Vogue 339
Völkerbund 482
Volstead Act 317 f.
Vororte: Brooklyn 68, 154, 399 f.; Office Parks in 536 f.; und Autos 398, 402, *403*, 500; Wohnen in 300 f., 400, 402, *403*
Vriesendorp, Madelon 386

Wagner, Robert F., jr. 502, 516, 520, *521*; setzt die Landmarks Preservation Commission ein 520; und die Brooklyn Dodgers 509; und Rassenfragen 520; und Robert Moses 458
Wagner, Robert F., sr. 289, *289*, 290, 426
Waisenhaus 53
Waiting for Lefty (Odets) 438
Wald, Lillian 273 f., 276
Waldman, Louis 288
Waldorf-Astoria Hotel 342, 370, *370/371*, 376 f., *377*, 453
Walker, Francis 222
Walker, George 297
Walker, Jimmy: als Bürgermeister von New York 354, 360 f., *361*, *362*, 382, 414, 416 f., 460; während der Großen Depression 414, 416 f.; und Eddie Cantor 361 f.; und Richter Samuel Seabury *418*, 418 f., *419*; und Lindbergh 354; und die Eröffnung des Empire State Building 382
Wallabout Bay 473
Wallace, Mike 131 ff.
Wallonen 9
Wall Street 17, 24, 40, 42, 43, *43*, *44*, 66, *66*, 76, 132 f., 147, 148, *148*, 149, *149*, 153; Aktienmarkt in den 1920ern 367 ff.; älteste erhaltene Fotografie 106, *106*; Ansichten 100, *100*, 235, *235*; Börsencrash von 1857 106 f., *107*, 165; Börsenkrach von 1907 270; Börsenkrach von 1929 372 ff., *373*, *376*; Crash von 1987 544, *544/545*; Explosion vor dem House of Morgan 320, *320/321*, 322; im Bürgerkrieg 119; Panik von 1873 152, 165; und Midtown Manhattan 369, 372; und Wolkenkratzer 238, *238*, 239; siehe auch Große Depression
Walsh, Christy 360
Wanamaker, John 301
Wantagh Parkway 458
Ward's Island 439, 441
Warhol, Andy 519
Waring, George 108 f.
Warner, John DeWitt 208
Warwick Hotel 361
Washington, George: als Oberbefehlshaber der Kontinentalarmee 32 ff., 35, *36*, 37; Reiterstatue von Brown 98, *98*; siegreicher Einzug in New York 37; Vereidigung zum Präsidenten *38/39*, 39 f.
Washington D. C. 570
Washington Square 99, 335; siehe auch Triangle Waist Company
Washington Square Arch 202, 271, *271*
Washington Street 249
Wasserversorgung 76, 79, *79*
Water Gate 18, *18*
Waters, Ethel 330, *330*
Watts, John 29
Waugh, Samuel B. 86
Webb, William H. 47
Weber, Joe 296, 342
Webster, Daniel 42
Webster Hall 337
Weekly Journal 25
Weeksville 114
Weihnachtsbaum, Rockefeller Center 453, *453*, 454
Weir, Margaret 542
Weir, Robert W. 2
Wells, H. G. 224, 226, 230, 253, 255
Weltausstellung 1939/1940 *396*, 397, 456 f., *457*
Weltausstellung 1964/1965 517, *517*, *518*, 518 f., *519*
Weltbank 549
Werbeagenturen 342 f., 374, 472
Werbung 339
West Side Highway 458
West Side Improvement 433
West Side Story 541
Westchester County 307
Western Union 231, 235
Westindische Einwanderer 504
Whalen, Grover 356, 450, *450*
Wharton, Edith 190
Whibley, Charles 254, 267
White, Blanche 25
White Collar (Mills) 536
White, E. B. 378, 480 f.
White, John 20
White, Stanford 201, 203
White, Walter 389
Whitehall Hotel 352
Whiteman, Paul 352, 389
Whitestone Expressway 458
Whitman, Charles S. 291
Whitman, Walt 77 ff., 82, *82*, 103, *103*, 106, 113, 117, 126, 159, 162, 200 f., 293, 344, 346, 536; als Journalist 80 ff.; als Pendler 300; als New Yorker 82, 103 f.; Dichtung von 103 f., 141; im Bürgerkrieg 118; im Crystal Palace 102; Leaves of Grass *103*, 103 f., 201, 536; Tod von 201; und Brooklyn 72, 153; und Lincolns Tod 127 f.
Whitney, Gertrude Vanderbilt 334
Whyte, William H. 495, 507, 536
Wilcox, Julius 190, 197
Wilder, Billy 536
Wilkinson, James 46
Williams, Alexander »Clubber« 198
Williams, Peter 72
Williams, Richard 242
Williamsburg 490, 508
Williamsburg Bridge 272, *272*, 306, 534 f., 546
Willig, George 559
Willowdell Arch 108, *109*
Wilson, Edmund 336
Wilson, Woodrow 293, 315, 401
Winchell, Walter 214, 297, 340, *341*, 475
Windows on the World 560, 563
Wingate, Charles F. 237
Winograd, Gary 538
WNYC radio 446, 541
Wohnungswesen 127, 237, 399 f.; Diskriminierung im 504 ff.; Doppelhäuser 402, *403*; Einfamilienhäuser 301, 400; First Houses 445, *445*; früher Reformversuch 192; Gartenwohnungen 400, *400*, 402, *403*; historisches Bewusstsein 546; Levittown 464, 500, 504, *505*; New York City Housing Authority 445, 463; sozialer Wohnungsbau 445, *445*, 463, 495 f., *496*, 546; Stadterneuerungsprojekte 496 f., 514 ff., 520; und Robert Moses 463, 495 ff.
Wolfe, Thomas 266, 414
Wolff, Michael 576
Wolkenkratzer *230/231*, 231 ff., *232*, *233*, 235, 238, *238/239*, 239, 300, 301, *302/303*, *344/345*; als Werbetafeln 238; Bankers' Trust Building 219, 391; Bank of Manhattan Company *368*, 369; Chanin Building 369, *369*; Chrysler Building 293, 310, *310*, *368*, 369, *369*, 370, *370/371*, 371, 372, *372*, 378, 391, 536; Flatiron Building *232*, 233, *233*; Fuller Building 233; Gemälde von Stella 319, *319*; Gillender Building *218*, 219; Hauptquartier der Vereinten Nationen 481 ff., *482*, *483*; im International Style 486 f.; Interview mit Robert A. M. Stern 391 f.; Irving Trust Building *368*, 369; Lincoln Building 370, *370/371*; Luftaufnahme von 1971 534, *535*; Metropolitan Life Insurance Company 233, *233*, 368, 436; Nachkriegszeit 486 ff., 536 f.; RCA Building 372, *372*, 451, *451*, 452, 454, *454*, 486; Rockefeller Center 450, 451, *451*, 452 ff., *453*, *454*, *455*, 527; Seagram Building 486, *486*, *487*, 510, 537; Singer Building 233, 391, 486, 536 f.; Time-Life Building 452; Tower Building 232; und Aufzüge 231 f.; und die Immobilienspekulation in den 1920ern 367 f.; und die Wall Street 238, *238*, 239; Woolworth Building *292*, 293, 368, 372, 391 f., 486, 536; World Building 232; World Trade Center 483, 532, 534, 537
Women's Trade Union League 282
Wood, Fernando 94, *94*, 108, 117
Woods, Benjamin 120
Woodside 400
Woollcott, Alexander 327, 357
Woolworth Building *292*, 293, 368, 372, 391 f., 486, 536
Works Progress Administration 390, 424, *424/425*
World (Zeitung) 304
World Building 232
World Financial Center 574
World Series 358, *358/359*, 508 f.
World Trade Center (WTC) 483, 532, 534, 537, 549 ff.; Abschluss der Aufräumarbeiten 580; Anschlag vom 11. September 2001 563 ff.; Attentat von 1993 560, 562; Aufräumarbeiten 574 ff.; Bau 553 ff.; Einsturz des Nordturms 572; Einsturz des Südturms 571; Feuerlöschsystem 566; Nordturm 565 ff., 569, 571; Planung 551 f.; Stahlskelett 565, 569; Südturm 565, 567 ff., 571
Worth, Edward 287
WPA Guide to New York City 356, 449, 450
Wright, Wilbur 271
Wriston, Walter 542
WTC siehe World Trade Center

Yamasaki, Minoru 552, 556
Yankee Stadion 306, 358, *358/359*
Yezierska, Anzia 253 f.
York, Herzog von 19, *19*
Yorkville 247

Zangwill, Israel 254
Zeckendorf, William 483
Zeitungen 80 f., 121, 300, 304; erste Veröffentlichung in Manhattan 25; Regenbogenpresse 214, 304, 339, 360
Ziegfeld, Florenz 237, 297, 349, 389
Zoll, Stephen 516
Zuwanderung von Schwarzen aus dem ländlichen Süden 326; siehe auch Einwanderer
Zweiter Weltkrieg: Nachkriegszeit 536 ff.; New York im 470 ff.; Times Square bei Kriegsende 478, *478/479*, 538
Zwillingstürme 549 ff.

## TEXT- UND BILDNACHWEIS

### BILDNACHWEIS

Wenn nicht anders vermerkt, werden mehrere Bildnachweise auf derselben Seite von links nach rechts durch Semikolon, von oben nach unten durch einen Punkt (•) voneinander getrennt.

### ABKÜRZUNGEN

| | |
|---|---|
| BPL | Brooklyn Public Library |
| BB | Brown Brothers, Sterling, PA |
| CB | Corbis-Bettmann |
| CP | Culver Pictures |
| LC | Library of Congress |
| LA | Lisa Ades |
| MCNY | Museum of the City of New York |
| NA | National Archives, Still Pictures |
| NPG | National Portrait Gallery, Smithsonian Institution |
| NYHS | Collection of the New-York Historical Society |
| NYPL | The New York Public Library, Astor, Lenox and Tilden Foundations |
| SC | Steeplechase Films |

### VORSPANN UND EINFÜHRUNG

I: SC. II–III: New York City Municipal Archives. IV–Y: BB. VI–VII: LA. VIII: LC. IX: (Detail) MCNY, 40.140.198. X–XII: CP. XIV: CB.

### STADT, LAND, FLUSS

2–3: David David Gallery, Philadelphia/Superstock. 4: SC. 6: LC. 7: mit freundl. Gen. von Richard B. Arkway, Inc. 8: MCNY. 10: Collection of Eric Homberger. 10–11: LC. 12–13: mit freundl. Gen. von Paul Cohen, *Manhattan in Maps*. 13: (Einklinker) NYHS, 1909.2. 14–15: (unten) MCNY, 29.100.2424. 15: (oben) NYHS, 1950.335. 16–17: MCNY, 29.100.709. 18: NYHS, 3233 • MCNY, J. Clarence Davies Scrapbook. 19: mit freundl. Gen. der National Portrait Gallery, London. 20: NYHS, 44137; © The British Museum. 21: NYHS, 1952.80. 22–23: NYHS, 1904.1. 23: (oben) SC. 24: NYHS, 32102. 26: Stokes Collection, NYPL. 27: LC • Collection of Eric Homberger. 28: The Pierpont Morgan Library/Art Resource, NY. 29: (beide) The New York Public Library Picture Collection. 31: mit freundl. Gen. von Paul Cohen, *Manhattan in Maps*. 32: Stokes Collection, NYPL. 33: MCNY, 29.100.2025. 35: MCNY, 29.100.2024 • Stokes Collection, NYPL. 36: NYHS, 53357. 38–39: NYHS, 54615. 40: NPG. 41: White House Collection, mit freundl. Gen. von White House Historical Association. 42: Stokes Collection, NYPL. 43: MCNY, 29.100.2335. 44–45: NYHS, 1907.32. 47: (Einklinker) NYHS, 1859.7 • (unten) Stokes Collection, NYPL. 48–49: MCNY, 33.83.3. 50: NYHS, 1948.576. 51: NPG/Art Resource, NY • Historic Hudson Valley, Tarrytown, NY. 52–53: mit freundl. Gen. von Paul Cohen, *Manhattan in Maps*/LC. 53: (oben) NYHS, 1854.1. 54: Print Collection, NYPL. 55: SC. 56: NYHS, 1967.6. 57: (alle vier) SC. 58–59: NYHS, 34684. 60: NYHS, 1875.3 • Arthur Ochs Sulzberger/The New York Times. 64–65: NYHS, 1864.14. 66: NYHS, 1864.16.

### ORDNUNG UND CHAOS

68–69: Print Collection, NYPL. 70: NYHS. 73: NYHS, 66756. 74–75: New York State Historical Association, Cooperstown, NY. 76: MCNY, 85.205.1. 77: NYHS, 44668. 78: NYHS, 1926.78. 79: NYHS, 28609. 80: The Eric Fettmann Collection • LC. 81: General Research Division, NYPL • NYHS • LC. 82: (oben rechts) Ed Folsom Collection • (unten links) MCNY, 42.121. 83: Stephen O. Saxe. 84: MCNY, 57.300.519. 85: (oben) NYHS, 72452 • (unten links) NPG; (Einklinker) NYHS, 63929. 86–87: MCNY, 33.169. 88: MCNY. 89: MCNY. 90: SC. 91: NYHS, Box 51. 92: NYHS, 72359. 93: NYHS, 71367. 94: (oben rechts) NYHS, 48541 • (Mitte) SC • (unten links) Gilman Paper Company Collection. 95: MCNY, 38.93.1 • Collection Matthew Isenburg. 96–97: MCNY, 29.100.2373. 98: LA. 98–99: MCNY, 29.100.2374. 100: SC • Jeffrey Kraus Collection. 101: Avery Architectural and Fine Arts Library, Columbia University in the City of New York. 102: NYHS, 36561. 103: (oben links) Oscar Lion Collection, Rare Books Division, NYPL • (unten links und rechts) Berg Collection, NYPL. 104: LA; LA; SC. 105: MCNY, 31.24. 106: Collection of the Museum of American Financial History. 107: MCNY, 40.54. 108: (beide) SC. 109: Rare Books Division, NYPL. 110: (Einklinker links) mit freundl. Gen. des National Park Service, Frederick Law Olmsted National Historic Site; (Einklinker rechts) mit freundl. Gen. der Society for Preservation of New England Antiquities. 110/111: NYHS, 7245. 112: NYHS, 2829. 113: (links) MCNY; (rechts oben und unten) LA. 114: MCNY. 115: Jeffrey Kraus Collection • SC • LA. 116: NYHS, Meserve Collection. 118: NYHS, 58247. 120: NYHS, 1773 • Print Collection, NYPL. 122: The Eric Fettmann Collection. 123: Print Collection, NYPL • NYHS, 59133. 124: NYHS, 40416. 125: MCNY, 53.53.8. 126: NYHS, 46085. 128/129: NYHS, 60714. 130: NYHS, 21184. 133: Lightfoot Collection/Archive Photos. 134/135: NYHS, 16930. 136: NYHS, Bagoe Collection.

### LICHT UND SCHATTEN

138/139: Arthur Ochs Sulzberger/The New York Times. 140: MCNY. 142/143: CP. 144: MCNY. 145: Jeffrey Kraus Collection. 146: SC • LA. 147: mit freundl. Gen. von AT&T Archives. 148: NYHS, 1971.104. 149: (Mitte links) NYHS, 50457; (oben rechts) NYHS. 150: NYHS • SC. 151: SC; LA • NYHS, 8046. 152: (oben links) Jeffrey Kraus Collection; (unten rechts) MCNY. 154: The Brooklyn Historical Society. 155: The Brooklyn Historical Society. 156: (oben links) The New York Public Library Picture Collection; (oben rechts) NYHS; (unten) Rutgers University Libraries. 158: LA. 159: MCNY. 160: NYHS, 220; NYHS. 161: (alle drei) The Eric Fettmann Collection. 162: (oben links) NYHS, 31106; (unten rechts) MCNY, G.W. Pach. 163: NYHS, 64914. 164: MCNY, 45.117.262; MCNY, 45.117.269. 166/167: NYHS, 475. 168: SC. 169: MCNY, 57.15; MCNY. 170/171: MCNY • MCNY, 42.410. 172/173: MCNY, 57.15.15. 174: (beide) LC. 175: © 1999 Macy's East, Inc., alle Rechte vorbehalten. 176: MCNY, The Byron Collection. 178/179: MCNY, L779. 180: LC. 182: MCNY, 55.53.28. 183: (oben) CP • (Mitte) LC • (unten) NYHS, 29500. 184: NYHS, 6670. 185: LC. 186: NPG; LC. 187: LC. 188: BPL, Brooklyn Collection. 189: NYHS, 70221 • Local History and Genealogy, NYPL. 190: CP • BPL, Brooklyn Collection. 191: (links) NPG; (rechts) MCNY, The Jacob A. Riis Collection. 193: MCNY, The Jacob A. Riis Collection. 194: MCNY, The Jacob A. Riis Collection; LC. 195: MCNY, The Jacob A. Riis Collection. 196: MCNY, The Jacob A. Riis Collection. 197: (alle drei) BPL, Brooklyn Collection. 198: Collection Roger Whitehouse. 199: (oben links) MCNY; (oben rechts) mit freundl. Gen. von George Eastman House, Rochester, NY • (Einklinker) CP • (unten) MCNY, The Jacob A. Riis Collection. 200: MCNY. 201: MCNY. 202: NYHS, 72688. 203: NYHS, 69050. 204/205: MCNY, 93.91.138. 206: The Eric Fettmann Collection • BPL, Brooklyn Collection. 207: Alice Austen Collection, Staten Island Historical Society. 208/209: MCNY. 210/211: MCNY, 32.275.2. 212: General Research Division, NYPL. 215: CP.

### DIE MACHT UND DAS VOLK

216/217: LC. 218: LA. 220–221: BB. 221: (unten) LC. 222: CB • Edwin Levick Collection/Archive Photos. 223: LC. 224–225: CP. 226: LA. 227: CP. 228: CP. 229: National Park Service, Statue of Liberty National Monument • LC. 230/231: NYHS, 72726. 232: BPL, Brooklyn Collection. 233: (beide) LA. 234: (oben rechts) LC; (ganz links) LC; (unten rechts) U.S. Department of the Interior, National Park Service, Edison National Historic Site. 235: CP. 236: MCNY • NYHS, 48180. 237: MCNY. 238: LC. 239: SC. 240/241: SC. 242: LA. 243: LC. 244: (beide) LC. 245: MCNY, The Byron Collection. 246: MCNY, The Jacob A. Riis Collection. 247: NYHS, 72723 • NYHS, 72724. 249: LC. 250/251: BB. 252: BB. 253: LC. 254: MCNY, Theater Collection. 255: NYHS, 61876. 256: Local History and Genealogy, NYPL • NA. 257: LA. 258/259: LC. 259: LA • LC. 260: SC • LC. 260/261: Local History and Genealogy, NYPL. 262: mit freundl. Gen. von The Bronx County Historical Society Collection, The Bronx, New York. 263: Avery Architectural and Fine Arts Library, Columbia University in the City of New York. 264: MCNY • NYHS, 59044. 265: MCNY. 266: CP. 267: CB. 268/269: CB. 270: BB. 271: MCNY. 272: Photographic Services of the Consolidated Edison Company of New York, Inc. 273: mit freundl. Gen. von Visiting Nurse Service of New York. 274: LC. 275: LC • BB. 277: mit freundl. Gen. der Cornell University. 278: mit freundl. Gen. der Cornell University. 278/279: mit freundl. Gen. des Kheel Center, Cornell University. 280: CP. 281: mit freundl. Gen. des Kheel Center, Cornell University. 282/283: BB. 284: mit freundl. Gen. des Kheel Center, Cornell University. 285: CP. 286: LC. 287: CB; The Eric Fettmann Collection • BB. 288: CB. 289: CB. 290: CB; BB. 291: CP. 292: mit freundl. Gen. von AT&T Archives. 294: MCNY. 295: CB • LA. 296: MCNY, 93.91.276.

297: SC. 298/299: MCNY, William Hassler. 299: (unten) Local History and Genealogy, NYPL. 302/303: LC.

#### KOSMOPOLIS

308/309: CP. 310: CB. 312/313: CB. 314: CB. 316: (oben) CB. 316/317: (unten) New York State Archives. 318: CB • mit freundl. Gen. von »21.« 319: The Newark Museum/Art Resource, NY. 320/321: MCNY, 38.299.12. 322: CP. 323: LC. 324: BB. 325: Photographs and Prints, Schomburg Center, NYPL. 326: Photographs and Prints, Schomburg Center, NYPL. 327: (Detail) Photographs and Prints, Schomburg Center, NYPL. 328: Photographs and Prints, Schomburg Center, NYPL; BB • Photographs and Prints, Schomburg Center, NYPL. 329: CB. 330: Photographs and Prints, Schomburg Center, NYPL • CB. 331: aus der Sammlung von Dr. Meredith und Gail Wright Sirmans, mit Erlaubnis von Ms. Ruth Robinson-Deen, Executor, Miriam Hayden Estate, M. Hanks Gallery. 332/333: CB. 333: © William Bolin/Vanity Fair, Condé Nast Publications, Inc. 335: Geschenk von Helen Farr Sloan, Photograph © 1998 Board of Trustees, National Gallery of Art, Washington. 336: NYHS, 61201. 337: MCNY, 91.53.5. 338: NYHS, 58073. 339: © Lepape/Vogue, Condé Nast Publications, Inc. 341: (oben links und rechts) The Eric Fettmann Collection; (unten links) The Eric Fettmann Collection; (unten rechts) mit freundl. Gen. von Professor Harold A. Layer, San Francisco State University. 342: New York City Municipal Archives; CB. 343: BB. 344: The J. Paul Getty Museum, Los Angeles, Nachdruck mit Gen. der Georgia O'Keeffe Foundation. 345: New Jersey State Museum Collection, erworben von den Friends of the New Jersey State Museum durch eine Spende von Mary Lea Johnson, FA 1972.229/©1999 The Georgia O'Keeffe Foundation/Artists Rights. 346: Frank Driggs/Archive Photos. 348/349: MCNY, Robert R. Preato Collection, 91.76.15. 350/351: CP. 352: SC • MCNY. 353: mit freundl. Gen. von Sandy Marrone. 355: CB. 357: The Eric Fettmann Collection. 358/359: CB. 360: Collection of the late Mario Cavagnaro. 361: NPG. 362: MCNY. 363: Smithsonian Institution. 365: CB. 368: CB. 369: Local History and Genealogy, NYPL. 370/371: LC. 371: NYPL. 372: Estate of Margaret Bourke-White/The Margaret Bourke-White Papers, Syracuse University. 375: *The Regional Plan of New York and Its Environs*, 1929, Regional Plan Association. 376: CB. 377: CB. 380: Avery Architectural and Fine Arts Library, Columbia University in the City of New York. 381: MCNY, L638.3. 382: CB. 383: CB. 385: CP. 386/387: Rem Koolhaas, *Delirious New York*/mit freundl. Gen. des Office for Metropolitan Architecture. 389: CB. 393: LC.

#### DIE STADT VON MORGEN

394/395: CB. 396: Rockefeller Center Archive. 399: Edward E. Rutter/New York City Parks Photo Archive. 400: Local History and Genealogy, NYPL. 403: CB. 405: AP/Wide World Photos. 406/407: Long Island State Park Region, New York State Office of Parks, Recreation and Historic Preservation. 408: (alle drei) Margaret Basara McGowan. 409: CP. 410/411: MCNY, Monroe-Pritchard Collection. 412: (beide) Long Island State Park Region, New York State Office of Parks, Recreation and Historical Preservation. 414: mit freundl. Gen. von Seymour Durst, Old York Library. 415: CB. 416: MCNY, Geschenk von Peter Hopkins, 68.82. 417: CB. 418: CB. 419: © 1932 The New York Times Co., genehmigter Nachdruck. 421: LC. 423: AP/Wide World Photos. 424: (beide) mit freundl. Gen. des Whitney Museum of American Art. 425: (beide) mit freundl. Gen. des Whitney Museum of American Art. 426: CB. 427: New York City Parks Photo Archive • The La Guardia and Wagner Archives, La Guardia Community College/The City University of New York. 428: (beide) New York City Parks Photo Archive. 430/431: CB. 432: Local History and Genealogy, NYPL. 433: LC. 434: Archive Photos. 435: AP/Wide World Photos. 436: National Museum of American Art, Washington, DC/Art Resource, NY. 438: Archives, City College of New York, CUNY. 439: MTA Bridges and Tunnels Special Archive. 440/441: Local History and Genealogy, NYPL. 442/443: CB. 445: The La Guardia and Wagner Archives, La Guardia Community College/The City University of New York. 448/449: © 1999: Whitney Museum of American Art. 450: MCNY, 94.64.28. 451: CB. 452: SC. 453: CB • Rockefeller Center Archive. 454: (beide) LA. 455: MCNY, Geschenk von Mr. John J. Soble, 72.5.1. 456: MCNY, 68.107.97. 457: Photographic Services of the Consolidated Edison Company of New York, Inc. 460/461: © Arnold Newman.

#### DIE STADT UND DER ERDKREIS

466/467: © Fred W. McDarrah. 468: John Barrington Bayley, Archive New York City Landmarks Preservation Commission. 470/471: CB. 472: NYHS, 73028. 473: LC. 474: NYHS. 477: © 1945 The New York Times Co., genehmigter Nachdruck. 478/479: BB. 480: CB. 481: AP/Wide World Photos. 482: CB. 483: Popperfoto/Archive Photos; LA. 485: New York Daily News. 486: Ezra Stoller © Esto. 487: AKG London. 489: CB. 490: CP. 491: CB. 492: (beide) © Arthur Leipzig. 493: © Arthur Leipzig • CB. 496: New York City Housing Authority. 498/499: NYHS, 69963. 501: AP/Wide World Photos. 502: CB. 502/503: CB. 505: (Tempera auf Hartfaserplatte, 24 x 30 Inch) Collection of Joyce and George Wein, mit freundl. Gen. der DC Moore Gallery, NYC • AP/ Wide World Photos. 508: BPL, Brooklyn Collection. 509: National Baseball Hall of Fame Library, Cooperstown, NY. 510: AP/Wide World Photos. 511: CB. 512/513: © Norman McGrath. 515: Nachdruck mit Gen. von Jane Jacobs/mit freundl. Gen. des Boston College, John J. Burns Library. 516: Nachdruck mit Gen. von Jane Jacobs/mit freundl. Gen. des Boston College, John J. Burns Library. 517: MTA Bridges and Tunnels Special Archive. 518: 1964 World's Fair Records, Manuscripts and Archives Division, NYPL. 519: IBM Corporation. 521: AP/Wide World Photos. 523: New York Times Pictures. 524/525: AP/Wide World Photos. 526/527: © Lehnartz Fotografie. 528/529: (alle drei) © Martha Cooper. 530: Corbis/ G. E. Kidder Smith. 531: Philadelphia Museum of Art: Geschenk der Friends of the Philadelphia Museum of Art/© Untitled Press, Inc./lizenziert von VAGA, New York, NY. 532/533: CB. 535: MCNY. 539: © William Klein, mit freundl. Gen. der Howard Greenberg Gallery, NYC. 543: New York Daily News/ AP Wide World Photos. 544/545: © Gilles Peress/Magnum Photos, Inc.

#### EPILOG UND NACHSPANN

551: New York Daily News/Phil Stanziola. 553: © Balthazar Korab Photography Ltd. 554/555: MCNY Geschenk von The New York Port Authority. 558/559: © 2001 Katie Weisberger mit freundl. Gen. von Here is New York. 561: © 2001 Bill Carter mit freundl. Gen. von Here is New York. 563: AP Wide World Photo/Patrick Sison. 564: (beide) © William Nunez mit freundl. Gen. von Here is New York. 567: © Susan Meiselas/Magnum Photos, Inc, mit freundl. Gen. von Here is New York. 568: © Shannon Stapelton mit freundl. Gen. von Here is New York. 573: AO Wire World Photo/2001 Gulnara Samoilova mit freundl. Gen. von Here is New York. 577: © Steve McCurry/Magnum Photos Inc. 580: AP Photo/Mike Derer. 600/601: © Norman McGrath.

#### TEXTNACHWEIS

Soweit nicht anders vermerkt, wurden die Texte für diese Ausgabe neu übersetzt. Unser besonderer Dank für die Genehmigung zum Nachdruck bereits veröffentlichten Materials gilt:

Fitzgerald, F. Scott. *Erster Mai.* Aus: F. Scott Fitzgerald, *Der Rest vom Glück.* Aus dem Amerikanischen von Walter Schürenberg. Copyright © der deutschen Übersetzung 1980 by Diogenes Verlag Zürich.

Fitzgerald, F. Scott. *Der große Gatsby.* Aus dem Amerikanischen von Walter Schürenberg. Copyright © der deutschen Übersetzung 1974 by Diogenes Verlag Zürich.

Ginsberg, Allan. *Geheul und andere Gedichte I und II.* Aus dem Englischen von C. Weissner. © 1958 by Limes Verlag in der F. A. Herbig Verlagsbuchhandlung GmbH, München

Hughes, Langston. *Auch ich singe Amerika.* Aus: Langston Hughes, *Gedichte.* Aus dem Amerikanischen von Eva Hesse. Langewiesche-Brand, München 1967.

Jacobs, Jane. *Tod und Leben großer amerikanischer Städte.* Ullstein Verlag, Berlin 1963.

Melville, Herman, *Moby Dick.* Aus dem Amerikanischen von Fritz Güttinger, S. 23 © Manesse Verlag, Zürich 1944.

Whitman, Walt. *Auf der Brooklyn-Fähre.* Aus: *Grashalme.* Aus dem Amerikanischen von Hans Reisiger. © 1968 Rowohlt Verlag, Reinbek bei Hamburg.

Whitman, Walt. *Gesang vom Beil.* Aus: *Grashalme.* Aus dem Amerikanischen von Hans Reisiger. © 1968 Rowohlt Verlag, Reinbek bei Hamburg.

Whitman, Walt. *Durchfahrt nach Indien.* Aus: *Grashalme.* Aus dem Amerikanischen von Hans Reisiger. © 1968 Rowohlt Verlag, Reinbek bei Hamburg.

Brooklyn Bridge und
Lower Manhattan, 1995.

## DIE AUTOREN

**Ric Burns** ist vor allem durch die Fernsehserie *The Civil War* bekannt geworden, die er gemeinsam mit seinem Bruder Ken Burns produziert und geschrieben hat. Er wurde dafür von der Producers Guild of America zum Produzenten des Jahres ernannt. Seine 6-teilige TV-Serie zu diesem Band wurde für den amerikanischen Sender PBS produziert. Neben anderen namhaften Preisen erhielt diese Serie einen Emmy, den renommiertesten amerikanischen Fernsehpreis. Auch im deutschen Fernsehen wurde diese Serie bereits mit Erfolg ausgestrahlt.

Der Architekt **James Sanders** schreibt für namhafte Zeitungen und Magazine wie *New York Times*, *Los Angeles Times* und *Vanity Fair*. Er plant und entwickelt Projekte für öffentliche wie private Auftraggeber in New York und Los Angeles. Soeben ist sein Standardwerk *Celluloid Skyline – New York and the Movies* erschienen.

**Lisa Ades** hat gemeinsam mit Ric Burns verschiedene mehrfach prämierte Filme für das öffentliche Fernsehen gedreht, darunter die von PBS landesweit ausgestrahlte sechsstündige Dokumentation *The Way West* und *The Donner Party*, die mit dem Peabody und dem D. W. Griffith Award ausgezeichnet wurde.

**Carol Berkin** ist Professorin für Geschichte am Baruch College und am Graduate Center der City University of New York. Sie hat mehrere Bücher zu historischen Themen veröffentlicht.

**Marshal Berman** hat eine Professur für Politische Theorie am Graduate Center der City University of New York und ist der Autor von *All That Is Solid Melts into Air: The Experience of Modernity*.

**Robert A. Caro** ist der Verfasser von *The Power Broker: Robert Moses and the Fall of New York* und weiteren Büchern. Neben anderen Auszeichnungen erhielt er den Pulitzerpreis für Biografie.

**Daniel Czitrom** ist Professor für Geschichte und Vorsitzender des American Studies Program am Mount Holyoke College.

**Kenneth T. Jackson** ist Inhaber des Jacques-Barzun-Lehrstuhls für Geschichte an der Columbia University und Herausgeber der *Encylopedia of New York City*.

**David Levering Lewis** ist Martin-Luther-King-jr.-Professor für Geschichte an der Rutgers University. Aus seiner Feder stammt *When Harlem Was in Vogue* und *W.E.B. DuBois: Biography of a Race*, wofür er den Pulitzerpreis erhielt.

**Phillip Lopate** ist Professor für Anglistik und Amerikanistik an der Hofstra University und Herausgeber von *Writing New York*.

**Robert A. M. Stern** ist Architekt, Dekan der Yale University School of Architecture und Co-Autor von *New York 1900*, *New York 1930* und *New York 1960*.

**Mike Wallace** lehrt Geschichte am Graduate Center der City University of New York. Der Professor ist Co-Autor von *Gotham: A History of New York City to 1898*, für das er mit dem Pulitzerpreis ausgezeichnet wurde.

## NEW YORK
## EIN DOKUMENTARFILM

**Regie**
Ric Burns

**Produktion**
Lisa Ades und Ric Burns

**Idee/Buch**
Ric Burns und James Sanders

**Schnitt**
Li-Shin Yu, Edward Barteski, David Hanser, Nina Schulman

**Sprecher**
David Ogden Stiers

**Ko-Regie**
Lisa Ades

**Kamera**
Buddy Squires und Allen Moore

**Original-Musik/Komposition und Arrangement**
Brian Keane

**Ko-Produzenten (Folge 1–4)**
**Ko-Produzenten (Folge 5)**
Steve Rivo und Ray Segal

**Sprache**
Joan Allen, Philip Bosco, Andre Codrescu, Keith David, Janeane Garofalo, Paul Giamatti, Spalding Gray, Gene Jones, James Hazeldine, Frederic Kimball, Robert Sean Leonard, David Margulies, Frank McCourt, Patrick McGrath, Joe Morton, George Plimpton, Isaiah Sheiffer, Ron Silver, Frances Sternhagen, Callie Thorne, Eli Wallach, Harris Yulin

**zusätzl. Buch**
Ronald Blumer

**Ko-Schnitt/ Nachbearbeitung**
Michael Balabuch

**zusätzl. Schnitt**
Richard Hankin

**zusätzl. Schnitt**
Janet Cristenfeld und Syndi Pilar

**Tonschnitt**
Ira Spiegel und Marlene Grzaslewicz

**Umsetzung/Chef-Producer**
Kate Roth Knull

**Producer/Koordination**
Kerry Herman

**Produktionskoordinator**
Justine Bertucelli

**Producer**
Helen Kaplan

**Archiv (Serie)**
Robin Espinola

**Archiv Rohmaterial**
Daniel Vatsky und Hilary Klotz

**Assistant Producers**
Lily Thorne und Danna Liebert

**Recherche**
Meghan Horvath und Anya Sirota

**Recherche-Assistenz**
Marijke Smit, Zachary Kaiman, Jenks Whittenburg

**Schnitt Assistenz**
Roxanne Yamashiro, Anna Josenhans, June Shiiki, Josh Sternfeld, Samara Smith, Sarah Kaylor Mick Gormaley

**Schnitt Assistenz (in Ausbildung)**
Judd Erlich, Kramer O'Neill

**Tonschnitt Assistenz**
Mariusz Gladinski

**zusätzl. Kamera**
Roger Sherman, David Ford, Stephen McCarthy, Don Lenzer

**Tonaufnahmen**
John Zecca, Andrew Yarme, Mark Mandler

**Tonmischer**
Dominick Tavella

**Toningenieur**
Lou Verricho

**Kartendesign**
Justin und Tracey Morrill, Mapquest.com, inc.

**Sen. Creativ-Berater**
Geoffrey C. Ward

**Sen. Historische Berater**
Kenneth T. Jackson und Mike Wallace

**Sen. Recherche-Berater**
Jeanne Houck und Robert W. Snyder

**Historische Beratung**
Thomas Bender, Marshall Berman, Lois Bianchi, Patricia Bonomi, Hope Cooke, Daniel Czitrom, Graham Hodges, David Levering Lewis, Phillip Lopate, Kathy Peiss, Richard Snow, Robert A. M. Stern, Sam Bass Warner, Steve Zeitlin

**On-Kommentatoren**
Ruth J. Abram, Thomas Bender, Carol Berkin, Marshall Berman, Rev. Calvin O. Butts III, Robert A. Caro, Caleb Carr, Daniel Czitrom, Ann Douglas, E. L. Doctorow, Joshua Freeman, Brendan Gill, Allen Ginsberg, John Steele Gordon, Mayor Rudy Giuliani, Nancy Groce, Pete Hamill, Kenneth T. Jackson, Margo Jefferson, Alfred Kazin, Tony Kushner, Fran Lebowitz, David Levering Lewis, Phillip Lopate, David McCullough, Senator Daniel Patrick Moynihan, Albert Murray, Kathy Peiss, Peter Quinn, Luc Sante, Gretchen Sullivan Sorin, Robert A. M. Stern, Martin Scorsese, Joel Silverman, Christine Stansell, Jean Strouse, John Kuo Wei Tchen, George W. S. Trow, Donald Trump, Mike Wallace, Craig Steven Wilder, Carol Willis

**Exec. Schnitt**
Judy Crichton

**Exec. Producer**
Ric Burns

**NEW YORK** ist eine Produktion von Steeplechase Films in Zusammenarbeit mit WGBH Boston, Thirteen/WNET und der New-York Historical Society. Es ist eine Sonderproduktion von *The American Experience*.

Dieses Projekt wäre nicht möglich gewesen ohne die herausragenden Sammlungen und die Unterstützung der New-York Historical Society, des Museum of the City of New York, der Library of Congress und der New York Public Library.

Wesentliche Mittel steuerten The Chase Manhattan Corporation, National Endowment for the Humanities, PBS/CPB, die Ford Foundation und die Arthur Vining Davis Foundations bei.